기출이 답이다

9급 공무원

법원직

5개년 기출

SD에듀
(주)시대고시기획

법원직 공무원 시험 개요

❖ 아래의 시험개요는 2023년 시험공고(법원행정처 공고 제2023-3호)를 기준으로 작성되었습니다. 2024년 시험공고는 반드시 '대법원 시험정보' 사이트에서 확인하시기 바랍니다.

⭕ 선발예정인원

9급 공개경쟁채용시험

시험명	계	법원사무직렬				등기사무직렬			
		일반	장애인 구분모집	저소득층 구분모집	소계	일반	장애인 구분모집	저소득층 구분모집	소계
9급 공개경쟁채용시험	292명 내외	246명	21명	2명	269명	20명	2명	1명	23명

⭕ 응시자격

가. 응시결격사유 등

제3차 시험일을 기준으로 국가공무원법 제33조 각 호의 결격사유에 해당하거나, 국가공무원법 제74조(정년)에 해당하는 자 또는 법원공무원규칙 등 관계법령에 따라 응시자격을 정지당한 자는 응시할 수 없습니다.

나. 응시연령

시험명	응시연령	해당 생년월일
9급 공개경쟁채용시험	18세 이상	2005. 12. 31. 이전 출생자

다. 학력·경력 : 제한 없습니다.

⭕ 9급 공개경쟁채용시험 시험방법

❶ 제1·2차 시험(병합 실시) : 선택형 필기시험
❷ 제3차 시험 : 인성검사/면접시험

⭕ 시험과목

시험명	구분	제1차 시험 제2차 시험	
9급 공개경쟁채용시험	법원사무직렬	헌법, 국어, 한국사, 영어, 민법, 민사소송법, 형법, 형사소송법	
	등기사무직렬	헌법, 국어, 한국사, 영어, 민법, 민사소송법, 상법(총론·회사편), 부동산등기법	

※ 각 과목별 배점 비율은 동일합니다.

◯ 응시원서 접수기간 및 시험일정(2023년 기준)

시험명	접수 및 취소기간	구분	시험장소 공고일	시험일	합격자 발표일
9급 공개경쟁채용시험	접수기간 : 3. 20. ~ 3. 24. (취소마감일 : 3. 27.)	제1 · 2차 시험	6.1.(목)	6.24.(토)	7.14.(금)
		인성검사	7.14.(금)	7.18.(화)	
		제3차(면접) 시험	7.14.(금)	7.26.(수)	8.1.(화)

※ 법원 9급 공개경쟁채용시험 제3차(면접)시험 응시자를 대상으로 인성검사를 실시하며, 인성검사 불참 시 면접시험 응시 포기자로 간주되어 면접시험에 응시할 수 없음을 유의하시기 바랍니다.

◯ 2023년도 9급 공개경쟁채용시험 최종합격자 관련 통계

2023년도 9급 공개경쟁채용시험 최종합격자 관련 통계

구분	법원사무직렬				등기사무직렬			
	선발 예정 인원	제1 · 2차 시험합격자 (여자)	제3차 시험 불합격자 (여자)	최종 합격자 (여자)	선발 예정 인원	제1 · 2차 시험합격자 (여자)	제3차 시험 불합격자 (여자)	최종 합격자 (여자)
일반	246	290(200)	30(17)	260(183)	20	23(8)	2(1)	21(7)
장애인 구분모집	21	5(3)	0(−)	5(3)	2	3(1)	2(1)	1(−)
저소득층 구분모집	2	4(4)	0(−)	4(4)	1	2(−)	1(−)	1(−)
합계	269	299(207)	30(17)	269(190)	23	28(9)	5(2)	23(7)

▶ 선발예정인원 292명, 제1 · 2차시험 합격인원 327명(초과합격 35명),

　제3차(면접)시험 탈락인원 35명(인성검사 불참자 2명 포함)

　최종합격인원 292명(초과합격 0명)

▶ (　)는 여자로서 내서임.

　여자합격인원 197명, 67.5%

출제 리포트(2023년)

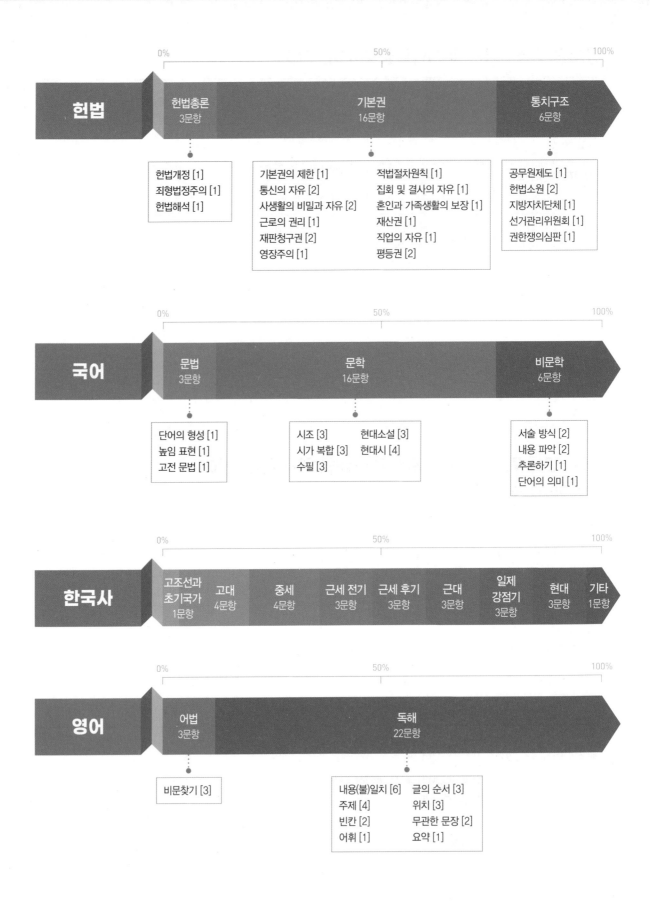

헌법

0%　　　　　　　　　50%　　　　　　　　　100%

| 헌법총론 3문항 | 기본권 16문항 | 통치구조 6문항 |

헌법총론
- 헌법개정 [1]
- 죄형법정주의 [1]
- 헌법해석 [1]

기본권
- 기본권의 제한 [1]
- 통신의 자유 [2]
- 사생활의 비밀과 자유 [2]
- 근로의 권리 [1]
- 재판청구권 [2]
- 영장주의 [1]
- 적법절차원칙 [1]
- 집회 및 결사의 자유 [1]
- 혼인과 가족생활의 보장 [1]
- 재산권 [1]
- 직업의 자유 [1]
- 평등권 [2]

통치구조
- 공무원제도 [1]
- 헌법소원 [2]
- 지방자치단체 [1]
- 선거관리위원회 [1]
- 권한쟁의심판 [1]

국어

0%　　　　　　　　　50%　　　　　　　　　100%

| 문법 3문항 | 문학 16문항 | 비문학 6문항 |

문법
- 단어의 형성 [1]
- 높임 표현 [1]
- 고전 문법 [1]

문학
- 시조 [3]
- 시가 복합 [3]
- 수필 [3]
- 현대소설 [3]
- 현대시 [4]

비문학
- 서술 방식 [2]
- 내용 파악 [2]
- 추론하기 [1]
- 단어의 의미 [1]

한국사

0%　　　　　　　　　50%　　　　　　　　　100%

| 고조선과 초기국가 1문항 | 고대 4문항 | 중세 4문항 | 근세 전기 3문항 | 근세 후기 3문항 | 근대 3문항 | 일제 강점기 3문항 | 현대 3문항 | 기타 1문항 |

영어

0%　　　　　　　　　50%　　　　　　　　　100%

| 어법 3문항 | 독해 22문항 |

어법
- 비문찾기 [3]

독해
- 내용(불)일치 [6]
- 주제 [4]
- 빈칸 [2]
- 어휘 [1]
- 글의 순서 [3]
- 위치 [3]
- 무관한 문장 [2]
- 요약 [1]

민법

| 0% | | 50% | | 100% |

민법총칙
4문항

물권법
7문항

채권총론
4문항

채권각론
6문항

친족상속
3문항

종합
1문항

민사소송법

| 0% | | 50% | | 100% |

소송의 주체
3문항

제1심의 소송절차
10문항

소송의 종료
3문항

병합소송
6문항

상소심 절차
3문항

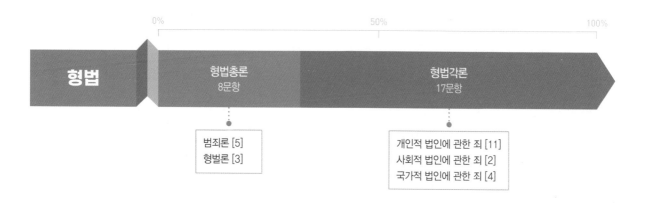

형법

| 0% | | 50% | | 100% |

형법총론
8문항

형법각론
17문항

범죄론 [5]
형벌론 [3]

개인적 법인에 관한 죄 [11]
사회적 법인에 관한 죄 [2]
국가적 법인에 관한 죄 [4]

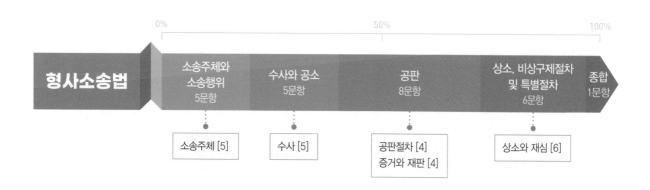

형사소송법

| 0% | | 50% | | 100% |

소송주체와 소송행위
5문항

수사와 공소
5문항

공판
8문항

상소, 비상구제절차 및 특별절차
6문항

종합
1문항

소송주체 [5]

수사 [5]

공판절차 [4]
증거와 재판 [4]

상소와 재심 [6]

이 책의 구성과 특징

문제편

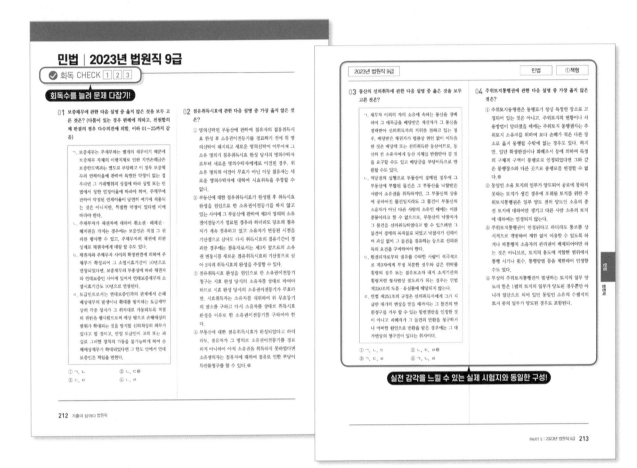

실전 감각을 느낄 수 있는 실제 시험지와 동일한 구성!

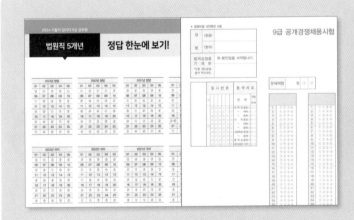

기출이 답이다의 PLUS+ 혜택

정답 한눈에 보기! & OCR 답안지

실제 시험과 같이 〈OCR 답안지〉를 활용하여 문제를 풀어보고 〈정답 한 눈에 보기〉로 바로 실력을 확인해 보세요!

해설편

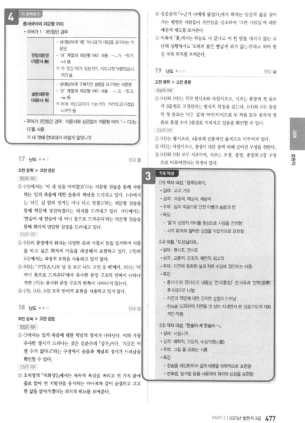

1 한눈에 훑어보기

회독수를 늘려 문제를 풀어보고 정답확인과 점수체크를 통해 직접 실력의 변화를 확인해 보세요!

2 정답의 이유/오답의 이유

각 문제마다 정답의 이유, 오답의 이유를 수록하여 혼자서도 학습이 가능해요!

3 과목별 다양한 학습장치

'작품해설', 'VOCA', '관련조문', '자료해설' 등의 학습장치를 통해 기출지문을 완벽히 파악할 수 있어요!

4 더 알아보기

이해도를 높일 수 있도록 문제와 관련된 핵심 이론과 개념을 알기 쉽게 정리했어요!

이 책의 목차

법원직

문제편

할 수 있다고 믿어라.
그러면 이미 반은 성공한 것이다.

– 시어도어 루즈벨트 –

PART 1

헌법

※ 복수정답 또는 개정법령 반영으로 인해 기출문제가 변경된 경우 문제 옆에 〈변형〉이라고 표시하였습니다.

헌법 | 2023년 법원직 9급

01 다음 설명 중 가장 옳지 않은 것은? (다툼이 있는 경우 헌법재판소 결정 및 대법원 판례에 의함. 이하 01~25 까지 같음)

① 절대적 종신형제도는 사형제도와는 또 다른 위헌성 문제를 야기할 수 있고, 현행 형사법령 하에서도 가석방제도의 운영 여하에 따라 사회로부터의 영구적 격리가 가능한 절대적 종신형과 상대적 종신형의 각 취지를 살릴 수 있다는 점 등을 고려하면, 현행 무기징역형제도가 상대적 종신형 외에 절대적 종신형을 따로 두고 있지 않은 것이 형벌체계상 정당성과 균형을 상실하여 헌법 제11조의 평등원칙에 반한다거나 형벌이 죄질과 책임에 상응하도록 비례성을 갖추어야 한다는 책임원칙에 반한다고 단정하기 어렵다.

② 헌법은 절대적 기본권을 명문으로 인정하고 있지 아니하며, 헌법 제37조 제2항에서는 국민의 모든 자유와 권리는 국가안전보장·질서유지 또는 공공복리를 위하여 필요한 경우에 한하여 법률로써 제한할 수 있도록 규정하고 있어, 비록 생명이 이념적으로 절대적 가치를 지닌 것이라 하더라도 생명에 대한 법적 평가가 예외적으로 허용될 수 있다.

③ 생명권의 경우, 다른 일반적인 기본권 제한의 구조와는 달리, 생명의 일부 박탈이라는 것을 상정할 수 없고 생명권에 대한 제한은 필연적으로 생명권의 완전한 박탈을 의미하게 되기 때문에 생명권의 제한이 정당화될 수 있는 예외적인 경우라 하더라도 생명권의 박탈이 초래된다면 곧바로 기본권의 본질적인 내용을 침해하는 것이라 볼 수 있다.

④ 헌법 제12조 제1항의 신체의 자유는, 신체의 안정성이 외부로부터의 물리적인 힘이나 정신적인 위험으로부터 침해당하지 아니할 자유와 신체활동을 임의적이고 자율적으로 할 수 있는 자유를 말한다. 디엔에이감식시료 채취의 구체적인 방법은 구강점막 또는 모근을 포함한 모발을 채취하는 방법으로 하고, 위 방법들에 의한 채취가 불가능하거나 현저히 곤란한 경우에는 분비물, 체액을 채취하는 방법으로 한다. 그렇다면 디엔에이감식시료의 채취행위는 신체의 안정성을 해한다고 볼 수 있으므로 신체의 자유를 제한한다.

02 다음 설명 중 가장 옳지 않은 것은?

① 헌법 제18조로 보장되는 기본권인 통신의 자유란 통신수단을 자유로이 이용하여 의사소통할 권리이다. '통신수단의 자유로운 이용'이라 하더라도 자신의 인적 사항을 누구에게도 밝히지 않는 상태로 통신수단을 이용할 자유, 즉 통신수단의 익명성 보장은 포함된다고 볼 수 없다.

② 개인정보자기결정권은 자신에 관한 정보가 언제 누구에게 어느 범위까지 알려지고 또 이용되도록 할 것인지를 그 정보주체가 스스로 결정할 수 있는 권리로서, 인간의 존엄과 가치, 행복추구권을 규정한 헌법 제10조 제1문에서 도출되는 일반적 인격권 및 헌법 제17조의 사생활의 비밀과 자유에 의하여 보장된다.

③ 개인정보자기결정권의 보호대상이 되는 개인정보는 개인의 신체, 신념, 사회적 지위, 신분 등과 같이 개인의 인격주체성을 특징짓는 사항으로서 그 개인의 동일성을 식별할 수 있게 하는 일체의 정보라고 할 수 있다.

④ 통신제한조치에 대한 법원의 허가는 통신비밀보호법에 근거한 소송절차 이외의 파생적 사항에 관한 법원의 공권적 법률판단으로 헌법재판소법 제68조 제1항에서 헌법소원의 대상에서 제외하고 있는 법원의 재판에 해당하므로, 이에 대한 헌법소원심판청구는 부적법하다.

03 사생활의 비밀과 자유 또는 개인정보자기결정권에 관한 다음 설명 중 가장 옳지 않은 것은?

① 보안관찰처분대상자가 교도소 등에서 출소한 후 7일 이내에 출소사실을 신고하도록 정한 구 보안관찰법 제6조 제1항 전문 중 출소 후 신고의무에 관한 부분 및 이를 위반할 경우 처벌하도록 정한 보안관찰법 제27조 제2항 중 구 보안관찰법 제6조 제1항 전문 가운데 출소 후 신고의무에 관한 부분은 과잉금지원칙을 위반하여 사생활의 비밀과 자유 및 개인 정보자기결정권을 침해하지 않는다.

② '가족관계의 등록 등에 관한 법률' 제14조 제1항 본문 중 '직계혈족이 제15조에 규정된 증명서 가운데 가족관계증명서 및 기본증명서의 교부를 청구'하는 부분이 가정폭력 피해자의 개인정보를 보호하기 위한 구체적 방안을 마련하지 아니하였다고 하더라도 가정폭력 피해자인 청구인의 개인정보 자기결정권을 침해하는 것은 아니다.

③ 소년에 대한 수사경력자료의 삭제와 보존기간에 대하여 규정하면서 법원에서 불처분결정된 소년부송치 사건에 대하여 규정하지 않은 구 '형의 실효 등에 관한 법률' 제8조의2 제1항 및 제3항과 '형의 실효 등에 관한 법률' 제8조의2 제1항 및 제3항은 과잉금지원칙에 반하여 개인정보자기결정권을 침해한다.

④ 초상권, 사생활의 비밀과 자유에 대한 부당한 침해는 불법행위를 구성하고 위 침해는 그것이 공개된 장소에서 이루어졌다거나 민사소송의 증거를 수집할 목적으로 이루어졌다는 사유만으로는 정당화되지 않는다.

04 다음 설명 중 가장 옳지 않은 것은?

① 노동조합 및 노동관계조정법상 근로자란 타인과의 사용종속 관계하에서 근로를 제공하고 그 대가로 임금 등을 받아 생활하는 사람을 의미하며, 특정한 사용자에게 고용되어 현실적으로 취업하고 있는 사람뿐만 아니라 일시적으로 실업 상태에 있는 사람이나 구직 중인 사람을 포함하여 노동3권을 보장할 필요성이 있는 사람도 여기에 포함되는 것으로 보아야 한다.

② 출입국관리 법령에서 외국인고용제한규정을 두고 있는 것은 취업활동을 할 수 있는 체류자격(이하 '취업자격'이라고 한다) 없는 외국인의 고용이라는 사실적 행위 자체를 금지하고자 하는 것뿐이지, 나아가 취업자격 없는 외국인이 사실상 제공한 근로에 따른 권리나 이미 형성된 근로관계에서 근로자로서의 신분에 따른 노동관계법상의 제반 권리 등의 법률효과까지 금지하려는 것으로 보기는 어렵다.

③ 타인과의 사용종속관계 하에서 근로를 제공하고 그 대가로 임금 등을 받아 생활하는 사람은 노동조합 및 노동관계조정법(이하 '노동조합법'이라고 한다)상 근로자에 해당하고, 노동조합법상의 근로자성이 인정되는 한, 그러한 근로자가 외국인인지 여부나 취업자격의 유무에 따라 노동조합법상 근로자의 범위에 포함되지 아니한다고 볼 수는 없다.

④ 헌법 제15조의 직업의 자유 또는 헌법 제32조의 근로의 권리, 사회국가원리 등에 근거하여 실업방지 및 부당한 해고로부터 근로자를 보호하여야 할 국가의 의무를 도출할 수 있으므로, 국가에 대한 직접적인 직장존속보장청구권을 근로자에게 인정할 헌법상의 근거가 있다. 따라서 근로관계의 당연승계를 보장하는 입법을 반드시 하여야 할 헌법상의 의무를 인정할 수 있다.

05 다음 설명 중 가장 옳지 않은 것은?

① 헌법재판소는 국민참여재판을 받을 권리도 헌법 제27조 제1항에서 규정한 재판을 받을 권리의 보호범위에 속한다고 보고 있다.

② 헌법은 피고인의 반대신문권을 미국이나 일본과 같이 헌법상의 기본권으로까지 규정하지는 않았으나, 형사소송법은 제161조의2에서 피고인의 반대신문권을 포함한 교호신문권을 명문으로 규정하여 피고인에게 불리한 증거에 대하여 반대신문할 수 있는 권리를 원칙적으로 보장하고 있는바, 이는 헌법 제12조 제1항, 제27조 제1항, 제3항 및 제4항에 의한 공정한 재판을 받을 권리를 구현한 것이다.

③ 국가보안법위반죄로 구속기소된 청구인의 변호인이 청구인의 변론준비를 위하여 피청구인인 검사에게 그가 보관중인 수사기록일체에 대한 열람·등사신청을 하였으나 피청구인은 국가기밀의 누설이나 증거인멸, 증인협박, 사생활침해의 우려 등 정당한 사유를 밝히지 아니한 채 이를 전부 거부한 것은 청구인의 신속·공정한 재판을 받을 권리와 변호인의 조력을 받을 권리를 침해하는 것으로 헌법에 위반된다 할 것이다.

④ 상고심에서 재판을 받을 권리를 헌법상 명문화한 규정이 없는 이상, 헌법 제27조에서 규정한 재판을 받을 권리에 모든 사건에 대해 상고심 재판을 받을 권리까지도 포함된다고 단정할 수 없고, 모든 사건에 대해 획일적으로 상고할 수 있게 할지 여부는 입법재량의 문제라고 할 것이므로 소액사건심판법 제3조가 소액사건에 대하여 상고의 이유를 제한하였다고 하여 그것만으로 재판청구권을 침해하였다고 볼 수 없다.

06 공무원제도에 관한 다음 설명 중 가장 옳지 않은 것은?

① 공무원의 기부금모집을 금지하고 있는 국가공무원법 조항은 선거의 공정성을 확보하기 위한 것이라 하더라도 직급이나 직무의 성격에 대한 검토 혹은 기부금 상한액을 낮추는 방법 등에 대한 고려 없이 일률적으로 모든 공무원의 기부금 모집을 전면적으로 금지함으로써 과도한 제한을 초래하므로 공무원의 정치적 의사표현의 자유를 침해하는 것이다.

② 서울교통공사의 상근직원은 서울교통공사의 경영에 관여하거나 실질적인 영향력을 미칠 수 있는 권한이 있다고 인정하기 어려우므로, 당원이 아닌 자에게도 투표권을 부여하여 실시하는 당내경선에서 서울교통공사의 상근직원이 경선운동을 할 수 없도록 일률적으로 금지·처벌하는 것은 정치적 표현의 자유를 과도하게 제한하는 것이다.

③ 사실상 노무에 종사하는 공무원 중 대통령령 등이 정하는 자에 한하여 근로3권을 인정하는 국가공무원법 조항은, 근로3권이 보장되는 공무원의 범위를 사실상 노무에 종사하는 공무원으로 한정하고 있으나, 이는 헌법 제33조 제2항에 근거한 것으로, 전체 국민의 공공복리와 사실상 노무에 종사하는 공무원의 직무의 내용, 노동조건 등을 고려해 보았을 때 입법자에게 허용된 입법재량권의 범위를 벗어난 것이라 할 수 없다.

④ 공무원의 정당가입이 허용된다면, 공무원의 정치적 행위가 직무 내의 것인지 직무 외의 것인지 구분하기 어려운 경우가 많고, 설사 공무원이 근무시간 외에 혹은 직무와 관련 없이 정당과 관련된 정치적 표현행위를 한다 하더라도 공무원의 정치적 중립성에 대한 국민의 기대와 신뢰는 유지되기 어렵다.

07 다음 설명 중 가장 옳지 않은 것은?

① 소액사건은 소액사건심판법이 절차의 신속성과 경제성에 중점을 두어 규정한 심리절차의 특칙에 따라 소송당사자가 소송절차를 남용할 가능성이 다른 민사사건에 비하여 크다고 할 수 있는바, 소송기록에 의하여 청구가 이유 없음이 명백한 때 법원이 변론 없이 청구를 기각할 수 있도록 규정한 소액사건심판법 조항은 소액사건에서 남소를 방지하고 이러한 소송을 신속히 종결하고자 필요적 변론 원칙의 예외를 규정한 것이므로 재판청구권의 본질적 내용을 침해한다고 볼 수 없다.

② 이해관계인에 대한 매각기일 및 매각결정기일의 통지는 집행기록에 표시된 이해관계인의 주소에 발송하도록 한 민사집행법 제104조 제3항의 이해관계인 중 '민사집행법 제90조 제3호의 등기부에 기입된 부동산 위의 권리자'에 관한 부분은 재판청구권을 침해한다.

③ 간이기각제도는 형사소송절차의 신속성이라는 공익을 달성하는 데 필요하고 적절한 방법으로써 즉시항고에 의한 불복도 가능하므로, 소송의 지연을 목적으로 함이 명백한 기피신청의 경우 그 신청을 받은 법원 또는 법관이 결정으로 기각할 수 있도록 한 형사소송법 제20조 제1항은 공정한 재판을 받을 권리를 침해하지 아니한다.

④ '사형, 무기 또는 10년 이상의 징역이나 금고가 선고된 사건'에 한하여 중대한 사실오인 또는 양형부당을 이유로 한 상고를 허용한 형사소송법(1963. 12. 13. 법률 제1500호로 개정된 것) 제383조 제4호는 재판청구권을 침해하지 아니한다.

08 입법부작위에 관한 다음 설명 중 가장 옳은 것은?

① 입법자가 불충분하게 규율한 이른바 부진정입법부작위에 대하여 헌법소원을 제기하려면 그것이 평등의 원칙에 위배된다는 등 헌법위반을 내세워 적극적인 헌법소원을 제기하여야 하며, 이 경우에는 기본권 침해 상태가 계속되고 있으므로 헌법재판소법 소정의 청구기간을 준수할 필요는 없다.

② 하위 행정입법의 제정 없이 상위 법령의 규정만으로도 법률의 집행이 이루어질 수 있는 경우라 하더라도 상위 법령이 행정입법에 위임하고 있다면 하위 행정입법을 하여야 할 헌법적 작위의무가 인정된다.

③ 법률에서 군법무관의 봉급과 그 밖의 보수를 법관 및 검사의 예에 준하여 지급하도록 하는 대통령령을 제정할 것을 규정하였다 하더라도, 군복무를 하고 있는 군장교들은 전투력의 확보를 위한 특수집단의 한 구성요소이므로 군조직 밖의 기준으로 군조직의 다른 요소와 분리시켜 기본적인 보수에 있어 우대적 차별을 하는 것은 불합리하므로, 대통령이 지금까지 해당 대통령령을 제정하지 않는다 하더라도 이는 군법무관의 재산권을 침해하지 아니한다.

④ 진정입법부작위에 대한 헌법소원은, 헌법에서 기본권보장을 위하여 법령에 명시적인 입법위임을 하였음에도 입법자가 이를 이행하지 아니한 경우이거나, 헌법해석상 특정인에게 구체적인 기본권이 생겨 이를 보장하기 위한 국가의 행위의무 내지 보호의무가 발생하였음이 명백함에도 불구하고 입법자가 아무런 입법조치를 취하지 아니한 경우에 한하여 허용된다.

09 영장주의에 관한 다음 설명 중 가장 옳지 않은 것은?

① 헌법상 영장주의는 체포·구속·압수·수색 등 기본권을 제한하는 강제처분에 적용되므로, 강제력이 개입되지 않은 임의수사에 해당하는 수사기관 등의 통신자료 취득에는 영장주의가 적용되지 않는다.

② 기지국 수사를 허용하는 통신사실 확인자료 제공요청은 법원의 허가에 의해 해당 가입자의 동의나 승낙을 얻지 아니하고도 제3자인 전기통신사업자에게 해당 가입자에 관한 통신사실 확인자료의 제공을 요청할 수 있도록 하는 수사방법이므로 헌법상 영장주의가 적용되지 않는다.

③ 체포영장을 발부받아 피의자를 체포하는 경우에 필요한 때에는 영장 없이 타인의 주거 등 내에서 피의자 수사를 할 수 있도록 한 형사소송법 조항은 별도로 영장을 발부받기 어려운 긴급한 사정이 있는지 여부를 구별하지 않고 피의자가 소재할 개연성만 소명되면 영장 없이 타인의 주거 등을 수색할 수 있도록 허용하고 있어 헌법 제16조의 영장주의에 위반된다.

④ 형사재판에 계속 중인 사람에 대하여 출국을 금지할 수 있다고 규정한 출입국관리법 조항에 따른 법무부장관의 출국금지결정은 형사재판에 계속 중인 국민의 출국의 자유를 제한하는 행정처분일 뿐이고, 영장주의가 적용되는 신체에 대하여 직접적으로 물리적 강제력을 수반하는 강제처분이라고 할 수 없다.

10 집회 및 결사의 자유에 관한 다음 설명 중 가장 옳은 것은?

① 집회는 일정한 장소를 전제로 하여 특정 목적을 가진 다수인이 일시적으로 회합하는 것을 말하는 것으로, 여기서의 다수인이 가지는 공동의 목적은 '내적인 유대 관계'로 족하지 않고 공통의 의사형성과 의사표현이라는 공동의 목적이 포함되어야 한다.

② 누구든지 선거기간 중 선거에 영향을 미치게 하기 위하여 그 밖의 집회나 모임을 개최할 수 없고, 이를 위반한 자를 처벌하도록 규정한 공직선거법 조항은 선거기간 중에도 국민들이 제기하는 건전한 비판과 여론 형성을 금지하는 것은 아니므로 집회의 자유를 침해한다고 할 수 없다.

③ 국회의장 공관의 경계지점으로부터 100미터 이내의 장소에서의 옥외집회 또는 시위를 일률적으로 금지하고, 이를 위반한 집회·시위의 참가자를 처벌하는 것은 해당 장소에서 옥외집회·시위가 개최되더라도 국회의장에게 물리적 위해를 가하거나 국회의장 공관으로의 출입 내지 안전에 위협을 가할 우려가 없는 장소까지 포함되어 있다는 점에서 입법목적 달성에 필요한 범위를 넘어 집회의 자유를 과도하게 제한하는 것으로 집회의 자유를 침해한다.

④ 사회복무요원이 정당 가입을 할 수 없도록 규정한 병역법 조항은 사회복무요원의 정치적 중립성 보장과 아무런 관련이 없는 사회적 활동까지 금지한다는 점에서 사회복무요원의 결사의 자유를 침해한다.

11 헌법개정에 관한 다음 설명 중 가장 옳지 않은 것은?

① 현행 대한민국헌법은 1987년 개정에 의한 것이다.

② 헌법개정은 국회재적의원 과반수 또는 대통령의 발의로 제안된다.

③ 국회는 헌법개정안이 공고된 날로부터 60일 이내에 의결하여야 하며, 국회의 의결은 재적의원 3분의 2 이상의 찬성을 얻어야 한다.

④ 헌법개정안은 국회가 의결한 후 30일 이내에 국민투표에 붙여 국회의원선거권자 과반수의 찬성을 얻어야 한다.

12 다음 설명 중 가장 옳지 않은 것은?

① 죄형법정주의에서 파생되는 명확성의 원칙은, 누구나 법률이 처벌하고자 하는 행위가 무엇이며 그에 대한 형벌이 어떠한 것인지를 예견할 수 있고 그에 따라 자신의 행위를 결정 지울 수 있도록 구성요건이 명확할 것을 의미한다.

② 처벌법규의 구성요건을 일일이 세분하여 명확성의 요건을 모든 경우에 요구하는 것은 입법기술상 불가능하거나 현저히 곤란하므로, 처벌법규의 구성요건이 어느 정도 명확하여야 하는가는 일률적으로 정할 수 없고, 각 구성요건의 특수성과 그러한 법적 규제의 원인이 된 여건이나 처벌의 정도 등을 고려하여 종합적으로 판단하여야 하며, 다소 광범위하고 어느 정도의 범위에서는 법관의 보충적인 해석을 필요로 하는 개념을 사용하여 규정하였다고 하더라도 그 적용단계에서 다의적으로 해석될 우려가 없는 이상 그 점만으로 헌법이 요구하는 명확성의 요구에 배치된다고는 보기 어렵다.

③ 범죄의 처벌에 관한 문제, 즉 법정형의 종류와 범위의 선택은 입법자가 결정할 사항이지만, 광범위한 입법재량 내지 형성의 자유가 인정된다고 볼 수 없다.

④ 국회의 입법재량 내지 입법정책적 고려에 있어서도 국민의 자유와 권리의 제한은 필요 최소한에 그쳐야 하며, 기본권의 본질적인 내용을 침해하는 입법은 할 수 없으므로, 헌법이나 법률에 의하여 명시된 죄형법정주의와 소급효의 금지 및 이에 유래하는 유추해석금지의 원칙 외에 지켜져야 할 입법원칙이 있다.

13 통신의 자유에 관한 다음 설명 중 가장 옳지 않은 것은?

① 전기통신역무제공에 관한 계약을 체결하는 경우 전기통신 사업자로 하여금 가입자에게 본인임을 확인할 수 있는 증서 등을 제시하도록 요구하고 부정가입방지시스템 등을 이용하여 본인인지 여부를 확인하도록 한 전기통신사업법 조항은 과잉금지원칙에 반하여 익명으로 이동통신서비스에 가입하여 통신하고자 하는 자들의 개인정보자기결정권 및 통신의 자유를 침해한다.

② 통신비밀보호법(2005. 5. 26. 법률 제7503호로 개정된 것) 제13조 제1항 중 "검사 또는 사법경찰관은 수사를 위하여 필요한 경우 전기통신사업법에 의한 전기통신사업자에게 제2조 제11호 가목 내지 라목의 통신사실 확인자료의 열람이나 제출을 요청할 수 있다"는 부분은 과잉금지원칙에 위반되어 개인정보자기결정권과 통신의 자유를 침해한다.

③ 교도소장이 수용자에게 온 서신을 개봉한 행위 및 법원, 검찰청 등이 수용자에게 보낸 문서를 열람한 행위는 수용자의 통신의 자유를 침해하지 않는다.

④ A구치소장이 당시 A구치소에 수용 중인 甲앞으로 온 서신속에 허가받지 않은 물품인 사진이 동봉되어 있음을 이유로 甲에게 해당 서신수수를 금지하고 해당 서신을 발신자로서 당시 B교도소에 수용 중인 乙에게 반송한 행위는 과잉금지 원칙에 위반하여 乙의 통신의 자유를 침해하지 않는다.

14 헌법해석에 관한 다음 설명 중 가장 옳지 않은 것은?

① 헌법의 기본원리는 헌법의 이념적 기초인 동시에 헌법을 지배하는 지도원리로서 입법이나 정책결정의 방향을 제시하며 공무원을 비롯한 모든 국민과 국가기관이 헌법을 존중하고 수호하도록 하는 지침이 되며, 구체적 기본권을 도출하는 근거로 될 수 있다.

② 헌법은 전문과 각 개별조항이 서로 밀접한 관련을 맺으면서 하나의 통일된 가치체계를 이루고 있는 것으로서, 이념적·논리적으로 규범 상호간의 우열을 인정할 수 있다 하더라도, 그것이 헌법의 어느 특정규정이 다른 규정의 효력을 전면적으로 부인할 수 있을 정도의 개별적 헌법규정 상호간에 효력상의 차등을 의미하는 것이라고는 볼 수 없다.

③ 헌법해석은 헌법이 담고 추구하는 이상과 이념에 따른 역사적, 사회적 요구를 올바르게 수용하여 헌법적 방향을 제시하는 헌법의 창조적 기능을 수행하여 국민의 욕구와 의식에 알맞은 실질적 국민주권의 실현을 보장하는 것이어야 한다.

④ 헌법재판소가 행하는 구체적 규범통제의 심사기준은 원칙적으로 규범이 제정될 당시의 헌법이 아니라 헌법재판을 할 당시에 규범적 효력을 가지는 헌법이다.

15 지방자치단체에 관한 다음 설명 중 가장 옳지 않은 것은?

① 법령에서 조례로 정하도록 위임한 사항은 그 법령의 하위법령에서 그 위임의 내용과 범위를 제한하거나 직접 규정할 수 없다.

② 지방자치단체가 고유사무인 자치사무에 관하여 자치조례를 제정하는 경우에도 주민의 권리제한 또는 의무부과에 관한 사항에 해당하는 조례를 제정할 경우에는 법률의 위임이 있어야 하고 그러한 위임 없이 제정된 조례는 효력이 없다.

③ 지방의회 사무직원의 임용권을 지방자치단체의 장에게 부여하도록 규정한 것은 지방의회와 지방자치단체의 장 사이의 상호견제와 균형의 원리에 비추어 헌법상 권력분립원칙에 위반된다.

④ 지방자치단체의 자치권이 미치는 관할구역의 범위에는 육지는 물론 바다도 포함되므로, 공유수면에 대해서도 지방자치단체의 자치권한이 존재한다고 보아야 한다.

16 다음 설명 중 가장 옳지 않은 것은?

① 부모가 자녀의 이름을 지어주는 것은 자녀의 양육과 가족생활을 위하여 필수적인 것이고, 가족생활의 핵심적 요소라 할 수 있으므로, '부모가 자녀의 이름을 지을 자유'는 혼인과 가족생활을 보장하는 헌법 제36조 제1항과 행복추구권을 보장하는 헌법 제10조에 의하여 보호받는다.

② 이름은 인간의 모든 사회적 생활관계 형성의 기초가 된다는 점에서 중요한 사회질서에 속한다. 이름의 특정은 사회 전체의 법적 안정성의 기초이므로 이를 위해 국가는 개인이 사용하는 이름에 대해 일정한 규율을 가할 수 있다.

③ 헌법은 국가사회의 최고규범이므로 가족제도가 비록 역사적·사회적 산물이라는 특성을 지니고 있다 하더라도 헌법의 우위로부터 벗어날 수 없으며, 가족법이 헌법이념의 실현에 장애를 초래하고, 헌법규범과 현실과의 괴리를 고착시키는데 일조하고 있다면 그러한 가족법은 수정되어야 한다.

④ 헌법재판소는 8촌 이내의 혈족 사이에서는 혼인할 수 없도록 하는 민법 제809조 제1항이 혼인의 자유를 침해한다고 보았다.

17 다음 설명 중 가장 옳지 않은 것은?

① 헌법 제23조 제1항의 재산권보장에 의하여 보호되는 재산권은 사적유용성 및 그에 대한 원칙적 처분권을 내포하는 재산가치 있는 구체적 권리이다. 그러므로 구체적인 권리가 아닌, 단순한 이익이나 재화의 획득에 관한 기회 등은 재산권보장의 대상이 아니다.

② 우리 헌법의 재산권 보장은 사유재산의 처분과 그 상속을 포함하는 것인바, 유언자가 생전에 최종적으로 자신의 재산권에 대하여 처분할 수 있는 법적 가능성을 의미하는 유언의 자유는 생전증여에 의한 처분과 마찬가지로 헌법상 재산권의 보호를 받는다.

③ 헌법재판소는 공법상의 권리가 재산권보장의 보호를 받기 위해서는 '개인의 노력과 금전적 기여를 통하여 취득되고 자신과 그의 가족의 생활비를 충당하기 위한 경제적 가치가 있는 권리'여야 한다고 판시하고, 공무원연금법 및 군인연금법상의 연금수급권이 헌법상 보장되는 재산권에 포함됨을 밝힌 바 있다.

④ 국가는 납세자가 자신과 가족의 기본적인 생계유지를 위하여 꼭 필요로 하는 소득을 제외한 잉여소득 부분에 대해서만 납세의무를 부과할 수 있는 것은 아니므로, 소득에 대한 과세는 원칙적으로 최저생계비를 초과하는 소득에 대해서만 가능하다고 볼 수는 없다.

18 다음 설명 중 가장 옳지 않은 것은?

① 조례는 지방자치단체가 그 자치입법권에 근거하여 자주적으로 지방의회의 의결을 거쳐 제정한 법규이기 때문에 조례 자체로 인하여 직접 그리고 현재 자기의 기본권을 침해받은 자는 그 권리구제의 수단으로서 조례에 대한 헌법소원을 제기할 수 있다.

② 조례의 제정권자인 지방의회는 선거를 통해서 그 지역적인 민주적 정당성을 지니고 있는 주민의 대표기관이라 하더라도 조례에 대한 법률의 위임은 법규명령에 대한 법률의 위임과 다르기 때문에 반드시 구체적으로 범위를 정하여 할 필요가 있다.

③ 법령의 직접적인 위임에 따라 위임행정기관이 그 법령을 시행하는데 필요한 구체적 사항을 정한 것이라면, 그 제정형식은 비록 법규명령이 아닌 고시, 훈령, 예규 등과 같은 행정규칙이더라도 그것이 상위법령의 위임한계를 벗어나지 아니하는 한, 상위법령과 결합하여 대외적인 구속력을 갖는 법규명령으로서 기능하게 된다고 보아야 한다.

④ 행정규칙이 재량권행사의 준칙으로서 그 정한 바에 따라 되풀이 시행되어 행정관행을 이루게 되어 평등의 원칙이나 신뢰보호의 원칙에 따라 행정기관이 그 상대방에 대한 관계에서 그 규칙에 따라야 할 자기구속을 당하게 되는 경우에는 대외적인 구속력을 갖게 되어 헌법소원의 대상이 된다.

19 선거관리위원회에 관한 다음 설명 중 가장 옳지 않은 것은?

① 중앙선거관리위원회는 대통령이 임명하는 3인, 국회에서 선출하는 3인과 대법원장이 지명하는 3인의 위원으로 구성하며, 위원장은 대통령이 임명한다.

② 위원의 임기는 6년으로 한다.

③ 위원은 탄핵 또는 금고 이상의 형의 선고에 의하지 아니하고는 파면되지 아니한다.

④ 각급 선거관리위원회는 선거인명부의 작성등 선거사무와 국민투표사무에 관하여 관계 행정기관에 필요한 지시를 할 수 있다.

20 다음 설명 중 가장 옳지 않은 것은?

① 사람의 육체적·정신적 상태나 건강에 대한 정보, 성생활에 대한 정보와 같은 것은 인간의 존엄성이나 인격의 내적 핵심을 이루는 요소이다. 따라서 외부세계의 어떤 이해관계에 따라 그에 대한 정보를 수집하고 공표하는 것이 쉽게 허용되어서는 개인의 내밀한 인격과 자기정체성이 유지될 수 없다.

② 헌법 제17조는 "모든 국민은 사생활의 비밀과 자유를 침해 받지 아니한다."고 규정하여 사생활의 비밀과 자유를 국민의 기본권의 하나로 보장하고 있다. 헌법 제17조가 보호하고자 하는 기본권은 사생활영역의 자유로운 형성과 비밀유지라고 할 것이다.

③ 헌법 제10조는 개인의 인격권과 행복추구권을 보장하고 있고, 인격권과 행복추구권은 개인의 자기운명결정권을 전제로 한다. 이러한 자기운명결정권에는 성행위 여부 및 그 상대방을 결정할 수 있는 성적 자기결정권이 포함되어 있고, 경제적 대가를 매개로 하여 성행위 여부를 결정할 수 있는 것 또한 성적 자기결정권과 관련되어 있다 볼 것이다.

④ 4급 이상의 공무원의 경우 모든 질병명을 예외 없이 공개토록 하는 것은 입법목적 실현을 위해 필요하기 때문에 해당공무원들의 헌법 제17조가 보장하는 기본권인 사생활의 비밀과 자유를 침해한다고 보기는 어렵다.

21 직업의 자유에 관한 다음 설명 중 가장 옳지 않은 것은?

① 소송사건의 대리인인 변호사라 하더라도 소송계속 사실 소명자료를 제출하지 못하면 수형자와 변호사 접견을 하지 못하도록 규정한 '형의 집행 및 수용자의 처우에 관한 법률 시행규칙' 제29조의2 제1항 제2호 중 '수형자 접견'에 관한 부분은 변호사의 직업수행의 자유를 침해하지 아니한다.

② 변호사의 자격이 있는 자에게 더 이상 세무사 자격을 부여하지 않는 구 세무사법 제3조는 시행일 이후 변호사 자격을 취득한 자들의 직업선택의 자유를 침해하지 아니한다.

③ 노래연습장에서 주류를 판매·제공하는 행위를 금지하고 이를 위반한 경우 형사처벌 하도록 하는 음악산업진흥에 관한 법률 조항은 노래연습장 운영자의 직업수행의 자유를 침해하지 아니한다.

④ 헌법은 직업의 자유를 보장하고 국민의 보건에 관한 국가의 의무를 인정하고 있으나, 시·도지사들이 한약업사 시험을 시행하여야 할 헌법상 작위의무가 규정되어 있다고 볼 수 없다.

22 다음 설명 중 가장 옳지 않은 것은?

① 근로자의 날을 관공서의 공휴일에 포함시키지 않은 '관공서의 공휴일에 관한 규정' 제2조 본문은 공무원의 평등권을 침해하지 않는다.

② 공무원연금법에서 유족급여수급권의 대상을 19세 미만의 자녀로 한정한 것은 19세 이상 자녀들의 재산권과 평등권을 침해하지 않는다.

③ 사법보좌관에게 민사소송법에 따른 독촉절차에서의 법원의 사무를 처리할 수 있도록 규정한 법원조직법 제54조 제2항 제1호 중 '민사소송법에 따른 독촉절차에서의 법원의 사무'에 관한 부분은 법관에 의한 재판받을 권리를 침해하지 않는다.

④ 사법보좌관의 지급명령에 대한 이의신청 기간을 2주 이내로 규정한 민사소송법 제470조 제1항 중 '사법보좌관의 지급명령'에 관한 부분은 재판청구권을 침해한다.

23 적법절차원칙에 관한 다음 설명 중 가장 옳지 않은 것은?

① 심급제도에 대한 입법재량의 범위와 범죄인인도심사의 법적 성격, 그리고 범죄인인도법에서의 심사절차에 관한 규정 등을 종합할 때, 범죄인인도심사를 서울고등법원의 단심제로 정하고 있는 것은 적법절차원칙에서 요구되는 합리성과 정당성을 결여한 것이라고 볼 수 없다.

② 헌법 제12조 제1항 후문과 제3항에 규정된 적법절차의 원칙은 형사절차상의 제한된 범위뿐만 아니라 국가작용으로서 모든 입법 및 행정작용에도 광범위하게 적용된다.

③ 검사만 치료감호를 청구할 수 있고, 법원은 검사에게 치료감호청구를 요구할 수 있다고만 규정한 '치료감호 등에 관한 법률' 조항은 자의적 행정처분의 가능성을 초래하므로 적법절차원칙에 위반된다.

④ 행정상 즉시강제는 그 본질상 급박성을 요건으로 하고 있어 법관의 영장을 기다려서는 그 목적을 달성할 수 없어 원칙적으로 영장주의가 적용되지 않는다.

24 다음 설명 중 가장 옳지 않은 것은?

① 법규정립행위는 그것이 국회입법이든 행정입법이든 막론하고 일종의 법률행위이므로, 그 행위의 속성상 행위 자체는 한번에 끝나는 것이고, 그러한 입법행위의 결과인 권리침해 상태가 계속될 수 있을 뿐이다.

② 국회부의장이 국회의장의 위임에 따라 그 직무를 대리하여 법률안 가결 선포행위를 하였다면, 국회부의장은 법률안 가결 선포행위에 따른 법적 책임을 지는 주체가 될 수 있으므로 권한쟁의심판의 피청구인 적격이 인정된다.

③ 국회의 동의권이 침해되었다고 하여 동시에 국회의원의 심의·표결권이 침해된다고 할 수 없고, 또한 국회의원의 심의·표결권은 국회의 대내적인 관계에서 행사되고 침해될 수 있을 뿐 다른 국가기관과의 대외적인 관계에서는 침해될 수 없다.

④ 국회에서 의결되어 정부로 이송된 법률안에 대해 대통령의 재의 요구가 있을 때에는 국회는 재의에 붙이고, 재적의원 과반수의 출석과 출석의원 3분의 2 이상의 찬성으로 전과 같은 의결을 하면 그 법률안은 법률로서 확정된다.

25 평등권에 관한 다음 설명 중 가장 옳지 않은 것은?

① 현역병 및 사회복무요원과 달리 공무원의 초임호봉 획정에 인정되는 경력에 산업기능요원의 경력을 제외하도록 한 공무원보수규정은 산업기능요원의 평등권을 침해하지 않는다.

② 근로자가 사업주의 지배관리 아래 출퇴근하던 중 발생한 사고로 부상 등이 발생한 경우만 업무상 재해로 인정하는 산업재해보상보험법(2007. 12. 14. 법률 제8694호로 전부개정된 것) 제37조 제1항 제1호 다목은 평등원칙에 위반된다.

③ 실업급여에 관한 고용보험법의 적용에 있어 '65세 이후에 새로이 고용된 자'를 그 적용대상에서 배제한 고용보험법(2013. 6. 4. 법률 제11864호로 개정된 것)은 65세 이후 고용된 사람의 평등권을 침해하지 않는다.

④ 공무원의 시간외·야간·휴일근무수당의 산정방법을 정하고 있는 구 '공무원수당 등에 관한 규정'은 공무원에 대한수당 지급을 근로기준법보다 불리하게 규정하고 있는바, 공무원과 일반근로자를 합리적 이유 없이 차별하는 것으로서 평등권을 침해한다.

헌법 | 2022년 법원직 9급

✔ 회독 CHECK 1 2 3

01 양심의 자유에 관한 다음 설명 중 옳지 않은 것은 모두 몇 개인가? (다툼이 있는 경우 헌법재판소 결정 및 대법원 판례에 의함. 이하 01~25까지 같음)

> ㄱ. 양심적 병역거부자에 대한 대체복무제를 규정하지 아니한 병역종류조항은 과잉금지원칙에 위배하여 양심적 병역거부자의 양심의 자유를 침해한다.
>
> ㄴ. 양심의 자유는 옳고 그른 것에 대한 판단을 추구하는 가치적·도덕적 마음가짐으로 인간의 윤리적 내심영역인바, 세무사가 행하는 성실신고확인은 확인대상사업자의 소득금액에 대하여 심판대상조항 및 관련 법령에 따라 확인하는 것으로 단순한 사실관계의 확인에 불과한 것이어서 헌법 제19조에 의하여 보장되는 양심의 영역에 포함되지 않는다.
>
> ㄷ. 내심적 자유, 즉 양심형성의 자유와 양심적 결정의 자유는 내심에 머무르는 한 절대적 자유라고 할 수 있지만, 양심실현의 자유는 타인의 기본권이나 다른 헌법적 질서와 저촉되는 경우 헌법 제37조 제2항에 따라 국가 안전보장·질서유지 또는 공공복리를 위하여 법률에 의하여 제한될 수 있는 상대적 자유라고 할 수 있다.
>
> ㄹ. 누구라도 자신이 비행을 저질렀다고 믿지 않는 자에게 본심에 반하여 사죄 내지 사과를 강요한다면 이는 윤리적·도의적 판단을 강요하는 것으로서 양심의 자유를 침해하는 행위에 해당하므로, 사업자단체의 독점규제 및 공정거래에 관한 법률 위반행위가 있을 때 공정거래위원회가 당해 사업자단체에 대하여 '법위반사실의 공표'를 명할 수 있도록 하는 법률조항은 양심의 자유를 침해한다.

① 1개　　　　② 2개
③ 3개　　　　④ 4개

02 공무담임권에 관한 다음 설명 중 가장 옳지 않은 것은?

① 경찰공무원이 자격정지 이상의 형의 선고유예를 받은 경우 당연퇴직하도록 규정한 조항은 자격정지 이상의 선고유예 판결을 받은 모든 범죄를 포괄하여 규정하고 있을 뿐만 아니라 과실범의 경우마저 당연퇴직의 사유에서 제외하지 않고 있으므로 공무담임권을 침해한다.

② 청구인이 당선된 당해선거에 관한 것인지를 묻지 않고, 선거에 관한 여론조사의 결과에 영향을 미치게 하기 위하여 둘 이상의 전화번호를 착신 전환 등의 조치를 하여 같은 사람이 두 차례 이상 응답하여 100만 원 이상의 벌금형을 선고받은 자로 하여금 지방의회의원의 직에서 퇴직되도록 한 조항은 청구인의 공무담임권을 침해한다.

③ '승진시험의 응시제한'은 공직신분의 유지나 업무수행에는 영향을 주지 않는 단순한 내부 승진인사에 관한 문제에 불과하여 공무담임권의 보호영역에 포함된다고 보기는 어려우므로, 시험요구일 현재를 기준으로 승진임용이 제한된 자에 대하여 승진시험 응시를 제한하도록 한 공무원임용시험령이 공무담임권을 침해하였다고 볼 수 없다.

④ 지역구국회의원선거에 입후보하기 위한 요건으로서 기탁금 및 그 반환에 관한 규정은 입후보에 영향을 주므로 공무담임권을 제한하는 것이고, 이러한 공무담임권에 대한 제한은 과잉금지원칙을 기준으로 하여 판단한다.

03 기본권의 충돌 또는 경합에 관한 다음 설명 중 옳지 않은 것은 모두 몇 개인가?

> ㄱ. 흡연권과 혐연권의 관계처럼 상하의 위계질서가 있는 기본권끼리 충돌하는 경우 상위기본권우선의 원칙에 따라 하위기본권이 제한될 수 있으므로, 흡연권은 혐연권을 침해하지 않는 한에서 인정되어야 한다.
>
> ㄴ. 노동조합이 당해 사업장에 종사하는 근로자의 3분의 2 이상을 대표하고 있을 때에는 근로자가 그 노동조합의 조합원이 될 것을 고용조건으로 하는 단체협약[이른바 유니언 샵(Union Shop)]과 관련하여 근로자의 단결하지 아니할 자유와 노동조합의 적극적 단결권(조직강제권)이 충돌하나, 근로자에게 보장되는 적극적 단결권이 단결하지 아니할 자유보다 특별한 의미를 가지고 있으므로 노동조합의 적극적 단결권은 근로자 개인의 단결하지 않을 자유보다 중시된다.
>
> ㄷ. 채권자취소권에 관한 민법 규정으로 인하여 채권자의 재산권과 채무자 및 수익자의 일반적 행동의 자유, 그리고 채권자의 재산권과 수익자의 재산권이 동일한 장에서 충돌한다. 따라서 이러한 경우에는 상충하는 기본권 모두가 최대한으로 그 기능과 효력을 발휘할 수 있도록 이른바 규범조화적 해석방법에 따라 심사하여야 한다.
>
> ㄹ. 기업의 경영에 관한 의사결정의 자유 등 영업의 자유와 근로자들이 누리는 일반적 행동자유권 등이 '근로조건' 설정을 둘러싸고 충돌하는 경우에는, 근로조건과 인간의 존엄성 보장 사이의 헌법적 관련성을 염두에 두고 구체적인 사안에서의 사정을 종합적으로 고려한 이익형량과 함께 기본권들 사이의 실제적인 조화를 꾀하는 해석 등을 통하여 이를 해결하여야 한다.

① 0개
② 1개
③ 2개
④ 3개

04 범죄피해자구조청구권에 관한 다음 설명 중 가장 옳지 않은 것은?

① 범죄피해자구조청구권의 주체는 자연인과 법인이며, 외국인은 상호보증이 있는 경우에 한하여 주체가 될 수 있다.

② 범죄피해자구조청구권의 대상이 되는 범죄피해의 범위에 관하여 해외에서 발생한 범죄피해는 포함하고 있지 아니한 조항이 평등원칙에 위배된다고 볼 수 없다.

③ 범죄피해자구조대상이 되는 범죄피해의 범위에는 형법 제20조 또는 제21조 제1항에 따라 처벌되지 아니하는 행위, 과실에 의한 행위는 제외한다.

④ 타인의 범죄행위로 피해를 당한 사람과 그 배우자, 직계친족뿐만 아니라 범죄피해 방지 및 범죄피해자 구조 활동으로 피해를 당한 사람도 범죄피해자로 본다.

05 법원의 사무에 관한 다음 설명 중 가장 옳은 것은? (법원조직법의 규정에 의함)

① 법원행정처장은 사법행정사무를 총괄하며, 사법행정사무에 관하여 관계 공무원을 지휘·감독한다.

② 법관 외의 법원공무원은 법원행정처장이 임명한다.

③ 대법원과 각급 법원에 사법보좌관을 둘 수 있고, 지방법원 및 그 지원에 집행관을 둔다.

④ 집행관은 소속 지방법원장의 추천으로 관할 고등법원장이 임면한다.

06 재판청구권에 관한 다음 설명 중 가장 옳지 않은 것은?

① 군인이 상관의 지시나 명령에 대하여 재판청구권을 행사하는 경우에 그것이 위법·위헌인 지시와 명령을 시정하려는데 목적이 있을 뿐, 군 내부의 상명하복관계를 파괴하고 명령불복종 수단으로서 재판청구권의 외형만을 빌리거나 그 밖에 다른 불순한 의도가 있지 않다면, 정당한 기본권의 행사이므로 군인의 복종의무를 위반하였다고 볼 수 없다.

② 특허법이 규정하고 있는 30일의 제소기간은 90일의 제소기간을 규정하고 있는 행정소송법에 비하여 지나치게 짧아 특허무효심결에 대하여 소송으로 다투고자 하는 당사자의 재판청구권 행사를 불가능하게 하거나 현저히 곤란하게 하여 헌법에 위반된다.

③ 법정소동죄 등을 규정한 형법 제138조에서의 '법원의 재판'에 헌법의 규정에 따라 헌법재판소가 담당하게 된 '헌법재판'도 포함된다.

④ 헌법 제27조 제1항의 재판청구권은 법적 분쟁의 해결을 가능하게 하는 적어도 한번의 권리구제절차가 개설될 것을 요청할 뿐 아니라 그를 넘어서 소송절차의 형성에 있어서 실효성 있는 권리보호를 제공하기 위하여 그에 필요한 절차적 요건을 갖출 것을 요청한다.

07 조세법률주의에 관한 다음 설명 중 가장 옳지 않은 것은?

① 헌법 제59조의 조세법률주의는 조세평등주의와 함께 조세법의 기본원칙으로 과세요건 법정주의와 과세요건 명확주의를 핵심내용으로 한다.

② 법 문언에 어느 정도의 모호함이 내포되어 있다 하더라도 법관의 보충적인 가치판단을 통해서 그 의미내용을 확인할 수 있고, 그러한 보충적 해석이 해석자의 개인적인 취향에 따라 좌우될 가능성이 없다면 과세요건 명확주의에 반한다고 볼 수 없다.

③ 경제현실의 변화나 전문적 기술의 발달 등 부득이한 사정이 있는 경우에는 법률로 규정하여야 할 사항에 관하여 행정입법에 위임하였더라도 조세법률주의 위반으로 볼 수 없다.

④ 조세법의 영역에서는 경과규정의 미비라는 명백한 입법의 공백을 방지하고 형평성의 왜곡을 시정하는 것은 원칙적으로 법률조항의 법문의 한계 안에서 법률을 해석·적용하여야 하는 법원이나 과세관청의 의무에 해당한다.

08 종교의 자유에 관한 다음 설명 중 가장 옳지 않은 것은?

① 종교의 자유에는 자기가 신봉하는 종교를 선전하고 새로운 신자를 규합하기 위한 선교의 자유가 포함되나, 선교의 자유에는 다른 종교의 신자에 대하여 개종을 권고하는 자유를 넘어 타종교를 비판하는 자유까지 포함되었다고 볼 수 없다.

② 종교 의식 내지 종교적 행위와 밀접한 관련이 있는 시설의 설치와 운영은 종교의 자유를 보장하기 위한 전제에 해당되므로 종교적 행위의 자유에 포함된다.

③ '집회 및 시위에 관한 법률'은 종교에 관한 집회에는 옥외집회 및 시위의 신고제를 적용하지 아니한다.

④ 종교교육 및 종교지도자의 양성은 헌법 제20조에 규정된 종교의 자유의 한 내용으로 보장되지만, 그것이 학교라는 교육기관의 형태를 취할 때에는 헌법 제31조 제1항, 제6항의 규정 및 이에 기한 교육법상의 각 규정들에 의한 규제를 받게 된다.

09 계약의 자유에 관한 다음 설명 중 가장 옳지 않은 것은?

① 계약의 자유는 계약을 체결할 것인지의 여부, 체결한다면 어떠한 내용의 계약을, 어떠한 상대방과의 관계에서, 어떠한 방식으로 체결하느냐 하는 것도 당사자 자신이 자기의사로 결정하는 자유뿐만 아니라, 원치 않는 계약의 체결을 법이나 국가에 의하여 강제 받지 않을 자유도 포함한다.

② 최저임금의 적용을 위해 주(週) 단위로 정해진 근로자의 임금을 시간에 대한 임금으로 환산할 때, 해당 임금을 1주 동안의 소정근로시간 수와 법정 주휴시간 수를 합산한 시간 수로 나누도록 한 규정은 임금의 수준에 관한 사용자의 계약의 자유를 침해하지 않는다.

③ 증여계약의 합의해제에 따라 신고기한 이내에 증여받은 재산을 반환하는 경우 처음부터 증여가 없었던 것으로 보는 대상에서 '금전'을 제외한 규정은 수증자의 계약의 자유를 침해한다.

④ 석조, 석회조, 연와조 또는 이와 유사한 견고한 건물 기타 공작물의 소유를 목적으로 하는 토지임대차나 식목, 채염을 목적으로 하는 토지임대차를 제외한 임대차의 존속기간을 예외 없이 20년으로 제한한 조항은 사적 자치에 의한 자율적 거래관계 형성을 왜곡하므로 계약의 자유를 침해한다.

10 행정부작위에 대한 헌법소원에 관한 다음 설명 중 가장 옳지 않은 것은?

① 행정권력의 부작위에 대한 헌법소원은 공권력의 주체에게 헌법에서 유래하는 작위의무가 특별히 구체적으로 규정되어 이에 의거하여 기본권의 주체가 행정행위 내지 공권력의 행사를 청구할 수 있음에도 공권력의 주체가 그 의무를 해태하는 경우에 허용된다.

② 하위 행정입법의 제정 없이 상위 법령의 규정만으로도 집행이 이루어질 수 있는 경우라 하더라도, 그러한 점을 이유로 하위 행정입법을 하여야 할 헌법적 작위의무가 부정되지 않는다.

③ 공권력의 주체에게 헌법에서 유래하는 작위의무가 특별히 구체적으로 규정되어 있다는 것은, 헌법상 명문으로 공권력 주체의 작위의무가 규정되어 있는 경우, 헌법의 해석상 공권력 주체의 작위의무가 도출되는 경우, 공권력 주체의 작위의무가 법령에 구체적으로 규정되어 있는 경우 등을 포괄한다.

④ 피청구인의 작위의무 이행은 이행행위 그 자체만을 가리키는 것이지 이를 통해 청구인들이 원하는 결과까지 보장해 주는 이행을 의미하지는 않으므로, 피청구인에게 헌법에서 유래하는 작위의무가 있더라도 피청구인이 이를 이행하고 있는 상태라면 부작위에 대한 헌법소원심판청구는 부적법하다.

11 청원권에 관한 다음 설명 중 가장 옳지 않은 것은?

① 정부에 제출 또는 회부된 정부의 정책에 관계되는 청원의 심사는 국무회의의 심의를 거쳐야 한다.

② 청원사항의 처리결과에 대하여 재결서에 준하는 이유를 명시할 의무는 있으나, 청원인이 청원한 내용대로의 결과를 통지할 의무는 없다.

③ 지방의회에 청원을 할 때 지방의회 의원의 소개를 얻도록 한 조항은 청원권을 침해하지 않는다.

④ 공무원이 취급하는 사건 또는 사무에 관하여 사건 해결의 청탁 등을 명목으로 금품을 수수하는 행위를 규제하는 조항은 일반적 행동자유권뿐만 아니라 청원권을 제한한다.

12 국적과 재외국민에 관한 다음 설명 중 가장 옳지 않은 것은?

① 국적법은 부모양계혈통주의를 원칙으로 하고 출생지주의를 예외적으로 인정하고 있다.

② 주된 생활의 근거를 외국에 두고 있는 복수국적자가 병역준비역에 편입된 때부터 대한민국 국적으로부터 이탈한다는 뜻을 신고하지 않고 3개월이 지난 경우 병역의무 해소 전에는 예외 없이 대한민국 국적에서 이탈할 수 없도록 제한하는 국적법 조항은 국적이탈의 자유를 침해한다.

③ 국가의 재외국민 보호의무는 재외국민이 조약 기타 일반적으로 승인된 국제법규와 거류국의 법령에 의하여 누릴 수 있는 모든 분야에서 정당한 대우를 받도록 거류국과의 관계에서 국가가 외교적 보호를 행하는 것과 국외 거주 국민에 대하여 정치적인 고려에서 특별히 법률로써 정하여 베푸는 법률·문화·교육 기타 제반영역에서의 지원을 의미한다.

④ 여행금지국가로 고시된 사정을 알면서도 외교부장관으로부터 예외적 여권사용 등의 허가를 받지 않고 여행금지국가를 방문하는 등의 행위를 형사처벌하는 여권법 규정은 국가의 재외국민 보호의무를 이행하기 위하여 법률에 구체화된 것으로서 그 목적의 정당성은 인정되나, 과도한 처벌 규정으로 인하여 거주·이전의 자유를 침해한다.

13 선거관리위원회에 관한 다음 설명 중 가장 옳지 않은 것은?

① 중앙선거관리위원회 위원장이 중앙선거관리위원회 전체회의의 심의를 거쳐 대통령의 위법사실을 확인한 후 그 재발방지를 촉구하는 내용으로 대통령에게 선거중립의무 준수요청 조치를 한 것은 단순한 권고적 행위가 아니라 헌법소원의 대상이 되는 공권력 행사에 해당한다.

② 정당 등록신청을 받은 관할 선거관리위원회는 형식적 요건을 구비하는 한 이를 거부하지 못하나, 형식적 요건을 구비하지 못한 때에는 상당한 기간을 정하여 보완을 명하고, 2회 이상 보완을 명하여도 응하지 않는 경우에는 그 신청을 각하할 수 있다.

③ 선거관리위원회가 선거인명부 작성 등 선거사무와 국민투표사무에 관하여 관계 행정기관에 지시하는 것은 비구속적인 행정행위에 해당하므로 행정기관이 이에 따라야 할 의무는 원칙적으로 인정되지 않는다.

④ 헌법은 선거관리위원회 위원이 탄핵 또는 금고 이상의 형의 선고에 의하지 아니하고는 파면되지 않도록 위원의 신분보장에 관하여 직접 규정하고 있다.

14 신체의 자유에 관한 다음 설명 중 가장 옳지 않은 것은?

① 병(兵)에 대한 징계처분으로 일정기간 부대나 함정(艦艇) 내의 영창, 그 밖의 구금장소에 감금하는 영창처분이 가능하도록 규정한 조항은 병(兵)의 신체의 자유를 침해하지 않는다.

② 신체의 자유는 외부의 물리적인 힘뿐만 아니라 정신적인 위험으로부터도 신체의 안정성이 침해당하지 아니할 자유를 포함한다.

③ 직장 변경을 제한하거나 특정한 직장에서 계속 근로를 강제하는 것이 곧바로 신체의 안전성을 침해한다거나 신체의 자유로운 이동과 활동을 제한하는 것이라고 볼 수는 없다.

④ 전동킥보드의 최고속도는 25km/h를 넘지 않아야 한다고 규정한 조항은 소비자의 자기결정권 및 일반적 행동자유권을 제한할 뿐, 신체의 자유를 제한하는 것은 아니다.

15 권한쟁의심판에 관한 다음 설명 중 가장 옳지 않은 것은?

① 헌법이나 법률에 의하여 부여받은 청구인의 권한이 현재 침해되지 않았더라도 앞으로 침해될 현저한 위험이 있는 경우에는 권한쟁의심판청구를 할 수 있다.

② 정당해산 결정과 달리 권한쟁의심판은 재판관 6인이 찬성하지 않은 경우에도 인용할 수 있다.

③ 국회의원과 국회의장 사이에 권한의 존부와 범위를 둘러싼 분쟁은 국가기관 상호간의 분쟁이 아닌 국회 구성원 내부의 분쟁이므로 권한쟁의심판청구를 할 수 없다.

④ 지방자치단체 내의 지방의회 의원과 지방의회 의장 사이의 권한쟁의심판은 지방자치단체 상호간의 권한쟁의로 볼 수 없으므로 부적법하다.

16 다음 설명 중 가장 옳지 않은 것은?

① 혼인한 등록의무자는 배우자가 아닌 본인의 직계·존비속의 재산을 등록하도록 법이 개정되었으나, 개정 전 이미 배우자의 직계·존비속의 재산을 등록한 혼인한 여성 등록의무자는 종전과 동일하게 계속해서 배우자의 직계·존비속의 재산을 등록하도록 한 부칙 조항은 그 목적의 정당성을 발견할 수 없다.

② 중혼의 취소권자를 민법이 규정하면서 직계비속을 제외한 것은 합리적 이유 없이 직계존속에게는 중혼의 취소청구권을 부여하고 직계비속에게는 부여하지 않았다고 할 것이어서 평등원칙에 반한다.

③ 국채에 대한 소멸시효를 5년 단기로 규정하여 민사 일반채권자나 회사채 채권자에 비하여 국채 채권자를 차별 취급한 것은 합리적인 이유 없는 차별에 해당하지 않는다.

④ 우체국보험금 및 환급금 청구채권 전액에 대하여 압류를 금지하여 우체국보험 가입자의 채권자와 일반 인보험 가입자의 채권자를 차별 취급하는 것은 합리적인 사유가 존재하므로 헌법상 평등원칙에 위배되지 아니한다.

17 다음 설명 중 가장 옳지 않은 것은?

① 일반사면은 헌법상 국무회의의 필수적 심의를 거친 후에 국회의 동의를 얻어 법률의 형식으로 행한다.

② 선고된 형 전부를 사면할 것인지 또는 일부만을 사면할 것인지를 결정하는 것은 사면권자의 전권사항에 속하는 것이다.

③ 유죄판결 확정 후 형선고의 효력을 상실케 하는 특별사면이 있으면 재심을 청구할 수 있다.

④ 타인에 대한 특별사면권 행사에 관하여 일반국민은 기본권 침해의 자기관련성·직접성을 인정받기 어려우므로, 이에 대한 헌법소원심판청구는 부적법하다.

18 다음 중 헌법재판소가 재산권으로 인정한 사례를 모두 고른 것은?

> ㄱ. 강제집행권
> ㄴ. 주주권
> ㄷ. 개인택시면허
> ㄹ. 정당한 지목을 등록함으로써 얻는 이익
> ㅁ. 구 민법상 법정혈족관계로 인정되던 계모자 사이의 상속권
> ㅂ. 소멸시효의 기대이익

① ㄱ, ㄴ, ㄷ
② ㄴ, ㄷ, ㄹ
③ ㄴ, ㄷ, ㄹ, ㅁ
④ ㄴ, ㄷ, ㄹ, ㅁ, ㅂ

19 다음 설명 중 가장 옳지 않은 것은?

① 헌법은 사후영장을 청구할 수 있는 경우를 현행범인인 경우와 장기 3년 이상의 형에 해당하는 죄를 범하고 도피 또는 증거인멸의 염려가 있을 때로 한정하고 있다.

② '변호인이 되려는 자'의 접견교통권은 피체포자 등의 '변호인의 조력을 받을 권리'를 기본권으로 인정한 결과 발생하는 간접적이고 부수적인 효과로서 형사소송법 등 개별 법률을 통하여 구체적으로 형성된 법률상의 권리에 불과하다.

③ 진술거부권은 형사절차에서만 보장되는 것은 아니고, 행정절차 또는 국회에서의 질문 등 어디에서나 그 진술이 자기에게 형사상 불리한 경우 이를 강요받지 아니할 국민의 기본권으로 보장된다.

④ 경찰서장이 구속적부심사 중에 있는 피구속자의 변호인에게 고소장과 피의자신문조서에 대한 열람 및 등사를 거부한 것은 변호인의 피구속자를 조력할 권리 및 알 권리를 침해한 것이다.

20 지방자치제도에 관한 다음 설명 중 가장 옳지 않은 것은?

① 중앙행정기관이 지방자치단체의 자치사무에 대하여 포괄적·사전적 일반감사나 법령위반사항을 적발하기 위한 감사를 하는 것은 허용될 수 없다.

② 헌법 제8장의 지방자치제도는 제도보장을 의미하는 것으로 지방자치단체의 자치권의 범위나 내용은 지방자치제도의 본질을 침해하지 않는 범위 내에서 입법권자가 광범위한 입법형성권을 가진다.

③ 지방자치단체의 장이 금고 이상의 형을 선고받고 그 형이 확정되지 아니한 경우 부단체장이 그 권한을 대행하도록 하였더라도 지방자치단체의 장의 공무담임권을 침해한 것으로 볼 수 없다.

④ 조례에 대한 법률의 위임은 반드시 구체적으로 범위를 정하여 할 필요가 없고 포괄적인 것으로 족하다.

21 헌법소원심판청구의 적법요건에 관한 다음 설명 중 가장 옳지 않은 것은?

① 지방자치법상 조례제정·개폐청구권은 법률상 인정되는 권리에 불과하므로 이러한 권리의 침해를 이유로 한 헌법소원 심판청구는 부적법하다.

② 주민투표권은 법률상 권리에 불과하나, 당해 지방자치단체의 관할구역에 주민등록 되어 있는 자에 한해 주민투표권을 인정함으로써 결과적으로 주민등록을 할 수 없는 재외국민인 주민을 다르게 취급한 경우에는 헌법상 평등권 심사의 대상이 된다.

③ 기본권 침해의 발생이 확실히 예측된다면 그 침해가 아직 발생하지 않았더라도 기본권 침해의 현재성을 구비한 것으로 볼 수 있다.

④ 법령이 헌법재판소법 제68조 제1항에 따른 헌법소원의 대상이 되려면 구체적인 집행행위 없이 기본권을 침해하여야 하나, 그 집행행위가 행정행위가 아닌 입법행위인 경우에는 당해 법령의 직접성이 인정되는 것이 원칙이다.

22 영장주의에 관한 다음 설명 중 가장 옳은 것은?

① 헌법 제12조 제3항이 정한 영장주의는 수사기관이 강제처분을 함에 있어 중립적 기관인 법원의 허가를 얻는 것뿐만 아니라 법원에 의한 사후 통제까지 마련되어야 함을 의미한다.

② 경찰서장이 국민건강보험공단에게 청구인들의 요양급여내역 제공을 요청한 행위는 강제력이 개입되지 않은 임의수사에 해당하므로 이에 응하여 이루어진 정보제공행위에는 영장주의가 적용되지 않는다.

③ 각급선거관리위원회 위원·직원의 선거범죄 조사에 있어서 피조사자에게 자료제출요구를 하는 것은 범죄와 관련한 수사의 성격을 가지므로 영장주의의 적용 대상에 해당한다.

④ 형식적으로 영장주의를 준수하였다면 실질적인 측면에서 입법자가 합리적인 선택범위를 일탈하는 등 그 입법형성권을 남용하였더라도 그러한 법률이 자의금지원칙에 위배되어 위헌이라고 볼 수는 없다.

23 명확성 원칙에 관한 다음 설명 중 가장 옳지 않은 것은?

① 술에 취한 상태에서의 운전을 금지하는 도로교통법 조항을 2회 이상 위반한 음주운전자를 가중처벌하는 조항은 죄형법정주의의 명확성 원칙에 위배되지 않는다.

② 인터넷언론사는 선거운동기간 중 당해 홈페이지 게시판 등에 정당·후보자에 대한 지지·반대 등의 정보를 게시하는 경우 실명을 확인받는 기술적 조치를 하도록 하는 조항에서 '인터넷언론사' 부분 및 정당 후보자에 대한 '지지·반대' 부분은 명확성 원칙에 위배되지 않는다.

③ 방송편성에 관하여 간섭을 금지하는 조항의 '간섭'에 관한 부분은 명확성의 원칙에 위배되지 않는다.

④ 상법 제635조 제1항에 규정된 자, 그 외의 회사의 회계업무를 담당하는 자, 감사인 등으로 하여금 감사보고서에 기재하여야 할 사항을 기재하지 아니하거나 허위의 기재를 한 때를 처벌하는 조항은 명확성의 원칙에 위배되지 않는다.

24 혼인과 가족생활의 보장에 관한 다음 설명 중 가장 옳지 않은 것은?

① 헌법은 제정 당시부터 평등원칙과 남녀평등을 일반적으로 천명하는 것에 덧붙여 특별히 혼인의 남녀동권(男女同權)을 헌법적 혼인질서의 기초로 선언하였다.

② 중혼취소청구권의 소멸사유나 제척기간을 두지 않고 언제든지 중혼을 취소할 수 있게 하는 것은 헌법 제36조 제1항의 규정에 의하여 국가에 부과된 개인의 존엄과 양성의 평등을 기초로 한 혼인과 가족생활의 유지·보장의무 이행과 직접적으로 관련되므로, 더 나아가 과잉금지원칙 위배 여부를 판단하여야 한다.

③ 헌법 제36조 제1항에서 규정하는 '혼인'이란 양성이 평등하고 존엄한 개인으로서 자유로운 의사의 합치에 의하여 생활공동체를 이루는 것으로서 법적으로 승인받은 것을 말하므로, 법적으로 승인되지 아니한 사실혼은 헌법 제36조 제1항의 보호범위에 포함된다고 보기 어렵다.

④ '부모가 자녀의 이름을 지을 자유'는 혼인과 가족생활을 보장하는 헌법 제36조 제1항과 행복추구권을 보장하는 헌법 제10조에 의하여 보호받는다.

25 의사공개의 원칙에 관한 다음 설명 중 가장 옳지 않은 것은?

① 헌법 제50조 제1항의 의사공개의 원칙은 단순한 행정적 회의를 제외한 국회의 헌법적 기능과 관련한 모든 회의가 원칙적으로 국민에게 공개되어야 함을 천명한 것으로 국회 본회의뿐만 아니라 위원회의 회의에도 적용된다.

② 국회 정보위원회 회의는 국가기밀에 관한 사항과 직·간접적으로 관련되어 있으므로 이를 공개하지 않도록 하고 있는 국회법 조항은 의사공개의 원칙에 반하지 않는다.

③ 국회의 회의는 출석의원 과반수의 찬성이 있거나 의장이 국가의 안전보장을 위하여 필요하다고 인정할 때에는 공개하지 않을 수 있다.

④ 국정조사와 마찬가지로 국정감사도 공개가 원칙이나, 위원회의 의결이 있는 경우에는 달리 정할 수 있다.

헌법 | 2021년 법원직 9급

✓ 회독 CHECK 1 2 3

01 표현의 자유에 관한 다음 설명 중 가장 옳지 않은 것은? (다툼이 있는 경우 헌법재판소 결정 및 대법원 판례에 의함. 이하 01~25까지 같음)

① 표현의 자유를 규제하는 법률은 그 규제로 인해 보호되는 다른 표현에 대하여 위축효과가 미치지 않도록 규제되는 표현의 개념을 세밀하고 명확하게 규정할 것이 헌법적으로 요구되는데, 이는 명확성의 원칙과 관련된다.

② 인터넷언론사에 대하여 선거일 전 90일부터 선거일까지 후보자 명의의 칼럼이나 저술을 게재하는 보도를 제한하는 '인터넷선거보도 심의기준 등에 관한 규정' 조항은 후보자 명의로 칼럼을 게재하는 자의 표현의 자유를 침해한다.

③ 음란표현은 사회의 건전한 성도덕을 크게 해칠 뿐만 아니라 사상의 경쟁매커니즘에 의해서도 그 해악이 해소되기 어려워 언론·출판의 자유의 보호영역에 해당하지 않는 반면, 저속한 표현은 이러한 정도에 이르지 않는 성표현 등을 의미하는 것으로서 헌법적인 보호영역 안에 있다.

④ 한국의료기기산업협회가 행하는 의료기기 광고 사전심의는 헌법이 금지하는 사전검열에 해당한다.

02 국가배상청구권에 관한 다음 설명 중 가장 옳지 않은 것은?

① 헌법상 국가배상청구권에 관한 규정은 국가배상청구권을 청구권적 기본권으로 보장하며, 그 요건에 해당하는 사유가 발생한 개별 국민에게는 금전청구권으로서의 재산권으로서도 보장된다.

② 헌법 제29조 제1항 제1문은 '공무원의 직무상 불법행위'로 인한 국가 또는 공공단체의 책임을 규정하고 제2문은 '이 경우 공무원 자신의 책임은 면제되지 아니한다'고 규정하고 있으므로 헌법상 국가배상책임은 공무원의 책임을 일정 부분 전제하는 것으로 해석될 수 있다.

③ 국가배상청구권의 성립요건으로서 공무원의 고의 또는 과실을 규정한 국가배상법 조항은, 법률로 이미 형성된 국가배상청구권의 행사 및 존속을 '제한'하는 것이라기보다는 국가배상청구권의 내용을 '형성'하는 것이므로, 헌법상 국가배상제도의 정신에 부합하게 국가배상청구권을 형성하였는지의 관점에서 심사하여야 한다.

④ 위 ③항의 국가배상법 조항은 헌법에서 규정한 국가배상청구권을 침해한다고 보기 어려우나, 인권침해가 극심하게 이루어진 긴급조치 발령과 그 집행과 같이 국가의 의도적·적극적 불법행위에 대하여는 국가배상청구의 요건을 완화하여 공무원의 고의 또는 과실에 대한 예외를 인정하여야 한다.

03 헌법상 평등의 원칙에 관한 다음 설명 중 가장 옳지 않은 것은?

① 헌법에서 특별히 평등을 요구하고 있는 경우나 차별적 취급으로 인하여 관련 기본권에 대한 중대한 제한을 초래하게 되는 경우에는 입법형성권은 축소되고, 보다 엄격한 심사척도가 적용되어야 할 것이다.

② 사회적 특수계급의 제도는 인정되지 아니하며, 어떠한 형태로도 이를 창설할 수 없다.

③ 훈장 등의 영전은 이를 받은 자에게만 효력이 있고, 어떠한 특권도 이에 따르지 아니한다.

④ 입법자가 전문자격제도의 내용인 결격사유를 정함에 있어 변호사의 경우 변리사나 공인중개사보다 더 가중된 요건을 규정한 것은 평등권을 침해한 것이다.

04 사생활의 비밀과 자유 내지 개인정보자기결정권에 관한 다음 설명 중 가장 옳은 것은?

① 교육감이 졸업생 관련 증명업무를 위해 졸업생의 성명, 생년월일 및 졸업일자에 대한 정보를 교육정보시스템에 보유하는 행위는 개인정보보호법제가 완비되지 않은 상황에서 그 보유의 목적과 수단의 적정성을 인정할 수 없어 졸업생의 개인정보자기결정권을 침해한다.

② 개인정보자기결정권은 헌법에 명시된 기본권이다.

③ 사생활의 비밀과 자유가 보호하는 것은 개인의 내밀한 내용의 비밀을 유지할 권리, 개인이 자신의 사생활의 불가침을 보장받을 수 있는 권리, 개인의 양심영역이나 성적 영역과 같은 내밀한 영역에 대한 보호, 인격적인 감정세계의 존중의 권리와 정신적인 내면생활이 침해받지 아니할 권리 등이다.

④ 자동차 안에서 이루어지는 활동은 사생활의 영역에 속한다고 할 것이므로, 운전할 때 운전자가 좌석안전띠를 착용하는 문제는 사생활 영역의 문제로서 좌석안전띠의 착용을 강제하는 것이 사생활의 비밀과 자유를 침해하는지 여부에 대하여는 과잉금지원칙에 따른 비례심사를 하여야 한다.

05 사회적 기본권에 관한 다음 설명 중 가장 옳지 않은 것은?

① 모든 국민은 인간다운 생활을 할 권리를 가지며 국가는 생활능력 없는 국민을 보호할 의무가 있다는 헌법의 규정은 헌법재판에 있어서는 다른 국가기관, 즉 입법부나 행정부가 국민으로 하여금 인간다운 생활을 영위하도록 하기 위하여 객관적으로 필요한 최소한의 조치를 취할 의무를 다하였는지를 기준으로 국가기관의 행위의 합헌성을 심사하여야 한다는 통제규범으로 작용하는 것이다.

② 국가는 사회적 기본권에 의하여 제시된 국가의 의무와 과제를 언제나 국가의 현실적인 재정·경제 능력의 범위 내에서 다른 국가과제와의 조화와 우선순위결정을 통하여 이행할 수밖에 없다.

③ 국가는 노인과 청소년의 복지향상을 위한 정책을 실시할 의무를 진다.

④ 헌법은 국가의 재해예방 의무에 대해서 아무런 규정을 두고 있지 않다.

06 신체의 자유 및 죄형법정주의에 관한 다음 설명 중 가장 옳지 않은 것은?

① 과태료는 행정상 의무위반자에게 부과하는 행정질서벌로서 그 기능과 역할이 형벌에 준하는 것이므로 죄형법정주의의 규율대상에 해당한다.

② 모든 국민은 고문을 받지 아니하고, 형사상 자기에게 불리한 진술을 강요당하지 아니한다.

③ 체포·구속·압수 또는 수색을 할 때에는 적법한 절차에 따라 검사의 신청에 의하여 법관이 발부한 영장을 제시하여야 한다. 다만, 현행범인인 경우와 장기 3년 이상의 형에 해당하는 죄를 범하고 도피 또는 증거인멸의 염려가 있을 때에는 사후에 영장을 청구할 수 있다.

④ 누구든지 체포 또는 구속을 당한 때에는 즉시 변호인의 조력을 받을 권리를 가진다. 다만, 형사피고인이 스스로 변호인을 구할 수 없을 때에는 법률이 정하는 바에 의하여 국가가 변호인을 붙인다.

07 다음 설명 중 가장 옳지 않은 것은?

① 집회의 자유는 개인의 인격발현의 요소이자 민주주의를 구성하는 요소라는 이중적 헌법적 기능을 가지고 있다.

② 옥외집회의 신고는 수리를 요하지 아니하는 정보제공적 신고이므로 경찰서장이 이미 접수된 옥외집회 신고서를 반려하는 행위는 공권력의 행사에 해당하지 아니한다.

③ 언론·출판에 대한 허가나 검열과 집회·결사에 대한 허가는 인정되지 아니한다.

④ 집회의 자유에는 집회를 통하여 형성된 의사를 집단적으로 표현하고 이를 통하여 불특정 다수인의 의사에 영향을 줄 자유를 포함한다.

08 양심의 자유에 관한 다음 설명 중 가장 옳지 않은 것은?

① '양심'은 민주적 다수의 사고나 가치관과 일치하는 것이 아니라 개인적 현상으로서 지극히 주관적인 것이므로, 그 대상이나 내용 또는 동기에 의하여 판단될 수 없으며, 특히 양심상의 결정이 이성적·합리적인가, 타당한가 또는 법질서나 사회규범·도덕률과 일치하는가 하는 관점은 양심의 존재를 판단하는 기준이 될 수 없다.

② 헌법상 양심의 자유에 의해 보호받는 '양심'으로 인정할 것인지의 판단은 그것이 깊고, 확고하며, 진실된 것인지 여부에 따르게 되므로, 양심적 병역거부를 주장하는 사람은 자신의 '양심'을 외부로 표명하여 증명할 최소한의 의무를 진다.

③ 양심의 자유 중 양심형성의 자유는 내심에 머무르는 한 절대적으로 보호되는 기본권이라 할 수 있는 반면, 양심적 결정을 외부로 표현하고 실현할 수 있는 권리인 양심실현의 자유는 법질서에 위배되거나 타인의 권리를 침해할 수 있기 때문에 법률에 의하여 제한될 수 있다.

④ 대체복무제가 마련되지 아니한 상황에서 양심상의 결정에 따라 입영을 거부하거나 소집에 불응하는 사람들에게 형사 처벌을 부과하는 병역법 조항은 '양심에 반하는 행동을 강요당하지 아니할 자유'를 제한하는 것이다. 그러나 다른 한편 헌법 제39조 제1항의 국방의 의무를 형성하는 입법이기도 하므로, 위 병역법 조항이 양심의 자유를 침해하는지 여부에 대한 심사는 헌법상 자의금지원칙에 따라 입법형성의 재량을 일탈하였는지 여부를 기준으로 판단하여야 한다.

09 재산권에 관한 다음 설명 중 가장 옳은 것은?

① 헌법 제23조 제3항은 "공공필요에 의한 재산권의 수용·사용 또는 제한 및 그에 대한 보상은 법률로써 하되, 완전한 보상을 지급하여야 한다."라고 규정하여 피수용재산의 객관적인 재산가치를 완전하게 보상하여야 함을 선언하고 있다.

② 헌법상 재산권에 관한 규정은 그 내용과 한계가 법률에 의해 구체적으로 형성되는 기본권 형성적 법률유보의 형태를 띠고 있고, 헌법이 보장하는 재산권의 내용과 한계는 국회에 의하여 제정되는 형식적 의미의 법률에 의하여 정해진다.

③ 영리획득의 단순한 기회 또는 기업활동의 사실적·법적 여건 또한 재산권보장의 대상이 된다.

④ 공무원연금법상의 연금수급권은 사회보장수급권의 성격을 가지고 있을 뿐 이를 재산권이라고 볼 수 없으므로 입법자에게 넓은 입법형성권이 인정된다.

10 재판청구권에 관한 다음 설명 중 가장 옳지 않은 것은?

① 재판청구권은 공권력이나 사인에 의해서 기본권이 침해당하거나 침해당할 위험에 처해 있을 경우 이에 대한 구제나 그 예방을 요청할 수 있는 권리라는 점에서 다른 기본권의 보장을 위한 기본권이라는 성격을 가진다.

② 형사피해자는 법률이 정하는 바에 의하여 당해 사건의 재판절차에서 진술할 수 있다.

③ 헌법 제27조 제1항의 '헌법과 법률이 정한 법관에 의하여 법률에 의한 재판을 받을 권리'는 사건의 경중을 가리지 않고 모든 사건에 대하여 대법원을 구성하는 법관에 의한 균등한 재판을 받을 권리를 의미한다.

④ 헌법상 보장되는 기본권인 '공정한 재판을 받을 권리'에는 '공정한 헌법재판을 받을 권리'도 포함된다.

11 개인정보자기결정권에 관한 다음 설명 중 가장 옳지 않은 것은?

① '형제자매'에게 가족관계등록부 등의 기록사항에 관한 증명서 교부청구권을 부여하는 '가족관계의 등록 등에 관한 법률'조항은 과잉금지원칙에 반하여 정보주체의 개인정보자기결정권을 침해한다.

② '직계혈족'에게 가족관계증명서 및 기본증명서의 교부청구권을 부여하는 '가족관계의 등록 등에 관한 법률'조항은 가정폭력 피해자의 개인정보가 가정폭력 가해자인 전 배우자에게 무단으로 유출될 수 있는 가능성을 열어놓고 있으므로 가정폭력 피해자의 개인정보자기결정권을 침해한다.

③ 공개되지 아니한 타인 간의 대화를 녹음 또는 청취하여 그 내용을 공개하거나 누설한 자를 처벌하는 통신비밀보호법 조항은 불법 감청·녹음 등으로 생성된 정보를 합법적으로 취득한 자가 이를 공개 또는 누설하는 경우에도 그것이 진실한 사실로서 오로지 공공의 이익을 위한 경우에는 이를 처벌하지 아니한다는 특별한 위법성조각사유를 두지 아니한 이상 통신비밀만을 과도하게 보호하고 표현의 자유 보장을 소홀히 한 것이므로 그 범위에서는 헌법에 위반된다.

④ 송·수신이 완료된 전기통신에 대한 압수·수색 사실을 수사대상이 된 가입자에게만 통지하도록 하고, 그 상대방에 대하여는 통지하지 않도록 한 통신비밀보호법 조항은 청구인들의 개인정보자기결정권을 침해하지 아니한다.

12 헌법상 환경권 등에 관한 다음 설명 중 가장 옳지 않은 것은?

① 국가가 사인인 제3자에 의한 국민의 환경권 침해에 대해서 적극적으로 기본권 보호조치를 취할 의무를 지는 경우 헌법재판소가 이를 심사할 때에는 과잉금지원칙을 심사기준으로 삼아야 한다.

② 환경권의 내용과 행사에 관하여는 법률로 정한다.

③ 국가는 주택개발정책 등을 통하여 모든 국민이 쾌적한 주거생활을 할 수 있도록 노력하여야 한다.

④ 환경권을 행사함에 있어 국민은 국가로부터 건강하고 쾌적한 환경을 향유할 수 있는 자유를 침해당하지 않을 권리를 행사할 수 있고, 일정한 경우 국가에 대하여 건강하고 쾌적한 환경에서 생활할 수 있도록 요구할 수 있는 권리가 인정되기도 하는바, 환경권은 그 자체 종합적인 기본권으로서의 성격을 지닌다.

13 다음 중 국회 법제사법위원회의 소관사항이 아닌 것은?

① 법원·군사법원의 사법행정에 관한 사항

② 감사원 소관에 속하는 사항

③ 법률안·국회규칙안의 체계·형식과 자구의 심사에 관한 사항

④ 「국회법」과 국회규칙에 관한 사항

14 다음 설명 중 가장 옳지 않은 것은?

① 대통령으로 선거될 수 있는 자는 국회의원의 피선거권이 있고 선거일 현재 40세에 달하여야 한다.

② 공무담임권의 보호영역에는 공무원이 특정의 장소에서 근무하는 것이나 특정의 보직을 받아 근무하는 것을 포함하는 일종의 공무수행의 자유까지 포함된다고 보기 어렵다.

③ 헌법 제7조에서 보장하는 직업공무원제도의 기본적 요소에 능력주의가 포함되는 점에 비추어 헌법 제25조의 공무담임권 조항은 모든 국민이 누구나 그 능력과 적성에 따라 공직에 취임할 수 있는 균등한 기회를 보장함을 내용으로 한다.

④ 직업공무원제도는 헌법이 보장하는 제도적 보장 중의 하나임이 분명하므로 입법자는 직업공무원제도에 관하여 '최대한 보장'의 원칙에 의하여 입법을 형성할 책무가 있다.

15 근로 3권에 관한 다음 설명 중 가장 옳지 않은 것은?

① 근로자는 근로조건의 향상을 위하여 자주적인 단결권·단체교섭권 및 단체행동권을 가진다.

② 공무원인 근로자는 법률이 정하는 자에 한하여 단결권·단체교섭권 및 단체행동권을 가진다.

③ 법률이 정하는 주요방위산업체에 종사하는 근로자의 단체 행동권은 법률이 정하는 바에 의하여 이를 제한하거나 인정하지 아니할 수 있다.

④ 노동조합에는 헌법 제21조 제2항의 결사에 대한 허가제금지원칙이 적용되지 않는다.

16 형사보상청구권에 관한 다음 설명 중 가장 옳지 않은 것은?

① 형사보상청구권은 국가의 공권력 작용에 의하여 신체의 자유를 침해받은 국민에 대해 금전적인 보상을 청구할 권리를 인정하는 것이므로, 형사보상청구권이 제한됨으로 인하여 침해되는 국민의 기본권은 단순히 금전적인 권리에 불과한 것이라기보다는 실질적으로 국민의 신체의 자유와 밀접하게 관련된 중대한 기본권이다.

② 형사보상의 구체적 내용과 금액 및 절차에 관한 사항은 입법자가 정하여야 할 사항으로 형사보상금을 일정한 범위 내로 한정하고 있는 형사보상법 조항은 형사보상청구권을 침해한다고 볼 수 없다.

③ 형사보상청구를 무죄재판이 확정된 때로부터 1년 이내에 하도록 규정한 형사보상법 조항은 그 청구기간이 지나치게 단기간이어서 입법목적 달성에 필요한 정도를 넘어선 것이다.

④ 형사보상청구에 대하여 한 보상의 결정에 대하여는 불복을 신청할 수 없도록 하여 형사보상의 결정을 단심재판으로 규정한 형사보상법 조항은 형사보상청구권 및 재판청구권을 침해한다고 볼 수 없다.

17 기본권에 관한 다음 설명 중 가장 옳은 것은?

① 우리 헌법은 법인의 기본권향유능력을 인정하는 명문의 규정을 두고 있지 않지만, 언론·출판의 자유, 재산권의 보장 등과 같이 성질상 법인이 누릴 수 있는 기본권은 당연히 법인에게도 적용된다.

② 정당은 단순한 시민이나 국가기관이 아니고 국민의 정치적 의사를 형성하는 중개적 기관으로 국민의 권리인 평등권의 주체가 될 수 없다.

③ 초기배아는 수정이 된 배아라는 점에서 아직 모체에 착상되거나 원시선이 나타나지 않았다고 하더라도 기본권의 주체가 될 수 있다.

④ 흡연자들이 자유롭게 흡연할 권리는 행복추구권을 규정한 헌법 제10조와 사생활의 자유를 규정한 헌법 제17조에 의하여 뒷받침되는 기본권이 아니다.

18 헌법재판소의 위헌법률심판의 적법요건에 관한 다음 설명 중 가장 옳지 않은 것은?

① 군사법원은 법률에 대한 위헌 여부 심판을 제청할 수 없다.

② 법률이 헌법에 위반되는지 여부가 재판의 전제가 된 경우에는 당해 사건을 담당하는 법원은 직권 또는 당사자의 신청에 의한 결정으로 헌법재판소에 위헌 여부 심판을 제청한다.

③ 위헌 여부 심판의 제청에 관한 결정에 대하여는 항고할 수 없다.

④ 대법원 외의 법원이 위헌 여부 심판의 제청을 할 때에는 대법원을 거쳐야 한다.

19 법원의 재판에 대한 헌법소원심판에 관한 다음 설명 중 가장 옳지 않은 것은?

① 법원의 재판에 대하여는 원칙적으로 헌법소원심판을 청구할 수 없으며, 여기서 법원의 재판이라 함은 사건을 종국적으로 해결하기 위한 종국판결 외에 본안전 소송판결 및 중간판결이 모두 포함된다.

② 법원의 재판에는 재판절차에 관한 법원의 판단이 포함되나, 재판의 지연은 법원의 재판절차에 관한 것으로 볼 수 없으므로 헌법소원의 대상이 된다.

③ 헌법재판소에 의하여 이미 위헌선언된 법령을 적용하여 국민의 기본권을 침해한 법원의 재판에 대하여는 예외적으로 헌법소원심판을 청구할 수 있다.

④ 원행정처분을 심판의 대상으로 삼았던 법원의 재판이 예외적으로 헌법소원심판의 대상이 되어 그 재판 자체까지 취소되는 경우에는 원행정처분에 대한 헌법소원이 허용된다.

20 다음 설명 중 가장 옳지 않은 것은?

　① 국회의원의 수는 법률로 정하되, 200인 이상으로 한다.

　② 국회의원을 제명하려면 국회재적의원 3분의 2 이상의 찬성이 있어야 한다. 이때 제명처분에 대하여 이의가 있으면 법원에 제소할 수 있다.

　③ 대법원장과 대법관이 아닌 법관의 임기는 10년으로 하며, 법률이 정하는 바에 의하여 연임할 수 있다.

　④ 국회의 임시회는 대통령 또는 국회재적의원 4분의 1 이상의 요구에 의하여 열리고, 그 회기는 30일을 초과할 수 없다.

21 헌법소원심판에 있어서 변호사강제주의와 국선대리인 제도에 관한 다음 설명 중 가장 옳지 않은 것은?

　① 사인(私人)은 변호사를 대리인으로 선임하지 아니하면 헌법소원심판청구를 하거나 심판수행을 하지 못하지만, 그가 변호사의 자격이 있는 경우에는 그러하지 아니하다.

　② 변호사가 선임되어 있는 경우에는 당사자 본인이 스스로의 주장과 자료를 헌법재판소에 제출하여 재판청구권을 행사하는 것은 허용되지 아니한다.

　③ 헌법소원심판을 청구하려는 자가 변호사를 대리인으로 선임할 자력이 없는 경우에는 헌법재판소에 국선대리인을 선임해 줄 것을 신청할 수 있고, 헌법재판소가 공익상 필요가 있다고 인정할 때에는 자력이 충분한 청구인에게도 국선대리인을 선임해 줄 수 있다.

　④ 헌법소원심판을 청구하려는 자가 자력이 없는 경우라 하더라도 그 심판청구가 명백히 부적법하거나 이유 없는 경우에는 국선대리인을 선정하지 아니할 수 있다.

22 다음 설명 중 가장 옳지 않은 것은?

　① 국가는 균형있는 국민경제의 성장 및 안정과 적정한 소득의 분배를 유지하고, 시장의 지배와 경제력의 남용을 방지하며, 경제주체간의 조화를 통한 경제의 민주화를 위하여 경제에 관한 규제와 조정을 할 수 있다.

　② 입법자는 공무원연금법상 연금수급권의 구체적 내용을 형성함에 있어 반드시 민법상 상속의 법리와 순위에 따라야 하는 것은 아니고, 공무원연금법의 입법목적에 맞도록 독자적으로 규율할 수 있다.

　③ 부모의 자녀교육권은 다른 기본권과는 달리, 기본권의 주체인 부모의 자기결정권이라는 의미에서 보장되는 자유가 아니라 자녀의 보호와 인격발현을 위하여 부여되는 기본권이다.

　④ 헌법 제32조 제1항이 규정한 근로의 권리는 개인인 근로자 외에 노동조합 또한 그 주체가 된다.

23 다음 중 헌법에서 명문으로 규정하고 있지 않은 것은?

　① 국가의 고용증진 의무

　② 일반사면과 특별사면에 대한 국회의 동의권

　③ 조세법률주의

　④ 최저임금제 시행

24 헌법재판소 재판관에 관한 다음 설명 중 가장 옳지 않은 것은?

　① 재판관의 임기는 6년으로 하고, 연임할 수 없다.

　② 재판관의 정년은 70세로 한다.

　③ 재판관은 탄핵결정이 되거나 금고 이상의 형을 선고받은 경우가 아니면 그 의사에 반하여 해임되지 아니한다.

　④ 재판관은 정당에 가입하거나 정치에 관여할 수 없다.

25 대통령에 관한 다음 설명 중 가장 옳지 않은 것은?

① 대통령은 국가의 원수이며, 외국에 대하여 국가를 대표한다.

② 대통령은 국가의 독립 · 영토의 보전 · 국가의 계속성과 헌법을 수호할 책무를 진다.

③ 대통령은 조국의 평화적 통일을 위한 성실한 의무를 진다.

④ 대통령의 임기 만료시에는 임기 만료 80일 전에 후임자를 선거한다.

01 선거권과 선거의 원칙에 관한 다음 설명 중 가장 옳은 것은? (다툼이 있는 경우 헌법재판소 결정 및 대법원 판례에 의함. 이하 01~25까지 같음)

① 외국인은 대통령선거 및 국회의원선거에서는 선거권이 없으나, 지방선거권이 조례에 의해서 인정되고 있다.

② 평등선거의 원칙은 평등의 원칙이 선거제도에 적용된 것으로서 투표의 수적(數的) 평등, 즉 복수투표제 등을 부인하고 모든 선거인에게 1인 1표(one man, one vote)를 인정함을 의미할 뿐, 투표의 성과가치의 평등까지 의미하는 것은 아니다.

③ 비례대표제를 채택하는 경우 직접선거의 원칙은 의원의 선출 뿐만 아니라 정당의 비례적인 의석확보도 선거권자의 투표에 의하여 직접 결정될 것을 요구하는바, 비례대표의원의 선거는 지역구의원의 선거와는 별도의 선거이므로 이에 관한 유권자의 별도의 의사표시, 즉 정당명부에 대한 별도의 투표가 있어야 한다.

④ 현행 헌법은 대통령선거에 관하여 국민의 보통·평등·직접·비밀선거의 원칙을 규정하고 있고, 국회의원선거에 관하여는 위 원칙들에 관한 규정이 없으나, 헌법해석상 당연히 적용되는 것으로 보아야 한다.

02 다음 중 헌법재판소가 언론의 자유(표현의 자유)를 침해한다고 결정한 것은 모두 몇 개인가?

ㄱ. 인터넷게시판을 설치·운영하는 정보통신서비스제공자에게 본인확인조치의무를 부과하여 게시판 이용자로 하여금 본인확인절차를 거쳐야만 게시판을 이용할 수 있도록 하는 본인확인제에 관한 '정보통신망 이용촉진 및 정보보호 등에 관한 법률' 규정

ㄴ. 인터넷언론사가 선거운동기간 중 당해 홈페이지의 게시판 등에 정당·후보자에 대한 지지·반대의 정보를 게시할 수 있도록 하는 경우 실명을 확인받도록 하는 기술적 조치를 하여야 하고 이를 위반한 때에는 과태료를 부과하는 '공직선거법' 규정

ㄷ. 교통수단을 이용하여 타인의 광고를 할 수 없도록 하고 있는 '옥외광고물등관리법시행령' 규정

ㄹ. 온라인서비스제공자가 자신이 관리하는 정보통신망에서 아동·청소년이용음란물을 발견하기 위하여 대통령령으로 정하는 조치를 취하지 아니하거나 발견된 아동·청소년이용음란물을 즉시 삭제하고, 전송을 방지 또는 중단하는 기술적인 조치를 취하지 아니한 경우 처벌하는 '아동·청소년의 성보호에 관한 법률' 규정

① 1개   ② 2개

③ 3개   ④ 4개

03 대통령의 지위, 권한에 관한 다음 설명 중 가장 옳지 않은 것은?

① 헌법 제69조가 정한 취임선서의무의 내용인 '대통령의 직책을 성실히 수행할 의무'의 이행 여부는 사법적 심사의 대상이 되지 아니한다.

② 대통령이 특별사면을 명하려면 국회의 동의를 얻어야 한다.

③ 대통령은 국무회의의 의장이 되고, 국무총리는 부의장이 된다.

④ 헌법재판소의 장은 국회의 동의를 얻어 재판관 중에서 대통령이 임명한다.

04 개인정보자기결정권에 관한 다음 설명 중 가장 옳지 않은 것은?

① 국회의원인 甲이 '각급학교 교원의 교원단체 및 교원노조 가입현황 실명자료'를 인터넷을 통하여 공개하였다면, 이는 개인정보자기결정권의 보호대상이 되는 개인정보를 일반 대중에게 공개함으로써 해당 교원들의 개인정보자기결정권을 침해하는 것이다.

② 법률정보 제공 사이트를 운영하는 甲주식회사가 공립대학교인 乙 대학교 법과대학 법학과 교수로 재직 중인 丙의 사진, 성명, 성별, 출생연도, 직업, 직장, 학력, 경력 등의 개인정보를 위 법학과 홈페이지 등을 통해 수집하여 위 사이트 내 '법조인' 항목에서 유료로 제공한 행위는 丙의 개인정보자기결정권을 침해하지 않는다.

③ 지문은 개인의 고유성과 동일성을 나타내는 생체정보로서 개인이 임의로 변경할 수 없는 정보이고, 행정상 목적으로 신원확인이 필요한 경우 반드시 열 손가락 지문 전부가 필요한 것은 아니므로 주민등록증 발급신청서에 열 손가락 지문을 찍도록 하는 것은 개인정보자기결정권을 침해한다.

④ 국민건강보험공단이 경찰서장에게 일정기간 동안의 피의자에 대한 급여일자, 요양기관명을 포함한 요양급여내역을 제공한 행위는 개인정보자기결정권을 침해한다.

05 헌법재판소법 제68조 제2항에 의한 헌법소원심판에 관한 다음 설명 중 가장 옳지 않은 것은?

① 법률의 위헌 여부 심판의 제청신청이 기각된 때에는 그 신청을 한 당사자는 헌법재판소에 헌법소원심판을 청구할 수 있다.

② 이 경우 당사자는 위헌 여부 심판의 제청신청을 기각하는 결정을 통지받은 날부터 30일 이내에 청구하여야 한다.

③ 헌법재판소법 제68조 제2항에 의한 헌법소원심판을 청구한 때에는 당해 소송사건의 재판은 헌법재판소의 위헌 여부의 결정이 있을 때까지 정지된다.

④ 헌법재판소법 제68조 제2항에 의한 헌법소원심판을 청구한 당사자는 당해 사건의 소송절차에서 동일한 사유를 이유로 다시 위헌 여부 심판의 제청을 신청할 수 없다.

06 집회 및 시위의 자유에 관한 다음 설명 중 가장 옳지 않은 것은?

① 집회의 자유는 개인의 인격발현의 요소이자 민주주의를 구성하는 요소라는 이중적인 헌법적 기능을 가지고 있다.

② 각급 법원 인근에 집회·시위금지장소를 설정하는 것은 입법목적 달성을 위한 적합한 수단으로 볼 수 없다.

③ 국회의사당의 경계지점으로부터 100미터 이내의 장소에서 옥외집회 또는 시위를 할 경우 형사처벌한다고 규정한 '집회 및 시위에 관한 법률'은 과잉금지의 원칙을 위반하여 집회의 자유를 침해한다.

④ 해가 뜨기 전이나 해가 진 후에는 시위를 하여서는 안된다고 규정한 집회 및 시위에 관한 규정 중 일몰시간 후부터 같은 날 24시까지의 옥외집회 또는 시위를 금지한 부분은 헌법에 합치되지 아니한다.

07 헌법 제18조(통신의 자유)에 관한 다음 설명 중 가장 옳지 않은 것은?

① 통신의 비밀이란 서신 · 우편 · 전신의 통신수단을 통하여 개인 간에 의사나 정보의 전달과 교환이 이루어지는 경우, 통신의 내용과 통신이용의 상황이 개인의 의사에 반하여 공개되지 아니할 자유를 의미하므로, 휴대전화 통신 계약 체결 단계에서는 아직 통신의 비밀에 대한 제한이 이루어진다고 보기 어렵다.

② 통신의 자유란 통신수단을 자유로이 이용하여 의사소통할 권리이고, 이러한 '통신수단의 자유로운 이용'에는 자신의 인적사항을 누구에게도 밝히지 않은 상태로 통신수단을 이용할 자유, 즉 통신수단의 익명성 보장도 포함된다.

③ 전기통신역무제공에 관한 계약을 체결하는 경우 전기통신사업자로 하여금 가입자에게 본인임을 확인할 수 있는 증서 등을 제시하도록 요구하고 부정가입방지시스템 등을 이용하여 본인인지 여부를 확인하도록 한 전기통신사업법령 조항들은 휴대전화를 통한 문자 · 전화 · · 모바일 인터넷 등 통신기능을 사용하고자 하는 자에게 반드시 사전에 본인확인 절차를 거치는 데 동의해야만 이를 사용할 수 있도록 하므로, 익명으로 통신하고자 하는 청구인들의 통신의 자유를 침해한다.

④ 육군 신병훈련소에서 교육훈련을 받는 동안 전화사용을 통제하는 내용의 육군 신병교육 지침서 부분은 신병교육 훈련생들의 통신의 자유를 침해하지 않는다.

08 헌법소원심판 대상인 공권력의 행사 내지 불행사에 관한 다음 설명 중 가장 옳지 않은 것은?

① 법원행정처장의 민원인에 대한 법령 질의회신은 법규나 행정처분과 같은 법적 구속력을 갖는 것이라고는 보여지지 아니하므로 이에 대한 헌법소원심판청구는 부적법하다.

② 법원이 구속영장이 청구된 피의자의 사선변호인에게 구속 전 피의자심문(영장실질심사) 기일 이전에 피의사실의 요지를 미리 고지하도록 규정하지 아니한 입법부작위에 대한 헌법소원심판청구는 부적법하다.

③ 대통령의 법률안 제출행위는 헌법재판소법 제68조에서 말하는 공권력의 행사에 해당되지 않는다.

④ 국립대학인 서울대학교의 "94학년도 대학입학고사 주요요강"은 사실상의 준비행위 내지 사전안내로서 헌법재판소법 제68조 제1항 소정의 공권력의 행사에 해당되지 않는다.

09 국회에 관한 다음 설명 중 가장 옳지 않은 것은?

① 국회의 회의는 공개한다. 다만, 재적의원 과반수의 찬성이 있거나 의장이 국가의 안전보장을 위하여 필요하다고 인정할 때에는 공개하지 아니할 수 있다.

② 국회에 제출된 법률안 기타의 의안은 회기 중에 의결되지 못한 이유로 폐기되지 아니하는 것이 원칙이다.

③ 국채를 모집하거나 예산외에 국가의 부담이 될 계약을 체결하려 할 때에는 정부는 미리 국회의 의결을 얻어야 한다.

④ 국회는 국무총리 또는 국무위원의 해임을 대통령에게 건의할 수 있다.

10 정당제도에 관한 다음 설명 중 가장 옳지 않은 것은?

① 정당의 명칭은 그 정당의 정책과 정치적 신념을 나타내는 대표적인 표지에 해당하므로, 정당설립의 자유는 자신들이 원하는 명칭을 사용하여 정당을 설립하거나 정당활동을 할 자유도 포함한다.

② 등록신청을 받은 관할 선거관리위원회는 형식적 요건을 구비하는 한 이를 거부하지 못한다.

③ 정당의 목적이나 활동이 민주적 기본질서에 위배될 때에는 정부는 헌법재판소에 그 해산을 제소할 수 있고, 정당은 헌법재판소의 심판에 의하여 해산된다.

④ 헌법재판소가 정당해산의 결정을 할 때에는 종국심리에 관여한 재판관 과반수의 찬성으로 결정한다.

11 국회의원의 불체포특권, 면책특권에 관한 다음 설명 중 가장 옳지 않은 것은?

① 국회의원이 회기전에 체포 또는 구금된 때에는 현행범인이 아닌 한 국회의 요구가 있으면 회기 중 석방된다.

② 국회의원이 체포 또는 구금된 국회의원의 석방 요구를 발의할 때에는 재적의원 1/4 이상의 연서로 그 이유를 첨부한 요구서를 의장에게 제출하여야 한다.

③ 국회의원의 면책특권은 임기 중에만 인정되는 것이므로 임기 후에는 임기 중 행위에 관해 민·형사상 책임을 부담한다.

④ 국회의원의 면책특권의 대상이 되는 행위는 직무상의 발언과 표결이라는 의사표현행위 자체에 국한되지 아니하고 이에 통상적으로 부수하여 행하여지는 행위까지 포함한다.

12 탄핵제도에 관한 다음 설명 중 가장 옳지 않은 것은?

① 탄핵심판절차는 형사소송법이 준용되므로 당사자의 출석 없이는 변론을 진행할 수 없다.

② 탄핵심판에서는 국회 법제사법위원회의 위원장이 소추위원이 된다.

③ 헌법재판소에서 탄핵의 결정을 할 때에는 법률의 위헌결정과 마찬가지로 재판관 6인 이상의 찬성이 있어야 한다.

④ 피청구인이 결정 선고 전에 해당 공직에서 파면되었을 때에는 헌법재판소는 심판청구를 기각하여야 한다.

13 다음 중 헌법재판소가 평등권을 침해한다고 결정한 것을 모두 고른 것은?

> 가. 제대군인이 공무원채용시험 등에 응시한 때에 과목별 득점에 과목별 만점의 5% 또는 3%를 가산하는 제도
> 나. 국·공립학교의 채용시험에 국가유공자와 그 가족이 응시하는 경우 만점의 10퍼센트를 가산하도록 한 규정
> 다. 대통령령으로 정하는 공공기관 및 공기업으로 하여금 매년 정원의 100분의 3 이상씩 34세 이하의 청년 미취업자를 채용하도록 한 조항
> 라. 대통령령이 정하는 일정수 이상의 근로자를 고용하는 사업주는 기준고용률 이상에 해당하는 장애인을 고용해야 한다고 규정한 조항

① 가

② 가, 나

③ 가, 나, 다

④ 가, 나, 다, 라

14 포괄위임금지원칙에 관한 다음 설명 중 가장 옳지 않은 것은?

① 국무총리는 소관사무에 관하여 법률이나 대통령령의 위임으로 총리령을 발할 수 있을 뿐만 아니라 직권으로 총리령을 발할 수도 있다.

② 처벌법규나 조세법규 등 국민의 기본권을 직접적으로 제한하거나 침해할 소지가 있는 법규에서는 일반적인 급부 행정법규에서와는 달리, 그 위임의 요건과 범위가 보다 엄격하고 제한적으로 규정되어야 한다.

③ 헌법 제75조, 제95조가 정하는 포괄적인 위임입법의 금지는, 문리해석상 정관에 위임한 경우까지 그 적용 대상으로 하고 있지 않으므로 법률이 정관에 자치법적 사항을 위임한 경우에는 원칙적으로 적용되지 않는다.

④ 법률에 명시적인 위임규정이 없더라도 대법원규칙에는 법률에 저촉되지 않는 한 소송절차에 관한 행위나 권리를 제한하는 규정을 둘 수 있다. 따라서 수권법률에 대해서는 포괄위임금지원칙 위반 여부를 심사할 필요가 없다.

15 재판을 받을 권리에 관한 다음 설명 중 가장 옳지 않은 것은?

① 우리 헌법은 공정하고 신속한 공개재판을 받을 권리를 보장하고 있다.

② 공정한 재판을 받을 권리 속에는 당사자주의와 구두변론 주의가 보장되어 당사자가 공소사실에 대한 답변과 입증 및 반증을 하는 등 공격·방어권이 충분히 보장되는 재판을 받을 권리가 포함되어 있다.

③ 우리 헌법은 상고심재판을 받을 권리를 명문화하고 있지는 않지만, 헌법 제27조의 재판을 받을 권리로부터 당연히 도출된다고 볼 수 있다.

④ 재심은 확정판결에 대한 특별한 불복방법이고 확정판결에 대한 법적 안정성의 요청은 미확정판결에 대한 그것보다 훨씬 크다고 할 것이므로, 재심을 청구할 권리가 헌법 제27조에서 규정한 재판을 받을 권리에 당연히 포함된다고 볼 수는 없다.

16 법원의 명령·규칙심사권에 관한 다음 설명 중 가장 옳지 않은 것은?

① 명령·규칙 또는 처분이 헌법이나 법률에 위반되는 여부가 재판의 전제가 된 경우에 대법원이 이를 최종적으로 심사할 권한을 가진다.

② 명령·규칙심사의 대상이 되는 명령은 국민에 대하여 일반적 구속력을 가지는 법규명령을 의미한다.

③ 변리사 제1, 2차 시험을 종전의 '상대평가제'에서 '절대평가제'로 전환하는 내용의 변리사법 시행령 조항을 즉시 시행함으로 인한 수험생들의 신뢰이익 침해는 공익적 목적을 고려하더라도 정당화될 수 없을 정도로 과도하므로, 위 조항을 즉시 2002년의 변리사 제1차 시험에 대하여 시행하도록 그 시행시기를 정한 개정 시행령 부칙 부분은 헌법에 위반되어 무효이다.

④ 입헌적 법치주의국가의 기본원칙은 어떠한 국가행위나 국가작용도 헌법과 법률에 근거하여 그 테두리 안에서 합헌적·합법적으로 행하여질 것을 요구하고, 이러한 합헌성과 합법성의 판단은 본질적으로 사법의 권능에 속하는 것이므로, 유신헌법 제53조 제4항에 근거하여 이루어진 긴급조치는 위헌법률심판의 대상이 된다.

17 인간의 존엄과 가치에 관한 다음 설명 중 가장 옳지 않은 것은?

① 죽음에 임박한 환자에게 '연명치료 중단에 관한 자기결정권'은 헌법상 보장된 기본권이므로, 헌법해석상 '연명치료 중단 등에 관한 법률'을 제정할 국가의 입법의무가 명백하다고 볼 수 있다.

② 헌법 제10조로부터 도출되는 일반적 인격권에는 각 개인이 그 삶을 사적으로 형성할 수 있는 자율영역에 대한 보장이 포함되어 있음을 감안할 때, 장래 가족의 구성원이 될 태아의 성별 정보에 대한 접근을 국가로부터 방해받지 않을 부모의 권리는 이와 같은 일반적 인격권에 의하여 보호된다고 보아야 한다.

③ 수용자를 교정시설에 수용할 때마다 전자영상 검사기를 이용하여 수용자의 항문 부위에 대한 신체검사를 하는 것이 필요한 최소한도를 벗어나 과잉금지원칙에 위배되어 수용자의 인격권 내지 신체의 자유를 침해한다고 볼 수 없다.

④ 변호사에 대한 징계결정정보를 인터넷 홈페이지에 공개하도록 한 변호사법 조항은 전문적인 법률지식, 윤리적 소양, 공정성 및 신뢰성을 갖추어야 할 변호사가 징계를 받은 경우 국민이 이러한 사정을 쉽게 알 수 있도록 하여 변호사를 선택할 권리를 보장하고, 변호사의 윤리의식을 고취시킴으로써 법률사무에 대한 전문성, 공정성 및 신뢰성을 확보하여 국민의 기본권을 보호하며 사회정의를 실현하기 위한 것으로서 청구인의 인격권을 침해하지 아니한다.

18 언론 · 출판에 대한 검열금지에 관한 다음 설명 중 가장 옳지 않은 것은?

① 헌법 제21조 제1항과 제2항은 모든 국민은 언론 · 출판의 자유를 가지며, 언론 · 출판에 대한 허가나 검열은 인정되지 아니한다고 규정하고 있으므로, 검열을 수단으로 한 제한은 국가안전보장 · 질서유지 또는 공공복리를 위하여 필요한 경우에 한하여 법률로써 하는 경우에만 허용될 수 있다.

② 헌법 제21조 제2항이 금지하는 검열은 사전검열만을 의미하므로, 헌법상 보호되지 않는 의사표현에 대하여 공개한 뒤에 국가기관이 간섭하는 것을 금지하는 것은 아니다.

③ 검열금지의 원칙은 모든 형태의 사전적인 규제를 금지하는 것이 아니고, 의사표현의 발표여부가 오로지 행정권의 허가에 달려있는 사전심사만을 금지하는 것을 뜻한다.

④ 검열은 일반적으로 허가를 받기 위한 표현물의 제출의무, 행정권이 주체가 된 사전심사절차, 허가를 받지 아니한 의사표현의 금지 및 심사절차를 관철할 수 있는 강제수단 등의 요건을 갖춘 경우에만 이에 해당하는 것이다.

19 현행 헌법상 헌법 개정에 관한 다음 설명 중 가장 옳은 것은?

① 헌법개정은 국회재적의원 과반수 또는 대통령의 발의로 제안된다.

② 헌법개정안은 국회에서 무기명투표로 표결한다.

③ 헌법개정안이 국회 재적의원 2/3 이상의 찬성을 얻고, 국회의원선거권자 과반수의 투표와 투표자 과반수의 찬성을 얻어, 대통령이 공포함으로써 확정된다.

④ 헌법개정에 관한 국민투표의 효력에 관하여 이의가 있는 투표인은 투표인 10만인 이상의 찬성을 얻어 중앙선거관리위원회에 이의를 제기할 수 있다.

20 경제적 기본질서에 관한 다음 설명 중 가장 옳지 않은 것은?

① 헌법 제119조 제2항에 규정된 '경제주체간의 조화를 통한 경제민주화'의 이념은 경제영역에서 정의로운 사회질서를 형성하기 위하여 추구할 수 있는 국가목표일 뿐, 개인의 기본권을 제한하는 국가행위를 정당화하는 헌법규범이 아니다.

② 헌법 제119조 제2항은 독과점규제라는 경제정책적 목표를 개인의 경제적 자유를 제한할 수 있는 정당한 공익의 하나로 명문화하고 있다. 독과점규제의 목적이 경쟁의 회복에 있다면 이 목적을 실현하는 수단 또한 자유롭고 공정한 경쟁을 가능하게 하는 방법이어야 한다.

③ 경제적 기본권의 제한을 정당화하는 공익이 헌법에 명시적으로 규정된 목표에만 제한되는 것은 아니고, 헌법은 단지 국가가 실현하려고 의도하는 전형적인 경제목표를 예시적으로 구체화하고 있을 뿐이므로 기본권의 침해를 정당화할 수 있는 모든 공익을 아울러 고려하여 법률의 합헌성 여부를 심사하여야 한다.

④ 헌법 제119조 제2항은 국가가 경제영역에서 실현하여야 할 목표의 하나로서 '적정한 소득의 분배'를 들고 있지만, 이로부터 반드시 소득에 대하여 누진세율에 따른 종합과세를 시행하여야 할 구체적인 헌법적 의무가 조세입법자에게 부과되는 것이라고 할 수 없다.

21 헌법 제13조 제2항이 금하고 있는 소급입법에 의한 재산권 박탈에 관한 다음 설명 중 가장 옳지 않은 것은?

① 헌법 제13조 제2항이 금하고 있는 소급입법은, 이미 과거에 완성된 사실·법률관계를 규율의 대상으로 하는 이른 바 진정소급효의 입법과 이미 과거에 시작하였으나 아직 완성되지 아니하고 진행과정에 있는 사실·법률관계를 규율의 대상으로 하는 이른 바 부진정소급효의 입법을 모두 의미한다.

② 진정소급입법은 국민이 소급입법을 예상할 수 있었거나, 법적 상태가 불확실하고 혼란스러웠거나 하여 보호할 만한 신뢰의 이익이 적은 경우와 소급입법에 의한 당사자의 손실이 없거나 아주 경미한 경우, 신뢰보호의 요청에 우선하는 심히 중대한 공익상의 사유가 소급입법을 정당화하는 경우에는 예외적으로 허용될 수 있다.

③ 부진정소급입법은 소급효를 요구하는 공익상의 사유와 신뢰보호요청 사이의 교량과정에서 신뢰보호의 관점이 입법자의 형성권에 제한을 가하게 된다.

④ 친일재산을 그 취득·증여 등 원인행위시에 국가의 소유로 하도록 규정한 친일반민족행위자 재산의 국가귀속에 관한 특별법 조항은 진정소급입법에 해당하나 헌법 제13조 제2항에 반하지 않는다.

22 사회적 기본권에 관한 다음 설명 중 가장 옳지 않은 것은?

① 사회보장수급권은 사회적 기본권으로서 국가에게 적극적으로 급부를 요구할 수 있는 권리를 주된 내용으로 하며, 헌법 제34조 제1항, 제2항에 의하여 보장된다.

② 국가가 인간다운 생활을 보장하기 위한 헌법적 의무를 다하였는지의 여부가 사법적 심사의 대상이 된 경우에는, 국가가 최저생활보장에 관한 입법을 전혀 하지 아니하였다든지, 그 내용이 현저히 불합리하여 헌법상 용인될 수 있는 재량의 범위를 명백히 일탈한 경우에 한하여 헌법에 위반된다.

③ 인간다운 생활을 보장하기 위한 객관적인 내용의 최소한을 보장하고 있는지 여부는 심판대상조항만을 가지고 판단하여서는 안 되고, 다른 법령에 의거하여 국가가 최저 생활보장을 위하여 지급하는 각종 급여나 각종 부담의 감면 등도 함께 고려하여 판단하여야 한다.

④ 보건복지부장관이 고시한 생계보호기준에 따른 생계보호의 수준이 일반 최저생계비에 못미친다면, 인간다운 생활을 보장하기 위하여 국가가 실현해야 할 객관적 내용의 최소한도의 보장에도 이르지 못한 것이므로 청구인들의 행복추구권과 인간다운 생활을 할 권리를 침해한 것이다.

23 거주 · 이전의 자유에 관한 다음 설명 중 가장 옳은 것은?

① 국적을 가지고 이를 변경할 수 있는 권리는 그 본질상 인간의 존엄과 가치 및 행복추구권을 규정하고 있는 헌법 제10조에서 도출되는 것으로 보아야 하고, 따라서 복수국적자가 대한민국 국적을 버릴 수 있는 자유도 마찬가지로 헌법 제10조에서 나오는 것이지 거주 · 이전의 자유에 포함되어 있는 것이 아니다.

② 주거로 사용하던 건물이 수용될 경우 그 효과로 거주지도 이전하여야 하는 것은 사실이나 이는 토지 및 건물 등의 수용에 따른 부수적 효과로서 간접적 · 사실적 제약에 해당하므로, 정비사업조합에 수용권한을 부여하여 주택재개발사업에 반대하는 청구인의 토지 등을 강제로 취득할 수 있도록 한 도시 및 주거환경정비법 조항이 청구인의 재산권을 침해하였는지 여부를 판단하는 이상 거주 · 이전의 자유 침해 여부는 별도로 판단하지 않는다.

③ 거주 · 이전의 자유는 국가의 간섭 없이 자유롭게 거주지와 체류지를 정할 수 있는 자유인바, 경찰청장이 경찰버스들로 서울특별시 서울광장을 둘러싸 통행을 제지한 행위는 서울특별시민인 청구인들의 거주 · 이전의 자유를 제한하는 것이다.

④ 거주 · 이전의 자유는 성질상 법인이 누릴 수 있는 기본권이 아니므로, 법인의 대도시내 부동산 취득에 대하여 통상보다 높은 세율인 5배의 등록세를 부과함으로써 법인의 대도시내 활동을 간접적으로 억제하는 것은 법인의 직업수행의 자유를 제한할 뿐이다.

24 보안처분에 관한 다음 설명 중 가장 옳지 않은 것은?

① 전자장치 부착명령은 범죄행위를 한 사람에 대한 응보를 주된 목적으로 그 책임을 추궁하는 사후적 처분인 형벌과 구별되는 비형벌적 보안처분으로서 소급효금지원칙이 적용되지 아니한다.

② 노역장유치란 벌금납입의 대체수단이자 납입강제기능을 갖는 벌금형의 집행방법이며, 벌금형에 대한 환형처분이라는 점에서 형벌과 구별된다. 따라서 노역장유치기간의 하한을 정한 것은 벌금형을 대체하는 집행방법을 강화한 것에 불과하며, 이를 소급 적용한다고 하여 형벌불소급의 문제가 발생한다고 보기 어렵다.

③ 보안처분이라 하더라도 형벌적 성격이 강하여 신체의 자유를 박탈하거나 박탈에 준하는 정도로 신체의 자유를 제한하는 경우에는 소급입법금지원칙을 적용하는 것이 법치주의 및 죄형법정주의에 부합한다.

④ 디엔에이감식시료의 채취 행위 및 디엔에이신원확인정보의 수집, 수록, 검색, 회보라는 일련의 행위는 보안처분으로서의 성격을 지닌다.

25 직업의 자유에 관한 다음 설명 중 가장 옳지 않은 것은?

① 게임 결과물의 환전은 게임이용자로부터 게임 결과물을 매수하여 다른 게임이용자에게 이윤을 붙여 되파는 것으로, 게임 결과물의 환전업은 헌법 제15조가 보장하고 있는 직업에 해당한다.

② 성매매는 그것이 가지는 사회적 유해성과는 별개로 성판매자의 입장에서 생활의 기본적 수요를 충족하기 위한 소득활동에 해당하므로, 성매매 행위를 처벌하는 것은 성판매자의 직업선택의 자유도 제한하는 것이다.

③ 생활수단성과 관련하여서는 단순한 여가활동이나 취미활동은 직업의 개념에 포함되지 않으나 겸업이나 부업은 삶의 수요를 충족하기에 적합하므로 직업에 해당한다.

④ 금고 이상의 실형을 선고받고 그 집행이 종료된 날부터 3년이 경과되지 않은 경우 중개사무소 개설등록을 취소하도록 한 공인중개사법 조항은 직업선택의 자유를 침해한 것이다.

헌법 | 2019년 법원직 9급

01 영장주의에 관한 다음 설명 중 가장 옳지 않은 것은? (다툼이 있는 경우 헌법재판소 결정 및 대법원 판례에 의함. 이하 같음)

① 영장주의란 적법절차원칙에서 도출되는 원리로서, 형사절차와 관련하여 체포 · 구속 · 압수 · 수색의 강제처분을 함에 있어서는 사법권 독립에 의하여 신분이 보장되는 법관이 발부한 영장에 의하지 않으면 아니 된다는 원칙이다.

② 헌법 제16조에서는 제12조 제3항과는 달리 영장주의에 대한 예외를 마련하지 아니하였으나, 그렇다고 하여 주거에 대한 압수나 수색에 있어 영장주의가 예외 없이 반드시 관철되어야 하는 것은 아니므로 헌법 제16조의 영장주의에 대해서도 예외가 제한적으로 허용될 수 있다.

③ 행정기관이 체포 · 구속의 방법으로 신체의 자유를 제한하는 경우에도 원칙적으로 헌법 제12조 제3항의 영장주의가 적용된다고 보아야 하므로, 전투경찰순경에 대한 영창처분은 행정기관에 의한 구속에 해당하고 그 본질상 급박성을 요건으로 하지 않음에도 불구하고 법관의 판단을 거쳐 발부된 영장에 의하지 않고 이루어지는 점에서, 헌법 제12조 제3항의 영장주의에 위반된다.

④ 구속집행정지결정에 대한 검사의 즉시항고를 인정하는 경우에는 검사의 불복을 그 피고인에 대한 구속집행을 정지할 필요가 있다는 법원의 판단보다 우선시킬 뿐만 아니라 사실상 법원의 구속집행정지결정을 무의미하게 할 수 있는 권한을 검사에게 부여하게 되는 점에서 헌법 제12조 제3항의 영장주의 원칙에 위배된다.

02 직업의 자유에 관한 다음 설명 중 가장 옳지 않은 것은?

① 성인대상 성범죄로 형을 선고받아 확정된 자에게 그 형의 집행을 종료한 날로부터 10년 동안 의료기관을 개설하거나 의료기관에 취업할 수 없도록 한 아동 · 청소년의 성보호에 관한 법률은 직업선택의 자유를 침해한다.

② 보건복지부장관이 치과전문의자격시험제도를 실시할 수 있도록 시행규칙을 마련하지 아니한 행정입법부작위는 전공의수련과정을 마친 청구인들의 직업의 자유를 침해한 것이다.

③ 운전면허를 받은 사람이 자동차 등을 이용하여 살인 또는 강간 등의 범죄행위를 한 때 운전면허를 취소하도록 규정한 도로교통법은 직업의 자유를 침해한 것이다.

④ 유치원 주변 학교환경위생 정화구역에서 성관련 청소년 유해물건을 제작 · 생산 · 유통하는 청소년유해업소를 예외 없이 금지하는 학교보건법은 직업의 자유를 침해한 것이다.

03 헌법에서 명시하고 있는 법원과 법관에 관한 다음 설명 중 가장 옳지 않은 것은?

① 법관의 정년은 법률로 정한다고만 규정할 뿐 대법원장, 대법관의 정년도 명시적으로 정하지 않고 있다.

② 재판의 심리와 판결은 공개한다. 다만, 국가의 안전보장또는 안녕질서를 방해하거나 선량한 풍속을 해할 염려가 있을 때에는 대법원규칙으로 심리를 공개하지 않을 사항을 미리 정한다.

③ 대법원장과 대법관의 임기는 각 6년이고, 대법관은 연임할 수 있다.

④ 대법원장과 대법관이 아닌 법관은 대법관회의의 동의를 얻어 대법원장이 임명한다.

04 법률유보원칙에 관한 다음 설명 중 가장 옳지 않은 것은?

① 금융기관의 임원이 문책경고를 받은 경우에는 법령에서 정한 바에 따라 일정기간 동안 임원선임의 자격제한을 받으므로 문책경고는 적어도 그 제한의 본질적 사항에 관한 한 법률에 근거가 있어야 하는데, 금융감독원의 직무범위를 규정한 조직규범은 법률유보원칙에서 말하는 법률의 근거가 될 수는 없다.

② 사법시험의 제2차시험의 합격결정에 관하여 과락제도를 정하는 구 사법시험령의 규정은 새로운 법률사항을 정한 것이라고 보기 어려우므로 법률유보의 원칙에 위반되지 않는다.

③ 법률유보원칙은 '법률에 의한'규율만을 뜻하는 것이 아니라 '법률에 근거한'규율을 요청하는 것이므로, 법률에 근거를 두면서 헌법 제75조가 요구하는 위임의 구체성과 명확성을 구비하기만 하면 위임입법에 의해서도 기본권을 제한할 수 있다.

④ 경찰청장이 경찰버스들로 서울특별시 서울광장을 둘러싸 통행을 제지한 경우에 경찰 임무의 하나로서 '기타 공공의 안녕과 질서유지'를 규정한 경찰관직무집행법의 규정은 일반적 수권조항으로서 경찰권 발동의 법적 근거가 될 수 있으므로, 통행을 제지한 행위가 법률유보원칙에 위배되는 것은 아니다.

05 언론과 관련된 헌법적 쟁점에 관한 다음 설명 중 가장 옳지 않은 것은? 〈변형〉

① 언론인의 선거운동을 금지하고, 이를 위반한 경우 처벌하도록 규정한 공직선거법 관련 조항 부분은 선거운동의 자유를 침해한다.

② 인터넷 언론사에 대하여 선거운동기간 중 당해 인터넷홈페이지 게시판·대화방 등에 정당·후보자에 대한 지지·반대의 글을 게시할 수 있도록 하는 경우 실명을 확인받도록 하는 기술적 조치를 할 의무를 부과한 공직선거법은 표현의 자유를 침해하지 않는다.

③ 방송통신심의위원회의 시정요구는 헌법소원의 대상이 된다.

④ 영화도 의사표현의 한 수단이므로 영화의 제작 및 상영 역시 언론·출판의 자유에 의한 보장을 받는다.

06 정당해산결정과 관련된 다음 설명 중 가장 옳지 않은 것은?

① 정당해산심판은 원칙적으로 해당 정당에게만 그 효력이 미치며, 정당해산결정은 대체정당이나 유사정당의 설립까지 금지하는 효력을 가진다.

② 헌법재판소는 정당해산결정의 본질적 효과로서 그 정당 소속 국회의원들의 의원직이 상실된다고 결정하였다.

③ 정당해산결정의 파급효과를 고려할 때, 재심을 허용하지 아니함으로써 얻을 수 있는 법적 안정성의 이익보다 재심을 허용함으로써 얻을 수 있는 구체적 타당성의 이익이 더 큰 경우에 한하여 제한적으로 인정된다.

④ 정당해산결정에 관한 재심대상결정의 심판대상은 재심청구인의 목적이나 활동이 민주적 기본질서에 위배되는지, 재심청구인에 대한 해산결정을 선고할 것인지, 해산결정을 할 경우 그 소속 국회의원에 대하여 의원직 상실을 선고할 것인지 여부이고, 이때 원칙적으로 민사소송법이 준용된다.

07 탄핵소추 및 탄핵심판과 관련하여 다음 설명 중 가장 옳지 않은 것은?

① 국회의 의사절차에 헌법이나 법률을 명백히 위반한 흠이 있는 경우가 아니면 국회 의사절차의 자율권은 권력분립의 원칙상 존중되어야 하고, 국회법 제130조 제1항은 탄핵소추의 발의가 있을 때 그 사유 등에 대한 조사 여부를 국회의 재량으로 규정하고 있으므로, 국회가 탄핵소추사유에 대하여 별도의 조사를 하지 않았다거나 국정조사결과나 특별검사의 수사결과를 기다리지 않고 탄핵소추안을 의결하였다고 하여 그 의결이 헌법이나 법률을 위반한 것이라고 볼 수 없다.

② 국회의 탄핵소추의결에 따라 대통령 개인의 기본권이 침해되므로 적법절차의 원칙은 탄핵소추절차에도 직접 적용된다.

③ 헌법 제65조는 대통령이 "그 직무집행에 있어서 헌법이나 법률을 위배한 때"를 탄핵사유로 규정하고 있다. 여기에서 '직무'란 법제상 소관 직무에 속하는 고유 업무와 사회 통념상 이와 관련된 업무를 말하고, 법령에 근거한 행위뿐만 아니라 대통령의 지위에서 국정수행과 관련하여 행하는 모든 행위를 포괄하는 개념이다. 또 '헌법'에는 명문의 헌법규정뿐만 아니라 헌법재판소의 결정에 따라 형성되어 확립된 불문헌법도 포함되고, '법률'에는 형식적 의미의 법률과 이와 동등한 효력을 가지는 국제조약 및 일반적으로 승인된 국제법규 등이 포함된다.

④ 대통령을 탄핵하기 위해서는 대통령의 법 위배 행위가 헌법질서에 미치는 부정적 영향과 해악이 중대하여 대통령을 파면함으로써 얻는 헌법 수호의 이익이 대통령 파면에 따르는 국가적 손실을 압도할 정도로 커야 한다. 즉, '탄핵심판청구가 이유 있는 경우'란 대통령의 파면을 정당화할 수 있을 정도로 중대한 헌법이나 법률 위배가 있는 때를 말한다.

08 기본권 제한에 관한 다음 설명 중 가장 옳은 것은?

① 특정 범죄자에 대한 보호관찰 및 전자장치 부착 등에 관한 법률에 의한 전자장치 부착기간 동안 다른 범죄를 저질러 구금된 경우, 그 구금기간이 부착기간에 포함되지 않는 것으로 규정한 위 법률 조항은 과잉금지원칙을 위반하여 사생활의 비밀과 자유, 개인정보자기결정권을 침해한다.

② 이른바 '강제적 셧다운제'를 규정한 구 청소년 보호법 조항은 각종 게임 중 인터넷게임만을 적용 대상으로 하고 있는바, 인터넷을 이용하지 않는 다른 게임 및 모바일기기를 이용한 인터넷게임과 비교하여 차별에 합리적 이유가 있으므로 인터넷게임 제공자들의 평등권을 침해하지 않는다.

③ 피청구인인 부산구치소장이 청구인이 미결수용자 신분으로 구치소에 수용되었던 기간 중 교정시설 안에서 매주 실시하는 종교집회 참석을 제한한 행위는 과잉금지원칙을 위반하여 청구인의 종교의 자유 중 종교적 집회·결사의 자유를 침해한 것이 아니다.

④ 어린이집에 폐쇄회로 텔레비전(CCTV: Closed Circuit Television)을 원칙적으로 설치하도록 정한 영유아보육법 조항은 과잉금지원칙을 위반하여 어린이집 보육교사의 사생활의 비밀과 자유 등을 침해한다.

09 공무원에 관한 다음 설명 중 가장 옳지 않은 것은?

① 국가공무원법이 '공무 외의 일을 위한 집단행위'라고 포괄적이고 광범위하게 규정하고 있다 하더라도, 이는 공무가 아닌 어떤 일을 위하여 공무원들이 하는 모든 집단행위를 의미하는 것이 아니라, '공익에 반하는 목적을 위한 행위로서 직무전념의무를 해태하는 등의 영향을 가져오는 집단적 행위'라고 해석된다.

② 집단행위의 의미에 관한 이러한 해석이 수범자인 공무원이 구체적으로 어떠한 행위가 여기에 해당하는지를 충분히 예측할 수 없을 정도로 그 적용 범위가 모호하다거나 불분명하다고 할 수 없으므로 공무원의 집단행위 금지 규정이 명확성의 원칙에 반한다고 볼 수 없고, 또한 위 규정이 그 적용 범위가 지나치게 광범위하거나 포괄적이어서 공무원의 표현의 자유를 과도하게 제한한다고 볼 수 없으므로, 위 규정이 과잉금지의 원칙에 반한다고 볼 수도 없다.

③ 공무원들의 어느 행위가 국가공무원법 제66조 제1항에 규정된 '집단행위'에 해당하려면, 그 행위가 반드시 같은 시간, 장소에서 행하여져야 하는 것은 아니지만, 공익에 반하는 어떤 목적을 위한 다수인의 행위로서 집단성이라는 표지를 갖추어야만 한다고 해석함이 타당하므로, 공무원들이 순차적으로 각각 다른 시간대에 릴레이 1인 시위를 하거나 여럿이 단체를 결성하여 그 단체 명의로 의사를 표현하는 경우에는 국가공무원법 제66조 제1항이 금지하는 집단행위에 해당한다.

④ 실제 여럿이 모이는 형태로 의사표현을 하는 것은 아니지만 발표문에 서명날인을 하는 등의 수단으로 여럿이 가담한 행위임을 표명하는 경우 또는 일제 휴가나 집단적인 조퇴, 초과근무 거부 등과 같이 정부활동의 능률을 저해하기 위한 집단적 태업 행위로 볼 수 있는 경우에 속하거나 이에 준할 정도로 행위의 집단성이 인정되어야 국가공무원법 제66조 제1항에 해당한다.

10 권한쟁의심판에 관한 다음 설명 중 가장 옳지 않은 것은?

① 권한쟁의심판제도는 국가기관 사이, 국가기관과 지방자치단체 사이 또는 지방자치단체 사이에 권한의 존부 또는 범위에 관하여 다툼이 발생한 경우에, 헌법재판소가 이를 유권적으로 심판함으로써 각 기관에게 주어진 권한을 보호함과 동시에 객관적 권한질서의 유지를 통해서 국가기능의 수행을 원활히 하고, 수평적·수직적 권력 상호간의 견제와 균형을 유지하려는 데 그 제도적 의의가 있다.

② 오늘날 의회와 정부가 다수당을 중심으로 통합되어 가는 정당국가적 경향에 따라서 권한쟁의심판제도는 정치과정에서 소수파가 다수파의 월권적 행위를 헌법을 통해 통제할 수 있는 수단으로서의 기능도 가지게 되었다.

③ 헌법재판소에 의한 권한쟁의심판의 대상이 되는 법적 분쟁은 헌법상의 분쟁에 국한되고, 법률상의 분쟁은 일반법원의 행정소송에서 다루어지므로 양 사법기관의 관할권의 중복은 발생하지 않는다.

④ 조약의 체결·비준에 관한 동의권은 국회에 속하므로 국회의 조약 체결·비준에 관한 동의권이 침해되었음을 다투는 권한쟁의심판청구에 있어 국회의원 개인은 청구인 적격이 없다.

11 손실보상에 관한 다음 설명 중 가장 옳지 않은 것은?

① 손실보상은 적법한 공용제한의 경우를 전제한 것이며, 위법한 공용제한의 경우는 원칙상 손해배상법의 법리가 적용된다.

② 개발제한구역으로 지정되어 종래의 지목과 토지현황에 의한 이용방법에 따른 토지의 사용을 할 수 없거나 실질적으로 사용·수익을 전혀 할 수 없는 경우에는 헌법상 반드시 금전보상이 요청된다.

③ 헌법재판소법 제68조 제1항 단서에서 말하는 다른 법률에 의한 구제절차는 손실보상청구를 의미하지 않는다.

④ 환매권은 헌법상의 재산권 보장규정으로부터 도출되는 것으로서, 피수용자가 수용 당시 이미 정당한 손실보상을 받았다는 사실로 말미암아 부인되지 않는다.

12 양심적 병역거부에 대한 다음 설명 중 가장 옳지 않은 것은?

① 국가가 관리하는 객관적이고 공정한 사전심사절차와 엄격한 사후관리절차를 갖추고, 현역복무와 대체복무 사이에 복무의 난이도나 기간과 관련하여 형평성을 확보해 현역복무를 회피할 요인을 제거한다면, 심사의 곤란성과 양심을 빙자한 병역기피자의 증가 문제를 해결할 수 있다. 따라서 대체복무제를 도입하면서도 병역의무의 형평을 유지하는 것은 충분히 가능하다.

② 양심적 병역거부자의 수는 병역자원의 감소를 논할 정도가 아니고, 이들을 처벌한다고 하더라도 교도소에 수감할 수 있을 뿐 병역자원으로 활용할 수는 없으므로, 대체복무제 도입으로 병역자원의 손실이 발생한다고 할 수 없다. 전체 국방력에서 병역자원이 차지하는 중요성이 낮아지고 있는 점을 고려하면, 대체복무제를 도입하더라도 우리나라의 국방력에 의미 있는 수준의 영향을 미친다고 보기는 어렵다. 따라서 대체복무제라는 대안이 있음에도 불구하고 군사훈련을 수반하는 병역의무만을 규정한 병역종류조항은 침해의 최소성 원칙에 어긋난다.

③ 각종 병역의 종류를 규정하고 있는 병역법상 병역종류조항은, 병역부담의 형평을 기하고 병역자원을 효과적으로 확보하여 효율적으로 배분함으로써 국가안보를 실현하고자 하는 것이기는 하나, 대체복무제를 규정하고 있지 않은 이상 정당한 입법목적을 달성하기 위한 적합한 수단에 해당한다고 보기는 어렵다.

④ 병역종류조항은 병역의 종류를 현역, 예비역, 보충역, 병역준비역, 전시근로역의 다섯 가지로 한정적으로 열거하고 있다. 그런데 위 병역들은 모두 군사훈련을 받는 것을 전제하고 있으므로, 양심적 병역의무자에게 병역종류조항에 규정된 병역을 부과할 경우 그들의 양심과 충돌을 일으킬 수밖에 없다.

13 다음 각 결정 중 헌법재판소법에서 그 결정의 기속력을 명시적으로 규정하고 있지 않은 것은?

① 위헌법률심판의 위헌결정
② 정당해산결정
③ 권한쟁의심판 결정
④ 헌법소원 인용결정

14 직업공무원제도에 관한 다음 설명 중 가장 옳지 않은 것은?

① 직업공무원제도는 헌법이 보장하는 제도적 보장 중의 하나임이 분명하므로 입법자는 직업공무원제도에 관하여 '최소한 보장'의 원칙의 한계 안에서 폭넓은 입법형성의 자유를 가진다.
② 공무원이 국가를 상대로 실질이 보수에 해당하는 금원의 지급을 구하려면 공무원의 '근무조건 법정주의'에 따라 국가공무원법령 등 공무원의 보수에 관한 법률에 지급근거가 되는 명시적 규정이 존재하여야 하고, 나아가 해당 보수 항목이 국가예산에도 계상되어 있어야만 한다.
③ 연금급여가 직업공무원제도의 한 내용이라는 점을 감안하더라도, 연금급여의 성격상 그 급여의 구체적인 내용은 국회가 사회정책적 고려, 국가의 재정 및 연금기금의 상황 등 여러 가지 사정을 참작하여 보다 폭넓은 입법재량으로 결정할 수 있다.
④ 직업공무원제도 하에서는 직제폐지로 유휴인력이 생기더라도 직권면직을 하여 공무원의 신분이 상실되도록 해서는 안 된다.

15 감사원에 관한 다음 설명 중 가장 옳지 않은 것은?

① 감사원장과 감사위원은 국회의 동의를 얻어 대통령이 임명하고, 1차에 한하여 중임할 수 있다.
② 감사원법이 감사위원의 정치운동을 금지하는 취지는 감사원의 독립성을 보장하기 위한 것이다.
③ 감사원은 세입·세출의 결산을 매년 검사하여 대통령과 차년도국회에 그 결과를 보고하여야 한다.
④ 감사원은 행정기관 및 공무원의 직무에 관한 감찰을 할 수 있으나, 국회·법원 및 헌법재판소에 소속한 공무원은 직무감찰의 대상이 아니다.

16 헌법재판소에 관한 다음 설명 중 가장 옳지 않은 것은?

① 헌법재판소는 법관의 자격을 가진 재판관으로 구성한다.
② 헌법재판관은 대통령, 국회, 대법원장이 각 3인씩을 임명하고, 헌법재판소장은 국회의 동의를 얻어 재판관 중에서 대통령이 임명한다.
③ 헌법재판소의 심판의 변론과 결정의 선고는 공개한다. 다만 국가의 안전보장, 안녕질서 또는 선량한 풍속을 해칠 우려가 있는 경우에는 결정으로 변론을 공개하지 아니할 수 있다.
④ 재판부는 재판관 7명 이상의 출석으로 사건을 심리한다.

17 헌법재판과 관련된 다음 설명 중 가장 옳지 않은 것은?

① 종전에 헌법재판소가 판시한 헌법 또는 법률의 해석
　적용에 관한 의견을 변경하는 경우에는 재판관 6명
　이상의 찬성이 있어야 한다.

② 탄핵심판, 정당해산심판의 경우에는 청구기간의 제
　한이 없으나, 권한쟁의심판, 헌법소원심판의 경우
　에는 청구기간의 제한이 있다.

③ 위헌법률심판과 헌법소원심판은 서면심리에 의하는
　것이 원칙이다.

④ 헌법재판소는 당사자의 신청을 기다려 증거조사를
　하고, 직권으로 증거조사를 할 수는 없다.

18 변호인과 관련한 다음 설명 중 가장 옳지 않은 것은?

① 변호사인 변호인에게는 변호사법이 정하는 바에 따
　라서 이른 바 진실의무가 인정되는 것이지만, 변호
　인이 신체구속을 당한 사람에게 법률적 조언을 하
　는 것은 그 권리이자 의무이므로 변호인이 적극적
　으로 피고인 또는 피의자로 하여금 허위 진술을 하
　도록 하는 것이 아니라 단순히 헌법상 권리인 진술
　거부권이 있음을 알려 주고 그 행사를 권고하는 것
　을 가리켜 변호사로서의 진실의무에 위배되는 것이
　라고는 할 수 없다.

② 형사소송법 제34조는 "변호인 또는 변호인이 되려
　는 자는 신체구속을 당한 피고인 또는 피의자와 접
　견하고 서류 또는 물건을 수수할 수 있으며 의사로
　하여금 진료하게 할 수 있다."라고 규정하고 있으므
　로, 변호인이 되려는 의사를 표시한 자가 객관적으
　로 변호인이 될 가능성이 있다는 사정만으로는 당
　연히 접견교통권이 보장되는 것은 아니어서 원칙적
　으로는 그 제한이 가능하다.

③ 접견교통권이 그 보장의 한계를 일탈한 것이어서 허
　용될 수 없다고 판단함에 있어서는 신체구속을 당
　한 사람의 헌법상 기본적 권리인 변호인의 조력을
　받을 권리의 본질적인 내용이 침해되는 일이 없도
　록 신중을 기하여야 한다.

④ 변호인 또는 변호인이 되려는 자가 구체적인 시간
　적·장소적 상황에 비추어 현실적으로 보장할 수
　있는 한계를 벗어나 피고인 또는 피의자를 접견하
　려고 하는 것은 정당한 접견교통권의 행사에 해당
　하지 아니하여 허용될 수 없다.

19 기관위임사무에 관한 다음 설명 중 가장 옳지 않은 것은?

① 기관위임사무에 관한 사항은 원칙적으로 조례의 제정범위에 속하지 않는다.

② 조례에 대한 법률의 위임은 기관위임사무를 대상으로 하는 경우에도 반드시 구체적으로 범위를 정하여 할 필요가 없으며 포괄적인 것으로 족하다.

③ 기관위임사무의 집행권한의 존부 및 범위에 관하여 지방자치단체가 청구한 권한쟁의심판청구는 지방자치단체의 권한에 속하지 아니하는 사무에 관한 심판청구로서 그 청구가 부적법하다.

④ 지방자치단체의 장이 기관위임사무인 국가사무를 처리하는 경우에 국가는 그 사무의 처리에 관하여 지방자치단체의 장을 상대로 항고소송을 제기할 수 없다.

20 공무담임권에 관한 다음 설명 중 가장 옳지 않은 것은?

① 현행 헌법은 공무담임권을 명시적으로 규정하고 있다.

② 공무담임권은 국민이 국가나 공공단체의 구성원으로서 직무를 담당할 수 있는 권리를 뜻하고, 여기서 직무를 담당한다는 것은 공무담임에 관하여 능력과 적성에 따라 평등한 기회를 보장받는 것을 의미한다.

③ 공무담임권은 공직취임의 기회균등을 요구하지만, 취임한 뒤 승진할 때에도 균등한 기회 제공을 요구하지는 않는다.

④ 선출직 공무원의 공무담임권은 선거를 전제로 하는 대의제의 원리에 의하여 발생하는 것이므로 공직의 취임이나 상실에 관련된 어떠한 법률조항이 대의제의 본질에 반한다면 이는 공무담임권도 침해하는 것이라고 볼 수 있다.

21 헌법상 사회적 기본권(사회권)에 관한 다음 설명 중 가장 옳지 않은 것은?

① 검정고시로 고등학교 졸업학력을 취득한 사람들의 수시모집 지원을 제한하는 내용의 피청구인 국립교육대학교 등의 2017학년도 신입생 수시모집 입시요강은 검정고시 출신자인 청구인들의 균등하게 교육을 받을 권리를 침해한다.

② 공무원연금법에 따른 퇴직연금일시금을 지급받은 사람 및 그 배우자를 기초연금 수급권자의 범위에서 제외하는 기초연금법 조항은 위 퇴직연금일시금을 지급받은 사람 및 그 배우자의 인간다운 생활을 할 권리를 침해하지 않는다.

③ 업무상 질병으로 인한 업무상 재해에 있어 업무와 재해 사이의 상당인과관계에 대한 입증책임을 이를 주장하는 근로자나 그 유족에게 부담시키는 산업재해보상보험법 조항이 해당 근로자 또는 그 유족의 사회보장수급권을 침해한다고 볼 수 없다.

④ 도시환경정비사업의 시행으로 인하여 철거되는 주택의 소유자를 위하여 임시수용시설을 설치하도록 규정하지 않은 도시 및 주거환경정비법 조항은 위 도시환경정비사업의 시행으로 철거되는 주택의 소유자에 대하여 최소한의 물질적 생활도 보장하지 않는 것이므로 인간다운 생활을 할 권리를 침해하는 것이다.

22 재판청구권에 관한 다음 설명 중 가장 옳지 않은 것은?

① 국민의 재판청구에 대하여 법원은 신속한 재판을 하여야 할 헌법 및 법률상 작위의무가 존재한다.

② 군사시설 중 전투용에 공하는 시설을 손괴한 일반국민이 항상 군사법원에서 재판받도록 하는 군사법원법 조항은 헌법과 법률이 정한 법관에 의한 재판을 받을 권리를 침해한다.

③ 재심을 청구할 권리가 헌법 제27조의 재판을 받을 권리에 당연히 포함된다고 할 수 없다.

④ 국민참여재판을 받을 권리가 헌법 제27조의 재판을 받을 권리에 당연히 포함된다고 할 수 없다.

23 기본권 주체성에 관한 다음 설명 중 가장 옳지 않은 것은?

① 기본권 주체로서의 법적 지위는 헌법소원에 의해 권리를 구제받을 수 있는지를 판단하는 기준의 하나가 된다.

② 미성년자의 인격권은 성인과 마찬가지로 헌법 제10조에 의하여 보호된다.

③ 우리 헌법은 법인 내지 단체의 기본권 향유능력에 대하여 명문의 규정을 두고 있지는 않지만, 본래 자연인에게 적용되는 기본권이라도 그 성질상 법인이 누릴 수 있는 기본권은 법인에게도 적용된다.

④ 국가, 지방자치단체나 그 기관 또는 국가조직의 일부나 공법인은 원칙적으로 기본권의 수범자이자 동시에 기본권의 주체가 되는 이중적 지위에 있다.

24 현행 헌법에서 규정한 국회(또는 국회의원)에 관한 다음 내용 중 옳지 않은 것을 모두 고른 것은?

> 가. 정기회의 회기는 100일을, 임시회의 회기는 30일을 초과할 수 없다.
> 나. 국회의원의 수는 법률로 정하되, 300인 이상으로 한다.
> 다. 국회는 헌법 또는 법률에 특별한 규정이 없는 한 재적 의원 과반수의 출석과 출석의원 과반수의 찬성으로 의결하고, 가부동수인 때에는 부결된 것으로 본다.
> 라. 국회의 회의는 알권리를 위하여 언제나 국민에게 공개되어야 한다.

① 가, 다   ② 나, 라

③ 나, 다, 라   ④ 가, 다, 라

25 헌법소원심판 대상인 공권력의 행사 내지 불행사에 대한 다음 설명 중 가장 옳은 것은?

① 수사기관에 의한 비공개 지명수배조치는 헌법소원 대상이 되는 공권력 행사에 해당한다.

② 공권력의 불행사에 대한 헌법소원의 경우 불행사가 계속되는 한 청구기간에 제한이 없다.

③ 행정입법부작위에 대하여는 다른 권리구제절차를 거치지 아니하고는 헌법소원심판을 청구하는 것이 불가능하다.

④ 정부가 국회에 법률안을 제출하는 행위는 공권력 행사에 해당한다.

대부분의 사람은 마음먹은 만큼 행복하다.

– 에이브러햄 링컨 –

PART 2

국어

[01~03] 다음 글을 읽고 물음에 답하시오.

우리는 거짓이 사실을 압도하는 사회에서 살고 있다. 사실에 사회적 맥락이 더해진 진실도 자연스레 설 자리를 잃었다. 2016년에 옥스퍼드 사전은 세계의 단어로 '탈진실'을 선정하며 탈진실화가 국지적 현상이 아니라 세계적으로 나타나는 시대적 특성이라고 진단했다. 탈진실의 시대가 시작된 것을 반증하기라도 하듯 '가짜 뉴스'가 사회적 논란거리로 떠올랐다.

가짜 뉴스의 정의와 범위에 대해선 의견이 여러 갈래로 나뉜다. 언론사의 오보에서부터 인터넷 루머까지 가짜 뉴스는 넓은 스펙트럼 안에서 혼란스럽게 사용되고 있다. 전문가들은 가짜 뉴스의 기준을 정하고 범위를 좁히지 않으면 비생산적인 논란만 가중될 수밖에 없다고 지적한다. 2017년 2월 한국언론학회와 한국언론진흥재단이 주최한 세미나에서는 가짜 뉴스를 '정치적·경제적 이익을 위해 의도적으로 언론 보도의 형식을 하고 유포된 거짓 정보'라고 정의하였다.

가짜 뉴스의 역사는 인류 커뮤니케이션의 역사만큼이나 길다. 백제 무왕이 지은 「서동요」는 선화 공주와 결혼하기 위해 그가 거짓 정보를 노래로 만든 가짜 뉴스였다. 1923년 관동 대지진이 났을 때 일본 내무성이 조선인에 대해 악의적으로 허위 정보를 퍼뜨린 일은 가짜 뉴스가 잔인한 학살로 이어진 사건이다. 이처럼 역사 속에서 늘 반복된 가짜 뉴스가 뜨거운 감자로 떠오른 것은 새삼스러운 것처럼 보이지만, 최근 일어나는 가짜 뉴스 현상을 돌아보면 이전의 사례와는 확연히 다른 점을 발견할 수 있다.

'21세기형 가짜 뉴스'의 특징은 논란의 중심에 글로벌 IT 기업이 있다는 점이다. 가짜 뉴스는 더 이상 동요나 입소문을 통해 퍼지지 않는다. 누구나 쉽게 이용하는 매체에 '정식 기사'의 얼굴을 하고 나타난다. 감쪽같이 변장한 가짜 뉴스들은 대중이 뉴스를 접하는 채널이 신문·방송 같은 전통적 매체에서 포털, SNS 등의 디지털 매체로 옮겨가면서 쉽게 유통되고 확산된다.

㉠ 가짜 뉴스를 생산하는 이유는 '돈'이다. 뉴스와 관련된 돈은 대부분 광고에서 발생한다. 모든 광고는 광고 중개 서비스를 통하는데, 광고주가 중개업체에 돈을 지불하면 중개업체는 금액에 따라 광고를 배치한다. 높은 조회수가 나오는 사이트일수록 높은 금액의 광고를 배치하는 식이다. 뉴스가 범람하는 상황에서 이용자는 선택과 집중을 할 수밖에 없다. 그 때문에 눈길을 끄는 뉴스가 잘 팔리는 뉴스가 된다. 가짜 뉴스는 선택받을 수 있는 조건을 정확히 알고 대중을 치밀하게 속인다. 어떤 식으로든 눈에 띄고 선택받아 '돈'이 되기 위해 비윤리적이어도 개의치 않고 자극적인 요소들을 자연스럽게 포함한다. 과정이야 어떻든 이윤만 내면 성공이기 때문이다. 이런 이유로 가짜 뉴스는 혐오나 선동과 같은 자극적 요소를 담게 되고, 이렇게 만들어진 가짜 뉴스는 사회 구성원들의 통합을 방해하고 극단주의를 초래한다.

01 ㉠으로 인해 발생할 수 있는 사회적 문제로 가장 적절한 것은?

① 광고주와 중개업체 사이에 위계 관계가 발생한다.
② 소비자가 선택과 집중을 통해 뉴스를 소비하게 된다.
③ 혐오와 선동을 담은 뉴스로 인해 극단주의가 발생한다.
④ 소비자가 높은 금액을 주고 읽어야 하는 가짜 뉴스가 생산된다.

02 윗글에 대한 설명으로 가장 적절하지 않은 것은?

① 가짜 뉴스의 기준과 범위를 정하기 어려운 이유를 제시하고 있다.

② 전문성을 가진 단체가 주최한 세미나에서 정의한 가짜 뉴스의 개념을 제시하고 있다.

③ 가짜 뉴스가 논란거리로 떠오르게 된 시대의 특성을 제시하고 있다.

④ 사용 매체의 변화로 인해 발생한 가짜 뉴스의 특징을 제시하고 있다.

03 윗글을 읽고 나눈 대화로 가장 적절한 것은?

① 가짜 뉴스는 현재에도 입소문을 통해서 주로 전파되고 있어.

② 탈진실화는 아직까진 특정 국가에 한정된 일이라고 볼 수 있겠어.

③ 과거에 가짜 뉴스로 인해 많은 사람이 실제로 사망하는 사건이 벌어지기도 했었어.

④ 가짜 뉴스 현상은 과거부터 반복되어온 만큼 과거와 현재 서로 다른 점이 존재하지 않아.

04 〈보기〉의 ㉠과 ㉡을 모두 충족하는 예로 가장 적절한 것은?

―――〈보 기〉―――

파생어는 어근에 파생접사가 결합하여 만들어진다. 이때 접사가 어근의 앞에 결합하는 경우도 있고, ㉠ 접사가 어근의 뒤에 결합하는 경우도 있다. 또한 어근에 파생접사가 결합하여 새로운 단어가 형성될 때 ㉡ 어근의 품사가 바뀌는 경우도 있고, 바뀌지 않는 경우도 있다.

① 오늘따라 저녁노을이 유난히 새빨갛다.

② 아군의 사기를 높여야 승산이 있습니다.

③ 무엇보다 그 책은 쉽고 재미있게 읽힌다.

④ 나는 천천히 달리기가 더 어렵다.

05 ㉠~㉣ 중 〈보기〉의 밑줄 친 부분에 해당하지 않는 것은?

―――〈보 기〉―――

높임 표현은 높임의 대상에 따라 주체 높임, 객체 높임, 상대 높임으로 나눌 수 있다. 이 중 객체 높임은 목적어나 부사어가 나타내는 대상, 즉 서술의 객체를 높이는 방법으로 주로 특수 어휘나 부사격 조사 '께'에 의해 실현된다.

> 지우: 민주야, 너 내일 뭐 할 거니?
> 민주: 응, 내일 할머니 생신이라서 할머니 ㉠ 모시고 영화관에 가기로 했어.
> 지우: 와, 오랜만에 할머니도 뵙고 좋겠다.
> 민주: 응, 그렇지. 오늘은 할머니께 편지도 써야 할 것 같아.
> 지우: ㉡ 할머니께 드릴 선물은 샀어?
> 민주: 응, 안 그래도 할머니가 허리가 아프셔서 엄마가 안마의자를 사서 ㉢ 드린대. 나는 용돈을 조금 보태기로 했어.
> 지우: 아, 할머니께서 ㉣ 편찮으셨구나.

① ㉠　　　　　　② ㉡

③ ㉢　　　　　　④ ㉣

[06~08] 다음 글을 읽고 물음에 답하시오.

(가)

　시원한 여름 저녁이었다.

　바람이 불고 시커먼 구름 떼가 서편으로 몰려 달리고 있었다. 그 구름이 몰려 쌓이는 먼 서편 하늘 끝에선 이따금 칼날 같은 번갯불이 번쩍이곤 했다. 이편 하늘의 별들은 구름 사이사이에서 이상스레 파릇파릇 빛났다. 달은 구름 더미를 요리조리 헤치고 빠져나왔다가는, 새로 몰려오는 구름 더미에 애처롭게도 휘감기곤 했다. 집집의 지붕들은 깊숙하고도 싸늘한 빛으로 물들고, 대기에는 차가운 물기가 돌았다.

　땅 위엔 무언지 불길한 느낌이 들도록 차단한 정적이 흘렀다. 철과 나는 베란다 위에 앉아 있었다. 막연한 원시적인 공포감 같은 소심한 느낌에 사로잡혀 무한정 묵묵히 앉아 있었다. 철은 먼 하늘가에 시선을 준 채 연방 담배를 피웠다. 이렇게 한동안 말없이 앉았다가 철은 문득 다음과 같은 얘기를 들려주었다.

(나)

　형은 스물일곱 살이었고 동생은 스물두 살이었다.

　형은 둔감했고 위태위태하도록 솔직했고, 결국 조금 모자란 사람이었다.

　해방 이듬해 삼팔선을 넘어올 때 모두 긴장해서 숨도 제대로 쉬지 못하는 판에 큰 소리로,

　"야하, 이기 바루 그 삼팔선이구나이, 야하."

　이래 놔서 일행 모두의 간담을 서늘하게 한 일이 있었다. 아버지는 그때도 형을 쥐어박았고, 형은 엉엉 울었고, 어머니도 찔끔찔끔 울었다. 아버지는 애초부터 이 형을 단념하고 있었고, 어머니는 불쌍해서 이따금씩 찔끔거리곤 했다.

　물론 평소에 동생에 대한 형으로서의 체모나 위신 같은 것도 전혀 신경을 쓰지 않아서, 이미 철들자부터 형을 대하는 동생의 눈언저리와 입가엔 늘 쓴웃음 같은 것이 어리어 있었으니, 하얀 살갗의 여윈 얼굴에 이 쓴웃음은 동생의 오연한 성미와 잘 어울려 있었다.

　어머니는 형에 대한 아버지의 단념이나 동생의 이런 투가 더 서러웠는지도 몰랐다. 그러나 형은 아버지나 어머니나 동생의 표정에 구애 없이 하루하루가 그저 천하태평이었다.

　사변이 일어나자 형제가 다 군인의 몸이 됐다.

　1951년 가을, 제각기 북의 포로로 잡혀 북쪽 후방으로 인계돼 가다가 둘은 더럭 만났다. 해가 질 무렵, 무너진 통천(通川)읍 거리에서였다.

　형은 대뜸 울음보를 터뜨렸다. 펄렁한 야전잠바에 맨머리 바람이었고, 털럭털럭한 군화를 끌고 있었다.

　동생도 한순간은 흠칫했으나, 형이 울음을 터뜨리자 난처한 듯 살그머니 외면을 했다. 형에 비해선 주제가 조금 깔끔해서 산뜻한 초록색 군 작업복 차림이었다.

(다)

　동생의 눈에선 다시 눈물이 비어져 나왔다.

　형은 별안간 두 눈이 휘둥그레져서 동생의 얼굴을 멀끔히 마주 쳐다보더니,

　"왜 우니, 왜 울어, 왜, 왜. 어서 그치지 못하겠니." 하면서도 도리어 제 편에서 또 울음을 터뜨리고 있었다.

　이튿날, 형의 걸음걸이는 눈에 띄게 절름거렸다. 혼잣소리도 풀이 없었다.

　"그만큼 걸었음 무던히 왔구만서두. 에에이, 이젠 좀 그만 걷지덜, 무던히 걸었구만서두."

하고는 주위의 경비병들을 흘끔 곁눈질해 보았다. 경비병들은 물론 알은체도 안 했다. 바뀐 사람들은 꽤나 사나운 패들이었다.

　그날 밤 형은 동생을 향해 쓸쓸하게 웃기만 했다.

　"칠성아, 너 집에 가거든 말이다, 집에 가거든……."

하고는 또 무슨 생각이 났는지 쭈뼛 웃으면서,

　"히히, 내가 무슨 소릴 허니. 네가 집에 갈 땐 나두 갈 텐데, 앙 그러니? 내가 정신이 빠졌어."

(라)

　한참 뒤엔 또 동생의 어깨를 그러안으면서,

　"야, 칠성아!"

　동생의 얼굴을 똑바로 마주 쳐다보기만 했다.

　바깥은 바람이 세었다. 거적문이 습기 어린 소리를 내며 열리고 닫히곤 하였다. 문이 열릴 때마다 눈 덮인 초라한 들판이 부유스름하게 아득히 뻗었다.

　동생의 눈에선 또 눈물이 비어져 나왔다.

　형은 또 벌컥 성을 내며,

　"왜 우니, 왜? 흐흐흐."

하고 제 편에서 더 더 울었다.

　며칠이 지날수록 형의 걸음은 더 절룩거려졌다. 행렬 속에서도 별로 혼잣소릴 지껄이지 않았다. 평소의 형답지 않게 꽤나 조심스런 낯색이었다. 둘레를 두리번거리며 **경비병의 눈치를 흘끔거리기만** 했다. 이젠 밤에도 동생의 귀에

다 입을 대고 이것저것 지껄이지 않았다. 그러나 먼 개 짖는 소리 같은 것에는 여전히 흠칫흠칫 놀라곤 했다. 동생은 또 참다못해 눈물을 흘렸다. 그러나 형은 왜 우느냐고 화를 내지도 않고 울음을 터뜨리지도 않았다. 동생은 이런 형이 서러워 더 더 흐느꼈다.

(마)

그날 밤, 바깥엔 함박눈이 내렸다.

형은 불현듯 동생의 귀에다 입을 댔다.

"너, 무슨 일이 생겨두 날 **형이라구 글지 마라, 어엉**"

여느 때답지 않게 숙성한 사람 같은 억양이었다.

"울지두 말구 모르는 체만 해, 꼭."

동생은 부러 큰 소리로,

"야하, 눈이 내린다."

형이 지껄일 소리를 자기가 지금 대신하고 있다고 생각했다.

"……."

그러나 이미 형은 그저 꾹 하니 굳은 표정이었다.

동생은 안타까워 또 울었다. 형을 그러안고 귀에다 입을 대고,

"형아, 형아, 정신 차려."

이튿날, 한낮이 기울어서 어느 영 기슭에 다다르자, 형은 동생의 허벅다리를 쿡 찌르고는 걷던 자리에 털썩 주저앉고 말았다.

형의 걸음걸이를 주의해 보아 오던 한 사람이 뒤에서 **따발총을 휘둘러 쏘**았다.

형은 앉은 채 앞으로 꼬꾸라졌다. 그 사람은 총을 어깨에 둘러메면서,

"메칠을 더 살겠다구 뻐득대? 뻐득대길."

– 이호철, 「나상」 –

06 윗글에 대한 다음 설명 중 가장 적절한 것은?

① 인물의 성격을 상세하게 설명하며 희화화하고 있다.

② 이야기를 외부와 내부로 구성하여 주제를 전달하고 있다.

③ 등장인물의 내적 독백과 갈등을 통해 사건을 전개하고 있다.

④ 사건들을 병렬적으로 제시해 사건을 입체적으로 전달하고 있다.

07 〈보기〉를 참고하여 윗글을 감상한 것으로 가장 적절하지 않은 것은?

─〈보 기〉─

'나상'은 벌거벗은 모습이라는 뜻으로, 순수한 인간 본연의 모습을 간직한 상태를 말한다. 이 소설은 전쟁 중 포로 호송이라는 상황을 빌려 구성원을 획일화하는 사회에 대해 우회적으로 비판하고 있다. 자유를 억압하는 외부의 감시, 전쟁의 폭력성에 의해 희생되는 개인의 모습을 통해 전쟁 상황에서 근원적인 인간성의 소중함을 전달하고 있다.

① 모자라지만 '둔감하고 위태위태하도록 솔직했'던 형은 순수한 인간 본연의 모습을 간직한 인물로 볼 수 있겠군.

② 형이 '경비병의 눈치를 흘끔거리기만'하는 모습에서 개인의 자유를 억압하는 외부의 감시가 존재함을 확인할 수 있겠군.

③ '형이라구 글지 마라'고 말하는 것은 구성원을 획일화하는 사회에 대한 비판적 인식을 드러낸 것으로 볼 수 있겠군.

④ 한 사람이 '따발총을 휘둘러 쏘'는 장면에서 전쟁의 폭력성과 근원적인 인간성 상실의 모습을 확인할 수 있겠군.

08 글에 대한 이해로 가장 적절하지 않은 것은?

① '형'은 모두가 긴장한 상황임을 알고 본인도 긴장하여 아무 소리도 내지 못했다.

② '동생'의 울음을 본 '형'은 울지 말라고 하면서 본인도 울음을 터뜨리고 있다.

③ 시간이 지나 '동생'의 귀에 어떤 말도 하지 않는 '형'의 모습을 보며 '동생'은 서러워했다.

④ '형'은 평소와는 다른 억양으로 '동생'에게 자신을 모른 체하라고 했다.

[09~11] 다음 글을 읽고 물음에 답하시오.

(가)
가시리 가시리잇고 나는
ᄇ리고 가시리잇고 나는
　　위 증즐가 大平盛代(대평셩디)

날러는 엇디 살라 ᄒ고
ᄇ리고 가시리잇고 나는
　　위 증즐가 大平盛代(대평셩디)

잡ᄉ와 두어리마ᄂᆞᆫ
㉠ 선ᄒ면 아니 올셰라
　　위 증즐가 大平盛代(대평셩디)

㉡ 셜온 님 보내ᄋᆞ노니 나는
가시ᄂᆞᆫ 듯 도셔 오쇼셔 나는
　　위 증즐가 大平盛代(대평셩디)
　　　　　　　　　　　– 작자 미상, 「가시리」 –

(나)
나 보기가 역겨워
가실 때에는
말없이 고이 보내 드리우리다.

영변(寧邊)에 약산(藥山)
㉢ 진달래꽃
아름 따다 가실 길에 뿌리우리다.

가시는 걸음걸음
놓인 그 꽃을
사뿐히 즈려밟고 가시옵소서.

나 보기가 역겨워
가실 때에는
㉣ 죽어도 아니 눈물 흘리우리다.
　　　　　　　　　　　– 김소월, 「진달래꽃」 –

09 (가)와 (나)의 공통점으로 가장 적절한 것은?

① 임과의 재회를 희망하는 화자의 의지가 드러나고 있다.
② 구체적인 지명을 통해 이별의 상황을 구체화하고 있다.
③ 이별 상황에 대한 체념과 화자의 자기 희생적 태도가 드러나고 있다.
④ 이별의 원인을 외부에서 찾음으로써 임에 대한 원망을 드러내고 있다.

10 ㉠~㉣에 대해 나눈 대화로 가장 적절하지 않은 것은?

① ㉠에선 화자가 임을 떠나보내는 이유가 드러나며 서러움을 절제하는 화자의 모습이 느껴져.
② ㉡에서 '셜온'의 주체를 화자로 본다면 임 역시 이별 상황을 아쉬워하고 있음을 알 수 있군.
③ ㉢은 임을 향한 변함없는 사랑을 상징하는 소재로, 화자의 분신으로도 볼 수 있겠군.
④ ㉣은 인고의 자세가 드러나는 부분으로 이별 상황에 대한 화자의 슬픔을 반어적으로 강조하고 있군.

11 (가)와 (나)의 형식상의 특징에 대한 설명으로 가장 적절한 것은?

① (가)는 (나)와 달리 수미 상관의 형식을 보이고 있다.
② (나)는 (가)와 달리 시어의 반복을 통해 운율을 형성하고 있다.
③ (가)와 (나) 모두 전통적인 3·3·2조의 3음보 율격을 보이고 있다.
④ (가)와 (나) 모두 기-승-전-결의 4단 구성을 통해 시상을 전개하고 있다.

[12~15] 다음 글을 읽고 물음에 답하시오.

(가)
구두 닦는 사람을 보면
그 사람의 손을 보면
구두 끝을 보면
㉠ 검은 것에서도 빛이 난다.
흰 것만이 빛나는 것은 아니다.

창문 닦는 사람을 보면
그 사람의 손을 보면
창문 끝을 보면
㉡ 비누 거품 속에서도 빛이 난다.
맑은 것만이 빛나는 것은 아니다.

청소하는 사람을 보면
그 사람의 손을 보면
길 끝을 보면
㉢ 쓰레기 속에서도 빛이 난다.
깨끗한 것만이 빛나는 것은 아니다.

마음 닦는 사람을 보면
그 사람의 손을 보면
마음 끝을 보면
보이지 않는 것에서도 빛이 난다.
㉣ 보이는 빛만이 빛은 아니다.
닦는 것은 빛을 내는 일

성자가 된 청소부는
청소를 하면서도 성자이며
성자이면서도 청소를 한다.
           – 천양희, 「그 사람의 손을 보면」 –

(나)
  왜 나는 조그마한 일에만 분개하는가
  저 왕궁 대신에 왕궁의 음탕 대신에
  50원짜리 갈비가 기름 덩어리만 나왔다고 분개하고
  옹졸하게 분개하고 설렁탕집 돼지 같은 주인 년한테 욕을 하고
  옹졸하게 욕을 하고

한번 정정당당하게
붙잡혀 간 소설가를 위해서
언론의 자유를 요구하고 월남 파병에 반대하는
자유를 이행하지 못하고
20원을 받으러 세 번씩 네 번씩
찾아오는 야경꾼들만 증오하고 있는가

옹졸한 나의 전통은 유구하고 이제 내 앞에 정서(情緒)로 가로놓여 있다
이를테면 이런 일이 있었다
부산에 포로수용소의 제14야전병원에 있을 때
정보원이 너스들과 스펀지를 만들고 거즈를
개키고 있는 나를 보고 포로 경찰이 되지 않는다고
남자가 뭐 이런 일을 하고 있느냐고 놀린 일이 있었다
너스들 옆에서

지금도 내가 반항하고 있는 것은 이 스펀지 만들기와
거즈 접고 있는 일과 조금도 다름없다
개의 울음소리를 듣고 그 비명에 지고
머리에 피도 안 마른 애놈의 투정에 진다
떨어지는 은행나무 잎도 내가 밟고 가는 가시밭

아무래도 나는 비켜서 있다 ⓐ 절정 위에는 서 있지
않고 암만해도 조금쯤 옆으로 비켜서 있다
그리고 조금쯤 옆에 서 있는 것이 조금쯤
비겁한 것이라고 알고 있다!

그러니까 이렇게 옹졸하게 반항한다
이발쟁이에게
땅 주인에게는 못하고 이발쟁이에게
구청 직원에게는 못하고 동회 직원에게도 못하고
야경꾼에게 20원 때문에 10원 때문에 1원 때문에
우습지 않으냐 1원 때문에

모래야 나는 얼마큼 작으냐
바람아 먼지야 풀아 나는 얼마큼 작으냐
정말 얼마큼 작으냐……
           – 김수영, 「어느 날 고궁을 나오면서」 –

12 (가)의 ㉠~㉣ 중 〈보기〉의 밑줄 친 ㉮와 성격이 가장 다른 것은?

─〈보 기〉─

텔레비전을 끄자
㉮ 풀벌레 소리
어둠과 함께 방안 가득 들어온다
어둠 속에서 들으니 벌레 소리들 환하다
별빛이 묻어 더 낭랑하다
귀뚜라미나 여치 같은 큰 울음 사이에는
너무 작아 들리지 않는 소리도 있다
그 풀벌레들의 작은 귀를 생각한다
내 귀에는 들리지 않는 소리들이 드나드는
까맣고 좁은 통로들을 생각한다
그 통로의 끝에 두근거리며 매달린
여린 마음들을 생각한다
발뒤꿈치처럼 두꺼운 내 귀에 부딪쳤다가
되돌아간 소리들을 생각한다
브라운관이 뿜어낸 현란한 빛이
내 눈과 귀를 두껍게 채우는 동안
그 울음소리들은 수 없이 나에게 왔다가
너무 단단한 벽에 놀라 되돌아갔을 것이다
하루살이처럼 전등에 부딪쳤다가
바닥에 새카맣게 떨어졌을 것이다
크게 밤공기를 들이쉬니
허파 속으로 그 소리들이 들어온다
허파도 별빛이 묻어 조금은 환해진다

① ㉠　　　　　　　　② ㉡
③ ㉢　　　　　　　　④ ㉣

13 (나)에 대한 이해로 가장 적절하지 않은 것은?

① 화자는 일상적 경험들을 나열하여 삶을 성찰하고 있어.
② 화자는 비속어 사용을 통해 자신의 속된 모습을 솔직하게 노출하고 있어.
③ 화자는 과거로부터 지속된 옹졸한 태도가 체질화되었음을 고백하고 있어.
④ 화자는 미비한 자연물과의 대비를 통해 자신의 왜소함을 극복하고 있어.

14 (가)와 (나)의 공통점으로 가장 적절하지 않은 것은?

① 대조적 의미의 시구를 제시하여 시상을 전개하고 있다.
② 일상적 시어를 사용하여 시적 정황을 드러내고 있다.
③ 유사한 문장구조의 반복을 통해 운율을 형성하고 있다.
④ 역설적 인식을 통해 대상에 대한 화자의 태도를 드러낸다.

15 (나)의 ⓐ의 삶을 구현하고 있는 인물로 가장 보기 어려운 경우는?

① 악덕 기업의 제품 불매 운동에 참여하고 있는 중학생
② 불합리한 외교조약에 대해 반대시위를 벌이는 시민
③ 자신에게 불리한 인사 평가 제도에 대해 불평하는 회사원
④ 대기업의 노동 착취에 대해 비판적 논조의 기사를 쓴 기자

16 〈보기 1〉을 바탕으로 〈보기 2〉를 탐구한 내용으로 가장 적절하지 않은 것은?

――― 〈보기 1〉 ―――

㉠ 시제 선어말 어미 없이 과거 시제를 표현하는 경우가 있었음

㉡ 서술어의 주체를 높이는 방법 중 하나로 선어말 어미를 사용하였음

㉢ 현대 국어에서 두음 법칙의 적용을 받는 단어들이 두음 법칙의 적용을 받지 않았음

㉣ 특정 부류의 모음이 같이 나타나는 모음조화 현상이 엄격히 지켜졌음

㉤ 주어의 인칭에 따라 의문형 어미가 달리 나타나는 경우가 있었음

――― 〈보기 2〉 ―――

ⓐ 남기 새 닢 나니이다
　[나무에 새 잎이 났습니다.]

ⓑ 이 사르미 내 닐온 뜨들 아느녀
　[이 사람이 내가 이른 뜻을 아느냐?]

ⓒ 大王이 出슝ᄒ샤ᄃᆡ 뉘 바ᄅᆞ래 드러가려 ᄒᆞᄂᆞ뇨
　[대왕이 출령하시되 "누가 바다에 들어가려 하느냐?"]

① ⓐ의 '나니이다'에서 ㉠을 확인할 수 있군.

② ⓒ의 '出슝ᄒ샤ᄃᆡ'에서 ㉡을 확인할 수 있군.

③ ⓑ의 '닐온'에서 ㉢을, '뜨들'에서 ㉣을 확인할 수 있군.

④ ⓑ의 '아느녀'와 ⓒ의 'ᄒᆞᄂᆞ뇨'에서 ㉤을 확인할 수 있군.

[17~19] 다음 글을 읽고 물음에 답하시오.

(가)

임이여 강을 건너지 마오 公無渡河
임은 마침내 강을 건너는구료 公竟渡河
물에 빠져 죽으니 墮河而死
㉠ 이 내 임을 어이할꼬 當奈公何

－ 작자 미상, 「공무도하가」－

(나)

고인(古人)도 날 못 보고 나도 고인 못 뵈
고인을 못 봐도 녀든 길 알픠 잇니
녀든 길 알픠 잇거든 아니 녀고 엇절고

－ 이황, 「도산십이곡」－

(다)

한숨아 셰 한숨아 네 어늬 틈으로 드러온다
고모장즈 셰살장즈 가로다지 여다지에 암돌져귀 수돌져귀 비목걸새 쑥닥 박고 용(龍) 거북 즈물쇠로 수기수기 ᄎ엿는듸 병풍(屛風)이라 덜걱 져븐 족자(簇子)ㅣ라 ᄃ듸ᄃ글 ᄆᆞᆫ다네 어늬 틈으로 드러온다
어인지 너 온 날 밤이면 ᄌᆞᆷ 못 드러 ᄒᆞ노라

－ 작자 미상 －

17 (가)~(다)의 공통점으로 가장 적절한 것은?

① 과장적 표현을 통해 화자의 처지를 드러내고 있다.

② 의문형 진술을 활용하여 화자의 정서를 드러내고 있다.

③ 유사한 문장구조의 반복을 통해 시적 의미를 강조하고 있다.

④ 반어적 표현을 통해 시적 상황을 거부하는 화자를 표현하고 있다.

18 (가)의 밑줄 친 ㉠과 가장 유사한 정서가 드러나는 것은?

① 혹시나 하고 나는 밖을 기웃거린다 / 나는 풀이 죽는다 / 빗발은 한 치 앞을 못 보게 한다 / 왠지 느닷없이 그렇게 퍼붓는다 / 지금은 어쩔 수가 없다고
– 김춘수, 「강우」 –

② 겨울 되자 온 세상 수북이 눈은 내려 / 저마다 하얗게 하얗게 분장하지만 / 나는 / 빈 가지 끝에 홀로 앉아 / 말없이 / 먼 지평선을 응시하는 한 마리 / 검은 까마귀가 되리라
– 오세영, 「자화상 2」 –

③ 그런 사람들이 / 이 세상에서 알파이고 / 고귀한 인류이고 / 영원한 광명이고 다름 아닌 시인이라고
– 김종삼, 「누군가 나에게 물었다」 –

④ 동방은 하늘도 다 끝나고 / 비 한 방울 내리잖는 그때에도 / 오히려 꽃은 빨갛게 피지 않는가 / 내 목숨을 꾸며 쉼 없는 날이여
– 이육사, 「꽃」 –

19 (나)와 (다)의 형식적 특징에 대한 설명으로 가장 적절하지 않은 것은?

① (나)는 각 장이 4음보의 전통적인 율격으로 되어 있다.

② (다)는 중장이 다른 장에 비해 현저히 길어진 구성을 취하고 있다.

③ (나)와 (다)는 모두 초장, 중장, 종장의 3장 구성으로 되어 있다.

④ (다)는 (나)와 달리 종장의 첫 음보 음절 수가 지켜지지 않고 있다.

[20~22] 다음 글을 읽고 물음에 답하시오.

'수오재(守吾齋)*'라는 이름은 큰형님이 자기 집에 붙인 이름이다. 나는 처음에 이 이름을 듣고 이상하게 생각했다.

"나와 굳게 맺어져 있어 서로 떨어질 수 없는 사물 가운데 나[吾]보다 더 절실한 것은 없다. 그러니 굳이 지키지 않아도 어디로 가겠는가. 이상한 이름이다."

내가 장기로 귀양 온 뒤에 혼자 지내면서 곰곰이 생각해 보다가, 하루는 갑자기 이 의문점에 대해 해답을 얻게 되었다. 나는 벌떡 일어나서 말했다.

"천하 만물 가운데 지킬 것은 하나도 없지만, 오직 나[吾]만은 지켜야 한다. 내 밭을 지고 달아날 자가 있는가. 밭은 지킬 필요가 없다. 내 집을 지고 달아날 자가 있는가. 집도 지킬 필요가 없다. 내 정원의 여러 가지 꽃나무나 과일나무들을 뽑아 갈 자가 있는가. 그 뿌리는 땅속에 깊이 박혔다. 내 책을 훔쳐 없앨 자가 있는가. 성현의 경전이 세상에 퍼져 물이나 불처럼 흔한데, 누가 감히 없앨 수 있겠는가. 내 옷이나 양식을 훔쳐서 나를 옹색하게 하겠는가. 천하에 있는 실이 모두 내가 입을 옷이며, 천하에 있는 곡식이 모두 내가 먹을 양식이다. 도둑이 비록 훔쳐 간대야 한두 개에 지나지 않을 테니, 천하의 모든 옷과 곡식을 없앨 수 있겠는가. 그러니 천하 만물은 모두 지킬 필요가 없다.

그런데 오직 ㉠ 나[吾]라는 것만은 잘 달아나서, 드나드는 데 일정한 법칙이 없다. 아주 친밀하게 붙어 있어서 서로 배반하지 못할 것 같다가도, 잠시 살피지 않으면 어디든지 못 가는 곳이 없다. 이익으로 꾀면 떠나가고, 위험과 재앙이 겁을 주어도 떠나간다. 마음을 울리는 아름다운 음악 소리만 들어도 떠나가며, 눈썹이 새까맣고 이가 하얀 미인의 요염한 모습만 보아도 떠나간다. 한 번 가면 돌아올 줄을 몰라서, 붙잡아 만류할 수가 없다. 그러니 천하에 나[吾]보다 더 잃어버리기 쉬운 것은 없다. 어찌 실과 끈으로 묶고 빗장과 자물쇠로 잠가서 나를 굳게 지키지 않겠는가."

나는 나를 잘못 간직했다가 잃어버렸던 자다. 어렸을 때 과거가 좋게 보여서, 10년 동안이나 과거 공부에 빠져들었다. 그러다가 결국 처지가 바뀌어 조정에 나아가 검은 사모관대*에 비단 도포를 입고, 12년 동안이나 대낮에 미친 듯이 큰길을 뛰어다녔다. 그러다가 또 처지가 바뀌어 한강을 건너고 문경 새재를 넘게 되었다. 친척과 조상의 무덤을 버리고 곧바로 아득한 바닷가의 대나무 숲에 달려와서야 멈추게 되었다. 이때에는 나[吾]에게 물었다.

"너는 무엇 때문에 여기까지 왔느냐? 여우나 도깨비에게 홀려서 끌려왔느냐? 아니면 바다 귀신이 불러서 왔는가? 네 가정과 고향이 모두 초천에 있는데, 왜 그 본바닥으로 돌아가지 않느냐?"

그러나 나[吾]는 끝내 멍하니 움직이지 않으며 돌아갈 줄을 몰랐다. 얼굴빛을 보니 마치 얽매인 곳에 있어서 돌아가고 싶어도 돌아가지 못하는 것 같았다. 그래서 결국 붙잡아 이곳에 함께 머물렀다. 이때 둘째 형님도 나[吾]를 잃고 나를 쫓아 남해 지방으로 왔는데, 역시 나[吾]를 붙잡아서 그곳에 함께 머물렀다.

오직 내 큰형님만 나[吾]를 잃지 않고 편안히 단정하게 수오재에 앉아 계시니, 본디부터 지키는 것이 있어서 나[吾]를 잃지 않았기 때문이 아니겠는가. 이게 바로 큰형님이 그 거실에 수오재라고 이름 붙인 까닭일 것이다. 큰형님은 언제나 말씀하셨다.

"아버님께서 내게 태현(太玄)이라고 자를 지어 주셔서, 나는 오로지 내 태현을 지키려고 했다네. 그래서 내 거실에다가 그렇게 이름을 붙인 거지."

하지만 이것은 핑계다. 맹자가 말씀하시기를 "무엇을 지키는 것이 큰가? 몸을 지키는 것이 크다."라고 했으니, 이 말씀이 진실이다. 내가 스스로 말한 내용을 써서 큰형님께 보이고, 수오재의 기로 삼는다.

                                  – 정약용, 「수오재기」 –

* 수오재: 나를 지키는 집
* 사모관대: 벼슬아치의 예복

20 윗글의 서술상 특징으로 가장 적절하지 않은 것은?

① 글쓴이가 얻은 깨달음의 내용을 열거를 통해 제시하고 있다.

② 대상에 대한 의문을 타인과의 문답 과정을 통해 해소하고 있다.

③ 옛 성현의 말을 인용하여 자신의 주장에 설득력을 높이고 있다.

④ 서두에 대상에 대한 의문을 제시함으로써 독자의 흥미를 유발하고 있다.

21 윗글을 이해한 내용으로 가장 적절하지 않은 것은?

① '큰형님'은 자신의 집 거실에 직접 '수오재'라는 이름을 붙였다.

② '나'는 과거에 급제하여 관직에 나아가 10년 이상 나랏일을 했다.

③ '나'는 '수오재'에 대해 생긴 의문에 대한 해답을 장기에 와서 얻는다.

④ '둘째 형님'은 '나'와 마찬가지로 귀양을 왔으나, 깨달음을 얻지 못했다.

22 ㉠에 대한 설명으로 가장 적절한 것은?

① 누가 훔쳐 가기 쉬운 밭과 달리, 스스로 달아나기를 잘한다.

② 나를 옹색하게 만드는 옷과 달리, 유혹에 쉽게 떠나가지 않는다.

③ 널리 퍼져 없애기 어려운 책과 달리, 살피지 않으면 금세 달아난다.

④ 누군가 가져가면 돌아오지 않는 양식과 달리, 떠났다가도 곧 돌아온다.

[23~25] 다음 글을 읽고 물음에 답하시오.

프레임(frame)은 영화와 사진 등의 시각 매체에서 화면 영역과 화면 밖의 영역을 구분하는 경계로서의 틀을 말한다. 카메라로 대상을 포착하는 행위는 현실의 특정한 부분만을 떼어내 프레임에 담는 것으로, 찍은 사람의 의도와 메시지를 ⊙ 내포한다. 그런데 문, 창, 기둥, 거울 등 주로 사각형이나 원형의 형태를 갖는 물체들을 이용하여 프레임 안에 또 다른 프레임을 만드는 경우가 있다. 이런 기법을 '이중 프레이밍', 그리고 안에 있는 프레임을 '이차 프레임'이라 칭한다. 이차 프레임의 일반적인 기능은 크게 세 가지로 구분할 수 있다. 먼저, 화면 안의 인물이나 물체에 대한 시선 ⓛ 유도 기능이다. 대상을 틀로 에워싸기 때문에 시각적으로 강조하는 효과가 있으며, 대상이 작거나 구도의 중심에서 벗어나 있을 때도 존재감을 부각하기가 용이하다. 또한 프레임 내 프레임이 많을수록 화면이 다층적으로 되어, 자칫 밋밋해질 수 있는 화면에 깊이감과 입체감이 부여된다. 광고의 경우, 설득력을 높이기 위해 이차 프레임 안에 상품을 위치시켜 주목을 받게 하는 사례들이 있다.

다음으로, 이차 프레임은 작품의 주제나 내용을 암시하기도 한다. 이차 프레임은 시각적으로 내부의 대상을 외부와 분리하는데, 이는 곧잘 심리적 단절로 이어져 구속, 소외, 고립 따위를 ⓒ 환기한다. 그리고 이차 프레임 내부의 대상과 외부의 대상 사이에는 정서적 거리감이 조성되기도 한다. 어떤 영화들은 작중 인물을 문이나 창을 통해 반복적으로 보여 주면서, 그가 세상으로부터 격리된 상황을 암시하거나 불안감, 소외감 같은 인물의 내면을 시각화하기도 한다.

마지막으로, 이차 프레임은 '이야기 속 이야기'인 액자형 서사 구조를 지시하는 기능을 하기도 한다. 일례로, 어떤 영화는 작중 인물의 현실 이야기와 그의 상상에 따른 이야기로 구성되는데, 카메라는 이차 프레임으로 사용된 창을 비추어 한 이야기의 공간에서 다른 이야기의 공간으로 들어가거나 빠져 나온다. 그런데 현대에 이를수록 시각 매체의 작가들은 이차 프레임의 ⓔ 범례에서 벗어나는 시도들로 다양한 효과를 끌어내기도 한다. 가령 이차 프레임 내부 이미지의 형체를 식별하기 어렵게 함으로써 관객의 지각 행위를 방해하여, 강조의 기능을 무력한 것으로 만들거나 서사적 긴장을 유발하기도 한다. 또 문이나 창을 봉쇄함으로써 이차 프레임으로서의 기능을 상실시켜 공간이나

인물의 폐쇄성을 드러내기도 한다. 혹은 이차 프레임 내의 대상이 그 경계를 넘거나 파괴하도록 하여 호기심을 자극하고 대상의 운동성을 강조하는 효과를 낳는 사례도 있다.

23 윗글에 대한 다음 설명 중 가장 적절하지 않은 것은?

① 이차 프레임의 기능을 병렬적으로 나열하고 있다.

② 이차 프레임이 사용되는 다양한 예시를 제시하고 있다.

③ 이차 프레임의 효과에 대한 전문가의 견해를 인용하고 있다.

④ 프레임, 이중 프레이밍, 이차 프레임의 개념을 정의하고 있다.

24 문맥상 ⊙~ⓔ의 의미로 가장 적절하지 않은 것은?

① ⊙: 어떤 성질이나 뜻 따위를 속에 품음

② ⓛ: 사람이나 물건을 목적한 장소나 방향으로 이끎

③ ⓒ: 탁한 공기를 맑은 공기로 바꿈

④ ⓔ: 예시하여 모범으로 삼는 것

25 윗글을 이해한 내용으로 가장 적절한 것은?

① 프레임 밖의 영역에는 찍은 사람의 의도와 메시지가 담긴다.

② 이차 프레임 안의 대상과 밖의 대상 사이에는 거리감이 조성되기도 한다.

③ 이차 프레임 내 대상의 크기가 작을 경우에는 대상의 존재감이 강조되기 어렵다.

④ 이차 프레임 안의 화면을 식별하기 어렵게 만들 경우, 역설적으로 대상을 강조하는 효과가 발생한다.

국어 | 2022년 법원직 9급

[01~03] 다음 글을 읽고 물음에 답하시오.

20세기의 두드러진 특징 중 하나는 세계 모든 나라에서 학교라 불리는 교육 기관들이 엄청나게 빠른 속도로 성장했으며, 각국의 학생들이 교육을 받기 위해 학교로 몰려들었다는 것이다. 예를 들어 한국의 대학생 수는 1945년 약 8000명이었지만, 2010년 약 350만 명으로 증가했다. 무엇이 학교를 이토록 팽창하게 만들었을까? ㉠ 학교 팽창의 원인은 학습 욕구 차원, 경제적 차원, 정치적 차원, 사회적 차원에서 설명될 수 있다.

먼저 학습 욕구 차원에서, 인간은 지적 · 인격적 성장을 위한 학습 욕구를 지니고 있다. 그리고 부모들은 자식의 지적 · 인격적 성장을 바라는 마음이 있다. 특히 한국인은 배움에 높은 가치를 부여하기 때문에, 한국 사회에서는 부모가 자식에게 최선의 배움의 기회를 제공하는 것이 부모가 자식에게 해주어야 할 의무로 인식되는 경향이 있다. 이러한 학습에 대한 욕구가 학교를 팽창하게 만드는 요인 중 하나인 것이다.

다음으로 경제적 차원에서 학교는 산업사회가 성장하는 데 있어서 필수적인 인력 양성 기관의 역할을 담당하였다. 전통적인 농경사회에서는 특별한 기능이나 기술의 훈련이 필요하지 않았지만, 산업사회에서는 훈련받은 인재가 필요하였다. 이러한 산업사회의 과제를 해결하기 위한 기관이 학교였다. 산업 수준이 더욱 고도화됨에 따라 학교 교육의 기간도 장기화된다. 경제 규모의 확대와 산업 기술 수준의 향상은 학교를 팽창하게 만드는 요인 중 하나인 것이다.

다음으로 정치적 차원에서 학교는 국민통합을 이룰 수 있는 장치였다. 통일국가에서는 언어, 역사의식, 가치관, 국가이념 등을 모든 국가 구성원들에게 가르쳐야 했다. 그리고 국민통합 교육은 사교육에 맡겨둘 수 없었다. 이러한 맥락에서 학교에서의 의무교육제도는 국민통합 교육을 위한 국가적 필요에 의해 시작된 것으로 볼 수 있다. 국민통합의 필요는 학교를 팽창하게 만드는 요인 중 하나인 것이다.

마지막으로 사회적 차원에서 학교의 팽창은 현대사회가 학력 사회로 변화된 데에 기인한다. 신분제도가 무너진 뒤 그 자리를 채운 학력제도에서, 학력은 각자의 능력을 판단하는 잣대로 활용되었다. 막스 베버 는 그의 저서 『경제와 사회』에서 사회적으로 대접받고 높은 관직에 오르기 위해서 과거에는 명문가의 족보가 필요했지만, 오늘날에는 학력증명이 있어야 한다고 주장했다. 나아가 그는 높은 학력을 가진 사람은 사회경제적으로 높은 지위를 독점할 수 있다고 기술한 바 있다. 현대사회의 학력 사회로의 변모는 학교가 팽창하게 되는 요인 중 하나인 것이다.

01 윗글의 전개 방식에 대한 설명으로 가장 적절하지 않은 것은?

① 의문문을 활용하여 독자의 궁금증을 유발하고 있다.

② 특정 현상의 원인을 다양한 차원에서 병렬적으로 제시하고 있다.

③ 특정 현상을 대략적인 수치 자료를 예로 제시하며 설명하고 있다.

④ 특정 현상의 역사적 의의를 제시하며 현대사회가 나아가야 할 방향을 제시하고 있다.

02 윗글을 읽고 난 후, ㉠에 대해 보인 반응으로 가장 적절하지 않은 것은?

① 갑: 학습 욕구 차원에서, 인간은 자신의 내적 성장에 대한 욕구가 있기 때문일 거야.

② 을: 경제적 차원에서, 산업 기술 수준이 향상됨에 따라 필요한 훈련된 인력을 기르는 역할을 학교가 담당하기 때문일 거야.

③ 병: 정치적 차원에서, 국가의 가치관, 언어, 역사의식 등을 국가 구성원에게 가르치는 일이 학교를 통해 이루어지기 때문일 거야.

④ 정: 사회적 차원에서, 산업 수준이 더욱 고도화되면서 산업사회의 과제를 해결하기 위한 기관이 학교이기 때문일거야.

① A와 달리, 막스 베버는 고학력을 취득한 사람이 저학력을 취득한 사람보다 능력이 뛰어나다고 생각한다.

② B와 달리, 막스 베버는 사회경제적으로 높은 지위를 차지하기 위해서 개인의 학력보다 부모의 지위가 중요하다고 생각한다.

③ A와 막스 베버는 모두 학력을 통해 높은 계층의 지위를 차지할 수 있다고 생각한다.

④ B와 막스 베버는 모두 높은 관직에 오르기 위해서는 명문가에서 태어나는 것이 뛰어난 학력을 가지는 것보다 중요하다고 생각한다.

03 윗글의 막스 베버 와 〈보기〉의 A, B의 견해를 비교한 내용으로 가장 적절한 것은?

― 〈보 기〉 ―

학교 교육이 사회의 평등장치인가에 대해 사회학자 A와 B는 상반된 견해를 가진다. A는 학교가 학생들의 능력에 따라 성적을 주고, 그 성적에 따라 상급 학년에 진급시키고 졸업시켜, 상급학교에 진학시키므로 학력은 개인의 능력에 따라 차별화된다고 본다. 또한 높은 학력을 통해 능력을 인정받은 개인은 희소가치가 높은 노동을 제공함으로써 높은 소득을 얻고 계층 상승을 이룰 수 있다고 본다.

반면, B는 상급 학교의 진학은 개인의 능력만을 반영하지 않고 부모의 사회적 지위와 소득의 영향을 받는다고 본다. 또한 학교 교육을 통해 계층 상승을 이룰 수 있는 사람들은 대개 기존부터 중류층 이상이었던 사람들이라고 주장한다. 나아가 상류층일수록 학력이 낮아도 높은 지위에 쉽게 오르는 경향이 있다고 이야기한다.

04 〈보기〉의 문장에 대한 설명으로 가장 적절하지 않은 것은?

― 〈보 기〉 ―

- 나는 ㉠ 동생이 산 사탕을 먹었다.
- ㉡ 철수가 산책했던 공원은 부산에 있다.
- 민경이는 ㉢ 숙소로 돌아가기를 원한다.
- 지금은 ㉣ 학교에 가기에 늦은 시간이다.

① ㉠은 안은문장의 목적어를 수식하는 관형절이다.

② ㉡은 안은문장의 주어를 수식하는 부사절이다.

③ ㉢은 조사 '를'과 결합하여 안은문장의 목적어로 쓰이고 있다.

④ ㉣은 조사 '에'와 결합하여 안은문장의 부사어로 쓰이고 있다.

[05~08] 다음 글을 읽고 물음에 답하시오.

기업은 다른 기업들과의 경쟁에서 이기고, 자신이 설정한 경영 목표를 달성하기 위해서 기업의 사업 내용과 목표 시장 범위를 결정하는데, 이를 기업전략이라고 한다. 즉 기업전략은 다양한 사업의 포트폴리오*를 전사적(全社的) 차원에서 어떻게 ㉠ 구성하고 조정할 것인가를 결정하는, 즉 참여할 사업을 결정하는 것이라고 할 수 있다.

기업전략의 구체적 예로 기업 다각화 전략을 들 수 있다. 기업 다각화 전략은 한 기업이 복수의 산업 또는 시장에서 복수의 사업을 영위하기 위한 전략으로, 제품 다각화 전략, 지리적 시장 다각화 전략, 제품 시장 다각화 전략으로 크게 구분된다. 이는 다시 제품이나 판매 지역 측면에서 관련된 사업에 종사하는 관련 다각화와 관련이 없는 사업에 종사하는 비관련 다각화로 구분된다. 리처드 러멜트는 미국의 다각화 기업을 구분하며, 관련 사업에서 70% 이상의 매출을 올리는 기업을 관련 다각화 기업, 70% 미만의 매출을 올리는 기업을 비관련 다각화 기업으로 명명했다.

기업 다각화는 범위의 경제성을 창출함으로써 수익 증대에 ㉡ 기여한다. 범위의 경제성이란 하나의 기업이 동시에 복수의 사업 활동을 하는 것이, 복수의 기업이 단일의 사업 활동을 하는 것보다 총비용이 적고 효율적이라는 이론이다. 범위의 경제성은 한 기업이 여러 제품을 동시에 생산할 때, 투입되는 요소 중 공통적으로 투입되는 생산요소가 존재하기 때문에 투입 요소 비용이 적게 발생한다는 사실을 통해 설명된다.

또한 다각화된 기업은 기업 내부 시장을 활용함으로써 새로운 가치를 ㉢ 창출할 수 있다. 여러 사업부에서 나오는 자금을 통합하여 활용할 수 있는 내부 자본시장을 갖추었을 뿐 아니라 여러 사업부에서 훈련된 인력을 전출하여 활용할 수 있는 내부 노동시장도 갖추었기 때문이다. 새로운 인력을 채용하여 교육시키는 데 많은 시간과 비용이 들어감을 고려하면, 다각화된 기업은 신규 기업에 비해 훨씬 ㉣ 우월한 위치에서 경쟁할 수 있다.

한편 다각화를 함으로써 기업은 사업 부문들의 경기 순환에서 오는 위험을 줄일 수 있다. 예를 들어 기업의 주력 사업이 반도체, 철강, 조선과 같이 불경기와 호경기가 반복적으로 순환되는 사업 분야일수록, 기업은 (a) 분야의 다각화를 함으로써 경기가 불안정할 때에도 자금 순환의 안정성을 비교적 (b)할 수 있다.

* 포트폴리오: 다양한 투자 대상에 분산하여 자금을 투입하여 운용하는 일

05 윗글에 대한 설명으로 가장 적절한 것은?

① 특정 개념이 성립하게 된 배경을 설명한 후, 개념의 역사적 의의를 서술하고 있다.

② 특정 개념의 장단점을 소개한 후, 단점을 극복하는 방안들을 서술하고 있다.

③ 특정 개념의 구체적 예를 제시한 후, 예에 해당하는 내용을 상세하게 설명하고 있다.

④ 특정 개념을 바라보는 다양한 학자들의 견해를 비교하며 절충안을 도출하고 있다.

06 윗글의 문맥을 고려하여, 윗글의 a, b 부분에 들어갈 단어를 가장 적절하게 추론한 것은?

	a	b
①	비관련	확보
②	비관련	제거
③	관련	확보
④	관련	제거

07 윗글에 대한 이해로 가장 적절한 것은?

① 범위의 경제성에 의하면 한 기업이 제품A, 제품B를 모두 생산하는 것은, 서로 다른 두 기업이 각각 제품A, 제품B를 생산하는 것보다 비효율적이다.

② 다각화된 기업은 여러 사업부에서 나오는 자금을 통합하여 활용할 수 없다.

③ 신규 기업은 새로운 인력을 채용하고 교육하는 것에 부담이 있다.

④ 리처드 러멜트에 의하면, 관련 사업에서 50%의 매출을 올리는 기업은 관련 다각화 기업이다.

08 밑줄 친 단어 ㉠~㉣의 사전적 의미로 가장 적절하지 않은 것은?

① ㉠: 몇 가지 부분이나 요소들을 모아서 일정한 전체를 짜 이룸

② ㉡: 도움이 되도록 이바지함

③ ㉢: 사업 따위를 처음으로 이루어 시작함

④ ㉣: 다른 것보다 나음

09 〈보기 1〉을 참고하여 〈보기 2〉의 ㉠~㉣에 대해 설명한 내용으로 가장 적절하지 않은 것은?

――――― 〈보기 1〉 ―――――

중세국어에서 의문문은 해당 의문문이 의문사에 대한 대답을 요구하는 설명 의문문인지, 가부(可否)에 대한 대답을 요구하는 판정 의문문인지, 의문문의 주어가 몇 인칭인지, 상대 높임 등급이 어떠한지 등에 따라 다양한 방법으로 실현되었다.

예를 들어, 체언에 의문 보조사가 붙는 경우 설명 의문문이면 의문 보조사 '고'가, 판정 의문문이면 의문 보조사 '가'가 결합되었다. 청자가 주어가 되는 2인칭 주어 의문문에서는 어미 '-ㄴ다'가 사용되었으며, ㅎ라체 상대 높임 등급에서 설명 의문문은 '-뇨'가 사용되었다.

――――― 〈보기 2〉 ―――――

• ㉠: 이 ᄯᆞ리 너희 종가(이 딸이 너희의 종인가?)

• ㉡: 얻논 藥이 므스것고(얻는 약이 무엇인가?)

• ㉢: 네 信ᄒᆞᆫ다 아니 ᄒᆞᆫ다(네가 믿느냐 아니 믿느냐?)

• ㉣: 究羅帝가 이제 어듸 잇ᄂᆞ뇨(구라제가 이제 어디 있느냐?)

① ㉠은 판정 의문문이므로 의문 보조사 '가'가 사용되었다.

② ㉡은 설명 의문문이므로 의문 보조사 '고'가 사용되었다.

③ ㉢의 주어는 2인칭 청자이므로 어미 '-ㄴ다'가 사용되었다.

④ ㉣은 판정 의문문이므로 어미 '-뇨'가 사용되었다.

[10~13] 다음 글을 읽고 물음에 답하시오.

(가)

셔경(西京)이 아즐가 셔경(西京)이 셔울히마르는
　　위 두어렁셩 두어렁셩 다링디리
닷곤 디 아즐가 닷곤 디 쇼셩경 고외마른
　　위 두어렁셩 두어렁셩 다링디리
여히므론 아즐가 여히므론 질삼뵈 브리시고
　　위 두어렁셩 두어렁셩 다링디리
괴시란디 아즐가 괴시란디 우러곰 좃니노이다
　　위 두어렁셩 두어렁셩 다링디리

구스리 아즐가 구스리 바회예 디신들
　　위 두어렁셩 두어렁셩 다링디리
긴힛똔 아즐가 긴힛똔 그츠리잇가 나는
　　위 두어렁셩 두어렁셩 다링디리
즈믄 히를 아즐가 즈믄 히를 외오곰 녀신들
　　위 두어렁셩 두어렁셩 다링디리
신(信)잇둔 아즐가 신(信)잇둔 그츠리잇가 나는
　　위 두어렁셩 두어렁셩 다링디리

대동강(大同江) 아즐가 대동강(大同江) 너븐디 몰라셔
　　위 두어렁셩 두어렁셩 다링디리
빅 내여 아즐가 빅 내여 노흔다 샤공아
　　위 두어렁셩 두어렁셩 다링디리
네 가시 아즐가 네 가시 럼난디 몰라셔
　　위 두어렁셩 두어렁셩 다링디리
녈 빅예 아즐가 녈 빅예 연즌다 샤공아
　　위 두어렁셩 두어렁셩 다링디리
대동강(大同江) 아즐가 대동강(大同江) 건넌편 고즐여
　　위 두어렁셩 두어렁셩 다링디리
빅 타들면 아즐가 빅 타들면 것고리이다 나는
　　위 두어렁셩 두어렁셩 다링디리

　　　　　　　　　　　　－ 작자 미상, 「서경별곡(西京別曲)」－

(나)

딩아 돌하 당금(當今)에 계샹이다
딩아 돌하 당금(當今)에 계샹이다
션왕셩디(先王聖代)예 노니ᄋ와지이다

삭삭기 셰몰애 별헤 나는
삭삭기 셰몰애 별헤 나는
구은 밤 닷 되를 심고이다
㉠ 그 바미 우미 도다 삭나거시아
그 바미 우미 도다 삭나거시아
유덕(有德)ᄒ신 님 여히ᄋ와지이다

옥(玉)으로 련(蓮)ㅅ고즐 사교이다
옥(玉)으로 련(蓮)ㅅ고즐 사교이다
바회 우희 졉듀(接柱)ᄒ요이다
그 고지 삼동(三同)이 퓌거시아
그 고지 삼동(三同)이 퓌거시아
유덕(有德)ᄒ신 님 여히ᄋ와지이다

므쇠로 텰릭*을 물아 나는
므쇠로 텰릭을 물아 나는
텰ㅅ(鐵絲)로 주룸 바고이다
㉡ 그 오시 다 헐어시아
그 오시 다 헐어시아
유덕(有德)ᄒ신 님 여히ᄋ와지이다

므쇠로 한 쇼를 디여다가
므쇠로 한 쇼를 디여다가
텰슈산(鐵樹山)애 노호이다
㉢ 그 쇠 텰초(鐵草)를 머거아
그 쇠 텰초(鐵草)를 머거아
유덕(有德)ᄒ신 님 여히ᄋ와지다

㉣ 구스리 바회예 디신들
구스리 바회예 디신들
긴힛둔 그츠리잇가
즈믄 히를 외오곰 녀신들
즈믄 히를 외오곰 녀신들
신(信)잇둔 그츠리잇가

　　　　　　　　　　　　－ 작자 미상, 「정석가(鄭石歌)」－

* 텰릭: 철릭. 무관이 입던 공복(公服)

10 (가)와 (나)의 공통점으로 가장 적절한 것은?

① 시적 대상에 대한 원망의 정서가 드러난다.

② 화자의 생활 터전에 대한 애정이 드러난 부분이 있다.

③ 임과 이별하고 싶지 않아 하는 화자의 모습이 드러난다.

④ 불가능한 상황이 일어나야 이별하겠다고 이야기하며 화자의 의지를 드러내고 있다.

11 (가)의 형식적 측면에 대한 설명으로 가장 적절하지 않은 것은?

① 4음보의 전통적인 율격을 지니고 있다.

② 악률을 맞추기 위한 여음구가 사용되었다.

③ 설의적 표현을 사용하여 정서를 드러내고 있다.

④ 음성상징어를 활용한 후렴구를 사용하여 운율을 형성하고 있다.

12 ㉠~㉢ 중 그 성격이 가장 다른 하나는?

① ㉠　　　　② ㉡

③ ㉢　　　　④ ㉣

13 다음 밑줄 친 부분 중에서 (가)의 대동강 과 가장 유사한 성격을 지닌 것은?

① 살어리 살어리랏다 청산(靑山)애 살어리랏다 / 멀위랑 ᄃ래랑 먹고, 청산(靑山)애 살어리랏다 / 얄리얄리 얄랑셩 얄라리 얄라

② 수양산(首陽山) ᄇ라보며 이제(夷齊)를 한(恨)ᄒ노라 / 주려 주글진들 채미(採薇)도 ᄒᄂ 것가 / 비록애 푸새엣 거신들 긔 뉘 ᄯᅡ헤 낫ᄃ니

③ 추강(秋江)에 밤이 드니 물결이 차노매라 / 낚시 드리우니 고기 아니 무노매라 / 무심(無心)한 달빛만 싣고 빈 배 저어 오노라

④ 비 갠 둑에 풀빛이 고운데 / 남포에서 임 보내며 슬픈 노래 부르네 / 대동강 물이야 언제나 마르려나 / 이별 눈물 해마다 푸른 물결 보태나니

14 〈보기〉는 단어의 사전적 정의이다. 〈보기〉를 참고할 때 밑줄 친 부분이 문법적으로 가장 옳지 않은 것은?

―〈보 기〉―

-던 「어미」
1) 앞말이 관형어 구실을 하게 하고, 과거의 어떤 상태를 나타내는 어미
2) 앞말이 관형어 구실을 하게 하고 어떤 일이 과거에 완료되지 않고 중단되었다는 미완(未完)의 의미를 나타내는 어미

-던지 「어미」
막연한 의문이 있는 채로 그것을 뒤 절의 사실과 관련시키는 데 쓰는 연결 어미

-든 「어미」
'-든지'의 준말

-든지 「어미」
1) 나열된 동작이나 상태, 대상들 중에서 어느 것이든 선택될 수 있음을 나타내는 연결 어미
2) 실제로 일어날 수 있는 여러 가지 중에서 어느 것이 일어나도 뒤 절의 내용이 성립하는 데 아무런 상관이 없음을 나타내는 연결 어미

① 싫든 좋든 이 길로 가는 수밖에 없다.
② 밥을 먹던지 말던지 네 맘대로 해라.
③ 어제 같이 봤던 영화는 참 재밌었다.
④ 집에 가든지 학교에 가든지 해라.

15 A, B, C에 들어갈 중세국어의 형태를 가장 올바르게 짝 지은 것은?

―〈보 기〉―

현대국어 관형격 조사 '의'에 해당하는 중세국어 관형격 조사는 '이/의', 'ㅅ'가 있다. 선행체언이 무정물일 때는 'ㅅ'이 쓰이고, 유정물일 때는 모음조화에 따라 '이/의'가 쓰인다. 다만 유정물이라도 종교적으로 높은 대상 등 존칭의 대상일 때는 'ㅅ'가 쓰인다.

• [A] 말ㅆ미 中國에 달아
(나라의 말이 중국과 달라)
• [B] 쁘들 거스디 아니ᄒ노니
(사람의 뜻을 거스르지 않는데)
• 世尊 [C] 神力으로 ᄃ외의 ᄒ샨 사ᄅ미라
(세존*의 신통력으로 되게 하신 사람이다.)

* 세존: 석가모니의 다른 이름. 세상에서 가장 존귀한 존재라는 뜻이다.

	A	B	C
①	나라이	사ᄅ미	의
②	나라의	사ᄅ믜	ㅅ
③	나랏	사ᄅ미	ㅅ
④	나랏	사ᄅ믜	ㅅ

16 [A]와 [B]에서 일어난 음운 변동의 공통점으로 가장 적절한 것은?

[A] 복면[봉면], 받는[반는], 잡목[잠목]
[B] 난로[날로], 권리[궐리], 신라[실라]

① 앞에 오는 자음의 조음 위치에 동화되는 음운 변동이다.
② 앞에 오는 자음의 조음 방법에 동화되는 음운 변동이다.
③ 뒤에 오는 자음의 조음 위치에 동화되는 음운 변동이다.
④ 뒤에 오는 자음의 조음 방법에 동화되는 음운 변동이다.

17 다음 ㉠~㉢을 통해 인용절에 대해 탐구한 내용으로 가장 적절하지 않은 것은?

> ㉠ 성민이 승아에게 "밥을 먹거라"라고 말했다.
> / 성민이 승아에게 밥을 먹으라고 말했다.
> ㉡ 성민은 "나는 승아를 만나고 싶다"라고 말했다.
> / 성민은 자기가 승아를 만나고 싶다고 말했다.
> ㉢ 성민은 승아에게 "먼저 들어갑니다"라고 말했다.
> / 성민은 승아에게 먼저 들어간다고 말했다.
> ㉣ 성민은 어제 "오늘 떠나고 싶어"라고 말했다.
> / 성민은 어제 떠나고 싶다고 말했다.

① ㉠을 통해 직접 인용절에서 사용된 명령형 종결 어미가 간접 인용절에서는 다른 형태로 나타남을 알 수 있다.

② ㉡을 통해 직접 인용절에 사용된 인칭 대명사는 간접 인용절에서 지시 대명사로 달라짐을 알 수 있다.

③ ㉢을 통해 직접 인용절에서 사용된 상대 높임 표현이 간접 인용절에서는 나타나지 않음을 알 수 있다.

④ ㉣을 통해 직접 인용절의 시간 표현이 간접 인용절에서 해당 문장을 발화하는 시점을 기준으로 달라짐을 알 수 있다.

18 다음 문장에 대한 설명으로 가장 적절하지 않은 것은?

> 눈이 녹으면 남은 발자국 자리마다 꽃이 피리니.

① 자립 형태소는 5개이다.

② 의존 형태소는 9개이다.

③ 실질 형태소는 8개이다.

④ 7개의 어절, 19개의 음절로 이루어진 문장이다.

19 〈보기〉의 ㉠~㉣에 대한 설명으로 가장 적절하지 않은 것은?

> ── 〈보 기〉 ──
> 음운의 변동은 한 음운이 다른 음운으로 바뀌는 교체, 한 음운이 없어지는 탈락, 새로운 음운이 생기는 첨가, 두 음운이 하나의 음운으로 합쳐지는 축약으로 구분된다. 한 단어가 발음될 때 이 네 가지 변동 중 둘 이상이 나타나는 경우도 있고 하나의 음운이 두 번 이상의 음운 변동을 겪기도 한다.
>
> ㉠ 꽃잎[꼰닙]   ㉡ 맏며느리[만며느리]
> ㉢ 닳았다[다천따]   ㉣ 넓죽하다[넙쭈카다]

① ㉠~㉣은 모두 음운이 교체되는 현상이 일어난다.

② ㉠과 ㉡에서는 공통적으로 음운의 첨가가 일어난다.

③ ㉢에서는 두 개의 음운이 하나로 축약되는 현상이 일어난다.

④ ㉣에서는 음운의 탈락과 축약이 일어난다.

[20~22] 다음 글을 읽고 물음에 답하시오.

구보는, 약간 자신이 있는 듯싶은 걸음걸이로 전차 선로를 두 번 횡단하여 화신상회 앞으로 간다. 그리고 저도 모를 사이에 그의 발은 백화점 안으로 들어서기조차 하였다. 젊은 내외가, 너댓 살 되어 보이는 아이를 데리고 그곳에 가 승강기를 기다리고 있었다. 이제 그들은 식당으로 가서 그들의 오찬을 즐길 것이다. 흘낏 구보를 본 그들 내외의 눈에는 자기네들의 행복을 자랑하고 싶어하는 마음이 엿보였는지도 모른다. 구보는, 그들을 업신여겨 볼까 하다가, 문득 생각을 고쳐, 그들을 축복하여 주려 하였다. 사실, 4, 5년 이상을 같이 살아왔으면서도, 오히려 새로운 기쁨을 가져 이렇게 거리로 나온 젊은 부부는 구보에게 좀 다른 의미로서의 부러움을 느끼게 하였는지도 모른다. 그들은 분명히 가정을 가졌고, 그리고 그들은 그곳에서 당연히 그들의 행복을 찾을게다.

승강기가 내려와 서고, 문이 열려지고, 닫혀지고, 그리고 젊은 내외는 수남이나 복동이와 더불어 구보의 시야를 벗어났다.

구보는 다시 밖으로 나오며, 자기는 어디 가 행복을 찾을까 생각한다. 발 가는 대로, 그는 어느 틈엔가 안전지대에 가 서서, 자기의 두 손을 내려다보았다. 한 손의 단장과 또 한 손의 공책과 — 물론 구보는 거기에서 행복을 찾을 수는 없다.

안전지대 위에, 사람들은 서서 전차를 기다린다. 그들에게, 행복은 알 수 없다. 그러나 그들은 분명히 갈 곳만은 가지고 있었다.

전차가 왔다. 사람들은 내리고 또 탔다. 구보는 잠깐 머엉하니 그곳에 서 있었다. 그러나 자기와 더불어 그곳에 있던 온갖 사람들이 모두 저 차에 오르는 것을 보았을 때, 그는 저 혼자 그곳에 남아 있는 것에 외로움과 애달픔을 맛본다. 구보는, 움직인 전차에 뛰어올랐다.

        …(중략)…

구보는 고독을 느끼고, 사람들 있는 곳으로, 약동하는 무리들이 있는 곳으로, 가고 싶다 생각한다. 그는 눈앞에 경성역을 본다. 그곳에는 마땅히 인생이 있을 게다. 이 낡은 서울의 호흡과 또 감정이 있을 게다. 도회의 소설가는 모름지기 이 도회의 항구와 친하여야 한다. 그러나 물론 그러한 직업 의식은 어떻든 좋았다. 다만 구보는 고독을 삼등 대합실 군중 속에 피할 수 있으면 그만이다. 그러나 오히려 고독은 그곳에 있었다. 구보가 한 옆에 끼여 앉을 수도 없

게시리 사람들은 그곳에 빽빽하게 모여 있어도, 그들의 누구에게서도 인간 본연의 온정을 찾을 수는 없었다. 그네들은 거의 옆의 사람에게 한마디 말을 건네는 일도 없이, 오직 자기네들 사무에 바빴고, 그리고 간혹 말을 건네도, 그것은 자기네가 타고 갈 열차의 시각이나 그러한 것에 지나지 않았다. 그네들의 동료가 아닌 사람에게 그네들은 변소에 다녀올 동안의 그네들 짐을 부탁하는 일조차 없었다. 남을 결코 믿지 않는 그네들의 눈은 보기에 딱하고 또 가엾었다.

구보는 한구석에 가 서서 그의 앞에 앉아 있는 노파를 본다. 그는 뉘 집에 드난을 살다가 이제 늙고 또 쇠잔한 몸을 이끌어 결코 넉넉하지 못한 어느 시골, 딸네 집이라도 찾아 가는지 모른다. 이미 굳어 버린 그의 안면 근육은 어떠한 다행한 일에도 펴질 턱 없고, 그리고 그의 몽롱한 두 눈은 비록 그의 딸의 그지없는 효양(孝養)을 가지고도 감동시킬 수 없을지 모른다. 노파 옆에 앉은 중년의 시골 신사는 그의 시골서 조그만 백화점을 경영하고 있을 게다. 그의 점포에는 마땅히 주단포목도 있고, 일용 잡화도 있고, 또 흔히 쓰이는 약품도 갖추어 있을 게다. 그는 이제 그의 옆에 놓인 물품들 들고 자랑스러이 차에 오를 게다. 구보는 그 시골 신사가 노파와의 사이에 되도록 간격을 가지려고 노력하는 것을 발견하고, 그리고 그를 업신여겼다. 만약 그에게 얕은 지혜와 또 약간의 용기를 주면 그는 삼등 승차권을 주머니 속에 간수하고 일, 이등 대합실에 오만하게 자리잡고 앉을 게다.

문득 구보는 그의 얼굴에서 부종(浮腫)을 발견하고 그의 앞을 떠났다. 신장염. 그뿐 아니라, 구보는 자기 자신의 만성 위확장을 새삼스러이 생각해 내지 않으면 안 되었다. 그러나 구보가 매점 옆에까지 갔을 때, 그는 그곳에서도 역시 병자를 보지 않으면 안 되었다. 40여 세의 노동자. 전경부(前頸部)의 광범한 팽륭(澎隆). 돌출한 안구. 또 손의 경미한 진동. 분명한 '바세도우씨'병. 그것은 누구에게든 결코 깨끗한 느낌을 주지는 못한다. 그의 좌우에는 좌석이 비어 있어도 사람들은 그곳에 앉으려 들지 않는다. 뿐만 아니라, 그에게서 두 칸통 떨어진 곳에 있던 아이 업은 젊은 아낙네가 그의 바스켓 속에서 꺼내다 잘못하여 시멘트 바닥에 떨어뜨린 한 개의 복숭아가, 굴러 병자의 발앞에까지 왔을 때, 여인은 그것을 쫓아와 집기를 단념하기조차 하였다.

구보는 이 조그만 사건에 문득, 흥미를 느끼고, 그리고

그의 '대학노트'를 펴 들었다. 그러나 그가, 문 옆에 기대어 섰는 캡 쓰고 린네르 즈메에리 양복 입은 사나이의, 그 온갖 사람에게 의혹을 갖는 두 눈을 발견하였을 때, 구보는 또 다시 우울 속에 그곳을 떠나지 않으면 안 된다.

– 박태원, 「소설가 구보 씨의 일일」 –

20 윗글에 대한 설명으로 가장 적절한 것은?

① 주인공의 행동을 우스꽝스럽게 묘사하며 조롱하고 있다.
② 특정 인물의 내면 심리를 중심으로 이야기가 전개되고 있다.
③ 인물 간의 갈등을 부각하여 주제의식을 선명하게 드러내고 있다.
④ 대화 장면을 자세하고 빈번하게 제시하여 인물들의 성격을 직접적으로 제시하고 있다.

21 윗글에 대한 이해로 가장 적절한 것은?

① 구보는 '노파'의 가난하고 고된 삶을 상상해 보며, 그녀의 생기 없는 외양에 대해 생각한다.
② 구보는 '중년의 시골 신사'가 삼등 승차권을 가지고 이등 대합실에 자리잡고 있는 모습을 목격하고 그를 업신여기고 있다.
③ 구보는 만성 위확장을 앓고 있는 '40여 세의 노동자'가 불결한 느낌을 준다고 생각하지만 그의 곁에 가서 앉는다.
④ 구보는 '양복 입은 사나이'가 온갖 사람을 불신하는 모습을 목격하고 분노를 느낀다.

22 〈보기〉를 참고하여 윗글을 감상한 내용으로 가장 적절하지 않은 것은?

〈보 기〉
「소설가 구보 씨의 일일」은 1930년대 무력한 지식인인 소설가 구보의 내면의식과 그의 눈에 비친 경성의 일상을 그려내고 있다. 경성역, 화신상회(백화점), 안전지대, 전차 등 근대화가 진행되며 나타난 경성의 새로운 풍경들은 구보의 시선에 포착된다.

① 화신상회에서 구보는 행복해 보이는 가족을 바라보며 부러움을 느끼다가 그들을 업신여기려 한다.
② 발 가는 대로 걸어가 안전지대에 도착하는 구보의 모습으로 보아, 구보는 목표나 방향이 없는 무력한 지식인의 모습을 드러낸다고 이해할 수 있다.
③ 구보가 움직인 전차에 뛰어오른 이유는 안전지대에 혼자 남는 것에 외로움을 느꼈기 때문이다.
④ 구보가 경성역으로 향한 이유는 사람들 사이에서 고독을 피하기 위해서이다.

[23] 〈보기〉와 다음 시를 읽고 물음에 답하시오.

〈보 기〉

고향에 고향에 돌아와도
그리던 고향은 아니러뇨.

산꿩이 알을 품고
뻐꾸기 제철에 울건만,

마음은 제 고향 지니지 않고
머언 항구(港口)로 떠도는 구름.

오늘도 뫼 끝에 홀로 오르니
흰 점 꽃이 인정스레 웃고,

어린 시절에 불던 풀피리 소리 아니 나고
메마른 입술에 쓰디쓰다.

고향에 고향에 돌아와도
그리던 하늘만이 높푸르구나.

– 정지용, 「고향」 –

넓은 벌 동쪽 끝으로
옛이야기 지줄대는 실개천이 휘돌아 나가고,
얼룩백이 황소가
해설피 금빛 게으른 울음을 우는 곳,

— 그곳이 차마 꿈엔들 잊힐 리야.

질화로에 재가 식어지면
비인 밭에 밤바람 소리 말을 달리고
엷은 졸음에 겨운 늙으신 아버지가
짚베개를 돋아 고이시는 곳,

— 그곳이 차마 꿈엔들 잊힐 리야.

흙에서 자란 내 마음
파아란 하늘빛이 그리워
함부로 쏜 화살을 찾으려
풀섶 이슬에 함초롬 휘적시던 곳,

— 그곳이 차마 꿈엔들 잊힐 리야.

전설(傳說) 바다에 춤추는 밤물결 같은
검은 귀밑머리 날리는 어린 누이와
아무렇지도 않고 예쁠 것도 없는
사철 발 벗은 아내가
따가운 햇살을 등에 지고 이삭 줍던 곳,

— 그곳이 차마 꿈엔들 잊힐 리야.

하늘에는 성근 별
알 수도 없는 모래성으로 발을 옮기고,
서리 까마귀 우지짖고 지나가는 초라한 지붕,
흐릿한 불빛에 돌아앉아 도란도란거리는 곳,

— 그곳이 차마 꿈엔들 잊힐 리야.

– 정지용, 「향수」 –

23 위의 시와 〈보기〉를 비교 감상한 내용으로 가장 적절한 것은?

① 위의 시와 〈보기〉 모두 과거의 추억을 잃어버린 현실을 씁쓸히 드러내고 있다.

② 〈보기〉와 달리 위의 시는 고향과의 거리감, 단절감을 드러내고 있다.

③ 위의 시와 〈보기〉 모두 자연물에 인격을 부여하여 대상을 형상화하고 있다.

④ 〈보기〉와 달리 위의 시는 다양한 감각적 심상을 통해 화자의 정서를 드러내고 있다.

24 〈보기〉를 바탕으로 아래 ㉠~㉢을 분석한 내용으로 가장 적절하지 않은 것은?

──────〈보 기〉──────

　문장 성분은 문장의 주된 골격을 이루는 주성분, 주로 주성분의 내용을 수식하는 부속 성분, 다른 문장 성분과 관계를 맺지 않는 독립 성분으로 나누어진다. 주성분에는 주어, 서술어, 목적어, 보어가 있고, 부속 성분에는 부사어, 관형어가 있으며, 독립 성분에는 독립어가 있다.

㉠ 아이가 작은 침대에서 예쁘게 잔다.
㉡ 그는 친구의 딸을 며느리로 삼았다.
㉢ 앗, 영희가 뜨거운 물을 엎질렀구나!

① ㉠~㉢은 모두 관형어가 존재한다.

② ㉠~㉢의 주성분의 개수가 일치한다.

③ ㉠의 부속 성분의 개수는 ㉡, ㉢보다 많다.

④ ㉡은 ㉠과 달리 필수적 부사어가 존재한다.

25 〈보기〉는 이어진문장과 안은문장에 대해 정리한 것이다. 탐구의 결과로 가장 적절하지 않은 것은?

──────〈보 기〉──────

• 이어진문장: 둘 이상의 홑문장이 대등하거나 종속적으로 이어진문장

㉠ 동생은 과일은 좋아하지만, 야채는 싫어한다.
　동생은 야채는 싫어하지만, 과일은 좋아한다.

㉡ 철수가 오면 그들은 출발할 것이다.
　그들이 출발하면 철수가 올 것이다.

• 안은문장: 홑문장을 전체 문장의 한 성분으로 안고 있는 문장

㉢ 언니는 그 아이가 학생임을 알았다.

㉣ 책을 읽던 영수가 수지에게 다가왔다.

※ ㉢과 ㉣의 밑줄 친 부분은 안긴문장임

① 이어진문장은 두 문장이 '대조'나 '조건'의 의미 관계로 연결되기도 하는군.

② 이어진문장은 앞뒤 문장의 순서가 바뀌어도 동일한 의미를 나타내는군.

③ 안긴문장은 안은문장에서 명사처럼 쓰이거나 명사를 꾸미는 등 다양한 역할을 하는군.

④ 안긴문장과 안은문장의 주어는 같을 수도 있고 서로 다를 수도 있군.

[01~04] 다음 글을 읽고 물음에 답하시오.

달에 갈 때는 편도 3일 정도 걸리지만, 화성에 갈 때는 편도 8개월 정도 걸린다. 또 달에서는 언제든지 돌아올 수 있지만, 화성의 경우에는 곧바로 지구로 귀환할 수 있는 것이 아니다. 긴 경우에는 500일이나 머물러야만 지구로 돌아올 수 있다. 그래서 화성 유인 비행은 500일 내지 1,000일 정도가 걸린다.

이렇게 장기간에 걸친 우주 비행을 위해서는 물이나 식료품, 산소 뿐 아니라 화성에서 사용할 기지, 화성에 이착륙하기 위한 로켓, 귀환용 우주선 등도 필요하다. 나사 탐사 시스템 부서의 더글러스 쿡에 따르면 그 무게의 합계는 470톤이나 된다. 나사의 우주 탐사 설계사인 게리 마틴은 "이 화물의 운반이 화성 유인 비행에서 가장 큰 ㉠ 문제일 것이다."라고 말했다.

우선 지구 표면에서 지구 저궤도(지표에서 몇 백 킬로미터 상공의 궤도)로 화물을 올려 보내야 한다. 과거에 미국은 달에 인간을 보내기 위해 아폴로 계획에 총 250억 달러를 투자했다고 한다. 이 계획에 사용된 것은 인류 사상 최대의 로켓 '새턴 파이브(V)'이다. 새턴 파이브는 지구의 저궤도로 104톤의 화물을 운반할 수 있었다. 그러나 세월이 지난 현재, 그 같은 대형 로켓을 만들기는 어렵게 되었다. 막대한 자금을 투입해서, 다른 용도가 없고 지나치게 거대한 로켓을 만드는 시대는 이미 지났다는 뜻이다.

가장 현실적인 것은 이미 존재하는 로켓을 최대한 활용할 경우 어떤 임무(비행 계획)가 가장 효율적인지 검토하는 일이다. 기존 우주 왕복선의 부품을 활용할 수 있는지, 우주 왕복선의 부품과 다른 로켓의 부품을 조합할 수 있는지 등, 백지 상태에서 출발하지 않아도 되는 좋은 방법을 현재 검토하고 있다.

거대한 로켓을 만들 수 없기 때문에 470톤의 화물은 여러 번 나누어 운반된다. 그리고 지구 저궤도에서 조립한 뒤 화성으로 보내는데, 이때는 많은 양의 화물을 화성까지 운반하는 우주선의 엔진이 문제이다. 현재 사용되는 로켓의 엔진은 일부 예외를 제외하고는 거의 모두가 '화학 로켓'이다.

이것은 연료와 산화제를 연소시킨 가스를 분출함으로써 추진하는 로켓이다. 화학 로켓은 추진력은 크지만, 열로 에너지가 달아나므로 그만큼 연비가 낮아진다. 그래서 많은 양의 연료가 필요하다.

지구 저궤도 상에 있는 1킬로그램의 화물을 화성의 표면에 내려놓았다가 다시 지구로 가져오기 위해서는 40킬로그램의 연료가 필요하다. 이것은 매우 큰 문제이다. 요컨대 현재의 기술로는 연비가 낮기 때문에 엄청난 양의 연료가 필요하게 되어 임무를 실현할 수 없다. 그래서 화성에 가기 위해서는 연비가 높은 엔진이 필요하다.

이를 위해 전기적인 추진 방식이 채용될 것으로 예상된다. 전기적인 추진 방식이란 태양 전지나 원자로를 사용해 발전한 전기적 에너지를 이용해 추진하는 방법이다. 이 방법으로는 에너지가 열로 달아나지 않으므로 그만큼 연비가 높아진다. 따라서 전기 추진을 이용하면 화학 로켓보다 연비가 월등히 높아진다. 연비가 높아지면 그만큼 연료가 적어도 된다. 전기 추진을 사용하면 연료를 대폭 감량할 수 있기 때문에 화물의 양이 절반으로 줄어들 것이다.

– 뉴턴 코리아, 2013년 7월 –

01 윗글의 서술상 특징으로 가장 적절한 것은?

① 다양한 사례를 통해 주장을 강화하고 있다.

② 두 대상의 차이점을 중심으로 내용을 전개하고 있다.

③ 상반되는 두 가지 이론을 절충하여 대안을 제시하고 있다.

④ 특정 대상과 관련된 과학 이론의 문제점을 지적하고 있다.

02 윗글을 읽고 알 수 있는 내용으로 가장 적절한 것은?

① 화성 유인 비행은 왕복 8개월 정도가 걸린다.
② 화학 로켓은 추진력이 작고 많은 양의 연료가 필요하다.
③ 미국은 달에 인간을 보내기 위해 총 470억 달러를 투자했다.
④ 전기적인 추진 방식은 에너지가 열로 달아나지 않아서 연비가 높다.

04 ㉠의 문맥적 의미와 가장 가까운 것은?

① 문제의 영화가 드디어 오늘 개봉된다.
② 그는 어디를 가나 문제를 일으키곤 했다.
③ 출산율 감소는 우리나라만의 문제가 아니다.
④ 연습을 반복하면 어려운 문제도 척척 풀게 된다.

05 (가)에 들어갈 문장으로 가장 적절한 것은?

> 교사: 능동문의 목적어가 피동문의 주어가 되는 것이니까 피동문에는 목적어가 없는 것이 원칙이야. 그건 너도 잘 알고 있지?
> 학생: 예, 선생님. 그런데 '원칙'이라고 하셨으면, 원칙의 예외가 되는 문장도 있다는 말씀이신가요?
> 교사: 응, 그래. 드물지만 피동문에 목적어가 나타날 때가 있어. 어떤 문장이 있을지 한번 말해 볼래?
> 학생: "_____(가)_____"와 같은 문장이 그 예에 해당하겠네요.

① 형이 동생에게 짐을 안겼다.
② 동생은 집 밖으로 짐을 옮겼다.
③ 동생이 버스 안에서 발을 밟혔다.
④ 그 사람이 동생에게 상해를 입혔다.

03 윗글에 따르면, 화성 유인 탐사를 위해 가장 시급히 해결해야 할 문제는?

① 대형 로켓을 제작한다.
② 우주 비행사를 양성한다.
③ 연료 소비 효율을 높인다.
④ 화물을 여러 번 나누어 운반한다.

06 〈보기〉를 참고하여 로마자 표기법을 적용할 때 가장 옳지 않은 것은?

―〈보 기〉―

(1) 로마자 표기법의 주요 내용

㉮ 'ㄱ, ㄷ, ㅂ'은 모음 앞에서는 'g, d, b'로, 자음 앞이나 어말에서는 'k, t, p'로 적는다.

㉯ 'ㄹ'은 모음 앞에서는 'r'로, 자음 앞이나 어말에서는 'l'로 적는다. 단, 'ㄹㄹ'은 'll'로 적는다.

　예 알약[알략] allyak

㉰ 자음 동화, 구개음화, 거센소리되기는 변화가 일어난 대로 표기함

　예 왕십리[왕심니] Wangsimni

　　놓다[노타] nota

　－ 다만, 체언에서 'ㄱ, ㄷ, ㅂ' 뒤에 'ㅎ'이 따를 때에는 'ㅎ'을 밝혀 적는다.

　예 묵호 Mukho

㉱ 된소리되기는 표기에 반영하지 않는다.

㉲ 고유 명사는 첫 글자를 대문자로 적는다.

(2) 표기 일람

ㅏ	ㅓ	ㅗ	ㅜ	ㅡ	ㅣ	ㅐ	ㅔ	ㅚ	ㅟ	ㅑ	ㅕ	ㅛ	ㅠ
a	eo	o	u	eu	i	ae	e	oe	wi	ya	yeo	yo	yu

ㅒ	ㅖ	ㅘ	ㅙ	ㅝ	ㅞ	ㅢ
yae	ye	wa	wae	wo	we	ui

ㄱ	ㄲ	ㅋ	ㄷ	ㄸ	ㅌ	ㅂ	ㅃ	ㅍ	ㅈ	ㅉ	ㅊ	ㅅ	ㅆ
g,k	kk	k	d,t	tt	t	b,p	pp	p	j	jj	ch	s	ss

ㅎ	ㄴ	ㅁ	ㅇ	ㄹ
h	n	m	ng	r, l

① '해돋이'는 [해도지]로 구개음화가 되므로 그 발음대로 haedoji로 적어야 해.

② '속리산'은 [송니산]으로 발음되지만 고유 명사이므로 Sokrisan으로 적어야 해.

③ '울산'은 [울싼]으로 된소리로 발음되지만 표기에는 반영하지 않고 Ulsan으로 적어야 해.

④ '집현전'은 [지편전]으로 거센소리로 발음되지만 체언이므로 'ㅂ'과 'ㅎ'을 구분하여 Jiphyeonjeon으로 적어야 해.

[07~09] 다음 글을 읽고 물음에 답하시오.

미학이란 무엇인가? 미학이라는 학문의 이름에는 '미(美)'자가 들어가니 아름다움에 대해 연구하는 학문이라는 말은 맞을 것이다. 그러나 그림도 아름답고, 음악도 아름답고, 꽃, 풍경, 석양 등 세상에 아름다운 것들이 수없이 많을 터인데, 그것들을 연구하는 사람들은 전부 미학을 한다고 할 수 있을까? 전통적으로 그림은 아름다운 것을 나타낸 것이라 생각되었고, 그런 그림들을 연구하는 학문으로 미술사학이란 것이 있는데, 그림은 아름답고 또 그것을 연구하기에 미술사학도 미학인가? 같은 방식으로 아름다운 음악작품들을 연구하는 음악사학이 있다면 이것도 미학인가?

'미술사학', '음악사학'이란 학문의 명칭에 주목한다면, 그 속에 포함된 '사(史)'라는 글자에서 이러한 학문들은 그림의 역사, 음악의 역사를 연구하는 학문임을 알 수 있다. 그렇다면 미술사학이나 음악사학이 미학이 아니라면 모두 똑같이 아름다운 대상을 연구하는 학문임에도 이들 사이의 차이점은 무엇인가? 미학이나 미술사학, 음악사학이 모두 아름다운 대상을 연구한다는 점에는 마찬가지이지만, 그 차이점은 그것에 접근하는 방식, 다르게 말하면 그것들을 연구하는 방식이 다르기 때문이다. 미술사학은 화가 개인이나 화파 사이의 역사적 관계를 연구하는 학문이다. 이러한 연구 방식은 그림의 역사를 연구하는 것이기에 우리는 그러한 학문을 미술사학이라고 부르며, 이 같은 설명이 음악사학에도 적용될 것이다.

미학이 미술사학이나 음악사학이 아니라면 미학은 아름다운 대상을 역사적으로 연구하는 학문이 아니라는 점이 분명해진다. 그렇다면 미학은 아름다운 대상을 어떻게 연구하는 것인가? 결론부터 얘기한다면, 미학은 아름다운 대상을 철학적으로 연구하는 학문이다. 어떤 것을 철학적으로 연구한다는 것은 과연 어떻게 하는 것인가? 여기서 우리는 학문의 방법론을 생각해볼 필요가 있다. 학문의 방법론은 학문을 하는 도구라고 생각할 수 있다. 미학과 미술사학의 차이는 미술작품을 철학과 역사라는 도구 중 어떤 도구를 가지고 연구하냐의 차이이다.

다른 식으로 설명하자면 학문의 방법론은 학문의 대상을 보는 관점이라고 설명할 수 있다. 우리는 어떤 대상을 여러 관점에서 볼 수 있고, 이때 그 대상의 모습은 어떤 관점에서 보느냐에 따라 달라질 것이다. 이를 학문의 방법론에 적용한다면, 미술사학은 미술을 역사적 관점에서 보는 것이고,

미학은 미술을 철학적 관점에서 보는 것이다. 즉 두 학문은 _____. 그것을 보는 관점이 다르기에 대상의 다른 특색을 연구하며, 그렇기 때문에 다른 학문이 되는 것이다.

07 윗글의 서술상 특징에 대한 설명으로 가장 적절하지 않은 것은?

① 두 대상의 공통점들을 열거하며 내용을 서술하고 있다.
② 대상 간의 차이점에 초점을 맞춘 내용을 서술하고 있다.
③ 독자에게 질문을 던지는 방식으로 내용을 서술하고 있다.
④ 어떠한 대상의 정의와 특징을 밝히며 내용을 서술하고 있다.

08 윗글을 이해한 내용으로 가장 옳은 것은?

① 미술사학과 음악사학은 아름다운 대상에 접근하는 방식이 다르다.
② 미학과 미술사학은 서로 다른 도구를 가지고 아름다운 대상을 연구한다.
③ 그림, 음악 등의 아름다운 것을 연구하는 사람들은 모두 미학을 한다고 할 수 있다.
④ 미학과 음악사학은 각각 미술과 음악이라는 도구를 사용한다는 점에서 차이가 있다.

09 윗글의 빈칸에 들어갈 내용으로 가장 적절한 것은?

① 비슷한 특징이 있지만
② 연구 방법이 동일하지만
③ 같은 대상을 보고 있지만
④ 명칭에 있어서도 차이가 있지만

[10~13] 다음 글을 읽고 물음에 답하시오.

[앞부분 줄거리] 어느 날 수학 교사가 3학년 마지막 수업 시간에 학생들에게 굴뚝 청소를 하고 나온 두 아이에 대한 질문을 던진 후에 뫼비우스의 띠에 대해 설명한다.

　행복동의 주민인 앉은뱅이와 꼽추는 어떤 사나이에게 자신들의 아파트 입주권을 한 평당 16만 원에 팔고, 그 사나이는 그 입주권을 다른 사람들에게 36만 원에 판다. 앉은뱅이와 꼽추는 약장수에게서 구한 휘발유 한 통을 들고 사나이가 탄 승용차를 가로막아 선다. 그리고 그를 차에서 끌어내리고 폭력을 행사한 후에 가방에서 20만 원씩 두 뭉치 돈을 꺼낸다.

　⊙ "이건 우리 돈야."
　앉은뱅이가 말했다. 사나이는 다시 고개만 끄덕였다. 그는 앉은뱅이가 뒷좌석의 친구에게 한 뭉치의 돈을 넘겨 주는 것을 보았다. ⓒ 앉은뱅이의 손이 부들부들 떨렸다. 꼽추의 손도 마찬가지로 떨렸다. 두 친구의 가슴은 너 벌렸다. 앉은뱅이는 앞가슴을 풀어헤쳐 돈 뭉치를 넣더니 단추를 잠그고 옷깃을 여몄다. 꼽추는 웃옷 바른쪽 주머니에 넣었다. 꼽추의 옷에는 안주머니가 없었다. 돈을 챙겨 넣자 내일 할 일들이 머리에 떠올랐다. 앉은뱅이의 머리에도 내일 할 일들이 떠올랐다. 아이들은 천막 안에서 잠을 자고 있었다.
　"통을 가져와."
　앉은뱅이가 말했다. 그의 손에도 마지막 전깃줄이 들려 있었다. 밖으로 나온 꼽추는 콩밭에서 플라스틱 통을 찾았다. 그는 친구의 얼굴만 보았다. 그 이외에는 정말 아무것도 보지 않았다. 그는 승용차 옆을 떠나 동네를 향해 걷기 시작했다. 유난히 조용한 밤이었다. 불빛 한 점 없어 동네가 어디쯤 앉아 있는지 알 수 없을 정도였다. 그는 이따금 걸음을 멈추고 앉은뱅이가 기어오는 소리를 듣기 위해 귀를 기울였다.
　앉은뱅이는 승용차 안에서 몸을 굴려 밖으로 떨어져 나올 것이다. 그는 문을 쾅 닫고 아주 빠르게 손을 놀려 어둠 깔린 황톳길 위를 기어올 것이다. 꼽추는 자기의 평상 걸음과 손을 빠르게 놀렸을 때의 앉은뱅이의 속도를 생각하면서 걸었다.
　동네 입구로 들어선 꼽추는 헐린 외딴집 마당가로 가 펌프의 손잡이를 눌렀다. 그는 두 손으로 물을 받아 입을 축였다. 그 손을 웃옷 바른쪽 주머니에 대어 보았다. 앉은뱅이가 가쁜 숨을 몰아쉬며 기어오고 있었다. 꼽추는 앞으로 다가가 앉은뱅이의 얼굴을 들여다보았다. 어두워서 잘 보이지 않았다.

앉은뱅이의 몸에서는 휘발유 냄새가 났다. 꼽추가 펌프를 찧어 앉은뱅이의 얼굴을 씻어 주었다. 앉은뱅이는 얼굴이 쓰라려 눈을 감았다. 그러나 이런 아픔쯤은 아무것도 아니었다. 그는 가슴 속에 들어 있는 돈과 내일 할 일들을 생각했다. 그가 기어온 황톳길 저쪽 끝에서 불길이 솟아올랐다. 그는 일어서려는 친구를 잡아 앉혔다.

쇠망치를 든 사람들이 왔을 때 꼽추네 식구들은 정말 잘 참았다. 앉은뱅이네 식구들은 꼽추네 식구들보다 대가 약했다. 앉은뱅이는 갑자기 일어서려고 한 친구가 마음에 들지 않았다. 폭발 소리가 들려왔을 때는 앉은뱅이도 놀랐다. 그러나 그것도 잠깐뿐이었다. …(중략)…

"이봐, 왜 그래?"

"아무것도 아냐."

꼽추가 말했다.

"겁이 나서 그래?"

앉은뱅이가 물었다.

"아무렇지도 않아."

꼽추가 말했다.

"묘해. 이런 기분은 처음야."

"그럼 잘됐어."

"잘된 게 아냐."

앉은뱅이는 이렇게 차분한 친구의 목소리를 처음 들었다.

ⓒ "나는 자네와 가지 않겠어."

"뭐!"

"자네와 가지 않겠다구."

"갑자기 무슨 소릴 하는 거야? 내일 삼양동이나 거여동으로 가자구. 그곳엔 방이 많아. 식구들을 안정시켜 놓고 우린 강냉이 기계를 끌고 나오면 되는 거야. 모터가 달린 자전거를 사면 못 갈 곳이 없어. 갈현동에 갔었던 일 생각 안 나? 몇 방을 튀겼었는지 벌써 잊었어? 밤 아홉 시까지 계속 돌려댔었잖아. 그들은 강냉이를 먹기 위해 튀기러 오는 게 아냐. 옛날 생각이 나서 아이들을 앞세우고 올 뿐야. 그런 델 찾아다니면 돼. 우린 며칠에 한 번씩 집에 돌아가 여편네가 입을 벌릴 정도의 돈을 쏟아 놓아 줄 수가 있다구. 그런데 자네는 무슨 생각을 하는 거야?"

"나는 사범을 따라갈 생각야."

"그 약장수?" / "응."

"미쳤어? 그 나이에 무슨 약장사를 하겠다는 거야?"

"완전한 사람은 얼마 없어. 그는 완전한 사람야. 죽을힘을 다해 일하고 그 무서운 대가로 먹고살아. 그가 파는 기생충 약은 가짜가 아냐. 그는 자기의 일을 훌륭히 도와 줄 수 있는 내 몸의 특징을 인정해 줄 거야."

꼽추는 이렇게 말하고 한 마디 덧붙였다.

"내가 무서워하는 것은 자네의 마음이야."

"그러니까, 알겠네." / 앉은뱅이가 말했다.

"가, 막지 않겠어. 나는 아무도 죽이지 않았어."

"어쨌든." / 꼽추가 돌아서면서 말했다.

"무슨 해결이 나야 말이지."

어둠이 친구를 감싸 앉은뱅이는 발짝 소리밖에 듣지 못했다. 조금 있자 발짝 소리도 들리지 않았다. 그는 아이들이 잠든 천막을 찾아 기어가기 시작했다. 울지 않겠다고 이를 악물었다. 그러나 흐르는 눈물은 어쩔 수 없었다. ⓐ <u>그는 이 밤이 또 얼마나 길까 생각했다.</u>

[뒷부분 줄거리] 교사는 학생들에게 지식이 자신이 입을 이익에 맞추어 쓰이는 일이 없기를 당부하고 교실을 나간다.

– 조세희, 「뫼비우스의 띠」 –

10 윗글에 대한 설명으로 가장 적절하지 않은 것은?

① 연작소설 중 하나로, 액자소설 형태를 취하고 있다.

② 외부 이야기와 내부 이야기가 유기적 관계를 이룬다.

③ 일상의 기계적인 삶을 고발하는 사회 소설로 볼 수 있다.

④ 과감한 생략을 통하여 사건을 속도감 있게 전개하고 있다.

11 내부 이야기에서 주인공을 '앉은뱅이'와 '꼽추'로 설정한 효과로 가장 적절한 것은?

① 시대적 배경 묘사

② 동화적 분위기 조성

③ 인물의 부도덕성 부각

④ 비극적 현실 상황 강조

12 ㉠~㉣에 대한 이해로 가장 적절하지 않은 것은?

① ㉠: 자신의 행위에 정당성을 부여하려는 말이다.

② ㉡: 불안과 흥분을 동시에 드러내고 있다.

③ ㉢: 걸음이 느린 앉은뱅이와 함께 가는 것을 부담스럽게 생각하고 있다.

④ ㉣: 절망적인 상황이 앞으로도 계속될 것임을 암시하고 있다.

13 윗글의 내용과 가장 일치하는 것은?

① 앉은뱅이는 꼽추보다 먼저 돈을 가지고 승용차 밖으로 나왔다.

② 앉은뱅이와 꼽추는 사나이와 대화를 통해 문제를 해결하고자 했다.

③ 승용차에 탄 사나이는 꼽추와 앉은뱅이의 집을 쇠망치로 부수었다.

④ 꼽추는 약장수가 자신의 정직한 노력으로 대가를 받는 사람이라고 생각했다.

[14~16] 다음 글을 읽고 물음에 답하시오.

미생물은 오늘날 흔히 질병과 연관된 것으로 여겨진다. 1762년 마르쿠스 플렌치즈는 미생물이 체내에서 증식함으로써 질병을 일으키고, 이는 공기를 통해 전염될 수 있다고 주장했으며, 모든 질병은 각자 고유의 미생물을 갖고 있다고 말했다. 그러나 유감스럽게도 그 주장에 대한 증거가 없었으므로 플렌치즈는 외견상 하찮아 보이는 미생물들도 사실은 중요하다는 점을 다른 사람들에게 납득시킬 수가 없었다. 심지어 한 비평가는 그처럼 어처구니없는 가설에 반박하느라 시간을 허비할 생각이 없다며 대꾸했다.

그런데 19세기 중반 들어 프랑스의 화학자 루이 파스퇴르에 의해 상황이 바뀌기 시작했다. 파스퇴르는 세균이 술을 식초로 만들고 고기를 썩게 한다는 사실을 연달아 증명한 뒤 만약 세균이 발효와 부패의 주범이라면 질병도 일으킬 수 있을 것이라고 주장했다. 이러한 배종설은 오랫동안 이어져 내려온 자연발생설에 반박하는 이론으로서 플렌치

즈 등에 의해 옹호되었지만 아직 논란이 많았다. 사람들은 흔히 썩어가는 물질이 내뿜는 나쁜 공기, 즉 독기가 질병을 일으킨다고 생각했다. 1865년 파스퇴르는 이런 생각이 틀렸음을 증명했다. 그는 미생물이 누에에게 두 가지 질병을 일으킨다는 사실을 입증한 뒤, 감염된 알을 분리하여 질병이 전염되는 것을 막음으로써 프랑스의 잠사업을 위기에서 구했다.

한편 독일에서는 로베르트 코흐라는 내과 의사가 지역농장의 사육동물을 휩쓸던 탄저병을 연구하고 있었다. 때마침 다른 과학자들이 동물의 시체에서 탄저균을 발견하자, 1876년 코흐는 이 미생물을 쥐에게 주입한 뒤 쥐가 죽은 것을 확인했다. 그는 이 암울한 과정을 스무 세대에 걸쳐 집요하게 반복하여 번번이 똑같은 현상이 반복되는 것을 확인했고, 마침내 세균이 탄저병을 일으킨다는 결론을 내렸다. 배종설이 옳았던 것이다.

파스퇴르와 코흐가 미생물을 효과적으로 재발견하자 미생물은 곧 죽음의 아바타로 캐스팅되어 전염병을 옮기는 주범으로 여겨지기 시작했다. 탄저병이 연구된 뒤 20년에 걸쳐 코흐를 비롯한 과학자들은 한센병, 임질, 장티푸스, 결핵 등의 질병 뒤에 도사리고 있는 세균들을 속속 발견했다. 이러한 발견을 견인한 것은 새로운 도구였다. 이전에 있었던 렌즈를 능가하는 렌즈가 나왔고, 젤리 비슷한 배양액이 깔린 접시에서 순수한 미생물을 배양하는 방법이 개발되었으며, 새로운 염색제가 등장하여 세균의 발견과 확인을 도왔다.

세균을 확인하자 과학자들은 거두절미하고 세균을 제거하는 작업에 착수했다. 조지프 리스터는 파스퇴르에게서 영감을 얻어 소독 기법을 실무에 도입했다. 그는 자신의 스태프들에게 손과 의료 장비와 수술실을 화학적으로 소독하라고 지시함으로써 수많은 환자들을 극심한 감염으로부터 구해냈다. 또, 다른 과학자들은 질병 치료, 위생 개선, 식품 보존이라는 명분으로 세균 차단 방법을 궁리했다. 그리고 세균학은 응용과학이 되어 미생물을 쫓아내거나 파괴하는데 동원되었다. 과학자들은 미생물과의 전쟁을 선포하고, 병든 개인과 사회에서 미생물을 몰아내는 것을 목표로 삼은 것이다. 이렇게 미생물에 대한 인식이 형성되었으며 그 부정적 태도는 오늘날에도 지속되고 있다.

14 윗글의 서술상 특징에 대한 설명으로 가장 적절한 것은?

① 미생물과 관련한 탐구 및 실험 내용을 구체적으로 제시하고 있다.

② 미생물에 대한 상반된 두 이론을 대조하며 각각의 장단점을 제시하고 있다.

③ 미생물과 관련한 가설의 문제점을 밝히고, 이에 대한 해결 방안을 제시하고 있다.

④ 미생물의 종류를 나누어 분석하며 미생물에 대한 인식 변화 과정을 제시하고 있다.

15 윗글을 읽고 이해한 내용으로 가장 적절한 것은?

① 미생물이 질병을 일으킨다는 플렌치즈의 주장은 당시 모든 사람들의 긍정적 반응을 이끌었다.

② 플렌치즈는 썩어가는 물질이 내뿜는 독기가 질병을 일으킨다는 주장이 틀렸음을 증명하였다.

③ 코흐는 동물의 시체에서 탄저균을 발견한 후 미생물을 쥐에게 주입하는 실험을 실시하였다.

④ 파스퇴르는 프랑스의 잠사업과 환자들을 감염으로부터 보호하는 일에 긍정적인 영향을 미쳤다.

16 윗글의 내용을 통해 도출할 수 있는 내용으로 가장 적절하지 않은 것은?

① 세균은 미생물의 일종이다.

② 세균은 화학적인 방법으로 제거할 수 있다.

③ 미생물과 질병의 연관성에 대한 인식은 통시적으로 변화해왔다.

④ 코흐는 새로운 도구의 개발 이전에 질병을 유발하는 미생물들을 발견했다.

[17~19] 다음 글을 읽고 물음에 답하시오.

(가) 동방은 하늘도 다 끝나고
　　　비 한 방울 내리잖는 ㉠ 그 땅에도
　　　오히려 꽃은 발갛게 피지 않는가
　　　내 목숨을 꾸며 쉬임 없는 날이여

　　　㉡ 북(北)쪽 툰드라에도 찬 새벽은
　　　㉢ 눈 속 깊이 꽃맹아리가 옴작거려
　　　제비 떼 까맣게 날아오길 기다리나니
　　　마침내 저버리지 못할 약속(約束)이여!

　　　한바다 복판 용솟음치는 곳
　　　바람결 따라 타오르는 ㉣ 꽃성(城)에는
　　　나비처럼 취(醉)하는 회상(回想)의 무리들아
　　　오늘 내 여기서 너를 불러 보노라

　　　　　　　　　　　　　　－ 이육사, 「꽃」－

(나) 파란 녹이 낀 ［구리거울］ 속에
　　　내 얼굴이 남아 있는 것은
　　　어느 왕조(王朝)의 유물(遺物)이기에
　　　이다지도 욕될까.

　　　나는 나의 참회(懺悔)의 글을 한 줄에 줄이자.
　　　— 만 이십사 년 일 개월을
　　　　무슨 기쁨을 바라 살아왔던가

　　　내일이나 모레나 그 어느 즐거운 날에
　　　나는 또 한 줄의 참회록(懺悔錄)을 써야 한다.
　　　— 그때 그 젊은 나이에
　　　　왜 그런 부끄런 고백(告白)을 했던가

　　　밤이면 밤마다 나의 거울을
　　　손바닥으로 발바닥으로 닦아 보자

　　　그러면 어느 운석(隕石) 밑으로 홀로 걸어가는
　　　슬픈 사람의 뒷모양이
　　　거울 속에 나타나 온다.

　　　　　　　　　　　　　　－ 윤동주, 「참회록」－

17 (가)의 ⊙~㉣ 중 가장 성격이 다른 것은?

① ⊙ 그 땅　　　　　　② ⓒ 북(北)쪽 툰드라

③ ⓒ 눈 속　　　　　　④ ㉣ 꽃성(城)

18 (가)와 (나)에 대한 설명으로 가장 적절한 것은?

① (가)는 (나)와 달리 고백적 어조를 통한 화자의 성찰이 드러난다.

② (가)와 (나)는 색채를 나타내는 시어를 통한 시각적 심상이 드러난다.

③ (가)와 (나)는 시구의 반복을 통해 화자의 감정이 고조됨을 드러내고 있다.

④ (나)는 (가)와 달리 영탄적 어조를 사용하여 화자의 정서를 드러내고 있다.

19 아래의 밑줄 친 시어 중 (나)의 '구리거울'과 같은 기능을 하는 소재로 가장 적절한 것은?

① 밤에 홀로 <u>유리</u>를 닦는 것은 / 외로운 황홀한 심사이어니, / 고운 폐혈관이 찢어진 채로 / 아아, 늬는 산새처럼 날아갔구나!

　　　　　　　　　　　　　　　 – 정지용, 「유리창 1」

② 기침을 하자 / 젊은 시인이여 기침을 하자 / <u>눈</u> 위에 대고 기침을 하자 / 눈더러 보라고 마음 놓고 마음 놓고 / 기침을 하자

　　　　　　　　　　　　　　　　　　 – 김수영, 「눈」

③ 그런데 또 이즈막하야 어느 사이엔가 / 이 흰 바람벽엔 / 내 쓸쓸한 얼골을 <u>처다보며</u> / 이러한 글자들이 지나간다/ 나는 이 세상에서 가난하고 외롭고 높고 쓸쓸하니 살아가도록 태어났다

　　　　　　　　　　　　　　 – 백석, 「흰 바람벽이 있어」

④ 삽자루에 맡긴 한 생애가 / 이렇게 저물고, 저물어서 / 샛강 바닥 썩은 물에 / 달이 뜨는구나. / 우리가 저와 같아서 / <u>흐르는 물</u>에 삽을 씻고 / 먹을 것 없는 사람들의 마을로 / 다시 어두워 돌아가야 한다.

　　　　　　　　　　　　　 – 정희성, 「저문 강에 삽을 씻고」

20 〈보기 1〉을 바탕으로 〈보기 2〉의 ⊙~㉣을 이해한 것으로 가장 적절하지 않은 것은?

〈보기 1〉

[중세국어 문장에서 목적어의 실현]

– 체언에 목적격 조사(을/를, 을/를, ㄹ)가 붙어서 실현됨

– 체언에 목적격 조사 없이 체언 단독으로 실현됨

– 체언에 목적격 조사 없이 보조사가 붙어서 실현됨

– 명사구나 명사절에 목적격 조사가 붙어서 실현됨

〈보기 2〉

⊙ 내 <u>太子를</u> 셤기ᅀᆞᄫᅩᄃᆡ (내가 태자를 섬기되)

ⓒ 곶 <u>됴코</u> 여름 하ᄂᆞ니 (꽃 좋고 열매 많으니)

ⓒ <u>됴ᄒᆞᆫ 고ᄌᆞ란</u> ᄑᆞ디 말오 (좋은 꽃일랑 팔지 말고)

㉣ 뎌 부텻 <u>像ᄋᆞᆯ</u> 밍ᄀᆞ라 (저 부처의 형상을 만들어)

① ⊙: 체언에 목적격 조사 '를'이 붙어서 목적어가 실현되었군.

② ⓒ: 체언에 목적격 조사 없이 단독으로 목적어가 실현되었군.

③ ⓒ: 체언에 보조사 'ᄋᆞ란'이 붙어서 목적어가 실현되었군.

④ ㉣: 명사구에 목적격 조사 '올'이 붙어 목적어가 실현되었군.

[21~23] 다음 글을 읽고 물음에 답하시오.

[중중모리]

홍보 마누라 나온다. 홍보 마누라 나온다. "아이고 여보 영감. 영감 오신 줄 내 몰랐소. 어디 돈, 어디 돈허고 돈 봅시다, 돈 봐." "놓아두어라 이 사람아. 이 돈 근본(根本)을 자네 아나. 못난 사람도 잘난 돈, 잘난 사람은 더 잘난 돈, 이놈의 돈아, 아나 돈아, 어디 갔다가 이제 오느냐. 얼씨구나 돈 봐. 어 어 어 얼씨구 얼씨구 돈 봐."

[아니리]

이 돈을 가지고 쌀팔고 고기 사고 고기 죽을 누그름하게 열한 통이 되게 쑤어 가지고 각기 한 통씩 먹여 놓으니, 모두 식곤증이 나서 앉은 자리에서 고자빠기잠*을 자는데, 죽 국물이 코끝에서 쇠죽 후주국 내리듯 댕강댕강 떨어지것. 홍보 마누라 하는 말이, "여보 영감 그런디 이 돈이 무슨 돈이오? 어떻게 해서 생겨난 돈인지 좀 압시다." "이 돈이 다른 돈이 아닐세. 우리 고을 좌수가 병영 영문에 잡혔는데 대신 가서 곤장 열대만 맞으면 한 대에 석 냥씩 서른 냥을 준다기에 대신 가기로 하고 삯으로 받아 온 돈이제." 홍보 마누라 깜짝 놀라며, "소중한 가장 매품 팔아 먹고산단 말은 고금천지에 어디서 보았소."

[진양]

"가지 마오 가지 마오, 불쌍한 영감, 가지를 마오. 하늘이 무너져도 솟아날 구멍이 있는 법이니, 설마한들 죽사리까. 병영 영문 곤장 한 대를 맞고 보면 죽도록 골병 된답디다. 여보 영감 불쌍한 우리 영감, 가지를 마오."

[아니리]

홍보 아들놈들이 저의 어머니 울음소리를 듣고 물소리 들은 거위 모양으로 고개를 들고, "아버지 병영 가시오?" "오냐 병영 간다." "갔다 올 제 떡 한 보따리 사 가지고 오시오."

[중모리]

아침밥을 끓여 먹고 병영 길을 나려간다. 허유허유 나려를 가며 신세자탄(身世自嘆) 울음을 운다. "어떤 사람 팔자 좋아 화려한 집 짓고 잘사는데 내 팔자는 왜 그런고." 병영 골을 당도하여 치어다보니 대장기요, 나려 굽어보니 숙정패로구나. 깊은 산속에 있는 사나운 범의 용맹 같은 용(勇)자 붙인 군로사령들이 이리 가고 저리 간다. 그때 박홍보는 숫한 사람이라 벌벌 떨며 들어간다.

[아니리]

방울이 떨렁, 사령 "예이." 야단났지. 홍보가 삼문 간에 들어서 가만히 굽어보니 죄인이 볼기를 맞거늘, 홍보 마음에는 그 사람들도 돈 벌러 온 줄 알고, '저 사람들은 먼저 와서 돈 수백 냥 번다. 나도 볼기 좀 까고 업저 볼까.' 볼기를 까고 삼문 간에 가 엎드렸을 제 사령 한 쌍이 나오더니, "병영 생긴 후 볼기전 보는 놈이 생겼구나." 사령 중에 뜻밖에 홍보 씨 아는 사령이 있던가, "아니 박 생원 아니시오?" "알아맞혔구만그려." "당신 곯았소." "곯다니 계란이 곯지, 사람이 곯나. 그게 어떤 말인가?" "박생원 대신이라 하고 어떤 사람이 와서 곤장 열 대 맞고 돈 서른 냥 받아 가지고 벌써 떠나갔소." 홍보가 기가 막혀, "그놈이 어떻게 생겼던가?" "키가 구 척이요 방울눈에 기운 좋습디다." 홍보가 말을 듣더니, "허허 그전 밤에 우리 마누라가 밤새 [A] 도록 울더니마는 옆집 꾀수 애비란 놈이 알고 발등걸이*를 허였구나."

[중모리]

"번수네들 그러한가. 나는 가네. 지키기나 잘들 하소. 매품 팔러 왔는데도 손재(損財)가 붙어 이 지경이 웬일이냐. 우리 집을 돌아가면 밥 달라고 우는 자식은 떡 사 주마고 달래고, 떡 사 달라 우는 자식 엿 사 주마고 달랬는데, 돈이 있어야 말을 허지." 그렁저렁 울며 불며 돌아온다. 그때에 홍보 마누라는 영감이 떠난 그 날부터 후원에 단(壇)을 세우고 정화수를 바치고, 병영 가신 우리 영감 매 한 대도 맞지 말고 무사히 돌아오시라고 밤낮 기도하면서, "병영 가신 우리 영감 하마 오실 제 되었는데 어찌하여 못 오신가. 병영 영문 곤장을 맞고 허약한 체질 주린 몸에 병이 나서 못 오신가. 길에 오다 누웠는가."

[아니리]

문밖에를 가만히 내다보니 자기 영감이 분명하것. 눈물 씻고 바라보니 홍보가 들어오거늘, "여보영감 매 맞았소? 매 맞았거든 어디 곤장 맞은 자리 상처나 좀 봅시다." "놔둬. 상처고 여편네 죽은 것이고, 요망스럽게 여편네가 밤새도록 울더니 돈 한 푼 못 벌고 매 한 대를 맞았으면 인사불성 쇠아들이다." 홍보 마누라 좋아라고,

– 작자 미상, 「홍보가(興甫歌)」 –

* 고자빼기잠: 나무를 베어 낸 뒤에 남은 밑동처럼 꼿꼿이 앉아서 자는 잠
* 발등걸이: 남이 하려는 일을 앞질러 하는 행위

21 윗글에 대한 설명으로 가장 적절하지 않은 것은?

① 동일한 어구를 반복하여 운율을 조성하고 있다.

② 서술자가 개입하여 인물에 대한 자신의 생각을 전달하고 있다.

③ 비현실적 상황을 설정하여 사건을 효과적으로 전개하고 있다.

④ 상황에 맞는 장단을 사용하여 인물의 정서를 효과적으로 전달하고 있다.

22 윗글을 읽은 독자의 반응으로 가장 적절한 것은?

① 흥보 아내는 흥보가 무사히 돌아오기를 학수고대(鶴首苦待)하고 있군.

② 흥보는 매품을 팔지 못하게 된 상황을 새옹지마(塞翁之馬)로 여기고 있군.

③ 흥보 아들들은 매품을 팔게 된 흥보에 대해 측은지심(惻隱之心)을 갖고 있군.

④ 흥보는 매품을 팔지 못하게 되었다는 사령의 말을 어불성설(語不成說)이라고 생각하는군.

23 [A]에 대한 이해로 가장 적절하지 않은 것은?

① 흥보는 매품팔기에 실패하자 사령을 원망하며 집으로 돌아가고 있다.

② 흥보는 다른 인물과의 대화를 통해 자신이 처한 상황을 인식하게 되었다.

③ 흥보가 처한 비극적 상황을 해학적으로 표현하여 독자의 웃음을 유발하고 있다.

④ 흥보의 매품팔기가 실패하는 것을 통해 당시 서민들의 삶이 몹시 힘들었음을 짐작할 수 있다.

24 〈보기〉를 통해서 알 수 있는 내용으로 가장 적절하지 않은 것은?

〈보 기〉

　　나는 서울에서 고등학교를 다니는 학생이다. 며칠 전 제사가 있어서 대구에 있는 할아버지 댁에 갔다. 제사를 준비하면서 할아버지께서 나에게 심부름을 시키셨는데 사투리가 섞여 있어서 잘 알아들을 수가 없었다. 집으로 돌아올 때 할아버지께서 용돈을 듬뿍 주셔서 기분이 좋았다. 그런데 오늘 어머니께서 할아버지가 주신 용돈 중 일부를 달라고 하셨다. 나는 어머니께 그 용돈으로 '문상'을 다 샀기 때문에 남은 돈이 없다고 말씀드렸다. 어머니께서는 '문상'이 무엇이냐고 물으셨고 나는 '문화상품권'을 줄여서 사용하는 말이라고 말씀드렸다. 학교에서 친구들과 이야기 할 때 흔히 사용하는 '컴싸'나 '훈남', '생파' 같은 단어들을 부모님과 대화할 때는 설명을 해드려야 해서 불편할 때가 많다.

① 어휘는 세대에 따라서 달라지기도 한다.

② 어휘는 지역에 따라서 달라지기도 한다.

③ 성별에 따라 사용하는 어휘가 달라지기도 한다.

④ 은어나 유행어는 청소년층이 쓰는 경우가 많다.

25 〈보기〉의 Ⓐ의 사례로 가장 적절하지 않은 것은?

〈보 기〉

　　하나의 단어는 보통 하나의 품사 부류에 속한다. 하지만 하나의 단어가 문장에서의 쓰임에 따라 여러 가지 품사의 역할을 할 때가 있다. 이런 단어는 사전에서도 두 가지 이상의 품사로 처리된다. 예를 들어 "마라톤을 좋아하는 사람 다섯이 대회에 참가했다."에서의 '다섯'은 수사이지만 "마라톤을 좋아하는 다섯 사람이 대회에 참가했다."에서의 '다섯'은 관형사이다. 이처럼 하나의 단어가 두 가지 이상의 품사로 처리되는 것을 Ⓐ 품사의 통용이라고 한다.

① 나도 철수<u>만큼</u> 잘할 수 있다.
　　각자 먹을 <u>만큼</u> 먹어라.
② 뉴스에서 <u>내일</u>의 날씨를 예보하고 있다.
　　오늘은 이만하고 <u>내일</u> 다시 시작합시다.
③ 어느새 태양이 솟아 <u>밝은</u> 빛을 비춘다.
　　벽지가 <u>밝아</u> 집 안이 환해 보인다.
④ 키가 <u>큰</u> 나무는 우리에게 그늘을 주었다.
　　철수야, 키가 몰라보게 <u>컸구나</u>.

[01~03] 다음 글을 읽고 물음에 답하시오.

    ㉠ 과부나 홀아비가 개가하고 재취하는 것은 생리적으로나 가정생활로나 자연스러운 일이므로 아무도 그것을 막을 수 없고, 또 그것을 막아서는 안 된다. 그러나 우리는 그 개가와 재취를 지극히 당연한 것으로 승인하면서도 어떤 과부나 환부(鰥夫)가 사랑하는 옛 짝을 위하여 개가나 속현*의 길을 버리고 일생을 마치는 그 절개에 대하여 찬탄하는 것을 또한 잊지 않는다. 보통 사람이 능히 하기 어려운 일을 했대서만이 아니라 자연으로서 인간의 본능고(本能苦)를 이성과 의지로써 초극한 그 정신의 높이를 보기 때문이다. 정조의 고귀성이 여기에 있다. 지조도 마찬가지다. 자기의 사상과 신념과 양심과 주체는 일찌감치 집어던지고 시세에 따라 아무 권력에나 바꾸어 붙어서 구복의 걱정이나 덜고 명리의 세도에 참여하여 꺼덕대는 것이 자연한 일이지 못하게 쪼를 부린다고 굶주리고 얻어맞고 짓밟히는 것처럼 부자연한 일이 어디 있겠느냐고 하면 얼핏 들어 우선 말은 되는 것 같다.

    여름에 아이스케이크 장사를 하다가 가을 바람만 불면 단팥죽 장사로 간판을 남 먼저 바꾸는 것을 누가 욕하겠는가. 장사꾼, 기술자, 사무원의 생활 방도는 이 길이 오히려 정도(正道)이기도 하다. 오늘의 변절자도 자기를 이 같은 사람이라 생각하고 또 그렇게 자처한다면 별문제다. 그러나 더러운 변절의 정당화를 위한 엄청난 공언(公言)을 늘어놓은 것은 분반(噴飯)*할 일이다. 백성들이 그렇게 사람 보는 눈이 먼 줄 알아서는 안 된다. 백주 대로*에 돌아앉아 볼기짝을 까고 대변을 보는 격이라면 점잖지 못한 표현이라 할 것인가.

    지조를 지키기란 참으로 어려운 일이다. 자기의 신념에 어긋날 때면 목숨을 걸어 항거하여 타협하지 않고 부정과 불의한 권력 앞에는 최저의 생활, 최악의 곤욕을 무릅쓸 각오가 없으면 섣불리 지조를 입에 담아서는 안 된다. 정신의 자존 자시(自尊自恃)를 위해서는 자학(自虐)과도 같은 생활을 견디는 힘이 없이는 지조는 지켜지지 않는다.

    그러므로 지조의 매운 향기를 지닌 분들은 심한 고집과 기벽(奇癖)까지도 지녔던 것이다. ㉡ 신단재(申丹齋) 선생은 망명 생활 중 추운 겨울에 세수를 하는데 꼿꼿이 앉아서 두 손으로 물을 움켜 얼굴을 씻기 때문에 찬물이 모두 소매 속으로 흘러 들어갔다고 한다. 어떤 제자가 그 까닭을 물으매, 내 동서남북 어느 곳에도 머리 숙일 곳이 없기 때문이라고 했다는 일화가 있다. 무서운 지조를 지킨 분의 한 분인 한용운 선생의 지조가 낳은 기벽의 일화도 마찬가지다.

    오늘 우리가 지도자와 정치인들에게 바라는 지조는 이토록 삼엄한 것은 아니다. 다만 당신 뒤에는 당신들을 주시하는 국민이 있다는 것을 잊지 말고 자신의 위의(威儀)와 정치적 생명을 위하여 좀 더 어려운 것을 참고 견디라는 충고 정도다. "한때의 적막을 받을지언정 만고에 처량한 이름이 되지 말라"라는 채근담(菜根譚)의 한 구절을 보내고 싶은 심정이란 것이다. 끝까지 참고 견딜 힘도 없으면서 뜻있는 야당의 투사를 가장함으로써 권력의 미끼를 기다리다가 후딱 넘어가는 교지(狡智)*를 버리라는 말이다. 욕인(辱人)으로 출세의 바탕을 삼고 항거로써 최대의 아첨을 일삼는 본색을 탄로시키지 말라는 것이다. 이러한 충언의 근원을 캐면 그 바닥에는 변절하지 말라, 지조의 힘을 기르라는 뜻이 깃들어 있다.

    변절이란 무엇인가? 절개를 바꾸는 것, 곧 자기가 심신으로 이미 신념하고 표방했던 자리에서 방향을 바꾸는 것이다. 그러므로 사람이 철이 들어서 세워 놓은 주체의 자세를 뒤집는 것은 모두 다 넓은 의미의 변절이다. 그러나 사람들이 욕하는 변절은 개과천선(改過遷善)의 변절이 아니고 좋고 바른 데서 나쁜 방향으로 바꾸는 변절을 변절이라 한다.

    일제(日帝) 때 경찰에 관계하다 독립운동으로 바꾼 이가 있거니와 그런 분을 변절이라고 욕하진 않았다.

    그러나 독립운동을 하다가 친일파(親日派)로 전향한 이는 변절자로 욕하였다. 권력에 붙어 벼슬하다가 ㉢ 야당이 된 이도 있다. 지조에 있어 완전히 깨끗하다고는 못하겠지만 이들에게도 변절자의 비난은 돌아가지 않는다.

    나머지 하나 협의의 변절자, 비난 불신의 대상이 되는 변절자는 야당 전선에서 이탈하여 권력에 몸을 파는 변절자다. 우리는 이런 사람의 이름을 역력히 기억할 수 있다.

자기 신념으로 일관한 사람은 변절자가 아니다. 병자호란 때 남한산성의 치욕에 김상헌이 찢은 항서(降書)를 도로 주워 모은 주화파(主和派) 최명길은 당시 민족정기의 맹렬한 공격을 받았으나, 심양의 감옥에 김상헌과 같이 갇히어 오해를 풀었다는 일화는 널리 알려진 얘기다.

최명길은 변절의 사(士)가 아니요 남다른 신념이 한층 강했던 이였음을 알 수 있다. 또 누가 박중양, 문명기 등 허다한 친일파를 변절자라고 욕했는가. 그 사람들은 변절의 비난을 받기 이하의 더러운 친일파로 타기(唾棄)*되기는 하였지만 변절자는 아니다.

민족 전체의 일을 위하여 몸소 치욕을 무릅쓴 업적이 있을 때는 변절자로 욕하지 않는다. 앞에 든 최명길도 그런 범주에 들거니와, 일제 말기 말살되는 국어의 명맥을 붙들고 살렸을 뿐 아니라 국내에서 민족 해방의 날을 위한 유일의 준비가 되었던 〈맞춤법 통일안〉, 〈표준말모음〉, 〈큰사전〉을 편찬한 ⓔ '조선어학회'가 '국민총력연맹조선어학회지부'의 간판을 붙인 것을 욕하는 사람은 없었다.

— 조지훈, 「지조론(志操論)」 —

* 속현: 거문고와 비파의 끊어진 줄을 다시 잇는다는 뜻으로, 아내를 여읜 뒤 다시 새장가를 드는 일을 비유적으로 이르는 말. 재취
* 분반(噴飯): 입속에 있는 밥을 내뿜는다는 뜻으로, 참을 수가 없어서 웃음이 터져 나옴을 이르는 말
* 백주 대로: 대낮의 큰길
* 교지(狡智): 교활한 재주와 꾀
* 타기(唾棄): 침을 뱉듯이 버린다는 뜻으로, 업신여기거나 아주 더럽게 생각하여 돌아보지 않고 버림을 이르는 말

01 윗글에 대한 설명으로 가장 옳지 않은 것은?

① 자문자답의 형식을 빌려 자신의 삶을 성찰하고 있다.
② 구체적인 사례를 들어 자신의 논지를 강화하고 있다.
③ 비교와 대조를 통해 자신이 말하고자 하는 바를 부각하고 있다.
④ 인용의 방법을 통해 자신의 의도를 효과적으로 드러내고 있다.

02 윗글의 글쓴이의 생각과 가장 일치하는 것은?

① 잘못된 신념을 끝까지 고집하는 것도 변절의 일종이다.
② 변절 행위라는 것은 모든 경우에 비판받아야 마땅한 것이다.
③ 지도자와 정치인에게 바라는 지조는 장사꾼의 생활과는 다른 수준이다.
④ 부정 앞에서 최악의 곤욕을 무릅쓸 각오가 없어도 지조는 지켜질 수 있다.

03 〈보기〉와 윗글의 ㉠~㉣을 견주어 보았을 때 설명으로 가장 옳은 것은?

> ─── 〈보 기〉 ───
> 가마귀 눈비 마즌 희는 듯 검노미라.
> 야광명월(夜光明月)이 밤인들 어두오랴.
> 님 향한 일편단심(一片丹心)이야 고칠 줄이 이시랴.
> — 박팽년 —

① '눈비'와 ㉠은 자신의 주체적 신념을 변경했다는 점에서 변절자라고 할 수 있다.
② 고난과 시련의 상황 속에서도 '야광명월'과 ㉡은 지조를 지켰다고 할 수 있다.
③ '가마귀'와 ㉢은 절개를 바꾼 듯 보이지만 본질은 그렇지 않으므로 지조를 지켰다고 할 수 있다.
④ '일편단심'하지 않고 외부 상황 때문에 절개를 바꾼 ㉣은 변절자라고 할 수 있다.

[04~05] 다음 글을 읽고 물음에 답하시오.

민주주의, 특히 대중 민주주의의 역사는 생각보다 짧다. 고대 그리스의 민주주의나 마그나 카르타(대헌장) 이후의 영국 민주주의는 귀족이나 특정 신분 계층만이 누릴 수 있는 체제였다. 우리가 흔히 알고 있는 대중 민주주의, 즉 모든 계층의 성인들이 1인 1표의 투표권을 행사할 수 있는 정치 체제는 영국에서 독립한 미국에서 시작되었다고 보는 것이 맞다. 하지만 미국에서조차도 20세기 초에야 여성에게 투표권을 부여하면서 제대로 된 대중 민주주의의 형태를 갖추게 되었다. 유럽의 본격적인 민주주의 도입도 19세기 말에야 시작되었고, 유럽과 미국을 제외한 각국의 대중 민주주의의 도입은 이보다 훨씬 더 늦었다.

자본주의의 역사는 얼마나 될까? 자본주의를 '개인 소유권의 인정'이라고 본다면 구약 성경에도 기록될 정도로 오래된 것으로 추정된다. 왕이 국가의 모든 자산을 소유하는 것으로 여겨졌던 절대 군주주의 시대에도 상업 활동을 통해서 부를 축적한 상인 계급이 존재했다. 그러나 보통 근대 자본주의의 시작은 1776년으로 간주된다. 이 해는 미국이 독립하고, 애덤 스미스의 『국부론』이 출간된 때이다. 아나톨 칼레츠키는 그의 저서 『자본주의 4.0』에서 대중 민주주의(이하 민주주의)와 자본주의는 제대로 결합하여 발전을 서로 도와 온 것으로 설명하고 있다. 실제로 산업 혁명 이후, 식민지 경영 시대, 공산주의와 자본주의의 대립 등을 거쳐, 지금은 세계 수많은 나라가 민주주의와 자본주의를 결합한 정치·경제 체제를 갖추고 있다.

그런데 이 두 체제의 결합은 사실 자연스러운 것은 아니다. 레스터 서로는 그의 저서에서 이렇게 설파했다.

"민주주의와 자본주의는 적절한 권력의 분배에 대해 매우 다른 믿음을 갖고 있다. 하나는 '1인 1표'라는 정치권력의 완전한 분배가 좋다고 믿는 반면, 다른 하나는 경제적 비적격자를 몰아내어 경제적으로 멸종시키는 것이 경제적 적격자의 의무라고 믿는다. '적자생존'과 (구매력상의) 불평등이 자본주의적 효율성의 모든 것이다."

그렇다면 본질적으로 어울리기 어려운 정치 체제(민주주의)와 경제 체제(자본주의)가 어떻게 잘 결합하고 상호 작용을 하면서 19세기 이후 크게 번영을 이루어 왔을까? 레스터 서로는 민주주의 절차에 의해 선출된 정부가 시장을 가만히 놔두지 않고 더 평등한 소득 분배를 이루는 데 적극적으로 나섰기 때문이라는 설명을 내놓는다.

"역사적으로 시장 경제들은 민주주의와 양립할 수 있을 만큼 충분한 경제적 평등을 창출해 내지 못했기 때문에 불평등이 확대되는 것을 막기 위해 고안된 다양한 프로그램들을 가지고 시장에 '개입하는' 것이 필요하다는 것을 알게 되었다."

칼레츠키는 이와 비슷하지만 더 적극적인 주장을 하고 있다. 그는 자본주의가 근본적으로 민주주의와 궁합이 잘 맞는 제도라고 주장한다. 자본주의가 존립의 위기에 처했을 때마다 민주주의의 도움을 받아 경제 환경에 맞는 새로운 형태로 진화해 왔다고 주장한다.

"민주주의 덕분에 자본주의는 그 시스템과 제도가 진화할 수 있는 여유를 갖게 된다. 자본주의는 구부러지기 때문에 부러지지 않는다."

– 김경원·김준원, 「민주주의와 자본주의의 상호 보완」 –

04 윗글의 서술상 특징에 대한 설명으로 가장 옳은 것은?

① 민주주의와 자본주의가 지닌 문제점을 열거하고 그에 대한 대안을 마련하고 있다.

② 민주주의와 자본주의가 서로 충돌하는 견해를 절충하여 새로운 결론을 도출하고 있다.

③ 민주주의와 자본주의의 결합에 대해 전문가들의 견해를 인용하여 신뢰도를 높이고 있다.

④ 민주주의와 자본주의의 공통점을 바탕으로 두 체제가 결합되는 과정을 단계적으로 서술하고 있다.

05 윗글을 읽고 이해한 내용으로 가장 옳은 것은?

① 완벽한 형태의 대중 민주주의는 19세기 말에 미국에서 시작되었다.

② 현재 소수의 나라만이 민주주의와 자본주의를 결합한 정치·경제 체제를 갖추고 있다.

③ 애덤 스미스의 『국부론』이 출간된 그 해에 근대 자본주의가 시작된 것으로 보통 여겨진다.

④ 민주주의와 자본주의는 권력의 분배에 대해 결국 같은 지향점을 가지기 때문에 잘 결합할 수 있었다.

[06~07] 다음 글을 읽고 물음에 답하시오.

(가) 여승(女僧)은 합장(合掌)하고 절을 했다.
　　가지취의 내음새가 났다
　　쓸쓸한 낯이 넷날같이 늙었다.
　　나는 불경(佛經)처럼 서러워졌다.

　　평안도(平安道)의 어늬 산(山) 깊은 금덤판
　　나는 파리한 여인(女人)에게서 옥수수를 샀다.
　　여인(女人)은 나 어린 딸아이를 따리며 가을밤같이 차
　　게 울었다.

　　섭벌같이 나아간 지아비 기다려 십 년(十年)이 갔다.
　　지아비는 돌아오지 않고
　　어린 딸은 도라지꽃이 좋아 돌무덤으로 갔다.

　　산(山)꿩도 설게 울은 슬픈 날이 있었다.
　　산(山)절의 마당귀에 여인(女人)의 머리오리가 눈물
　　방울과 같이 떨어진 날이 있었다.
　　　　　　　　　　　　　　　– 백석, 「여승(女僧)」 –

(나) 저 지붕 아래 제비집 너무도 작아
　　갓 태어난 새끼들만으로 가득 차고
　　어미는 둥지를 날개로 덮은 채 간신히 잠들었습니다.
　　바로 그 옆에 누가 박아 놓았을까요, 못 하나
　　그 못이 아니었다면
　　아비는 어디서 밤을 지냈을까요
　　못 위에 앉아 밤새 꾸벅거리는 제비를
　　눈이 뜨겁도록 올려다봅니다.
　　종암동 버스 정류장, 흙바람은 불어오고
　　한 사내가 아이 셋을 데리고 마중 나온 모습
　　수많은 버스를 보내고 나서야
　　피곤에 지친 한 여자가 내리고, 그 창백함 때문에
　　반쪽 난 달빛은 또 얼마나 창백했던가요.
　　아이들은 달려가 엄마의 옷자락을 잡고
　　제자리에 선 채 달빛을 좀 더 바라보던
　　사내의, 그 마음을 오늘 밤은 알 것도 같습니다.
　　실업의 호주머니에서 만져지던
　　때 묻은 호두알은 쉽게 깨어지지 않고
　　그럴듯한 집 한 채 짓는 대신
　　못 하나 위에서 견디는 것으로 살아온 아비,

거리에선 아직도 흙바람이 몰려오나 봐요.
돌아오는 길 희미한 달빛은 그런대로
식구들의 손잡은 그림자를 만들어 주기도 했지만
그러기엔 골목이 너무 좁았고
늘 한 걸음 늦게 따라오던 아버지의 그림자
그 꾸벅거림을 기억나게 하는
못 하나, 그 위의 잠
　　　　　　　　　　　　– 나희덕, 「못 위의 잠」 –

(다) 어머님,
　　제 예닐곱 살 적 겨울은
　　목조 적산 가옥 이층 다다미방의
　　벌거숭이 유리창 깨질 듯 울어 대던 외풍 탓으로
　　한없이 추웠지요, 밤마다 나는 벌벌 떨면서
　　아버지 가랭이 사이로 시린 발을 밀어 넣고
　　그 가슴팍에 벌레처럼 파고들어 얼굴을 묻은 채
　　겨우 잠이 들곤 했었지요.

　　요즈음도 추운 밤이면
　　곁에서 잠든 아이들 이불깃을 덮어 주며
　　늘 그런 추억으로 마음이 아프고,
　　나를 품어 주던 그 가슴이 이제는 한 줌 뼛가루로 삭아
　　붉은 흙에 자취 없이 뒤섞여 있음을 생각하면
　　옛날처럼 나는 다시 아버지 곁에 눕고 싶습니다.

　　그런데 어머님,
　　오늘은 영하(零下)의 한강교를 지나면서 문득
　　나를 품에 안고 추위를 막아 주던
　　예닐곱 살 적 그 겨울밤의 아버지가
　　이승의 물로 화신(化身)해 있음을 보았습니다.
　　품 안에 부드럽고 여린 물살은 무사히 흘러
　　바다로 가라고,
　　꽝 꽝 얼어붙은 잔등으로 혹한을 막으며
　　하얗게 얼음으로 엎드려 있던 아버지,
　　아버지, 아버지……
　　　　　　　　　　　　– 이수익, 「결빙(結氷)의 아버지」 –

06 (가)~(다)에 대한 설명으로 가장 옳지 않은 것은?

① (가)는 사람이, (다)는 사물이 시상을 유발한다.

② (가)는 비유적인 표현을 통하여 화자의 정서를 형상화하고 있다.

③ (가)와 (다)에는 모두 시적 대상에 대한 화자의 그리움이 잘 드러나 있다.

④ (나)와 (다)는 모두 화자의 과거 경험을 바탕으로 시상이 전개되고 있다.

07 〈보기〉는 시의 감상과 수용을 위한 학습 목표를 정리한 것이다. 이를 적용하여 (나), (다)를 해석할 때, 가장 옳지 않은 것은?

─〈보 기〉─

㉠ 시어의 함축적 의미를 이해한다.

㉡ 시상 전개 과정을 파악하며 이해한다.

㉢ 시의 성격과 관련하여 어조를 살펴본다.

㉣ 시에서 다룬 의미와 가치를 내면화한다.

① (나) ─ ㉠: '못'과 '반쪽 난 달빛'은 '고달픈 삶'이라는 함축적 의미를 지닌다.

② (나) ─ ㉡: '못 위에 밤새 꾸벅거리는 제비'는 어린 시절 화자의 아버지를 떠올리게 한다.

③ (다) ─ ㉢: 음성상징어인 '꽝 꽝'과 말줄임표의 사용에서 나약한 인간에 대한 연민의 어조가 드러난다.

④ (다) ─ ㉣: '얼어붙은 잔등'으로 '하얗게 얼음으로 엎드려 있던 아버지'의 모습에 한없는 부모의 사랑을 깨닫게 된다.

[08~09] 다음 글을 읽고 물음에 답하시오.

(가) ㉠ 풀이 눕는다.

비를 몰아오는 동풍에 나부껴
풀은 눕고
드디어 울었다.
날이 흐려서 더 울다가
다시 누웠다.

풀이 눕는다.
바람보다도 더 빨리 눕는다.
바람보다도 더 빨리 울고
바람보다 먼저 일어난다.

날이 흐리고 풀이 눕는다.
발목까지
발밑까지 눕는다.
바람보다 늦게 누워도
바람보다 먼저 일어나고
바람보다 늦게 울어도
바람보다 먼저 웃는다.
날이 흐리고 풀뿌리가 눕는다.

─ 김수영, 「풀」 ─

(나) ㉡ 해야 솟아라. 해야 솟아라. 말갛게 씻은 얼굴 고운 해야 솟아라. 산 넘어 산 넘어서 어둠을 살라 먹고, 산 넘어서 밤새도록 어둠을 살라 먹고, 이글이글 앳된 얼굴 고운 해야 솟아라.

달밤이 싫여, 달밤이 싫여, 눈물 같은 골짜기에 달밤이 싫여, 아무도 없는 뜰에 달밤이 나는 싫여……

해야, 고운 해야. 네가 오면 네가사 오면 나는 나는 청산(靑山)이 좋아라. 훨훨훨 깃을 치는 청산이 좋아라. 청산이 있으면 홀로라도 좋아라.

사슴을 따라 사슴을 따라, 양지(陽地)로 양지로 사슴을 따라, 사슴을 만나면 사슴과 놀고,

칡범을 따라 칡범을 따라, 칡범을 만나면 칡범과 놀고……

해야, 고운 해야. 해야 솟아라. 꿈이 아니래도 너를 만나면, 꽃도 새도 짐승도 한자리 앉아 워어이 워어이 모두 불러 한 자리 앉아, 애띠고 고운 날을 누려 보리라.

– 박두진, 「해」 –

08 (가)와 (나)의 공통점으로 가장 옳은 것은?

① 시간의 흐름에 따라 화자의 태도 변화가 드러난다.

② 대립적 의미의 시어들을 활용하여 화자의 생각이 잘 드러난다.

③ 청자에게 말을 건네는 방식을 통해 화자가 소망하는 바가 드러난다.

④ 의성어, 의태어를 활용하여 대상에 대한 화자의 예찬적 태도가 드러난다.

09 ㉠과 ㉡을 비교하여 이해한 내용으로 가장 옳은 것은?

① ㉠과 ㉡은 화자가 처한 부정적 현실을 상징하는 시어다.

② ㉠과 ㉡은 화자가 가치 있는 대상으로 여기는 의인화된 대상이다.

③ ㉠은 ㉡과 달리 화자가 과거를 회상하고 성찰하게 만든다.

④ ㉡은 ㉠과 달리 화자의 부정적 현실 인식을 긍정적으로 변화시킨다.

10 다음 시를 읽고 이해한 내용으로 가장 옳지 않은 것은?

창밖에 밤비가 속살거려
육첩방은 남의 나라,

시인이란 슬픈 천명인 줄 알면서도
한 줄 시를 적어 볼까,

땀내와 사랑내 포근히 품긴
보내 주신 학비 봉투를 받아

대학 노트를 끼고
늙은 교수의 강의 들으러 간다.

생각해 보면 어린 때 동무들
하나, 둘, 죄다 잃어버리고

나는 무얼 바라
나는 다만, 홀로 침전하는 것일까?

인생은 살기 어렵다는데
시가 이렇게 쉽게 씌어지는 것은
부끄러운 일이다.

육첩방은 남의 나라
창밖에 밤비가 속살거리는데,

등불을 밝혀 어둠을 조금 내몰고,
시대처럼 올 아침을 기다리는 최후의 나,
나는 나에게 작은 손을 내밀어
눈물과 위안으로 잡는 최초의 악수.

– 윤동주, 「쉽게 씌어진 시」 –

① 시선의 이동에 따라 시상을 전개해 시적 안정감을 부여한다.

② 시간적, 공간적 배경을 통해 화자의 현재 상황을 드러낸다.

③ 상징적 의미를 지닌 시어의 대립을 통해 시적 의미를 구체화한다.

④ 반성적이고 미래지향적인 어조를 통해 주제의식을 효과적으로 제시한다.

[11~14] 다음 글을 읽고 물음에 답하시오.

> [앞부분의 줄거리] 북곽 선생(北郭先生)이라는 명망이 높은 선비가 열녀로 칭송받는 젊은 과부인 동리자의 방에서 정을 통하려 했다. 이때 과부의 다섯 아들이 북곽 선생을 여우로 의심하여 몽둥이를 들고 방 안으로 들이닥쳤다.

이에 다섯 아들이 함께 어미의 방을 에워싸고는 안으로 들이닥쳤다. 북곽 선생은 깜짝 놀라 부리나케 내빼면서 그 와중에도 행여 남들이 자신을 알아볼까 겁이 나 한 다리를 들어 목에다 얹고는 귀신처럼 춤추고 웃으며 문을 빠져나왔다. 그러고는 그렇게 달아나다가 벌판에 파 놓은 똥구덩이에 빠지고 말았다. 똥이 가득 찬 구덩이 속에서 버둥거리며 무언가를 붙잡고 간신히 올라가 목을 내밀어 살펴보니, 범 한 마리가 길을 막고 있었다. 범이 이맛살을 찌푸리고 구역질을 하며 코를 막은 채 얼굴을 외면하고 말한다.

㉠ "아이구! 그 선비, 냄새가 참 구리기도 하구나."

북곽 선생이 머리를 조아리며 앞으로 엉금엉금 기어 나와 세번 절하고, 다시 꿇어앉아서 아뢴다.

"범님의 덕이야말로 참 지극합니다. 대인(大人)은 그 변화를 본받습니다. 제왕(帝王) 된 자는 그 걸음걸이를 배웁니다. 남의 아들 되는 이는 그 효성을 본받고, 장수는 그 위엄을 취합니다. 그 명성은 신룡(神龍)과 나란하여 한 분은 바람을 일으키고, 다른 한 분은 구름을 만드십니다. 이 몸은 천한 신하로, 감히 범님의 다스림을 받고자 합니다."

범이 꾸짖으며 답한다.

"에잇! 가까이 다가오지 말렸다. 전에 내 듣기로 유(儒)*란 유(諛)*라 하더니 과연 그렇구나. 네가 평소에는 세상의 온갖 나쁜 이름을 끌어모아 제멋대로 내게 갖다 붙이더니만, 지금은 서둘러 면전에서 아첨을 늘어놓으니 그 따위 말을 대체 누가 믿겠느냐?

천하의 이치는 하나일 따름이니, 범이 정말 악하다면 인간의 본성 또한 악할 것이요, 사람의 본성이 착하다면 범의 본성 또한 착한 것이다. 네놈들이 하는 말은 모두 오상(五常)*을 벗어나지 않고, 경계하고 권장하는 것은 늘 사강(四綱)*에 있다.

그렇지만 사람 사는 동네에 코가 베이거나 발이 잘리거나 얼굴에 문신이 새겨진 채 다니는 자들은 모두 오륜(五倫)을 어긴 자들이다. 이들을 잡아들이고 벌하기 위해 제아무리 오랏줄이나 도끼, 톱 등을 써 대도 인간의 악행은 당최 그칠 줄을 모른다. 밧줄이나 먹바늘, 도끼나 톱 따위

가 횡행하니, 악행이 그칠 리가 없다. ㉡ 범의 세상에는 본래 이런 형벌이 없는데, 이로써 보면 범의 본성이 인간보다 더 어질다는 뜻이 아니겠느냐?"

…(중략)…

북곽 선생은 자리를 옮겨 부복(俯伏)해서 머리를 새삼 조아리고 아뢰었다.

"맹자(孟子)에 일렀으되 '비록 악인(惡人)이라도 목욕재계하면 상제(上帝)를 섬길 수 있다' 하였습니다. 하토의 천신은 감히 아랫바람에 서옵니다."

북곽 선생이 숨을 죽이고 명령을 기다렸으나 오랫동안 아무 동정이 없기에 참으로 황공해서 절하고 조아리다가 머리를 들어 우러러보니, 이미 먼동이 터 주위가 밝아 오는데 범은 간 곳이 없었다. 그때 새벽 일찍 밭 갈러 나온 농부가 있었다. ㉢ "선생님, 이른 새벽에 들판에서 무슨 기도를 드리고 계십니까?"

북곽 선생은 엄숙히 말했다.

㉣ "성현(聖賢)의 말씀에 '하늘이 높다 해도 머리를 아니 굽힐 수 없고, 땅이 두텁다 해도 조심스럽게 딛지 않을 수 없다.' 하셨느니라."

– 박지원, 「호질(虎叱)」 –

* 유(儒): 선비
* 유(諛): 아첨함
* 오상(五常): 인(仁), 의(義), 예(禮), 지(智), 신(信)의 오행[오교(五敎)나 오륜(五倫)을 가리키기도 함]
* 사강(四綱): 사람을 규제하는 네 가지 도덕인 예(禮), 의(義), 염(廉), 치(恥)]

11 윗글의 서술상 특징으로 가장 옳지 않은 것은?

① 시대적 배경을 구체적으로 묘사하고 있다.

② 동음이의어를 활용하여 대상을 풍자하고 있다.

③ 인물의 말과 행동을 통해 사건을 전개하고 있다.

④ 의인화를 통해 현실을 우회적으로 비판하고 있다.

12 윗글의 내용에 대한 이해로 가장 옳지 않은 것은?

① 범은 인간이 말로는 선을 권하지만 악을 일삼는 자가 많다고 주장한다.

② 북곽 선생은 남들이 자신을 알아볼까 두려워 괴이한 모습으로 도망쳤다.

③ 범은 평소와 다르게 아첨하는 북곽 선생의 말을 믿을 수 없다고 생각한다.

④ 북곽 선생은 인간의 본성과 범의 본성을 비교하며 범에게 목숨을 구걸했다.

13 ㉠~㉣에 대한 설명으로 가장 옳은 것은?

① ㉠: 본심을 숨기고자 상대에게 거부감을 드러내고 있다.

② ㉡: 자랑거리를 내세우며 상대가 따르도록 강요하고 있다.

③ ㉢: 자신을 낮추며 상대를 흠모하는 마음을 드러내고 있다.

④ ㉣: 상황이 바뀌자 비굴함을 숨기기 위해 허세를 부리고 있다.

14 윗글의 '북곽 선생'에 대한 평가로 가장 옳은 것은?

① 사람들의 칭송처럼 높은 학식과 고매한 인품을 가진 동량지재(棟梁之材)한 인물이군.

② 위기 상황에서도 동리자와의 사랑을 지키고자 하는 천의무봉(天衣無縫)한 인물이군.

③ 평판과 다르게 실상은 부도덕하며 위선적인 것을 보니 양두구육(羊頭狗肉)한 인물이군.

④ 범의 꾸짖음에 양반 계급의 허위와 부도덕성을 반성하며 개과천선(改過遷善)한 인물이군.

[15~17] 다음 글을 읽고 물음에 답하시오.

(가)

  바람도 없는 공중에 수직(垂直)의 파문을 내며 고요히 떨어지는 오동잎은 누구의 발자취입니까?

  지리한 장마 끝에 서풍에 몰려가는 무서운 검은 구름의 터진 틈으로, 언뜻언뜻 보는 푸른 하늘은 누구의 얼굴입니까?

  꽃도 없는 깊은 나무에 푸른 이끼를 거쳐서, 옛 탑(搭) 위의 고요한 하늘을 스치는 알 수 없는 향기는 누구의 입김입니까? ㉠

  Ⓐ <u>근원은 알지도 못할 곳에서 나서 돌부리를 울리고, 가늘게 흐르는 작은 시내는 굽이굽이 누구의 노래입니까?</u>

  연꽃 같은 발꿈치로 가이 없는 바다를 밟고, 옥 같은 손으로 끝없는 하늘을 만지면서 떨어지는 해를 곱게 단장하는 저녁놀은 누구의 시입니까?

  타고 남은 재가 다시 기름이 됩니다. 그칠 줄을 모르고 타는 나의 가슴은 누구의 밤을 지키는 약한 등불입니까? ㉡

– 한용운, 「알 수 없어요」 –

(나)

설악산 대청봉에 올라
발아래 구부리고 엎드린 작고 큰 산들이며
떨어져 나갈까 봐 잔뜩 겁을 집어먹고
언덕과 골짜기에 바짝 달라붙은 마을들이며
다만 무릎께까지라도 다가오고 싶어
안달이 나서 몸살을 하는 바다를 내려다보니
온통 세상이 다 보이는 것 같고
또 세상살이 속속들이 다 알 것도 같다.
그러다 속초에 내려와 하룻밤을 묵으며
중앙 시장 바닥에서 다 늙은 함경도 아주머니들과
노령 노래 안주 해서 소주도 마시고
피난민 신세타령도 듣고

다음 날엔 원통으로 와서 뒷골목엘 들어가
지린내 땀내도 맡고 악다구니도 듣고
싸구려 하숙에서 마늘 장수와 실랑이도 하고 ㉢
젊은 군인 부부 사랑싸움질 소리에 잠도 설치고 보니
세상은 아무래도 산 위에서 보는 것과 같지만은 않다

```
┌ 지금 우리는 혹시 세상을
ⓔ │ 너무 멀리서만 보고 있는 것은 아닐까 아니면
└ 너무 가까이서만 보고 있는 것은 아닐까
```
　　　　　　　　　　　　　　　　　　– 신경림, 「장자(莊子)를 빌려」 –

15 (가)와 (나)에 대한 설명으로 가장 옳지 않은 것은?

① (가)에는 대상에 대한 화자의 예찬적 태도가 잘 드러나 있다.

② (가)에는 종교적인 색채와 명상적이고 관념적인 분위기가 드러나 있다.

③ (나)에는 화자가 구체적 경험을 통해 얻은, 삶에 대한 깨달음이 담겨 있다.

④ (가)와 달리, (나)는 구도(求道)적인 자세를 통해 사물이 지닌 의미를 새롭게 발견해 내고 있다.

16 (가)의 ⒜를 다음 〈조건〉에 맞춰 새롭게 바꾸려 할 때 가장 옳은 것은?

――――――― 〈조 건〉 ―――――――
• 처음과 동일한 감각적 이미지로 표현한다.
• 어조나 표현 기법을 그대로 유지한다.

① 깊은 계곡에서 아름다운 이슬을 머금고 있는 이름 없는 풀꽃들은 누구의 미소입니까.

② 강렬한 여름 햇살 아래 넓디넓은 가지를 드리운 느티나무의 한없는 품은 누구의 사랑입니까.

③ 넓고 푸른 하늘을 자유롭게 떠다니며 시시각각 오묘한 표정을 짓는 저 흰구름은 누구의 그림입니까.

④ 하늘에 닿을 듯이 우뚝 솟은 보리수에서 바람이 스쳐 지나갈 때마다 들려오는 저 신비로운 소리는 누구의 숨결입니까.

17 ㉠～㉣에 대한 설명으로 가장 옳지 않은 것은?

① ㉠: 다양한 자연의 현상을 통해 임의 존재를 형상화함으로써 임에 대한 화자의 외경심과 신비감을 드러내고 있다.

② ㉡: 임이 부재하는 암담한 시대 현실을 지키기 위한 자신 희생의 정신과 진리를 얻기 위한 구도의 정신을 상징적으로 드러내고 있다.

③ ㉢: 산 아래에서의 부정적인 경험을 구체적으로 제시함으로써 탈속적인 공간에 대한 동경을 그려내고 있다.

④ ㉣: 우리들의 삶이 그 본질을 쉽게 알 수 있을 것 같으면서도 결코 그렇지 않다는 화자의 인식을 드러내고 있다.

18 〈보기 1〉의 내용을 참고할 때, 〈보기 2〉에서 관형사를 모두 골라 바르게 묶은 것은?

――――――― 〈보기 1〉 ―――――――
　관형사는 체언 앞에서 그 체언의 뜻을 분명하게 제한하는 품사이다. 특히 관형사는 체언을 꾸며 주면서도 형태 변화를 하지 않는다는 특징을 가진다. 또한 관형사는 용언이 아니므로 어미를 가지지 않음은 물론 보조사를 포함한 어떤 조사와도 결합하지 않는다.

――――――― 〈보기 2〉 ―――――――
㉠: 도대체 <u>무슨</u> 말을 하는 거야?
㉡: <u>모든</u> 사람들이 너를 보고 있어.
㉢: <u>빠른</u> 일처리가 무척 맘에 드는군.
㉣: 눈앞에 <u>아름다운</u> 풍경이 펼쳐졌다.

① ㉠, ㉡　　　　　　　　　② ㉠, ㉣

③ ㉡, ㉢　　　　　　　　　④ ㉢, ㉣

[19~21] 다음 글을 읽고 물음에 답하시오.

맹자께서 이런 말씀을 하셨다.

"법령을 정비하여 물샐틈없이 잘해 나가는 정치는 나쁜 것이 아니다. 하지만 그것보다는 예의염치(禮義廉恥)와 효제충신(孝悌忠信) 등을 체득 실천하도록 잘 가르쳐 백성들이 나랏일을 위해 자발적으로 협조하게 하는 것이 나라 다스리는 데는 더욱 좋다. 법령을 정비해서 물샐틈없이 잘해 나가는 정치를 하면 백성들이 법령을 어기게 될까 겁이 나서 위정자를 두려워하고, 그와 대조적으로 예의염치와 효제충신 등을 체득 실천하도록 잘 가르쳐 나가는 정치를 하면 백성들이 그 인후(仁厚)함에 감복하여 위정자를 사랑한다. 법령을 잘 다루어 나가는 정치를 하면 백성들이 납세를 게을리할 수 없게 하여 백성들의 재물을 거두어들이는 데 성과를 올리게 되고, 백성을 잘 가르쳐 나가는 정치를 하면 백성들이 좋아하여 마음으로 따르게 하는 성과를 올리게 한다."

– 진심장구 상(盡心章句上)에서 –

제자인 도응(桃應)이 맹자께 이런 까다로운 질문을 하였다.

"순(舜)이 천자의 자리에 앉아 있고 그 밑에 고요[皐陶, 순임금의 신하로 법을 세우고, 형벌을 제정하였으며 옥(獄)을 만들었다고 한다.]가 사사(士師, 고대 중국에서 법령과 형벌에 관한 일을 맡아보던 재판관)로 있을 때, 순의부친 고수가 살인을 했다면 고요는 그 일을 어떻게 처리했을까요?"

맹자께서 이렇게 대답하셨다.

"그것은 간단하다. 살인죄를 범한 고수를 체포할 따름이지, 그 밖에 무슨 방법이 있겠는가?"

그러자 도응은 맹자께 따져 물었다.

"그렇다면 순은 천자의 위(位)에 앉아 절대적인 권력을 가지고 있으면서 자기 부친의 체포를 금하지 않겠습니까?"

"대체 순이라 한들 어떻게 고요가 자기 부친 고수를 체포하는 것을 금할 수 있겠는가? 도저히 금할 수는 없을 것이다. 고요는 그가 전해 받은 대법(大法)이 있기 때문이다."

"그렇다면 순은 그 일을 어떻게 처리할까요?"

"순은 그런 경우를 당하면 자기가 차지했던 천하를 헌 짚신 버리듯 버리고 자기 부친인 고수를 등에 업고 도망쳐 멀리 바닷가로 피해 가 살며, 죽을 때까지 기꺼이 즐거워하면서 지난날에 차지했던 천하 같은 것은 까맣게 잊어버릴 것이다."

– 진심장구 상(盡心章句上)에서 –

맹자께서 이런 말씀을 하셨다.

"나라에는 백성이 무엇보다도 귀중하고, 토지와 곡물의 신이 그다음으로 귀중하며, 임금은 사실상 그 비중이 가장 가볍다. 따라서 밭일하는 사람들의 마음에 들어 그들이 좋아하게 되면 천하를 통치하는 천자가 되는 것이다. 그런데 천자의 마음에 들어 그가 좋아하게 되면 한 나라의 제후가 되고, 한 나라의 제후의 마음에 들어 그가 좋아하게 되면 그 나라의 대부가 되는 것이다."

– 진심장구 하(盡心章句下)에서 –

맹자께서 이런 말씀을 하셨다.

"인자하지 않고서 한 나라를 얻어 제후가 된 자는 있었지만, 인자하지 않고서 온 천하를 얻어 천자가 된 자는 본 적이 없다."

– 진심장구 하(盡心章句下)에서 –

선왕은 물었다.

"탕은 걸왕의 신하였고 무왕은 주왕의 신하였는데, 이들과 같이 신하인 자가 자기 임금을 죽여도 좋습니까?"

그러자 맹자께서는 이렇게 대답하셨다.

"신하로서 자기 임금을 죽인다는 것이 도리에 어긋나는 일임은 말할 것도 없습니다. 무도한 짓을 해서 인(仁)을 손상시키는 것을 적(賊), 즉 흉포하다고 하고, 잔인한 짓을 해서 의(義)를 손상시키려는 것을 잔(殘), 즉 잔학하다고 합니다. 이렇게 흉포하고 잔학한 인간은 이미 천하 만민의 부모 노릇을 하는 천자가 아니고 한 명의 단순한 사내에 지나지 않습니다. 저는 백성들로부터 버림을 받은 한 사내인 주(紂)를 죽였다는 말은 들은 일이 있습니다만, 무왕이 자기 임금을 죽였다는 말은 아직 들어 본 적이 없습니다."

– 양혜왕장구 하(梁惠王章句下)에서 –

19 윗글에서 파악할 수 있는 서술상 특징으로 가장 옳은 것은?

① 문답과 구체적인 사례를 활용하여 자신의 생각을 드러내고 있다.

② 자신의 체험을 삽화 형식으로 나열하여 주장을 뒷받침하고 있다.

③ 다양한 조건과 상황에 따라 변화하는 자신의 생각을 순차적으로 밝히고 있다.

④ 자신의 생각을 따르지 않을 경우, 발생할 수 있는 문제점에 대해 분류하고 있다.

20 윗글을 읽고 알 수 있는 맹자의 생각으로 가장 옳은 것은?

① 맹자는 임금이 포악하고 무도하여 백성을 해치는 경우는 통치자로서의 자격과 정당성을 상실했기 때문에 임금을 벌하는 일이 정당하다고 보았다.

② 맹자는 천자의 의무와 자식으로서의 입장을 모두 중시하면서도 만약 두 가지가 상충될 경우 '순'처럼 천자의 의무를 더 우선시하는 모습을 보여주었다.

③ 맹자는 한 나라에서 천자의 비중이 가장 가볍기 때문에, 무릇 천자가 되기 위해서는 백성과 제후, 그리고 대부들의 마음에 모두 들어야 함을 강조하였다.

④ 맹자는 법령을 정비해서 백성들이 위정자를 두려워하게 만드는 것을 부정적으로 보고, 법령 대신 예의 염치와 효제충신 등을 체득 실천하도록 가르치는 것이 중요하다고 보았다.

21 윗글을 읽고 다음 내용에 대해 탐구해 보고자 한다. ⊙, ⓒ에 들어갈 말로 가장 옳지 않은 것은?

맹자가 생각하는 통치자에게 필요한 덕목	⊙
맹자가 백성들을 바라보는 관점	ⓒ

① ⊙: 통치자는 백성들에게 인자한 덕을 지니고 있어야 한다.

② ⊙: 통치자는 백성들을 부모와 같은 태도로 다스려야 한다.

③ ⓒ: 백성들은 나라에서 가장 귀중한 존재이므로 그들의 마음이 천자를 정한다.

④ ⓒ: 백성들은 덕을 베풀어도 은혜를 모르기 때문에 도덕적으로 잘 가르쳐야 한다.

22 〈보기〉의 ⊙, ⓒ에 해당하는 것은?

> ─────〈보 기〉─────
> 　우리말의 용언 중에는 피동사와 사동사의 형태가 동일한 것이 있다. 예를 들어, '글을 보고 거기에 담긴 뜻을 헤아려 알다.'의 뜻인 '읽다'에서 파생된 사동사와 피동사의 형태는 모두 '읽히다'로, 그 형태가 같다.
> 　－ 사동사: '부하 장수들에게 병서를 읽혔다.'
> 　－ 피동사: '이 책은 비교적 쉽게 읽힌다.'
> 　이때 ⊙ 사동사인지, ⓒ 피동사인지의 구별은 문장에서의 의미와 쓰임을 통해 이루어진다.

	⊙	ⓒ
①	성탄절에는 교회에서 종을 울렸다.	형이 장난감을 뺏어 동생을 울렸다.
②	동생이 새 시계를 내게 보였다.	멀리 건물 사이로 하늘이 보였다.
③	우리는 난로 앞에서 몸을 녹였다.	따스한 햇살이 고드름을 서서히 녹였다.
④	나는 손에 짐이 들려 문을 열 수가 없다.	부부 싸움을 한 친구에게 꽃을 들려 집에 보냈다.

23 〈보기〉의 밑줄 친 부분에 해당하는 예로 가장 옳은 것은?

─── 〈보 기〉 ───

국어의 단어 형성 방식을 보면, 실질적인 의미를 갖는 어근들끼리 만나 새말을 만들기도 하지만, 특정한 뜻을 더하는 접사가 어근 앞에 붙어 새말을 만들기도 한다. 전자의 예로는 어근 '뛰다'가 어근 '놀다'를 만나 '뛰놀다'를 만드는 것을 들 수 있고, 후자의 예로는 '군'이 어근 '살' 앞에 붙어 '쓸데없는'의 뜻을 더하면서 '군살'을 만드는 것을 들 수 있다.

① '강'은 '마르다' 앞에 붙어 '심하게'의 뜻을 더하면서 '강마르다'를 만든다.

② '첫'은 '눈' 앞에 붙어 '처음의'의 뜻을 더하면서 '첫눈'을 만든다.

③ '새'는 '해' 앞에 붙어 '새로운'의 뜻을 더하면서 '새해'를 만든다.

④ '얕'은 '보다' 앞에 붙어 '얕게'의 뜻을 더하면서 '얕보다'를 만든다.

24 〈보기〉의 자료를 읽고 탐구한 것으로 가장 옳지 않은 것은?

─── 〈보 기〉 ───

맞춤법 규정
제23항 '-하다'나 '-거리다'가 붙는 어근에 '-이'가 붙어 서 명사가 된 것은 그 원형을 밝히어 적는다.
(예) 깔쭉이, 꿀꿀이 등
[붙임] '-하다'나 '-거리다'가 붙을 수 없는 어근에 '-이'나 다른 모음으로 시작되는 접미사가 붙어서 명사가 된 것은 그 원형을 밝히어 적지 아니한다. (예) 개구리, 귀뚜라미 등
[해설]
접미사 '-하다'나 '-거리다'가 붙는 어근이란, 곧 동사나 형용사로 파생될 수 있는 어근을 말한다. 예컨대 (눈을) '깜짝깜짝하다, 깜짝거리다, 깜짝이다, (눈) 깜짝이'와 같이 나타나는 형식에 있어서, 실질 형태소인 어근 '깜짝-'의 형태를 고정시킴으로써, 그 의미가 쉽게 파악되도록 하는 것이다.

① '동그라미' 같은 말은 원형을 밝히어 적지 아니한 예에 추가할 수 있겠어.

② '삐죽거리다'는 말이 있으므로 '삐주기'가 아니라, '삐죽이'라고 적어야겠군.

③ '매미', '뻐꾸기'를 '맴이', '뻐꿈이'라고 적지 않는 것은 붙임 규정에 따른 것이군.

④ '-거리다'가 붙을 수 있는 어근에 접미사가 붙은 말로 '부스러기'를 들 수 있겠어.

25 〈보기〉의 내용을 참고할 때, 밑줄 친 ⓐ에 해당하는 것이 아닌 것은?

─── 〈보 기〉 ───

상보 반의어는 양분적 대립 관계에 있기 때문에 두 단어가 상호 배타적인 영역을 갖는다. 즉, 상보 반의어는 한 단어의 긍정이 다른 단어의 부정을 함의하는 관계에 있다. 등급 반의어는 두 단어 사이에 등급성이 있다. 다시 말하면 두 단어 사이에 중간 상태가 있을 수 있으며 그렇기 때문에 한 쪽을 부정하는 것이 바로 다른 쪽을 의미하는 것이 아니다. ⓐ 관계 반의어는 두 단어가 상대적 관계에 있으면서 의미상 대칭을 이루고 있다. '남편'과 '아내'를 예로 들면 두 단어 사이에서 x가 y의 남편이면 y가 x의 아내가 되는 상대적 관계가 있으며 두 단어는 어떤 기준을 사이에 두고 대칭관계를 이루고 있으므로 관계 반의어라고 할 수 있는 것이다.

① 사다 − 팔다

② 부모 − 자식

③ 동쪽 − 서쪽

④ 있다 − 없다

01 ⓐ에 들어갈 내용으로 가장 적절하지 못한 것은?

> • 학습 목표 :
> 　중세국어의 특징을 이해한다.
>
> • 학습 자료
>
> > ㉠ 孔子(공ᄌᆞ)ㅣ 曾子(증ᄌᆞ)ᄃᆞ려 닐러 ᄀᆞᆯᄋ
> > 샤ᄃᆡ 몸이며 얼굴이며 머리털이며 ㉡ 술흔 父
> > 母(부모)ᄭᅴ ㉢ 받ᄌᆞ온 거시라 敢(감)히 헐워 샹
> > ᄒᆡ오디 아니 홈이 효도이 비르소미오 몸을 셰
> > 워 道(도)를 行(ᄒᆡᆼ)ᄒᆞ야 일홈을 後世(후셰)예
> > 베퍼 ㉣ 써 父母(부모)를 현뎌케 홈이 효도이
> > ᄆᆞᄎᆞᆷ이니라.
> >
> > ― 『소학언해』 ―
>
> • 학습 자료의 활용 계획
>
> > ⓐ

　① ㉠: 중세국어 시기에도 주격 조사를 사용했다는 사
　　례로 제시한다.

　② ㉡: 중세국어 시기에는 'ㅎ'으로 끝나는 체언을 사용
　　했다는 사례로 제시한다.

　③ ㉢: 중세국어 시기에는 객체를 높이는 형태소로
　　'-ᄌᆞᆸ-'이 있었다는 사례로 제시한다.

　④ ㉣: 중세국어 시기에 어두에 두 개 자음을 하나의
　　자음처럼 발음했다는 사례로 제시한다.

02 〈보기 1〉의 내용을 참고할 때, 〈보기 2〉에서 띄어쓰기가
올바른 것을 모두 고른 것은?

> ─── 〈보기 1〉 ───
>
> 　'노력한 만큼 대가를 얻다.'에서의 '만큼'과 '나도
> 너만큼은 공부를 잘 해.'의 '만큼'은 단어의 형태는 같
> 으나 단어가 수행하는 기능은 다르다. 즉, 전자의 '만
> 큼'은 의존 명사이지만, 후자의 '만큼'은 조사이다. 의
> 존 명사의 경우는 앞말과 띄어 써야 하고 조사의 경
> 우는 앞말에 붙여 써야 한다.

> ─── 〈보기 2〉 ───
>
> ㉠ 집에 도착하는 대로 전화하도록 해.
> ㉡ 부모님 말씀 대로 행동해야 한다.
> ㉢ 느낀대로 표현하고 싶었다.
> ㉣ 내가 가진 것은 이것뿐이다.
> ㉤ 그 이야기는 소문으로 들었을뿐이다.

　① ㉠, ㉣

　② ㉡, ㉢

　③ ㉠, ㉢, ㉣

　④ ㉠, ㉣, ㉤

[03~05] 다음 글을 읽고 물음에 답하시오.

(가) 말을 그치며 흥련 형제 일어나 절하고 청학을 타고 반공에 솟아 가거늘, 부사가 그 말을 들으매 낱낱이 분명하니 자기가 흉녀에게 속은 줄 깨닫고 더욱 분노하여 날 새기를 기다려 새벽에 좌기를 베풀고 좌수 부부를 성화같이 잡아들여 각별 다른 말은 묻지 아니하고 ㉠ 그 낙태한 것을 바삐 들이라 하여 살펴본 즉 낙태한 것이 아닌 줄 분명하매 좌우를 명하여 그 낙태한 것의 배를 가르라 하니 좌우가 영을 듣고 칼을 가지고 달려들어 배를 가르니 그 속에 쥐똥이 가득하였거늘 허다한 관속이 이를 보고 다 ⓐ 흉녀의 흉계인 줄 알아 저마다 꾸짖으며, 흥련 형제가 애매히 처참하게 죽음을 가장 불쌍히 여기더라.

(나) "ⓑ 저의 무지 무식하온 죄는 성주의 처분에 있사오나 비록 시골의 변변하지 못한 어리석은 백성이온들 어찌 사리와 체모를 모르리잇고. 전실 장 씨 불쌍히 죽고 두 딸이 있사오매 부녀가 서로 위로하여 세월을 보내옵더니 후사를 아니 돌아보지 못하여 ⓒ 후처를 얻사온즉 비록 어질지 못하오나 연하여 세 아들을 낳사오매 마음에 가장 기뻐하옵더니 하루는 제가 나갔다가 돌아온즉 흉녀가 문득 발연변색하고 하는 말이, '장화의 행실이 불측하여 낙태하였으니 들어가 보라.' 하고 이불을 들추매 제가 놀라 어두운 눈에 본즉, ㉡ 과연 낙태한 것이 적실하오매 미련한 소견에 전혀 깨닫지 못하는 중 더욱 전처의 유언(遺言)을 아득히 잊고 흉계(凶計)에 빠져 죽인 것이 분명하오니 그 죄만 번 죽어도 사양치 아니하나이다."

(다) "ⓓ 소첩의 몸이 대대 거족으로 문중이 쇠잔하고 가세 탕패하던 차 좌수가 간청하므로 그 후처가 되오니 전실의 양녀가 있사오되 그 행동거지 심히 아름다옵기에 ㉢ 친자식같이 양육하여 이십에 이르는 저의 행사가 점점 불측하여 백가지 말에 한 말도 듣지 아니하고 성실치 못할 일이 많사와 원망이 심하옵기로 때때로 저를 경계하고 타일러 아무쪼록 사람이 되게 하옵더니 하루는 ㉣ 저희 형제의 비밀한 말을 우연히 엿듣사온즉 그 흉패한 말이 측량치 못할지라 마음에 가장 놀랍사와 가부더러 이른즉 반드시 모해하는 줄로 알 듯하여 다시금 생각하여 저를 먼저 죽여 내 마음을 펴고자 하여 가부를 속이고 죽인 것이 옳사오니 자백 하오매 법에 따라 처치하시려니와 첩의 아들 장쇠는 이 일로 말

미암아 천벌을 입어 이미 병신이 되었으니 죄를 사하소서."

(라) 각설, 배 좌수가 국가 처분으로 흉녀를 능지하여 두 딸의 원혼을 위로하나 오히려 쾌한 것이 없으매 오직 여아의 애매히 죽음을 주야로 슬퍼하여 그 형용을 보는 듯 목소리를 듣는 듯 거의 미치기에 이를 듯하여 다만 다음 세상에 다시 부녀지의를 맺음을 종일 축원하는 중 집안에 살림할 이 없으매 그 지향할 곳이 더욱 없어 부득이 혼처를 구할새 향족 윤광호의 딸을 취하니 ㉤ 나이 십팔 세요, 용모와 재질이 비상하고 성품이 또한 온순하여 자못 숙녀의 풍도가 있는지라.

　　　　　　　　　　　　　　　　　– 작자 미상, 「장화홍련전(薔花紅蓮傳)」 –

03 ⓐ~ⓓ 중 지시하는 대상이 다른 것은?

① ⓐ　　　　　　　　② ⓑ
③ ⓒ　　　　　　　　④ ⓓ

04 〈보기〉를 참고할 때, ㉠~㉣ 중 성격이 다른 것은?

〈보 기〉

서술자는 자신의 시각에서 이야기를 직접 서술하거나, 인물의 시각에서 인물의 경험과 인식을 반영하여 서술한다. 즉 '서술'은 서술자가 담당하지만 '시각'은 서술자의 것일 수도, 인물의 것일 수도 있다는 것이다.

① ㉠　　　　　　　　② ㉡
③ ㉢　　　　　　　　④ ㉣

05 ⓔ에 부합하는 속담으로 가장 적절한 것은?

① 믿는 도끼에 발등을 찍혔네.
② 공든 탑이 무너져 버렸구나.
③ 적반하장(賊反荷杖)도 유분수지.
④ 닭 쫓던 개 지붕 쳐다보는 격이군.

[06~09] 다음 글을 읽고 물음에 답하시오.

(가) 사내는 고개를 떨구고 한참 동안 무언지 입을 우물거리고 있었다. 안이 손가락으로 내 무릎을 찌르며 우리는 꺼지는 게 어떻겠느냐는 눈짓을 보냈다. 나 역시 동감이었지만 그때 그 사내가 다시 고개를 들고 말을 계속했기 때문에 우리는 눌러 앉아 있을 수밖에 없었다. "아내와는 재작년에 결혼했습니다. 우연히 알게 되었습니다. 친정이 대구 근처에 있다는 얘기만 했지 한 번도 친정과는 내왕이 없었습니다. ⓐ 난 처갓집이 어딘지도 모릅니다. 그래서 할 수 없었어요."

그는 다시 고개를 떨구고 입을 우물거렸다.

ⓑ "뭘 할 수 없었다는 말입니까?" 내가 물었다. 그는 내 말을 못 들은 것 같았다. 그러나 한참 후에 다시 고개를 들고 마치 애원하는 듯한 눈빛으로 말을 이었다. ⓒ "아내의 시체를 병원에 팔았습니다. 할 수 없었습니다. 난 서적 외판원에 지나지 않습니다. 할 수 없었습니다. ⓓ 돈 사천 원을 주더군요. 난 두 분을 만나기 얼마 전까지도 세브란스 병원 울타리 곁에 서 있었습니다. 아내가 누워 있을 시체실이 있는 건물을 알아보려고 했습니다만 어딘지 알 수 없었습니다. 그냥 울타리 곁에 앉아서 병원의 큰 굴뚝에서 나오는 희끄무레한 연기만 바라보고 있었습니다. 아내는 어떻게 될까요? 학생들이 해부 실습하느라고 톱으로 머리를 가르고 칼로 배를 째고 한다는데 정말 그러겠지요?" 우리는 입을 다물고 있을 수밖에 없었다. 사환이 다쿠앙과 양파가 담긴 접시를 갖다 놓고 나갔다.

(나) "기분 나쁜 얘길 해서 미안합니다. 다만 누구에게라도 얘기하지 않고서는 견딜 수 없었습니다. 한 가지만 의논해 보고 싶은데, 이 돈을 어떻게 하면 좋을까요? 저는 오늘 저녁에 다 써버리고 싶은데요."

"쓰십시오." 안이 얼른 대답했다.

"이 돈이 다 없어질 때까지 함께 있어 주시겠어요?" 사내가 말했다. 우리는 얼른 대답하지 못했다.

"ⓔ 함께 있어 주십시오." 사내가 말했다. 우리는 승낙했다.

"멋있게 한번 써 봅시다."라고 사내는 우리와 만난 후 처음으로 웃으면서, ⓕ 그러나 여전히 힘없는 음성으로 말했다.

(다) 아무데도 갈 데가 없었다. 방금 우리가 나온 중국집 곁에 양품점의 쇼윈도가 있었다. 사내가 그쪽을 가리키며 우리를 끌어 당겼다. 우리는 양품점 안으로 들어갔다.

"넥타이를 하나 골라 가져. 내 아내가 사주는 거야." 사내가 호통을 쳤다. 우리는 알록달록한 넥타이를 하나씩 들었고, 돈은 육백 원이 없어져 버렸다. 우리는 양품점에서 나왔다. "어디로 갈까?"라고 사내가 말했다. 갈 데는 계속해서 없었다.

(라) 그러는 사이에 우리는 화재가 난 곳에 도착했다. 삼십 원이 없어졌다. 화재가 난 곳은 아래층인 페인트 상점이었는데 지금은 미용 학원 이층에서 불길이 창으로부터 뿜어 나오고 있었다. 경찰들의 호각 소리, 소방차들의 사이렌 소리, 불길 속에서 나는 탁탁 소리, 물줄기가 건물의 벽에 부딪쳐서 나는 소리. 그러나 사람들의 소리는 아무것도 나지 않았다. 사람들은 불빛에 비쳐 무안당한 사람들처럼 붉은 얼굴로 정물처럼 서 있었다.

우리는 발밑에 굴러 있는 페인트 통을 하나씩 궁둥이 밑에 깔고 웅크리고 앉아서 불구경을 했다. 나는 불이 좀더 오래 타기를 바랐다. 미용 학원이라는 간판에 불이 붙고 있었다. '원'자에 불이 붙기 시작했다. "김 형, 우리 얘기나 합시다."하고 안이 말했다. "화재 같은 건 아무것도 아닙니다. 내일 아침 신문에서 볼 것을 오늘 밤에 미리 봤다는 차이밖에 없습니다. 저 화재는 김 형의 것도 아니고 내 것도 아니고 이 아저씨 것도 아닙니다. 그렇기 때문에 난 화재엔 흥미가 없습니다. 김 형은 어떻게 생각하십니까?"

– 김승옥, 「서울, 1964년 겨울」 –

06 윗글의 서술상의 특징으로 가장 적절한 것은?

① 내면 의식의 서술을 통해 주인공의 성격을 드러내고 있다.
② 서술자를 작중 인물로 설정하여 사건의 현장감을 부각하고 있다.
③ 등장인물이 주인공의 행동과 사건을 관찰하여 신빙성을 획득하고 있다.
④ 장면의 잦은 전환을 통해 인물의 가치관이 달라지고 있음을 드러내고 있다.

07 〈보기〉가 들어갈 가장 적절한 곳은?

───── 〈보 기〉 ─────

　중국집에서 거리로 나왔을 때는 우리는 모두 취해 있었고, 돈은 천 원이 없어졌고, 사내는 한쪽 눈으로는 울고 다른 쪽 눈으로는 웃고 있었고, 안은 도망갈 궁리를 하기에도 지쳐 버렸다고 내게 말하고 있었고, 나는 "악센트 찍는 문제를 모두 틀려 버렸단 말야, 악센트 말야"라고 중얼거리고 있었고, 거리는 영화에서 본 식민지의 거리처럼 춥고 한산했고, 그러나 여전히 소주 광고는 부지런히, 약 광고는 게으름을 피우며 반짝이고 있었고, 전봇대의 아가씨는 '그저 그래요'라고 웃고 있었다. "이제 어디로 갈까?"하고 아저씨가 말했다. "어디로 갈까?" 안이 말하고, "어디로 갈까?"라고 나도 그들의 말을 흉내 냈다.

① (가)와 (나) 사이
② (나)와 (다) 사이
③ (다)와 (라) 사이
④ (라) 뒤

08 〈보기〉에서 ㉠~㉤의 상황을 바르게 이해한 것으로 묶은 것은?

───── 〈보 기〉 ─────

㉠ 사내가 ⓒ를 한 이유는 ⓐ 때문이다.
㉡ 나는 ⓒ의 상황을 알지 못해 ⓑ로 되묻고 있다.
㉢ 사내는 ⓒ의 결과로 ⓓ를 갖게 되었다.
㉣ 사내의 ⓓ는 ⓔ를 요청하는 계기가 되고 있다.
㉤ 사내가 ⓕ처럼 반응한 것은 ⓔ가 좌절되었기 때문이다.

① ㉠, ㉡, ㉤
② ㉠, ㉢, ㉣
③ ㉠, ㉡, ㉢, ㉣
④ ㉠, ㉡, ㉢, ㉣, ㉤

09 윗글을 감상한 내용으로 가장 적절하지 않은 것은?

① 알록달록 넥타이를 하나씩 사주는 사내의 모습에서 냉혹해진 사회 속에서 인간성 회복의 가능성을 엿볼 수 있군.
② 아무데도 갈 데가 없어서 방황하는 세 인물들의 모습을 통해 삶의 목표를 찾지 못하고 방황하는 도시인의 비애가 드러나고 있군.
③ 불이 좀더 오래 타기를 바라는 나의 태도에서 타인의 아픔을 이해하지 못하는 현대인의 이기적인 태도를 엿볼 수 있군.
④ 화재가 본인과 상관없어 화재 같은 건 아무것도 아니라는 안의 말에서 연대감을 상실한 현대인의 모습이 제시되고 있군.

10 〈보기 1〉을 참고할 때, 〈보기 2〉에서 사이시옷을 적을 수 있는 것끼리 바르게 짝 지은 것은?

―――――〈보기 1〉―――――

제30항 사이시옷은 다음과 같은 경우에 받치어 적는다.
　1. 순우리말로 된 합성어로서 앞말이 모음으로 끝난 경우
　　(1) 뒷말의 첫소리가 된소리로 나는 것
　　(2) 뒷말의 첫소리 'ㄴ, ㅁ' 앞에서 'ㄴ' 소리가 덧나는 것
　　(3) 뒷말의 첫소리 모음 앞에서 'ㄴㄴ' 소리가 덧나는 것
　2. 순우리말과 한자어로 된 합성어로서 앞말이 모음으로 끝난 경우
　　(1) 뒷말의 첫소리가 된소리로 나는 것
　　(2) 뒷말의 첫소리 'ㄴ, ㅁ' 앞에서 'ㄴ' 소리가 덧나는 것
　　(3) 뒷말의 첫소리 모음 앞에서 'ㄴㄴ' 소리가 덧나는 것
　3. 두 음절로 된 다음 한자어: 곳간(庫間), 셋방(貰房), 숫자(數字), 찻간(車間), 툇간(退間), 횟수(回數)

―――――〈보기 2〉―――――

ⓐ 대+잎　　　　　ⓑ 아래+마을
ⓒ 머리+말　　　　ⓓ 코+병
ⓔ 위+층　　　　　ⓕ 개(個)+수(數)

① ⓐ, ⓑ, ⓒ
② ⓐ, ⓑ, ⓓ
③ ⓑ, ⓓ, ⓔ
④ ⓒ, ⓔ, ⓕ

[11~13] 다음 글을 읽고 물음에 답하시오.

　고전은 왜 읽는가? 고전 속에는 오랜 세월을 견뎌 온 지혜가 살아 있다. 그때도 그랬고 지금도 그렇다. 고전은 시간을 타지 않는다. 아주 오래전에 쓰인 고전이 지금도 힘이 있는 것은 인간의 삶이 본질적으로 변한 적이 없기 때문이다. 사람은 누구나 태어나 성장하고, 늙고 병들어 죽는다. 자기 성취를 위해 애쓰고, 좋은 배우자를 얻어 경제적으로 넉넉한 삶을 누리며 살고 싶어 한다. 하지만 좋은 집과 많은 돈만으로 채워지지 않는 그 무엇이 있다. 사람이 태어나 이 세상에 왔다 간 보람을 어디서 찾을까?

　연암 박지원 선생의 글 두 편에서 그 대답을 찾아본다. 먼저 '창애에게 답하다[답창애(答蒼厓)]'란 편지글에는 문득 눈이 뜨인, 앞을 못 보던 사람의 이야기가 나온다. 수십 년 동안 앞을 못 보며 살던 사람이 길 가던 도중에 갑자기 사물을 또렷이 볼 수 있게 되었다. 얼마나 놀라운 일인가? 늘 꿈꾸던 믿을 수 없는 일이 일어났다. 하지만 기쁨은 잠시, 앞을 못 보는 삶에 길들여져 있던 그는 한꺼번에 쏟아져 들어온 엄청난 정보를 도저히 처리할 능력이 없었다. 그는 갑자기 자기 집마저 찾지 못하는 바보가 되고 말았다. 답답하여 길에서 울며 서 있는 그에게 화담 선생은 도로 눈을 감고 지팡이에게 길을 물으라는 ⓐ 처방을 내려 준다.

　또 '하룻밤에 아홉 번 강물을 건넌 이야기[일야구도하기(一夜九渡河記)]'에서는 황하를 건널 때 사람들이 하늘을 우러러보는 이유를 설명했다. 거센 물결의 소용돌이를 직접 보면 그만 현기증이 나서 물에 빠지게 되기 때문이다. 그럼에도 물결 소리는 귀에 하나도 들리지 않는다. 눈에 보이는 것에 신경 쓸 겨를도 없는데 무슨 소리가 들리겠는가? 하지만 한밤중에 강물을 건널 때에는 온통 압도해 오는 물소리 때문에 모두들 공포에 덜덜 떨었다. 연암은 결국 눈과 귀는 전혀 믿을 것이 못 되고, 마음을 텅 비워 바깥 사물에 ⓑ 현혹되지 않는 것만 못하다고 결론을 맺는다.

　이 두 이야기는 사실은 복잡한 정보화 사회를 살아가는 우리들이 귀담아들어야 할 내용이다. 사람들은 날마다 수없이 많은 정보를 받아들여 처리한다. 그런데 정보의 양이 감당할 수 없을 만큼 늘어나고 그 속에 진짜와 가짜가 뒤섞이게 되면, 갑자기 앞을 보게 된 그 사람처럼 제집조차 못 찾거나, 정신을 똑바로 차린다는 것이 도리어 강물에 휩쓸리고 마는 결과를 낳는다. 앞을 못 보던 사람이 눈을 뜨는 것은 더없이 기쁘고 좋은 일이다. 위기 상황에서 정신을 똑바로 차리는 것은 언제나 중요하다. 하지만 그로 인해 자기

집을 잃고 미아가 되거나 더 큰 위험에 처하게 된다면, 차라리 눈과 귀를 믿지 않는 편이 더 나을지도 모른다.

한편, 길 가다가 문득 눈이 뜨인 그 사람은 앞으로도 계속 눈을 감고 지팡이에 의존해서 살아가야 하는 것일까? 한번 뜨인 눈을 다시 감을 수는 없다. 그의 문제는 길 가는 도중에 눈을 뜨는 바람에 제집을 찾지 못하게 된 데서 생겼다. 그러니 지팡이를 짚고서라도 집을 찾는 것이 먼저다. 그다음에 눈을 똑바로 뜨고 제집 대문 색깔과 골목의 위치를 잘 확인하고 나오면 된다. 그때부터는 지팡이가 전혀 필요 없다.

그 사람에게 눈을 도로 감으라는 것은 앞을 못 보던 예전의 삶으로 돌아가라는 것이 아니다. 주체적으로 판단하고 능동적으로 대처할 수 있는 상태를 유지하라는 말이다. 강물을 건널 때 물결을 보지 않으려고 하늘을 우러르고, 밤중에 강물 소리에 현혹되지 않아야 하는 것도 같은 이유이다. 변화는 그다음에 온다. 길은 눈먼 사람만 잃고 헤매는 것이 아니다. 우리는 두 눈을 멀쩡히 뜨고도 날마다 길을 잃고 헤맨다. 운전자들은 차에 내비게이션을 달고도 길을 놓쳐 번번이 당황한다. 새로운 문제가 닥칠 때마다 여전히 혼란스럽다. 물결은 어디서나 밀려오고, 소음은 항상 마음을 어지럽힌다.

고전은 '창애에게 답하다'에 나오는 그 지팡이와 같다. 갑자기 길을 잃고 헤맬 때 길을 알려 준다. 지팡이가 있으면 길에서 계속 울며 서 있지 않아도 된다. 하지만 사람들은 일단 눈을 뜨고 나면 지팡이의 ⓒ 존재를 까맣게 잊는다. 그러고는 집을 못 찾겠다며 길에서 운다. 고전은 그러한 사람에게 길을 알려 주는 든든한 지팡이다. 뱃길을 잃고 캄캄한 밤바다를 헤매는 배에게 멀리서 방향을 일러 주는 듬직한 등댓불이다.

사물이 익숙해지면 지팡이는 필요 없다. 환한 대낮에는 등댓불이 없어도 괜찮다. 하지만 막 새롭게 눈을 뜬 사람에게는 지팡이가, 뱃길을 벗어나 밤바다를 헤매는 배에게는 등댓불의 도움이 절실하다. 우리는 길을 놓칠 때마다 고전을 통해 문제의 중심 위에 나를 다시 세워야 한다. 그러자면 긴 호흡으로 여러 분야의 고전들을 꾸준히 ⓔ 섭렵하는 성찰과 노력이 필요하다.

지금 당장 별 문제가 없어도 문제는 늘 다시 생겨난다. 밤중에 길 잃는 배는 항상 있게 마련이라 등대는 밤마다 불을 밝힌다. 평소 눈길조차 주지 않아도 고전은 늘 우리 곁을 지키고 있다. 삶이 문득 방향을 잃고 갈팡질팡할 때 고전의 힘은 눈먼 사람의 지팡이보다 더 큰 위력을 발휘한다.

어떤 상황에 놓이든지 당황하지 않고 침착하게 대응할 수 있으려면 평소에 생각의 힘을 든든하게 길러 놓지 않으면 안 된다. 다양한 고전을 늘 가까이에 두고 읽어야 하는 이유가 여기에 있다. 고전 속에서 현재 내가 처한 상황을 타개할 깨달음을 얻게 될 때의 그 기쁨은 말로 다 할 수가 없다. 고전에 대한 든든한 신뢰를 바탕으로 생활 속에서 고전을 늘 가까이하는 적극적인 태도가 필요하다.

– 정민, 「고전으로 무너진 중심을 다시 세워라」 –

11 다음 중 ㉠~㉣의 문맥적 의미와 다르게 사용된 것은?

① 지구 온난화를 막기 위한 다양한 처방이 학계에서 논의되고 있다.

② 그녀는 쇼핑 호스트의 말에 현혹되어 필요도 없는 물건을 한가득 샀다.

③ 사회적으로 성공한 그녀는 이제 남이 함부로 할 수 없는 존재가 되었다.

④ 그는 우선 철학서 섭렵을 통해 정의에 대해 알고자 하였다.

12 윗글의 주된 전개 방식으로 보기에 가장 적절한 것은?

① 내용을 점층적으로 심화시켜 예상 밖의 주제를 도출하고 있다.

② 예시와 비유를 이용해 핵심 논지를 알기 쉽게 전달하고 있다.

③ 대조적인 내용을 병렬적으로 배열하여 주제 전달의 효율을 높이고 있다.

④ 두 개의 핵심 사건을 비교, 대조하여 독자의 올바른 판단을 유도하고 있다.

13 윗글이 전제로 하고 있는 내용이 아닌 것은?

① 아는 게 병, 모르는 게 약이다.

② 일의 처리는 선후를 가려야 한다.

③ 인간의 삶은 본질적으로 변하지 않는다.

④ 인간은 낯선 환경과 마주치면 쉽게 혼란에 빠진다.

[14~17] 다음 글을 읽고 물음에 답하시오.

최근 몇십 년간 광범위한 영향력을 행사해 왔던 신고전파 경제학은 특유의 신앙을 가지고 있다. 시장이 모든 것에 우선한다는 것이다. 그들은 "태초에 시장이 있었다."라고 주장하며, 국가의 개입은 시장의 결함이 극도로 심화된 이후에야 나타나야 할 ㉠ 인위적 대체물로 본다.

(가) 태초에 시장은 없었다는 것이 진실이다. 경제 사학자들에 따르면, 시장 체제는 인류의 경제생활에서 큰 비중을 차지하지 못했고, 발생 단계부터 거의 항상 국가의 개입에 의존해 왔다. 자본주의 초기 단계에서는 더욱 그랬다. 폴라니는 그의 고전적 저작인 "대전환"을 통해 '자연 발생적으로' 시장 경제가 나타난 것으로 흔히 간주되는 영국에서조차 시장의 발생에 정부가 결정적 역할을 해냈음을 보여 주면서 다음과 같이 이야기한다.

"자유 시장으로 가는 길은 정부가 꾸준히 개입을 늘리는 방식으로 시작되고 유지되었다. 애덤 스미스의 ㉡ '단순하고 자연적인 자유'의 개념을 인간 사회에 실현하는 일은 매우 복잡한 일이었다. 토지의 사유를 제도화한 인클로저법들의 조항은 얼마나 복잡하였던가. 시장 개혁의 과정에 서 얼마나 많은 관료적 통제가 필요하였던가?"

미국에서도 초기 산업화의 성공에 결정적인 영향을 미친 것은 역시 소유권의 확립, 주요 사회 간접 시설의 건설, 농업 연구에 대한 자금 공급 등을 통한 정부의 개입이었다.

(나) 미국은 ㉢ '유치산업 보호'라는 아이디어의 발생지였으며, 제2차 세계 대전이 발발하기 이전의 100년 동안 산업 보호 장벽이 가장 견고하였던 나라였다.

산업화에 성공한 국가 가운데, 정부가 경제 발전에 강력하게 개입하지 않은 경우는 없었다. 물론 정부가 시장에 개입하는 형태는 매우 다양하다. 사회주의 혁명에 맞서 복지 국가 체계를 수립한 비스마르크의 독일, 전후(戰後) 산업 복구정책을 편 프랑스, 국가적으로 연구 개발을 지원한 스웨덴, 공기업 부문을 통해 제조업의 발전을 이룬 오스트리아, 국가의 주도로 압축 성장을 이룬 한국 등의 동아시아 국가가 그것이다. 정부의 개입 형태는 이렇듯 다양하지만, 분명한 것은 산업화의 과정에서 엄청난 규모의 국가 개입이 있었다는 것이다. 거의 모든 선진국은 사실상 정부의 강도 높은 개입이라는 ㉣ '비(非)자연적 방법'을 통하여 발전해 왔다. (다) 시장을 인위적 개입이 없는 자연적 현상으로 바라보는 관점은 실제 사실이 아닌 희망 사항에 기반을 둔 것이다.

시장 제도가 모든 것보다 우선하는지의 여부는 한 나라의 경제 정책 설계에 관한 매우 중요한 문제이다. 이를테면 공산주의 국가에서 자본주의 국가로 '대대적인' 개혁을 실시하였던 많은 나라들은 한동안 심각한 경제 위기를 겪었다. 이것은 '잘 작동하는' 정부 없이 '잘 작동하는' 시장 경제를 건설할 수 없음을 명백하게 보여 준다. 신고전학파 경제학자들이 믿는 대로 시장이 '자연스럽게' 진화한다면, 이 옛 공산 국가들은 진작 그 같은 혼란에서 빠져 나왔어야만 한다. 또한 수많은 개발도상국들이 자국의 경제 발전문제를 해결하는 데 정부가 개입하지 못하게 막는 것은 매우 위험한 태도라 할 것이다.

14 빈칸 (가)~(다)에 들어갈 말을 순서대로 적은 것은?

① 그러므로 – 게다가 – 그러나
② 그리고 – 반면 – 그래서
③ 그러나 – 반면 – 그래서
④ 그러나 – 게다가 – 그러므로

15 윗글의 내용 전개 방식으로 가장 적절한 것은?

① 특정이론의 형성과정을 시대순으로 제시하여 이론의 정당성을 주장하고 있다.
② 특정이론에 대한 상반된 주장을 내세우며 구체적 사례를 제시하고 있다.
③ 상반된 두 이론을 비교·분석하면서 각각의 장단점을 제시하고 있다.
④ 특정이론의 사회적 의의를 밝히고 종류를 나누어 분석하고 있다.

16 윗글과 〈보기〉를 비교하여 이해한 것으로 가장 적절한 것은?

〈보 기〉

　　시장과 정부는 경제라는 수레를 움직이는 두 바퀴와 같다. 때로는 서로 잘 맞물려 수레를 잘 굴러가게 하지만, 서로 갈등을 빚으며 좌충우돌하고 엉뚱한 결과를 가져오기도 한다. 그 이유는 대부분의 정책 당국자가 정부가 시장을 움직일 수 있다고 믿기 때문이다.

　　그러나 실제로는 전혀 그렇지 않다. 시장의 흐름과 상충되는 정책이 발표되면, 비록 일시적인 효과가 있을지라도, 결과적으로는 시장의 흐름이 정부보다 더 강력하게 작용한다. 성공하는 정책일수록 시장 친화적이어야 한다. 정부의 '보이는 손'은 만병통치약이 아니다. 오히려 거의 모든 문제는 시장에서 해결되고, 정부의 역할은 제한적이다.

① 윗글과 마찬가지로 〈보기〉에서는 정부가 시장의 자율성을 적극적으로 보장하는 것이 바람직하다고 주장한다.

② 윗글과 달리 〈보기〉에서는 정부의 '보이는 손'이 시장을 성공으로 이끄는 결정적인 요인이라고 주장한다.

③ 윗글과 달리 〈보기〉에서는 정부의 시장 개입은 제한적으로 이루어지는 것이 바람직하다고 주장한다.

④ 윗글과 마찬가지로 〈보기〉에서는 정부가 시장에 적극적으로 개입해야 한다고 주장한다.

17 밑줄 친 ㉠~㉣ 중 성격이 다른 하나는?

① ㉠　　　　　② ㉡

③ ㉢　　　　　④ ㉣

[18~20] 다음 글을 읽고 물음에 답하시오.

(가) 가노라 삼각산(三角山)아 다시 보쟈 한강수(漢江水)
　　ㅣ야
　　고국산천(故國山川)을 써느고쟈 ᄒ랴마는
　　시절(時節)이 하 수상(殊常)ᄒ니 올동말동 ᄒ여라
　　　　　　　　　　　　　　　　　　　　　－ 김상헌 －

(나) 창(窓) 내고쟈 창(窓)을 내고쟈 이내 가슴에 창(窓) 내
　　고쟈
　　고모장지 셰살장지 들장지 열장지 암돌져귀 수돌져귀
　　빈목걸새 크나큰 쟝도리로 똥닥 바가 이내 가슴에 창
　　(窓) 내고쟈.
　　잇다감 하 답답홀 제면 여다져 볼가 ᄒ노라
　　　　　　　　　　　　　　　　－ 사설시조, 작가 미상 －

(다) 두터비 프리를 물고 두험 우희 치두라 안자,
　　것넌 산(山) 브라보니 백송골(白松骨)이 써 잇거늘 가
　　슴이 금즉ᄒ여 풀덕 쮜여 내둣다가 두험 아래 쟛바지
　　거고
　　모쳐라 늘낸 낼싀만졍 에헐질 번ᄒ괘라.
　　　　　　　　　　　　　　　　－ 사설시조, 작가 미상 －

18 (나)의 표현 방식에 대한 설명으로 가장 적절하지 않은 것은?

① 웃음을 통해 비애와 고통을 극복하려는 우리나라 평민 문학의 한 특징이 엿보인다.

② 초·중·종장이 모두 율격을 무시한 형태의 시조로, 평시조에서 사설시조로 나아가는 작품의 성향을 나타내 주고 있다.

③ 구체적 생활 언어와 친근한 일상적 사물을 수다스럽게 열거함으로써 괴로움을 강조하는 수법은 반어적으로 웃음을 유발한다.

④ 특히 중장에서 여러 종류의 문과 문고리들을 열거하고 있는데, 이것은 화자의 답답한 심정을 강조하면서 동시에 화자가 처한 현실을 극복하고자 하는 의지의 표현으로도 볼 수 있다.

19 (다)를 이해한 내용으로 가장 적절하지 않은 것은?

① 어휘면에서는 '백송골, 두험, 금즉하여, 풀덕 뛰어, 잣바지거고, 모쳐라' 등 서민적인 일상어를 구사하고 있다.

② 자신보다 강하거나 높은 위치에 있는 사람에게는 꼼짝 못하면서도 자기 자신을 위로하는 두꺼비의 모습에서 솔직하지 못한 위선을 엿볼 수 있다.

③ 두꺼비는 약자에게는 군림하고 강자에게는 비굴한 존재로 그려지고 있으며, 특히 황급히 도망가려다 실수를 하고도 자기 합리화를 하는 모습에서 비판의 대상임을 알 수 있다.

④ 이 노래는 '파리'와 '두터비', '백송골'의 세 계층을 통해서 권력 구조의 비리를 우회적으로 잘 나타내고 있는 작품으로, 종장에서 화자를 바꾸어 풍자의 효과를 높이고 있다.

20 (가)와 〈보기〉의 공통적 특징으로 가장 적절한 것은?

　　　　　　　　 〈보 기〉

간다 간다 나는 간다 너를 두고 나는 간다
잠시 뜻을 얻었노라 까불대는 이 시운이
나의 등을 내밀어서 너를 떠나가게 하니
일로부터 여러 해를 너를 보지 못할지나
그 동안에 나는 오직 너를 위해 일하리니
나 간다고 슬퍼 마라 나의 사랑 한반도야
　　　　　　　 – 안창호, 「거국가(去國歌)」 –

① 도치법과 설의법을 통해 시적 화자의 안타까움을 드러내고 있다.

② 대유법과 의인법을 사용하여 고국에 대한 애정을 표현하고 있다.

③ 대구와 대조의 방식을 사용하여 시적 화자의 불안감을 형상화하고 있다.

④ a-a-b-a의 반복과 과장법을 통해 화자의 답답한 마음을 드러내고 있다.

21 〈보기〉의 ㉠~㉣에 대한 다음 설명 중 가장 적절하지 않은 것은?

　　　　　　　　 〈보 기〉

㉠ 부엌+일 → [부엉닐]
㉡ 콧+날 → [콘날]
㉢ 앉+고 → [안꼬]
㉣ 훑+는 → [훌른]

① ㉠, ㉡: '맞+불 → [맏뿔]'에서처럼 음절 끝에 올 수 있는 자음이 제한되어 있기 때문에 일어난 음운 변동이 있다.

② ㉠, ㉡, ㉣: '있+니 → [인니]'에서처럼 인접하는 자음과 조음 방법이 같아진 음운 변동이 있다.

③ ㉢: '앓+고 → [알코]'에서처럼 자음이 축약된 음운 변동이 있다.

④ ㉢, ㉣: '몫+도 → [목또]'에서처럼 음절 끝에 둘 이상의 자음이 오지 못하기 때문에 일어난 음운 변동이 있다.

22 다음 중 어법에 어긋남이 없이 바른 문장은?

① 어느 땐가 절망 속에 헤매이던 시절이 있었다.

② 그 곳엔 내노라하는 씨름꾼들이 다 모여 있었다.

③ 운명을 건 거사의 날, 칠흙같이 어두운 밤이었다.

④ 이번 여름은 후텁지근한 날이 많아 견디기 어렵다.

[23~25] 다음 글을 읽고 물음에 답하시오.

오후 수업이 시작된 바로 뒤에 뜻밖에도 권 씨가 나를 찾아왔다. 때마침 나는 수업이 없어 교무실에서 잡담이나 하고 있는 중이어서 수위로부터 연락을 받자 곧장 학교 정문으로 나갈 수가 있었다.

"바쁘실 텐데 이거 죄송합니다."

권 씨는 애써 웃는 낯이었고 왠지 사람이 전에 없이 퍽 수줍어 보였다. 나는 그 수줍음이 세 번째 아이의 아버지가 된 데서 오는 것일 거라고 좋은 쪽으로만 해석함으로써 연락을 받는 그 순간에 느낀 불길한 예감을 떨쳐 버리려 했다.

"잘됐습니까?"

"뒤늦게나마 오 선생 말씀대로 했기 망정이지 끝까지 집에서 버텼다간 큰일 날 뻔했습니다. 녀석인지 년인진 모르지만 못난 애비 흔 좀 나라고 여엉 애를 멕이는군요."

권 씨는 수줍게 웃으며 길바닥 위에다 발부리로 뜻 모를 글씬지 그림인지를 자꾸만 그렸다. 먼지가 풀풀 이는 언덕길을 터벌터벌 올라왔을 터인데도 그의 구두는 놀랄 만큼 반짝거렸다. 나를 기다리는 동안 틀림없이 바짓가랑이 뒤쪽에다 양쪽 발을 번갈아 가며 문지르고 있었을 것이었다.

"십만 원 가까이 빌릴 수 없을까요!"

밑도 끝도 없이 그는 이제까지의 수줍음이 싹 가시고 대신 도발적인 감정 같은 걸로 그득 채워진 얼굴을 들어 내 면전에 대고 부르짖었다. 담배 한 대만 꾸자는 식으로 십만 원 소리가 허망히도 나왔다. 내가 잠시 어리둥절해 있는 사이에 그는 매우 사나운 기세로 말을 보태는 것이었다.

"수술을 해야 된답니다. 엑스레이도 찍어 봤는데 아무 이상이 없습니다. 모든 게 다 정상이래요. 모체 골반두 넉넉허구요. 조기 파수도 아니구 전치태반도 아니구요. 쌍둥이는 더욱 아니구요. 이렇게 정상적인 데도 이십사 시간이 넘두룩 배가 위에 달라붙는 경우는 태아가 돌다가 탯줄을 목에 감았을 때뿐이랍니다. 제기랄. 탯줄을 목에 감았다는군요. 빨리 손을 쓰지 않으면 산모나 태아나 모두 위험하대요."

어색하게 들린 것은 그가 '제기랄'이라고 씹어뱉은 그 대목뿐이었다. 평상시의 권 씨답지 않은 그 말만 빼고는 그럴 수 없이 진지한 이야기였다. 아니다. 그가 처음으로 점잖지 못한 그 말을 사용했기 때문에 내 귀엔 더욱더 진지하게 들렸을지도 모른다. 나는 한동안 망설이지 않을 수 없었다. 그의 진지함 앞에서 '아아, 그거 참 안됐군요.'라든가 '그래서 어떡하죠.'하는 상투적인 말로 섣불리 이쪽의 감정

을 전달하기엔 사실 말이지 '십만 원 가까이'는 내게 너무나 큰 부담이었다. 집을 살 때 학교에다 진 빚을 아직 절반도 못 가린 처지였다. 정상 분만비 1, 2만 원 정도라면 또 모르지만 단순히 권 씨를 도울 작정으로 나로서는 거금에 해당하는 10만 원 가까이를 또 빚진다는 건 무리도 이만저만이 아니었다. 뿐만 아니라 집안에서 경제권을 장악하고 있는 아내의 양해도 없이 멋대로 그런 큰일을 저질러도 괜찮을 만큼 나는 자유롭지도 못했다.

"빌려만 주신다면 무슨 짓을, 정말 무슨 짓을 해서라도 반드시 갚겠습니다."

반드시 갚는 조건임을 강조하면서 그는 마치 성경책 위에다 오른손을 얹고 말하듯이 엄숙한 표정을 했다. 하마터면 나는 잊을 뻔했다. 그가 적시에 일깨워 주었기 망정이지 안 그랬더라면 빌려 주는 어려움에만 골똘한 나머지 빌려 줬다 나중에 돌려받는 어려움이 더 클 거라는 사실은 생각도 못할 뻔했다. 그렇다. 끼니조차 감당 못하는 주제에 막벌이가 아니면 어쩌다 간간이 얻어걸리는 출판사 싸구려 번역 일 가지고 어느 해가에 빚을 갚을 것인가. 책임이 따르는 동정은 피하는 게 상책이었다. 그리고 기왕 피할 바엔 저쪽에서 감히 두말을 못하도록 야멸차게 굴 필요가 있었다.

"병원 이름이 뭐죠?"

"원 산부인괍니다."

"지금 내 형편에 현금은 어렵군요. 원장한테 바로 전화 걸어서 내가 보증을 서마고 약속할 테니까 권 선생도 다시 한번 매달려 보세요. 의사도 사람인데 설마 사람을 생으로 죽게야 하겠습니까. 달리 변통할 구멍이 없으시다면 그렇게 해 보세요."

내 대답이 지나치게 더디 나올 때 이미 눈치를 챈 모양이었다. 도전적이던 기색이 슬그머니 죽으면서 그의 착하디착한 눈에 다시 수줍음이 돌아왔다. 그는 고개를 좌우로 흔들어 보였다.

"원장이 어리석은 사람이길 바라고 거기다 희망을 걸기엔 너무 늦었습니다. 그 사람은 나한테서 수술 비용을 받아내기가 수월치 않다는 걸 입원시키는 그 순간에 벌써 알아차렸어요."

얼굴에 흐르는 진땀을 훔치는 대신 그는 오른발을 들어 왼쪽 바짓가랑이 뒤에다 두어 번 문질렀다. 발을 바꾸어 같은 동작을 반복했다.

"바쁘실 텐데 실례 많았습니다."

'썰면'처럼 두툼한 입술이 선잠에서 깬 어린애같이 움씰거리더니 겨우 인사말이 나왔다. 무슨 말이 더 있을 듯 싶었는데 그는 이내 돌아서서 휘적휘적 걷기 시작했다. 나는 내심 그 입에서 끈끈한 가래가 묻은 소리가, 이를테면, 오 선생 너무하다든가 잘 먹고 잘 살라든가 하는 말이 날아와 내 이마에 탁 눌어붙는 순간에 대비하고 있었는지도 모른다. 그래서 그가 갑자기 돌아서면서 나를 똑바로 올려다봤을 때 그처럼 흠칫 놀랐을 것이다.

"오 선생, 이래 봬도 나 대학 나온 사람이오."

그것뿐이었다. 내 호주머니에 촌지를 밀어 넣던 어느 학부형같이 그는 수줍게 그 말만 건네고는 언덕을 내려갔다. 별로 휘청거릴 것도 없는 작달막한 체구를 연방 휘청거리면서 내딛는 한걸음마다 땅을 저주하고 하늘을 저주하는 동작으로 내 눈에 그는 비쳤다. 산 고팽이를 돌아 그의 모습이 벌거벗은 황토의 언덕 저쪽으로 사라지는 찰나, 나는 뛰어가서 그를 부르고 싶은 충동을 느꼈다. 돌팔매질을 하다 말고 뒤집혀진 삼륜차로 달려들어 아귀아귀 참외를 깨물어 먹는 군중을 목격했을 당시의 권 씨처럼, 이건 완전히 나체구나 하는 느낌이 팍 들었다. 그리고 내가 그에게 얼마의 빚을 지고 있음을 퍼뜩 깨달았다. 전셋돈도 일종의 빚이라면 빚이었다. 왜 더 좀 일찍이 그 생각을 못 했는지 모른다.

원 산부인과에서는 만단의 수술 준비를 갖추고 보증금이 도착되기만을 기다리고 있었다. 학교에서 우격다짐으로 후려낸 가불에다 가까운 동료들 주머니를 닥치는 대로 떨어 간신히 마련한 일금 10만 원을 건네자 금테의 마비츠 안경을 쓴 원장이 바로 마취사를 부르도록 간호원에게 지시했다. 원장은 내가 권 씨하고 아무 척분도 없으며 다만 그의 셋방 주인일 따름인 걸 알고는 혀를 찼다.

"아버지가 되는 방법도 정말 여러 질이군요. 보증금을 마련해 오랬더니 오전 중에 나가서는 여태껏 얼굴 한번 안 비치지 뭡니까."

"맞습니다. ⊙ 의사가 애를 꺼내는 방법도 여러 질이듯이 아버지 노릇 하는 것도 아마 여러 질일 겁니다."

나는 내 말이 제발 의사의 귀에 농담으로 들리지 않기를 바랐으나 유감스럽게도 금테 안경의 상대방은 한 차례의 너털웃음으로 그걸 간단히 눙쳐 버렸다. 나는 이미 죽은게 아닌가 싶게 사색이 완연한 권 씨 부인이 들것에 실려 수술실로 들어가는 걸 거들었다.

― 윤흥길, 「아홉 켤레의 구두로 남은 사내」 ―

23 윗글의 서술 방식으로 가장 적절한 것은?

① 작품 밖의 서술자가 작품 안의 특정 인물의 시각으로 서술하고 있다.
② 외부 이야기 속에 내부 이야기를 삽입하여 시점과 주인공이 바뀌고 있다.
③ 작품 속의 서술자가 특정 인물을 관찰하여 서술하는 방식을 취하고 있다.
④ 작품 속 서술자의 요약적 서술을 통해 특정 인물의 심리와 성격을 제시하고 있다.

24 ⊙에 숨겨진 화자의 의도로 가장 적절한 것은?

① 사람의 목숨보다 돈을 더 중시하는 원징 의사에 대한 비난을 담고 있다.
② 목숨이 위태로운 자기 아내를 내팽개친 권 씨에 대한 비난을 담고 있다.
③ 최소한의 인간적인 삶도 허락하지 않는 정부의 정책을 비난하고 있다.
④ 다양한 인간들의 삶이 얽혀 있는 현실에 대한 무기력증을 표현하고 있다.

25 윗글로 보아 '놀랄 만큼 반짝거리는 권 씨의 구두'가 상징하는 의미로 가장 적당한 것은?

① 언젠가는 인간다운 삶을 살 수 있으리라는 낙관적인 기대와 희망
② 자본주의 사회에서 세속적인 성공을 이루고 싶은 인간적인 욕망
③ 지식인인 자신이 우매한 민중과는 근본적으로 다르다는 차별 의식
④ 비록 비참한 상황에 놓여 있지만 마지막까지 지키고 싶은 자신의 자존심

PART 3
한국사

01 밑줄 친 '이 단체'의 활동으로 옳은 것을 〈보기〉에서 모두 고른 것은?

> 정부의 지원을 받아 설립된 <u>이 단체</u>는 고종에게 아래의 문서를 재가 받았어요.
>
> 1. 외국인에게 의지하지 말고 관민이 합심하여 황제권을 공고히 할 것.
> 2. 외국과의 이권에 관한 계약과 조약은 해당 부처의 대신과 중추원 의장이 함께 날인하여 시행할 것.

〈보 기〉
㉠ '구국 운동 상소문'을 지었다.
㉡ 고종 강제 퇴위 반대 운동에 앞장섰다.
㉢ 일제의 황무지 개간권 요구에 반대하였다.
㉣ 러시아의 내정 간섭과 이권요구에 반대하였다.

① ㉠, ㉡
② ㉠, ㉣
③ ㉡, ㉢
④ ㉢, ㉣

02 다음 법령에 따라 추진된 사업이 실시되었던 시기의 모습으로 가장 옳은 것은?

> 1. 토지의 조사 및 측량은 이 영에 의한다.
>
> …(중략)…
>
> 4. 토지의 소유자는 조선 총독이 정하는 기간 내에 그 주소, 성명 · 명칭 및 소유지의 소재, 지목, 자번호, 사방의 경계표, 등급, 지적, 결수를 임시 토지 조사 국장에게 신고하여야 한다. 다만, 국유지는 보관 관청에서 임시 토지 조사 국장에게 통지하여야 한다.
>
> ……

① 국민부가 조선 혁명당을 결성하는 모습
② 러시아에 대한 광복군 정부가 조직되는 모습
③ '신여성', '삼천리' 등의 잡지가 발행되는 모습
④ 연해주의 한국인이 중앙 아시아로 강제 이주 되는 모습

03 (가)~(다) 사건을 일어난 순서대로 가장 바르게 나열한 것은?

> (가) 이고 등이 임종식, 이복기, 한뢰를 비롯하여 왕을 모시던 문관 및 대소 신료들을 살해하였다. 정중부 등이 왕을 모시고 궁으로 돌아왔다.
> (나) 김부식이 군대를 모아서 서경을 공격하였다. 서경이 함락되자 조광은 스스로 불에 뛰어들어 죽었다.
> (다) 최사전의 회유에 따라 척준경은 마음을 돌려 계책을 정하고 이자겸을 제거하였다.

① (나) − (가) − (다)
② (나) − (다) − (가)
③ (다) − (가) − (나)
④ (다) − (나) − (가)

04 (가), (나) 시기 사이에 있었던 사실만을 〈보기〉에서 모두 고른 것은?

(가) 수신사 김홍집이 가져와 유포한 황준헌의 사사로운 책자를 보노라면, …… 러시아·미국·일본은 같은 오랑캐입니다. ……	(나) 이미 국모의 원수를 생각하며 이를 갈았는데, … 이에 감히 먼저 의병을 일으키고서 마침내 이 뜻을 세상에 포고하노라. ……

〈보 기〉

㉠ 관민 공동회가 개최되었다.
㉡ 교육 입국 조서가 반포되었다.
㉢ 영국이 거문도를 불법 점령하였다.
㉣ 나철이 대종교를 창시하였다.

① ㉠, ㉡　　　　　　② ㉠, ㉣
③ ㉡, ㉢　　　　　　④ ㉢, ㉣

05 다음 사실이 있었던 시대에 대한 내용으로 옳은 것을 〈보기〉에서 모두 고른 것은?

엄수안은 영월군의 향리로 키가 크고 담력이 있었다. 나라의 법에 향리에게 아들 셋이 있으면 아들 하나는 벼슬하는 것이 허락되어서, 엄수안은 관례에 따라 중방서리로 보임되었다. 원종 때 과거에 급제하여 도병마녹사에 임명되었다.

〈보 기〉

㉠ 주현이 속현보다 적었다.
㉡ 모든 군현에 수령이 파견되었다.
㉢ 중서문하성의 낭사는 어사대와 함께 대간으로 불렸다.
㉣ 전국을 8도로 나누고 그 아래 부·목·군·현을 두었다.

① ㉠, ㉡　　　　　　② ㉡, ㉣
③ ㉠, ㉢　　　　　　④ ㉢, ㉣

06 다음 주장이 제기된 시기의 문화적 특징으로 옳은 것을 〈보기〉에서 모두 고른 것은?

폐를 끼치는 것으로는 담배만 한 것이 없습니다. 추위를 막지도 못하고 요깃거리도 못 되면서 심는 땅은 반드시 기름져야 하고 흙을 덮고 김매는 수고는 대단히 많이 드니 어찌 낭비가 아니겠습니까? 그리고 장사치들이 왕래하며 팔고 있어 이에 쓰는 돈이 적지 않습니다. 조정에서 전황(錢荒)에 대해 걱정하고 있는데, 그 근원을 따져 보면 여기에서 비롯된 것이 아니라고는 장담할 수 없습니다. 만약 담배 재배를 철저히 금한다면 곡물을 산출하는 땅이 더욱 늘어나고 농사에 힘쓰는 백성들이 더욱 많아질 것입니다.

〈보 기〉

㉠ 문화 인식의 폭이 확대되어 백과 사전류의 저서가 편찬되었다.
㉡ 격식에 구애받지 않고 감정을 표현하는 사설시조가 유행하였다.
㉢ 주자소가 설치되어 계미자를 비롯한 다양한 활자를 주조하였다.

① ㉠　　　　　　　② ㉠, ㉡
③ ㉡　　　　　　　④ ㉡, ㉢

07 (가) 지역에 대한 설명으로 옳은 것을 〈보기〉에서 모두 고른 것은?

> 몽골의 대군이 경기 지역으로 침입하자 최이가 재추 대신들을 모아 놓고 ▢(가)▢ 천도를 의논하였다. 사람들은 옮기기를 싫어하였으나 최이의 세력이 두려워서 감히 한마디도 발언하는 자가 없었다. 오직 유승단이 "작은 나라가 큰 나라를 섬기는 것은 도리에 맞는 일이니, 예로써 섬기고 믿음으로써 사귀면 그들도 무슨 명목으로 우리를 괴롭히겠는가? 성곽과 종사를 내버리고 섬에 구차히 엎드려 세월을 보내면서 장정들을 적의 칼날에 죽게 만들고, 노약자들을 노예로 잡혀가게 하는 것은 국가를 위한 계책이 아니다."라고 반대하였다.

〈 보 기 〉
ㄱ. 동녕부가 설치되었다.
ㄴ. 조선왕조실록 사고가 세워졌다.
ㄷ. 망이 · 망소이의 난이 일어났다.

① ㄱ
② ㄱ, ㄴ
③ ㄴ
④ ㄴ, ㄷ

08 (가) 단체에 대한 설명으로 옳은 것을 〈보기〉에서 모두 고른 것은?

> 최현배, 이극로 등이 중심이 된 ▢(가)▢ 은/는 '표준어 및 외래어 표기법 통일안'을 제정하는 등 한글 표준화에 기여하였다. 이에 일제는 1942년 ▢(가)▢ 을/를 독립운동 단체로 간주하여 회원들을 대거 검거하였다. 일제는 이들을 고문하여 자백을 강요하였고 이윤재, 한징이 옥사하였다.

〈 보 기 〉
ㄱ. 국문 연구소를 설립하였다.
ㄴ. 한글 맞춤법 통일안을 만들었다.
ㄷ. 『우리말 큰사전』 편찬을 준비하였다.
ㄹ. 『개벽』, 『어린이』 등의 잡지를 발행하였다.

① ㄱ, ㄴ
② ㄱ, ㄷ
③ ㄴ, ㄷ
④ ㄴ, ㄹ

09 ㉠ 이후에 일어난 사건으로 가장 옳은 것은?

> 대한제국 대황제는 대프랑스 대통령에게 글을 보냅니다. 일본은 우리나라에 ㉠ 불의한 일을 자행하였습니다. 다음은 그에 대한 증거입니다. 첫째, 우리 정무대신이 조인하였다고 운운하는 것은 정당하지 않으며 위협을 받아 강제로 이루어진 것입니다. 둘째, 저는 조인을 허가한 적이 없습니다. 셋째, 정부회의 운운하나 국법에 의거하지 않고 회의를 한 것이며 일본인들이 강제로 가둔 채 회의한 것입니다. 상황이 그런즉 이른바 조약이 성립되었다고 일컫는 것은 공법을 위배한 것이므로 의당 무효입니다. 당당한 독립국이 이러한 일로 국체가 손상당하였으므로 원컨대 대통령께서는 즉시 공사관을 이전처럼 우리나라에 다시 설치해주시기를 바랍니다.

① 포츠머스 조약이 체결되었다.
② 이사청에 관리가 파견되었다.
③ 러시아가 용암포를 점령하고 조차를 요구하였다.
④ 제1차 한 · 일협약(한일 외국인 고문 용빙에 관한 협정서)이 조인되었다.

10 (가), (나) 시기 사이에 있었던 사실로 가장 옳은 것은?

> (가) 영락 5년 왕은 패려(稗麗)가 …… 하지 않는다고 생각하고 친히 군사를 이끌고 가서 토벌하였다. 부산(富山)·부산(負山)을 지나 염수(鹽水) 가에 이르렀다. 600~700영(營)을 격파하니, 노획한 소·말·양의 수가 헤아릴 수 없이 많았다.
>
> (나) 고구려왕 거련(巨璉)이 병사 3만 명을 거느리고 한성을 포위하였다. 고구려 사람들이 병사를 네 방면의 길로 나누어 협공하고 또 바람을 이용해서 불을 질러 성문을 태우니, 성 밖으로 나가 항복하려는 자도 있었다. 임금은 기병 수십 명을 거느리고 성문을 나가 서쪽으로 달아났는데, 고구려 병사에게 살해되었다.

① 신라에 병부가 설치되었다.

② 고구려가 평양으로 천도하였다.

③ 고이왕이 좌평과 관등제의 기본 골격을 마련하였다.

④ 백제군의 공격으로 고국원왕이 전사하였다.

11 (가)에 들어갈 내용으로 옳은 것을 〈보기〉에서 모두 고른 것은?

> 평택현감 변징원이 하직하니, 임금이 그를 내전으로 불러 만났다. 임금이 변징원에게 "그대는 이미 수령을 지냈으니, 백성을 다스리는 데 무엇을 먼저 하겠는가?"라고 물었다. 이에 변징원이 "마땅히 칠사(七事)를 먼저 할 것입니다"라고 하였다. 임금이 "칠사라는 것은 무엇인가?"라고 질문하니, 변징원이 대답하기를, _____(가)_____
>
> – 『성종실록』 –

〈보 기〉

㉠ 호구를 늘리는 것입니다.

㉡ 농상(農桑)을 성하게 하는 것입니다.

㉢ 역을 고르게 부과하는 것입니다.

㉣ 사송(詞訟)을 간략하게 하는 것입니다.

① ㉠

② ㉠, ㉡

③ ㉠, ㉡, ㉢

④ ㉠, ㉡, ㉢, ㉣

12 다음 조약이 조인된 시기를 연표에서 가장 옳게 고른 것은?

> 제3조 각 당사국은 타 당사국의 행정 지배하에 있는 영토와 각 당사국이 타 당사국의 행정 지배하에 합법적으로 들어갔다고 인정하는 금후의 영토에 있어서 타 당사국에 대한 태평양 지역에 있어서의 무력 공격을 자국의 평화와 안전을 위태롭게 하는 것이라 인정하고 공통한 위험에 대처하기 위하여 각자의 헌법상의 수속에 따라 행동할 것을 선언한다.
>
> 제4조 상호적 합의에 의하여 미합중국의 육군, 해군과 공군을 대한민국의 영토 내와 그 부근에 배치하는 권리를 대한민국은 이를 허여하고 미합중국은 이를 수락한다.

	(가)	(나)	(다)	(라)	
대한민국 정부수립		6·25 전쟁 발발	제2차 개정헌법 공포	5·16 군사정변	한일 기본 조약조인

① (가)

② (나)

③ (다)

④ (라)

13 다음 연설을 한 대통령의 집권기에 일어난 사실로 가장 옳은 것은?

> 저는 이 순간 엄숙한 마음으로 헌법 제76조 제1항의 규정에 의거하여, 「금융실명 거래 및 비밀보장에 관한 대통령 긴급명령」을 반포합니다. …… 금융실명제에 대한 우리 국민의 합의와 개혁에 대한 강렬한 열망에 비추어 국회의원 여러분이 압도적인 지지로 승인해 주실 것을 믿어 의심치 않습니다. 친애하는 국민 여러분, 드디어 우리는 금융실명제를 실시합니다. 이 시간 이후 모든 금융거래는 실명으로만 이루어집니다. 금융실명제가 실시되지 않고는 이 땅의 부정부패를 원천적으로 봉쇄할 수가 없습니다.

① YH 무역 사건이 일어났다.
② 제4차 경제 개발 계획이 추진되었다.
③ 국민 기초 생활 보장법이 시행되었다.
④ 한국이 경제 협력 개발 기구(OECD)에 가입하였다.

14 (가)~(라)를 시대순으로 가장 바르게 연결한 것은?

> (가) 견훤이 후백제를 건국하였다.
> (나) 신문왕이 관료전을 지급하였다.
> (다) 광개토 대왕이 왜군을 격퇴하였다.
> (라) 선왕 시기에 '해동성국'으로 불렸다.

① (가) – (다) – (나) – (라)
② (나) – (다) – (라) – (가)
③ (다) – (나) – (라) – (가)
④ (라) – (나) – (다) – (가)

15 밑줄 친 '법'을 시행한 나라에 대한 설명으로 가장 옳은 것은?

> 백성들에게 금하는 법 8조를 만들었다. 사람을 죽인 자는 즉시 죽이고, 남에게 상처를 입힌 자는 곡식으로 갚는다. 도둑질한 자는 노비로 삼는다. 용서받고자 하는 자는 한 사람마다 50만 전을 내야 한다. …… 여자들은 모두 정숙하여 음란하고 편벽된 짓을 하지 않았다.
>
> – 「한서」 –

① 서옥제라는 혼인 풍습이 있었다.
② 해마다 영고라는 제천행사를 열었다.
③ 목지국의 지배자가 왕으로 추대되었다.
④ 한 무제가 보낸 군대의 침공으로 멸망하였다.

16 다음 사건이 일어난 왕의 시기에 있었던 사실로 가장 옳은 것은?

> 소손녕: 그대 나라는 신라 땅에서 일어났고, 고구려 땅은 우리 땅인데 너희들이 쳐들어와 차지하였다.
> 서　희: 우리는 고구려를 계승하여 나라 이름을 고려라 하였다. 땅의 경계를 논한다면 그대 나라의 동경도 다 우리 땅이다.

① 발해가 멸망하였다.
② 이자겸이 난을 일으켰다.
③ 최충이 9재 학당을 설치하였다.
④ 중앙 관제를 2성 6부로 정비하였다.

17 ⊙을 비판한 사례로 가장 옳은 것은?

> 근세 조선사에서 유형원 · 이익 · 이수광 · 정약용 · 서유구 · 박지원 등 이른바 '현실학파(現實學派)'라고 불러야 할 우수한 학자가 배출되어, 우리의 경제학적 영역에 대한 선물로 남겨준 업적이 결코 적지 않다. …… ⊙ 후쿠다 도쿠조(福田德三)는 조선에서 봉건제도의 존재를 전면적으로 부정했다는 점에서 그에 승복할 수 없는 것이다.

① 백남운이 조선사회경제사를 저술하였다.
② 이병도, 손진태 등이 진단학보를 발간하였다.
③ 조선사 편수회 인사들이 청구학회를 결성하였다.
④ 신채호가 대한매일신보에 독사신론을 연재하였다.

18 (가) 인물에 대한 설명으로 가장 옳은 것은?

> 당에서 유학하고 돌아온 ⎡(가)⎤ 은/는 '모든 존재가 서로 의존하며 조화를 이루고 있다.'라는 사상을 강조하여 통일 직후 신라 사회를 통합하는 데 큰 역할을 하였다. 또한 ⎡(가)⎤ 은/는 부석사를 중심으로 많은 제자를 양성하여 교단을 형성하고 각지에 사찰을 세웠다. 또한, 현세에서 겪는 고난을 구제받고자 하는 관음 신앙을 전파하였다.

① 무애가를 지어 불교 대중화에 기여하였다.
② 화엄일승법계도를 지어 화엄 사상을 정립하였다.
③ 불교 교단을 통합하기 위해 천태종을 개창하였다.
④ 인도와 중앙아시아를 여행하고 왕오천축국전을 저술하였다.

19 다음 사건이 일어난 시기에 볼 수 있는 모습으로 가장 옳은 것은?

> 전제상정소에서 다음과 같이 논의하였다. "우리나라는 지질의 고척(膏埼)이 남쪽과 북쪽이 같지 아니합니다. 하지만 그 전품(田品)의 분등(分等)을 8도를 통한 표준으로 계산하지 않고 있습니다. 다만 1도(道)로써 나누었기 때문에 납세의 경중(輕重)이 다릅니다. 부익부 빈익빈이 심해지니 옳지 못한 일입니다. 여러 도의 전품을 통고(通考)하여 6등급으로 나눈다면 전품이 바로잡힐 것이며 조세도 고르게 될 것입니다." 임금은 이를 그대로 따랐다.

① 3포 왜란으로 입은 피해를 걱정하는 어부
② 벽란도에서 송나라 선원과 흥정하는 상인
③ 농가집성의 내용을 읽으며 공부하는 농부
④ 불법적인 상행위를 감시하는 경시서 관리

20 다음 주장을 펼친 인물에 대한 설명으로 가장 옳은 것은?

> 국가는 마땅히 한 집의 생활에 맞추어 재산을 계산해서 토지 몇 부(負)를 1호의 영업전으로 한다. 땅이 많은 자는 빼앗아 줄이지 않고 미치지 못하는 자도 더 주지 않으며, 돈이 있어 사고자 하는 자는 비록 천백 결이라도 허락하여 주고, 땅이 많아서 팔고자 하는 자는 다만 영업전 몇 부 이외에는 허락하여 준다.

① 한국사의 독자적인 정통론을 체계화하였다.
② '목민심서'와 '경세유표' 등의 저술을 남겼다.
③ 나라를 좀먹는 여섯 가지의 폐단을 지적하였다.
④ 신분에 따라 차등 있게 토지를 분배하는 균전론을 내세웠다.

21 다음 사건과 관련 있는 내용으로 가장 옳은 것은?

> 왕이 어머니 윤씨가 왕비자리에서 쫓겨나고 죽은 것이 성종의 후궁인 엄씨와 정씨의 참소 때문이라 여기고, 밤에 그들을 궁정에 결박해 놓고 손으로 함부로 치고 짓밟았다.
>
> — 『조선왕조실록』 —

① 수양대군이 단종을 내쫓고 왕위에 올랐다.
② 조광조를 비롯한 많은 사람이 피해를 입었다.
③ 연산군이 훈구파들을 제거하고 권력을 강화하였다.
④ 이조 전랑의 임명 문제를 둘러싸고 사림간 대립이 일어났다.

22 ⊙ 기간에 일어난 사실로 가장 옳은 것은?

> 임금이 대광 박술희에 말하였다. "짐은 미천한 가문에서 일어나 그릇되게 사람들의 추대를 받아 몸과 마음을 다하여 노력한 지 19년 만에 삼한을 통일하였다. 외람되게 ⊙ 25년 동안 왕위에 있었으니 몸은 이미 늙었으나 후손들이 사사로운 정에 치우치고 욕심을 함부로 부려 나라의 기강을 어지럽힐까 크게 걱정된다. 이에 훈요를 지어 후세에 전하니 바라건대 아침저녁으로 살펴 길이 귀감으로 삼기 바란다."

① 공산 전투가 전개되었다.
② 노비안검법이 시행되었다.
③ 수덕만세라는 연호가 등장하였다.
④ 최승로가 시무 28조를 제시하였다.

23 (가), (나) 시기 사이에 있었던 사실로 가장 옳은 것은?

> (가) 진흥왕이 이사부에게 토벌을 명하고 사다함에 보좌하게 하였다. …… 이사부가 군사를 이끌고 다다르자, 대가야가 모두 항복하였다.
>
> — 『삼국사기』 —
>
> (나) 백제군 한 사람이 1,000명을 당해냈다. 신라군은 이에 퇴각하였다. 이와 같이 진격하고 퇴각하길 네 차례에 이르러, 계백은 힘이 다하여 죽었다.
>
> — 『삼국사기』 —

① 백제가 웅진으로 천도하였다.
② 소수림왕이 불교를 수용하였다.
③ 신라가 기벌포에서 당군을 물리쳤다.
④ 고구려가 수나라 군대를 살수에서 격퇴하였다.

24 다음 헌법이 적용된 시기에 일어난 사실로 가장 옳은 것은?

> 제38조 ① 대통령은 통일에 관한 중요정책을 결정하거나 변경함에 있어서, 국론통일을 위하여 필요하다고 인정할 때에는 통일 주체 국민 회의의 심의에 붙일 수 있다.
>   ② 제1항의 경우에 통일 주체 국민 회의에서 재적대의원 과반수의 찬성을 얻은 통일정책은 국민의 총의로 본다.
> 제40조 통일 주체 국민 회의는 국회의원 정수의 3분의 1에 해당하는 수의 국회의원을 선거한다.

① 광주 대단지 사건이 일어났다.
② 7·4 남북 공동 성명이 발표되었다.
③ 국가 보위 비상 대책 위원회가 조직되었다.
④ 전태일이 근로기준법 준수를 요구하며 분신하였다.

25 밑줄 친 '신'이 속한 붕당에 대한 설명으로 가장 옳은 것은?

> 소현 세자가 일찍 세상을 뜨고 효종이 인조의 제2 장자로서 종묘를 이었으니, 대왕대비께서 효종을 위하여 3년의 상복을 입어야 할 것은 예제로 보아 의심할 것이 없는데, 지금 그 기간을 줄여 1년으로 했습니다. 대체로 3년의 상복은 장자를 위하여 입는데 그가 할아버지, 아버지의 정통을 이을 사람이기 때문입니다. 지금 효종으로 말하면 대왕대비에게는 이미 적자이고, 또 왕위에 올라 존엄한 몸인데, 그의 복제에서는 3년 상복을 입을 수 없는 자와 동등하게 되었으니, 어디에 근거를 둔 것인지 신(臣)은 모르겠습니다.

① 노론과 소론으로 분열되었다.
② 기사환국을 통해 재집권하였다.
③ 인목대비의 폐위를 주장하였다.
④ 성혼의 학파를 중심으로 형성되었다.

01 (가) 시기에 있었던 사실로 가장 옳은 것은?

〈○○ 왕조 계보도〉

원종 - 충렬왕 - 충선왕 - 충숙왕 - 충혜왕 - 충목왕 - 충정왕 - 공민왕

━━━━━━━ (가) ━━━━━━━

① 서경 유수 조위총이 난을 일으켰다.

② 정동행성 이문소가 내정을 간섭하였다.

③ 홍건적의 침입으로 왕이 복주로 피신하였다.

④ 삼별초가 진도와 제주도에서 항쟁을 전개하였다.

02 밑줄 친 '이 기구'에 대한 설명으로 가장 옳지 않은 것은?

> • 앞서 이 기구의 사람들이 향중(鄕中)에서 권위를 남용하여 불의한 짓을 행하니, 그 폐단이 많았습니다. 그래서 선왕께서 폐지하였던 것입니다. 간사한 아전을 견제하고 풍속을 바로잡는 것은 수령이 해야 할 일인데, 만약 모두 이 기구에 위임한다면 수령은 할 일이 없지 않겠습니까?
> • 전하께서 다시 이 기구를 세우고 좌수와 별감을 두도록 하였는데, 나이가 많고 덕망이 높은 자를 추대하여 좌수로 일컫고, 그 다음으로 별감이라 하여 한 고을을 규찰하고 관리하게 하였다.
>
> － 『성종실록』 －

① 경재소를 통해 중앙의 통제를 받았다.

② 향촌 사회의 풍속을 교화하는 데 기여하였다.

③ 수령을 보좌하고 향리를 감찰하는 역할을 하였다.

④ 전통적 공동 조직에 유교 윤리를 가미하여 만들었다.

03 밑줄 친 '왕'에 대한 설명으로 가장 옳은 것은?

> 이때에 이르러 왕 또한 불교를 일으키려고 하였으나, 여러 신하들이 믿지 않고 이런저런 불평을 많이 하였으므로 왕이 근심하였다. …… 이차돈이 왕에게 아뢰기를, "바라건대 하찮은 신의 목을 베어 여러 사람들의 논의를 진정시키십시오."라고 하였다.
>
> － 『삼국사기』 －

① 이사부를 파견하여 우산국을 복속시켰다.

② 광개토 대왕의 지원으로 왜군을 격파하였다.

③ 대가야를 정복하여 가야 연맹을 해체시켰다.

④ 상대등을 설치하여 정치 조직을 강화하였다.

04 다음 군대가 창설된 시기를 연표에서 옳게 고른 것은?

> 개항 후 국방을 강화하고 근대화하기 위하여 윤웅렬이 중심이 되어 5군영으로부터 80명을 선발하여 별기군을 창설하였다. 또한 서울의 일본 공사관에 근무하는 공병소위 호리모토를 교관으로 초빙하였다.

	(가)	(나)	(다)	(라)	
통리기무아문 설치	기기창 설치	군국기무처 설치	원수부 설치	통감부 설치

① (가)　　　　　　② (나)

③ (다)　　　　　　④ (라)

05 (가), (나) 사이 시기에 있었던 사실로 가장 옳은 것은?

> (가) 남과 북은 상대방에 대하여 무력을 사용하지 않으며 상대방을 무력으로 침략하지 아니한다. …… 민족 전체의 복리 향상을 도모하기 위하여 자원의 공동 개발, 민족 내부 교류로서의 물자 교류, 합작 투자 등 경제 교류와 협력을 실시한다.
>
> (나) 남과 북은 나라의 통일을 위한 남측의 연합제 안과 북측의 낮은 단계의 연방제 안이 서로 공통성이 있다고 인정하고 앞으로 이 방향에서 통일을 지향시켜 나가기로 하였다.

① 남북 조절 위원회가 설치되었다.
② 금강산 관광 사업이 시작되었다.
③ 제2차 남북 정상 회담이 개최되었다.
④ 남북 이산 가족 상봉이 최초로 이루어졌다.

06 (가)~(라) 제도를 시행된 순서대로 바르게 나열한 것은?

> (가) 그 사람의 성품과 행동의 선악, 공로의 크고 작음을 참작하여 역분전을 차등 있게 주었다.
>
> (나) 문무의 백관으로부터 부병(府兵)과 한인(閑人)에 이르기까지 과(科)에 따라 받지 않은 자가 없었으며, 또한 과에 따라 땔나무를 베어낼 땅도 지급하였다.
>
> (다) 경기는 사방의 근본이니 마땅히 과전을 설치하여 사대부를 우대한다. 무릇 경성에 거주하여 왕실을 시위(侍衛)하는 자는 직위의 고하에 따라 과전을 받는다.
>
> (라) 경상도·전라도·충청도는 상등, 경기도·강원도·황해도 3도는 중등, 함길도·평안도는 하등으로 삼으며 …… 각 도의 등급과 토지 품질의 등급으로써 수세하는 수량을 정한다.

① (가) - (나) - (다) - (라)
② (가) - (나) - (라) - (다)
③ (나) - (가) - (다) - (라)
④ (나) - (다) - (라) - (가)

07 (가), (나) 격문이 발표된 사이의 시기에 있었던 사실로 옳은 것을 〈보기〉에서 모두 고른 것은?

> (가) 우리가 의로운 깃발을 들어 이곳에 이름은 그 뜻이 결코 다른 데 있지 아니하고 창생을 도탄 속에서 건지고 국가를 반석 위에 두고자 함이다. 안으로는 양반과 탐학한 관리의 목을 베고 밖으로 횡포한 강적의 무리를 내몰고자 함이다.
>
> (나) 일본 오랑캐가 분란을 야기하고 군대를 출동하여 우리 임금님을 핍박하고 우리 백성들을 뒤흔들어 놓았으니 어찌 차마 말할 수 있겠습니까. …… 지금 조정의 대신들은 망령되이 자신의 몸만 보전하고자 위로는 임금님을 협박하고 아래로는 백성들을 속이며 일본 오랑캐와 내통하여 삼남 백성들의 원망을 샀습니다.

〈보 기〉

㉠ 조선 정부가 개혁 기구인 교정청을 설치하였다.
㉡ 동학 농민군과 관군이 전주 화약을 체결하였다.
㉢ 조선 정부가 조병갑을 파면하고 박원명을 고부 군수로 임명하였다.
㉣ 동학 교도들이 전라도 삼례에서 교조 신원을 요구하는 집회를 벌였다.

① ㉠, ㉡
② ㉠, ㉣
③ ㉡, ㉢
④ ㉢, ㉣

08 밑줄 친 '그'에 대한 설명으로 옳은 것을 〈보기〉에서 모두 고른 것은?

> 참찬문하부사 하륜 등이 청하였다. "정몽주의 난에 만일 그가 없었다면, 큰일이 거의 이루어지지 못하였을 것이고, 정도전의 난에 만일 그가 없었다면, 또한 어찌 오늘이 있었겠습니까? …… 청하건대, 그를 세워 세자를 삼으소서." 임금이 말하기를, "경 등의 말이 옳다."하고, 드디어 도승지에게 명하여 도당에 전지하였다. "…… 나의 동복(同腹) 아우인 그는 개국하는 초에 큰 공로가 있었고, 또 우리 형제 4, 5인이 성명(性命)을 보전한 것이 모두 그의 공이었다. 이제 명하여 세자를 삼고, 또 내외의 여러 군사를 도독하게 한다."

〈보 기〉
㉠ 영정법을 도입하였다.
㉡ 호패법을 시행하였다.
㉢ 경국대전을 편찬하였다.
㉣ 6조 직계제를 실시하였다.

① ㉠, ㉡ 　　　　② ㉠, ㉢
③ ㉡, ㉣ 　　　　④ ㉢, ㉣

09 밑줄 친 '왕'의 재위 기간에 있었던 사실로 가장 옳은 것은?

> 왕은 윤관이 이끄는 별무반을 파견하여 여진을 정벌한 후 동북쪽에 9개의 성을 쌓아 방어하도록 하였다.

① 광덕, 준풍이라는 연호를 사용하였다.
② 최승로가 시무 28조의 개혁안을 제시하였다.
③ 양현고를 설치하여 관학을 진흥시키고자 하였다.
④ 의천 등의 건의를 받아들여 주전도감을 설치하였다.

10 밑줄 친 '개혁'의 사례로 가장 옳은 것은?

> 사진 속 건물은 조광조의 학문과 덕행을 추모하기 위해 설립된 심곡 서원이다. 그는 사림의 여론을 바탕으로 왕도 정치를 실현하기 위한 개혁을 추진하였으나 훈구 대신들의 반발로 사사되었다. 그러나 선조 때 사림이 정치 주도권을 장악하면서 신원되었고, 그를 추모하는 서원이 여러 곳에 설립되었다.

① 현량과 실시
② 비변사 폐지
③ 9재 학당 설립
④ 삼정이정청 설치

11 밑줄 친 '왕'의 재위 시기에 있었던 사실로 옳은 것을 〈보기〉에서 모두 고른 것은?

> 주전도감에서 왕에게 아뢰기를 "나라의 백성이 돈을 사용하는 것의 유리함을 이해하고 그것을 편리하다고 생각하게 되었으니 이 사실을 종묘에 고하십시오."라고 하였다. 이 해에 또 은병도 만들어 화폐로 사용하였는데, 그 제도는 은 한 근으로 만들되 우리나라의 지형을 따서 만들었고, 민간에서는 활구라고 불렀다.

〈보 기〉
㉠ 해동통보가 발행되었다.
㉡ 의천이 화폐 주조를 건의하였다.
㉢ 원의 화폐인 지원보초가 유통되었다.
㉣ 저화라고 불린 지폐가 제작되어 사용되었다.

① ㉠, ㉡ 　　　　② ㉠, ㉢
③ ㉡, ㉣ 　　　　④ ㉢, ㉣

12 자료에 나타난 운동에 대한 설명으로 가장 옳은 것은?

> 진주성 내 동포들이 궐기하여 형평사라는 단체를 조직하여 계급 타파 운동을 개시할 것이라고 한다. …… 어떤 자는 고기를 먹으면서 존귀한 대우를 받고, 어떤 자는 고기를 제공하면서 비천한 대우를 받는다. 이는 공정한 천리(天理)에 따를 수 없는 일이다.

① 백정에 대한 차별 철폐를 요구하였다.
② 공사 노비 제도가 폐지되는 결과를 가져왔다.
③ 향·부곡·소를 일반 군현으로 승격할 것을 주장하였다.
④ 평안도 지역에 대한 차별과 지배층의 수탈에 항거하였다.

13 자료를 통해 알 수 있는 전쟁의 영향으로 가장 옳은 것은?

> 건주(建州)의 여진족이 왜적을 무찌르는 데 2만 명의 병력을 지원하겠다고 하자, 명군 장수 형군문이 허락하려 하였다. 그러나 명 사신 양포정은 만약 이를 허락한다면 명과 조선의 병력, 조선의 산천 형세를 여진족이 알게 될 수 있다고 하여 거절하였다.

① 4군 6진이 개척되었다.
② 일본의 도자기 문화가 발달하였다.
③ 부산포, 제포, 염포에 왜관이 설치되었다.
④ 황룡사 9층 목탑 등 문화재가 소실되었다.

14 (가), (나) 시기 사이에 있었던 사실로 가장 옳은 것은?

> (가) 왕 41년 겨울 10월, 백제왕이 군사 3만 명을 거느리고 평양성을 공격하였다. 왕이 군사를 이끌고 방어하다가 화살에 맞았다. 23일에 왕이 죽었다. 고국 언덕에 장사지냈다.
>   – 『삼국사기』 고구려본기 –
> (나) 왕 32년 가을 7월, 왕이 신라를 습격하기 위하여 직접 보병과 기병 50명을 거느리고 밤에 구천에 이르렀는데, 신라의 복병이 나타나 그들과 싸우다가 왕이 난병들에게 살해되었다. 시호를 성이라 하였다.
>   – 『삼국사기』 백제본기 –

① 수가 고구려를 침입하였다.
② 고구려가 평양으로 천도하였다.
③ 백제가 나·당 연합군의 공격을 받았다.
④ 당이 매소성 전투에서 신라에 패하였다.

15 밑줄 친 '이들'에 대한 설명으로 가장 옳은 것은?

> 이들의 첫 벼슬은 후단사이며, 두 번째 오르면 병사(兵史)·창사(倉史)가 되고, 세 번째 오르면 주·부·군·현의 사(史)가 되며, 네 번째 오르면 부병정(副兵正)·부창정(副倉正)이 되며, 다섯 번째 오르면 부호정(副戶正)이 되고, 여섯 번째 오르면 호정이 되며, 일곱 번째 오르면 병정·창정이 되고, 여덟 번째 오르면 부호장이 되고, 아홉 번째 오르면 호장(戶長)이 된다.
>   – 『고려사』 –

① 자손이 음서의 혜택을 받았다.
② 속현의 조세와 공물의 징수, 노역 징발 등을 담당하였다.
③ 수군, 조례, 역졸, 조졸 등으로 칠반천역이라고도 불렸다.
④ 수령의 행정 실무를 보좌하는 세습적인 아전으로 활동하였다.

16 (가) 종교가 반영된 문화 유산의 사례로 가장 적절한 것은?

> 불로장생과 신선이 되기를 추구하는 　(가)　은/는 삼국에 전래 되어 귀족 사회를 중심으로 유행했으며 예술에도 많은 영향을 주었다. 7세기 고구려의 연개소문은 귀족과 연결된 불교 세력을 억누르기 위해 　(가)　을/를 장려하는 정책을 펼쳤다.

① ② ③ ④

17 (가) 붕당에 대한 설명으로 옳은 것만을 〈보기〉에서 모두 고른 것은?

> 　(가)　은/는 반정을 주도하여 정권을 잡은 이후 훈련도감을 비롯하여 새로 설치된 어영청, 총융청, 수어청의 병권을 장악하여 권력 유지의 기반으로 삼았다.

───── 〈보 기〉 ─────
㉠ 북벌론을 주장하였다.
㉡ 인목 대비의 폐위를 주장하였다.
㉢ 조식 학파를 중심으로 형성되었다.
㉣ 예송 논쟁으로 남인과 대립하였다.

① ㉠, ㉡ 　　　　② ㉠, ㉣
③ ㉡, ㉢ 　　　　④ ㉢, ㉣

18 (가)~(라) 사건이 일어난 순서대로 바르게 나열된 것은?

> (가) 운요호가 강화도의 초지진을 포격하고 군대를 영종도에 상륙시켜 살인과 약탈을 자행하였다.
> (나) 독일 상인 오페르트가 덕산군에 상륙하여 남연군의 무덤을 도굴하다가 실패하고 돌아갔다.
> (다) 미군이 강화도의 초지진을 함락하고 광성보를 공격하였다.
> (라) 프랑스군이 강화도의 주요 시설을 불태우고 외규장각 도서를 약탈하였다.

① (가) - (나) - (라) - (다)
② (나) - (라) - (가) - (다)
③ (다) - (나) - (가) - (라)
④ (라) - (나) - (다) - (가)

19 (가) 국가에 대한 설명으로 가장 옳은 것은?

> 　(가)　에서는 본래 소노부에서 왕이 나왔으나 점점 미약해져서 지금은 계루부에서 왕위를 차지하고 있다. 절노부는 대대로 왕실과 혼인을 하였으므로 그 대인은 고추가(古鄒加)의 칭호를 더하였다. 모든 대가(大加)들은 스스로 사자·조의·선인을 두었는데, 그 명단을 모두 왕에게 보고하여야 한다. …… 감옥은 없고 범죄자가 있으면 제가들이 모여서 평의하여 사형에 처하고 처자는 몰수하여 노비로 삼는다.
> 　　　　　　　　　　－「삼국지」 위서 동이전 －

① 혼인 풍속으로 서옥제가 있었다.
② 신성 지역인 소도가 존재하였다.
③ 영고라고 하는 제천 행사를 개최하였다.
④ 읍락의 경계를 중시하여 책화라는 풍습이 있었다.

20 자료에 나타난 민족 운동에 대한 설명으로 가장 옳은 것은?

> 동대문 밖에서 다시 한 번 일대 시위 운동이 일어났다. 이 날은 태황제의 인산날이었으므로 망곡하러 모인 군중이 수십 만이었다. 인산례(因山禮)가 끝나고 융희제(순종)와 두 분의 친왕 이하 여러 관료와 궁속들이 돌아오다가 청량리에 이르렀다. 이때 곡 소리와 만세 소리가 일시에 폭발하여 천지가 진동하였다.

① 신간회의 후원으로 확산되었다.
② 대한민국 임시 정부 수립에 영향을 주었다.
③ 준비 과정에서 천도교와 조선 공산당 등이 연대하였다.
④ 한국인 학생과 일본인 학생 사이의 충돌에서 비롯되었다.

21 (가), (나) 국왕에 대한 설명으로 가장 옳은 것은?

> ・　(가)　은/는 붕당의 이익을 대변하던 이조 전랑의 후임자 천거권과 3사 관리 선발 관행을 혁파하고, 탕평 의지를 내세우기 위해 성균관 앞에 탕평비를 세웠다.
> ・　(나)　은/는 초계문신제를 실시하여 개혁 세력을 육성하였으며, 통공 정책을 실시하여 육의전을 제외한 시전의 금난전권을 폐지하였다.

① (가) – 장용영을 설치하여 군사권을 장악하였다.
② (가) – 조선과 청의 국경을 정하는 백두산정계비를 세웠다.
③ (나) – 『대전통편』을 편찬하여 법령을 정비하였다.
④ (나) – 삼정의 문란을 개혁하기 위해 삼정이정청을 설치하였다.

22 다음 사실을 시기순으로 바르게 나열한 것은?

> (가) 강희맹이 경기 지역의 농사 경험을 토대로 『금양잡록』을 편찬하였다.
> (나) 신속이 벼농사 중심의 수전 농법을 소개한 『농가집성』을 편찬하였다.
> (다) 이암이 중국 화북 지역의 농사법을 반영한 『농상집요』를 도입하였다.
> (라) 정초, 변효문 등이 왕명에 의해 우리나라 풍토에 맞는 농법을 정리한 『농사직설』을 편찬하였다.

① (가) – (다) – (나) – (라)
② (나) – (다) – (라) – (가)
③ (다) – (라) – (가) – (나)
④ (다) – (라) – (나) – (가)

23 밑줄 친 '이 책'에 대한 설명으로 가장 옳은 것은?

> 이 책은 보각국사 일연의 저서로 왕력(王歷)・기이(紀異)・흥법(興法)・탑상(塔像)・의해(義解)・신주(神呪)・감통(感通)・피은(避隱)・효선(孝善) 등 9편목으로 구성되어 있다. 여러 고대 국가의 역사, 불교 수용 과정, 탑과 불상, 고승들의 전기, 효도와 선행 이야기 등 불교사와 관련된 일화를 중심으로 서술한 것이 특징이다.

① 기전체 형식으로 서술되었다.
② 현존하는 가장 오래된 역사서이다.
③ 단군의 건국 이야기가 수록되었다.
④ 대의 명분을 중시하는 성리학적 사관을 반영하였다.

24 (가) 인물에 대한 설명으로 가장 옳은 것은?

> • 황보인, 김종서 등이 역모를 품고 몰래 안평 대군과 연결하고, 환관들과 은밀히 내통하여 날짜를 정하여 반란을 꾀하고자 하였다. 이에 (가) 와/과 정인지, 한확, 박종우, 한명회 등이 그 기미를 밝혀 그들을 제거하였다.
>
> • (가) 이/가 명하기를, "집현전을 없애고, 경연을 정지하며, 거기에 소장하였던 서책은 모두 예문관에서 관장하게 하라."라고 하였다.

① 전민변정도감을 설치하였다.

② 『석보상절』을 한글로 번역하여 편찬하였다.

③ 불교 종파를 선·교 양종으로 병합하였다.

④ 정여립 모반 사건을 계기로 기축옥사를 일으켰다.

25 (가) 나라에 대한 설명으로 가장 옳은 것은?

(가) 의 문화 및 세력 범위를 추정할 수 있는 유물들

① 상, 대부, 장군 등의 관직을 두었다.

② 읍군, 삼로 등이 하호를 통치하였다.

③ 계루부 출신의 왕이 5부의 대가들과 함께 통치하였다.

④ 사람이 죽으면 가매장한 다음 뼈만 추려 목곽에 안치하였다.

01 (가)에 들어갈 법령이 제정된 이후의 사실로 가장 옳은 것은?

(가)

제4조 제국 신민을 징용하여 총동원 업무에 종사하게 할 수 있다. 단, 병역법의 적용을 방해하지 않는다.

제7조 노동 쟁의의 예방 혹은 해결에 관하여 필요한 명령을 내리거나 작업소의 폐쇄, 작업 혹은 노무의 중지 등 노동 쟁의에 관한 행위의 제한 혹은 금지를 행할 수 있다.

제8조 물자의 생산 · 수리 · 배급 · 양도 기타의 처분, 사용 · 소비 · 소지 및 이동에 관하여 필요한 명령을 내릴 수 있다.
---

① 중국 본토에서 중 · 일 전쟁이 발발하였다.
② 백남운이 『조선사회경제사』를 저술하였다.
③ 조선 사상범 예방 구금령이 제정 · 공포되었다.
④ 양세봉의 조선 혁명군이 영릉가 전투에서 승리하였다.

02 자료의 의병에 대한 설명으로 옳은 것을 〈보기〉에서 모두 고른 것은?

군사장은 미리 군비를 신속히 정돈하여 철통과 같이 함에 한 방울의 물도 샐 틈이 없는지라. 이에 전군에 명령을 전하여 일제히 진군을 재촉하여 동대문 밖으로 진격할 때, 대군은 긴 뱀의 형세로 천천히 전진하게 하고, …… 3백 명을 인솔하고 선두에 서서 동대문 밖 삼십 리 되는 곳에 나아가 전군이 모이기를 기다려 일거에 서울로 공격하여 들어가기로 계획하더니, 전군이 모이는 시기가 어긋나고 일본군이 갑자기 진격해 오는지라. 여러 시간을 격렬히 사격하다가 후원군이 이르지 않아 할 수 없이 퇴진하였다.

〈보 기〉

㉠ 고종이 해산 권고 조칙을 내리자 대부분 해산하였다.
㉡ 13도 창의군을 결성하여 서울 진공 작전을 시도하였다.
㉢ 각국 영사관에 교전 단체로 인정해 줄 것을 요구하였다.
㉣ 의병 잔여 세력이 활빈당 등의 무장 결사를 조직하였다.
---

① ㉠, ㉡   ② ㉠, ㉣
③ ㉡, ㉢   ④ ㉢, ㉣

03 다음 개헌이 이루어진 정부 시기에 있었던 사실로 가장 옳은 것은?

> 제55조 대통령과 부통령의 임기는 4년으로 한다. 단, 재선에 의하여 1차 중임할 수 있다. 대통령이 궐위된 때에는 부통령이 대통령이 되고 잔임 기간 중 재임한다.
> 부칙 이 헌법 공포 당시의 대통령에 대하여는 제55조 제1항 단서의 제한을 적용하지 아니한다.
> – 대한민국 관보 제1228호 –

① 소련, 중국과 교류를 확대하였다.
② 일본과 국교 정상화를 추진하였다.
③ 진보당 사건으로 조봉암을 처형하였다.
④ 지방 자치제를 전면적으로 실시하였다.

04 (가), (나) 사이의 시기에 있었던 사실로 가장 옳은 것은?

> (가) 기묘사화가 일어나 사림이 피해를 입었다.
> (나) 서인이 반정을 일으켜 정권을 장악하였다.

① 동인이 남인과 북인으로 분화하였다.
② 환국을 거치며 노론과 소론이 갈라섰다.
③ 1차 예송에서 승리한 서인이 집권하였다.
④ 조광조가 훈구 세력의 위훈 삭제를 주장하였다.

05 다음 유물들이 대표하는 시기의 사회 모습으로 가장 옳은 것은?

① 처음으로 농경이 시작되었다.
② 권력을 가진 지배자가 등장하였다.
③ 뗀석기를 주로 이용하였다.
④ 주로 동굴에 거주하거나 막집에 살았다.

06 밑줄 친 '나라'에 대한 설명으로 가장 옳은 것은?

> 이 나라는 남쪽으로는 진한과 북쪽으로는 고구려·옥저와 맞닿아 있고, 동쪽으로는 큰 바다에 닿았으니 오늘날 조선 동쪽이 모두 그 지역이다. 호수는 2만이다. …… 대군장이 없고 한 시대 이래로 후·읍군·삼로라는 관직이 있어 하호를 다스렸다.
> – 「삼국지」 위서 동이전 –

① 1세기 초 왕호를 사용하였다.
② 민며느리제라는 혼인 풍습이 있었다.
③ 목지국의 지배자가 왕으로 추대되었다.
④ 해마다 무천이라는 제천 행사를 열었다.

07 밑줄 친 ㉠~㉣에 대한 해석으로 적절하지 않은 것은?

> 옛날 ㉠ 환인의 아들 환웅이 천부인 3개와 3,000명의 무리를 이끌고 태백산 신단수 밑에 내려왔는데, 이곳을 신시라 하였다. 그는 ㉡ 풍백, 우사, 운사로 하여금 인간의 360여 가지의 일을 주관하게 하였는데 그중에서 곡식, 생명, 질병, 형벌, 선악 등 다섯 가지 일이 가장 중요한 것이었다. 이로써 인간 세상을 교화시키고 인간을 널리 이롭게 하였다. 이때 ㉢ 곰과 호랑이가 사람이 되기를 원하므로 환웅은 쑥과 마늘을 주고 …… 곰은 금기를 지켜 21일 만에 여자로 태어났고 환웅과 혼인하여 아들을 낳았다. 이가 곧 ㉣ 단군 왕검이었다.

① ㉠ – 천손 사상으로 부족의 우월성을 과시했다.
② ㉡ – 고조선의 농경 사회 모습이 반영되어 있다.
③ ㉢ – 특정 동물을 수호신으로 여기는 샤머니즘이 존재했다.
④ ㉣ – 정치적 지배자와 제사장이 일치된 사회였음을 알 수 있다.

08 밑줄 친 (가)~(라)에 대한 설명으로 옳은 것을 〈보기〉에서 모두 고른 것은?

> 대한민국 임시 정부는 1921년을 고비로 (가) 위기 상태에 빠졌다. 임시 정부 내에서 (나) 독립운동의 노선을 둘러싼 갈등도 나타났다. 각계의 독립운동 지도자들은 이 국면을 타개하고자 국민 대표 회의를 열어 독립운동의 새로운 방향을 모색하였다. 하지만 임시 정부의 진로 문제를 놓고 (다) 개조파와 창조파가 대립하여 회의는 결렬되었다. 이후 (라) 지도 체제가 개편되었지만 대한민국 임시 정부는 한동안 침체 상태에 빠졌다.

〈보 기〉

㉠ (가) – 교통국과 연통제 조직이 일제에 발각되었다.
㉡ (나) – 외교 활동에 대한 무장 투쟁론자의 비판이 거세졌다.
㉢ (다) – 주로 외교론을 비판하는 무장 투쟁론자들로 구성되었다.
㉣ (라) – 헌법을 고쳐 대통령 중심의 집단 지도 체제로 전환하였다.

① ㉠, ㉡　　　　② ㉠, ㉣
③ ㉡, ㉢　　　　④ ㉢, ㉣

09 다음 강령을 발표한 단체에 대한 설명으로 가장 옳은 것은?

> • 우리는 완전한 독립 국가 건설을 기함.
> • 우리는 전 민족의 정치적, 경제적, 사회적 기본 요구를 실현할 수 있는 민주주의 정권 수립을 기함.
> • 우리는 일시적 과도기에 있어서 국내 질서를 자주적으로 유지하며 대중 생활의 확보를 기함.

① 자유당을 창당하였다.
② 조선 인민 공화국의 수립을 선포하였다.
③ 독립 촉성 중앙 협의회의 결성을 주도하였다.
④ 38도선을 넘어 북한 지도부와 남북 협상을 가졌다.

10 (가), (나)에 대한 설명으로 옳은 것을 〈보기〉에서 모두 고른 것은?

숙종 때에 이르러 여러 차례 　(가)　이/가 발생하면서 붕당 간의 대립은 더욱 격화되었다. 숙종은 집권 붕당이 바뀔 때마다 상대 당의 인사들을 정계에서 축출하였다. 숙종 말년에 노론과 소론은 왕위 계승을 놓고 대립하였을 뿐만 아니라 왕권을 위협하기까지 하였다. 이후 연이어 즉위한 영조와 정조는 붕당 정치의 폐해를 줄이기 위해 　(나)　을/를 시행하였다.

─── 〈보 기〉 ───
㉠ (가)에 들어갈 용어는 예송이다.
㉡ (나)에 들어갈 용어는 탕평책이다.
㉢ (가)의 과정에서 송시열이 죽임을 당하였다.
㉣ (나)의 정책을 펴기 위해 5군영을 설치하였다.

① ㉠, ㉡　　　　　② ㉠, ㉢
③ ㉡, ㉢　　　　　④ ㉡, ㉣

11 지도의 (가)~(라) 중 다음 성명서가 발표된 장소로 옳은 것은?

1. 한국의 전체 인민은 현재 이미 반침략 전선에 참가해오고 있으며, 이제 하나의 전투 단위로서 추축국에 선전한다.
2. 1910년 한·일 '병합'과 일체의 불평등 조약은 무효이며, 아울러 반침략 국가가 한국에서 합리적으로 얻은 기득권익이 존중될 것임을 거듭 선포한다.
3. 한국, 중국과 서태평양에서 왜구를 완전히 몰아내기 위하여 최후의 승리를 거둘 때까지 혈전한다.

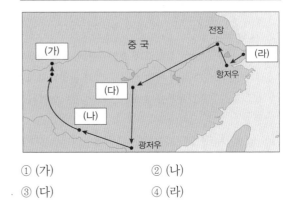

① (가)　　　　　② (나)
③ (다)　　　　　④ (라)

12 밑줄 친 ㉠, ㉡의 내용으로 옳은 것은?

• 투표는 ㉠ 이 헌법 제39조의 규정에 따라 토론 없이 무기명으로 투표 용지에 후보자 성명을 기입하는 방법으로 진행되었다. 투표 결과는 찬성 2,357표, 반대는 한 표도 없이 무효 2표로 박정희 후보를 선출하였다.
• 집권 준비를 마친 전두환은 통일 주체 국민 회의를 통해 제11대 대통령으로 선출되었다. 그러나 국민의 반발과 악화된 국제 여론을 의식하여 개헌을 단행하였다. ㉡ 새 헌법에 따라 실시된 선거에서 전두환은 다시 대통령에 당선되었다.

① ㉠ - 대통령의 연임을 3회까지만 허용한다.
② ㉠ - 대통령이 국회를 해산할 권한을 갖는다.
③ ㉡ - 대통령의 임기는 5년으로 한다.
④ ㉡ - 통일 주체 국민 회의에서 대통령을 선출한다.

13 (가)~(다)를 일어난 순서대로 바르게 나열한 것은?

> (가) 은병을 만들어 화폐로 썼는데, 은 한 근으로 만들되 우리나라 지형을 본떴다. 민간에서는 활구라 불렸다.
>
> (나) 원년 11월에 처음으로 직관과 산관 각 품의 전시과를 제정하였는데, 관품의 높고 낮음은 따지지 않고 단지 인품으로만 이를 정하였다.
>
> (다) 도평의사사에서 상서하여 과전을 지급하는 법을 정할 것을 청하니, 그 의견을 따랐다. …… 경기는 사방의 근본이므로 마땅히 과전을 두어 사대부를 우대한다.

① (가) - (나) - (다)
② (가) - (다) - (나)
③ (나) - (가) - (다)
④ (나) - (다) - (가)

14 이 시기 백제왕의 업적으로 옳은 것을 〈보기〉에서 모두 고른 것은?

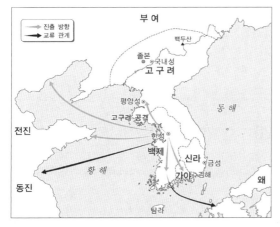

─── 〈 보 기 〉 ───
㉠ 남으로 마한을 통합하였다.
㉡ 왕위의 부자 상속이 확립되었다.
㉢ 중앙 관청을 22부로 확대하였다.
㉣ 좌평 제도와 관등제를 마련하였다.

① ㉠, ㉡
② ㉠, ㉣
③ ㉡, ㉢
④ ㉢, ㉣

15 (ㄱ), (ㄴ) 조약이 체결된 시기로 옳은 것은?

> (ㄱ) 제7관 일본국 인민은 본국의 현행 여러 화폐를 사용해 조선국 인민이 소유한 물품과 교환할 수 있다. 조선국 인민은 그 교환한 일본국의 여러 화폐로 일본국에서 생산한 여러 가지 화물을 구매할 수 있다.
>
> (ㄴ) 제6칙 이후 조선국 항구에 거주하는 일본 인민은 양미와 잡곡을 수출입할 수 있다.

(가)	(나)	(다)	(라)	
1866 병인양요	1871 신미양요	1875 운요호 사건	1880 원산 개항	1883 인천 개항

① (가)
② (나)
③ (다)
④ (라)

16 다음 자료의 주장을 한 일제 강점기 역사 연구 활동에 대한 설명 중 가장 옳은 것은?

> 조선 민족의 발전사는 그 과정이 아시아적이라고 하더라도 사회 구성의 내면적 발전 법칙 그 자체는 오로지 세계사적인 것이며, 삼국 시대의 노예제 사회, 통일 신라기 이래의 동양적 봉건 사회, 이식 자본주의 사회는 오늘날에 이르기까지 조선 역사의 단계를 나타내는 보편사적인 특징이다.

① 일선동조론을 유포하였다.
② 실증 사학의 영향을 받았다.
③ 대표적인 인물로 백남운이 있다.
④ 진단학회를 결성하여 진단학보를 발간하였다.

17 (가) 인물에 대한 설명으로 가장 옳은 것은?

> 8도의 선비들이 서원을 건립하여 명현을 제사하고 …… 그 폐단이 백성의 생활에 미쳤다. (가) 은/는 만동묘를 철폐하고 폐단이 큰 서원을 각 도에 명하여 철폐하도록 하였다. 선비들 수만 명이 대궐 앞에 모여 만동묘와 서원을 다시 설립할 것을 청하니, (가) 이/가 크게 노하여 한성부의 조례와 병졸로 하여금 한강 밖으로 몰아내게 하고 ……드디어 1천여 개소의 서원을 철폐하고 그 토지를 몰수하여 관에 속하게 하였다. 이 때문에 선비들의 기운이 크게 막혔다.

① 일본에 조사 시찰단을 파견하였다.
② 은결을 색출하고 호포제를 실시하였다.
③ 탕평파를 육성하고 탕평비를 건립하였다.
④ 『대전통편』을 편찬해 통치 체제를 정비하였다.

18 (가)~(라)를 일어난 순서대로 바르게 나열한 것은?

> (가) 성왕이 군사를 보내 고구려를 공격하였다.
> (나) 온조는 한강 하류에 이르러 도읍을 정하였다.
> (다) 태조왕이 동옥저를 정벌하고 빼앗아 성읍으로 삼았다.
> (라) 법흥왕이 율령을 반포하고, 처음으로 관리의 공복을 정하였다.

① (가) - (나) - (다) - (라)
② (나) - (다) - (라) - (가)
③ (나) - (가) - (라) - (다)
④ (다) - (가) - (나) - (라)

19 (가) 시기에 발생한 사건으로 가장 옳지 않은 것은?

> 태조가 포정전에서 즉위하여 국호를 고려라 하고 연호를 고쳐 천수라 하였다.
> － 『고려사』 －

↓

> (가)

↓

> 고려군의 군세가 크게 성한 것을 보자 갑옷을 벗고 창을 던져 견훤이 탄 말 앞으로 와서 항복하니 이에 적병이 기세를 잃어 감히 움직이지 못하였다. …… 신검이 두 동생 및 문무 관료와 함께 항복하였다.
> － 『고려사』 －

① 고려군이 고창에서 견훤의 후백제군을 패퇴시켰다.
② 신라의 경순왕은 스스로 나라를 고려에 넘겨주었다.
③ 왕건이 이끄는 군대가 후백제의 금성을 함락하였다.
④ 발해국 세자 대광현과 수만 명이 고려에 귀화하였다.

20 다음 성명서가 발표된 시점으로 가장 옳은 것은?

> 마음 속의 38선이 무너지고야 땅 위의 38선도 철폐될 수 있다. …… 나는 통일된 조국을 건설하려다 38선을 베고 쓰러질지언정, 일신의 구차한 안일을 위하여 단독 정부를 세우는 데는 협력하지 않겠다.

	(가)	(나)	(다)	(라)	
8·15 광복	정읍 발언	제2차 미·소 공동 위원회 개최	5·10 총선거	대한민국 정부 수립	

① (가)　　　　　　　　② (나)
③ (다)　　　　　　　　④ (라)

21 (가) 세력에 대한 설명으로 가장 옳은 것은?

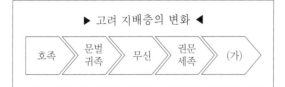

▶ 고려 지배층의 변화 ◀

호족 〉 문벌 귀족 〉 무신 〉 권문 세족 〉 (가)

① 성리학을 통해 불교의 폐단을 지적하였다.
② 주로 음서를 통하여 관직에 진출하였다.
③ 권력을 앞세워 대규모 농장을 소유하였다.
④ 친원적 성향의 이들은 도평의사사를 장악하였다.

22 다음 격문과 관련이 깊은 역사적 사건에 대한 설명으로 가장 옳은 것은?

> 검거자를 즉시 우리의 힘으로 구출하자.
> 교내에 경찰관 침입을 절대 반대하자.
> 조선인 본위의 교육 제도를 확립하자.
> 민족 문화와 사회 과학 연구의 자유를 획득하자.
> 전국 학생 대표자 회의를 개최하라.

① 원산에서 일제 강점기 최대 규모의 노동 쟁의를 일으켰다.
② 전국으로 확대되어 이듬해까지 동맹 휴학 투쟁이 계속되었다.
③ 민족 산업의 보호와 육성을 위해 국산품 애용 등을 주장하였다.
④ 순종의 국장일에 학생들이 만세 시위를 벌이고 시민들이 가세하였다.

23 (가)~(라)를 일어난 순서대로 바르게 나열한 것은?

> (가) 서일을 총재로 조직된 대한 독립군단은 일본군을 피해 러시아 영토인 자유시로 집결하였다.
> (나) 김좌진이 이끄는 북로 군정서군이 백운평 전투와 천수평, 어랑촌 전투에서 대승을 거두었다.
> (다) 일본군이 청산리 대첩 패전에 대한 보복으로 간도 동포를 무차별로 학살하였다.
> (라) 참의부, 정의부, 신민부의 3부가 혁신 의회와 국민부로 재편되었다.

① (가) – (나) – (다) – (라)
② (나) – (다) – (가) – (라)
③ (나) – (라) – (가) – (다)
④ (라) – (다) – (나) – (가)

24 자료에 해당하는 시기의 경제 상황에 대한 설명으로 가장 옳은 것은?

> "내 조금 시험해 볼 일이 있어 그대에게 만 금(萬金)을 빌리러 왔소." 하였다. 변씨는 "그러시오." 하고 곧 만 금을 내주었다. …… 대추, 밤, 감, 배, 석류, 귤, 유자 등의 과실을 모두 두 배 값으로 사서 저장하였다. 허생이 과실을 몽땅 사들이자 온 나라가 잔치나 제사를 치르지 못하게 되었다. 그런지 얼마 아니 되어서 두 배 값을 받은 장사꾼들이 도리어 열 배의 값을 치렀다.

① 지대 납부 방식이 타조법으로 바뀌었다.
② 상품 작물 재배가 늘면서 쌀에 대한 수요가 줄었다.
③ 상인 자본이 장인에게 돈을 대는 선대제가 성행하였다.
④ 정부에서 덕대를 직접 고용해 광산 개발을 주도하였다.

25 다음의 상황이 전개된 시기를 연표에서 옳게 고른 것은?

> 일본은 러시아의 발틱 함대를 격파하고 승기를 잡았지만, 전쟁 비용이 거의 바닥이 나고 있었다. 러시아도 국민의 봉기로 혼란에 빠져들고 있었다. 이에 양국은 한국에서 일본의 정치·군사·경제 등에 관한 특수 권익을 인정하는 내용의 포츠머스 조약을 체결하였다.

	(가)	(나)	(다)	(라)	
임오 군란		거문도 사건	갑오 개혁	대한제국 설립	국권 강탈

① (가)

② (나)

③ (다)

④ (라)

01 (가)~(다)가 반포된 순서대로 바르게 나열한 것은?

> (가) 2. 모든 정부와 외국과의 조약에 관한 일은 각부 대신과 중추원 의장이 합동으로 서명, 날인하여 시행할 것.
>
> 　　 4. 중대 범죄는 공개 재판을 시행하되, 피고가 죄를 자백한 후에 시행할 것.
>
> (나) 1. 이후 국내외 공사(公私)문서에 개국 기원을 사용한다.
>
> 　　 6. 남자 20세, 여자 16세 이하의 조혼을 금지한다.
>
> 　　 8. 공사 노비법을 혁파하고 인신 매매를 금지한다.
>
> (다) 1. 흥선 대원군을 빨리 귀국시키고 종래 청에 행하던 조공의 허례를 폐지한다.
>
> 　　 9. 혜상공국을 혁파한다.
>
> 　　 12. 모든 재정은 호조에서 관할한다.

① (가) - (다) - (나)

② (나) - (다) - (가)

③ (다) - (가) - (나)

④ (다) - (나) - (가)

02 〈표〉와 같은 변화가 나타나게 된 원인에 대한 탐구활동으로 옳은 것을 〈보기〉에서 모두 고른 것은?

〈표〉 (단위: %)

시기	양반 호	상민 호	노비 호	합계
1729년	26.29	59.78	13.93	100
1765년	40.98	57.01	2.01	100
1804년	53.47	45.61	0.92	100
1867년	65.48	33.96	0.56	100

─── 〈보 기〉 ───
> ㉠ 납속의 혜택에 대하여 조사해본다.
> ㉡ 공명첩을 구입한 사람들의 신분을 조사해본다.
> ㉢ 선무군관포의 부과 대상에 대하여 조사해본다.
> ㉣ 서원 숫자의 변화를 조사해본다.

① ㉠, ㉡　　　　　　② ㉠, ㉢

③ ㉡, ㉢　　　　　　④ ㉡, ㉣

03 (가)에 들어갈 사실로 가장 옳은 것은?

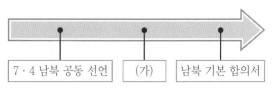

| 7·4 남북 공동 선언 | (가) | 남북 기본 합의서 |

① 개성 공업 지구가 조성되었다.

② 최초로 금강산 관광이 시작되었다.

③ 남북한이 동시에 유엔에 가입하였다.

④ 남북한이 비핵화 공동 선언을 체결하였다.

04 다음과 같은 상황이 나타난 시기에 볼 수 있는 모습으로 가장 옳은 것은?

> 옹주는 지극히 예뻐하던 딸이 공녀로 가게 되자 근심하고 번민하다가 병이 생겼다. 결국 지난 9월에 세상을 떠나니 나이가 55세였다. 우리나라의 자녀들이 서쪽 원나라로 끌려가기를 거른 해가 없다. 비록 왕실의 친족과 같이 귀한 집안이라도 숨기지 못하였으며 어미와 자식이 한번 이별하면 만날 기약이 없다.
>
> – 수령옹주 묘지명 –

① 몽골군을 물리치는 김윤후와 처인부곡민
② 농민의 토지를 빼앗아 농장을 확대하는 권문세족
③ 왕명을 받아 『삼국사기』를 편찬하는 김부식
④ 별무반과 함께 여진 정벌에 나서는 윤관

05 다음과 관련된 인물의 주장으로 옳은 것을 〈보기〉에서 모두 고른 것은?

> 비유컨대, 재물은 대체로 우물과 같은 것이다. 퍼내면 차고, 버려두면 말라 버린다. 그러므로 비단옷을 입지 않아서 나라에 비단을 짜는 사람이 없게 되면 여공이 쇠퇴하고, 찌그러진 그릇을 싫어하지 않고 기교를 숭상하지 않아서 장인이 작업하는 일이 없게 되면 기예가 망하게 된다.

〈보 기〉

㉠ 수레와 선박의 이용을 확대해야 한다.
㉡ 사농공상은 직업적으로 평등해야 한다.
㉢ 청에서 행해지는 국제 무역에 참여해야 한다.
㉣ 자영농을 중심으로 군사와 교육 제도를 재정비해야 한다.

① ㉠, ㉡　　　　　　② ㉠, ㉢
③ ㉡, ㉢　　　　　　④ ㉢, ㉣

06 (가)에 대한 다음 설명 중 가장 옳은 것은?

> 조선 땅은 실로 아시아의 요충을 차지하고 있어 열강들이 서로 차지하려고 할 것이다. 조선이 위태로우면 중국도 위급해진다. ___(가)___ 이/가 영토를 넓히고자 한다면 반드시 조선이 첫 번째 대상이 될 것이다. …… 그렇다면 오늘날 조선이 세워야 할 책략으로 ___(가)___ 을/를 막는 것보다 더 급한 일이 없다. ___(가)___ 을/를 막는 책략은 무엇인가? 중국과 친하고, 일본과 맺고, 미국과 이어짐으로서 자강을 도모할 뿐이다.

① (가)는 남해의 전략적 요충지인 거문도를 불법 점령하였다.
② (가)는 자국인 신부의 처형을 구실로 강화도를 침략하였다.
③ (가)의 공사관으로 을미사변 이후 신변의 위협을 느낀 고종이 피신하였다.
④ (가)와 조선은 서양 국가 중에 최초로 조약을 체결하였다.

07 다음 법령이 반포되었을 당시의 경제적 상황으로 가장 옳은 것은?

> 제2조 본 법에서 귀속 재산이라 함은 … 대한민국 정부에 이양된 일체의 재산을 지칭한다. 단, 농경지는 따로 농지 개혁법에 의하여 처리한다.
> 제3조 귀속 재산은 본 법과 본 법의 규정에 의하여 발하는 명령이 정하는 바에 의하여 국용 또는 공유 재산, 국영 또는 공영 기업체로 지정되는 것을 제외하고는 대한민국의 국민 또는 법인에게 매각한다.
>
> – 귀속 재산 처리법 –

① 삼백 산업이 발달하였다.
② 금융 실명제가 실시되었다.
③ 수출 100억 달러를 달성하였다.
④ OECD 회원국으로 가입하였다.

08 다음 상소가 작성되었던 시기에 볼 수 있었던 모습으로 가장 옳은 것은?

> 작위의 높고 낮음은 조정에서만 써야 할 것이고 적자와 서자의 구별은 한 집안에서만 통용되어야 할 것입니다. …… 공사천 신분이었다가 면천된 이들은 벼슬을 받기도 하고 아전이었다가 관직을 받은 이들은 높은 자리에 오르기도 하는데 저희들은 한번 낮아진 신분이 대대로 후손에게 이어져 영구히 서족이 되어 훌륭한 임금이 다스리는 세상임에도 그저 버려진 사람들이 되어 있습니다.

① 외래 문화 수용에 선구적 역할을 한 역관
② 포구에서 상품 매매를 중개하며 성장한 덕대
③ 왕의 명령으로 「혼일강리역대국도지도」를 제작하는 관리
④ 대규모 통청 운동으로 중앙 관직 진출이 허락된 기술직 중인

09 다음 밑줄 친 부분과 관련 깊은 통치 기구에 해당하는 것을 〈보기〉에서 모두 고른 것은?

> 유교 이념에 바탕을 둔 정치를 강조한 조선은 국정 운영 과정에서 왕권과 신권의 조화를 추구하는 한편, 권력이 어느 한편으로 집중되는 문제를 막기 위한 체제를 갖추어 나갔다.

〈보 기〉
㉠ 사간원　　　　　㉡ 승정원
㉢ 사헌부　　　　　㉣ 춘추관

① ㉠, ㉡
② ㉠, ㉢
③ ㉡, ㉢
④ ㉡, ㉣

10 (가)～(라)를 실시된 순서대로 바르게 나열한 것은?

> (가) 신문왕 때 녹읍이 폐지되었다.
> (나) 신문왕 때 관료전이 지급되었다.
> (다) 공양왕 때 과전법이 실시되었다.
> (라) 경종 때 시정 전시과를 실시하였다.

① (가) – (나) – (라) – (다)
② (나) – (가) – (라) – (다)
③ (다) – (라) – (나) – (가)
④ (라) – (가) – (나) – (다)

11 밑줄 친 '그'에 대한 설명으로 옳은 것을 〈보기〉에서 모두 고른 것은?

> 그는 균역법을 시행하여 백성들에게 큰 부담이 되었던 군역 부담을 줄여주었고, 형벌 제도를 개선하여 가혹한 형벌을 금지하였다.

〈보 기〉
㉠ 청계천 정비　　　　㉡ 『속대전』 편찬
㉢ 『탁지지』 편찬　　　㉣ 초계 문신제 실시

① ㉠, ㉡
② ㉠, ㉢
③ ㉡, ㉢
④ ㉡, ㉣

12 (가), (나)에 대한 다음 설명으로 가장 옳은 것은?

> 이 싸움은 낭가 및 불교 대 유교의 싸움이며, 국풍파 대 한학파의 싸움이다. 또 독립당 대 사대당의 싸움이고, 진취 사상 대 보수 사상의 싸움이다. (가) 은/는 전자의 대표요, (나) 은/는 후자의 대표였다. 이 싸움에서 (가) 이/가 패하고 (나) 이/가 승리하였으므로, 조선의 역사가 사대적이고 보수적인 유교에 정복되고 말았다.

① (가)는 금을 정벌할 것을 주장하였다.
② (가)는 전민변정도감 설치를 건의하였다.
③ (나)는 당시 대표적인 성리학자였다.
④ (나)는 『삼국유사』를 편찬하였다.

13 고려 시대 (가)~(라)의 토지 제도가 시행된 순서대로 바르게 정리한 것은?

> (가) 관등과 인품을 기준으로 지급하였다.
> (나) 현직 관리만을 대상으로 지급하였다.
> (다) 공신의 공로에 따라 차등 지급하였다.
> (라) 관등에 따라 18등급으로 구분하여 지급하였다.

① (가) → (나) → (다) → (라)
② (나) → (가) → (라) → (다)
③ (다) → (가) → (라) → (나)
④ (라) → (다) → (나) → (가)

14 (가) 왕 재위 시기 업적으로 가장 옳은 것은?

> (가) 왕이 관산성을 공격하였다. 각간 우덕과 이찬 탐지 등이 맞서 싸웠으나 전세가 불리하였다. 신주의 김무력이 주의 군사를 이끌고 나가서 교전하였는데, 비장인 산년산군(충북 보은)의 고간 도도가 급히 쳐서 (가) 왕을 죽였다.
>
> － 『삼국사기』 신라본기 －

① 나·제 동맹을 체결하였다.
② 22담로에 왕족을 파견하였다.
③ 화랑도를 국가적 조직으로 개편하였다.
④ 국호를 남부여로 바꾸었다.

15 (가)~(라)를 제작된 시기의 순서대로 바르게 나열한 것은?

(가)	(나)	(다)	(라)

① (라) － (가) － (다) － (나)
② (라) － (나) － (다) － (가)
③ (라) － (다) － (가) － (나)
④ (라) － (가) － (나) － (다)

16 다음 자료와 관련된 고려 정부의 대응으로 가장 옳은 것은?

> 최충이 후진들을 모아 열심히 교육하니, 유생과 평민이 그의 집과 마을에 차고 넘치게 되었다. 마침내 9재로 나누었다. …… 이를 시중 최공의 도라고 불렀다. 의관 자제로서 과거에 응시하려는 자들은 반드시 먼저 이 도에 속하여 공부하였다. …… 세상에서 12도라고 일컬었는데, 최충의 도가 가장 성하였다.

① 원으로부터 성리학을 수용하였다.
②『주자가례』와『소학』을 널리 보급하였다.
③ 국학에 처음으로 양현고를 설치하였다.
④ 만권당을 짓고 유명한 학자들을 초청하였다.

18 (가) 에 대한 다음 설명으로 가장 옳은 것은?

> (가) 은/는 쑹화 강 상류의 넓은 평야 지대에서 성장하여, 농경과 목축이 발달하였으며, 서쪽으로는 북방 유목 민족인 선비족과, 남쪽으로는 고구려와 대립하였다. 1세기경에 이르면 왕권이 안정되고 영역도 사방 2000여 리에 달하였다.

① 매년 12월에 영고라는 제천 행사를 열었다.
② 서옥제라는 혼인 풍습이 있었다.
③ 특산물로 단궁, 과하마, 반어피가 유명하였다.
④ 신지, 읍차라고 불리는 지배자들이 다스렸다.

19 지도에 표시된 전투가 일어났던 시기를 연표에서 옳게 고른 것은?

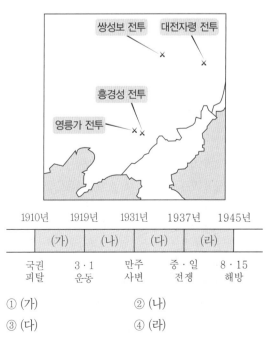

① (가)　　　　② (나)
③ (다)　　　　④ (라)

17 다음 주장을 한 인물에 대한 설명으로 가장 옳은 것은?

> 무릇 1여의 토지는 사람들에게 공동으로 경작하게 하고, 내 땅 네 땅의 구분 없이 오직 여장의 명령만을 따른다. 매 사람의 노동량은 매일 여장이 장부에 기록한다. …… 국가에 바치는 공세를 제하고, 다음으로 여장의 녹봉을 제하며, 그 나머지를 날마다 일한 것을 기록한 장부에 의거하여 여민들에게 분배한다.

①『열하일기』를 저술하였다.
②『반계수록』을 저술하였다.
③『성호사설』을 저술하였다.
④『목민심서』를 저술하였다.

20 (가)에 대한 설명으로 가장 옳은 것은?

> (가)의 목적은 한국의 부패한 사상과 습관을 혁신하여 국민을 유신케 하며, 쇠퇴한 발육과 산업을 개량하여 사업을 유신케 하며, 유신한 국민이 통일 연합하여 유신한 자유 문명국을 성립케 한다고 말하는 것으로서, 그 깊은 뜻은 열국 보호하에 공화정체의 독립국으로 함에 목적이 있다고 함.
>
> – 일본 헌병대 기밀 보고(1908) –

① 해외 독립운동 기지 건설에 앞장섰다.
② 고종이 퇴위 당하자 의병 투쟁에 앞장섰다.
③ 입헌 군주제 수립을 목표로 활동하였다.
④ 5적 암살단을 조직하였다.

21 다음 자료와 관련된 나라에 대한 설명으로 가장 옳은 것은?

> 대개 사람을 죽인 자는 즉시 죽이고, 남에게 상처를 입힌 자는 곡식으로 배상한다. 도둑질한 자가 남자면 그 집의 노, 여자면 비로 삼는다. 단, 스스로 용서받고자 하는 자는 1인당 50만 전을 내야 한다.

① 10월에 무천이라는 제천 행사를 개최하였다.
② 형이 죽으면 형수를 아내로 삼는 풍습이 있었다.
③ 중대한 범죄자는 제가 회의를 열어 사형에 처했다.
④ 왕 밑에서 국무를 관장하던 상이라는 관직이 있었다.

22 (가)에 들어갈 내용으로 가장 옳은 것은?

> 3차 개헌(1960.6.) – 의원 내각제, 양원제 채택
> 5차 개헌(1962.12.) – 대통령 직선제
> 6차 개헌(1969.10.) – (가)
> 7차 개헌(1972.12.) – 대통령 권한 강화

① 대통령 간선제
② 중임 제한 철폐
③ 국회 양원제 규정
④ 대통령의 3선 허용

23 밑줄 친 '그'에 대한 설명으로 가장 옳은 것은?

> 그의 사상은 사림이 구체제를 비판하고 훈척과 투쟁하던 시기를 바탕으로 하고 있다. 또한 왕 스스로가 인격과 학식을 수양하기 위해 부단히 노력해야 한다는 점을 강조하였다. 그의 사상이 일본에 전파되면서 일본에서는 그를 '동방의 주자'라고 부르기도 하였다.

① 기호 학파를 형성하였다.
② 강화 학파를 형성하였다.
③ 『성학집요』를 저술하였다.
④ 『성학십도』를 저술하였다.

24 밑줄 친 '왕'의 활동으로 가장 옳은 것은?

> 대야성의 패전에서 도독 품석의 아내도 죽었는데, 그녀는 춘추의 딸이었다. … 왕에게 나아가 아뢰기를, "신이 고구려에 가서 군사를 청해 원수를 갚고 싶습니다."라고 하니 왕이 허락했다.
>
> – 「삼국사기」 –

① 단양 적성비를 세웠다.

② 황룡사 9층 목탑을 건립하였다.

③ 고구려 부흥 운동을 지원하였다.

④ 이차돈의 순교를 계기로 불교를 공인하였다.

25 (가)의 업적으로 옳은 것을 〈보기〉에서 모두 고른 것은?

> (가) 7년(956)에 노비를 조사해서 옳고 그름을 분명히 밝히도록 명령하였다. 이 때문에 주인을 배반하는 노비들을 도저히 억누를 수 없었으므로, 주인을 업신여기는 풍속이 크게 유행하였다.
>
> – 「고려사」 –

─── 〈보 기〉 ───
㉠ 과거제를 시행하였다.
㉡ 개경을 황도로 칭하였다.
㉢ 의창과 상평창을 설립하였다.
㉣ 전국을 5도 양계로 나누었다.

① ㉠, ㉡   ② ㉠, ㉢

③ ㉡, ㉢   ④ ㉡, ㉣

01 다음 자료가 발표된 시기를 연표에서 옳게 고른 것은?

> 1. 외국인에게 의지하지 말고 관민이 한마음으로 힘을 합하여 전제 황권을 견고하게 할 것
> 2. 외국과의 이권에 관한 조약은 각 대신과 중추원 의장이 합동 날인하여 시행할 것
> 3. 국가 재정을 탁지부에서 전관하고 예산과 결산을 국민에게 공포할 것
> 4. 중대 범죄를 공판하되 피고의 인권을 존중할 것
> 5. 칙임관(勅任官)을 임명할 때는 정부의 자문을 받아 다수의 의견에 따를 것
> 6. 정해진 규칙을 실천할 것

1863	1884	1896	1905	1910
(가)	(나)	(다)	(라)	
고종 즉위	갑신정변	아관 파천	을사늑약	국권 피탈

① (가)　　　　　　② (나)

③ (다)　　　　　　④ (라)

02 (가), (나) 사이의 시기에 있었던 사실로 가장 옳은 것은?

> (가) 의정부의 여러 일을 나누어 6조에 귀속시켰다. …… 처음에 왕은 의정부의 권한이 막중함을 염려하여 이를 없앨 생각이 있었지만, 신중히 여겨 서둘지 않았다가 이때에 이르러 단행하였다. 의정부가 관장한 일은 사대 문서와 중죄수의 심의에 관한 것뿐이었다.
>
> (나) 상왕이 나이가 어려 무릇 조치하는 바는 모두 대신에게 맡겨 논의 시행하였다. 지금 내가 명을 받아 왕통을 물려받아 군국 서무를 아울러 자세히 듣고 헤아려 다 조종의 옛 제도를 되살린다. 지금부터 형조의 사형수를 뺀 모든 서무는 6조가 저마다 직무를 맡아 직계한다.

① 4군 6진을 개척하였다.

② 대립의 만연으로 군포 징수제가 점차 확산되었다.

③ 직전법을 폐지하고 관리들에게 녹봉만 지급하였다.

④ 홍문관을 두어 주요 관리들을 경연에 참여하게 하였다.

03 다음 개혁안을 주장한 인물에 대한 설명으로 가장 옳은 것은?

> 국가는 마땅히 한 집의 재산을 헤아려서 토지 몇 부를 한 집의 영업전으로 하여 당나라의 제도처럼 한다. 땅이 많은 자는 빼앗아 줄이지 않고 모자라는 자도 더 주지 않는다. 돈이 있어 사고자 하는 자는 비록 1,000결이라도 허락해 준다. …… 오직 영업전 몇 부 안에서 사고파는 것만을 철저히 살핀다. …… 사는 자는 다른 사람의 영업전을 빼앗은 죄로 다스리고, 구입한 자는 값을 따지지 않고 그 땅을 다시 돌려준다.

① 여전론을 제안하였다.
② 노론 계열의 실학자이다.
③ 성호 학파를 형성하였다.
④ 『열하일기』를 저술하였다.

04 밑줄 친 '이 시기'에 관한 다음 설명 중 가장 옳지 않은 것은?

청화 백자 까치호랑이문 항아리

이 시기에는 형태가 단순하고 꾸밈이 거의 없는 것이 특색인 백자가 유행하였고, 흰 바탕에 푸른 색깔로 그림을 그린 청화 백자도 많이 만들어졌다. 특히, 청화 백자는 문방구, 생활용품 등의 용도로 많이 제작되었다.

① 판소리, 잡가, 가면극이 유행하였다.
② 위선적인 양반의 생활을 풍자하는 「양반전」, 「허생전」 등의 한문 소설이 유행하였다.
③ 서얼이나 노비 출신의 문인들이 등장하였고, 황진이와 같은 여류 작가들도 활동하였다.
④ 김제 금산사 미륵전, 보은 법주사 팔상전, 논산 쌍계사 등이 이 시기를 대표하는 불교 건축물이다.

05 밑줄 친 '위원회'에 대한 설명으로 가장 옳은 것은?

> 본 위원회의 목적을 달성하기 위하여 기본 원칙을 아래와 같이 의정함.
> 1. 조선의 민주 독립을 보장한 삼상 결정에 의하여 남북을 통한 좌·우 합작으로 민주주의 임시 정부를 수립할 것.
> 2. 미·소 공동 위원회 속개를 요청하는 공동 성명을 발표할 것.
> 3. 토지 개혁에 있어 몰수, 유조건 몰수, 체감 매상 등으로 토지를 농민에게 무상으로 분여하여 적정 처리하고, 중요 산업을 국유화하여 ……
> 4. 친일파 민족 반역자를 처리할 조례를 본 합작 위원회에서 입법 기구에 제안하여 …… 실시하게 할 것.

① 이승만의 정읍 발언을 지지하였다.
② 여운형과 김규식 등이 주도하였다.
③ 조선 공산당과 한민당이 참여하였다.
④ 모스크바 3국 외상 회의 결정에 반대하였다.

06 (가)~(라)를 일어난 순서대로 바르게 나열한 것은?

> (가) 정여립 모반 사건을 계기로 사림 세력이 갈라졌다.
> (나) 공신들을 견제하기 위해 지방의 사림을 대거 등용하였다.
> (다) 언론을 장악하고 왕권을 견제하던 사림 세력을 탄압하였다.
> (라) 일당 전제화에 따라 공론보다 개인이나 가문의 이익을 우선시하였다.

① (가) − (다) − (라) − (나)
② (나) − (다) − (가) − (라)
③ (다) − (가) − (나) − (라)
④ (라) − (가) − (나) − (다)

07 다음 밑줄 친 '개혁'의 내용으로 옳은 것을 〈보기〉에서 고른 것은?

> 청·일 전쟁에서 승기를 잡은 일본은 조선의 내정에 적극 간섭하기 시작하였다. 흥선 대원군을 물러나게 하고 군국기무처를 폐지하였으며, 김홍집·박영효 연립 내각을 구성하고 개혁을 단행하였다.

〈보 기〉

㉠ 과거제를 폐지하였다.
㉡ 재판소를 설치하였다.
㉢ 8도를 23부로 개편하였다.
㉣ 친위대, 진위대를 설치하였다.

① ㉠, ㉡
② ㉠, ㉣
③ ㉡, ㉢
④ ㉢, ㉣

08 다음 시기의 경제 상황으로 옳은 것을 〈보기〉에서 고른 것은?

> 나라 제도로서 인정(人丁)에 대한 세를 신포(身布)라 하였는데 충신과 공신의 자손에게는 모두 신포가 면제되어 있었다. 이 법이 시행된 지도 이미 오래됨에 턱없이 면제된 자가 많았다. 그 모자라는 액수는 반드시 평민에게 덧붙여 징수하여 보충하고 있었다. 대원군은 이를 수정하고자 동포(洞布)라는 법을 제정하였다.

〈보 기〉

㉠ 도조법의 유행
㉡ 견종법의 확산
㉢ 삼한통보의 유통
㉣ 관영 수공업의 발달

① ㉠, ㉡
② ㉠, ㉢
③ ㉡, ㉢
④ ㉢, ㉣

09 다음과 같은 건국 강령을 발표한 세력의 활동으로 가장 옳은 것은?

> 삼균 제도를 골자로 한 헌법을 실시하여 정치와 경제와 교육의 민주적 시설로 실제상 균형을 도모하며 전국의 토지와 대생산 기관의 국유가 완성되고 전국의 학령 아동 전체가 고급 교육의 면비수학(무상교육)이 완성되고 보통선거가 구속 없이 완전히 실시되어 …… 자치 조직과 행정 조직과 민중 단체와 민중 조직이 완비되어 삼균 제도가 배합 실시되고 경향 각층의 극빈 계급에게 물질과 정신상 생활 정도와 문화 수준이 제고 보장되는 과정을 건국의 제2기라 함.

① 함경남도 보천보의 일제 통치 기구를 공격하였다.
② 미국 전략 정보처(OSS)와 협력하여 국내 진공 작전을 계획하였다.
③ 화북 지방에서 조선 의용군을 결성하여 일제에 저항하였다.
④ 중·일 전쟁이 발발하자 조선 민족 전선 연맹을 결성하였다.

10 (가) 제도와 관련된 설명으로 가장 적절한 것은?

> 고려의 토지 제도는 대체로 당(唐)의 제도를 모방하였다. 경작하는 토지의 수를 헤아리고 그 비옥함과 척박함을 나누어, 문무의 백관으로부터 부병(府兵)과 한인(閑人)에 이르기까지 과(科)에 따라 받지 않은 자가 없었으며, 또한 과에 따라 땔나무를 베어낼 땅도 지급하였으니, 이를 일컬어 ___(가)___ 라고 하였다.
> – 「고려사」 –

① 광종 때 처음으로 만들어졌다.
② 양반전은 원칙적으로 세습이 허용되었다.
③ 목종 때에는 인품을 기준으로 토지를 지급하였다.
④ 문종 때에는 지급 대상을 현직 관리로 제한하였다.

11 (가) 지역에 대한 설명으로 가장 옳은 것은?

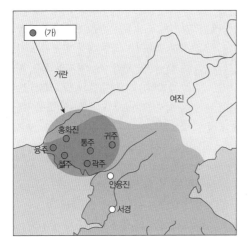

① 김종서가 6진을 설치하였다.

② 공민왕 때 무력으로 수복하였다.

③ 서희가 거란과의 담판으로 획득하였다.

④ 윤관이 별무반을 이끌고 여진족을 몰아내었다.

12 (가)~(라)에 해당하는 구호와 관련된 설명이 잘못된 것은?

> (가) 3 · 15 부정선거 다시 하라!
>
> (나) 계엄령 해제하고 신군부 퇴진하라!
>
> (다) 굴욕적인 대일 외교 결사 반대한다!
>
> (라) 호헌 철폐, 대통령 직선제 개헌 쟁취하자!

① (가) – 이승만이 하야하는 계기가 되었다.

② (나) – 종신 집권이 가능한 대통령제로 개헌했다.

③ (다) – 한 · 일 회담에 반대하고 정권의 퇴진을 요구했다.

④ (라) – 이한열 등의 희생을 통해 직선제 개헌에 성공했다.

13 (가)~(마)가 제작된 시기를 순서대로 바르게 묶은 것은?

(가)

(나)

(다)

(라)

(마)

① (가) – (나) – (다) – (라) – (마)

② (나) – (가) – (다) – (라) – (마)

③ (가) – (나) – (마) – (다) – (라)

④ (나) – (가) – (다) – (마) – (라)

14 다음과 같은 기념물이 만들어지던 시기에 추진되었던 정부의 경제 정책으로 가장 적절한 것은?

① 중화학 공업을 적극 육성하였다.

② 경제 협력 개발 기구(OECD)에 가입하였다.

③ 미국의 잉여 농산물을 가공하는 삼백 산업을 육성하였다.

④ 자유 무역 협정(FTA)을 통해 시장 개방을 확대하였다.

16 다음 정책과 관련된 설명으로 가장 잘못된 것은?

> 제1조 토지의 조사 및 측량은 본령에 의한다.
>
> 제4조 토지 소유자는 조선 총독이 정하는 기간 내에 주소·씨명, 명칭 및 소유지의 소재, 지목 자번호(字番號), 사표(四標), 등급, 지적, 결수(結數)를 임시 토지 조사국장에게 신고해야 한다. 단, 국유지는 보관 관청이 임시 토지 조사국장에게 통지해야 한다.

① 지주의 토지 소유권은 강화되었다.

② 농민의 관습적 경작권이 인정되었다.

③ 기한부 계약에 따라 소작인이 증가했다.

④ 지세를 안정적으로 확보하기 위해 시행되었다.

15 다음 그림의 무덤 양식과 관련된 설명으로 가장 옳은 것은?

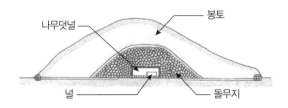

① 중국 남조의 영향을 받았다.

② 고구려의 초기 무덤 형태이다.

③ 천마도가 벽화로 그려져 있다.

④ 도굴이 어려워 많은 양의 부장품이 출토되었다.

17 다음 유물이 대표하는 시기의 사회 모습으로 가장 옳은 것은?

① 농경이 시작되었다.

② 불교를 받아들였다.

③ 계급 사회가 성립되었다.

④ 주로 동굴이나 막집에서 살았다.

18 다음 종교와 관련 있는 것을 〈보기〉에서 고른 것은?

> 사람이 곧 하늘이라. 그러므로 사람은 평등하며 차별이 없나니, 사람이 마음대로 귀천을 나눔은 하늘을 거스르는 것이다. 우리 도인은 차별을 없애고 선사의 뜻을 받들어 생활하기를 바라노라.

> ───── 〈보 기〉 ─────
> ㉠ 중광단을 결성하였다.
> ㉡ 임술 농민 봉기를 주도했다.
> ㉢ 양반과 상민을 차별하지 않는다.
> ㉣ 잡지 『신여성』과 『어린이』를 발간하였다.

① ㉠, ㉡   ② ㉠, ㉢
③ ㉡, ㉢   ④ ㉢, ㉣

19 (가) 시기에 일어난 사건으로 가장 옳은 것은?

> 이성계, 위화도 회군
>
> ↓
>
> (가)
>
> ↓
>
> 공양왕 폐위, 이성계 즉위(1392)

① 과전법 실시
② 전민변정도감 설치
③ 제1차 왕자의 난 발생
④ 정도전의 요동 정벌 추진

20 밑줄 친 ㉠의 폐단을 시정하고자 실시한 제도와 관련된 설명으로 가장 옳은 것은?

> 정인홍이 아뢰기를 "민생이 곤궁한 것은 공상할 물건은 얼마 되지도 않는데 ㉠ 방납으로 모리하는 무리에게 들어가는 양이 거의 3분의 2가 넘고, 게다가 수령이 욕심을 부리고 아전이 애를 먹여서 그 형세가 마치 삼분오열로 할거하듯 하니 민생이 어찌 곤궁하지 않겠습니까."
>
> ─『선조실록』─

① 공납의 호세화가 촉진되었다.
② 상품 화폐 경제의 발달에 영향을 주었다.
③ 영조 대에 토지 1결당 쌀 4두를 징수하였다.
④ 농민들의 군포 부담이 2필에서 1필로 줄어들었다.

21 다음 선언이 발표된 시기를 (가)~(라) 중 찾으시오.

> 2. 남과 북은 나라의 통일을 위한 남측의 연합제와 북측의 낮은 단계의 연방제 안이 공통성이 있다고 인정하고 이 방향에서 통일을 지향시켜 나가기로 하였다.
> 4. 남과 북은 경제 협력을 통하여 민족 경제를 균형적으로 발전시키고, 사회, 문화, 체육, 보건, 환경 등 제반 분야의 협력과 교류를 활성화하여 서로의 신뢰를 다져 나가기로 하였다.

	(가)	(나)	(다)	(라)	
5·16 군사 정변	유신헌법 공포	전두환 구속	김대중 대통령 당선	개성 공단 조성	

① (가)   ② (나)
③ (다)   ④ (라)

22 자료의 내용을 작성한 인물의 활동 내용이 잘못된 것은?

> 우리는 '외교', '준비' 등의 미련한 꿈을 버리고 민중 직접혁명의 수단을 취함을 선언하노라. 조선 민족의 생존을 유지하자면 강도 일본을 내쫓을 지며, 강도 일본을 내쫓을지면 오직 혁명으로써 할 뿐이니, 혁명이 아니고는 강도 일본을 내쫓을 방법이 없는 바이다. … 우리는 민중 속에 가서 민중과 손을 잡아 끊임없는 폭력, 암살, 파괴, 폭동으로써 강도 일본의 통치를 타도하고 …(생략)

① 『독사신론』을 지어 식민 사관을 비판했다.
② 『을지문덕전』을 간행하여 자주 정신을 일깨웠다.
③ 역사를 '아(我)와 비아(非我)의 투쟁'으로 해석했다.
④ 유물 사관으로 식민 사학의 정체성 이론을 반박했다.

23 자료의 'ㅇㅇ왕'의 재위 시기에 있었던 일로 가장 옳은 것은?

> 사신은 논한다. …… 저들 도적이 생겨나는 것은 도적질하기를 좋아해서가 아니다. 굶주림과 추위에 몹시 시달리다가 부득이 하루라도 더 먹고살기 위해 도적이 되는 자가 많기 때문이다. 그렇다면 백성을 도적으로 만든 자가 과연 누구인가? 권세가의 집은 공공연히 벼슬을 사려는 자들로 시장을 이루고 무뢰배들이 백성을 약탈한다. 백성이 어찌 도적이 되지 않겠는가
>
> ─ 『ㅇㅇ실록』 ─

① 위훈 삭제를 감행한 사림 세력들이 제거되었다.
② 대비의 복상 문제로 두 차례 예송이 전개되었다.
③ 외척 간의 세력 다툼으로 을사사화가 발생하였다.
④ 정여립 모반 사건을 계기로 동인은 남인과 북인으로 나뉘었다.

24 밑줄 친 왕의 재위 시기에 있었던 사실로 가장 옳은 것은?

> 왕은 서얼과 노비에 대한 차별을 완화하였으며, 민생의 안정과 문화 부흥에도 힘썼다. 또, 전통 문화를 계승하면서 중국과 서양의 과학 기술을 받아들였다. … 그 밖에, 외교 문서를 정리한 『동문휘고』, 병법서인 『무예도보통지』 등을 편찬하여 문물 제도를 재정비하였다.

① 북벌 운동이 전개되었다.
② 산림의 존재를 부정했다.
③ 3사의 관리 추천권을 없앴다.
④ 수령이 향약을 주관하여 권한이 강화되었다.

25 〈보기〉 활동과 관련하여 학생들이 설정한 탐구 주제와 선정한 인물이 가장 잘못 연결된 것은?

> ─ 〈보 기〉 ─
> • 탐구 목표: 인물을 통해 우리나라의 역사를 이해한다.
> • 탐구 절차: 탐구 주제 설정 → 대상 인물 선정 → 관련 자료 수집 → 보고서 작성 · 발표

	탐구 주제	인물
①	종로 경찰서에 폭탄을 투척하다!	김익상
②	하얼빈에서 순국한 여성 독립운동가!	남자현
③	조선 의용대, 중국 국민당과 연합하다!	김원봉
④	통일 정부 수립을 위해 좌우 합작 운동을 펼치다!	여운형

PART 4

영어

01 Henry Molaison에 대한 다음 글의 내용과 가장 일치하지 않는 것은?

Henry Molaison, a 27-year-old man, suffered from debilitating seizures* for about a decade in the 1950s. On September 1, 1953, Molaison allowed surgeons to remove a section of tissue from each side of his brain to stop the seizures. The operation worked, but Molaison was left with permanent amnesia*, unable to form new memories. This tragic outcome led to one of the most significant discoveries in 20th century brain science: the discovery that complex functions like learning and memory are linked to specific regions of the brain. Molaison became known as "H.M." in research to protect his privacy. Scientists William Scoville studied Molaison and nine other patients who had similar surgeries, finding that only those who had parts of their medial temporal lobes* removed experienced memory problems, specifically with recent memory. He discovered that a specific structure in the brain was necessary for normal memory. Molaison's life was a series of firsts, as he couldn't remember anything he had done before. However, he was able to acquire new motor skills over time. Studies of Molaison allowed neuroscientists to further explore the brain networks involved in conscious and unconscious memories, even after his death in 2008.

*seizure: 발작

*amnesia: 기억 상실증

*medial temporal lobe: 내측 측두엽

① 외과의사들이 발작을 멈추기 위해 그의 뇌의 양쪽에서 조직의 한 부분을 제거하게 했다.

② 수술 결과는 학습과 기억과 같은 복잡한 기능들이 뇌의 특정 영역과 연결되어 있다는 발견으로 이어졌다.

③ 살아가면서 이전에 한 일을 조금씩 기억할 수 있었지만, 시간이 지나면서 운동 능력이 약화되었다.

④ 그에 대한 연구는 의식적 기억 및 무의식적 기억과 관련된 뇌의 연결 조직을 더 탐구할 수 있게 하였다.

02 다음 글의 밑줄 친 부분 중, 어법상 가장 틀린 것은?

Humans have an inborn affinity* for nature that goes beyond the tangible benefits we derive from the microbes, plants, and animals of the biomes* ① in which we live. The idea that nature in the form of landscapes, plants, and animals ② are good for our well-being is old and can be traced to Charles Darwin or earlier. This idea was called biophilia by psychologist Erich Fromm and was studied by Harvard ant biologist Edward O. Wilson and Stephen Kellert. In 1984, Wilson published *Biophilia*, which was followed by another book, The Biophilia Hypothesis, ③ edited by Kellert and Wilson, in 1995. Their biophilia hypothesis is ④ that humans have a universal desire to be in natural settings.

*affinity: 친밀감

*biome: 생물군계(生物群系)

03 다음 글의 내용과 가장 일치하지 않는 것은?

Life on Earth faced an extreme test of survivability during the *Cryogenian Period, which began 720 million years ago. The planet was frozen over most of the 85 million-year period. But life somehow survived during this time called "Snowball Earth". Scientists are trying to better understand the start of this period. They believe a greatly reduced amount of the sun's warmth reached the planet's surface as its radiation bounced off the white ice sheets. Also, they said the fossils found in black shale and identified as seaweed are a sign that livable water environments were more widespread at the time than they once believed. The findings of some research support the idea that the planet was more of a "Slushball Earth" with melting snow. This enabled the earliest forms of complex life to survive in areas once thought to have been frozen solid. The researchers said the most important finding was that ice-free, open water conditions existed in place during the last part of so-called "the Ice Age". The findings demonstrate that the world's oceans were not completely frozen. It means areas of habitable refuge existed where multicellular organisms could survive.

*Cryogenian Period: 크라이오제니아기

(600~850만 년 전 시기)

① 지구는 8천 5백만 년의 대부분의 기간 동안 얼어 있었지만 생명체는 살아남았다.

② 과학자들은 "눈덩이 지구" 기간 동안에도 지구의 표면에 다다른 태양의 온기가 크게 감소하지 않았다고 믿고 있다.

③ "슬러시볼 지구"의 기간 동안에 초기 형태의 복잡한 생명체가 생존하는 것은 가능했다.

④ 연구결과 "빙하 시대" 후반기의 세계의 바다가 완전히 얼지 않았다는 것이 입증되었다.

04 다음 빈칸에 들어갈 말로 가장 적절한 것은?

As global temperatures rise, so do sea levels, threatening coastal communities around the world. Surprisingly, even small organisms like oysters ＿＿＿＿＿＿＿＿＿＿＿＿. Oysters are keystone species with ripple effects* on the health of their ecosystems and its inhabitants. Just one adult oyster can filter up to fifty gallons of water in a single day, making waterways cleaner. Healthy oyster reefs also provide a home for hundreds of other marine organisms, promoting biodiversity and ecosystem balance. As rising sea levels lead to pervasive flooding, oyster reefs act as walls to buffer storms and protect against further coastal erosion.

*ripple effect: 파급효과

① can come to our defense

② can be the food for emergency

③ may be contaminated by microplastics

④ can increase the income of local residents

05 다음 글의 내용을 한 문장으로 요약하고자 한다. 빈칸 (A), (B)에 들어갈 말로 가장 적절한 것은?

The myth of the taste map, which claims that different sections of the tongue are responsible for specific tastes, is incorrect, according to modern science. The taste map originated from the experiments of German scientist David Hänig in the early 1900s, which found that the tongue is most sensitive to tastes along the edges and not so much at the center. However, this has been misinterpreted over the years to claim that sweet is at the front of the tongue, bitter is at the back, and salty and sour are at the sides. In reality, different tastes are sensed by taste buds* all over the tongue. Taste buds work together to make us crave or dislike certain foods, based on our long-term learning and association. For example, our ancestors needed fruit for nutrients and easy calories, so we are naturally drawn to sweet tastes, while bitterness in some plants serves as a warning of toxicity. Of course, different species in the animal kingdom also have unique taste abilities: carnivores do not eat fruit and therefore do not crave sugar like humans do.

*taste bud: 미뢰

⇩

The claim that different parts of the tongue are responsible for specific tastes has been proven to be 　(A)　 by modern science, and the taste preferences are influenced by the 　(B)　 history.

	(A)	(B)
①	correct	evolutionary
②	false	evolutionary
③	false	psychological
④	correct	psychological

06 다음 글의 밑줄 친 부분 중 어법상 가장 틀린 것은?

Language is the primary means ① by which people communicate with one another. Although most creatures communicate, human speech is more complex, more creative, and ② used more extensively than the communication systems of other animals. Language is an essential part of what it means to be human and is a basic part of all cultures. Linguistic anthropology is concerned with understanding language and its relation to culture. Language is an amazing thing ③ what we take for granted. When we speak, we use our bodies—our lungs, vocal cords, mouth, tongue, and lips—to produce noises of varying tone and pitch. And, somehow, when we and others ④ do this together, we are able to communicate with one another, but only if we speak the same language. Linguistic anthropologists want to understand the variation among languages and how language is structured, learned, and used.

07 글의 흐름으로 보아, 주어진 문장이 들어가기에 가장 적절한 곳은?

> Healthcare chatbots have been purposed to solve this problem and ensure proper diagnosis and advice for people from the comfort of their homes.

> People have grown hesitant to approach hospitals or health centers due to the fear of contracting a disease or the heavy sum of consultation fees. (①) This leads them to self-diagnose themselves based upon unverified information sources on the Internet. (②) This often proves harmful effects on the person's mental and physical health if misdiagnosed and improper medicines are consumed. (③) Based upon the severity of the diagnosis, the chatbot prescribes over the counter treatment or escalates the diagnosis to a verified healthcare professional. (④) Interactive chatbots that have been trained on a large and wide variety of symptoms, risk factors, and treatment can handle user health queries with ease, especially in the case of COVID-19.

08 주어진 글 다음에 이어질 글의 순서로 가장 적절한 것은?

> Sports fan depression is a real phenomenon that affects many avid* sports fans, especially during times of disappointment or defeat.

> (A) Fans may experience a decrease in mood, appetite, and sleep quality, as well as an increase in stress levels and a heightened risk of developing anxiety or depression. There are many factors that can contribute to sports fan depression, including personal investment in a team's success, social pressures to support a particular team, and the intense media coverage and scrutiny that often accompanies high-profile sports events.

> (B) For many fans, their emotional investment in their favorite teams or athletes can be so intense that losing or failing to meet expectations can lead to feelings of sadness, frustration, and even depression. Research has shown that sports fan depression can have a range of negative effects on both mental and physical health.

> (C) To mitigate the negative effects of sports fan depression, it's important for fans to maintain a healthy perspective on sports and remember that they are ultimately just games. Engaging in self-care activities such as exercise, spending time with loved ones, and seeking support from a mental health professional can also be helpful.

> *avid: 열심인

① (A) - (C) - (B)   ② (B) - (A) - (C)

③ (B) - (C) - (A)   ④ (C) - (B) - (A)

09 Roald Dahl에 관한 다음 글의 내용과 가장 일치하지 않는 것은?

Roald Dahl (1916-1990) was born in Wales of Norwegian parents. He spent his childhood in England and, at age eighteen, went to work for the Shell Oil Company in Africa. When World War II broke out, he joined the Royal Air Force and became a fighter pilot. At the age of twenty-six he moved to Washington, D.C., and it was there he began to write. His first short story, which recounted his adventures in the war, was bought by *The Saturday Evening Post*, and so began a long and illustrious career. After establishing himself as a writer for adults, Roald Dahl began writing children's stories in 1960 while living in England with his family. His first stories were written as entertainment for his own children, to whom many of his books are dedicated. Roald Dahl is now considered one of the most beloved storytellers of our time.

① 어린 시절을 영국에서 보냈고, 18세에 아프리카에서 일했다.

② 2차 세계대전이 발발했을 때는 공군에 입대하여 조종사가 되었다.

③ 전쟁에서 자신의 모험을 다룬 첫 번째 단편 소설을 썼다.

④ 성인을 위한 작가가 된 뒤 영국에서 가족과 떨어져 혼자 살면서 글을 썼다.

10 다음 글에서 전체 흐름과 가장 관계없는 문장은?

One of the most interesting discoveries in the field of new sources of sustainable energy is bio-solar energy from jellyfish. Scientists have discovered that the fluorescent protein in this animal can be used to generate solar energy in a more sustainable way than current photovoltaic* energy. How is this energy generated? ① The process involves converting the jellyfish's fluorescent protein into a solar cell that is capable of generating energy and transferring it to small devices. ② There has been constant criticism that the natural environment is being damaged by reckless solar power generation. ③ The main advantage of using these living beings as a natural energy source is that they are a clean alternative that does not use fossil fuels or require the use of limited resources. ④ Although this project is still currently in the trial phase, the expectation is that this source of energy will be able to be expanded and become a green alternative for powering the type of small electronic devices that are becoming more and more common.

*photovoltaic: 광전기성의

11 주어진 글 다음에 이어질 글의 순서로 가장 적절한 것은?

> On the human level, a cow seems simple. You feed it grass, and it pays you back with milk. It's a trick whose secret is limited to cows and a few other mammals (most can't digest grass).

> (A) A cow's complexity is even greater. In particular, a cow (plus a bull) can make a new generation of baby cows. This is a simple thing on a human level, but inexpressibly complex on a microscopic level.

> (B) Seen through a microscope, though, it all gets more complicated. And the closer you look, the more complicated it gets. Milk is not a single substance, but a mixture of many. Grass is so complex that we still don't fully understand it.

> (C) You don't need to understand the details to exploit the process: it's a straightforward transformation from grass into milk, more like chemistry—or alchemy*—than biology. It is, in its way, magic, but it's rational magic that works reliably. All you need is some grass, a cow and several generations of practical knowhow.
>
> *alchemy: 연금술

① (B) - (A) - (C)
② (B) - (C) - (A)
③ (C) - (A) - (B)
④ (C) - (B) - (A)

12 글의 흐름으로 보아, 주어진 문장이 들어가기에 가장 적절한 곳은?

> But here it's worth noting that more than half the workforce has little or no opportunity for remote work.

> COVID-19's spread flattened the cultural and technological barriers standing in the way of remote work. One analysis of the potential for remote work to persist showed that 20 to 25 percent of workforces in advanced economies could work from home in the range of three to five days a week. (①) This is four to five times more remote work than pre-COVID-19. (②) Moreover, not all work that can be done remotely should be; for example, negotiations, brainstorming, and providing sensitive feedback are activities that may be less effective when done remotely. (③) The outlook for remote work, then, depends on the work environment, job, and the tasks at hand, so hybrid* work setups, where some work happens on-site and some remotely, are likely to persist. (④) To unlock sustainable performance and well-being in a hybrid world, the leading driver of performance and productivity should be the sense of purpose work provides to employees, not compensation.
>
> *hybrid: 혼합체

13 Sigmund Freud에 관한 다음 글의 내용과 가장 일치하지 않는 것은?

Sigmund Freud was a doctor of psychology in Vienna, Austria at the end of the nineteenth century. He treated many patients with nervous problems through his "talk cure." For this type of treatment, Freud simply let his patients talk to him about anything that was bothering them. While treating his patients, he began to realize that although there were events in a patient's past that she or he might not remember consciously, these events could affect the person's actions in her or his present life. Freud called the place where past memories were hidden the unconscious mind. Images from the unconscious mind might show up in a person's dreams or through the person's actions. Freud wrote a book about his theories about the unconscious mind and dreaming in 1899. The title of the book was "The Interpretation of Dreams"

① 오스트리아의 정신과 의사였다.
② 신경 문제가 있는 환자들을 대화를 통해 치료했다.
③ 기억이 나지 않는 과거는 환자에게 영향을 미치지 못한다고 주장했다.
④ "꿈의 해석"이라는 책을 썼다.

14 다음 글의 요지로 가장 적절한 것은?

All emotions tell us something about ourselves and our situation. But sometimes we find it hard to accept what we feel. We might judge ourselves for feeling a certain way, like if we feel jealous, for example. But instead of thinking we should not feel that way, it's better to notice how we actually feel. Avoiding negative feelings or pretending we don't feel the way we do can backfire*. It's harder to move past difficult feelings and allow them to fade if we don't face them and try to understand why we feel that way. You don't have to dwell on your emotions or constantly talk about how you feel. Emotional awareness simply means recognizing, respecting, and accepting your feelings as they happen.

*backfire: 역효과를 내다

① 부정적인 감정은 잘 조절해서 표현해야 한다.
② 과거의 부정적 감정은 되도록 빨리 극복해야 한다.
③ 감정을 수용하기 어렵다면 전문가의 도움을 받아야 한다.
④ 우리의 감정을 인식하고 존중하며 그대로 받아들여야 한다.

15 주어진 글 다음에 이어질 글의 순서로 가장 적절한 것은?

> At the level of lawmaking, there is no reason why tech giants should have such an ironclad grip on technological resources and innovation.

> (A) As the Daily Wire's Matt Walsh has pointed out, for example, if you don't buy your kid a smartphone, he won't have one. There is no need to put in his hand a device that enables him to indulge his every impulse without supervision.
>
> (B) At the private and personal level, there's no reason why they should have control of your life, either. In policy, politics, and our personal lives, it should not be taken as "inevitable" that our data will be sold to the highest bidder, our children will be addicted to online games, and our lives will be lived in the metaverse.
>
> (C) As a free people, we are entitled to exert absolute control over which kinds of digital products we consume, and in what quantities. Most especially, parents should control what tech products go to their kids.

① (B) - (A) - (C)   ② (B) - (C) - (A)

③ (C) - (A) - (B)   ④ (C) - (B) - (A)

16 글의 흐름으로 보아, 주어진 문장이 들어가기에 가장 적절한 곳은?

> These may appear as challenges which may be impossible to address because of the uncertainty in our ability to predict future climate.

> Global warming is a reality man has to live with. (①) This is a very important issue to recognize, because, of all the parameters that affect human existence, on planet earth, it is the food security that is of paramount importance to life on earth and which is most threatened by global warming. (②) Future food security will be dependent on a combination of the stresses, both biotic and abiotic*, imposed by climate change, variability of weather within the growing season, development of cultivars* more suited to different ambient* conditions, and, the ability to develop effective adaptation strategies which allow these cultivars to express their genetic potential under the changing climate conditions. (③) However, these challenges also provide us the opportunities to enhance our understanding of soil-plant-atmosphere interaction and how one could utilize this knowledge to enable us achieve the ultimate goal of enhanced food security across all areas of the globe. (④)
>
> *abiotic: 비생물적인
> *cultivar: 품종
> *ambient: 주변의

17 다음 글의 밑줄 친 부분 중, 어법상 가장 틀린 것은?

Anthropologist Paul Ekman proposed in the 1970s that humans experience six basic emotions: anger, fear, surprise, disgust, joy, and sadness. However, the exact number of emotions ① disputing, with some researchers suggesting there are only four, and others counting as many as 27. Additionally, scientists debate whether emotions are universal to all human cultures or whether we're born with them or learn them through experience. ② Despite these disagreements, emotions are clear products of activity in specific regions of the brain. The amygdala* and the insula or insular cortex* are two representative brain structures most ③ closely linked with emotions. The amygdala, a paired, almond-shaped structure deep within the brain, integrates emotions, emotional behavior, and motivation. It interprets fear, helps distinguish friends from foes, and identifies social rewards and how to attain ④ them. The insula is the source of disgust. The experience of disgust may protect you from ingesting poison or spoiled food.

*amygdala: 편도체
*insula cortex: 대뇌 피질

18 다음 글의 주제로 가장 적절한 것은?

Do you want to be a successful anchor? If so, keep this in mind. As an anchor, the individual will be called upon to communicate news and information to viewer during newscasts, special reports and other types of news programs. This will include interpreting news events, adlibbing, and communicating breaking news effectively when scripts are not available. Anchoring duties also involve gathering and writing stories. The anchor must be able to deliver scripts clearly and effectively. Strong writing skills, solid news judgement and a strong sense of visual storytelling are essential skills. This individual must be a self-starter who cultivates sources and finds new information as a regular part of job. Live reporting skills are important, as well as the ability to adlib and describe breaking news as it takes place.

① difficulties of producing live news
② qualifications to become a news anchor
③ the importance of the social role of journalists
④ the importance of forming the right public opinion

19 다음 글의 내용과 가장 일치하지 않는 것은?

Modern sculpture is generally considered to have begun with the work of French sculptor Auguste Rodin. Rodin, often considered a sculptural Impressionist, did not set out to rebel against artistic traditions, however, he incorporated novel ways of building his sculpture that defied classical categories and techniques. Specifically, Rodin modeled complex, turbulent, deeply pocketed surfaces into clay. While he never self-identified as an Impressionist, the vigorous, gestural modeling he employed in his works is often likened to the quick, gestural brush strokes* aiming to capture a fleeting moment that was typical of the Impressionists. Rodin's most original work departed from traditional themes of mythology and allegory*, in favor of modeling the human body with intense realism, and celebrating individual character and physicality.

*brush stroke: 붓놀림

*allegory: 우화, 풍자

① 현대 조각은 일반적으로 로댕의 작품에서 시작된 것으로 여겨진다.

② 로댕은 고전적인 기술을 거부하며 조각품을 만드는 새로운 방법을 통합했다.

③ 로댕은 자신을 인상파라고 밝히며 인상파의 전형적인 붓놀림을 보여주었다.

④ 로댕의 가장 독창적인 작품은 신화와 우화의 전통적인 주제에서 벗어나고자 했다.

20 다음 글의 주제로 가장 적절한 것은?

Cosmetics became so closely associated with portraiture that some photography handbooks included recipes for them. American photographers also, at times, used cosmetics to retouch negatives and prints, enlivening women's faces with traces of rouge. Some customers with dark skin requested photographs that would make them look lighter. A skin lightener advertisement that appeared in an African American newspaper in 1935 referenced this practice by promising that its product could achieve the same look produced by photographers: a lighter skin Cop free of blemishes*. By drawing attention to the face and encouraging cosmetics use, portrait photography heightened the aesthetic valuation of smooth and often light-colored skin.

*blemish: (피부 등의) 티

① side effects of excessive use of cosmetics

② overuse of cosmetics promoted by photographers

③ active use of cosmetics to make the face look better

④ decreased use of cosmetics due to advances in photography

21 다음 글의 밑줄 친 부분 중 문맥상 낱말의 쓰임이 가장 적절하지 않은 것은?

"Play is something done for its own sake." says psychiatrist Stuart Brown, author of "Play" He writes: "It's voluntary, it's pleasurable, it offers a sense of engagement, it takes you out of time. And the act itself is more important than the outcome." With this definition in mind, it's easy to recognize play's potential benefits. Play ① nurtures relationships with oneself and others. It ② relieves stress and increases happiness. It builds feelings of empathy, creativity, and collaboration. It supports the growth of sturdiness* and grit. When children are deprived of opportunities for play, their development can be significantly ③ enhanced. Play is so important that the United Nations High Commission on Human Rights declared it a ④ fundamental right of every child. Play is not frivolous*. It is not something to do after the "real work" is done. Play is the real work of childhood. Through it, children have their best chance for becoming whole, happy adults.

*sturdiness: 강건함

*frivolous: 경박한, 하찮은

22 다음 빈칸에 들어갈 말로 가장 적절한 것은?

Lewis Pugh is a British endurance swimmer, who is best known for his long-distance swims in cold and open waters. He swims in cold places as a way to draw attention to the urgent need to protect the world's oceans and waterways from the effects of climate change and pollution. In 2019, Pugh decided to swim in Lake Imja, which is located in the Khumbu region of Nepal, near Mount Everest. After a failed first attempt, Lewis had a debrief* to discuss the best way to swim at 5,300 meters above sea level. He is usually very aggressive when he swims because he wants to finish quickly and get out of the cold water. But this time he showed _____ and swam slowly.

*debrief: 평가회의

① grief ② anger
③ humility ④ confidence

23 다음 글에서 전체 흐름과 가장 관계없는 문장은?

Fast fashion is a method of producing inexpensive clothing at a rapid pace to respond to the latest fashion trends. With shopping evolving into a form of entertainment in the age of fast fashion, customers are contributing to what sustainability experts refer to as a throwaway culture. This means customers simply discard products once they are deemed useless rather than recycling or donating them. ① The consumers are generally satisfied with the quality of fast fashion brand clothing. ② As a result, these discarded items add a huge burden to the environment. ③ To resolve the throwaway culture and fast fashion crisis, the concept of sustainability in fashion is brought to the spotlight. ④ Sustainable fashion involves apparel, footwear, and accessories that are produced, distributed, and utilized as sustainably as possible while taking into account socio-economic and environmental concerns.

24 다음 글의 요지로 가장 적절한 것은?

Wrinkles are a sure sign of aging, and may also hint that bone health is on the decline. Researchers at Yale School of Medicine found that some women with deepening and worsening skin wrinkles also had lower bone density, independent of age and factors known to influence bone mass. Skin and bones share a common building-block protein, type 1 collagen, which is lost with age, says study author Dr. Lubna Pal. Wrinkles between the eyebrows—the vertical lines above the bridge of the nose—appear to be the strongest markers of brittle* bones, she says. Long-term studies are needed, but it appears the skin reflects what's happening at the level of the bone, says Pal.

*brittle: 잘 부러지는

① 나이가 들면서 주름이 생기는 것은 당연한 현상이다.
② 골밀도 감소와 주름 생성의 관계에 관해서는 연구가 더 필요하다.
③ 여성이 남성보다 주름이 더 많이 생기는 이유는 골밀도 차이 때문이다.
④ 주름은 단지 피부 노화와만 연관된 것이 아니라 뼈 건강 상태와도 연관이 있다.

25 다음 글의 내용과 가장 일치하지 않는 것은?

> Meditation can improve your quality of life thanks to its many psychological and physical benefits. Mindfulness-based interventions, such as meditation, have been shown to improve mental health, specifically in the area of stress, according to a study in the Clinical Psychology Review. When faced with a difficult or stressful moment, our bodies create cortisol, the steroid hormone responsible for regulating stress and our natural fight-or-flight response, among many other functions. Chronic stress can cause sustained and elevated levels of cortisol, which can lead to other negative effects on your health, including cardiovascular* and immune systems and gut health. Meditation, which focuses on calming the mind and regulating emotion, can help to reduce chronic stress in the body and lower the risk of its side effects.
>
> *cardiovascular: 심혈관계의

① Meditation benefits us both mentally and physically.

② Cortisol is released in a stressful situation.

③ Stress does not usually affect our cardiovascular systems.

④ Meditation can help lower chronic stress in the body.

영어 | 2022년 법원직 9급

✔ 회독 CHECK 1 2 3

01 (A), (B), (C)의 각 네모 안에서 어법에 맞는 표현으로 가장 적절한 것은?

> The selection of the appropriate protective clothing for any job or task (A) `is / are` usually dictated by an analysis or assessment of the hazards presented. The expected activities of the wearer as well as the frequency and types of exposure, are typical variables that input into this determination. For example, a firefighter is exposed to a variety of burning materials. Specialized multilayer fabric systems are thus used (B) `to meet / meeting` the thermal* challenges presented. This results in protective gear that is usually fairly heavy and essentially provides the highest levels of protection against any fire situation. In contrast, an industrial worker who has to work in areas (C) `where / which` the possibility of a flash fire exists would have a very different set of hazards and requirements. In many cases, a flame-resistant coverall worn over cotton work clothes adequately addresses the hazard.
>
> *thermal: 열의

	(A)	(B)	(C)
①	is	to meet	where
②	is	meeting	which
③	are	meeting	where
④	are	to meet	which

02 다음 글의 내용을 한 문장으로 요약하고자 한다. 빈칸 (A), (B)에 들어갈 말로 가장 적절한 것은?

> In India, approximately 360 million people—one-third of the population—live in or very close to the forests. More than half of these people live below the official poverty line, and consequently they depend crucially on the resources they obtain from the forests. The Indian government now runs programs aimed at improving their lot by involving them in the commercial management of their forests, in this way allowing them to continue to obtain the food and materials they need, but at the same time to sell forest produce. If the programs succeed, forest dwellers will be more prosperous, but they will be able to preserve their traditional way of life and culture, and the forest will be managed sustainably, so the wildlife is not depleted.

⇩

> The Indian government is trying to ___(A)___ the lives of the poor who live near forests without ___(B)___ the forests.

	(A)	(B)
①	improve	ruining
②	control	preserving
③	improve	limiting
④	control	enlarging

03 다음 글의 내용을 한 문장으로 요약하고자 한다. 빈칸 (A), (B)에 들어갈 말로 가장 적절한 것은?

In the absence of facial cues or touch during pandemic, there is a greater need to focus on other aspects of conversation, including more emphasis on tone and inflection, slowing the speed, and increasing loudness without sounding annoying. Many nuances* of the spoken word are easily missed without facial expression, so eye contact will assume an even greater importance. Some hospital workers have developed innovative ways to try to solve this problem. One of nurse specialists was deeply concerned that her chronically sick young patients could not see her face, so she printed off a variety of face stickers to get children to point towards. Some hospitals now also provide their patients with 'face—sheets' that permit easier identification of staff members, and it is always useful to reintroduce yourself and colleagues to patients when wearing masks.

*nuance: 미묘한 차이, 뉘앙스

⇩

Some hospitals and workers are looking for ___(A)___ ways to ___(B)___ conversation with patients during pandemic.

	(A)	(B)
①	alternative	complement
②	bothering	analyze
③	effective	hinder
④	disturbing	improve

04 주어진 글 다음에 이어질 글의 순서로 가장 적절한 것은?

Once they leave their mother, primates have to keep on making decisions about whether new foods they encounter are safe and worth collecting.

(A) By the same token, if the sampler feels fine, it will reenter the tree in a few days, eat a little more, then wait again, building up to a large dose slowly. Finally, if the monkey remains healthy, the other members figure this is OK, and they adopt the new food.

(B) If the plant harbors a particularly strong toxin, the sampler's system will try to break it down, usually making the monkey sick in the process. "I've seen this happen," says Glander. "The other members of the troop are watching with great interest—if the animal gets sick, no other animal will go into that tree. There's a cue being given—a social cue."

(C) Using themselves as experiment tools is one option, but social primates have found a better way. Kenneth Glander calls it "sampling." When howler monkeys move into a new habitat, one member of the troop will go to a tree, eat a few leaves, then wait a day.

① (A) - (B) - (C)
② (B) - (A) - (C)
③ (C) - (B) - (A)
④ (C) - (A) - (B)

05 다음 글의 Zainichi에 관한 내용으로 가장 일치하지 않는 것은?

Following Japan's defeat in World War II, the majority of ethnic Koreans (1-1.4 million) left Japan. By 1948, the population of ethnic Koreans settled around 600,000. These Koreans and their descendants are commonly referred to as Zainichi (literally "residing in Japan"), a term that appeared in the immediate postwar years. Ethnic Koreans who remained in Japan did so for diverse reasons. Koreans who had achieved successful careers in business, the imperial bureaucracy, and the military during the colonial period or who had taken advantage of economic opportunities that opened up immediately after the war—opted to maintain their relatively privileged status in Japanese society rather than risk returning to an impoverished and politically unstable post-liberation Korea. Some Koreans who repatriated* were so repulsed by the poor conditions they observed that they decided to return to Japan. Other Koreans living in Japan could not afford the train fare to one of the departure ports, and among them who had ethnic Japanese spouses and Japanese-born, Japanese-speaking children, it made more sense to stay in Japan rather than to navigate the cultural and linguistic challenges of a new environment.

*repatriate: 본국으로 송환하다

① 주로 제2차 세계대전 이후에 일본에 남은 한국인들과 후손을 일컫는다.
② 전쟁 후에 경제적인 이득을 취한 사람들도 있었다.
③ 어떤 사람들은 한국에 갔다가 다시 일본으로 돌아왔다.
④ 한국으로 돌아갈 교통비를 마련하지 못한 사람들은 일본인과 결혼했다.

06 다음 빈칸에 들어갈 말로 가장 적절한 것은?

There are a few jobs where people have had to _____. We see referees and umpires using their arms and hands to signal directions to the players—as in cricket, where a single finger upwards means that the batsman is out and has to leave the wicket*. Orchestra conductors control the musicians through their movements. People working at a distance from each other have to invent special signals if they want to communicate. So do people working in a noisy environment, such as in a factory where the machines are very loud, or lifeguards around a swimming pool full of school children.

*wicket: (크리켓에서) 삼주문

① support their parents and children
② adapt to an entirely new work style
③ fight in court for basic human rights
④ develop their signing a bit more fully

07 다음 글의 내용과 가장 일치하지 않는 것은?

Opponents of the use of animals in research also oppose use of animals to test the safety of drugs or other compounds. Within the pharmaceutical industry, it was noted that out of 19 chemicals known to cause cancer in humans when taken, only seven caused cancer in mice and rats using standards set by the National Cancer Instituted(Barnard and Koufman, 1997). For example, and antidepressant, nomifensin, had minimal toxicity in rats, rabbits, dogs, and monkeys yet caused liver toxicity and anemia[*] in humans. In these and other cases, it has been shown that some compounds have serious adverse reactions in humans that were not predicted by animal testing resulting in conditions in the treated humans that could lead to disability, or even death. And researchers who are calling for an end to animal research state that they have better methods available such as human clinical trials, observation aided by laboratory of autopsy tests.

*anemia: 빈혈

① 한 기관의 실험 결과 동물과 달리 19개의 발암물질 중에 7개는 인간에게 영향을 미쳤다.

② 어떤 약물은 동물 실험 때와 달리 인간에게 간독성과 빈혈을 일으켰다.

③ 동물 실험에서 나타난 결과가 인간에게는 다르게 작용될 수 있다.

④ 동물 실험을 반대하는 연구자들은 대안적인 방법들을 제시하고 있다.

08 다음 중 문맥상 낱말의 쓰임이 가장 적절하지 않은 것은?

Cold showers are any showers with a water temperature below 70°F. They may have health benefits. For people with depression, cold showers can work as a kind of gentle electroshock therapy. The cold water sends many electrical impulses to your brain. They jolt* your system to ① increase alertness, clarity, and energy levels. Endorphins, which are sometimes called happiness hormones, are also released. This effect leads to feelings of well-being and ② optimism. For people that are obese, taking a cold shower 2 or 3 times per week may contribute to increased metabolism. It may help fight obesity over time. The research about how exactly cold showers help people lose weight is ③ clear. However, it does show that cold water can even out certain hormone levels and heal the gastrointestinal* system. These effects may add to the cold shower's ability to lead to weight loss. Furthermore, when taken regularly, cold showers can make our circulatory system more efficient. Some people also report that their skin looks better as a result of cold showers, probably because of better circulation. Athletes have known this benefit for years, even if we have only ④ recently seen data that supports cold water for healing after a sport injury.

*jolt: 갑자기 덜컥 움직이다
*gastrointestinal: 위장의

09 다음 글의 내용을 한 문장으로 요약하고자 한다. 빈칸 (A), (B)에 들어갈 말로 가장 적절한 것은?

Researchers have been interested in the habitual ways a single individual copes with conflict when it occurs. They've called this approach conflict styles. There are several apparent conflict styles, and each has its pros and cons. The collaborating style tends to solve problems in ways that maximize the chances that the best result is provided for all involved. The pluses of a collaborating style include creating trust, maintaining positive relationship, and building commitment. However, it's time consuming and it takes a lot of energy to collaborate with another during conflict. The competing style may develop hostility in the person who doesn't achieve their goals. However, the competing style tends to resolve a conflict quickly.

⇩

The collaborating style might be used for someone who put a great value in   (A)   , while a person who prefers   (B)   may choose the competing style.

	(A)	(B)
①	financial ability	interaction
②	saving time	peacefulness
③	mutual understanding	time efficiency
④	effectiveness	consistency

10 주어진 글 다음에 이어질 글의 순서로 가장 적절한 것은?

The historical evolution of Conflict Resolution gained momentum in the 1950s and 1960s, at the height of the Cold War, when the development of nuclear weapons and conflict between the superpowers seemed to threaten human survival.

(A) The combination of analysis and practice implicit in the new ideas was not easy to reconcile with traditional scholarly institutions or the traditions of practitioners such as diplomats and politicians.

(B) However, they were not taken seriously by some. The international relations profession had its own understanding of international conflict and did not see value in the new approaches as proposed.

(C) A group of pioneers from different disciplines saw the value of studying conflict as a general phenomenon, with similar properties, whether it occurs in international relations, domestic politics, industrial relations, communities, or between individuals.

① (B) - (A) - (C)
② (B) - (C) - (A)
③ (C) - (A) - (B)
④ (C) - (B) - (A)

11 (A), (B), (C)의 각 네모 안에서 어법에 맞는 표현으로 가장 적절한 것은?

> The key to understanding economics is accepting (A) that / what there are always unintended consequences. Actions people take for their own good reasons have results they don't envision or intend. The same is true with geopolitics*. It is doubtful that the village of Rome, when it started its expansion in the seventh century BC, (B) had / have a master plan for conquering the Mediterranean world five hundred years later. But the first action its inhabitants took against neighboring villages set in motion a process that was both constrained by reality and (C) filled / filling with unintended consequences. Rome wasn't planned, and neither did it just happen.
>
> *geopolitics: 지정학

	(A)	(B)	(C)
①	that	had	filled
②	what	had	filling
③	what	have	filled
④	that	have	filling

12 다음 빈칸에 들어갈 말로 가장 적절한 것을 고르시오.

> Water and civilization go hand-in-hand. The idea of a "hydraulic* civilization" argues that water is the unifying context and justification for many large-scale civilizations throughout history. For example, the various multi-century Chinese empires survived as long as they did in part by controlling floods along the Yellow River. One interpretation of the hydraulic theory is that the justification for gathering populations into large cities is to manage water. Another interpretation suggests that large water projects enable the rise of big cities. The Romans understood the connections between water and power, as the Roman Empire built a vast network of aqueducts* throughout land they controlled, many of which remain intact. For example, Pont du Gard in southern France stands today as a testament to humanity's investment in its water infrastructure. Roman governors built roads, bridges, and water systems as a way of _____.
>
> *hydraulic: 수력학의
>
> *aqueduct: 송수로

① focusing on educating young people

② prohibiting free trade in local markets

③ concentrating and strengthening their authority

④ giving up their properties to other countries

13 주어진 글 다음에 이어질 글의 순서로 가장 적절한 것은?

Ambiguity is so uncomfortable that it can even turn good news into bad. You go to your doctor with a persistent stomachache. Your doctor can't figure out what the reason is, so she sends you to the lab for tests.

(A) And what happens? Your immediate relief may be replaced by a weird sense of discomfort. You still don't know what the pain was! There's got to be an explanation somewhere.

(B) A week later you're called back to hear the results. smiles and tells you the tests were all negative.

(C) Maybe it is cancer and they've just missed it. Maybe it's worse. Surely they should be able to find a cause. You feel frustrated by the lack of a definitive answer.

① (B) - (A) - (C)
② (B) - (C) - (A)
③ (C) - (A) - (B)
④ (C) - (B) - (A)

14 글의 흐름으로 보아, 주어진 문장이 들어가기에 가장 적절한 곳은?

The effect, however, was just the reverse.

How we dress for work has taken on a new element of choice, and with it, new anxieties. (①) The practice of having a "dress-down day" or "casual day," which began to emerge a decade or so ago, was intended to make life easier for employees, to enable them to save money and feel more relaxed at the office. (②) In addition to the normal workplace wardrobe, employees had to create a "workplace casual" wardrobe*. (③) It couldn't really be the sweats and T-shirts you wore around the house on the weekend. (④) It had to be a selection of clothing that sustained a certain image—relaxed, but also serious.

*wardrobe: 옷, 의류

15 다음 글의 밑줄 친 부분 중 어법상 가장 틀린 것은?

You should choose the research method ① that best suits the outcome you want. You may run a survey online that enables you to question large numbers of people and ② provides full analysis in report format, or you may think asking questions one to one is a better way to get the answers you need from a smaller test selection of people. ③ Whichever way you choose, you will need to compare like for like. Ask people the same questions and compare answers. Look for both similarities and differences. Look for patterns and trends. Deciding on a way of recording and analysing the data ④ are important. A simple self created spreadsheet may well be enough to record some basic research data.

16 다음 글의 요지로 가장 적절한 것은?

Some criminal offenders may engage in illegal behavior because they love the excitement and thrills that crime can provide. In his highly influential work *Seductions of Crime*, sociologist Jack Katz argues that there are immediate benefits to criminality that "seduce" people into a life of crime. For some people, shoplifting and vandalism* are attractive because getting away with crime is a thrilling demonstration of personal competence. The need for excitement may counter fear of apprehension and punishment. In fact, some offenders will deliberately seek out especially risky situations because of the added "thrill". The need for excitement is a significant predictor of criminal choice.

*vandalism: 기물 파손

① 범죄를 줄이기 위해서 재소자를 상대로 한 교육이 필요하다.
② 범죄 행위에서 생기는 흥분과 쾌감이 범죄를 유발할 수 있다.
③ 엄격한 형벌 제도와 법 집행을 통해 강력 범죄를 줄일 수 있다.
④ 세밀하고 꼼꼼한 제도를 만들어 범죄 피해자를 도울 필요가 있다.

17 다음 빈칸에 들어갈 말로 가장 적절한 것은?

In one classic study showing the importance of attachment, Wisconsin University psychologists Harry and Margaret Harlow investigated the responses of young monkeys. The infants were separated from their biological mothers, and two surrogate* mothers were introduced to their cages. One, the wire mother, consisted of a round wooden head, a mesh of cold metal wires, and a bottle of milk from which the baby monkey could drink. The second mother was a foam-rubber form wrapped in a heated terry-cloth blanket. The infant monkeys went to the wire mother for food, but they overwhelmingly preferred and spent significantly more time with the warm terry-cloth mother. The warm terry-cloth mother provided no food, but did provide _____.

*surrogate: 대리의

① jobs
② drugs
③ comfort
④ education

18 다음 글의 밑줄 친 부분 중 어법상 가장 틀린 것은?

I was released for adoption by my biological parents and ① spend the first decade of my life in orphanages. I spent many years thinking that something was wrong with me. If my own parents didn't want me, who could? I tried to figure out ② what I had done wrong and why so many people sent me away. I don't get close to anyone now because if I do they might leave me. I had to isolate ③ myself emotionally to survive when I was a child, and I still operate on the assumptions I had as a child. I am so fearful of being deserted ④ that I won't venture out and take even minimal risks. I am 40 years old now, but I still feel like a child.

19 다음 글의 밑줄 친 부분 중 어법상 가장 틀린 것은?

Music can have psychotherapeutic* effects that may transfer to everyday life. A number of scholars suggested people ① to use music as psychotherapeutic agent. Music therapy can be broadly defined as being 'the use of music as an adjunct to the treatment or rehabilitation of individuals to enhance their psychological, physical, cognitive or social ② functioning'. Positive emotional experiences from music may improve therapeutic process and thus ③ strengthen traditional cognitive/behavioral methods and their transfer to everyday goals. This may be partially because emotional experiences elicited by music and everyday behaviors ④ share overlapping neurological pathways responsible for positive emotions and motivations.

*psychotherapeutic: 심리 요법의

20 다음 빈칸에 들어갈 말로 가장 적절한 것은?

Cultural interpretations are usually made on the basis of _____ rather than measurable evidence. The arguments tend to be circular. People are poor because they are lazy. How do we "know" they are lazy? Because they are poor. Promoters of these interpretations rarely understand that low productivity results not from laziness and lack of effort but from lack of capital inputs to production. African farmers are not lazy, but they do lack soil nutrients, tractors, feeder roads, irrigated plots, storage facilities, and the like. Stereotypes that Africans work little and therefore are poor are put to rest immediately by spending a day in a village, where backbreaking labor by men and women is the norm.

① statistics

② prejudice

③ appearance

④ circumstances

21 글의 흐름으로 보아, 주어진 문장이 들어가기에 가장 적절한 곳은?

> But the demand for food isn't elastic*; people don't eat more just because food is cheap.
>
> *elastic: 탄력성 있는

> The free market has never worked in agriculture and it never will. (①) The economics of a family farm are very different than a firm's: When prices fall, the firm can lay off people and idle factories. (②) Eventually the market finds a new balance between supply and demand. (③) And laying off farmers doesn't help to reduce supply. (④) You can fire me, but you can't fire my land, because some other farmer who needs more cash flow or thinks he's more efficient than I am will come in and farm it.

22 다음 글의 주제로 가장 적절한 것은?

> Daily training creates special nutritional needs for an athlete, particularly the elite athlete whose training commitment is almost a fulltime job. But even recreational sport will create nutritional challenges. And whatever your level of involvement in sport, you must meet these challenges if you're to achieve the maximum return from training. Without sound eating, much of the purpose of your training might be lost. In the worst-case scenario, dietary problems and deficiencies may directly impair training performance. In other situations, you might improve, but at a rate that is below your potential or slower than your competitors. However, on the positive side, with the right everyday eating plan your commitment to training will be fully rewarded.

① how to improve body flexibility

② importance of eating well in exercise

③ health problems caused by excessive diet

④ improving skills through continuous training

23 다음 글의 주제로 가장 적절한 것은?

A very well-respected art historian called Ernst Gombrich wrote about something called "the beholder's share". It was Gombrich's belief that a viewer "completed" the artwork, that part of an artwork's meaning came from the person viewing it. So you see—there really are no wrong answers as it is you, as the viewer who is completing the artwork. If you're looking at art in a gallery, read the wall text at the side of the artwork. If staff are present, ask questions. Ask your fellow visitors what they think. Asking questions is the key to understanding more—and that goes for anything in life—not just art. But above all, have confidence in front of an artwork. If you are contemplating an artwork, then you are the intended viewer and what you think matters. You are the only critic that counts.

① 미술 작품의 가치는 일정 부분 정해져 있다.
② 미술 작품을 제작할 때 대중의 요구를 반영해야 한다.
③ 미술 작품은 감상하는 사람으로 인하여 비로소 완성된다.
④ 미술 감상의 출발은 작가의 숨겨진 의도를 파악하는 것이다.

24 Argentina에 관한 다음 글의 내용과 가장 일치하지 않는 것은?

Argentina is the world's eighth largest country, comprising almost the entire southern half of South America. Colonization by Spain began in the early 1500s, but in 1816 Jose de San Martin led the movement for Argentine independence. The culture of Argentina has been greatly influenced by the massive European migration in the late nineteenth and early twentieth centuries, primarily from Spain and Italy. The majority of people are at least nominally Catholic, and the country has the largest Jewish population (about 300,000) in South America. From 1880 to 1930, thanks to its agricultural development, Argentina was one of the world's top ten wealthiest nations.

① Jose de San Martin이 스페인으로부터의 독립운동을 이끌었다.
② 북미 출신 이주민들이 그 문화에 많은 영향을 끼쳤다.
③ 남미지역 중에서 가장 많은 유대인들이 살고 있는 곳이다.
④ 농업의 발전으로 한때 부유한 국가였다.

25 Sonja Henie에 관한 다음 글의 내용과 가장 일치하지 않는 것은?

Sonja Henie is famous for her skill into a career as one of the world's most famous figure skaters—in the rink and on the screen. Henie, winner of three Olympic gold medals and a Norwegian and European champion, invented a thrillingly theatrical and athletic style of figure skating. She introduced short skirts, white skates, and attractive moves. Her spectacular spins and jumps raised the bar for all competitors. In 1936, Twentieth-Century Fox signed her to star in One in a Million, and she soon became one of Hollywood's leading actresses. In 1941, the movie 'Sun Valley Serenade' received three Academy Award nominations which she played as an actress. Although the rest of Henie's films were less acclaimed, she triggered a popular surge in ice skating. In 1938, she launched extravagant touring shows called Hollywood Ice Revues. Her many ventures made her a fortune, but her greatest legacy was inspiring little girls to skate.

① 피겨 스케이터와 영화배우로서의 업적으로 유명하다.
② 올림픽과 다른 대회들에서 좋은 성적을 거두었다.
③ 출연한 영화가 1941년에 영화제에서 3개 부문에 수상했다.
④ 어린 여자아이들에게 스케이트에 대한 영감을 주었다.

✔ 회독 CHECK 1 2 3

01 다음 글의 내용을 한 문장으로 요약하고자 한다. 빈칸 (A)와 (B)에 들어갈 말로 가장 적절한 것은?

> Microorganisms are not calculating entities. They don't care what they do to you any more than you care what distress you cause when you slaughter them by the millions with a soapy shower. The only time a pathogen* cares about you is when it kills you too well. If they eliminate you before they can move on, then they may well die out themselves. This in fact sometimes happens. History, Jared Diamond notes, is full of diseases that "once caused terrifying epidemics and then disappeared as mysteriously as they had come." He cites the robust but mercifully transient English sweating sickness, which raged from 1485 to 1552, killing tens of thousands as it went, before burning itself out. Too much efficiency is not a good thing for any infectious organism.
>
> *pathogen: 병원체

⇩

> The more ___(A)___ pathogens are, the faster it is likely be to ___(B)___ .

	(A)	(B)
①	weaker	disappear
②	weaker	spread
③	infectious	spread
④	infectious	disappear

02 밑줄 친 "drains the mind"가 위 글에서 의미하는 바로 가장 적절한 것은?

> If the writing is solid and good, the mood and temper of the writer will eventually be revealed and not at the expense of the work. Therefore, to achieve style, begin by affecting none—that is, draw the reader's attention to the sense and substance of the writing. A careful and honest writer does not need to worry about style. As you become proficient in the use of language, your style will emerge, because you yourself will emerge, and when this happens you will find it increasingly easy to break through the barriers that separate you from other minds and at last, make you stand in the middle of the writing. Fortunately, the act of composition, or creation, disciplines the mind; writing is one way to go about thinking, and the practice and habit of writing drains the mind.

① to heal the mind

② to help to be sensitive

③ to satisfy his/her curiosity

④ to place oneself in the background

03 (A), (B), (C)의 각 네모 안에서 어법에 맞는 표현으로 가장 적절한 것은?

> Some of our dissatisfactions with self and with our lot in life are based on real circumstances, and some are false and simply (A) perceive / perceived to be real. The perceived must be sorted out and discarded. The real will either fall into the changeable or the unchangeable classification. If it's in the latter, we must strive to accept it. If it's in the former, then we have the alternative to strive instead to remove, exchange, or modify it. All of us have a unique purpose in life; and all of us are gifted, just (B) different / differently gifted. It's not an argument about whether it's fair or unfair to have been given one, five, or ten talents; it's about what we have done with our talents. It's about how well we have invested (C) them / those we have been given. If one holds on to the outlook that their life is unfair, then that's really holding an offense against God.

	(A)	(B)	(C)
①	perceive	different	them
②	perceive	differently	those
③	perceived	different	them
④	perceived	differently	those

04 주어진 글 다음에 이어질 글의 순서로 가장 적절한 것은?

> People assume that, by charging a low price or one lower than their competitors, they will get more customers. This is a common fallacy.

> (A) It is, therefore, far better to have lower-volume, higher-margin products and services as you start; you can always negotiate to reduce your price if you are forced to, but it is rare that you will be able to negotiate an increase.
>
> (B) It is because when you charge reduced prices compared to your competition, you attract the lower end of the customer market. These customers want more for less and often take up more time and overhead in your business. They may also be your most difficult customers to deal with and keep happy.
>
> (C) You also, ironically, repel* the better customers because they will pay a higher price for a higher level of product or service. We have seen many competitors come into the market and charge day rates that aren't sustainable. They often struggle even to fill their quota, and soon enough they give up and move on to doing something else.
>
> *repel: 쫓아 버리다

① (B) - (A) - (C)
② (B) - (C) - (A)
③ (C) - (A) - (B)
④ (C) - (B) - (A)

05 다음 글의 밑줄 친 부분 중 어법상 가장 틀린 것은?

Children who enjoy writing are often interested in seeing ① their work in print. One informal approach is to type, print, and post their poetry. Or you can create a photocopied anthology* of the poetry of many child writers. But for children who are truly dedicated and ambitious, ② submit a poem for publication is a worthy goal. And there are several web and print resources that print children's original poetry. Help child poets become familiar with the protocol* for submitting manuscripts (style, format, and so forth). Let them choose ③ which poems they are most proud of, keep copies of everything submitted, and get parent permission. Then celebrate with them when their work is accepted and appear in print. Congratulate them, ④ publicly showcase their accomplishment, and spread the word. Success inspires success. And, of course, if their work is rejected, offer support and encouragement.

*anthology: 문집, 선집
*protocol: 규약, 의례

06 글의 흐름으로 보아, 주어진 문장이 들어가기에 가장 적절한 곳은?

With love and strength from the tribe, the tiny seeds mature and grow tall and crops for the people.

In the Pueblo indian culture, corn is to the people the very symbol of life. (①) The Corn Maiden "grandmother of the sun and the light" brought this gift, bringing the power of life to the people. (②) As the corn is given life by the sun, the Corn Maiden brings the fire of the sun into the human bodies, giving man many representations of his love and power through nature. (③) Each Maiden brings one seed of corn that is nurtured with love like that given to a child and this one seed would sustain the entire tribe forever. (④) The spirit of the Corn Maidens is forever present with the tribal people.

07 다음 빈칸에 들어갈 말로 가장 적절한 것은?

Beeches, oaks, spruce and pines produce new growth all the time, and have to get rid of the old. The most obvious change happens every autumn. The leaves have served their purpose: they are now worn out and riddled with insect damage. Before the trees bid them adieu, they pump waste products into them. You could say they are taking this opportunity to relieve themselves. Then they grow a layer of weak tissue to separate each leaf from the twig it's growing on, and the leaves tumble to the ground in the next breeze. The rustling leaves that now blanket the ground—and make such a satisfying scrunching sound when you scuffle through them—are basically _____.

① tree toilet paper   ② the plant kitchen

③ lungs of the tree   ④ parents of insects

08 글의 흐름상 가장 어색한 문장은?

Fiction has many uses and one of them is to build empathy. When you watch TV or see a film, you are looking at things happening to other people. Prose fiction is something you build up from 26 letters and a handful of punctuation marks, and you, and you alone, using your imagination, create a world and live there and look out through other eyes. ① You get to feel things, and visit places and worlds you would never otherwise know. ② Fortunately, in the last decade, many of the world's most beautiful and unknown places have been put in the spotlight. ③ You learn that everyone else out there is a me, as well. ④ You're being someone else, and when you return to your own world, you're going to be slightly changed.

09 다음 빈칸에 들어갈 말로 가장 적절한 것은?

The seeds of willows and poplars are so minuscule* that you can just make out two tiny dark dots in the fluffy flight hairs. One of these seeds weighs a mere 0.0001 grams. With such a meagre energy reserve, a seedling can grow only 1-2 millimetres before it runs out of steam and has to rely on food it makes for itself using its young leaves. But that only works in places where there's no competition to threaten the tiny sprouts. Other plants casting shade on it would extinguish the new life immediately. And so, if a fluffy little seed package like this falls in a spruce or beech forest, the seed's life is over before it's even begun. That's why willows and poplars _____.

                        *minuscule: 아주 작은

① prefer settling in unoccupied territory

② have been chosen as food for herbivores

③ have evolved to avoid human intervention

④ wear their dead leaves far into the winter

10 다음 글의 밑줄 친 부분 중 문맥상 낱말의 쓰임이 가장 적절하지 않은 것은?

Good walking shoes are important. Most major athletic brands offer shoes especially designed for walking. Fit and comfort are more important than style; your shoes should feel ① supportive but not tight or constricting. The uppers should be light, breathable, and flexible, the insole moisture-resistant, and the sole ② shock-absorbent. The heel wedge should be ③ lowered, so the sole at the back of the shoe is two times thicker than at the front. Finally, the toe box should be ④ spacious, even when you're wearing athletic socks.

① supportive   ② shock-absorbent

③ lowered   ④ spacious

11 다음 글의 요지로 가장 알맞은 것은?

If your kids fight every time they play video games, make sure you're close enough to be able to hear them when they sit down to play. Listen for the particular words or tones of voice they are using that are aggressive, and try to intervene before it develops. Once tempers have settled, try to sit your kids down and discuss the problem without blaming or accusing. Give each kid a chance to talk, uninterrupted, and have them try to come up with solutions to the problem themselves. By the time kids are elementary-school age, they can evaluate which of those solutions are win-win solutions and which ones are most likely to work and satisfy each other over time. They should also learn to revisit problems when solutions are no longer working.

① Ask your kids to evaluate their test.

② Make your kids compete each other.

③ Help your kids learn to resolve conflict.

④ Teach your kids how to win an argument.

12 다음 글의 요지로 가장 적절한 것은?

There's a current trend to avoid germs at all cost. We disinfect our bathrooms, kitchens, and the air. We sanitize our hands and gargle with mouthwash to kill germs. Some folks avoid as much human contact as possible and won't even shake your hand for fear of getting germs. I think it's safe to say that some people would purify everything but their minds. Remember the story of "the Boy in the Bubble"? He was born without an immune system and had to live in a room that was completely germ free, with no human contact. Of course, everyone should take prudent measures to maintain reasonable standards of cleanliness and personal hygiene, but in many cases, aren't we going overboard? When we come in contact with most germs, our body destroys them, which in turn strengthens our immune system and its ability to further fight off disease. Thus, these "good germs" actually make us healthier. Even if it were possible to avoid all germs and to live in a sterile environment, wouldn't we then be like "the Boy in the Bubble"?

① 세균에 감염되지 않도록 개인의 위생 환경 조성이 필요하다.

② 면역 능력이 상실된 채로 태어난 유아에 대한 치료가 시급하다.

③ 지역사회의 방역 능력 강화를 위해 국가의 재정 지원이 시급하다.

④ 과도하게 세균을 제거하려고 하는 것이 오히려 면역 능력을 해친다.

13 다음 글의 밑줄 친 부분을 어법상 바르게 고친 것이 아닌 것은?

①Knowing as the Golden City, Jaisalmer, a former caravan center on the route to the Khyber Pass, rises from a sea of sand, its 30-foot-high walls and medieval sandstone fort ② shelters carved spires and palaces that soar into the sapphire sky. With its tiny winding lanes and hidden temples, Jaisalmer is straight out of The Arabian Nights, and so little has life altered here ③ which it's easy to imagine yourself back in the 13th century. It's the only fortress city in India still functioning, with one quarter of its population ④ lived within the walls, and it's just far enough off the beaten path to have been spared the worst ravages of tourism. The city's wealth originally came from the substantial tolls it placed on passing camel caravans.

① Knowing → Known
② shelters → sheltering
③ which → that
④ lived → lives

14 다음 글에서 필자가 주장하는 바로 가장 적절한 것은?

The learned are neither apathetic* nor indifferent regarding the world's problems. More books on these issues are being published than ever, though few capture the general public's attention. Likewise, new research discoveries are constantly being made at universities, and shared at conferences worldwide. Unfortunately, most of this activity is self-serving. With the exception of science—and here, too, only selectively—new insights are not trickling* down to the public in ways to help improve our lives. Yet, these discoveries aren't simply the property of the elite, and should not remain in the possession of a select few professionals. Each person must make his and her own life's decisions, and make those choices in light of our current understanding of who we are and what is good for us. For that matter, we must find a way to somehow make new discoveries accessible to every person.

*apathetic: 냉담한, 무관심한

*trickle: 흐르다

① 학자들은 연구 논문을 작성할 때 주관성을 배제해야 한다.
② 새로운 연구 결과에 모든 사람이 접근할 수 있게 해야 한다.
③ 소수 엘리트 학자들의 폐쇄성을 극복할 계기를 마련해야 한다.
④ 학자들이 연구 과정에서 겪는 어려움을 극복하도록 도와야 한다.

15 다음 글의 주제로 가장 알맞은 것은?

Language gives individual identity and a sense of belonging. When children proudly learn their language and are able to speak it at home and in their neighborhood, the children will have a high self-esteem. Moreover, children who know the true value of their mother tongue will not feel like they are achievers when they speak a foreign language. With improved self-identity and self-esteem, the classroom performance of a child also improves because such a child goes to school with less worries about linguistic marginalization.

*linguistic marginalization: 언어적 소외감

① the importance of mother tongue in child development
② the effect on children's foreign language learning
③ the way to improve children's self-esteem
④ the efficiency of the linguistic analysis

16 다음 글의 주제로 가장 적절한 것은?

Many animals are not loners. They discovered, or perhaps nature discovered for them, that by living and working together, they could interact with the world more effectively. For example, if an animal hunts for food by itself, it can only catch, kill, and eat animals much smaller than itself— but if animals band together in a group, they can catch and kill animals bigger than they are. A pack of wolves can kill a horse, which can feed the group very well. Thus, more food is available to the same animals in the same forest if they work together than if they work alone. Cooperation has other benefits: The animals can alert each other to danger, can find more food (if they search separately and then follow the ones who succeed in finding food), and can even provide some care to those who are sick and injured. Mating and reproduction are also easier if the animals live in a group than if they live far apart.

① benefits of being social in animals
② drawbacks of cooperative behaviors
③ common traits of animals and humans
④ competitions in mating and reproduction

17 다음 글의 밑줄 친 부분 중 문맥상 낱말의 쓰임이 가장 적절하지 않은 것은?

My own curiosity had been encouraged by my studies in philosophy at university. The course listed the numerous philosophers that we were supposed to study and I thought at first that our task was to learn and absorb their work as a sort of secular Bible. But I was ① delighted to discover that my tutor was not interested in me reciting their theories but only in helping me to develop my own, using the philosophers of the past as stimulants not authorities. It was the key to my intellectual ② freedom. Now I had official permission to think for myself, to question anything and everything and only agree if I thought it right. A ③ good education would have given me that permission much earlier. Some, alas, never seem to have received it and go on reciting the rules of others as if they were sacrosanct*. As a result, they become the unwitting* ④ opponents of other people's worlds. Philosophy, I now think, is too important to be left to professional philosophers. We should all learn to think like philosophers, starting at primary school.

*sacrosanct: 신성불가침의

*unwitting: 자신도 모르는

18 (A), (B), (C)의 괄호 안에서 어법에 맞는 표현으로 가장 적절한 것은?

Looking back, scientists have uncovered a mountain of evidence (A) [that / what] Mayan leaders were aware for many centuries of their uncertain dependence on rainfall. Water shortages were not only understood but also recorded and planned for. The Mayans enforced conservation during low rainfall years, tightly regulating the types of crops grown, the use of public water, and food rationing*. During the first half of their three-thousand-year reign, the Mayans continued to build larger underground artificial lakes and containers (B) [stored / to store] rainwater for drought months. As impressive as their elaborately decorated temples (C) [did / were], their efficient systems for collecting and warehousing water were masterpieces in design and engineering.

*rationing: 배급

	(A)	(B)	(C)
①	that	to store	were
②	what	stored	did
③	that	to store	did
④	what	stored	were

19 주어진 글 다음에 이어질 글의 순서로 가장 적절한 것은?

> Religion can certainly bring out the best in a person, but it is not the only phenomenon with that property.

> (A) People who would otherwise be self-absorbed or shallow or crude or simply quitters are often ennobled by their religion, given a perspective on life that helps them make the hard decisions that we all would be proud to make.
>
> (B) Having a child often has a wonderfully maturing effect on a person. Wartime, famously, gives people an abundance of occasions to rise to, as do natural disasters like floods and hurricanes.
>
> (C) But for day-in, day-out lifelong bracing, there is probably nothing so effective as religion: it makes powerful and talented people more humble and patient, it makes average people rise above themselves, it provides sturdy support for many people who desperately need help staying away from drink or drugs or crime.

① (B) - (A) - (C)
② (B) - (C) - (A)
③ (C) - (A) - (B)
④ (C) - (B) - (A)

20 주어진 글 다음에 이어질 글의 순서로 가장 적절한 것은?

> More people require more resources, which means that as the population increases, the Earth's resources deplete* more rapidly.
>
> *deplete: 고갈시키다, 대폭 감소시키다

> (A) Population growth also results in increased greenhouse gases, mostly CO_2 from emissions. For visualization, during that same 20th century that saw fourfold population growth, CO_2 emissions increased twelvefold.
>
> (B) The result of this depletion is deforestation and loss of biodiversity as humans strip the Earth of resources to accommodate rising population numbers.
>
> (C) As greenhouse gases increase, so do climate patterns, ultimately resulting in the long-term pattern called climate change.

① (A) - (B) - (C)
② (B) - (A) - (C)
③ (B) - (C) - (A)
④ (C) - (A) - (B)

21 다음 글에서 전체 흐름과 관계없는 문장은?

Medical anthropologists with extensive training in human biology and physiology study disease transmission patterns and how particular groups adapt to the presence of diseases like malaria and sleeping sickness. ① Because the transmission of viruses and bacteria is strongly influenced by people's diets, sanitation, and other behaviors, many medical anthropologists work as a team with epidemiologists* to identify cultural practices that affect the spread of disease. ② Though it may be a commonly held belief that most students enter medicine for humanitarian reasons rather than for the financial rewards of a successful medical career, in developed nations the prospect of status and rewards is probably one incentive. ③ Different cultures have different ideas about the causes and symptoms of disease, how best to treat illnesses, the abilities of traditional healers and doctors, and the importance of community involvement in the healing process. ④ By studying how a human community perceives such things, medical anthropologists help hospitals and other agencies deliver health care services more effectively.

*epidemiologist: 유행[전염]병학자

22 주어진 글 다음에 이어질 글의 순서로 가장 적절한 것은?

Sequoya (1760?-1843) was born in eastern Tennessee, into a prestigious family that was highly regarded for its knowledge of Cherokee tribal traditions and religion.

(A) Recognizing the possibilities writing had for his people, Sequoya invented a Cherokee alphabet in 1821. With this system of writing, Sequoya was able to record ancient tribal customs.

(B) More important, his alphabet helped the Cherokee nation develop a publishing industry so that newspapers and books could be printed. School-age children were thus able to learn about Cherokee culture and traditions in their own language.

(C) As a child, Sequoya learned the Cherokee oral tradition; then, as an adult, he was introduced to Euro-American culture. In his letters, Sequoya mentions how he became fascinated with the writing methods European Americans used to communicate.

① (B) - (A) - (C)
② (B) - (C) - (A)
③ (C) - (A) - (B)
④ (C) - (B) - (A)

23 Peanut Butter Drive에 관한 다음 안내문의 내용과 가장 일치하지 않는 것은?

> ### SPREAD THE LOVE
> #### Fight Hunger During the Peanut Butter Drive
>
> Make a contribution to our community by helping local families who need a little assistance. We are kicking off our 4th annual area-wide peanut butter drive to benefit children, families and seniors who face hunger in Northeast Louisiana.
>
> Peanut butter is a much needed staple at Food Banks as it is a protein-packed food that kids and adults love. Please donate peanut butter in plastic jars or funds to the Monroe Food Bank by Friday, March 29th at 4:00 pm. Donations of peanut butter can be dropped off at the food bank's distribution center located at 4600 Central Avenue in Monroe on Monday through Friday, 8:00 am to 4:00 pm. Monetary donations can be made here or by calling 427-418-4581.
>
> For other drop-off locations, visit our website at https://www.foodbanknela.org

① 배고픈 사람들에게 도움을 주려는 행사이다.
② 토요일과 일요일에도 땅콩버터를 기부할 수 있다.
③ 전화를 걸어 금전 기부를 할 수도 있다.
④ 땅콩버터를 기부하는 장소는 여러 곳이 있다.

24 다음 글에 나타난 화자의 심경으로 가장 적절한 것은?

> Our whole tribe was poverty-stricken*. Every branch of the Garoghlanian family was living in the most amazing and comical poverty in the world. Nobody could understand where we ever got money enough to keep us with food in our bellies. Most important of all, though, we were famous for our honesty. We had been famous for honesty for something like eleven centuries, even when we had been the wealthiest family in what we liked to think was the world. We put pride first, honest next, and after that we believed in right and wrong. None of us would take advantage of anybody in the world.
>
> *poverty-stricken: 가난에 시달리는

① peaceful and calm
② satisfied and proud
③ horrified and feared
④ amazed and astonished

25 다음 글의 내용과 가장 일치하지 않는 것은?

Despite the increasing popularity of consuming raw foods, you can still gain nutrients from cooked vegetables. For example, our body can absorb lycopene more effectively when tomatoes are cooked. (Keep in mind, however, that raw tomatoes are still a good source of lycopene.) Cooked tomatoes, however, have lower levels of vitamin C than raw tomatoes, so if you're looking to increase your levels, you might be better off sticking with the raw. Whether you decide to eat them cooked or raw, it's important not to dilute* the health benefits of tomatoes. If you're buying tomato sauce or paste, choose a variety with no salt or sugar added—or better yet, cook your own sauce at home. And if you're eating your tomatoes raw, salt them sparingly and choose salad dressings that are low in calories and saturated fat.

*dilute: 희석하다, 묽게 하다

① 토마토를 요리하여 먹었을 때, 우리의 몸은 리코펜을 더 효과적으로 흡수할 수 있다.

② 더 많은 비타민C를 섭취하고 싶다면 생토마토보다 조리된 토마토를 섭취하는 것이 낫다.

③ 토마토 소스를 구입하고자 한다면, 소금이나 설탕이 첨가되지 않은 것으로 골라야 한다.

④ 생토마토를 섭취 시 소금을 적게 넣거나, 칼로리가 적은 드레싱을 선택하도록 한다.

01 다음 밑줄 친 (A), (B), (C)의 각 괄호 안에서 문맥에 맞는 낱말로 가장 적절한 것은?

It's tempting to identify knowledge with facts, but not every fact is an item of knowledge. Imagine shaking a sealed cardboard box containing a single coin. As you put the box down, the coin inside the box has landed either heads or tails: let's say that's a fact. But as long as no one looks into the box, this fact remains unknown; it is not yet within the realm of (A) [fact / knowledge]. Nor do facts become knowledge simply by being written down. If you write the sentence 'The coin has landed heads' on one slip of paper and 'The coin has landed tails' on another, then you will have written down a fact on one of the slips, but you still won't have gained knowledge of the outcome of the coin toss. Knowledge demands some kind of access to a fact on the part of some living subject. (B) [With / Without] a mind to access it, whatever is stored in libraries and databases won't be knowledge, but just ink marks and electronic traces. In any given case of knowledge, this access may or may not be unique to an individual: the same fact may be known by one person and not by others. Common knowledge might be shared by many people, but there is no knowledge that dangles (C) [attached / unattached] to any subject.

	(A)	(B)	(C)
①	fact	with	unattached
②	knowledge	without	unattached
③	knowledge	with	attached
④	fact	without	attached

02 다음 빈칸에 들어갈 말로 가장 적절한 것은?

Impressionable youth are not the only ones subject to _____. Most of us have probably had an experience of being pressured by a salesman. Have you ever had a sales rep try to sell you some "office solution" by telling you that 70 percent of your competitors are using their service, so why aren't you? But what if 70 percent of your competitors are idiots? Or what if that 70 percent were given so much value added or offered such a low price that they couldn't resist the opportunity? The practice is designed to do one thing and one thing only—to pressure you to buy. To make you feel you might be missing out on something or that everyone else knows but you.

① peer pressure
② impulse buying
③ bullying tactics
④ keen competition

03 다음 밑줄 친 (A), (B), (C)의 각 괄호 안에서 문맥에 맞는 낱말로 가장 적절한 것은?

People with high self-esteem have confidence in their skills and competence and enjoy facing the challenges that life offers them. They (A) [willingly / unwillingly] work in teams because they are sure of themselves and enjoy taking the opportunity to contribute. However, those who have low self-esteem tend to feel awkward, shy, and unable to express themselves. Often they compound their problems by opting for avoidance strategies because they (B) [deny / hold] the belief that whatever they do will result in failure. Conversely, they may compensate for their lack of self-esteem by exhibiting boastful and arrogant behavior to cover up their sense of unworthiness. Furthermore, such individuals account for their successes by finding reasons that are outside of themselves, while those with high self-esteem (C) [attempt / attribute] their success to internal characteristics.

	(A)	(B)	(C)
①	willingly	deny	attempt
②	willingly	hold	attribute
③	unwillingly	hold	attempt
④	unwillingly	deny	attribute

04 다음 글의 제목으로 가장 적절한 것은?

To be sure, no other species can lay claim to our capacity to devise something new and original, from the sublime* to the sublimely ridiculous. Other animals do build things—birds assemble their intricate nests, beavers construct dams, and ants dig elaborate networks of tunnels. "But airplanes, strangely tilted skyscrapers and Chia Pets*, well, they're pretty impressive," Fuentes says, adding that from an evolutionary standpoint, "creativity is as much a part of our tool kit as walking on two legs, having a big brain and really good hands for manipulating things." For a physically unprepossessing primate, without great fangs or claws or wings or other obvious physical advantages, creativity has been the great equalizer—and more—ensuring, for now, at least, the survival of Homo sapiens.

*sublime: 황당한, (터무니없이) 극단적인
*Chia Pets: 잔디가 머리털처럼 자라나는 피규어

① Where Does Human Creativity Come From?
② What Are the Physical Characteristics of Primates?
③ Physical Advantages of Homo Sapiens over Other Species
④ Creativity: a Unique Trait Human Species Have For Survival

05 다음 글의 요지를 한 문장으로 요약하고자 한다. 빈칸 (A), (B)에 들어갈 말로 가장 적절한 것은?

"Most of bird identification is based on a sort of subjective impression—the way a bird moves and little instantaneous appearances at different angles and sequences of different appearances, and as it turns its head and as it flies and as it turns around, you see sequences of different shapes and angles," Sibley says, "All that combines to create a unique impression of a bird that can't really be taken apart and described in words. When it comes down to being in the fieldland looking at a bird, you don't take time to analyze it and say it shows this, this, and this; therefore it must be this species. It's more natural and instinctive. After a lot of practice, you look at the bird, and it triggers little switches in your brain. It looks right. You know what it is at a glance."

⇩

According to Sibley, bird identification is based on ___(A)___ rather than ___(B)___ .

	(A)	(B)
①	instinctive impression	discrete analysis
②	objective research	subjective judgements
③	physical appearances	behavioral traits
④	close observation	distant observation

06 주어진 글 다음에 이어질 글의 순서로 가장 적절한 것은?

As cars are becoming less dependent on people, the means and circumstances in which the product is used by consumers are also likely to undergo significant changes, with higher rates of participation in car sharing and short-term leasing programs.

(A) In the not-too-distant future, a driverless car could come to you when you need it, and when you are done with it, it could then drive away without any need for a parking space. Increases in car sharing and short-term leasing are also likely to be associated with a corresponding decrease in the importance of exterior car design.

(B) As a result, the symbolic meanings derived from cars and their relationship to consumer self-identity and status are likely to change in turn.

(C) Rather than serving as a medium for personalization and self-identity, car exteriors might increasingly come to represent a channel for advertising and other promotional activities, including brand ambassador programs, such as those offered by Free Car Media.

① (A) - (C) - (B)
② (B) - (C) - (A)
③ (C) - (A) - (B)
④ (C) - (B) - (A)

07 주어진 글 다음에 이어질 글의 순서로 가장 적절한 것은?

> There is a wonderful story of a group of American car executives who went to Japan to see a Japanese assembly line. At the end of the line, the doors were put on the hinges, the same as in America.

> (A) But something was missing. In the United States, a line worker would take a rubber mallet and tap the edges of the door to ensure that it fit perfectly. In Japan, that job didn't seem to exist.

> (B) Confused, the American auto executives asked at what point they made sure the door fit perfectly. Their Japanese guide looked at them and smiled sheepishly. "We make sure it fits when we design it."

> (C) In the Japanese auto plant, they didn't examine the problem and accumulate data to figure out the best solution—they engineered the outcome they wanted from the beginning. If they didn't achieve their desired outcome, they understood it was because of a decision they made at the start of the process.

① (A) - (B) - (C)

② (A) - (C) - (B)

③ (B) - (A) - (C)

④ (B) - (C) - (A)

08 다음 글의 빈칸 (A), (B)에 들어갈 말로 가장 적절한 것은?

> There has been much research on nonverbal cues to deception dating back to the work of Ekman and his idea of leakage. It is well documented that people use others' nonverbal behaviors as a way to detect lies. My research and that of many others has strongly supported people's reliance on observations of others' nonverbal behaviors when assessing honesty. ___(A)___, social scientific research on the link between various nonverbal behaviors and the act of lying suggests that the link is typically not very strong or consistent. In my research, I have observed that the nonverbal signals that seem to give one liar away are different than those given by a second liar. ___(B)___, the scientific evidence linking nonverbal behaviors and deception has grown weaker over time. People infer honesty based on how others nonverbally present themselves, but that has very limited utility and validity.

	(A)	(B)
①	However	What's more
②	As a result	On the contrary
③	However	Nevertheless
④	As a result	For instance

09 다음 글의 밑줄 친 부분 중 어법상 틀린 것은?

As soon as the start-up is incorporated it will need a bank account, and the need for a payroll account will follow quickly. The banks are very competitive in services to do payroll and related tax bookkeeping, ① starting with even the smallest of businesses. These are areas ② where a business wants the best quality service and the most "free" accounting help it can get. The changing payroll tax legislation is a headache to keep up with, especially when a sales force will be operating in many of the fifty states. And the ③ requiring reports are a burden on a company's add administrative staff. Such services are often provided best by the banker. The banks' references in this area should be compared with the payroll service alternatives such as ADP, but the future and the long-term relationship should be kept in mind when a decision is ④ being made.

10 다음 글의 밑줄 친 부분 중 어법상 틀린 것은?

Many people refuse to visit animal shelters because they find it too sad or ① depressed. They shouldn't feel so bad because so many lucky animals are saved from a dangerous life on the streets, ② where they're at risk of traffic accidents, attack by other animals or humans, and subject to the elements. Many lost pets likewise ③ are found and reclaimed by distraught owners simply because they were brought into animal shelters. Most importantly, ④ adoptable pets find homes, and sick or dangerous animals are humanely relieved of their suffering.

11 다음 밑줄 친 (A), (B), (C)의 각 괄호 안에서 문맥에 맞는 낱말로 가장 적절한 것은?

EQ testing, when performed with reliable testing methods, can provide you with very useful information about yourself. I've found, having tested thousands of people, that many are a bit surprised by their results. For example, one person who believed she was very socially responsible and often concerned about others came out with an (A) [average / extraordinary] score in that area. She was quite disappointed in her score. It turned out that she had very high standards for social responsibility and therefore was extremely (B) [easy / hard] on herself when she performed her assessment. In reality, she was (C) [more / less] socially responsible than most people, but she believed that she could be much better than she was.

	(A)	(B)	(C)
①	average	easy	less
②	average	hard	more
③	extraordinary	hard	less
④	extraordinary	easy	more

12 다음 빈칸에 들어갈 말로 가장 적절한 것은?

A person may try to _____ by using evidence to his advantage. A mother asks her son, "How are you doing in English this term?" He responds cheerfully, "Oh, I just got a ninety-five on a quiz." The statement conceals the fact that he has failed every other quiz and that his actual average is 55. Yet, if she pursues the matter no further, the mother may be delighted that her son is doing so well. Linda asks Susan, "Have you read much Dickens?" Susan responds, "Oh, *Pickwick Papers* is one of my favorite novels." The statement may disguise the fact that *Pickwick Papers* is the only novel by Dickens that she has read, and it may give Linda the impression that Susan is a great Dickens enthusiast.

① earn extra money

② effect a certain belief

③ hide memory problems

④ make other people feel guilty

13 다음 글의 내용을 한 문장으로 요약하고자 한다. 빈칸 (A), (B)에 들어갈 말로 가장 적절한 것은?

Whether we are complimented for our appearance, our garden, a dinner we prepared, or an assignment at the office, it is always satisfying to receive recognition for a job well done. Certainly, reinforcement theory sees occasional praise as an aid to learning a new skill. However, some evidence cautions against making sweeping generalizations regarding the use of praise in improving performance. It seems that while praise improves performance on certain tasks, on others it can instead prove harmful. Imagine the situation in which the enthusiastic support of hometown fans expecting victory brings about the downfall of their team. In this situation, it seems that praise creates pressure on athletes, disrupting their performance.

⇩

Whether ____(A)____ helps or hurts a performance depends on ____(B)____ .

	(A)	(B)
①	praise	task types
②	competition	quality of teamwork
③	praise	quality of teamwork
④	competition	task types

14 다음 글의 밑줄 친 부분 중 어법상 틀린 것은?

As we consider media consumption in the context of anonymous social relations, we mean all of those occasions that involve the presence of strangers, such as viewing television in public places like bars, ① going to concerts or dance clubs, or reading a newspaper on a bus or subway. Typically, there are social rules that ② govern how we interact with those around us and with the media product. For instance, it is considered rude in our culture, or at least aggressive, ③ read over another person's shoulder or to get up and change TV channels in a public setting. Any music fan knows what is appropriate at a particular kind of concert. The presence of other people is often crucial to defining the setting and hence the activity of media consumption, ④ despite the fact that the relationships are totally impersonal.

15 다음 글의 밑줄 친 부분 중 어법상 틀린 것은?

Many of us believe that amnesia, or sudden memory loss, results in the inability to recall one's name and identity. This belief may reflect the way amnesia is usually ① portrayed in movies, television, and literature. For example, when we meet Matt Damon's character in the movie *The Bourne Identity*, we learn that he has no memory for who he is, why he has the skills he does, or where he is from. He spends much of the movie ② trying to answer these questions. However, the inability to remember your name and identity ③ are exceedingly rare in reality. Amnesia most often results from a brain injury that leaves the victim unable to form new memories, but with most memories of the past ④ intact. Some movies do accurately portray this more common syndrome; our favorite *Memento*.

16 다음 빈칸에 들어갈 말로 가장 적절한 것은?

Much is now known about natural hazards and the negative impacts they have on people and their property. It would seem obvious that any logical person would avoid such potential impacts or at least modify their behavior or their property to minimize such impacts. However, humans are not always rational. Until someone has a personal experience or knows someone who has such an experience, most people subconsciously believe "It won't happen here" or "It won't happen to me." Even knowledgeable scientists who are aware of the hazards, the odds of their occurrence, and the costs of an event _____.

① refuse to remain silent

② do not always act appropriately

③ put the genetic factor at the top end

④ have difficulty in defining natural hazards

17 다음 글의 주제로 가장 적절한 것은?

The rise of cities and kingdoms and the improvement in transport infrastructure brought about new opportunities for specialization. Densely populated cities provided full-time employment not just for professional shoemakers and doctors, but also for carpenters, priests, soldiers and lawyers. Villages that gained a reputation for producing really good wine, olive oil or ceramics discovered that it was worth their while to specialize nearly exclusively in that product and trade it with other settlements for all the other goods they needed. This made a lot of sense. Climates and soils differ, so why drink mediocre wine from your backyard if you can buy a smoother variety from a place whose soil and climate is much better suited to grape vines? If the clay in your backyard makes stronger and prettier pots, then you can make an exchange.

① how climates and soils influence the local products
② ways to gain a good reputation for local specialties
③ what made people engage in specialization and trade
④ the rise of cities and full-time employment for professionals

18 밑줄 친 the issue가 가리키는 내용으로 가장 적절한 것은?

Nine-year-old Ryan Kyote was eating breakfast at home in Napa, California, when he saw the news: an Indiana school had taken a 6-year-old's meal when her lunch account didn't have enough money. Kyote asked if that could happen to his friends. When his mom contacted the school district to find out, she learned that students at schools in their district had, all told, as much as $25,000 in lunch debt. Although the district says it never penalized students who owed, Kyote decided to use his saved allowance to pay off his grade's debt, about $74—becoming the face of a movement to end lunch-money debt. When California Governor Gavin Newsom signed a bill in October that banned "lunch shaming," or giving worse food to students with debt, he thanked Kyote for his "empathy and his courage" in raising awareness of the issue. "Heroes," Kyote points out, "come in all ages."

① The governor signed a bill to decline lunch items to students with lunch debt.
② Kyote's lunch was taken away because he ran out of money in his lunch account.
③ The school district with financial burden cut the budget failing to serve quality meals.
④ Many students in the district who could not afford lunch were burdened with lunch debt.

19 청고래에 관한 다음 글의 내용과 일치하지 않는 것은?

The biggest heart in the world is inside the blue whale. It weighs more than seven tons. It's as big as a room. When this creature is born it is 20 feet long and weighs four tons. It is way bigger than your car. It drinks a hundred gallons of milk from its mama every day and gains 200 pounds a day, and when it is seven or eight years old it endures an unimaginable puberty and then it essentially disappears from human ken, for next to nothing is known of the mating habits, travel patterns, diet, social life, language, social structure and diseases. There are perhaps 10,000 blue whales in the world, living in every ocean on earth, and of the largest animal who ever lived we know nearly nothing. But we know this: the animals with the largest hearts in the world generally travel in pairs, and their penetrating moaning cries, their piercing yearning tongue, can be heard underwater for miles and miles.

① 아기 청고래는 매일 100갤런의 모유를 마시고, 하루에 200파운드씩 체중이 증가한다.
② 청고래는 사춘기를 지나면서 인간의 시야에서 사라져서 청고래에 대해 알려진 것이 많지 않다.
③ 세계에서 가장 큰 심장을 지닌 동물이면서, 몸집이 가장 큰 동물이다.
④ 청고래는 일반적으로 혼자서 이동하고, 청고래의 소리는 물속을 관통하여 수 마일까지 전달될 수 있다.

20 다음 글의 주제로 가장 적절한 것은?

In addition to controlling temperatures when handling fresh produce, control of the atmosphere is important. Some moisture is needed in the air to prevent dehydration during storage, but too much moisture can encourage growth of molds. Some commercial storage units have controlled atmospheres, with the levels of both carbon dioxide and moisture being regulated carefully. Sometimes other gases, such as ethylene gas, may be introduced at controlled levels to help achieve optimal quality of bananas and other fresh produce. Related to the control of gases and moisture is the need for some circulation of air among the stored foods.

① The necessity of controlling harmful gases in atmosphere
② The best way to control levels of moisture in growing plants and fruits
③ The seriousness of increasing carbon footprints every year around the world
④ The importance of controlling certain levels of gases and moisture in storing foods

21 다음 글의 밑줄 친 부분 중 문맥상 낱말의 쓰임이 가장 적절하지 <u>않은</u> 것은?

Even if lying doesn't have any harmful effects in a particular case, it is still morally wrong because, if discovered, lying weakens the general practice of truth telling on which human communication relies. For instance, if I were to lie about my age on grounds of vanity, and my lying were discovered, even though no serious harm would have been done, I would have ① <u>undermined</u> your trust generally. In that case you would be far less likely to believe anything I might say in the future. Thus all lying, when discovered, has indirect ② <u>harmful</u> effects. However, very occasionally, these harmful effects might possibly be outweighed by the ③ <u>benefits</u> which arise from a lie. For example, if someone is seriously ill, lying to them about their life expectancy might probably give them a chance of living longer. On the other hand, telling them the truth could possibly ④ <u>prevent</u> a depression that would accelerate their physical decline.

22 글의 흐름으로 보아, 아래 문장이 들어가기에 가장 적절한 곳은?

Water is also the medium for most chemical reactions needed to sustain life.

Several common properties of seawater are crucial to the survival and well-being of the ocean's inhabitants. Water accounts for 80-90% of the volume of most marine organisms. (①) It provides buoyancy and body support for swimming and floating organisms and reduces the need for heavy skeletal structures. (②) The life processes of marine organisms in turn alter many fundamental physical and chemical properties of seawater, including its transparency and chemical makeup, making organisms an integral part of the total marine environment. (③) Understanding the interactions between organisms and their marine environment requires a brief examination of some of the more important physical and chemical attributes of seawater. (④) The characteristics of pure water and sea water differ in some respects, so we consider first the basic properties of pure water and then examine how those properties differ in seawater.

23 (A), (B), (C)의 각 네모 안에서 문맥에 맞는 낱말로 가장 적절한 것은?

Here's the even more surprising part: The advent of AI didn't (A) diminish / increase the performance of purely human chess players. Quite the opposite. Cheap, supersmart chess programs (B) discouraged / inspired more people than ever to play chess, at more tournaments than ever, and the players got better than ever. There are more than twice as many grand masters now as there were when Deep Blue first beat Kasparov. The top-ranked human chess player today, Magnus Carlsen, trained with AIs and has been deemed the most computerlike of all human chess players. He also has the (C) highest / lowest human grand master rating of all time.

	(A)	(B)	(C)
①	diminish	discouraged	highest
②	increase	discouraged	lowest
③	diminish	inspired	highest
④	increase	inspired	lowest

24 다음 글의 내용을 요약할 때 빈칸에 들어갈 말로 가장 적절한 것은?

Aesthetic value in fashion objects, like aesthetic value in fine art objects, is self-oriented. Consumers have the need to be attracted and to surround themselves with other people who are attractive. However, unlike aesthetic value in the fine arts, aesthetic value in fashion is also other-oriented. Attractiveness of appearance is a way of eliciting the reaction of others and facilitating social interaction.

⇩

Aesthetic value in fashion objects is _____ _____.

① inherently only self-oriented
② just other-oriented unlike the other
③ both self-oriented and other-oriented
④ hard to define regardless of its nature

25 글의 흐름으로 보아, 아래 문장이 들어가기에 가장 적절한 곳은?

> The great news is that this is true whether or not we remember our dreams.

> Some believe there is no value to dreams, but it is wrong to dismiss these nocturnal dramas as irrelevant. There is something to be gained in remembering. (①) We can feel more connected, more complete, and more on track. We can receive inspiration, information, and comfort. Albert Einstein stated that his theory of relativity was inspired by a dream. (②) In fact, he claimed that dreams were responsible for many of his discoveries. (③) Asking why we dream makes as much sense as questioning why we breathe. Dreaming is an integral part of a healthy life. (④) Many people report being inspired with a new approach for a problem upon awakening, even though they don't remember the specific dream.

01 다음 글의 밑줄 친 부분 중 어법상 틀린 것은?

Recent research reveals that some individuals are genetically ① predisposed to shyness. In other words, some people are born shy. Researchers say that between 15 and 20 percent of newborn babies show signs of shyness: they are quieter and more vigilant. Researchers have identified physiological differences between sociable and shy babies ② that show up as early as two months. In one study, two-month-olds who were later identified as shy children ③ reacting with signs of stress to stimuli such as moving mobiles and tape recordings of human voices: increased heart rates, jerky movements of arms and legs, and excessive crying. Further evidence of the genetic basis of shyness is the fact that parents and grandparents of shy children more often say that they were shy as children ④ than parents and grandparents of non-shy children.

02 다음 밑줄 친 (A), (B), (C)에서 문맥에 맞는 낱말로 가장 적절한 것은?

South Korea is one of the only countries in the world that has a dedicated goal to become the world's leading exporter of popular culture. It is a way for Korea to develop its "soft power." It refers to the (A) [tangible / intangible] power a country wields through its image, rather than through military power or economic power. Hallyu first spread to China and Japan, later to Southeast Asia and several countries worldwide. In 2000, a 50-year ban on the exchange of popular culture between Korea and Japan was partly lifted, which improved the (B) [surge / decline] of Korean popular culture among the Japanese. South Korea's broadcast authorities have been sending delegates to promote their TV programs and cultural contents in several countries. Hallyu has been a blessing for Korea, its businesses, culture and country image. Since early 1999, Hallyu has become one of the biggest cultural phenomena across Asia. The Hallyu effect has been tremendous, contributing to 0.2% of Korea's GDP in 2004, amounting to approximately USD 1.87 billion. More recently in 2014, Hallyu had an estimated USD 11.6 billion (C) [boost / stagnation] on the Korean economy.

	(A)	(B)	(C)
①	tangible	surge	stagnation
②	intangible	decline	boost
③	intangible	surge	boost
④	tangible	decline	stagnation

03 다음 글에서 전체의 흐름과 가장 관계없는 문장은?

The immortal operatically styled single Bohemian Rhapsody by Queen was released in 1975 and proceeded to the top of the UK charts for 9 weeks. ① A song that was nearly never released due to its length and unusual style but which Freddie insisted would be played became the instantly recognizable hit. ② By this time Freddie's unique talents were becoming clear, a voice with a remarkable range and a stage presence that gave Queen its colorful, unpredictable and flamboyant personality. ③ The son of Bomi and Jer Bulsara, Freddie spent the bulk of his childhood in India where he attended St. Peter's boarding school. ④ Very soon Queen's popularity extended beyond the shores of the UK as they charted and triumphed around Europe, Japan and the USA where in 1979 they topped the charts with Freddie's song Crazy Little thing Called Love.

04 (A), (B), (C)의 각 부분에서 어법에 맞는 표현으로 가장 적절한 것은?

Mel Blanc, considered by many industry experts to be the inventor of cartoon voice acting, began his career in 1927 as a voice actor for a local radio show. The producers did not have the funds to hire many actors, so Mel Blanc resorted to (A) [create / creating] different voices and personas* for the show as needed. He became a regular on The Jack Benny Program, (B) [where / which] he provided voices for many characters—human, animal, and nonliving objects such as a car in need of a tune-up. The distinctive voice he created for Porky Pig fueled his breakout success at Warner Bros. Soon Blanc was closely associated with many of the studio's biggest cartoon stars as well as characters from Hanna-Barbera Studios. His longest running voice-over was for the character Daffy Duck—about 52 years. Blanc was extremely protective of his work—screen credits reading "Voice Characterization by Mel Blanc" (C) [was / were] always under the terms of his contracts.

*personas: (극ㆍ소설 등의) 등장인물

	(A)	(B)	(C)
①	create	where	was
②	create	which	were
③	creating	where	were
④	creating	which	was

05 다음 빈칸에 들어갈 말로 가장 적절한 것은?

With the present plummeting demand market for office buildings, resulting in many vacant properties, we need to develop plans that will enable some future exchange between residential and commercial or office functions. This vacancy has reached a historic level; at present the major towns in the Netherlands have some five million square metres of unoccupied office space, while there is a shortage of 160,000 homes. At least a million of those square metres can be expected to stay vacant, according to the association of Dutch property developers. There is a real threat of 'ghost towns' of empty office buildings springing up around the major cities. In spite of this forecast, office building activities are continuing at full tilt, as these were planned during a period of high returns. Therefore, it is now essential that _____.

① a new design be adopted to reduce costs for the maintenance of buildings

② a number of plans for office buildings be redeveloped for housing

③ residential buildings be converted into commercial buildings

④ we design and deliver as many shops as possible

06 다음 글의 내용과 가장 일치하는 것은?

Child psychologists concentrate their efforts on the study of the individual from birth through age eleven. Developmental psychologists study behavior and growth patterns from the prenatal period through maturity and old age. Many clinical psychologists specialize in dealing with the behavior problems of children. Research in child psychology sometimes helps shed light on work behavior. For example, one study showed that victims of childhood abuse and neglect may suffer long-term consequences. Among them are lower IQs and reading ability, more suicide attempts, and more unemployment and low-paying jobs. Many people today have become interested in the study of adult phases of human development. The work of developmental psychologists has led to widespread interest in the problems of the middle years, such as the mid-life crisis. A job-related problem of interest to developmental psychologists is why so many executives die earlier than expected after retirement.

① 아동심리학의 연구대상은 주로 사춘기 이후의 아동이다.

② 발달심리학자들은 인간의 일생의 행동과 성장을 연구한다.

③ 아동기에 학대 받은 성인의 실업률이 더 낮은 경향이 있다.

④ 임원들의 은퇴 후 조기 사망이 최근 임상심리학의 관심사이다.

07 다음 글의 내용을 한 문장으로 요약하고자 한다. 빈칸 (A), (B)에 들어갈 말로 가장 적절한 것은?

One presentation factor that can influence decision making is the contrast effect. For example, a $70 sweater may not seem like a very good deal initially, but if you learn that the sweater was reduced from $200, all of a sudden it may seem like a real bargain. It is the contrast that "seals the deal." Similarly, my family lives in Massachusetts, so we are very used to cold weather. But when we visit Florida to see my aunt and uncle for Thanksgiving, they urge the kids to wear hats when it is 60 degree outside—virtually bathing suit weather from the kids' perspective! Research even shows that people eat more when they are eating on large plates than when eating from small plates; the same portion simply looks larger on a small plate than a large plate, and we use perceived portion size as a cue that tells us when we are full.

⇩

The contrast effect is the tendency to ___(A)___ a stimulus in different ways depending on the salient comparison with ___(B)___ .

	(A)	(B)
①	perceive	previous experience
②	provide	predictive future
③	perceive	unexpected events
④	provide	initial impressions

08 다음 글의 밑줄 친 부분 중 문맥상 낱말의 쓰임이 가장 적절하지 않은 것은?

Most of the fatal accidents happen because of over speeding. It is a natural subconscious mind of humans to excel. If given a chance man is sure to achieve infinity in speed. But when we are sharing the road with other users we will always remain behind some or other vehicle. ① Increase in speed multiplies the risk of accident and severity* of injury during accident. Faster vehicles are more prone to accident than the slower one and the severity of accident will also be more in case of faster vehicles. ② Higher the speed, greater the risk. At high speed the vehicle needs greater distance to stop—i.e., braking distance. A slower vehicle comes to halt immediately while faster one takes long way to stop and also skids a ③ short distance because of The First Law of Motion. A vehicle moving on high speed will have greater impact during the crash and hence will cause more injuries. The ability to judge the forthcoming events also gets ④ reduced while driving at faster speed which causes error in judgment and finally a crash.

*severity: 심함

09 다음 글의 요지로 가장 적절한 것은?

It is first necessary to make an endeavor to become interested in whatever it has seemed worth while to read. The student should try earnestly to discover wherein others have found it good. Every reader is at liberty to like or to dislike even a masterpiece; but he is not in a position even to have an opinion of it until he appreciates why it has been admired. He must set himself to realize not what is bad in a book, but what is good. The common theory that the critical faculties are best developed by training the mind to detect shortcoming is as vicious as it is false. Any carper can find the faults in a great work; it is only the enlightened who can discover all its merits. It will seldom happen that a sincere effort to appreciate good book will leave the reader uninterested.

① Give attention to a weakness which can damage the reputation of a book.

② Try to understand the value of the book while to read before judging it.

③ Read books in which you are not only interested but also uninterested.

④ Until the book is finished, keep a critical eye on the theme.

10 다음 도표의 내용과 가장 일치하지 않는 문장은?

Majority of Americans say organic produce is healthier than conventionally grown produce

% of U.S. adults who say organic fruits and vegetables are ___ than conventionally grown produce

■ Better for health	■ Neither better nor worse	■ Worse for health
55	41	3

■ Taste better	■ Taste about the same	■ Taste worse
32	59	5

Note: Respondents who did not give an answer are not shown.
Source: Survey conducted May 10-June 6, 2016.
"The New Food Fights: U.S. Public Divides Over Food Science"

PEW RESEARCH CENTER

Most Americans are buying organic foods because of health concerns. ① More than half of the public says that organic fruits and vegetables are better for one's health than conventionally grown produce. ② More than forty percent say organic produce is neither better nor worse for one's health and the least number of people say that organic produce is worse for one's health. ③ Fewer Americans say organic produce tastes better than conventionally grown fruits and vegetables. ④ About one-third of U.S. adults say that organic produce tastes better, and over two-thirds of people says that organic and conventionally grown produce taste about the same.

11 밑줄 친 brush them off가 다음 글에서 의미하는 바로 가장 적절한 것은?

Much of the communication between doctor and patient is personal. To have a good partnership with your doctor, it is important to talk about sensitive subjects, like sex or memory problems, even if you are embarrassed or uncomfortable. Most doctors are used to talking about personal matters and will try to ease your discomfort. Keep in mind that these topics concern many older people. You can use booklets and other materials to help you bring up sensitive subjects when talking with your doctor. It is important to understand that problems with memory, depression, sexual function, and incontinence* are not necessarily normal parts of aging. A good doctor will take your concerns about these topics seriously and not <u>brush them off</u>. If you think your doctor isn't taking your concerns seriously, talk to him or her about your feelings or consider looking for a new doctor.

*incontinence: (대소변)실금

① discuss sensitive topics with you

② ignore some concerns you have

③ feel comfortable with something you say

④ deal with uncomfortable subjects seriously

12 다음 빈칸에 들어갈 말로 가장 적절한 것은?

Although we all possess the same physical organs for sensing the world—eyes for seeing, ears for hearing, noses for smelling, skin for feeling, and mouths for tasting—our perception of the world depends to a great extent on the language we speak, according to a famous hypothesis proposed by linguists Edward Sapir and Benjamin Lee Whorf. They hypothesized that language is like a pair of eyeglasses through which we "see" the world in a particular way. A classic example of the relationship between language and perception is the word snow. Eskimo languages have as many as 32 different words for snow. For instance, the Eskimos have different words for falling snow, snow on the ground, snow packed as hard as ice, slushy snow, wind-driven snow, and what we might call "cornmeal" snow. The ancient Aztec languages of Mexico, in contrast, used only one word to mean snow, cold, and ice. Thus, if the Sapir-Whorf hypothesis is correct and we can perceive only things that we have words for, the Aztecs perceived snow, cold, and ice as _____.

① one and the same phenomenon

② being distinct from one another

③ separate things with unique features

④ something sensed by a specific physical organ

13 글의 흐름으로 보아, 주어진 문장이 들어가기에 가장 적절한 곳을 고르시오.

> "Soft power" on the contrary is "the ability to achieve goals through attraction and persuasion, rather than coercion or fee."

The concept of "soft power" was formed in the early 1990s by the American political scientist, deputy defense of the Clinton's administration, Joseph Nye, Jr. The ideas of the American Professor J. Nye allowed to take a fresh look at the interpretation of the concept of "power," provoked scientific debate and stimulated the practical side of international politics. (①) In his works he identifies two types of power: "hard power" and "soft power." (②) He defines "hard power" as "the ability to get others to act in ways that contradict* their initial preferences and strategies." (③) The "soft power" of the state is its ability to "charm" other participants in the world political process, to demonstrate the attractiveness of its own culture (in a context it is attractive to others), political values and foreign policy (if considered legitimate and morally justified). (④) The main components of "soft power" are culture, political values and foreign policy.

*contradict: 부인하다, 모순되다

14 다음 글의 주제로 가장 적절한 것은?

The rapidity of AI deployment in different fields depends on a few critical factors: retail is particularly suitable for a few reasons. The first is the ability to test and measure. With appropriate safeguards, retail giants can deploy AI and test and measure consumer response. They can also directly measure the effect on their bottom line fairly quickly. The second is the relatively small consequences of a mistake. An AI agent landing a passenger aircraft cannot afford to make a mistake because it might kill people. An AI agent deployed in retail that makes millions of decisions every day can afford to make some mistakes, as long as the overall effect is positive. Some smart robot technology is already happening in retail. But many of the most significant changes will come from deployment of AI rather than physical robots or autonomous vehicles.

① dangers of AI agent
② why retail is suited for AI
③ retail technology and hospitality
④ critical factors of AI development

15 다음 빈칸에 들어갈 말로 가장 적절한 것은?

> "_____." is the basic understanding of how karma works. The word karma literally means "activity." Karma can be divided up into a few simple categories—good, bad, individual and collective. Depending on one's actions, one will reap the fruits of those actions. The fruits may be sweet or sour, depending on the nature of the actions performed. Fruits can also be reaped in a collective manner if a group of people together perform a certain activity or activities. Everything we say and do determines what's going to happen to us in the future. Whether we act honestly, dishonestly, help or hurt others, it all gets recorded and manifests as a karmic reaction either in this life or a future life. All karmic records are carried with the soul into the next life and body.

① It never rains but it pours

② A stitch in time saves nine

③ Many hands make light work

④ What goes around comes around

16 다음 글에서 필자가 주장하는 바로 가장 적절한 것은?

> Creating a culture that inspires out-of-the-box thinking is ultimately about inspiring people to stretch and empowering them to drive change. As a leader, you need to provide support for those times when change is hard, and that support is about the example you set, the behaviors you encourage and the achievements you reward. First, think about the example you set. Do you consistently model out-of-the-box behaviors yourself? Do you step up and take responsibility and accountability, focus on solutions and display curiosity? Next, find ways to encourage and empower the people who are ready to step out of the box. Let them know that you recognize their efforts; help them refine their ideas and decide which risks are worth taking. And most importantly, be extremely mindful* of which achievements you reward. Do you only recognize the people who play it safe? Or, do you also reward the people who are willing to stretch, display out-of-the-box behaviors and fall short of an aggressive goal?
>
> *mindful: 신경을 쓰는, 염두에 두는

① 책임감 있는 리더가 되기 위해서는 보편적 윤리관을 가져야 한다.

② 구성원에 따라 다양한 전략과 전술을 수립하고 적용해야 한다.

③ 팀원들의 근무 환경 개선을 위해 외부의 평가를 받아야 한다.

④ 팀원에게 창의적인 사고를 할 수 있는 토대를 만들어줘야 한다.

[17~18] 다음 글을 읽고 물음에 답하시오.

The dictionary defines winning as "achieving victory over others in a competition, receiving a prize or reward for achievement." However, some of the most meaningful wins of my life were not victories over others, nor were there prizes involved. To me, winning means overcoming obstacles.

My first experience of winning occurred in elementary school gym. Nearly every day, after the warm up of push-ups and squat thrusts, we were forced to run relays. Although I suffered from asthma* as a child, my team won many races. My chest would burn terribly for several minutes following theses races, but it was worth it to feel so proud, not because I'd beaten others, but because I had overcome a handicap. By the way, I (A) "outgrew" my chronic condition by age eleven.

In high school, I had another experience of winning. Although I loved reading about biology, I could not bring myself to dissect* a frog in lab. I hated the smell of anything dead, and the idea of cutting open a frog (B) disgusted me. Every time I tried to take the scalpel to the frog, my hands would shake and my stomach would turn. Worst of all, my biology teacher reacted to my futile* attempts with contempt. After an (C) amusing couple of weeks, I decided get hold of myself. I realized that I was overreacting. With determination, I swept into my next lab period, walked up to the table, and with one swift stroke, slit open a frog. After that incident, I (D) excelled in biology. I had conquered a fear of the unknown and discovered something new about myself. I had won again.

Through these experiences, I now know that I appreciate life more if have to sacrifice to overcome these impediments. This is a positive drive for me, the very spirit of winning.

*asthma: 천식

*dissect: 해부하다

*futile: 헛된, 효과 없는

17 윗글의 제목으로 가장 적절한 것은?

① What Winning Is to Me

② The Pursuit of Happiness

③ Winners in the Second Half

④ Narratives of Positive Thinking

18 밑줄 친 (A)~(D) 중에서 문맥상 낱말의 쓰임이 가장 적절하지 않은 것은?

① (A)

② (B)

③ (C)

④ (D)

19 다음 글의 내용을 요약할 때 빈칸 (A), (B)에 들어갈 말로 가장 적절한 것은?

One classic psychology study involved mothers and their twelve-month-old babies. Each mother was with her baby throughout the study, but the mothers were divided into two groups, A and B. Both groups A and B were exposed to the same situation, the only difference being that group B mothers had to positively encourage their baby to continue playing with the thing in front of them, whereas the mothers in group A just had to be themselves in response to what their baby was playing with.

What were these babies playing with? An extremely large but tame python. The study went as follows: the children from group A were placed on the floor so the python could slither* among them. As the fear of snakes is innate in humans but isn't activated until approximately the age of two, these babies saw the python as a large toy. As the group A babies started playing with the live python, they looked up to see what their mothers were doing. The mothers, who were told to be themselves, naturally looked horrified. Seeing the fear on their mothers' faces, the babies burst into tears. When it was group B's turn, as instructed the mothers laughed and encouraged their babies to keep playing with the python. As a result these babies were grabbing and chewing on the python, all because their mothers were supportive of their new toy.

*slither: 미끄러져 가다

⇩

    (A)   are learned, usually by children watching a parent's   (B)   to certain things.

	(A)	(B)
①	Rules of the game	support
②	Preferences for toys	participation
③	All phobias	reaction
④	Various emotions	encouragement

20 다음 글의 밑줄 친 부분 중 문맥상 낱말의 쓰임이 가장 적절하지 않은 것은?

According to the modernization theory of aging, the status of older adults declines as societies become more modern. The status of old age was low in hunting-and-gathering societies, but it ① rose dramatically in stable agricultural societies, in which older people controlled the land. With the coming of industrialization, it is said, modern societies have tended to ② revalue older people. The modernization theory of aging suggests that the role and status of older adults are ③ inversely related to technological progress. Factors such as urbanization and social mobility tend to disperse families, whereas technological change tends to devalue the wisdom or life experience of elders. Some investigators have found that key elements of modernization were, in fact, broadly related to the ④ declining status of older people in different societies.

21 다음 글의 밑줄 친 부분 중 어법상 틀린 것은?

Rice stalks lower their heads when they are mature and corn kernels remain on the shoots even when they are ripe. This may not seem strange, but, in reality, these types of rice and corn should not survive in nature. Normally, when they mature, seeds should fall down to the ground in order to germinate*. However, rice and corn are mutants, and they have been modified to keep their seeds ① attached for the purpose of convenient and efficient harvesting. Humans have continuously selected and bred such mutants, through breeding technology, in order ② for these phenomena to occur. These mutant seeds have been spread intentionally, ③ which means that the plants have become artificial species not found in nature, ④ having bred to keep their seeds intact. By nurturing these cultivars*, the most preferred seeds are produced.

*germinate: 발아하다

*cultivar: 품종

22 (A), (B), (C)에서 어법에 맞는 표현으로 가장 적절한 것은?

First impression bias means that our first impression sets the mold (A) [which / by which] later information we gather about this person is processed, remembered, and viewed as relevant. For example, based on observing Ann-Chinn in class, Loern may have viewed her as a stereotypical Asian woman and assumed she is quiet, hard working, and unassertive. (B) [Reached / Having reached] these conclusions, rightly or wrongly, he now has a set of prototypes and constructs for understanding and interpreting Ann-Chinn's behavior. Over time, he fits the behavior consistent with his prototypes and constructs into the impression (C) [that / what] he has already formed of her. When he notices her expressing disbelief over his selection of bumper stickers, he may simply dismiss it or view it as an odd exception to her real nature because it doesn't fit his existing prototype.

	(A)	(B)	(C)
①	which	reached	that
②	which	having reached	what
③	by which	having reached	that
④	by which	reached	what

23 다음 글의 밑줄 친 부분 중 어법상 틀린 것은?

The wave of research in child language acquisition led language teachers and teacher trainers to study some of the general findings of such research with a view to drawing analogies between first and second language acquisition, and even to ① justifying certain teaching methods and techniques on the basis of first language learning principles. On the surface, it is entirely reasonable to make the analogy. All children, ② given a normal developmental environment, acquire their native languages fluently and efficiently. Moreover, they acquire them "naturally," without special instruction, ③ despite not without significant effort and attention to language. The direct comparisons must be treated with caution, however. There are dozens of salient differences between first and second language learning; the most obvious difference, in the case of adult second language learning, ④ is the tremendous cognitive and affective contrast between adults and children.

24 다음 글의 밑줄 친 부분 중 문맥상 낱말의 쓰임이 가장 적절하지 않은 것은?

The American physiologist Hudson Hoagland saw scientific mysteries everywhere and felt it his calling to solve them. Once, when his wife had a fever, Hoagland drove to the drugstore to get her aspirin. He was quick about it, but when he returned, his normally ① reasonable wife complained angrily that he had been slow as molasses*. Hoagland wondered if her fever had ② distorted her internal clock, so he took her temperature, had her estimate the length of a minute, gave her the aspirin, and continued to have her estimate the minutes as her temperature dropped. When her temperature was back to normal he plotted the logarithm* and found it was ③ linear. Later, he continued the study in his laboratory, artificially raising and lowering the temperatures of test subjects until he was certain he was right: higher body temperatures make the body clock go faster, and his wife had not been ④ justifiably cranky.

*molasses: 당밀

*logarithm: (수학) 로그

25 다음 빈칸에 들어갈 말로 가장 적절한 것은?

Saint Paul said the invisible must be understood by the visible. That was not a Hebrew idea, it was Greek. In Greece alone in the ancient world people were preoccupied with the visible; they were finding the satisfaction of their desires in what was actually in the world around them. The sculptor watched the athletes contending in the games and he felt that nothing he could imagine would be as beautiful as those strong young bodies. So he made his statue of Apollo. The storyteller found Hermes among the people he passed in the street. He saw the god "like a young man at that age when youth is loveliest," as Homer says. Greek artists and poets realized how splendid a man could be, straight and swift and strong. He was the fulfillment of their search for beauty. They had no wish to create some fantasy shaped in their own minds. All the art and all the thought of Greece _____.

① had no semblance of reality

② put human beings at the center

③ were concerned with an omnipotent God

④ represented the desire for supernatural power

할 수 있다고 믿는 사람은 그렇게 되고,
할 수 없다고 믿는 사람도 역시 그렇게 된다.

− 샤를 드골 −

PART 5

민법

01 보증채무에 관한 다음 설명 중 옳지 않은 것을 모두 고른 것은? (다툼이 있는 경우 판례에 의하고, 전원합의체 판결의 경우 다수의견에 의함. 이하 01~25까지 같음)

> ㄱ. 보증채무는 주채무와는 별개의 채무이기 때문에 보증채무 자체의 이행지체로 인한 지연손해금은 보증한도액과는 별도로 부담하고 이 경우 보증채무의 연체이율에 관하여 특별한 약정이 없는 경우라면 그 거래행위의 성질에 따라 상법 또는 민법에서 정한 법정이율에 따라야 하며, 주채무에 관하여 약정된 연체이율이 당연히 여기에 적용되는 것은 아니지만, 특별한 약정이 있다면 이에 따라야 한다.
>
> ㄴ. 주채무자가 채권자에 대하여 취소권·해제권·해지권을 가지는 경우에는 보증인은 직접 그 권리를 행사할 수 있고, 주채무자의 채권에 의한 상계로 채권자에게 대항 할 수도 있다.
>
> ㄷ. 채권자와 주채무자 사이의 확정판결에 의하여 주채무가 확정되어 그 소멸시효기간이 10년으로 연장되었다면, 보증채무의 부종성에 따라 채권자와 연대보증인 사이에 있어서 연대보증채무의 소멸시효기간도 10년으로 연장된다.
>
> ㄹ. 도급인으로서는 연대보증인과의 관계에서 손해배상채무의 발생이나 확대를 방지하는 도급계약상의 각종 장치가 그 취지대로 가동되도록 적절히 권한을 행사함으로써 예상 밖으로 손해배상의 범위가 확대되는 것을 방지할 신의칙상의 의무가 있다고 할 것이고, 만일 도급인이 고의 또는 과실로 그러한 장치의 가동을 불가능하게 하여 손해배상채무가 확대되었다면 그 한도 안에서 연대보증인은 책임을 면한다.

① ㄱ, ㄴ
② ㄴ, ㄷ
③ ㄷ, ㄹ
④ ㄴ, ㄹ

02 점유취득시효에 관한 다음 설명 중 가장 옳지 않은 것은?

① 명의신탁된 부동산에 관하여 점유자의 점유취득시효 완성 후 소유권이전등기를 경료하기 전에 위 명의신탁이 해지되고 새로운 명의신탁이 이루어져 그 소유 명의가 점유취득시효 완성 당시의 명의수탁자로부터 새로운 명의수탁자에게로 이전된 경우, 위 소유 명의의 이전이 무효가 아닌 이상 점유자는 새로운 명의수탁자에 대하여 시효취득을 주장할 수 없다.

② 부동산에 대한 점유취득시효가 완성된 후 취득시효 완성을 원인으로 한 소유권이전등기를 하지 않고 있는 사이에 그 부동산에 관하여 제3자 명의의 소유권이전등기가 경료된 경우라 하더라도 당초의 점유자가 계속 점유하고 있고 소유자가 변동된 시점을 기산점으로 삼아도 다시 취득시효의 점유기간이 경과한 경우에는 점유자로서는 제3자 앞으로의 소유권 변동시를 새로운 점유취득시효의 기산점으로 삼아 2차의 취득시효의 완성을 주장할 수 있다.

③ 점유취득시효 완성을 원인으로 한 소유권이전등기 청구는 시효 완성 당시의 소유자를 상대로 하여야 하므로 시효 완성 당시의 소유권이전등기가 무효라면, 시효취득자는 소유자를 대위하여 위 무효등기의 말소를 구하고 다시 소유자를 상대로 취득시효 완성을 이유로 한 소유권이전등기를 구하여야 한다.

④ 부동산에 대한 점유취득시효가 완성되었다고 하더라도, 점유자가 그 명의로 소유권이전등기를 경료하지 아니하여 아직 소유권을 취득하지 못하였다면 소유명의자는 점유자에 대하여 점유로 인한 부당이득반환청구를 할 수 있다.

03 동산의 선의취득에 관한 다음 설명 중 옳은 것을 모두 고른 것은?

> ㄱ. 채무자 이외의 자의 소유에 속하는 동산을 경매하여 그 매득금을 배당받은 채권자가 그 동산을 경락받아 선의취득자의 지위를 겸하고 있는 경우, 배당받은 채권자가 법률상 원인 없이 이득을 한 것은 배당액 또는 선의취득한 동산이므로, 동산의 전 소유자에게 동산 자체를 반환받아 갈 것을 요구할 수도 있고 배당금을 부당이득으로 반환할 수도 있다.
>
> ㄴ. 저당권의 실행으로 부동산이 경매된 경우에 그 부동산에 부합된 물건은 그 부동산을 낙찰받은 사람이 소유권을 취득하지만, 그 부동산의 상용에 공하여진 물건일지라도 그 물건이 부동산의 소유자가 아닌 다른 사람의 소유인 때에는 이를 종물이라고 할 수 없으므로, 부동산의 낙찰자가 그 물건을 선의취득하였다고 할 수 있으려면 그 물건이 경매의 목적물로 되었고 낙찰자가 선의이며 과실 없이 그 물건을 점유하는 등으로 선의취득의 요건을 구비하여야 한다.
>
> ㄷ. 원권리자로부터 점유를 수탁한 사람이 적극적으로 제3자에게 부정 처분한 경우와 같은 위탁물 횡령의 경우 또는 점유보조자 내지 소지기관의 횡령처럼 형사법상 절도죄가 되는 경우는 민법 제250조의 도품·유실물에 해당되지 않는다.
>
> ㄹ. 민법 제251조의 규정은 선의취득자에게 그가 지급한 대가의 변상을 받을 때까지는 그 물건의 반환청구를 거부 할 수 있는 항변권만을 인정한 것이 아니고 피해자가 그 물건의 반환을 청구하거나 어떠한 원인으로 반환을 받은 경우에는 그 대가변상의 청구권이 있다는 취지이다.

① ㄱ, ㄴ, ㄷ
② ㄴ, ㄷ, ㄹ
③ ㄱ, ㄷ, ㄹ
④ ㄱ, ㄴ, ㄹ

04 주위토지통행권에 관한 다음 설명 중 가장 옳지 않은 것은?

① 주위토지통행권은 통행로가 항상 특정한 장소로 고정되어 있는 것은 아니고, 주위토지의 현황이나 사용방법이 달라졌을 때에는 주위토지 통행권자는 주위토지 소유자를 위하여 보다 손해가 적은 다른 장소로 옮겨 통행할 수밖에 없는 경우도 있다. 하지만, 일단 확정판결이나 화해조서 등에 의하여 특정의 구체적 구역이 통행로로 인정되었다면 그와 같은 통행장소와 다른 곳으로 통행로를 변경할 수 없다.

② 동일인 소유 토지의 일부가 양도되어 공로에 통하지 못하는 토지가 생긴 경우에 포위된 토지를 위한 주위토지통행권은 일부 양도 전의 양도인 소유의 종전 토지에 대하여만 생기고 다른 사람 소유의 토지에 대하여는 인정되지 않는다.

③ 주위토지통행권이 인정된다고 하더라도 통로를 상시적으로 개방하여 제한 없이 이용할 수 있도록 하거나 피통행지 소유자의 관리권이 배제되어야만 하는 것은 아니므로, 토지의 용도에 적합한 범위에서 통행 시기나 횟수, 통행방법 등을 제한하여 인정할 수도 있다.

④ 무상의 주위토지통행권이 발생하는 토지의 일부 양도라 함은 1필의 토지의 일부가 양도된 경우뿐만 아니라 일단으로 되어 있던 동일인 소유의 수필지의 토지 중의 일부가 양도된 경우도 포함된다.

05 지상권 또는 법정지상권에 관한 다음 설명 중 옳은 것을 모두 고른 것은?

> ㄱ. 강제경매의 목적이 된 토지 또는 그 지상 건물에 관하여 강제경매를 위한 압류나 그 압류에 선행한 가압류가 있기 이전에 저당권이 설정되어 있다가 강제경매로 저당권이 소멸한 경우, 건물 소유를 위한 관습상 법정지상권의 성립 요건인 '토지와 그 지상 건물이 동일인 소유에 속하였는지'를 판단하는 기준 시기는 저당권 설정 당시이다.
>
> ㄴ. 건물 철거의 합의가 관습상의 법정지상권 발생의 소극적 요건이 되는 이유는 그러한 합의가 없을 때라야 토지와 건물의 소유자가 달라진 후에도 건물 소유자로 하여금 그 건물의 소유를 위하여 토지를 계속 사용케 하려는 묵시적 합의가 있는 것으로 볼 수 있다는 데 있으므로, 건물 철거의 합의에 관습상의 법정지상권의 발생을 배제하는 효력을 인정할 수 있기 위하여서는, 건물을 철거함으로써 토지의 계속 사용을 그만두고자 하는 당사자의 의사가 그 합의에 의하여 인정될 수 있어야 한다.
>
> ㄷ. 토지공유자의 한 사람이 다른 공유자의 지분 과반수의 동의를 얻어 건물을 건축한 후 토지와 건물의 소유자가 달라진 경우 토지에 관하여 관습법상의 법정지상권이 성립되는 것으로 본다.
>
> ㄹ. 토지와 지상 건물이 함께 양도되었다가 채권자취소권의 행사에 따라 그중 건물에 관하여만 양도가 취소되고 수익자와 전득자 명의의 소유권이전등기가 말소된 경우, 이는 관습상 법정지상권의 성립요건인 '동일인의 소유에 속하고 있던 토지와 지상 건물이 매매 등으로 인하여 소유자가 다르게 된 경우'에 해당한다.

① ㄱ, ㄴ
② ㄱ, ㄷ
③ ㄴ, ㄷ
④ ㄷ, ㄹ

06 상속에 관한 다음 설명 중 가장 옳지 않은 것은?

① 보험계약자가 피보험자의 상속인을 보험수익자로 하여 맺은 생명보험계약이나 상해보험계약에서 피보험자의 상속인은 피보험자의 사망이라는 보험사고가 발생한 때에는 보험수익자의 지위에서 보험자에 대하여 보험금 지급을 청구할 수 있고, 이 권리는 상속재산이므로, 보험수익자로 지정된 상속인 중 1인이 자신에게 귀속된 보험금청구권을 포기하면 그 포기한 부분은 다른 상속인에게 귀속된다.

② 공동상속인인 친권자가 수인의 미성년자 법정대리인으로서 상속재산 분할협의를 한다면 이는 민법 제921조(친권자와 그 자간 또는 수인의 자간의 이해상반행위)에 위배되는 것이며, 이러한 대리행위에 의하여 성립된 상속재산 분할협의는 피대리자 전원에 의한 추인이 없는 한 전체가 무효이다.

③ 상속의 한정승인은 채무의 존재를 한정하는 것이 아니라 단순히 그 책임의 범위를 한정하는 것에 불과하기 때문에, 법원으로서는 상속재산이 없거나 그 상속재산이 상속채무의 변제에 부족하다고 하더라도 상속채무 전부에 대한 이행판결을 선고하여야 하고, 다만, 집행력을 제한하기 위하여 이행판결의 주문에 상속재산의 한도에서만 집행할 수 있다는 취지를 명시하여야 한다.

④ 특별수익이 존재하거나 기여분이 인정되어 구체적인 상속분이 법정상속분과 달라질 수 있는 상황에서 상속재산으로 가분채권만이 있는 특별한 사정이 있는 때에는 상속재산분할을 통하여 공동상속인들 사이에 형평을 기할 필요가 있으므로 가분채권도 예외적으로 상속재산분할의 대상이 될 수 있다.

07 다음 설명 중 가장 옳지 않은 것은?

① 토지의 개수는 지적법에 의한 지적공부상의 토지의 필수를 표준으로 하여 결정되는 것으로 1필지의 토지를 수필의 토지로 분할하여 등기하려면 먼저 지적법이 정하는 바에 따라 분할의 절차를 밟아 지적공부에 각 필지마다 등록이 되어야 하고, 설사 등기부에만 분필의 등기가 실행되었다 하여도 이로써 분필의 효과가 발생할 수는 없는 것이므로 결국 이러한 분필등기는 1부동산 1등기기록주의의 원칙에 반하는 등기로서 무효라 할 것이다.

② 물건의 사용대가로 받는 금전 기타의 물건은 법정과실이라 하고, 수취할 권리의 존속기간 일수의 비율로 취득한다.

③ 은행과 근저당권설정자와의 사이에 근저당권설정계약을 체결할 때 작성된 근저당권설정계약서에 은행의 여신거래로부터 생기는 모든 채무를 담보하기로 하는 이른바 포괄근저당권을 설정한다는 문언이 기재된 경우에, 계약서가 부동문자로 인쇄된 약관의 형태를 취하고 있다면 이는 처분문서로 보기 힘드므로, 그 진정성립이 인정되더라도 그 문언대로 의사표시의 존재와 내용을 인정할 수 없다.

④ 상속재산 전부를 상속인 중 1인인 甲에게 상속시킬 방편으로 그 나머지 상속인들이 상속포기신고를 하였으나 그 상속포기가 민법 제1019조 제1항 소정의 기간을 초과한 후에 신고된 것이어서 상속포기로서의 효력이 없더라도, 甲과 나머지 상속인들 사이에는 甲이 고유의 상속분을 초과하여 상속재산 전부를 취득하고 나머지 상속인들은 그 상속재산을 전혀 취득하지 않기로 하는 의사의 합치가 있었다고 할 것이므로, 그들 사이에 위와 같은 내용의 상속재산의 협의분할이 이루어진 것이라고 보아야 한다.

08 채권자취소권에 관한 다음 설명 중 가장 옳지 않은 것은?

① 원고가 매매계약 등 법률행위에 기하여 소유권을 취득하였음을 전제로 피고를 상대로 일정한 청구를 할 때, 피고는 원고의 소유권 취득의 원인이 된 법률행위가 사해행위로서 취소되어야 한다고 다투면서, 동시에 반소로써 그 소유권 취득의 원인이 된 법률행위가 사해행위임을 이유로 법률행위의 취소와 원상회복으로 원고의 소유권이전등기의 말소절차 등의 이행을 구하는 것도 가능하다.

② 여러 명의 채권자가 사해행위취소 및 원상회복청구의 소를 제기하여 여러 개의 소송이 계속 중인 경우에는 각 소송에서 채권자의 청구에 따라 사해행위의 취소 및 원상회복을 명하는 판결을 선고하여야 하고, 수익자(전득자를 포함한다)가 가액배상을 하여야 할 경우에는 수익자가 반환하여야 할 가액을 채권자의 채권액에 비례하여 채권자별로 안분한 범위내에서 반환을 명하여야 한다.

③ 채권자취소권은 채무자의 사해행위를 채권자와 수익자 또는 전득자 사이에서 상대적으로 취소하고 채무자의 책임재산에서 일탈한 재산을 회복하여 채권자의 강제집행이 가능하도록 하는 것을 본질로 하는 권리이므로, 원상회복을 가액배상으로 하는 경우에 그 이행의 상대방은 채권자이어야 한다.

④ 예금보험공사 등이 채무자에 대한 채권을 피보전채권으로 하여 채무자의 법률행위를 대상으로 채권자취소권을 행사하는 경우, 제척기간의 기산점과 관련하여 예금보험공사 등이 취소원인을 알았는지는 특별한 사정이 없는 한 피보전채권의 추심 및 보전 등에 관한 업무를 담당하는 직원의 인식을 기준으로 판단하여야 한다.

09 법인의 기관에 관한 다음 설명 중 가장 옳지 않은 것은?

① 이사의 대표권에 대한 제한은 정관에 기재하지 않으면 효력이 없고, 등기하지 않으면 제3자에게 대항하지 못한다.

② 민법상 법인의 이사회의 결의에 하자가 있는 경우에 관하여 법률에 별도의 규정이 없으므로 그 결의에 무효사유가 있는 경우에는 이해관계인은 언제든지 또 어떤 방법에 의하든지 그 무효를 주장할 수 있고, 이와 같은 무효주장의 방법으로서 이사회 결의 무효확인소송이 제기되어 승소확정판결이 난 경우, 그 판결의 효력은 대세적 효력이 있다.

③ 사단법인의 총회는 1주간 전에 기재하여 발송한 통지로써 밝힌 회의의 목적사항에 관하여서만 결의할 수 있지만, 정관에 다른 규정이 있는 때에는 그 규정에 의한다.

④ 재단법인의 기본재산처분행위는 정관변경사항이므로 주무관청의 허가를 요하며, 재단법인의 채권자가 그 기본재산에 대하여 강제집행을 실시하여 경락되는 경우도 동일하지만, 그와 같은 재단법인의 정관변경에 대한 주무관청의 허가는 경매개시의 요건은 아니고 경락인의 소유권취득에 관한 요건이므로, 경매신청시에 그 허가서를 제출하지 아니하였다 하여 경매신청을 기각할 것은 아니다.

10 계약의 해제에 관한 다음 설명 중 가장 옳지 않은 것은?

① 매매계약의 일방 당사자가 사망하였고 그에게 여러 명의 상속인이 있는 경우에 그 상속인들이 위 계약을 해제하려면, 상대방과 사이에 다른 내용의 특약이 있다는 등의 특별한 사정이 없는 한, 상속인들 전원이 해제의 의사표시를 하여야 한다.

② 매매계약이 해제되어 소급적으로 효력을 잃은 결과 매매당사자에게 당해 계약에 기한 급부가 없었던 것과 동일한 재산상태를 회복시키기 위한 원상회복 의무의 이행으로서 이미 지급한 매매대금 기타의 급부의 반환을 구하는 경우에는 과실상계가 적용되지 아니한다.

③ 계약이 해제된 경우 계약해제 이전에 해제로 인하여 소멸되는 채권을 양수한 자는 민법 제548조 제1항 단서에서 규정하고 있는 제3자에 해당하므로, 계약 해제의 효과에 반하여 자신의 권리를 주장할 수 있고, 채무자로부터 이행받은 급부를 원상회복하여야 할 의무가 없다.

④ 수증자의 증여자 또는 그 배우자나 직계혈족에 대한 범죄행위가 있는 때에는 증여자는 그 증여를 해제할 수 있지만, 이 경우 계약의 해제는 이미 이행한 부분에 대하여는 영향을 미치지 아니한다.

11 시효이익의 포기에 관한 다음 설명 중 가장 옳지 않은 것은?

① 소멸시효 완성 후에 한 소멸시효이익의 포기행위는 채무자가 채무를 새롭게 부담하는 것이 아니므로 채권자취소권의 대상인 사해행위가 될 수 없다.

② 소멸시효 이익의 포기 당시에는 그 권리의 소멸에 의하여 직접 이익을 받을 수 있는 이해관계를 맺은 적이 없다가 나중에 시효이익을 이미 포기한 자와의 법률관계를 통하여 비로소 시효이익을 원용할 이해관계를 형성한 자는 이미 이루어진 시효이익 포기의 효력을 부정할 수 없다.

③ 시효완성 후 소멸시효 중단사유에 해당하는 채무의 승인이 있었다 하더라도 그것만으로는 곧바로 소멸시효 이익의 포기라는 의사표시가 있었다고 단정할 수 없다.

④ 부진정연대채무에 있어서는 채무자 1인이 행한 시효이익의 포기는 다른 채무자에 대하여 효력이 미치지 아니한다.

12 등기의 추정력에 관한 다음 설명 중 가장 옳지 않은 것은?

① 전 등기명의인이 미성년자이고 당해 부동산을 친권자에게 증여하는 행위가 이해상반행위라 하더라도 일단 친권자에게 이전등기가 경료된 이상, 특별한 사정이 없는 한, 그 이전등기에 관하여 필요한 절차를 적법하게 거친 것으로 추정된다.

② 건물의 보존등기는 그 명의자가 신축한 것이 아니라면 그 등기의 권리추정력은 깨어진다 할 것이고, 그 명의자 스스로 적법하게 그 소유권을 양도받게 된 사실을 입증할 책임이 있다 할 것이다.

③ 사망자 명의로 신청하여 이루어진 이전등기는 일단 원인무효의 등기라고 볼 것이어서 등기의 추정력을 인정할 여지가 없으므로, 그 등기의 유효를 주장하는 자가 현재의 실체관계와 부합함을 증명할 책임이 있다.

④ 사해행위 취소 및 원상회복으로 소유권이전등기의 말소를 명한 판결의 소송당사자가 아닌 다른 채권자가 위 판결에 기하여 채무자를 대위하여 마친 말소등기는 등기절차상의 흠으로 인해 무효인 등기이다.

13 민법 제103조의 반사회질서의 법률행위에 관한 다음 설명 중 가장 옳지 않은 것은?

① 행정기관에 진정서를 제출하여 상대방을 궁지에 빠뜨린 다음 이를 취하하는 조건으로 거액의 급부를 제공받기로 약정한 경우, 이는 민법 제103조의 반사회질서의 법률행위에 해당한다.

② 甲과 乙사이에 종교법인 소속 사찰의 주지직을 거액의 금품을 대가로 양도, 양수하기로 하는 약정이 있었고, 종교법인이 이를 알고도 묵인 혹은 방조한 상태에서 주지임명을 하였더라도, 그 임명행위는 민법 제103조의 반사회질서의 법률행위에 해당하지 않는다.

③ 보험계약자가 다수의 보험계약을 통하여 보험금을 부정취득할 목적으로 보험계약을 체결한 경우, 그 보험계약은 민법 제103조의 반사회질서의 법률행위에 해당하여 무효이다.

④ 회사가 노동조합과 체결한 단체협약에서 업무상 재해로 인해 조합원이 사망한 경우에 직계가족 등 1인을 특별채용하도록 규정하여 '산재 유족 특별채용 조항'을 둔 경우, 이는 사용자의 채용의 자유를 과도하게 제한하고, 채용 기회의 공정성을 현저히 해하는 결과를 초래하므로 민법 제103조의 반사회질서 법률행위로서 무효이다.

14 동시이행의 항변권에 관한 다음 설명 중 가장 옳지 않은 것은?

① 쌍무계약인 매매계약에서 매수인이 선이행의무인 분양잔대금 지급의무를 이행하지 않고 있는 사이에 매도인의 소유권 이전등기의무의 이행기가 도과한 경우, 분양잔대금 지급채무를 여전히 선이행하기로 약정하는 등 특별한 사정이 없는 한 매도인과 매수인 쌍방의 의무는 동시이행 관계에 놓인다.

② 쌍무계약이 무효로 되어 각 당사자가 서로 취득한 것을 반환하여야 할 경우, 각 당사자의 반환의무는 동시이행의 관계에 있다.

③ 공사도급계약상 도급인의 지체상금채권과 수급인의 공사대금채권은 특별한 사정이 없는 한 동시이행의 관계에 있다고 할 수 없다.

④ 쌍무계약의 당사자 일방이 먼저 한번 현실의 제공을 하고, 상대방을 수령지체에 빠지게 하였다면 그 이행의 제공이 계속되지 않는 경우라고 하더라도 위와 같은 이행의 제공이 있었다는 사실을 이유로 상대방이 가지는 동시이행의 항변권은 소멸한다.

15 상계에 관한 다음 설명 중 가장 옳지 않은 것은?

① 형벌의 일종인 벌금도 일정 금액으로 표시된 추상적 경제가치를 급부목적으로 하는 채권인 점에서는 다른 금전채권들과 본질적으로 다를 것이 없으나, 다만 발생의 법적 근거가 공법관계라는 점에서, 벌금형이 확정되어 벌금채권의 변제기가 도래하였더라도 상계의 자동채권이 될 수 없다.

② 가정법원의 심판에 의하여 구체적인 청구권의 내용과 범위가 확정된 후의 양육비채권 중 이미 이행기에 도달한 후의 양육비채권은 완전한 재산권(손해배상청구권)으로서 친족법상의 신분으로부터 독립하여 처분이 가능하고, 권리자의 의사에 따라 포기, 양도 또는 상계의 자동채권으로 하는 것도 가능하다.

③ 수탁보증인이 주채무자에 대하여 가지는 민법 제442조의 사전구상권에는 민법 제443조 소정의 이른바 면책청구권이 항변권으로 부착되어 있는 만큼 이를 자동채권으로 하는 상계는 허용될 수 없다.

④ 상계적상 시점 이전에 수동채권의 변제기가 이미 도래하여 지체가 발생한 경우에는 상계적상 시점까지의 수동채권의 약정이자 및 지연손해금을 계산한 다음 자동채권으로 그 약정이자 및 지연손해금을 먼저 소각하고 잔액을 가지고 원본을 소각하여야 한다.

16 총유에 관한 다음 설명 중 가장 옳지 않은 것은?

① 당사자들이 공동이행방식의 공동수급체를 구성하여 도급인으로부터 공사를 수급받는 경우 그 공동수급체는 원칙적으로 비법인사단으로서 그 재산은 공동수급체 구성원들의 총유에 속한다.

② 지역주택조합이 주체가 되어 신축 완공한 건물로서 조합원 외의 일반인에게 분양되는 부분은 조합원 전원의 총유에 속한다.

③ 종중 소유의 재산은 종중원의 총유에 속하므로 그 관리 및 처분은 종중규약의 정하는 바가 있으면 이에 따라야 하고, 그 점에 관한 종중규약이 없으면 종중총회의 결의에 의하여야 한다.

④ 비법인사단인 교회가 총유재산에 대한 보존행위로서 소송을 제기하는 경우 교인 총회의 결의를 거치거나 정관이 정하는 바에 따른 절차를 거쳐야 하고, 이러한 절차를 거치지 아니한 소제기는 부적법하다.

17 유증 및 사인증여에 관한 다음 설명 중 가장 옳지 않은 것은?

① 채무초과 상태에 있는 채무자라도 자유롭게 유증을 받을 것을 포기할 수 있고, 이와 같은 포기는 사해행위 취소의 대상이 되지 않는다.

② 포괄적 유증을 받은 자는 민법 제187조에 의하여 법률상 당연히 유증받은 부동산의 소유권을 취득하나, 특정유증을 받은 자는 유증받은 부동산의 소유권자가 아니어서 직접 진정한 등기 명의의 회복을 원인으로 한 소유권이전등기를 구할 수 없다.

③ 상속인의 상속회복청구권 및 그 제척기간에 관한 민법 제999조는 포괄적 유증의 경우에 유추적용될 수 없다.

④ 사인증여는 증여자의 사망으로 인하여 효력이 발생하는 무상행위로 실제적 기능이 유증과 다르지 않으므로, 유증의 철회에 관한 민법 제1108조 제1항은 사인증여에 준용된다.

18 다음 설명 중 가장 옳지 않은 것은?

① 부동산 중개업자와 중개의뢰인과의 법률관계는 민법상의 위임관계와 같으므로, 중개업자는 선량한 관리자의 주의와 신의·성실로써 매도 등 처분을 하려는 자가 진정한 권리자와 동일인인지의 여부를 부동산등기부와 주민등록증 등에 의하여 조사 확인할 의무가 있다.

② 예금계약은 예금자가 예금의 의사를 표시하면서 금융기관에 돈을 제공하고 금융기관이 그 의사에 따라 그 돈을 받아 확인을 하면 그로써 성립하며, 금융기관의 직원이 그 받은 돈을 금융기관에 실제로 입금하였는지 여부는 예금계약의 성립에는 아무런 영향을 미치지 아니한다.

③ 민법 제684조 제1항에 의하면 수임인은 위임사무의 처리로 인하여 받은 금전 기타의 물건 및 그 수취한 과실이 있을 경우에는 이를 위임인에게 인도하여야 한다고 규정하고 있는바, 이때 인도 시기는 당사자 간에 특약이 있거나 위임의 본뜻에 반하는 경우 등과 같은 특별한 사정이 있지 않는 한 위임계약이 종료한 때이므로, 수임인이 반환할 금전의 범위도 위임종료시를 기준으로 정해진다.

④ 수임인은 특별한 약정이 없으면 위임인에 대하여 보수를 청구하지 못하므로, 변호사에게 계쟁사건 처리를 위임하면서 보수지급 및 수액에 관하여 명시적인 약정을 아니하였다면, 변호사에게 보수지급청구권이 있다고 볼 수 없다.

19 민법 제746조의 불법원인급여에 관한 다음 설명 중 가장 옳지 않은 것은?

① 부동산 실권리자명의 등기에 관한 법률에 위반하여 무효인 명의신탁약정에 기하여 마쳐진 타인 명의의 등기는 특별한 사정이 없는 한 불법원인급여에 해당한다.

② 윤락행위를 할 사람을 고용하면서 성매매의 유인·권유·강요의 수단으로 이용되는 선불금 등 명목으로 제공한 금품이나 그 밖의 재산상 이익 등은 불법원인급여에 해당한다.

③ 불법원인급여 후 급부를 이행받은 자가 급부의 원인행위와 별도의 약정으로 급부 그 자체 또는 그에 갈음한 대가물의 반환을 특약하는 것은 그 반환약정 자체가 사회질서에 반하여 무효가 되지 않는 한 유효하다.

④ 송금액에 해당하는 수입품에 대한 관세포탈의 범죄를 저지르기 위하여 환전상 인가를 받지 아니한 자에게 비밀송금을 위탁한 행위는 선량한 풍속 기타 사회질서에 반하는 행위로서 불법원인급여에 해당한다.

20 사용대차에 관한 다음 설명 중 가장 옳지 않은 것은?

① 건물의 소유를 목적으로 하는 토지 사용대차는 당해 지상건물의 사용수익의 필요가 있는 한 그대로 존속하나, 차주가 사망한 경우에는 대주는 차주의 사망사실을 사유로 들어 사용대차계약을 해지할 수 있다.

② 사용대차에서 차주의 권리를 양도받은 자는 그 양도에 관한 대주의 승낙이 없으면 대주에게 대항할 수 없다.

③ 존속기간을 정하지 아니한 사용대차의 경우에는, 현실로 사용수익이 종료하지 아니한 경우라도 사용수익에 충분한 기간이 경과한 때에는 대주는 언제든지 계약을 해지하고 그 차용물의 반환을 청구할 수 있다.

④ 사용대차에서 차주는 대주에 대하여 유익비상환을 청구할 수 있다.

21 법률행위의 무효와 취소에 관한 다음 설명 중 가장 옳지 않은 것은?

① 의사표시가 강박에 의한 것이어서 당연무효라는 주장 속에 강박에 의한 의사표시이므로 취소한다는 주장이 당연히 포함되어 있다고 볼 수 있다.

② 무효인 법률행위는 당사자가 무효임을 알고 추인할 경우 새로운 법률행위를 한 것으로 간주할 뿐이고 소급효가 없는 것이므로, 무효인 가등기를 유효한 등기로 전용키로 한 약정은 그때부터 유효하고 이로써 위 가등기가 소급하여 유효한 등기로 전환될 수 없다.

③ 미성년자가 법률행위를 한 때에는 그가 성년자가 된 때로부터 3년, 미성년자가 법률행위를 한 것을 법정대리인이 안 날부터 3년, 그 법률행위를 한 날부터 10년 중 어느 것이든 먼저 경과한 때에 취소권이 소멸한다.

④ 법률행위의 일부분이 무효인 때에는 그 전부를 무효로 한다. 그러나 그 무효부분이 없더라도 법률행위를 하였을 것이라고 인정될 때에는 나머지 부분은 무효가 되지 아니한다.

22 공유물분할에 관한 다음 설명 중 가장 옳지 않은 것은?

① 공유물분할청구권은 공유관계에서 수반되는 형성권으로서 공유자의 일반재산을 구성하는 재산권의 일종이므로, 공유물분할청구권도 채권자대위권의 목적이 될 수 있다.

② 공유물을 공유자 중의 1인의 단독소유로 하고 다른 공유자에 대하여 그 지분의 적정하고도 합리적인 가격을 배상시키는 방법에 의한 분할방법은 허용되지 않는다.

③ 공동상속인은 상속재산의 분할에 관하여 공동상속인 사이에 협의가 성립되지 아니하거나 협의할 수 없는 경우에 상속재산분할심판을 청구할 수 있을 뿐이고, 그 상속재산에 속하는 개별 재산에 관하여 공유물분할청구의 소를 제기하는 것은 허용되지 않는다.

④ 공유물을 현물분할하는 경우에는 분할청구자의 지분 한도 안에서 현물분할을 하고 분할을 원하지 않는 나머지 공유자는 공유로 남게 하는 방법도 허용된다.

23 임대차 및 주택임대차보호법에 관한 다음 설명 중 가장 옳지 않은 것은?

① 임차인이 임대차계약 종료 후에도 동시이행항변권의 행사방법으로서 임차건물을 계속 점유하기는 하였으나 이를 본래의 임대차계약상 목적에 따라 사용수익하지 아니하여 실질적인 이득을 얻은 바 없는 경우에는 임차인의 부당이득반환의무는 성립하지 않는다.

② 주택임대차보호법상 우선변제권을 가진 임차인으로부터 임차권과 분리하여 임차보증금반환채권만을 양수한 채권양수인은 주택임대차보호법상의 우선변제권을 행사할 수 있는 임차인에 해당한다고 볼 수 없다.

③ 주택임대차에 있어서 주택의 인도 및 주민등록이라는 대항요건은 그 대항력 취득시에만 구비하면 족한 것이 아니고 그 대항력을 유지하기 위하여서도 계속 존속하고 있어야 한다.

④ 주택의 임차인이 제3자에 대한 대항력을 갖춘 후 임차주택의 소유권이 양도되어 그 양수인이 임대인의 지위를 승계하더라도, 임차인의 보호를 위하여 양도인의 임대차보증금 반환의무는 소멸하지 않는다.

24 유류분에 관한 다음 설명 중 가장 옳지 않은 것은?

① 유류분권리자가 원물반환의 방법에 의하여 유류분반환을 청구하고 그와 같은 원물반환이 가능하다면, 달리 특별한 사정이 없는 이상 법원은 유류분권리자가 청구하는 방법에 따라 원물반환을 명하여야 한다.

② 증여나 유증 후 그 목적물에 관하여 제3자가 저당권이나 지상권 등의 권리를 취득한 경우에는 원물반환이 불가능하거나 현저히 곤란하므로, 유류분권리자는 반환의무자를 상대로 가액반환만 구할 수 있다.

③ 증여 또는 유증을 받은 재산 등의 가액이 자기 고유의 유류분액을 초과하는 수인의 공동상속인이 유류분권리자에게 반환하여야 할 재산과 그 범위를 정함에 있어서, 수인의 공동상속인이 유증받은 재산의 총 가액이 유류분권리자의 유류분 부족액을 초과하는 경우에는 그 유류분 부족액의 범위 내에서 각자의 수유재산을 반환하면 되고 이를 놓아두고 수증재산을 반환할 것은 아니다.

④ 공동상속인이 아닌 제3자에 대한 증여는 원칙적으로 상속개시 전의 1년간에 행한 것에 한하여 유류분반환청구를 할 수 있으나, 당사자 쌍방이 증여 당시에 유류분권리자에 손해를 가할 것을 알고 증여를 한 때에는 상속개시 1년 전에 한 것에 대하여도 유류분반환청구가 허용된다.

25 대물변제에 관한 다음 설명 중 가장 옳지 않은 것은?

① 대물변제에서 본래 채무의 이행에 갈음한 다른 급여가 부동산의 소유권이전인 경우, 등기를 완료하면 대물변제가 성립하여 기존채무가 소멸한다.

② 대물변제도 유상계약이므로 목적물에 하자가 있을 경우 매도인의 담보책임에 관한 민법 조항이 준용된다.

③ 대물변제의 약정으로 부동산의 소유권을 이전받게 되는 사람이 소유권이전등기를 마치기 전에 그 부동산을 인도받아 점유·사용하는 경우에는 그 점유·사용에 따른 부당이득을 반환할 의무가 있다.

④ 대물변제예약 완결권은 일종의 형성권으로 당사자 사이에 그 행사기간을 약정한 때에는 그 기간 내에, 그러한 약정이 없는 때에는 그 권리가 발생한 때로부터 10년 내에 이를 행사하여야 하고, 이 기간을 도과한 때에는 예약 완결권은 제척기간의 경과로 인하여 소멸한다.

01 다음 설명 중 옳지 않은 것을 모두 고른 것은? (다툼이 있는 경우 판례에 의하고, 전원합의체 판결의 경우 다수의견에 의함. 이하 01~25까지 같음)

> ㄱ. 공유물분할의 소에서 공유부동산의 특정한 일부씩을 각각의 공유자에게 귀속시키는 것으로 현물분할하는 내용의 조정이 성립하였다면, 그 조정조서는 공유물분할판결과 동일한 효력을 가지는 것으로서 민법 제187조 소정의 '판결'에 해당하는 것이므로 조정이 성립한 때 물권변동의 효력이 발생한다고 보아야 한다.
>
> ㄴ. 1동의 집합건물 중 일부 전유부분만을 떼어내거나 철거하는 것은 사실상 불가능하지만, 구분소유자 전체를 상대로 각 전유부분과 공용부분의 철거 판결을 받거나 동의를 얻는 등으로 집합건물 전체를 철거하는 것은 가능하다.
>
> ㄷ. 등기신청의 접수순위는 등기공무원이 등기신청서를 받았을 때를 기준으로 하고, 동일한 부동산에 관하여 동시에 수개의 등기신청이 있는 때에는 동일 접수번호를 기재하여 동일 순위로 기재하여야 한다. 그러므로 등기공무원이 법원으로부터 동일한 부동산에 관한 가압류등기 촉탁서와 처분금지가처분등기 촉탁서를 동시에 받았다면 양 등기에 대하여 동일 접수번호와 순위번호를 기재하여 처리하여야 하고 그 등기의 순위는 동일하므로, 그 당해 채권자 상호간에 한해서는 처분금지적 효력을 서로 주장할 수 없다.
>
> ㄹ. 구분점포의 매매당사자가 매매계약 당시 구분점포의 실제 이용현황이 집합건축물대장 등 공부와 상이한 것을 모르는 상태에서 점포로서 이용현황대로 위치 및 면적을 매매목적물의 그것으로 알고 매매하였다면 건축물대장 등 공부상 위치와 면적을 떠나 이용현황대로 매매목적물을 특정하여 매매한 것이라고 볼 수 있다.

① ㄱ, ㄴ ② ㄴ, ㄷ ③ ㄷ, ㄹ ④ ㄱ, ㄹ

02 부합에 관한 다음 설명 중 가장 옳지 않은 것은?

① 타인의 임야에 권한없이 심은 수목의 소유권은 민법 제256조에 의하여 임야소유자에게 귀속하지만, 정당한 권한없이 타인의 농지를 경작한 경우에는 그 농작물의 소유권은 경작자에게 있다.

② 매도인에게 소유권이 유보된 자재가 제3자와 매수인 사이에 이루어진 도급계약의 이행으로 제3자 소유 건물의 건축에 사용되어 부합된 경우에, 제3자가 도급계약에 의하여 제공된 자재의 소유권이 유보된 사실에 관하여 알지 못한 경우라고 하더라도 제3자가 그 자재의 귀속으로 인한 이익을 보유할 수 있는 법률상 원인이 있다고 볼 수는 없으므로, 매도인으로서는 그에 관한 보상청구를 할 수 있다.

③ 동산과 동산이 부합하여 훼손하지 아니하면 분리할 수 없거나 그 분리에 과다한 비용을 요할 경우에는 그 합성물의 소유권은 주된 동산의 소유자에게 속하고, 부합한 동산의 주종을 구별할 수 없는 때에는 동산의 소유자는 부합당시의 가액의 비율로 합성물을 공유한다.

④ 타인의 동산에 가공한 때에는 그 물건의 소유권은 원재료의 소유자에게 속한다. 그러나 가공으로 인한 가액의 증가가 원재료의 가액보다 현저히 다액인 때에는 가공자의 소유로 한다. 가공자가 재료의 일부를 제공하였을 때에는 그 가액은 위 증가액에 가산한다.

03 채권자대위에 관한 다음 설명 중 가장 옳지 않은 것은?

① 채권자대위소송에서 대위에 의하여 보전될 채권자의 채무자에 대한 권리(피보전채권)가 존재하는지 여부는 소송요건으로서 법원의 직권조사사항이므로, 법원으로서는 그 판단의 기초자료인 사실과 증거를 직권으로 탐지할 의무까지는 없다 하더라도, 법원에 현출된 모든 소송자료를 통하여 살펴보아 피보전채권의 존부에 관하여 의심할 만한 사정이 발견되면 직권으로 추가적인 심리·조사를 통하여 그 존재 여부를 확인하여야 할 의무가 있다.

② 채무자의 재산인 조합원 지분을 압류한 채권자는, 당해 채무자가 속한 조합에 존속기간이 정하여져 있다거나 기타 채무자 본인의 조합탈퇴가 허용되지 아니하는 것과 같은 특별한 사유가 있지 않은 한, 채권자대위권에 의하여 채무자의 조합 탈퇴의 의사표시를 대위행사할 수 있다.

③ 원고가 미등기 건물을 매수하였으나 소유권이전등기를 하지 못한 경우에는 위 건물의 소유권을 원시취득한 매도인을 대위하여 불법점유자에 대하여 명도청구를 할 수 있지만, 이때 원고는 불법점유자에 대하여 직접 자기에게 명도할 것을 청구할 수는 없다.

④ 임대인의 임대차계약 해지권은 오로지 임대인의 의사에 행사의 자유가 맡겨져 있는 행사상의 일신전속권에 해당하지 않으므로 채권자대위권의 목적이 될 수 있다. 또한, 채권자가 양수한 임차보증금의 이행을 청구하기 위하여 임차인의 가옥명도가 선이행되어야 할 필요가 있어서 그 명도를 구하는 경우에는 그 채권의 보전과 채무자인 임대인의 자력유무는 관계가 없는 일이므로 무자력을 요건으로 한다고 할 수 없다.

04 매도인의 담보책임에 관한 다음 설명 중 가장 옳지 않은 것은?

① 매매목적물의 하자로 인하여 확대손해 내지 2차 손해가 발생하였다는 이유로 매도인에게 그 확대손해에 대한 배상책임을 지우기 위하여는 채무의 내용으로 된 하자 없는 목적물을 인도하지 못한 의무위반사실 외에 그러한 의무위반에 대하여 매도인에게 귀책사유가 인정될 수 있어야만 한다.

② 선순위 근저당권의 존재로 후순위 임차권이 소멸하는 것으로 알고 부동산을 낙찰받았으나, 그 후 채무자가 후순위 임차권의 대항력을 존속시킬 목적으로 선순위 근저당권의 피담보채무를 모두 변제하고 그 근저당권을 소멸시키고도 이점에 대하여 낙찰자에게 아무런 고지도 하지 않아 낙찰자가 대항력 있는 임차권이 존속하게 된다는 사정을 알지 못한채 대금지급기일에 낙찰대금을 지급하였다면, 채무자는 민법 제578조 제3항의 규정에 의하여 낙찰자가 입게 된 손해를 배상할 책임이 있다.

③ 부동산매매계약에 있어서 실제면적이 계약면적에 미달하는 경우에는 그 매매가 수량지정매매에 해당할 때에 한하여 민법 제574조, 제572조에 의한 대금감액청구권을 행사함은 별론으로 하고, 그 매매계약이 그 미달 부분만큼 일부 무효임을 들어 이와 별도로 일반 부당이득반환청구를 하거나 그 부분의 원시적 불능을 이유로 민법 제535조가 규정하는 계약체결상의 과실에 따른 책임의 이행을 구할 수 없다.

④ 변제기에 도달하지 아니한 채권의 매도인이 채무자의 자력을 담보한 때에는 매매계약당시의 자력을 담보한 것으로 추정한다.

05 공유, 준공유에 관한 다음 설명 중 가장 옳지 않은 것은?

① 甲, 乙의 공유인 부동산 중 甲의 지분 위에 설정된 근저당권 등 담보물권은 특단의 합의가 없는 한 공유물 분할이 된 뒤에도 종전의 지분비율대로 공유물 전부의 위에 그대로 존속하고 근저당권설정자인 甲앞으로 분할된 부분에 당연히 집중되는 것은 아니다.

② 1인 채무자에 대한 복수채권자의 채권을 담보하기 위하여 그 복수채권자와 채무자가 채무자 소유의 부동산에 관하여 복수채권자를 공동권리자로 하는 매매예약을 체결하고 그에 따른 소유권이전등기청구권보전의 가등기를 한 경우 복수채권자는 매매예약 완결권을 준공유하는 관계에 있으므로, 매매예약 완결의 의사표시 자체는 채무자에 대하여 복수채권자 전원이 행사하여야 하며, 채권자가 채무자에 대하여 예약이 완결된 매매목적물의 소유권이전의 본등기를 구 하는 소는 필요적 공동소송으로서 매매예약완결권을 준공유하고 있던 복수채권자 전원이 제기하여야 할 것이다.

③ 근저당권의 준공유자들이 각자의 공유지분을 미리 특정하여 근저당권설정등기를 마쳤다면 그들은 처음부터 그 지분의 비율로 근저당권을 준공유하는 것이 되고, 이러한 경우 다른 특별한 사정이 없는 한 준공유자들 사이에는 각기 그 지분비율에 따라 변제받기로 하는 약정이 있었다고 봄이 상당하므로, 그 근저당권의 실행으로 인한 경매절차에서 배당을 하는 경매법원으로서는 배당시점에서의 준공유자 각자의 채권액의 비율에 따라 안분하여 배당할 것이 아니라 각자의 지분비율에 따라 안분하여 배당해야 하며, 어느 준공유자의 실제 채권액이 위 지분비율에 따른 배당액보다 적어 잔여액이 발생하게 되면 이를 다른 준공유자들에게 그 지분비율에 따라 다시 안분하는 방법으로 배당해야 한다.

④ 공유지분의 포기는 법률행위로서 상대방 있는 단독행위에 해당하므로, 부동산 공유자의 공유지분 포기의 의사표시가 다른 공유자에게 도달하더라도 이로써 곧바로 공유지분 포기에 따른 물권변동의 효력이 발생하는 것은 아니고, 다른 공유자는 자신에게 귀속될 공유지분에 관하여 소유권이전등기청구권을 취득하며, 이후 민법 제186조에 의하여 등기를 하여야 공유지분 포기에 따른 물권변동의 효력이 발생한다. 그리고 부동산 공유자의 공유지분 포기에 따른 등기는 해당 지분에 관하여 다른 공유자 앞으로 소유권이전등기를 하는 형태가 되어야 한다.

06 부모와 자에 관한 다음 설명 중 가장 옳은 것은?

① 친생자 출생신고가 인지의 효력을 갖는 경우라면, 그와 같은 신고로 인한 친자관계의 외관을 배제하고자 하는 때에는 친생자관계부존재확인의 소가 아닌 인지에 관련된 소를 제기하여야 한다.

② 친양자 입양이 취소되면 입양시로 소급하여 친양자관계는 소멸하고 입양 전의 친족관계는 부활한다.

③ "혼인관계가 종료된 날부터 300일 이내에 출생한 자녀는 혼인 중에 임신한 것으로 추정한다."고 규정한 민법 제844조 제3항의 경우, 어머니 또는 어머니의 전 남편은 가정법원에 친생부인의 허가를 청구할 수 있고, 생부(生父)는 가정법원에 인지의 허가를 청구할 수 있지만, 두 경우 모두 혼인 중의 자녀로 출생신고가 된 경우에는 그러하지 아니하다.

④ 자는 부의 성과 본을 따른다. 다만, 부모가 자의 출생신고시 모의 성과 본을 따르기로 협의한 경우에는 모의 성과 본을 따른다.

07 (근)저당권에 관한 다음 설명 중 가장 옳지 않은 것은?

① 부동산에 관하여 근저당권설정등기가 경료되었다가 그 등기가 위조된 등기서류에 의하여 아무런 원인 없이 말소되었다는 사정만으로는 곧바로 근저당권이 소멸하는 것은 아니라고 할 것이지만, 그 부동산에 관한 경매절차가 진행되어 경매절차에서 매각허가결정이 확정되고 매수인이 매각대금을 완납하면 그 부동산에 존재하였던 근저당권은 당연히 소멸한다.

② 민법 제368조 제1항은 동일한 채권의 담보로 수개의 부동산에 저당권을 설정한 경우에 그 부동산의 경매대가를 동시에 배당하는 때에는 각 부동산의 경매대가에 비례하여 그 채권의 분담을 정하도록 규정하고 있다. 한편 당사자는 최초 근저당권 설정 시는 물론 그 후에도 공동근저당권임을 등기하여 공동근저당권의 저당물을 추가할 수 있는데, 이와 같이 특정 공동근저당권에 있어 공동저당물이 추가되기 전에 기존의 저당물에 관하여 후순위 근저당권이 설정된 경우에도 민법 제368조 제1항이 마찬가지로 적용된다.

③ 저당권자는 저당권의 목적이 된 물건의 멸실, 훼손 또는 공용징수로 인하여 저당목적물의 소유자가 받을 저당목적물에 갈음하는 금전 기타 물건에 대하여 물상대위권을 행사할 수 있으나, 다만 그 지급 또는 인도 전에 이를 압류하여야 하므로, 저당권자가 물상대위권의 행사로 금전 또는 물건의 인도청구권을 압류하기 전에 저당물의 소유자가 그 인도청구권에 기하여 금전 등을 수령한 경우 저당권자는 저당물의 소유자에게 부당이득반환청구를 할 수는 없다.

④ 저당권은 법률에 특별한 규정이 있거나 설정행위에 다른 약정이 있는 경우를 제외하고 그 저당부동산에 부합된 물건과 종물 이외에까지 그 효력이 미치는 것은 아니므로 사회적 관점이나 경제적 관점에 비추어 보아 저당건물과는 별개의 독립된 건물을 저당건물의 부합물이나 종물로 보아 경매법원에서 저당건물과 같이 경매를 진행하고 경락허가를 하였다고 하여 위 건물의 소유권에 변동이 초래될 수는 없다.

08 변제충당에 관한 다음 설명 중 가장 옳지 않은 것은?

① 변제충당에 관한 민법 제476조 내지 제479조는 임의규정이므로, 담보권의 실행 등을 위한 경매에 있어서 배당금이 동일담보권자가 가지는 수개의 피담보채권의 전부를 소멸시키기에 부족한 경우, 채권자와 채무자 사이에 변제충당에 관한 합의가 있었다면 그 합의에 의한 변제충당이 허용될 수 있다.

② 비용, 이자, 원본에 대한 변제충당에 있어서 당사자의 일방적인 지정에 대하여 상대방이 지체없이 이의를 제기하지 아니함으로써 묵시적인 합의가 되었다고 보여지는 경우에는 그 법정충당의 순서와는 달리 충당의 순서를 인정할 수 있다.

③ 변제자가 주채무자인 경우에 보증인이 있는 채무와 보증인이 없는 채무, 물상보증인이 제공한 물적 담보가 있는 채무와 그러한 담보가 없는 채무간에 변제이익은 차이가 없다.

④ 변제자와 변제수령자는 변제로 소멸한 채무에 관한 보증인 등 이해관계 있는 제3자의 이익을 해하지 않는 이상 이미 급부를 마친 뒤에도 기존의 충당방법을 배제하고 제공된 급부를 어느 채무에 어떤 방법으로 다시 충당할 것인가를 약정할 수 있다.

09 신의칙 또는 권리남용에 관한 다음 설명 중 옳지 않은 것을 모두 고른 것은?

> ㄱ. 근저당권자가 담보로 제공된 건물에 대한 담보가 치를 조사할 당시 대항력을 갖춘 임차인이 그 임대차 사실을 부인하고 임차보증금에 대한 권리주장을 않겠다는 내용의 확인서를 작성해 준 경우, 그 후 그 건물에 대한 경매절차에서 이를 번복하여 대항력 있는 임대차의 존재를 주장함과 아울러 근저당권자보다 우선적 지위를 가지는 확정일자부 임차인임을 주장하여 그 임차보증금반환채권에 대한 배당요구를 하는 것은 특별한 사정이 없는 한 금반언 및 신의칙에 위반되어 허용될 수 없다.
>
> ㄴ. 확정판결에 따른 집행이 불법행위를 구성하기 위하여는 소송당사자가 상대방의 권리를 해할 의사로 상대방의 소송 관여를 방해하거나 허위의 주장으로 법원을 기망하는 등 부정한 방법으로 실체의 권리관계와 다른 내용의 확정판결을 취득하여 집행을 하는 것과 같은 특별한 사정이 있어야 한다.
>
> ㄷ. 甲이 대리권 없이 乙소유 부동산을 丙에게 매도하여 소유권이전등기를 마쳐주었는데 이후 甲이 乙로부터 부동산을 상속받은 경우, 소유자가 된 甲은 자신의 매매행위가 무권대리행위여서 무효임을 주장할 수 있다.
>
> ㄹ. 인지청구권은 본인의 일신전속적인 신분관계상의 권리이므로 포기할 수는 없으나, 그 행사가 상속재산에 대한 이해관계에서 비롯되었다면 장기간 행사하지 않은 경우 실효의 법리가 적용되어야 한다.

① ㄱ, ㄴ　　　　　　　② ㄴ, ㄷ
③ ㄷ, ㄹ　　　　　　　④ ㄱ, ㄹ

10 다음 설명 중 가장 옳지 않은 것은?

① 토지에 대한 취득시효완성으로 인한 소유권이전등기청구권은 그 토지에 대한 점유가 계속되는 한 시효로 소멸하지 아니하고, 여기서 말하는 점유에는 직접점유뿐만 아니라 간접점유도 포함한다고 해석하여야 한다.

② 민법 제214조의 규정에 의하면 소유자는 소유권을 방해하는 자에 대하여 방해의 제거를 청구할 수 있고 소유권을 방해할 염려있는 행위를 하는 자에 대하여 그 예방이나 손해배상의 담보를 청구할 수 있으므로, 위 규정에 근거하여 침해자에 대하여 방해배제 비용 또는 방해예방 비용을 청구할 수 있다.

③ 어떤 물건에 대하여 직접점유자와 간접점유자가 있는 경우, 그에 대한 점유·사용으로 인한 부당이득의 반환의무는 동일한 경제적 목적을 가진 채무로서 서로 중첩되는 부분에 관하여는 일방의 채무가 변제 등으로 소멸하면 타방의 채무도 소멸하는 이른바 부진정연대채무의 관계에 있다.

④ 토지소유자는 자신의 소유권에 기한 방해배제로서 건물점유자에 대하여 건물로부터의 퇴출을 청구할 수 있다. 그리고 이는 건물점유자가 건물소유자로부터의 임차인으로서 그 건물 임차권이 이른바 대항력을 가진다고 해서 달라지지 아니한다.

11 유치권에 관한 다음 설명 중 가장 옳지 않은 것은?

① 채무자가 채무초과의 상태에 이미 빠졌거나 그러한 상태가 임박함으로써 채권자가 원래라면 자기 채권의 충분한 만족을 얻을 가능성이 현저히 낮아진 상태에서 이미 채무자 소유의 목적물에 저당권 기타 담보물권이 설정되어 있어서 유치권의 성립에 의하여 저당권자 등이 그 채권 만족상의 불이익을 입을 것을 잘 알면서 자기 채권의 우선적 만족을 위하여 위와 같이 취약한 재정적 지위에 있는 채무자와의 사이에 의도적으로 유치권의 성립요건을 충족하는 내용의 거래를 일으키고 그에 기하여 목적물을 점유하게 됨으로써 유치권이 성립하였다면, 유치권자가 그 유치권을 저당권자 등에 대하여 주장하는 것은 다른 특별한 사정이 없는 한 신의칙에 반하는 권리행사 또는 권리남용으로서 허용되지 아니한다.

② 부동산 매도인이 매매대금을 다 지급받지 않은 상태에서 매수인에게 소유권이전등기를 마쳐주었으나 부동산을 계속 점유하고 있는 경우, 매매대금채권을 피담보채권으로 하여 매수인이나 그에게서 부동산 소유권을 취득한 제3자에게 유치권을 주장할 수 있다.

③ 채무자는 상당한 담보를 제공하고 유치권의 소멸을 청구할 수 있는바, 유치물 가액이 피담보채권액보다 많을 경우에는 피담보채권액에 해당하는 담보를 제공하면 되고, 유치물 가액이 피담보채권액보다 적을 경우에는 유치물 가액에 해당하는 담보를 제공하면 된다.

④ 甲이 건물 신축공사 수급인인 乙주식회사와 체결한 약정에 따라 공사현장에 시멘트와 모래 등의 건축자재를 공급한 사안에서, 甲의 건축자재대금채권은 건물 자체에 관하여 생긴 채권이라고 할 수 없으므로 건물에 관한 유치권의 피담보채권이 될 수 없다.

12 소비대차에 관한 다음 설명 중 가장 옳지 않은 것은?

① 대주가 목적물을 차주에게 인도하기 전에 당사자 일방이 파산선고를 받은 때에는 소비대차는 그 효력을 잃는다.

② 금전소비대차계약이 성립된 이후에 차주의 신용불안이나 재산상태의 현저한 변경이 생겨 장차 대주의 대여금반환청구권 행사가 위태롭게 되는 등 사정변경이 생기고 이로 인하여 당초의 계약내용에 따른 대여의무를 이행케 하는 것이 공평과 신의칙에 반하게 되는 경우에 대주는 대여의무의 이행을 거절할 수 있다고 보아야 한다.

③ 준소비대차는 기존 채무의 당사자가 그 채무의 목적물을 소비대차의 목적물로 한다는 합의를 할 것을 요건으로 하므로 준소비대차계약의 당사자는 기초가 되는 기존 채무의 당사자이어야 한다.

④ 기존채권채무의 당사자가 그 목적물을 소비대차의 목적으로 할 것을 약정한 경우 그 약정을 경개로 볼 것인가 또는 준소비대차로 볼 것인가는 일차적으로 당사자의 의사에 의하여 결정되고 만약 당사자의 의사가 명백하지 않을 때에는 의사해석의 문제이나, 일반적으로는 경개로 보아야 한다.

13 상속에 관한 다음 설명 중 가장 옳은 것은?

① 공동상속인 중에 상당한 기간 동거·간호 그 밖의 방법으로 피상속인을 특별히 부양하거나 피상속인의 재산의 유지 또는 증가에 특별히 기여한 자가 있을 때에는 상속개시 당시의 피상속인의 재산가액에서 공동상속인의 협의로 정한 그자의 기여분을 공제한 것을 상속재산으로 보고 민법 제1009조 및 제1010조에 의하여 산정한 상속분에 기여분을 가산한 액으로써 그 자의 상속분으로 한다.

② 가정법원의 한정승인신고수리의 심판은 한정승인의 요건을 구비하였음을 인정하고 그 효력을 최종적으로 확정하는 절차이므로 민사소송으로 다툴 수 없다.

③ 상속인이 미성년인 동안 그의 법정대리인이 상속채무 초과사실을 알고도 3월 동안 상속인을 대리하여 특별한정승인을 하지 않은 경우, 특별한정승인 제도의 입법 경위, 미성년자 보호를 위한 법정대리인 제도 등을 고려하여, 상속인이 성년에 이르러 상속채무 초과사실을 알게 된 날부터 3월 내에 스스로 특별한정승인을 할 수 있다고 보아야 한다.

④ 사인증여에 관하여는 유증에 관한 규정이 준용되므로, 포괄적 사인증여를 받은 자는 포괄적 유증을 받은 자와 마찬가지로 상속인과 동일한 권리의무가 있다.

14 불법행위책임에 관한 다음 설명 중 가장 옳지 않은 것은?

① 공작물의 설치 또는 보존상의 하자로 인한 사고는 공작물의 설치 또는 보존상의 하자만이 손해발생의 원인이 되는 경우만을 말하는 것이 아니고, 공작물의 설치 또는 보존상의 하자가 사고의 공동원인의 하나가 되는 경우에도 그 사고로 인한 손해는 공작물의 설치·보존상의 하자로 생긴 것이라고 보아야 한다.

② 도급인이 수급인에 대하여 특정한 행위를 지휘하거나 특정한 사업을 도급시키는 경우와 같은 이른바 노무도급의 경우, 도급인은 사용자로서의 배상책임이 있다.

③ 건물을 타인에게 임대한 소유자가 건물을 적합하게 유지·관리할 의무를 위반하여 임대목적물에 필요한 안전성을 갖추지 못한 설치·보존상의 하자가 생기고 그 하자로 인하여 임차인에게 손해를 입힌 경우, 건물의 소유자 겸 임대인은 임차인에게 공작물책임과 수선의무 위반에 따른 채무불이행 책임을 진다.

④ 토지 소유자가 자신의 토지에 폐기물을 매립한 뒤 이러한 토지를 거래에 제공하여 유통되게 하였다고 하더라도, 자신과 직접적인 거래관계가 없는 토지의 전전 매수인에 대한 관계에서까지 폐기물 처리 비용 상당의 손해에 관한 불법행위책임을 부담한다고 볼 수는 없다.

15 소멸시효에 관한 다음 설명 중 가장 옳지 않은 것은?

① 소멸시효는 법률행위에 의하여 이를 단축 또는 경감할 수 없으나 이를 배제, 연장 또는 가중할 수 있다.

② 채무자가 시효이익을 포기한 것으로 볼 수 있다고 하더라도 그 시효이익의 포기는 상대적 효과가 있음에 지나지 아니하므로 채무자 이외의 이해관계자는 여전히 독자적으로 소멸시효를 원용할 수 있다.

③ 판결에 의하여 확정된 채권은 단기의 소멸시효에 해당한 것이라도 그 소멸시효는 10년으로 한다. 다만 판결확정당시 변제기가 도래하지 아니한 채권은 그러하지 아니하다.

④ 채무자가 소멸시효 완성 후에 채권자에 대하여 채무를 승인함으로써 그 시효의 이익을 포기한 경우에는 그때부터 새로이 소멸시효가 진행한다.

16 변제에 관한 다음 설명 중 가장 옳지 않은 것은?

① 물상보증인이 담보부동산을 제3취득자에게 매도하고 제3취득자가 담보부동산에 설정된 근저당권의 피담보채무의 이행을 인수한 경우, 그 이행인수는 매매당사자 사이의 내부적인 계약에 불과하여 이로써 물상보증인의 책임이 소멸하지 않는 것이고, 따라서 담보부동산에 대한 담보권이 실행된 경우에 제3취득자가 채무자에 대한 구상권을 취득한다.

② 채무의 성질 또는 당사자의 의사표시로 변제장소를 정하지 아니한 때에는 특정물의 인도는 채권성립당시에 그 물건이 있던 장소에서 하여야 한다.

③ 채무자가 채권자에게 채무변제와 관련하여 다른 채권을 양도하는 것은 특단의 사정이 없는 한 채무변제를 위한 담보 또는 변제의 방법으로 양도되는 것으로 추정할 것이지 채무 변제에 갈음한 것으로 볼 것은 아니어서, 채권양도만 있으면 바로 원래의 채권이 소멸한다고 볼 수는 없다.

④ 변제비용은 다른 의사표시가 없으면 채무자가 부담하지만, 채권자의 주소이전 기타의 행위로 인하여 변제비용이 증가된 때에는 그 증가액은 채권자의 부담으로 한다. 매매계약에 관한 비용은 당사자 쌍방이 균분하여 부담한다.

17 자연인의 능력에 관한 다음 설명 중 가장 옳지 않은 것은?

① 연령은 출생일을 산입하여 역에 따라 계산하므로, 2001. 1. 1.에 출생한 자는 2019. 12. 31.의 만료로 성년이 된다.

② 피성년후견인은 자신의 신상에 관하여 그의 상태가 허락하는 범위에서 단독으로 결정한다.

③ 제한능력자의 상대방은 제한능력자가 능력자가 된 후에 그에게 1개월 이상의 기간을 정하여 그 취소할 수 있는 행위를 추인할 것인지 여부의 확답을 촉구할 수 있다. 능력자로 된 사람이 그 기간 내에 확답을 발송하지 아니하면 그 행위를 취소한 것으로 본다.

④ 한정후견인의 동의가 필요한 법률행위를 피한정후견인이 한정 후견인의 동의 없이 하였을 때에는 그 법률행위를 취소할 수 있다. 다만, 일용품의 구입 등 일상생활에 필요하고 그 대가가 과도하지 아니한 법률행위에 대하여는 그러하지 아니하다.

18 대리권에 관한 다음 설명 중 가장 옳지 않은 것은?

① 표현대리행위가 성립하는 경우 본인이 그 표현대리에 기한책임을 부담하게 되고, 다만 상대방에게 과실이 있는 경우 과실상계의 법리를 유추적용하여 책임을 감경할 수 있다.

② 부부 일방이 특별한 수권 없이 배우자를 대리하여 타인의 채무에 대한 보증행위를 하였을 경우, 민법 제126조 소정의 표현대리가 성립하려면 일상가사대리권이 있었다는 것만이 아니라 상대방이 그 배우자가 그 행위에 관한 대리의 권한을 주었다고 믿었음을 정당화할 만한 객관적인 사정이 있어야 한다.

③ 무권대리인의 상대방이 대리권이 없음을 알았다는 사실 또는 알 수 있었는데도 알지 못하였다는 사실에 관한 주장·증명책임은 무권대리인에게 있다.

④ 표현대리가 성립된다고 하여 무권대리의 성질이 유권대리로 전환되는 것은 아니므로, 유권대리에 관한 주장 속에 무권대리에 속하는 표현대리의 주장이 포함되어 있다고 볼 수 없다.

19 입양에 관한 다음 설명 중 옳은 것을 모두 고른 것은?

> ㄱ. 양자가 될 사람이 성년인 경우에도 양자가 될 사람이 미성년자인 경우와 마찬가지로 부모의 동의를 받아야 한다.
> ㄴ. 친생자 출생신고 당시 입양의 실질적 요건을 갖추지 못하였더라도, 그 후에 입양의 실질적 요건을 갖추게 되었다면 무효인 친생자 출생신고는 소급적으로 입양신고로서의 효력을 갖게 된다.
> ㄷ. 조부모가 손자녀를 입양하는 것은 입양의 의미와 본질에 부합하지 않아 금지된다.
> ㄹ. 양자는 그 출생시로 소급하여 양부모의 친생자와 같은 지위를 가진다.

① ㄱ, ㄴ   ② ㄴ, ㄷ
③ ㄷ, ㄹ   ④ ㄱ, ㄹ

20 채권양도에 관한 다음 설명 중 가장 옳지 않은 것은?

① 당사자가 이혼이 성립하기 전에 이혼소송과 병합하여 재산 분할의 청구를 한 경우에, 아직 발생하지 않았고 그 구체적 내용이 형성되지 않은 재산분할 청구권을 미리 양도하는 것은 성질상 허용되지 않는다.

② 채권양도금지특약에 반하여 채권양도가 이루어진 경우, 그 양수인이 양도금지특약이 있음을 알았거나 중대한 과실로 알지 못하다면 채권양도는 효력이 없게 되는데, 이때 양수인의 악의 또는 중과실에 관한 입증책임은 채무자가 부담한다.

③ 채권이 이중으로 양도된 경우의 양수인 상호간의 우열은 통지 또는 승낙에 붙여진 확정일자의 선후에 의하여 결정하며, 이러한 법리는 채권양수인과 동일 채권에 대하여 가압류명령을 집행한 자 사이의 우열을 결정하는 경우에 있어서도 마찬가지이다.

④ 주채무자에 대한 채권이 이전되면 당사자 사이에 별도의 특약이 없는 한 보증인에 대한 채권도 함께 이전하는바, 채권양도의 대항요건도 주채권의 이전에 관하여 구비하면 족할 뿐, 별도로 보증채권에 관하여 대항요건을 갖출 필요는 없다.

21 제척기간에 관한 다음 설명 중 가장 옳지 않은 것은?

① 매도인이나 수급인의 담보책임을 기초로 한 손해배상채권의 제척기간이 지난 경우에도 제척기간이 지나기 전 상대방의 채권과 상계할 수 있었던 경우에는 매수인이나 도급인은 위 손해배상채권을 자동채권으로 하여 상대방의 채권과 상계할 수 있다.

② 당사자 사이에 매매예약 완결권을 행사할 수 있는 시기를 특별히 약정하였다면, 그 제척기간은 위 약정에 따라 권리를 행사할 수 있는 때로부터 10년간의 기간이 되는 날까지로 연장된다.

③ 제척기간을 도과하였는지 여부는 법원의 직권조사사항이므로 당사자의 주장이 없더라도 법원이 이를 직권으로 조사하여 판단하여야 하고, 당사자는 제척기간의 도과 사실을 사실심 변론종결 시까지 주장하지 않았다 하더라도 상고심에서 이를 새로이 주장, 증명할 수 있다.

④ 채무자가 유일한 재산인 그 소유의 부동산에 관한 매매예약에 따른 예약완결권이 제척기간 경과가 임박하여 소멸할 예정인 상태에서 제척기간을 연장하기 위하여 새로 매매예약을 하는 행위는 채권자취소권의 대상인 사해행위가 될 수 있다.

22 계약해제에 관한 다음 설명 중 가장 옳지 않은 것은?

① 제3자를 위한 계약에서 낙약자와 요약자 사이의 법률관계(기본관계)에 기초하여 수익자가 요약자와 원인관계(대가관계)를 맺음으로써 해제 전에 새로운 이해관계를 갖고 그에 따라 등기, 인도 등을 마쳐 권리를 취득하였더라도, 수익자는 민법 제548조 제1항 단서에서 말하는 계약해제의 소급효가 제한되는 제3자에 해당하지 않는다고 봄이 타당하다.

② 제3채무자가 소유권이전등기청구권에 대한 압류명령에 위반하여 채무자에게 소유권이전등기를 경료한 후 채무자의 대금지급의무의 불이행을 이유로 매매계약을 해제한 경우, 해제의 소급효로 인하여 채무자의 제3채무자에 대한 소유권이전등기청구권이 소급적으로 소멸함에 따라 이에 터잡은 압류명령의 효력도 실효되는 이상 압류채권자는 처음부터 아무런 권리를 갖지 아니한 것과 마찬가지 상태가 되므로 제3채무자가 압류명령에 위반되는 행위를 한 후에 매매계약이 해제되었다 하여도 불법행위는 성립하지 아니한다.

③ 매매계약이 해제된 후에도 매도인이 별다른 이의 없이 일부변제를 수령한 경우 특별한 사정이 없는 한 당사자 사이에 해제된 계약을 부활시키는 약정이 있었다고 해석함이 상당하고, 이러한 경우 매도인으로서는 새로운 이행의 최고 없이 바로 해제권을 행사할 수 없다.

④ 이행지체를 이유로 계약을 해제함에 있어서 그 전제요건인 이행의 최고는 반드시 미리 일정기간을 명시하여 최고하여야 하는 것은 아니며 최고한 때로부터 상당한 기간이 경과하면 해제권이 발생한다.

23 상계에 관한 다음 설명 중 가장 옳지 않은 것은?

① 임차인의 유익비상환채권은 임대차계약 종료 시에 비로소 발생하므로, 임대차 존속 중 임대인의 구상금채권의 소멸시효가 완성된 경우 구상금채권과 임차인의 유익비상환채권이 상계할 수 있는 상태에 있었다고 할 수 없고, 임대인은 이미 소멸시효가 완성된 구상금채권을 자동채권으로 삼아 임차인의 유익비상환채권과 상계할 수 없다.

② 채권압류명령을 받은 제3채무자가 압류채무자에 대한 반대채권을 가지고 있는 경우에 상계로써 압류채권자에게 대항하기 위하여는, 압류의 효력 발생 당시에 대립하는 양 채권이 상계적상에 있거나, 제3채무자의 반대채권의 변제기가 피압류채권의 변제기와 동시에 또는 그보다 먼저 도래하여야 한다.

③ 피고가 상계항변으로 두 개 이상의 반대채권을 주장하였는데 법원이 그중 어느 하나의 반대채권의 존재를 인정하여 수동채권의 일부와 대등액에서 상계하는 판단을 하고, 나머지 반대채권들은 모두 부존재한다고 판단하여 그 부분 상계항변은 배척한 경우, 반대채권들이 부존재한다는 판단에 대하여 기판력이 발생하는 전체 범위는 위와 같이 상계를 마친 후의 수동채권의 잔액을 초과할 수 없다.

④ 유치권이 인정되는 아파트를 경락·취득한 자는 유치권자에 대한 임료 상당의 부당이득금 반환채권을 자동채권으로 하고 유치권자의 종전 소유자에 대한 유익비상환채권을 수동채권으로 하여 상계할 수 있다.

24 연대채무 및 부진정연대채무에 관한 다음 설명 중 가장 옳지 않은 것은?

① 중첩적 채무인수에서 채무자와 인수인은 원칙적으로 주관적 공동관계가 있는 연대채무관계에 있으나, 인수인이 채무자의 부탁을 받지 않아 주관적 공동관계가 없는 경우에는 부진정연대관계에 있다.

② 연대채무자 중 1인이 채무를 일부 면제받는 경우, 그 연대채무자의 잔존 채무액이 부담부분을 초과하는 경우에는 그 연대채무자의 부담부분이 감소한 것은 아니므로, 다른 연대채무자의 채무에도 영향을 주지 않아 다른 연대채무자는 채무전액을 부담하여야 한다.

③ 연대채무자가 변제 기타 자기의 출재로 공동면책이 된 때에는 다른 연대채무자의 부담부분에 대하여 구상권을 행사할 수 있고, 그 구상권에는 면책된 날 이후의 법정이자 및 피할 수 없는 비용 기타 손해배상이 포함된다.

④ 연대채무의 경우 연대채무자 중 1인이 채권자에 대한 반대채권으로 상계를 한 경우 그 상계의 효력이 다른 연대채무자에게도 미치나, 부진정연대채무의 경우 부진정연대채무자 중 1인이 채권자에 대한 반대채권으로 상계를 하였더라도 그 상계의 효력이 다른 부진정연대채무자에게 미치지 않는다.

25 도급에 관한 다음 설명 중 가장 옳지 않은 것은?

① 도급인이 선급금을 지급한 후 도급계약이 해제되거나 해지된 경우, 별도의 상계 의사표시 없이 그때까지 기성고에 해당하는 공사대금 중 미지급액은 당연히 선급금으로 충당된다.

② 건축공사도급계약이 수급인의 채무불이행을 이유로 해제되었는데, 해제 당시 공사가 상당한 정도로 진척되어 이를 원상회복하는 것이 중대한 사회적 · 경제적 손실을 초래하고 완성된 부분이 도급인에게 이익이 되는 경우, 수급인은 해제한 상태 그대로 그 건물을 도급인에게 인도하고, 도급인은 인도받은 미완성 건물에 대한 보수를 지급하여야 한다.

③ 민간공사 도급계약에 있어 수급인의 보증인은 특별한 사정이 없다면 선급금 반환의무에 대하여도 보증책임을 진다.

④ 수급인이 완공기한 내에 공사를 완성하지 못한 채 공사를 중단하고 계약이 해제된 결과 완공이 지연된 경우, 지체상금발생의 종기는 계약이 실제로 해제 · 해지된 때를 기준으로 도급인이 다른 업자에게 의뢰하여 같은 건물을 완공할 수 있었던 시점까지이다.

01 민법 제103조에 관한 다음 설명 중 옳은 것을 모두 고른 것은? (다툼이 있는 경우 판례에 의하고, 전원합의체 판결의 경우 다수의견에 의함. 이하 01~25까지 같음)

> 가. 민법 제103조에서 정하는 '반사회질서의 법률행위'는 법률행위의 목적인 권리의무의 내용이 선량한 풍속 기타 사회질서에 위반되는 경우뿐만 아니라, 그 내용 자체는 반사회질서적인 것이 아니라고 하여도 법적으로 이를 강제하거나 법률행위에 사회질서의 근간에 반하는 조건 또는 금전적인 대가가 결부됨으로써 그 법률행위가 반사회질서적 성질을 띠게 되는 경우도 포함한다.
> 나. 표시되거나 상대방에게 알려진 법률행위의 동기가 반사회질서적이라 해도 동기는 법률행위의 내용은 아니므로 그 법률행위가 민법 제103조에서 정하는 '반사회질서의 법률행위'가 되는 것은 아니다.
> 다. 단지 법률행위의 성립과정에 강박이라는 불법적 방법이 사용된 데에 불과한 때에는 강박에 의한 의사표시의 하자나 의사의 흠결을 이유로 무효라고 할 수 있을 뿐 반사회질서의 법률행위로서 무효라고 할 수는 없다.
> 라. 형사사건에 관한 변호사의 성공보수약정은 그 체결시기를 불문하고 모두 선량한 풍속 기타 사회질서에 위배되어 무효이다.
> 마. 소송사건에 증인으로 출석하여 증언하는 것과 연계하여 어떤 급부를 하기로 약정한 경우 그 급부의 내용이 전체적으로 통상 용인될 수 있는 수준을 넘는 것이라면, 그 약정은 민법 제103조가 규정한 반사회질서 행위에 해당하여 전부가 무효이다.

① 가, 나, 다   ② 가, 라, 마
③ 나, 라, 마   ④ 가, 다, 마

02 불법행위에 관한 다음 설명 중 가장 옳지 않은 것은?

① 민법 제758조 제1항의 '공작물의 설치 · 보존상의 하자'란 공작물이 그 용도에 따라 통상 갖추어야 할 안전성을 갖추지 못한 상태에 있음을 말하고, 그 안전성의 구비 여부는 공작물의 위험성에 비례하여 사회통념상 일반적으로 요구되는 정도로 위험방지 조치를 다하였는지 여부를 기준으로 판단하여야 한다.

② 미성년자가 책임능력이 있어 그 스스로 불법행위책임을 지는 경우에도 그 손해가 당해 미성년자의 감독의무자의 의무위반과 상당인과관계가 있으면 감독의무자는 일반불법행위자로서 손해배상책임이 있다.

③ 민법 제760조 제3항은 불법행위의 방조자를 공동행위자로 보아 방조자에게 공동불법행위의 책임을 부담시키고 있는데, 여기서 방조는 부작위에 의한 방조는 포함하지만, 과실에 의한 방조는 포함되지 않는다.

④ 사업주가 직장 내 성희롱 피해근로자를 가까이에서 도와준 동료 근로자에게 불리한 조치를 한 경우에 그 조치의 내용이 부당하고 그로 말미암아 성희롱 피해근로자에게 정신적 고통을 입혔다면, 피해근로자는 불리한 조치의 직접 상대방이 아니더라도 사업주에게 민법 제750조에 따라 불법행위책임을 물을 수 있다.

03 변제자대위에 관한 다음 설명 중 가장 옳지 않은 것은?

① 보증인이 채무를 변제한 후 채권자의 저당권 등기에 관하여 대위의 부기등기를 하지 않고 있는 동안 제3취득자가 목적부동산에 대하여 권리를 취득한 경우 보증인은 제3취득자에 대하여 채권자를 대위할 수 없다.

② 변제할 정당한 이익이 있는 자가 채무자를 위하여 채권 일부를 대위변제하였는데 채권자가 부동산에 대하여 저당권을 가지고 있는 경우, 채권자는 대위변제자에게 일부대위변제에 따른 저당권의 일부이전의 부기등기를 경료해 주어야 할 의무가 있고, 이 경우 채권자는 일부 대위변제자에 대하여 우선변제권을 주장할 수 없다.

③ 구상권과 변제자대위권은 원본, 변제기, 이자, 지연손해금의 유무 등에 있어서 그 내용이 다른 별개의 권리이다.

④ 채권자가 고의나 과실로 담보를 상실하게 하거나 감소하게 하여 물상보증인의 대위권을 침해한 경우, 물상보증인은 그 상실 또는 감소로 인하여 상환을 받을 수 없는 한도에서 면책 주장을 할 수 있다.

04 채권자취소권에 관한 다음 설명 중 가장 옳지 않은 것은?

① 점유취득시효 완성 후 부동산 소유자가 이를 처분한 경우 점유자는 시효취득을 원인으로 한 소유권이전등기청구권을 피보전채권으로 하여 채권자취소권을 행사할 수 있다.

② 채권자가 수익자를 상대로 사해행위취소의 소를 제기한 경우 수익자는 취소채권자의 채권이 시효로 소멸하였음을 주장할 수 있다.

③ 채무자가 채권자와 신용카드가입계약을 체결하고 신용카드를 발급받았으나 자신의 유일한 부동산을 매도한 후에 비로소 신용카드를 사용하기 시작하여 신용카드대금을 연체하게 된 경우, 그 신용카드대금채권은 사해행위 이후에 발생한 채권에 불과하여 사해행위의 피보전채권이 될 수 없다.

④ 수익자를 상대로 한 사해행위 취소소송에서 승소하였더라도 전득자에 대하여 원상회복을 구하기 위해서는 민법 제406조 제2항에서 정한 기간 내에 별도로 전득자에 대하여 채권자취소권을 행사하여야 한다.

05 법률행위의 부관으로서 조건에 관한 다음의 설명 중 가장 옳지 않은 것은?

① 법률행위 효력의 발생 또는 소멸을 장래의 불확실한 사실의 성부에 의존케 하는 조건을 법률행위에 붙이고자 하는 의사가 있다 하더라도 이를 외부에 표시하지 않으면 이는 법률행위의 동기에 불과한 것이다.

② 정지조건부 법률행위에 있어서 조건이 성취되었다는 사실은 이에 의하여 권리를 취득하고자 하는 측에서 증명하여야 한다.

③ 정지조건부 법률행위는 조건을 성취한 때로부터 그 효력이 생기고, 해제조건부 법률행위는 조건을 성취한 때로부터 그 효력을 잃는다.

④ 甲과 乙이 빌라 분양을 甲이 대행하고 수수료를 받기로 하는 내용의 분양전속계약을 체결하면서, 특약사항으로 "분양계약기간 완료 후 미분양 물건은 甲이 모두 인수하는 조건으로 한다."라고 정한 경우 위 특약사항은 미분양 물건 세대를 인수하지 아니할 경우 분양전속계약은 효력이 없다는 법률행위의 부관으로서 조건을 정한 것이다.

06 도급에 관한 다음 설명 중 가장 옳은 것은?

① 도급계약에서 일의 완성 여부에 관한 주장·증명책임은 일의 결과에 대한 보수지급의무를 부담하는 도급인이 부담한다.

② 수급인이 공사를 완성하지 못하여 완공기한을 넘겨 도급 계약이 해제된 경우, 그 지체상금 발생의 시기는 완공기한일부터이고, 종기는 수급인이 공사를 중단하거나 기타 해제사유가 있어 도급인이 이를 해제할 수 있었을 때를 기준으로 하여 도급인이 다른 업자에게 의뢰하여 같은 건물을 완공할 수 있었던 시점이다.

③ 공사도급계약상 도급인의 지체상금채권과 수급인의 공사대금채권은 특별한 사정이 없는 한 동시이행의 관계에 있다고 할 수 없다.

④ 완성된 건물의 경우에도 그 하자로 인하여 계약의 목적을 달성할 수 없는 때에는 계약을 해제할 수 있다.

07 상속재산분할에 관한 다음 설명 중 가장 옳지 않은 것은?

① 상속재산의 분할은 상속이 개시된 때 소급하여 효력이 있으나, 제3자의 권리를 해하지 못하는데, 여기서 제3자는 일반적으로 상속재산분할의 대상이 된 상속재산에 관하여 상속재산분할 전에 새로운 이해관계를 가졌을 뿐만 아니라 등기, 인도 등으로 권리를 취득한 사람을 말한다.

② 상속개시 당시에는 상속재산을 구성하던 재산이 그 후 처분되거나 멸실·훼손되었다면 그 재산은 상속재산분할의 대상이 될 수 없으나, 상속인이 그 대가로 대상재산을 취득하였다면 그 대상재산은 상속재산분할의 대상이 될 수 있다.

③ 피상속인은 유언으로 상속재산의 분할방법을 정하거나 이를 정할 것을 제3자에게 위탁할 수 있다.

④ 상속재산 분할협의는 한 번 이루어지면 그 이후에는 공동상속인들이 합의해제할 수 없다.

08 상속의 대상에 관한 다음 설명 중 가장 옳은 것은?

① 부동산의 합유자 사이에 특별한 약정이 없는 한 합유자지위는 그 상속인에게 상속된다.

② 점유권은 상속인에게 이전되지 않는다.

③ 보증기간과 보증한도액의 정함이 없는 계속적 보증계약의 경우 보증인이 사망하면 보증인의 지위가 상속인에게 상속되지 않고, 다만 기왕에 발생된 보증채무만 상속된다.

④ 불법행위로 사망한 자의 정신적 손해에 대한 손해배상청구권은 상속되지 않는다.

09 점유에 관한 다음 설명 중 가장 옳은 것은?

① 점유자는 소유의 의사로 평온, 공연하게, 선의이며, 과실(過失)없이 점유한 것으로 추정한다.

② 선의의 점유자라도 본권에 관한 소에 패소한 때에는 패소판결 확정 후부터는 악의의 점유자로 본다.

③ 점유자의 승계인은 자기의 점유만을 주장할 수 있으나, 자기의 점유와 전점유자의 점유를 아울러 주장할 수는 없다.

④ 선의의 점유자는 점유물의 과실(果實)을 취득하나, 악의의 점유자는 수취한 과실(果實)을 반환하여야 하며, 이를 소비한 경우에는 그 과실(果實)의 대가를 보상하여야 한다.

10 채권양도에 관한 다음 설명 중 가장 옳지 않은 것은?

① 채무자가 채권양도 통지를 받은 당시 이미 상계할 수 있는 원인이 있었던 경우에는 아직 상계적상에 있지 않더라도 그 후 상계적상에 이르면 채무자는 양수인에 대하여 상계로 대항할 수 있다.

② 처분권한 없는 자가 지명채권을 양도한 경우 특별한 사정이 없는 한 채권양도로서 효력을 가질 수 없으므로 양수인은 채권을 취득하지 못한다.

③ 채권이 이중으로 양도된 경우 양수인 상호 간의 우열은 확정일자 있는 양도통지가 채무자에게 도달한 일시 또는 확정일자 있는 승낙의 일시의 선후에 의하여 결정하여야 한다.

④ 선순위 근저당권부채권을 양수한 채권자는 채권양도의 대항요건을 갖추지 아니하면 후순위 근저당권자에게 대항하지 못한다.

11 전세권에 관한 다음 설명 중 가장 옳지 않은 것은?

① 전세금의 지급은 전세권 성립의 요소이므로, 전세금의 지급이 반드시 현실적으로 수수되어야만 하는 것이고, 기존의 채권으로 전세금의 지급에 갈음할 수는 없다.

② 건물의 일부에 대하여 전세권이 설정되어 있는 경우, 그 전세권자는 전세권의 목적물이 아닌 나머지 건물부분에 대하여는 우선변제권은 별론으로 하고 경매신청권은 없다.

③ 전세권의 존속기간을 정하지 않은 경우, 각 당사자는 언제든지 상대방에 대하여 전세권의 소멸을 통고할 수 있고, 상대방이 이 통고를 받은 날로부터 6월이 경과하면 전세권은 소멸한다.

④ 전세권이 소멸한 때에는 전세권설정자는 전세권자로부터 그 목적물의 인도 및 전세권설정등기의 말소등기에 필요한 서류의 교부를 받는 동시에 전세금을 반환하여야 한다.

12 선의취득에 관한 다음 설명 중 가장 옳지 않은 것은?

① 선의취득에 필요한 양수인의 점유취득은 현실의 인도뿐만 아니라 간이인도, 반환청구권의 양도에 의해서도 가능하다.

② 선의취득의 요건인 선의·무과실의 기준시점은 물권행위가 완성되는 때, 즉 물권적 합의와 인도 중에서 나중에 갖추어진 요건이 완성되는 때이다.

③ 동산질권을 선의취득하기 위하여는 질권자가 평온, 공연하게 선의이며 과실없이 질권의 목적동산을 취득하여야 하는데, 그 취득자의 선의, 평온, 공연, 무과실의 점은 추정된다.

④ 선박, 자동차, 건설기계와 같이 등기나 등록에 의하여 공시되는 동산은 선의취득의 대상이 되지 못한다.

13 사실혼에 관한 다음 설명 중 가장 옳지 않은 것은?

① 사실혼은 주관적으로는 혼인의 의사가 있고, 객관적으로는 사회통념상 가족질서의 면에서 부부공동생활을 인정할 만한 실체가 있는 경우에 성립한다.

② 중혼적 사실혼은 특별한 사정이 없는 한 사실혼으로서 보호받을 수 없다.

③ 사실혼 관계 부부는 일상가사에 관하여 서로 대리권이 있고, 사실혼중에 일방의 명의로 취득한 재산이더라도 부부 쌍방의 공유로 추정된다.

④ 사실혼의 배우자도 재산분할청구권을 행사할 수 있다.

14 이행지체에 관한 다음 설명 중 가장 옳지 않은 것은?

① 정지조건부 기한이익상실의 특약을 한 경우에는 특별한 사정이 없는 한 그 특약에서 정한 기한이익 상실사유가 발생하였더라도 채권자의 이행청구가 없으면 채무자는 지체책임을 지지 않는다.

② 매수인이 잔대금 지급기일까지 그 대금을 지급하지 못하면 그 계약이 자동적으로 해제된다는 취지의 약정이 있더라도, 특별한 사정이 없는 한 매도인이 자신의 채무에 대한 이행의 제공을 하여 매수인으로 하여금 이행지체에 빠지게 하였을 때 비로소 자동적으로 계약이 해제된다.

③ 타인의 토지를 점유함으로 인한 부당이득반환채무는 이행의 기한이 없는 채무로서 이행청구를 받은 때로부터 지체책임이 있다.

④ 금전채무의 지연손해금채무는 금전채무의 이행지체로 인한 손해배상채무로서 이행기의 정함이 없는 채무에 해당하므로, 채무자는 확정된 지연손해금채무에 대하여 채권자로부터 이행청구를 받은 때로부터 지체책임을 부담하게 된다.

15 조합에 관한 다음 설명 중 가장 옳지 않은 것은?

① 영리사업을 목적으로 하면서 당사자 중의 일부만이 이익을 분배받고 다른 자는 전혀 이익분배를 받지 않는 경우에는 조합관계라고 할 수 없다.

② 조합원은 다른 조합원 전원의 동의가 있으면 그 지분을 처분할 수 있으나 조합의 목적과 단체성에 비추어 조합원으로서의 자격과 분리하여 그 지분권만을 처분할 수는 없다고 할 것이므로, 조합원이 지분을 양도하면 그로써 조합원의 지위를 상실하게 된다.

③ 2인 조합에서 조합원 1인이 탈퇴하면 조합관계는 종료되지만 특별한 사정이 없는 한 조합이 해산되지 아니하고, 조합원의 합유에 속하였던 재산은 남은 조합원의 단독소유에 속하게 되어 기존의 공동사업은 청산절차를 거치지 않고 잔존자가 계속 유지할 수 있다.

④ 조합의 청산에 관한 민법의 규정은 제3자 보호를 위한 강행규정으로서 당사자가 이와 다른 내용의 특약을 한 경우 그 특약은 효력이 없다.

16 소멸시효에 관한 다음 설명 중 가장 옳은 것은?

① 주택임대차보호법에 따른 임대차에서 그 기간이 끝난 후 임차인이 보증금을 반환받기 위해 목적물을 점유하고 있는 경우 보증금반환채권에 대한 소멸시효는 진행하지 않는다고 보아야 한다.

② 채권담보의 목적으로 이루어지는 부동산 양도담보의 경우에 있어서 피담보채무가 변제된 이후에 양도담보권설정자가 행사하는 등기청구권은 소멸시효의 대상이 된다.

③ 건물에 관한 소유권이전등기청구권에 있어서 그 목적물인 건물이 완공되지 아니하여 이를 행사할 수 없었다는 사유는 사실상의 장애사유에 불과하므로 소멸시효의 진행을 방해하지 않는다.

④ 금전채무의 이행지체로 인하여 발생하는 지연손해금은 민법 제163조 제1호가 규정한 '1년 이내의 기간으로 정한 채권'에 해당하므로 3년간의 단기소멸시효의 대상이 된다.

17 X토지에 대하여 甲과 乙은 각 1/2지분을 소유하고 있는데, 甲이 그 지상에 소나무를 식재하여 토지를 독점적으로 점유하고 있다. 이에 관한 다음의 대화 중 옳지 않은 의견을 주장하는 사람은 누구인가?

> 철수: 공유물의 소수지분권자인 甲이 乙과 협의하지 않고 공유물의 전부를 독점적으로 점유하는 경우 다른 소수지분권자인 乙이 甲을 상대로 공유물의 인도를 청구할 수는 없어.
>
> 영희: 소수지분권자인 甲이 乙을 배제하고 단독 소유자인 것처럼 공유물을 독점하는 것은 위법하지만, 甲은 적어도 자신의 지분 범위에서는 공유물 전부를 점유하여 사용·수익할 권한이 있으므로 甲의 점유는 지분비율을 초과하는 한도에서만 위법하다고 보아야 하지 않을까?
>
> 혜림: 乙은 공유물을 독점적으로 점유하면서 乙의 공유 지분권을 침해하고 있는 甲을 상대로 지분권에 기한 방해배제청구권을 행사함으로써 위법 상태를 시정할 수 있을 거야.
>
> 강은: 공유물을 공유자 한 명이 독점적으로 점유하는 경우 이러한 위법 상태를 시정하여 공유물의 현상을 공유자 전원이 사용·수익할 수 있는 상태로 환원시킬 목적으로 방해를 제거하거나 공유물을 회수하는 것은 민법 제265조 단서에 따른 공유물의 보존을 위한 행위에 해당해.

① 철수
② 영희
③ 혜림
④ 강은

18 착오로 인한 의사표시에 관한 다음 설명 중 가장 옳은 것은?

① 동기의 착오를 이유로 법률행위를 취소하려면 당사자들 사이에 별도로 그 동기를 의사표시의 내용으로 삼기로 하는 합의까지 이루어져야 한다.

② 화해계약의 의사표시에 착오가 있더라도 이것이 당사자의 자격이나 화해계약의 대상인 분쟁 이외의 사항에 관한 것이 아니고 분쟁의 대상인 법률관계 자체에 관한 것일 때에는 이를 취소할 수 없다.

③ 매도인의 하자담보책임이 성립하는 경우에는 매매계약 내용의 중요 부분에 착오가 있는 경우에도 매수인이 착오를 이유로 매매계약을 취소할 수 없다.

④ 소취하합의의 의사표시는 법률행위의 내용의 중요 부분에 착오가 있음을 이유로 취소할 수 없다.

19 여행계약에 관한 다음 설명 중 가장 옳지 않은 것은?

① 여행자는 여행을 시작하기 전에는 언제든지 계약을 해제할 수 있으나, 상대방에게 발생한 손해를 배상하여야 한다.

② 부득이한 사유가 있는 경우에는 각 당사자는 계약을 해지할 수 있으나, 그 사유가 당사자 한쪽의 과실로 인하여 생긴 경우에는 상대방에게 손해를 배상하여야 한다.

③ 여행자는 약정한 시기에 대금을 지급하여야 하나, 그 시기의 약정이 없으면 여행 시작 전에 지급하여야 한다.

④ 여행에 하자가 있는 경우에는 여행자는 여행주최자에게 하자의 시정 또는 대금의 감액을 청구할 수 있으나, 그 시정에 지나치게 많은 비용이 들거나 그 밖에 시정을 합리적으로 기대할 수 없는 경우에는 시정을 청구할 수 없다.

20 유치권에 관한 다음 설명 중 가장 옳지 않은 것은?

① 타인의 물건 또는 유가증권을 점유한 자는 그 물건이나 유가증권에 관하여 생긴 채권이 변제기에 있는 경우에는 변제를 받을 때까지 그 물건 또는 유가증권을 유치할 권리가 있다.

② 채권자가 유치권을 행사하고 있다면 채권자가 권리를 행사하고 있는 것이므로, 채권자의 채권은 소멸시효가 진행하지 않는다.

③ 채무자 소유의 부동산에 경매개시결정의 기입등기가 경료되어 압류의 효력이 발생한 이후에 채권자가 채무자로부터 위 부동산의 점유를 이전받고 이에 관한 공사 등을 시행함으로써 채무자에 대한 공사대금채권 및 이를 피담보채권으로 한 유치권을 취득한 경우, 부동산을 점유한 채권자로서는 위 유치권을 내세워 그 부동산에 관한 경매절차의 매수인에게 대항할 수 없다.

④ 민사유치권의 객체인 물건 또는 유가증권은 채무자의 소유에 한정되지 않는다. 이 점에서 채무자 소유의 물건 또는 유가증권을 객체로 하는 상사유치권과 구별된다.

21 부당이득에 관한 다음 설명 중 가장 옳지 않은 것은?

① 계약상의 급부가 계약 상대방뿐만 아니라 제3자에게도 이익이 되는 경우, 급부를 한 계약 당사자가 그 제3자에 대하여 직접 부당이득반환을 청구할 수 없다.

② 계약해제의 효과인 원상회복의무를 규정한 민법 제548조 제1항 본문은 부당이득에 관한 특칙이므로, 그 이익 반환의 범위는 이익의 현존 여부나 선의·악의를 불문하고 특단의 사유가 없는 한 받은 이익의 전부이다.

③ 임대차계약 종료 후에 임차인이 동시이행의 항변권을 행사하여 임차건물을 계속 점유하여 사용·수익한 경우, 그로 인한 이득을 부당이득이라 할 수 없다.

④ 법률행위가 사기에 의한 것으로서 취소되는 경우, 그 법률 행위가 동시에 불법행위를 구성하는 때에는 취소의 효과로 생기는 부당이득반환청구권과 불법행위로 인한 손해배상청구권은 경합하여 병존한다.

22 저당권 내지 근저당권에 관한 다음 설명 중 가장 옳지 않은 것은?

① 기존건물에 대한 근저당권은 민법 제358조에 의하여 부합된 증축 부분에도 효력이 미치는 것이므로, 기존건물에 대한 경매절차에서 경매목적물로 평가되지 아니하였다고 할지라도 경락인은 부합된 증축 부분의 소유권을 취득한다.

② 건물에 대한 저당권의 효력은 그 건물의 소유를 목적으로 하는 지상권에는 미치지 아니한다.

③ 저당권의 효력이 미치는 민법 제359조의 '과실'에는 법정과실도 포함되므로, 저당부동산에 대한 압류가 있으면 압류 이후의 저당권설정자의 저당부동산에 관한 차임채권 등에도 저당권의 효력이 미친다.

④ 저당목적물의 소실로 저당권설정자가 취득하게 된 화재보험계약상의 보험금청구권에 대하여 저당권자가 물상대위권을 행사할 수 있다.

23 보증에 관한 다음 설명 중 가장 옳지 않은 것은?

① 보증인은 특별한 사정이 없는 한 채무자가 채무불이 행으로 인하여 부담하여야 할 손해배상채무와 원상 회복의무에 관하여도 보증책임을 진다.

② 채권자는 보증계약을 체결할 때 보증계약의 체결 여 부 또는 그 내용에 영향을 미칠 수 있는 주채무자의 채무 관련 신용정보를 보유하고 있거나 알고 있는 경우에는 보증인에게 그 정보를 알려야 할 의무가 있다.

③ 보증인 보호를 위한 특별법 제7조 제1항에 따르면 보증기간의 약정이 없는 때에는 그 기간을 3년으로 보는데, 여기에서 말하는 보증기간은 특별한 사정 이 없는 한 주채무의 발생기간이 아니라 보증채무 의 존속기간을 의미한다.

④ 보증채무는 주채무에 대한 부종성 또는 수반성이 있 어서 주채무자에 대한 채권이 이전되면 당사자 사 이에 별도의 특약이 없는 한 보증인에 대한 채권도 함께 이전하고, 이 경우 채권양도의 대항요건도 주 채권의 이전에 관하여 구비하면 족하고, 별도로 보 증채권에 관하여 대항요건을 갖출 필요는 없다.

24 임의대리권에 관한 다음 설명 중 가장 옳지 않은 것은?

① 수권행위의 통상의 내용으로서의 임의대리권은 그 권한에 부수하여 필요한 한도에서 상대방의 의사표 시를 수령하는 이른바 수령대리권을 포함한다.

② 매매계약의 체결과 이행에 관하여 포괄적으로 대리 권을 수여받은 대리인이라도 특별한 다른 사정이 없는 한 상대방에 대하여 약정된 매매대금지급기일 을 연기하여 줄 권한은 없다.

③ 부동산의 소유자로부터 매매계약을 체결할 대리권 을 수여받은 대리인은 특별한 사정이 없는 한 그 매 매계약에서 약정한 바에 따라 중도금이나 잔금을 수령할 권한이 있다.

④ 예금계약의 체결을 위임받은 자가 가지는 대리권 에 당연히 그 예금을 담보로 하여 대출을 받거나 이를 처분할 수 있는 대리권이 포함되어 있는 것은 아니다.

25 채권자대위권에 관한 다음 설명 중 가장 옳지 않은 것 은?

① 채권자가 채권자대위권을 행사하여 제3자에 대하여 하는 청구에 있어서, 제3채무자는 채무자가 채권자 에 대하여 가지는 항변으로 대항할 수 없고, 채권의 소멸시효가 완성된 경우 이를 원용할 수 있는 자는 원칙적으로는 시효이익을 직접 받는 자뿐이며, 채 권자대위소송의 제3채무자는 이를 행사할 수 없다.

② 채권자대위소송에서 피보전채권이 인정되지 아니할 경우 당사자적격이 없게 되므로 그 대위소송은 부 적법하여 각하된다.

③ 보전행위는 채권자의 피보전채권의 이행기가 도래 하기 전이라도 법원의 허가 없이 대위할 수 있다.

④ 유류분권리자의 유류분반환청구권행사에 대한 확정 적 의사 여부와 관계없이 유류분반환청구권도 채권 자대위의 목적이 될 수 있다.

01 취득시효에 관한 다음 설명 중 옳은 것을 모두 고른 것은? (다툼이 있는 경우 판례에 의하고, 전원합의체 판결의 경우 다수 의견에 의함. 이하 01~25까지 같음)

ㄱ. 부동산 점유취득시효는 20년의 시효기간이 완성한 것만으로 점유자가 곧바로 소유권을 취득하는 것은 아니고, 점유자 명의로 등기를 함으로써 소유권을 취득하게 된다.

ㄴ. 전(前) 점유자의 점유를 승계한 자는 그 점유 자체와 하자는 물론 그 점유로 인한 법률효과까지 승계하는 것이므로, 부동산을 취득시효기간 만료 당시의 점유자로부터 양수하여 점유를 승계한 현(現) 점유자는 전(前) 점유자의 취득시효 완성의 효과를 주장하여 직접 자기에게 소유권이전등기를 청구할 수 있다.

ㄷ. 甲 소유의 X토지를 丙이 점유하여 그 취득시효가 완성된 후 丙이 그 등기를 하기 전에, 乙이 丙의 취득시효완성 전에 이미 설정되어 있던 가등기에 기하여 시효완성 후에 소유권이전의 본등기를 마친 경우, 丙은 乙에게 시효취득을 주장할 수 없다.

ㄹ. 甲과 乙이 구분소유적 공유관계에 있는 X토지 중 乙의 특정 구분소유 부분에 관하여 丙의 점유취득시효가 완성된 후, 甲이 그의 특정 구분소유 부분을 丁에게 양도하고 그에 따라 X토지 전체의 공유지분에 관한 지분이전등기를 경료해 준 경우, 丙은 자신이 점유한 乙의 특정 구분소유 부분에 관해서는 소유 명의자의 변동이 없으므로 그 취득시효의 기산점을 임의로 선택하여 주장할 수 있다.

ㅁ. 甲 소유의 X토지를 점유하던 乙이 甲을 상대로 매매를 원인으로 한 소유권이전등기청구 소송을 제기하자, 甲이 이에 응소하여 乙의 청구기각 판결을 구하면서 乙의 주장 사실을 부인한 결과 乙이 패소하고 그 판결이 확정된 경우, 甲의 응소행위로 인해 乙의 점유취득시효의 진행은 중단된다.

ㅂ. 부동산 소유자가 취득시효가 완성된 사실을 알고 그 부동산을 제3자에게 처분하여 소유권이전등기를 넘겨줌으로써 취득시효 완성을 원인으로 한 소유권이전등기의무가 이행불능에 빠지게 되어 시효취득을 주장하는 자가 손해를 입었다면, 이는 시효취득을 주장하는 자에 대하여 불법행위를 구성한다.

① ㄱ, ㄷ, ㅂ   ② ㄴ, ㄹ, ㅁ

③ ㄱ, ㄷ, ㅁ   ④ ㄷ, ㅁ, ㅂ

02 다음 설명 중 가장 옳지 않은 것은?

① 계약의 해제와 해제조건의 성취는 서로 법적 성격이 다르기는 하지만 그 효과는 같다.

② 계약의 합의해제의 효과는 합의된 내용에 따라 결정되고, 원칙적으로 해제에 관한 민법 제543조 이하의 규정은 적용되지 않는다.

③ 계약의 합의해제의 경우에도 제3자 보호에 관한 민법 제548조 제1항 단서의 규정은 적용된다.

④ 채무불이행을 이유로 계약을 해제하려면, 채무불이행은 주된 채무에 관한 것이어야 하고, 부수적 채무의 불이행은 원칙적으로 해제권을 발생시키지 않는다.

03 아래의 〈사례〉에 관한 다음 〈설명〉 중 옳지 않은 것을 모두 고른 것은?

〈사 례〉

甲은 2002. 2. 1.생으로 이 사건 당시 만 18세의 미성년자였다. 甲은 법정대리인 A의 동의없이 L신용카드회사와 신용카드 이용계약을 체결하여 신용카드를 발급받았다. 甲은 乙이 운영하는 노트북 대리점에서 10만 원상당의 외장하드를 3개월 할부로 구입하면서, 이를 위 신용카드로 결제하였다. 한편 甲은 당시 아르바이트 등을 통해 월 60만 원 이상의 소득을 얻고 있었다. 이후 甲은 A의 동의가 없었음을 이유로 L사와의 위 신용카드 이용계약과 乙과의 위 신용구매계약을 각각 취소하였다.

〈설 명〉

ㄱ. 甲이 L사와의 신용카드 이용계약의 취소를 구하는 것은 신의칙에 반하므로 인정될 수 없다.

ㄴ. 甲과 乙과의 신용구매계약은 A의 묵시적 처분허락을 받은 재산범위 내의 처분이므로 취소할 수 없다.

ㄷ. 만일 甲과 L사와의 신용카드 이용계약이 취소되었음에도 L사가 乙에게 甲의 신용카드 이용대금을 지급한 경우, L사는 여전히 甲에게 신용카드 이용계약에 따라 신용카드 이용대금을 청구할 수 있다.

ㄹ. 만일 甲과 L사와의 신용카드 이용계약이 취소되었음에도 L사가 乙에게 甲의 신용카드 이용대금을 지급한 경우, L사는 甲에게 부당이득의 반환을 구할 수 있다.

ㅁ. 위 ㄹ.의 경우, 甲이 반환하여야 할 이익은 乙로부터 구입한 재화, 즉 외장하드이다.

---

① ㄱ, ㄷ, ㅁ
② ㄴ, ㄹ
③ ㄷ, ㅁ
④ ㄱ, ㄴ, ㄷ, ㅁ

04 이혼에 관한 다음 설명 중 가장 옳지 않은 것은?

① 이혼 후 협의 또는 심판에 의하여 구체화되지 않은 상태에서 재산분할청구권을 포기하는 행위는 채권자취소권의 대상이 될 수 없다.

② 일시적으로나마 법률상의 부부관계를 해소하려는 당사자 간의 합의하에 협의이혼신고가 된 이상, 그 협의이혼에 다른 목적이 있다 하더라도 양자 간에 이혼의 의사가 없다고 할 수 없고, 따라서 그 협의이혼은 무효로 되지 아니한다.

③ 이혼 당시 부부 일방이 아직 공무원으로 재직 중이어서 실제 퇴직급여 등을 수령하지 않았더라도 이혼소송의 사실심 변론종결 시에 이미 잠재적으로 존재하여 경제적 가치의 현실적 평가가 가능한 재산인 퇴직급여 및 퇴직수당 채권은 이에 대하여 상대방 배우자의 협력이 기여한 것으로 인정되는 한 재산분할의 대상에 포함시킬 수 있다.

④ 이혼으로 인한 재산분할재판에서 분할대상인지 여부가 전혀 심리된 바 없는 재산을 재판확정 후 추가로 발견한 경우에는 이를 발견한 날부터 2년 이내에 추가로 재산분할청구를 할 수 있다.

05 근저당권에 관한 다음 설명 중 가장 옳지 않은 것은?

① 근저당권이 설정되어 있는 부동산에 관하여 사해행위가 이루어진 후 근저당권이 말소되어 그 부동산의 가액에서 근저당권 피담보채무액을 공제한 나머지 금액의 한도에서 사해행위를 취소하고 가액의 배상을 명하는 경우, 그 가액의 산정은 사해행위 당시를 기준으로 하여야 한다.

② 근저당권 등 담보권 설정의 당사자들이 그 목적이 된 토지 위에 차후 용익권이 설정되거나 건물 또는 공작물이 축조·설치되는 등으로써 그 목적물의 담보가치가 저감하는 것을 막는 것을 주요한 목적으로 하여 담보권과 아울러 지상권을 설정한 경우에 담보권이 소멸하면 등기된 지상권의 목적이나 존속기간과 관계없이 지상권도 그 목적을 잃어 함께 소멸한다.

③ 근저당권 이전의 부기등기는 기존의 주등기인 근저당권 설정등기에 종속되어 주등기와 일체를 이루는 것으로서 기존의 근저당권설정등기에 의한 권리의 승계를 등기부상 명시하는 것일 뿐 그 등기에 의하여 새로운 권리가 생기는 것이 아니다.

④ 근저당권설정계약이나 기본계약에서 근저당권의 존속기간이나 결산기를 정하지 않은 때에는, 피담보채무의 확정방법에 관한 다른 약정이 있으면 그에 따르고, 이러한 약정이 없는 경우라면 근저당권설정자가 근저당권자를 상대로 언제든지 계약 해지의 의사표시를 함으로써 피담보채무를 확정시킬 수 있다.

06 소멸시효에 관한 다음 설명 중 가장 옳은 것은?

① 부진정연대채무에서 채무자 1인에 대한 재판상 청구 또는 채무자 1인이 행한 채무의 승인 등 소멸시효의 중단사유나 시효이익의 포기는 다른 채무자에게도 효력을 미친다.

② 시효를 주장하는 자가 제기한 소에서 채권자가 피고로서 응소하여 적극적으로 권리를 주장하였으나 그 소가 각하되거나 취하되는 등의 사유로 본안에서 그 권리주장에 관한 판단 없이 소송이 종료된 경우에는 그때부터 6월 이내에 재판상의 청구 등 다른 시효중단조치를 취한 경우에 한하여 응소시에 소급하여 시효중단의 효력이 있는 것으로 본다.

③ 채권자가 확정판결에 기한 채권의 실현을 위하여 채무자에 대하여 민사집행법 소정의 재산명시신청을 하고 그 결정이 채무자에게 송달되었다면 거기에 소멸시효의 중단사유인 '최고'로서의 효력만이 인정된다. 따라서 그로부터 6월 내에 다시 소를 제기하거나 압류 또는 가압류, 가처분을 하는 등 민법 제174조에 규정된 절차를 속행하지 아니하는 한 소멸시효 중단의 효과는 상실된다. 반면 채권자가 신청한 지급명령 사건이 채무자의 이의신청으로 소송으로 이행되는 경우에는 소송으로 이행된 때로부터 시효중단의 효과가 발생한다.

④ 주채무에 대한 소멸시효가 완성된 경우에는 보증채무의 소멸시효가 중단되었더라도 보증채무 역시 소멸된다. 그러나 보증채무가 소멸된 상태에서 보증인이 보증채무를 이행하거나 승인하는 경우에는 보증인의 행위에 의하여 주채무에 대한 소멸시효 이익의 포기 효과가 발생되어 보증인으로서는 주채무의 시효소멸을 이유로 보증채무의 소멸을 주장할 수 없다.

07 불법행위에 관한 다음 설명 중 가장 옳지 않은 것은?

① 자동차의 주요 골격 부위가 파손되는 등의 사유로 중대한 손상이 있는 사고가 발생한 경우에는, 기술적으로 가능한 수리를 마치더라도 특별한 사정이 없는 한 원상회복이 안 되는 수리 불가능한 부분이 남는다고 보는 것이 경험칙에 부합하고, 그로 인한 자동차 가격 하락의 손해는 통상의 손해에 해당한다.

② 불법행위에 기한 손해배상채권에서 민법 제766조 제2항의 소멸시효의 기산점이 되는 '불법행위를 한 날'이란 가해행위가 있었던 날이 아니라 현실적으로 손해의 결과가 발생한 날을 의미하나, 그 손해의 결과발생이 현실적인 것으로 되었다면 그 소멸시효는 피해자가 손해의 결과발생을 알았거나 예상할 수 있는지 여부에 관계없이 가해행위로 인한 손해가 현실적인 것으로 되었다고 볼 수 있는 때부터 진행한다.

③ 제3자의 채권침해 당시 채무자가 가지고 있던 다액의 채무로 인하여 제3자의 채권침해가 없었더라도 채권자가 채무자로부터 일정액 이상으로 채권을 회수할 가능성이 없었다고 인정될 경우에는 위 일정액을 초과하는 손해와 제3자의 채권침해로 인한 불법행위 사이에는 상당인과관계를 인정할 수 없다.

④ 사용자가 피용자의 과실에 의한 불법행위로 인한 사용자 책임을 부담하는 경우와 달리, 피용자의 고의에 의한 불법행위로 인하여 사용자책임을 부담하는 경우에는 피해자에게 과실이 있다고 하여 그 책임을 제한할 수 없다.

08 법인과 비법인 사단에 관한 다음 설명 중 가장 옳은 것은?

① 대표이사가 대표권의 범위 내에서 한 행위라도 회사의 영리목적과 관계없이 자기 또는 제3자의 이익을 도모할 목적으로 그 권한을 남용한 것이라면 원칙적으로 회사에 대하여 무효이다.

② 민법 제35조 제1항은 "법인은 이사 기타 대표자가 그 직무에 관하여 타인에게 가한 손해를 배상할 책임이 있다"라고 규정하고 있는데, 여기서 '법인의 대표자'란 당해 법인을 실질적으로 운영하면서 법인을 사실상 대표하였는지를 불문하고, 대표자로 등기되어 법인의 사무를 집행하는 사람에 한정된다.

③ 법인 아닌 사단은 사단의 실질은 가지고 있으나 아직 권리능력을 취득하지 못한 것이므로, 법인 아닌 사단의 사원은 집합체로서 재산을 소유할 수 없고, 법인 아닌 사단은 대표자가 있더라도 그 사단의 이름으로 소송의 당사자가 될 수 없다.

④ 공동선조의 후손 중 일부에 의하여 인위적인 조직행위를 거쳐 성립된 종중 유사단체는 사적 임의단체라는 점에서 자연발생적인 종족집단인 고유한 의미의 종중과 그 성질을 달리하므로, 종중 유사단체의 규약에서 공동선조의 후손 중 남성만으로 그 구성원을 한정하고 있다 하더라도 특별한 사정이 없는 한 그 규약이 양성평등 원칙을 정한 헌법 제11조 및 민법 제103조를 위반하여 무효라고 볼 수는 없다.

09 소멸시효에 관한 다음 설명 중 가장 옳지 않은 것은?

① 정지조건부 권리의 경우 조건이 성취된 때부터 시효가 기산된다.

② 동시이행의 항변권이 붙어 있는 채권의 경우에 이행기가 도래하고 반대급부의 이행제공을 한 이후에 소멸시효가 진행한다.

③ 매수인이 매매목적물인 부동산을 인도받아 점유하고 있는 이상 매수인의 소유권이전등기청구권은 소멸시효가 진행하지 않는다.

④ 권리자가 사실상 권리의 존부나 권리행사의 가능성을 알지 못하였고 그 알지 못함에 과실이 없는 경우라도 소멸시효가 진행하지 않는 법률상 장애사유에 해당한다고 할 수 없다.

10 다음 설명 중 가장 옳지 않은 것은?

① 이미 부담하고 있는 채무의 변제에 관하여 일정한 사실이 부관으로 붙여진 경우 특별한 사정이 없는 한 그것은 불확정기한으로 보아야 한다.

② 당사자가 불확정한 사실이 발생한 때를 이행기한으로 정한 경우에는 그 사실이 발생한 때는 물론 그 사실이 불가능하게 된 때에도 이행기한은 도래한 것으로 보아야 한다.

③ 채무의 이행에 관하여 기한이 정하여져 있지 않은 경우에 채무자는 이행청구를 받은 때로부터 지체책임을 지지만, 불법행위로 인한 손해배상채무는 성립과 동시에 지체에 빠지며 최고가 필요 없다.

④ 당사자가 이혼 성립 후 법원에 재산분할을 청구한 경우 재산분할금에 대하여 이혼성립일 다음날부터 지체책임이 발생한다.

11 도급에 관한 다음 설명 중 가장 옳은 것은?

① 수급인이 일을 완성하기 전에 도급인은 민법 제673조에 의하여 수급인이 입은 손해를 배상하고 계약을 해제할 수 있는데, 이 경우 특별한 사정이 없는 한 수급인에게 과실이 있는 경우 도급인은 과실상계를 주장할 수 있다.

② 수급인이 공사를 완성하지 못한 채 공사도급계약이 해제되어 기성고에 따른 공사비를 정산하여야 할 경우에 그 공사비는 다른 특별한 사정이 없는 한 당사자 사이에 약정된 총공사비를 기준으로 하여 그 금액 중 수급인이 공사를 중단할 당시의 기성고 비율에 의한 금액이다.

③ 도급계약에 있어 지체상금의 약정을 한 경우, 도급인이 수급인에 대하여 약정한 선급금의 지급을 지체하였다고 하더라도 선급금 지급을 지체한 기간만큼 수급인이 지급하여야 하는 지체상금의 발생기간에서 공제되어야 하는 것은 아니다.

④ 도급인과 수급인 사이에 도급인이 수급인에게 지급하여야 할 공사대금의 범위 내에서 수급인의 근로자에 대한 노임이나 수급인의 거래처에 대한 공사에 필요한 물품대금을 직접 지급하기로 약정한 경우에도, 도급인은 그 노임이나 물품대금을 직접 지급하기 전이라면 노무가 제공되거나 물품이 납품되었다고 하여 수급인에게 공사대금의 지급을 거부할 수는 없다.

12 변제에 관한 다음 설명 중 가장 옳지 않은 것은?

① 변제는 채무내용에 좇은 현실제공으로 이를 하여야 한다. 그러나 채권자가 미리 변제받기를 거절하거나 채무의 이행에 채권자의 행위를 요하는 경우에는 변제준비의 완료를 통지하고 그 수령을 최고하면 된다.

② 채무자가 채권자의 승낙을 얻어 본래의 채무이행에 갈음하여 다른 급여를 한 때에는 변제와 같은 효력이 있다.

③ 당사자의 특별한 의사표시가 없으면 변제기 전에는 채무자는 변제할 수 없다.

④ 채무의 성질이 제3자의 변제를 허용하지 않거나 당사자의 약정으로 제3자의 변제를 금지한 경우가 아니라면, 이해관계 있는 제3자는 채무자의 의사에 반해서도 변제할 수 있다.

13 점유에 관한 다음 설명 중 가장 옳은 것은?

① 점유의 승계가 있는 경우 전 점유자의 점유가 타주점유라 하여도 점유자의 승계인이 자기의 점유만을 주장하는 경우에는 현 점유자의 점유는 자주점유로 추정된다.

② 소유의 의사 유무는 점유개시시를 기준으로 판단하지만, 나중에 매도자에게 처분권이 없었다는 등의 사유로 그 매매가 무효인 것이 밝혀진 경우 매수인의 점유는 타주점유로 전환된다.

③ 점유자가 매매 또는 증여와 같이 자주점유의 권원을 주장하였으나 이것이 인정되지 않는 경우 자주점유의 추정이 번복된다.

④ 점유자의 점유가 자주점유인지 타주점유인지는 점유자의 내심의 의사, 점유 취득의 원인이 된 권원의 성질 등 여러 사정을 종합하여 결정한다.

14 등기의 효력에 관한 다음 설명 중 가장 옳지 않은 것은?

① 등기명의자가 전 소유자로부터 부동산을 취득함에 있어 등기부상 기재된 등기원인에 의하지 아니하고 다른 원인으로 적법하게 취득하였다고 하면서 등기원인 행위의 태양이나 과정을 다소 다르게 주장한다고 하여도 그 등기의 추정력이 깨어지지 않는다.

② 동일 부동산에 관하여 등기명의인을 달리하여 중복된 소유권보존등기가 경료된 경우에는 먼저 이루어진 소유권보존등기가 원인무효가 아닌 한 뒤에 된 소유권보존등기는 실체관계에 부합한다고 하더라도 무효이다.

③ 등기명의인의 경정등기는 명의인의 동일성이 인정되는 범위를 벗어나면 허용되지 아니하므로 명의인의 동일성이 인정되지 않는 위법한 경정등기가 마쳐졌다면, 그것이 일단 마쳐져서 경정 후의 명의인의 권리관계를 표상하는 결과에 이르렀고 그 등기가 실체관계에도 부합한다고 하더라도 그 등기를 유효하다고 볼 수는 없다.

④ 자기 앞으로 소유권의 등기가 되어 있지 않았고 법률에 의하여 소유권을 취득하지도 않은 사람은 소유권자를 대위하여 현재의 등기명의인을 상대로 그 등기의 말소를 청구할 수 있을 뿐이고, 진정명의의 회복을 위한 소유권이전등기청구를 할 수 없다.

15 친생추정에 관한 다음 설명 중 가장 옳지 않은 것은?

① 부부의 한쪽이 장기간에 걸쳐 해외에 나가 있거나 사실상의 이혼으로 부부가 별거하고 있는 경우 등 동서(同棲)의 결여로 처가 부의 자를 포태할 수 없는 것이 외관상 명백한 사정이 있는 경우에는 친생추정의 효력이 미치지 않는다.

② 부와 자녀의 유전자형이 배치되는 경우와 같이 혼인 중 아내가 임신하여 출산한 자녀가 남편과 혈연관계가 없다는 점이 명백히 밝혀진 경우에도 친생추정의 효력이 미치지 않는다.

③ 친생추정을 받고 있는 상태에서 친생부인의 소의 방법이 아닌 친생자관계부존재확인의 소의 방법에 의하여 그 친생자관계의 부존재확인을 소구하는 것은 부적법하나, 그렇더라도 법원이 그 잘못을 간과하고 청구를 받아들여 친생자관계가 존재하지 않는다는 확인의 심판을 선고하고 그 심판이 확정된 경우 그 친생추정의 효력은 사라진다.

④ 호적상의 부모의 혼인중의 자로 등재되어 있는 자라 하더라도 그의 생부모가 호적상의 부모와 다른 사실이 객관적으로 명백한 경우에는 그 친생추정이 미치지 아니하므로, 그와 같은 경우에는 곧바로 생부모를 상대로 인지청구를 할 수 있다.

16 유치권에 관한 다음 설명 중 가장 옳지 않은 것은?

① 유치권 배제 특약이 있는 경우 다른 법정요건이 모두 충족되더라도 유치권은 발생하지 않는데, 특약에 따른 효력은 특약의 상대방뿐 아니라 그 밖의 사람도 주장할 수 있다.

② 유치권은 그 목적물에 관하여 생긴 채권이 변제기에 있는 경우에 비로소 성립한다.

③ 어느 부동산에 관하여 경매개시결정등기가 된 뒤에 비로소 점유를 이전받아 유치권을 취득한 사람은 경매절차에서 그의 유치권을 주장할 수 없다.

④ 유치권의 성립요건인 유치권자의 점유는 직접점유만을 말하고 간접점유는 포함되지 않는다.

17 이자채권에 관한 다음 설명 중 가장 옳지 않은 것은?

① 원본채권이 양도된 경우 이미 변제기에 도달한 이자채권은 원본채권의 양도당시 그 이자채권도 양도한다는 의사표시가 없는 한, 당연히 양도되지는 않는다.

② 1년 이내의 기간으로 정한 이자채권의 소멸시효기간은 3년이다. 이는 지급의 정기가 1년 이내인 채권을 의미하고, 변제기가 1년 이내의 채권을 말하는 것이 아니므로, 이자채권이라고 하더라도 1년 이내의 정기에 지급하기로 한 것이 아니라면 3년의 단기소멸시효에 걸리는 것이 아니다.

③ 지료나 임료는 금전 기타 대체물의 사용대가가 아니므로 이자가 아니다. 또한 금전채무 불이행에 대한 손해배상금을 지연이자라고도 하는데, 그 법적 성질은 이자가 아니라 손해배상금이다.

④ 하나의 금전채권의 원금 중 일부가 변제된 후 나머지 원금에 대하여 소멸시효가 완성된 경우, 소멸시효 완성의 효력은 소멸시효가 완성된 원금 부분으로부터 그 완성 전에 발생한 이자 또는 지연손해금뿐만 아니라, 변제로 소멸한 원금 부분으로부터 그 변제 전에 발생한 이자 또는 지연손해금에도 미친다고 보아야 한다.

18 소멸시효의 중단에 관한 다음 설명 중 가장 옳지 않은 것은?

① 부동산경매절차에서 집행력 있는 채무명의 정본을 가진 채권자가 하는 배당요구는 압류에 준하는 소멸시효중단의 효력이 있다.

② 채권자가 채무자를 대위하여 채무자의 제3채무자에 대한 채권을 재판상 청구하였다면 그로 인한 채권의 시효중단의 효과는 채무자에게 생긴다.

③ 채권자가 동일한 목적을 달성하기 위하여 복수의 채권을 갖고 있는 경우에는 그 중 어느 하나의 청구를 하면 다른 채권에 대하여도 소멸시효 중단의 효력이 있다.

④ 보험계약자의 보험금 채권에 대한 압류가 행하여지더라도 채무자나 제3채무자는 기본적 계약관계인 보험계약 자체를 해지할 수 있고, 보험계약이 해지되면 그 계약에 의하여 발생한 보험금 채권은 소멸하게 되므로 이를 대상으로 한 압류명령은 실효하게 되는데, 이 경우 위 압류에 의한 시효중단사유는 종료한 것으로 보아야 하고, 그때부터 시효가 새로이 진행한다.

19 채무인수에 관한 다음 설명 중 가장 옳지 않은 것은?

① 채무인수가 면책적인가 중첩적인가 하는 것은 채무인수 계약에 나타난 당사자 의사의 해석에 관한 문제이나, 면책적 인수인지, 중첩적 인수인지가 분명하지 아니한 때에는 중첩적으로 인수한 것으로 볼 것이다.

② 채무자와 인수인의 합의에 의한 중첩적 채무인수의 경우 채권자의 수익의 의사표시는 그 계약의 성립요건이나 효력발생요건이 아니라 채권자가 인수인에 대하여 채권을 취득하기 위한 요건이다.

③ 채무가 인수되는 경우에 구채무자의 채무에 관하여 제3자가 제공한 담보는 채무인수로 인하여 소멸하되, 다만 그 제3자가 채무인수에 동의한 경우에 한하여 소멸하지 아니하고 신채무자를 위하여 존속하게 된다.

④ 근저당권에 관하여 채무인수를 원인으로 채무자를 교체 하는 변경등기(부기등기)가 마쳐진 경우 특별한 사정이 없는 한 그 근저당권은 당초 구채무자가 부담하고 있다가 신채무자가 인수하게 된 채무와 함께 그 후 신채무자(채무인수인)가 다른 원인으로 부담하게 된 새로운 채무를 담보한다.

20 친권에 관한 다음 설명 중 가장 옳지 않은 것은?

① 친권 상실 청구가 있는 경우 가정법원이 청구취지와 달리 친권의 일부 제한을 선고하는 것은 허용되지 않는다.

② 이혼 후 자에 대한 양육권이 부모 중 어느 일방에, 친권이 다른 일방에 또는 부모에 공동으로 귀속되도록 정하는 것도 일정한 기준을 충족하는 한 허용된다.

③ 무상으로 자에게 재산을 수여한 제3자가 친권자의 관리에 반대하는 의사를 표시한 때에는 친권자는 그 재산을 관리하지 못한다.

④ 민법 제921조의 특별대리인은 친권자와 그 친권에 복종하는 자 사이 또는 친권에 복종하는 자들 사이에 서로 이해가 상반되는 특정의 법률행위에 관하여 개별적으로 선임되어야 한다.

21 채권자대위권과 채권자취소권을 비교한 다음 설명 중 옳지 않은 것을 모두 고른 것은?

> ㄱ. 채권자대위권은 재판상 또는 재판 외에서 행사할 수 있으나, 채권자취소권은 반드시 소(訴) 제기의 방식으로만 행사할 수 있다.
>
> ㄴ. 대위채권자의 피보전채권은 채무자의 제3채무자에 대한 권리보다 먼저 성립하였을 것을 요하지 않으나, 취소채권자의 피보전채권은 원칙적으로 채무자의 사해행위가 행하여지기 전에 발생된 것임을 요한다.
>
> ㄷ. 채권자대위권은 소유권이전등기청구권과 같은 특정물채권을 피보전채권으로 삼을 수 없으나, 채권자취소권은 이와 같은 특정물채권을 피보전채권으로 삼을 수 있다.
>
> ㄹ. 채권자대위소송에서 피보전채권이 인정되지 아니할 경우에는 청구를 기각하여야 하나, 채권자취소소송에서 피보전채권이 존재하지 않는 경우에는 소(訴)를 각하하여야 한다.

① ㄱ, ㄷ　　　　　　　② ㄷ, ㄹ

③ ㄱ, ㄴ　　　　　　　④ ㄴ, ㄹ

22 손해배상액의 예정에 관한 다음 설명 중 가장 옳지 않은 것은?

① 채무불이행으로 인한 손해배상액의 예정이 있는 경우에 채권자는 채무불이행 사실만 증명하면 손해의 발생 및 그 액을 증명하지 아니하고 예정배상액을 청구할 수 있다.

② 채무자는 채권자와 사이에 채무불이행에 있어 채무자의 귀책사유를 묻지 아니한다는 약정을 하지 아니한 이상 자신의 귀책사유가 없음을 주장 · 입증함으로써 예정배상액의 지급책임을 면할 수 있다.

③ 손해배상액의 예정이 부당하게 과다하면 법원은 이를 직권으로 감액할 수 있는데, 손해배상액이 부당하게 과다한지 여부는 '사실심 변론종결시'를 기준으로 판단한다.

④ 법원이 손해배상의 예정액이 부당하게 과다하다고 하여 감액을 하였다고 하더라도 손해배상액의 예정에 관한 약정 중 감액부분에 해당하는 부분이 처음부터 무효인 것은 아니다.

23 사무관리에 관한 다음 설명 중 가장 옳지 않은 것은?

① 타인의 사무가 국가의 사무인 경우, 원칙적으로 사인이 처리한 국가의 사무가 사인이 국가를 대신하여 처리할 수 있는 성질의 것이고, 사무 처리의 긴급성 등 국가의 사무에 대한 사인의 개입이 정당화되는 경우에 한하여 사무관리가 성립한다.

② 관리자가 타인의 생명, 신체, 명예 또는 재산에 대한 급박한 위해를 면하게 하기 위하여 그 사무를 관리한 때에는 고의나 중대한 과실이 없으면 이로 인한 손해를 배상할 책임이 없다.

③ 제3자와의 약정에 따라 타인의 사무를 처리한 경우에도 원칙적으로 그 타인과의 관계에서는 사무관리가 성립한다.

④ 사무관리가 성립하기 위하여는 우선 그 사무가 타인의 사무이고, 타인을 위하여 사무를 처리하는 의사가 있어야 하는데, 이러한 의사는 반드시 외부적으로 표시될 필요가 없고, 사무를 관리할 당시에 확정되어 있을 필요가 없다.

24 임대차에 관한 다음 설명 중 가장 옳지 않은 것은?

① 임차인의 임차목적물 반환의무는 임대차계약의 종료에 의하여 발생하나, 임대인의 권리금 회수 방해로 인한 손해배상의무는 상가건물 임대차보호법에서 정한 권리금 회수기회 보호의무 위반을 원인으로 하고 있으므로 양 채무는 동일한 법률요건이 아닌 별개의 원인에 기하여 발생한 것일 뿐 아니라 공평의 관점에서 보더라도 그 사이에 이행상 견련관계를 인정하기 어려워 동시이행관계에 있다고 할 수 없다.

② 기존 임차인과 새로운 임차인 및 임대인 사이에 임대차계약상의 지위 양도 등 권리의무의 포괄적 양도에 관한 계약이 확정일자 있는 증서에 의하여 체결되거나, 임대차보증금 반환채권의 양도에 대한 통지·승낙이 확정일자 있는 증서에 의하여 이루어지는 등의 절차를 거치지 아니하는 한, 기존의 임대차계약에 따른 임대차보증금 반환채권에 대하여 채권가압류명령 등을 받은 채권자 등 임대차보증금 반환채권에 관하여 양수인의 지위와 양립할 수 없는 법률상의 지위를 취득한 제3자에 대하여는 임대차계약상의 지위 양도 등 권리의무의 포괄적 양도에 포함된 임대차보증금 반환채권의 양도로써 대항할 수 없다.

③ 채권자가 채무자 소유의 주택에 관하여 채무자와 임대차계약을 체결하고 전입신고를 마친 다음 그곳에 거주하였더라도, 임대차계약의 주된 목적이 주택을 사용·수익하려는 것이 아니라 소액임차인으로 보호받아 선순위 담보권자에 우선하여 채권을 회수하려는 것에 주된 목적이 있었던 경우에는, 그러한 임차인을 주택임대차보호법상 소액임차인으로 보호할 수 없다. 반면, 실제 임대차계약의 주된 목적이 주택을 사용·수익하려는 것이라면 처음 임대차계약을 체결할 당시에는 보증금액이 많아 주택임대차보호법상 소액임차인에 해당하지 않았지만 그 후 새로운 임대차계약에 의하여 보증금을 감액하여 소액임차인에 해당하게 되었다면 특별한 사정이 없는 한 그러한 임차인은 같은 법상 소액임차인으로 보호받을 수 있다.

④ 임대차계약이 임차인의 채무불이행으로 인하여 해지되었다고 하더라도 임차인의 민법 제646조에 의한 부속물매수청구권에는 영향이 없다. 또한 대항력 없는 임대차에서 임차목적물의 소유권이전이 이루어진 경우, 매매계약 체결 이전에 임차인이 전 소유자와의 관계에서 임차목적물을 수선하여 발생한 유익비는 이미 그로 인한 가치증가가 매매대금 결정에 반영되었을 것이므로 특별한 사정이 없는 한 전 소유자에게 비용상환청구를 하여야 할 것이지 신소유자가 이를 상환할 의무는 없다.

25 다음은 의사표시에 관한 민법규정이다. 빈칸에 들어갈 말을 가장 옳게 나열한 것은?

> ㄱ. 의사표시는 표의자가 진의아님을 알고 한 것이라도 그 효력이 있다. 그러나 상대방이 표의자의 진의아님을 알았거나 이를 알 수 있었을 경우에는 (㉠).
>
> ㄴ. 의사표시는 법률행위의 내용의 중요부분에 착오가 있는 때에는 (㉡). 그러나 그 착오가 표의자의 중대한 과실로 인한 때에는 그러하지 아니하다.
>
> ㄷ. 상대방과 통정한 허위의 의사표시는 (㉢).
>
> ㄹ. 상대방있는 의사표시에 관하여 제3자가 사기나 강박을 행한 경우에는 상대방이 그 사실을 알았거나 알 수 있었을 경우에 한하여 그 의사표시를 (㉣).
>
> ㅁ. 취소권은 (㉤)로부터 3년 내에, 법률행위를 한 날로부터 10년 내에 행사하여야 한다.

	㉠	㉡	㉢	㉣	㉤
①	무효로 한다	취소할 수 있다	무효로 한다	무효로 한다	취소원인을 안 날
②	무효로 한다	취소할 수 있다	무효로 한다	취소할 수 있다	추인할 수 있는 날
③	무효로 한다	취소할 수 있다	무효로 한다	취소할 수 있다	취소원인을 안 날
④	취소할 수 있다	취소할 수 있다	취소할 수 있다	무효로 한다	추인할 수 있는 날

민법 | 2019년 법원직 9급

01 상속에 관한 다음 설명 중 가장 옳지 않은 것은? (다툼이 있는 경우 판례에 의하고, 전원합의체 판결의 경우 다수의견에 의함. 이하 같음)

① 한정승인자의 상속재산은 상속채권자의 채권에 대한 책임재산으로서 상속채권자에게 우선적으로 변제되어야 한다. 따라서 한정승인자가 자신의 고유채무에 관하여 상속재산에 저당권을 설정한 경우에도, 그 저당권자가 상속재산에 대한 경매절차에서 상속채권자에 우선하여 배당받을 수는 없다.

② 상속재산의 분할에 관하여 공동상속인 사이에 협의가 성립되지 아니하거나 협의할 수 없는 경우라도, 공동상속인이 상속재산에 속하는 개별 재산에 관하여 민법 제268조의 규정에 따라 공유물분할청구의 소를 제기하는 것은 허용되지 않는다.

③ 한정승인자의 고유채권자는 상속채권자가 상속재산으로부터 채권의 만족을 받지 못한 상태에서 상속재산을 고유채권에 대한 책임재산으로 삼아 이에 대하여 강제집행을 할 수 없다. 이는 한정승인자의 고유채무가 조세채무인 경우에도 그것이 상속재산 자체에 대하여 부과된 조세나 가산금, 즉 당해세에 관한 것이 아니라면 마찬가지이다.

④ 민법 제1026조 제1호는 상속인이 상속재산에 대한 처분행위를 한 때에는 단순승인을 한 것으로 본다고 규정하고 있다. 상속인이 가정법원에 상속포기의 신고를 하였더라도 이를 수리하는 가정법원의 심판이 고지되기 이전에 상속재산을 처분하였다면, 민법 제1026조 제1호에 따라 상속의 단순승인을 한 것으로 보아야 한다.

02 명의신탁에 관한 다음 설명 중 가장 옳지 않은 것은?

① 양자간 등기명의신탁에서 부동산 실권리자명의 등기에 관한 법률 제11조의 유예기간 내에 실명등기를 하지 않은 경우, 부동산 소유권은 명의수탁자에게 귀속되므로 명의수탁자는 제3자에 대한 관계에서 소유권을 주장하거나 소유권에 기한 물권적 청구권을 행사할 수 있다.

② 이른바 계약명의신탁에서 매매계약을 체결한 악의의 매도인이 명의수탁자 앞으로 부동산 소유권이전등기를 마친 경우, 명의수탁자가 그 부동산을 제3자에게 처분하는 행위는 매도인의 소유권을 침해하는 불법행위가 된다. 하지만 그 경우에도 매도인이 위 매매계약에 따라 매수인으로부터 매매대금을 모두 수령하였다면 명의수탁자는 원칙적으로 매도인에 대하여 손해배상책임을 부담하지 않는다.

③ 명의신탁약정의 목적물인 부동산을 인도받아 점유하고 있는 명의신탁자의 매도인에 대한 소유권이전등기청구권은 소멸시효가 진행되지 않는다.

④ 계약명의신탁의 당사자들이 명의신탁약정을 하면서 그것이 유효함을 전제로, 즉 명의신탁자가 이른바 내부적 소유권을 가지는 것을 전제로 하여 장차 명의신탁자 앞으로 목적 부동산에 관한 소유권등기를 이전하거나 그 부동산의 처분대가를 명의신탁자에게 지급하는 것을 내용으로 하는 약정을 하였더라도, 그와 같은 약정은 원칙적으로 무효이다.

03 다음 설명 중 가장 옳지 않은 것은?

① 민법 제214조는 "소유자는 소유권을 방해하는 자에 대하여 방해의 제거를 청구할 수 있고 소유권을 방해할 염려있는 행위를 하는 자에 대하여 그 예방이나 손해배상의 담보를 청구할 수 있다."라고 정하고 있다. 따라서 소유자가 소유권을 방해하는 자에 대하여 민법 제214조에 기하여 방해배제 비용 또는 방해예방 비용을 청구할 수는 없다.

② 유치권자로부터 유치물을 유치하기 위한 방법으로 유치물의 점유 내지 보관을 위탁받은 자는 특별한 사정이 없는 한 점유할 권리가 있음을 들어 소유자의 소유물반환청구를 거부할 수 있다.

③ 토지의 소유자가 토양오염물질을 토양에 투기·방치하여 토양오염을 유발하였음에도 이를 정화하지 않은 상태에서 오염토양이 포함된 토지를 거래에 제공함으로써 유통되게 하거나, 토지에 폐기물을 불법으로 매립하였음에도 이를 처리하지 않은 채 토지를 거래에 제공하는 등으로 유통되게 하였다면, 다른 특별한 사정이 없는 한 이는 거래 상대방 및 토지를 전전 취득한 현재의 토지 소유자에 대한 위법행위로서 불법행위가 성립할 수 있다.

④ 민법 제205조에 의하면, 점유자가 점유의 방해를 받은 때에는 방해의 제거 및 손해의 배상을 청구할 수 있고(제1항), 제1항의 청구권은 방해가 종료한 날로부터 1년 내에 행사하여야 한다(제2항). 민법 제205조 제2항이 정한 '1년'의 기간은 출소기간은 아니므로, 점유자로서는 재판상 또는 재판 외에서 권리를 행사하는 것으로 족하다.

04 건물의 구분소유에 관한 다음 설명 중 가장 옳지 않은 것은?

① 1동의 건물에 대하여 구분소유가 성립하기 위해서는 구분된 건물부분의 구조상·이용상 독립성과 구분된 건물부분을 구분소유권의 객체로 하려는 구분행위가 있어야 하며, 구분된 건물부분의 구분소유권은 원칙적으로 건물 전체가 완성되어 당해 건물에 관한 건축물대장에 구분건물로 등록된 시점에 성립한다.

② 아파트 지하실이 건축 당시부터 그 지상의 주택 부분과 별도의 용도나 목적으로 건축되었다고 볼 특별한 사정이 없다면, 이는 구분소유자 전원의 공용에 제공되는 건물 부분으로 그들의 공유에 속할 뿐 따로 구분소유의 목적이 될 수 없다.

③ 집합건물인 상가건물의 지하주차장이 분양계약상의 특약에 의하여 공용부분에서 제외되어 따로 분양되었고, 그 구조상·이용상 독립성을 갖춘 경우에는 구분소유의 대상이 될 수 있다.

④ 집합건물의 건축자로부터 전유부분과 대지지분을 함께 매수하여 그 대금을 모두 지급함으로써 소유권 취득의 실질적 요건은 갖추었지만, 전유부분에 대한 소유권이전등기만 경료받고 대지지분에 대하여는 아직 소유권이전등기를 경료받지 못한 매수인은, 매매계약의 효력으로써 전유부분의 소유를 위하여 건물의 대지를 점유·사용할 권리가 있고, 이러한 점유·사용권은 단순한 점유권과는 차원을 달리하는 본권이다.

05 임대차에 관한 다음 설명 중 가장 옳지 않은 것은?

① 임대인은 임대차계약이 존속 중이라도 임대차보증금반환 채무에 관한 기한의 이익을 포기하고 임차인의 임대차보증금반환채권을 수동채권으로 하여 상계할 수 있다.

② 상가건물 임대차보호법 제3조는 '대항력 등'이라는 표제로 제1항에서 대항력의 요건을 정하고, 제2항에서 "임차건물의 양수인(그 밖에 임대할 권리를 승계한 자를 포함한다)은 임대인의 지위를 승계한 것으로 본다."라고 정하고 있다. 위 조항에 따라 임차건물 양수인이 임대인 지위를 승계하더라도, 임차건물 소유권이 이전되기 전에 이미 발생한 연체차임이나 관리비 등은 별도의 채권양도절차가 없는 한 원칙적으로 양수인에게 이전되지 않는다. 따라서 임차건물 양수인이 건물 소유권을 취득한 후 임대차관계가 종료되어 임차인에게 임대차보증금을 반환해야 하는 경우에도 임대인 지위를 승계하기 전까지 발생한 연체차임이나 관리비 등은 특별한 사정이 없는 한 임대차보증금에서 공제되지 않는다.

③ 임차인이 임대인 소유 건물 일부를 임차하여 사용·수익하던 중 임차 건물 부분에서 원인 불명의 화재가 발생하여 임차 건물 부분이 아닌 건물 부분(이하 '임차 외 건물 부분'이라고 한다)까지 불에 타 그로 인해 임대인에게 재산상 손해가 발생한 경우, 임대인이 임차 외 건물 부분에 발생한 손해에 대하여 임차인을 상대로 채무불이행을 원인으로 하는 손해배상을 구하려면, 임차인이 보존·관리 의무를 위반하여 화재가 발생한 원인을 제공하는 등 화재발생과 관련된 임차인의 계약상 의무 위반이 있었다는 등의 사정을 임대인이 주장·증명하여야 한다.

④ 임차인이 임대인에게 임차보증금 일부만을 지급하고 주택임대차보호법 제3조 제1항에서 정한 대항요건과 임대차계약서에 확정일자를 갖춘 다음 나머지 보증금을 나중에 지급하였다고 하더라도, 특별한 사정이 없는 한 대항요건과 확정일자를 갖춘 때를 기준으로 임차보증금 전액에 대해서 후순위권리자나 그 밖의 채권자보다 우선하여 변제를 받을 권리를 갖는다.

06 민법상 변제공탁에 관한 다음 설명 중 가장 옳지 않은 것은?

① 채권자가 공탁을 승인하거나 공탁소에 대하여 공탁물을 받기를 통고하거나 공탁유효의 판결이 확정되기까지는 변제자는 공탁물을 회수할 수 있다.

② 매수인이, 매도인을 대리하여 매매대금을 수령할 권한을 가진 자에게 잔대금 수령을 최고하고 그 자를 공탁물수령자로 지정하여 한 변제공탁도 다른 특별한 사정이 없는 한 매도인에 대한 잔대금 지급으로서의 효력이 있다.

③ 채권양도금지특약에 반하여 채권양도가 이루어졌다는 사정만으로는 민법 제487조 후단의 채권자 불확지를 원인으로 하여 변제공탁을 할 수 없는 것이 원칙이나, 그 경우에도 확정일자 있는 채권양도 통지와 채권가압류명령을 동시에 송달받은 제3채무자는 변제공탁을 할 수 있다.

④ 채무자가 채권자의 상대의무이행과 동시에 변제할 경우에는 채권자는 그 의무이행을 하지 아니하면 공탁물을 수령하지 못한다.

07 취득시효에 관한 다음 설명 중 옳지 않은 것을 모두 고른 것은?

> ㄱ. 10년간 소유의 의사로 평온·공연하게 동산을 점유한 자는 그 소유권을 취득하며, 그 점유가 선의이며 과실 없이 개시된 경우에는 5년을 경과함으로써 그 소유권을 취득한다.
>
> ㄴ. 부동산의 점유취득시효에 있어서 미등기 부동산이나 1필의 토지의 일부에 대한 시효취득은 불가능하다.
>
> ㄷ. 토지 소유자가 토지의 특정한 일부분을 타인에게 매도하면서 등기부상으로는 전체 토지의 일부 지분에 관한 소유권이전등기를 경료해 준 경우에 매도 대상에서 제외된 나머지 특정 부분을 계속 점유한다고 하더라도 이는 자기 소유의 토지를 점유하는 것이어서 취득시효의 기초가 되는 점유라고 할 수 없다.
>
> ㄹ. 민법 제245조 제2항이 정한 등기부취득시효의 요건인 '부동산의 소유자로 등기한 자'에서 말하는 등기는 적어도 적법·유효한 등기일 것을 요하며, 원칙적으로 무효의 등기에 터잡아서는 등기부취득시효가 인정될 수 없다.
>
> ㅁ. 공유자 중 1인이 1필지 토지 중 특정부분만을 점유하여 왔다면 민법 제245조 제2항이 정한 '부동산의 소유자로 등기한 자'와 '그 부동산을 점유한 때'라는 등기부취득시효의 요건 중 특정부분을 제외한 나머지 부분에 관하여는 부동산의 점유라는 요건을 갖추지 못하였고, 그 특정부분 점유자가 1필지 토지에 관하여 가지고 있는 공유지분등기가 그 특정부분 자체를 표상하는 등기라고 볼 수는 없다.

① ㄱ, ㄴ
② ㄴ, ㅁ
③ ㄷ, ㄹ
④ ㄴ, ㄹ

08 다음 설명 중 가장 옳지 않은 것은?

① 공동상속인 중에 상당한 기간 동안 피상속인을 특별히 부양한 사람이 있을지라도 공동상속인의 협의 또는 가정법원의 심판으로 기여분이 결정되지 않은 이상 유류분반환 청구소송에서 기여분을 주장할 수는 없다.

② 유류분반환청구권의 행사로 인하여 생기는 원물반환의무 또는 가액반환의무는 이행기한의 정함이 없는 채무이므로, 반환의무자는 그 의무에 대한 이행청구를 받은 때에 비로소 지체책임을 진다.

③ 자필증서에 의한 유언은 유언자가 전문과 연월일, 주소, 성명을 모두 자서하고 날인하여야만 효력이 있으나, 유언자가 주소를 자서하지 않았다고 하더라도 유언장의 다른 기재에 의하여 유언자를 특정할 수 있다면 유언의 효력을 인정할 수 있다.

④ 공동상속인 중 1인이 자신의 법정상속분 상당의 상속채무 분담액을 초과하여 유류분권리자의 상속채무 분담액까지 변제한 경우, 그러한 사정을 유류분권리자의 유류분 부족액 산정 시 고려할 것은 아니다.

09 상계에 관한 다음 설명 중 가장 옳은 것은?

① 상계의 의사표시가 있는 경우, 채무는 상계적상시에 소급하여 대등액에서 소멸한 것으로 보게 되므로 상계에 의한 양 채권의 차액 계산 또는 상계충당은 상계적상의 시점을 기준으로 하게 된다. 따라서 그 시점 이전에 수동채권의 변제기가 이미 도래하여 지체가 발생한 경우에는 상계적상 시점까지의 수동채권의 약정이자 및 지연손해금을 계산한 다음 자동채권으로 그 약정이자 및 지연손해금을 먼저 소각하고 잔액을 가지고 원본을 소각하여야 한다. 한편 여러 개의 자동채권이 있고 수동채권의 원리금이 자동채권의 원리금 합계에 미치지 못하는 경우에는 우선 자동채권의 채권자가 상계의 대상이 되는 자동채권을 지정할 수 있고, 다음으로 자동채권의 채무자가 이를 지정할 수 있으며, 양 당사자가 모두 지정하지 아니한 때에는 법정 변제충당의 방법으로 상계충당이 이루어지게 된다.

② 소송에서의 상계항변은 채권자인 원고의 금전채권이 인정되는 것을 전제로 채무자인 피고의 자동채권으로 상계하여 원고의 채권을 소멸시키겠다는 항변이다. 따라서 피고의 상계항변이 먼저 이루어지고 그 후 대여금채권의 소멸을 주장하는 소멸시효항변이 있었던 경우에, 채무자인 피고는 수동채권의 존재를 전제로 상계항변을 한 것이므로 이러한 상계항변에는 수동채권의 시효이익을 포기하려는 효과의사가 포함된 것으로 보아야 한다. 이는 1심에서 공격방어방법으로 상계항변이 먼저 이루어지고 그 후 항소심에서 소멸시효항변이 이루어진 경우에도 마찬가지이다.

③ 민법 제496조는 고의에 의한 불법행위 또는 보복적 불법 행위의 발생을 방지하고 불법행위로 인한 피해자가 현실의 변제를 받을 수 있도록 하기 위해 불법행위채권을 수동채권으로 하는 상계를 금지하고 있다. 따라서 법이 보장하는 상계권은 이처럼 그의 채무가 고의의 불법행위에 기인하는 채무자에게는 적용이 없다. 그러나 부당이득의 원인이 고의의 불법행위에 기인함으로써 불법행위로 인한 손해배상채권과 부당이득반환채권이 모두 성립하여 양 채권이 경합하는 경우에 피해자가 부당이득반환채권만을 청구하고 불법행위로 인한 손해배상채권을 청구하지 아니하였다면 이러한 경우까지 민법 제496조를 유추 적용하여야 하는 것은 아니다.

④ 물상보증인 소유의 부동산에 대한 후순위저당권자는 물상보증인이 대위취득한 채무자 소유의 부동산에 대한 선순위공동저당권에 대하여 물상대위를 할 수 있다. 이 경우에 만일 채무자가 물상보증인에 대한 반대채권을 가지고 있는 경우라면 채무자는 물상보증인의 구상금 채권과 상계를 주장하며 물상보증인 소유의 부동산에 대한 후순위저당권자에게 대항할 수 있다.

10 근저당에 관한 다음 설명 중 가장 옳지 않은 것은?

① 근저당권의 피담보채무는 근저당권설정계약에서 근저당권의 존속기간을 정하거나 근저당권으로 담보되는 기본적인 거래계약에서 결산기를 정한 경우에는 원칙적으로 존속기간이나 결산기가 도래한 때에 확정되지만, 이 경우에도 근저당권에 의하여 담보되는 채권이 전부 소멸하고 채무자가 채권자로부터 새로이 금원을 차용하는 등 거래를 계속할 의사가 없는 경우에는, 그 존속기간 또는 결산기가 경과하기 전이라 하더라도 근저당권설정자는 계약을 해제하고 근저당권설정등기의 말소를 구할 수 있다. 따라서 존속기간이나 결산기의 정함이 없는 때에는 근저당권설정자가 근저당권자를 상대로 언제든지 해지의 의사표시를 함으로써 피담보채무를 확정시킬 수 있으며, 이러한 계약의 해제 또는 해지에 관한 권한은 근저당부동산의 소유권을 취득한 제3자도 원용할 수 있다.

② 근저당권은 계속적인 거래관계로부터 발생·소멸하는 불특정다수의 채권 중 그 결산기에 잔존하는 채권을 일정한 한도액의 범위 내에서 담보하는 것으로서 그 거래가 종료하기까지 그 피담보채권은 계속적으로 증감·변동하는 것이므로, 근저당 거래관계가 계속되는 관계로 근저당권의 피담보채권이 확정되지 아니하는 동안에는 그 채권의 일부가 대위변제 되었다 하더라도 그 근저당권이 대위변제자에게 이전될 수 없다.

③ 공동근저당권자가 목적 부동산 중 일부 부동산에 대하여 제3자가 신청한 경매절차에 소극적으로 참가하여 우선배당을 받은 경우, 해당 부동산에 관한 근저당권의 피담보채권은 그 근저당권이 소멸하는 시기, 즉 매수인이 매각대금을 지급한 때에 확정되지만, 나머지 목적 부동산에 관한 근저당권의 피담보채권은 기본거래가 종료하거나 채무자나 물상보증인에 대하여 파산이 선고되는 등의 다른 확정사유가 발생하지 아니하는 한 확정되지 아니한다.

④ 물상보증인은 근저당권의 피담보채무를 변제할 정당한 이익이 있는 자로서 변제로 채권자를 대위할 법정대위권이 있고, 이러한 법정대위를 할 자가 있는 경우에 채권자는 민법 제485조(채권자의 담보상실, 감소행위와 법정대위자의 면책)에 따른 담보보존의무를 부담하므로 언제든지 자유롭게 일부 담보를 포기하고 나머지 담보로부터 채권 전부의 만족을 얻을 수 있는 것은 아니다. 따라서 채권자가 고의나 과실로 담보를 상실하게 하거나 감소하게 한 때에는 특별한 사정이 없는 한 물상보증인의 대위권을 침해하는 것이므로 물상보증인은 민법 제485조에 따라 상실 또는 감소로 인하여 상환을 받을 수 없는 한도에서 근저당권의 피담보채무가 소멸하였다는 면책 주장을 할 수 있다.

11 사해행위취소에 관한 다음 설명 중 가장 옳지 않은 것은?

① 상속의 포기는 민법 제406조 제1항에서 정하는 "재산권에 관한 법률행위"에 해당하지 아니하여 사해행위취소의 대상이 되지 못한다. 그러나 채무자가 채무초과 상태에서 자신의 부동산에 주택임대차보호법 제8조에 따라 최우선변제권이 있는 임차권을 설정하여 준 행위는 사해행위취소의 대상이 될 수 있다.

② 사해행위인 매매예약에 기하여 수익자 앞으로 가등기를 마친 후 전득자 앞으로 가등기 이전의 부기등기를 마치고 나아가 가등기에 기한 본등기까지 마쳤다 하더라도, 위부기등기는 사해행위인 매매예약에 기초한 수익자의 권리의 이전을 나타내는 것으로서 부기등기에 의하여 수익자로서의 지위가 소멸하지는 아니하며, 채권자는 수익자를 상대로 사해행위인 매매예약의 취소를 청구할 수 있다. 그리고 수익자의 원물반환의무인 가등기말소의무의 이행이 불가능하게 되는 경우 특별한 사정이 없는 한 수익자는 가등기 및 본등기에 의하여 발생된 채권자들의 공동담보 부족에 관하여 원상회복의무로서 가액을 배상할 의무를 진다.

③ 사해행위의 목적인 부동산에 수 개의 저당권이 설정되어 있다가 사해행위 후 그 중 일부의 저당권만이 말소된 경우에도 사해행위의 취소에 따른 원상회복은 가액배상의 방법에 의하여야 하고, 그 경우 배상하여야 할 가액은 사해행위 취소시인 사실심 변론종결시를 기준으로 그 부동산의 가액에서 말소된 저당권의 피담보채권액만을 공제하여 산정하여야 한다.

④ 채권자가 사해행위의 취소와 함께 수익자 또는 전득자로부터 책임재산의 회복을 명하는 사해행위취소의 판결을 받은 경우 취소의 효과는 채권자와 수익자 또는 전득자 사이에만 미치므로, 수익자 또는 전득자가 채권자에 대하여 사해행위의 취소로 인한 원상회복 의무를 부담하게 될 뿐, 채권자와 채무자 사이에서 취소로 인한 법률관계가 형성되거나 취소의 효력이 소급하여 채무자의 책임재산으로 복구되는 것은 아니다.

12 다음 설명 중 가장 옳지 않은 것은?

① 민법은 중혼을 혼인취소의 사유로 정하면서도 그 취소청구권의 제척기간을 규정하지 않고 있으므로, 그 취소권은 특별한 사정이 없는 한 기간의 경과에 의하여 소멸하지 않는다.

② 미성년의 자녀를 양육한 자가 공동 양육의무자인 다른 쪽 상대방에 대하여 갖는 과거의 양육비 지급청구권은, 협의 또는 심판에 의하여 구체화되지 않았더라도 양육자가 그 양육비를 과거에 지출한 때로부터 소멸시효가 진행한다.

③ 이혼으로 인한 재산분할청구권이 협의 또는 심판에 의하여 구체화되지 않았다면, 이러한 재산분할청구권은 채무자의 책임재산에 해당하지 아니하고, 이를 포기하는 행위 또한 채권자취소권의 대상이 될 수 없다.

④ 인지청구의 소에서 제소기간의 기산점이 되는 '사망을 안 날'은 사망이라는 객관적 사실을 아는 것을 의미하고, 사망자와 친생자관계에 있다는 사실까지 알아야 하는 것은 아니다.

13 비용상환청구권에 관한 다음 설명 중 가장 옳지 않은 것은?

① 유효한 도급계약에 기하여 수급인이 도급인으로부터 제3자 소유 물건의 점유를 이전받아 이를 수리한 결과 그 물건의 가치가 증가한 경우, 소유자에 대한 관계에서 민법 제203조에 의한 비용상환청구권을 행사할 수 있는 비용지출자는 수급인이다.

② 채무자가 다른 상속인과 공동으로 부동산을 상속받은 경우에는 채무자의 상속지분에 관하여서만 상속등기를 하는 것이 허용되지 아니하고 공동상속인 전원에 대하여 상속으로 인한 소유권이전등기를 신청하여야 한다. 그리고 채권자가 자신의 채권을 보전하기 위하여 채무자가 다른 상속인과 공동으로 상속받은 부동산에 관하여 위와 같은 공동상속등기를 대위신청하여 그 등기가 행하여지는 것과 같이 채권자에 의한 채무자 권리의 대위행사의 직접적인 내용이 제3자의 법적 지위를 보전·유지하는 것이 되는 경우에는, 채권자는 자신의 채무자가 아닌 제3자에 대하여도 특별한 사정이 없는 한 사무관리에 기하여 그 등기에 소요된 비용의 상환을 청구할 수 있다.

③ 의무 없이 타인을 위하여 사무를 관리한 자는 타인에 대하여 민법상 사무관리 규정에 따라 비용상환 등을 청구할 수 있는 외에, 사무관리에 의하여 결과적으로 사실상 이익을 얻은 다른 제3자에 대하여 직접 부당이득반환을 청구할 수는 없다.

④ 민법 제367조에 의하면 저당물의 제3취득자가 그 부동산의 보존, 개량을 위하여 필요비 또는 유익비를 지출한 때에는 저당물의 경매대가에서 우선상환을 받을 수 있다. 그리고 위 '제3취득자'에는 저당물에 관한 지상권, 전세권을 취득한 자만이 아니고 소유권을 취득한 자도 포함된다.

14 다음은 기간에 관한 A교수와 학생들(甲, 乙, 丙, 丁)의 수업 내용이다. 옳은 답변을 한 학생을 모두 고른 것은?

> A : 민사재판에서 판결에 대한 항소는 그 판결서가 송달된 날부터 2주 이내에 하여야 한다(민사소송법 제396조 제1항).
>
> 甲: 따라서 판결서가 2019. 1. 1. 오후 2시에 송달되었다면, 항소기간은 2019. 1. 2.부터 기산하여야 합니다.
>
> 乙: 그리고 항소기간의 말일인 2019. 1. 15.이 임시 공휴일이어서 그 다음날인 2019. 1. 16.에 피고가 항소장을 법원에 접수시켰다면 이는 기간 내에 제기된 적법한 것입니다.
>
> A : 사람은 19세로 성년에 이르게 된다(민법 제4조).
>
> 丙: 따라서 2000. 2. 2. 오후 2시에 태어난 사람은 2019. 2. 2. 오후 2시 현재 미성년자입니다.
>
> A : 사단법인의 사원총회의 소집은 1주간 전에 그 회의의 목적사항을 기재한 통지를 발송하여야 한다(민법 제71조).
>
> 丁: 따라서 총회예정일이 2019. 3. 15. 오전 10시라면, 늦어도 2019. 3. 8. 오전 0시까지는 사원들에게 소집통지를 발송하여야 합니다.

① 甲, 乙　　　　② 乙, 丙, 丁
③ 甲, 乙, 丁　　　④ 甲, 乙, 丙, 丁

15 권리능력 없는 사단과 재단에 관한 다음 설명 중 가장 옳은 것은?

① 이사가 결원인 경우 임시이사 선임에 관한 민법 제63조는 법인의 조직에 관한 것으로 법인격을 전제로 하는 조항이므로 법인 아닌 사단이나 재단의 경우에는 적용될 수 없다.

② 비법인사단이 타인 간의 금전채무를 보증하는 행위는 총유물 그 자체의 관리·처분이 따르지 아니하는 단순한 채무부담행위에 불과하여 이를 총유물의 관리·처분행위라고 볼 수 없다.

③ 종중 총회의 소집통지는 종중의 규약이나 관례가 없는 한 통지 가능한 모든 종원에게 소집통지를 적당한 방법으로 통지를 함으로써 각자가 회의의 토의와 의결에 참여할 수 있는 기회를 주어야 하고, 일부 종원에게 이러한 소집통지를 결여한 채 개최된 종중 총회의 결의는 그 효력이 없으나, 그 결의가 통지 가능한 종원 중 과반수의 찬성을 얻은 것이라고 한다면 효력이 있다.

④ 비법인사단인 교회의 대표자는 총유물인 교회 재산의 처분에 관하여 교인총회의 결의를 거치지 아니하고는 이를 대표하여 행할 권한이 없으나, 거래 안전을 위해 교회 대표자가 권한 없이 행한 교회 재산의 처분행위에 대하여는 민법 제126조의 표현대리에 관한 규정이 준용된다.

16 매매계약의 계약금에 관한 다음 설명 중 가장 옳지 않은 것은?

① 계약금계약은 금전 기타 유가물의 교부를 요건으로 하므로, 단지 계약금을 지급하기로 약정만 한 단계에서는 아직 계약금의 효력으로 계약을 해제할 수 있는 권리는 발생하지 않는다.

② 매매 당사자간에 계약금을 수수하고 계약해제권을 유보한 경우에 매도인이 계약금의 배액을 상환하고 계약을 해제하려면 계약해제 의사표시 이외에 계약금 배액의 이행의 제공이 있어야 하며, 상대방이 이를 수령하지 않는 경우에는 이를 공탁하여야 계약을 해제할 수 있다.

③ 계약금의 일부만이 지급된 경우 해약금의 기준이 되는 금원은 실제 교부받은 계약금이 아니라 약정 계약금이므로, 매도인이 약정한 계약금의 일부만을 지급받은 경우 지급받은 금원의 배액을 상환하는 것으로는 매매계약을 해제할 수 없다.

④ 매수인은 본인 또는 매도인이 이행에 착수할 때까지는 계약금을 포기하고 계약을 해제할 수 있는바, 이행에 착수한다는 것은 객관적으로 외부에서 인식할 수 있는 정도로 채무의 이행행위의 일부를 하거나 또는 이행을 하기 위하여 필요한 전제행위를 하는 경우를 말하는 것이다.

17 공동소유에 관한 다음 설명 중 가장 옳지 않은 것은?

① 공유자의 지분은 균등한 것으로 추정되고, 공유자는 공유물 전부를 지분의 비율로 사용, 수익할 수 있다.

② 공유물의 분할청구는 언제든지 구할 수 있고, 공유자 사이에 약정으로 금지할 수 없다.

③ 합유자는 합유물의 분할을 청구하지 못하고, 전원의 동의없이 합유물에 대한 지분을 처분하지 못한다.

④ 총유물의 관리 및 처분은 사원총회의 결의에 의하고, 사원은 정관 기타의 규약에 좇아 총유물을 사용, 수익할 수 있다.

18 매도인의 담보책임에 관한 다음 설명 중 가장 옳지 않은 것은?

① 매매계약 내용의 중요 부분에 착오가 있는 경우 매수인은 매도인의 하자담보책임이 성립하는지와 상관없이 착오를 이유로 그 매매계약을 취소할 수 있다.

② 민법 제571조 제1항은 "매도인이 계약 당시에 매매의 목적이 된 권리가 자기에게 속하지 아니함을 알지 못한 경우에 그 권리를 취득하여 매수인에게 이전할 수 없는 때에는 매도인은 손해를 배상하고 계약을 해제할 수 있다."라고 규정하고 있다. 위 조항은 선의의 매도인이 매매의 목적인 권리의 전부를 이전할 수 없는 경우에 적용될 뿐 매매의 목적인 권리의 일부를 이전할 수 없는 경우에는 적용되지 않는다.

③ 매매의 목적물에 하자가 있음을 이유로 한 매도인에 대한 하자담보에 기한 손해배상청구권에 대하여는 민법 제582조("전2조에 의한 권리는 매수인이 그 사실을 안 날로부터 6월내에 행사하여야 한다.")의 제척기간이 적용된다. 이는 법률관계의 조속한 안정을 도모하고자 하는 데에 취지가 있으므로, 위와 같은 손해배상청구권에 대하여는 별도로 소멸시효 규정이 적용되지는 않는다.

④ 타인 권리 매매에서 매도인의 의무가 그의 귀책사유로 이행불능 되었다면, 매수인이 계약당시 그 권리가 매도인에게 속하지 아니함을 안 경우로써 매도인의 담보책임에 관한 민법 제570조 단서의 규정에 의해 손해배상을 청구할 수 없다 하더라도, 채무불이행에 관한 일반 규정에 따라 계약을 해제하고 손해배상을 청구할 수 있다.

19 소멸시효에 관한 다음 설명 중 가장 옳지 않은 것은?

① 금전채무의 이행지체로 인한 지연손해금은 민법 제163조의 3년의 단기소멸시효에 걸리지 아니하나, 도급받은 공사의 부수되는 채권은 3년의 단기소멸시효의 대상이 된다.

② 시효중단은 원칙적으로 당사자 및 그 승계인 사이에서만 효력이 있고, 특정승계이건 포괄승계이건 불문하며, 중단사유 발생 전의 승계인도 포함한다.

③ 채무자에 대한 일반 채권자는 자기의 채권을 보전하기 위하여 필요한 한도 내에서 채무자를 대위하여 소멸시효 주장을 할 수 있을 뿐 채권자의 지위에서 독자적으로 소멸시효의 주장을 할 수 없다.

④ 소멸시효이익 포기의 효과는 상대적이어서 포기자 외의 자에게 영향을 미치지 않으므로, 주채무자가 시효이익을 포기하더라도 보증인이나 물상보증인에게는 포기의 효과가 미치지 아니한다.

20 동시이행의 항변권에 관한 다음 설명 중 가장 옳지 않은 것은?

① 쌍무계약의 무효로 인하여 각 당사자가 서로 취득한 것을 반환해야 할 경우 각 반환의무는 동시이행관계에 있다.

② 금전채권에 대한 압류 및 추심명령이 있는 경우에는 추심 채무자는 제3채무자에 대하여 피압류채권에 기하여 그 동시이행을 구하는 항변권을 상실하게 된다.

③ 선이행의무자가 그 이행을 지체하는 동안에 상대방의 채무가 이행기에 달하게 되면, 선이행의무를 부담하는 채무자도 동시이행항변권을 행사할 수 있다.

④ 동시이행항변권이 붙은 채권을 자동채권으로 하는 상계는 원칙적으로 금지된다.

21 아래의 <u>이것</u>에 관한 다음 설명 중 가장 옳지 <u>않은</u> 것은?

> ㄱ. <u>이것</u>은 일정한 사실상태가 일정기간 계속된 경우, 진정한 권리관계와 일치하는지 여부를 묻지 않고 그 사실상태를 존중하여 일정한 법률효과를 발생시키는 제도 중의 하나이다.
> ㄴ. <u>이것</u>은 권리불행사라는 사실상태가 일정기간 계속된 경우에 권리소멸의 효과를 발생시킨다는 점에서, 권리행사라는 외관이 일정기간 계속된 경우에 권리취득의 효과를 발생시키는 (Ⓐ)와/과 구별된다.
> ㄷ. <u>이것</u>은 일정한 기간의 경과와 권리의 불행사라는 사정에 의하여 권리소멸의 효과를 발생시킨다는 점에서, 기간의 경과 자체만으로 곧바로 권리소멸의 효과를 발생시키는 (Ⓑ)와/과 구별된다.

① <u>이것</u>이 완성되면 그 기간이 경과한 때부터 장래에 향하여 권리가 소멸하여 법률관계가 확정된다.
② <u>이것</u>은 권리자의 청구나 압류 등 또는 채무자의 승인이 있으면 중단되고, 그때까지 경과된 기간은 산입되지 않는다.
③ <u>이것</u>은 법률행위에 의하여 배제, 연장 또는 가중할 수 없다.
④ 채권 및 소유권 이외의 재산권은 20년간 행사하지 아니하면 <u>이것</u>이 완성된다.

22 대리에 관한 다음 설명 중 가장 옳은 것은?

① 대리에서 법률행위를 하는 자는 대리인이나 그 법률효과는 본인에게 귀속되는 이상, 의사표시의 효력이 의사의 흠결, 사기, 강박 또는 어느 사정을 알았거나 과실로 알지 못한 것으로 인하여 영향을 받을 경우에 그 사실의 유무는 본인을 기준으로 한다.
② 대리행위가 법률행위인 경우에는 그 대리인은 행위능력자이어야 한다.
③ 표현대리가 성립하여 본인이 이행책임을 부담하는 경우에 상대방에게 과실이 있다면 과실상계의 법리를 적용할 수 있다.
④ 민법 제132조는 무권대리행위의 상대방만을 추인의 상대방으로 규정하지만, 무권대리인에 대한 추인도 가능하다.

23 취소에 관한 다음 설명 중 가장 옳지 <u>않은</u> 것은?

① 당사자의 합의로 착오로 인한 의사표시 취소에 관한 민법 제109조 제1항의 적용을 배제할 수 있다.
② 민법 제109조 제1항 단서에 따르면 의사표시의 착오가 표의자의 중대한 과실로 인한 때에는 그 의사표시를 취소하지 못하고, 이는 상대방이 표의자의 착오를 알고 이를 이용한 경우에도 마찬가지이다.
③ 신용카드 가맹점이 미성년자와 신용구매계약을 체결할 당시 향후 그 미성년자가 법정대리인의 동의가 없었음을 들어 스스로 위 계약을 취소하지는 않으리라고 신뢰하였다 하더라도, 특별한 사정이 없는 한 법정대리인의 동의 없이 신용구매계약을 체결한 미성년자가 사후에 법정대리인의 동의 없음을 사유로 들어 이를 취소하는 것이 신의칙에 위배된 것이라고 할 수 없다.
④ 근로계약도 기본적으로 사법상 계약이므로 계약 체결에 관한 당사자들의 의사표시에 취소 사유가 있으면 그 상대방은 이를 이유로 근로계약을 취소할 수 있으나, 그 경우에도 취소의 의사표시 이후 장래에 관하여만 근로계약의 효력이 소멸된다.

24 등기 추정력에 관한 다음 설명 중 가장 옳지 않은 것은?

① 등기절차의 추정력이 인정되므로 전 등기명의인이 미성년자이고 당해 부동산을 친권자에게 증여한 행위가 이해상반행위에 해당하더라도 등기가 친권자에게 이전되었다면, 그 이전등기에 관하여 필요한 절차를 적법하게 거친 것으로 추정된다.

② 등기추정력은 등기원인과 절차에 관하여만 미치고 그 기재사항에 대하여는 추정력이 미치지 아니하므로 환매기간을 제한하는 환매특약이 등기부에 기재되어 있더라도 그 기재와 같은 환매특약이 진정하게 성립된 것으로 추정할 수 없다.

③ 소유권이전등기의 추정력은 권리변동의 당사자 사이에도 미친다.

④ 등기명의인이 등기원인을 다소 다르게 주장하더라도 등기의 추정력은 깨어진다고 할 수 없다.

25 법정지상권 또는 관습법상 법정지상권에 관한 다음 설명 중 가장 옳은 것은?

① 관습법상의 법정지상권이 성립되기 위하여는 토지와 건물 중 어느 하나가 처분될 당시에 토지와 그 지상건물이 동일인의 소유에 속하였으면 족하고 원시적으로 동일인의 소유였을 필요는 없다. 그리고 일단 관습법상 법정지상권이 성립하는 경우에는 법정지상권자는 당사자 사이의 약정이 없으면 건물을 철거할 때까지 건물의 유지 및 사용에 필요한 범위 내에서 그 토지를 자유로이 사용할 수 있다.

② 토지공유자의 한 사람이 다른 공유자의 지분 과반수의 동의를 얻어 건물을 건축한 후 토지와 건물의 소유자가 달라진 경우에도 토지에 관하여 관습법상의 법정지상권이 성립한다. 다만 동일인 소유에 속하는 토지 및 그 지상건물에 관하여 공동저당권이 설정된 후 지상 건물이 철거되고 새로 건물이 신축된 경우에, 신축건물의 소유자가 토지의 소유자와 동일하고 토지의 저당권자에게 신축건물에 관하여 토지의 저당권과 동일한 순위의 공동저당권을 설정해 주는 등 특별한 사정이 없는 한, 저당물의 경매로 인하여 토지와 신축건물이 다른 소유자에 속하게 되더라도 신축건물을 위한 법정지상권은 성립하지 않는다.

③ 토지와 건물이 동일한 소유자에게 속하였다가 건물 또는 토지가 매매 기타 원인으로 인하여 양자의 소유자가 다르게 되었더라도, 당사자 사이에 그 건물을 철거하기로 하는 합의가 있었던 경우에는 건물 소유자는 토지 소유자에 대하여 그 건물을 위한 관습상의 법정지상권을 취득할 수 없다. 다만, 이 경우 건물을 철거하기로 하는 합의에는 토지의 계속 사용을 그만두고자 하는 의사까지 포함될 것을 요한다.

④ 법정지상권은 저당권설정 당시 동일인의 소유에 속하던 토지와 건물이 경매로 인하여 양자의 소유자가 다르게 된 때에 건물의 소유자를 위하여 발생하는 것으로서, 토지에 관하여 저당권이 설정될 당시 토지 소유자가 그 지상에 건물을 건축 중인 경우에도 법정지상권이 성립할 수 있으나 저당권자가 불측의 손해를 입지 않도록 건물이 사회관념상 독립된 건물로 볼 수 있는 정도까지는 이르러야 한다.

성공은 준비하는 시간이 8할입니다.

나머지 2할은 보상을 받는 시간입니다.

– 에이브러햄 링컨 –

PART 6
민사소송법

01 공동소송에 관한 다음 설명 중 가장 옳지 않은 것은? (다툼이 있는 경우 판례에 의하고, 전원합의체 판결의 경우 다수의견에 의함. 이하 01~25까지 같음)

① 소송이 법원에 계속되어 있는 동안에 제3자가 소송목적인 권리의 전부나 일부를 승계하였다고 주장하며 민사소송법 제81조에 따라 소송에 참가한 경우, 원고가 승계참가인의 승계 여부에 대해 다투지 않으면서도 소송탈퇴, 소 취하 등을 하지않거나 이에 대하여 피고가 부동의하여 원고가 소송에 남아 있다면 승계로 인해 중첩된 원고와 승계참가인의 청구 사이에는 필수적 공동소송에 관한 민사소송법 제67조가 적용된다.

② 주관적·예비적 공동소송에서 그 공동소송인 중 어느 한 사람이 상소를 제기하면 다른 공동소송인에 관한 청구 부분도 확정이 차단되고, 상소심에 이심되어 심판대상이 되며, 이러한 경우 상소심의 심판대상은 주위적·예비적 공동소송인 및 그 상대방 당사자 사이의 결론의 합일확정의 필요성을 고려하여 그 심판의 범위를 판단하여야 한다.

③ 주관적·예비적 공동소송에서는 모든 공동소송인에 관한 청구에 대하여 판결을 하여야 하고, 그중 일부 공동소송인에 관하여만 판결을 하거나, 남겨진 자를 위하여 추가판결을 하는 것은 허용되지 않는다.

④ 동일한 특허권에 관하여 2인 이상의 자가 공동으로 특허의 무효심판을 청구하여 승소한 경우에 그 특허권자가 공동심판청구인 중 일부만을 상대로 심결취소소송을 제기하였다면, 그 소송에서 심결취소소송이 제기되지 않은 나머지 공동심판청구인을 당사자로 추가할 수 있다.

02 당사자신문에 관한 다음 설명 중 가장 옳지 않은 것은?

① 소송무능력자는 당사자신문의 대상이 되지 않는다.

② 당사자본인으로 신문해야 함에도 증인으로 신문하였다 하더라도 상대방이 이를 지체 없이 이의하지 아니하면 책문권 포기, 상실로 인하여 그 하자가 치유된다.

③ 선서한 당사자가 허위의 진술을 하였음을 이유로 상대방 당사자가 법원에 대하여 과태료 제재의 신청을 한 경우, 상대방 당사자에게는 법원의 직권발동을 촉구하는 의미 외에 과태료 재판을 할 것을 신청할 권리는 없다.

④ 선서한 당사자의 거짓 진술이 판결의 증거가 된 때에는 재심사유가 된다.

03 소장각하명령에 관한 다음 설명 중 가장 옳은 것은?

① 원고가 보정명령에서 정해진 기간 내에 소장의 흠을 보정하지 아니한 때에는 법원은 명령으로 소장을 각하한다.

② 법인의 주소지로 소장 부본을 송달하였으나 송달불능된 경우에는 주소 보정을 명할 수 있으므로 그 주소 보정을 하지 아니하였다는 이유로 한 소장각하명령은 적법하다.

③ 소장각하명령이 송달된 후에도 부족한 인지를 가첨하고 그 명령에 불복을 신청한 경우에는 그 소장각하명령을 취소할 수 있다.

④ 인지 보정명령 이후 인지액 상당의 현금이 송달료로 납부된 사실이 확인되는 경우라면, 인지를 보정하는 취지로 송달료를 납부한 것인지에 관하여 석명을 구하고 다시 인지를 보정할 수 있는 기회를 부여하여야 하고, 이를 하지 아니한 채 소장각하명령을 하는 것은 위법하다.

04 소송행위의 추후보완 요건 중 '당사자가 책임질 수 없는 사유'에 관한 다음 설명 중 옳은 것을 모두 고른 것은?

> ㄱ. 지병으로 인한 집중력 저하와 정신과 치료 등의 사유로 상고기간을 도과한 경우, 당사자가 책임질 수 없는 사유에 해당한다.
>
> ㄴ. 조정이 성립되지 않는 것으로 사건이 종결된 후 피신청인의 주소가 변경되었음에도 피신청인이 조정법원에 주소변경신고를 하지 않은 상태에서 조정이 소송으로 이행되었는데, 통상의 방법으로 변론기일통지서 등 소송서류를 송달할 수 없게 되어 발송송달이나 공시송달의 방법으로 송달한 경우에는 처음부터 소장 부본이 적법하게 송달된 경우와 달라서 피신청인에게 소송의 진행상황을 조사할 의무가 있으므로, 그 소송의 진행상황을 조사하지 않았다면 당사자가 책임질 수 없는 사유에 해당하지 아니한다.
>
> ㄷ. 소송대리인이 판결정본을 송달받고도 당사자에게 그 사실을 알려 주지 아니하여 당사자가 그 판결정본의 송달사실을 모르고 있다가 상고제기기간이 경과된 후에 비로소 그 사실을 알게 되었다 하더라도, 이는 당사자가 책임질 수 없는 사유에 해당하지 아니한다.
>
> ㄹ. 서울에서 수원으로 배달증명우편으로 발송한 항소장이 4일만에 배달되어 항소기간을 준수할 수 없었다는 점은 당사자가 책임질 수 없는 사유에 해당하지 아니한다.

① ㄱ, ㄴ
② ㄴ, ㄷ
③ ㄱ, ㄷ
④ ㄷ, ㄹ

05 판결의 확정에 관한 다음 설명 중 가장 옳지 않은 것은?

① 통상공동소송에서 상소로 인한 확정차단의 효력은 상소인과 그 상대방에 대해서만 생기고, 다른 공동소송인에 대한 청구에 대하여는 미치지 아니한다.

② 대법원의 환송판결이 일부 부분만 파기환송하고 나머지 상고를 기각하였다면, 파기환송되지 않은 부분은 환송판결의 선고로써 확정된다.

③ 수개의 청구에서 패소한 당사자가 그 중 일부에 대하여만 항소를 제기한 경우, 항소되지 않은 나머지 부분도 확정이 차단되고 항소심에 이심은 되나, 그 항소인이 변론종결시까지 항소취지를 확장하지 않는 한 그 나머지 부분에 관하여는 불복한 바가 없어 항소심의 심판 대상이 되지 않고 항소심의 판결선고와 동시에 확정되어 소송이 종료된다.

④ 항소가 부적법하다는 이유로 항소각하 판결이 선고되면 그 항소각하판결이 확정된 시점에 제1심 판결이 확정된다.

06 소송구조에 관한 다음 설명 중 가장 옳지 않은 것은?

① 소송구조결정은 소송비용을 지출할 자금능력이 부족한 사람의 신청에 따라 또는 직권으로 할 수 있다.

② 소송구조의 요건으로는 소송비용을 지출할 자금능력이 부족할 것 외에도 패소할 것이 분명하지 않을 것이 요구된다.

③ 소송구조를 받은 당사자를 일반승계한 소송승계인에 대하여는 소송구조의 효력이 미치지 않는다.

④ 소송구조결정의 상대방은 변호사보수의 지급유예의 소송구조결정에 대하여 즉시항고할 수 있다.

07 독촉절차에 관한 다음 설명 중 가장 옳은 것은?

① 甲이 乙과 丙에 대하여 甲에게 1천만 원을 연대하여 지급하라는 지급명령신청을 A 법원에 한 경우 A 법원이 乙에 관한 독촉절차 신청에 대한 관할권이 있다면 관할권이 없는 丙에 관한 지급명령 신청에 대하여도 A 법원에 관할권이 인정된다.

② 독촉절차는 채무자의 보통재판적이 있는 곳의 지방법원이나 민사소송법 제7조(근무지의 특별재판적), 제8조(거소지 또는 의무이행지의 특별재판적), 제9조(어음·수표 지급지의 특별재판적), 제12조(사무소·영업소가 있는 곳의 특별재판적) 또는 제18조(불법행위지의 특별재판적) 규정에 의한 관할법원의 전속관할로 하며, 전속관할을 위반하면 신청을 관할법원으로 이송하여야 한다.

③ 채무자의 적법한 이의신청으로 지급명령신청이 소송으로 이행하게 되는 경우 소송기록이 관할법원으로 송부되기 전에 지급명령신청 시의 청구금액을 기준으로 한 인지 부족액이 보정되지 않은 상태에서 채권자가 청구금액을 감액하는 청구취지 변경서를 제출하는 등 특별한 사정이 있는 경우에는 변경 후 청구에 관한 소송목적의 값에 따라 인지액을 계산하여야 한다.

④ 지급명령 사건이 채무자의 이의신청으로 소송으로 이행되는 경우에 지급명령에 의한 시효중단의 효과는 소송으로 이행된 때에 발생한다.

08 소송참가에 관한 다음 설명 중 옳은 것은 모두 몇 개인가?

> ㄱ. 보조참가인이 피참가인을 보조하여 공동으로 소송을 수행한 결과 그 소송에서 화해권고결정이 확정되었다면 보조참가인에게 참가적 효력이 인정된다.
>
> ㄴ. 보조참가신청에 대하여는 피참가인의 상대방은 물론 피참가인 자신도 이의신청을 할 수 있으나, 이의신청 없이 변론준비기일에서 진술한 때에는 이의신청권을 상실한다.
>
> ㄷ. 독립당사자참가가 적법하다고 인정되어 원고, 피고와 독립당사자참가인 간의 소송에서 세 당사자를 판결의 명의인으로 하는 하나의 종국판결이 선고되었고 이에 대하여 일방이 항소한 경우, 항소심에서의 심리·판단 결과 항소 또는 부대항소를 제기하지 않은 당사자에게 결과적으로 제1심 판결보다 유리한 내용으로 판결이 변경되는 것도 배제할 수는 없다.

① 없음　　　　　　② 1개
③ 2개　　　　　　④ 3개

09 소의 취하와 항소의 취하에 관한 다음 설명 중 가장 옳지 않은 것은?

① 소의 취하는 소의 일부에 대하여도 할 수 있는데, 항소의 취하는 항소의 전부에 대하여 하여야 하고 항소의 일부 취하는 효력이 없다.

② 소의 취하는 판결이 선고되기까지 어느 때라도 할 수 있다.

③ 소의 취하는 상대방이 본안에 대한 준비서면을 제출하거나·변론준비기일에서 진술하거나 변론을 한 뒤에는 상대방의 동의를 받아야 효력을 가지나, 항소의 취하는 상대방의 동의 없이 일방적으로 할 수 있다.

④ 항소기간 경과 전에 항소를 취하하였다고 하여도 그 판결은 확정되지 않고, 항소기간 내라면 다시 항소의 제기가 가능하다.

10 제척·기피에 관한 다음 설명 중 가장 옳지 않은 것은?

① 종중 규약을 개정한 종중 총회 결의에 대한 무효확인을 구하는 소가 제기되었는데 재판부의 구성법관 중 1인이 당해종중의 구성원이면 당사자와 공동권리자, 공동의무자 관계에 있어 제척사유가 된다.

② 법관의 제척원인이 되는 전심관여라 함은 최종변론과 판결의 합의에 관여하거나 종국판결과 더불어 상급심의 판단을 받는 중간적인 재판에 관여함을 말하는 것이고 최종변론 전의 변론이나 증거조사 또는 기일지정과 같은 소송지휘상의 재판 등에 관여한 경우는 포함되지 않는다.

③ 평균적 일반인으로서의 당사자의 관점에서 볼 때, 법관과 사건과의 관계 등으로 인하여 법관이 불공정한 재판을 할 수 있다는 의심을 할 만한 객관적인 사정이 있는 때에는 실제로 법관에게 편파성이 존재하지 아니하거나 헌법과 법률이 정한 바에 따라 공정한 재판을 할 수 있는 경우에도 기피가 인정될 수 있다.

④ 신청방식에 어긋남이 없거나 소송지연을 목적으로 하는 것이 분명하지 않은 경우에는 기피신청의 당부의 재판을 그 신청을 받은 법관의 소속 법원 합의부에서 결정으로 재판한다. 만일 기피당한 법관의 소속 법원이 합의부를 구성하지 못하는 경우에는 소속 법원의 다른 법관이 재판한다.

11 소장심사에 관한 설명 중 가장 옳지 않은 것은?

① 소장의 필요적 기재사항의 흠, 인지의 부족 등 소장에 흠이 있을 때에는 재판장은 상당한 기간을 정하고, 그 기간 이내에 흠을 보정하도록 명하여야 한다. 보정명령서에 보정기한이 공란으로 되어있어 보정기간이 언제까지라고 지정된바 없다면 이는 적법한 보정명령이라고 볼 수 없다.

② 소송구조신청이 있는 경우 원칙적으로 그에 대한 기각결정이 확정될 때까지 인지첩부의무의 발생이 저지된다. 인지보정명령에 따른 보정기간 중에 제기된 소송구조신청에 대하여 기각결정이 확정되면 종전의 인지보정명령에 따른 보정기간 전체가 다시 진행되는 것이 아니라 이미 진행된 보정 기간을 공제한 남은 보정기간이 경과된 때에 재판장은 소장 등에 대한 각하명령을 할 수 있다.

③ 소장각하명령이 성립된 이상 그 명령정본이 당사자에게 고지되기 전에 부족한 인지를 보정하였다 하여 위 각하명령이 위법한 것으로 되거나 재도의 고안에 의하여 그 명령을 취소할 수 있는 것은 아니다.

④ 소장에 대표자 표시가 되어 있는 이상 그 표시에 잘못이 있다고 하더라도 이를 정정 표시하라는 보정명령을 하고 그에 대한 불응을 이유로 소장을 각하하는 것은 허용되지 아니한다.

12 특별항고에 관한 다음 설명 중 가장 옳지 않은 것은?

① 특별항고의 제기기간은 재판이 고지된 날부터 1주일이다.

② 위헌제청신청 기각결정, 인지보정명령, 재판부의 변론재개결정은 해석상 불복할 수 없는 결정이나 명령으로서 특별항고의 대상이 된다.

③ 특별항고를 제기한 당사자가 특별항고장에 특별항고 이유를 적지 아니한 때에는 소송기록접수의 통지를 받은 날부터 20일 내에 특별항고이유서를 제출하여야 하고, 그 이유서를 제출하지 않으면 특별항고가 기각된다.

④ 특별항고만 허용되는 재판의 불복에 대하여는 당사자가 특별항고라는 표시와 항고법원을 대법원으로 표시하지 않았더라도 항고장을 접수한 법원으로서는 이를 특별항고로 보아 소송기록을 대법원에 송부하여야 한다.

13 증명책임에 관한 다음 설명 중 가장 옳지 않은 것은?

① 청구이의의 소에서 원고는 권리발생사실 즉 청구원인사실에 대해, 피고는 권리의 장애·소멸·저지사실 즉 항변사실에 대해 증명책임을 진다.

② 사해행위취소소송에 있어서 채무자의 악의의 점에 대하여는 그 취소를 주장하는 채권자에게 증명책임이 있으나 수익자 또는 전득자가 악의라는 점에 관하여는 수익자 또는 전득자 자신에게 선의라는 사실을 증명할 책임이 있다.

③ 판례는 공해로 인한 손해배상청구 소송에 있어서 가해기업이 배출한 어떤 유해한 원인물질이 피해물건에 도달하여 손해가 발생하였고 유해의 정도가 사회통념상 참을 한도를 넘으면 가해자 측에서 그 무해함을 증명하지 못하는 한 가해행위와 피해자의 손해발생 사이의 인과관계를 인정할 수 있다고 한다.

④ 판례는 의료과오소송에 있어서 피해자측이 일반인의 상식에 바탕을 둔 의료상의 과실 있는 행위를 증명하고, 그 결과와 사이에 다른 원인이 개재될 수 없다는 점을 증명한 경우에는 의사가 의료상의 과실이 아니라 다른 원인임을 증명하지 못하는 한 의료상의 과실과 결과 사이의 인과관계를 추정할 수 있다고 한다.

14 선정당사자에 관한 다음 설명 중 가장 옳지 않은 것은?

① 공동의 이해관계를 가진 여러 사람이 당사자를 선정한 경우에 선정된 당사자는 특별한 약정이 없는 한 해당 소송의 종결에 이르기까지 모두를 위하여 소송을 수행할 수 있으므로 상소의 제기도 이와 같이 선정된 당사자가 할 수 있다.

② 당사자 선정은 언제든지 장래를 위하여 이를 취소ㆍ변경할 수 있으며, 선정을 철회한 경우에 선정자 또는 당사자가 상대방에게 선정 철회 사실을 통지하지 아니하면 철회의 효력을 주장하지 못한다.

③ 선정당사자는 공동의 이해관계를 가진 여러 사람 중에서 선정되어야 하므로, 선정당사자 본인에 대한 부분의 소가 취하되거나 판결이 확정되는 경우 등으로 공동의 이해관계가 소멸하는 경우에는 선정당사자는 선정당사자의 자격을 당연히 상실한다.

④ 선정당사자가 소의 취하와 같은 소송행위 등을 하기 위하여는 선정자의 개별적인 동의가 필요하다.

15 이행권고결정제도에 관한 다음 설명 중 가장 옳은 것은?

① 독촉절차나 조정절차에서 소송절차로 이행된 사건에 대해서도 이행권고결정을 할 수 있다.

② 보충송달이나 유치송달을 할 수 없을 때에는 발송송달의 방법으로, 피고의 주소ㆍ거소 기타 송달할 장소를 알 수 없을 경우 등에는 공시송달의 방법으로 이행권고결정서 등본을 송달할 수 있다.

③ 이행권고결정에 대해 이의신청을 한 피고는 제1심 판결이 선고되기 전까지 원고의 동의를 받아 이의신청을 취하할 수 있다.

④ 이행권고결정의 이행조항에 원금에 대하여 소장부본 송달일 다음날부터 판결 선고일까지 연 5%, 그 다음날부터 완제일까지 연 20%의 각 비율에 의한 금원을 지급하라는 취지로 기재되어 있는 경우, 위 이행조항의 '판결 선고일'의 의미는 이행권고결정의 고지일인 '이행권고결정서 등본의 송달일'로 보아야 한다.

16 문서의 증거능력과 증거력에 관한 다음 설명 중 가장 옳지 않은 것은?

① 문서가 진정하게 성립된 것인지에 관하여 필적 또는 인영을 대조하여 증명할 수 있고, 법원은 반드시 전문가의 감정에 의하여만 필적, 인영 등의 동일 여부를 판별할 수 있는 것이 아니고 육안에 의한 대조로도 이를 판단할 수 있다.

② 문서에 찍힌 인영의 진정함을 인정한 당사자는 나중에 이를 자유롭게 철회할 수 없다.

③ 사문서의 진정성립에 관한 증명의 방법에 관하여는 특별한 제한이 없지만, 부지로 다투는 서증에 관하여 문서제출자가 성립을 증명하지 않은 경우에 법원은 다른 증거에 의하지 아니하고 변론 전체의 취지를 참작하여 그 성립을 인정할 수는 없다.

④ 처분문서에 기재된 작성명의인인 당사자의 서명이 자기의 자필임을 그 당사자 자신도 다투지 아니하는 경우에는 설사 날인이 되어 있지 않았다 하더라도 그 문서의 진정성립이 추정되므로 납득할 만한 설명 없이 함부로 그 증명력을 배척할 수 없다.

17 송달에 관한 다음 설명 중 가장 옳지 않은 것은?

① 교도소·구치소 또는 국가경찰관서의 유치장에 수
감된 사람에게 할 송달을 교도소·구치소 또는 국
가경찰관서의 장에게 하지 아니하고 수감되기 전의
종전 주·거소에 하였다면 부적법하여 무효이고,
법원이 피고인의 수감 사실을 모른 채 종전 주·거
소에 송달하였다고 하여도 마찬가지로 송달의 효력
은 발생하지 않는다.

② 보충송달은 적법한 송달장소에서 하는 경우에만 허
용되고, 송달장소가 아닌 곳에서 사무원, 고용인 또
는 동거자를 만난 경우에는 그 사무원 등이 송달받
기를 거부하지 아니한다 하더라도 그 곳에서 그 사
무원 등에게 서류를 교부하는 것은 보충송달의 방
법으로서 부적법하다.

③ 당사자가 송달장소로 신고한 장소에 송달된 바가 없
는 경우, 그곳을 민사소송법 제185조 제2항에서 정
한 '종전에 송달받던 장소'라고 볼 수 없다.

④ 법인의 대표자가 사망하였고 달리 법인을 대표할 자
도 정하여지지 아니하여 법인에 대하여 송달을 할
수 없는 경우에는 공시송달의 방법에 의할 수 밖에
없다.

18 기일의 해태에 관한 다음 설명 중 가장 옳은 것은?

① 원고가 관할권 없는 법원에 제소한 때에 피고가 본
안에 관한 사실을 기재한 답변서를 제출하고 불출
석한 경우 그 답변서가 진술간주되면 변론관할이
생긴다.

② 배당이의의 소의 원고가 '첫 변론기일'에 출석하지
아니한 경우에는 소를 취하한 것으로 간주되는데,
여기서의 '첫 변론기일'에는 '첫 변론준비기일'은 포
함되지 않는다.

③ 당사자의 주소, 거소 기타 송달할 장소를 알 수 없
는 경우가 아님이 명백함에도 재판장이 당사자에
대한 변론기일 소환장을 공시송달에 의할 것으로
명함으로써 당사자에 대한 변론기일 소환장이 공시
송달된 경우 각 변론기일에 당사자가 출석하지 아
니하였다면 쌍방 불출석의 효과가 발생한다.

④ 불출석한 피고가 원고의 주장사실을 모두 인정하는
취지의 답변서 기타의 준비서면을 제출하여 진술간
주된 경우 원고의 주장사실에 대한 자백간주가 성
립한다.

19 다음 설명 중 가장 옳지 않은 것은?

① 선택적·예비적 병합청구, 독립당사자참가소송, 주관적·예비적 공동소송의 경우 일부판결을 하지 못한다.

② 중간판결에서는 원칙적으로 소송비용의 재판을 하지 아니하며, 중간판결에 대해서는 독립한 상소가 허용되지 않는다.

③ 예비적 병합청구에서 주위적 청구를 배척하면서 예비적 청구에 대하여 판단하지 아니하는 판결을 한 경우 그 판결에 대한 상소가 제기되면 예비적 청구 부분은 판결의 누락(재판의 누락)에 해당하므로 원심에서 추가판결을 하여야 한다.

④ 논리적으로 전혀 관계가 없어 순수하게 단순병합으로 구하여야 할 수 개의 청구를 선택적 청구로 병합하여 청구한 경우, 제1심법원이 그 중 하나의 청구에 대하여만 심리·판단하여 이를 인용하고 나머지 청구에 대한 심리·판단을 모두 생략하는 내용의 판결을 하였더라도 이러한 판결에 대하여 피고만이 항소한 경우 나머지 심리·판단하지 않은 청구는 여전히 제1심에 남아 있게 된다.

20 피고경정신청에 관한 다음 설명 중 옳은 것은 모두 몇 개인가?

> ㄱ. 피고경정신청을 기각하는 결정에 대하여 불복이 있는 원고는 그 결정에 대하여 특별항고를 제기할 수 있다.
>
> ㄴ. 종전의 피고에게 소장부본이 송달되었다면 피고경정신청서는 종전 피고에게 이를 송달하여야 한다.
>
> ㄷ. 경정을 허가하는 결정에 대하여 종전 피고는 경정에 부동의하였음을 사유로 즉시항고를 할 수 있다.
>
> ㄹ. 피고경정신청서가 접수되면 새로운 피고로 경정신청된 자에게 피고경정신청서를 송달하여야 한다.

① 1개　　　　　　② 2개
③ 3개　　　　　　④ 4개

21 문서제출명령에 관한 다음 설명 중 가장 옳지 않은 것은?

① 제3자에 대하여 문서제출명령을 하면서 심문절차를 누락한 경우 그 문서제출명령으로 인하여 불이익을 볼 수 있는 본안소송의 당사자가 이를 이유로 즉시항고할 수 있다.

② 문서제출명령에 기하여 제출하는 문서는 원본·정본 또는 인증등본이어야 한다.

③ 문서제출명령을 하려면 문서의 존재와 소지가 증명되어야 하고, 그 증명책임은 원칙적으로 신청인에게 있다.

④ 당사자가 문서제출명령을 받고도 이에 따르지 아니하는 때에는 법원은 그 문서의 기재에 대한 상대방의 주장을 진실한 것으로 인정할 수 있으나, 과태료 부과의 제재는 없다.

22 청구의 변경에 관한 다음 설명 중 가장 옳지 않은 것은?

① 청구의 감축은 소의 일부취하에 해당하므로 상대방의 동의가 필요하고, 이때 동의는 명시적으로 표시되어야 한다.

② 서면에 의하지 아니한 청구취지의 변경은 잘못이지만 이에 대하여 상대방이 지체없이 이의를 하지 않았다면 이의권이 상실된다.

③ 시효중단이나 법률상 기간 준수의 효력은 소변경신청서를 제출한 때 발생한다.

④ 피고의 항소로 인한 항소심에서 소의 교환적 변경이 적법하게 이루어졌다면 제1심판결은 소의 교환적 변경에 의한 소취하로 실효되고, 항소심의 심판대상은 새로운 소송으로 바뀌어지고 항소심이 사실상 제1심으로 재판하는 것이 되므로, 그 뒤에 피고가 항소를 취하한다 하더라도 항소취하는 그 대상이 없어 아무런 효력을 발생할 수 없다.

23 소송고지에 관한 다음 설명 중 가장 옳지 않은 것은?

① 소송고지는 고지자의 자유이며 권한이나, 예외적으로 소송고지가 고지자의 의무인 경우가 있다.

② 소송고지의 요건이 갖추어진 경우에 그 소송고지서에 고지자가 피고지자에 대하여 채무의 이행을 청구하는 의사가 표명되어 있으면 민법 제174조에서 정한 시효중단사유로서의 최고의 효력이 인정된다.

③ 소송고지에 의한 최고의 경우에는 고지자가 법원에 제출한 소송고지서가 피고지자에게 송달된 때에 시효중단의 효력이 발생한다.

④ 민법 제174조에 의하면 최고는 6월 내에 재판상의 청구 등을 하지 않으면 시효중단의 효력이 없고, 소송고지로 인한 최고의 경우 민법 제174조에 규정된 위 6월의 기간은 당해 소송이 종료된 때로부터 기산되는 것으로 해석하여야 한다.

24 소송목적의 값의 산정에 관한 다음 설명 중 가장 옳지 않은 것은?

① 소가는 원고가 청구취지로써 구하는 범위 내에서 원고의 입장에서 보아 전부 승소할 경우에 직접 받게 될 경제적 이익을 객관적으로 평가하여 금액으로 정함을 원칙으로 한다.

② 소가는 사실심 변론종결 시를 기준으로 산정한다.

③ 1개의 소로써 수개의 청구를 하는 경우에 그 수개의 청구의 경제적 이익이 독립한 별개의 것인 때에는 합산하여 소가를 산정하고, 수개의 청구의 경제적 이익이 동일하거나 중복되는 때에는 중복되는 범위 내에서 흡수되고, 그중 가장 다액인 청구의 가액을 소가로 한다.

④ 1개의 청구가 다른 청구의 수단에 지나지 않을 때에는 특별한 규정이 있는 경우를 제외하고, 그 가액은 소가에 산입하지 아니한다. 다만, 수단인 청구의 가액이 주된 청구의 가액보다 다액인 경우에는 그 다액을 소가로 한다.

25 항소에 관한 다음 설명 중 가장 옳지 않은 것은?

① 피항소인이 항소기간이 지난 뒤에 단순히 항소기각을 구하는 방어적 신청에 그치지 아니하고 제1심판결보다 자신에게 유리한 판결을 구하는 적극적·공격적 신청의 의미가 객관적으로 명백히 기재된 서면을 제출하고, 이에 대하여 상대방인 항소인에게 공격방어의 기회 등 절차적 권리가 보장된 경우에는 비록 그 서면에 '부대항소장'이나 '부대항소취지'라는 표현이 사용되지 않았더라도 이를 부대항소로 볼 수 있다.

② 항소장이 제1심 법원이 아닌 항소심 법원에 접수되었다가 제1심 법원으로 송부된 경우에는 항소심 법원 접수시가 아니라 제1심 법원 도착시를 기준으로 하여 항소기간 준수 여부를 판단하여야 한다.

③ 피항소인이 부대항소를 할 수 있는 범위는 항소인이 주된 항소에 의하여 불복을 제기한 범위에 의하여 제한을 받지 않는다.

④ 전부승소한 자는 항소를 하지 못하므로, 가분채권에 대한 이행청구의 소를 제기하면서 그것이 일부만 청구하는 것이라는 취지를 명시하지 아니한 경우에도 전부승소한 판결에 대해서 항소하지 못한다.

01 다음 설명 중 가장 옳지 않은 것은? (다툼이 있는 경우 판례에 의하고, 전원합의체 판결의 경우 다수의견에 의함. 이하 01~25까지 같음)

① 참칭대표자를 대표자로 표시하여 소송을 제기한 결과 그 앞으로 소장부본 및 변론기일통지서가 송달되어 변론기일에 참칭대표자의 불출석으로 자백간주 판결이 선고된 경우에는 상대방에 대한 판결의 송달이 부적법하여 무효이므로 재심사유에 해당하지 않는다.

② 제소자가 상대방의 주소를 허위로 기재함으로써 그 허위주소로 소송서류가 송달되어 그로 인하여 상대방 아닌 다른 사람이 그 서류를 받아 자백간주의 형식으로 제소자 승소의 판결이 선고되고 그 판결정본 역시 허위의 주소로 보내어져 송달된 것으로 처리된 경우에는 상대방에 대한 판결의 송달은 부적법하여 무효이므로 상대방은 아직도 판결정본의 송달을 받지 않은 상태에 있어 이에 대하여 상소를 제기할 수 있을 뿐만 아니라, 위 사위판결에 기하여 부동산에 관한 소유권이전등기나 말소등기가 경료된 경우에는 별소로서 그 등기의 말소를 구할 수도 있다.

③ 당사자가 상대방의 주소 또는 거소를 알고 있었음에도 소재불명 또는 허위의 주소나 거소로 하여 소를 제기한 탓으로 공시송달의 방법에 의하여 판결정본이 송달된 때에는 재심을 제기할 수 있다.

④ 대여금 중 일부를 변제받고도 이를 속이고 대여금 전액에 대하여 소송을 제기하여 승소 확정판결을 받은 후 강제집행에 의하여 위 금원을 수령한 채권자에 대하여, 채무자가 그 일부 변제금 상당액은 법률상 원인 없는 이득으로서 반환되어야 한다고 주장하면서 부당이득반환 청구를 하는 경우, 위 확정판결이 재심의 소 등으로 취소되지 아니하는 한 위 확정판결의 강제집행으로 교부받은 금원을 법률상 원인 없는 이득이라고 할 수 없다.

02 자유심증주의에 관한 다음 설명 중 가장 옳은 것은?

① 당사자 일방이 증명을 방해하는 행위를 한 경우 증명책임이 전환된다.

② 상대방의 부지중 비밀로 대화를 녹음한 녹음테이프는 위법하게 수집된 증거이므로 증거능력이 없다.

③ 당사자가 부지로서 다툰 서증에 관하여 거증자가 특히 그 성립을 증명하지 아니한 경우라도 법원은 다른 증거에 의하지 않고 변론의 전취지를 참작하여 자유심증으로써 그 성립을 인정할 수 있다.

④ 신체감정에 관한 감정인의 감정결과는 증거방법의 하나에 불과하고, 법관은 당해 사건에서 모든 증거를 종합하여 자유로운 심증에 의하여 특정의 감정결과와 다르게 노동능력 상실률을 판단할 수 있으나, 당사자는 주장·증명을 통하여 그 감정결과의 당부를 다툴 수 없다.

03 반소에 관한 다음 설명 중 가장 옳지 않은 것은?

① 본소가 취하된 경우 피고는 원고의 동의 없이 반소를 취하할 수 있다.

② 본소가 각하된 경우 원고의 동의가 있어야 반소취하의 효력이 발생한다.

③ 항소심에서의 반소제기는 상대방의 심급의 이익을 해할 우려가 없더라도 상대방이 동의하지 않는 한 허용되지 않는다.

④ 가지급물 반환신청의 법적 성질은 예비적 반소에 해당한다.

04 기판력에 관한 다음 설명 중 가장 옳지 않은 것은?

① 건물 소유권에 기한 물권적 청구권을 원인으로 하는 건물명도소송의 사실심 변론종결 뒤에 그 패소자인 건물 소유자로부터 건물을 매수하고 소유권이전등기를 마친 제3자는 민사소송법 제218조 제1항 소정의 변론종결 뒤의 승계인에 해당한다고 할 수 없다.

② 전소에서 피담보채무의 변제로 양도담보권이 소멸하였음을 원인으로 한 소유권이전등기의 회복 청구가 기각된 경우, 후소에서 장래 잔존 피담보채무의 변제를 조건으로 소유권이전등기의 회복을 청구하는 것은 전소의 확정판결의 기판력에 저촉된다.

③ 소유권확인청구에 대한 판결이 확정된 후 다시 동일 피고를 상대로 소유권에 기한 물권적 청구권을 청구원인으로 하는 소송을 제기한 경우에는 전소의 확정판결에서의 소유권의 존부에 관한 판단에 구속되어 당사자로서는 이와 다른 주장을 할 수 없을 뿐만 아니라 법원으로서도 이와 다른 판단은 할 수 없다.

④ 가등기에 기한 소유권이전등기절차의 이행을 명한 전소 확정판결이 있은 후, 위 가등기만의 말소를 청구하는 것은 전소 확정판결의 기판력에 저촉된다고 볼 수 없다.

05 적시제출주의에 관한 다음 설명 중 가장 옳지 않은 것은?

① 재판장은 당사자의 의견을 들어 한 쪽 또는 양 쪽 당사자에 대하여 특정한 사항에 관하여 주장을 제출하거나 증거를 신청할 기간을 정할 수 있다.

② 당사자가 민사소송법 제146조의 규정을 어기어 고의 또는 중대한 과실로 공격 또는 방어방법을 뒤늦게 제출함으로써 소송의 완결을 지연시키게 하는 것으로 인정할 때에 법원은 상대방의 신청에 따라 결정으로 이를 각하할 수 있지만 직권으로 이를 각하할 수는 없다.

③ 실기한 공격·방어방법인지 여부를 판단할 때, 항소심에서 새로운 공격·방어방법이 제출된 경우에는 특별한 사정이 없는 한 항소심뿐만 아니라 제1심까지 통틀어 시기에 늦었는지 여부를 판단해야 한다.

④ 당사자가 제출한 공격 또는 방어방법의 취지가 분명하지 아니한 경우에, 당사자가 필요한 설명을 하지 아니하거나 설명할 기일에 출석하지 아니하면 법원은 상대방의 신청에 따라 결정으로 이를 각하할 수 있다.

06 당사자능력 및 당사자적격에 관한 다음 설명 중 가장 옳은 것은?

① 종중이 비법인사단으로서의 실체를 갖추고 당사자로서의 능력이 있는지 여부는 소제기시를 기준으로 판단하여야 한다.

② 총유재산에 관한 소송은 비법인사단이 그 명의로 사원총회의 결의를 거쳐 하거나 또는 그 구성원 전원이 당사자가 되어 필수적 공동소송의 형태로 할 수 있을 뿐이며, 비법인사단이 사원총회의 결의 없이 제기한 소송은 소제기에 관한 특별수권을 결하여 부적법하다.

③ 말소회복등기와 양립할 수 없는 등기의 명의인은 등기상 이해관계 있는 제3자이므로 그 등기명의인을 상대로 말소회복 등기에 대한 승낙의 의사표시를 구하는 청구가 가능하다.

④ 금전채권에 대하여 가압류가 있는 경우 가압류채무자는 제3채무자를 상대로 이행의 소를 제기할 수 없다.

07 공동소송에 관한 다음 설명 중 가장 옳지 않은 것은?

① 통상공동소송인 가운데 한 사람에 대한 상대방의 소송행위는 다른 공동소송인에게 영향을 미치지 않는다.

② 부진정연대채무의 관계에 있는 채무자들을 공동피고로 하여 이행의 소가 제기된 경우 그 소송은 예비적 · 선택적 공동소송에 해당한다.

③ 법원은 필수적 공동소송인 가운데 일부가 누락된 경우 제1심 변론종결시까지 원고의 신청에 따라 결정으로 피고를 추가하도록 허가할 수 있다.

④ 필수적 공동소송인 가운데 한 사람에 대한 상대방의 소송행위는 공동소송인 모두에게 효력이 미친다.

08 전속관할에 관한 다음 설명 중 가장 옳지 않은 것은?

① 재심의 소는 재심을 제기할 판결을 한 법원의 전속관할에 속한다.

② 전속관할의 정함이 있는 소에서는 합의관할이나 변론관할의 규정의 적용이 배제된다.

③ 전속관할의 규정을 위배하여 이송한 경우라도 당사자가 이송결정에 대하여 즉시항고를 하지 아니하여 확정된 이상 이송결정의 기속력이 미치나, 심급관할을 위반하여 상급심 법원에 이송된 경우에는 이송결정의 기속력이 미치지 않는다.

④ 전속관할을 어긴 경우는 절대적 상고이유와 재심사유에 해당한다.

09 청구의 병합에 관한 다음 설명 중 가장 옳은 것은?

① 채권자가 본래적 급부청구에다가 집행불능을 대비한 전보배상청구를 병합하여 소구한 경우 양자는 주위적 · 예비적 병합에 해당한다.

② 병합의 형태가 선택적 병합인지 예비적 병합인지는 당사자의 의사가 아닌 병합청구의 성질을 기준으로 판단한다.

③ 선택적 병합에서 제1심법원이 선택적 청구 중 하나만을 판단하여 기각하고 나머지 청구에 대하여는 아무런 판단을 하지 않은 경우 재판의 누락에 해당하므로 항소가 제기되었더라도 그 부분은 제1심법원에 그대로 계속된다.

④ 통상의 민사사건과 가처분에 대한 이의사건은 절차의 성격이 유사하므로 병합할 수 있다.

10 필수적 공동소송에 관한 다음 설명 중 가장 옳은 것은?

① 민법상 조합인 공동수급체가 경쟁입찰에 참가하였다가 다른 경쟁업체가 낙찰자로 선정된 경우, 그 공동수급체의 구성원 중 1인이 그 낙찰자 선정이 무효임을 주장하며 단독으로 무효확인의 소를 제기하는 것은 부적법하다.

② 공유물분할판결에서 상소기간은 각 공동소송인 개별로 진행되는 것이므로, 일부 공유자에 대하여 상소기간이 만료된 경우 그 공유자에 대한 판결 부분이 분리·확정된다.

③ 공동상속인이 다른 공동상속인을 상대로 어떤 재산이 상속재산임의 확인을 구하는 소는 고유필수적 공동소송이고, 고유필수적 공동소송에서는 원고들 일부의 소 취하 또는 피고들 일부에 대한 소 취하는 특별한 사정이 없는 한 그 효력이 생기지 않는다.

④ 타인 소유의 토지 위에 설치되어 있는 공작물을 철거할 의무가 있는 수인(數人)을 상대로 그 공작물의 철거를 청구하는 소송은 고유필수적 공동소송이다.

11 확인의 소에 관한 다음 설명 중 가장 옳지 않은 것은?

① 과거의 법률관계에 대한 확인을 구하는 것이 허용되는 예외가 있다.

② 권리의 소멸시효 완성이 임박한 경우 시효중단을 위한 소제기가 있음에 대한 확인을 구할 수 있다.

③ 근저당권설정자가 근저당권설정등기의 말소를 구함과 함께 근저당권설정계약에 기한 피담보채무가 존재하지 아니함의 확인을 구하는 경우 피담보채무가 존재하지 아니함의 확인을 구하는 것은 확인의 이익이 있다고 할 수 없다.

④ 피고가 권리관계를 다투어 원고가 확인의 소를 제기하였고 당해 소송에서 피고가 권리관계를 다툰 바 있더라도 항소심에 이르러 피고가 권리관계를 다투지 않는다면 더 이상 확인의 이익이 있다고 할 수 없다.

12 화해권고결정에 관한 다음 설명 중 가장 옳지 않은 것은?

① 법원은 소송에 계속중인 사건에 대하여 직권으로 당사자의 이익, 그 밖의 모든 사정을 참작하여 청구의 취지에 어긋나지 아니하는 범위안에서 사건의 공평한 해결을 위한 화해권고결정을 할 수 있다.

② 당사자는 화해권고결정의 내용을 적은 조서 또는 결정서의 정본을 송달받은 날부터 2주 이내에 이의를 신청할 수 있지만, 그 정본이 송달되기 전에 이의를 신청하는 것은 부적법하다.

③ 어느 당사자가 화해권고결정에 대해 이의를 신청한 때에는 이의신청의 상대방에게 이의신청서의 부본을 송달하여야 한다.

④ 본안에 대한 종국판결이 있은 뒤에 '원고는 소를 취하하고, 피고는 이에 동의한다'는 내용의 화해권고결정이 확정되어 소송이 종결된 경우 소취하한 경우와 마찬가지로 재소금지의 효력이 있다.

13 소송상 특별대리인에 관한 다음 설명 중 가장 옳지 않은 것은?

① 미성년자·피한정후견인·피성년후견인을 위한 특별대리인은 대리권 있는 후견인과 같은 권한이 있고, 그 대리권의 범위에서 법정대리인의 권한이 정지된다.

② 의사능력이 없는 사람의 특정후견인 또는 임의후견인은 의사능력이 없는 사람의 소송수행을 위한 특별대리인 선임을 신청할 수 없다.

③ 법인 또는 법인 아닌 사단의 소송법상 특별대리인은 그 대표자와 동일한 권한을 가지므로, 특별한 사정이 없는 한 선임되어 수행하는 소송에서 상소를 제기할 권한뿐만 아니라 이를 취하할 권한도 가진다.

④ 특별대리인 선임신청의 기각결정에 대해서는 항고할 수 있지만, 선임결정에 대해서는 항고할 수 없다.

14 소송절차의 정지에 관한 다음 설명 중 가장 옳지 않은 것은?

① 당사자가 죽은 때에는 소송대리인의 유무와 무관하게 소송절차가 중단된다.

② 당사자인 법인이 합병에 의하여 소멸된 때에 소송절차가 중단되지만, 소송대리인이 있는 경우에는 그러하지 아니하다.

③ 법원은 제척 또는 기피신청이 있는 경우 그 재판이 확정될 때까지 소송절차를 정지하여야 하나, 제척 또는 기피신청이 각하된 경우 또는 종국판결을 선고하거나 긴급을 요하는 행위를 하는 경우에는 그러하지 아니하다.

④ 천재지변으로 법원이 직무를 수행할 수 없는 때에 소송절차는 그 사고가 소멸될 때까지 중지된다.

15 공동소송참가 및 독립당사자참가에 관한 다음 설명 중 가장 옳지 않은 것은?

① 학교법인의 이사회결의무효확인의 소에 제3자는 공동소송 참가를 할 수 없다.

② 채권자대위소송이 계속 중인 상황에서 다른 채권자가 동일한 채무자를 대위하여 채권자대위권을 행사하면서 공동소송참가신청을 할 경우, 양 청구의 소송물이 동일하다면 참가신청은 적법하다.

③ 1심 판결에서 참가인의 독립당사자참가신청을 각하하고 원고의 청구를 기각한 데 대하여 참가인은 항소기간 내에 항소를 제기하지 아니하였고 원고만이 항소한 경우, 위 독립당사자참가신청을 각하한 부분도 항소심으로 이심된다.

④ 독립당사자참가소송에서, 본소가 피고 및 당사자참가인의 동의를 얻어 적법하게 취하되면 그 경우 3면소송관계는 소멸하고, 당사자참가인의 원·피고에 대한 소가 독립의 소로서 소송요건을 갖춘 이상 그 소송계속은 적법하며, 이 때 당사자참가인의 신청이 비록 참가신청 당시 당사자참가의 요건을 갖추지 못하였다고 하더라도 이미 본소가 소멸되어 3면소송관계가 해소된 이상 종래의 3면소송 당시에 필요하였던 당사자 참가요건의 구비 여부는 더 이상 가려볼 필요가 없다.

16 소취하의 효과에 관한 다음 설명 중 가장 옳지 않은 것은?

① 본안에 대한 종국판결이 있은 뒤에 소를 취하한 사람은 같은 소를 제기하지 못한다.

② 후소가 전소의 소송물을 선결적 법률관계 내지 전제로 하는 것일 때에는 비록 소송물은 다르지만 재소금지의 취지와 목적에 비추어 후소는 전소와 '같은 소'로 보아 판결을 구할 수 없다고 보아야 한다.

③ 재소금지는 소취하로 인하여 그동안 판결에 들인 법원의 노력이 무용화되고 종국판결이 당사자에 의하여 농락당하는 것을 방지하기 위한 제재적 취지의 규정이므로, 본안에 대한 종국판결이 있은 후 소를 취하한 자라 할지라도 이러한 취지에 반하지 아니하고 소제기를 필요로 하는 정당한 사정이 있다면 다시 소를 제기할 수 있다고 봄이 상당하다.

④ 본안에 관한 종국판결이 있은 후 구청구를 신청구로 교환적 변경을 한 다음 다시 본래의 구청구로 교환적 변경을 한 경우에는 원고가 법원의 판결을 농락하려거나 재소를 남용할 의도가 없기 때문에 부적법하다고 볼 수 없다.

17 재판상 자백에 관한 다음 설명 중 가장 옳지 않은 것은?

① 당사자 일방이 한 진술에 잘못된 계산이나 기재, 기타 이와 비슷한 표현상의 잘못이 있고, 잘못이 분명한 경우에는 비록 상대방이 이를 원용하였다고 하더라도 자백이 성립할 수 없다.

② 강제경매 개시결정에 대한 이의의 재판절차에서는 민사소송법상 재판상 자백의 규정이 준용되지 않으나, 임의경매 개시결정에 대한 이의의 재판절차에서는 민사소송법상 재판상 자백의 규정이 준용된다.

③ 그 자백이 진실과 부합되지 않는 사실이 증명된 경우라면 변론 전체의 취지에 의하여 그 자백이 착오로 인한 것이라는 점을 인정할 수 있다.

④ 법정변제충당의 순서 자체에 관한 진술이 비록 그 진술자에게 불리하더라도 이를 자백이라고 볼 수는 없다.

18 소송위임에 의한 소송대리에 관한 다음 설명 중 가장 옳지 않은 것은?

① 소송상 화해나 청구의 포기에 관한 특별수권이 되어 있다면 특별한 사정이 없는 한 그러한 소송행위에 대한 수권만이 아니라 그러한 소송행위의 전제가 되는 당해 소송물인 권리의 처분이나 포기에 대한 권한도 수여되어 있다고 봄이 상당하다.

② 소송대리인에 대하여 소취하를 할 수 있는 대리권을 부여한 경우 상대방의 소취하에 대한 동의권도 포함되어 있다고 봄이 상당하므로, 소송대리인이 한 소취하의 동의는 소송대리권의 범위 내의 사항으로서 본인에게 그 효력이 미친다.

③ 소송위임(수권행위)은 소송대리권의 발생이라는 소송법상의 효과를 목적으로 하는 단독 소송행위로서 그 기초관계인 의뢰인과 변호사 사이의 사법상의 위임계약과는 성격을 달리하는 것이고, 의뢰인과 변호사 사이의 권리의무는 수권행위가 아닌 위임계약에 의하여 발생한다.

④ 가압류사건을 수임받은 변호사의 소송대리권은 그 가압류 신청사건에 관한 소송행위뿐만 아니라 본안의 제소명령을 신청할 권한에도 미치나, 상대방의 신청으로 발하여진 제소명령결정을 송달받을 권한에까지는 미치지 않는다.

19 소의 이익에 관한 다음 설명 중 가장 옳지 않은 것은?

① 채무자가 채권자에 대하여 채무부담행위를 하고 그에 관하여 강제집행승낙문구가 기재된 공정증서를 작성하여 준 후, 공정증서에 대한 청구이의의 소를 제기하지 않고 공정증서의 작성원인이 된 채무에 관하여 채무부존재확인의 소를 제기한 경우, 그 목적이 오로지 공정증서의 집행력 배제에 있는 것이 아닌 이상 청구이의의 소를 제기할 수 있다는 사정만으로 채무부존재확인소송이 확인의 이익이 없어 부적법하다고 할 것은 아니다.

② 단체의 구성원이 단체내부규정의 효력을 다투는 소는 당사자 사이의 구체적인 권리 또는 법률관계의 존부확인을 구하는 것이 아니므로 부적법하다.

③ 법원의 가처분결정에 기하여 그 가처분집행의 방법으로 이루어진 처분금지가처분등기는 집행법원의 가처분결정의 취소나 집행취소의 방법에 의해서만 말소될 수 있는 것이어서 처분금지가처분등기의 이행을 소구할 수 없다.

④ 전소 확정판결의 존부는 당사자 주장이 없더라도 법원이 직권으로 조사하여 판단해야 하나, 당사자가 확정판결의 존재를 사실심 변론종결 시까지 주장하지 않은 경우에는 상고심에서 새로이 주장·증명할 수는 없다.

20 소송요건과 직권조사사항에 관한 다음 설명 중 가장 옳은 것은?

① 직권조사사항인 소송요건에 관하여 항변이 없더라도 법원으로서는 그 판단의 기초자료인 사실과 증거를 직권으로 탐지하여 그에 관하여 심리·조사할 의무가 있다.

② 종중이 당사자인 사건에 있어서 그 종중의 대표자에게 적법한 대표권이 있는지 여부는 직권조사사항이지만 자백의 대상이 될 수 있다.

③ 소송요건 중 부제소합의, 소취하계약, 상소취하계약은 피고의 주장을 기다려 비로소 조사하게 되는 항변사항에 해당한다.

④ 당사자가 주장하였거나 그 조사를 촉구하지 아니한 직권조사사항은 이를 판단하지 아니하였다고 하여도 민사소송법 제451조 제9호에서 정한 재심사유(판결에 영향을 미칠 중요한 사항에 관하여 판단을 누락한 때)에 해당하지 않는다.

21 항소에 관한 다음 설명 중 가장 옳지 않은 것은?

① 항소권의 포기로 제1심판결이 확정된 후에 항소장이 제출되었음이 분명한 경우에도 원심재판장은 항소장 각하명령을 할 수 없고, 항소심재판장이 항소각하판결을 하여야 한다.

② 항소를 한 뒤의 항소권의 포기는 항소취하의 효력도 가진다.

③ 제1심법원이 피고의 답변서 제출을 간과한 채 무변론판결을 선고함으로써 제1심판결 절차가 법률에 어긋난 경우 항소법원은 제1심판결을 취소하여야 한다.

④ 항소기간 경과 후에 항소취하가 있는 경우에는 항소기간 만료 시로 소급하여 제1심판결이 확정되나, 항소기간 경과 전에 항소취하가 있는 경우에는 판결은 확정되지 아니하고 항소기간 내라면 항소인은 다시 항소의 제기가 가능하다.

22 준비서면에 관한 다음 설명 중 가장 옳지 않은 것은?

① 단독사건의 변론은 서면으로 준비하지 아니할 수 있으나, 상대방이 준비하지 아니하면 진술할 수 없는 사항은 서면으로 준비하여야 한다.

② 준비서면에 취득시효완성에 관한 주장사실이 기재되어 있다 하더라도 그 준비서면이 변론기일에서 진술된 흔적이 없다면 취득시효완성의 주장에 대한 판단누락의 위법이 있다 할 수 없다.

③ 준비서면은 그것에 적힌 사항에 대하여 상대방이 준비하는데 필요한 기간을 두고 제출하여야 하며, 법원은 상대방에 게 그 부본을 송달하여야 한다.

④ 단독사건에서는 미리 준비서면에 기재하지 아니한 증인을 상대방이 변론기일에 출석하지 아니한 채 재정증인으로 증거조사를 하고 증거로 채택하면 위법하다.

23 처분권주의에 관한 다음 설명 중 가장 옳지 않은 것은?

① 토지임대차 종료시 임대인의 건물철거와 그 부지인도 청구에는 건물매수대금 지급과 동시에 건물명도를 구하는 청구가 포함되어 있으므로, 청구취지 변경 없이 법원은 상환이행판결을 할 수 있다.

② 매수인이 단순히 소유권이전등기청구만을 하고 매도인이 동시이행의 항변을 한 경우 법원이 대금수령과 상환으로 소유권이전등기절차를 이행할 것을 명하는 것은 그 청구 중에 대금지급과 상환으로 소유권이전등기를 받겠다는 취지가 포함된 경우에 한하므로, 그 청구가 반대급부 의무가 없다는 취지임이 분명한 경우에는 청구를 기각하여야 한다.

③ 근저당권이 담보하는 피담보채권액의 범위에 관하여 당사자 사이에 다툼이 있어 잔존 피담보채권이라고 주장하는 금원의 수령과 상환으로 근저당권설정등기의 말소를 구하는 경우, 소송과정에서 밝혀진 잔존 피담보채권액의 지급을 조건으로 말소를 구하는 취지도 포함되었다고 봄이 상당하고, 이는 장래이행의 소로서 미리 청구할 이익이 있다.

④ 불법행위를 원인으로 한 손해배상청구에 대하여 채무불이행을 인정하여 손해배상을 명한 것은 위법하다.

24 중복제소금지에 관한 다음 설명 중 가장 옳지 않은 것은?

① 먼저 제기된 소송에서 상계 항변을 제출한 다음 그 소송계속 중에 자동채권과 동일한 채권에 기한 소송을 별도의 소나 반소로 제기하는 것도 가능하다.

② 중복제소금지의 원칙에 위배되어 제기된 소에 대한 판결이나 그 소송절차에서 이루어진 화해라도 확정된 경우에는 당연무효라고 할 수는 없다.

③ 채무자가 제3채무자를 상대로 제기한 이행의 소가 법원에 계속되어 있는 경우, 압류채권자가 제3채무자를 상대로 제기한 추심의 소는 채무자가 제기한 이행의 소에 대한 관계에서 중복제소에 해당하지 않는다.

④ 채권자가 채무인수자를 상대로 한 채무이행청구소송이 계속 중, 채무인수자가 별소로 그 채무의 부존재확인을 구하는 소를 제기하는 것은 중복제소에 해당하여 부적법하다.

25 중간확인의 소에 관한 다음 설명 중 가장 옳지 않은 것은?

① 중간확인의 소를 제기할 때에는 서면으로 하여야 하고, 해당 서면은 상대방에게 송달하여야 한다.

② 재심의 소송절차에서 중간확인의 소를 제기하는 것은 재심 청구가 인용될 것을 전제로 하여 재심대상소송의 본안청구에 대하여 선결관계에 있는 법률관계의 존부의 확인을 구하는 것이므로, 재심사유가 인정되지 않아서 재심청구를 기각하는 경우에는 중간확인의 소의 심판대상인 선결적 법률관계의 존부에 관하여 심리할 필요가 없다.

③ 중간확인의 소는 항소심에서도 제기할 수 있다.

④ 중간확인의 소에 대한 판단은 종국판결의 주문이 아닌 판결의 이유에 기재하여도 무방하다.

01 기판력에 관한 다음 설명 중 가장 옳지 않은 것은? (다툼이 있는 경우 판례에 의하고, 전원합의체 판결의 경우 다수의견에 의함. 이하 01~25까지 같음)

① 기판력이라 함은 기판력 있는 전소판결의 소송물과 동일한 후소를 허용하지 않는 것이므로, 후소의 소송물이 전소의 소송물과 동일하지 않은 경우에는 전소의 소송물에 대한 판단이 후소의 선결문제가 되는 경우에도 전소의 기판력은 후소에 미치지 않는다.

② 확정판결은 주문에 포함된 것에 한하여 기판력을 가지고 판결이유 중의 판단에는 원칙적으로 기판력이 미치지 않는다. 다만, 예외적으로 상계를 주장한 청구가 성립되는지 아닌지의 판단은 판결이유 중의 판단이지만 상계하자고 대항한 액수에 한하여 기판력을 가진다.

③ 원고의 소구채권 자체가 인정되지 않는 경우 더 나아가 피고의 상계항변의 당부를 따져볼 필요도 없이 원고 청구가 배척될 것이므로, '원고의 소구채권 그 자체를 부정하여 원고의 청구를 기각한 판결'과 '소구채권의 존재를 인정하면서도 상계항변을 받아들인 결과 원고의 청구를 기각한 판결'은 기판력의 범위를 서로 달리하고, 후자의 판결에 대하여 피고는 상소의 이익이 있다.

④ 기판력이 미치는 주관적 범위는 신분관계소송이나 회사관계소송 등에서 제3자에게도 그 효력이 미치는 것으로 규정되어 있는 경우를 제외하고는 원칙적으로 당사자, 변론을 종결한 뒤의 승계인 또는 그를 위하여 청구의 목적물을 소지한 사람과 다른 사람을 위하여 원고나 피고가 된 사람이 확정판결을 받은 경우의 그 다른 사람에 국한되고, 그 외의 제3자나 변론을 종결하기 전의 승계인에게는 미치지 않는다.

02 소송행위의 추인에 관한 다음 설명 중 가장 옳지 않은 것은?

① 무권대리인이 행한 소송행위에 대하여 추인거절의 의사표시가 있는 이상, 무권대리행위는 확정적으로 무효가 되어 그 후에 다시 이를 추인할 수는 없다.

② 미성년자가 직접 변호인을 선임하여 제1심의 소송수행을 하게 하였으나 제2심에 이르러서는 미성년자의 친권자인 법정대리인이 소송대리인을 선임하여 소송행위를 하면서 아무런 이의를 제기한 바 없이 제1심의 소송결과를 진술한 경우에는 무권대리에 의한 소송행위를 묵시적으로 추인된 것으로 보아야 한다.

③ 적법한 대표자 자격이 없는 비법인 사단의 대표자가 한 소송행위는 후에 대표자 자격을 적법하게 취득한 대표자가 소송행위를 추인하면 행위 시에 소급하여 효력을 가지게 되는데, 이러한 추인은 항소심에서는 가능하나 상고심에서는 할 수 없다.

④ 무권대리인이 행한 소송행위의 추인은 소송행위의 전체를 일괄하여 하여야 하는 것이나 무권대리인이 변호사에게 위임하여 소를 제기하여서 승소하고 상대방의 항소로 소송이 2심에 계속 중 그 소를 취하한 일련의 소송행위 중 소취하 행위만을 제외하고 나머지 소송행위를 추인하는 것은 유효하다.

03 소송절차의 중단 및 수계에 관한 다음 설명 중 옳은 것을 모두 고르면?

> ㄱ. 상속인들로부터 항소심 소송을 위임받은 소송대리인이 소송수계절차를 취하지 아니한 채 사망한 당사자 명의로 항소장 및 항소이유서를 제출하였더라도, 상속인들이 항소심에서 수계신청을 하고 소송대리인의 소송행위를 적법한 것으로 추인하면 그 하자는 치유된다.
>
> ㄴ. 신탁으로 인한 수탁자의 위탁임무가 끝난 때에 소송 절차는 중단되고, 이 경우 새로운 수탁자가 소송절차를 수계하여야 하지만, 소송대리인이 있는 경우에는 소송절차가 중단되지 아니하고, 그 소송대리권도 소멸하지 아니한다.
>
> ㄷ. 공동파산관재인 중 일부가 파산관재인의 자격을 상실한 때에는 남아 있는 파산관재인에게 관리처분권이 귀속되고 소송절차는 중단되지 아니하므로, 남아 있는 파산관재인은 자격을 상실한 파산관재인을 수계하기 위한 절차를 따로 거칠 필요가 없이 혼자서 소송행위를 할 수 있다.
>
> ㄹ. 당사자가 사망하였으나 그를 위한 소송대리인이 있는 경우에는 소송절차가 중단되지 아니하고, 그 사건의 판결은 상속인들 전원에 대하여 효력이 있다고 할 것이나, 심급대리의 원칙상 그 판결정본이 소송대리인에게 송달된 때에는 소송절차가 중단된다.

① ㄱ, ㄴ, ㄷ, ㄹ
② ㄱ, ㄴ, ㄷ
③ ㄱ, ㄴ, ㄹ
④ ㄴ, ㄷ, ㄹ

04 송달에 관한 다음 설명 중 가장 옳지 않은 것은?

① 송달은 특별한 규정이 없으면 송달받을 사람에게 서류의 등본 또는 부본을 교부하여야 한다. 송달할 서류의 제출에 갈음하여 조서, 그 밖의 서면을 작성한 때에는 그 등본이나 초본을 교부하여야 한다.

② 소송무능력자에게 할 송달은 그의 법정대리인에게 한다. 여러 사람이 공동으로 대리권을 행사하는 경우의 송달은 그 가운데 한 사람에게 하면 된다. 다만, 소송대리인이 여러 사람 있는 경우에는 각자가 당사자를 대리하게 되므로 여러 소송대리인에게 각각 송달하여야 한다.

③ 당사자의 주소 등 또는 근무장소를 알 수 없는 경우에는 법원사무관등은 직권으로 또는 당사자의 신청에 따라 공시송달을 할 수 있다. 공시송달은 법원사무관등이 송달할 서류를 보관하고 그 사유를 법원 게시판에 게시하거나, 그 밖에 대법원규칙이 정하는 방법에 따라서 하여야 한다.

④ 근무장소 외의 송달할 장소에서 송달받을 사람을 만나지 못한 때에는 그 사무원, 피용자 또는 동거인으로서 사리를 분별할 지능이 있는 사람에게 서류를 교부할 수 있다. 서류를 송달받을 사람이 정당한 사유 없이 송달받기를 거부하더라도 송달할 장소에 서류를 놓아두는 방식으로는 송달의 효력이 발생하지 않는다.

05 불이익변경금지의 원칙에 관한 다음 설명 중 가장 옳지 않은 것은?

① 소를 각하한 제1심판결에 대하여 원고만이 불복상소하였으나 심리한 결과 원고의 청구가 이유가 없다고 인정되는 경우 그 제1심판결을 취소하여 원고의 청구를 기각하더라도 항소인인 원고에게 불이익한 결과로 되지 않으므로, 항소심은 제1심판결을 취소하고 청구기각판결을 하여야 한다.

② 금전채무불이행의 경우에 발생하는 원본채권과 지연손해금채권은 별개의 소송물이므로, 불이익변경에 해당하는지 여부는 원금과 지연손해금 부분을 각각 따로 비교하여 판단하여야 하고, 별개의 소송물을 합산한 전체 금액을 기준으로 판단하여서는 아니 된다.

③ 재심은 상소와 유사한 성질을 갖는 것으로서 부대재심이 제기되지 않는 한 재심원고에 대하여 원래의 확정판결보다 불이익한 판결을 할 수 없다.

④ 가집행선고가 붙지 아니한 제1심판결에 대하여 피고만이 항소한 항소심에서 항소를 기각하면서 가집행선고를 붙였어도 불이익변경금지의 원칙에 위배되지 아니한다.

06 상소에 관한 다음 설명 중 가장 옳지 않은 것은?

① 소의 취하는 항소심 판결 선고 후에도 가능하지만, 항소의 취하는 항소심 판결 선고 전까지만 가능하다.

② 원고가 피고에 대하여 건물 인도 및 건물 인도시까지 차임 상당의 부당이득반환 청구를 하였는데 1심 법원이 부당이득반환청구에 관한 판단을 빠뜨린 경우 원고가 이를 이유로 항소하면 항소심에서 부당이득반환청구에 관한 판단을 하여야 한다.

③ 원고가 1,000만 원을 청구하여 600만 원에 대한 일부 승소 판결을 받은 경우, 원고만 패소한 400만 원에 대해 불복하여 항소하면 불복하지 않은 600만 원 청구 부분도 항소심에 이심된다.

④ 채권자가 주채무자 A와 보증인 B를 공동피고로 소를 제기하여 전부 승소한 경우, 주채무자 A만 항소를 제기하면 보증인 B에 대한 청구 부분은 분리하여 확정된다.

07 처분권주의에 관한 다음 설명 중 가장 옳지 않은 것은?

① 피담보채무가 발생하지 아니한 것을 전제로 한 근저당권 설정등기의 말소등기절차이행청구 중에는 피담보채무의 변제를 조건으로 장래의 이행을 청구하는 취지가 포함된 것으로 보아야 한다.

② 부동산을 단독으로 상속하기로 분할협의 하였다는 이유로 그 부동산 전부가 자기 소유임의 확인을 구하는 청구에는 그와 같은 사실이 인정되지 아니하는 경우 자신의 상속받은 지분에 대한 소유권의 확인을 구하는 취지가 포함되어 있다고 보아야 한다.

③ 당사자가 주장하지 않더라도 자동차손해배상보장법의 규정을 민법상의 손해배상의 규정에 우선하여 적용해도 처분권주의 위반이 아니다.

④ 원고가 상한을 표시하지 않고 일정액을 초과하는 채무의 부존재의 확인을 청구하는 사건에 있어서 일정액을 초과하는 채무의 존재가 인정되는 경우에는 특단의 사정이 없는 한 법원은 그 청구의 전부를 기각할 것이 아니라 존재하는 채무부분에 대하여 일부패소의 판결을 하여야 한다.

08 석명권 및 석명의무에 관한 다음 설명 중 가장 옳지 않은 것은?

① 법원의 석명권 행사는 당사자의 주장에 모순된 점이 있거나 불완전·불명료한 점이 있을 때에 이를 지적하여 정정·보충할 수 있는 기회를 주고, 계쟁 사실에 대한 증거의 제출을 촉구하는 것을 그 내용으로 한다.

② 소의 변경이 교환적인가 추가적인가 또는 선택적인가의 여부는 기본적으로 당사자의 의사해석에 의할 것이므로 당사자가 구 청구를 취하한다는 명백한 표시 없이 새로운 청구로 변경하는 등으로 그 변경 형태가 불분명한 경우에는 사실심 법원으로서는 과연 청구변경의 취지가 교환적인가 추가적인가 또는 선택적인가의 점을 석명할 의무가 있다.

③ 법원은 석명권의 행사로서 당사자가 주장하지 아니한 법률효과에 관한 요건사실이나 독립된 공격방어방법을 시사하여 그 제출을 권유할 수 있다.

④ 손해배상책임이 인정되는 경우 법원은 손해액에 관한 당사자의 주장과 증명이 미흡하더라도 적극적으로 석명권을 행사하여 증명을 촉구하여야 하고, 경우에 따라서는 직권으로 손해액을 심리·판단하여야 한다.

09 소송비용의 담보에 관한 다음 설명 중 가장 옳지 않은 것은?

① 소송비용 담보제공 신청권은 피고에게만 있으나, 원고가 본안소송의 항소심에서 승소하여 피고가 그에 대한 상고를 제기함에 따라 원고가 피상고인으로 된 경우에는 원고에게도 소송비용 담보제공 신청권이 인정된다.

② 피고가 적법한 담보제공신청을 한 경우에는 그 후 응소를 거부하지 않고 본안에 관하여 변론 등을 하였더라도 이미 이루어진 담보제공신청의 효력이 상실되거나 그 신청이 부적법하게 되는 것은 아니다.

③ 상소심에서의 소송비용 담보제공 신청은 담보제공의 원인이 이미 제1심 또는 항소심에서 발생되어 있었음에도 신청인이 과실 없이 담보제공을 신청할 수 없었거나 상소심에서 새로이 담보제공의 원인이 발생한 경우에 한하여 가능하다.

④ 소송비용 담보의 제공은 금전 또는 법원이 인정하는 유가증권을 공탁하거나, 지급보증위탁계약을 맺은 문서를 제출하는 방법으로 한다.

10 변론조서에 관한 다음 설명 중 가장 옳지 않은 것은?

① 변론의 내용이 조서에 기재되어 있을 때에는 다른 특별한 사정이 없는 한 그 내용이 진실한 것이라는 점에 관한 강한 증명력을 갖는다.

② 변론방식에 관한 규정이 지켜졌다는 것은 조서로만 증명할 수 있다. 다만, 조서가 없어진 때에는 그러하지 아니하다.

③ 법원은 필요하다고 인정하는 경우에는 변론의 전부 또는 일부를 녹음하거나, 속기자로 하여금 받아 적도록 명할 수 있으며, 당사자가 녹음 또는 속기를 신청하면 특별한 사유가 없는 한 이를 명하여야 한다. 이 경우 녹음테이프와 속기록은 조서의 일부로 삼는다.

④ 법원사무관등은 변론기일에 참여하여 기일마다 조서를 작성하여야 한다. 변론을 녹음하거나 속기하는 경우에도 법원사무관 등을 참여시키지 아니하고 변론기일을 여는 것은 위법하다.

11 판결의 확정에 관한 다음 설명 중 가장 옳지 않은 것은?

① 상대방이 전부 승소하여 항소의 이익이 없는 경우에는 항소권을 가진 패소자만 항소포기를 하면 비록 상대방의 항소기간이 만료하지 않았더라도 제1심판결은 확정된다.

② 제1심판결 선고 전에 불상소 합의를 한 경우 제1심판결은 선고와 동시에 확정된다.

③ 당사자가 판결확정증명서를 신청한 때에는 제1심법원의 법원사무관 등이 기록에 따라 내어 주고, 소송기록이 상급심에 있는 때에는 상급법원의 법원사무관 등이 그 확정부분에 대하여만 증명서를 내어 준다.

④ 피고가 수 개의 청구를 인용한 제1심판결 중 일부에 대하여만 항소를 제기한 경우, 항소되지 않은 나머지 부분도 확정이 차단되고 항소심에 이심은 되나, 피고가 변론종결시까지 항소취지를 확장하지 않는 한 나머지 부분에 관하여는 불복한 적이 없어 항소심의 심판대상이 되지 않고 항소심의 판결확정과 동시에 확정되어 소송이 종료된다.

12 소송비용의 부담 및 소송비용액확정에 관한 다음 설명 중 가장 옳지 않은 것은?

① 일부 패소의 경우 각 당사자가 부담할 소송비용은 반드시 청구액과 인용액의 비율에 따라 정하여야 한다.

② 공동소송인은 소송비용을 균등하게 부담한다. 다만, 법원은 사정에 따라 공동소송인에게 소송비용을 연대하여 부담하게 하거나 다른 방법으로 부담하게 할 수 있다.

③ 소송이 재판에 의하지 아니하고 완결된 경우에 당사자가 소송비용을 상환받기 위하여서는 당해 소송이 완결될 당시의 소송계속법원에 소송비용부담재판의 신청을 하여야 하고, 이를 제1심 수소법원에 소송비용액확정결정신청의 방법으로 할 수는 없다.

④ 소송비용부담의 재판은 소송비용상환의무의 존재를 확정하고 그 지급을 명하는 데 그치고 소송비용의 액수는 당사자의 신청에 의하여 별도로 소송비용액확정결정을 받아야 하므로, 소송비용부담의 재판만으로는 소송비용상환청구채권의 집행권원이 될 수 없다.

13 증인신문에 관한 다음 설명 중 가장 옳은 것은?

① 증언거부나 선서거부에 정당한 이유가 없다고 한 재판이 확정된 뒤에 증인이 증언이나 선서를 거부한 때에는 소송비용부담, 과태료처분, 감치처분을 받을 수 있다.

② 증인의 신문은 증인신문신청을 한 당사자의 신문(주신문), 상대방의 신문(반대신문), 증인신문신청을 한 당사자의 재신문(재주신문)의 순서로 하고, 그 신문이 끝난 후에도 당사자는 재판장의 허가를 받지 않더라도 다시 신문을 할 수 있다.

③ 당사자본인으로 신문해야 함에도 증인으로 신문한 경우 상대방이 이를 지체 없이 이의하지 아니하면 그 하자는 치유된다.

④ 만 17세의 학생을 증인으로 신문할 때에는 선서를 시키지 못한다.

14 소송대리에 관한 다음 설명 중 가장 옳지 않은 것은?

① 단독판사가 심판하는 사건에 있어서 소송대리 허가 신청에 의한 소송대리권은 법원의 허가를 얻은 때로부터 발생하는 것이므로 소송대리인이 대리인의 자격으로 변론기일 소환장을 수령한 날짜가 법원이 허가한 날짜 이전이라면 그 변론기일 소환장은 소송대리권이 없는 자에 대한 송달로서 부적법하다.

② 당사자가 사망하거나 소송능력을 상실하게 되면 소송대리권은 소멸된다.

③ 소송대리인의 권한은 서면으로 증명하여야 하는 것이지만 소송대리인이 소송대리위임장을 법원에 제출한 이상 소송대리권이 있다고 할 것이고, 법원의 잘못 등으로 그 소송 대리위임장이 기록에 편철되지 아니하거나 다른 기록에 편철되었다고 하여 소송대리인의 소송대리행위가 무효가 되는 것은 아니다.

④ 여러 소송대리인이 있는 때에는 각자가 당사자를 대리한다. 당사자가 이에 어긋나는 약정을 한 경우 그 약정은 효력을 가지지 못한다.

15 당사자의 사망과 관련된 다음 설명 중 가장 옳은 것은?

① 이미 사망한 자를 채무자로 한 처분금지가처분신청은 부적법하고 그 신청에 따른 처분금지가처분결정이 있었다고 하여도 그 결정은 당연무효로서 그 효력이 상속인에게 미치지 않는다고 할 것이므로, 채무자의 상속인은 일반승계인으로서 무효인 그 가처분결정에 의하여 생긴 외관을 제거하기 위한 방편으로 가처분결정에 대한 이의신청으로써 그 취소를 구할 수 없다.

② 죽은 사람의 이름으로 항고를 제기하였더라도 실제로 항고를 제기한 행위가 그의 상속인이었다면 항고장에 항고인의 표시를 잘못한 것으로 보고 이를 정정하게 하여야 한다.

③ 사망자를 피고로 하여 제소한 제1심에서 원고가 상속인으로 당사자표시정정을 함에 있어서 일부상속인을 누락시킨 탓으로 그 누락된 상속인이 피고로 되지 않은 채 제1심판결이 선고된 경우에 원고는 항소심에서 그 누락된 상속인을 다시 피고로 추가할 수 있다.

④ 甲의 乙에 대한 채무를 대위변제한 丙이 甲의 사망 사실을 알면서도 그를 피고로 기재하여 소를 제기한 경우, 丙은 甲의 상속인으로 피고의 표시를 정정할 수 없다.

16 문서제출명령에 관한 다음 설명 중 가장 옳지 않은 것은?

① 문서제출명령은 당사자가 아닌 제3자에 대해서도 할 수 있지만, 이 경우 제3자나 그가 지정하는 자에 대해 심문을 하여야 한다.

② 문서제출명령 신청인은, 문서의 취지나 그 문서로 증명할 사실을 개괄적으로 표시하여 상대방이 이와 관련하여 가지고 있는 문서 목록을 제출할 것을 명하도록 법원에 신청할 수 있다.

③ 당사자 아닌 제3자가 문서제출명령에 따르지 않은 때에는, 법원은 그 문서의 기재에 대한 신청인의 주장을 진실한 것으로 인정할 수 있다.

④ 문서제출명령에 대해서는 독립하여 즉시항고를 할 수 있다.

17 소송승계에 관한 다음 설명 중 가장 옳지 않은 것은?

① 승계참가는 소송의 목적이 된 권리를 승계한 경우뿐만 아니라 채무를 승계한 경우에도 이를 할 수 있다.

② 인수참가인의 소송목적 양수 효력이 부정되어 인수참가인에 대한 청구기각 또는 소각하 판결이 확정된 날부터 6개월 내에 탈퇴한 원고가 다시 탈퇴 전과 같은 재판상의 청구 등을 한 때에는, 탈퇴 전에 원고가 제기한 재판상의 청구로 인하여 발생한 시효중단의 효력은 그대로 유지된다.

③ 소송 계속 중에 소송목적인 의무의 승계가 있다는 이유로 하는 소송인수신청이 있는 경우 신청의 이유로서 주장하는 사실관계 자체에서 그 승계적격의 흠결이 명백하지 않는 한 결정으로 그 신청을 인용하여야 하나, 피인수신청인에 대한 청구의 당부를 판단하여 심리한 결과 승계사실이 인정되지 않으면 인수참가신청 자체가 부적법하게 되어 인수참가신청을 각하하는 판결을 하여야 한다.

④ 인수참가인이 인수참가요건인 채무승계 사실에 관한 상대방 당사자의 주장을 모두 인정하여 이를 자백하고 소송을 인수하여 이를 수행하였다면, 위 자백이 진실에 반한 것으로서 착오에 의한 것이 아닌 한 인수참가인은 위 자백에 반하여 인수참가의 전제가 된 채무승계사실을 다툴 수는 없다.

18 소송상 합의에 관한 다음 설명 중 가장 옳지 않은 것은?

① 불항소 합의는 반드시 서면으로 하여야 하나, 판결선고 전의 불상소 합의는 말 또는 서면으로 할 수 있다.

② 불항소 합의의 유무는 항소의 적법요건에 관한 법원의 직권조사사항이다.

③ 강제집행 당사자 사이에 그 신청을 취하기로 하는 약정은 사법상으로는 유효하다 할지라도 이를 위배하였다하여 직접소송으로서 그 취하를 청구하는 것은 허용되지 않는다.

④ 환송판결 전에 소취하 합의가 있었지만, 환송 후 원심의 변론기일에서 이를 주장하지 않은 채 본안에 관하여 변론하는 등 계속 응소한 피고가 환송 후 판결에 대한 상고심에 이르러서야 위 소취하 합의 사실을 주장하는 경우에 위 소취하 합의가 묵시적으로 해제되었다고 봄이 상당하다.

19 A가 B를 상대로 대여금 청구 소송을 하던 중에 C가 A로부터 대여금채권을 양수하여 위 소송에 승계참가를 하였다. 다음 설명 중 가장 옳지 않은 것은?

① C에 대하여도 A가 소를 제기한 때에 소급하여 대여금채권의 시효가 중단된다.

② A는 B가 동의하지 않으면 소송에서 탈퇴할 수 없다.

③ A가 소송에서 탈퇴하여도 A는 판결의 효력을 받는다.

④ A가 소송에서 탈퇴하지 않으면 A의 청구에 대해서도 판결을 해야 하고, C가 일부 승소하여 B, C만 항소하면 A의 B에 대한 청구는 분리하여 확정된다.

20 재판장의 소장심사에 관한 다음 설명 중 가장 옳지 않은 것은?

① 소장에 일응 대표자의 표시가 되어 있는 이상 설령 그 표시에 잘못이 있다고 하더라도 이를 정정 표시 하라는 보정 명령을 하고 그에 대한 불응을 이유로 소장을 각하하는 것은 허용되지 아니하고, 이러한 경우에는 오로지 판결로써 소를 각하할 수 있을 뿐 이다.

② 독립당사자참가소송의 제1심 본안판결에 대해 일방 이 항소하고 피항소인 중 1명에게 항소장이 적법하 게 송달되어 항소심법원과 당사자들 사이의 소송관 계가 일부라도 성립한 것으로 볼 수 있다면, 항소심 재판장은 더 이상 단독으로 항소장 각하명령을 할 수 없다.

③ 원칙적으로 소장의 심사는 소송요건 및 청구의 당부 를 판단하는 것보다 선행되어야 한다.

④ 재판장이 원고에게 청구하는 이유에 대응하는 증거방 법을 구체적으로 적어 내도록 명하였는데 원고가 이 를 보정하지 않은 경우에는 재판장은 소장각하명령을 할 수 있다.

21 가집행선고에 관한 다음 설명 중 가장 옳지 않은 것은?

① 채권자가 가집행으로 금원을 추심한 경우 채권자의 기본채권에 대한 변제의 효과가 발생한다.

② 당사자가 이혼이 성립하기 전에 이혼소송과 병합하 여 재산분할의 청구를 하고, 법원이 이혼과 동시에 재산분할을 명하는 판결을 하는 경우에도 이혼판결 은 확정되지 아니한 상태이므로, 그 시점에서 가집 행을 허용할 수 없다.

③ 가집행의 선고는 그 선고 또는 본안판결을 바꾸는 판결의 선고로 바뀌는 한도에서 그 효력을 잃는다.

④ 제1심에서 가집행선고가 붙은 패소의 이행판결을 선고받고 항소한 당사자는 항소심에서 민사소송법 제215조 제2항의 가집행의 선고에 따라 지급한 물 건을 돌려 달라는 재판을 구하는 신청을 하지 아니 하고 제1심의 본안판결을 바꾸는 판결을 선고받아 상대방이 상고한 경우에는 상고심에서 위와 같은 신청을 하지 못한다.

22 항고에 관한 설명 중 가장 옳지 않은 것은?

① 강제집행정지결정 이전의 담보제공명령은 강제집행 을 정지하는 재판에 대한 중간적 재판으로 불복할 수 없는 명령에 해당하므로, 위 담보제공명령은 특 별항고의 대상이되는 재판에 해당한다.

② 특별항고가 있는 경우 원심법원은 경정결정을 할 수 없고 기록을 그대로 대법원에 송부하여야 한다.

③ 이미 성립한 결정에 대하여는 결정이 고지되어 효 력을 발생하기 전에도 결정에 불복하여 항고할 수 있다.

④ 민사소송법은 항소이유서의 제출기한에 관한 규정 을 두고 있지 아니하므로 가압류이의신청에 대한 재판의 항고인이 즉시항고이유서를 제출하지 아니 하였다거나 그 이유를 적어내지 아니하였다는 이유 로 그 즉시항고를 각하할 수는 없다.

23 소의 이익에 관한 다음 설명 중 가장 옳지 않은 것은?

① 매매계약해제의 효과로서 이미 이행한 것의 반환을 구하는 이행의 소를 제기할 수 있는 경우에는 그 기본되는 매매계약의 존부에 대하여 다툼이 있어 즉시 확정의 이익이 있는 경우라도 계약이 해제되었음의 확인을 구할 수 없다.

② 甲소유의 부동산에 관하여 乙명의의 소유권이전등기청구권가등기가 마쳐진 후 위 부동산에 관하여 가압류등기를 한 丙은 위 가등기가 담보목적 가등기인지 여부를 청구할 확인의 이익이 없다.

③ 소유권보존등기가 되었던 종전건물의 소유자가 이를 헐어내고 건물을 신축한 경우에 있어 종전건물에 대한 멸실등기를 하고 새 건물에 대한 소유권보존등기를 하기 위하여 종전건물에 대한 소유권보존등기에 터잡아 마쳐진 원인무효의 소유권이전등기의 말소를 청구할 소의 이익이 있다.

④ 건축법상의 각종 신고나 신청 등의 모든 절차를 마치지 않은 채 소유권보존등기가 이루어진 경우, 그 건물의 정당한 원시취득자임을 주장하여 건축주 명의변경 절차의 이행을 구하는 소는 그 소의 이익을 부정할 수 없다.

24 판결의 경정에 관한 다음 설명 중 가장 옳은 것은?

① 판결경정결정은 원칙적으로 당해 판결을 한 법원이 하는것이나, 통상의 공동소송이었던 다른 당사자 간의 소송사건이 상소의 제기로 상소심에 계속된 결과 상소를 하지 아니한 당사자 간의 원심판결의 원본과 소송기록이 우연히 상소심 법원에 있다면, 상소심 법원이 심판의 대상이 되지 않은 부분에 관한 판결을 경정할 권한을 가지게 된다.

② 판결경정결정을 함에 있어서는 그 소송 전 과정에 나타난 자료는 물론 경정대상인 판결 이후에 제출되어진 자료도 다른 당사자에게 아무런 불이익이 없는 경우나 이를 다툴 수 있는 기회가 있었던 경우에는 소송경제상 이를 참작할 수 있다.

③ 청구취지에서 지급을 구하는 금원 중 원금 부분의 표시를 누락하여 그대로 판결된 경우, 그 청구원인에서 원금의 지급을 구하고 있었다면 판결경정으로 원금 부분의 표시를 추가하는 것은 허용된다.

④ 판결의 경정신청을 기각하는 결정에 대해서는 통상항고를 제기할 수 있다.

25 청구의 포기 · 인낙에 관한 다음 설명 중 가장 옳지 않은 것은?

① 고유필수적 공동소송의 경우에는 공동소송인 전원이 일치하여 청구의 포기나 인낙을 하여야 하고, 그 중 한 사람의 청구의 포기나 인낙은 무효로 된다.

② 예비적 병합의 경우 예비적 청구에 관하여만 인낙을 할수는 없고, 가사 인낙을 한 취지가 조서에 기재되었다 하더라도 그 인낙의 효력이 발생하지 아니한다.

③ 주주총회결의의 하자를 다투는 소에 있어서 청구의 인낙은 할 수 없다.

④ 청구인낙의 취지가 변론조서만에 기재되어 있고 따로 인낙조서의 작성이 없다면 청구인낙으로서의 효력이 발생하지 않는다.

01 문서의 진정성립에 관한 다음 설명 중 가장 옳지 않은 것은? (다툼이 있는 경우 판례에 의하고, 전원합의체 판결의 경우 다수의견에 의함. 이하 01~25까지 같음)

① 인영 부분 등의 진정성립이 인정되면 특별한 사정이 없는 한 당해 문서는 그 전체가 완성되어 있는 상태에서 작성 명의인이 그러한 서명 · 날인 · 무인을 하였다고 추정할 수 있다.

② 인영 부분의 진정성립 인정으로 인한 완성문서로서의 진정성립의 추정이 번복되어 백지문서 또는 미완성 부분을 작성명의자가 아닌 자가 보충하였다는 등의 사정이 밝혀지면, 다시 그 백지문서 또는 미완성 부분이 정당한 권한 없는 자에 의하여 보충되었다는 점에 관하여 그 문서의 위조를 주장하는 자가 입증하여야 한다.

③ 문서가 진정하게 성립된 것인지 어떤지는 필적 또는 인영을 대조하여 증명할 수 있고, 법원은 육안에 의한 대조로도 이를 판단할 수 있다.

④ 문서의 작성방식과 취지에 의하여 공무원이 직무상 작성한 것으로 인정한 때에는 이를 진정한 공문서로 추정하고, 이는 외국의 공공기관이 작성한 것으로 인정한 문서의 경우에도 같다.

02 당사자적격에 관한 다음 설명 중 가장 옳지 않은 것은?

① 불법말소된 것을 이유로 한 근저당권설정등기 회복등기청구는 그 등기말소 당시의 소유자를 상대로 하여야 한다.

② 불법점유를 이유로 한 건물명도청구소송에 있어서는 현실적으로 그 건물을 불법점유하고 있는 사람을 상대로 하여야 하고, 그 건물을 타에 임대하여 현실적으로 점유하고 있지 않은 사람을 상대로 할 것이 아니다.

③ 甲 소유의 토지 위에 乙이 무단으로 건물을 신축한 후 위 건물에 관하여 乙(임대인)과 丙(임차인)이 임대차계약을 체결하여 현재 丙이 위 건물을 점유하고 있는 경우에, 甲이 불법점유를 이유로 토지인도소송을 제기할 경우의 피고적격자는 丙이 된다.

④ 관리단으로부터 집합건물의 관리업무를 위임받은 위탁관리회사는 특별한 사정이 없는 한 구분소유자 등을 상대로 자기 이름으로 소를 제기하여 관리비를 청구할 당사자적격이 있다.

03 재심에 관한 다음 설명 중 가장 옳지 않은 것은?

① 대법원의 환송판결은 당해 심급의 심리를 완결하여 사건을 당해 심급에서 이탈시키는 확정된 종국판결이므로 재심의 대상이 된다.

② 판결확정 전에 제기한 재심의 소가 부적법하다는 이유로 각하되지 아니하고 있는 동안에 재심대상 판결이 나중에 확정된다고 하더라도 재심의 소가 적법해지지는 않는다.

③ 재심은 확정된 종국판결에 대하여 판결의 효력을 인정할 수 없는 중대한 하자가 있는 경우 예외적으로 판결의 확정에 따른 법적 안정성을 후퇴시켜 그 하자를 시정함으로써 구체적 정의를 실현하고자 마련된 것이다.

④ 여러 개의 유죄판결이 재심대상판결의 기초가 되었는데 이후 각 유죄판결이 재심을 통하여 효력을 잃고 무죄판결이 확정된 경우, 어느 한 유죄판결이 효력을 잃고 무죄판결이 확정되었다는 사정은 특별한 사정이 없는 한 별개의 독립된 재심사유가 된다.

04 일부청구에 관한 다음 설명 중 가장 옳지 않은 것은?

① 청구의 대상으로 삼은 채권 중 일부만을 청구한 경우에도 그 취지로 보아 채권 전부에 관하여 판결을 구하는 것으로 해석되는 경우에는 그 동일성의 범위 내에서 그 전부에 관하여 시효중단의 효력이 발생하고, 이러한 법리는 특정 불법행위로 인한 손해배상채권에 대한 지연손해금청구의 경우에도 마찬가지로 적용된다.

② 묵시적 일부청구를 하여 1심에서 전부승소한 자는 1심에서 청구하지 않은 나머지 부분에 관하여 청구를 확장하기 위한 항소의 이익이 인정된다.

③ 1개의 손해배상청구권 중 일부를 소송상 청구하는 경우 과실상계를 함에 있어서는 일부청구금액을 기준으로 과실비율에 따른 감액을 한다.

④ 전소에서 불법행위를 원인으로 치료비청구를 하면서 일부만을 특정하여 청구하고 그 이외의 부분은 별도소송으로 청구하겠다는 취지를 명시적으로 유보한 때에는 전소의 계속 중에 동일한 불법행위를 원인으로 유보한 나머지 치료비청구를 별도소송으로 제기하였다 하더라도 중복제소에 해당하지 아니한다.

05 반소에 관한 다음 설명 중 가장 옳지 않은 것은?

① 원고가 본소의 이혼청구에 병합하여 재산분할청구를 제기한 후 피고가 반소로서 이혼청구를 하였는데, 본소의 이혼청구가 받아들여지지 않고 피고의 반소청구에 의하여 이혼이 명하여지는 경우에는 원고의 재산분할청구에 대해서는 판단할 필요가 없다.

② 항소심에서 피고가 반소장을 진술한 데 대하여 원고가 "반소기각 답변"을 한 것만으로는 민사소송법 제412조 제2항 소정의 "이의를 제기하지 아니하고 반소의 본안에 관하여 변론을 한 때"에 해당하지 않는다.

③ 단순반소가 적법히 제기된 이상 그 후 본소가 취하되더라도 반소의 소송계속에는 아무런 영향이 없다.

④ 반소청구의 기초를 이루는 실질적인 쟁점에 관하여 제1심에서 본소의 청구원인 또는 방어방법과 관련하여 충분히 심리된 경우에는 상대방이 반소 제기에 동의하지 않더라도 항소심에서의 반소 제기가 허용된다.

06 소송상 상계에 관한 다음 설명 중 가장 옳지 않은 것은?

① 소송상 상계항변에 대하여 소송상 상계의 재항변을 하는 것은 다른 특별한 사정이 없는 한 허용되지 않는다.

② 법원이 수동채권의 존재를 인정하는 판단을 한 다음, 반대채권의 존재를 인정하지 않고 상계항변을 배척한 경우에는 반대채권에 대하여는 기판력이 발생하지 않는다.

③ 甲이 乙을 피고로 하여 1억 원의 대여금지급을 구하는 소를 제기하자, 乙이 1억 원의 구상금채권으로 상계항변을 하여 제1심법원이 乙의 상계항변을 받아들여 甲의 청구를 전부 기각하는 판결이 선고된 경우, 乙은 항소의 이익이 있다.

④ 당사자 사이에 조정이 성립됨으로써 수동채권의 존재에 관한 법원의 실질적인 판단이 이루어지지 아니한 경우에는 그 소송절차에서 행하여진 소송상 상계항변의 사법상 효과도 발생하지 않는다.

07 당사자의 사망과 관련된 다음 설명 중 가장 옳지 않은 것은?

① 사망자를 채무자로 하여 지급명령을 신청하거나 지급명령 신청 후 정본이 송달되기 전에 채무자가 사망한 경우에는 지급명령은 효력이 없지만, 지급명령이 상속인에게 송달되어 형식적으로 확정되면 사망자를 상대로 한 지급 명령이 상속인에 대하여 유효하게 된다.

② 실종자를 당사자로 한 판결이 확정된 후에 실종선고가 확정되어 그 사망간주의 시점이 소 제기 전으로 소급하는 경우에도 위 판결 자체가 소급하여 당사자능력이 없는 사망한 사람을 상대로 한 판결로서 무효가 된다고는 볼 수 없다.

③ 당사자가 소송대리인에게 소송위임을 한 다음 소 제기 전에 사망하였는데 소송대리인이 당사자가 사망한 것을 모르고 당사자를 원고로 표시하여 소를 제기하였다면 소의 제기는 적법하고, 시효중단 등 소 제기의 효력은 상속인들에게 귀속되므로, 사망한 사람의 상속인들은 소송절차를 수계하여야 한다.

④ 소 제기 당시 이미 사망한 당사자와 상속인이 공동원고로 표시된 손해배상청구의 소가 제기된 경우, 이미 사망한 당사자 명의로 제기된 소 부분은 부적법하여 각하되어야 할 것일 뿐이고, 소의 제기로써 상속인이 자기 고유의 손해배상청구권뿐만 아니라 이미 사망한 당사자의 손해배상청구권에 대한 자신의 상속분에 대해서까지 함께 권리를 행사한 것으로 볼 수는 없다.

08 부대항소에 관한 다음 설명 중 가장 옳지 않은 것은?

① 통상의 공동소송에 있어 공동당사자 일부만이 항소를 제기한 때에는 상소불가분의 원칙상 항소하지 아니한 다른 공동소송인에 대한 청구도 항소심으로 이심되므로, 피항소인은 항소인인 공동소송인 이외의 다른 공동소송인을 상대방으로 하는 부대항소를 제기할 수 있다.

② 피항소인이 부대항소를 할 수 있는 범위는 항소인이 주된 항소에 의하여 불복을 제기한 범위에 의하여 제한을 받지 아니한다.

③ 피항소인은 항소권의 포기나 항소기간의 도과로 자기의 항소권이 소멸된 경우에도 부대항소를 제기할 수 있다.

④ 제1심에서 전부승소한 원고가 항소심 계속 중 그 청구취지를 확장·변경할 수 있는 것이고 그것이 피고에게 불리하게 하는 한도 내에서는 부대항소를 한 취지로도 볼 수 있다.

09 당사자능력에 관한 다음 설명 중 가장 옳지 않은 것은?

① 법인이 아닌 사단이나 재단은 대표자 또는 관리인이 있는 경우에는 그 사단이나 재단의 이름으로 당사자가 될 수 있다.

② 학교는 교육시설의 명칭에 불과하므로 원칙적으로 민사소송에서 당사자능력이 인정되지 않지만, 임시이사 선임 신청과 같은 비송사건의 경우에는 민사소송과 달리 당사자능력이 인정된다.

③ 대학교 학장은 학교법인의 기관의 하나에 지나지 아니하여 민사소송상의 당사자 적격이 인정되지 아니한다.

④ 자연물인 도롱뇽 또는 그를 포함한 자연 그 자체로서는 공사금지가처분 사건을 수행할 당사자능력을 인정할 수 없다.

10 재판상 자백에 관한 다음 설명 중 가장 옳은 것은?

① 재판상 자백의 취소는 반드시 명시적으로 하여야 하고, 종전의 자백과 배치되는 사실을 주장한다고 하여 취소되는 것이 아니다.

② 자백을 취소하는 당사자는 그 자백이 진실에 반한다는 것만 증명하면 착오에 의한 자백으로 추정된다.

③ 일단 자백이 성립되었다고 하여도 그 후 자백을 한 당사자가 위 자백을 취소하고 이에 대하여 상대방이 이의를 제기함이 없이 동의하면, 자백의 취소가 인정된다.

④ 서증의 진정성립에 관한 자백은 보조사실에 관한 것이어서 그 자백의 취소에 관하여 주요사실에 관한 자백의 취소와 같이 취급할 필요는 없다.

11 변론주의에 관한 다음 설명 중 가장 옳지 않은 것은?

① 피고가 본안전 항변으로 채권양도사실을 내세워 당사자 적격이 없다고 주장하는 경우 그와 같은 주장 속에는 원고가 채권을 양도하였기 때문에 채권자임을 전제로 한 청구는 이유가 없는 것이라는 취지의 본안에 관한 항변이 포함되어 있다.

② 증여를 원인으로 한 부동산소유권이전등기청구에 대하여 피고가 시효취득을 주장하였다고 하여도 그 주장 속에 원고의 위 이전등기청구권이 시효소멸하였다는 주장까지 포함되었다고 할 수 없다.

③ 시효를 주장하는 자가 원고가 되어 소를 제기한 경우에 있어서, 피고가 시효중단사유가 되는 응소행위를 한 경우에는 응소행위로서 시효가 중단되었다고 주장하지 않더라도 바로 시효중단의 효과가 발생한다.

④ 중도금을 직접 지급하였느냐 또는 그 수령권한 수임자로 인정되는 자를 통하여 지급하였느냐는 결국 변제사실에 대한 간접사실에 지나지 않는 것이어서 반드시 당사자의 구체적인 주장을 요하는 것은 아니다.

12 관할에 관한 다음 설명 중 가장 옳지 않은 것은?

① 등기·등록에 관한 소를 제기하는 경우에는 등기 또는 등록할 공공기관이 있는 곳의 법원에 관할이 있다.

② 부동산에 관한 소를 제기하는 경우에는 부동산이 있는 곳의 법원에 관할이 있다.

③ 특허권 등의 지식재산권에 관한 소는 서울남부지방법원에 관할이 있다.

④ 국가의 보통재판적은 그 소송에서 국가를 대표하는 관청 또는 대법원이 있는 곳으로 한다.

13 소송의 종료에 관한 다음 설명 중 가장 옳은 것은?

① 소송종료선언에 대한 상소는 허용되지 않는다.

② 조정조서가 작성된 뒤 당사자가 조정에 응한 적도 없는데 조정조서가 작성되었다고 다투며 기일지정신청을 한 경우, 조정이 적법하게 성립하였다고 인정되면 법원은 소송 종료선언을 한다.

③ 상고심에서는 소를 취하할 수 없다.

④ 항소심에서 손해배상청구를 대여금청구로 교환적으로 변경한 후 대여금청구를 다시 손해배상청구로 변경하는 것도 가능하다.

14 다음 설명 중 옳은 것을 모두 고른 것은?

> 가. 원고가 10억 원의 대여금 중 1억 원만 청구한다
> 는 취지를 밝혀 승소한 뒤 다시 9억 원을 청구하
> 는 소를 제기하는 것도 가능하다.
> 나. 소유권이전등기말소청구소송에서 패소 판결의
> 기판력은 청구취지가 다른 진정명의회복을 위한
> 소유권이 전등기청구의 소에는 미치지 않는다.
> 다. 불법행위로 인해 치료비 손해를 청구했다가 패
> 소한 경우 다시 같은 불법행위를 원인으로 위자
> 료를 청구하는 소를 제기하는 것은 기판력에 반
> 한다.
> 라. 매매계약 무효를 원인으로 한 말소등기청구와 매
> 매계약 해제를 원인으로 하는 말소등기청구는 소
> 송물이 동일하다.

① 가, 나   ② 가, 라
③ 다, 라   ④ 나, 다

15 증거조사에 관한 다음 설명 중 가장 옳지 않은 것은?

① 증거의 신청과 조사는 변론기일 전에도 할 수 있다.
② 당사자가 기일에 출석하지 아니한 때에는 증거조사
를 할 수 없다.
③ 법원은 유일한 증거가 아닌 한, 당사자가 신청한 증
거를 필요하지 아니하다고 인정한 때에는 조사하지
아니할 수 있다.
④ 법원은 당사자가 신청한 증거에 의하여 심증을 얻을
수 없거나, 그 밖에 필요하다고 인정한 때에는 직권
으로 증거조사를 할 수 있다.

16 송달에 관한 다음 설명 중 가장 옳지 않은 것은?

① 송달은 특별한 규정이 없으면 법원이 직권으로 한다.
② 해당 사건에 출석한 사람에게는 법원사무관 등이 직
접 송달할 수 있다.
③ 여러 사람이 공동으로 대리권을 행사하는 경우의 송
달은 공동대리인 모두에게 하여야 한다.
④ 사망한 자에 대하여 실시된 송달은 원칙적으로 무효
이나, 그 사망자의 상속인이 현실적으로 그 송달서
류를 수령한 경우에는 하자가 치유되어 그 송달은
그 때에 상속인에 대한 송달로서 효력을 발생한다.

17 독립당사자참가에 관한 다음 설명 중 가장 옳지 않은
것은?

① 甲이 乙을 상대로 매매를 원인으로 한 소유권이전등
기를 구하는 본소가 계속 중, 위 매매 이후 점유취득
시효가 완성되었음을 원인으로 丙이 乙을 상대로 소
유권이전등기를 구하는 독립당사자참가는 적법하다.
② 甲이 건물의 증축부분의 소유권에 터잡아 증축부분
을 점유하고 있는 乙을 상대로 그 명도를 구하는 소
송에서 丙이 그 증축부분이 자신의 소유임을 이유
로 독립당사자참가신청을 한 것은 적법하다.
③ 독립당사자참가에 의한 소송에서 원·피고 사이에
만 재판상 화해를 하는 것은 허용되지 않는다.
④ 상고심에서는 독립당사자참가를 할 수 없다.

18 소송대리에 관한 다음 설명 중 가장 옳지 않은 것은?

① 변호사 외에도 당사자의 가족 등이 소송대리를 할 수 있는 경우가 있다.

② 재심 전의 소송의 소송대리인에게 당연히 재심소송의 소송대리권이 있는 것은 아니다.

③ 소송대리인은 특별수권을 받지 않는 한 위임을 받은 사건에 관하여 상대방으로부터 변제를 받을 수 없다.

④ 소송대리인의 소송대리권은 특별한 사정이 없는 한 당해심급의 판결을 송달받은 때까지만 유지된다.

19 청구의 변경에 관한 다음 설명 중 가장 옳은 것은?

① 가등기에 기한 본등기청구를 하면서 위 가등기의 피담보채권을 처음에는 대여금채권이라고 주장하였다가 나중에는 손해배상채권이라고 주장한 경우 이는 공격방법의 변경이 아닌 청구의 변경에 해당한다.

② 법원이 청구의 변경이 옳지 아니하다고 인정한 때에는 소 각하판결을 한다.

③ 소의 교환적 변경으로 구청구는 취하되고 신청구가 심판의 대상이 되었음에도 신청구에 대하여는 아무런 판단도 하지 아니한 채 구청구에 대하여 심리·판단한 제1심판결에 대하여 항소한 경우 항소심법원은 제1심판결을 취소하고 구청구에 대하여는 소송종료선언을 하여야 한다.

④ 제1심이 원고의 청구를 기각한 판결에 대하여 원고가 항소한 후 항소심에서 청구가 교환적으로 변경된 경우, 항소심이 교환적으로 변경된 신청구를 기각할 때에는 '항소를 기각한다'는 주문 표시를 하여야 한다.

20 소송의 이송에 관한 다음 설명 중 가장 옳은 것은?

① 전속적 관할합의의 경우 법률이 규정한 전속관할과 달리 임의관할의 성격을 가지고 있기는 하나, 공익상의 필요에 의하여 사건을 다른 관할 법원에 이송할 수는 없다.

② 당사자가 관할위반을 이유로 한 이송신청을 하여 법원이 당사자의 신청에 따른 직권발동으로 이송결정을 한 경우에는 즉시항고가 허용되고, 이에 대한 항고심에서 당초의 이송결정이 취소된 경우에는 재항고도 허용된다.

③ 이송결정의 기속력은 원칙적으로 전속관할의 규정을 위배하여 이송한 경우에도 미치므로 전속관할인 심급관할을 위배한 이송결정의 기속력은 이송받은 상급심 법원에 미친다.

④ 지방법원 본원 합의부가 지방법원 단독판사의 판결에 대한 항소사건을 심판하는 도중에 지방법원 합의부의 관할에 속하는 소송이 새로 추가되거나 그러한 소송으로 청구가 변경되었다고 하더라도, 추가되거나 변경된 청구에 대하여도 지방법원 본원 합의부가 그대로 심판할 수 있다.

21 지급명령에 관한 다음 설명 중 가장 옳지 않은 것은?

① 지급명령신청이 관할위반인 경우에는 관할권 있는 법원으로 이송하여야 한다.

② 채권자는 법원으로부터 채무자의 주소를 보정하라는 명령을 받은 경우에 소제기신청을 할 수 있다.

③ 채무자가 지급명령을 송달받은 날부터 2주 이내에 이의신청을 한 때에는 지급명령은 그 범위 안에서 효력을 잃고, 위 2주의 기간은 불변기간이다.

④ 지급명령이 확정되더라도 기판력은 인정되지 않는다.

22 중복제소에 관한 다음 설명 중 가장 옳지 않은 것은?

① 채권자대위소송이 이미 법원에 계속 중에 있을 때 같은 채무자의 다른 채권자가 동일한 소송물에 대하여 채권자 대위권에 기한 소를 제기한 경우 시간적으로 나중에 계속하게 된 소송은 중복제소금지의 원칙에 위배하여 제기된 부적법한 소송이 된다.

② 소가 중복제소에 해당하지 아니한다는 당사자의 주장에 관하여 판단하지 않더라도 판단유탈에 해당하지 않는다.

③ 중복제소금지는 소송계속으로 인하여 당연히 발생하는 소송요건의 하나이지만, 이미 동일한 사건에 관하여 제기된 전소가 소송요건을 흠결하여 부적법하다면, 후소의 변론종결시까지 전소의 소송계속이 소멸되지 않았더라도 후소는 각하되지 않는다.

④ 여러 명의 채권자가 동시에 또는 시기를 달리하여 사해행위취소 및 원상회복청구의 소를 제기한 경우 이들 소는 중복제소에 해당하지 않는다.

23 제척 또는 기피 신청에 관한 다음 설명 중 가장 옳지 않은 것은?

① 제척 또는 기피하는 이유와 소명방법은 신청한 날로부터 3일 이내에 서면으로 제출하여야 한다.

② 제척 또는 기피신청을 받은 법관 또는 법원사무관 등은 그 재판에 관하여 의견을 진술할 수 있다.

③ 법관과 법원사무관 등에 대한 제척 또는 기피의 재판은 그 법관 또는 법원사무관 등의 소속 법원 합의부에서 결정으로 하여야 한다.

④ 법원은 제척 또는 기피신청을 각하한 경우에는 소송절차를 정지할 필요가 없다.

24 예비적·선택적 공동소송에 관한 다음 설명 중 가장 옳지 않은 것은?

① 예비적 공동소송에서 주위적 공동소송인과 예비적 공동소송인 중 어느 한 사람이 상소를 제기하면 다른 공동소송인에 관한 청구 부분도 확정이 차단되고 상소심에 이심되어 심판대상이 된다.

② 부진정연대채무의 관계에 있는 채무자들을 공동피고로 하는 이행의 소는 민사소송법 제70조 제1항 소정의 예비적·선택적 공동소송이라고 할 수 없다.

③ 아파트 입주자대표회의 구성원 개인을 피고로 삼아 제기한 동대표지위 부존재확인의 소의 계속 중에 아파트 입주자대표회의를 피고로 추가하는 예비적 추가는 실체법적으로 서로 양립할 수 없는 경우가 아니므로 허용되지 않는다.

④ 예비적·선택적 공동소송에서는 모든 공동소송인에 관한 청구에 대하여 판결을 하여야 한다.

25 소액사건에 관한 다음 설명 중 가장 옳지 않은 것은?

① 당사자의 배우자·직계혈족 또는 형제자매는 법원의 허가 없이 소송대리인이 될 수 있다.

② 확정된 이행권고결정에는 기판력이 없으므로, 기판력의 배제를 주목적으로 하는 준재심의 대상이 될 수 없다.

③ 소액사건이라고 하더라도 그 판결서에는 판결 주문이 정당하다는 것을 인정할 수 있을 정도로 판결의 이유를 기재하여야 한다.

④ 소액사건에 관하여 상고이유로 할 수 있는 '대법원의 판례에 상반되는 판단을 한 때'라는 요건을 갖추지 아니하였더라도, 법령해석의 통일이라는 대법원의 본질적 기능을 수행하는 데 필요한 특별한 사정이 있는 경우에는 상고심에서 실체법 해석·적용에 관하여 판단할 수 있다.

01 재심에 관한 다음 설명 중 가장 옳지 않은 것은? (다툼이 있는 경우 판례에 의하고, 전원합의체 판결의 경우 다수의견에 의함. 이하 01~25까지 같음)

① 피고가 원고를 상대로 하는 재심의 소에서 확정된 재심대상판결의 취소 및 본소청구의 기각을 구하는 이외에 새로운 청구를 병합할 수 없다.

② 원고로부터 소송사건을 위임받은 소송대리인이 그 소송의 목적이 된 부동산에 관하여만 화해할 권한을 부여받았음에도 불구하고 당해 소송물 이외의 권리관계를 포함시켜 화해하여 그 효력이 발생한 경우 이러한 사유는 재심 사유에는 해당하지만 재심의 소를 제기하는 데 있어서는 재심기간의 제한을 받는다.

③ 채권을 보전하기 위하여 대위행사가 필요한 경우는 실체법상 권리뿐만 아니라 소송법상 권리에 대하여서도 대위가 허용되므로 채권자는 채무자와 제3채무자가 소송을 수행하여 받은 확정판결에 대하여 대위권을 행사하여 재심의 소를 제기할 수 있다.

④ 재심대상판결의 소송물이 취득시효 완성을 이유로 한 소유권이전등기청구권인 경우 그 변론종결 후에 원고로부터 소유권이전등기를 경료받은 승계인을 상대로 제기한 재심의 소는 부적법하다.

02 소송절차의 중단 및 수계에 관한 다음 설명 중 가장 옳지 않은 것은?

① 소송절차의 진행 중 법인 대표자의 대표권이 소멸된 경우에도 이를 상대방에게 통지하지 아니하면 소송절차가 중단되지 않으므로 대표권 소멸의 통지가 없는 상태에서 구대표자가 한 소취하는 유효하지만, 상대방이 그 대표권 소멸 사실을 이미 알고 있었던 경우에는 그러한 소취하는 효력이 없다.

② 소송계속 중 당사자가 소송능력을 상실한 때에도 그 당사자 쪽에 소송대리인이 있는 경우에는 소송절차가 중단되지 아니하나, 그 당사자가 파산선고를 받은 때에는 소송대리인이 있더라도 파산재단에 관한 소송절차는 중단된다.

③ 소송수계신청의 적법 여부는 법원의 직권조사사항이므로, 조사결과 수계가 이유 없다고 인정한 경우에는 이를 기각하여야 하나, 이유가 있을 때에는 별도의 재판을 할 필요 없이 그대로 소송절차를 진행할 수 있다.

④ 이혼소송 계속 중 배우자의 일방이 사망한 때에는 상속인이 그 절차를 수계할 수 없으므로 원칙적으로 이혼소송은 종료되고 이혼의 성립을 전제로 한 재산분할청구 역시 함께 종료된다.

03 증인에 관한 다음 설명 중 가장 옳지 않은 것은?

① 증인이 자기의 친족과 현저한 이해관계가 있는 사항에 관하여 신문을 받을 때에는 증언을 거부할 수 있다.

② 증인은 기술 또는 직업의 비밀에 속하는 사항에 대하여 신문을 받을 때 증언을 거부할 수 있다.

③ 법원은 교통이 불편한 곳에 살고 있는 사람을 증인으로 신문하는 경우 법정 아닌 곳으로 출석하게 하고, 비디오 등 중계장치에 의한 중계시설을 통하여 증인신문할 수 있다.

④ 반대신문은 주신문에 나타난 사항과 이에 관련된 사항에 관하여 하고 필요한 때에는 유도신문도 할 수 있다.

04 소 제기에 관한 다음 설명 중 가장 옳은 것은?

① 모든 국민은 법률에 의한 재판을 받을 권리가 있으므로, 부적법한 소로서 그 흠을 보정할 수 없는 경우라고 하더라도 변론 없이 바로 소를 각하할 수는 없다.

② 원고가 소장에 인지를 붙이지 아니한 경우 재판장은 상당한 기간을 정하여 그 기간 이내에 흠을 보정하도록 명하여야 하고, 인지보정명령에 대해서는 이의신청이나 항고를 할 수 없다.

③ 변론 없이 하는 판결은 피고가 답변서를 제출하지 않는 경우에만 할 수 있는 것이므로, 피고가 답변서를 제출한 경우에는 변론 없이 판결할 수 없다.

④ 소의 제기는 소장을 작성하여 법원에 제출하는 방법에 의하는 것이 원칙이나, 소액사건의 경우에는 법관의 면전에서 구술로 진술하는 방법에 의하여서도 소를 제기할 수 있다.

05 특별대리인에 관한 다음 설명 중 가장 옳지 않은 것은?

① 조합장이 공석이고 이사와 감사 각 1명씩만 유효하게 선임되어 있는 재건축조합과 관련하여, 조합의 이사 개인이 자기를 위하여 조합을 상대로 소를 제기한 경우 법원은 특별한 사정이 없는 한 피고 조합을 위하여 특별대리인을 선임할 수 있다.

② 법정대리인이 없는 미성년자가 소송을 당한 경우 지방자치단체의 장 또는 검사는 해당 법원에 특별대리인 선임을 신청할 수 있다.

③ 적법한 대표자 자격이 없는 甲이 비법인 사단을 대표하여 소를 제기하였다가 항소심에서 甲이 위 비법인 사단의 특별대리인으로 선임되었는데, 상고심에서 甲이 선임한 소송대리인이 甲이 수행한 기왕의 모든 소송행위를 추인한 경우 甲이 비법인 사단을 대표하여 한 모든 소송행위는 그 행위시에 소급하여 효력을 갖는다.

④ 법원이 특별대리인을 선임하기로 하는 결정을 한 경우 그 결정에 대해서는 항고할 수 없다.

06 선정당사자에 관한 다음 설명 중 가장 옳지 않은 것은?

① 선정당사자는 공동의 이해관계가 있는 자 중에서 선정하여야 하고, 선정당사자가 선정되면 선정자는 소송에서 탈퇴한다.

② 당사자 선정은 언제든지 장래를 위하여 이를 취소·변경할 수 있으나, 선정을 철회한 경우 선정자 또는 당사자가 상대방에게 선정 철회 사실을 통지하지 아니하면 철회의 효력을 주장하지 못한다.

③ 등기말소소송의 원고 선정당사자가 피고 측으로부터 돈을 받는 것으로 합의하고 당해 소송의 소취하 및 부제소합의까지 한 경우, 그러한 합의에 대해 선정자들의 개별적인 동의를 받지 아니한 이상, 그 합의의 효력은 선정자들에게 미치지 아니한다.

④ 선정당사자가 선정자로부터 별도의 수권 없이 변호사 보수에 관한 약정을 하면서 향후 변호사 보수에 관하여 다투지 않기로 부제소합의를 한 경우 그러한 합의는 선정자로부터 별도로 위임받은 바 없다면 선정자에 대하여 효력이 없다.

07 항고에 관한 다음 설명 중 가장 옳지 않은 것은?

① 즉시항고와 특별항고는 재판이 고지된 날부터 1주 이내에 하여야 하고, 위 기간은 불변기간이다.

② 특별항고만이 허용되는 재판에 대하여 불복이 있는 경우 당사자가 명시적으로 특별항고라는 표시와 항고법원을 대법원으로 표시하지 아니하였다고 하더라도 항고장을 접수한 법원은 이를 특별항고로 보아 소송기록을 대법원으로 송부하여야 한다.

③ 민사소송법상 즉시항고를 한 항고인이 항고장을 제출한 날부터 10일 이내에 즉시항고이유서를 제출하지 아니한 때에는 법원은 그 즉시항고를 각하하여야 한다.

④ 항소법원인 지방법원 항소부 소속 법관에 대한 기피신청이 소속 법원 합의부에서 기각 결정된 경우, 이 결정에 대하여는 대법원에 재항고하는 방법으로 다투어야 한다.

08 채권자대위권에 기한 청구에 관한 다음 설명 중 가장 옳지 않은 것은?

① 채권자가 채권자대위권을 행사하는 방법으로 제3채무자를 상대로 소송을 제기하여 판결을 받은 경우 어떠한 사유로든 채무자가 채권자대위소송이 제기된 사실을 알았을 경우에 한하여 그 판결의 효력이 채무자에게 미친다.

② 채권자가 자신의 채권을 보전하기 위하여 채무자의 금전채권을 대위 행사하는 채권자대위소송의 계속 중에 다른 채권자도 자신의 채권을 보전하기 위하여 채무자의 동일한 금전채권을 대위행사하면서 공동소송참가신청을 한 경우에는 소송목적이 채권자들인 원고와 참가인에게 합일적으로 확정되어야 할 필요성이 있음을 인정하기 어려우므로 공동소송참가신청은 부적법하다.

③ 채권자가 대위권을 행사할 당시에 이미 채무자가 그 권리를 재판상 행사하였을 때에는 채권자는 채무자를 대위하여 채무자의 권리를 행사할 수 없다.

④ 비법인사단인 채무자 명의로 제3채무자를 상대로 한 소가 제기되었으나 사원총회의 결의 없이 총유재산에 관한 소가 제기되었다는 이유로 각하판결을 받고 그 판결이 확정된 경우에는 채무자가 스스로 제3채무자에 대한 권리를 행사한 것으로 볼 수 없다.

09 참가에 관한 다음 설명 중 가장 옳지 않은 것은?

① 제1심에서 원고가 승소하였으나 항소심에서 승계참가인이 승계참가신청을 하고 원고가 적법하게 탈퇴한 경우 항소심으로서는 제1심판결을 변경하여 승계참가인의 청구에 대한 판단을 하여야 하고 단순히 피고의 항소를 기각하는 것은 위법하다.

② 청구이의의 소가 제기되기 전에 그 집행권원에 표시된 청구권을 양수한 사람이 한 승계참가신청은 허용된다.

③ 승계참가인이 소송당사자로부터 계쟁 부동산에 대한 지분 중 일부를 양도받은 권리승계인이라 하여 상고심에 이르러 승계참가신청을 한 경우, 이러한 참가신청은 허용되지 아니한다.

④ 원고의 피고에 대한 청구의 원인행위가 사해행위라는 이유로 원고에 대하여 사해행위취소를 청구하면서 독립당사자참가신청을 하는 경우, 그러한 참가신청은 부적법하다.

10 송달에 관한 다음 설명 중 가장 옳지 않은 것은?

① 송달은 원칙적으로 법원이 직권으로 하지만, 공휴일 또는 해뜨기 전이나 해진 뒤에 하는 송달은 당사자의 신청에 따라 행한다.

② 소장, 지급명령신청서 등에 기재된 주소 등의 장소에 대한 송달을 시도하지 않은 채 근무장소로 한 송달은 위법하다.

③ 송달은 송달받을 사람의 주소·거소·영업소 또는 사무소에서 해야 함이 원칙인데, 여기에서 '영업소 또는 사무소'란 송달받을 사람 자신이 경영하는 사무소 또는 영업소를 의미하고, 법인에 대한 송달에 있어서는 당해 법인의 영업소 또는 사무소뿐만 아니라 그 대표자가 경영하는 별도의 법인격을 가진 다른 법인의 영업소 또는 사무소도 포함한다.

④ 보충송달은 민사소송법이 규정한 송달장소에서 하는 경우에만 허용되고, 송달장소가 아닌 곳에서 사무원, 피용자 또는 동거인을 만난 경우에는 그 사무원 등이 송달받기를 거부하지 아니한다 하더라도 그 곳에서 그 사무원 등에게 서류를 교부하는 것은 보충송달의 방법으로서 부적법하다.

11 항소에 관한 다음 설명 중 가장 옳지 않은 것은?

① 항소장에는 당사자와 법정대리인 및 제1심판결을 표시하고 그 판결에 대하여 항소하는 취지를 기재하면 족하며, 불복의 범위와 이유를 기재할 필요는 없다.

② 항소권의 포기는 항소를 하기 이전에는 제1심법원에 항소를 한 뒤에는 소송기록이 있는 법원에 서면으로 하여야 한다.

③ A청구, B청구, C청구를 병합한 소에 대한 제1심판결 전부에 대하여 불복하여 항소한 항소심에서 C청구 부분에 대하여만 항소를 취하한 경우 다시 C청구 부분에 대하여 항소기간 경과 후에 항소를 제기하였다면 그 항소는 부적법하여 각하된다.

④ '피고는 원고로부터 3,000만 원을 지급받음과 동시에 원고에게 소유권이전등기절차를 이행하라'는 제1심판결에 대하여 원고만이 항소한 경우에 항소심이 '피고는 원고로부터 4,000만 원을 지급받음과 동시에 원고에게 소유권이전등기절차를 하라'는 판결을 하는 것은 불이익변경금지 원칙에 위반된다.

12 소송행위에 관한 다음 설명 중 가장 옳지 않은 것은?

① 민사소송법상의 소송행위에는 특별한 규정이나 특별한 사정이 없는 한 민법상의 법률행위에 관한 규정이 적용될 수 없다.

② 소송행위에는 조건을 붙일 수 없으므로, 재판상 화해에서 제3자의 이의가 있을 때에 화해의 효력을 실효시키기로 하는 약정은 허용되지 않는다.

③ 소송행위의 해석은 일반 실체법상의 법률행위와는 달리 내심의 의사가 아닌 그 표시를 기준으로 하여야 하고, 표시된 내용과 저촉되거나 모순되어서는 안 된다.

④ 대표자나 대리인이 상대방과 통모하여 형사상 처벌을 받을 배임행위 등에 의하여 지급명령에 대한 이의신청을 취하한 경우에 그 취하의 효력이 부정되려면 그 형사상 처벌받을 행위에 대하여 유죄의 판결이나 과태료 부과의 재판이 확정된 때 또는 증거부족 외의 이유로 유죄의 확정판결이나 과태료부과의 확정재판을 할 수 없는 때라야 한다.

13 당사자 A가 제1심 소송계속 중 변론종결 전에 사망하였다. 다음 설명 중 가장 옳은 것은?

① A에게 소송대리인이 없는 경우에는 소송절차가 중단되는데, 소송절차 중단을 간과하고 변론이 종결되어 판결이 선고된 경우에 그 판결은 절차상 위법하므로, 사망한 A가 당사자로 표시된 판결에 기하여 A의 승계인을 위한 또는 A의 승계인에 대한 강제집행을 실시하기 위하여 승계집행문을 부여할 수 없다.

② A에게 소송대리인이 있는 경우에는 소송절차가 중단되지 않고 소송대리인의 소송대리권도 소멸하지 않는다.

③ A에게 소송대리인이 있는 경우에 제1심판결이 선고되었는데, 그 판결에서 A의 공동상속인 중 소송수계절차를 밟은 일부만을 당사자로 표시하였다면 수계하지 않은 나머지 공동상속인들에게는 그 판결의 효력이 미치지 않는다.

④ 사망한 A의 소송대리인이 상소제기에 관한 특별수권을 부여받은 경우, 그 소송대리인에게 판결정본이 송달되더라도 소송절차는 중단되지 않아 항소기간이 진행되고, 그 소송대리인이 항소를 제기하였다면 항소심은 중단 없이 진행된다.

14 반소에 관한 다음 설명 중 가장 옳지 않은 것은?

① 어떤 채권에 기한 이행의 소에 대하여 동일 채권에 관한 채무부존재확인의 반소를 제기하는 것은 그 청구의 내용이 실질적으로 본소청구의 기각을 구하는 데 그치는 것이므로 부적법하다.

② 원고가 피고에 대하여 손해배상채무의 부존재확인을 구할 이익이 있어 본소로 그 확인을 구하였다 하더라도, 피고가 그 후에 그 손해배상채무의 이행을 구하는 반소를 제기하였다면 본소청구에 대한 확인의 이익이 소멸하여 본소는 부적법하게 된다.

③ 피고가 제기하려는 반소가 필수적 공동소송이 될 때에는 필수적 공동소송인 추가의 요건을 갖춘다면 원고 이외의 제3자를 추가하는 반소도 허용될 수 있다.

④ 제1심에서 원고의 본소청구에 대하여 피고가 본소청구가 인용될 것을 조건으로 하는 예비적 반소를 제기한 경우, 제1심이 원고의 본소청구를 배척한다면 피고의 예비적 반소는 제1심의 심판대상이 될 수 없다.

15 필수적 공동소송에 관한 다음 설명 중 가장 옳지 않은 것은?

① 고유필수적 공동소송인 가운데 한 사람이 한 소취하는 모두에게 효력이 있다.

② 동업약정에 따라 동업자 공동으로 토지를 매수하였다면 그 토지는 동업자들을 조합원으로 하는 동업체에서 토지를 매수한 것이므로, 그 매매계약에 기하여 소유권이전등기의 이행을 구하는 소를 제기하려면 동업자들이 공동으로 하여야 한다.

③ 법원은 필수적 공동소송인 가운데 일부가 누락된 경우에는 제1심의 변론종결시까지 원고의 신청에 따라 결정으로 원고 또는 피고를 추가하도록 허가할 수 있다. 다만, 원고의 추가는 추가될 사람의 동의를 받은 경우에만 허가할 수 있다.

④ 공유물분할청구의 소는 분할을 청구하는 공유자가 원고가 되어 다른 공유자 전부를 공동피고로 하여야 하는 고유필수적 공동소송이다.

16 청구의 변경에 관한 다음 설명 중 가장 옳지 않은 것은?

① 청구의 변경에 의하여 청구의 기초가 바뀌었다고 하더라도, 그 청구의 변경에 대하여 상대방이 지체 없이 이의하지 아니하고 변경된 청구에 관한 본안의 변론을 한 때에는 상대방은 더 이상 그 청구 변경의 적법 여부에 대하여 다투지 못한다.

② 원고가 채권자대위권에 기해 청구를 하다가 당해 피대위채권 자체를 양수하여 양수금청구로 소를 변경한 경우 이는 청구원인의 교환적 변경으로서 채권자대위권에 기한구 청구는 취하된 것으로 보아야 하므로 당초의 채권자대위소송으로 인한 시효중단의 효력은 소멸한다.

③ 원고 전부승소 판결에 대하여 피고만이 지연손해금 부분에 대해서만 항소하여 원고가 부대항소로서 원금 부분의 청구취지를 확장한 경우 항소심이 제1심 판결의 인용 금액을 초과하여 원고의 청구를 인용하더라도 불이익변경금지의 원칙에 위배되지 않는다.

④ 피고만이 항소한 항소심에서 소의 교환적 변경이 적법하게 이루어진 후에 피고가 항소를 취하한 경우 제1심판결은 소의 교환적 변경에 의한 소취하로 실효되고, 항소심은 교환된 새로운 소송을 사실상 제1심으로 재판하는 것이 되므로 항소취하는 그 대상이 없어 아무런 효력을 발생할 수 없다.

17 소송대리에 관한 다음 설명 중 가장 옳지 않은 것은?

① 소액사건에서는 법원의 허가가 없더라도 당사자의 형제자매는 소송대리인이 될 수 있다.

② 변호사 아닌 지방자치단체 소속 공무원으로 하여금 소송수행자로서 지방자치단체의 소송대리를 하도록 한 것은 민사소송법 제424조 제1항이 정하는 절대적 상고이유에 해당한다.

③ 항소의 제기에 관하여 특별수권을 받지 아니한 1심 소송대리인이 제기한 항소는 위법하나, 그 당사자의 적법한 소송대리인이 항소심에서 본안에 대하여 변론하였다면 그 항소는 당사자가 적법하게 제기한 것으로 된다.

④ 법원이 대리권이 없음을 간과하고 본안판결을 하였을 때에는 그 판결은 당연무효이므로 당사자본인에 대해 효력을 미치지 않는다.

18 자백간주에 관한 다음 설명 중 가장 옳지 않은 것은?

① 자백간주의 요건이 구비되어 일단 자백간주로서의 효과가 발생한 때에는 그 이후의 기일에 대한 소환장이 송달불능으로 되어 공시송달하게 되었다고 하더라도 이미 발생한 자백간주의 효과가 상실되는 것은 아니다.

② 소송대리권의 존부에 대하여는 자백간주에 관한 규정이 적용될 여지가 없다.

③ 법원은 피고가 소장 부본을 송달받은 날로부터 30일의 제출기간 내에 답변서를 제출하지 아니한 때에는 청구의 원인이 된 사실을 자백한 것으로 보고 변론 없이 판결할 수 있다.

④ 자백간주가 성립하면 자백과 마찬가지로 법원과 당사자를 구속하므로 자백간주의 효과가 발생한 이후에는 이를 번복하여 상대방의 주장사실을 다툴 수 없다.

19 소송비용의 담보에 관한 다음 설명 중 가장 옳지 않은 것은?

① 소장·준비서면, 그 밖의 소송기록에 의하여 청구가 이유 없음이 명백한 때 등 소송비용에 대한 담보제공이 필요하다고 판단되는 경우 법원은 직권으로 원고에게 소송비용에 대한 담보를 제공하도록 명할 수 있으나, 피고의 신청이 있는 경우 법원은 원고에게 소송비용에 대한 담보를 제공하도록 명하여야 한다.

② 담보를 제공할 사유가 있다는 것을 알고도 피고가 본안에 관하여 변론하거나 변론준비기일에서 진술한 경우에는 담보제공을 신청하지 못한다.

③ 담보를 제공하여야 할 기간 이내에 원고가 이를 제공하지 아니하는 때에는 법원은 변론없이 판결로 소를 각하할 수 있으나, 판결하기 전에 담보를 제공한 때에는 변론없이 소를 각하할 수 없다.

④ 민사소송법은 '담보제공신청'에 관한 결정에 대하여 즉시 항고할 수 있다고 규정하고 있으므로 법원이 직권으로 한 담보제공명령에 대해서는 즉시항고할 수 없다.

20 '장래의 이행을 청구하는 소'에 관한 다음 설명 중 가장 옳지 않은 것은?

① 채무자의 태도나 채무의 내용과 성질에 비추어 채무의 이행기가 도래하더라도 채무자의 이행을 기대할 수 없다고 판단되는 경우에는 '장래의 이행을 청구하는 소'를 미리 청구할 필요가 있다고 보아야 한다.

② 장래에 채무의 이행기가 도래할 예정인 경우에도 채무불이행 사유가 언제까지 존속할 것인지가 불확실하여 변론 종결 당시에 확정적으로 채무자가 책임을 지는 기간을 예정할 수 없다면 장래의 이행을 명하는 판결을 할 수 없다.

③ 제권판결에 대한 취소판결의 확정을 조건으로 한 수표금청구도 장래이행의 소로서 허용된다.

④ 이행기가 장래에 도래하는 청구권이더라도 미리 청구할 필요가 있는 경우에는 장래이행의 소를 제기할 수 있으므로, 이행판결의 주문에서 변론종결 이후 기간까지 급부의무의 이행을 명한 이상 확정판결의 기판력은 주문에 포함된 기간까지의 청구권의 존부에 대하여 미치는 것이 원칙이다.

21 법관의 기피에 관한 다음 설명 중 가장 옳지 않은 것은?

① 당사자가 법관을 기피할 이유가 있다는 것을 알면서도 본안에 관하여 변론하거나 변론준비기일에서 진술을 한 경우에는 기피신청을 하지 못한다.

② 기피신청이 법이 정한 신청방식을 준수하지 않거나 소송 지연을 목적으로 한 것이 분명한 때에는 기피신청을 받은 법원이나 법관이 결정으로 그 신청을 각하한다.

③ 지방법원 항소부 소속 법관에 대한 제척 또는 기피신청이 제기되어 각하결정이 있는 경우 위 결정에 대하여는 고등법원에 즉시항고하는 방법으로 다투어야 한다.

④ 종국판결의 선고는 기피의 신청이 있는 때에도 할 수 있는 것이므로, 변론종결 후에 기피신청을 당한 법관이 소송절차를 정지하지 아니하고 판결을 선고한 것이 위법하다고 할 수 없다.

22 기일의 해태에 관한 다음 설명 중 가장 옳지 않은 것은?

① 법인인 소송당사자가 법인이나 그 대표자의 주소가 변경되었는데도 이를 법원에 신고하지 아니하여 2차에 걸친 변론기일소환장이 송달불능이 되자 법원이 공시송달의 방법으로 재판을 진행한 결과 쌍방 불출석으로 취하 간주되었다면, 이는 그 변론기일에 출석하지 못한 것이 소송당사자의 책임으로 돌릴 수 없는 사유로 인하여 기일을 해태한 경우라고는 볼 수 없다.

② 배당이의소송에서는 첫 변론준비기일에 출석한 원고라고 하더라도 첫 변론기일에 출석하지 않으면, 곧바로 배당이의의 소를 취하한 것으로 본다.

③ 당사자 일방이 변론기일에 출석하지 않은 경우에도 그가 제출한 소장, 답변서, 그 밖의 준비서면에 적혀 있는 사항을 진술한 것으로 보고 출석한 상대방에게 변론을 명할 수 있으나, 그 소장 등에 첨부된 서증이 제출된 것으로 간주할 수는 없다.

④ 변론준비기일에서 이미 1차례 모두 불출석한 양쪽 당사자가 변론기일에 이르러 다시 모두 불출석 하였다면, 변론 준비기일에서의 불출석 효과가 변론기일에 승계되므로 1개월 이내에 기일지정신청을 하지 않으면 소를 취하한 것으로 본다.

23 기판력에 관한 다음 설명 중 가장 옳지 않은 것은?

① 계쟁 부동산에 관한 피고 명의의 소유권이전등기가 원인 무효라는 이유로 원고가 피고를 상대로 그 등기의 말소를 구하는 소송을 제기하였다가 청구기각의 판결을 선고받아 확정되었다면, 원고가 그의 소유권을 부인하는 피고에 대하여 계쟁 부동산이 원고의 소유라는 확인을 구하는 소를 제기하는 것은 부적법하다.

② 소유권이전등기말소청구소송에서 패소확정판결을 받았다면 그 기판력은 그 후 제기된 진정명의회복을 원인으로 한 소유권이전등기청구소송에도 미친다.

③ 대지 소유권에 기한 방해배제청구로서 지상건물의 철거를 구하여 승소확정판결을 얻은 경우, 그 지상건물에 관하여 위 확정판결의 변론종결 전에 마쳐진 소유권이전청구권가등기에 기하여 위 확정판결의 변론종결 후에 소유권이전등기를 마친 자가 있다면 그에게도 위 확정판결의 기판력이 미친다.

④ '원고의 소구(訴求)채권 그 자체를 부정하여 원고의 청구를 기각한 판결'과 '소구(訴求)채권의 존재를 인정하면서도 상계항변을 받아들인 결과 원고의 청구를 기각한 판결'은 민사소송법 제216조에 따라 기판력의 범위를 서로 달리한다.

24 시효중단을 위한 재판상 청구에 관한 다음 설명 중 가장 옳지 않은 것은?

① 확정된 승소판결에는 기판력이 있으므로, 승소 확정판결을 받은 당사자가 그 상대방을 상대로 다시 승소 확정판결의 전소와 동일한 청구의 소를 제기하는 경우 그 후소는 권리보호의 이익이 없어 부적법하나, 예외적으로 확정판결에 의한 채권의 소멸시효기간인 10년의 경과가 임박한 경우에는 그 시효중단을 위한 소는 소의 이익이 있다.

② 시효중단을 위한 재소에서 후소의 판결이 전소의 승소 확정판결의 내용에 저촉되어서는 아니 되므로, 후소 법원으로서는 그 확정된 권리를 주장할 수 있는 모든 요건이 구비되어 있는지 여부에 관하여 다시 심리할 수 없다.

③ 시효중단을 위한 후소로서 이행소송 외에 전소 판결로 확정된 채권의 시효를 중단시키기 위한 조치, 즉 '재판상의 청구'가 있다는 점에 대하여만 확인을 구하는 형태의 확인소송도 허용된다.

④ 확정된 전소가 이행소송이었던 경우 채권자는 이행소송과 확인소송 중 어느 하나를 임의로 선택하여 제기할 수는 없고, 이행소송을 할 수 없는 부득이한 사정이 있는 경우에만 '재판상의 청구'가 있다는 점에 대하여 확인을 구하는 형태의 확인소송을 제기할 수 있다.

25 사문서의 증거력에 관한 다음 설명 중 가장 옳지 않은 것은?

① 문서에 찍힌 인영의 진정함을 인정한 당사자는 나중에 이를 자유롭게 철회할 수 없다.

② 사문서의 진정성립에 관한 증명의 방법에 관하여는 특별한 제한이 없지만, 부지로 다투는 서증에 관하여 문서제출자가 성립을 증명하지 않은 경우에는 법원은 다른 증거에 의하지 않고 변론 전체의 취지를 참작하여 그 성립을 인정할 수 없다.

③ 문서에 날인된 작성명의인의 인영이 작성명의인의 인장에 의하여 현출된 인영임이 인정되는 경우 특단의 사정이 없는 한 날인행위가 작성명의인의 의사에 기하여 이루어진 것으로 추정되고 그 문서전체의 진정성립까지 추정되므로, 문서가 위조된 것임을 주장하는 자가 적극적으로 위 인영이 명의인의 의사에 반하여 날인된 것임을 증명해야 한다.

④ 처분문서에 있어서는 그 문서의 진정성립이 인정된 이상 그 문서에 표시된 의사표시와 그 내용에 관하여 특별한 사유가 없는 한 실질적 증거능력이 있으므로, 그 내용이 되는 법률행위의 존재를 인정하여야 한다.

당신이 저지를 수 있는 가장 큰 실수는,
실수를 할까 두려워하는 것이다.

– 앨버트 하버드 –

PART 7

형법

※ 복수정답 또는 개정법령 반영으로 인해 기출문제가 변경된 경우 문제 옆에 〈변형〉이라고 표시하였습니다.

01 다음 설명 중 가장 옳지 않은 것은? (다툼이 있는 경우 판례에 의하고, 전원합의체 판결의 경우 다수의견에 의함. 이하 01~25까지 같음)

① 위증죄에 있어서 증인의 증언이 기억에 반하는 허위 진술인지 여부는 그 증언의 단편적인 구절에 구애될 것이 아니라 당해 신문절차에 있어서의 증언 전체를 일체로 파악하여 판단하여야 할 것이고, 그 진술이 객관적 사실과 부합하지 않는다고 하여 그 증언이 곧바로 기억에 반하는 진술이라고 단정할 수는 없다.

② 위증죄는 법률에 의하여 선서한 증인이 자기의 기억에 반하는 사실을 진술함으로써 성립하므로, 증인의 진술이 경험한 사실에 대한 법률적 평가이거나 단순한 의견에 지나지 아니하는 경우에는 위증죄에서 말하는 허위의 진술이라고 할 수 없고, 경험한 사실에 기초한 주관적 평가나 법률적 효력에 관한 견해를 부연한 부분에 다소의 오류가 있다 하여도 위증죄가 성립하지 않는다.

③ 피고인이 자기의 형사사건에 관하여 허위의 진술을 하는 행위는 피고인의 방어권을 인정하는 취지에서 처벌의 대상이 되지않으나, 법률에 의하여 선서한 증인이 타인의 형사사건에 관하여 위증을 하면 형법 제152조 제1항의 위증죄가 성립되므로 자기의 형사사건에 관하여 타인을 교사하여 위증죄를 범하게 하는 것은 이러한 방어권을 남용하는 것이어서 교사범의 죄책을 부담한다.

④ 민사소송의 당사자는 증인능력이 없으므로 증인으로 선서하고 증언하였다고 하더라도 위증죄의 주체가 될 수 없으나, 민사소송에서의 당사자인 법인의 대표자의 경우에는 증인으로 선서 하고 증언하는 것이 가능하므로 위증죄의 주체가 될 수 있다.

02 부동산 명의신탁에 관한 다음 설명 중 가장 옳지 않은 것은?

① 명의신탁자와 명의수탁자 사이에 무효인 명의신탁약정 등에 기초하여 존재한다고 주장될 수 있는 사실상의 위탁관계라는 것은 부동산실명법에 반하여 범죄를 구성하는 불법적인 관계에 지나지 아니할 뿐 이를 형법상 보호할 만한 가치있는 신임에 의한 것이라고 할 수 없다.

② 명의신탁자가 매수한 부동산에 관하여 부동산실명법을 위반하여 명의수탁자와 맺은 명의신탁약정에 따라 매도인에게서 바로 명의수탁자 명의로 소유권이전등기를 마친 이른바 중간생략등기형 명의신탁을 한 경우, 명의신탁자는 신탁부동산의 소유권을 가지지 아니하고, 명의신탁자와 명의수탁자 사이에 위탁신임관계를 인정할 수도 없다.

③ 부동산 명의신탁이 부동산실명법 시행 전에 이루어졌으나, 같은 법이 정한 유예기간 이내에 실명등기를 하지 아니함으로써 그 명의신탁약정 및 이에 따라 행하여진 등기에 의한 물권변동이 무효로 된 후에 처분행위가 이루어졌다면, 명의수탁자가 명의신탁자에 대한 관계에서 여전히 '타인의 재물을 보관하는 자'의 지위에 있다고 보아야 한다.

④ 구분소유하고 있는 특정 구분부분별로 독립한 필지로 분할되는 경우에는 특별한 사정이 없는 한 각 공유자 상호간에 상호명의신탁관계만이 존속하는 것이므로, 각 공유자는 나머지 각 필지 위에 전사된 자신 명의의 공유지분에 관하여 다른 공유자에 대한 관계에서 그 공유지분을 보관하는 자의 지위에 있다.

03 다음 설명 중 가장 옳은 것은?

① 형법 제354조, 제328조 제1항에 의하면 배우자 사이의 사기죄는 이른바 친족상도례에 의하여 형을 면제하도록 되어 있으므로, 사기죄를 범하는 자가 금원을 편취하기 위한 수단으로 피해자와 혼인신고를 한 것이어서 그 혼인이 무효인 경우에도, 그러한 피해자에 대한 사기죄에 관하여 친족상도례의 적용을 부정할 수 없다.

② 절도죄는 재물의 점유를 침탈하므로 인하여 성립하는 범죄이므로 재물의 점유자가 절도죄의 피해자가 되는 것이나 절도죄는 점유의 침탈로 인하여 그 재물의 소유자를 해하게 되는 것이므로 재물의 소유자도 절도죄의 피해자로 보아야 한다. 따라서 형법 제344조에 의하여 준용되는 형법 제328조 제2항 소정의 친족간의 범행에 관한 조문은 범인과 피해물건의 소유자 및 점유자 쌍방 간에 같은 조문 소정의 친족관계가 있는 경우에만 적용되는 것이고, 단지 절도범인과 피해물건의 소유자간에만 친족관계가 있거나 절도범인과 피해물건의 점유자간에만 친족관계가 있는 경우에는 그 적용이 없는 것이라고 보는 것이 타당하다.

③ 형법상 사기죄를 가중처벌하는 특정경제범죄 가중처벌 등에 관한 법률 제3조 제1항에 관하여도 친족상도례에 관한 형법 제354조, 제328조를 적용한다는 명시적인 규정이 없으므로, 특정경제범죄 가중처벌 등에 관한 법률 제3조 제1항에 관하여는 친족상도례 규정이 적용되지 않는다.

④ 손자가 할아버지 소유 농업협동조합 예금통장을 절취하여 이를 현금자동지급기에 넣고 조작하는 방법으로 예금 잔고를 자신의 거래 은행 계좌로 이체한 경우, 할아버지가 컴퓨터 등 사용사기 범행 부분의 피해자에 해당하므로 친족상도례 규정이 적용된다.

04 모욕죄에 관한 다음 설명 중 가장 옳지 않은 것은?

① 형법 제311조의 모욕죄는 사람의 가치에 대한 사회적 평가를 의미하는 외부적 명예를 보호법익으로 하는 범죄로서, 모욕죄에서 말하는 모욕이란 사실을 적시하지 아니하고 사람의 사회적 평가를 저하시킬 만한 추상적 판단이나 경멸적 감정을 표현하는 것을 의미한다. 따라서 어떠한 표현이 상대방 인격적 가치에 대한 사회적 평가를 저하시킬 만한 것이 아니라면 설령 그 표현이 다소 무례한 방법으로 표시되었다 하더라도 이를 두고 모욕죄의 구성요건에 해당한다고 볼 수 없다.

② 언어적 수단이 아닌 비언어적·시각적 수단만을 사용하여 표현을 한 경우라면, 그것이 사람의 사회적 평가를 저하시킬 만한 추상적 판단이나 경멸적 감정을 전달하는 것이라 하더라도 모욕죄가 성립할 수 없다.

③ 어떠한 표현이 모욕죄의 모욕에 해당하는지는 상대방 개인의 주관적 감정이나 정서상 어떠한 표현을 듣고 기분이 나쁜지 등 명예감정을 침해할 만한 표현인지를 기준으로 판단할 것이 아니라 당사자들의 관계, 해당 표현에 이르게 된 경위, 표현방법, 당시 상황 등 객관적인 제반 사정에 비추어 상대방의 외부적 명예를 침해할 만한 표현인지를 기준으로 엄격하게 판단하여야 한다.

④ 공연성은 명예훼손죄와 모욕죄의 구성요건으로서, 명예훼손이나 모욕에 해당하는 표현을 특정 소수에게 한 경우 공연성이 부정되는 유력한 사정이 될 수 있으므로, 전파될 가능성에 관해서는 검사의 엄격한 증명이 필요하다.

05 다음 설명 중 가장 옳지 않은 것은?

① 장물인 정을 모르고 장물을 보관하였다가 그 후에 장물인 정을 알게 된 경우 그 정을 알고서도 이를 계속하여 보관하는 행위는 장물죄를 구성하는 것이나 이 경우에도 점유할 권한이 있는 때에는 이를 계속하여 보관하더라도 장물보관죄가 성립하지 않는 것이라고 할 것이다. 따라서 채권의 담보로서 수표들을 교부받았다가 장물인 정을 알게 되었음에도 이를 계속하여 보관한 행위는 장물보관죄에 해당하지 않는다.

② 장물알선죄에서 '알선'이란 장물을 취득·양도·운반·보관하려는 당사자 사이에 서서 이를 중개하거나 편의를 도모하는 것을 의미한다. 따라서 장물인 정을 알면서, 장물을 취득·양도·운반·보관하려는 당사자 사이에 서서 서로를 연결하여 장물의 취득·양도·운반·보관행위를 중개하거나 편의를 도모하였다면, 그 알선에 의하여 당사자 사이에 실제로 장물의 취득·양도·운반·보관에 관한 계약이 성립하지 아니하였거나 장물의 점유가 현실적으로 이전되지 아니한 경우라도 장물알선죄가 성립한다.

③ 절도 범인으로부터 장물보관 의뢰를 받은 자가 그 정을 알면서 이를 인도받아 보관하고 있다가 임의 처분하였다 하여도 장물보관죄가 성립하는 때에는 이미 그 소유자의 소유물 추구권을 침해하였으므로 그 후의 횡령행위는 불가벌적 사후행위에 불과하여 별도로 횡령죄가 성립하지 않는다.

④ 장물이라 함은 재산범죄로 인하여 취득한 물건 그 자체를 말하고, 그 장물의 처분대가는 장물성을 상실하는 것이다. 따라서 본범이 사기 범행으로 교부받은 자기앞수표를 그의 명의의 예금계좌에 예치하였다가 현금으로 인출한 경우, 그 현금은 이미 장물성을 상실한 것이어서 그 현금을 보관 또는 취득하였다고 하더라도 장물죄가 성립할 수 없다.

06 다음 설명 중 가장 옳지 않은 것은?

① 공무원이 직무와 관련하여 뇌물수수를 약속하고 퇴직 후 이를 수수하는 경우에는, 뇌물약속과 뇌물수수가 시간적으로 근접하여 연속되어 있다고 하더라도, 뇌물약속죄 및 사후수뢰죄가 성립할 수 있음은 별론으로 하고, 뇌물수수죄는 성립하지 않는다.

② 제3자뇌물수수죄는 공무원 또는 중재인이 직무에 관하여 부정한 청탁을 받고 제3자에게 뇌물을 공여하게 하는 행위를 구성요건으로 하고 있고, 그중 부정한 청탁은 명시적인 의사표시뿐만 아니라 묵시적인 의사표시로도 가능하며 청탁의 대상인 직무행위의 내용도 구체적일 필요가 없다.

③ 형법 제129조 제1항 뇌물수수죄는 공무원이 직무에 관하여 뇌물을 수수한 때에 적용되는 것으로서, 공무원이 직접 뇌물을 받지 아니하고 증뢰자로 하여금 다른 사람에게 뇌물을 공여하도록 한 경우라도 다른 사람이 공무원의 사자 또는 대리인으로서 뇌물을 받은 경우 등과 같이 사회통념상 다른 사람이 뇌물을 받은 것을 공무원이 직접 받은 것과 같이 평가할 수 있는 관계가 있는 경우에는 형법 제129조 제1항 뇌물수수죄가 성립한다.

④ 제3자뇌물수수죄에서 제3자란 행위자와 공범관계에 있지 않은 사람을 말한다. 그러므로 공무원 또는 중재인이 부정한 청탁을 받고 제3자에게 뇌물을 제공하게 하고 제3자가 그러한 공무원 또는 중재인의 범죄행위를 알면서 방조한 경우, 별도의 처벌규정이 없는 이상 제3자에게 제3자뇌물수수방조죄는 성립할 수 없다.

07 위법성조각사유에 관한 다음 설명 중 가장 옳은 것은?

① 통상의 일반적인 안수기도의 방식과 정도를 벗어나 환자의 신체에 비정상적이거나 과도한 유형력을 행사하고 신체의 자유를 과도하게 제압하여 그 결과 환자의 신체에 상해까지 입힌 경우라면, 그러한 유형력의 행사가 비록 안수기도의 명목과 방법으로 이루어졌다 해도 일반적으로 사회상규상 용인되는 정당행위라고 볼 수 없으나, 이를 치료행위로 보아 피해자측이 승낙하였다면 이는 정당행위에 해당한다.

② 신문기자인 피고인이 甲에게 2회에 걸쳐 증여세 포탈에 대한 취재를 요구하면서 이에 응하지 않으면 자신이 취재한 내용대로 보도하겠다고 말하여 협박한 경우 비록 피고인이 폭언을 하거나 보도하지 않는 데 대한 대가를 요구하지 않았다 하더라도 위 행위는 협박죄에서 말하는 해악의 고지에 해당하여 사회상규에 위반한 행위라고 보는 것이 타당하다.

③ 회사의 이익을 빼돌린다는 소문을 확인할 목적으로, 피해자가 사용하면서 비밀번호를 설정하여 비밀장치를 한 전자기록인 개인용 컴퓨터의 하드디스크를 검색한 행위는 형법 제20조의 '정당행위'에 해당된다.

④ 피고인들이 확성장치 사용, 연설회 개최, 불법행렬, 서명날인운동, 선거운동기간 전 집회 개최 등의 방법으로 특정 후보자에 대한 낙선운동을 함으로써 공직선거및선거부정방지법에 의한 선거운동제한 규정을 위반한 피고인들의 같은 법 위반의 각 행위는 시민불복종운동으로서 헌법상의 기본권 행사 범위 내에 속하는 정당행위이거나 형법상 사회상규에 위반되지 아니하는 정당행위 또는 긴급피난의 요건을 갖춘 행위로 보아야 한다.

08 다음 설명 중 가장 옳지 않은 것은?

① 협박죄는 사람의 의사결정의 자유를 보호법익으로 하는 위험범이라 봄이 상당하고, 협박죄의 미수범 처벌조항은 해악의 고지가 현실적으로 상대방에게 도달하지 아니한 경우나, 도달은 하였으나 상대방이 이를 지각하지 못하였거나 고지된 해악의 의미를 인식하지 못한 경우 등에 적용될 뿐이다.

② 협박죄는 일반적으로 사람으로 하여금 공포심을 일으킬 수 있는 정도의 해악의 고지가 상대방에게 도달하여 상대방이 그 의미를 인식하고 나아가 현실적으로 공포심을 일으켰을 때에 비로소 기수에 이르는 것으로 보아야 한다.

③ 정보보안과 소속 경찰관이 자신의 지위를 내세우면서 타인의 민사분쟁에 개입하여 빨리 채무를 변제하지 않으면 상부에 보고하여 문제를 삼겠다고 말한 사안에서, 상대방이 채무를 변제하고 피해 변상을 하는지 여부에 따라 직무집행 여부를 결정하겠다는 취지이더라도 정당한 직무집행이라거나 목적 달성을 위한 상당한 수단으로 인정할 수 없어 정당행위에 해당하지 않는다.

④ 재산상 이익의 취득으로 인한 공갈죄가 성립하려면 폭행 또는 협박과 같은 공갈행위로 인하여 피공갈자가 재산상 이익을 공여하는 처분행위가 있어야 하고, 그러한 처분행위는 반드시 작위에 한하지 아니하고 부작위로도 족하여서, 피공갈자가 외포심을 일으켜 묵인하고 있는 동안에 공갈자가 직접 재산상의 이익을 탈취한 경우에도 공갈죄가 성립할 수 있다.

09 명예훼손죄에 관한 다음 설명 중 가장 옳지 않은 것은?

① 작업장의 책임자인 피고인이 甲으로부터 작업장에서 발생한 성추행 사건에 대해 보고받은 사실이 있음에도, 직원 5명이 있는 회의 자리에서 상급자로부터 경과보고를 요구받으면서 과태료 처분에 관한 책임을 추궁받자 이에 대답하는 과정에서 '甲은 성추행 사건에 대해 애초에 보고한 사실이 없다. 그런데도 이를 수사기관 등에 신고하지 않았다고 과태료 처분을 받는 것은 억울하다.'는 취지로 발언한 경우 피고인에게 명예훼손의 고의를 인정하기 어렵다.

② 동장인 피고인이 동 주민자치위원에게 전화를 걸어 '어제 열린 당산제(마을제사) 행사에 남편과 이혼한 甲도 참석을 하여, 이에 대해 행사에 참여한 사람들 사이에 안 좋게 평가하는 말이 많았다.'는 취지로 말하고, 동 주민들과 함께한 저녁식사 모임에서 '甲은 이혼했다는 사람이 왜 당산제에 오는지 모르겠다.'는 취지로 말한 경우, 피고인의 위 발언은 甲의 사회적 가치나 평가를 침해하는 구체적인 사실의 적시에 해당한다.

③ 회사에서 징계 업무를 담당하는 직원인 피고인이 피해자에 대한 징계절차 회부 사실이 기재된 문서를 근무현장 방재실, 기계실, 관리사무실의 각 게시판에 게시한 경우, 위 행위는 회사 내부의 원활하고 능률적인 운영의 도모라는 공공의 이익에 관한 것으로 볼 수 없다.

④ 피고인이 피해자 집 뒷길에서 피고인의 남편 및 피해자의 친척이 듣는 가운데 피해자에게 '저것이 징역 살다온 전과자다.' 등으로 큰 소리로 말한 경우 공연성이 인정된다.

10 다음 설명 중 가장 옳지 않은 것은?

① 허위로 신고한 사실이 무고행위 당시 형사처분의 대상이 될 수 있었던 경우에는 국가의 형사사법권의 적정한 행사를 그르치게 할 위험과 부당하게 처벌받지 않을 개인의 법적 안정성이 침해될 위험이 이미 발생하였으므로 무고죄는 기수에 이르고, 이후 그러한 사실이 형사범죄가 되지 않는 것으로 판례가 변경되었더라도 특별한 사정이 없는 한 이미 성립한 무고죄에는 영향을 미치지 않는다.

② 자기 자신을 무고하기로 제3자와 공모하고 이에 따라 무고행위에 가담한 경우 이는 무고죄의 공동정범으로 처벌할 수 있다.

③ 무고죄에서 형사처분을 받게 할 목적은 허위신고를 하면서 다른 사람이 그로 인하여 형사처분을 받게 될 것이라는 인식이 있으면 충분하고 그 결과의 발생을 희망할 필요까지는 없으므로, 신고자가 허위내용임을 알면서도 신고한 이상 그 목적이 필요한 조사를 해 달라는 데에 있다는 등의 이유로 무고의 범의가 없다고 할 수 없다.

④ 무고죄에 있어서 허위사실의 신고라 함은 신고사실이 객관적 사실에 반한다는 것을 확정적이거나 미필적으로 인식하고 신고하는 것을 말하는 것이므로 객관적 사실과 일치하지 않는 것이라도 신고자가 진실이라고 확신하고 신고하였을 때에는 무고죄가 성립하지 않는다고 할 것이나, 여기에서 진실이라고 확신한다 함은 신고자가 알고 있는 객관적인 사실관계에 의하더라도 신고사실이 허위라거나 또는 허위일 가능성이 있다는 인식을 하지 못하는 경우를 말하는 것이지, 신고자가 알고 있는 객관적 사실관계에 의하여 신고사실이 허위라거나 허위일 가능성이 있다는 인식을 하면서도 이를 무시한 채 무조건 자신의 주장이 옳다고 생각하는 경우까지 포함되는 것은 아니다.

11 업무방해죄에 관한 다음 설명 중 가장 옳지 않은 것은?

① 업무방해죄의 성립에 있어서는 업무방해의 결과가 실제로 발생함을 요하지 않고 업무방해의 결과를 초래할 위험이 발생하면 족하다. 상대방으로부터 신청을 받아 상대방이 일정한 자격요건 등을 갖춘 경우에 한하여 그에 대한 수용 여부를 결정하는 업무에 있어서 업무담당자가 사실을 충분히 확인하지 않은 채 신청인이 제출한 허위의 신청사유나 허위의 소명자료를 가볍게 믿고 이를 수용하였다고 하더라도 신청인의 위계가 업무방해의 위험성을 발생시킨 것이므로 위계에 의한 업무방해죄가 성립한다.

② 업무방해죄에 있어서의 '위력'이란 사람의 자유의사를 제압·혼란케 할 만한 일체의 세력을 말하고, 유형적이든 무형적이든 묻지 아니하며, 폭행·협박은 물론 사회적, 경제적, 정치적 지위와 권세에 의한 압박 등을 포함한다고 할 것이고, 위력에 의해 현실적으로 피해자의 자유의사가 제압되는 것을 요하는 것은 아니다.

③ 업무방해죄의 수단인 위력은 사람의 자유의사를 제압·혼란하게 할 만한 일체의 억압적 방법을 말하고 이는 제3자를 통하여 간접적으로 행사하는 것도 포함될 수 있다. 그러나 어떤 행위의 결과 상대방의 업무에 지장이 초래되었다 하더라도 행위자가 가지는 정당한 권한을 행사한 것으로 볼 수 있는 경우에는, 그 행위의 내용이나 수단 등이 사회통념상 허용될 수 없는 등 특별한 사정이 없는 한 업무방해죄를 구성하는 위력을 행사한 것이라고 할 수 없다. 따라서 제3자로 하여금 상대방에게 어떤 조치를 취하게 하는 등으로 상대방의 업무에 곤란을 야기하거나 그러한 위험이 초래되게 하였더라도, 행위자가 그 제3자의 의사결정에 관여할 수 있는 권한을 가지고 있거나 그에 대하여 업무상의 지시를 할 수 있는 지위에 있는 경우에는 특별한 사정이 없는 한 업무방해죄를 구성하지 아니한다.

④ 업무방해죄에서 행위의 객체는 타인의 업무이고, 여기서 말하는 '타인'에는 범인 이외의 자연인·법인 또는 법인격 없는 단체가 모두 포함된다.

12 공정증서원본부실기재죄에 관한 다음 설명 중 가장 옳은 것은?

① 양도인이 허위의 채권에 관하여 그 정을 모르는 양수인과 실제로 채권양도의 법률행위를 하면서 공증인에게 위 법률행위에 관한 공정증서를 작성하게 하였다면 공정증서원본부실기재죄가 성립한다.

② 법원에 허위 내용의 조정신청서를 제출하여 판사로 하여금 조정조서에 불실의 사실을 기재하게 하였다면, 공정증서원본부실기재죄가 성립한다.

③ 주식회사의 신주발행에 법률상 무효사유가 존재함에도 신주발행이 판결로써 무효로 확정되기 이전에 그 신주발행사실을 담당 공무원에게 신고하여 공정증서인 법인등기부에 기재하게 하였다면 공정증서원본부실기재죄가 성립한다.

④ 발행인과 수취인이 통모하여 진정한 어음채무 부담이나 어음채권 취득 의사 없이 단지 발행인의 채권자에게서 채권 추심이나 강제집행을 받는 것을 회피하기 위하여 형식적으로만 약속어음의 발행을 가장한 후 공증인에게 마치 진정한 어음발행행위가 있는 것처럼 허위로 신고하여 어음공정증서원본을 작성·비치하게 한 경우 공정증서원본부실기재죄가 성립한다.

13 강제집행면탈죄에 관한 다음 설명 중 가장 옳은 것은?

① 형법 제327조의 강제집행면탈죄는 채권자의 정당한 권리행사 보호 외에 강제집행의 기능보호도 법익으로 하는 것이나, 현행 형법상 강제집행면탈죄가 개인적 법익에 관한 재산범의 일종으로 규정되어 있는 점과 채권자를 해하는 것을 구성요건으로 규정하고 있는 점 등에 비추어 보면 주된 법익은 채권자의 권리보호에 있다고 해석하는 것이 타당하므로, 강제집행의 기본이 되는 채권자의 권리, 즉 채권의 존재는 강제집행면탈죄의 성립요건으로서 채권의 존재가 인정되지 않을 때에는 강제집행면탈죄는 성립하지 않는다.

② 형법 제327조에 규정된 강제집행면탈죄에 있어서의 재산의 '은닉'이라 함은 강제집행을 실시하는 자에 대하여 재산의 발견을 불능 또는 곤란케 하는 것을 말하는 것으로서, 재산의 소재를 불명케 하는 경우를 의미하고, 재산의 소유관계를 불명하게 하는 경우는 이에 포함되지 않는다.

③ 형법 제327조의 강제집행면탈죄는 채권자를 해하는 결과가 야기되거나 행위자가 이득을 취하여야 성립하는 것이고, 채권자를 해할 위험의 발생만으로는 성립하지 않는다.

④ 형법 제327조는 "강제집행을 면할 목적으로 재산을 은닉, 손괴, 허위양도 또는 허위의 채무를 부담하여 채권자를 해한자"를 처벌함으로써 강제집행이 임박한 채권자의 권리를 보호하기 위한 것이므로, 채무자의 재산이라면 채권자가 민사집행법상 강제집행 또는 보전처분의 대상으로 삼을 수 있는 것인지를 불문하고 강제집행면탈죄의 객체가 될 수 있다. 따라서 계약명의신탁의 방식으로 명의수탁자가 당사자가 되어 소유자와 부동산에 관한 매매계약을 체결하고 그 명의로 소유권이전등기를 마친 경우, 명의신탁자가 그 매매계약에 의하여 당해 부동산의 소유권을 취득하지 못하게 된다고 하더라도, 그 부동산은 실질적으로 명의신탁자의 재산이므로 명의신탁자에 대한 강제집행이나 보전처분의 대상이 될 수 있어 강제집행면탈죄의 객체가 될 수 있다.

14 증거위조죄에 관한 다음 설명 중 가장 옳지 않은 것은?

① 사실의 증명을 위해 작성된 문서가 그 사실에 관한 내용이나 작성명의 등에 아무런 허위가 없다고 하더라도 사실증명에 관한 문서가 형사사건 또는 징계사건에서 허위의 주장에 관한 증거로 제출되어 그 주장을 뒷받침하게 된 경우라면 형법 제155조 제1항의 증거위조죄가 성립한다.

② 형법 제155조 제1항의 증거위조죄에서 말하는 '증거'란 타인의 형사사건 또는 징계사건에 관하여 수사기관이나 법원 또는 징계기관이 국가의 형벌권 또는 징계권의 유무를 확인하는 데 관계있다고 인정되는 일체의 자료를 뜻한다. 따라서 범죄 또는 징계사유의 성립 여부에 관한 것뿐만 아니라 형 또는 징계의 경중에 관계있는 정상을 인정하는 데 도움이 될 자료까지도 본조가 규정한 증거에 포함된다.

③ 형법 제155조 제1항은 타인의 형사사건 또는 징계사건에 관한 증거를 인멸, 은닉, 위조 또는 변조하거나 위조 또는 변조한 증거를 사용한 자를 처벌하고 있고, 여기서의 '위조'란 문서에 관한 죄의 위조 개념과는 달리 새로운 증거의 창조를 의미한다.

④ 형법 제155조 제1항에서 타인의 형사사건에 관한 증거를 위조한다 함은 증거 자체를 위조함을 말하는 것이고, 참고인이 수사기관에서 허위의 진술을 하는 것은 이에 포함되지 아니한다.

15 형법의 적용범위에 관한 다음 설명 중 가장 옳은 것은?

① 범죄의 성립과 처벌은 행위시의 법률에 의한다고 할 때의 '행위시'라 함은 '범죄행위의 실행의 착수시'를 의미한다.

② 의료법은 '의료인이 아니면 누구든지 의료행위를 할 수 없다.'라고 규정하고 그 위반자를 처벌하도록 규정하고 있으므로, 보건복지부장관의 의사, 치과의사, 한의사, 조산사, 간호사에 관한 면허를 받지 아니한 내국인이 대한민국 영역 외에서 의료행위를 하는 경우에도 당연히 의료법위반죄로 처벌된다.

③ 캐나다 시민권자가 캐나다에서 위조사문서를 행사하였다고 하더라도 형법 제234조의 위조사문서행사죄는 형법 제5조 제1호 내지 제7호에 열거된 죄에 해당하지 않고, 위조사문서행사를 형법 제6조의 대한민국 또는 대한민국 국민의 법익을 직접적으로 침해하는 행위라고 볼 수도 없으므로 대한민국 법원에 재판권이 없다.

④ 외국에서 무죄판결을 받기 전까지 미결구금되어 있었던 경우, 형법 제7조를 유추적용하여 그 미결구금 일수의 전부 또는 일부를 선고하는 형에 산입하여야 한다.

16 다음 설명 중 가장 옳은 것은?

① 자수가 성립하였다고 하더라도 그 후에 범인이 이를 번복하여 수사기관이나 법정에서 범행을 부인하면 자수의 효력이 소멸하여 형법 제52조 제1항의 자수감경을 할 수 없다.

② 수사기관에의 신고가 자발적인 이상 그 신고의 내용이 자기의 범행을 명백히 부인하는 등의 내용으로 자기의 범행으로서 범죄성립요건을 갖추지 아니한 사실이라고 하더라도 자수는 성립한다.

③ 형법 제35조 소정의 누범이 되려면 금고 이상의 형을 받아 그 집행을 종료하거나 면제를 받은 후 3년 내에 다시 금고 이상에 해당하는 죄를 범하여야 하는데, 이 경우 다시 금고이상에 해당하는 죄를 범하였는지 여부는 그 범죄가 기수에 이르렀는지 여부를 기준으로 결정하여야 하므로, 3년의 기간 내에 기수에 이르러야 누범 가중이 가능하다.

④ 집행유예가 실효되는 등의 사유로 인하여 두 개 이상의 금고형 내지 징역형을 선고받아 각 형을 연이어 집행받음에 있어 하나의 형의 집행을 마치고 또 다른 형의 집행을 받던 중 먼저 집행된 형의 집행종료일로부터 3년 내에 금고 이상에 해당하는 죄를 저지른 경우에, 집행 중인 형에 대한 관계에 있어서는 누범에 해당하지 않지만 앞서 집행을 마친 형에 대한 관계에 있어서는 누범에 해당한다.

17 집행유예에 관한 다음 설명 중 가장 옳지 않은 것은?

① 500만 원의 벌금형을 선고할 경우 그 집행을 유예할 수 있다.

② 집행유예 기간 중에 범한 죄에 대하여 공소가 제기된 후 그 재판 도중에 집행유예 기간이 경과한 경우 집행유예 기간 중에 범한 죄에 대하여 다시 집행유예를 선고할 수 있다.

③ 형의 집행을 유예하는 경우에는 보호관찰을 받을 것을 명할 수 있는데, 행위자의 사회복귀와 범죄예방을 위한 보안처분이라는 취지에 비추어, 보호관찰 기간은 법원의 판결에 따라 집행을 유예한 기간을 넘을 수 있다.

④ 집행유예의 선고를 받은 다음 집행유예의 선고가 실효되거나 취소되지 않고 유예기간이 지난 때에는 형의 선고는 효력을 잃으므로, 그 후 형법 제64조 제2항에서 정한 사유로 집행유예의 선고를 취소할 수 없다.

18 다음 설명 중 가장 옳은 것은?

① 압수되어 있는 물건만을 몰수할 수 있는 것은 아니나, 압수되어 있는 물건을 몰수하기 위하여는 그 압수가 적법한 절차에 의하여 이루어졌을 것이 요구된다.

② 피고인이 필로폰을 수수하여 그 중 일부를 직접 투약한 경우, 필로폰 수수죄와 필로폰 투약죄가 별도로 성립하므로 피고인이 수수한 필로폰의 가액에 피고인이 투약한 필로폰의 가액을 더하여 추징하여야 한다.

③ 수뢰자가 뇌물로 받은 돈을 입금시켜 두었다가 뇌물 공여자에게 같은 금액의 돈을 반환한 경우라면, 수뢰자가 뇌물을 그대로 보관하여 두었다가 뇌물공여자에게 반환한 것과 달리 볼 이유가 없으므로, 뇌물 공여자로부터 그 가액을 추징하여야 한다.

④ 우리 법제상 공소제기 없이 별도로 몰수·추징만을 선고할 수 있는 제도가 마련되어 있지 아니하므로, 몰수·추징을 선고하려면 몰수·추징의 요건이 공소가 제기된 공소사실과 관련되어 있어야 하고, 공소가 제기되지 아니한 별개의 범죄사실을 법원이 인정하여 그에 관하여 몰수·추징을 선고하는 것은 불고불리의 원칙에 위배되어 허용되지 않는다.

19 배임죄에 관한 다음 설명 중 가장 옳은 것은?

① 배임죄는 피해자에 대한 재산상 손해 발생 위험만으로 기수에 이르는 구체적 위험범이므로, 배임미수죄는 성립할 수 없다.

② 자동차 양도담보설정계약을 체결한 채무자가 채권자에게 소유권이전등록의무를 이행하지 않은 채 제3자에게 담보목적 자동차를 처분하였다고 하더라도 배임죄가 성립하지 않는다.

③ 피고인이 알 수 없는 경위로 甲의 특정 거래소 가상지갑에 들어 있던 비트코인을 자신의 계정으로 이체받은 후 이를 자신의 다른 계정으로 이체하였다면 배임죄가 성립한다.

④ 금융기관의 직원은 예금주의 예금반환채권을 관리하는 사무처리자 지위에 있으므로 금융기관 직원이 임의로 예금주의 예금계좌에서 예금을 무단으로 인출하면 업무상배임죄가 성립한다.

20 미수범에 관한 다음 설명 중 가장 옳지 않은 것은?

① 실행의 수단 또는 대상의 착오로 인하여 결과의 발생이 불가능하더라도 위험성이 있는 경우에는 처벌한다. 단, 그 경우 형을 감경 또는 면제하여야 한다.

② 살해의 의사로 피해자를 칼로 수회 찔렀으나, 피해자의 가슴 부위에서 많은 피가 흘러나오는 것을 보고 겁을 먹고 그만 둔 경우, 중지미수에 해당하지 않는다.

③ 소송비용을 편취할 의사로 소송비용의 지급을 구하는 손해배상청구의 소를 제기한 경우, 위험성이 인정되지 않아 사기죄의 불능범에 해당한다.

④ 2인이 범행을 공모하여 실행에 착수한 후 그 중 한 사람이 자의로 중지한 경우, 다른 공범의 범행을 중지하게 하지 아니한 이상 범의를 철회, 포기한 자에 대하여도 중지미수가 인정되지 않는다.

21 다음 설명 중 가장 옳지 않은 것은?

① 신탁자에게 아무런 부담이 지워지지 않은 채 재산이 수탁자에게 명의신탁된 경우에는 특별한 사정이 없는 한 재산의 처분 기타 권한행사에 관해서 수탁자가 자신의 명의사용을 포괄적으로 신탁자에게 허용하였다고 보아야 하므로, 신탁자가 수탁자 명의로 신탁재산의 처분에 필요한 서류를 작성할 때에 수탁자로부터 개별적인 승낙을 받지 않았더라도 사문서위조·동행사죄가 성립하지 않는다.

② 주식회사의 지배인이 진실에 반하는 허위의 내용이거나 권한을 남용하여 자기 또는 제3자의 이익을 도모할 목적으로 직접 주식회사 명의 문서를 작성하는 행위는 원칙적으로 문서위조 또는 자격모용사문서작성에 해당한다.

③ 작성권자의 직인 등을 보관하는 담당자는 일반적으로 작성권자의 결재가 있는 때에 한하여 보관 중인 직인 등을 날인할 수 있을 뿐이므로, 이러한 경우 공무원인 피고인이 작성권자의 결재를 받지 않고 직인 등을 보관하는 담당자를 기망하여 작성권자의 직인을 날인하도록 하여 공문서를 완성한 때에는 공문서위조죄가 성립한다.

④ 휴대전화 신규 가입신청서를 위조한 후 이를 스캔한 이미지 파일을 제3자에게 이메일로 전송하여 컴퓨터 화면상으로 보게 한 경우 위조사문서행사죄가 성립한다.

22 죄수 관계에 관한 다음 설명 중 가장 옳지 않은 것은?

① 타인의 사무를 처리하는 자가 그 사무처리상 임무에 위배하여 본인을 기망하고 착오에 빠진 본인으로부터 재물을 교부받은 경우 사기죄와 함께 배임죄도 성립하고, 양 죄는 상상적 경합범 관계이다.

② 피고인이 여관에서 종업원을 칼로 찔러 상해를 가하고 객실로 끌고 들어가는 등 폭행·협박을 하고 있던 중, 마침 다른 방에서 나오던 여관의 주인도 같은 방에 밀어 넣은 후, 주인으로부터 금품을 강취하고, 1층 안내실에서 종업원 소유의 현금을 꺼내 갔다면, 여관 종업원과 주인에 대한 각 강도행위가 각별로 강도죄를 구성하되 상상적 경합범 관계에 있다.

③ 피고인이 피해자의 택시운행을 방해하는 과정에서 피해자에 대한 폭행행위가 있었다면, 이는 업무방해죄의 행위 태양인 '위력으로써 업무를 방해하는 행위'의 일부를 구성하는 것으로서 업무방해죄에 흡수되므로 업무방해죄 1죄만이 성립할 뿐 별도로 폭행죄가 성립하지는 않는다.

④ 피고인이 1개의 행위로 피해자 甲으로부터 렌탈(임대차)하여 보관하던 컴퓨터 본체, 모니터 등을 횡령하면서 피해자 乙로부터 리스(임대차)하여 보관하던 컴퓨터 본체, 모니터, 그래픽카드, 마우스 등을 횡령하였다면 위탁관계별로 수개의 횡령죄가 성립하고, 그 사이에는 상상적 경합의 관계가 있다.

23 공범에 관한 다음 설명 중 가장 옳은 것은?

① 2인 이상의 서로 대향된 행위의 존재를 필요로 하는 대향범에 대하여 공범에 관한 형법 총칙 규정이 적용될 수 없는데, 이러한 법리는 해당 처벌규정의 구성요건 자체에서 2인 이상의 서로 대향적 행위의 존재를 필요로 하는 필요적 공범인 대향범에 적용됨은 물론, 구성요건상으로는 단독으로 실행할 수 있는 형식으로 되어 있더라도 그 구성요건이 대향범의 형태로 실행되는 경우에도 적용된다고 보아야 한다.

② 형사소송법 제253조 제2항(공범의 1인에 대한 시효정지는 다른 공범자에 대하여 효력이 미친다)에서 말하는 '공범'에는 뇌물공여죄와 뇌물수수죄 사이와 같은 대향범 관계도 포함된다.

③ 2인 이상이 서로의 의사연락 아래 과실행위를 하여 범죄가 되는 결과를 발생하게 하였더라도 과실범의 공동정범은 성립하지 않는다.

④ 피고인이 포괄일죄의 관계에 있는 범행의 일부를 실행한 후 공범관계에서 이탈하였으나 다른 공범자에 의하여 나머지 범행이 이루어진 경우, 피고인은 관여하지 않은 부분에 대하여도 죄책을 부담한다.

24 절도와 사기의 구별에 관한 다음 설명 중 가장 옳지 않은 것은?

① 형법상 절취란 타인이 점유하고 있는 자기 이외의 자의 소유물을 점유자의 의사에 반하여 점유를 배제하고 자기 또는 제3자의 점유로 옮기는 것이므로, 기망의 방법으로 타인으로 하여금 처분행위를 하도록 하여 재물 또는 재산상 이익을 취득한 경우에는 절도죄가 아니라 사기죄가 성립한다.

② 사기죄에서 처분행위는 착오에 빠진 피해자의 행위를 이용하여 재산을 취득하는 것을 본질적 특성으로 하는 사기죄와 피해자의 행위에 의하지 아니하고 행위자가 탈취의 방법으로 재물을 취득하는 절도죄를 구분하는 역할을 한다.

③ 피기망자의 의사에 기초한 어떤 행위를 통해 행위자 등이 재물 또는 재산상의 이익을 취득하였다고 평가할 수 있는 경우라면, 사기죄에서 말하는 처분행위가 인정된다.

④ 사기죄가 성립되려면 피기망자가 착오에 빠져 어떠한 재산상의 처분행위를 하도록 유발하여 재산적 이득을 얻을 것을 요하나, 피기망자와 재산상의 피해자가 같은 사람이 아닌 경우에는 피기망자가 피해자를 위하여 그 재산을 처분할 수 있는 권능을 갖거나 그 지위에 있을 것을 요하지는 않는다.

25 다음 설명 중 가장 옳지 않은 것은?

① 재물손괴죄는 타인의 재물, 문서 또는 전자기록 등 특수매체기록을 손괴 또는 은닉 기타 방법으로 그 효용을 해한 경우에 성립한다(형법 제366조). 여기에서 손괴 또는 은닉 기타 방법으로 그 효용을 해하는 경우에는 물질적인 파괴행위로 물건 등을 본래의 목적에 사용할 수 없는 상태로 만드는 경우뿐만 아니라 일시적으로 물건 등의 구체적 역할을 할 수 없는 상태로 만들어 효용을 떨어뜨리는 경우도 포함된다. 따라서 자동문을 자동으로 작동하지 않고 수동으로만 개폐가 가능하게 하여 자동잠금장치로서 역할을 할 수 없도록 한 경우에도 재물손괴죄가 성립한다.

② 재물손괴죄(형법 제366조)는 다른 사람의 재물을 손괴 또는 은닉하거나 그 밖의 방법으로 그 효용을 해한 경우에 성립하는 범죄로, 행위자에게 다른 사람의 재물을 자기 소유물처럼 그 경제적 용법에 따라 이용 · 처분할 의사(불법영득의사)가 없다는 점에서 절도, 강도, 사기, 공갈, 횡령 등 영득죄와 구별된다. 다른 사람의 소유물을 본래의 용법에 따라 무단으로 사용 · 수익하는 행위는 소유자를 배제한 채 물건의 이용가치를 영득하는 것이고, 그 때문에 소유자가 물건의 효용을 누리지 못하게 되었더라도 효용 자체가 침해된 것이 아니므로 재물손괴죄에 해당하지 않는다.

③ 형법 제323조의 권리행사방해죄는 타인의 점유 또는 권리의 목적이 된 자기의 물건을 취거, 은닉 또는 손괴하여 타인의 권리행사를 방해함으로써 성립하므로 그 취거, 은닉 또는 손괴한 물건이 자기의 물건이 아니라면 권리행사방해죄가 성립할 수 없다.

④ 권리행사방해죄에서의 보호대상인 '타인의 점유'는 반드시 점유할 권원에 기한 점유만을 의미하는 것은 아니고, 일단 적법한 권원에 기하여 점유를 개시하였으나 사후에 점유권원을 상실한 경우의 점유, 점유권원의 존부가 외관상 명백하지 아니하여 법정절차를 통하여 권원의 존부가 밝혀질 때 까지의 점유, 권원에 기하여 점유를 개시한 것은 아니나 동시이행항변권 등으로 대항할 수 있는 점유 등과 같이 법정절차를 통한 분쟁해결시까지 잠정적으로 보호할 가치있는 점유는 모두 포함된다고 볼 것이고, 따라서 절도범인의 점유와 같이 점유할 권리없는 자의 점유임이 외관상 명백한 경우도 이에 포함된다고 보아야 한다.

01 횡령죄에 관한 다음 설명 중 가장 옳지 않은 것은? (다툼이 있는 경우 판례에 의하고, 전원합의체 판결의 경우 다수의견에 의함. 이하 01~25까지 같음)

① 건설기계등록원부에의 등록을 소유권 취득의 요건으로 하는 화물자동차에 대한 횡령죄에 있어서, 타인의 재물을 보관하는 자의 지위는 일반 동산의 경우와는 달리 화물자동차에 대한 점유의 여부가 아니라 화물자동차를 제3자에게 유효하게 처분할 수 있는 권능의 유무에 따라 결정하여야 할 것이므로, 화물자동차의 지입차주로부터 그 자동차에 관한 관리·운영권만을 위임받아 이를 점유하여 온 자는 그 화물자동차를 법률상 처분할 수 있는 지위에 있다고 할 수 없으므로 타인의 재물을 보관하는 자에 해당하지 않는다고 할 것이다.

② 부동산 실권리자명의 등기에 관한 법률을 위반한 양자간 명의신탁의 경우 명의수탁자가 신탁받은 부동산을 임의로 처분하여도 명의신탁자에 대한 관계에서 횡령죄가 성립하지 아니한다.

③ 구분소유적 공유관계에서 구분소유하고 있는 특정 구분부분별로 독립한 필지로 분할되는 경우에는 특별한 사정이 없는 한 각자의 특정 구분부분에 해당하는 필지가 아닌 나머지 각 필지에 전사된 공유자 명의의 공유지분등기는 더 이상 당해 공유자의 특정 구분부분에 해당하는 필지를 표상하는 등기라고 볼 수 없고, 각 공유자 상호 간에 상호명의신탁 관계만이 존속하므로, 각 공유자는 나머지 각 필지 위에 전사된 자신 명의의 공유지분에 관하여 다른 공유자에 대한 관계에서 그 공유지분을 보관하는 자의 지위에 있다고 할것이므로, 다른 공유자의 특정 구분부분에 전사된 자신의 지분을 담보로 제공하는 경우 횡령죄가 성립한다.

④ 계좌명의인이 개설한 예금계좌가 전기통신금융사기 범행에 이용되어 그 계좌에 피해자가 사기피해금을 송금·이체한 경우 계좌명의인은 피해자와 사이에 아무런 법률관계 없이 송금·이체된 사기피해금 상당의 돈을 피해자에게 반환하여야 하므로, 피해자를 위하여 사기피해금을 보관하는 지위에 있다고 보아야 하고, 만약 계좌명의인이 그 돈을 영득할 의사로 인출하면 피해자에 대한 횡령죄가 성립한다고 할 것이나, 이때 계좌명의인이 사기의 공범이라면 자신이 가담한 범행의 결과 피해금을 보관하게 된 것일 뿐이어서 피해자와 사이에 위탁관계가 없고, 그가 송금·이체된 돈을 인출하더라도 이는 자신이 저지른 사기범행의 실행행위에 지나지 아니하여 새로운 법익을 침해한다고 볼 수 없으므로 사기죄 외에 별도로 횡령죄를 구성하지 않는다.

02 선고유예와 집행유예에 관한 다음 설명 중 가장 옳지 않은 것은?

① 주형에 대하여 선고를 유예하지 아니하면서 부가형인 몰수·추징에 대해서만 선고를 유예할 수는 없다.

② 선고유예는 자격정지 이상의 형을 받은 전과가 없는 경우에 2년 동안 형의 선고를 유예하고, 그 유예기간이 경과한 때에는 면소된 것으로 간주하는 제도이다.

③ 금고 이상의 형을 선고한 판결이 확정된 때부터 그 집행을 종료하거나 면제된 후 3년까지의 기간에 범한 죄에 대하여 형을 선고하는 경우에는 집행유예를 할 수 없다.

④ 법원이 선고유예 또는 집행유예를 하는 경우에는 보호관찰을 받을 것을 명하거나 사회봉사 또는 수강을 명할 수 있다.

03 명예훼손죄 및 모욕죄에 관한 다음 설명 중 가장 옳지 않은 것은?

① 공연성의 존부는 발언자와 상대방 또는 피해자 사이의 관계나 지위, 대화를 하게 된 경위와 상황, 사실 적시의 내용, 적시의 방법과 장소 등 행위 당시의 객관적 제반 사정에 관하여 심리한 다음, 그로부터 상대방이 불특정 또는 다수인에게 전파할 가능성이 있는지 여부를 검토하여 종합적으로 판단하여야 한다. 발언 이후 실제 전파되었는지 여부는 전파가능성 유무를 판단하는 고려요소가 될 수 있으나, 발언 후 실제 전파 여부라는 우연한 사정은 공연성 인정 여부를 판단함에 있어 소극적 사정으로만 고려되어야 한다.

② 사실적시의 내용이 사회 일반의 일부 이익에만 관련된 사항이라도 다른 일반인과의 공동생활에 관계된 사항이라면 공익성을 지닌다고 할 것이고, 이에 나아가 개인에 관한 사항이더라도 그것이 공공의 이익과 관련되어 있고 사회적인 관심을 획득한 경우라면 직접적으로 국가·사회 일반의 이익이나 특정한 사회집단에 관한 것이 아니라는 이유만으로 형법 제310조의 적용을 배제할 것은 아니다.

③ 어떤 글이 모욕적 표현을 담고 있는 경우에도 그 글이 객관적으로 타당성이 있는 사실을 전제로 하여 그 사실관계나 이를 둘러싼 문제에 관한 자신의 판단과 피해자의 태도 등이 합당한가 하는 데 대한 자신의 의견을 밝히고, 자신의 판단과 의견이 타당함을 강조하는 과정에서 부분적으로 모욕적인 표현이 사용된 것에 불과하다면 사회상규에 위배되지 않는 행위로서 형법 제20조에 의하여 위법성이 조각될 수 있다.

④ 명예훼손죄에서 '사실의 적시'란 가치판단이나 평가를 내용으로 하는 '의견표현'에 대치되는 개념으로서 시간적으로나 공간적으로 구체적인 과거 또는 현재의 사실관계에 관한 보고나 진술을 뜻하고, 표현 내용을 증거로 증명할 수 있는 것을 말한다. 따라서 객관적으로 피해자의 사회적 평가를 저하시키는 사실에 관한 발언이 보도, 소문이나 제3자의 말을 인용하는 방법으로 단정적인 표현이 아닌 전문 또는 추측의 형태로 표현되었다면 표현 전체의 취지로 보아 사실이 존재 할 수 있다는 것을 암시하는 방식으로 이루어졌더라도 사실을 적시한 것으로 볼 수 없다.

04 다음 중 상상적 경합 관계가 아닌 것은?

① 뇌물을 수수하면서 공여자를 기망한 경우 뇌물수수죄와 사기죄

② 수개의 접근매체를 한 번에 양도한 경우 각 전자금융거래법위반죄

③ 공무원이 취급하는 사건에 관하여 청탁 또는 알선을 할 의사와 능력이 없음에도 청탁 또는 알선을 한다고 기망하여 돈을 받은 경우 사기죄와 변호사법위반죄

④ 허위 또는 과장된 사실을 알리는 등 소비자를 유인하는 방법으로 기망하여 돈을 편취한 경우 사기죄와 방문판매업법 위반죄

05 배임죄의 주체인 타인의 사무를 처리하는 자에 관한 다음 설명 중 가장 옳지 않은 것은?

① 동산 매매계약에서의 매도인은 매수인에 대하여 그의 사무를 처리하는 지위에 있지 아니하므로, 매도인이 목적물을 타에 처분하였다 하더라도 형법상 배임죄가 성립하지 아니하는데, 이러한 법리는 권리이전에 등기·등록을 요하는 동산에 대한 매매계약에서도 동일하게 적용되므로, 자동차 등의 매도인은 매수인에 대하여 그의 사무를 처리하는 지위에 있지 아니한다.

② 채무자가 채권자로부터 금원을 차용하는 등 채무를 부담하면서 채무 담보를 위하여 부동산에 관한 저당권설정계약을 체결한 경우, 위 약정의 내용에 좇아 채권자에게 부동산에 관한 저당권을 설정하여 줄 의무는 자기의 사무인 동시에 상대방의 재산보전에 협력할 의무에 해당하여 '타인의 사무'에 해당한다.

③ 채무자가 금전채무를 담보하기 위하여 그 소유의 동산을 채권자에게 양도담보로 제공함으로써 채권자인 양도담보권자에 대하여 담보물의 담보가치를 유지·보전할 의무 내지 담보물을 타에 처분하거나 멸실, 훼손하는 등으로 담보권 실행에 지장을 초래하는 행위를 하지 않을 의무를 부담하게 되었더라도, 이를 들어 채무자가 통상의 계약에서의 이익대립관계를 넘어서 채권자와의 신임관계에 기초하여 채권자의 사무를 맡아 처리하는 것으로 볼 수 없다. 따라서 채무자를 배임죄의 주체인 '타인의 사무를 처리하는 자'에 해당한다고 할 수 없다.

④ 주권발행 전 주식의 경우 양도인이 양수인으로 하여금 회사 이외의 제3자에게 대항할 수 있도록 확정일자 있는 증서에 의한 양도통지 또는 승낙을 갖추어 주어야 할 채무를 부담한다 하더라도 이는 자기의 사무라고 보아야 하고, 이를 양수인과의 신임관계에 기초하여 양수인의 사무를 맡아 처리하는 것으로 볼 수 없으므로, 주권발행 전 주식에 대한 양도계약에서의 양도인은 양수인에 대하여 그의 사무를 처리하는 지위에 있지 아니한다.

06 무고죄에 관한 다음 설명 중 가장 옳지 않은 것은?

① 무고죄는 국가의 형사사법권 또는 징계권의 적정한 행사를 주된 보호법익으로 하는 것이지 개인의 부당하게 처벌 또는 징계받지 아니할 이익을 보호하는 죄는 아니므로, 설사 무고에 있어서 피무고자의 승낙이 있었다고 하더라도 무고죄의 성립에는 영향을 미치지 못한다 할 것이다.

② 고소인이 차용금을 갚지 않는 차용인을 사기죄로 고소함에 있어서, 피고소인이 차용금의 용도를 속이는 바람에 대여하였다고 주장하는 경우, 실제용도에 관하여 고소인이 허위로 신고를 할 경우에는 그것만으로도 무고죄에 있어서의 허위의 사실을 신고한 경우에 해당한다.

③ 무고죄에서 신고한 사실이 객관적 사실에 반하는 허위사실이라는 요건은 적극적인 증명이 있어야 하며, 신고사실의 진실성을 인정할 수 없다는 소극적 증명만으로 곧 그 신고사실이 객관적 진실에 반하는 허위사실이라고 단정하여 무고죄의 성립을 인정할 수는 없다.

④ 무고죄에 있어서 형사처분 또는 징계처분을 받게 할 목적은 허위신고를 함에 있어서 다른 사람이 그로 인하여 형사 또는 징계처분을 받게 될 것이라는 인식이 있으면 족한 것이고 그 결과발생을 희망하는 것까지를 요하는 것은 아니므로, 고소인이 고소장을 수사기관에 제출한 이상 그러한 인식은 있었다고 보아야 한다.

07 문서에 관한 죄에 대한 다음 설명 중 가장 옳지 않은 것은?

① 형법상 문서에 관한 죄에서 문서란 문자 또는 이에 대신할 수 있는 가독적 부호로 계속적으로 물체상에 기재된 의사 또는 관념의 표시인 원본 또는 이와 사회적 기능, 신용성 등을 동일시할 수 있는 기계적 방법에 의한 복사본으로서 그 내용이 법률상, 사회생활상 주요 사항에 관한 증거로 될 수 있는 것을 말하고, 컴퓨터 모니터 화면에 나타나는 이미지는 이미지 파일을 보기 위한 프로그램을 실행할 경우에 그때마다 전자적 반응을 일으켜 화면에 나타나는 것에 지나지 않아서 계속적으로 화면에 고정된 것으로는 볼 수 없으므로, 형법상 문서에 관한 죄에서의 '문서'에는 해당되지 않는다.

② 위조문서행사죄에서 행사란 위조된 문서를 진정한 문서인 것처럼 그 문서의 효용방법에 따라 이를 사용하는 것을 말하고, 위조된 문서를 진정한 문서인 것처럼 사용하는 한 행사의 방법에 제한이 없으므로 위조된 문서를 스캐너 등을 통해 이미지화한 다음 이를 전송하여 컴퓨터 화면상에서 보게 하는 경우도 행사에 해당하지만, 이는 문서의 형태로 위조가 완성된 것을 전제로 하는 것이므로, 공문서로서의 형식과 외관을 갖춘 문서에 해당하지 않아 공문서위조죄가 성립하지 않는 경우에는 위조공문서행사죄도 성립할 수 없다.

③ 자동차 등의 운전자가 경찰공무원에게 다른 사람의 운전면허증 자체가 아니라 이를 촬영한 이미지파일을 휴대전화 화면 등을 통하여 보여주는 행위는 운전면허증의 특정된 용법에 따른 행사라고 볼 수 없는 것이어서 그로 인하여 경찰공무원이 그릇된 신용을 형성할 위험이 있다고 할 수 없으므로, 이러한 행위는 공문서부정행사죄를 구성하지 아니한다.

④ 공문서변조죄는 권한 없는 자가 공무소 또는 공무원이 이미 작성한 문서내용에 대하여 동일성을 해하지 않을 정도로 변경을 가하여 새로운 증명력을 작출케 함으로써 공공적 신용을 해할 위험성이 있을 때 성립하므로, 인터넷을 통하여 출력한 등기사항전부증명서 하단의 열람 일시 부분을 수정 테이프로 지우고 복사한 행위는 공공적 신용을 해할 위험

이 있는 정도의 새로운 증명력을 작출한 것으로 보기 어려우므로 공문서변조죄에 해당하지 않는다.

08 다음 설명 중 가장 옳지 않은 것은?

① 현재의 부당한 침해로부터 자기 또는 타인의 법익을 방위하기 위하여 한 행위는 상당한 이유가 있는 경우에는 벌하지 아니한다.

② 방위행위가 그 정도를 초과한 경우에는 정황에 따라 그 형을 감경하거나 면제한다.

③ 법률에서 정한 절차에 따라서는 청구권을 보전할 수 없는 경우에 그 청구권의 실행이 불가능해지거나 현저히 곤란해지는 상황을 피하기 위하여 한 행위는 상당한 이유가 있는 때에는 벌하지 아니한다.

④ 형법 제22조 제1항의 긴급피난이란 자기 또는 타인의 법익에 대한 현재의 위난을 피하기 위한 상당한 이유 있는 행위를 말하고, 여기서 '상당한 이유 있는 행위'에 해당하려면, 첫째 피난행위는 위난에 처한 법익을 보호하기 위한 유일한 수단이어야 하고, 둘째 피해자에게 가장 경미한 손해를 주는 방법을 택하여야 하며, 셋째 피난행위에 의하여 보전되는 이익은 이로 인하여 침해되는 이익보다 우월해야 하고, 넷째 피난행위는 그 자체가 사회윤리나 법질서 전체의 정신에 비추어 적합한 수단일 것을 요하는 등의 요건을 갖추어야 한다.

09 형법 제287조 미성년자약취죄에 관한 다음 설명 중 가장 옳지 않은 것은?

① 미성년자를 보호·감독하는 사람이라고 하더라도 다른 보호감독자의 보호·양육권을 침해하거나 자신의 보호·양육권을 남용하여 미성년자 본인의 이익을 침해하는 때에는 형법 제287조 미성년자약취죄의 주체가 될 수 있다.

② 부모가 이혼하였거나 별거하는 상황에서 미성년의 자녀를 부모의 일방이 평온하게 보호·양육하고 있는데, 상대방 부모가 폭행, 협박 또는 불법적인 사실상의 힘을 행사하여 그 보호·양육 상태를 깨뜨리고 자녀를 탈취하여 자기 또는 제3자의 사실상 지배하에 옮긴 경우, 그와 같은 행위는 특별한 사정이 없는 한 미성년자에 대한 약취죄를 구성한다고 볼 수 있다.

③ 미성년의 자녀를 부모가 함께 동거하면서 보호·양육하여 오던 중 부모의 일방이 상대방 부모나 그 자녀에게 어떠한 폭행, 협박이나 불법적인 사실상의 힘을 행사함이 없이 그 자녀를 데리고 종전의 거소를 벗어나 다른 곳으로 옮겨 자녀에 대한 보호·양육을 계속하였다면, 그 행위가 보호·양육권의 남용에 해당한다는 등 특별한 사정이 없는 한 설령 이에 관하여 법원의 결정이나 상대방 부모의 동의를 얻지 아니하였다고 하더라도 그러한 행위에 대하여 곧바로 형법상 미성년자에 대한 약취죄의 성립을 인정할 수는 없다.

④ 부모가 별거하는 상황에서 비양육친이 면접교섭권을 행사하여 미성년 자녀를 데리고 갔다가 면접교섭 기간이 종료하였음도 불구하고 자녀를 양육친에게 돌려주지 않은 경우에는 그러한 부작위를 폭행, 협박이나 불법적인 사실상의 힘을 행사한 것으로 볼 수는 없으므로, 미성년자약취죄가 성립할 수 없다.

10 형법 제20조 정당행위에 관한 다음 설명 중 가장 옳지 않은 것은?

① 형법 제20조에 정하여진 '사회상규에 위배되지 아니하는 행위'란 법질서 전체의 정신이나 그 배후에 놓여 있는 사회윤리 내지 사회통념에 비추어 용인될 수 있는 행위를 말하므로, 어떤 행위가 그 행위의 동기나 목적의 정당성, 행위의 수단이나 방법의 상당성, 보호이익과 침해이익의 법익 균형성, 긴급성, 그 행위 이외의 다른 수단이나 방법이 없다는 보충성 등의 요건을 갖춘 경우에는 정당행위에 해당한다.

② 어떠한 행위가 위 요건들을 충족하는 정당한 행위로서 위법성이 조각되는 것인지는 구체적인 사정 아래서 합목적적, 합리적으로 고찰하여 개별적으로 판단되어야 하므로, 구체적인 사안에서 정당행위로 인정되기 위한 긴급성이나 보충성의 정도는 개별 사안에 따라 다를 수 있다.

③ 어떠한 행위가 형법 제20조의 정당행위에 해당한다는 것은 그 행위가 단지 특정한 상황 하에서 범죄행위로서 처벌대상이 될 정도의 위법성을 갖추지 못하였다는 것을 의미하는 것이 아니라, 그 행위가 적극적으로 용인, 권장된다는 의미이다.

④ 어떠한 글이 모욕적 표현을 포함하는 판단이나 의견을 담고 있을 경우에도 그 시대의 건전한 사회통념에 비추어 살펴보아 그 표현이 사회상규에 위배되지 않는 행위로 볼 수 있는 때에는 형법 제20조의 정당행위에 해당하여 위법성이 조각된다고 보아야 하고, 이로써 표현의 자유로 획득되는 이익 및 가치와 명예 보호에 의하여 달성되는 이익 및 가치를 적절히 조화할 수 있다.

11 재물손괴죄에 관한 다음 설명 중 가장 옳지 않은 것은?

① 형법 제366조는 "타인의 재물, 문서 또는 전자기록 등 특수매체기록을 손괴 또는 은닉 기타 방법으로 그 효용을 해한 자는 3년 이하의 징역 또는 700만 원 이하의 벌금에 처한다."라고 규정하고 있다. 여기에서 '기타 방법'이란 형법 제366조의 규정 내용 및 형벌법규의 엄격해석 원칙 등에 비추어 손괴 또는 은닉에 준하는 정도의 유형력을 행사하여 재물 등의 효용을 해하는 행위를 의미하고, '재물의 효용을 해한다'고 함은 사실상으로나 감정상으로 그 재물을 본래의 사용목적에 제공할 수 없게 하는 상태로 만드는 것을 말하며, 일시적으로 그 재물을 이용할 수 없거나 구체적 역할을 할 수 없는 상태로 만드는 것도 포함한다.

② 피고인이 피해자가 홍보를 위해 설치한 광고판을 그 장소에서 제거하여 컨테이너로 된 창고로 옮겨 놓았다면 비록 물질적인 형태의 변경이나 멸실, 감손을 초래하지 않은 채 그대로 옮겼더라도 그 광고판은 본래적 역할을 할 수 없는 상태로 되었다고 보아야 하므로 재물손괴죄가 성립한다.

③ 피고인이 피해 차량의 앞뒤에 쉽게 제거하기 어려운 철근콘크리트 구조물 등을 바짝 붙여 놓아 차량을 운행할 수 없게 하였더라도 피해 차량 자체에 물리적 훼손이나 기능적 효용의 멸실 내지 감소가 발생하지 않았으므로 재물 본래의 효용을 해한 것이라고 볼 수 없다.

④ 자동문설치공사를 한 피고인이 대금을 지급받지 못하자 자동문의 자동작동중지 예약기능을 이용하여 자동문이 자동으로 여닫히지 않도록 설정하여 수동으로만 개폐가 가능하도록 한 경우 재물손괴죄가 성립한다.

12 다음 설명 중 가장 옳지 않은 것은?

① 사용자가 적법한 직장폐쇄 기간 중임에도 불구하고 일방적으로 업무에 복귀하겠다고 하면서 자신의 퇴거요구에 불응한 채 계속하여 사업장 내로 진입을 시도하는 해고 근로자를 폭행, 협박하였다면 이는 사업장 내의 평온과 노동조합의 업무방해행위를 방지하기 위한 정당방위 내지 정당행위에 해당한다.

② 피해자가 불특정·다수인의 통행로로 이용되어 오던 기존통로의 일부 소유인 피고인으로부터 사용승낙을 받지 아니한 채 통로를 활용하여 공사차량을 통행하게 함으로써 피고인의 영업에 다소 피해가 발생하자 피고인이 공사차량을 통행하지 못하도록 자신 소유의 승용차를 통로에 주차시켜 놓은 행위가 사회상규에 위배되지 않는 정당행위에 해당한다고 할 수 없다.

③ 아파트 입주자대표회의 회장이 다수 입주민들의 민원에 따라 위성방송 수신을 방해하는 케이블TV방송의 시험방송 송출을 중단시키기 위하여 위 케이블TV방송의 방송안테나를 절단하도록 지시한 행위를 긴급피난 내지는 정당행위에 해당한다고 볼 수 없다.

④ 아파트 입주자대표회의의 임원 또는 아파트관리회사의 직원들인 피고인들이 기존 관리회사의 직원들로부터 계속 업무집행을 제지받던 중 저수조 청소를 위하여 출입문에 설치된 자물쇠를 손괴하고 중앙공급실에 침입한 행위는 정당행위에 해당하지 않지만, 관리비 고지서를 빼앗거나 사무실 집기 등을 들어낸 것에 불과한 행위는 정당행위에 해당하여 위법성이 조각된다.

13 교사범에 관한 다음 설명 중 가장 옳지 않은 것은?

① 교사자의 교사행위에도 불구하고 피교사자가 범행을 승낙하지 아니한 경우에는 이른바 실패한 교사로서 형법 제31조 제3항에 의하여 교사자를 음모 또는 예비에 준하여 처벌할 수 있을 뿐이다.

② 교사자가 피교사자에 대하여 상해를 교사하였는데 피교사자가 살인을 실행한 경우, 일반적으로 교사자는 상해죄에 대한 교사범이 되는 것이고, 다만 교사자에게 피해자의 사망이라는 결과에 대하여 과실 내지 예견가능성이 있는 때에는 상해치사죄의 교사범으로서의 죄책을 지울 수 있다.

③ 교사범이란 타인(정범)으로 하여금 범죄를 결의하게 하여 그 죄를 범하게 한 때에 성립하는 것이므로, 피교사자가 이미 범죄의 결의를 가지고 있을 때에는 교사범이 성립할 여지가 없고, 교사범의 교사가 정범이 그 죄를 범한 유일한 조건이어야 한다.

④ 스스로 본인을 무고하는 자기무고는 형법 제156조 무고죄의 구성요건에 해당하지 아니하여 무고죄를 구성하지 않는다. 그러나 피무고자의 교사·방조 하에 제3자가 피무고자에 대한 허위의 사실을 신고한 경우에는 제3자의 행위는 무고죄의 구성요건에 해당하여 무고죄를 구성하므로, 제3자를 교사·방조한 피무고자도 교사·방조범으로서의 죄책을 부담한다.

14 형법상 권리행사를 방해하는 죄에 관한 다음 설명 중 가장 옳지 않은 것은?

① 권리행사방해죄의 객체는 자기의 물건이어야 하므로 甲이 A에게 담보로 제공한 차량이 자동차등록원부에 제3자 명의로 등록되어 있다면 甲이 A의 승낙 없이 미리 소지하고 있던 위 차량의 보조키를 이용하여 이를 운전하여 갔더라도 권리행사방해죄가 성립하지 않는다.

② 채무자가 가압류채권자의 지위에 있으면서 가압류집행해제를 신청함으로써 그 지위를 상실하는 행위는 강제집행면탈죄가 성립하지 않는다.

③ 직계혈족, 배우자, 동거친족, 동거가족 또는 그 배우자 간의 권리행사방해죄는 그 형을 면제한다.

④ 강제집행면탈죄는 강제집행을 면한다는 목적이 있어야 하는 목적범으로, 그와 같은 목적으로 허위의 채무를 부담하였더라도 강제집행 면탈의 목적을 달성하지 못하였다면 본죄의 기수가 아니라 미수범으로 처벌될 뿐이다.

15 소송사기에 관한 다음 설명 중 가장 옳지 않은 것은?

① 유치권자가 피담보채권을 실제보다 허위로 부풀려 유치권에 의한 경매를 신청한 경우, 이는 소송사기죄의 실행의 착수에 해당한다.

② 소송절차에서 상대방에게 유리한 증거를 가지고 있더라도 상대방을 위하여 이를 현출하여야 할 의무가 있다고 할 수 없으므로 이러한 증거를 제출하지 아니한 행위만으로 소송사기의 기망행위가 있었다고 할 수 없다.

③ 소송사기에 의한 사기죄는 소를 제기한 때에 실행의 착수가 인정되고, 그 소장이 상대방에게 유효하게 도달할 것을 요하지 않는다.

④ 타인과 공모하여 그 공모자를 상대로 제소하여 의제자백의 판결을 받아 이에 기하여 부동산의 소유권이전등기를 한 경우에는 사기죄와 공정증서원본불실기재죄가 성립하고 양죄는 실체적 경합범 관계에 있다.

16 결과적 가중범에 관한 다음 설명 중 가장 옳지 않은 것은?

① 특수공무집행방해치상죄는 원래 결과적가중범이기는 하지만, 이는 중한 결과에 대하여 예견가능성이 있었음에도 불구하고 예견하지 못한 경우에 벌하는 진정결과적가중범이 아니라 그 결과에 대한 예견가능성이 있었음에도 불구하고 예견하지 못한 경우뿐만 아니라 고의가 있는 경우까지도 포함하는 부진정결과적가중범이다.

② 결과적가중범의 공동정범은 기본행위를 공동으로 할 의사가 있으면 성립하고 결과를 공동으로 할 의사나 그 결과의 발생을 예견할 수 있었을 것을 요하지 않는다.

③ 기본범죄를 통하여 고의로 중한 결과를 발생하게 한 경우에 가중 처벌하는 부진정결과적가중범에서, 고의로 중한 결과를 발생하게 한 행위가 별도의 구성요건에 해당하고 그 고의범에 대하여 결과적가중범에 정한 형보다 더 무겁게 처벌하는 규정이 있는 경우에는 그 고의범과 결과적가중범은 상상적 경합관계에 있다.

④ 부진정결과적가중범에서 고의로 중한 결과를 발생하게 한 행위가 별도의 구성요건에 해당하고 그 고의범에 대하여 더 무겁게 처벌하는 규정이 없는 경우에는 결과적가중범이 고의범에 대하여 특별관계에 있으므로 결과적가중범만 성립하고 이와 법조경합의 관계에 있는 고의범에 대하여는 별도로 죄를 구성하지 않는다.

17 공무집행방해죄에 관한 다음 설명 중 가장 옳지 않은 것은?

① 공무집행방해죄의 고의는 상대방이 직무를 집행하는 공무원이라는 사실 및 이에 대하여 폭행 또는 협박을 한다는 사실을 인식하는 것을 내용으로 하지만, 그 직무집행을 방해할 의사는 필요로 하지 않는다.

② 민사소송을 제기함에 있어 피고의 주소를 허위로 기재하여 법원공무원으로 하여금 변론기일소환장 등을 허위주소로 송달케하였다는 사실만으로는 바로 위계에 의한 공무집행방해죄가 성립하지 않는다.

③ 범죄행위로 인하여 강제출국당한 전력이 있는 사람이 외국 주재 한국영사관에 허위의 호구부 및 외국인등록신청서 등을 제출하여 사증 및 외국인등록증을 발급받았다면 위계에 의한 공무집행방해죄가 성립한다.

④ 甲이 자신을 현행범 체포하려는 경찰관에 대항하여 경찰관을 폭행하였는데, 사후에 甲이 범인으로 인정되지 아니하였다면, 甲은 최소한 공무집행방해죄의 죄책을 지지는 않는다.

18 직권남용죄에 관한 다음 설명 중 가장 옳지 않은 것은?

① 형법 제123조 직권남용죄의 미수범은 처벌하지 아니한다.

② 공무원의 직권남용행위가 있었다 할지라도 현실적으로 권리행사의 방해라는 결과가 발생하지 아니하였다면 직권남용죄가 성립하지 않는다.

③ 직권남용죄는 공무원이 그 일반적 직무권한에 속하는 사항에 관하여 직권의 행사에 가탁하여 실질적, 구체적으로 위법·부당한 행위를 한 경우에 성립하고, 그 일반적 직무권한은 반드시 법률상의 강제력을 수반하는 것임을 요하지 않는다.

④ 공무원이 자신의 직무권한에 속하는 사항에 관하여 실무 담당자로 하여금 그 직무집행을 보조하는 사실행위를 하도록한 경우 그 직무집행이 위법한 것이라면, 특별한 사정이 없는 이상 의무 없는 일을 하게 한 때에 해당한다.

19 형의 양정에 관한 다음 설명 중 가장 옳지 않은 것은?

① 필요적 감경의 경우에는 감경사유의 존재가 인정되면 반드시 형법 제55조 제1항에 따른 법률상 감경을 하여야 함에 반해, 임의적 감경의 경우에는 감경사유의 존재가 인정되더라도 법관이 형법 제55조 제1항에 따른 법률상 감경을 할 수도 있고 하지 않을 수도 있다.

② 형법은 형의 가중·감경할 사유가 경합된 때에 그 적용 순서에 관하여, 각칙 조문에 따른 가중, 제34조 제2항에 따른 가중, 누범 가중, 법률상 감경, 경합범 가중, 정상참작감경 순으로 규정하고 있으므로, 법관이 처단형을 결정하는 과정에서 최종 선고형을 머릿속에 그리면서 임의적 감경 여부를 결정하는 것은 법리적·논리적 순서에 부합한다고 볼 수 없다.

③ 유기징역형에 대한 법률상 감경을 하면서 형법 제55조 제1항 제3호에서 정한 것과 같이 장기와 단기를 모두 2분의 1로 감경하는 것이 아닌 장기 또는 단기 중 어느 하나만을 2분의 1로 감경하는 방식이나 2분의 1보다 넓은 범위의 감경을 하는 방식 등은 죄형법정주의 원칙상 허용될 수 없다.

④ 형법이 '형을 감경할 수 있다.'고 규정하고 있는 것은 임의적 감경사유가 인정되더라도 그에 따른 감경이 필요한 경우와 필요하지 않은 경우가 모두 있을 수 있으니 임의적 감경사유로 인한 행위불법이나 결과불법의 축소효과가 미미하거나 행위자의 책임의 경감 정도가 낮은 경우에는 감경하지 않은 무거운 처단형으로 처벌할 수 있도록 한 것이다.

20 뇌물죄에 관한 다음 설명 중 가장 옳지 않은 것은?

① 뇌물죄에서 뇌물의 내용인 이익이라 함은 금전, 물품 기타의 재산적 이익뿐만 아니라 사람의 수요 욕망을 충족시키기에 족한 일체의 유형, 무형의 이익을 포함한다고 해석되고, 투기적 사업에 참여할 기회를 얻는 것도 이에 해당한다.

② 공무원이 뇌물로 투기적 사업에 참여할 기회를 제공받은 경우, 뇌물수수죄는 공무원이 투기적 사업에 참여하면 기수가 되고, 해당 사업 참여행위가 종료되었는지 여부는 범죄성립과는 관련이 없다.

③ 단일하고도 계속된 범의 아래 일정 기간 반복하여 일련의 뇌물수수 행위와 부정한 행위가 행하여졌고 그 뇌물수수 행위와 부정한 행위 사이에 인과관계가 인정되며 피해법익도 동일하다면, 수뢰후부정처사죄의 포괄일죄가 성립한다.

④ 임용결격자라는 사실이 사후적으로 밝혀져 임용행위가 무효로 된 경우라 하더라도, 그가 임용행위라는 외관을 갖추어 실제로 공무를 수행한 이상 이러한 사람은 형법 제129조에서 규정한 공무원으로 봄이 타당하고, 그가 그 직무에 관하여 뇌물을 수수한 때에는 수뢰죄로 처벌할 수 있다.

21 형법 제48조 제1항에 따라 몰수할 수 없는 것은?

① 사기도박에 참여하도록 유인하기 위하여 피해자에게 제시하였으나 직접 도박자금으로 사용되지는 않은 수표

② 이미 범한 외국환거래법위반 혐의로 체포될 당시에 향후 외국환거래법을 위반하여 송금하기 위하여 소지하고 있던 자기앞수표나 현금

③ 甲과 乙이 공모하여 사행행위를 한 경우 甲에 대한 재판에서 사행행위에 제공된 乙소유의 현금

④ 뇌물로 제공한 현금으로 위법한 절차에 의하여 압수된 경우

22 형법 제16조 법률의 착오에 관한 다음 설명 중 가장 옳지 않은 것은?

① 형법 제16조에서 자기가 행한 행위가 법령에 의하여 죄가 되지 아니한 것으로 오인한 행위는 그 오인에 정당한 이유가 있는 때에 한하여 벌하지 아니한다고 규정하고 있는 것은 단순히 법률의 부지를 말하는 것이 아니다.

② 형법 제16조는 일반적으로 범죄가 되는 경우이지만 자기의 특수한 경우에는 법령에 의하여 허용된 행위로서 죄가 되지 아니한다고 그릇 인식하고 그와 같이 그릇 인식함에 정당한 이유가 있는 경우에는 벌하지 않는다는 취지이다.

③ 법률 위반 행위 중간에 판례에 따라 그 행위가 처벌 대상이 되지 않는 것으로 해석되었던 적이 있었던 경우에는 자신의 행위가 처벌되지 않는 것으로 믿은 데에 정당한 이유가 있다고 할 수 있다.

④ 부동산중개업자가 부동산중개업협회의 자문을 통하여 인원 수의 제한 없이 중개보조원을 채용하는 것이 허용되는 것으로 믿고서 제한인원을 초과하여 중개보조원을 채용함으로써 부동산중개업법 위반행위에 이르게 되었다고 하더라도 그러한 사정만으로 자신의 행위가 법령에 저촉되지 않는 것으로 오인함에 정당한 이유가 있는 경우에 해당한다거나 범의가 없었다고 볼 수는 없다.

23 업무방해죄에 관한 다음 설명 중 가장 옳지 않은 것은?

① 위계에 의한 업무방해죄에서 '위계'란 행위자가 행위목적을 달성하기 위하여 상대방에게 오인, 착각 또는 부지를 일으키게 하여 이를 이용하는 것을 말한다.

② 컴퓨터 등 정보처리장치에 정보를 입력하는 등의 행위가 그 입력된 정보 등을 바탕으로 업무를 담당하는 사람의 오인, 착각 또는 부지를 일으킬 목적으로 행해진 경우에는 그 행위가 업무를 담당하는 사람을 직접적인 대상으로 이루어진 것이 아니라고 하여 위계가 아니라고 할 수는 없다.

③ 금융기관이 설치·운영하는 자동화기기(ATM)를 통한 무통장·무카드 입금을 하면서 '1인 1일 100만 원' 한도를 준수하는 것처럼 가장하기 위하여 제3자의 이름과 주민등록번호를 자동화기기에 입력한 후 100만 원 이하의 금액으로 나누어 여러 차례 현금을 입금하는 행위는 자동화기기를 설치·운영하는 금융기관 관리자로 하여금 정상적인 입금인 것과 같은 오인, 착각을 일으키게 하여 금융기관의 자동화기기를 통한 입금거래 업무를 방해한 것으로서 위계에 의한 업무방해죄가 성립한다.

④ 업무방해죄의 성립에는 업무방해의 결과가 실제로 발생함을 요하지 않고 업무방해의 결과를 초래할 위험이 발생하면 족하며, 업무수행 자체가 아니라 업무의 적정성 내지 공정성이 방해된 경우에도 업무방해죄가 성립한다.

24 다음 중 상당인과관계가 인정되기 가장 어려운 경우는?

① 피고인이 고속도로 2차로를 따라 자동차를 운전하다가 1차로를 진행하던 甲의 차량 앞에 급하게 끼어든 후 곧바로 정차하여, 甲의 차량 및 이를 뒤따르던 차량 두 대는 연이어 급제동하여 정차하였으나, 그 뒤를 따라오던 乙의 차량이 앞의 차량들을 연쇄적으로 추돌케 하여 乙을 사망에 이르게 하고 나머지 차량 운전자 등 피해자들에게 상해를 입은 경우, 피고인의 정차 행위와 사상의 결과 발생 사이

② 한의사인 피고인이 피해자에게 문진하여 과거 봉침을 맞고도 별다른 이상반응이 없었다는 답변을 듣고 알레르기 반응검사를 생략한 채 환부인 목 부위에 봉침시술을 하였는데, 피해자가 위 시술 직후 아나필락시 쇼크반응을 나타내는 등 상해를 입은 경우, 알레르기 반응검사를 하지 않은 과실과 피해자의 상해 사이

③ 4일 가량 물조차 제대로 마시지 못하고 잠도 자지 아니하여 거의 탈진 상태에 이른 피해자의 손과 발을 17시간 이상 묶어 두고 좁은 차량 속에서 움직이지 못하게 감금한 행위와 묶인 부위의 혈액 순환에 장애가 발생하여 혈전이 형성되고 그 혈전이 폐동맥을 막아 사망에 이르게 된 결과 사이

④ 폭행 또는 협박으로 타인의 재물을 강취하려는 행위와 이에 극도의 흥분을 느끼고 공포심에 사로잡혀 이를 피하려다 상해에 이르게 된 사실 사이

25 허위공문서작성죄에 관한 다음 설명 중 가장 옳지 않은 것은?

① 피의자신문조서 말미에 작성자의 서명, 날인이 없으나, 첫머리에 작성 사법경찰리와 참여 사법경찰리의 직위와 성명을 적어 넣은 것이 있다면 그 문서 자체에 의하여 작성자를 추지할 수 있으므로, 그러한 피의자신문조서는 허위공문서작성죄의 객체가 되는 공문서로 볼 수 있다.

② 공무원이 아닌 피고인이 건축물조사 및 가옥대장 정리업무를 담당하는 공무원을 교사하여 무허가 건물을 허가받은 건축물인 것처럼 가옥대장 등에 등재케 하여 허위공문서 등을 작성케 한 사실이 인정된다면, 허위공문서작성죄의 교사범으로 처벌할 수 있다.

③ 등기공무원이 소유권이전등기와 근저당권설정등기의 신청이 동시에 이루어지고 그와 함께 등본의 교부신청이 있었음에도 고의로 일부를 누락하여 소유권이전등기만 기입하고 근저당권 설정등기는 기입하지 않은 채 등기부등본을 발급한 경우 본죄가 성립한다.

④ 공무원인 甲이 문서작성자에게 전화로 문의하여 원본과 상이 없다는 사실을 확인하였고, 실제 그 사본이 원본과 다른점이 없다면, 실제 원본과 대조함이 없이 공무원 甲이 그 직무에 관하여 사문서 사본에 '원본 대조필 토목 기사 甲'이라 기재하고 甲의 도장을 날인한 행위만으로는 허위공문서작성죄가 성립한다고 단정할 수 없다.

01 다음 설명 중 가장 옳지 않은 것은? (다툼이 있는 경우 판례에 의하고, 전원합의체 판결의 경우 다수의견에 의함. 이하 01~25까지 같음)

① 폭행에 수반된 상처가 극히 경미한 것으로서 굳이 치료할 필요가 없어서 자연적으로 치유되며 일상생활을 하는 데 아무런 지장이 없는 경우에는 상해죄의 상해에 해당되지 아니한다고 할 수 있을 터이나, 이는 폭행이 없어도 일상 생활 중 통상 발생할 수 있는 상처와 같은 정도임을 전제로 하는 것이므로 그러한 정도를 넘는 상처가 폭행에 의하여 생긴 경우라면 상해에 해당된다.

② 폭행죄의 상습성은 폭행 범행을 반복하여 저지르는 습벽을 말하는 것으로서, 동종 전과의 유무와 그 사건 범행의 횟수, 기간, 동기 및 수단과 방법 등을 종합적으로 고려하여 상습성 유무를 결정하여야 하고, 단순폭행, 존속폭행의 범행이 동일한 폭행 습벽의 발현에 의한 것으로 인정되는 경우, 그중 법정형이 더 중한 상습존속폭행죄에 나머지 행위를 포괄하여 하나의 죄만이 성립한다고 봄이 타당하다.

③ 강요죄는 폭행 또는 협박으로 사람의 권리행사를 방해하거나 의무 없는 일을 하게 하는 범죄이다. 여기에서 협박은 객관적으로 사람의 의사결정의 자유를 제한하거나 의사실행의 자유를 방해할 정도로 겁을 먹게 할 만한 해악을 고지하는 것을 말한다. 이와 같은 협박이 인정되기 위해서는 발생 가능한 것으로 생각할 수 있는 정도의 구체적인 해악의 고지가 있어야 한다.

④ 피고인이 혼자 술을 마시던 중 갑 정당이 국회에서 예산안을 강행처리하였다는 것에 화가 나서 공중전화를 이용하여 경찰서에 여러 차례 전화를 걸어 전화를 받은 각 경찰관에게 경찰서 관할구역 내에 있는 갑 정당의 당사를 폭파하겠다는 말을 하였다면 각 경찰관에 대한 협박죄를 구성한다.

02 직권남용죄에 관한 다음 설명 중 가장 옳지 않은 것은?

① 어떠한 직무가 공무원의 일반적 직무권한에 속하는 사항이라고 하기 위해서는 그에 관한 법령상 근거가 필요하다. 법령상 근거는 반드시 명문의 규정만을 요구하는 것이 아니라 명문의 규정이 없더라도 법령과 제도를 종합적, 실질적으로 살펴보아 그것이 해당 공무원의 직무권한에 속한다고 해석되고, 이것이 남용된 경우 상대방으로 하여금 사실상 의무 없는 일을 하게 하거나 권리를 방해하기에 충분한 것이라고 인정되는 경우에는 직권남용죄에서 말하는 일반적 직무권한에 포함된다.

② 공무원이 한 행위가 직권남용에 해당한다고 하여 그러한 이유만으로 상대방이 한 일이 '의무 없는 일'에 해당한다고 인정할 수는 없다.

③ 직권남용 행위의 상대방이 일반 사인인 경우 특별한 사정이 없는 한 '의무 없는 일'에 해당하는지는 직권을 남용하였는지와 별도로 그에게 그러한 일을 할 법령상 의무가 있는지를 살펴 개별적으로 판단하여야 한다.

④ 남용에 해당하는가를 판단하는 기준은 구체적인 공무원의 직무행위가 본래 법령에서 그 직권을 부여한 목적에 따라 이루어졌는지, 직무행위가 행해진 상황에서 볼 때 필요성·상당성이 있는 행위인지, 직권행사가 허용되는 법령상의 요건을 충족했는지 등을 종합하여 판단하여야 한다.

03 다음 설명 중 가장 옳지 않은 것은?

① 어떠한 물건을 점유자의 의사에 반하여 취거하더라도, 그것이 결과적으로 소유자의 이익으로 된다는 사정 또는 소유자의 추정적 승낙이 있다고 볼 만한 사정이 인정된다면, 다른 특별한 사정이 없는 한 불법영득의 의사가 있다고 할 수 없다.

② 피고인이 자신의 모친 甲명의로 구입·등록하여 甲에게 명의신탁한 자동차를 乙에게 담보로 제공한 후 乙몰래 가져가 절취한 경우, 乙에 대한 관계에서 자동차의 소유자는 甲이고 피고인은 소유자가 아니므로 乙이 점유하고 있는 자동차를 임의로 가져간 이상 절도죄가 성립한다.

③ 강간을 당한 피해자가 도피하면서 현장에 놓아두고 간 손가방은 점유이탈물이 아니라 사회통념상 피해자의 지배하에 있는 물건이라고 보아야 하므로, 피고인이 그 손가방 안에 들어 있는 피해자 소유의 돈을 꺼낸 경우 절도죄에 해당한다.

④ 동업체에 제공된 물품은 동업관계가 청산되지 않는 한 동업자들의 공동점유에 속하므로, 그 물품이 원래 피고인의 소유라거나 피고인이 다른 곳에서 빌려서 제공하였다는 사유만으로는 절도죄의 객체가 됨에 지장이 없다.

04 사기죄에 관한 다음 설명 중 가장 옳지 않은 것은?

① 소극적 행위로서의 부작위에 의한 기망은 법률상 고지의무 있는 자가 일정한 사실에 관하여 상대방이 착오에 빠져 있음을 알면서도 이를 고지하지 아니함을 말하는 것으로서, 일반거래의 경험칙상 상대방이 그 사실을 알았더라면 당해 법률행위를 하지 않았을 것이 명백한 경우에는 신의칙에 비추어 그 사실을 고지할 법률상 의무가 인정되는 것이다.

② 공사도급계약 당시 관련 영업 또는 업무를 규제하는 행정법규나 입찰 참가자격, 계약절차 등에 관한 규정을 위반한 사정이 있는 때에는 그러한 사정만으로 공사도급계약을 체결한 행위가 기망행위에 해당한다고 단정해서는 안 되고, 그 위반으로 말미암아 계약 내용대로 이행되더라도 공사의 완성이 불가능하였다고 평가할 수 있을 만큼 그 위법이 공사의 내용에 본질적인 것인지 여부를 심리·판단하여야 한다.

③ 금원 편취를 내용으로 하는 사기죄에서 그 대가가 일부지급되거나 담보가 제공된 경우에도 편취액은 피해자로부터 교부된 금원으로부터 그 대가 또는 담보 상당액을 공제한 차액이 아니라 교부받은 금원 전부라고 보아야 한다.

④ 의료인으로서 자격과 면허를 보유한 사람이 의료법에 따라 의료기관을 개설하여 건강보험의 가입자 또는 피부양자에게 국민건강보험법에서 정한 요양급여를 실시하고 국민건강보험공단으로부터 요양급여비용을 지급받았다고 하더라도, 그 의료기관이 다른 의료인의 명의로 개설·운영되어 의료법 제4조 제2항을 위반하였다면, 국민건강보험공단을 피해자로 하는 사기죄를 구성한다.

05 다음 설명 중 가장 옳지 않은 것은?

① 현행 형법의 해석상 강도예비·음모죄가 성립하기 위해서는 예비·음모 행위자에게 미필적으로라도 '강도'를 할 목적이 있음이 인정되어야 하고 그에 이르지 않고 단순히 '준강도'할 목적이 있음에 그치는 경우에는 강도예비·음모죄로 처벌할 수 없다.

② 법령에 어떠한 행위의 예비음모를 처벌한다는 규정은 있으나 그 형을 따로 정하지 않은 경우에는 결국 예비음모로 처벌할 수 없다.

③ 음모는 실행의 착수 이전에 2인 이상의 자 사이에 성립한 범죄실행의 합의로서, 합의 자체는 행위로 표출되지 않은 합의 당사자들 사이의 의사표시에 불과한 만큼 실행행위로서의 정형이 없고, 따라서 합의의 모습 및 구체성의 정도도 매우 다양하게 나타날 수밖에 없다. 그런데 어떤 범죄를 실행하기로 막연하게 합의한 경우나 특정한 범죄와 관련하여 단순히 의견을 교환한 경우까지 모두 범죄실행의 합의가 있는 것으로 보아 음모죄가 성립한다고 한다면 음모죄의 성립범위가 과도하게 확대되어 국민의 기본권인 사상과 표현의 자유가 위축되거나 그 본질이 침해되는 등 죄형법정주의 원칙이 형해화될 우려가 있으므로, 음모죄의 성립범위도 이러한 확대해석의 위험성을 고려하여 엄격하게 제한하여야 한다.

④ 타인의 사망을 보험사고로 하는 생명보험계약을 체결함에 있어 제3자가 피보험자인 것처럼 가장하여 체결하는 등으로 그 유효요건이 갖추어지지 못한 경우, 보험계약 체결 당시에 이미 보험사고가 발생하였음에도 이를 숨겼다거나 보험사고의 구체적 발생 가능성을 예견할 만한 사정을 인식하고 있었던 경우 또는 고의로 보험사고를 일으키려는 의도를 가지고 보험계약을 체결한 경우와 같이 보험사고의 우연성과 같은 보험의 본질을 해칠 정도라고 볼 수 있는 특별한 사정이 없다고 하더라도, 그와 같이 하자 있는 보험계약을 체결한 행위는 미필적으로라도 보험금을 편취하려는 의사에 의한 기망행위의 실행에 착수에 해당한다.

06 다음 설명 중 가장 옳은 것은?

① 교사범이란 정범인 피교사자로 하여금 범죄를 결의하게 하여 그 죄를 범하게 한 때에 성립하므로, 교사자의 교사행위에도 불구하고 피교사자가 범행을 승낙하지 아니하거나 피교사자의 범행결의가 교사자의 교사행위에 의하여 생긴 것으로 보기 어려운 경우에는 이른바 실패한 교사로서 형법 제31조 제3항에 의하여 교사자를 음모 또는 예비에 준하여 처벌할 수 있을 뿐이다.

② 교사자가 피교사자에게 피해자를 "정신 차릴 정도로 때려주라"고 교사하였다는 사정만으로는 상해에 대한 교사로 보기까지는 어렵다.

③ 막연히 "범죄를 하라"거나 "절도를 하라"고 하는 등의 행위만으로는 교사행위가 되기에 부족하므로, 교사범이 성립하기 위해서는 범행의 일시, 장소, 방법 등의 사항을 특정하여 교사하여야 한다.

④ 대리응시자들의 시험장 입장이 시험관리자의 승낙 또는 그 추정된 의사에 반한 불법침입이라 하더라도, 이와 같은 침입을 교사한 사람에게 주거침입교사죄가 성립된다고 볼 수는 없다.

07 다음 설명 중 옳지 않은 것의 개수는?

> 가. 횡령 범행으로 취득한 돈을 공범자끼리 수수한 행위가 공동정범들 사이의 범행에 의하여 취득한 돈을 공모에 따라 내부적으로 분배한 것에 지나지 않는다면 별도로 그 돈의 수수행위에 관하여 뇌물죄가 성립하는 것은 아니다.
>
> 나. 횡령죄는 타인의 재물에 대한 재산범죄로서 재물의 소유권 등 본권을 보호법익으로 하는 범죄이다. 따라서 횡령죄의 객체가 타인의 재물에 속하는 이상 구체적으로 누구의 소유인지는 횡령죄의 성립 여부에 영향이 없다. 주식회사는 주주와 독립된 별개의 권리주체로서 그 이해가 반드시 일치하는 것은 아니므로, 주주나 대표이사 또는 그에 준하여 회사 자금의 보관이나 운용에 관한 사실상의 사무를 처리하는 자가 회사 소유의 재산을 사적인 용도로 함부로 처분하였다면 횡령죄가 성립한다.
>
> 다. 동업자 사이에 손익분배의 정산이 되지 아니하였다면 동업자의 한 사람이 임의로 동업자들의 합유에 속하는 동업재산을 처분할 권한이 없는 것이므로, 동업자의 한 사람이 동업재산을 보관 중 임의로 횡령하였다면 지분비율에 관계없이 임의로 횡령한 금액 전부에 대하여 횡령죄의 죄책을 부담한다.
>
> 라. 횡령죄의 주체는 타인의 재물을 보관하는 자이어야 하고, 여기서 보관이라 함은 위탁관계에 의하여 재물을 점유하는 것을 의미하므로, 결국 횡령죄가 성립하기 위하여는 그 재물의 보관자가 재물의 소유자(또는 기타의 본권자)와 사이에 법률상 또는 사실상의 위탁 신임관계가 존재하여야 하고, 또한 부동산의 경우 보관자의 지위는 점유를 기준으로 할 것이 아니라 그 부동산을 제3자에게 유효하게 처분할 수 있는 권능의 유무를 기준으로 결정하여야 하므로, 원인무효인 소유권이전등기의 명의자는 횡령죄의 주체인 타인의 재물을 보관하는 자에 해당한다고 할 수 없다.

① 없음　　　　　② 1개

③ 2개　　　　　④ 3개

08 공갈죄에 관한 다음 설명 중 가장 옳지 않은 것은?

① 해악의 고지가 비록 정당한 권리의 실현 수단으로 사용된 경우라고 하여도 그 권리실현의 수단·방법이 사회통념상 허용되는 정도나 범위를 넘는다면 공갈죄가 성립할 수 있다.

② 피공갈자의 하자 있는 의사에 기하여 이루어지는 재물의 교부 자체가 공갈죄에서의 재산상 손해에 해당하므로, 반드시 피해자의 전체 재산의 감소가 요구되는 것은 아니다.

③ 단일하고 계속된 범의 아래 예금인출의 승낙을 받고 현금카드를 갈취한 행위와 이를 사용하여 현금자동지급기에서 예금을 여러 번 인출한 행위는 포괄하여 하나의 공갈죄를 구성한다.

④ 공무원이 직무집행의 의사 없이 또는 직무처리와 대가적 관계없이 타인을 공갈하여 재물을 교부하게 한 경우, 공갈죄와 뇌물수수죄가 모두 성립하고 두 죄는 상상적 경합관계에 있다.

09 다음 중 업무방해죄가 성립하는 것은?

① 해외건설협회로부터 해외건설공사 기성실적 증명서를 허위로 발급받아 이를 대한건설협회에 제출하여 국가종합전자조달 시스템에 입력되게 함으로써 거액의 관급공사의 낙찰자격을 획득한 후 실제로 여러 관급공사를 낙찰받거나 제3자에게 낙찰받게 한 경우

② 피고인들이 주류판매, 접대부 알선의 행위로 형사처벌을 받은 전력이 있는 노래방 업주로 하여금 행정처분을 받게 할 목적으로 노래방에서 주류제공 및 접대부 알선을 요구한 후 경찰에 신고한 경우

③ 주택재개발조합의 조합장인 피고인이 조합사무장에게 조합정관 개정 및 조합장 재신임의 안건에 대하여 반대한다는 내용이 담긴 조합원 276명 명의의 서면결의서 등을 접수하지 말 것을 지시하여 위 조합원들의 의사를 누락시킨 채 임시총회를 개최하여 안건을 통과시킨 경우

④ 피해자가 농장 출입을 위하여 사용해 온 피고인 소유 토지 위의 현황도로 일부를 피고인이 막았으나 이미 오래전부터 바로 근방에 농장으로의 차량 출입이 가능한 비포장도로가 대체도로로 개설되어 있었던 경우

10 다음 설명 중 가장 옳지 않은 것은?

① 미성년자유인죄를 정한 형법 제287조는 대한민국 영역 밖에서 죄를 범한 외국인에게도 적용한다.

② 형법 제287조의 미성년자유인죄를 범한 사람이 유인된 사람을 안전한 장소로 풀어준 때에는 그 형을 반드시 감경한다.

③ 형법 제287조의 미성년자유인죄란 기망 또는 유혹을 수단으로 하여 미성년자를 꾀어 그 하자 있는 의사에 따라 미성년자를 자유로운 생활관계 또는 보호관계로부터 이탈하게 하여 자기 또는 제3자의 사실적 지배하에 옮기는 행위를 말하고, 여기서 사실적 지배라고 함은 미성년자에 대한 물리적 · 실력적인 지배관계를 의미한다.

④ 형법 제288조 제1항의 추행, 간음, 결혼 목적 유인죄의 객체는 여성에 한정되지 않는다.

11 다음 설명 중 가장 옳지 않은 것은?

① 법인이 설치 · 운영하는 전산망 시스템에 제공되어 정보의 생성 · 처리 · 저장 · 출력이 이루어지는 전자기록 등 특수 매체기록은 그 법인의 임직원과의 관계에서 '타인'의 전자기록 등 특수매체기록에 해당한다.

② 시스템의 설치 · 운영 주체로부터 각자의 직무 범위에서 개개의 단위정보의 입력 권한을 부여받은 사람이 그 권한을 남용하여 허위의 정보를 입력함으로써 시스템 설치 · 운영 주체의 의사에 반하는 전자기록을 생성하는 경우에는 사전자기록등위작죄에서 말하는 전자기록의 '위작'에 포함되지 않는다.

③ 공문서의 작성권한 없는 사람이 허위공문서를 기안하여 작성권자의 결재를 받지 않고 공문서를 완성한 경우, 공문서위조죄가 성립한다.

④ 자동차 등의 운전자가 경찰공무원에게 다른 사람의 운전면허증 자체가 아니라 이를 촬영한 이미지파일을 휴대전화 화면 등을 통하여 보여주는 행위는 공문서부정행사죄를 구성하지 아니한다.

12 다음 설명 중 가장 옳지 않은 것은?

① 형법 제114조에서 정한 '범죄를 목적으로 하는 집단'이란 특정 다수인이 사형, 무기 또는 장기 4년 이상의 징역에 해당하는 범죄를 수행한다는 공동목적 아래 구성원들이 정해진 역할분담에 따라 행동함으로써 범죄를 반복적으로 실행할 수 있는 조직체계를 갖춘 계속적인 결합체를 의미하므로, 위 '범죄를 목적으로 하는 집단'의 경우 '범죄단체'에서 요구되는 '최소한의 통솔체계'를 갖출 필요가 있다.

② 다중이 집합하여 손괴의 행위를 한 자는 형법 제115조의 소요죄로 처벌된다.

③ 폭행, 협박의 행위를 할 목적으로 다중이 집합하여 그를 단속할 권한이 있는 공무원으로부터 2회의 해산명령만을 받은 경우에는 해산하지 아니하더라도 형법 제116조의 다중불해산죄로 처벌되지 않는다.

④ 공무원의 자격을 사칭하여 그 직권을 행사한 자는 형법 제118조의 공무원자격사칭죄로 처벌되지만, 형법상 그 미수범 처벌규정을 두고 있지는 않다.

13 포괄일죄에 관한 다음 설명 중 가장 옳지 않은 것은?

① 포괄일죄로 되는 개개의 범죄행위가 법 개정의 전후에 걸쳐서 행하여진 경우, 범죄 실행 종료 시의 법이라고 할 수 있는 신법을 적용한다.

② 포괄일죄의 중간에 다른 종류의 확정판결이 끼어 있는 경우에는 그 확정판결 때문에 포괄적 범죄가 둘로 나뉘는 것이고, 이를 그 확정판결 후의 범죄로서 다룰 것은 아니다.

③ 범죄단체를 구성하거나 이에 가입한 자가 더 나아가 구성원으로 활동하는 경우 이는 포괄일죄의 관계에 있다.

④ 포괄일죄에 있어서는 그 죄의 일부를 구성하는 개개의 행위에 대하여 구체적으로 특정하지 않더라도 그 전체 범행의 시기와 종기, 범행방법, 범행횟수 또는 피해액의 합계 및 피해자나 상대방을 명시하면 이로써 그 범죄사실은 특정된다.

14 장물죄에 관한 다음 설명 중 옳은 것의 개수는?

가. 장물이라 함은 재산죄인 범죄행위에 의하여 영득된 물건을 말하는 것으로서 절도, 강도, 사기, 공갈, 횡령 등 영득죄에 의하여 취득된 물건이어야 한다.

나. 장물취득죄에 있어서 장물의 인식은 확정적 인식임을 요하지 않으며 장물일지도 모른다는 의심을 가지는 정도의 미필적 인식으로서도 충분하다.

다. 장물인 귀금속의 매도를 부탁받은 피고인이 그 귀금속이 장물임을 알면서도 매매를 중개하고 매수인에게 이를 전달하려다가 매수인을 만나기도 전에 체포되었다면 장물알선죄가 성립한다고 보기 어렵다.

라. 장물취득죄에서 '취득'이라고 함은 점유를 이전받음으로써 그 장물에 대하여 사실상의 처분권을 획득하는 것을 의미하는 것이므로, 단순히 보수를 받고 본범을 위하여 장물을 일시 사용하거나 그와 같이 사용할 목적으로 장물을 건네받은 것만으로는 장물을 취득한 것으로 볼 수 없다.

① 없음　　　　　　　② 1개
③ 2개　　　　　　　④ 3개

15 무고죄에 관한 다음 설명 중 가장 옳지 않은 것은?

① 성폭행 등의 피해를 입었다는 신고사실에 관하여 불기소처분 내지 무죄판결이 내려졌다고 하여, 그 자체를 무고를 하였다는 적극적인 근거로 삼아 신고 내용을 허위라고 단정하여서는 아니 된다.

② 개별적, 구체적인 사건에서 성폭행 등의 피해자임을 주장하는 자가 처하였던 특별한 사정을 충분히 고려하지 아니 한 채 진정한 피해자라면 마땅히 이렇게 하였을 것이라는 기준을 내세워 성폭행 등의 피해를 입었다는 점 및 신고에 이르게 된 경위 등에 관한 변소를 쉽게 배척하여서는 아니 된다.

③ 타인으로 하여금 형사처분을 받게 할 목적으로 공무소에 대하여 허위의 사실을 신고하였다면, 그 사실이 친고죄로서 그에 대한 고소기간이 경과하여 공소를 제기할 수 없음이 그 신고내용 자체에 의하여 분명한 경우에도 당해 국가기관의 직무를 그르치게 할 위험이 없다고 할 수 없으므로 무고죄가 성립한다.

④ 무고죄에서 신고한 사실이 객관적 진실에 반하는 허위사실이라는 요건은 적극적 증명이 있어야 하고, 신고사실의 진실성을 인정할 수 없다는 소극적 증명만으로 곧 그 신고사실이 객관적 진실에 반하는 허위의 사실이라 단정하여 무고죄의 성립을 인정할 수는 없다.

16 다음 설명 중 가장 옳지 않은 것은?

① 형을 가중감경할 사유가 경합된 때에는 형법 각칙 본조에 의한 가중 → 형법 제34조 제2항의 가중 → 누범가중 → 경합범가중 → 법률상감경 → 작량감경의 순서에 의하여야 한다.

② 형을 병과할 경우에도 형법 제59조에 따라 형의 전부 또는 일부에 대하여 그 선고를 유예할 수 있다.

③ 징역 또는 금고의 집행 중에 있는 자가 그 행상이 양호하여 개전의 정이 현저한 때에는 무기에 있어서는 20년, 유기에 있어서는 형기의 3분의 1을 경과한 후 행정처분으로 가석방을 할 수 있다.

④ 징역 또는 금고의 집행을 종료하거나 집행이 면제된 자가 피해자의 손해를 보상하고 자격정지 이상의 형을 받음이 없이 7년을 경과한 때에는 본인 또는 검사의 신청에 의하여 그 재판의 실효를 선고할 수 있다.

17 다음 설명 중 가장 옳지 않은 것은?

① 형법 제328조의 친족상도례에 관한 규정은 형법 제333조의 강도죄, 형법 제366조의 재물손괴죄에 준용되지 않는다.

② 사기죄의 범인이 2020. 1. 15. 피해자를 상대로 사기 범행을 저질렀고, 그 범인과 피해자가 사돈지간인 경우, 친족상도례가 적용되는 친족에 해당하지 않는다.

③ 甲으로 하여금 甲의 아버지의 시계를 절취하도록 교사한 乙이 甲의 아버지와 아무런 친족관계가 없다면 乙은 甲에게 적용되는 친족상도례의 적용을 받지 않는다.

④ 형법 제151조 제2항은 친족 또는 동거의 가족이 본인을 위하여 범인도피죄를 범한 때에는 처벌하지 아니한다고 규정하고 있는바, 사실혼 관계에 있는 자는 민법 소정의 친족이라 할 수는 없어도 위 조항에서 말하는 친족에는 해당한다.

18 배임죄에 관한 다음 설명 중 가장 옳지 않은 것은?

① 타인의 사무를 처리하는 자가 배임의 범의로, 즉 임무에 위배하는 행위를 한다는 점과 이로 인하여 자기 또는 제3자가 이익을 취득하여 본인에게 손해를 가한다는 점에 대한 인식이나 의사를 가지고 임무에 위배한 행위를 개시한때 배임죄의 실행에 착수한 것이고, 이러한 행위로 인하여 자기 또는 제3자가 이익을 취득하여 본인에게 손해를 가한 때 기수에 이른다.

② 채무자가 채권담보의 목적으로 점유개정 방식으로 채권자에게 동산을 양도하고 이를 보관하던 중 임의로 제3자에게 처분한 경우 배임죄가 아니라 횡령죄가 성립한다고 보아야 한다.

③ 회사직원이 퇴사 시에 영업비밀 등을 회사에 반환하거나 폐기할 의무가 있음에도 경쟁업체에 유출하거나 스스로의 이익을 위하여 이용할 목적으로 이를 반환하거나 폐기하지 아니하였다면, 이러한 행위 역시 퇴사 시에 업무상배임죄의 기수가 된다.

④ 주권발행 전 주식에 대한 양도계약에서 양도인이 양수인으로 하여금 회사 이외의 제3자에게 대항할 수 있도록 확정일자 있는 증서에 의한 양도통지 또는 승낙을 갖추어 주어야 할 채무를 부담한다 하더라도 이는 자기의 사무라고 보아야 하고, 이를 양수인과의 신임관계에 기초하여 양수인의 사무를 맡아 처리하는 것으로 볼 수 없다.

19 다음 설명 중 가장 옳지 않은 것은?

① 피고인 이외의 제3자의 소유에 속하는 물건의 경우, 몰수를 선고한 판결의 효력은 원칙적으로 몰수의 원인이 된 사실에 관하여 유죄의 판결을 받은 피고인에 대한 관계에서 그 물건을 소지하지 못하게 하는 데 그치지 않고, 그 사건에서 재판을 받지 아니한 제3자의 소유권에도 영향을 미친다.

② 형법 제37조 후단 경합범에 대하여 형법 제39조 제1항에 의하여 형을 감경할 때에도 법률상 감경에 관한 형법 제55조 제1항이 적용되어 유기징역을 감경할 때에는 그 형기의 2분의 1 미만으로는 감경할 수 없다.

③ 형사소송법 제459조가 "재판은 이 법률에 특별한 규정이 없으면 확정한 후에 집행한다."라고 규정한 취지나 집행유예 제도의 본질 등에 비추어 보면 집행유예를 함에 있어 그 집행유예 기간의 시기(始期)는 집행유예를 선고한 판결 확정일로 하여야 한다.

④ 형법 제51조의 사항과 개전의 정상이 현저한지에 관한 사항은 형의 양정에 관한 법원의 재량사항에 속하므로, 상고심으로서는 형사소송법 제383조 제4호에 의하여 사형·무기 또는 10년 이상의 징역·금고가 선고된 사건에서 형의 양정의 당부에 관한 상고이유를 심판하는 경우가 아닌 이상, 선고유예에 관하여 형법 제51조의 사항과 개전의 정상이 현저한지에 대한 원심판단의 당부를 심판할 수 없다.

20 다음 설명 중 가장 옳지 않은 것은?

① 기습추행의 경우 추행행위와 동시에 저질러지는 폭행행위는 반드시 상대방의 의사를 억압할 정도의 것임을 요하지 않고 상대방의 의사에 반하는 유형력의 행사가 있기만 하면 그 힘의 대소강약을 불문한다.

② 형법 제302조의 위계에 의한 미성년자간음죄에 있어서 위계라 함은 행위자가 간음의 목적으로 상대방에게 오인, 착각, 부지를 일으키고는 상대방의 그러한 심적 상태를 이용하여 간음의 목적을 달성하는 것을 말하는 것이고, 여기에서 오인, 착각, 부지란 간음행위 자체에 대한 오인, 착각, 부지를 말하는 것이지, 간음행위와 불가분적 관련성이 인정되지 않는 다른 조건에 관한 오인, 착각, 부지를 가리키는 것은 아니다.

③ 형법은 제2편 제32장에서 '강간과 추행의 죄'를 규정하고 있는데, 이 장에 규정된 죄는 모두 개인의 성적 자유 또는 성적 자기결정권을 침해하는 것을 내용으로 한다. 여기에서 '성적 자유'는 적극적으로 성행위를 할 수 있는 자유가 아니라 소극적으로 원치 않는 성행위를 하지 않을 자유를 말하고, '성적 자기결정권'은 성행위를 할 것인가 여부, 성행위를 할 때 상대방을 누구로 할 것인가 여부, 성행위의 방법 등을 스스로 결정할 수 있는 권리를 의미한다.

④ 강간치상죄나 강제추행치상죄에 있어서의 상해는 피해자의 신체의 완전성을 훼손하거나 생리적 기능에 장애를 초래하는 것, 즉 피해자의 건강상태가 불량하게 변경되고 생활기능에 장애가 초래되는 것을 말하는 것으로, 여기서의 생리적 기능에는 육체적 기능뿐만 아니라 정신적 기능도 포함된다.

21 다음 설명 중 가장 옳지 않은 것은?

① 사용자인 수급인에 대한 정당성을 갖춘 쟁의행위가 도급인의 사업장에서 이루어져 형법상 보호되는 도급인의 법익을 침해한 경우, 그것이 항상 위법하다고 볼 것은 아니고, 법질서 전체의 정신이나 그 배후에 놓여있는 사회윤리 내지 사회통념에 비추어 용인될 수 있는 행위에 해당하는 경우에는 형법 제20조의 '사회상규에 위배되지 아니하는 행위'로서 위법성이 조각된다.

② 노동조합이 주도한 쟁의행위 자체의 정당성과 이를 구성하거나 여기에 부수되는 개개 행위의 정당성은 구별하여야 하므로, 일부 소수의 근로자가 폭력행위 등의 위법행위를 하였더라도, 전체로서의 쟁의행위마저 당연히 위법하게 되는 것은 아니다.

③ 사문서를 작성·수정할 때 명의자의 명시적인 승낙이나 동의가 없다는 것을 알면서도 명의자가 문서 작성 사실을 알았다면 승낙하였을 것이라고 기대하거나 예측하였다면 그 승낙이 추정된다고 할 수 있다.

④ 현행범인 체포행위가 적법한 공무집행을 벗어나 불법인 것으로 볼 수밖에 없다면, 현행범이 체포를 면하려고 반항하는 과정에서 경찰관에게 상해를 가한 것은 불법체포로 인한 신체에 대한 현재의 부당한 침해에서 벗어나기 위한 행위로서 정당방위에 해당하여 위법성이 조각된다.

22 다음 중 옳은 설명의 개수는?

> 가. 타인 소유의 광고용 간판을 백색페인트로 도색하여 광고문안을 지워버린 행위는 재물손괴죄를 구성한다.
> 나. 재건축사업으로 철거예정이고 그 입주자들이 모두 이사하여 아무도 거주하지 않은 채 비어 있는 아파트라 하더라도, 그 객관적 성상이 본래 사용목적인 주거용으로 쓰일 수 없는 상태라거나 재물로서의 이용가치나 효용이 없는 물건이라고도 할 수 없어 재물손괴죄의 객체가 된다.
> 다. 판결에 의하여 명도받은 토지의 경계에 설치해 놓은 철조망과 경고판을 치워 버림으로써 울타리로서의 역할을 해한 때에는 재물손괴죄가 성립한다.
> 라. 자동문을 자동으로 작동하지 않고 수동으로만 개폐가 가능하게 하여 자동잠금장치로서 역할을 할 수 없도록 한 경우에도 재물손괴죄가 성립한다.

① 1개　　　　② 2개
③ 3개　　　　④ 4개

23 다음 설명 중 가장 옳지 않은 것은?

① 명예훼손죄가 성립하기 위해서는 주관적 구성요소로서 타인의 명예를 훼손한다는 고의를 가지고 사람의 사회적 평가를 저하시키는 데 충분한 구체적 사실을 적시하는 행위를 할 것이 요구된다. 따라서 불미스러운 소문의 진위를 확인하고자 질문을 하는 과정에서 타인의 명예를 훼손하는 발언을 하였다면 이러한 경우에는 그 동기에 비추어 명예훼손의 고의를 인정하기 어렵다.

② 명예훼손죄의 구성요건인 공연성은 불특정 또는 다수인이 인식할 수 있는 상태를 말한다. 비록 개별적으로 한 사람에 대하여 사실을 유포하였더라도 그로부터 불특정 또는 다수인에게 전파될 고도의 가능성이 있다면 공연성의 요건을 충족한다.

③ 형법 제307조 제1항의 사실 적시에 의한 명예훼손죄, 형법 제308조의 사자(死者) 명예훼손죄, 형법 제311조의 모욕죄는 모두 친고죄이고, 형법 제307조 제2항의 허위사실 적시에 의한 명예훼손죄는 반의사불벌죄이다.

④ 공연히 사실을 적시하여 사람의 명예를 훼손한 행위자의 주요한 동기 내지 목적이 공공의 이익을 위한 것이라면 부수적으로 다른 사익적 목적이나 동기가 내포되어 있더라도 형법 제310조 위법성조각사유의 적용을 배제할 수 없다.

24 다음 설명 중 가장 옳은 것은?

① 매도, 매수와 같이 2인 이상의 서로 대향된 행위의 존재를 필요로 하는 관계에 있어서는 공범이나 방조범에 관한 형법총칙 규정의 적용이 있을 수 없고, 따라서 매도인에게 따로 처벌규정이 없는 이상 매도인의 매도행위는 그와 대향적 행위의 존재를 필요로 하는 상대방의 매수범행에 대하여 공범이나 방조범관계가 성립되지 아니한다.

② 종범은 정범의 실행행위 중에 이를 방조하는 경우에 성립하므로, 실행 착수 전에 장래의 실행행위를 예상하고 이를 용이하게 하는 행위를 한 경우에는 방조범이 성립하지 않는다.

③ 방조범은 정범의 실행을 방조한다는 이른바 방조의 고의가 필요하고, 정범의 행위가 구성요건에 해당하는 행위인 점에 대한 정범의 고의가 있어야 하는 것은 아니다.

④ 종범은 임의적 감경사유에 해당한다.

25 다음 설명 중 가장 옳은 것은?

① 절도죄 범행 당시 11세였더라도 판결선고 당시 14세가 된 경우에는 징역형으로 처벌할 수 있다.

② 원칙적으로 충동조절장애와 같은 성격적 결함은 형의 감면사유인 심신장애에 해당한다.

③ 형법 제10조에 규정된 심신장애는 생물학적 요소로서 정신병 또는 비정상적 정신상태와 같은 정신적 장애가 있는 외에 심리학적 요소로서 이와 같은 정신적 장애로 말미암아 사물에 대한 변별능력과 그에 따른 행위통제능력이 결여되거나 감소되었음을 요하므로, 정신적 장애가 있는 자라고 하여도 범행 당시 정상적인 사물변별능력이나 행위 통제능력이 있었다면 심신장애로 볼 수 없다.

④ 형법 제12조(강요된 행위)의 저항할 수 없는 폭력은, 심리적인 의미에 있어서 육체적으로 어떤 행위를 절대적으로 하지 아니할 수 없게 하는 경우를 말할 뿐이고, 윤리적 의미에 있어서 강압된 경우를 말하지는 않는다.

✔ 회독 CHECK 1 2 3

01 횡령죄, 배임죄에 관한 다음 설명 중 가장 옳지 않은 것은? (다툼이 있는 경우 판례에 의하고, 전원합의체 판결의 경우 다수의견에 의함. 이하 01~25까지 같음)

① 송금의뢰인과 계좌명의인 사이에 송금·이체의 원인이 된 법률관계가 존재하지 않음에도 송금·이체에 의하여 계좌명의인이 송금·이체된 금액 상당의 예금채권을 취득한 경우 계좌명의인은 그 예금채권 상당의 돈을 송금의뢰인에게 반환하여야 하므로, 계좌명의인은 그와 같이 송금·이체된 돈에 대하여 송금의뢰인을 위하여 보관하는 지위에 있다고 보아야 한다. 따라서 계좌명의인이 그와 같이 송금·이체된 돈을 그대로 보관하지 않고 영득할 의사로 인출하면 횡령죄가 성립한다.

② 부동산의 공유자 중 1인이 다른 공유자의 지분에 대한 처분권능이 없음에도 불구하고 다른 공유자의 지분을 임의로 임대하고 수령한 임차료를 임의로 소비한 경우 횡령죄가 성립한다.

③ 횡령범인이 위탁자가 소유자를 위해 보관하고 있는 물건을 위탁자로부터 보관받아 이를 횡령한 경우에 친족상도례의 적용은 횡령범인과 피해물건의 소유자 및 위탁자 쌍방 사이에 친족상도례 규정에서 정한 친족관계가 있는 경우에만 적용되고, 단지 횡령범인과 피해물건의 소유자간에만 그러한 친족관계가 있거나 횡령범인과 피해물건의 위탁자간에만 그러한 친족관계가 있는 경우에는 적용되지 않는다.

④ 부동산 매매계약에서 중도금이 지급되는 등 계약이 본격적으로 이행되는 단계에 이르렀음에도 불구하고 매도인이 매수인에게 계약 내용에 따라 부동산의 소유권을 이전해 주기 전에 그 부동산을 제3자에게 처분하고 제3자 앞으로 그 처분에 따른 등기를 마쳐주는 행위를 하는 경우 배임죄가 성립한다.

02 다음 설명 중 가장 옳지 않은 것은?

① 살해의 용도에 공하기 위한 흉기를 준비하였다 하더라도 그 흉기로 살해할 대상자가 확정되지 아니한 경우에는 살인예비죄로 처벌할 수 없다.

② 준강도죄에 관한 형법 제335조는 "절도가 재물의 탈환을 항거하거나 체포를 면탈하거나 죄적을 인멸할 목적으로 폭행 또는 협박을 가한 때에는 전2조의 예에 의한다."라고 규정하면서 준강도를 강도죄와 같이 취급하도록 규정하고 있다. 따라서 강도예비·음모죄가 성립하기 위해서는 예비·음모행위자에게 미필적으로라도 '준강도'를 할 목적이 있음이 인정되어야 하고 만일 이에 이르지 않고 단순히 '특수절도'할 목적이 있음에 그치는 경우에는 강도예비·음모죄로 처벌할 수 없다.

③ 종범은 정범의 실행행위 중에 이를 방조하는 경우뿐만 아니라, 실행 착수 전에 장래의 실행행위를 예상하고 이를 용이하게 하는 것을 말한다. 따라서 정범의 범죄종료 후의 이른바 사후방조를 종범이라고 볼 수는 없다.

④ 정범이 실행의 착수에 이르지 아니하고 예비단계에 그친 경우에는, 이에 가공한다 하더라도 예비의 공동정범이 되는 때를 제외하고는 종범으로 처벌할 수 없다.

03 다음 설명 중 가장 옳지 않은 것은?

① 동일한 공무를 집행하는 여럿의 공무원에 대하여 폭행, 협박행위를 한 경우에는 공무를 집행하는 공무원의 수에 따라 여럿의 공무집행방해죄가 성립하고, 위와 같은 폭행, 협박행위가 동일한 장소에서 동일한 기회에 이루어진 것으로서 사회관념상 1개의 행위로 평가되는 경우에는 여럿의 공무집행방해죄는 상상적 경합의 관계에 있다.

② 음주로 인한 특정범죄가중처벌 등에 관한 법률 위반(위험운전치사상)죄와 도로교통법 위반(음주운전)죄는 입법 취지와 보호법익 및 적용영역을 달리하는 별개의 범죄이므로, 1개의 행위에 관하여 양 죄의 각 구성요건이 모두 구비된 때에는 서로 법조경합의 관계로 볼 것이 아니라 상상적 경합관계로 봄이 상당하다.

③ 공무원인 의사가 공무소의 명의로 허위진단서를 작성한 경우에는 허위공문서작성죄만이 성립하고 허위진단서작성죄는 별도로 성립하지 않는다.

④ 강도가 한 개의 강도 범행을 하는 기회에 수명의 피해자에게 각 폭행을 가하여 각 상해를 입힌 경우에는 각 피해자별로 수개의 강도상해죄가 성립하고 이들은 실체적 경합범의 관계에 있다.

04 다음 설명 중 가장 옳지 않은 것은?

① 사람을 기망하여 부동산의 소유권을 이전받거나 제3자로 하여금 이전받게 함으로써 이를 편취한 경우, 그 부동산에 근저당권설정등기가 경료되어 있거나 압류 또는 가압류 등이 이루어져 있는 때에는 그 부동산의 시가 상당액에서 근저당권의 채권최고액 범위 내에서의 피담보채권액, 압류에 걸린 집행채권액, 가압류에 걸린 청구금액 범위 내에서의 피보전채권액 등을 뺀 실제의 교환가치를 편취금액으로 보아야 한다.

② 임대인이 임대차계약을 체결하면서 임차인에게 임대목적물이 경매진행 중인 사실을 알리지 않았다면, 설령 임차인이 등기부를 확인 또는 열람하는 것이 가능하였다 하더라도 사기죄가 성립한다.

③ 타인으로부터 금전을 차용함에 있어 그 차용한 금전의 용도나 변제할 자금의 마련방법에 관하여 사실대로 고지하였다면 상대방이 응하지 않았을 경우에 그 용도나 변제자금의 마련방법에 관하여 진실에 반하는 사실을 고지하여 금전을 교부받은 경우에는 사기죄가 성립하는 것이 원칙이나, 다만 차용금채무에 대한 충분한 담보를 제공함으로써 상대방이 대여한 자금의 회수에 실질적으로 지장이 없었다면 교부된 금전의 가액에서 담보가치를 차감한 범위 내에서만 사기죄가 성립한다고 보아야 한다.

④ 소극적 소송당사자인 피고라 하더라도 허위내용의 서류를 작성하여 이를 증거로 제출하거나 위증을 시키는 등의 적극적인 방법으로 법원을 기망하여 착오에 빠지게 한 결과 승소확정판결을 받음으로써 자기의 재산상의 의무이행을 면하게 된 경우에는 그 재산가액 상당에 대하여 사기죄가 성립한다.

05 다음 설명 중 가장 옳지 않은 것은?

① 공무원이 수수·요구 또는 약속한 금품에 그 직무행위에 대한 대가로서의 성질과 직무 외의 행위에 대한 사례로서의 성질이 불가분적으로 결합되어 있는 경우에는, 그 수수·요구 또는 약속한 금품 전부가 불가분적으로 직무행위에 대한 대가로서의 성질을 가진다.

② 공무원이 장래에 담당할 직무에 대한 대가로 이익을 수수한 경우에도 뇌물수수죄가 성립할 수 있지만, 그 이익을 수수할 당시 장래에 담당할 직무에 속하는 사항이 그 수수한 이익과 관련된 것임을 확인할 수 없을 정도로 막연하고 추상적이거나, 장차 그 수수한 이익과 관련지을 만한 직무권한을 행사할지 자체를 알 수 없다면, 그 이익이 장래에 담당할 직무에 관하여 수수되었다거나 그 대가로 수수되었다고 단정하기 어렵다.

③ 임명권자에 의하여 임용되어 공무에 종사하여 온 사람이 나중에 임용결격자이었음이 밝혀져 당초의 임용행위가 무효인 경우 형법 제129조의 수뢰죄에서 규정한 공무원에 해당하지 아니한다.

④ 뇌물약속죄에서 뇌물의 약속은 직무와 관련하여 장래에 뇌물을 주고받겠다는 양 당사자의 의사표시가 확정적으로 합치하면 성립하고, 뇌물의 가액이 얼마인지는 문제되지 아니하며, 또한 뇌물의 목적물이 이익인 경우에 그 가액이 확정되어 있지 않아도 뇌물약속죄가 성립하는 데에는 영향이 없다.

06 다음 설명 중 가장 옳지 않은 것은?

① 정당방위의 성립요건으로서의 방어행위에는 순수한 수비적 방어뿐만 아니라 적극적 반격을 포함하는 반격방어의 형태도 포함되나, 그 방어행위는 자기 또는 타인의 법익침해를 방위하기 위한 행위로서 상당한 이유가 있어야 한다.

② 서로 격투를 하는 자 상호간에는 공격행위와 방어행위가 연속적으로 교차되고 방어행위는 동시에 공격행위가 되는 양면적 성격을 띠는 것이므로 어느 한쪽 당사자의 행위만을 가려내어 방어를 위한 정당행위라거나 정당방위에 해당한다고 보기 어려운 것이 보통이다.

③ 겉으로는 서로 싸움을 하는 것처럼 보이더라도 실제로는 한쪽 당사자가 일방적으로 위법한 공격을 가하고 상대방은 이러한 공격으로부터 자신을 보호하고 이를 벗어나기 위한 저항수단으로서 유형력을 행사한 경우에는, 그 행위가 새로운 적극적 공격이라고 평가되지 아니하는 한, 이는 사회관념상 허용될 수 있는 상당성이 있는 것으로서 위법성이 조각된다.

④ 형사소송법 제148조의 증언거부권은 헌법 제12조 제2항에 의한 불이익 진술의 강요금지 원칙을 구체화한 자기부죄거부특권에 관한 것이다. 따라서 자신에 대해 유죄판결이 이미 확정된 증인이라 하더라도 공범에 대한 사건에서는 증언을 거부할 수 있고, 특히 증인이 자신에 대한 형사 사건에서 시종일관 범행을 부인하였다면 증인이 진실대로 진술할 것을 기대할 가능성이 없는 경우에 해당한다.

07 다음 설명 중 가장 옳지 않은 것은?

① 주식회사의 대표이사가 대표권을 남용하는 등 그 임무에 위배하여 약속어음을 발행한 경우, 설령 그 어음발행이 무효라 하더라도 그 어음이 실제로 제3자에게 유통되었다면 회사로서는 어음채무를 부담할 위험이 구체적으로 발생하였으므로 배임죄의 기수범이 된다. 그러나 그 어음이 아직 유통되지 않았다면 배임죄의 기수범이 아니라 배임미수죄가 된다.

② 채무자가 채무이행의 담보를 위하여 동산에 관한 양도담보계약을 체결하고 점유개정의 방법으로 여전히 그 동산을 점유하는 경우 그 동산을 다른 사유에 의하여 보관하게 된 채권자는 타인 소유의 물건을 보관하는 자로서 횡령죄의 주체가 된다.

③ 양도담보가 처분정산형이든 귀속정산형이든 담보권자가 청산금을 담보제공자에게 반환할 의무는 담보계약에 따라 부담하는 자신의 정산의무이므로 그 의무를 이행하는 사무는 타인인 채무자의 사무처리에 속한다고 볼 수 없다. 따라서 그 정산의무를 이행하지 아니한 행위는 배임죄를 구성하지 않는다.

④ 장물인 정을 모르고 장물을 보관하였다가 나중에 장물인정을 알게 된 경우, 그 정을 알면서도 계속하여 보관하는 것은 장물보관죄에 해당하고, 이는 설령 해당 장물을 점유할 권한을 갖는 경우에도 마찬가지이다.

08 형법 제33조는 "신분관계로 인하여 성립될 범죄에 가공한 행위는 신분관계가 없는 자에게도 전3조(공동정범, 교사범, 종범)의 규정을 적용한다. 단, 신분관계로 인하여 형의 경중이 있는 경우에는 중한 형으로 벌하지 아니한다."고 규정하고 있다. 이러한 공범과 신분에 관한 다음 설명 중 가장 옳지 않은 것은?

① 공무원이 아닌 자가 공무원과 공동하여 허위공문서작성죄를 범한 때에는 공무원이 아닌 자도 허위공문서작성죄의 공동정범이 된다.

② '업무상의 임무'라는 신분관계가 없는 자가 그러한 신분관계 있는 자와 공모하여 업무상배임죄를 저질렀다면, 그러한 신분관계가 없는 공범에게도 형법 제33조 본문에 따라 일단 신분범인 업무상배임죄가 성립하되, 다만 과형에서는 같은 조 단서에 따라 단순배임죄의 법정형이 적용된다.

③ 모해할 목적이 있는 甲이 그 목적이 없는 乙을 교사하여 위증죄를 범하게 한 경우, 甲에게는 "타인을 교사하여 죄를 범하게 한 자는 죄를 실행한 자와 동일한 형으로 처벌한다."라고 규정한 형법 제31조 제1항에 우선하여 형법 제33조 단서가 적용되어 乙보다 중하게 처벌된다.

④ 의료인인 甲이 의료인이나 의료법인 아닌 乙의 의료기관개설행위에 공모하여 가공하면 의료법위반죄의 공동정범에 해당하나, 甲이 乙을 교사하여 진료행위를 하도록 지시하면 무면허의료행위의 교사범에 해당하지 않는다.

09 공무원의 직무에 관한 죄에 대한 다음 설명 중 가장 옳지 않은 것은?

① 형법 제123조의 직권남용죄에 있어서 직권남용이란 공무원이 그 일반적 직무권한에 속하는 사항에 관하여 직권의 행사에 가탁하여 실질적, 구체적으로 위법·부당한 행위를 하는 경우를 의미하고, 위 죄에 해당하려면 현실적으로 다른 사람이 의무 없는 일을 하였거나 다른 사람의 구체적인 권리행사가 방해되는 결과가 발생하여야 하며, 또한 그 결과의 발생은 직권남용 행위로 인한 것이어야 한다.

② 형법 제128조의 선거방해죄의 주체는 검찰, 경찰 또는 군의 직에 있는 공무원이다.

③ 경찰관이 압수물을 범죄 혐의의 입증에 사용하도록 하는 등의 적절한 조치를 취하지 아니하고 피압수자에게 돌려 주어 증거인멸죄를 범한 경우에 별도로 부작위범인 직무유기죄가 성립한다.

④ 뇌물을 수수함에 있어서 공여자를 기망한 점이 있다 하여도 뇌물수수죄, 뇌물공여죄의 성립에는 영향이 없다.

10 위증죄에 관한 다음 설명 중 가장 옳은 것은?

① 위증죄는 그 진술이 판결에 영향을 미쳤는지 여부나 지엽적인 사항인지 여부와 무관하게 성립하나, 경험한 사실에 대한 법률적 평가인 경우에는 위증죄가 성립하지 않는다.

② 위증죄에서의 허위의 진술이란 증인이 자신의 기억에 반하는 사실을 진술하는 것을 말하나, 그 내용이 객관적 사실과 부합하는 경우에는 위증죄가 성립하지 않는다.

③ 증인의 증언은 그 전부를 일체로 관찰·판단하는 것이므로, 증인이 증인신문절차에서 허위의 진술을 하고 그 진술이 철회·시정된 바 없이 그대로 증인신문절차가 종료된 후, 별도의 증인 신청 및 채택 절차를 거쳐 그 증인이 다시 신문을 받는 과정에서 종전 신문절차에서의 진술을 철회·시정한 경우에는 위증죄가 성립되지 않는다.

④ 피고인이 자기의 형사사건에 관하여 타인을 교사하여 위증죄를 범하게 하는 것은 형사소송에 있어서의 방어권을 인정하는 취지상 처벌의 대상이 되지 않는다.

11 다음 설명 중 가장 옳지 않은 것은?

① 강제집행면탈죄는 강제집행을 당할 구체적인 위험이 있는 상태에서 재산을 은닉, 손괴, 허위양도 또는 허위의 채무를 부담함으로써 채권자를 해하는 결과가 야기되어야 한다. 따라서 채무자가 그 소유의 부동산을 허위로 양도하였더라도 그 부동산의 시가액보다 그 부동산에 의하여 담보된 채무액이 더 많아 실질적으로 담보가치가 없었다면 그 허위양도로 인해 채권자를 해할 위험이 없다고 보아야 한다.

② 이미 타인에 의하여 위조된 약속어음의 기재사항을 권한 없이 변경하더라도 유가증권변조죄는 성립하지 않는다.

③ 타인이 위조한 액면과 지급기일이 백지로 된 약속어음을 구입하여 행사의 목적으로 백지인 액면란에 금액을 기입하여 그 위조어음을 완성하였다면, 백지어음 형태의 위조 행위와는 별개로 유가증권위조죄가 성립한다.

④ 위조유가증권행사죄에서의 유가증권이라 함은 위조된 유가증권의 원본을 말하는 것이지 전자복사기 등을 사용하여 기계적으로 복사한 사본은 이에 해당하지 않는다.

12 다음 설명 중 가장 옳지 않은 것은?

① 간호보조원의 무면허 진료행위가 있은 후 의사가 진료부에다가 위 진료행위에 대해 기재하는 행위는 정범의 실행행위종료 후의 단순한 사후행위에 불과한 것으로 볼 수 있으므로, 의사에 대해서는 무면허 의료행위의 방조죄가 성립하지 않는다.

② 변호사가 아닌 자에게 고용되어 법률사무소의 개설·운영에 관여한 변호사의 행위는 일반적인 형법 총칙상의 공모, 교사 또는 방조에 해당된다 하더라도 그 변호사를 변호사 아닌 자의 공범으로는 처벌할 수 없다.

③ 의료인이 의료인의 자격이 없는 일반인의 의료기관 개설 행위에 공모하여 가공하면 구 의료법 제87조 제1항 제2호, 제33조 제2항 위반죄의 공동정범에 해당한다.

④ 형법 제31조 제1항은 협의의 공범의 일종인 교사범이 그 성립과 처벌에 있어서 정범에 종속한다는 일반적인 원칙을 선언한 것에 불과하다. 신분관계로 인하여 형의 경중이 있는 경우에 신분이 있는 자가 신분이 없는 자를 교사하여 죄를 범하게 한 때에는 형법 제33조 단서가 형법 제31조 제1항에 우선하여 적용됨으로써 신분이 있는 교사범이 신분이 없는 정범보다 중하게 처벌된다.

13 권리행사방해죄에 관한 다음 설명 중 가장 옳은 것은?

① 물건의 소유자가 아닌 사람은, 권리행사방해죄의 주체가 될 수 없을 뿐만 아니라, 물건 소유자의 권리행사방해 범행에 가담한 경우 그의 공범도 될 수 없다.

② 권리행사방해죄에 있어서의 타인의 점유는 정당한 원인에 기하여 그 물건을 점유하는 권리 있는 점유를 의미하는 것으로, 무효인 경매절차에서 경매목적물을 경락받아 이를 점유하고 있는 낙찰자는 권리행사방해죄에 있어서의 타인의 물건을 점유하고 있는 자에 해당하지 않는다.

③ 중간생략등기형 명의신탁 또는 계약명의신탁의 방식으로 자신의 처에게 등기명의를 신탁하여 놓은 점포에 자물쇠를 채워 점포의 임차인을 출입하지 못하게 한 경우, 그 점포는 권리행사방해죄의 객체인 자기의 물건에 해당하지 않는다.

④ 권리행사방해죄의 구성요건 중 타인의 '권리'에는 물건에 대하여 점유를 수반하지 아니하는 채권은 포함되지 않는다.

14 다음 중 가장 옳지 않은 것은?

① 혼인관계가 파탄된 경우뿐만 아니라 혼인관계가 실질적으로 유지되고 있는 법률상의 처도 강간죄의 객체가 된다.

② 강간죄에서의 폭행·협박과 간음 사이에는 인과관계가 있어야 하므로, 폭행·협박이 반드시 간음행위보다 선행되어야 한다.

③ 피고인이 강간할 목적으로 피해자의 집에 침입하였다 하더라도 안방에 들어가 누워 자고 있는 피해자의 가슴과 엉덩이를 만지면서 간음을 기도하였다는 사실만으로는 강간의 수단으로 피해자에게 폭행이나 협박을 개시하였다고 볼 수 없다.

④ 협박과 간음 또는 추행 사이에 시간적 간격이 있더라도 협박에 의하여 간음 또는 추행이 이루어진 것으로 인정될 수 있다면 강간죄 또는 강제추행죄가 성립한다.

15 다음 설명 중 가장 옳은 것은?

① 국가나 지방자치단체도 명예훼손죄의 피해자가 될 수 있다.

② 기자를 통해 사실을 적시하였다면 기자가 취재를 한 상태에서 아직 기사화하여 보도하지 아니한 경우에도 전파가능성이 있으므로 공연성이 있다.

③ 장래의 일을 적시하는 경우에는 과거 또는 현재의 사실을 기초로 하거나 이에 대한 주장을 포함하는 경우라도 명예훼손죄가 성립할 수 없다.

④ 허위사실 적시에 의한 명예훼손죄에 해당하는 행위에 대하여는 위법성조각에 관한 형법 제310조는 적용될 여지가 없다.

16 문서에 관한 죄, 인장에 관한 죄에 대한 다음 설명 중 가장 옳은 것은?

① 형법 제239조 제1항에 규정된 사인(私印)위조죄를 범한 사람에 대하여 벌금형으로 처벌할 수 있다.

② 허위공문서작성죄의 객체가 되는 문서는 문서상 작성명의인이 명시된 경우여야 하므로, 작성명의인이 명시되어 있지 않은 문서는 허위공문서작성죄의 객체가 될 수 없다.

③ 위조사문서행사죄에 있어서의 행사는 위조된 사문서를 진정한 것으로 사용함으로써 사문서에 대한 공공의 신용을 해칠 우려가 있는 행위를 말하므로, 위조된 사문서의 작성 명의인은 행사의 상대방이 절대로 될 수 없고, 사문서가 위조된 것임을 이미 알고 있는 공범자 등에게 행사하는 경우에도 위조사문서행사죄가 성립될 수 없다.

④ 휴대전화 신규 가입신청서를 위조한 후 이를 스캔한 이미지 파일을 제3자에게 이메일로 전송한 경우, 그 이미지 파일을 전송하여 컴퓨터 화면상으로 보게 한 행위는 이미 위조한 가입신청서를 행사한 것에 해당하므로 위조사문서행사죄가 성립한다.

17 책임능력에 관한 다음 설명 중 가장 옳지 않은 것은?
〈변형〉

① 심신장애로 인하여 사물을 변별할 능력이나 의사를 결정할 능력이 미약한 자가 2019. 12. 1. 절도죄를 저지른 경 우 반드시 형을 감경하여야 한다.

② 심신장애의 유무 및 정도의 판단은 법률적 판단으로서 반드시 전문감정인의 의견에 기속되어야 하는 것은 아니다.

③ 2005. 3. 3.에 출생한 자가 2019. 1. 1.에 절도죄를 저지른 경우 그 행위에 대하여 형벌을 과할 수 없다.

④ 듣거나 말하는 데 모두 장애가 있는 사람이 2019. 12. 1. 절도죄를 저지른 경우 반드시 형을 감경하여야 한다.

18 다음 설명 중 가장 옳지 않은 것은?

① 소급효금지의 원칙은 형벌에만 적용되는 것이므로 가정폭력범죄의 처벌 등에 관한 특례법이 정한 사회봉사명령에는 원칙적으로 형벌불소급의 원칙이 적용되지 아니한다.

② 판례의 변경으로 인한 소급처벌은 소급효금지의 원칙에 반하지 아니한다.

③ 형벌법규의 해석에서 법률문언의 통상적인 의미를 벗어나지 않는 한 그 법률의 입법취지와 목적, 입법연혁 등을 고려한 목적론적 해석도 가능하다.

④ 형법 제243조의 '음란한 문서·도화'와 제244조의 '음란한 물건'의 '음란'은 불명확하다고 볼 수 없기 때문에 죄형법정주의에 반하지 아니한다.

19 친족상도례에 관한 다음 설명 중 가장 옳지 않은 것은?

① 배우자의 현금카드를 몰래 가지고 나와 현금자동인출기에서 현금을 인출한 경우 그 형을 면제하여야 한다.

② 법원을 기망하여 甲으로부터 재물을 편취한 경우 甲과 사기죄를 범한 자가 직계혈족 관계에 있을 때에는 그 형을 면제하여야 한다.

③ 형법 제328조 제1항은 "직계혈족, 배우자, 동거친족, 동거가족 또는 그 배우자 간의 제323조의 죄는 그 형을 면제한다."고 규정하는데, 여기서 '그 배우자'는 동거가족의 배우자만을 의미하는 것이 아니라, 직계혈족, 동거친족, 동거가족 모두의 배우자를 의미한다.

④ 父가 혼인 외의 출생자를 인지하는 경우 그 인지가 범행 후에 이루어진 경우라고 하더라도 그 소급효에 따라 형성되는 친족관계를 기초로 하여 위 친족상도례의 규정이 적용된다.

20 다음 설명 중 가장 옳지 않은 것은?

① 협박죄에서 피해자와 밀접한 관계에 있는 제3자에 대한 해악도 포함되나 이때 제3자에는 자연인만 해당하고 법인은 포함되지 아니한다.

② 판례에 의하면 협박죄의 기수에 이르기 위하여는 상대방이 현실적으로 공포심을 일으킬 것을 요하지 아니한다.

③ 협박죄가 성립하기 위하여는 적어도 발생 가능한 것으로 생각될 수 있는 정도의 구체적인 해악의 고지가 있어야 하나, 해악의 고지가 있다 하더라도 그것이 사회통념상 용인할 수 있을 정도의 것이라면 협박죄는 성립하지 아니 한다.

④ 협박이라고 하기 위해서는 해악의 발생이 직접·간접적으로 행위자에 의하여 좌우될 수 있는 것이어야 한다.

21 다음 설명 중 가장 옳지 않은 것은?

① 횡령 교사를 한 후 그 횡령한 물건을 취득한 때에는 횡령교사죄와 장물취득죄의 경합범이 성립한다.

② 주식회사의 대표이사가 타인을 기망하여 신주를 인수하게 한 후 그로부터 납입받은 신주인수대금을 횡령한 것은 사기죄와는 전혀 다른 새로운 보호법익을 침해하는 행위로서 별죄를 구성한다.

③ 타인의 부동산을 보관 중인 자가 불법영득의 의사를 가지고 그 부동산에 근저당권설정등기를 경료함으로써 일단 횡령행위가 기수에 이르렀다면, 그 후 같은 부동산에 별개의 근저당권을 설정하거나 해당 부동산을 매각하였다 하더라도 당초의 근저당권 실행을 위한 임의경매에 의한 매각 등 그 근저당권으로 인해 당연히 예상될 수 있는 범위를 넘어 새로운 법익침해의 위험을 추가시키거나 법익침해의 결과를 발생시켰다는 등의 특별한 사정이 없는 한 불가벌적 사후행위에 불과하고 별도의 횡령죄를 구성하지 않는다.

④ 직무를 집행하는 공무원에 대하여 위험한 물건을 휴대하여 고의로 상해를 가한 경우에는 특수공무집행방해치상죄만 성립할 뿐, 이와는 별도로 폭력행위 등 처벌에 관한 법률 위반(집단·흉기 등 상해)죄를 구성하지 않는다.

22 다음 설명 중 가장 옳지 않은 것은?

① 사람의 생명과 신체의 안전을 보호법익으로 하고 있는 형법의 해석으로는 규칙적인 진통을 동반하면서 분만이 개시된 때가 사람의 시기라고 봄이 타당하다.

② 태아를 사망에 이르게 하는 행위가 임산부 신체의 일부를 훼손하는 것이라거나 태아의 사망으로 인하여 그 태아를 양육, 출산하는 임산부의 생리적 기능이 침해되어 임산부에 대한 상해가 된다고 볼 수는 없다.

③ 직계존속인 피해자를 폭행하고, 상해를 가한 것이 존속에 대한 동일한 폭력습벽의 발현에 의한 것으로 인정되는 경우, 그중 법정형이 더 중한 상습존속상해죄에 나머지 행위들을 포괄시켜 하나의 죄만이 성립한다.

④ 감금을 하기 위한 수단으로서 행사된 협박행위는 비록 그것이 단순한 협박행위에 불과하다고 할지라도 감금죄와 별도로 협박죄를 구성한다.

23 다음 설명 중 가장 옳은 것은?

① 채권자에 대하여 소정기일까지 지급할 의사나 능력이 없음에도 종전 채무의 변제기를 늦출 목적에서 어음을 발행, 교부한 것만으로는 사기죄가 성립하지 아니한다.

② 위조된 약속어음을 진정한 약속어음인 것처럼 속여 기왕의 물품대금채무의 변제를 위하여 채권자에게 교부하였다고 하여도 어음이 결제되지 않는 한 물품대금채무가 소멸되지 아니하므로 사기죄는 성립되지 않는다.

③ 비의료인이 의료법 제33조 제2항을 위반하여 개설한 의료기관이 마치 적법하게 개설된 요양기관인 것처럼 국민건강보험공단에 요양급여비용을 청구하여 국민건강보험공단으로부터 이를 지급받은 행위는 사기죄의 기망행위에 해당하지 아니한다.

④ 피고인이 피해자에게 자동차를 양도하면서 소유권이전등록에 필요한 서류를 교부하고 자동차를 인도하여 매매대금을 받은 후 자동차에 미리 부착해 놓은 지피에스(GPS)로 위치를 추적하여 자동차를 절취한 경우 절도 외에 매매대금에 대한 사기죄도 성립한다.

24 다음 설명 중 가장 옳은 것은?

① 태풍 피해복구보조금 지원절차가 행정당국에 의한 실사를 거쳐 피해자로 확인된 경우에 한하여 보조금 지원신청을 할 수 있도록 되어 있는 경우, 허위의 피해신고만으로도 사기죄의 실행의 착수가 있다고 볼 수 있다.

② 절취의 목적으로 자동차내부를 손전등으로 비추어 본 것은 절도의 실행에 착수한 것으로 볼 수 있다.

③ 강간의 실행에 착수하였으나 피해자가 수술한지 얼마 안 되어 배가 아프다면서 애원하여 간음을 중단한 경우에는 자의로 실행을 중지한 경우로 볼 수 없다.

④ 피고인이 피해자가 심신상실 또는 항거불능의 상태에 있다고 인식하고 그러한 상태를 이용하여 간음할 의사로 피해자를 간음하였으나 피해자가 실제로는 심신상실 또는 항거불능의 상태에 있지 않은 경우, 준강간죄의 불능미수가 성립하지 아니한다.

25 다음 설명 중 가장 옳은 것은?

① 형법 제37조 후단의 경합범 관계에 있는 죄에 대하여 형법 제39조 제1항에 의하여 따로 형을 선고하여야 하기 때문에 하나의 판결로 두 개의 자유형을 선고하는 경우 그 두 개의 자유형은 각각 별개의 형이므로 형법 제62조 제1항에 정한 집행유예의 요건에 해당하면 그 각 자유형에 대하여 각각 집행유예를 선고할 수 있는 것이고, 또 그 두 개의 자유형 중 하나의 자유형에 대하여 실형을 선고하면서 다른 자유형에 대하여 집행유예를 선고하는 것도 허용된다.

② '사형, 무기금고, 유기징역, 벌금, 자격상실, 자격정지, 구류, 과료, 몰수'는 형이 무거운 것부터 순서대로 나열한 것이다.

③ 금고 이상의 형을 받아 그 집행을 종료하거나 면제를 받은 후 5년 내에 금고 이상에 해당하는 죄를 범한 자는 누범으로 처벌한다.

④ 몰수는 타형에 부가하여 과한다. 따라서 행위자에게 유죄의 재판을 아니 할 때에는 어떤 경우에도 몰수만을 선고할 수는 없다.

01 명예훼손죄에 관한 다음 설명 중 가장 옳지 않은 것은? (다툼이 있는 경우 판례에 의하고, 전원합의체 판결의 경우 다수의견에 의함. 이하 01~25까지 같음)

① 피해자인 경찰관을 상대로 진정한 사건이 혐의가 인정되지 않아 내사종결 처리되었음에도 공연히 "사건을 조사한 경찰관에 대해 내일부로 검찰청에서 구속영장이 떨어진다."라고 말한 것은 희망 또는 의견을 진술하거나 가치판단을 나타낸 것에 불과하여 명예훼손죄에 있어서의 사실의 적시에 해당하지 않는다.

② 피해자들이 전과가 많다는 내용의 명예훼손 발언을 들은 사람들이 이미 피해자들의 전과사실을 알고 있었다고 하더라도 명예훼손죄가 성립할 수 있다.

③ 새로 목사로서 부임한 피고인이 전임목사에 관한 교회내의 불미스러운 소문의 진위를 확인하기 위하여 이를 교회집사들에게 물어보았다면 이는 명예훼손의 고의 없는 단순한 확인에 지나지 아니하여 사실의 적시라고 할 수 없다.

④ 소문이나 제3자의 말을 인용한 언론보도가 허위사실을 적시한 것인지 판단하려면 원칙적으로 그 보도내용의 주된 부분인 암시된 사실 자체를 기준으로 그것이 진실인지 여부를 살펴보아야 하며, 그러한 소문, 제3자의 말 등의 존부를 기준으로 보도가 허위사실인지를 판단해서는 안 된다.

02 甲이 주점에서 술에 취하여 옆 자리 손님을 폭행하였는데, 이를 신고받은 경찰관 A와 B가 출동하였다. 甲은 경찰관 A와 B에게 욕설을 하며 경찰관 A의 얼굴을 주먹으로 때리고, 곧 이어 이를 제지하는 B의 다리를 걸어차 폭행하였다. 위 사안과 관련한 다음 설명 중 가장 옳은 것은?

① 위 사안에서 甲의 폭행으로 경찰관 A가 상해를 입었다면, 공무집행방해치상죄가 성립한다.

② 공무집행방해죄에 있어서 '직무를 집행하는'이라 함은 공무원이 직무수행에 직접 필요한 행위를 현실적으로 행하고 있는 때만을 가리키므로, 출동만 한 상태의 경찰관 A, B에 대하여는 공무집행방해죄가 성립하지 않는다.

③ 공무집행방해죄는 국가적 법익에 관한 죄이나, 위 사안과 같이 甲이 같은 목적으로 출동한 경찰관 A, B를 폭행한 경우에, 두 개의 공무집행방해죄가 성립한다.

④ 위 사안과 같은 경우, 동일한 장소에서 동일한 기회에 폭행이 이루어졌으나, 두 명의 공무원에 대한 폭행은 실체적 경합관계이다.

03 무고죄에 관한 다음 설명 중 가장 옳지 않은 것은?

① 타인으로 하여금 형사처분 또는 징계처분을 받게 할 목적으로 공무소 또는 공무원에 대하여 허위의 사실을 신고함으로써 성립한다.

② 허위의 사실을 신고하여야 하므로 신고 당시 그 사실 자체가 형사범죄를 구성하지 않으면 무고죄는 성립하지 않는다.

③ 무고죄를 범한 자가 그 신고한 사건의 재판 또는 징계처분이 확정되기 전에 자백 또는 자수한 때에는 그 형을 감경 또는 면제할 수 있다.

④ 상대방의 범행에 공범으로 가담한 사람이 자신의 가담 사실을 숨기고 상대방을 고소한 경우에는 무고죄가 성립하지 않는다.

04 공범에 관한 다음 설명 중 가장 옳지 않은 것은?

① 종범은 정범이 실행행위에 착수하여 범행을 하는 과정에서 이를 방조한 경우뿐만 아니라 정범의 실행의 착수 이전에 장래의 실행행위를 예상하고 이를 용이하게 하기 위하여 방조한 경우에도 그 후 정범이 실행행위에 나아갔다면 성립할 수 있다.

② 포괄일죄의 관계에 있는 범행의 일부를 실행한 후 공범관계에서 이탈하였으나 다른 공범자에 의하여 나머지 범행이 이루어진 경우, 피고인이 관여하지 않은 부분에 대하여도 죄책을 부담한다.

③ 중지범은 범죄의 실행에 착수한 후 자의로 그 행위를 중지한 때를 말하는 것이고 실행의 착수가 있기 전인 예비 음모의 행위를 처벌하는 경우에 있어서 중지범의 관념은 이를 인정할 수 없다.

④ 부작위범 사이의 공동정범은 부작위범 상호 간에 공통된 의무가 부여되어 있지 않더라도 그 의무를 공통으로 이행할 수 있는 경우에 성립한다.

05 모욕죄에 관한 다음 설명 중 가장 옳은 것은?

① 종교적 목적을 위한 언론·출판의 자유를 행사하는 과정에서 타 종교의 신앙의 대상을 우스꽝스럽게 묘사하거나 모욕적이고 불쾌하게 느껴지는 표현을 사용하는 것은 예외 없이 모욕죄에 해당한다.

② 강원도 양구군과 양구군수는 국민에 대한 관계에서 명예훼손죄와 모욕죄의 피해자가 될 수 있다.

③ 모욕죄의 피해자는 특정되어야 하는데, 특정한 집단을 표시한 이른바 집단표시에 의한 모욕은 피해자가 특정되었다고 볼 수 있으므로 일반적으로 모욕죄가 성립한다.

④ 어떠한 표현이 상대방의 인격적 가치에 대한 사회적 평가를 저하시킬 만한 것이 아니라면 표현이 다소 무례한 방법으로 표시되었다 하더라도 모욕죄의 구성요건에 해당한다고 볼 수 없는 경우가 있다.

06 다음 설명 중 가장 옳지 않는 것은?

① 인감증명서는 형법상 재물에 해당하므로, 인감증명서를 편취하는 경우 그 소지인에 대한 관계에서 사기죄가 성립한다.

② 타인을 위하여 금전 등을 보관·관리하는 자가 개인적 용도로 사용할 자금을 마련하기 위하여, 적정한 금액보다 과다하게 부풀린 금액으로 공사계약을 체결하기로 공사업자 등과 사전에 약정하고 그에 따라 과다 지급된 공사대금 중의 일부를 공사업자로부터 되돌려 받는 행위는 그 타인에 대한 관계에서 과다하게 부풀려 지급된 공사대금상당액의 횡령이 된다.

③ 형법 제357조 제1항의 배임수재죄와 같은 조 제2항의 배임증재죄는 통상 필요적 공범의 관계에 있기는 하나, 이것은 반드시 수재자와 증재자가 같이 처벌받아야 하는 것을 의미하는 것은 아니고, 증재자에게는 정당한 업무에 속하는 청탁이라도 수재자에게는 부정한 청탁이 될 수도 있다.

④ 비록 주간에 사람의 주거 등에 침입하였다고 하더라도, 야간에 타인의 재물을 절취한 이상 형법 제330조의 야간주거침입절도죄에 해당한다.

07 위증죄에 관한 다음 설명 중 가장 옳지 않은 것은?

① 선서한 증인이 일단 기억에 반하는 허위의 진술을 하였다면 위증죄는 기수에 달하고 그 신문이 끝나기 전에 그 진술을 철회·시정한 경우에도 위증죄의 성립에 어떤 영향을 주는 것은 아니다.

② 심문절차로 진행되는 가처분 신청사건에서 증인으로 선서를 하고 허위의 공술을 하였다고 하더라도 위증죄는 성립하지 않는다.

③ 타인으로부터 전해들은 금품의 전달사실을 마치 증인 자신이 전달한 것처럼 진술한 것은 증인의 기억에 반하는 허위진술이라고 할 것이므로 그 진술부분은 위증에 해당한다.

④ 단순위증죄와 마찬가지로 모해위증죄를 범한 자도 그 공술한 사건의 재판 또는 징계처분이 확정되기 전에 자백 또는 자수한 때에는 그 형을 감경 또는 면제한다.

08 강제추행죄에 관한 다음 설명 중 가장 옳지 않은 것은?

① 추행이라 함은 객관적으로 일반인에게 성적 수치심이나 혐오감을 일으키게 하고 선량한 성적 도덕관념에 반하는 행위로서 피해자의 성적 자유를 침해하는 일체의 행위를 말한다.

② 강제추행은 피해자의 신체에 대해 물리적 접촉이 없더라도 피해자의 나이, 행위 당시의 객관적 상황 등에 비추어 인정될 수 있으므로, 어떠한 신체 접촉도 없이 사람이나 차량의 왕래가 빈번한 도로에서 여성인 피해자에게 욕설을 하면서 자신의 바지를 벗어 성기를 보여준 행위는 강제추행죄를 구성한다.

③ 강제추행죄는 폭행행위 자체가 추행행위라고 인정되는 경우에도 성립하고, 이 경우에 있어서의 폭행은 반드시 상대방의 의사를 억압할 정도의 것임을 요하지 않고 상대방의 의사에 반하는 유형력의 행사가 있는 이상 그 힘의 대소강약을 불문한다.

④ 강제추행죄의 성립에 필요한 주관적 구성요건으로 성욕을 자극·흥분·만족시키려는 주관적 동기나 목적이 있어야 하는 것은 아니므로, 머리채를 잡아 폭행을 가하는 여성인 피해자에 대한 보복의 의미에서 그 피해자의 입술, 귀, 유두, 가슴을 입으로 깨무는 등의 행위는 추행에 해당하는 것으로 평가할 수 있고, 강제추행에 관한 고의도 인정할 수 있다.

09 강제집행면탈죄에 관한 다음 설명 중 가장 옳은 것은?

① 국가의 적정한 강제집행권의 행사를 보호법익으로 한다.

② 강제집행면탈죄가 적용되는 강제집행에는 민사집행의 적용대상인 강제집행 또는 가압류·가처분 등의 집행에 한하지 않고 담보권 실행 등을 위한 경매도 포함된다.

③ 강제집행면탈죄에서 말하는 강제집행에는 금전채권의 강제집행뿐만 아니라 소유권이전등기의 강제집행도 포함된다.

④ 강제집행면탈죄가 성립하기 위해서는 주관적 구성요건으로 채권자를 해한다는 고의가 있으면 족하고, 강제집행을 면할 목적이 있어야 하는 것은 아니다.

10 뇌물죄 일반에 관한 다음 설명 중 가장 옳지 않은 것은?

① 뇌물죄에서 말하는 직무에는 공무원이 법령상 관장하는 직무 그 자체뿐만 아니라 직무와 밀접한 관계가 있는 행위 또는 관례상이나 사실상 관여하는 직무행위도 포함되나, 과거에 담당하였던 직무는 현재 그 직무관련성이 인정되지 않으므로 이에 포함되지 않는다.

② 뇌물죄는 직무집행의 공정과 이에 대한 사회의 신뢰에 기하여 직무행위의 불가매수성을 그 직접적 보호법익으로 하고 있으므로 뇌물성은 의무위반행위의 유무와 청탁의 유무 및 금품 수수시기와 직무집행행위의 전후를 가리지 아니한다.

③ 뇌물죄에서 뇌물의 내용인 이익이라 함은 금전, 물품 기타의 재산적 이익뿐만 아니라 사람의 수요 욕망을 충족시키기에 족한 일체의 유형, 무형의 이익을 포함한다고 해석되고, 투기적 사업에 참여할 기회를 얻는 것도 이에 해당한다.

④ 甲이 뇌물 수수의 의사로 1,000만 원을 지급받아 그 중 300만 원을 함께 일하는 다른 공무원 乙에게 교부한 경우에도 1,000만 원 전액에 대하여 뇌물수수죄가 성립한다.

11 문서에 관한 죄에 대한 다음 설명 중 가장 옳지 않은 것은?

① 2인 이상의 연명문서를 위조한 때에는 수개의 문서위조죄의 상상적 경합범에 해당한다.

② 주식회사의 적법한 대표이사는 회사의 영업에 관하여 재판상 또는 재판외의 모든 행위를 할 권한이 있으므로, 대표이사로부터 포괄적으로 권한 행사를 위임받은 사람이 주식회사 명의로 문서를 작성하는 행위는 권한 있는 사람의 문서 작성행위로서 자격모용사문서작성 또는 위조에 해당하지 않는다.

③ 공무원인 의사가 공무소의 명의로 허위진단서를 작성한 경우에는 허위공문서작성죄만이 성립하고 허위진단서작성죄는 별도로 성립하지 않는다.

④ 공문서의 작성권자를 보조하는 직무에 종사하는 공무원이 허위공문서를 기안하여 허위인 정을 모르는 작성권자에게 제출하고 그로 하여금 그 내용이 진실한 것으로 오신케 하여 서명 또는 기명날인케 함으로써 공문서를 완성한 때에는 허위공문서작성죄의 간접정범이 성립된다.

12 업무방해죄에 관한 다음 설명 중 가장 옳지 않은 것은?

① 업무방해죄의 보호 대상이 되는 '업무'란 직업 또는 계속적으로 종사하는 사무나 사업으로서 타인의 위법한 행위에 의한 침해로부터 보호할 가치가 있으면 되고, 반드시 그 업무가 적법하거나 유효할 필요는 없다.

② 공무원이 직무상 수행하는 공무를 방해하는 행위에 대해서는 업무방해죄가 성립하지 않는다.

③ 업무방해죄의 성립에는 업무방해의 결과가 실제로 발생함을 요하지 않고 업무방해의 결과를 초래할 위험이 발생하는 것이면 족하다.

④ 쟁의행위로서의 파업은 근로자가 사용자에게 압력을 가하여 그 주장을 관철하고자 집단적으로 노무제공을 중단하는 실력행사이므로 언제나 업무방해죄에서 말하는 '위력'에 해당한다.

13 몰수, 추징에 관한 다음 설명 중 가장 옳지 않은 것은?

① 수뢰자가 자기앞수표를 뇌물로 받아 이를 소비한 후 자기앞수표 상당액을 증뢰자에게 반환한 경우에는 증뢰자로부터 그 가액을 추징하여야 한다.

② 형법 제48조 제1항 제1호, 제2항에 의한 몰수 및 추징은 임의적인 것이므로 그 추징의 요건에 해당되는 물건이라도 이를 추징할 것인지의 여부는 법원의 재량에 맡겨져 있다.

③ 필요적 몰수의 요건을 갖추지 못한 경우라도 형법 제48조 제1항에서 정하는 임의적 몰수 요건을 충족하면 몰수할 수 있다.

④ 형법상 배임수재죄에서의 몰수, 추징은 필요적 몰수, 추징이다.

14 사기죄, 횡령죄, 배임죄에 관한 다음 설명 중 가장 옳지 않은 것은?

① 자기가 점유하는 타인의 재물에 대하여는 이를 취득하면서 기망행위를 한다 하여도 사기죄는 성립하지 않고 횡령죄만 성립한다.

② 타인의 사무를 처리하는 자가 그 사무처리상 임무에 위배하여 본인을 기망하고 착오에 빠진 본인으로부터 재물을 교부받은 경우에는 사기죄와 배임죄가 모두 성립하고 양 죄는 상상적 경합관계에 있다.

③ 기망의 상대방인 피해자 법인의 대표자가 기망행위자와 동일인인 경우에는 사기죄가 성립한다고 보기 어렵다.

④ 피해자 법인의 업무를 처리하는 실무자인 일반 직원이 기망행위임을 알지 못했다면, 그 대표자가 기망행위임을 알고 있었다고 하더라도 피해자 법인에 대한 사기죄 성립에 영향이 없다.

15 위법성의 판단에 관한 다음 설명 중 가장 옳지 않은 것은?

① 경찰관이 임의동행을 요구하며 손목을 잡고 뒤로 꺾어 올리는 등으로 제압하자 거기에서 벗어나려고 몸싸움을 하는 과정에서 경찰관에게 경미한 상해를 입힌 경위는 위법성이 결여된 행위에 해당한다.

② 겉으로는 서로 싸움을 하는 것처럼 보이더라도 실제로는 한쪽 당사자가 일방적으로 위법한 공격을 가하고 상대방은 이러한 공격으로부터 자신을 보호하고 이를 벗어나기 위하여 소극적인 방어의 한도 내에서 유형력을 행사한 경우에는 위법하지 않다.

③ 서로 공격할 의사로 싸우다가 먼저 공격을 받고 이에 대항하여 가해하게 된 경우에 그 가해행위는 정당방위에 해당하지 않으나 과잉방위가 될 수 있다.

④ 강제연행을 모면하기 위하여 팔꿈치로 뿌리치면서 가슴을 잡고 벽에 밀어붙인 행위는 소극적인 저항으로 사회상규에 위반되지 않는다.

16 형법상 친고죄와 반의사불벌죄에 관한 다음 설명 중 가장 옳은 것은?

① 형법상 강간죄는 친고죄가 아니지만, 강제추행죄는 친고죄이다.

② 존속폭행죄는 단순폭행죄와 달리 반의사불벌죄가 아니다.

③ 사자명예훼손죄는 모욕죄와 달리 반의사불벌죄이다.

④ 동거하지 않는 형제지간에 절도죄를 범한 때에는 고소가 있어야 공소를 제기할 수 있다.

17 불가벌적 사후행위에 관한 다음 설명 중 가장 옳지 않은 것은?

① 미등기건물의 관리를 위임받아 보관하고 있는 자가 피해자의 승낙 없이 건물을 자신의 명의로 보존등기를 한 때 이미 횡령죄는 완성되고, 이후 근저당권설정등기를 한 행위는 불가벌적 사후행위에 해당한다.

② 사람을 살해한 자가 그 사체를 다른 장소로 옮겨 유기한 행위는 불가벌적 사후행위에 해당하여 별도의 사체유기죄를 구성하지 않는다.

③ 장물인 자기앞수표를 취득한 후 이를 현금 대신 교부한 행위는 장물취득에 대한 가벌적 평가에 당연히 포함되는 불가벌적 사후행위로서 별도의 범죄를 구성하지 아니한다.

④ 업무상 과실로 장물을 보관하고 있던 사람이 이를 제3자에게 처분한 행위는 불가벌적 사후행위에 해당하여 별도로 횡령죄를 구성하지 않는다.

18 중지미수에 관한 다음 설명 중 가장 옳은 것은?

① 甲과 乙이 A를 강간하기로 공모하여 A를 강제로 텐트에 끌고 들어가 甲이 먼저 A의 반항을 억압한 후 1회 간음하고, 이어 乙이 A를 강간하려 하였으나 A가 애걸하여 그만둔 경우, 乙은 중지미수에 해당한다.

② 살해의 의사로 피해자를 칼로 수회 찔렀으나, 많은 피가 흘러나오는 것을 보고 겁을 먹고 그만 둔 경우 중지미수에 해당한다.

③ 방화 후 불길이 치솟는 것을 보고 겁이 나서 불을 끈 경우 중지미수에 해당한다.

④ 강도가 강간하려고 하였으나 다음에 만나 친해지면 응해주겠다는 피해자의 간곡한 부탁에 따라 강간행위의 실행을 중지한 경우 중지미수에 해당한다.

19 위법성인식과 심신장애에 대한 다음 설명 중 가장 옳지 않은 것은?

① 형법 제10조에 규정된 심신장애의 유무 및 정도의 판단은 사실적 판단으로서 반드시 전문감정인의 의견에 기속되어야 하는 것은 아니다.

② 음주운전을 할 의사를 가지고 음주만취한 후 운전을 결행하여 교통사고를 일으켰다면, 음주 시에 교통사고를 일으킬 위험성을 예견하였는데도 자의로 심신장애를 야기한 경우에 해당하므로 심신장애로 인한 감경 등을 할 수 없다.

③ 충동을 억제하지 못하여 범죄를 저지르게 되는 현상은 정상인에게서도 얼마든지 찾아볼 수 있으므로, 원칙적으로 충동조절장애와 같은 성격적 결함은 형의 감면사유인 심신장애에 해당하지 아니한다.

④ 범죄의 성립에 있어서 위법의 인식은 그 범죄사실이 사회정의와 조리에 어긋난다는 것을 인식하는 것으로서 족하고 구체적인 해당 법조문까지 인식할 것을 요하는 것은 아니다.

20 주거침입죄에 관한 다음 설명 중 가장 옳지 않은 것은? 〈변형〉

① 다가구용 단독주택이나 다세대주택·연립주택·아파트 등 공동주택 안에서 공용으로 사용하는 계단과 복도는 특별한 사정이 없는 한 주거침입죄의 객체인 '사람의 주거'에 해당한다.

② 일반인의 출입이 허용된 음식점에 영업주의 승낙을 받아 통상적인 출입방법으로 들어갔다면 행위자가 범죄 등을 목적으로 음식점에 출입하였거나 영업주가 행위자의 실제 출입 목적을 알았더라면 출입을 승낙하지 않았을 것이라는 사정이 인정되더라도 그러한 사정만으로는 주거침입죄에서 규정하는 침입행위에 해당하지 않는다.

③ 주거침입죄의 경우 주거침입의 범의로써 예컨대, 주거로 들어가는 문의 시정장치를 부수거나 문을 여는 등 침입을 위한 구체적 행위를 시작하였다면 주거침입죄의 실행의 착수는 있었다고 보아야 한다.

④ 형법 제332조에 규정된 상습절도죄를 범한 범인이 범행의 수단으로 주간에 주거침입을 한 경우, 주간 주거침입 행위는 상습절도죄에 흡수되어 별개로 주거침입죄를 구성하지 아니한다.

21 다음 중 가장 옳지 않은 것은?

① 산부인과 의사 甲의 업무상 과실로 임신 32주의 임산부 乙의 배 속에 있는 태아가 사망하였다. 甲에게 업무상과실치상죄가 성립할 수 있다.

② 甲은 조카인 乙을 살해할 것을 마음먹고 乙을 저수지로 데리고 가 미끄러지기 쉬운 제방 쪽으로 유인하여 함께 걷다가 물에 빠진 조카를 구호하지 아니하여 乙이 익사하였다. 甲에게 살인죄가 성립할 수 있다.

③ 乙은 甲과 말다툼을 하다가 '죽고 싶다', '같이 죽자'고 하며 甲에게 기름을 사오라고 하였고, 甲이 휘발유 1병을 사다주자 乙은 몸에 휘발유를 뿌리고 불을 붙여 자살하였다. 甲에게 자살방조죄가 성립할 수 있다.

④ 甲은 7세, 3세 남짓의 어린 자식들에게 함께 죽자고 권유하여 물속에 따라 들어오게 하여 익사하게 하였다. 甲에게 살인죄가 성립할 수 있다.

22 공갈죄에 관한 다음 설명 중 가장 옳지 않은 것은?

① 공갈죄에 있어서 공갈의 상대방은 재산상의 피해자와 동일함을 요하지는 아니하나, 공갈의 목적이 된 재물 기타 재산상의 이익을 처분할 수 있는 권한을 갖거나 그러한 지위에 있음을 요한다.

② 주점의 종업원에게 신체에 위해를 가할 듯한 태도를 보여 이에 겁을 먹은 위 종업원으로부터 주류를 제공받은 경우에 있어 위 종업원은 주류에 대한 처분권자가 아니므로 공갈죄가 성립할 수 없다.

③ 공갈죄의 해악의 내용이 실현가능해야만 하는 것은 아니다.

④ 공갈죄의 고지된 해악의 실현은 그 자체가 위법한 것임을 요하지 않는다.

23 형의 감면에 관한 다음 설명 중 가장 옳은 것은?

① 자기 또는 타인의 법익에 대한 현재의 부당한 침해에 대한 방위행위가 그 정도를 초과한 때에는 그 형을 감경할 수 있을 뿐, 면제할 수는 없다.

② 범행이 심신미약의 상태에서 저질러진 때에는 그 형을 감경해야 한다.

③ 경합범 중 판결을 받지 아니한 죄가 있는 때에는 그 죄와 판결이 확정된 죄를 동시에 판결할 경우와 형평을 고려하여 그 죄에 대하여 형을 선고하되, 이 경우 그 형을 감경 또는 면제해야 한다.

④ 범인이 자의로 실행에 착수한 행위를 중지하거나 그 행위로 인한 결과의 발생을 방지한 때에는 형을 감경 또는 면제해야 한다.

24 업무상배임죄의 주체에 관한 다음 설명 중 가장 옳지 않은 것은?

① 업무상배임죄로 이익을 얻은 수익자 또는 그와 밀접한 관련이 있는 제3자라도 배임행위의 전 과정에 관여하는 등으로 배임행위에 적극 가담하는 경우는 배임의 실행행위자와 공동정범이 성립할 수 있다.

② 업무상배임죄와 배임증재죄는 별개의 범죄로서 배임증재죄를 범한 자라 할지라도 그와 별도로 타인의 사무를 처리하는 지위에 있는 사람과 공범으로서는 업무상배임죄를 범할 수도 있다.

③ 공무원은 업무상배임죄의 주체가 될 수 없다.

④ 업무상배임죄에 있어서 '타인의 사무를 처리하는 자'란 고유의 권한으로서 그 처리를 하는 자에 한하지 아니하고, 그 자의 보조기관으로서 직접 또는 간접으로 그 처리에 관한 사무를 담당하는 자도 포함된다.

25 배임죄에 관한 다음 설명 중 가장 옳지 않은 것은?

① 부동산 매매계약에서 중도금을 지급받은 매도인이 매수인에게 소유권을 이전하기 전에 제3자에게 이를 처분한 경우 배임죄가 성립한다고 보는 중요한 이유는 중도금이 수수되면 당사자가 임의로 계약을 해제할 수 없는 구속력이 발생하기 때문이다.

② 부동산 이중양도에 있어서 매도인이 제2차 매수인으로부터 계약금만을 지급받고 중도금을 수령한 바 없다면, 배임죄의 실행의 착수가 있었다고 볼 수 없다.

③ 채무자가 채권자에 대하여 소비대차 등으로 인한 채무를 부담하고 이를 담보하기 위하여 장래에 부동산의 소유권을 이전하기로 하는 내용의 대물변제예약을 한 후, 채무자가 대물로 변제하기로 한 부동산을 제3자에게 처분한 경우 배임죄가 성립한다.

④ 부동산의 매도인이 매수인으로부터 중도금까지 수령하였으나, 매수인 앞으로 소유권이전등기 등을 마치기 이전에 제3자로부터 금원을 차용하고 그 담보로 근저당권설정등기를 해준 경우 배임죄가 성립한다.

인생은 자전거를 타는 것과 같다.
균형을 잡기 위해서는 계속 움직여야 한다.

− 알버트 아인슈타인 −

PART 8

형사소송법

01 진술거부권에 관한 다음 설명 중 가장 옳은 것은? (다툼이 있는 경우 판례에 의하고, 전원합의체 판결의 경우 다수의견에 의함. 이하 01~25까지 같음)

① 수사기관이 피의자가 아닌 참고인으로 조사를 하면서 진술거부권을 고지하지 아니하고 작성한 진술조서는 위법수집증거에 해당한다.

② 수사기관이 피의자를 신문함에 있어서 피의자에게 미리 진술거부권을 고지하지 않은 때에는 그 피의자의 진술은 위법하게 수집된 증거이지만, 진술의 임의성이 인정되는 경우라면 증거능력이 인정된다.

③ 구속영장 발부에 의하여 적법하게 구금된 피의자가 피의자 신문을 위한 출석요구에 응하지 아니하면서 수사기관 조사실에 출석을 거부한다면 수사기관은 그 구속영장의 효력에 의하여 피의자를 조사실로 구인할 수 있다고 보아야 하고, 이러한 경우에는 수사기관이 피의자를 신문하기 전에 진술거부권을 고지할 필요가 없다.

④ 비록 사법경찰관이 피의자에게 진술거부권을 행사할 수 있음을 알려 주고 그 행사 여부를 질문하였다 하더라도, 형사소송법 제244조의3 제2항에 규정한 방식에 위반하여 진술거부권 행사 여부에 대한 피의자의 답변이 자필로 기재되어 있지 아니하거나 그 답변 부분에 피의자의 기명날인 또는 서명이 되어 있지 아니한 사법경찰관 작성의 피의자신문조서는 특별한 사정이 없는 한 형사소송법 제312조 제3항에서 정한 '적법한 절차와 방식'에 따라 작성된 조서라 할 수 없으므로 그 증거능력을 인정할 수 없다.

02 인신구속에 관한 다음 설명 중 가장 옳지 않은 것은?

① 피의자에 대한 구속영장의 제시와 집행이 그 발부 시로부터 정당한 사유 없이 시간이 지체되어 이루어졌다 하더라도 구속영장이 그 유효기간 내에 집행되었다면, 위 기간 동안의 체포 내지 구금 상태를 위법하다고 볼 수는 없다.

② 검사 또는 사법경찰관이 체포영장을 집행할 때에는 피의자에게 반드시 체포영장을 제시하여야 하지만, 체포영장을 소지하지 아니한 경우에 급속을 요하는 때에는 피의자에게 범죄사실의 요지와 영장이 발부되었음을 고하고 체포영장을 집행할 수 있다.

③ 검사 등이 현행범인을 체포하거나 현행범인을 인도받은 후 현행범인을 구속하고자 하는 경우 48시간 이내에 구속영장을 청구하여야 하고 그 기간 내에 구속영장을 청구하지 아니하는 때에는 즉시 석방하여야 한다. 검사 등이 아닌 이에 의하여 현행범인이 체포된 후 불필요한 지체 없이 검사 등에게 인도된 경우 위 48시간의 기산점은 체포시가 아니라 검사 등이 현행범인을 인도받은 때라고 할 것이다.

④ 긴급체포의 요건을 갖추었는지 여부는 사후에 밝혀진 사정을 기초로 판단하는 것이 아니라 체포 당시의 상황을 기초로 판단하여야 하고, 이에 관한 검사나 사법경찰관 등 수사주체의 판단에는 상당한 재량의 여지가 있다고 할 것이나, 긴급체포 당시의 상황으로 보아서도 그 요건의 충족 여부에 관한 검사나 사법경찰관의 판단이 경험칙에 비추어 현저히 합리성을 잃은 경우에는 그 체포는 위법한 체포라 할 것이다.

03 송달에 관한 다음 설명 중 가장 옳지 않은 것은?

① 피고인이 구치소나 교도소 등에 수감 중에 있는 경우는, 법원이 수감 중인 피고인에 대하여 공소장 부본과 피고인소환장 등을 종전 주소지 등으로 송달한 경우는 물론 공시송달의 방법으로 송달하였더라도 이는 위법하다고 보아야 한다.

② 구치소에 재감 중인 피고인이 제1심판결에 대하여 항소하였는데, 항소심법원이 구치소로 소송기록접수통지서를 송달하면서 송달받을 사람을 구치소의 장이 아닌 피고인으로 하였고 구치소 서무계원이 이를 수령한 경우에는 송달받을 사람을 피고인으로 한 송달은 효력이 없고, 달리 피고인에게 소송기록접수의 통지가 도달하였다는 등의 사정을 발견할 수 없다면, 소송기록접수의 통지는 효력이 없다.

③ 형사피고사건으로 법원에 재판이 계속되어 있는 사람은 공소제기 당시의 주소지나 그 후 신고한 주소지를 옮길 때에는 자기의 새로운 주소지를 법원에 신고하거나 기타 소송 진행 상태를 알 수 있는 방법을 강구하여야 하고, 만일 이러한 조치를 취하지 않았다면, 원칙적으로 소송서류가 송달되지 않아서 공판기일에 출석하지 못하거나 판결 선고사실을 알지 못하여 상고기간을 도과하는 등 불이익을 받는 책임을 면할 수 없다.

④ 기록에 피고인의 주민등록지 이외의 주소가 나타나 있고 피고인의 집 전화번호 또는 휴대전화번호 등이 나타나 있는 경우라도, 피고인이 재판이 계속 중인 사실을 알면서도 새로운 주소지 등을 법원에 신고하는 등 조치를 하지 않아 소환장이 송달불능되었다면, 법원이 곧바로 공시송달의 방법으로 송달하였다 하여 위법하다고 볼 수 없다.

04 공판조서의 증명력에 관한 다음 설명 중 가장 옳지 않은 것은?

① 피고인에게 증거조사결과에 대한 의견을 묻고 증거조사를 신청할 수 있음을 고지하였을 뿐만 아니라 최종의견진술의 기회를 주었는지 여부와 같은 소송절차에 관한 사실은 공판조서에 기재된 대로 공판절차가 진행된 것으로 증명되고 다른 자료에 의한 반증은 허용되지 않는다.

② 동일한 사항에 관하여 두개의 서로 다른 내용이 기재된 공판조서가 병존하는 경우 양자는 동일한 증명력을 가지는 것으로서 그 증명력에 우열이 있을 수 없다고 보아야 할 것이므로 그 중 어느 쪽이 진실한 것으로 볼 것인지는 공판조서의 증명력을 판단하는 문제로서 법관의 자유로운 심증에 따를 수밖에 없다.

③ 공판조서에 기재되지 않은 소송절차는 공판조서 이외의 자료에 의한 증명이 허용되므로 공판조서에 피고인에 대하여 인정신문을 한 기재가 없다면 같은 조서에 피고인이 공판기일에 출석하여 공소사실신문에 대하여 이를 시정하고 있는 기재가 있다 하더라도 인정신문이 있었던 사실이 추정된다고 할 수는 없다.

④ 공소사실이 최초로 심리된 제1심 제4회 공판기일부터 피고인이 공소사실을 일관되게 부인하여 경찰 작성 피의자신문조서의 진술 내용을 인정하지 않는 경우, 제1심 제4회 공판기일에 피고인이 위 서증의 내용을 인정한 것으로 공판조서에 기재된 것은 착오 기재 등으로 보아 위 피의자신문조서의 증거능력을 부정하여야 한다.

05 항소심에 관한 다음 설명 중 가장 옳은 것은?

① 피고인을 위하여 제1심판결을 파기하는 경우에 파기의 이유가 '항소한 공동피고인'에게 공통되는 때에는 그 공동피고인에 대하여도 제1심판결을 파기하여야 하는데, 이때 '항소한 공동피고인'에는 제1심의 공동피고인으로서 자신이 항소한 경우만 해당되고, 제1심의 공동피고인에 대하여 검사만 항소한 경우는 이에 포함되지 않는다.

② 피고인의 항소대리권자인 배우자가 피고인을 위하여 항소한 경우에도 소송기록접수통지는 항소인인 피고인에게 하여야 하는데, 피고인이 적법하게 소송기록접수통지서를 받지 못하였다면 항소이유서 제출기간이 지났다는 이유로 항소기각결정을 하는 것은 위법하다.

③ 항소심에서도 피고인이 불출석한 상태에서 그 진술 없이 판결하기 위해서는 피고인이 적법한 공판기일 통지를 받고서도 2회 연속으로 정당한 이유 없이 출정하지 않은 경우에 해당하여야 하는데, 이때 '적법한 공판기일 통지'란 소환장의 송달(형사소송법 제76조) 및 소환장 송달의 의제(형사소송법 제268조)의 경우에 한정된다.

④ 제1심법원이 공소사실의 동일성이 인정되는 범위 내에서 공소가 제기된 범죄사실에 포함된 보다 가벼운 범죄사실을 유죄로 인정하면서 법정형이 보다 가벼운 다른 법조를 적용하여 피고인을 처벌하고, 유죄로 인정된 부분을 제외한 나머지 부분에 대하여는 범죄의 증명이 없다는 이유로 판결 이유에서 무죄로 판단한 경우, 피고인만이 유죄 부분에 대하여 항소하고 검사는 무죄로 판단된 부분에 대하여 항소하지 아니한 경우에도, 그 죄 전부가 피고인의 항소와 상소불가분의 원칙으로 인하여 항소심에 이심되었으므로 무죄 부분도 항소심의 심판대상이 된다.

06 반대신문권의 보장에 관한 다음 설명 중 가장 옳지 않은 것은?

① 피고인에게 불리한 증거인 증인이 주신문의 경우와 달리 반대신문에 대하여는 답변을 하지 아니하는 등 진술 내용의 모순이나 불합리를 그 증인신문 과정에서 드러내어 이를 탄핵하는 것이 사실상 곤란하였고, 그것이 피고인 또는 변호인에게 책임 있는 사유에 기인한 것이 아닌 경우와 같이 실질적 반대신문권의 기회가 부여되지 아니한 채 이루어진 증인의 법정진술은 특별한 사정이 존재하지 아니하는 이상 위법한 증거로서 증거능력을 인정하기 어렵다.

② 피고인이 일시 퇴정한 상태에서 증인신문을 한 뒤 피고인에게 실질적인 반대신문의 기회를 부여하지 않았더라도, 그 다음 공판기일에서 재판장이 증인신문 결과 등을 공판조서(증인신문조서)에 의하여 고지하면서 이의여부를 물었고 피고인이 "변경할 점과 이의할 점이 없다"고 진술하였다면 실질적인 반대신문의 기회를 부여받지 못한 하자가 치유된 것으로 볼 수 있다.

③ 실질적인 반대신문의 기회를 부여받지 못한 하자는 책문권 포기로 치유될 수 있으며, 이 때 책문권 포기의 의사는 반드시 명시적인 것일 필요는 없다.

④ 수사기관에서 진술한 참고인이 법정에서 증언을 거부하여 피고인이 반대신문을 하지 못한 경우에는 정당하게 증언거부권을 행사한 것이 아니라도, 피고인이 증인의 증언거부 상황을 초래하였다는 등의 특별한 사정이 없는 한 형사소송법 제314조의 '그 밖에 이에 준하는 사유로 인하여 진술할 수 없는 때'에 해당하지 않는다고 보아야 한다.

07 증거능력에 관한 다음 설명 중 가장 옳지 않은 것은?

① 임의제출된 정보저장매체에서 압수의 대상이 되는 전자정보의 범위를 넘어서는 전자정보에 대해 수사기관이 영장 없이 압수·수색하여 취득한 증거는 위법수집증거에 해당하고, 사후에 법원으로부터 영장이 발부되었다거나 피고인이나 변호인이 이를 증거로 함에 동의하였다고 하여 그 위법성이 치유되는 것도 아니므로 증거능력이 없다.

② 법원조직법 제57조 제1항에서 정한 공개금지사유가 없음에도 불구하고 재판의 심리에 관한 공개를 금지하기로 결정하였다면, 그 절차에 의하여 이루어진 증인의 증언은 증거능력이 없고, 변호인의 반대신문권이 보장되었더라도 달리 볼 수 없으며, 이러한 법리는 공개금지결정의 선고가 없는 등으로 공개금지결정의 사유를 알 수 없는 경우에도 마찬가지이다.

③ 형사소송법 제244조의4(수사과정의 기록) 제1항은 피고인이 아닌 자가 수사과정에서 진술서를 작성하는 경우에도 준용되므로, 수사기관이 그에 대한 조사과정을 기록하지 아니한 경우에는, 특별한 사정이 없는 한 '적법한 절차와 방식'에 따라 수사과정에서 진술서가 작성되었다 할 수 없으므로 그 증거능력을 인정할 수 없다.

④ 경찰관이 피고인이 아닌 자의 주거지·근무지를 방문한 곳에서 진술서 작성을 요구하여 제출받은 경우 등 그 진술서가 경찰서에서 작성한 것이 아니라 작성자가 원하는 장소를 방문하여 받은 것이라면, 형사소송법 제244조의4(수사과정의 기록) 제1항 규정이 적용되지 않는다.

08 다음 설명 중 가장 옳지 않은 것은?

① 검사가 기명날인 또는 서명이 없는 상태로 공소장을 관할법원에 제출하는 것은 특별한 사정이 없는 한 공소제기의 절차가 법률의 규정을 위반하여 무효인 때에 해당한다. 다만 이 경우 공소를 제기한 검사가 공소장에 기명날인 또는 서명을 추후 보완하는 등의 방법으로 공소제기가 유효하게 될 수 있다.

② 약식명령에 대한 정식재판청구서에 청구인의 기명날인 또는 서명이 없다면 형사소송법 제59조(비공무원의 서류)를 위반한 것으로서 그 청구를 결정으로 기각하여야 한다. 그러나 정식재판의 청구를 접수하는 법원공무원이 청구인의 기명날인이나 서명이 없음에도 불구하고 이에 대한 보정을 구하지 아니하고 적법한 청구가 있는 것으로 오인하여 청구서를 접수한 경우에는 청구인의 귀책사유로 볼 수 없으므로 그 청구를 결정으로 기각할 수 없다.

③ 피고인이 공판조서의 열람 또는 등사를 청구하였음에도 법원이 불응하여 피고인의 열람 또는 등사청구권이 침해된 경우에는 공판조서를 유죄의 증거로 할 수 없을 뿐만 아니라 공판조서에 기재된 당해 피고인이나 증인의 진술도 증거로 할 수 없다고 보아야 한다.

④ 공판조서의 기재가 명백한 오기인 경우를 제외하고는 공판기일의 소송절차로서 공판조서에 기재된 것은 조서만으로써 증명하여야 하고, 그 증명력은 공판조서 이외의 자료에 의한 반증이 허용되지 않는 절대적인 것이다.

09 기피에 관한 다음 설명 중 가장 옳지 않은 것은?

① 피고사건의 판결선고절차가 시작되어 재판장이 이유의 요지 중 상당부분을 설명하는 도중 피고인이 동 공판에 참여한 법원사무관에 대한 기피신청과 동시에 선고절차의 정지를 요구하는 것은 선고절차의 중단 등 소송지연만을 목적으로 한 것으로 부적법하다.

② 어떠한 사유에 의했건 기피의 대상으로 하고 있는 법관이 이미 당해 구체적 사건의 직무집행으로부터 배제되어 있다면 그 법관에 대한 피고인의 기피신청은 부적법하다.

③ 기피신청을 받은 법관이 본안의 소송절차를 정지하지 않은 채 그대로 소송을 진행하여서 한 소송행위는 위법하나, 그후 그 기피신청에 대한 기각결정이 확정되었다면 그 하자는 치유되었다고 볼 것이다.

④ 법원사무관 등과 통역인에 대한 기피신청도 가능하고, 그에 대한 기피재판은 그 소속법원이 결정으로 하여야 한다.

10 고소에 관한 다음 설명 중 가장 옳지 않은 것은?

① 법원이 선임한 부재자 재산관리인이 그 관리대상인 부재자의 재산에 대한 범죄행위에 관하여 법원으로부터 고소권 행사에 관한 허가를 얻은 경우 부재자 재산관리인은 형사소송법 제225조 제1항에서 정한 법정대리인으로서 적법한 고소권자에 해당한다고 보아야 한다.

② 법원은 고소권자가 비친고죄로 고소한 사건이더라도 검사가 사건을 친고죄로 구성하여 공소를 제기하였다면 공소장 변경절차를 거쳐 공소사실이 비친고죄로 변경되지 아니하는 한, 법원으로서는 친고죄에서 소송조건이 되는 고소가 유효하게 존재하는지를 직권으로 조사·심리하여야 한다.

③ 고소는 제1심판결 선고 전까지 취소할 수 있으나, 항소심에서 공소장의 변경에 의하여 또는 공소장변경절차를 거치지 아니하고 법원 직권에 의하여 친고죄가 아닌 범죄를 친고죄로 인정하였다면, 항소심이 실질적으로 제1심이라 할 것이므로, 항소심에서 고소인이 고소를 취소하였다면 이는 친고죄에 대한 고소취소로서의 효력이 있다.

④ 고소의 취소나 처벌을 희망하는 의사표시의 철회는 수사기관 또는 법원에 대한 법률행위적 소송행위이므로 공소제기 전에는 고소사건을 담당하는 수사기관에, 공소제기 후에는 고소사건의 수소법원에 대하여 이루어져야 한다.

11 피의자에 대한 구속영장 청구 사건의 심문절차에 관한 다음 설명 중 가장 옳지 않은 것은?

① 판사는 피의자가 심문기일에의 출석을 거부하거나 질병 그 밖의 사유로 출석이 현저하게 곤란하고, 피의자를 심문 법정에 인치할 수 없다고 인정되는 때에는 피의자의 출석 없이 심문절차를 진행할 수 있다.

② 검사와 변호인은 판사의 심문이 끝난 후에 의견을 진술할 수 있다. 다만, 필요한 경우에는 심문 도중에도 판사의 허가를 얻어 의견을 진술할 수 있다.

③ 심문기일의 통지는 서면 이외에 구술·전화·모사전송·전자우편·휴대전화 문자전송 그 밖에 적당한 방법으로 신속하게 하여야 한다. 이 경우 통지의 증명은 그 취지를 심문조서에 기재함으로써 할 수 있다.

④ 판사는 구속 여부의 판단을 위하여 필요하다고 인정하는 때에는 심문절차를 일시 중단하고 피해자 그 밖의 제3자가 의견을 진술하도록 할 수는 있으므로 심문장소에 출석한 피해자 그 밖의 제3자를 심문할 수는 없다.

12 다음 설명 중 가장 옳은 것은?

① 형사소송법은 상소할 수 있는 자는 자기 또는 대리인이 책임질 수 없는 사유로 상소 제기기간 내에 상소를 하지 못한 경우에는 상소권회복의 청구를 할 수 있도록 정하고 있으나, 약식명령에 대하여 정식재판을 청구하는 경우에는 정식재판회복의 청구를 할 수 있는 규정을 두고 있지 않다.

② 상소권회복의 청구가 있는 때에는 법원은 이에 대한 결정을 할 때까지 재판의 집행을 정지하는 결정을 하여야 한다. 따라서 벌금을 납부하지 아니하여 노역장 유치의 집행을 당한자도 상소권회복의 청구에 대한 결정을 할 때까지 일단은 석방되어야 한다.

③ 형사소송법 제343조 제2항에서 "상소의 제기기간은 재판을 선고 또는 고지한 날로부터 진행한다."고 규정하고 있으므로, 형사소송에 있어서는 판결등본이 당사자에게 송달되는 여부에 관계없이 공판정에서 판결이 선고된 날로부터 상소 기간이 기산되며, 이는 피고인이 불출석한 상태에서 재판을 하는 경우에도 마찬가지이다.

④ 자기 또는 대리인이 책임질 수 없는 사유로 상소 제기기간 내에 상소를 하지 못한 경우에는 우선 상소권회복의 청구를 하고, 그로부터 상당한 기간 내에 상소를 제기하여도 적법하다.

13 관할에 관한 다음 설명 중 가장 옳지 않은 것은?

① 지방법원과 그 지원의 합의부가 제1심으로 심판하여야 할 사건을 지방법원 지원 단독판사가 제1심으로 심판하고, 그 제1심 사건에 대한 항소심 사건을 지방법원 본원 합의부가 실체에 들어가 심판한 경우, 관할획일의 원칙과 그 위법의 중대성 등에 비추어 이는 판결에 영향을 미쳤음이 명백하므로, 상고심은 직권으로 원심판결 및 제1심판결을 파기하고 사건을 관할권이 있는 지방법원 지원 합의부로 이송하여야 한다.

② 지방법원 지원에 제1심 토지관할이 인정되는 경우, 특별한 사정이 없는 한 그 지방법원 본원에도 제1심 토지관할이 인정된다.

③ 형사소송법 제4조 제1항은 "토지관할은 범죄지, 피고인의 주소, 거소 또는 현재지로 한다."라고 정하고, 여기서 '현재지'라고 함은 공소제기 당시 피고인이 현재한 장소로서 임의에 의한 현재지뿐만 아니라 적법한 강제에 의한 현재지도 이에 해당한다.

④ 형사소송법 제5조에서 정한 관련 사건의 관할은 이른바 고유관할사건 및 그 관련 사건이 반드시 병합기소되거나 병합되어 심리될 것을 전제요건으로 하는 것은 아니고, 고유관할사건 계속 중 고유관할 법원에 관련 사건이 계속된 이상 그 후 양 사건이 병합되어 심리되지 아니한 채 고유사건에 대한 심리가 먼저 종결되었다 하더라도 관련 사건에 대한 관할권은 여전히 유지된다.

14 공판준비기일 및 공판기일 절차에 관한 다음 설명 중 가장 옳은 것은?

① 공판준비기일에는 검사 및 피고인, 변호인이 출석하여야 한다.

② 제1회 공판기일은 소환장의 송달 후 5일 이상의 유예기간을 두어야 한다. 다만, 피고인이 이의 없는 때에는 전항의 유예 기간을 두지 아니할 수 있다.

③ 공판준비절차가 종결되면 공판절차로 진행하기 때문에 공판준비기일을 재개할 수는 없다.

④ 법원은 공판준비절차에서 증거신청, 증거채부결정뿐만 아니라 필요하다고 인정하는 경우 증거조사를 할 수 있다.

15 자백보강법칙에 관한 다음 설명 중 가장 옳지 않은 것은?

① 공동피고인의 자백은 이에 대한 피고인의 반대신문권이 보장되어 있어 증인으로 신문한 경우와 다를 바 없으므로 독립한 증거능력이 있으나, 피고인들 간에 이해관계가 상반되는 경우에는 독립한 증거로 보기 어렵다.

② 직접증거가 아닌 간접증거나 정황증거도 보강증거가 될 수 있고, 자백과 보강증거가 서로 어울려서 전체로서 범죄사실을 인정할 수 있으면 유죄의 증거로 충분하다.

③ 피고인의 습벽을 범죄구성요건으로 하며 포괄일죄인 상습범에 있어서도 이를 구성하는 각 행위에 관하여 개별적으로 보강증거를 요구하고 있는 점에 비추어 보면 투약습성에 관한 정황증거만으로 향정신성의약품관리법위반죄의 객관적 구성요건인 각 투약행위가 있었다는 점에 관한 보강증거로 삼을 수는 없다.

④ 사람의 기억에는 한계가 있는 만큼 자백과 보강증거 사이에 어느 정도의 차이가 있어도 중요부분이 일치하고 그로써 진실성이 담보되면 보강증거로서의 자격이 있다.

16 소송행위의 추완에 관한 다음 설명 중 가장 옳은 것은?

① 변호인 선임서를 제출하지 않은 채 상고이유서만을 제출하고 상고이유서 제출기간이 지난 후에 변호인 선임서를 제출하였다면 그 상고이유서는 적법·유효한 변호인의 상고이유서로 볼 수 있다.

② 친고죄에서 피해자의 고소가 없거나 고소가 취소되었음에도 친고죄로 기소되었다가 그 후 당초에 기소된 공소사실과 동일성이 인정되는 비친고죄로 공소장변경이 허용된 경우라도 그 공소제기의 흠은 치유될 수 없다.

③ 원래 공소제기가 없었음에도 피고인의 소환이 이루어지는 등 사실상의 소송계속이 발생한 상태에서 검사가 약식명령을 청구하는 공소장을 제1심법원에 제출하고, 위 공소장에 기하여 공판절차를 진행한 경우 제1심법원으로서는 이에 기하여 유·무죄의 실체판단을 하여야 한다.

④ 세무공무원의 고발 없이 조세범칙사건의 공소가 제기된 후에 세무공무원이 고발을 한 경우 그 공소절차의 흠은 치유된다.

17 다음 설명 중 가장 옳지 않은 것은?

① 피고인이 출석한 공판기일에서 증거로 함에 부동의한다는 의견이 진술된 경우에는 그 후 피고인이 출석하지 아니한 공판기일에 변호인만이 출석하여 종전 의견을 번복하여 증거로 함에 동의하였다 하더라도 이는 특별한 사정이 없는 한 효력이 없다고 보아야 한다.

② 약식명령에 불복하여 정식재판을 청구한 피고인이 정식재판절차의 제1심에서 2회 불출정하여 증거동의가 간주된 후 증거조사를 완료한 경우라도 증거동의 간주가 피고인의 진의와는 관계없이 이루어지는 점에 비추어, 피고인이 항소심에 출석하여 공소사실을 부인하면서 간주된 증거동의를 철회 또는 취소한다는 의사표시를 하는 경우 증거동의 간주의 효력은 상실된다고 할 것이다.

③ 임의성이 인정되지 아니하여 증거능력이 없는 진술증거는 피고인이 증거로 함에 동의하더라도 증거로 삼을 수 없다.

④ 개개의 증거에 대하여 개별적인 증거조사방식을 거치지 아니하고 검사가 제시한 모든 증거에 대하여 피고인이 증거로 함에 동의한다는 방식으로 이루어진 것이라 하여도 증거동의로서의 효력을 부정할 이유가 되지 못한다.

18 항고에 관한 다음 설명 중 가장 옳은 것은?

① 법원의 관할 또는 판결 전의 소송절차에 관한 결정에 대하여는 특히 즉시항고를 할 수 있는 경우 외에는 항고를 하지 못한다. 그러나 관할이전의 신청을 기각한 결정은 피고인의 방어권을 침해할 가능성이 있는 결정이므로 즉시항고는 불가능하더라도 보통항고로서 불복할 수 있다.

② 원심법원은 항고가 이유 있다고 인정하더라도 심급제의 속성상 사건기록을 항고심법원에 송부하여야 하고, 스스로 결정을 경정할 수는 없다.

③ 항고는 즉시항고 외에는 재판의 집행을 정지하는 효력이 없다. 따라서 원심법원 또는 항고법원은 보통항고의 경우 항고에 대한 결정이 있을 때까지 집행을 정지할 수 없다.

④ 검사의 체포영장 또는 구속영장 청구에 대한 지방법원 판사의 재판은 형사소송법 제402조의 규정에 의하여 항고의 대상이 되는 '법원의 결정'에 해당하지 아니하고, 제416조 제1항의 규정에 의하여 준항고의 대상이 되는 '재판장 또는 수명법관의 구금 등에 관한 재판'에도 해당하지 아니한다.

19 비약적 상고에 관한 다음 설명 중 가장 옳지 않은 것은?

① 비약적 상고는 제1심판결이 인정한 사실에 대하여 법령을 적용하지 않았거나 법령의 적용에 착오가 있는 때 또는 제1심판결이 있은 후 형의 폐지나 변경 또는 사면이 있는 때에 제기할 수 있다.

② '제1심판결이 인정한 사실에 대하여 법령을 적용하지 아니하거나 법령의 적용에 착오가 있는 때'라 함은, 제1심판결이 인정한 사실이 옳다는 것을 전제로 하여 볼 때 그에 대한 법령을 적용하지 아니하거나 법령의 적용을 잘못한 경우를 말하는 것이다.

③ 제1심판결에 대한 비약적 상고는 그 사건에 대한 항소가 제기된 때에는 효력을 잃고, 다만 항소의 취하 또는 항소기각의 결정이 있는 때에는 예외로 한다.

④ 피고인이 비약적 상고를 제기한 후 검사가 항소를 제기하면 피고인의 비약적 상고는 효력을 잃는데, 그와 같이 효력이 없어진 비약적 상고에 항소로서의 효력을 부여할 수 없다.

20 증언거부권에 관한 다음 설명 중 가장 옳지 않은 것은?

① 증언거부사유인 '형사소추·공소제기 당할 염려'에는 증인이 이미 저지른 범죄사실에 대한 경우뿐만 아니라 증인의 증언에 의하여 비로소 범죄가 성립하는 경우도 포함된다.

② 자신에 대한 유죄판결이 확정된 증인이 공범에 대한 피고사건에서 증언할 당시 앞으로 재심을 청구할 예정이라고 하여도, 이를 이유로 증인에게 증언거부권이 인정되지는 않는다.

③ 범행을 하지 아니한 자가 범인으로 공소제기가 되어 피고인의 지위에서 범행사실을 허위자백하고, 나아가 공범에 대한 증인의 자격에서 증언을 하면서 그 공범과 함께 범행하였다고 허위의 진술을 한 경우 그 증언은 자신에 대한 유죄판결의 우려를 증대시키는 것이므로 증언거부권의 대상은 된다고 볼 것이다.

④ 변호사, 변리사, 공증인, 공인회계사, 세무사, 대서업자, 의사, 한의사, 치과의사, 약사, 약종상, 조산사, 간호사, 종교의 직에 있는 자 또는 이러한 직에 있던 자가 그 업무상 위탁을 받은 관계로 알게 된 사실로서 타인의 비밀에 관한 것은 증언을 거부할 수 있다. 단, 본인의 승낙이 있거나 중대한 공익상 필요 있는 때에는 예외로 한다.

21 보석제도에 관한 다음 설명 중 가장 옳은 것은?

① 피고인이 집행유예의 기간 중에 있는 집행유예의 결격자라면 보석을 허가할 수 없다.

② 검사의 의견청취 절차는 보석에 관한 결정의 본질적 부분이 되므로, 법원이 검사의 의견을 듣지 아니한 채 보석에 관한 결정을 하였다면 그 결정이 적정하더라도, 절차상의 하자를 이유로 그 결정을 취소할 수 있다.

③ 법원은 보석을 취소하는 때에는 직권 또는 검사의 청구에 따라 결정으로 보증금 또는 담보의 전부 또는 일부를 몰취 할 수 있고, 이때 보석보증금몰수결정은 반드시 보석취소와 동시에 하여야 한다.

④ 형사소송법 제102조 제2항(보석조건의 변경과 취소 등)에 따른 보석취소결정이 있는 때에는 검사가 그 취소결정의 등본에 의하여 피고인을 재구금하므로, 새로운 구속영장을 발부받을 필요가 없다.

22 국민참여재판에 관한 다음 설명 중 가장 옳지 않은 것은?

① 피고인은 공소장 부본을 송달받은 날부터 7일 이내에 국민 참여재판을 원하는지 여부에 관한 의사가 기재된 서면을 제출하여야 하나, 공소장 부본을 송달받은 날부터 7일 이내에 의사확인서를 제출하지 아니한 피고인도 제1회 공판기일이 열리기 전까지는 국민참여재판 신청을 할 수 있고, 법원은 그 의사를 확인하여 국민참여재판으로 진행할 수 있다.

② 국민참여재판 대상 사건의 피고인이 국민참여재판을 신청하였는데도 법원이 이에 대한 배제결정을 하지 않은 채 통상의 공판절차로 재판을 진행하는 것은 위법하고, 이와 같이 위법한 공판절차에서 이루어진 소송행위는 무효라고 보아야 한다.

③ 피고인은 국민참여재판을 받을 것인지에 대한 의사를 번복 할 수 있으나, 공판준비기일이 종결되거나 제1회 공판기일이 열린 이후에는 종전의 의사를 바꿀 수 없다.

④ 배심원의 평결과 양형에 관한 의견은 법원을 기속하지 않으므로, 재판장은 판결선고 시 피고인에게 배심원의 평결결과를 고지하거나 평결결과와 다른 판결을 선고하는 이유를 설명할 필요가 없다.

23 불이익변경금지 원칙에 관한 다음 설명 중 가장 옳지 않은 것은?

① 피고인이 제1심판결 선고 시 소년에 해당하여 부정기형을 선고받았고, 피고인만이 항소한 항소심에서 피고인이 성년에 이르러 항소심이 제1심의 부정기형을 정기형으로 변경해야 할 경우, 불이익변경금지 규정을 적용함에 있어 부정기형과 정기형 사이에 그 경중을 가리는 경우에는 부정기형 중 최단기형과 정기형을 비교하여야 한다.

② 항소심에서 주형을 감형하면서 추징액을 증액한 경우(제1심의 형량인 징역 2년에 집행유예 3년 및 금 5억여 원 추징을 항소심에서 징역 1년에 집행유예 2년 및 금 6억여 원 추징으로 변경), 불이익변경금지원칙에 반하지 않는다.

③ 항소심이 제1심판결에서 정한 형과 동일한 형을 선고하면서 제1심에서 정한 취업제한기간보다 더 긴 취업제한명령을 부가하는 것은 전체적 · 실질적으로 피고인에게 불리하게 변경한 것이므로, 피고인만이 항소한 경우에는 허용되지 않는다.

④ 제1심법원이 소송비용의 부담을 명하는 재판을 하지 않았음에도 항소심법원이 제1심의 소송비용에 관하여 피고인에게 부담하도록 재판을 한 경우, 불이익변경금지원칙에 위배되지 않는다.

24 피고인은 A사건으로 구속영장이 집행되어 서울구치소에 구금되었다. 그 후 피고인은 2023. 4. 20. 서울중앙지방법원에서 A사건으로 징역형을 선고받고 항소하였다. 항소심법원인 서울고등법원은 2023. 5. 6. 소송기록접수통지서 등을 발송하였고, 서울구치소장은 2023. 5. 7. 이를 송달받았으며, 피고인은 2023. 5. 8. 이를 수령하였다(2023. 5. 28.은 일요일, 2023. 5. 29.은 임시공휴일이며, 변호인의 존재여부 및 변호인의 기간준수는 고려하지 아니함). 이 사실관계를 바탕으로 한 다음 설명 중 가장 옳지 않은 것은?

① 만일 피고인이 2023. 4. 27. 서울구치소장에게 항소장을 제출하였다면, 그 항소장이 2023. 4. 28. 제1심법원에 도착하였더라도 피고인의 항소는 항소기간(7일) 내에 적법하게 제기된 것이다.

② 구속피고인에 대한 송달은 그 수용 중인 교도소 또는 구치소의 장에게 하여야 하므로, 서울구치소장이 피고인보다 먼저 서울고등법원으로부터 2023. 5. 7. 소송기록접수통지서를 받은 것은 적법하다.

③ 만일 피고인이 2023. 5. 28. 항소이유서를 서울구치소장에게 제출하였으나, 그 날은 일요일이고, 다음 날인 2023. 5. 29.은 임시공휴일인 관계로 2023. 5. 30.에 이르러서야 법원에 항소이유서가 도착되었더라도 항소이유서는 기간(20일) 내에 적법하게 제출된 것이다.

④ 만일 피고인이 제1심판결 선고 이후인 2023. 4. 30. 보석허가 결정을 받아 출소하였고 2023. 5. 8. 피고인의 주거지에서 직접 서울고등법원의 소송기록접수통지서를 송달받는데, 2023. 5. 28. 항소이유서를 발송하였으나 그 날은 일요일이고, 다음 날인 2023. 5. 29.은 임시공휴일인 관계로 2023. 5. 30.에 이르러서야 법원에 항소이유서가 도착되었다면, 항소 이유서는 기간(20일)을 도과하여 부적법하게 제출된 것이다.

25 압수·수색영장의 집행에 관한 다음 설명 중 가장 옳지 않은 것은?

① 압수·수색영장은 처분을 받는 자에게 반드시 제시하여야 하나, 처분을 받는 자가 현장에 없는 등 영장의 제시나 그 사본의 교부가 현실적으로 불가능한 경우 또는 처분을 받는 자가 영장의 제시나 사본의 교부를 거부한 때에는 예외로 한다.

② 피압수자가 수사기관에 압수·수색영장의 집행에 참여하지 않는다는 의사를 명시하였다면, 특별한 사정이 없는 한 그 변호인에게는 미리 집행의 일시와 장소를 통지하지 아니한 채 압수·수색을 하더라도 위법하다고 볼 수 없다.

③ 압수·수색영장의 집행에 피압수자나 변호인의 참여 기회를 보장하여야 하나, 피압수자 측이 압수·수색영장의 집행 과정에 참여하지 않는다는 의사를 명시적으로 표시하였거나 절차 위반행위가 이루어진 과정의 성질과 내용 등에 비추어 피압수자에게 절차 참여를 보장한 취지가 실질적으로 침해되었다고 볼 수 없는 경우에는 압수·수색의 적법성을 부정할 수 없다.

④ 수사기관이 압수·수색에 착수하면서 그 장소의 관리책임자에게 영장을 제시하였다고 하더라도, 물건을 소지하고 있는 다른 사람으로부터 이를 압수하고자 하는 때에는 그 사람에게 따로 영장을 제시하여야 한다.

형사소송법 | 2022년 법원직 9급

✓ 회독 CHECK 1 2 3

01 다음 설명 중 가장 옳지 않은 것은? (다툼이 있는 경우 판례에 의하고, 전원합의체 판결의 경우 다수의견에 의함. 이하 01~25까지 같음)

① 수사기관은 압수의 목적물이 컴퓨터용 디스크 그 밖에 이와 비슷한 정보저장매체인 경우에는 영장 발부의 사유로 된 범죄 혐의사실과 관련 있는 정보의 범위를 정하여 출력하거나 복제하여 이를 제출받아야 하고, 피의자나 변호인에게 참여의 기회를 보장하여야 한다. 다만 수사기관이 정보저장매체에 기억된 정보 중에서 키워드 또는 확장자 검색 등을 통해 범죄 혐의사실과 관련 있는 정보를 선별한 다음 정보저장매체와 동일하게 비트열 방식으로 복제하여 생성한 파일을 제출받아 압수하였다면 이로써 압수의 목적물에 대한 압수·수색 절차는 종료된 것이므로, 수사기관이 수사기관 사무실에서 위와 같이 압수된 이미지 파일을 탐색·복제·출력하는 과정에서도 피의자 등에게 참여의 기회를 보장하여야 하는 것은 아니다.

② 임의제출된 정보저장매체에서 압수의 대상이 되는 전자정보의 범위를 넘어서는 전자정보에 대해 수사기관이 영장 없이 압수·수색하여 취득한 증거는 위법수집증거에 해당하고, 사후에 법원으로부터 영장이 발부되었거나 피고인이나 변호인이 이를 증거로 함에 동의한 경우라도 그 위법성이 치유되는 것도 아니다.

③ 압수·수색영장의 범죄 혐의사실과 관계있는 범죄라는 것은 압수·수색영장에 기재한 혐의사실과 객관적 관련성이 있고 압수·수색영장 대상자와 피의자 사이에 인적 관련성이 있는 범죄를 의미한다. 그 중 객관적 관련성은 압수·수색영장에 기재된 혐의사실의 내용과 수사의 대상, 수사 경위 등을 종합하여 구체적·개별적 연관관계가 있는 경우에만 인정되고, 혐의사실과 단순히 동종 또는 유사 범행이라는 사유만으로 관련성이 있다고 할 것은 아니다.

④ 피압수자가 수사 도중 자유로운 의사에 의해 소유권을 포기한 경우에는 국가가 그 소유권을 취득한다고 보아야 하므로, 수사기관의 환부의무는 면제되고, 피압수자의 압수물에 대한 환부청구권도 소멸한다.

02 공소시효에 관한 다음 설명 중 가장 옳지 않은 것은?

① 공소제기 당시의 공소사실에 대한 법정형을 기준으로 하면 공소제기 당시 아직 공소시효가 완성되지 않았으나 변경된 공소사실에 대한 법정형을 기준으로 하면 공소제기 당시 이미 공소 시효가 완성된 경우에는 공소기각의 판결을 선고하여야 한다.

② 공소시효 기간은 두 개 이상의 형을 병과하거나 두 개 이상의 형에서 한 개를 과할 범죄에 대해서는 무거운 형을 기준으로 적용하고, 형법에 의하여 형을 가중 또는 감경한 경우에는 가중 또는 감경하지 아니한 형을 기준으로 적용한다.

③ 형사소송법 제253조(시효의 정지와 효력) 제3항은 범인이 형사처분을 면할 목적으로 국외에 있는 경우 그 기간 동안 공소시효는 정지된다고 규정하고 있는데, 이 때 범인의 국외체류의 목적은 오로지 형사처분을 면할 목적만으로 국외체류하는 것에 한정되는 것은 아니고 범인이 가지는 여러 국외체류 목적 중 형사처분을 면할 목적이 포함되어 있으면 족하다.

④ 사람을 살해한 범죄로 사형에 해당하는 범죄에 대하여는, 종범을 제외하고 형사소송법 제249조(공소시효의 기간)부터 제253조(시효의 정지와 효력)까지에 규정된 공소시효를 적용하지 아니한다.

03 다음 설명 중 가장 옳은 것은?

① 법원이 피고인에 대하여 구속영장을 발부함에 있어 사전에 형사소송법 제72조(피고인에 대하여 범죄사실의 요지, 구속의 이유와 변호인을 선임할 수 있음을 말하고 변명할 기회를 준 후가 아니면 구속할 수 없다)의 청문절차를 거치지 아니한 채 구속영장을 발부하였다면 그 발부결정은 위법하고, 이미 변호인을 선정하여 공판절차에서 변명과 증거의 제출을 다하고 그의 변호 아래 판결을 선고받은 경우 등과 같이 위 규정에서 정한 절차적 권리가 실질적으로 보장되었다고 볼 수 있다고 하더라도 그 하자는 언제나 치유되었다고 볼 수 없다.

② 구속영장을 집행함에 있어서는 구속영장을 반드시 피고인에게 제시하여야 하므로 급속을 요하는 경우라고 하더라도 구속영장을 소지하지 아니한 경우에는 구속영장을 집행할 수 없다.

③ 형사소송법 제72조의 사전 청문절차와 달리 형사소송법 제88조(피고인을 구속한 때에는 즉시 공소사실의 요지와 변호인을 선임할 수 있음을 알려야 한다)에서 규정한 사후 청문절차를 위반하였다고 하더라도 구속영장의 효력에 어떠한 영향을 미치지 아니한다.

④ 상소기간 중 또는 상소 중의 사건에 관하여 구속기간의 갱신, 구속의 취소, 보석, 구속의 집행정지와 그 정지의 취소에 대한 결정은 소송기록이 원심법원에 있더라도 상소법원이 하여야 한다.

04 다음 설명 중 가장 옳지 않은 것은?

① 공소장에 검사의 간인이 없으나 공소장의 형식과 내용이 연속된 것으로 일체성이 인정되고 동일한 검사가 작성하였다고 인정되는 경우라고 하더라도, 그 공소장은 형사소송법 제57조 제2항에 위반되어 효력이 없는 서류이고, 이러한 공소장 제출에 의한 공소제기는 그 절차가 형사소송법 제327조 제2호에 위반하여 무효인 때에 해당한다.

② 검사의 기명날인 또는 서명이 누락된 채로 관할법원에 제출된 공소장은 형사소송법 제57조 제1항에 위반되어 원칙적 무효이나, 이때 검사가 공소장에 기명날인 또는 서명을 추완하는 등의 방법에 의하여 공소의 제기가 유효하게 될 수 있다.

③ 검사가 전자문서나 저장매체를 이용하여 공소를 제기한 경우, 법원은 저장매체에 저장된 전자문서 부분을 제외하고 서면인 공소장에 기재된 부분만으로 공소사실을 판단하여야 한다. 만일 그 기재 내용만으로는 공소사실이 특정되지 않은 부분이 있다면 검사에게 특정을 요구하여야 하고, 그런데도 검사가 특정하지 않는다면 그 부분에 대해서는 공소를 기각할 수밖에 없다.

④ 공소장일본주의에 위배된 공소제기는 그 절차가 법률의 규정을 위반하여 무효인 때에 해당하는 것으로 보아 공소기각의 판결을 선고하는 것이 원칙이다. 그러나 공소장 기재의 방식에 관하여 피고인 측으로부터 아무런 이의가 제기되지 아니하였고 법원 역시 범죄사실의 실체를 파악하는 데 지장이 없다고 판단하여 그대로 공판절차를 진행한 결과 증거조사절차가 마무리되어 법관의 심증형성이 이루어진 단계에서는 소송절차의 동적 안정성 및 소송경제의 이념 등에 비추어 볼 때 이제는 더 이상 공소장일본주의 위배를 주장하여 이미 진행된 소송절차의 효력을 다툴 수는 없다고 보아야 한다.

05 증거능력에 관한 다음 설명 중 가장 옳지 않은 것은?

① 제1심에서 간이공판절차에 의하여 상당하다고 인정하는 방법으로 증거조사를 한 이상, 피고인이 항소심에 이르러 범행을 부인하였다고 하더라도 제1심에서 이미 증거능력이 있었던 증거는 항소심에서도 증거능력이 그대로 유지된다.

② 경찰이 피고인 아닌 제3자를 사실상 강제연행하여 불법체포한 상태에서 위 제3자를 처벌하기 위하여 그로부터 자술서를 받은 경우 위 자술서는 위법수사로 얻은 진술증거에 해당하여 증거능력이 없고, 이는 위 제3자가 아닌 피고인에 대한 증거로도 삼을 수 없다.

③ 수사기관이 피고인이 2018. 5.경 피해자 甲(여, 10세)에 대하여 저지른 간음유인미수 및 통신매체이용음란 범행과 관련하여 압수·수색영장을 받아 피고인의 휴대전화를 압수하였는데, 이에 대한 디지털정보분석 결과 피고인이 2017. 12.경부터 2018. 4.경까지 사이에 다른 피해자 乙(여, 12세), 丙(여, 10세) 등에 대하여 저지른 간음유인, 미성년자의제강간, 통신매체이용음란 등 범행에 관한 추가 자료들이 획득된 경우, 위 추가 자료들은 피고인의 乙, 丙등에 대한 범행에 관하여 유죄 인정의 증거로 사용할 수 있다.

④ 제3자가 피고인으로부터 건축허가 담당 공무원이 외국연수를 가므로 사례비를 주어야 한다는 말을 들었다는 취지로 한 진술은 피고인에 대한 알선수재죄에 있어 전문증거에 해당하므로 피고인의 부동의에도 불구하고 증거능력이 인정되기 위해서는 형사소송법 제311조 내지 제316조에서 정한 사유가 인정되어야 한다.

06 긴급체포에 관한 다음 설명 중 가장 옳지 않은 것은?

① 검사 또는 사법경찰관은 피의자가 사형·무기 또는 장기 3년 이상의 징역이나 금고에 해당하는 죄를 범하였다고 의심 할 만한 상당한 이유가 있고, 피의자가 증거를 인멸할 염려가 있거나, 도망하거나 도망할 우려가 있는 경우에 긴급을 요하여 지방법원판사의 체포영장을 받을 수 없는 때에는 그 사유를 알리고 영장없이 피의자를 체포할 수 있다.

② 긴급체포는 영장주의원칙에 대한 예외인 만큼 형사소송법 제200조의3(긴급체포) 제1항의 요건을 모두 갖춘 경우에 한하여 예외적으로 허용되어야 하고, 요건을 갖추지 못한 긴급체포는 법적 근거에 의하지 아니한 영장 없는 체포로서 위법한 체포에 해당하는 것이고, 여기서 긴급체포의 요건을 갖추었는지 여부는 사후에 밝혀진 사정을 기초로 판단하는 것이 아니라 체포 당시의 상황을 기초로 판단하여야 한다.

③ 긴급체포되었다가 수사기관의 조치로 석방된 후 법원이 발부한 구속영장에 의하여 구속이 이루어진 경우 형사소송법 제208조(재구속의 제한)에 위배되는 위법한 구속이다.

④ 검사 또는 사법경찰관이 피의자를 긴급체포한 경우 피의자를 구속하고자 할 때에는 지체 없이 검사는 관할지방법원판사에게 구속영장을 청구하여야 하고, 사법경찰관은 검사에게 신청하여 검사의 청구로 관할지방법원판사에게 구속영장을 청구하여야 한다. 이 경우 구속영장은 피의자를 체포한 때부터 48시간 이내에 청구하여야 하며, 긴급체포서를 첨부하여야 한다.

07 확정판결의 기판력에 관한 다음 설명 중 가장 옳지 않은 것은?

① 판결의 확정력은 사실심리의 가능성이 있는 최후의 시점인 판결선고 시를 기준으로 하여 그때까지 행하여진 행위에 대하여만 미치는 것으로서, 제1심판결에 대하여 항소가 된 경우 판결의 확정력이 미치는 시간적 한계는 현행 형사항소심의 구조와 운용 실태에 비추어 볼 때 항소심 판결선고 시라고 보는 것이 상당하다.

② 가정폭력처벌법에 따른 보호처분의 결정이 확정된 경우에는 원칙적으로 가정폭력행위자에 대하여 같은 범죄사실로 다시 공소를 제기할 수 없으나, 보호처분은 확정판결이 아니고 따라서 기판력도 없으므로, 보호처분을 받은 사건과 동일한 사건에 대하여 다시 공소제기가 되었다면 이에 대해서는 면소판결을 할 것이 아니라 공소제기의 절차가 법률의 규정에 위배하여 무효인 때에 해당한 경우이므로 형사소송법 제327조 제2호의 규정에 의하여 공소기각의 판결을 하여야 한다.

③ 상습범으로 유죄의 확정판결을 받은 사람이 그 후 동일한 습벽에 의해 후행범죄를 저질렀는데 유죄의 확정판결에 대하여 재심이 개시된 경우, 동일한 습벽에 의한 후행범죄가 재심대상판결에 대한 재심판결 선고 전에 범하여졌다면 재심판결의 기판력이 후행범죄에 미친다.

④ 상상적 경합은 1개의 행위가 수개의 죄에 해당하는 경우를 말하는 것으로, 여기에서 1개의 행위란 법적 평가를 떠나 사회관념상 행위가 사물자연의 상태로서 1개로 평가되는 것을 의미하고, 상상적 경합 관계의 경우에는 그중 1죄에 대한 확정판결의 기판력은 다른 죄에 대하여도 미친다.

08 형사소송법 제59조의2(재판확정기록의 열람·등사), 제59조의3(확정 판결서 등의 열람·복사)에 관한 다음 설명 중 가장 옳지 않은 것은?

① 법원사무관등이나 그 밖의 법원공무원은 확정 판결서 등의 열람 및 복사에 앞서 판결서등에 기재된 성명 등 개인정보가 공개되지 아니하도록 대판규칙으로 정하는 보호조치를 하여야 하며, 이때 개인정보 보호조치를 한 법원사무관등이나 그 밖의 법원공무원은 고의로 인한 것이 아니면 위 열람 및 복사와 관련하여 민사상·형사상 책임을 지지 아니한다.

② 검사는 소송기록의 보존을 위하여 필요하다고 인정하는 경우에는 그 소송기록의 등본을 열람 또는 등사하게 할 수 있다. 다만, 원본의 열람 또는 등사가 필요한 경우에는 그러하지 아니하다.

③ 누구든지 판결이 확정된 사건의 판결서 또는 그 등본, 증거 목록 또는 그 등본, 그 밖에 검사나 피고인 또는 변호인이 법원에 제출한 서류·물건의 명칭·목록 또는 이에 해당하는 정보를 보관하는 법원에서 해당 판결서등을 열람 및 복사할 수 있다.

④ 검사는 소송기록의 공개로 인하여 공범관계에 있는 자 등의 증거인멸 또는 도주를 용이하게 하거나 관련 사건의 재판에 중대한 영향을 초래할 우려가 있는 경우에는 소송기록의 전부 또는 일부의 열람 또는 등사를 제한할 수 있다. 다만, 소송관계인이나 이해관계 있는 제3자가 열람 또는 등사에 관하여 정당한 사유가 있다고 인정되는 경우에는 그러하지 아니하다.

09 피고인 불출석에 관한 다음 설명 중 가장 옳지 않은 것은?

① 항소심 공판기일에 피고인이 공판기일에 출정하지 아니한 때에는 다시 기일을 정하여야 하고, 피고인이 정당한 사유없이 다시 정한 기일에 출정하지 아니한 때에는 피고인의 진술없이 판결을 할 수 있다.

② 피고인이 출석하지 아니하면 개정하지 못하는 경우에 구속된 피고인이 정당한 사유없이 출석을 거부하고, 교도관에 의한 인치가 불가능하거나 현저히 곤란하다고 인정되는 때에는 피고인의 출석 없이 공판절차를 진행할 수 있다. 이 경우에는 출석한 검사 및 변호인의 의견을 들어야 한다.

③ 장기 3년 이하의 징역 또는 금고, 다액 500만원을 초과하는 벌금 또는 구류에 해당하는 사건에서 피고인의 불출석허가 신청이 있고 법원이 피고인의 불출석이 그의 권리를 보호함에 지장이 없다고 인정하여 이를 허가한 사건에 관하여는 피고인의 출석을 요하지 아니한다. 다만, 형사소송법 제284조에 따른 인정신문 절차를 진행하거나 판결을 선고하는 공판기일에는 출석하여야 한다.

④ 피고인이 제1심에서 도로교통법 위반(음주운전)죄로 유죄판결을 받고 항소한 후 항소심 제1회, 제2회 공판기일에 출석하였고, 제3회 공판기일에 변호인만이 출석하고 피고인은 건강상 이유를 들어 출석하지 않았으나, 제4회 공판기일에 변호인과 함께 출석하자 원심은 변론을 종결하고 제5회 공판기일인 선고기일을 지정하여 고지하였는데, 피고인과 변호인이 모두 제5회 공판기일에 출석하지 아니하자 항소심이 피고인의 출석 없이 공판기일을 개정하여 피고인의 항소를 기각하는 판결을 선고한 것은 적법하다.

10 증인신문에 관한 다음 설명 중 가장 옳지 않은 것은?

① 형사소송법 제148조(근친자의 형사책임과 증언 거부)의 증언거부권은 헌법 제12조 제2항에 정한 불이익 진술의 강요금지 원칙을 구체화한 자기부죄거부특권에 관한 것이므로, 자신에 대한 유죄판결이 확정된 증인이 공범에 대한 피고사건에서 증언할 당시 앞으로 재심을 청구할 예정인 경우 형사소송법 제148조에 의한 증언거부권이 인정된다.

② 법원은 범죄로 인한 피해자를 증인으로 신문하는 경우 증인의 연령, 심신의 상태, 그 밖의 사정을 고려하여 증인이 현저하게 불안 또는 긴장을 느낄 우려가 있다고 인정하는 때에는 직권 또는 피해자·법정대리인·검사의 신청에 따라 피해자와 신뢰관계에 있는 자를 동석하게 할 수 있다.

③ 법원은 증인이 불출석에 따른 과태료 재판을 받고도 정당한 사유 없이 다시 출석하지 아니한 때에는 결정으로 증인을 7일 이내의 감치에 처하고, 감치의 재판을 받은 증인이 감치의 집행 중에 증언을 한 때에는 즉시 감치결정을 취소하고 그 증인을 석방하도록 명하여야 한다.

④ 법원은 증인이 멀리 떨어진 곳 또는 교통이 불편한 곳에 살고 있거나 건강상태 등 그 밖의 사정으로 말미암아 법정에 직접 출석하기 어렵다고 인정하는 때에는 검사와 피고인 또는 변호인의 의견을 들어 비디오 등 중계장치에 의한 중계 시설을 통하여 신문할 수 있다.

11 상소권회복청구에 관한 다음 설명 중 가장 옳지 않은 것은?

① 상고를 포기한 후 그 포기가 무효라고 주장하는 경우 상고제기기간이 경과하기 전이라도 상고포기의 효력을 다투면서 상고를 제기하여 그 상고의 적법 여부에 대한 판단을 받는 대신 별도로 상소권회복 청구를 할 수도 있다.

② 상소권회복을 청구한 자는 그 청구와 동시에 상소를 제기하여야 한다.

③ 상소권회복의 청구를 받은 법원은 청구의 허부에 관한 결정을 하여야 하며, 이 결정에 대하여는 즉시항고를 할 수 있다.

④ 법률의 규정에 따라 상소할 수 있는 자는 자기 또는 대리인이 책임질 수 없는 사유로 상소 제기기간 내에 상소를 하지 못한 경우에는 그 사유가 해소된 날부터 상소 제기기간에 해당하는 기간 내에 서면으로 원심법원에 상소권회복의 청구를 할 수 있다.

12 법관의 제척사유에 해당하는 경우는?

① 법관이 사건에 관하여 피고인의 변호인이거나 피고인 · 피해자의 대리인인 법무법인, 법무법인(유한), 법무조합, 법률사무소, 「외국법자문사법」 제2조 제9호에 따른 합작법무 법인에서 퇴직한 날부터 2년이 지나지 아니한 때

② 원심 합의부원인 법관이 원심 재판장에 대한 기피신청 사건의 심리와 기각결정에 관여한 경우

③ 고발사실 중 검사가 불기소한 부분에 관한 재정신청을 기각한 법관이 위 고발사실 중 나머지 공소제기된 부분에 대한 사건에 관여한 경우

④ 공소제기 전에 검사의 청구에 의하여 증거보전절차상의 증인신문을 한 법관

13 항소이유서 제출기간에 관한 다음 설명 중 가장 옳지 않은 것은?

① 항소인이나 변호인이 항소이유서에 항소이유를 특정하여 구체적으로 명시하지 아니하였다고 하더라도 항소이유서가 법정기간 내에 적법하게 제출된 경우에는 결정으로 항소를 기각할 수 없다.

② 관공서의 공휴일에 관한 규정 제2조 제11호에 따라 정부에서 수시로 지정하는 임시공휴일은 형사소송법 제66조 제3항에서 정한 공휴일에 해당하지 않으므로 항소이유서 제출기간의 말일이 임시공휴일이더라도 피고인이 그 날까지 항소이유서를 제출하지 아니하였다면 항소이유서가 제출기간 내에 적법하게 제출되었다고 볼 수 없다.

③ 피고인과 국선변호인이 모두 법정기간 내에 항소이유서를 제출하지 아니하였다고 하더라도, 국선변호인이 항소이유서를 제출하지 아니한 데 대하여 피고인에게 귀책사유가 있음이 특별히 밝혀지지 않는 한, 항소법원은 종전 국선변호인의 선정을 취소하고 새로운 국선변호인을 선정하여 다시 소송기록접수통지를 함으로써 새로운 변호인으로 하여금 항소이유서 제출기간 내에 피고인을 위하여 항소이유서를 제출하도록 하여야 한다.

④ 항소이유서는 적법한 기간 내에 항소법원의 지배권 안에 들어가 사회통념상 일반적으로 알 수 있는 상태에 있으면 도달한 것이고, 항소법원의 내부적인 업무처리에 따른 문서의 접수, 결재과정 등까지 이루어져야 하는 것은 아니다.

14 다음 설명 중 가장 옳지 않은 것은?

① 피고사건이 법원의 관할에 속하지 아니한 때에는 판결로써 관할위반의 선고를 하여야 하나, 법원은 피고인의 신청이 없으면 토지관할에 관하여 관할 위반의 선고를 하지 못하고, 관할 위반의 신청은 피고사건에 대한 진술 전에 하여야 한다.

② 공소는 항소심 판결의 선고 전까지 취소할 수 있고, 이유를 기재한 서면으로 하여야 하지만 공판정에서는 구술로써 할 수 있다.

③ 고소가 있어야 공소를 제기할 수 있는 사건에서 고소가 취소되었을 때, 피해자의 명시한 의사에 반하여 공소를 제기 할 수 없는 사건에서 처벌을 원하지 아니하는 의사표시를 하거나 처벌을 원하는 의사표시를 철회하였을 때에는 판결로써 공소기각의 선고를 하여야 한다.

④ 확정판결이 있은 때, 사면이 있은 때, 공소의 시효가 완성되었을 때, 범죄 후의 법령개폐로 형이 폐지되었을 때에는 판결로써 면소의 선고를 하여야 한다.

15 다음 설명 중 가장 옳지 않은 것은?

① 공소기각결정의 사유로서 형사소송법 제328조 제1항 제4호에 규정된 '공소장에 기재된 사실이 진실하다 하더라도 범죄가 될 만한 사실이 포함되지 아니한 때'란 공소장 기재사실 자체에 대한 판단으로 그 사실 자체가 죄가 되지 아니함이 명백한 경우를 말한다.

② 공소기각의 결정에 대하여는 즉시항고를 할 수 있고, 공소 취소에 의한 공소기각의 결정이 확정된 때에는 공소취소 후 그 범죄사실에 대한 다른 중요한 증거를 발견한 경우에 한하여 다시 공소를 제기할 수 있다.

③ 친고죄에서 고소 없이 수사를 하고 공소제기 전에 고소를 받아 공소를 제기한 경우 공소제기의 절차가 법률의 규정에 위반되어 무효로서 공소기각 판결을 하여야 한다.

④ 공소기각의 판결에 대하여 피고인이 무죄를 주장하며 상소하는 것은 허용되지 아니한다.

16 항소심에 관한 다음 설명 중 가장 옳지 않은 것은?

① 항소심은 제1심의 형량이 너무 가벼워서 부당하다는 검사의 항소이유에 대한 판단에 앞서 직권으로 제1심판결에 양형이 부당하다고 인정할 사유가 있는지 심판하여 이를 파기하고 보다 가벼운 형을 정하여 선고할 수 있다.

② 항소심으로서는 특별한 사정이 없는 한 제1심 증인이 한 진술의 신빙성 유무에 대한 제1심의 판단이 항소심의 판단과 다르다는 이유만으로 이에 대한 제1심의 판단을 함부로 뒤집어서는 안 된다.

③ 검사가 일부 유죄, 일부 무죄로 판단한 제1심판결 전부에 대하여 항소하면서 항소장이나 항소이유서에 단순히 '양형부당'이라는 문구만 기재하였을 뿐 그 구체적인 이유를 기재하지 않았다면 항소심은 제1심판결의 유죄 부분의 형이 너무 가볍다는 이유로 파기하고 그보다 무거운 형을 선고할 수 없다.

④ 제1심이 실체적 경합범 관계에 있는 공소사실 중 일부에 대하여 재판을 누락한 경우, 항소심으로서는 당사자의 주장이 없더라도 직권으로 제1심의 누락 부분을 파기하고 그 부분에 대하여 재판하여야 하고, 이 경우에는 피고인만이 항소하였더라도 제1심의 형보다 중한 형을 선고할 수 있다.

17 공판절차에 관한 다음 설명 중 가장 옳지 않은 것은?

① 변호인에게 최종의견 진술의 기회를 주었다면 피고인에게 별도로 진술 기회를 주지 아니한 채 판결을 선고하였더라도 위법하다고 볼 수 없다.

② 재판장은 증인이 피고인의 면전에서 충분한 진술을 할 수 없다고 인정한 때에는 피고인을 퇴정하게 하고 증인신문을 진행함으로써 피고인의 직접적인 증인 대면을 제한할 수 있지만, 이러한 경우에도 피고인의 반대신문권을 배제하는 것은 허용될 수 없다.

③ 종결한 변론을 재개하느냐의 여부는 법원의 재량에 속하는 사항으로서 변론종결 후 선임된 변호인의 변론재개신청을 들어주지 아니하더라도 위법하다고 볼 수 없다.

④ 공판기일에 재판장이 피고인 신문과 증거조사가 종료되었음을 선언한 후 검사에게 의견진술의 기회를 주었다면, 검사가 양형에 관한 의견진술을 하지 않았다 하더라도 위법하다고 볼 수 없다.

18 전문증거의 증거능력에 관한 다음 설명 중 가장 옳지 않은 것은?

① 보험사기 사건에서 건강보험심사평가원이 수사기관의 의뢰에 따라 그 보내온 자료를 토대로 입원진료의 적정성에 대한 의견을 제시하는 내용의 '건강보험심사평가원의 입원진료 적정성 여부 등 검토의뢰에 대한 회신'은 형사소송법 제315조 제3호의 '기타 특히 신용할 만한 정황에 의하여 작성된 문서'에 해당하지 않는다.

② 정보통신망을 통하여 공포심이나 불안감을 유발하는 글을 반복적으로 상대방에게 도달하게 하는 행위를 하였다는 공소사실에 대하여, 휴대전화기에 저장된 문자정보는 형사소송법 제310조의2의 전문법칙이 적용되지 않는다.

③ 체포·구속인접견부는 유치된 피의자가 죄증을 인멸하거나 도주를 기도하는 등 유치장의 안전과 질서를 위태롭게 하는 것을 방지하기 위한 목적으로 작성되는 서류일 뿐이어서 형사소송법 제315조 제2, 3호에 따라 당연히 증거능력이 인정되는 서류로 볼 수는 없다.

④ 양벌규정에 따라 처벌되는 행위자와 행위자가 아닌 법인 또는 개인 사이는 공범 관계라고 볼 수 없으므로 법인 또는 개인이 피고인인 사건에서 사법경찰관 작성의 행위자에 대한 피의자신문조서에는 피고인이 아닌 자의 진술을 기재한 조서에 관한 형사소송법 제312조 제4항이 적용된다.

19 재정신청에 관한 다음 설명 중 가장 옳지 않은 것은?

① 검사가 공소시효 만료일 30일 전까지 공소를 제기하지 아니하는 경우에는 검사의 불기소처분에 대한 항고를 거치지 않고도 재정신청을 할 수 있다.

② 법원이 재정신청서를 송부받은 날부터 10일 이내에 피의자에게 그 사실을 통지하지 않았는데 재정신청이 이유 있다고 보아 공소제기결정을 하였고 그에 따라 공소가 제기되어 본안사건의 절차가 개시되었다면, 피고인은 본안사건에서 그와 같은 잘못을 다툴 수 있다.

③ 재정신청은 그에 대한 결정이 있을 때까지 취소할 수 있으나, 이를 취소한 자는 다시 재정신청을 할 수 없다.

④ 재정신청에 따른 공소제기의 결정에 대하여는 형사소송법 제415조의 재항고가 허용되지 않으며, 그러한 재항고가 제기된 경우에 원심법원은 결정으로 이를 기각하여야 한다.

20 변호인에 관한 다음 설명 중 가장 옳지 않은 것은?

① 피고인 또는 피의자의 법정대리인, 배우자, 직계친족과 형제자매는 독립하여 변호인을 선임할 수 있고, 공소제기 전의 변호인 선임은 제1심에도 그 효력이 있다.

② 피고인의 배우자, 직계친족, 형제자매 또는 원심의 대리인이나 변호인은 피고인을 위하여 상소할 수 있지만, 피고인의 명시한 의사에 반하여 하지 못하고, 피고인의 동의를 얻어 상소를 취하할 수 있다.

③ 수인의 변호인이 있는 때에는 재판장은 피고인·피의자 또는 변호인의 신청에 의하여 대표변호인을 지정할 수 있고 그 지정을 철회 또는 변경할 수 있으며, 신청이 없는 때에도 재판장은 직권으로 대표변호인을 지정할 수 있지만, 그 지정을 철회 또는 변경할 수는 없다.

④ 변호사인 변호인에게는 변호사법이 정하는 바에 따라서 이른바 진실의무가 인정되는 것이지만, 변호인이 신체구속을 당한 사람에게 법률적 조언을 하는 것은 그 권리이자 의무이므로 변호인이 적극적으로 피고인 또는 피의자로 하여금 허위진술을 하도록 하는 것이 아니라 단순히 헌법상 권리인 진술거부권이 있음을 알려 주고 그 행사를 권고하는 것을 가리켜 변호사로서의 진실의무에 위배되는 것이라고는 할 수 없다.

21 상소 제기에 관한 다음 설명 중 가장 옳지 않은 것은?

① 교도소 또는 구치소에 있는 피고인이 제출하는 상소장에 대하여 상소의 제기기간 내에 교도소장이나 구치소장 또는 그 직무를 대리하는 사람에게 이를 제출한 때에 상소의 제기기간 내에 상소한 것으로 간주하는 형사소송법 제344조 제1항의 특칙은 재정신청 기각결정에 대한 재항고의 경우에는 적용되지 않는다.

② 항소장에 경합범으로서 2개의 형이 선고된 죄 중 일죄에 대한 형만을 기재하고 나머지 일죄에 대한 형을 기재하지 아니하였다면 항소이유서에서 그 나머지 일죄에 대하여 항소이유를 개진하였더라도 판결 전부에 대한 항소로 볼 수는 없다.

③ 경합범 중 일부에 대하여 무죄, 일부에 대하여 유죄를 선고한 항소심 판결에 대하여 검사만이 무죄 부분에 대하여 상고를 한 경우 피고인과 검사가 상고하지 아니한 유죄판결 부분은 상고기간이 지남으로써 확정되고 상고심에서는 무죄부분만 파기할 수 있다.

④ 제1심판결에 대하여 피고인은 항소하지 아니하고 검사만 항소하여 항소가 기각된 경우 피고인은 이에 대하여 상고할 수 없다.

22 재심에 관한 다음 설명 중 가장 옳지 않은 것은?

① 수사기관이 영장주의를 배제하는 위헌적 법령에 따라 체포·구금을 한 경우 그 수사에 기초한 공소제기에 따른 유죄의 확정판결에는 재심사유가 인정된다.

② 경합범 관계에 있는 수개의 범죄사실을 유죄로 인정하여 한개의 형을 선고한 불가분의 확정판결에서 그 중 일부의 범죄사실에 대하여만 재심청구의 이유가 있는 것으로 인정된 경우에는 판결 전부에 대하여 재심개시의 결정을 하게 되나 재심사유가 없는 범죄사실에 대하여는 이를 다시 심리하여 유죄인정을 파기할 수 없다.

③ 제1심판결이 소송촉진등에관한특례법 제23조 본문의 특례규정에 의하여 선고된 다음 피고인이 책임질 수 없는 사유로 공판절차에 출석할 수 없었다고 하여 같은 법 제23조의2의 규정에 의한 재심이 청구되고 재심개시의 결정이 내려진 경우 처벌불원의 의사의 표시는 그 재심의 제1심판결 선고 전까지 하면 된다.

④ 재심심판절차에서도 재심대상사건과 별개의 공소사실을 추가하는 내용으로 공소장을 변경할 수 있고, 재심대상사건에 일반 절차로 진행 중인 별개의 형사사건을 병합하여 심리할 수 있다.

23 자백에 관한 다음 설명 중 가장 옳지 않은 것은?

① 피고인의 자백이 고문, 폭행, 협박, 신체구속의 부당한 장기화 또는 기망 기타의 방법으로 임의로 진술한 것이 아니라고 의심할 만한 이유가 있는 때에는 이를 유죄의 증거로 하지 못하고, 피고인의 자백이 그 피고인에게 불이익한 유일의 증거인 때에는 이를 유죄의 증거로 하지 못한다.

② 피고인이 피의자신문조서에 기재된 피고인의 진술 및 공판기일에서의 피고인의 진술의 임의성을 다투면서 그것이 허위자백이라고 다투는 경우, 법원은 구체적인 사건에 따라 피고인의 학력, 경력, 직업, 사회적 지위, 지능 정도, 진술의 내용, 피의자신문조서의 경우 그 조서의 형식 등 제반 사정을 참작하여 자유로운 심증으로 위 진술이 임의로 된 것인지의 여부를 판단하면 된다.

③ 피고인이 범행을 자인하는 것을 들었다는 피고인 아닌 자의 진술내용은 형사소송법 제310조(불이익한 자백의 증거능력)의 피고인의 자백에는 포함되지 아니하나 이는 피고인의 자백의 보강증거로 될 수 있다.

④ 기록상 진술증거의 임의성에 관하여 의심할 만한 사정이 나타나 있는 경우에는 법원은 직권으로 그 임의성 여부에 관하여 조사를 하여야 하고, 임의성이 인정되지 아니하여 증거능력이 없는 진술증거는 피고인이 증거로 함에 동의하더라도 증거로 삼을 수 없으며, 피고인의 법정에서의 진술을 탄핵하기 위한 탄핵증거로도 사용할 수 없다.

24 다음 설명 중 가장 옳지 않은 것은?

① 공소장변경 절차 없이도 법원이 심리·판단할 수 있는 죄가 한 개가 아니라 여러 개인 경우 법원으로서는 그 중 어느 하나를 임의로 선택하여 심리·판단할 수 있다.

② 공소사실의 동일성이 인정됨에도 불구하고 법원이 공소장 변경을 허가하지 않은 경우에도 검사는 이에 대하여 항고하여 다툴 수 없다.

③ 공소사실의 동일성이 인정되지 않는 등의 사유로 공소장변경허가결정에 위법사유가 있는 경우에는 공소장변경허가를 한 법원이 스스로 이를 취소할 수 있다.

④ '피고인은 피해자들로부터 차용금 명목으로 합계 24억 7,100만 원을 교부받아 이를 편취하였다'는 공소사실과 '피고인은 피해자들로부터 투자금 명목으로 2007. 11. 27. 1억 3,000만 원을 교부받은 것을 비롯하여 그때부터 2008. 7. 31.경까지 당심 별지 [범죄일람표(투자금산정서)] 기재와 같이 47회에 걸쳐 합계 2,458,389,426원을 교부받아 이를 편취하였다'는 공소사실 사이에는 동일성이 인정된다.

25 다음 설명 중 가장 옳지 않은 것은?

① 고소는 범죄의 피해자 기타 고소권자가 수사기관에 대하여 범죄사실을 신고하여 범인의 소추를 구하는 의사표시를 말하는 것으로서, 단순한 피해사실의 신고는 소추·처벌을 구하는 의사표시가 아니므로 고소가 아니다.

② 피해자가 고소장을 제출하여 처벌을 희망하는 의사를 분명히 표시한 후 고소를 취소한 바 없다면 비록 고소 전에 피해자가 처벌을 원치 않았다 하더라도 그 후에 한 피해자의 고소는 유효하다.

③ 친고죄에 있어서의 고소는 고소권 있는 자가 수사기관에 대하여 범죄사실을 신고하고 범인의 처벌을 구하는 의사표시로서 서면뿐만 아니라 구술로도 할 수 있는 것이고, 다만 구술에 의한 고소를 받은 검사 또는 사법경찰관은 조서를 작성하여야 하지만 그 조서가 독립된 조서일 필요는 없으며 수사기관이 고소권자를 증인 또는 피해자로서 신문한 경우에 그 진술에 범인의 처벌을 요구하는 의사표시가 포함되어 있고 그 의사표시가 조서에 기재되면 고소는 적법하게 이루어진 것이다.

④ 고소에 따른 사회생활상의 이해관계를 알아차릴 수 있는 사실상의 의사능력이 있더라도 민법상의 행위능력이 없는 자에게는 고소능력이 인정되지 아니하고, 범행 당시 고소능력이 없던 피해자가 그 후에 비로소 고소능력이 생겼다면 그 고소기간은 고소능력이 생긴 때로부터 기산하여야 한다.

01 불이익변경금지에 관한 다음 설명 중 가장 옳지 않은 것은? (다툼이 있는 경우 판례에 의하고, 전원합의체 판결의 경우 다수의견에 의함. 이하 01~25까지 같음)

① 제1심이 뇌물수수죄를 인정하여 피고인에게 징역 1년 6월 및 추징 26,150,000원을 선고한 데 대해 피고인만이 항소하였는데, 항소심이 제1심이 누락한 필요적 벌금형 병과규정을 적용하여 피고인에게 징역 1년 6월에 집행유예 3년, 추징 26,150,000원 및 벌금 50,000,000원(미납시 1일 50,000원으로 환산한 기간 노역장 유치)을 선고한 것은 피고인에게 불이익하게 변경한 것이 아니다.

② 성폭력범죄의 처벌 등에 관한 특례법에 따라 병과하는 수강명령 또는 이수명령은 이른바 범죄인에 대한 사회내 처우의 한 유형으로서 형벌 자체가 아니라 보안처분의 성격을 가지는 것이지만, 실질적으로는 신체적 자유를 제한하는 것이 되므로, 항소심이 제1심판결에서 정한 형과 동일한 형을 선고하면서 새로 수강명령 또는 이수명령을 병과하는 것은 피고인에게 불이익하게 변경한 것이다.

③ 피고인만의 상고에 의하여 상고심에서 원심판결을 파기하고 사건을 항소심에 환송한 경우에는 환송전 원심판결과의 관계에서도 불이익변경금지의 원칙이 적용되어 그 파기된 항소심판결보다 중한 형을 선고할 수 없으므로, 환송 후 원심판결이 환송전 원심판결에서 선고하지 아니한 몰수를 새로이 선고하는 것은 불이익변경금지의 원칙에 위배된다.

④ 재심대상사건에서 징역형의 집행유예를 선고하였음에도 재심사건에서 원판결보다 주형을 경하게 하고 집행유예를 없앤 경우, 불이익변경금지원칙에 위배된다.

02 위법수집증거에 관한 다음 설명 중 가장 옳지 않은 것은?

① 영장 발부의 사유로 된 범죄 혐의사실과 무관한 별개의 증거를 압수하였을 경우 이는 원칙적으로 유죄 인정의 증거로 사용할 수 없다. 그러나 압수·수색의 목적이 된 범죄나 이와 관련된 범죄의 경우에는 그 압수·수색의 결과를 유죄의 증거로 사용할 수 있다.

② 수사기관에 의한 진술거부권 고지 대상이 되는 피의자 지위는 수사기관이 조사대상자에 대한 범죄혐의를 인정하여 수사를 개시하는 행위를 한 때 인정되는 것으로 보아야 한다. 따라서 이러한 피의자 지위에 있지 아니한 자에 대하여는 진술거부권이 고지되지 아니하였더라도 진술의 증거능력을 부정할 것은 아니다.

③ 제1심에서 피고인에 대하여 무죄판결이 선고되어 검사가 항소한 후, 수사기관이 항소심 공판기일에 증인으로 신청하여 신문할 수 있는 사람을 특별한 사정없이 미리 수사기관에 소환하여 작성한 진술조서는 피고인이 증거로 할 수 있음에 동의하지 않는 한 증거능력이 없으나 위 참고인이 나중에 법정에 증인으로 출석하여 위 진술조서의 성립의 진정을 인정하고 피고인 측에 반대신문의 기회가 부여된다면 위 진술조서의 증거능력을 인정할 수 있다.

④ 범행 현장에서 지문채취 대상물에 대한 지문채취가 먼저 이루어진 이상, 수사기관이 그 이후에 지문채취 대상물을 적법한 절차에 의하지 아니한 채 압수하였다고 하더라도, 위와 같이 채취된 지문을 위법수집증거라고 할 수 없다.

03 고소에 관한 다음 설명 중 가장 옳지 않은 것은?

① 친고죄가 아닌 죄로 공소가 제기되어 제1심에서 친고죄가 아닌 죄의 유죄판결을 선고받은 경우, 제1심에서 친고죄의 범죄사실은 현실적 심판대상이 되지 아니하였으므로 그 판결을 친고죄에 대한 제1심판결로 볼 수는 없고, 따라서 친고죄에 대한 제1심판결은 없었다고 할 것이므로 그 사건의 항소심에서도 고소를 취소할 수 있다.

② 형사소송법이 고소취소의 시한과 재고소의 금지를 규정하고 반의사불벌죄에 위 규정을 준용하는 규정을 두면서도, 고소와 고소취소의 불가분에 관한 규정을 함에 있어서는 반의사불벌죄에 이를 준용하는 규정을 두지 아니한 것은 처벌을 희망하지 아니하는 의사표시나 처벌을 희망하는 의사표시의 철회에 관하여 친고죄와는 달리 공범자 간에 불가분의 원칙을 적용하지 아니하고자 함에 있다.

③ 친고죄에서 구술에 의한 고소를 받은 수사기관은 조서를 작성하여야 하지만 그 조서가 독립된 조서일 필요는 없으며, 수사기관이 고소권자를 증인 또는 피해자로서 신문한 경우에 그 진술에 범인의 처벌을 요구하는 의사표시가 포함되어 있고 그 의사표시가 조서에 기재되면 고소는 적법하다.

④ 제1심 법원이 반의사불벌죄로 기소된 피고인에 대하여 소송촉진 등에 관한 특례법(이하 '소송촉진법'이라고 한다) 제23조에 따라 피고인의 진술 없이 유죄를 선고하여 판결이 확정된 경우, 소송촉진법 제23조의2에 따라 제1심 법원에 재심을 청구하여 재심개시결정이 내려졌다면 피해자는 재심의 제1심판결 선고 전까지 처벌을 희망하는 의사표시를 철회할 수 있다.

04 법원의 구속기간과 갱신에 관한 다음 설명 중 가장 옳지 않은 것은?

① 구속기간은 2개월로 하며, 구속을 계속할 필요가 있는 경우에는 심급마다 2개월 단위로 2차에 한하여 결정으로 갱신할 수 있다. 다만, 상소심은 검사, 피고인 또는 변호인이 신청한 증거의 조사, 상소이유를 보충하는 서면의 제출 등으로 추가 심리가 필요한 부득이한 경우에는 3차에 한하여 갱신할 수 있다.

② 대법원의 파기환송 판결에 의하여 사건을 환송받은 법원은 형사소송법 제92조 제1항에 따라 2월의 구속기간이 만료되면 특히 계속할 필요가 있는 경우에는 2차(대법원이 형사소송규칙 제57조 제2항에 의하여 구속기간을 갱신한 경우에는 1차)에 한하여 결정으로 구속기간을 갱신할 수 있는 것이고, 무죄추정을 받는 피고인이라고 하더라도 이러한 조치가 무죄추정의 원칙에 위배되는 것이라고 할 수 는 없다.

③ 기피신청으로 소송진행이 정지된 기간, 공소장의 변경이 피고인의 불이익을 증가할 염려가 있다고 인정되어 피고인으로 하여금 필요한 방어의 준비를 하게 하기 위하여 결정으로 공판절차를 정지한 기간, 공소제기 전의 체포·구인·구금 기간은 법원의 구속기간에 산입하지 아니한다.

④ 구속 중인 피고인에 대하여 감정유치장이 집행되어 피고인이 유치되어 있는 기간은 법원의 구속기간에 산입하지 않지만 미결구금일수의 산입에 있어서는 구속으로 간주한다.

05 증인에 관한 다음 설명 중 가장 옳은 것은?

① 공범인 공동피고인은 당해 소송절차에서는 피고인의 지위에 있으므로 다른 공동피고인에 대한 공소사실에 관하여 증인이 될 수 없으나, 소송절차가 분리되어 피고인의 지위에서 벗어나게 되면 다른 공범인 공동피고인에 대한 공소 사실에 관하여 증인이 될 수 있다.

② 누구든지 자기나 친족 또는 친족관계가 있었던 자가 형사소추 또는 공소제기를 당하거나 유죄판결을 받을 사실이 발로될 염려 있는 증언을 거부할 수 있으며 이 경우 증언을 거부하는 자는 거부사유를 소명하지 않아도 된다.

③ 이미 유죄의 확정판결을 받은 피고인은 공범의 형사사건에서 그 범행에 대한 증언을 거부할 수 없을 뿐만 아니라 나아가 사실대로 증언하여야 하나, 만약 피고인이 자신의 형사사건에서 시종일관 그 범행을 부인하였다면 피고인에게 사실대로 진술할 것을 기대할 가능성이 없다고 볼 수 있다.

④ 증인신문을 함에 있어서 증언거부권 있음을 설명하지 아니한 경우라면 증인이 선서하고 증언하였다고 하여도 그 증언의 효력에 관하여는 영향이 있어 무효라고 해석하여야 한다.

06 다음 설명 중 가장 옳지 않은 것은?

① 상고의 제기가 법률상의 방식에 위반하거나 상고권 소멸 후인 것이 명백해 원심법원이 결정으로 상고를 기각한 경우 원심법원은 상고장을 받은 날부터 14일 이내에 소송기록과 증거물을 상고법원에 송부하여야 한다.

② 상고법원이 소송기록의 송부를 받은 때에는 즉시 상고인과 상대방에 대하여 그 사유를 통지하여야 하고, 통지 전에 변호인의 선임이 있는 때에는 변호인에 대하여도 전항의 통지를 하여야 한다.

③ 필요적 변호사건에서 항소법원이 국선변호인을 선정하고 피고인과 국선변호인에게 소송기록접수통지를 한 다음 피고인이 사선변호인을 선임함에 따라 국선변호인의 선정을 취소한 경우 항소법원은 사선변호인에게 다시 소송기록접수통지를 할 의무가 없다.

④ 제1심판결에 대한 상고는 그 사건에 대한 항소가 제기된 때에는 그 효력을 잃는다.

07 피고인신문에 관한 다음 설명 중 가장 옳지 않은 것은?

① 재판장은 소송관계인의 진술 또는 신문이 중복된 사항이거나 그 소송에 관계없는 사항인 때에는 소송관계인의 본질적 권리를 해하지 아니하는 한도에서 이를 제한할 수 있다.

② 검사 또는 변호인은 항소심의 증거조사가 종료한 후 항소이유의 당부를 판단함에 필요한 사항에 한하여 피고인을 신문할 수 있다.

③ 항소심 재판장은 검사 또는 변호인이 피고인 신문을 실시하는 경우에도 제1심의 피고인신문과 중복되거나 항소이유의 당부를 판단하는 데 필요 없다고 인정하는 때에는 그 신문의 전부 또는 일부를 제한할 수 있다.

④ 항소심 재판장이 피고인신문을 하겠다는 의사를 표시한 변호인에게 일체의 피고인신문을 허용하지 않는 것은 변호인의 피고인신문권에 관한 본질적 권리를 해하는 것에 해당하지 않는다.

08 관할에 관한 다음 설명 중 가장 옳지 않은 것은?

① 사물관할을 달리 하는 수개의 관련 항소사건이 각각 고등법원과 지방법원본원합의부에 계속된 때에는 고등법원은 결정으로 지방법원본원합의부에 계속한 사건을 병합하여 심리할 수 있다. 수개의 관련 항소사건이 토지관할을 달리하는 경우에도 같다.

② 법원은 피고인이 그 관할구역 내에 현재하지 아니하는 경우에 특별한 사정이 있으면 결정으로 사건을 피고인의 현재지를 관할하는 동급 법원에 이송할 수 있고, 단독판사의 관할 사건이 공소장변경에 의하여 합의부 관할사건으로 변경된 경우에 법원은 결정으로 관할권이 있는 법원에 이송한다.

③ 토지관할을 달리하는 수개의 관련사건이 각각 다른 법원에 계속된 때에는 공통되는 직근 상급법원은 검사 또는 피고인의 신청에 의하여 결정으로 1개 법원으로 하여금 병합심리하게 할 수 있다.

④ 사물관할을 달리하는 수개의 관련사건이 각각 법원 합의부와 단독판사에 계속된 때에는 합의부는 검사 또는 피고인의 신청에 의하여 결정으로 단독판사에 속한 사건을 병합하여 심리할 수 있다.

09 자백보강법칙에 관한 다음 설명 중 가장 옳은 것은?

① 자백에 대한 보강증거는 피고인의 자백이 가공적인 것이 아닌 진실한 것임을 인정할 수 있는 정도로는 부족하고 범죄사실의 전부 또는 중요부분을 인정할 수 있는 정도가 되어야 한다.

② 형사소송법 제310조 소정의 피고인의 자백에 공범인 공동 피고인의 진술은 포함되지 아니하므로 공범인 공동피고인의 진술은 다른 공동피고인에 대한 범죄사실을 인정하는 증거로 할 수 있는 것일 뿐만 아니라 공범인 공동피고인들의 각 진술은 상호간에 서로 보강증거가 될 수 있다.

③ 피고인이 범행을 자인하는 것을 들었다는 피고인 아닌 자의 진술내용은 형사소송법 제310조의 피고인의 자백에는 포함되지 아니하므로 피고인의 자백의 보강증거로 될 수 있다.

④ 자백에 대한 보강증거는 자백과 보강증거가 서로 어울려서 전체로서 범죄사실을 인정할 수 있으면 유죄의 증거로 충분하나 직접증거가 아닌 간접증거나 정황증거는 자백에 대한 보강증거가 될 수 없다.

10 배상명령에 관한 다음 설명 중 가장 옳지 않은 것은?

① 소송촉진 등에 관한 특례법 제25조 제1항에 따른 배상명령은 피고사건의 범죄행위로 발생한 직접적인 물적 피해, 치료비 손해와 위자료에 대하여 피고인에게 배상을 명함으로써 간편하고 신속하게 피해자의 피해회복을 도모하고자 하는 제도이다.

② 배상명령은 일정한 범죄에 관하여 유죄판결을 선고하는 경우에만 가능하므로, 무죄뿐만 아니라 면소 또는 공소기각의 재판을 하는 경우에는 배상명령을 할 수 없다.

③ 법원은 직권으로도 피고인에 대하여 배상명령을 할 수 있다.

④ 피고인의 배상책임 유무 또는 그 범위가 명백하지 아니한 때에는 배상명령을 하여서는 아니 되고, 그와 같은 경우에는 소송촉진 등에 관한 특례법 제32조 제1항에 따라 배상명령신청을 기각하여야 한다.

11 공소의 취소에 관한 다음 설명 중 가장 옳지 않은 것은?

① 실체적 경합관계에 있는 수개의 공소사실 중 어느 한 공소사실을 전부 철회하는 검사의 공판정에서의 구두에 의한 공소장변경신청이 있는 경우 이것이 그 부분의 공소를 취소하는 취지가 명백하다면 비록 공소취소신청이라는 형식을 갖추지 아니하였더라도 이를 공소취소로 보아 공소기각결정을 하여야 한다.

② 공소의 취소는 제1심판결의 선고 전까지 할 수 있으나, 재정신청사건에 대한 법원의 공소제기 결정에 따라 검사가 공소를 제기한 때에는 제1심 판결의 선고 전이라고 하여도 검사는 공소를 취소할 수 없다.

③ 공소취소에 의한 공소기각의 결정이 확정된 때에는 공소 취소 후 그 범죄사실에 대한 다른 중요한 증거를 발견한 경우에 한하여 다시 공소를 제기할 수 있으나, 범죄의 태양, 수단, 피해의 정도, 범죄로 얻은 이익 등 범죄사실의 내용을 추가 변경하여 재기소하는 경우에는 변경된 범죄사실에 대하여 다른 중요한 증거가 발견되지 않아도 재기소 할 수 있다.

④ 재심개시의 결정이 확정된 사건에 대하여 법원은 그 심급에 따라 다시 심판하여야 하나, 공소의 취소는 제1심 판결의 선고 전까지 할 수 있는바 공소사실에 대하여는 이미 오래전에 제1심 판결이 선고되고 동 판결이 확정되어 이에 대한 재심소송절차가 진행 중에 있으므로 이 재심절차 중에 있어서의 공소취소는 할 수 없는 것이다.

12 간이공판절차에 관한 다음 설명 중 가장 옳지 않은 것은?

① 피고인이 공판정에서 공소사실에 대하여 자백한 경우 법원은 간이공판절차에 의하여 심판할 것을 결정할 수 있다. 피고인이 여러 개의 공소사실 중 일부는 자백하고 나머지를 부인하는 경우에는 그 자백부분에 한하여 간이공판절차로 심리할 수 있다.

② 간이공판절차는 공판절차를 간이화함으로써 소송경제와 재판의 신속을 기하고자 하는 제도로서, 중죄에 해당하는 합의부 심판사건에는 적용되지 않는다.

③ 간이공판절차에 있어서는 전문법칙이 적용되는 증거에 대하여 형사소송법 제318조의 동의가 있는 것으로 간주한다.

④ 법원은 피고인의 자백이 신빙할 수 없다고 인정되거나 간이공판절차로 심판하는 것이 현저히 부당하다고 인정할 때에는 검사의 의견을 들어 그 결정을 취소하여야 한다.

13 공소기각의 재판에 관한 다음 설명 중 가장 옳지 않은 것은?

① 피고인이 사망한 경우 결정으로 공소를 기각하여야 한다.

② 공소장일본주의에 위배된 공소제기라고 인정되는 때에는, 피고인 측의 이의 여부, 공판절차의 진행 정도 등과 무관하게 그 하자의 치유는 인정되지 않으므로, 공소기각의 판결을 선고하여야 한다.

③ 공소사실이 특정되지 아니한 부분이 있다면, 법원은 검사에게 석명을 구하여 특정을 요구하여야 하고, 그럼에도 검사가 이를 특정하지 않는다면 그 부분에 대해서는 공소를 기각할 수밖에 없다.

④ 공소기각 또는 관할위반의 재판이 법률에 위반됨을 이유로 원심판결을 파기하는 때에는 판결로써 사건을 원심법원에 환송하여야 한다.

14 재심에 관한 다음 설명 중 가장 옳지 않은 것은?

① 유죄의 확정판결과 달리 항소 또는 상고의 기각판결은 재심의 대상이 될 수 없다.

② 형사소송법 제420조 제5호에서 정한 재심사유인 무죄 등을 인정할 '증거가 새로 발견된 때'라 함은 재심대상이 되는 확정판결의 소송절차에서 발견되지 못하였거나 또는 발견되었다 하더라도 제출할 수 없었던 증거로서 이를 새로 발견하였거나 비로소 제출할 수 있게 된 때를 말한다.

③ 재심판결이 확정됨에 따라 원판결이나 그 부수처분의 법률적 효과가 상실되고 형 선고가 있었다는 기왕의 사실 자체의 효과가 소멸하는 것은 재심의 본질상 당연한 것으로서, 원판결의 효력 상실 그 자체로 인하여 피고인이 어떠한 불이익을 입는다 하더라도 이를 두고 재심에서 보호되어야 할 피고인의 법적 지위를 해치는 것이라고 볼 것은 아니다.

④ 면소판결을 대상으로 한 재심청구는 부적법하다.

15 상소권의 회복에 관한 다음 설명 중 가장 옳지 않은 것은?

① 형사소송법 제345조에 의한 상소권회복은 피고인 등이 책임질 수 없는 사유로 상소제기기간을 준수하지 못하여 소멸한 상소권을 회복하기 위한 것일 뿐, 상소의 포기로 인하여 소멸한 상소권까지 회복하는 것이라고 볼 수는 없다.

② 형사소송법 제345조의 '책임질 수 없는 사유'란 상소제기기간 내에 상소하지 않은 것에 상소권자 또는 대리인의 고의 또는 과실이 없는 경우를 말한다.

③ 피고인이 소송 계속 중인 사실을 알면서도 법원에 거주지 변경 신고를 하지 않은 경우에는, 잘못된 공시송달에 터 잡아 피고인의 진술 없이 공판이 진행되고 피고인이 출석하지 않은 기일에 판결이 선고되었더라도, 피고인이 자기 또는 대리인이 책임질 수 없는 사유로 상소제기기간을 준수하지 못한 것으로 볼 수 없다.

④ 형사소송법 제345조의 대리인이란 피고인을 대신하여 상소에 필요한 행위를 할 수 있는 지위에 있는 자를 말하는 것이고 교도소장은 피고인을 대리하여 결정정본을 수령할 수 있을 뿐이고 상소권행사를 돕거나 대신할 수 있는 자가 아니므로 이에 포함되지 않는다.

16 소송비용에 관한 설명 중 가장 옳은 것은?

① 소송비용의 부담은 피고인에게 부담을 지우는 것으로 실질적인 의미에서 형에 준하여 평가되어야 하므로 불이익 변경금지 원칙이 적용된다.

② 피고인의 경제적 사정으로 소송비용을 납부할 수 없는 때에도 형의 선고를 하는 때에는 피고인에게 소송비용의 전부 또는 일부를 부담하게 하여야 한다.

③ 고소 또는 고발에 의하여 공소를 제기한 사건에 관하여 피고인이 무죄 또는 면소의 판결을 받은 경우에 고소인 또는 고발인에게 고의 또는 중대한 과실이 있는 때에는 그 자에게 소송비용의 전부 또는 일부를 부담하게 할 수 있다.

④ 소송비용의 부담을 명하는 재판에 그 금액을 표시하지 아니한 때에는 검사의 신청에 따라 법원이 산정한다.

17 재판서에 관한 다음 설명 중 옳지 않은 것은 모두 몇 개인가?

> 가. 판결서에는 기소한 검사의 관직, 성명과 변호인의 성명을 기재하여야 하나, 공판에 관여한 검사의 관직과 성명은 기재할 필요가 없다.
>
> 나. 형사소송법 제38조의 규정에 의하면 재판은 법관이 작성한 재판서에 의하여야 하고, 같은 법 제41조의 규정에 의하면 재판서에는 재판한 법관의 서명날인을 하여야 하나, 재판장이 서명날인할 수 없는 때에는 다른 법관이 서명날인하지 않더라도 형사소송법 제383조 제1호 소정의 판결에 영향을 미친 법률위반에 해당하지 않는다.
>
> 다. 재판의 선고 또는 고지는 주심 판사가 하고, 판결을 선고함에는 이유의 요지를 설명하고 주문을 낭독하여야 한다.
>
> 라. 재판은 법관이 작성한 재판서에 의하여야 하나, 결정 또는 명령을 고지하는 경우에는 재판서를 작성하지 아니하고 조서에만 기재하여 할 수 있다.

① 1개   ② 2개
③ 3개   ④ 4개

18 공소장변경에 관한 다음 설명 중 가장 옳지 않은 것은?

① 공소장의 변경은 공소사실의 동일성이 인정되는 범위 내에서만 허용되고, 공소사실의 동일성이 인정되지 아니한 범죄사실을 공소사실로 추가하는 취지의 공소장변경신청이 있는 경우에는 법원은 그 변경신청을 기각하여야 한다.

② 공소사실의 동일성은 그 사실의 기초가 되는 사회적 사실 관계가 기본적인 점에서 동일하면 그대로 유지되는 것이나, 이러한 기본적 사실관계의 동일성을 판단함에 있어서는 그 사실의 동일성이 갖는 기능을 염두에 두고 피고인의 행위와 그 사회적인 사실관계를 기본으로 하되 규범적 요소도 아울러 고려하여야 한다.

③ 법원은 검사의 공소장변경허가신청이 있는 경우 피고인과 변호인 모두에게 공소장변경허가신청서 부본을 송달하여야 한다.

④ 법원은 공소장변경이 피고인의 불이익을 증가할 염려가 있다고 인정할 때에는 직권 또는 피고인이나 변호인의 청구에 의하여 피고인으로 하여금 필요한 방어의 준비를 하게 하기 위하여 결정으로 필요한 기간 공판절차를 정지할 수 있다.

19 약식절차에 관한 다음 설명 중 가장 옳은 것은?

① 지방법원은 그 관할에 속한 사건에 대하여 검사의 청구가 있는 때에는 공판절차 없이 약식명령으로 피고인을 벌금, 과료 또는 몰수에 처할 수 있으나, 이 경우 추징 기타 부수의 처분을 할 수 없다.

② 피고인이 정식재판을 청구한 사건에 대하여는 약식명령의 형보다 중한 형을 선고하지 못한다.

③ 약식절차에서는 공소장 변경이 허용되지 아니하므로, 포괄일죄에 해당하는 각각 따로 청구된 약식명령의 범죄사실이 포괄일죄의 관계에 있다고 하더라도, 나중에 제기된 약식명령 청구에 전후로 기소된 각 범죄사실 전부를 포괄일죄로 처벌하여 줄 것을 신청하는 공소장 변경의 취지가 포함되어 있다고 볼 수 없다.

④ 정식재판의 청구는 항소심 판결선고 전까지 취하할 수 있다.

20 재정신청에 관한 다음 설명 중 가장 옳지 않은 것은?

① 형사소송법 제262조 제4항 후문은 재정신청 기각결정이 확정된 사건에 대하여는 다른 중요한 증거를 발견한 경우를 제외하고는 소추할 수 없다고 규정하고 있다. 여기에서 '다른 중요한 증거를 발견한 경우'란 재정신청 기각결정 당시에 제출된 증거에 새로 발견된 증거를 추가하면 충분히 유죄의 확신을 가지게 될 정도의 증거가 있는 경우를 말하고, 단순히 재정신청 기각결정의 정당성에 의문이 제기되거나 범죄피해자의 권리를 보호하기 위하여 형사재판절차를 진행할 필요가 있는 정도의 증거가 있는 경우는 여기에 해당하지 않는다. 그리고 관련 민사판결에서의 사실인정 및 판단은, 그러한 사실인정 및 판단의 근거가 된 증거자료가 새로 발견된 증거에 해당할 수 있음은 별론으로 하고, 그 자체가 새로 발견된 증거라고 할 수는 없다.

② 법원은 재정신청서를 송부받은 때에는 송부받은 날부터 7일 이내에 피의자에게 그 사실을 통지하여야 한다.

③ 형사소송법 제260조에 따른 재정신청이 있으면 제262조에 따른 재정결정이 확정될 때까지 공소시효의 진행이 정지된다.

④ 재정신청사건의 심리 중에는 관련 서류 및 증거물을 열람 또는 등사할 수 없다. 다만, 법원은 형사소송법 제262조 제2항 후단의 증거조사과정에서 작성된 서류의 전부 또는 일부의 열람 또는 등사를 허가할 수 있다.

21 전문증거에 관한 다음 설명 중 가장 옳은 것은?

① 피고인과 공범관계가 있는 다른 피의자에 대하여 검사 이외의 수사기관이 작성한 피의자신문조서는 그 피의자의 법정진술에 의하여 성립의 진정이 인정되는 등 형사소송법 제312조 제4항의 요건을 갖춘 경우라면 해당 피고인이 공판기일에서 그 조서의 내용을 부인하여도 이를 유죄 인정의 증거로 사용할 수 있다.

② 수사기관에서 진술한 참고인이 법정에서 증언을 거부하여 피고인이 반대신문을 하지 못한 경우에는 증인이 정당하게 증언거부권을 행사한 것이 아니라면 형사소송법 제314조의 '그 밖에 이에 준하는 사유로 인하여 진술할 수 없는 때'에 해당한다고 보아야 한다.

③ 수사기관이 참고인을 조사하는 과정에서 참고인의 동의를 받아 작성한 영상녹화물은, 다른 법률에서 달리 규정하고 있는 등의 특별한 사정이 없는 한, 공소사실을 직접 증명 할 수 있는 독립적인 증거로 사용될 수 있다.

④ 형사소송법은 전문진술에 대하여 제316조에서 실질상 단순한 전문의 형태를 취하는 경우에 한하여 예외적으로 그 증거능력을 인정하는 규정을 두고 있을 뿐, 재전문진술이나 재전문진술을 기재한 조서에 대하여는 달리 그 증거능력을 인정하는 규정을 두고 있지 아니하므로, 피고인이 증거로 하는 데 동의하지 아니하는 한 형사소송법 제310조의2의 규정에 의하여 이를 증거로 할 수 없다.

22 다음 설명 중 가장 옳지 않은 것은?

① 검사는 법원의 허가를 얻어 공소사실 또는 적용법조의 추가, 철회 또는 변경을 할 수 있다. 이 경우에 법원은 공소 사실의 동일성을 해하지 아니하는 한도에서 이를 허가하여야 한다.

② 피고인의 방어권 행사에 실질적인 불이익을 초래할 염려가 없는 경우에는 법원이 공소장변경절차 없이 일부 다른 사실을 인정하거나 적용법조를 수정하더라도 불고불리의 원칙에 위배되지 않는다.

③ 공소는 검사가 피고인으로 지정한 사람 외의 다른 사람에게는 효력이 미치지 않는다. 따라서 공범 중 1인에 대하여 공소가 제기되더라도 다른 공범자들에 대해서는 공소시효 정지의 효력이 미치지 않는다.

④ 형사소송법 제255조 제1항에 따라 공소는 제1심판결의 선고 전까지만 취소할 수 있지만, 공소장변경은 항소심에서도 가능하다.

23 다음 설명 중 가장 옳지 않은 것은?

① 법원은 특정범죄신고자 등 보호법이 직접 적용되거나 준용되는 사건의 증인에 대하여 증인 소환장이 송달되지 아니한 경우에는 공무소 등에 대한 조회의 방법으로 직권 또는 검사, 피고인, 변호인의 신청에 따라 소재탐지를 할 수도 있다.

② 19세 미만의 자나 선서의 취지를 이해하지 못하는 증인에 대하여는 선서하게 하지 아니하고 신문하여야 한다.

③ 법원이 직권으로 신문할 증인이나 범죄로 인한 피해자의 신청에 의하여 신문할 증인의 신문방식은 재판장이 정하는 바에 의하고, 합의부원은 재판장에게 고하고 신문할 수 있다.

④ 법원이 공판기일에 증인을 채택하여 다음 공판기일에 증인신문을 하기로 피고인에게 고지하였는데 그 다음 공판기일에 증인은 출석하였으나 피고인이 정당한 사유 없이 출석하지 아니한 경우, 그 사건이 형사소송법 제277조 본문에 규정된 다액 500만 원 이하의 벌금 또는 과료에 해당하거나 공소기각 또는 면소의 재판을 할 것이 명백한 사건이 아니어서 같은 법 제276조의 규정에 의하여 공판기일을 연기할 수밖에 없더라도, 이미 출석하여 있는 증인에 대하여 공판기일 외의 신문으로서 증인신문을 하고 다음 공판기일에 그 증인신문조서에 대한 서증조사를 하는 것은 증거조사절차로서 적법하다.

24 전자정보에 대한 압수·수색에 관한 다음 설명 중 가장 옳지 않은 것은?

① 전자정보에 대한 압수·수색은 사생활의 비밀과 자유, 정보에 대한 자기결정권, 재산권 등을 침해할 우려가 크므로 포괄적으로 이루어져서는 아니 되고 비례의 원칙에 따라 필요한 최소한의 범위 내에서 이루어져야 한다.

② 전자정보가 담긴 저장매체 또는 복제본을 수사기관 사무실 등으로 옮겨 이를 복제·탐색·출력하는 경우에도, 그와 같은 일련의 과정에서 형사소송법 제219조, 제121조에서 규정하는 피압수·수색 당사자나 그 변호인에게 참여의 기회를 보장하고 혐의사실과 무관한 전자정보의 임의적인 복제 등을 막기 위한 적절한 조치를 취하는 등 영장주의 원칙과 적법절차를 준수하여야 한다.

③ 전자정보에 대한 압수·수색이 종료되기 전에 혐의사실과 관련된 전자정보를 적법하게 탐색하는 과정에서 별도의 범죄혐의와 관련된 전자정보를 우연히 발견한 경우라면, 수사기관은 더 이상의 추가 탐색을 중단하고 법원에서 별도의 범죄혐의에 대한 압수·수색영장을 발부받은 경우에 한하여 그러한 정보에 대하여도 적법하게 압수·수색을 할 수 있다.

④ 준항고인이 전체 압수·수색 과정을 단계적·개별적으로 구분하여 각 단계의 개별 처분의 취소를 구한 경우, 특별한 사정이 없는 한 준항고법원으로서는 그 구분된 개별처분의 위법이나 취소 여부를 판단하여야 한다.

25 송달에 관한 다음 설명 중 가장 옳지 않은 것은?

① 피고인이 원심 공판기일에 불출석하자, 검사가 피고인과 통화하여 피고인이 변호인으로 선임한 갑 변호사의 사무소로 송달을 원하고 있음을 확인하고 피고인의 주소를 갑 변호사 사무소로 기재한 주소보정서를 원심에 제출하였는데, 그 후 갑 변호사가 사임하고 새로이 을 변호사가 변호인으로 선임된 사안에서, 원심이 피고인에 대한 공판기일소환장 등을 갑 변호사 사무소로 발송하여 그 사무소 직원이 수령하였더라도 적법한 방법으로 피고인의 소환이 이루어졌다고 볼 수 없다.

② 송달영수인은 송달에 관하여 본인으로 간주하고 그 주거 또는 사무소는 본인의 주거 또는 사무소로 간주한다.

③ 재감자에 대한 약식명령의 송달을 교도소 등의 소장에게 하지 아니하고 수감되기 전의 종전 주·거소에다 한 경우에 수소법원이 당사자의 수감사실을 모르고 종전의 주거소에 하였고, 당사자가 약식명령이 고지된 사실을 다른 방법으로 알았다면 송달의 효력이 발생한다.

④ 교도소 또는 구치소에 구속된 자에 대한 송달은 그 소장에게 송달하면 구속된 자에게 전달된 여부와 관계없이 효력이 생기는 것이다.

01 증거 등에 관한 다음 설명 중 가장 옳지 않은 것은? (다툼이 있는 경우 판례에 의하고, 전원합의체 판결의 경우 다수의견에 의함. 이하 01~25까지 같음)

① 피고인이 수표를 발행하였으나 예금부족 또는 거래 정지처분으로 지급되지 아니하게 하였다는 부정수표단속법위반의 공소사실을 증명하기 위하여 제출되는 수표는 그 서류의 존재 또는 상태 자체가 증거가 되는 것이어서 증거물인 서면에 해당하므로 그 증거능력은 증거물의 예에 의하여 판단하여야 하고, 이에 대하여는 형사소송법 제310조의2에서 정한 전문법칙이 적용될 여지가 없다.

② 검사 작성의 피의자신문조서에 대한 실질적 진정성립을 증명할 수 있는 수단으로서 형사소송법 제312조 제2항에 규정된 '영상녹화물이나 그 밖의 객관적인 방법'이란 피고인의 진술을 과학적·기계적·객관적으로 재현해 낼 수 있는 방법만을 의미하고, 그 외에 조사관 또는 조사과정에 참여한 통역인 등의 증언은 이에 해당한다고 볼 수는 없다.

③ 경찰이 피고인의 집에서 20m 떨어진 곳에서 피고인을 체포한 후 피고인의 집안을 수색하여 칼과 합의서를 압수하고도 적법한 시간 내에 압수수색영장을 청구하여 발부받지 않은 경우에, 위 칼과 합의서는 위법하게 압수된 것으로서 증거능력이 없고 이를 기초로 한 2차 증거인 '임의제출동의서', '압수조서 및 목록', '압수품 사진'역시 증거능력이 없다.

④ 피고인 甲, 乙의 간통 범행을 고소한 甲의 남편 丙이 甲의 주거에 침입하여 수집한 후 수사기관에 제출한 혈흔이 묻은 휴지들 및 침대시트를 목적물로 하여 이루어진 감정의뢰회보는 甲의 주거의 자유나 사생활의 비밀을 침해하여 얻은 것이므로 증거능력이 없다.

02 공소시효에 관한 다음 설명 중 옳은 것을 모두 고른 것은?

㉠ 공소시효는 범죄행위가 종료한 때로부터 진행한다. 미수범의 범죄행위는 행위를 종료하지 못하였거나 결과가 발생하지 아니하여 더 이상 범죄가 진행될 수 없는 때에 종료하고, 그때부터 미수범의 공소시효가 진행한다.

㉡ 공범의 1인에 대한 공소제기로 인한 공소시효의 정지는 다른 공범자에게 대하여도 효력이 미치는데 여기서의 공범에는 뇌물공여죄와 뇌물수수죄 사이와 같은 대향범 관계에 있는 자는 포함되지 않는다.

㉢ 공소장의 변경이 있는 경우에 공소시효의 완성여부는 당초의 공소제기가 있었던 시점을 기준으로 판단할 것이 아니고 공소장을 변경한 때를 기준으로 삼아야 한다.

㉣ 2개 이상의 형을 병과하거나 2개 이상의 형에서 그 1개를 과할 범죄에는 중한 형에 의하여 공소시효 규정을 적용하고, 형법에 의하여 형을 가중 또는 감경한 경우에는 가중 또는 감경한 형에 의하여 공소시효 규정을 적용한다.

---

① ㉠, ㉡   ② ㉡, ㉢

③ ㉢, ㉣   ④ ㉣, ㉠

03 다음 설명 중 가장 옳지 않은 것은?

① 판결 주문에서 무죄가 선고된 경우뿐만 아니라 판결 이유에서 무죄로 판단된 경우에도 미결구금 가운데 무죄로 판단된 부분의 수사와 심리에 필요하였다고 인정된 부분에 관하여는 보상을 청구할 수 있고, 다만 형사보상법 제4조 제3호를 유추적용하여 법원의 재량으로 보상청구의 전부 또는 일부를 기각할 수 있다.

② 형법은 제264조에서 상습으로 제258조의2의 죄를 범한 때에는 그 죄에 정한 형의 2분의 1까지 가중한다고 규정하고, 제258조의2 제1항에서 위험한 물건을 휴대하여 상해죄를 범한 때에는 1년 이상 10년 이하의 징역에 처한다고 규정하고 있으므로, 형법 제264조는 상습특수상해죄를 범한 때에 형법 제258조의2 제1항에서 정한 법정형의 단기와 장기를 모두 가중하여 1년 6개월 이상 15년 이하의 징역에 처한다는 의미이다.

③ 가정폭력범죄의 처벌 등에 관한 특례법 제37조 제1항 제1호의 불처분결정이 확정된 후에 검사가 동일한 범죄사실에 대하여 다시 공소를 제기하였다거나 법원이 이에 대하여 유죄판결을 선고하였더라도 이중처벌금지의 원칙 내지 일사부재리의 원칙에 위배된다고 할 수 없다.

④ 구치소에 재감 중인 재항고인이 제1심판결에 대하여 항소하였는데, 항소심법원이 구치소로 소송기록접수통지서를 송달하면서 송달받을 사람을 구치소의 장이 아닌 재항고인으로 하였다고 하더라도 구치소 서무계원이 이를 수령하였다면 소송기록접수의 통지는 유효하다.

04 증거개시에 관한 다음 설명 중 가장 옳지 않은 것은?

① 피고인 또는 변호인은 검사에게 공소제기된 사건에 관한 서류 또는 물건의 목록과 공소사실의 인정 또는 양형에 영향을 미칠 수 있는 서류 등의 열람·등사 또는 서면의 교부를 신청할 수 있는데, 피고인에게 변호인이 있는 경우에는 피고인은 열람만을 신청할 수 있다.

② 검사는 국가안보, 증인보호의 필요성 등 열람·등사 또는 서면의 교부를 허용하지 아니할 상당한 이유가 있다고 인정하는 때에는 열람·등사 또는 서면의 교부를 거부하거나 그 범위를 제한할 수 있는데, 이 경우 서류 등의 목록에 대하여는 열람 또는 등사를 거부할 수 없다.

③ 피고인 또는 변호인은 검사가 서류 등의 열람·등사 또는 서면의 교부를 거부하거나 그 범위를 제한한 때에는 법원에 그 서류 등의 열람·등사 또는 서면의 교부를 허용하도록 할 것을 신청할 수 있고, 검사는 열람·등사 또는 서면의 교부에 관한 법원의 결정을 지체 없이 이행하지 아니한 때에는 해당 증인 및 서류 등에 대한 증거신청을 할 수 없다.

④ 피고인 또는 변호인은 검사가 "공소제기 후 검사가 보관하고 있는 서류 등의 열람·등사"를 거부한 때에는 검사의 "피고인 또는 변호인이 보관하고 있는 서류 등의 열람·등사"를 거부할 수 있고, 이는 위 피고인 또는 변호인의 "공소제기 후 검사가 보관하고 있는 서류 등의 열람·등사" 신청을 기각하는 결정을 법원이 한 때에도 그러하다.

05 국민참여재판에 관한 다음 설명 중 가장 옳은 것은?

① 피고인은 공소장 부본을 송달받은 날부터 7일 이내에 국민참여재판을 원하는지 여부에 관한 의사가 기재된 서면을 제출하여야 한다. 이 경우 피고인이 서면을 우편으로 발송한 때에는 법원에 도착한 날 법원에 제출한 것으로 본다.

② 국민참여재판 대상이 되는 사건임에도 법원에서 피고인이 국민참여재판을 원하는지에 관한 의사 확인 절차를 거치지 아니한 채 통상의 공판절차로 재판을 진행하였다면, 그 절차는 위법하고 이러한 위법한 공판절차에서 이루어진 소송행위도 무효이다.

③ 제1심법원이 국민참여재판 대상이 되는 사건임을 간과하여 이에 관한 피고인의 의사를 확인하지 아니한 채 통상의 공판절차로 재판을 진행하였다면, 피고인이 항소심에서 국민참여재판을 원하지 아니한다고 하면서 위와 같은 제1심의 절차적 위법을 문제삼지 아니할 의사를 명백히 표시하여도 그 하자가 치유되지는 않는다.

④ 법원은 공소제기 후부터 공판준비기일이 종결된 다음날까지 성폭력범죄의 처벌 등에 관한 특례법의 성폭력범죄 피해자가 국민참여재판을 원하지 아니하는 경우에 국민참여재판을 하지 아니하기로 하는 결정을 할 수 있는데 위 결정에 대하여 피고인은 불복할 수 없다.

06 증거조사에 관한 다음 설명 중 가장 옳지 않은 것은?

① 증거신청의 채택 여부는 법원의 재량으로서 법원이 필요하지 아니하다고 인정할 때에는 이를 조사하지 않아도 무방하다.

② 피고인이 공시송달의 방법에 의한 공판기일의 소환을 2회 이상 받고도 출석하지 아니하여 법원이 피고인의 출정 없이 증거조사를 하는 경우 피고인의 진의와 관계 없이 증거동의가 있는 것으로 간주된다.

③ 피고인이 출석한 공판기일에서 증거로 함에 부동의한다는 의견을 진술하였다가 그 후 피고인이 출석하지 아니한 공판기일에서 변호인이 출석하여 종전 의견을 번복한 경우 증거동의의 효력이 발생한다.

④ 증인은 법원이 직권에 의하여 신문할 수도 있고 증거의 채부는 법원의 직권에 속하는 것이므로 피고인이 철회한 증인을 법원이 직권신문하고 이를 채증하더라도 위법이 아니다.

07 다음 설명 중 가장 옳지 않은 것은?

① 약식명령청구의 대상이 되려면 법정형에 벌금, 과료, 몰수가 선택적으로 규정되어 있으면 족하고, 여기에 해당하는 이상 지방법원 합의부의 사물관할에 속하더라도 약식 명령을 청구할 수 있다.

② 즉결심판이 확정된 때에는 확정판결과 동일한 효력이 생긴다. 따라서 재판의 확정력과 일사부재리의 효력이 부여된다.

③ 약식명령에 불복하여 정식재판을 청구한 피고인이 정식 재판절차에서 2회 불출석하여 법원이 피고인의 출석 없이 증거조사를 하는 경우 피고인의 증거동의가 간주된다.

④ 즉결심판절차에서는 별도의 규정이 마련되어 있지 않은 한 공판절차에 관한 규정이 준용되므로, 사법경찰관이 작성한 피의자신문조서에 대하여 피고인이 그 내용을 인정하지 아니하였다면 이는 유죄의 증거로 사용할 수 없다.

08 구속영장 청구와 피의자 심문에 관한 다음 설명 중 가장 옳지 않은 것은?

① 체포된 피의자에 대하여 구속영장을 청구받은 판사는 지체 없이 피의자를 심문하여야 한다. 이 경우 특별한 사정이 없는 한 구속영장이 청구된 날의 다음날까지 심문하여야 한다.

② 피의자심문을 하는 경우 법원이 구속영장청구서 · 수사관계 서류 및 증거물을 접수한 날부터 구속영장을 발부하여 검찰청에 반환한 날까지의 기간은 사법경찰관 및 검사의 구속기간 규정 적용에 있어서 그 구속기간에 이를 산입하지 아니한다.

③ 검사와 변호인은 피의자심문기일에 출석하여 의견을 진술할 수 있고, 필요한 경우에는 판사의 허가를 얻어 피의자를 심문할 수도 있다.

④ 피의자는 판사의 심문 도중에도 변호인에게 조력을 구할 수 있다.

09 항소심 재판에 관한 다음 설명 중 가장 옳지 않은 것은?

① 피고인이 항소이유서를 제출하지 않았다고 하더라도 항소장에 '양형부당'이라고 기재되어 있는 경우에는, 항소심법원은 항소이유서 미제출을 이유로 항소기각결정을 할 수 없다.

② 당사자의 재판받을 권리는 보장되어야 하므로, 항소이유 없음이 명백하다고 하더라도 변론 없이 판결로써 항소를 기각할 수 없다.

③ 항소이유가 있다고 인정한 때에는 원심판결을 파기하고 다시 판결을 하여야 한다.

④ 형사소송법 제364조의2는 '피고인을 위하여 원심판결을 파기하는 경우에 파기의 이유가 항소한 공동피고인에게 공통되는 때에는 그 공동피고인에게 대하여도 원심판결을 파기하여야 한다.'라고 규정하고 있는데, 위 규정은 공동피고인 사이에서 파기의 이유가 공통되는 해당 범죄사실이 동일한 소송절차에서 병합심리된 경우에만 적용되어야 한다.

10 다음 설명 중 가장 옳지 않은 것은?

① 일사부재리의 효력이 미치는 객관적 범위는 법원의 현실적 심판의 대상인 공소사실은 물론이고, 그 공소사실과 단일하고 동일한 관계에 있는 사실 전부에 미친다.

② 상습범의 범죄사실에 대한 공판심리 중에 그 범죄사실과 동일한 습벽의 발현에 의한 것으로 인정되는 범죄사실이 추가로 발견된 경우에는 검사는 공소장변경절차에 의하여 그 범죄사실을 공소사실로 추가할 수 있다.

③ 공소제기된 사건에 적용된 법령이 헌법재판소의 위헌결정으로 효력이 소급하여 상실된 경우 '범죄 후의 법령개폐로 형이 폐지되었을 때'에 해당하므로 법원은 면소판결을 선고하여야 한다.

④ 형법 제40조 소정의 상상적 경합 관계의 경우에는 그중 1죄에 대한 확정판결의 기판력은 다른 죄에 대하여도 미치는 것이고, 여기서 1개의 행위라 함은 법적 평가를 떠나 사회 관념상 행위가 사물자연의 상태로서 1개로 평가되는 것을 의미한다. 따라서 일죄에 대한 판결이 확정되었다면 다른 일죄에 대하여도 기판력이 미친다.

11 일부상소에 관한 다음 설명 중 가장 옳지 않은 것은?

① 제1심이 단순일죄의 관계에 있는 공소사실의 일부에 대하여만 유죄로 인정한 경우에 피고인만이 항소하여도 그 항소는 그 일죄의 전부에 미쳐서 항소심은 무죄부분에 대하여도 심판할 수 있다.

② 포괄일죄의 일부만이 유죄로 인정된 경우 그 유죄부분에 대하여 피고인만이 상고하였을 뿐 무죄나 공소기각으로 판단된 부분에 대하여 검사가 상고를 하지 않았다면, 상소불가분의 원칙에 의해 유죄 이외의 부분도 상고심에 이심되기는 하나 사실상 심판대상에서 이탈하게 되므로 상고심으로서도 무죄나 공소기각 부분에 대하여 판단할 수는 없다.

③ 필수적 몰수 또는 추징 요건에 해당하는 사건에서 몰수 또는 추징에 관한 부분만을 불복대상으로 삼아 상소가 제기되었다 하더라도, 상소심으로서는 이를 적법한 상소제기로 다루어야 하나, 상소의 효력은 그 불복대상인 몰수 또는 추징에 관한 부분에 한정된다.

④ 포괄일죄의 관계에 있는 공소사실의 일부에 대하여만 유죄로 인정하고 나머지는 무죄가 선고되어 검사는 위 무죄 부분에 대하여 불복상고하고 피고인은 유죄부분에 대하여 상고하지 않은 경우, 원심에서 유죄로 인정된 부분도 상고심에 이심되어 심판의 대상이 된다.

12 다음 설명 중 가장 옳지 않은 것은?

① 미성년자인 피고인이 항소취하서를 제출하였고, 피고인의 법정대리인 중 어머니가 항소취하 동의서를 제출하였어도 아버지가 항소취하 동의서를 제출하지 않았다면 피고인의 항소취하는 효력이 없다.

② 변호인은 피고인의 동의를 얻어 상소를 취하할 수 있으므로, 변호인의 상소취하에 피고인의 동의가 없다면 상소취하의 효력은 발생하지 아니한다.

③ 음주운전과 관련한 도로교통법 위반죄의 범죄수사를 위하여 미성년자인 피의자의 혈액채취가 필요한 경우에 피의자에게 의사능력이 있다면 피의자 본인만이 혈액채취에 관한 유효한 동의를 할 수 있으나, 피의자에게 의사능력이 없는 경우에는 법정대리인이 피의자를 대리하여 동의할 수 있다.

④ 피고인 또는 피의자가 법인인 때에는 그 대표자가 소송행위를 대표한다. 수인이 공동하여 법인을 대표하는 경우에도 소송행위에 관하여는 각자가 대표한다.

13 항고에 관한 다음 설명 중 가장 옳지 않은 것은?

① 법원이 사건을 국민참여재판으로 진행하기로 하는 결정 또는 배제하기로 하는 결정에 대하여는 즉시항고를 할 수 있다.

② 검사의 체포영장 또는 구속영장 청구에 대한 지방법원판사의 재판은 항고나 준항고의 대상이 되지 않는다.

③ 재정신청에 관한 법원의 공소제기결정에 대하여 재항고가 허용되지 않으므로, 공소제기결정에 대하여 재항고가 제기되면 결정으로 이를 기각하여야 한다.

④ 국선변호인선임청구 기각결정에 대하여는 보통항고를 할 수 없다.

14 불이익변경금지 원칙에 관한 다음 설명 중 가장 옳지 않은 것은?

① 피고인만 상고한 사건에서 원심판결을 파기하고 사건을 항소심에 환송한 경우, 환송 후 공소장이 변경되어 새로운 범죄사실이 유죄로 인정되면 환송 전 원심보다 중한 형이 선고되더라도 위법하지 않다.

② 제1심에서 징역형의 집행유예를 선고하였고 피고인만 항소한 경우, 항소심이 징역형의 형기를 단축하여 실형을 선고하는 것은 위법하다.

③ 제1심에서 징역 1년에 처하되 형의 집행을 면제한다는 판결을 선고한 데에 대하여 피고인만이 항소한 경우, 항소심이 피고인에 대하여 징역 8월에 집행유예 2년을 선고하였더라도 이는 위법하지 않다.

④ 징역형의 선고유예를 변경하여 벌금형을 선고하는 것은 피고인에게 불이익하게 변경된 것이어서 허용되지 않는다.

15 국선변호인에 관한 다음 설명 중 가장 옳지 않은 것은?

① 구속영장이 청구되어 심문할 피의자에게 변호인이 없어 판사가 직권으로 국선변호인을 선정한 경우에 구속영장의 청구가 기각되어 효력이 소멸한 경우를 제외하고는 제1심까지 국선변호인선정의 효력이 있다.

② 법원이 국선변호인을 반드시 선정해야 하는 사유로 형사소송법 제33조 제1항 제5호에서 정한 '피고인이 심신장애의 의심이 있는 때'란 진단서나 정신감정 등 객관적인 자료에 의하여 피고인의 심신장애 상태를 확신할 수 있는 경우만을 의미한다.

③ 이해가 상반된 피고인들 중 어느 피고인이 법무법인을 변호인으로 선임하고, 법무법인이 담당변호사를 지정하였을 때, 법원이 담당변호사 중 1인 또는 수인을 다른 피고인을 위한 국선변호인으로 선정한다면, 이는 국선변호인의 조력을 받을 피고인의 권리를 침해하는 것이다.

④ 피고인이 별건으로 구속되어 있거나 다른 형사사건에서 유죄로 확정되어 수형 중인 경우는 형사소송법 제33조 제1항 제1호의 "피고인이 구속된 때"에 해당하지 않는다.

16 피고인의 출석에 관한 다음 설명 중 가장 옳지 않은 것은?

① 장기 3년 이하의 징역 또는 금고, 다액 500만원을 초과하는 벌금 또는 구류에 해당하는 사건에서 피고인의 불출석 허가신청이 있어 법원이 허가한 사건은 판결을 선고하는 공판기일에 피고인의 출석을 요하지 아니한다.

② 약식명령에 대하여 피고인만 정식재판을 청구하여 판결을 선고하는 경우에는 피고인의 출석을 요하지 아니하고, 이 경우 피고인은 대리인을 출석하게 할 수 있다.

③ 피고인이 출석하지 아니하면 개정하지 못하는 경우에 피고인의 출석 없이 공판절차를 진행하기 위해서는 단지 구속된 피고인이 정당한 사유 없이 출석을 거부하였다는 것만으로는 부족하고 더 나아가 교도관에 의한 인치가 불가능하거나 현저히 곤란하다고 인정되어야 한다.

④ 약식명령에 대한 정식재판절차의 공판기일에 정식재판을 청구한 피고인이 출석하지 아니한 때에는 다시 기일을 정하고 피고인이 정당한 이유 없이 다시 정한 기일에도 출석하지 아니한 때에는 피고인의 진술 없이 판결할 수 있다.

17 신뢰관계에 있는 자의 동석에 관한 다음 설명 중 가장 옳지 않은 것은?

① 법원은 범죄로 인한 피해자를 증인으로 신문하는 경우 증인의 연령, 심신의 상태, 그 밖의 사정을 고려하여 증인이 현저하게 불안 또는 긴장을 느낄 우려가 있다고 인정하는 때에는 직권 또는 피해자·법정대리인·검사의 신청에 따라 피해자와 신뢰관계에 있는 자를 동석하게 할 수 있다.

② 법원은 범죄로 인한 피해자가 13세 미만이거나 신체적 또는 정신적 장애로 사물을 변별하거나 의사를 결정할 능력이 미약한 경우에 재판에 지장을 초래할 우려가 있는 등 부득이한 경우가 아닌 한 피해자와 신뢰관계에 있는 자를 동석하게 하여야 한다.

③ 동석한 자는 법원·소송관계인의 신문 또는 증인의 진술을 방해하거나 그 진술의 내용에 부당한 영향을 미칠 수 있는 행위를 하여서는 아니 되며, 재판장은 동석한 자가 부당하게 재판의 진행을 방해하는 때에는 그 행위의 중지를 명할 수 있으나 동석 자체를 중지시킬 수는 없다.

④ 피해자와 동석할 수 있는 신뢰관계에 있는 사람은 피해자의 배우자, 직계친족, 형제자매, 가족, 동거인, 고용주, 변호사, 그 밖에 피해자의 심리적 안정과 원활한 의사소통에 도움을 줄 수 있는 사람을 말한다.

18 재심에 관한 다음 설명 중 가장 옳지 않은 것은?

① 재심청구인이 재심 청구를 한 후 청구에 대한 결정이 확정되기 전에 사망한 경우 재심청구절차가 종료한다.

② 조세심판원이 재조사결정을 하고 그에 따라 과세관청이 후속처분으로 당초 부과처분을 취소하였다면 부과처분은 처분 시에 소급하여 효력을 잃게 되어 원칙적으로 그에 따른 납세의무도 없어지므로, 형사소송법 제420조 제5호에 정한 재심사유에 해당한다.

③ 위헌으로 결정된 법률 또는 법률의 조항이 종전의 합헌결정이 있는 날의 다음 날로 소급하여 효력을 상실하는 경우, 합헌결정이 있는 날의 다음 날 이후에 유죄판결이 선고되어 확정되었다고 하더라도 범죄행위가 그 이전에 행하여졌다면 재심을 청구할 수 없다.

④ 유죄의 확정판결에 대하여 재심개시결정이 확정되어 법원이 그 사건에 대하여 다시 심판을 한 후 재심의 판결을 선고하고 그 재심판결이 확정된 때에는 종전의 확정판결은 당연히 효력을 상실한다.

19 증거조사의 이의신청에 관한 다음 설명 중 가장 옳지 않은 것은?

① 증거조사에 대한 이의신청은 법령의 위반이 있는 경우에만 할 수 있다.

② 이의신청에 대한 결정에 의하여 판단이 된 사항에 대하여는 다시 이의신청을 할 수 없다.

③ 시기에 늦은 이의신청, 소송지연만을 목적으로 하는 것임이 명백한 이의신청은 결정으로 이를 기각하여야 한다.

④ 증거조사를 마친 증거가 증거능력이 없음을 이유로 한 이의신청을 이유있다고 인정할 경우에는 그 증거의 전부 또는 일부를 배제한다는 취지의 결정을 하여야 한다.

20 증명에 관한 다음 설명 중 가장 옳지 않은 것은?

① 형사재판에서 엄격한 증명이 요구되는 대상에는 검사가 공소장에 기재한 구체적 범죄사실 모두가 포함되고, 특히 공소사실에 특정된 범죄의 일시는 범죄의 성격상 특수한 사정이 있는 경우가 아닌 한 엄격한 증명을 통하여 인정되어야 한다.

② 목적과 용도를 정하여 위탁한 금전을 수탁자가 임의로 소비하면 횡령죄를 구성할 수 있으나, 이 경우 피해자가 목적과 용도를 정하여 금전을 위탁한 사실 및 그 목적과 용도가 무엇인지는 엄격한 증명의 대상이다.

③ 형사소송법 제312조 제4항에서 '특히 신빙할 수 있는 상태'는 증거능력의 요건에 해당하므로 검사가 그 존재에 대하여 구체적으로 주장·증명하여야 하며 그러한 증명은 엄격한 증명을 요한다.

④ 친고죄에 있어서의 고소는 고소권 있는 자가 수사기관에 대하여 범죄사실을 신고하고 범인의 처벌을 구하는 의사표시로서 서면뿐만 아니라 구술로도 할 수 있는 것이고, 친고죄에서 적법한 고소가 있었는지 여부는 자유로운 증명의 대상이 된다.

21 다음 설명 중 가장 옳지 않은 것은?

① 반의사불벌죄의 공범 중 일부에 대하여 제1심 판결이 선고된 후에는 제1심 판결선고 전의 다른 공범자에 대하여 처벌을 희망하지 아니하는 의사표시나 처벌을 희망하는 의사표시의 철회를 할 수 없고, 이를 하더라도 그 효력이 발생하지 않는다.

② 친고죄에서 처벌을 구하는 의사표시의 철회는 수사기관이나 법원에 대한 공법상의 의사표시로서 절차적 확실성을 해하는 조건부 고소나 조건부 고소취소는 허용되지 않는다.

③ 반의사불벌죄에 있어서 미성년자인 피해자의 피고인 또는 피의자에 대한 처벌을 희망하지 않는다는 의사표시 또는 처벌을 희망하는 의사표시의 철회는, 의사능력이 있는 한 피해자가 단독으로 할 수 있고, 거기에 법정대리인의 동의가 있어야 한다거나 법정대리인에 의해 대리되어야 하는 것은 아니다.

④ 항소심에서 공소장의 변경에 의하여 또는 공소장변경절차를 거치지 아니하고 법원 직권에 의하여 친고죄가 아닌 범죄를 친고죄로 인정하였더라도 항소심을 제1심이라 할 수는 없는 것이므로, 항소심에 이르러 비로소 고소인이 고소를 취소하였더라도 이는 친고죄에 대한 고소취소로서의 효력이 없다.

22 다음 설명 중 가장 옳지 않은 것은?

① 압수물인 디지털 저장매체로부터 출력한 문건을 증거로 사용하기 위해서는 디지털 저장매체 원본에 저장된 내용과 출력한 문건의 동일성이 인정되어야 하고, 이를 위해서는 디지털 저장매체 원본이 압수시부터 문건 출력시까지 변경되지 않았음이 담보되어야 한다.

② 수사기관이 법원으로부터 영장 또는 감정처분허가장을 발부받지 아니한 채 피의자의 동의 없이 피의자의 신체로부터 혈액을 채취하고 사후적으로도 지체 없이 영장을 발부받지 아니한 채 알콜농도에 관한 감정이 이루어졌다면, 이러한 감정결과보고서 등은 영장주의를 위반한 위법수집증거에 해당하고, 피고인이나 변호인의 증거동의가 있다고 하더라도 유죄의 증거로 사용할 수 없다.

③ 피고인이 범행 후 피해자에게 전화를 걸어오자 피해자가 증거를 수집하려고 그 전화내용을 녹음한 경우, 그 녹음 테이프가 피고인 모르게 녹음되었다 하더라도 이를 위법하게 수집된 증거라고 할 수 없다.

④ 수사기관이 범죄 피해자를 참고인으로 조사하는 과정에서 형사소송법 제221조 제1항에 따라 그 참고인의 진술을 녹화한 영상녹화물은 피고인의 공소사실을 직접 증명할 수 있는 별개의 독립적인 증거로 사용될 수 있다.

23 다음 설명 중 가장 옳지 않은 것은?

① 사법경찰관이 피의자에게 진술거부권을 행사할 수 있음을 알려주고 그 행사 여부를 실제로 질문하였다 하더라도, 진술거부권 행사 여부에 대한 피의자의 답변이 자필로 기재되어 있지 않거나 그 답변 부분에 피의자의 기명날인 또는 서명이 되어 있지 않다면, 그 사법경찰관 작성의 피의자신문조서는 그 증거능력을 인정할 수 없다.

② 공범인 공동피고인의 경우 해당 소송절차에서는 피고인의 지위에 있으므로 다른 공동피고인에 대한 공소사실에 관하여 증인이 될 수 없으나, 소송절차가 분리되면 다른 공동피고인에 대한 공소사실에 관하여 증인이 될 수 있다.

③ 재판장은 피고인에 대하여 통상 인정신문을 하기 이전에 진술거부권에 관하여 1회 고지하면 되지만, 공판절차를 갱신하는 때에는 다시 진술거부권에 관하여 고지하여야 한다.

④ 진술거부권을 고지하지 않은 상태에서 임의로 행해진 피고인의 자백에 기초하여 피해자 신원이 밝혀지게 되었다면, 설령 그 피해자가 독립적 판단에 의해 적법한 소환절차에 따라 자발적으로 출석하여 공개된 법정에서 임의로 진술을 하였더라도 그 진술은 위법수집증거로서 유죄 인정의 증거로 사용할 수 없다.

24 피고인에 대한 공소장 부본, 피고인소환장 등의 송달에 관한 다음 설명 중 가장 옳지 않은 것은?

① 피고인이 구치소나 교도소 등에 수감 중에 있는 경우는 법원이 수감 중인 피고인에 대하여 공소장 부본과 피고인 소환장 등을 종전 주소지 등으로 송달한 경우는 물론 공시송달의 방법으로 송달하였더라도 이는 위법하다.

② 피고인에 대한 공판기일 소환은 형사소송법이 정한 소환장의 송달 또는 이와 동일한 효력이 있는 방법에 의하여야 하고, 그 밖의 방법에 의한 사실상의 기일의 고지 또는 통지 등은 적법한 피고인 소환이라고 할 수 없다.

③ 피고인 주소지에 피고인이 거주하지 아니한다는 이유로 여러 차례에 걸쳐 집행불능되어 반환된 구속영장이나 경찰관이 작성한 소재탐지불능보고서를 소송촉진 등에 관한 특례법이 정한 '송달불능보고서의 접수'로 볼 수는 없다.

④ 제1심이 공소장 부본을 피고인 또는 변호인에게 송달하지 아니한 채 공시송달의 방법으로 피고인을 소환하여 피고인이 공판기일에 출석하지 아니한 가운데 제1심 공판절차가 진행된 경우 항소심은 피고인 또는 변호인에게 공소장 부본을 송달하고 적법한 절차에 의하여 소송행위를 새로이 한 후 항소심에서의 진술과 증거조사 등 심리결과에 기초하여 다시 판결하여야 한다.

25 공소장일본주의에 관한 다음 설명 중 가장 옳지 않은 것은?

① 검사가 공소를 제기할 때에는 원칙적으로 공소장 하나만을 제출하여야 하고 그 밖에 사건에 관하여 법원에 예단을 생기게 할 수 있는 서류 기타 물건을 첨부하거나 그 내용을 인용하여서는 안된다.

② 공소장에 법령이 요구하는 사항 외의 사실로서 법원에 예단이 생기게 할 수 있는 사유를 나열하는 것이 허용되지 않는다는 것도 이른바 '기타 사실의 기재금지'로서 공소장일본주의의 내용에 포함된다.

③ 공소장일본주의에 위배된 공소제기라고 인정되는 때에는, 그 절차가 법률의 규정에 위반하여 무효인 때에 해당하는 것으로 보아 공소기각의 판결을 선고하는 것이 원칙이다.

④ 공소장일본주의는 즉결심판절차에서는 배제되지만, 피고인이 즉결심판에 대하여 정식재판을 청구하는 경우에는 적용된다.

형사소송법 | 2019년 법원직 9급

CHECK 1 2 3

01 소송행위에 관한 다음 설명 중 가장 옳지 않은 것은? (다툼이 있는 경우 판례에 의하고, 전원합의체 판결의 경우 다수의견에 의함. 이하 같음)

① 음주운전과 관련한 도로교통법 위반죄의 범죄수사를 위하여 피의자의 혈액채취가 필요한 상황에서 만 17세인 피의자가 사고로 인한 의식불명의 상태에 있어 의사능력이 없는 때에는 모친이 법정대리인으로서 피의자를 대리하여 유효하게 혈액채취에 동의할 수 있다.

② 반의사불벌죄에 있어서 피해자의 피고인 또는 피의자에 대한 처벌을 희망하지 않는다는 의사표시는 의사능력이 있는 한 미성년자인 피해자 자신이 단독으로 유효하게 이를 할 수 있고 거기에 법정대리인의 동의가 있을 필요는 없다.

③ 피고인이 법인인 경우에는 그 대표자가 당해 법인을 대표하여 피고인을 위한 변호인을 선임하여야 하고 대표자가 제3자에게 변호인 선임을 위임하여 제3자로 하여금 유효하게 변호인을 선임하도록 할 수는 없다.

④ 피고인 또는 피의자의 법정대리인, 배우자, 직계친족과 형제자매는 보조인이 될 수 있는데, 보조인이 되고자 하는 자는 심급별로 그 취지를 법원에 신고하여야 한다.

02 당사자의 동의와 증거능력에 관한 다음 설명 중 가장 옳지 않은 것은?

① 약식명령에 불복하여 정식재판을 청구한 피고인이 정식재판절차의 제1심에서 2회 불출정하여 증거동의로 간주되어 증거조사를 완료한 경우에 피고인이 항소심에 출석하여 공소사실을 부인하면서 간주된 증거동의를 철회 또는 취소하면 제1심에서 부여된 증거능력은 상실된다.

② 임의성이 인정되지 아니하여 증거능력이 없는 진술증거는 피고인이 증거로 함에 동의하더라도 증거로 삼을 수 없다.

③ 피고인의 출정 없이 증거조사를 할 수 있는 경우에 피고인이 출정하지 아니한 때에는 피고인의 증거동의가 있는 것으로 간주한다. 단, 대리인 또는 변호인이 출정한 때에는 예외로 한다.

④ 피고인이 출석한 공판기일에서 증거로 함에 부동의한다는 의견이 진술된 경우에는 그 후 피고인이 출석하지 아니한 공판기일에 변호인만이 출석하여 종전 의견을 번복하여 증거로 함에 동의하였다 하더라도 이는 특별한 사정이 없는 한 효력이 없다.

PART 8 | 2019년 법원직 9급 **413**

03 상소의 취하 및 포기에 관한 다음 설명 중 가장 옳지 않은 것은?

① 상소의 취하는 상소법원에 하여야 하지만 소송기록이 상소법원에 송부되지 아니한 때에는 상소취하서를 원심법원에 제출할 수 있다.

② 구금된 피고인이 교도관이 내어 주는 상소권포기서를 항소장으로 잘못 믿고 이를 확인해 보지도 않은 채 자신의 서명무인을 하여 교도관을 통해 법원에 제출하였더라도 이는 항소포기로서 유효하다.

③ 피고인의 동의 없이 이루어진 변호인의 상소취하는 효력이 발생하지 않는데 이때 피고인의 동의는 서면으로 하여야 한다.

④ 상소권을 포기한 후에 상소기간이 도과된 상태에서 상소포기의 효력을 다투려는 사람은 상소권회복청구를 할 수 있다.

04 보석제도에 관한 다음 설명 중 가장 옳지 않은 것은?

① 보석의 청구를 받은 법원은 이미 제출한 자료만을 검토하여 보석을 허가하거나 불허가할지 여부가 명백하다면, 심문기일을 열지 않은 채 보석의 허가 여부에 관한 결정을 할 수도 있다.

② 보석허가결정으로 구속영장은 효력이 소멸하므로 피고인이 도망하는 등 피고인을 재구금할 필요가 생긴 때에는 법원이 피고인에 대해 새로운 구속영장을 발부하여야 한다.

③ 보석보증금은 현금으로 전액이 납부되어야 하고 유가증권이나 피고인 외의 자가 제출한 보증서로써 이를 갈음하기 위해서는 반드시 법원의 허가를 받아야 한다.

④ 출석보증서의 제출을 보석조건으로 한 법원의 보석허가결정에 따라 석방된 피고인이 정당한 사유 없이 기일에 불출석하는 경우, 출석보증인에 대하여 500만 원 이하의 과태료를 부과하는 제재를 가할 수 있다.

05 보석보증금에 관한 다음 설명 중 가장 옳지 않은 것은?

① 형사소송법 제103조(보석된 자가 형의 선고를 받고 그 판결이 확정된 후 집행하기 위한 소환을 받고 정당한 이유 없이 출석하지 아니하거나 도망한 때에는 직권 또는 검사의 청구에 의하여 결정으로 보증금의 전부 또는 일부를 몰수하여야 한다)에 의한 보증금몰수사건은 보석허가결정 또는 그 취소결정 등을 한 본안 재판부에 관할이 있다.

② 보석보증금을 몰수하려면 반드시 보석취소결정과 동시에 하여야만 하는 것이 아니라 보석취소결정 후에 별도로 할 수도 있다.

③ 형사소송법 제103조의 '보석된 자'에는 판결확정 전에 그 보석이 취소되었으나 도망 등으로 재구금이 되지 않은 상태에 있는 사람도 포함된다.

④ 보석보증금이 소송절차 진행 중의 피고인의 출석을 담보하는 기능 외에 형 확정 후의 형 집행을 위한 출석을 담보하는 기능도 담당한다.

06 법관의 기피에 관한 다음 설명 중 가장 옳지 않은 것은?

① 법관에게 제척사유가 있는 때에는 검사 또는 피고인은 법관의 기피를 신청할 수 있고, 기피사유는 신청한 날로부터 3일 이내에 서면으로 소명하여야 한다.

② 기피신청이 소송의 지연을 목적으로 함이 명백한 경우에는 형사소송법 제20조 제1항에 의하여 법원 또는 법관은 결정으로 이를 기각할 수 있고, 이 경우 소송진행을 정지하여야 한다.

③ 기피신청을 받은 법관이 형사소송법 제22조 본문에 위반하여 본안의 소송절차를 정지하지 않은 채 그대로 소송을 진행하여서 한 소송행위는 그 효력이 없고, 이는 그 후 그 기피신청에 대한 기각결정이 확정되었다고 하더라도 마찬가지이다.

④ 기피신청에 대한 재판은 기피당한 법관의 소속법원 합의부에서 결정으로 하여야 하지만, 소송지연만을 목적으로 한 기피신청은 기피당한 법관에 의하여 구성된 재판부가 스스로 이를 각하할 수 있다.

07 관할에 관한 다음 설명 중 가장 옳지 않은 것은?

① 제1심 형사사건에 관하여 지방법원 본원과 지방법원 지원은 소송법상 별개의 법원이자 각각 일정한 토지관할 구역을 나누어 가지는 대등한 관계에 있으므로, 지방법원 본원과 지방법원 지원 사이의 관할의 분배도 지방법원 내부의 사법행정사무로서 행해진 지방법원 본원과 지원 사이의 단순한 사무분배에 그치는 것이 아니라 소송법상 토지관할의 분배에 해당한다. 그러므로 형사소송법 제4조에 의하여 지방법원 본원에 제1심 토지관할이 인정된다고 볼 특별한 사정이 없는 한, 지방법원 지원에 제1심 토지관할이 인정된다는 사정만으로 당연히 지방법원 본원에도 제1심 토지관할이 인정된다고 볼 수는 없다.

② 형사소송법 제4조 제1항은 "토지관할은 범죄지, 피고인의 주소, 거소 또는 현재지로 한다."라고 정하고, 여기서 '현재지'라고 함은 공소제기 당시 피고인이 현재한 장소로서 임의에 의한 현재지뿐만 아니라 적법한 강제에 의한 현재지도 이에 해당한다.

③ 토지관할을 달리하는 수개의 제1심 법원들에 관련 사건이 계속된 경우 그 소속 고등법원이 같은 경우에도 대법원이 위 제1심 법원들의 공통되는 직근상급법원으로서 형사소송법 제6조에 의한 토지관할 병합 심리 신청사건의 관할법원이 된다.

④ 형사소송법 제5조에 정한 관련 사건의 관할은, 이른바 고유관할사건 및 그 관련 사건이 반드시 병합기소되거나 병합되어 심리될 것을 전제요건으로 하는 것은 아니고, 고유관할사건 계속 중 고유관할 법원에 관련 사건이 계속된 이상, 그 후 양 사건이 병합되어 심리되지 아니한 채 고유사건에 대한 심리가 먼저 종결되었다 하더라도 관련 사건에 대한 관할권은 여전히 유지된다.

08 공소제기에 관한 다음 설명 중 가장 옳지 않은 것은?

① 검사의 기명날인 또는 서명이 없는 공소장 제출에 의한 공소의 제기는 법률의 규정에 위반하여 무효인 때에 해당한다. 다만, 공소를 제기한 검사가 공소장에 기명날인 또는 서명을 추완하는 등의 방법에 의하여 공소의 제기가 유효하게 될 수 있다.

② 공소를 제기할 때 공소장에 수개의 범죄사실과 적용법조를 예비적 또는 택일적으로 기재할 수 있다함은 수개의 범죄사실 상호간에 범죄사실의 동일성이 인정되는 범위 내에서만 범죄의 일시, 장소, 방법, 객체 등의 사실면의 어느 점에 있어 상위한 사실을 예비적 또는 택일적으로 기재할 수 있음을 규정한 것이다.

③ 검사가 공소사실의 일부인 범죄일람표를 전자문서로 작성한 다음 종이문서로 출력하지 않은 채 저장매체 자체를 서면인 공소장에 첨부하여 제출한 경우에는, 법원은 저장매체에 저장된 전자문서 부분을 제외하고, 서면에 기재된 부분에 한하여 적법하게 공소가 제기된 것으로 보아야 한다.

④ 단순일죄인 범죄사실에 대하여 공소취소로 인한 공소기각결정이 확정된 후에 종전의 범죄사실을 변경하여 재기소하기 위하여는 변경된 범죄사실에 대한 다른 중요한 증거가 발견되어야 한다.

09 공소시효에 관한 다음 설명 중 가장 옳지 않은 것은?

① 형사소송법 제253조 제3항은 "범인이 형사처분을 면할 목적으로 국외에 있는 경우 그 기간 동안 공소시효는 정지된다."라고 규정하고 있는 바, 위 규정이 정한 '범인이 형사처분을 면할 목적으로 국외에 있는 경우'는 범인이 국내에서 범죄를 저지르고 형사처분을 면할 목적으로 국외로 도피한 경우에 한정되고, 범인이 국외에서 범죄를 저지르고 형사처분을 면할 목적으로 국외에서 체류를 계속하는 경우는 포함되지 아니한다.

② 공소시효는 범죄행위가 종료한 때부터 진행하고, 미수범은 범죄의 실행에 착수하여 행위를 종료하지 못하였거나 결과가 발생하지 아니한 때에 처벌받게 되므로, 미수범의 범죄행위는 행위를 종료하지 못하였거나 결과가 발생하지 아니하여 더 이상 범죄가 진행될 수 없는 때부터 공소시효가 진행한다.

③ 범죄 후 법률의 개정에 의하여 법정형이 가벼워진 경우에는 형법 제1조 제2항에 의하여 당해 범죄사실에 적용될 가벼운 법정형(신법의 법정형)이 공소시효기간의 기준이 된다.

④ 공범의 1인으로 기소된 자가 구성요건에 해당하는 위법행위를 공동으로 하였다고 인정되기는 하나 책임조각을 이유로 무죄로 되는 경우와는 달리, 범죄의 증명이 없다는 이유로 공범 중 1인이 무죄의 확정판결을 선고받은 경우에는 그를 공범이라고 할 수 없어 그에 대하여 제기된 공소로써는 진범에 대한 공소시효정지의 효력이 없다.

10 진술거부권에 관한 다음 설명 중 가장 옳지 않은 것은?

① 수사기관이 피의자를 신문함에 있어서 피의자에게 미리 진술거부권을 고지하지 않은 때에는 그 피의자의 진술은 진술의 임의성이 인정되는 경우라도 증거능력이 없다.

② 수사기관에 의한 진술거부권 고지 대상이 되는 피의자 지위는 수사기관이 조사대상자에 대한 범죄혐의를 인정하여 수사를 개시하는 행위를 한 때 인정되는 것으로 보아야 한다. 따라서 이러한 피의자 지위에 있지 아니한 자에 대하여는 진술거부권이 고지되지 아니하였더라도 진술의 증거능력을 부정할 것은 아니다.

③ 사법경찰관이 피의자에게 진술거부권을 행사할 수 있음을 알려 주고 그 행사 여부를 질문하였다 하더라도, 진술거부권 행사 여부에 대한 피의자의 답변이 자필로 기재되어 있지 아니하거나 그 답변 부분에 피의자의 기명날인 또는 서명이 되어 있지 아니한 사법경찰관 작성의 피의자 신문조서는 그 증거능력을 인정할 수 없다.

④ 피고인은 방어권에 기하여 범죄사실에 대하여 진술을 거부하거나 거짓 진술을 할 수 있으므로 그러한 태도나 행위가 피고인에게 보장된 방어권행사의 범위를 넘어 객관적이고 명백한 증거가 있음에도 진실의 발견을 적극적으로 숨기거나 법원을 오도하려는 시도에 기인한 경우라도 가중적 양형의 조건으로 참작될 수는 없다.

11 긴급체포 또는 현행범체포에 관한 다음 설명 중 가장 옳지 않은 것은?

① A가 필로폰을 투약한다는 제보를 받은 경찰관이 제보된 주거지에 A가 살고 있는지 등 제보의 정확성을 사전에 확인한 후에 제보자를 불러 조사하기 위하여 A의 주거지를 방문하였다가, 현관에서 담배를 피우고 있는 A를 발견하고 사진을 찍어 제보자에게 전송하여 사진에 있는 사람이 제보한 대상자가 맞다는 확인을 한 후, 가지고 있던 A의 전화번호로 전화를 하여 차량 접촉사고가 났으니 나오라고 하였으나 나오지 않고, 또한 경찰관임을 밝히고 만나자고 하는데도 현재 집에 있지 않다는 취지로 거짓말을 하자 A의 집 문을 강제로 열고 들어가 A를 긴급체포한 경우, A에 대한 긴급체포는 위법하다.

② 검사 등이 아닌 이에 의하여 현행범인이 체포된 후 불필요한 지체 없이 검사 등에게 인도된 경우라도 체포시부터 48시간 내에 구속영장을 청구하지 못할 경우 석방하여야 한다.

③ 형사소송법 제200조의4 제3항은 영장 없는 긴급체포 후 석방된 피의자를 동일한 범죄사실에 관하여 체포하지 못한다고 규정하고 있으나, 위와 같이 석방된 피의자라도 법원으로부터 구속영장을 발부받아 구속할 수는 있다.

④ 순찰 중이던 경찰관이 교통사고를 낸 차량이 도주하였다는 무전연락을 받고 주변을 수색하다가 범퍼 등의 파손상태로 보아 사고차량으로 인정되는 차량에서 내리는 사람을 발견한 경우, 준현행범으로 영장 없이 체포할 수 있다.

12 소송기록접수통지 및 항소이유서와 관련한 다음 설명 중 가장 옳지 않은 것은?

① 항소이유서 제출기간 내에 변론이 종결되었는데 그 후 위 제출기간 내에 항소이유서가 제출되었다면, 특별한 사정이 없는 한 항소심법원으로서는 변론을 재개하여 항소이유의 주장에 대해서도 심리를 해 보아야 한다.

② 필요적 변호사건이 아니고 형사소송법 제33조 제3항에 의하여 국선변호인을 선정하여야 하는 경우도 아닌 사건에 있어서 피고인이 항소이유서 제출기간이 도과한 후에야 비로소 형사소송법 제33조 제2항의 규정에 따른 국선변호인 선정청구를 하고 법원이 국선변호인 선정결정을 한 경우에는 그 국선변호인에게 소송기록접수통지를 할 필요가 없다.

③ 기록을 송부받은 항소법원은 항소이유서 제출기간이 도과하기 전에 이루어진 형사소송법 제33조 제2항의 국선변호인 선정청구에 따라 변호인을 선정한 경우 그 변호인에게 소송기록 접수통지를 하여야 한다.

④ 피고인의 항소대리권자인 배우자가 피고인을 위하여 항소한 경우에는 소송기록접수통지는 피고인뿐만 아니라 항소대리권자인 배우자에게도 하여야 하므로, 배우자가 적법하게 소송기록접수통지서를 받지 못하였다면 항소이유서 제출기간은 진행되지 않고, 피고인이 적법하게 소송기록접수통지를 받았다고 하더라도 그 날로부터 20일 이내에 항소이유서가 제출되지 않았다는 이유로 항소기각결정을 할 수 없다.

13 자백의 보강법칙에 관한 다음 설명 중 가장 옳지 않은 것은?

① 필로폰 매수 대금을 송금한 사실에 대한 증거는 필로폰 매수죄와 실체적 경합범 관계에 있는 필로폰 투약행위의 자백에 대한 보강증거가 될 수 있다.

② 2010. 2. 18. 01:35경 자동차를 타고 온 피고인으로부터 필로폰을 건네받은 후 피고인이 위 차량을 운전해 갔다고 한 甲의 진술과 2010. 2. 20. 피고인으로부터 채취한 소변에서 나온 필로폰 양성 반응은, 피고인이 2010. 2. 18. 02:00경의 필로폰 투약으로 정상적으로 운전하지 못할 우려가 있는 상태에 있었다는 공소사실 부분에 대한 자백을 보강하는 증거가 되기에 충분하다.

③ 피고인이 자신이 거주하던 다세대주택의 여러 세대에서 7건의 절도행위를 한 것으로 기소되었는데 그중 4건은 범행장소인 구체적 호수가 특정되지 않은 사안에서, 위 4건에 관한 피고인의 범행 관련 진술이 매우 사실적·구체적·합리적이고 진술의 신빙성을 의심할 만한 사유도 없어 자백의 진실성이 인정되므로, 피고인의 집에서 해당 피해품을 압수한 압수조서와 압수물 사진은 위 자백에 대한 보강증거가 된다.

④ 자동차등록증에 차량의 소유자가 피고인으로 등록·기재된 것이 피고인이 그 차량을 운전하였다는 사실의 자백 부분에 대한 보강증거가 될 수 있고, 결과적으로 피고인의 무면허운전이라는 전체 범죄사실의 보강증거로 충분하다.

14 재정신청에 관한 다음 설명 중 가장 옳지 않은 것은?

① 형사소송법 제262조 제4항 후문은 재정신청 기각결정이 확정된 사건에 대하여 다른 중요한 증거를 발견한 경우를 제외하고는 소추할 수 없도록 규정하고 있는데, 재정신청 기각결정의 대상에 명시적으로 포함되지 않았다고 하더라도 고소의 효력이 미치는 객관적 범위 내에서는 위와 같은 재소추 제한의 효력이 그대로 미친다.

② 법원이 재정신청 대상 사건이 아님에도 이를 간과한 채 공소제기결정을 하였더라도, 그에 따른 공소가 제기되어 본안사건의 절차가 개시된 후에는 다른 특별한 사정이 없는 한 본안사건에서 위와 같은 잘못을 다툴 수 없다.

③ 재정신청 제기기간이 경과된 후에 재정신청보충서를 제출하면서 원래의 재정신청에 재정신청 대상으로 포함되어 있지 않은 고발사실을 재정신청의 대상으로 추가한 경우, 그 재정신청보충서에서 추가한 부분에 관한 재정신청은 법률상 방식에 어긋난 것으로서 부적법하다.

④ 재정신청절차는 고소·고발인이 검찰의 불기소처분에 불복하여 법원에 그 당부에 관한 판단을 구하는 절차로서 검사가 공소를 제기하여 공판절차가 진행되는 형사재판 차와는 다르며, 또한 고소·고발인인 재정신청인은 검사에 의하여 공소가 제기되어 형사재판을 받는 피고인과는 지위가 본질적으로 다르다.

15 증인신문에 관한 다음 설명 중 가장 옳지 않은 것은?

① 법원이 공판기일에 증인을 채택하여 다음 공판기일에 증인신문을 하기로 피고인에게 고지하였으나 피고인이 정당한 사유 없이 출석하지 아니한 경우에도 증인에 대한 증거조사를 할 수 있는 방법이 있다.

② 증인이 대면 진술함에 있어 심리적 부담으로 인해 정신의 평온을 현저하게 잃을 우려가 있는 상대방인 경우 차폐시설을 설치하고 신문할 수 있는데, 이러한 신문방식은 증인에 대해 인적보호조치가 취해지는 등 특별한 사정이 있는 때에는 피고인의 변호인에 대하여도 허용될 수 있다.

③ 재판장은 증인이 피고인의 면전에서 충분한 진술을 할 수 없다고 인정한 때에는 피고인을 퇴정하게 하고 증인신문을 진행할 수는 있는데, 이때 변호인이 재정하여 피고인을 위해 증인을 상대로 반대신문을 한 이상 피고인에게 별도로 반대신문의 기회를 줄 필요는 없다.

④ 검사가 제1심 증인신문 과정에서 주신문을 하면서 형사소송규칙상 허용되지 않는 유도신문을 하였다고 볼 여지가 있는 경우라도 그 다음 공판기일에서 피고인과 변호인이 제대로 이의제기하지 않았다면 주신문의 하자는 치유된다.

16 재심에 관한 다음 설명 중 가장 옳지 않은 것은?

① 유죄판결 확정 후에 형선고의 효력을 상실케 하는 특별사면이 있는 경우 특별사면으로 형선고의 효력이 상실된 위 유죄의 확정판결도 재심청구의 대상이 된다.

② 재심청구를 받은 군사법원이 재판권이 없음에도 재심개시결정을 한 후에 비로소 사건을 일반법원으로 이송한 경우, 이는 위법한 재판권의 행사이나 사건을 이송받은 일반법원은 다시 처음부터 재심개시절차를 진행할 필요는 없다.

③ 형사소송법 제420조 제5호는 형의 선고를 받은 자에 대하여 형의 면제를 인정할 명백한 증거가 새로 발견된 때를 재심사유로 들고 있는바, 여기에서 형의 면제라 함은 형의 필요적 면제의 경우만을 말하고 임의적인 면제는 이에 해당하지 않는다.

④ 재심개시절차에서는 형사소송법에서 규정하고 있는 재심사유가 있는지 여부와 함께 재심사유가 재심대상판결에 영향을 미칠 가능성이 있는가의 실체적 사유도 고려하여야 한다.

17 공판조서에 관한 다음 설명 중 가장 옳지 않은 것은?

① 결심공판에 검사가 출석하여 의견을 진술하였다고 하더라도 결심공판에 관한 공판조서에 검사의 의견진술이 누락되어 있다면 검사의 의견진술이 없는 것으로 보아야 하므로 판결에 영향을 미친 잘못이 있다.

② 공판조서에 그 공판에 관여한 법관의 성명이 기재되어 있지 않다면 공판절차가 법령에 위반되어 판결에 영향을 미친 위법이 있다.

③ 공판조서에 재판장이 판결서에 의하여 판결을 선고하였음이 기재되어 있다면 동 판결선고 절차는 적법하게 이루어졌음이 증명되었다고 할 것이고 여기에는 다른 자료에 의한 반증은 허용되지 않는다.

④ 공판조서의 기재가 명백한 오기인 경우에는 공판조서의 기재에도 불구하고 공판조서에 기재된 내용과 다른 사실을 인정할 수 있다.

18 압수·수색에 관한 다음 설명 중 가장 옳지 않은 것은?

① 영장 발부의 사유로 된 범죄 혐의사실과 무관한 별개의 증거를 압수하였을 경우 이는 원칙적으로 유죄 인정의 증거로 사용할 수 없다.

② 정보저장매체에 저장된 전자정보에 대한 압수·수색은 영장 발부의 사유로 된 범죄 혐의사실과 관련된 부분만을 출력하거나 복제하는 방법으로 하여야 하고, 다만 범위를 정하여 출력 또는 복제하는 방법이 불가능하거나 압수의 목적을 달성하기에 현저히 곤란한 경우에는 정보저장매체 자체를 압수할 수 있다.

③ 수사기관이 인터넷서비스이용자인 피의자를 상대로 피의자의 컴퓨터 등 정보처리장치 내에 저장되어 있는 이메일 등 전자정보를 압수·수색하는 것은 전자정보의 소유자 내지 소지자를 상대로 해당 전자정보를 압수·수색하는 강제처분으로 형사소송법의 해석상 허용된다.

④ 이메일 등 전자정보 압수·수색 시 해외 인터넷서비스제공자의 저장매체가 국외에 있는 경우에는 우리나라의 재판권이 미치지 않으므로 피의자의 이메일 계정에 대한 접근권한에 갈음하여 발부받은 압수·수색영장에 따라 수사기관이 적법하게 취득한 이메일 계정 아이디와 비밀번호를 입력하는 등의 방법으로, 국외에 있는 원격지의 저장매체에 접속하여 내려받은 전자정보에 대한 압수·수색은 위법하다.

19 상고심 절차에 대한 다음 설명 중 가장 옳지 않은 것은?

① 형사소송법상 상고대상인 판결은 제2심판결이지만 제1심판결에 대하여도 항소를 제기하지 않고 바로 상고할 수 있는 경우가 있다.

② 형사소송법상 상고이유서에는 소송기록과 원심법원의 증거조사에 표현된 사실을 인용하여 그 이유를 명시하여야 하므로 원심에서 제출하였던 변론요지서를 그대로 원용한 방식의 상고이유는 부적법하다.

③ 형사소송법상 항소심판결에 중대한 사실의 오인이 있어 판결에 영향을 미쳤고 현저히 정의에 반하는 때에는 그러한 내용이 상고이유서에 포함되어 있지 않더라도 상고심이 이를 직권으로 심판할 수 있도록 되어 있다.

④ 상고장 및 상고이유서에 기재된 상고이유의 주장이 형사소송법 제383조 각호에 열거된 상고이유 중 어느 하나에 해당하지 아니함이 명백한 경우에는 결정으로 상고를 기각하여야 한다.

20 체포에 관한 다음 설명 중 가장 옳은 것은?

① 체포영장의 청구를 받은 지방법원판사는 필요하다고 인정할 때에는 발부 전에 영장실질심사를 위해서 피의자심문을 할 수 있다.

② 검사 또는 사법경찰관은 긴급체포한 피의자에 대하여 구속영장을 청구하지 않거나 발부받지 못하여 석방한 경우에는 다른 중요한 증거를 발견한 경우를 제외하고는 동일한 범죄사실로 다시 체포하지 못한다.

③ 검사의 체포영장 청구를 기각한 지방법원판사의 재판에 대하여는 항고나 준항고가 허용되지 않는다.

④ 긴급체포의 요건을 갖추었는지 여부는 체포 당시의 상황과 사후에 밝혀진 사정을 종합하여 판단하여야 하고, 이에 관한 검사나 사법경찰관 등 수사주체의 판단에는 상당한 재량의 여지가 있다.

21 불이익변경금지 원칙에 대한 다음 설명 중 가장 옳지 않은 것은?

① 판결을 선고한 법원이 판결서의 경정을 통하여 당해 판결서의 명백한 오류를 시정하는 것도 피고인에게 유리 또는 불리한 결과를 발생시키거나 피고인의 상소권 행사에 영향을 미칠 수 있으므로 불이익변경금지 원칙이 적용된다.

② 소송비용의 부담은 형이 아니고 실질적인 의미에서 형에 준하여 평가되어야 할 것도 아니므로 불이익변경금지원칙의 적용이 없다.

③ 불이익변경금지 원칙은 이익변경까지 금하는 것은 아니므로 검사만이 양형부당을 이유로 항소한 경우에도 항소심법원은 직권으로 심판하여 제1심의 양형보다 가벼운 형을 선고할 수 있다.

④ 불이익변경금지 원칙은 피고인의 상고로 항소심판결이 상고심에서 파기되어 환송한 경우에서도 적용되므로 파기환송 후의 항소심에서 공소장변경에 의해 새로운 범죄사실이 추가됨으로써 피고인의 책임이 무거워졌더라도 파기된 항소심판결에 비하여 중한 형을 선고할 수는 없다.

22 고소에 관한 다음 설명 중 가장 옳지 않은 것은?

① 친고죄에서 공범 중 일부에 대하여만 처벌을 구하고 나머지에 대하여는 처벌을 원하지 않는 내용의 고소는 적법한 고소라고 할 수 없고, 공범 중 1인에 대한 고소취소는 고소인의 의사와 상관없이 다른 공범에 대하여도 효력이 있다.

② 항소심에서 공소장의 변경에 의하여 친고죄가 아닌 범죄를 친고죄로 인정하였더라도, 항소심에 이르러 비로소 고소인이 고소를 취소하였다면 이는 친고죄에 대한 고소취소로서의 효력은 없다.

③ 친고죄의 공범 중 그 일부에 대하여 제1심판결이 선고된 후에는 제1심판결선고전의 다른 공범자에 대하여는 그 고소를 취소할 수 없고 그 고소의 취소가 있다 하더라도 그 효력을 발생할 수 없다.

④ 피해자가 반의사불벌죄의 공범 중 1인에 대하여 처벌을 희망하는 의사를 철회한 경우, 다른 공범자에 대하여도 처벌희망의사가 철회된 것으로 볼 수 있다.

23 형사피해자와 관련된 다음 설명 중 가장 옳지 않은 것은?

① 법원은 범죄로 인한 피해자 등의 신청이 있는 때에는 그 피해자 등을 증인으로 신문하여야 하는데, 동일한 범죄사실에서 진술을 신청한 피해자 등이 여러 명인 경우에는 진술할 자의 수를 제한할 수 있다.

② 소송계속 중인 사건의 피해자 등의 소송기록의 열람 또는 등사 청구에 대하여 등사한 소송기록의 사용목적 제한 등 적당한 조건을 붙인 재판장의 허가에 대하여 불복할 수 있다.

③ 법원은 범죄로 인한 피해자 등의 신청에 따라 그 피해자 등을 신문하는 경우 피해의 정도 및 결과, 피고인의 처벌에 관한 의견, 그 밖에 당해 사건에 관한 의견을 진술할 기회를 주어야 한다.

④ 법원은 범죄로 인한 피해자를 증인으로 신문하는 경우 당해 피해자·법정대리인 또는 검사의 신청에 따라 피해자의 사생활의 비밀이나 신변보호를 위하여 필요하다고 인정하는 때에는 결정으로 심리를 공개하지 아니할 수 있다.

24 공소장 변경에 관한 다음 설명 중 가장 옳은 것은?

① 검사의 공소장변경신청이 공소사실의 동일성에 반하는 내용임에도 법원이 이를 허가하는 결정을 하였을 때 피고인은 즉시항고로서 그 결정의 효력을 다툴 수 있다.

② 단독범으로 기소된 것을 다른 사람과 공모하여 동일한 내용의 범행을 한 것으로 인정하더라도 이로 인하여 피고인의 방어권 행사에 실질적 불이익을 줄 우려가 없다면 공소장 변경이 필요한 것은 아니다.

③ 항소심에서의 공소장변경이 변경 전의 공소사실과 기본적 사실관계가 동일하더라도 항소심에 이르러 새로운 공소의 추가적 제기와 다르지 않다면 심급 이익을 박탈하는 것이 되어 허용될 수 없다.

④ 공소장변경 허가의 기준으로서 공소사실의 동일성이 있는지는 자연적·사회적 사실관계의 동일성이라는 관점에서 파악되어야 하고, 규범적 요소를 고려하여 기본적 사실관계가 실질적으로 동일한지 여부에 따라 결정될 수는 없다.

25 국선변호인에 대한 다음 설명 중 가장 옳지 않은 것은?

① 피고인이 2급 시각장애인으로서 점자자료가 아닌 경우에는 인쇄물 정보접근에 상당한 곤란을 겪는 수준임에도 국선변호인 선정절차를 취하지 아니한 채 공판심리를 진행하였다면 위법하다.

② 항소심에서 국선변호인을 선정하고 그에게 소송기록접수 통지를 한 이후에 변호인이 없는 다른 사건이 병합된 경우, 국선변호인 선정의 효력은 선정 이후 병합된 다른 사건에도 미치므로, 항소법원은 국선변호인에게 그 병합된 사건에 관하여도 소송기록 접수통지를 할 필요는 없다.

③ 제1심에서 국선변호인 선정청구가 인용되고 불구속 상태로 실형을 선고받은 피고인이 그 후 별건 구속된 상태에서 항소를 제기하여 다시 국선변호인 선정청구를 하였는데, 원심이 이에 대해 아무런 결정도 하지 않고 공판기일을 진행하여 실질적 변론과 심리를 모두 마치고 난 뒤에 국선변호인 선정청구를 기각하고 판결을 선고하였다면 위법하다.

④ 형사소송법 제33조 제1항 각 호에 해당하는 경우가 아닌 한 법원으로서는 권리보호를 위하여 필요하다고 인정하지 않으면 국선변호인을 선정하지 않아도 위법이 아니다.

인생의 실패는 성공이 얼마나 가까이 있는지도 모르고 포기했을 때 생긴다.

– 토마스 에디슨 –

법원직

해설편

할 수 있다고 믿어라.
그러면 이미 반은 성공한 것이다.

— 시어도어 루즈벨트 —

PART 1

헌법

헌법 | 2023년 법원직 9급

한눈에 훑어보기

☑ 빠른 정답

01	02	03	04	05	06	07	08	09	10
③	①	②	④	①	①	②	④	②	③
11	**12**	**13**	**14**	**15**	**16**	**17**	**18**	**19**	**20**
④	③	①	①	③	④	④	②	①	④
21	**22**	**23**	**24**	**25**					
①	④	③	②	④					

☑ 점수 체크

구분	1회독	2회독	3회독
맞힌 문항 수	/ 25	/ 25	/ 25
나의 점수	점	점	점

01 난도 ★★☆   정답 ③

정답의 이유

③ 생명권의 경우, 다른 일반적인 기본권 제한의 구조와는 달리, 생명의 일부 박탈이라는 것을 상정할 수 없기 때문에 생명권에 대한 제한은 필연적으로 생명권의 완전한 박탈을 의미하게 되는바, 위와 같이 생명권의 제한이 정당화될 수 있는 예외적인 경우에는 생명권의 박탈이 초래된다 하더라도 곧바로 기본권의 본질적인 내용을 침해하는 것이라 볼 수는 없다(헌재 2010. 2. 25. 2008헌가23).

오답의 이유

① 헌재 2010. 2. 25. 2008헌가23

② 헌법은 절대적 기본권을 명문으로 인정하고 있지 아니하며, 헌법 제37조 제2항에서는 국민의 모든 자유와 권리는 국가안전보장·질서유지 또는 공공복리를 위하여 필요한 경우에 한하여 법률로써 제한할 수 있도록 규정하고 있어, 비록 생명이 이념적으로 절대적 가치를 지닌 것이라 하더라도 생명에 대한 법적 평가가 예외적으로 허용될 수 있다고 할 것이므로, 생명권 역시 헌법 제37조 제2항에 의한 일반적 법률유보의 대상이 될 수밖에 없다(헌재 2010. 2. 25. 2008헌가23).

④ 헌재 2014. 8. 28. 2011헌마28

02 난도 ★★☆   정답 ①

정답의 이유

① 헌법 제18조로 보장되는 기본권인 통신의 자유란 통신수단을 자유로이 이용하여 의사소통할 권리이다. '통신수단의 자유로운 이용'에는 자신의 인적 사항을 누구에게도 밝히지 않는 상태로 통신수단을 이용할 자유, 즉 통신수단의 익명성 보장도 포함된다(헌재 2019. 9. 26. 2017헌마1209).

오답의 이유

② 인간의 존엄과 가치, 행복추구권을 규정한 헌법 제10조 제1문에서 도출되는 일반적 인격권 및 헌법 제17조의 사생활의 비밀과 자유에 의하여 보장되는 개인정보자기결정권은 자신에 관한 정보가 언제 누구에게 어느 범위까지 알려지고 또 이용되도록 할 것인지를 그 정보주체가 스스로 결정할 수 있는 권리이다(헌재 2016. 2. 25. 2013헌마830).

③ 개인정보자기결정권의 보호대상이 되는 개인정보는 개인의 신체, 신념, 사회적 지위, 신분 등과 같이 개인의 인격주체성을 특징짓는 사항으로서 그 개인의 동일성을 식별할 수 있게 하는 일체의 정보라고 할 수 있고, 반드시 개인의 내밀한 영역이나 사사(私事)의 영역에 속하는 정보에 국한되지 않으며, 공적 생활에서

형성되었거나 이미 공개된 개인정보까지 포함한다(헌재 2016. 2. 25. 2013헌마830).

④ 통신제한조치에 대한 법원의 허가는 통신비밀보호법에 근거한 소송절차 이외의 파생적 사항에 관한 법원의 공권적 법률판단으로 헌법재판소법 제68조 제1항에서 헌법소원의 대상에서 제외하고 있는 법원의 재판에 해당하므로, 이에 대한 심판청구는 부적법하다(헌재 2018. 8. 30. 2016헌마263).

---

03 난도 ★☆☆   정답 ②

정답의 이유

② 이 사건 법률조항은 가정폭력 가해자에 대한 별도의 제한 없이 직계혈족이기만 하면 사실상 자유롭게 그 자녀의 가족관계증명서와 기본증명서의 교부를 청구하여 발급받을 수 있도록 함으로써, 그로 인하여 가정폭력 피해자인 청구인의 개인정보가 가정폭력 가해자인 전 배우자에게 무단으로 유출될 수 있는 가능성을 열어놓고 있다. 따라서 과잉금지원칙에 위배되어 청구인의 개인정보자기결정권을 침해한다(헌재 2020. 8. 28. 2018헌마927).

오답의 이유

① 헌재 2021. 6. 24. 2017헌바479

③ 헌재 2021. 6. 24. 2018헌가2

④ 대판 2021. 4. 29. 2020다227455

---

04 난도 ★☆☆   정답 ④

정답의 이유

④ 헌법 제15조의 직업의 자유 또는 헌법 제32조의 근로의 권리, 사회국가원리 등에 근거하여 실업방지 및 부당한 해고로부터 근로자를 보호하여야 할 국가의 의무를 도출할 수는 있을 것이나, 국가에 대한 직접적인 직장존속보장청구권을 근로자에게 인정할 헌법상의 근거는 없다. 이와 같이 우리 헌법상 국가에 대한 직접적인 직장존속보장청구권을 인정할 근거는 없으므로 근로관계의 당연승계를 보장하는 입법을 반드시 하여야 할 헌법상의 의무를 인정할 수 없다. 따라서 한국보건산업진흥원법 부칙 제3조가 기존 연구기관의 재산상의 권리·의무만을 새로이 설립되는 한국보건산업진흥원에 승계시키고, 직원들의 근로관계가 당연히 승계되는 것으로 규정하지 않았다 하여 위헌이라 할 수 없다(헌재 2002. 11. 28. 2001헌바50).

오답의 이유

① 대판 2015. 6. 25. 2007두4995

② 대판 2015. 6. 25. 2007두4995

③ 대판 2015. 6. 25. 2007두4995

---

05 난도 ★☆☆   정답 ①

정답의 이유

① 우리 헌법상 헌법과 법률이 정한 법관에 의한 재판을 받을 권리는 직업법관에 의한 재판을 주된 내용으로 하는 것이므로 국민참여재판을 받을 권리가 헌법 제27조 제1항에서 규정한 재판을

받을 권리의 보호범위에 속한다고 볼 수 없다(헌재 2009. 11. 26. 2008헌바12).

오답의 이유

② 헌재 2012. 7. 26. 2010헌바62

③ 헌재 1997. 11. 27. 94헌마60

④ 헌재 2012. 12. 27. 2011헌마161

---

06 난도 ★☆☆   정답 ①

정답의 이유

① 이 사건 국가공무원법 조항들은 공무원의 정치적 중립성에 정면으로 반하는 행위를 금지함으로써 선거의 공정성과 형평성을 확보하고 공무원의 정치적 중립성을 보장하기 위한 것인바, 그 입법목적이 정당할 뿐아니라 방법이 적절하고, 공무원이 국가사무를 담당하며 국민의 이익을 위하여 존재하는 이상 그 직급이나 직렬 등에 상관없이 공무원의 정치운동을 금지하는 것이 부득이하고 불가피하며, 법익 균형성도 갖추었다고 할 것이므로, 과잉금지원칙을 위배하여 선거운동의 자유 및 정치적 의사표현의 자유를 침해한다고 볼 수 없다(헌재 2012. 7. 26. 2009헌바298).

오답의 이유

② 헌재 2022. 6. 30. 2021헌가24

③ 헌재 2007. 8. 30. 2003헌바51

④ 헌재 2014. 3. 27. 2011헌바42

---

07 난도 ★☆☆   정답 ②

정답의 이유

② 다수의 이해관계인이 얽혀 있는 경매절차에서 통상의 송달방법에 의하여서만 경매절차를 진행시켜야 한다면 그 절차의 진행은 지연될 수밖에 없다. 담보권설정등기를 마친 후 주소가 변경된 담보권자는 자신의 권리의 온전한 실현을 위하여 등기명의인표시변경등기를 할 수 있고 이를 과도한 부담이라고 보기 어렵다. 따라서 심판대상조항은 재판청구권을 침해하지 아니한다(헌재 2021. 4. 29. 2017헌바390).

오답의 이유

① 헌재 2021. 6. 24. 2019헌바133 등

③ 헌재 2021. 2. 25. 2019헌바551

④ 헌재 2020. 7. 16. 2020헌바14

---

08 난도 ★★☆   정답 ④

정답의 이유

④ 진정입법부작위에 대한 헌법소원은, 헌법에서 기본권보장을 위하여 법령에 명시적인 입법위임을 하였음에도 입법자가 이를 이행하지 아니한 경우이거나, 헌법해석상 특정인에게 구체적인 기본권이 생겨 이를 보장하기 위한 국가의 행위의무 내지 보호의무가 발생하였음이 명백함에도 불구하고 입법자가 아무런 입법조치를 취하지 아니한 경우에 한하여 허용된다(헌재 2003. 6. 26. 2002헌마624).

① '부진정입법부작위'를 대상으로, 즉 입법의 내용·범위·절차등의 결함을 이유로 헌법소원을 제기하려면 이 경우에는 결함이 있는 당해 입법규정 그 자체를 대상으로 하여 그것이 평등의 원칙에 위배된다는 등 헌법위반을 내세워 적극적인 헌법소원을 제기하여야 하며, 이 경우에는 헌법재판소법 소정의 제소기간(청구기간)을 준수하여야 한다(헌재 1996. 10. 31. 94헌마204).

② 삼권분립의 원칙, 법치행정의 원칙을 당연한 전제로 하고 있는 우리 헌법 하에서 행정권의 행정입법 등 법집행의무는 헌법적 의무라고 보아야 할 것이다. 그런데 이는 행정입법의 제정이 법률의 집행에 필수불가결한 경우로서 행정입법을 제정하지 아니하는 것이 곧 행정권에 의한 입법권 침해의 결과를 초래하는 경우를 말하는 것이므로, 만일 하위 행정입법의 제정 없이 상위 법령의 규정만으로도 집행이 이루어질 수 있는 경우라면 하위 행정입법을 하여야 할 헌법적 작위의무는 인정되지 아니한다(헌재 2005. 12. 22. 2004헌마66).

③ 법률이 군법무관의 보수를 판사, 검사의 예에 의하도록 규정하면서 그 구체적 내용을 시행령에 위임하고 있다면, 이는 군법무관의 보수의 내용을 법률로써 일차적으로 형성한 것이고, 따라서 상당한 수준의 보수청구권이 인정되는 것이라 해석함이 상당하다. 그러므로 이 사건에서 대통령이 법률의 명시적 위임에도 불구하고 지금까지 해당 시행령을 제정하지 않아 그러한 보수청구권이 보장되지 않고 있다면 그러한 입법부작위는 정당한 이유 없이 청구인들의 재산권을 침해하는 것으로써 헌법에 위반된다(헌재 2004. 2. 26. 2001헌마718).

09 난도 ★★☆　정답 ②

② 기지국 수사를 허용하는 통신사실 확인자료 제공요청은 법원의 허가를 받으면, 해당 가입자의 동의나 승낙을 얻지 아니하고도 제3자인 전기통신사업자에게 해당 가입자에 관한 통신사실 확인자료의 제공을 요청할 수 있도록 하는 수사방법으로, 통신비밀보호법이 규정하는 강제처분에 해당하므로 헌법상 영장주의가 적용된다. … 이 사건 허가조항은 헌법상 영장주의에 위배되지 아니한다(헌재 2018. 6. 28. 2012헌마538 등).

① 헌재 2022. 7. 21. 2016헌마388 등
③ 헌재 2018. 4. 26. 2015헌바370 등
④ 헌재 2015. 9. 24. 2012헌바302

10 난도 ★★☆　정답 ③

③ 심판대상조항이 집회 금지 장소로 설정한 '국회의장 공관의 경계 지점으로부터 100미터 이내에 있는 장소'에는, 해당 장소에서 옥외집회·시위가 개최되더라도 국회의장에게 물리적 위해를 가하거나 국회의장 공관으로의 출입 내지 안전에 위협을 가할 우려가 없는 장소까지 포함되어 있다. 또한 대규모로 확산될 우려가 없는 소규모 옥외집회·시위의 경우, 심판대상조항에 의하여 보호되는 법익에 직접적인 위협을 가할 가능성은 상대적으로 낮다. … 그럼에도 심판대상조항은 국회의장 공관 인근 일대를 광범위하게 전면적인 집회 금지 장소로 설정함으로써 입법목적 달성에 필요한 범위를 넘어 집회의 자유를 과도하게 제한하고 있는바, 과잉금지원칙에 반하여 집회의 자유를 침해한다(헌재 2023. 3. 23. 2021헌가1).

① 일반적으로 집회는, 일정한 장소를 전제로 하여 특정 목적을 가진 다수인이 일시적으로 회합하는 것을 말하는 것으로 일컬어지고 있고, 그 공동의 목적은 '내적인 유대 관계'로 족하다. 건전한 상식과 통상적인 법감정을 가진 사람이면 위와 같은 의미에서 구 집시법상 '집회'가 무엇을 의미하는지를 추론할 수 있다고 할 것이므로, 구 집시법상 '집회'의 개념이 불명확하다고 할 수 없다(헌재 2009. 5. 28. 2007헌바22).

② 심판대상조항은, 공직선거법이 허용하는 경우를 제외하고는, 선거기간 중 특정한 정책이나 현안에 대한 표현행위와, 그에 대한 지지나 반대를 하는 후보자나 정당에 대한 표현행위가 함께 나타나는 집회나 모임의 개최를, 전면적·포괄적으로 금지·처벌하고 있어서, 일반 유권자가 선거기간 중 선거에 영향을 미치게 하기 위한 연설회나 대담·토론회를 비롯하여 집회나 모임을 개최하는 것이 전부 금지되고 있다. 그런데 선거의 준비과정 및 선거운동, 선거결과와 관련하여 정당이나 공직선거의 후보자 등도 지지나 비판 그 자체로부터 자유로울 수는 없다. 특정한 정책에 대한 찬성이나 반대를 집회나 모임이라는 집단적 의사 표시 방법으로 표현하는 과정에, 선거의 공정성을 해칠 구체적인 위험이 언제나 있다고 보기 어렵다. … 선거기간 중 선거와 관련된 집단적 의견표명 일체가 불가능하게 됨으로써 일반 유권자가 받게 되는 집회의 자유, 정치적 표현의 자유에 대한 제한 정도는 매우 중대하므로, 심판대상조항은 집회의 자유, 정치적 표현의 자유를 침해한다(헌재 2022. 7. 21. 2018헌바164).

④ 이 사건 법률조항 중 '정당'에 관한 부분은 사회복무요원의 정치적 중립성을 유지하고 업무전념성을 보장하기 위한 것으로, 정당은 개인적 정치활동과 달리 국민의 정치적 의사형성에 미치는 영향력이 크므로 사회복무요원의 정당 가입을 금지하는 것은 입법목적을 달성하기 위한 적합한 수단이다. 정당에 관련된 표현행위는 직무 내외를 구분하기 어려우므로 '직무와 관련된 표현행위만을 규제'하는 등 기본권을 최소한도로 제한하는 대안을 상정하기 어려우며, 위 입법목적이 사회복무요원이 제한받는 사익에 비해 중대하므로 이 사건 법률조항 중 '정당'에 관한 부분은 청구인의 정치적 표현의 자유 및 결사의 자유를 침해하지 않는다(헌재 2021. 11. 25. 2019헌마534).

11 난도 ★☆☆　정답 ④

④ 헌법개정안은 국회가 의결한 후 30일 이내에 국민투표에 붙여 국회의원선거권자 과반수의 투표와 투표자 과반수의 찬성을 얻어야 한다(헌법 제130조 제2항).

① 현행헌법인 제9차 개정헌법(1987년)이다.
② 헌법 제128조 제1항
③ 헌법 제130조 제1항

12 난도 ★★☆ 정답 ③

③ 범죄의 처벌에 관한 문제, 즉 법정형의 종류와 범위의 선택은 그 범죄의 죄질과 보호법익에 대한 고려 뿐만 아니라 우리의 역사와 문화, 입법 당시의 시대적 상황, 국민 일반의 가치관 내지 법감정 그리고 범죄예방을 위한 형사정책적 측면 등 여러 가지 요소를 종합적으로 고려하여 입법자가 결정할 사항으로서 광범위한 입법재량 내지 형성의 자유가 인정되어야 할 분야라 할 것이다(헌재 2002. 4. 25. 2001헌가27).

① 헌재 1994. 7. 29. 93헌가4
② 헌재 1996. 12. 26. 93헌바65
④ 헌재 2002. 4. 25. 2001헌가27

13 난도 ★★☆ 정답 ①

① 심판대상조항이 이동통신서비스 가입 시 본인확인절차를 거치도록 함으로써 타인 또는 허무인의 이름을 사용한 휴대전화인 이른바 대포폰이 보이스피싱 등 범죄의 범행도구로 이용되는 것을 막고, 개인정보를 도용하여 타인의 명의로 가입한 다음 휴대전화 소액결제나 서비스요금을 그 명의인에게 전가하는 등 명의도용범죄의 피해를 막고자 하는 입법목적은 정당하고, 이를 위하여 본인확인절차를 거치게 한 것은 적합한 수단이다. … 따라서 심판대상조항은 청구인들의 개인정보자기결정권 및 통신의 자유를 침해하지 않는다(헌재 2019. 9. 26. 2017헌마1209).

② 헌재 2018. 6. 28. 2012헌마191
③ 헌재 2021. 9. 30. 2019헌마919
④ 헌재 2019. 12. 27. 2017헌마413

14 난도 ★★☆ 정답 ①

① 헌법의 기본원리는 헌법의 이념적 기초인 동시에 헌법을 지배하는 지도원리로서 입법이나 정책결정의 방향을 제시하며 공무원을 비롯한 모든 국민·국가기관이 헌법을 존중하고 수호하도록 하는 지침이 되며, 구체적 기본권을 도출하는 근거로 될 수는 없으나 기본권의 해석 및 기본권제한입법의 합헌성 심사에 있어 해석기준의 하나로서 작용한다(헌재 1996. 4. 25. 92헌바47).

② 헌재 2001. 2. 22. 2000헌바38
③ 헌재 1989. 9. 8. 88헌가6
④ 헌재 2013. 3. 21. 2010헌바132 등

15 난도 ★★☆ 정답 ③

③ 지방의회는 지방의회의원 개인을 중심으로 한 구조이며, 사무직원은 지방의회의원을 보조하는 지위를 가진다. 이러한 인적 구조 아래서 지방의회 사무직원의 임용권의 귀속 및 운영 문제를 지방자치제도의 본질적인 내용이라고 볼 수는 없다. … 특히 심판대상조항에 따른 지방의회 의장의 추천권이 적극적이고 실질적으로 발휘된다면 지방의회 사무직원의 임용권이 지방자치단체의 장에게 있다고 하더라도 그것이 곧바로 지방의회와 집행기관 사이의 상호 견제와 균형의 원리를 침해할 우려로 확대된다거나 또는 지방자치제도의 본질적 내용을 침해한다고 볼 수는 없다(헌재 2014. 1. 28. 2012헌바216).

① 지방자치법 제28조 제2항
② 대판 2007. 12. 13. 2006추52
④ 헌재 2006. 8. 31. 2003헌라1

16 난도 ★★☆ 정답 ④

④ 이 사건 금혼조항은 위와 같이 근친혼으로 인하여 가까운 혈족 사이의 상호 관계 및 역할, 지위와 관련하여 발생할 수 있는 혼란을 방지하고 가족제도의 기능을 유지하기 위한 것이므로 그 입법목적이 정당하다. 또한 8촌 이내의 혈족 사이의 법률상의 혼인을 금지한 것은 근친혼의 발생을 억제하는 데 기여하므로 입법목적 달성에 적합한 수단에 해당한다. … 그렇다면 이 사건 금혼조항은 과잉금지원칙에 위배하여 혼인의 자유를 침해하지 않는다(헌재 2022. 10. 27. 2018헌바115).

① 헌재 2016. 7. 28. 2015헌마964
② 헌재 2016. 7. 28. 2015헌마964
③ 헌재 2005. 2. 3. 2001헌가9

17 난도 ★☆☆ 정답 ④

④ 헌법은 국민 각자가 자신의 생활을 스스로 경제적으로 형성한다는 것을 전제로 하고 있으므로, 국가는 납세자가 자신과 가족의 기본적인 생계유지를 위하여 꼭 필요로 하는 소득을 제외한 잉여소득 부분에 대해서만 납세의무를 부과할 수 있다. 따라서 소득에 대한 과세는 원칙적으로 최저생계비를 초과하는 소득에 대해서만 가능하다. 이는 국민에게 인간다운 생활을 할 최소한의 조건을 마련해 주어야 한다는 사회국가원리의 관점에서 요청되는 것이다(헌재 2006. 11. 30. 2006헌마489).

① 헌재 1996. 8. 29. 95헌바36
② 헌재 2008. 3. 27. 2006헌바82
③ 헌재 2004. 6. 24. 2002헌바15

18 난도 ★☆☆　　　　　　　　　　　정답 ②

정답의 이유

② 조례의 제정권자인 지방의회는 선거를 통해서 그 지역적인 민주적 정당성을 지니고 있는 주민의 대표기관이고 헌법이 지방자치단체에 포괄적인 자치권을 보장하고 있는 취지로 볼 때, 조례에 대한 법률의 위임은 법규명령에 대한 법률의 위임과 같이 반드시 구체적으로 범위를 정하여 할 필요가 없으며 포괄적인 것으로 족하다(헌재 1995. 4. 20. 92헌마264 등).

오답의 이유

① 헌재 1995. 4. 20. 92헌마264

③ 헌재 2002. 7. 18. 2001헌마605

④ 헌재 2011. 10. 25. 2009헌마588

19 난도 ★☆☆　　　　　　　　　　　정답 ①

정답의 이유

① 중앙선거관리위원회는 대통령이 임명하는 3인, 국회에서 선출하는 3인과 대법원장이 지명하는 3인의 위원으로 구성한다. 위원장은 위원 중에서 호선한다(헌법 제114조 제2항).

오답의 이유

② 헌법 제114조 제3항

③ 헌법 제114조 제5항

④ 헌법 제115조 제1항

20 난도 ★☆☆　　　　　　　　　　　정답 ④

정답의 이유

④ 이 사건 법률조항이 공적 관심의 정도가 약한 4급 이상의 공무원들까지 대상으로 삼아 모든 질병명을 아무런 예외 없이 공개토록 한 것은 입법목적 실현에 치중한 나머지 사생활 보호의 헌법적 요청을 현저히 무시한 것이고, 이로 인하여 청구인들을 비롯한 해당 공무원들의 헌법 제17조가 보장하는 기본권인 사생활의 비밀과 자유를 침해하는 것이다(헌재 2007. 5. 31. 2005헌마1139).

오답의 이유

① 헌재 2007. 5. 31. 2005헌마1139

② 헌재 2007. 5. 31. 2005헌마1139

③ 헌재 2016. 3. 31. 2013헌가2

21 난도 ★★☆　　　　　　　　　　　정답 ①

정답의 이유

① 심판대상조항은 소 제기 전 단계에서 충실한 소송준비를 하기 어렵게 하여 변호사의 직무수행에 큰 장애를 초래하고, 변호사의 도움이 가장 필요한 시기에 접견에 대한 제한의 정도가 위와 같이 크다는 점에서 수형자의 재판청구권 역시 심각하게 제한될 수밖에 없고, 이로 인해 법치국가원리로 추구되는 정의에 반하는 결과를 낳을 수도 있다. 따라서 심판대상조항은 과잉금지원칙에 위배되어 변호사인 청구인의 직업수행의 자유를 침해한다(헌재 2021. 10. 28. 2018헌마60).

오답의 이유

② 헌재 2021. 7. 15. 2018헌마279

③ 헌재 2020. 12. 23. 2019헌바8

④ 헌재 2021. 6. 24. 2019헌마540

22 난도 ★★☆　　　　　　　　　　　정답 ④

정답의 이유

④ 재판을 청구할 수 있는 기간을 정하는 것은 입법자가 그 입법형성재량에 기초한 정책적 판단에 따라 결정할 문제이고 합리적인 재량의 한계를 일탈하지 아니하는 한 위헌이라고 판단할 것은 아니다. … 이러한 사정들을 종합하면, 사법보좌관의 지급명령에 대한 2주의 이의신청 기간이 지나치게 짧아 입법재량의 한계를 일탈함으로써 재판청구권을 침해한다고 할 수 없다(헌재 2020. 12. 23. 2019헌바353).

오답의 이유

① 헌재 2015. 11. 26. 2015헌마756

② 헌재 2019. 11. 28. 2018헌바335

③ 헌재 2020. 12. 23. 2019헌바353

23 난도 ★☆☆　　　　　　　　　　　정답 ③

정답의 이유

③ 피고인 스스로 치료감호를 청구할 수 있는 권리나, 법원으로부터 직권으로 치료감호를 선고받을 수 있는 권리는 헌법상 재판청구권의 보호범위에 포함되지 않는다. 공익의 대표자로서 준사법기관적 성격을 가지고 있는 검사에게만 치료감호 청구권한을 부여한 것은, 본질적으로 자유박탈적이고 침익적 처분인 치료감호와 관련하여 재판의 적정성 및 합리성을 기하기 위한 것이므로 적법절차원칙에 반하지 않는다. 그렇다면 이 사건 법률조항들은 재판청구권을 침해하거나 적법절차원칙에 반한다고 보기 어렵다(헌재 2021. 1. 28. 2019헌가24).

오답의 이유

① 헌재 2003. 1. 30. 2001헌바95

② 헌재 2009. 6. 25. 2007헌마451

④ 헌재 2002. 10. 31. 2000헌가12

24 난도 ★★☆ 　　　　　　　　　 정답 ②

정답의 이유

② 권한쟁의심판에서는 처분 또는 부작위를 야기한 기관으로서 법적 책임을 지는 기관만이 피청구인적격을 가지므로, 이 사건 심판은 의안의 상정·가결선포 등의 권한을 갖는 국회의장을 상대로 제기되어야 한다. 국회부의장은 국회의장의 직무를 대리하여 법률안을 가결선포할 수 있을뿐(국회법 제12조 제1항), 법률안 가결선포행위에 따른 법적 책임을 지는 주체가 될 수 없으므로, 국회부의장에 대한 이 사건 심판청구는 피청구인 적격이 인정되지 아니한 자를 상대로 제기되어 부적법하다(헌재 2009. 10. 29. 2009헌라8 등).

오답의 이유

① 헌재 1992. 6. 26. 91헌마25

③ 헌재 2011. 8. 30. 2011헌라2

④ 헌법 제53조 제4항

25 난도 ★★☆ 　　　　　　　　　 정답 ④

정답의 이유

④ 공무원 역시 통상적인 근로자의 성격을 갖지만, 국민전체에 대하여 봉사하고 책임을 져야 하는 특별한 지위에 있는 자로서 일반 근로자와 달리 특별한 근무관계에 있다. 따라서 공무원의 근무조건은 공무원 근로관계의 특수성과 예산상 한계를 고려하여 독자적인 법률 및 하위법령으로 규율하고 있으며, 이는 근로기준법보다 우선적으로 적용된다. 심판대상조항들은 공무원의 초과근무에 대한 금전적 보상에 관하여 정하고 있으나, 이 역시 예산이 허용하는 범위 내에서 지급될 수밖에 없다. … 따라서 심판대상조항들이 청구인의 평등권을 침해한다고 할 수 없다(헌재 2017. 8. 31. 2016헌마404).

오답의 이유

① 헌재 2016. 6. 30. 2014헌마192

② 헌재 2016. 9. 29. 2014헌바254

③ 헌재 2018. 6. 28. 2017헌마238

한눈에 훑어보기

✔ 빠른 정답

01	02	03	04	05	06	07	08	09	10
①	②	①	①	③	②	④	①	③	②
11	12	13	14	15	16	17	18	19	20
②	④	③	①	③	④	①	③	②	③
21	22	23	24	25					
④	②	④	②	②					

✔ 점수 체크

구분	1회독	2회독	3회독
맞힌 문항 수	/ 25	/ 25	/ 25
나의 점수	점	점	점

01 난도 ★★★   정답 ①

정답의 이유

ㄹ. 헌법 제19조에서 보호하는 양심은 옳고 그른 것에 대한 판단을 추구하는 가치적 · 도덕적 마음가짐으로, 개인의 소신에 따른 다양성이 보장되어야 하고 그 형성과 변경에 외부적 개입과 억압에 의한 강요가 있어서는 아니되는 인간의 윤리적 내심영역이다. 따라서 단순한 사실관계의 확인과 같이 가치적 · 윤리적 판단이 개입될 여지가 없는 경우는 물론, 법률해석에 관하여 여러 견해가 갈리는 경우처럼 다소의 가치관련성을 가진다고 하더라도 개인의 인격형성과는 관계가 없는 사사로운 사유나 의견 등은 그 보호대상이 아니다. 이 사건의 경우와 같이 경제규제법적 성격을 가진 공정거래법에 위반하였는지 여부에 있어서도 각 개인의 소신에 따라 어느 정도의 가치판단이 개입될 수 있는 소지가 있고 그 한도에서 다소의 윤리적 도덕적 관련성을 가질 수도 있겠으나, 이러한 법률판단의 문제는 개인의 인격형성과는 무관하며, 대화와 토론을 통하여 가장 합리적인 것으로 그 내용이 동화되거나 수렴될 수 있는 포용성을 가지는 분야에 속한다고 할 것이므로 헌법 제19조에 의하여 보장되는 양심의 영역에 포함되지 아니한다(헌재 2002.1.31. 2001헌바43).

오답의 이유

ㄱ. 양심적 병역거부자에 대한 대체복무제를 규정하지 아니한 병역종류조항은 과잉금지원칙에 위배하여 양심적 병역거부자의 양심의 자유를 침해한다(헌재 2018. 6. 28. 2011헌바379).

ㄴ. 청구인은 심판대상조항이 세무사의 양심의 자유를 침해한다고 주장하나 헌법 제19조의 양심의 자유는 옳고 그른 것에 대한 판단을 추구하는 가치적 · 도덕적 마음가짐으로 인간의 윤리적 내심영역인바, 세무사가 행하는 성실신고확인은 확인대상사업자의 소득금액에 대하여 심판대상조항 및 관련 법령에 따라 확인하는 것으로 단순한 사실관계의 확인에 불과한 것이어서 헌법 제19조에 의하여 보장되는 양심의 영역에 포함되지 않는다(헌재 2019. 7. 25. 2016헌바392).

ㄷ. 양심의 자유 중 양심형성의 자유는 내심에 머무르는 한 절대적으로 보호되는 기본권인 반면, 양심적 결정을 외부로 표현하고 실현할 수 있는 권리인 양심실현의 자유는 법질서에 위배되거나 타인의 권리를 침해할 수 있기 때문에 법률에 의하여 제한될 수 있는 상대적 자유이다(헌재 2011. 8. 30. 2007헌가12 등).

정답의 이유

② 퇴직조항은 선거에 관한 여론조사의 결과에 부당한 영향을 미치는 행위를 방지하고 선거의 공정성을 담보하며 공직에 대한 국민 또는 주민의 신뢰를 제고한다는 목적을 달성하는 데 적합한 수단이다. 지방의회의원이 선거의 공정성을 해치는 범죄로 유죄판결이 확정되었다면 지방자치행정을 민주적이고 공정하게 수행할 것이라고 기대하기 어렵다. 오히려 그의 직을 유지시킨다면, 이는 공직 전체에 대한 신뢰 훼손으로 이어진다. 대상 범죄인 착신전환 등을 통한 중복 응답 등 범죄는 선거의 공정성을 직접 해치는 범죄로, 위 범죄로 형사처벌을 받은 사람이라면 지방자치행정을 민주적이고 공정하게 수행할 것이라 볼 수 없다. 입법자는 100만 원 이상의 벌금형 요건으로 하여 위 범죄로 지방의회의원의 직에서 퇴직할 수 있도록 하는 강력한 제재를 선택한 동시에 퇴직 여부에 대하여 법원으로 하여금 구체적 사정을 고려하여 판단하게 하였다. 당선무효, 기탁금 등 반환, 피선거권 박탈만으로는 퇴직조항, 당선무효, 기탁금 등 반환, 피선거권 박탈이 동시에 적용되는 현 상황과 동일한 정도로 공직에 대한 신뢰를 제고하기 어렵다. **퇴직조항으로 인하여 지방의회의원의 직에서 퇴직하게 되는 사익의 침해에 비하여 선거에 관한 여론조사의 결과에 부당한 영향을 미치는 행위를 방지하고 선거의 공정성을 담보하며 공직에 대한 국민 또는 주민의 신뢰를 제고한다는 공익이 더욱 중대하다. 퇴직조항은 청구인들의 공무담임권을 침해하지 아니한다**(헌재 2022. 3. 31. 2019헌마986).

오답의 이유

① 경찰공무원이 자격정지 이상의 형의 선고유예를 받은 경우 공무원직에서 당연퇴직하도록 규정하고 있는 이 사건 법률조항은 자격정지 이상의 선고유예 판결을 받은 모든 범죄를 포괄하여 규정하고 있을 뿐만 아니라 심지어 오늘날 누구에게나 위험이 상존하는 교통사고 관련범죄 등 과실범의 경우마저 당연퇴직의 사유에서 제외하지 않고 있으므로 최소침해성의 원칙에 반한다. …(중략)… 따라서 이 사건 법률조항은 헌법 제25조의 공무담임권을 침해한 위헌 법률이다(헌재 2004. 9. 23. 2004헌가12).

③ 공무담임권의 보호영역에는 일반적으로 공직취임의 기회보장, 신분박탈, 직무의 정지가 포함될 뿐이고 청구인이 주장하는 '승진시험의 응시제한'이나 이를 통한 승진기회의 보장 문제는 공직신분의 유지나 업무수행에는 영향을 주지 않는 단순한 내부 승진인사에 관한 문제에 불과하여 공무담임권의 보호영역에 포함된다고 보기는 어려우므로 결국 이 사건 심판대상 규정은 청구인의 공무담임권을 침해한다고 볼 수 없다(헌재 2007. 6. 28. 2005헌마1179).

④ 지역구국회의원선거에 입후보하기 위한 요건으로서의 기탁금 및 그 반환 요건에 관한 규정은 입후보에 영향을 주므로 공무담임권을 제한하는 것이고, …(중략)… 이하에서는 이러한 과잉금지원칙을 기준으로 하여 공무담임권 침해 여부를 판단하기로 한다(헌재 2016. 12. 29. 2015헌마1160 등).

정답의 이유

ㄱ. (○) 상하의 위계질서가 있는 기본권끼리 충돌하는 경우에는 상위기본권우선의 원칙에 따라 하위기본권이 제한될 수 있으므로, 흡연권은 혐연권을 침해하지 않는 한에서 인정되어야 한다(헌재 2004. 8. 26. 2003헌마457).

ㄴ. (○) 이 사건 법률조항은 노동조합의 조직유지·강화를 위하여 당해 사업장에 종사하는 근로자의 3분의 2 이상을 대표하는 노동조합(이하 '지배적 노동조합'이라 한다)의 경우 단체협약을 매개로 한 조직강제[이른바 유니언 샵(Union Shop) 협정의 체결]를 용인하고 있다. 이경우 근로자의 단결하지 아니할 자유와 노동조합의 적극적 단결권(조직강제권)이 충돌하게 되나, 근로자에게 보장되는 적극적 단결권이 단결하지 아니할 자유보다 특별한 의미를 갖고 있고, 노동조합의 조직강제권도 이른바 자유권을 수정하는 의미의 생존권(사회권)적 성격을 함께 가지는 만큼 근로자 개인의 자유권에 비하여 보다 특별한 가치로 보장되는 점 등을 고려하면, 노동조합의 적극적 단결권은 근로자 개인의 단결하지 않을 자유보다 중시된다고 할 것이고, 또 노동조합에게 위와 같은 조직강제권을 부여한다고 하여 이를 근로자의 단결하지 아니할 자유의 본질적인 내용을 침해하는 것으로 단정할 수는 없다(헌재 2005. 11. 24. 2002헌바95 등).

ㄷ. (○) 이 사건 법률조항으로 인하여 채권자의 재산권과 채무자 및 수익자의 일반적 행동의 자유, 그리고 채권자의 재산권과 수익자의 재산권이 동일한 장에서 충돌하는 문제가 발생하게 되는 것이다. …(중략)… 위와 같은 채권자와 채무자 및 수익자의 기본권들이 충돌하는 경우에 기본권의 서열이나 법익의 형량을 통하여 어느 한 쪽의 기본권을 우선시키고 다른 쪽의 기본권을 후퇴시킬 수는 없다고 할 것이다. …(중략)… 이러한 경우에는 헌법의 통일성을 유지하기 위하여 상충하는 기본권 모두가 최대한으로 그 기능과 효력을 발휘할 수 있도록 조화로운 방법을 모색하되(규범조화적 해석), 법익형량의 원리, 입법에 의한 선택적 재량 등을 종합적으로 참작하여 심사하여야 할 것이다(헌재 2007. 10. 25. 2005헌바96).

ㄹ. (○) 기업의 경영에 관한 의사결정의 자유 등 영업의 자유와 근로자들이 누리는 일반적 행동 자유권 등이 '근로조건' 설정을 둘러싸고 충돌하는 경우에는, 근로조건과 인간의 존엄성 보장 사이의 헌법적 관련성을 염두에 두고 구체적인 사안에서의 사정을 종합적으로 고려한 이익형량과 함께 기본권들 사이의 실제적인 조화를 꾀하는 해석 등을 통하여 이를 해결하여야 하고, 그 결과에 따라 정해지는 두 기본권 행사의 한계 등을 감안하여 두 기본권의 침해 여부를 살피면서 근로조건의 최종적인 효력 유무 판단과 관련한 법령 조항을 해석·적용하여야 한다(대법원 2018. 9. 13. 선고, 2017두38560, 판결).

정답의 이유

① 범죄피해자구조청구권의 주체는 법인이 될 수는 없다.

> 헌법 제30조
> 타인의 범죄행위로 인하여 생명·신체에 대한 피해를 받은 국민은 법률이 정하는 바에 의하여 국가로부터 구조를 받을 수 있다.

오답의 이유

② 범죄피해자 구조청구권을 인정하는 이유는 크게 국가의 범죄방지책임 또는 범죄로부터 국민을 보호할 국가의 보호의무를 다하지 못하였다는 것과 그 범죄피해자들에 대한 최소한의 구제가 필요하다는데 있다. 그런데 국가의 주권이 미치지 못하고 국가의 경찰력 등을 행사 할 수 없거나 행사하기 어려운 해외에서 발생한 범죄에 대하여는 국가에 그 방지책임이 있다고 보기 어렵고, 상호보증이 있는 외국에서 발생한 범죄피해에 대하여는 국민이 그 외국에서 피해구조를 받을 수 있으며, 국가의 재정에 기반을 두고 있는 구조금에 대한 청구권 행사대상을 우선적으로 대한민국의 영역 안의 범죄피해에 한정하고, 향후 해외에서 발생한 범죄피해의 경우에도 구조를 하는 방향으로 운영하는 것은 입법형성의 재량의 범위 내라고 할 것이다. 따라서 범죄피해자 구조청구권의 대상이 되는 범죄피해에 해외에서 발생한 범죄 피해의 경우를 포함하고 있지 아니한 것이 현저하게 불합리한 자의적인 차별이라고 볼 수 없어 평등원칙에 위배되지 아니한다(헌재 2011. 12. 29. 2009헌마354).

③ '구조대상 범죄피해'란 대한민국의 영역 안에서 또는 대한민국의 영역 밖에 있는 대한민국의 선박이나 항공기 안에서 행하여진 사람의 생명 또는 신체를 해치는 죄에 해당하는 행위(형법 제9조, 제10조 제1항, 제12조, 제22조 제1항에 따라 처벌되지 아니하는 행위를 포함하며, 같은 법 제20조 또는 제21조 제1항에 따라 처벌되지 아니하는 행위 및 과실에 의한 행위는 제외한다)로 인하여 사망하거나 장해 또는 중상해를 입은 것을 말한다(범죄피해자 보호법 제3조 제1항 제4호).

④ '범죄피해자'란 타인의 범죄행위로 피해를 당한 사람과 그 배우자(사실상의 혼인관계를 포함한다), 직계친족 및 형제자매를 말한다. 범죄피해 방지 및 범죄피해자 구조 활동으로 피해를 당한 사람도 범죄피해자로 본다(범죄피해자 보호법 제3조 제1항 제1호 및 제2항).

정답의 이유

③ 대법원과 각급 법원에 사법보좌관을 둘 수 있다(법원조직법 제54조 제1항). 지방법원 및 그 지원에 집행관을 두며, 집행관은 법률에서 정하는 바에 따라 소속 지방법원장이 임면(任免)한다(법원조직법 제55조 제1항).

오답의 이유

① 대법원장은 사법행정사무를 총괄하며, 사법행정사무에 관하여 관계 공무원을 지휘·감독한다(법원조직법 제9조 제1항).

② 법관 외의 법원공무원은 대법원장이 임명하며, 그 수는 대법원규칙으로 정한다(법원조직법 제53조).

④ 지방법원 및 그 지원에 집행관을 두며, 집행관은 법률에서 정하는 바에 따라 소속 지방법원장이 임면(任免)한다(법원조직법 제55조 제1항).

정답의 이유

② 특허권의 효력 여부에 대한 분쟁은 신속히 확정할 필요가 있는 점, 특허무효심판에 대한 심결은 특허법이 열거하고 있는 무효 사유에 대해 특허법이 정한 방법과 절차에 따라 청구인과 특허권자가 다툰 후 심결의 이유를 기재한 서면에 의하여 이루어지는 것이므로, 당사자가 그 심결에 대하여 불복할 것인지를 결정하고 이를 준비하는 데 그리 많은 시간이 필요하지 않은 점, 특허법은 심판장으로 하여금 30일의 제소기간에 부가기간을 정할 수 있도록 하고 있고, 제소기간 도과에 대하여 추후보완이 허용되기도 하는 점 등을 종합하여 보면, 이사건 제소기간 조항이 정하고 있는 30일의 제소기간이 지나치게 짧아 특허무효심결에 대하여 소송으로 다투고자 하는 당사자의 재판청구권 행사를 불가능하게 하거나 현저히 곤란하게 한다고 할 수 없으므로, 재판청구권을 침해하지 아니한다(헌재 2018. 8. 30. 2017헌바258).

오답의 이유

① 군인이 상관의 지시나 명령에 대하여 재판청구권을 행사하는 경우에 그것이 위법·위헌인 지시와 명령을 시정하려는 데 목적이 있을 뿐, 군 내부의 상명하복관계를 파괴하고 명령불복종 수단으로서 재판청구권의 외형만을 빌리거나 그 밖에 다른 불순한 의도가 있지 않다면, 정당한 기본권의 행사이므로 군인의 복종의무를 위반하였다고 볼 수 없다(대판 2018.3.22. 2012두26401. 전합).

③ 법원의 재판 또는 국회의 심의를 방해 또는 위협할 목적으로 법정이나 국회회의장 또는 그부근에서 모욕 또는 소동한 자를 처벌하는 형법 제138조(이하 '본조'라고 한다)의 규정은, 법원 혹은 국회라는 국가기관을 보호하기 위한 것이 아니라 법원의 재판기능 및 국회의 심의기능을 보호하기 위하여 마련된 것으로, 제정 당시 그 입법경위를 살펴보면 행정기관의 일상적인 행정업무와 차별화되는 위 각 기능의 중요성 및 신성성에도 불구하고 경찰력 등 자체적 권력집행수단을 갖추지 못한 국가기관의 한계에서 생길 수 있는 재판 및 입법기능에 대한 보호의 흠결을 보완하기 위한 것임을 알 수 있다. 이와 같은 본조의 보호법익 및 입법취지에 비추어 볼 때 헌법재판소의 헌법재판기능을 본조의 적용대상에서 제외하는 해석이 입법의 의도라고는 보기 어렵다. …(중략)… 이는 본조의 적용대상으로 규정한 법원의 '재판기능'에 '헌법재판기능'이 포함된다고 보는 것이 입법 취지나 문언의 통상적인 의미에 보다 충실한 해석임을 나타낸다. …(중략)… 헌법재판소법에서 심판정을 '법정'이라고 부르기도 하고, 다른 절차에 대해서는 자체적으로 규정하고 있으면서도 심판정에서의 심판 및 질서유지에 관해서는 법원조직법의 규정을 준용하는 것은(헌법재판소법 제35조) 법원의 법정에서의 재판작용 수행과 헌법재판소의 심판정에서의 헌법재판작용 수행 사이에는 본질

적인 차이가 없음을 나타내는 것으로 볼 수 있다. 결국, 본조에서의 법원의 재판에 헌법재판소의 심판이 포함된다고 보는 해석론은 문언이 가지는 가능한 의미의 범위 안에서 그 입법 취지와 목적 등을 고려하여 문언의 논리적 의미를 분명히 밝히는 체계적 해석에 해당할 뿐, 피고인에게 불리한 확장해석이나 유추해석이 아니라고 볼 수 있다(대판 2021. 8. 26. 2020도12017).

④ 헌법 제27조 제1항은 권리구제절차에 관한 구체적 형성을 완전히 입법자의 형성권에 맡기지는 않는다. 입법자가 단지 법원에 제소할 수 있는 형식적인 권리나 이론적인 가능성만을 제공할 뿐, 권리구제의 실효성이 보장되지 않는다면 권리구제절차의 개설은 사실상 무의미 할 수 있기 때문이다. 그러므로 재판청구권은 법적 분쟁의 해결을 가능하게 하는 적어도 한번의 권리구제절차가 개설될 것을 요청할 뿐 아니라 그를 넘어서 소송절차의 형성에 있어서 실효성 있는 권리보호를 제공하기 위하여 그에 필요한 절차적 요건을 갖출 것을 요청한다(헌재 2006. 2. 23. 2005헌가7 등).

07 난도 ★★☆ 정답 ④

정답의 이유

④ 과세요건법정주의 및 과세요건명확주의를 포함하는 조세법률주의가 지배하는 조세법의 영역에서는 경과규정의 미비라는 명백한 입법의 공백을 방지하고 형평성의 왜곡을 시정하는 것은 원칙적으로 입법자의 권한이고 책임이지 법문의 한계 안에서 법률을 해석·적용하는 법원이나 과세관청의 몫은 아니다(헌재 2012. 5. 31. 2009헌바123 등).

오답의 이유

① 조세법률주의는 조세평등주의와 함께 조세법의 기본원칙으로서, 법률의 근거 없이는 국가는 조세를 부과·징수할 수 없고 국민은 조세의 납부를 요구당하지 않는다는 원칙이다. 이러한 조세법률주의는 조세는 국민의 재산권을 침해하는 것이 되므로, 납세의무를 성립시키는 납세의무자, 과세물건, 과세표준, 과세기간, 세율 등의 과세요건과 조세의 부과·징수절차는 모두 국민의 대표기관인 국회가 제정한 법률로써 이를 규정하여야 한다는 과세요건법정주의와 아울러 과세요건을 법률로 규정하였다고 하더라도 그 규정내용이 지나치게 추상적이고 불명확하면 과세관청의 자의적인 해석과 집행을 초래할 염려가 있으므로 그 규정내용이 명확하고 일의적이어야 한다는 과세요건명확주의를 그 핵심적 내용으로 하고 있다(헌재 2012. 5. 31. 2009헌바123 등).

② 설혹 법 문언에 어느 정도의 모호함이 내포되어 있다 하더라도 법 문언이 법관의 보충적인 가치판단을 통해서 그 의미내용을 확인할 수 있고, 그러한 보충적 해석이 해석자의 개인적인 취향에 따라 좌우될 가능성이 없다면 명확성의 원칙에 반한다고 할 수 없다(헌재 2022. 3. 31. 2019헌바107).

③ 사회현상의 복잡다기화와 국회의 전문적·기술적 능력의 한계 및 시간적 적응능력의 한계로 인하여 조세부과에 관련된 모든 법규를 예외없이 형식적 의미의 법률에 의하여 규정한다는 것은 사실상 불가능할 뿐만 아니라 실제에 적합하지도 아니하기 때문

에, 경제현실의 변화나 전문적 기술의 발달에 즉시 대응하여야 할 필요 등 부득이한 사정이 있는 경우에는 법률로 규정하여야 할 사항에 관하여 국회 제정의 형식적 법률보다 더 탄력성이 있는 행정입법에 위임함이 허용된다고 할 것이다(헌재 2010. 7. 29. 2009헌바192).

08 난도 ★★☆ 정답 ①

정답의 이유

① 종교의 자유에는 자기가 신봉하는 종교를 선전하고 새로운 신자를 규합하기 위한 선교의 자유가 포함되고 선교의 자유에는 다른 종교를 비판하거나 다른 종교의 신자에 대하여 개종을 권고하는 자유도 포함되는바, 종교적 선전, 타 종교에 대한 비판 등은 동시에 표현의 자유의 보호대상이 되는 것이나, 그 경우 종교의 자유에 관한 헌법 제20조 제1항은 표현의 자유에 관한 헌법 제21조 제1항에 대하여 특별 규정의 성격을 갖는다 할 것이므로 종교적 목적을 위한 언론·출판의 경우에는 그 밖의 일반적인 언론·출판에 비하여 보다 고도의 보장을 받게 된다(대판 1996. 9. 6. 96다19246).

오답의 이유

② 종교 의식 내지 종교적 행위와 밀접한 관련이 있는 시설의 설치와 운영은 종교의 자유를 보장하기 위한 전제에 해당되므로 종교적 행위의 자유에 포함된다고 할 것이다(헌재 2009. 7. 30. 2008헌가2).

③ 학문, 예술, 체육, 종교, 의식, 친목, 오락, 관혼상제(冠婚喪祭) 및 국경행사(國慶行事)에 관한 집회에는 제6조부터 제12조까지의 규정을 적용하지 아니한다(집회 및 시위에 관한 법률 제15조).

④ 종교교육 및 종교지도자 양성은 구 헌법(1980.10.27. 전문개정 공포) 제19조에 규정된 종교의 자유의 한 내용으로서 보장되지만 그것이 학교라는 교육기관의 형태를 취할 때에는 교육기관 등을 정비하여 국민의 교육을 받을 권리를 실질적으로 보장하고자 하는 교육제도 등에 관한 법률주의에 관한 위 헌법 제29조 제1항, 제6항의 규정 및 이에 기한 교육법상의 각 규정들에 의한 규제를 받게 된다(대판 1989. 9. 26. 87도519).

09 난도 ★★☆ 정답 ③

정답의 이유

③ '금전'의 경우 일반적인 재화의 교환수단으로서 그 목적물이 특정되지 아니하므로 현실적으로 '당초 증여받은 금전'과 '반환하는 금전'의 동일성을 확인할 방법이 없어, 금전을 비과세대상에 포함시킬 경우 증여세 회피 우려가 높기 때문에 심판대상조항은 증여세 회피기도를 차단하고 과세행정의 능률을 제고하기 위한 것으로서 그 입법목적의 정당성이 인정되며, 증여의 합의해제에 따른 증여세 비과세대상에서 금전을 일률적으로 제외하는 것은 위와 같은 입법목적 달성에 기여하므로 수단의 적절성도 인정된다. 금전은 증여와 반환이 용이하므로 증여와 합의해제를 신고기한 이내에 반복하는 방법으로 증여세를 회피하는 데 악용될

우려가 크기 때문에 반환시기와는 상관없이 비과세대상에서 제외하는 것 이외에 덜 침해적인 대안이 존재한다고 보기 어렵다. 증여계약의 합의해제는 당사자의 합의에 의하여 기존 계약의 효력을 소멸시켜 당초부터 계약이 체결되지 않았던 것과 같은 상태로 복귀시킬 것을 내용으로 하는 새로운 계약으로서 수증재산의 반환에 관한 합의의 한 유형이라고 볼 수 있는 점, 수증자가 새로운 계약을 체결하고 증여받은 금전을 당초의 증여자에게 이전하는 행위는 그 경제적 실질에 비추어 볼 때 증여받은 재산의 처분행위로 보아야 하는 점, 특히 금전증여의 경우에는 증여와 동시에 본래 수증자가 보유하고 있던 자산에 혼입되어 수증자의 자산에서 증여받은 금전만을 분리하여 특정할 수 없게 되므로 설령 사후에 증여자가 수증자로부터 같은 액수의 금전을 돌려받더라도 그 동일성을 인정할 수 없어 증여받은 금전 자체의 반환이라고 하기 어려운 점 등에 비추어 보면, 합의해제에 의하여 같은 액수의 금전 반환이 이루어졌다 하더라도 법률적인 측면은 물론 경제적인 측면에서도 수증자의 재산이 실질적으로 증가되었다고 볼 수밖에 없다. 나아가 금전증여의 경우 합의해제가 행해지는 통상의 동기가 조세회피 내지 편법적 절세에 있는 이상, 보호하여야 할 사적 자치의 이익이 크다고 할 수 없어 법익의 균형성도 충족되므로 심판대상조항은 과잉금지원칙에 위배되어 수증자의 계약의 자유 및 재산권을 침해한다고 할 수 없다(헌재 2015. 12. 23. 2013헌바117).

오답의 이유

① 이른바 계약자유의 원칙이란 계약을 체결할 것인가의 여부, 체결한다면 어떠한 내용의, 어떠한 상대방과의 관계에서, 어떠한 방식으로 계약을 체결하느냐 하는 것도 당사자 자신이 자기의사로 결정하는 자유뿐만 아니라, 원치 않으면 계약을 체결하지 않을 자유를 말하여, 이는 헌법상의 행복추구권속에 함축된 일반적 행동자유권으로부터 파생되는 것이라 할 것이다(헌재 1991. 6. 3. 89헌마204).

② 최저임금 적용을 위한 임금의 시간급 환산 시 법정 주휴시간 수를 포함한 시간 수로 나누어야 하는지에 관하여 종전에 대법원 판례와 고용노동부의 해석이 서로 일치하지 아니하여 근로 현장에서 혼란이 초래되었다. 이 사건 시행령조항은 그와 같은 불일치와 혼란을 해소하기 위한 것으로서, 그 취지와 필요성을 인정할 수 있다. 비교대상 임금에는 주휴수당이 포함되어 있고, 주휴수당은 근로기준법에 따라 주휴시간에 대하여 당연히 지급해야 하는 임금이라는 점을 감안하면, 비교대상 임금을 시간급으로 환산할 때 소정근로시간 수 외에 법정 주휴시간 수까지 포함하여 나누도록 하는 것은 그 합리성을 수긍할 수 있다. 근로기준법이 근로자에게 유급주휴일을 보장하도록 하고 있다는 점을 고려할 때, 소정근로시간 수와 법정 주휴시간 수 모두에 대하여 시간급 최저임금액 이상을 지급하도록 하는 것이 그 자체로 사용자에게 지나치게 가혹하다고 보기는 어렵다. 따라서 이 사건 시행령조항은 과잉금지 원칙에 위배되어 사용자의 계약의 자유 및 직업의 자유를 침해한다고 볼 수 없다(헌재 2020. 6. 25. 2019헌마15).

④ 임대차계약을 통하여 합리적이고 효과적인 임차물 관리 및 개량 방식의 설정이 가능함에도 불구하고, 임대인 또는 소유자가 임차물의 가장 적절한 관리자라는 전제하에 임차의 존속 기간을 제한함으로써 임차물 관리 및 개량의 목적을 이루고자 하는 것은 임차물의 관리소홀 및 개량미비로 인한 가치하락 방지라는 목적 달성을 위한 필요한 최소한의 수단이라고 볼 수 없다. …(중략)… 또한 지하매설물 설치를 위한 토지임대차나 목조건물과 같은 소위 비견고건물의 소유를 위한 토지임대차의 경우 이 사건 법률조항으로 인해 임대차기간이 갱신되지 않는 한 20년이 경과한 후에는 이를 제거 또는 철거해야 하는데, 이는 사회경제적으로도 손실이 아닐 수 없다. 이 사건 법률조항은 입법취지가 불명확하고, 사회경제적 효율성 측면에서 일정한 목적의 정당성이 인정된다 하더라도 과잉금지원칙을 위반하여 계약의 자유를 침해한다(헌재 2013. 12. 26. 2011헌바234).

10 난도 ★★☆   정답 ②

정답의 이유

② 삼권분립의 원칙, 법치행정의 원칙을 당연한 전제로 하고 있는 우리 헌법 하에서 행정권의 행정입법 등 법집행의무는 헌법적 의무라고 보아야 할 것이다. 그런데 이는 행정입법의 제정이 법률의 집행에 필수불가결한 경우로서 행정입법을 제정하지 아니하는 것이 곧 행정권에 의한 입법권 침해의 결과를 초래하는 경우를 말하는 것이므로, 만일 하위 행정입법의 제정 없이 상위 법령의 규정만으로도 집행이 이루어질 수 있는 경우라면 하위 행정입법을 하여야 할 헌법적 작위의무는 인정되지 아니한다(헌재 2005. 12. 22. 2004헌마66).

오답의 이유

① 행정권력의 부작위에 대한 헌법소원은 공권력의 주체에게 헌법에서 유래하는 작위의무가 특별히 구체적으로 규정되어 이에 의거하여 기본권의 주체가 행정행위 내지 공권력의 행사를 청구할 수 있음에도 공권력의 주체가 그 의무를 해태하는 경우에 한하여 허용된다(헌재 2004. 5. 27. 2003헌마851).

③ 여기서 헌법에서 유래하는 작위의무가 특별히 구체적으로 규정되어 있다 함은 첫째, 헌법상 명문으로 공권력 주체의 작위의무가 규정되어 있는 경우, 둘째, 헌법의 해석상 공권력 주체의 작위의무가 도출되는 경우, 셋째, 공권력 주체의 작위의무가 법령에 구체적으로 규정되어 있는 경우 등을 포괄한다(헌재 2021. 9. 30. 2016헌마1034).

④ 피청구인에게 헌법에서 유래하는 작위의무가 있음을 인정할 수 있다 하더라도, 피청구인이 이를 이행하고 있는 상태라면, 부작위에 대한 헌법소원심판청구는 부적법하다. 피청구인의작위의무 이행은 이행행위 그 자체만을 가리키는 것이지 이를 통해 청구인들이 원하는 결과까지 보장해 주는 이행을 의미하는 것은 아니다(헌재 2019. 12. 27. 2012헌마939).

정답의 이유

② 헌법 제26조와 청원법규정에 의할 때 헌법상 보장된 청원권은 공권력과의 관계에서 일어나는 여러가지 이해관계, 의견, 희망 등에 관하여 적법한 청원을 한 모든 국민에게, 국가기관이(그 주관관서가) 청원을 수리할 뿐만 아니라, 이를 심사하여, 청원자에게 적어도 그 처리결과를 통지할 것을 요구할 수 있는 권리를 말한다. 그러나 청원권의 보호범위에는 청원사항의 처리결과에 심판서나 재결서에 준하여 이유를 명시할 것까지를 요구하는 것은 포함되지 아니한다고 할 것이다(헌재 1997. 7. 16. 93헌마239).

오답의 이유

① 정부에 제출 또는 회부된 정부의 정책에 관계되는 청원의 심사는 국무회의의 심의를 거쳐야 한다(헌법 제89조 제15호).

③ 지방의회에 청원을 할 때에 지방의회 의원의 소개를 얻도록 한 것은 의원이 미리 청원의 내용을 확인하고 이를 소개하도록 함으로써 청원의 남발을 규제하고 심사의 효율을 기하기 위한 것이고, 지방의회 의원 모두가 소개의원이 되기를 거절하였다면 그 청원내용에 찬성하는 의원이 없는 것이므로 지방의회에서 심사하더라도 인용가능성이 전혀 없어 심사의 실익이 없으며, 청원의 소개의원도 1인으로 족한 점을 감안하면 이러한 정도의 제한은 공공복리를 위한 필요·최소한의 것이라고 할 수 있다(헌재 1999. 11. 25. 97헌마54).

④ 이 사건 법률조항은 공무원의 직무에 속하는 사항에 관하여 금품을 대가로 다른 사람을 중개하거나 대신하여 그 이해관계나 의견 또는 희망을 해당 기관에 진술할 수 없게 하므로, 일반적 행동자유권 및 청원권을 제한한다(헌재 2012. 4. 24. 2011헌바40).

12 난도 ★★☆   정답 ④

정답의 이유

④ 이 사건 처벌조항의 입법목적은 국외 위난상황으로부터 국민의 생명·신체나 재산을 보호하고 국외 위난상황으로 인해 국가·사회에 미칠 수 있는 파급 효과를 사전에 예방하는 것이다. 이와 같은 이 사건 처벌조항의 입법목적은 정당하고, 이 사건 처벌조항은 이에 적합한 수단이다. …(중략)… 형벌 외의 방법으로는 이 사건 처벌조항과 동일한 수준의 입법목적을 달성하기 어렵다. 외교부장관으로부터 허가를 받은 경우에는 이 사건 처벌조항으로 형사처벌되지 않도록 가벌성이 제한되어 있고, 이를 위반한 경우에도 처벌수준이 비교적 경미하다. 따라서 이 사건 처벌조항은 침해의 최소성원칙에 반하지 않는다. 국외 위난상황이 우리나라의 국민 개인이나 국가·사회에 미칠 수 있는 피해는 매우 중대한 반면, 이 사건 처벌조항으로 인한 불이익은 완화되어 있으므로, 이 사건 처벌조항은 법익의 균형성원칙에도 반하지 않는다. 그러므로 이 사건 처벌조항은 과잉금지원칙에 반하여 청구인의 거주·이전의 자유를 침해하지 않는다(헌재 2020. 2. 27. 2016헌마945).

오답의 이유

① 국적법 제2조 제1항 및 제2항

② 복수국적자가 병역준비역에 편입된 때부터 3개월이 지난 경우 병역의무 해소 전에는 대한민국 국적에서 이탈할 수 없도록 제한하는 국적법 제12조 제2항은, 어떠한 예외도 인정하지 않고 있으므로, 과잉금지원칙에 위배되어 국적이탈의 자유를 침해한다.(헌재 2020.9.24. 2016헌마889)

③ 헌법 제2조 제2항에서 규정한 재외국민을 보호할 국가의 의무에 의하여 재외국민이 거류국에 있는 동안 받는 보호는 조약 기타 일반적으로 승인된 국제법규와 당해 거류국의 법령에 의하여 누릴 수 있는 모든 분야에서의 정당한 대우를 받도록 거류국과의 관계에서 국가가 하는 외교적 보호와 국외거주 국민에 대하여 정치적인 고려에서 특별히 법률로써 정하여 베푸는 법률·문화·교육 기타 제반영역에서의 지원을 뜻하는 것이다(헌재 2011. 8. 30. 2008헌마648).

13 난도 ★★☆   정답 ③

정답의 이유

③ 각급 선거관리위원회는 선거인명부의 작성등 선거사무와 국민투표사무에 관하여 관계 행정기관에 필요한 지시를 할 수 있다. 위의 지시를 받은 당해 행정기관은 이에 응하여야 한다(헌법 제115조 제1항 및 제2항).

오답의 이유

① 중앙선거관리위원회 위원장이 중앙선거관리위원회 전체회의의 심의를 거쳐 대통령의 위법사실을 확인한 후 그 재발방지를 촉구하는 내용의 이 사건 조치를 청구인 대통령에 대하여 직접 발령한 것이 단순한 권고적·비권력적 행위라든가 대통령인 청구인의 법적 지위에 불리한 효과를 주지 않았다고 보기는 어렵다(탄핵소추사유는 근본적으로 청구인의 행위가 이 사건 법률조항에 위반되었다는 점이 되지만, 이 사건 조치에 의하여 청구인의 위법사실이 유권적으로 확인됨으로써 탄핵발의의 계기가 부여된다). 청구인이 이 사건 조치를 따르지 않음으로써 형사적으로 처벌될 가능성은 없다고 하더라도, 이 사건 조치가 그 자체로 청구인에게 그러한 위축효과를 줄 수 있음은 명백하다고 볼 것이고, 나아가 이 사건 조치에 대하여 법원에서 소송으로 구제받기는 어렵다는 점에서 헌법기관인 피청구인이 청구인의 위 발언 내용이 위법이라고 판단한 이 사건 조치는 최종적·유권적인 판단으로서 기본권 제한의 효과를 발생시킬 가능성이 높다고 할 것이다(헌재 2008.1.17. 2007헌마700).

② 등록신청을 받은 관할 선거관리위원회는 형식적 요건을 구비하는 한 이를 거부하지 못한다. 다만, 형식적 요건을 구비하지 못한 때에는 상당한 기간을 정하여 그 보완을 명하고, 2회 이상 보완을 명하여도 응하지 아니할 때에는 그 신청을 각하할 수 있다(정당법 제15조).

④ 위원은 탄핵 또는 금고 이상의 형의 선고에 의하지 아니하고는 파면되지 아니한다(헌법 제114조 제5항).

14 난도 ★★☆   정답 ①

정답의 이유

① 병에 대한 징계처분으로 일정기간 부대나 함정 내의 영창, 그 밖의 구금장소에 감금하는 영창처분이 가능하도록 규정한 구 군인사법은 침해의 최소성 원칙과 법익의 균형성 요건을 충족하지 못하므로, 과잉금지원칙에 위배된다(헌재 2020.9.24. 2017헌바157).

오답의 이유

② 헌법 제12조 제1항은 "모든 국민은 신체의 자유를 가진다."라고 규정하여 신체의 자유를 헌법상 기본권의 하나로 보장하고 있다. 신체의 자유는 신체의 안정성이 외부로부터의 물리적인 힘이나 정신적인 위험으로부터 침해당하지 아니할 자유와 신체활동을 임의적이고 자율적으로 할 수 있는 자유를 말한다(헌재 2018.8.30. 2014헌마681).

③ 직장 변경을 제한하거나 특정한 직장에서 계속 근로를 강제하는 것이 곧바로 신체의 안전성을 침해한다거나 신체의 자유로운 이동과 활동을 제한하는 것이라고 볼 수는 없다(헌재 2021.12.23. 2020헌마395).

④ 심판대상조항은 청구인의 신체의 자유를 제한하는 것은 아니다. 심판대상조항은 위험성을 가진 재화의 제조·판매조건을 제약함으로써 최고속도 제한이 없는 전동킥보드를 구입하여 사용하고자 하는 소비자의 자기결정권 및 일반적 행동자유권을 제한할 뿐이다(헌재 2020.2.27. 2017헌마1339).

15 난도 ★★☆   정답 ③

정답의 이유

③ 국회의장과 국회의원 간에 그들의 권한의 존부 또는 범위에 관하여 분쟁이 생길 수 있고, 이와 같은 분쟁은 단순히 국회의 구성원인 국회의원과 국회의장 간의 국가기관 내부문제가 아니라 헌법상 별개의 국가기관이 각자 그들의 권한의 존부 또는 범위를 둘러싼 분쟁이다. 이 분쟁은 권한쟁의심판 이외에 이를 해결할 수 있는 다른 수단이 없으므로 국회의원과 국회의장은 헌법 제111조 제1항 제4호 소정의 권한쟁의심판의 당사자가 될 수 있다(헌재 2000.2.24. 99헌라1).

오답의 이유

① 권한쟁의심판을 청구하려면 청구인과 피청구인 상호간에 헌법 또는 법률에 의하여 부여받은 권한의 존부 또는 범위에 관하여 다툼이 있어야 하고, 피청구인의 처분 또는 부작위가 헌법 또는 법률에 의하여 부여받은 청구인의 권한을 침해하였거나 침해할 현저한 위험이 있는 경우이어야 한다(헌재 2004.9.23. 2000헌라2).

② 재판부는 종국심리에 관여한 재판관 과반수의 찬성으로 사건에 관한 결정을 한다. 다만, 다음 1. 법률의 위헌결정, 탄핵의 결정, 정당해산의 결정 또는 헌법소원에 관한 인용결정을 하는 경우, 2. 종전에 헌법재판소가 판시한 헌법 또는 법률의 해석 적용에 관한 의견을 변경하는 경우 중 각 호의 어느 하나에 해당하는 경우에는 재판관 6명 이상의 찬성이 있어야 한다(헌법재판소법 제

23조 제2항).

④ 지방자치단체의 의결기관인 지방의회를 구성하는 지방의회 의원과 그 지방의회의 대표자인 지방의회 의장 간의 권한쟁의심판은 헌법 및 헌법재판소법에 의하여 헌법재판소가 관장하는 지방자치단체 상호간의 권한쟁의심판의 범위에 속한다고 볼 수 없으므로 부적법하다(헌재 2010.4.29. 2009헌라11).

16 난도 ★★☆   정답 ④

정답의 이유

④ 이 사건 법률조항은 국가가 운영하는 우체국보험에 가입한다는 사정만으로, 일반 보험회사의 인보험에 가입한 경우와는 달리 그 수급권이 사망, 장해나 입원 등으로 인하여 발생한 것인지, 만기나 해약으로 발생한 것인지 등에 대한 구별조차 없이 그 전액에 대하여 무조건 압류를 금지하여 우체국보험 가입자를 보호함으로써 우체국보험 가입자의 채권자를 일반 인보험 가입자의 채권자에 비하여 불리하게 차별취급하는 것이므로, 헌법 제11조 제1항의 평등원칙에 위반된다(헌재 2008.5.29. 2006헌바5)

오답의 이유

① 이 사건 부칙조항은 혼인한 남성 등록의무자와 이미 개정전 공직자윤리법 조항에 따라 재산등록을 한 혼인한 여성 등록의무자를 달리 취급하고 있는바, 이 사건 부칙조항이 평등원칙에 위배되는지 여부를 판단함에 있어서는 엄격한 심사척도를 적용하여 비례성 원칙에 따른 심사를 하여야 한다. 이 사건 부칙조항은 개정 전 공직자윤리법 조항이 혼인관계에서 남성과 여성에 대한 차별적 인식에 기인한 것이라는 반성적 고려에 따라 개정 공직자윤리법 조항이 시행되었음에도 불구하고, 일부 혼인한 여성 등록의무자에게 이미 개정 전 공직자윤리법 조항에 따라 재산등록을 하였다는 이유만으로 남녀차별적인 인식에 기인하였던 종전의 규정을 따를 것을 요구하고 있다. 그런데 혼인한 남성 등록의무자와 달리 혼인한 여성 등록 의무자의 경우에만 본인이 아닌 배우자의 직계존·비속의 재산을 등록하도록 하는 것은 여성의 사회적 지위에 대한 그릇된 인식을 양산하고, 가족관계에 있어 시가와 친정이라는 이분법적 차별구조를 정착시킬 수 있으며, 이것이 사회적 관계로 확장될 경우에는 남성우위·여성비하의 사회적 풍토를 조성하게 될 우려가 있다. 이는 성별에 의한 차별금지 및 혼인과 가족생활에서의 양성의 평등을 천명하고 있는 헌법에 정면으로 위배되는 것으로 그 목적의 정당성을 인정할 수 없다. 따라서 이 사건 부칙조항은 평등원칙에 위배된다(헌재 2021.9.30. 2019헌가3).

② 중혼의 취소청구권자를 규정한 이 사건 법률조항은 그 취소청구권자로 직계존속과 4촌 이내의 방계혈족을 규정하면서도 직계비속을 제외하였는바, 직계비속을 제외하면서 직계존속만을 취소청구권자로 규정한 것은 가부장적·종법적인 사고에 바탕을 두고 있고, 직계비속이 상속권 등과 관련하여 중혼의 취소청구를 구할 법률적인 이해관계가 직계존속과 4촌 이내의 방계혈족 못지않게 크며, 그 취소청구권자의 하나로 규정된 검사에게 취소청구를 구한다고 하여도 검사로 하여금 직권발동을 촉구하는 것에 지나지 않은 점 등을 고려할 때, 합리적인 이유 없이 직계

비속을 차별하고 있어, 평등원칙에 위반된다(헌재 2010.7.29. 2009헌가8).

③ 국채가 발행되는 공공자금관리기금의 운용계획수립 및 집행에 있어서 채권·채무관계를 조기에 확정하고 예산 수립의 불안정성을 제거하여 공공자금관리기금을 합리적으로 운용하기 위하여 단기소멸시효를 둘 필요성이 크고, 국채는 일반기업 및 개인의 채무 보다 채무이행에 대한 신용도가 매우 높아서 채권자가 용이하게 채권을 행사할 수 있으므로 오랫동안 권리행사를 하지 않은 채권자까지 보호할 필요성이 그리 크지 않으며, 공공기관 기록물 중 예산·회계관련 기록물들의 보존기간이 5년으로 정해져 있어서 소멸시효기간을 이보다 더 장기로 정하는 것은 적절하지 않을 뿐만 아니라, 상사채권 뿐만 아니라, 국가 또는 지방자치단체에 대한 채권, 연금법상 채권, 공기업이 발행하는 채권 등이 모두 5년의 소멸시효 기간을 규정하고 있는 점을 종합하건대, 이 사건 법률조항이 국채에 대한 소멸시효를 5년 단기로 규정하여 민사 일반채권자나 회사채 채권자에 비하여 국채 채권자를 차별 취급한 것은 합리적인 사유가 존재하므로 헌법상 평등원칙에 위배되지 아니한다(헌재 2010.4.29. 2009헌바120 등).

17 난도 ★★☆ 　　　　　　　정답 ①

정답의 이유

① 일반사면, 죄 또는 형의 종류를 정하여 행하는 감형과 일반으로 행하는 복권은 대통령령으로 행한다. 이 경우 일반사면은 죄의 종류를 정하여 행한다(사면법 제8조 제1항).

오답의 이유

② 선고된 형 전부를 사면할 것인지 또는 일부만을 사면할 것인지를 결정하는 것은 사면권자의 전권사항에 속하는 것이고, 징역형의 집행유예에 대한 사면이 병과된 벌금형에도 미치는 것으로 볼 것인지 여부는 사면권자의 의사인 사면의 내용에 대한 해석문제에 불과하다 할 것이다(헌재 2000.6.1. 97헌바74).

③ 만일 특별사면으로 형 선고의 효력이 상실된 유죄판결이 재심청구의 대상이 될 수 없다고 한다면, 이는 특별사면이 있었다는 사정만으로 재심청구권을 박탈하여 명예를 회복하고 형사보상을 받을 기회 등을 원천적으로 봉쇄하는 것과 다를 바 없어서 재심제도의 취지에 반하게 된다. 따라서 특별사면으로 형 선고의 효력이 상실된 유죄의 확정판결도 형사소송법 제420조의 '유죄의 확정판결'에 해당하여 재심청구의 대상이 될 수 있다(대판 2015.5.21. 2011도1932 전합).

④ 청구인들은 대통령의 특별사면에 관하여 일반국민의 지위에서 사실상의 또는 간접적인 이해관계를 가진다고 할 수는 있으나 대통령의 청구외인들에 대한 특별사면으로 인하여 청구인들 자신의 법적이익 또는 권리를 직접적으로 침해당한 피해자라고 볼 수 없으므로 이 사건 심판청구는 자기관련성, 직접성이 결여되어 부적법하다(헌재 1998.9.30. 97헌마404).

18 난도 ★★★ 　　　　　　　정답 ③

정답의 이유

ㄴ. 이 사건에서 문제되는 주주권은, 비록 주주의 자격과 분리하여 양도·질권 설정·압류할 수 없고 시효에 걸리지 않아 보통의 채권과는 상이한 성질을 갖지만, 다른 한편 주주의 자격과 함께 사용(결의)·수익(담보제공)·처분(양도·상속)할 수 있다는 점에서는 분명히 '사적유용성 및 그에 대한 원칙적 처분권을 내포하는 재산가치 있는 권리'로 볼 수 있으므로 헌법상 재산권 보장의 대상에 해당한다고 볼 것이다(헌재 2008.12.26. 2005헌바34).

ㄷ. 개인택시운송사업자는 장기간의 모범적인 택시운전에 대한 보상의 차원에서 개인택시면허를 취득하였거나, 고액의 프리미엄을 지급하고 개인택시면허를 양수한 사람들이므로 개인택시면허는 자신의 노력으로 혹은 금전적 대가를 치르고 얻은 재산권이라고 할 수 있다(헌재 2012.3.29. 2010헌마443 등).

ㄹ. 지목에 관한 등록이나 등록변경 또는 등록의 정정은 단순히 토지행정의 편의나 사실증명의 자료로 삼기 위한 것에 그치는 것이 아니라, 해당 토지소유자의 재산권에 크건 작건 영향을 미친다고 볼 것이며, 정당한 지목을 등록함으로써 토지소유자가 누리게 될 이익은 국가가 헌법 제23조에 따라 보장하여 주어야 할 재산권의 한 내포(內包)로 봄이 상당하다(헌재 1999. 6. 24. 97헌마315).

ㅁ. 계모자 사이에 상속이 인정되지 않는 것은 계모자관계를 법정혈족관계로 인정했던 구 민법 제773조를 삭제하면서도 상속순위에 관한 민법 제1000조 제1항에 계모자관계에 대한 특별한 규율을 하지 않은 부진정입법부작위의 문제라 할 수 있고, 이에 대하여는 헌법재판소 2009.11.26. 2007헌마1424 결정에서 이미 과잉금지원칙에 위반되지 아니하므로 계자의 재산권이 침해되지 않는다는 판단을 한 바 있다. 이와 관련하여 구 민법상 법정혈족관계로 인정되던 계모자 사이의 상속권도 헌법상 보호되는 재산권이라고 볼 수 있다(헌재 2011.2.24. 2009헌바89 등).

오답의 이유

ㄱ. 강제집행은 채권자의 신청에 의하여 국가의 집행기관이 채권자를 위하여 채무명의에 표시된 사법상의 이행청구권을 국가권력에 의하여 강제적으로 실현하는 법적 절차를 지칭하는 것이다. 강제집행권은 국가가 보유하는 통치권의 한 작용으로서 민사사법권에 속하는 것이고, 채권자인 청구인들은 국가에 대하여 강제집행권의 발동을 구하는 공법상의 권능인 강제집행청구권만을 보유하고 있을 따름으로서 청구인들이 강제집행권을 침해받았다고 주장하는 권리는 헌법 제23조 제3항 소정의 재산권에 해당되지 아니한다(헌재 1998.5.28. 96헌마44).

ㅂ. '국가의 납입의 고지로 인하여 시효중단의 효력을 종국적으로 받지 않고 계속하여 소멸시효를 누릴 기대이익'은 헌법적으로 보호될만한 재산권적 성질의 것은 아니며 단순한 기대이익에 불과하다고 볼 것이므로 이 사건 법률조항에 의하여 청구인의 재산권이 제한되거나 침해될 여지는 없다(헌재 2004.3.25. 2003헌바22).

② 변호인 선임을 위하여 피의자·피고인(이하 '피의자 등'이라 한다)이 가지는 '변호인이 되려는 자'와의 접견교통권은 헌법상 기본권으로 보호되어야 하고, '변호인이 되려는 자'의 접견교통권은 피의자 등이 변호인을 선임하여 그로부터 조력을 받을 권리를 공고히 하기 위한 것으로서, 그것이 보장되지 않으면 피의자 등이 변호인 선임을 통하여 변호인으로부터 충분한 조력을 받는다는 것이 유명무실하게 될 수밖에 없다. 이와 같이 '변호인이 되려는 자'의 접견교통권은 피의자 등을 조력하기 위한 핵심적인 부분으로서, 피의자 등이 가지는 헌법상의 기본권인 '변호인이 되려는 자'와의 접견교통권과 표리의 관계에 있다. 따라서 피의자 등이 가지는 '변호인이 되려는 자'의 조력을 받을 권리가 실질적으로 확보되기 위해서는 '변호인이 되려는 자'의 접견교통권 역시 헌법상 기본권으로서 보장되어야 한다(헌재 2019.2.28. 2015헌마1204).

오답의 이유

① 체포·구속·압수 또는 수색을 할 때에는 적법한 절차에 따라 검사의 신청에 의하여 법관이 발부한 영장을 제시하여야 한다. 다만, 현행범인인 경우와 장기 3년 이상의 형에 해당하는 죄를 범하고 도피 또는 증거인멸의 염려가 있을 때에는 사후에 영장을 청구할 수 있다(헌법 제12조 제3항).

③ 헌법 제12조 제2항은 "모든 국민은 고문을 받지 아니하며, 형사상 자기에게 불리한 진술을 강요당하지 아니한다."고 규정하여 형사책임에 관하여 자기에게 불이익한 진술을 강요당하지 않을 것을 국민의 기본권으로 보장하고 있다. 이러한 진술거부권은 형사절차에서만 보장되는 것이 아니고 행정절차이거나 국회에서의 질문 등 어디에서나 그 진술이 자기에게 형사상 불리한 경우에는 묵비권을 가지고 이를 강요받지 아니할 국민의 기본권으로 보장된다(대판 2015.5.28. 2015도3136).

④ 형사소송법 제47조의 입법목적은, 형사소송에 있어서 유죄의 판결이 확정될 때까지는 무죄로 추정을 받아야 할 피의자가 수사단계에서의 수사서류 공개로 말미암아 그의 기본권이 침해되는 것을 방지하고자 함에 목적이 있는 것이지 구속적부심사를 포함하는 형사소송절차에서 피의자의 방어권행사를 제한하려는 데 그 목적이 있는 것은 원래가 아니라는 점, 그리고 형사소송법이 구속적부심사를 기소전에만 인정하고 있기 때문에 만일 기소전에 변호인이 미리 고소장과 피의자신문조서를 열람하지 못한다면 구속적부심제도를 헌법에서 직접 보장함으로써 이 제도가 피구속자의 인권옹호를 위하여 충실히 기능할 것을 요청하는 헌법정신은 훼손을 면할 수 없다는 점 등에서, 이 규정은 구속적부심사단계에서 변호인이 고소장과 피의자신문조서를 열람하여 피구속자의 방어권을 조력하는 것까지를 일체 금지하는 것은 아니다. 결국 변호인에게 고소장과 피의자신문조서에 대한 열람 및 등사를 거부한 경찰서장의 정보비공개결정은 변호인의 피구속자를 조력할 권리 및 알 권리를 침해하여 헌법에 위반된다(헌재 2003.3.27. 2000헌마474).

③ 지방자치단체의 장이 금고 이상의 형을 선고받고 그 형이 확정되지 아니한 경우 부단체장이 그 권한을 대행하도록 규정한 지방자치법 제111조 제1항 제3호(2010헌마418)

(1) 5인의 위헌의견: 지방자치단체의 장이 금고 이상의 형을 선고받고 그 형이 확정되지 아니한 경우 부단체장이 그 권한을 대행하도록 규정한 지방자치법규정은 무죄추정의 원칙과 과잉금지의 원칙에 위배되어 자치단체장의 공무담임권과 평등권을 침해한다.

(2) 1인의 헌법불합치의견: 선거에 의하여 주권자인 국민으로부터 직접 공무담임권을 위임받는 자치단체장의 경우, 그와 같이 공무담임권을 위임한 선출의 정당성이 무너지거나 공무담임권 위임의 본지를 배반하는 직무상 범죄를 저질렀다면, 이러한 경우에도 계속 공무를 담당하게 하는 것은 공무담임권 위임의 본지에 부합된다고 보기 어렵다. 그러므로, 위 두 사유에 해당하는 범죄로 자치단체장이 금고 이상의 형을 선고받은 경우라면, 그 형이 확정되기 전에 해당 자치단체장의 직무를 정지시키더라도 무죄추정의 원칙에 직접적으로 위배된다고 보기 어렵고, 과잉금지의 원칙도 위반하였다고 볼 수 없으나, 위 두 가지 경우 이외에는 금고 이상의 형의 선고를 받았다는 이유로 형이 확정되기 전에 자치단체장의 직무를 정지시키는 것은 무죄추정의 원칙과 과잉금지의 원칙에 위배된다. 따라서, 이 사건 법률조항에는 위헌적인 부분과 합헌적인 부분이 공존하고 있고, 위헌부분에 의하여 청구인의 기본권이 침해되고 있는바, 이를 가려내는 일은 국회의 입법형성권에 맡기는 것이 바람직하므로, 헌법불합치결정을 할 필요성이 있다.

오답의 이유

① 중앙행정기관이 구 지방자치법 제158조 단서 규정상의 감사에 착수하기 위해서는 자치사무에 관하여 특정한 법령위반행위가 확인되었거나 위법행위가 있었으리라는 합리적 의심이 가능한 경우이어야 하고, 또한 그 감사대상을 특정해야 한다. 따라서 전반기 또는 후반기 감사와 같은 포괄적·사전적 일반감사나 위법사항을 특정하지 않고 개시하는 감사 또는 법령 위반사항을 적발하기 위한 감사는 모두 허용될 수 없다(헌재 2009.5.28. 2006헌라6).

② 헌법 제8장의 지방자치제도는 제도보장을 의미하는 것으로서 지방자치단체의 자치권의 범위나 내용은 지방자치제도의 본질을 침해하지 않는 범위 내에서 입법권자가 광범위한 입법형성권을 가진다. 또한, 지방자치단체의 권한도 국가의 통치권에서 유래하는 것이고 자치행정도 국가행정의 일부인 이상 자치권한이 국가의 통일적인 관점에서 일정한 감독과 통제를 받는 것은 불가피하다(헌재 2009.5.28. 2006헌라6).

④ 조례의 제정권자인 지방의회는 선거를 통해서 그 지역적인 민주적 정당성을 지니고 있는 주민의 대표기관이고, 헌법이 지방자치단체에 대해 포괄적인 자치권을 보장하고 있는 취지로 볼 때 조례제정권에 대한 지나친 제약은 바람직하지 않으므로, 조례에 대한 법률의 위임은 법규명령에 대한 법률의 위임과 같이 반드시 구체적으로 범위를 정하여 할 필요가 없으며 포괄적인 것으로 족하다(헌재 2012.7.26. 2009헌바328).

21 난도 ★★☆ 정답 ④

정답의 이유

④ 법령이 헌법재판소법 제68조 제1항에 따른 헌법소원의 대상이 되려면 구체적인 집행행위 없이 직접 기본권을 침해하여야 하고, 여기의 집행행위에는 입법행위도 포함되므로 법령이 그 규정의 구체화를 위하여 하위규범의 시행을 예정하고 있는 경우에는 당해 법령의 직접성은 원칙적으로 부인된다(헌재 2018.5.31. 2015헌마853).

오답의 이유

① 주민투표권이나 조례제정·개폐청구권은 법률에 의하여 보장되는 권리에 해당하고, 헌법상보장되는 기본권이라거나 헌법 제37조 제1항의 '헌법에 열거되지 아니한 권리'로 보기 어려우므로, 19세 미만인 사람들에 대하여 법률에 의하여 보장되는 권리에 불과한 주민투표권이나 조례제정·개폐청구권을 인정하지 않는다고 하여 포괄적인 의미의 자유권으로서의 행복추구권이 제한된다고 볼 수 없다(헌재 2014.4.24. 2012헌마287).

② 주민투표권은 헌법상의 열거되지 아니한 권리 등 그 명칭의 여하를 불문하고 헌법상의 기본권성이 부정된다는 것이 우리 재판소의 일관된 입장이라 할 것인데, 이 사건에서 그와 달리 보아야 할 아무런 근거를 발견할 수 없다. 그렇다면 이 사건 심판청구는 헌법재판소법 제68조 제1항의 헌법소원을 통해 그 침해 여부를 다툴 수 있는 기본권을 대상으로 하고 있는 것이 아니므로 그러한 한에서 이유 없다. 하지만 주민투표권이 헌법상 기본권이 아닌 법률상의 권리에 해당한다 하더라도 비교집단 상호간에 차별이 존재할 경우에 헌법상의 평등권 심사까지 배제되는 것은 아니다(헌재 2007.6.28. 2004헌마643).

③ 청구인이 현재 기본권을 침해당한 경우이어야 헌법소원을 제기할 수 있고, 다만 기본권침해가 장래에 발생하더라도 그 침해가 틀림없을 것으로 현재 확실히 예측된다면 기본권구제의 실효성을 위하여 침해의 현재성이 인정된다(헌재 2009.11.26. 2007헌마1424).

22 난도 ★★☆ 정답 ②

정답의 이유

② 이 사건 사실조회행위(국민건강보험공단이 2013.12.20. 서울용산경찰서장에게 청구인들의 요양급여내역을 제공한 행위)는 강제력이 개입되지 아니한 임의수사에 해당하므로, 이에응하여 이루어진 이 사건 정보제공행위에도 영장주의가 적용되지 않는다. 그러므로 이 사건 정보제공행위가 영장주의에 위배되어 청구인들의 개인정보자기결정권을 침해한다고 볼 수 없다(헌재 2018.8.30. 2014헌마368).

오답의 이유

① 헌법 제12조 제3항이 정한 영장주의가 수사기관이 강제처분을 함에 있어 중립적 기관인 법원의 허가를 얻어야 함을 의미하는 것 외에 법원에 의한 사후 통제까지 마련되어야 함을 의미한다고 보기 어렵다(헌재 2018.8.30. 2016헌마263).

③ 심판대상조항에 의한 자료제출요구는 그 성질상 대상자의 자발적 협조를 전제로 할 뿐이고 물리적 강제력을 수반하지 아니한다. 심판대상조항은 피조사자로 하여금 자료제출요구에 응할 의무를 부과하고, 허위 자료를 제출한 경우 형사처벌하고 있으나, 이는 형벌에 의한 불이익이라는 심리적, 간접적 강제수단을 통하여 진실한 자료를 제출하도록 함으로써 조사권 행사의 실효성을 확보하기 위한 것이다. 이와 같이 심판대상조항에 의한 자료제출요구는 행정조사의 성격을 가지는 것으로 수사기관의 수사와 근본적으로 그 성격을 달리하며, 청구인에 대하여 직접적으로 어떠한 물리적 강제력을 행사하는 강제처분을 수반하는 것이 아니므로 영장주의의 적용대상이 아니다(헌재 2019.9.26. 2016헌바381).

④ 우리 헌법제정권자가 제헌 헌법(제9조) 이래 현행 헌법(제12조 제3항)에 이르기까지 채택하여 온 영장주의의 본질은 신체의 자유를 침해하는 강제처분을 함에 있어서는 인적·물적 독립을 보장받는 제3자인 법관이 구체적 판단을 거쳐 발부한 영장에 의하여야만 한다는 데에 있으므로, 우선 형식적으로 영장주의에 위배되는 법률은 곧바로 헌법에 위반되고, 나아가 형식적으로는 영장주의를 준수하였더라도 실질적인 측면에서 입법자가 합리적인 선택범위를 일탈하는 등 그 입법형성권을 남용하였다면 그러한 법률은 자의금지원칙에 위배되어 헌법에 위반된다고 보아야 한다(헌재 2012.12.27. 2011헌가5).

정답의 이유

④ 이 사건 법률조항은 '감사보고서에 기재하여야 할 사항'을 기재하지 아니하는 행위를 범죄의 구성요건으로 정하고 있다. 그런데 동 법률이나 상법 등 관련 법률들은 '감사보고서에 기재하여야 할 사항'이 어떠한 내용과 범위의 것을 의미하는지에 관하여는 별도로 아무런 규정을 두고 있지 않다. 또한 감사보고서는 회계감사기준에 따라 작성되는 것인데 동 감사기준은 증권관리위원회 혹은 금융감독위원회에 의하여 정하여지도록 법률에 규정되어 있을 뿐이므로 결국 감사보고서에 기재하여야 할 사항도 전적으로 위 위원회들의 판단에 따라 정하여지고 또한 수시로 얼마든지 변경될 수 있는 것이 되어 법률에 의하여 그 대강 혹은 기본적 사항이 규율되고 있다고 할 수 없다. 한편 이 사건 법률조항의 주된 수범자는 회계분야의 전문가로서 자격을 가진 공인회계사들이며 회계원칙을 숙지하고 있는 이들이 일반인들 보다는 감사보고서에 기재하여야 할 사항을 더 잘 알 수 있는 지위에 있는 것은 사실이나, 회계감사기준상 사용되고 있는 제반 일반적, 추상적 개념들을 수범자가 어느 정도로 엄격하게 혹은 광범하게 해석하느냐에 따라 폭넓은 재량을 가져오고 있기 때문에 이와 같은 회계전문가에게 있어서도 그 기재의 범위가 반드시 명확하다고 할 수 없다. 따라서 이 사건 법률조항 중 '감사보고서에 기재하여야 할 사항' 부분은 그 의미가 법률로서 확정되어 있지 아니하고, 법률 문언의 전체적, 유기적인 구조와 구성요건의 특수성, 규제의 여건 등을 종합하여 고려하여 보더라도 수범자가 자신의 행위를 충분히 결정할 수 있을 정도로 내용이 명확하지 아니하여 동 조항부분은 죄형법정주의에서 요구하는 명확성의 원칙에 위배된다(헌재 2004.1.29. 2002헌가20 등).

오답의 이유

① 심판대상조항의 문언, 입법목적과 연혁, 관련 규정과의 관계 및 법원의 해석 등을 종합하여 볼 때, 심판대상조항에서 '제44조 제1항을 2회 이상 위반한 사람'이란 '2006.6.1. 이후 도로교통법 제44조 제1항을 위반하여 술에 취한 상태에서 운전을 하였던 사실이 인정되는 사람으로서, 다시 같은 조 제1항을 위반하여 술에 취한 상태에서 운전한 사람'을 의미함을 충분히 알 수 있으므로, 심판대상조항은 죄형법정주의의 명확성원칙에 위반되지 아니한다(헌재 2021.11.25. 2019헌바446 등).

② 공직선거법 및 관련 법령이 구체적으로 '인터넷언론사'의 범위를 정하고 있고, 중앙선거관리위원회가 설치·운영하는 인터넷선거보도심의위원회가 심의대상인 인터넷언론사를 결정하여 공개하는 점 등을 종합하면 '인터넷언론사'는 불명확하다고 볼 수 없으며, '지지·반대'의 사전적 의미와 심판대상조항의 입법목적, 공직선거법 관련 조항의 규율내용을 종합하면, 건전한 상식과 통상적인 법 감정을 가진 사람이면 자신의 글이 정당·후보자에 대한 '지지·반대'의 정보를 게시하는 행위인지 충분히 알 수 있으므로, 실명확인 조항 중 '인터넷언론사' 및 '지지·반대' 부분은 명확성 원칙에 반하지 않는다(헌재 2021.1.28. 2018헌마456 등).

③ 금지조항은 방송편성의 자유와 독립을 보장하기 위하여, 방송사 외부에 있는 자가 방송편성에 관계된 자에게 방송편성에 관해 특정한 요구를 하는 등의 방법으로, 방송편성에 관한 자유롭고 독립적인 의사결정에 영향을 미칠 수 있는 행위 일체를 금지한다는 의미임을 충분히 알 수 있다. 따라서 금지조항은 죄형법정주의의 명확성원칙에 위반되지 아니한다(헌재 2021.8.31. 2019헌바439).

정답의 이유

② 중혼을 금지하는 것은 일부일처제의 공익적 이익으로부터 비롯된 것이다. 그러나 한편으로 중혼이라 하더라도 유효하게 성립하면 또 하나의 실질적인 부부관계와 친자관계가 발생하고 그러한 신분관계는 비록 중혼이 취소되더라도 완전히 원상회복될 수 없는 한계가 존재하며, 특히 자(子)의 경우에는 그 신분관계를 보호할 사회적 이익도 인정된다. 그러므로 중혼을 무효사유로 볼 것인가, 아니면 취소사유로 볼 것인가, 취소사유로 보는 경우 어떠한 범위 내에서 취소청구권을 인정할 것인가 하는 문제는 중혼의 반사회성·반윤리성과 가족생활의 사실상 보호라는 공익과 사익을 어떻게 규율할 것인가의 문제로서 기본적으로 입법형성의 자유가 넓게 인정되는 영역이다. 따라서 이 사건 법률조항의 위헌 여부는 중혼을 취소사유로 정하면서 그 취소 청구권에 제척기간 또는 권리소멸사유를 규정하지 않은 것이 입법형성의 한계를 벗어나 현저히 부당한 것인지 여부를 심사함으로써 결정해야 할 것이다(헌재 2014.7.24. 2011헌바275).

오답의 이유

① 헌법 제36조 제1항의 연혁을 살펴보면, 제헌헌법 제20조에서 "혼인은 남녀동권(男女同權)을 기본으로 하며, 혼인의 순결과 가족의 건강은 국가의 특별한 보호를 받는다."고 규정한 것이 그 시초로서, 헌법제정 당시부터 평등원칙과 남녀평등을 일반적으로 천명하는 것(제헌 헌법 제8조)에 덧붙여 특별히 혼인의 남녀동권을 헌법적 혼인질서의 기초로 선언한 것은 우리 사회 전래의 혼인·가족제도는 인간의 존엄과 남녀평등을 기초로 하는 혼인·가족제도라고 보기 어렵다는 판단 하에 근대적·시민적 입헌국가를 건설하려는 마당에 종래의 가부장적인 봉건적 혼인질서를 더 이상 용인하지 않겠다는 헌법적 결단의 표현으로 보아야 할 것이다(헌재 2005.2.3. 2001헌가9 등).

③ 헌법 제36조 제1항에서 규정하는 '혼인'이란 양성이 평등하고 존엄한 개인으로서 자유로운 의사의 합치에 의하여 생활공동체를 이루는 것으로서 법적으로 승인받은 것을 말하므로, 법적으로 승인되지 아니한 사실혼은 헌법 제36조 제1항의 보호범위에 포함된다고 보기 어렵다(헌재 2014.8.28. 2013헌바119).

④ 부모가 자녀의 이름을 지어주는 것은 자녀의 양육과 가족생활을 위하여 필수적인 것이고, 가족생활의 핵심적 요소라 할 수 있으므로, '부모가 자녀의 이름을 지을 자유'는 혼인과 가족생활을 보장하는 헌법 제36조 제1항과 행복추구권을 보장하는 헌법 제10조에 의하여 보호받는다(헌재 2016.7.28. 2015헌마964).

[정답의 이유]

② 심판대상조항은 정보위원회의 회의 일체를 비공개 하도록 정함으로써 정보위원회 활동에 대한 국민의 감시와 견제를 사실상 불가능하게 하고 있다. 또한 헌법 제50조 제1항 단서에서 정하고 있는 비공개사유는 각 회의마다 충족되어야 하는 요건으로 입법과정에서 재적의원 과반수의 출석과 출석의원 과반수의 찬성으로 의결되었다는 사실만으로 헌법 제50조 제1항 단서의 '출석위원 과반수의 찬성'이라는 요건이 충족되었다고 볼 수도 없다. 따라서 심판대상조항은 헌법 제50조 제1항에 위배되는 것으로 과잉금지원칙 위배 여부에 대해서는 더 나아가 판단할 필요 없이 청구인들의 알 권리를 침해한다(헌재 2022.1.27. 2018헌마1162 등).

[오답의 이유]

① 의사공개원칙은 방청 및 보도의 자유와 회의록의 공표를 그 내용으로 한다. 의사공개원칙의 헌법적 의미를 고려할 때, 헌법 제50조 제1항 본문은 단순한 행정적 회의를 제외하고 국회의 헌법적 기능과 관련된 모든 회의는 원칙적으로 국민에게 공개되어야 함을 천명한 것으로, 국회 본회의뿐만 아니라 위원회의 회의에도 적용된다. 따라서 본회의든 위원회의 회의든 국회의 회의는 원칙적으로 공개하여야 하며, 원하는 모든 국민은 원칙적으로 그 회의를 방청할 수 있다(헌재 2022. 1. 27. 2018헌마1162 등).

③ 국회의 회의는 공개한다. 다만, 출석의원 과반수의 찬성이 있거나 의장이 국가의 안전보장을 위하여 필요하다고 인정할 때에는 공개하지 아니할 수 있다(헌법 제50조).

④ 감사 및 조사는 공개한다. 다만, 위원회의 의결로 달리 정할 수 있다(국정감사및 조사에 관한 법률 제12조).

한눈에 훑어보기

✔️ 빠른 정답

01	02	03	04	05	06	07	08	09	10
③	④	④	③	④	①	②	④	②	③
11	**12**	**13**	**14**	**15**	**16**	**17**	**18**	**19**	**20**
③	①	①	②	④	④	①	①	②	②
21	**22**	**23**	**24**	**25**					
②	④	②	①	④					

✔️ 점수 체크

구분	1회독	2회독	3회독
맞힌 문항 수	/ 25	/ 25	/ 25
나의 점수	점	점	점

---

01 난도 ★★☆   정답 ③

정답의 이유

③ 음란표현이 언론·출판의 자유의 보호영역에 해당하지 아니한다고 해석할 경우 음란표현에 대하여는 언론·출판의 자유의 제한에 대한 헌법상의 기본원칙, 예컨대 명확성의 원칙, 검열 금지의 원칙 등에 입각한 합헌성 심사를 하지 못하게 될 뿐만 아니라, 기본권 제한에 대한 헌법상의 기본원칙, 예컨대 법률에 의한 제한, 본질적 내용의 침해금지 원칙 등도 적용하기 어렵게 되는 결과, 모든 음란표현에 대하여 사전 검열을 받도록 하고 이를 받지 않은 경우 형사처벌을 하거나, 유통목적이 없는 음란물의 단순소지를 금지하거나, 법률에 의하지 아니하고 음란물출판에 대한 불이익을 부과하는 행위 등에 대한 합헌성 심사도 하지 못하게 됨으로써, 결국 음란표현에 대한 최소한의 헌법상 보호마저도 부인하게 될 위험성이 농후하게 된다는 점을 간과할 수 없다. 이 사건 법률조항의 음란표현은 헌법 제21조가 규정하는 언론·출판의 자유의 보호영역 내에 있다고 볼 것인바, 종전에 이와 견해를 달리하여 음란표현은 헌법 제21조가 규정하는 언론·출판의 자유의 보호영역에 해당하지 아니한다는 취지로 판시한 우리 재판소의 의견(헌재 1998. 4. 30. 95헌가16, 판례집 10-1, 327, 340-341)을 변경한다(헌재 2009. 5. 28. 2006헌바109 등).

오답의 이유

① 표현의 자유를 규제하는 법률은 그 규제로 인해 보호되는 다른 표현에 대하여 위축적 효과가 미치지 않도록 규제되는 표현의 개념을 세밀하고 명확하게 규정할 것이 헌법적으로 요구된다(헌재 1998. 4. 30. 95헌가16).

② 헌재 2019. 11. 28. 2016헌마90

④ 한국의료기기산업협회가 행하는 이 사건 의료기기 광고 사전심의는 헌법이 금지하는 사전검열에 해당하고, 이러한 사전심의제도를 구성하는 심판대상조항은 헌법 제21조 제2항의 사전검열 금지원칙에 위반된다(헌재 2020. 8. 28. 2019헌가23).

02 난도 ★★☆   정답 ④

정답의 이유

④ 청구인들이 심판대상조항의 위헌성을 주장하게 된 계기를 제공한 국가배상청구 사건은, 인권침해가 극심하게 이루어진 긴급조치 발령과 그 집행을 근거로 한 것이므로 다른 일반적인 법 집행 상황과는 다르다는 점에서 이러한 경우에는 국가배상청구 요건을 완화하여야 한다는 주장이 있을 수 있다. 긴급조치는 집행 당시에 그 위헌 여부를 유효하게 다툴 수 없었으며, 한참 시간이 흐른 뒤인 2010년대에 이르러서야 비로소 위헌으로 선언된 만

큼, 다른 일반 법률에 대한 헌법재판소의 위헌결정과는 차이가 있다고 볼 수 있다. 그러나 위와 같은 경우라 하여 국가배상청구권 성립요건에 공무원의 고의 또는 과실에 대한 예외가 인정되어야 한다고 보기는 어렵다(헌재 2015.4.30, 2013헌바395).

오답의 이유

① 헌재 1996.6.13, 94헌바20, 헌재 1997.2.20, 96헌바24 참조
② 헌재 2015.4.30, 2013헌바395
③ 헌법상 국가배상청구권은 청구권적 기본권이고, 앞에서 본 바와 같이 그 요건인 '불법행위'는 법률에서 구체적으로 형성할 수 있는 개념이라 할 것이다. 따라서 이 사건 법률조항이 국가배상청구권의 성립요건으로서 공무원의 고의 또는 과실을 규정한 것은 법률로 이미 형성된 국가배상청구권의 행사 및 존속을 제한한다고 보기보다는 국가배상청구권의 내용을 형성하는 것이라고 할 것이므로, 헌법상 국가배상제도의 정신에 부합하게 국가배상청구권을 형성하였는지의 관점에서 심사하여야 한다(헌재 2015.4.30, 2013헌바395).

03 난도 ★★☆ 　　　　　　　　　　 정답 ④

정답의 이유

④ 입법자가 전문자격제도의 내용인 결격사유를 정함에 있어 변호사의 경우 변리사나 공인중개사보다 더 가중된 요건을 규정하였다고 하더라도 헌법 제11조 제1항에 반하여 청구인의 평등권을 침해하였다고 할 수 없다(헌재 2009.10.29, 2008헌마432).

오답의 이유

① 헌법재판소는 비례의 원칙에 따른 심사를 하여야 할 경우로서 첫째, 헌법에서 특별히 평등을 요구하고 있는 경우 즉, 헌법이 차별의 근거로 삼아서는 아니 되는 기준 또는 차별을 금지하고 있는 영역을 제시하고 있음에도 그러한 기준을 근거로 한 차별이나 그러한 영역에서의 차별의 경우 둘째, 차별적 취급으로 인하여 관련 기본권에 대한 중대한 제한을 초래하게 되는 경우를 들면서, 제대군인가산점제도는 위 두 경우에 모두 해당한다고 하여 비례심사를 하고 있다(헌재 2001.2.22, 2000헌마25).
② 헌법 제11조 제2항
③ 헌법 제11조 제3항

04 난도 ★★★ 　　　　　　　　　　 정답 ③

정답의 이유

③ 사생활의 비밀과 자유가 보호하는 것은 개인의 내밀한 내용의 비밀을 유지할 권리, 개인이 자신의 사생활의 불가침을 보장받을 수 있는 권리, 개인의 양심영역이나 성적 영역과 같은 내밀한 영역에 대한 보호, 인격적인 감정세계의 존중의 권리와 정신적인 내면생활이 침해받지 않을 권리 등이다(헌재 2003.10.30, 2002헌마518).

오답의 이유

① 개인정보의 종류 및 성격, 수집목적, 이용형태, 정보처리방식 등에 따라 개인정보자기결정권의 제한이 인격권 또는 사생활의 자유에 미치는 영향이나 침해의 정도는 달라지므로 개인정보자기

결정권의 제한이 정당한지 여부를 판단함에 있어서는 위와 같은 요소들과 추구하는 공익의 중요성을 헤아려야 하는바, 피청구인들이 졸업증명서 발급업무에 관한 민원인의 편의 도모, 행정효율성의 제고를 위하여 개인의 존엄과 인격권에 심대한 영향을 미칠 수 있는 민감한 정보라고 보기 어려운 성명, 생년월일, 졸업일자 정보만을 NEIS에 보유하고 있는 것은 목적의 달성에 필요한 최소한의 정보만을 보유하는 것이라 할 수 있고, 공공기관의 개인정보보호에 관한 법률에 규정된 개인정보 보호를 위한 법규정들의 적용을 받을 뿐만 아니라 피청구인들이 보유목적을 벗어나 개인정보를 무단 사용하였다는 점을 인정할 만한 자료가 없는 한 NEIS라는 자동화된 전산시스템으로 그 정보를 보유하고 있다는 점만으로 피청구인들의 적법한 보유행위 자체의 정당성마저 부인하기는 어렵다(헌재 2005. 7.21, 2003헌마282).
② 개인정보자기결정권의 헌법상 근거로는 헌법 제17조의 사생활의 비밀과 자유, 헌법 제10조 제1문의 인간의 존엄과 가치 및 행복추구권에 근거를 둔 일반적 인격권 또는 위 조문들과 동시에 우리 헌법의 자유민주적 기본질서 규정 또는 국민주권원리와 민주주의원리 등을 고려할 수 있으나, 개인정보자기결정권으로 보호하려는 내용을 위 각 기본권들 및 헌법원리들 중 일부에 완전히 포섭시키는 것은 불가능하다고 할 것이므로, 그 헌법적 근거를 굳이 어느 한 두 개에 국한시키는 것은 바람직하지 않은 것으로 보이고, 오히려 개인정보자기결정권은 이들을 이념적 기초로 하는 독자적 기본권으로서 헌법에 명시되지 아니한 기본권이라고 보아야 할 것이다(헌재 2005.5.26, 99헌마513).
④ 일반 교통에 사용되고 있는 도로는 국가와 지방자치단체가 그 관리책임을 맡고 있는 영역이며, 수많은 다른 운전자 및 보행자 등의 법익 또는 공동체의 이익과 관련된 영역으로, 그 위에서 자동차를 운전하는 행위는 더 이상 개인적인 내밀한 영역에서의 행위가 아니며, 자동차를 도로에서 운전하는 중에 좌석안전띠를 착용할 것인가 여부의 생활관계가 개인의 전체적 인격과 생존에 관계되는 '사생활의 기본조건'이라거나 자기결정의 핵심적 영역 또는 인격적 핵심과 관련된다고 보기 어려워 더 이상 사생활영역의 문제가 아니므로, 운전할 때 운전자가 좌석안전띠를 착용할 의무는 청구인의 사생활의 비밀과 자유를 침해하는 것이라 할 수 없다(헌재 2003.10.30, 2002헌마518).

05 난도 ★☆☆ 　　　　　　　　　　 정답 ④

정답의 이유

④ 국가는 재해를 예방하고 그 위험으로부터 국민을 보호하기 위하여 노력하여야 한다(헌법 제34조 제6항).

오답의 이유

① 헌재 1997.5.29, 94헌마33
② 국가는 사회적 기본권에 의하여 제시된 국가의 의무와 과제를 언제나 국가의 현실적인 재정·경제능력의 범위 내에서 다른 국가과제와의 조화와 우선순위결정을 통하여 이행할 수밖에 없다. 그러므로 사회적 기본권은 입법과정이나 정책결정과정에서 사회적 기본권에 규정된 국가목표의 무조건적인 최우선적 배려가 아니라 단지 적절한 고려를 요청하는 것이다. 이러한 의미에서

사회적 기본권은, 국가의 모든 의사결정과정에서 사회적 기본권이 담고 있는 국가목표를 고려하여야 할 국가의 의무를 의미한다(헌재 2002.12.18, 2002헌마52).

③ 헌법 제34조 제4항

06 난도 ★☆☆   정답 ①

정답의 이유

① 죄형법정주의는 무엇이 범죄이며 그에 대한 형벌이 어떠한 것인가를 국민의 대표로 구성된 입법부가 제정한 법률로써 정하여야 한다는 원칙인데, 부동산등기특별조치법 제11조 제1항 본문 중 제2조 제1항에 관한 부분이 정하고 있는 과태료는 행정상의 질서유지를 위한 행정질서벌에 해당할 뿐 형벌이라고 할 수 없어 죄형법정주의의 규율대상에 해당하지 아니한다(헌재 1998.5.28, 96헌바83).

오답의 이유

② 헌법 제12조 제2항

③ 헌법 제12조 제3항

④ 헌법 제12조 제4항

07 난도 ★★☆   정답 ②

정답의 이유

② 피청구인 서울남대문경찰서장은 옥외집회의 관리 책임을 맡고 있는 행정기관으로서 이미 접수된 청구인들의 옥외집회신고서에 대하여 법률상 근거 없이 이를 반려하였는바, 청구인들의 입장에서는 이 반려행위를 옥외집회신고에 대한 접수거부 또는 집회의 금지통고로 보지 않을 수 없었고, 그 결과 형사적 처벌이나 집회의 해산을 받지 않기 위하여 집회의 개최를 포기할 수밖에 없었다고 할 것이므로 피청구인의 이 사건 반려행위는 주무(主務) 행정기관에 의한 행위로서 기본권침해 가능성이 있는 공권력의 행사에 해당한다(헌재 2008.5.29, 2007헌마712).

오답의 이유

① 집회의 자유는 개인의 인격발현의 요소이자 민주주의를 구성하는 요소라는 이중적 헌법적 기능을 가지고 있다(헌재 2003.10.30, 2000헌바67).

③ 헌법 제21조 제2항

④ 집회의 자유는 집회를 통하여 형성된 의사를 집단적으로 표현하고 이를 통하여 불특정 다수인의 의사에 영향을 줄 자유를 포함하므로 이를 내용으로 하는 시위의 자유 또한 집회의 자유를 규정한 헌법 제21조 제1항에 의하여 보호되는 기본권이다(헌재 2005.11.24, 2004헌가17).

08 난도 ★★☆   정답 ④

정답의 이유

④ 이 사건 법률조항은 헌법상 기본의무인 국방의 의무를 구체적으로 형성하는 것이면서 또한 동시에 양심적 병역거부자들의 양심의 자유를 제한하는 것이기도 하다. 이 사건 법률조항으로 인해서 국가의 존립과 안전을 위한 불가결한 헌법적 가치를 담고 있

는 국방의 의무와 개인의 인격과 존엄의 기초가 되는 양심의 자유가 상충하게 된다. 이처럼 헌법적 가치가 서로 충돌하는 경우, 입법자는 두 가치를 양립시킬 수 있는 조화점을 최대한 모색해야 하고, 그것이 불가능해 부득이 어느 하나의 헌법적 가치를 후퇴시킬 수밖에 없는 경우에도 그 목적에 비례하는 범위 내에 그쳐야 한다. 헌법 제37조 제2항의 비례원칙은, 단순히 기본권제한의 일반원칙에 그치지 않고, 모든 국가작용은 정당한 목적을 달성하기 위하여 필요한 범위 내에서만 행사되어야 한다는 국가작용의 한계를 선언한 것이므로, 비록 이 사건 법률조항이 헌법 제39조에 규정된 국방의 의무를 형성하는 입법이라 할지라도 그에 대한 심사는 헌법상 비례원칙에 의하여야 한다(헌재 2011.8.30, 2008헌가22).

오답의 이유

① · ② · ③ 헌재 2011.8.30, 2008헌가22

09 난도 ★★★   정답 ②

정답의 이유

② 우리 헌법상의 재산권에 관한 규정은 다른 기본권규정과는 달리 그 내용과 한계가 법률에 의해 구체적으로 형성되는 기본권 형성적 법률유보의 형태를 띠고 있으므로, 재산권의 구체적 모습은 재산권의 내용과 한계를 정하는 법률에 의하여 형성되고, 그 법률은 재산권을 제한한다는 의미가 아니라 재산권을 형성한다는 의미를 갖는다(헌재 1993.7.29, 92헌바20).

오답의 이유

① 헌법 제23조 제3항은 "공공필요에 의한 재산권의 수용·사용 또는 제한 및 그에 대한 보상은 법률로써 하되, 정당한 보상을 지급하여야 한다."라고 규정하고 있는바, 이 헌법의 규정은 보상청구권의 근거에 관하여서 뿐만 아니라 보상의 기준과 방법에 관하여서도 법률의 규정에 유보하고 있는 것으로 보아야 하고, 위 구 토지수용법과 지가공시법의 규정들은 바로 헌법에서 유보하고 있는 그 법률의 규정들로 보아야 할 것이다. 그리고 "정당한 보상"이라 함은 원칙적으로 피수용재산의 객관적인 재산가치를 완전하게 보상하여야 한다는 완전보상을 뜻하는 것이라 할 것이나, 투기적인 거래에 의하여 형성되는 가격은 정상적인 객관적 재산가치로는 볼 수 없으므로 이를 배제한다고 하여 완전보상의 원칙에 어긋나는 것은 아니며, 공익사업의 시행으로 지가가 상승하여 발생하는 개발이익은 궁극적으로는 국민 모두에게 귀속되어야 할 성질의 것이므로 이는 완전보상의 범위에 포함되는 피수용토지의 객관적 가치 내지 피수용자의 손실이라고는 볼 수 없다(대판 1993.7.13, 93누2131).

③ 헌법상 보장된 재산권은 사적 유용성 및 그에 대한 원칙적인 처분권을 내포하는 재산가치있는 구체적인 권리이므로, 구체적 권리가 아닌 영리획득의 단순한 기회나 기업활동의 사실적·법적 여건은 기업에게는 중요한 의미를 갖는다고 하더라도 재산권보장의 대상이 아니다(헌재 2002.7.18, 99헌마574).

④ 공무원연금법상의 퇴직급여, 유족급여 등 각종 급여를 받을 권리, 즉 연금수급권에는 사회적 기본권의 하나인 사회보장수급권의 성격과 재산권의 성격이 불가분적으로 혼재되어 있으므로,

입법자로서는 연금수급권의 구체적 내용을 정함에 있어 반드시 민법상 상속의 법리와 순위에 따라야 하는 것이 아니라 공무원연금제도의 목적 달성에 알맞도록 독자적으로 규율할 수 있고, 여기에 필요한 정책판단·결정에 관하여는 입법자에게 상당한 정도로 형성의 자유가 인정된다(대판 1999.4.29, 97헌마333).

10 난도 ★★☆ 정답 ③

정답의 이유

③ 헌법과 법률이 정하는 법관에 의하여 법률에 의한 재판을 받을 권리가 사건의 경중을 가리지 않고 모든 사건에 대하여 대법원을 구성하는 법관에 의한 균등한 재판을 받을 권리를 의미하는 것이라고 할 수 없다. 또한 심급제도는 한정된 법발견자원의 합리적인 분배의 문제인 동시에 재판의 적정과 신속이라는 서로 상반되는 두 가지의 요청을 어떻게 조화시키느냐의 문제로 돌아가므로, 원칙적으로 입법자의 형성의 자유에 속하는 사항이다. 심리불속행조항은 비록 국민의 재판청구권을 제약하고 있기는 하지만 위 심급제도와 대법원의 기능에 비추어 볼 때 헌법이 요구하는 대법원의 최고법원성을 존중하면서 상고심재판을 받을 수 있는 객관적 기준을 정함에 있어 개별적 사건에서의 권리구제보다 법령해석의 통일을 더 우위에 둔 규정으로서 그 합리성이 있다고 할 것이므로 헌법에 위반되지 아니한다(헌재 2012.8.23, 2012헌마367).

오답의 이유

① 재판청구권은 공권력이나 사인에 의해서 기본권이 침해당하거나 침해당할 위험에 처해있을 경우 이에 대한 구제나 그 예방을 요청할 수 있는 권리라는 점에서 다른 기본권의 보장을 위한 기본권이라는 성격을 가지고 있다(헌재 2009.4.30, 2007헌바121).

② 헌법 제27조 제5항

④ 헌법 제27조는 국민의 재판청구권을 보장하고 있는데, 여기에는 공정한 재판을 받을 권리가 포함되어 있다(헌재 2006.7.27, 2005헌바58). 그런데 재판청구권에는 민사재판, 형사재판, 행정재판뿐만 아니라 헌법재판을 받을 권리도 포함되므로, 헌법상 보장되는 기본권인 '공정한 재판을 받을 권리'에는 '공정한 헌법재판을 받을 권리'도 포함된다(헌재 2014.4.24, 2012헌마2).

11 난도 ★★☆ 정답 ③

정답의 이유

③ 이 사건 법률조항은 사람의 명예가 훼손되었는지 여부와는 무관하게 사적 대화의 비밀 그 자체를 보호함으로써 사생활의 비밀을 보호하는 데 본질이 있다 할 것이므로 형법상 명예훼손행위와 이 사건 법률조항이 금지하는 대화내용의 공개 행위 사이에 비교대상으로 삼을 만한 본질적인 동일성이 있다고 보기 어렵고, 가사 위 두 죄를 비교대상으로 삼을 수 있다고 하더라도, 이 사건 법률조항에 의해 처벌되는 행위는 사적인 공간에서 당사자 쌍방이 소통하는 사적인 대화의 비밀을 침해하여 위법하게 취득된 대화내용을 공개한다는 점에서 형법상의 명예훼손죄에 비하

여 처벌필요성의 정도가 다르다고 볼 수 있으므로 합리적 이유 없는 차별이라 볼 수 없다(헌재 2012.8.30, 2009헌바42).

오답의 이유

① 헌재 2016.6.30, 2015헌마924

② 이 사건 법률조항은 가정폭력 가해자에 대한 별도의 제한 없이 직계혈족이기만 하면 사실상 자유롭게 그 자녀의 가족관계증명서와 기본증명서의 교부를 청구하여 발급받을 수 있도록 함으로써, 그로 인하여 가정폭력 피해자인 청구인의 개인정보가 가정폭력 가해자인 전 배우자에게 무단으로 유출될 수 있는 가능성을 열어놓고 있다. 따라서 과잉금지원칙에 위배되어 청구인의 개인정보자기결정권을 침해한다(헌재 2020.8.28, 2018헌마927).

④ 헌재 2018.4.26, 2014헌마1178

12 난도 ★★☆ 정답 ①

정답의 이유

① 일정한 경우 국가는 사인인 제3자에 의한 국민의 환경권 침해에 대해서도 적극적으로 기본권 보호조치를 취할 의무를 지나, 헌법재판소가 이를 심사할 때에는 국가가 국민의 기본권적 법익 보호를 위하여 적어도 적절하고 효율적인 최소한의 보호조치를 취했는가 하는 이른바 "과소보호금지원칙"의 위반 여부를 기준으로 삼아야 한다(헌재 2008.7.31, 2006헌마711).

오답의 이유

② 헌법 제35조 제2항

③ 헌법 제35조 제3항

④ 환경권을 행사함에 있어 국민은 국가로부터 건강하고 쾌적한 환경을 향유할 수 있는 자유를 침해당하지 않을 권리를 행사할 수 있고, 일정한 경우 국가에 대하여 건강하고 쾌적한 환경에서 생활할 수 있도록 요구할 수 있는 권리가 인정되기도 하는바, 환경권은 그 자체 종합적 기본권으로서의 성격을 지닌다(헌재 2008.7.31, 2006헌마711).

13 난도 ★☆☆ 정답 ④

정답의 이유

④ 국회법 제37조 제1항 제2호

더 알아보기

법제사법위원회 소관사항(국회법 제37조 제1항 제2호)

가. 법무부 소관에 속하는 사항

나. 법제처 소관에 속하는 사항

다. 감사원 소관에 속하는 사항

라. 고위공직자범죄수사처 소관에 속하는 사항

마. 헌법재판소 사무에 관한 사항

바. 법원·군사법원의 사법행정에 관한 사항

사. 탄핵소추에 관한 사항

아. 법률안·국회규칙안의 체계·형식과 자구의 심사에 관한 사항

14 난도 ★★☆ 정답 ④

④ 직업공무원제도는 바로 헌법이 보장하는 제도적 보장 중의 하나임이 분명하므로 입법자는 직업공무원제도에 관하여 '최소한 보장'의 원칙의 한계 안에서 폭넓은 입법형성의 자유를 가진다(헌재 1997.4.24, 95헌바48).

① 헌법 제67조 제4항

② 헌법 제25조의 공무담임권의 보호영역에는 일반적으로 공직취임의 기회보장, 신분박탈, 직무의 정지에 관련된 사항이 포함되지만, 특별한 사정도 없이 공무원이 특정의 장소에서 근무하는 것이나 특정의 보직을 받아 근무하는 것을 포함하는 일종의 '공무수행의 자유'까지 포함된다고 보기 어렵다(헌재 2014.1.28, 2011헌마239).

③ 헌법 제25조의 공무담임권 조항은 모든 국민이 누구나 그 능력과 적성에 따라 공직에 취임할 수 있는 균등한 기회를 보장함을 내용으로 한다(헌재 1999.12.23, 98헌마363).

15 난도 ★★☆ 정답 ④

④ 헌법 제21조 제2항 후단의 결사의 자유에 대한 '허가제'란 행정권이 주체가 되어 예방적 조치로 단체의 설립 여부를 사전에 심사하여 일반적인 단체 결성의 금지를 특정한 경우에 한하여 해제함으로써 단체를 설립할 수 있게 하는 제도, 즉 사전 허가를 받지 아니한 단체 결성을 금지하는 제도를 말한다. 그런데 이 사건 법률조항은 노동조합 설립에 있어 노동조합법상의 요건 충족 여부를 사전에 심사하도록 하는 구조를 취하고 있으나, 이 경우 노동조합법상 요구되는 요건만 충족되면 그 설립이 자유롭다는 점에서 일반적인 금지를 특정한 경우에 해제하는 허가와는 개념적으로 구분되고, 더욱이 행정관청의 설립신고서 수리 여부에 대한 결정은 재량 사항이 아니라 의무 사항으로 그 요건 충족이 확인되면 설립신고서를 수리하고 그 신고증을 교부하여야 한다는 점에서 단체의 설립 여부 자체를 사전에 심사하여 특정한 경우에 한해서만 그 설립을 허용하는 '허가'와는 다르다. 따라서 이 사건 법률조항의 노동조합 설립신고서 반려제도가 헌법 제21조 제2항 후단에서 금지하는 결사에 대한 허가제라고 볼 수 없다(헌재 2012.3.29, 2011헌바53).

① 헌법 제33조 제1항

② 헌법 제33조 제2항

③ 헌법 제33조 제3항

16 난도 ★★☆ 정답 ④

④ 보상액의 산정에 기초되는 사실인정이나 보상액에 관한 판단에서 오류나 불합리성이 발견되는 경우에도 그 시정을 구하는 불복신청을 할 수 없도록 하는 것은 형사보상청구권 및 그 실현을 위한 기본권으로서의 재판청구권의 본질적 내용을 침해하는 것이라 할 것이고, 나아가 법적안정성만을 지나치게 강조함으로써 재판의 적정성과 정의를 추구하는 사법제도의 본질에 부합하지 아니하는 것이다. 또한, 불복을 허용하더라도 즉시항고는 절차가 신속히 진행될 수 있고 사건수도 과다하지 아니한데다 그 재판내용도 비교적 단순하므로 불복을 허용한다고 하여 상급심에 과도한 부담을 줄 가능성은 별로 없다고 할 것이어서, 이 사건 불복금지조항은 형사보상청구권 및 재판청구권을 침해한다고 할 것이다(헌재 2010.10.28, 2008헌마514).

① 헌재 2010.7.29, 2008헌가4

② 헌재 2010.10.28, 2008헌마 514

③ 헌재 2010.7.29, 2008헌가4

17 난도 ★★★ 정답 ①

① 우리 헌법은 법인의 기본권향유능력을 인정하는 명문의 규정을 두고 있지 않지만, 본래 자연인에게 적용되는 기본권규정이라도 언론·출판의 자유, 재산권의 보장 등과 같이 성질상 법인이 누릴 수 있는 기본권을 당연히 법인에게도 적용하여야 한 것으로 본다. 따라서 법인도 사단법인·재단법인 또는 영리법인·비영리법인을 가리지 아니하고 위 한계 내에서는 헌법상 보장된 기본권이 침해되었음을 이유로 헌법소원심판을 청구할 수 있다(헌재 1991.6.3, 90헌마56).

② 헌재는 정당의 기본권 주체성을 인정하고 있으며 정당은 평등권의 주체로서 차별대우에 대해 헌법소원을 청구할 수 있다.

③ 초기배아는 수정이 된 배아라는 점에서 형성 중인 생명의 첫걸음을 떼었다고 볼 여지가 있기는 하나 아직 모체에 착상되거나 원시선이 나타나지 않은 이상 현재의 자연과학적 인식 수준에서 독립된 인간과 배아 간의 개체적 연속성을 확정하기 어렵다고 봄이 일반적이라는 점, 배아의 경우 현재의 과학기술 수준에서 모태 속에서 수용될 때 비로소 독립적인 인간으로의 성장가능성을 기대할수 있다는 점, 수정 후 착상 전의 배아가 인간으로 인식된다거나 그와 같이 취급하여야 할 필요성이 있다는 사회적 승인이 존재한다고 보기 어려운 점 등을 종합적으로 고려할 때, 기본권 주체성을 인정하기 어렵다(헌재 2010.5.27, 2005헌마346).

④ 흡연자들이 자유롭게 흡연할 권리를 흡연권이라고 한다면, 이러한 흡연권은 인간의 존엄과 행복추구권을 규정한 헌법 제10조와 사생활의 자유를 규정한 헌법 제17조에 의하여 뒷받침된다. 우선 헌법 제17조가 근거가 될 수 있다는 점에 관하여 보건대, 사

생활의 자유란 사회공동체의 일반적인 생활규범의 범위 내에서 사생활을 자유롭게 형성해 나가고 그 설계 및 내용에 대해서 외부로부터의 간섭을 받지 아니할 권리를 말하는바(헌재 2001.8.30, 99헌바92, 판례집 13-2, 174, 202), 흡연을 하는 행위는 이와 같은 사생활의 영역에 포함된다고 할 것이므로, 흡연권은 헌법 제17조에서 그 헌법적 근거를 찾을 수 있다. 또 인간으로서의 존엄과 가치를 실현하고 행복을 추구하기 위하여서는 누구나 자유로이 의사를 결정하고 그에 기하여 자율적인 생활을 형성할 수 있어야 하므로, 자유로운 흡연에의 결정 및 흡연행위를 포함하는 흡연권은 헌법 제10조에서도 그 근거를 찾을 수 있다(헌재 2004.8.26, 2003헌마457).

18 난도 ★★☆ 　　　　　정답 ①

정답의 이유

① 법률이 헌법에 위반되는지 여부가 재판의 전제가 된 경우에는 당해 사건을 담당하는 법원(군사법원을 포함한다. 이하 같다)은 직권 또는 당사자의 신청에 의한 결정으로 헌법재판소에 위헌 여부 심판을 제청한다(헌법재판소법 제41조 제1항).

오답의 이유

②·③·④ 헌법재판소법 제41조

> **제41조(위헌 여부 심판의 제청)**
> ① 법률이 헌법에 위반되는지 여부가 재판의 전제가 된 경우에는 당해 사건을 담당하는 법원(군사법원을 포함한다. 이하 같다)은 직권 또는 당사자의 신청에 의한 결정으로 헌법재판소에 위헌 여부 심판을 제청한다.
> ② 제1항의 당사자의 신청은 제43조 제2호부터 제4호까지의 사항을 적은 서면으로 한다.
> ③ 제2항의 신청서면의 심사에 관하여는 「민사소송법」 제254조를 준용한다.
> ④ 위헌 여부 심판의 제청에 관한 결정에 대하여는 항고할 수 없다.
> ⑤ 대법원 외의 법원이 제1항의 제청을 할 때에는 대법원을 거쳐야 한다.

19 난도 ★★☆ 　　　　　정답 ②

정답의 이유

② 원칙적으로 법원의 재판을 대상으로 하는 헌법소원심판청구는 허용되지 아니하고(헌법재판소법 제68조 제1항), 위 규정의 '법원의 재판'에는 재판 자체 뿐만 아니라 재판절차에 관한 법원의 판단도 포함되는 것으로 보아야 한다. 따라서 위 재심청구기각 결정은 법원의 재판 자체에 해당하고 위 재청구한 재심사건에서의 재판지연은 법원의 재판절차에 관한 것이므로 모두 헌법소원의 대상이 될 수 없다(헌재 2009.7.14, 2009헌마332).

오답의 이유

① 헌재 1992.12.24, 90헌마158

③ 헌법재판소법 제68조 제1항은 법원이 헌법재판소의 기속력 있는 위헌결정에 반하여 그 효력을 상실한 법률을 적용함으로써

국민의 기본권을 침해하는 경우에는 예외적으로 그 재판도 위에서 밝힌 이유로 헌법소원심판의 대상이 된다(헌재 1997.12.24, 96헌마172).

④ 원행정처분에 대한 헌법소원심판청구를 받아들여 이를 취소하는 것은, 원행정처분을 심판의 대상으로 삼았던 법원의 재판이 예외적으로 헌법소원심판의 대상이 되어 그 재판 자체까지 취소되는 경우에 한하여, 국민의 기본권을 신속하고 효율적으로 구제하기 위하여 가능한 것이다(헌재 1998.5.28, 91헌마98).

20 난도 ★★☆ 　　　　　정답 ②

정답의 이유

② 국회의원을 제명하려면 국회재적의원 3분의 2 이상의 찬성이 있어야 한다. 이 처분에 대해서는 법원에 제소할 수 없다(헌법 제64조).

오답의 이유

① 국회의원의 수는 법률로 정하되, 200인 이상으로 한다(헌법 제41조 제2항).

③ 대법원장과 대법관이 아닌 법관의 임기는 10년으로 하며, 법률이 정하는 바에 의하여 연임할 수 있다(헌법 제105조 제3항).

④ 국회의 정기회는 법률이 정하는 바에 의하여 매년 1회 집회되며, 국회의 임시회는 대통령 또는 국회재적의원 4분의 1 이상의 요구에 의하여 집회된다. 정기회의 회기는 100일을, 임시회의 회기는 30일을 초과할 수 없다(헌법 제47조 제1항, 제2항).

21 난도 ★★☆ 　　　　　정답 ②

정답의 이유

② 헌법소원심판의 경우에는 당사자가 변호사를 대리인으로 선임할 자력이 없는 때 또는 공익상 필요한 때에는 국가의 비용으로 변호사를 대리인으로 선임하여 주는 국선대리인제도가 마련되어 있고(법 제70조), 변호사가 선임되어 있는 경우에도 당사자 본인이 스스로의 주장과 자료를 헌법재판소에 제출하여 재판청구권을 행사하는 것이 봉쇄되어 있지 않다(헌재 2010.3.25, 2008헌마439).

오답의 이유

① 각종 심판절차에서 당사자인 사인(私人)은 변호사를 대리인으로 선임하지 아니하면 심판청구를 하거나 심판 수행을 하지 못한다. 다만, 그가 변호사의 자격이 있는 경우에는 그러하지 아니하다(헌법재판소법 제25조 제3항).

③ 헌법재판소법 제70조 제1항, 제2항

④ 헌법재판소법 제70조 제3항

22 난도 ★★☆ 정답 ④

④ 헌법 제32조 제1항은 "모든 국민은 근로의 권리를 가진다. 국가는 사회적·경제적 방법으로 근로자의 고용의 증진과 적정임금의 보장에 노력하여야 하며, 법률이 정하는 바에 의하여 최저임금제를 시행하여야 한다."라고 규정하고 있다. 이는 국가의 개입·간섭을 받지 않고 자유로이 근로를 할 자유와, 국가에 대하여 근로의 기회를 제공하는 정책을 수립해 줄 것을 요구할 수 있는 권리 등을 기본적인 내용으로 하고 있고, 이 때 근로의 권리는 근로자를 개인의 차원에서 보호하기 위한 권리로서 개인인 근로자가 근로의 권리의 주체가 되는 것이고, 노동조합은 그 주체가 될 수 없는 것으로 이해되고 있다(헌재 2009.2.26, 2007헌바27).

① 헌법 제119조 제2항

② 공무원연금법상의 퇴직급여, 유족급여 등 각종 급여를 받을 권리, 즉 연금수급권에는 사회적 기본권의 하나인 사회보장수급권의 성격과 재산권의 성격이 불가분적으로 혼재되어 있으므로, 입법자로서는 연금수급권의 구체적 내용을 정함에 있어 반드시 민법상 상속의 법리와 순위에 따라야 하는 것이 아니라 공무원연금제도의 목적 달성에 알맞도록 독자적으로 규율할 수 있고, 여기에 필요한 정책판단·결정에 관하여는 입법자에게 상당한 정도로 형성의 자유가 인정된다(헌재 1999.4.29, 97헌마333).

③ 부모의 자녀교육권은 다른 기본권과는 달리, 기본권의 주체인 부모의 자기결정권이라는 의미에서 보장되는 자유가 아니라, 자녀의 보호와 인격발현을 위하여 부여되는 기본권이다. 다시 말하면, 부모의 자녀교육권은 자녀의 행복이란 관점에서 보장되는 것이며, 자녀의 행복이 부모의 교육에 있어서 그 방향을 결정하는 지침이 된다(헌재 2000.4.27, 98헌가16).

23 난도 ★★☆ 정답 ②

② 일반사면을 명하려면 국회의 동의를 얻어야 한다(헌법 제79조 제2항). 특별사면은 국회의 동의를 요하지 않는다.

①·④ 모든 국민은 근로의 권리를 가진다. 국가는 사회적·경제적 방법으로 근로자의 고용의 증진과 적정임금의 보장에 노력하여야 하며, 법률이 정하는 바에 의하여 최저임금제를 시행하여야 한다(헌법 제32조 제1항).

② 조세의 종목과 세율은 법률로 정한다(헌법 제59조).

24 난도 ★☆☆ 정답 ①

① 헌법재판소 재판관의 임기는 6년으로 하며, 법률이 정하는 바에 의하여 연임할 수 있다(헌법 제112조 제1항).

② 헌법재판소법 제7조 제2항

③ 헌법재판소법 제8조

④ 헌법재판소법 제9조

25 난도 ★☆☆ 정답 ④

④ 대통령의 임기가 만료되는 때에는 임기만료 70일 내지 40일 전에 후임자를 선거한다(헌법 제68조 제1항).

① 헌법 제66조 제1항

② 헌법 제66조 제2항

③ 헌법 제66조 제3항

한눈에 훑어보기

✓ 빠른 정답

01	02	03	04	05	06	07	08	09	10
③	②	②	③	③	②	③	④	①	④
11	12	13	14	15	16	17	18	19	20
③	①	②	④	③	③·④	①	①	①	①
21	22	23	24	25					
①	④	②	②	④					

✓ 점수 체크

구분	1회독	2회독	3회독
맞힌 문항 수	/ 25	/ 25	/ 25
나의 점수	점	점	점

01 난도 ★★☆ 정답 ③

정답의 이유

③ 비례대표제를 채택하는 경우 직접선거의 원칙은 의원의 선출 뿐만 아니라 정당의 비례적인 의석확보도 선거권자의 투표에 의하여 직접 결정될 것을 요구하는바, 비례대표의원의 선거는 지역구의원의 선거와는 별도의 선거이므로 이에 관한 유권자의 별도의 의사표시, 즉 정당명부에 대한 별도의 투표가 있어야 함에도 현행제도는 정당명부에 대한 투표가 따로 없으므로 결국 비례대표 의원의 선출에 있어서는 정당의 명부작성행위가 최종적·결정적인 의의를 지니게 되고, 선거권자들의 투표행위로써 비례대표 의원의 선출을 직접·결정적으로 좌우할 수 없으므로 직접선거의 원칙에 위배된다(헌재결 2001.7.19, 2000헌가91, 112, 134).

오답의 이유

① 외국인들에게는 대통령선거, 국회의원선거, 공무원 임용 등이 허용되지 않으나 공직선거법 제18조 제2항 제3호에 따라 영주권 자격을 획득한 지 3년 이상이 지난 19세 이상의 영주권자에 한하여 지방선거 선거권을 부여하고 있으며, 피선거권은 주어지지 않는다.

② 우리나라는 헌법 제11조 제1항, 제24조, 제41조 제1항에서 평등선거 원칙을 선언하고 있다. 이러한 평등선거의 원칙은 투표의 성과가치의 평등도 요구하고 있다.

④ 헌법 제41조 제1항에 "국회는 국민의 보통·평등·직접·비밀선거에 의하여 선출된 국회의원으로 구성한다."고 직접적으로 명시되어 있다.

선거의 기본원칙

- **보통선거의 원칙**
  - 선거인의 자격에 재산·신분·성별·교육의 정도에 제한을 두지 아니하고, 성년에 도달하면 누구에게나 선거권을 인정하는 선거원칙이다.
  - 보통선거원칙의 예외 : 외국인에 대한 선거권 미부여, 선거연령제한
  - 보통선거원칙에 위배 : 여자에게 선거권을 부여하지 않는 행위, 과도한 추천인의 서명의 요구, 지나친 기탁금 요구, 무소속후보자에게 후보등록을 위한 추천자를 지나치게 요구하는 경우 등
- **평등선거의 원칙**
  - 모든 유권자의 선거권의 효과가 평등한 선거로 한 사람이 한 표씩 행사하는 선거의 원칙이다. 평등선거원칙은 선거권 부여에 있어서의 평등에 한정되고 선거과정 전체에 있어서의 평등을 의미한다. "one man, one vote". 즉 1인 1표를 부여하는 것으로 투표가치의 공정한 배분을 행하는 것을 의미한다.
  - 평등선거원칙의 예외 : 원내 의석수에 따라 선거운동을 위한 방송시간의 할당시간을 달리하는 것, 비례대표제의 의석배분
  - 평등선거원칙에 위배 : 현저하게 인구비례를 무시한 선거구 획정, 남녀를 차등하여 선거권을 부여, 무소속후보자와 정당후보자에게 기탁금을 차등하여 정한 것, 교육 또는 재산 정도에 따라 투표수를 달리 부여하는 것

---

02 난도 ★★☆   정답 ②

정답의 이유

ㄱ. 이 사건 법령조항들이 표방하는 건전한 인터넷 문화의 조성 등 입법목적은, 인터넷 주소 등의 추적 및 확인, 당해 정보의 삭제·임시조치, 손해배상, 형사처벌 등 인터넷 이용자의 표현의 자유나 개인정보자기결정권을 제약하지 않는 다른 수단에 의해서도 충분히 달성할 수 있음에도, 인터넷의 특성을 고려하지 아니한 채 본인확인제의 적용범위를 광범위하게 정하여 입법행자에게 자의적인 집행의 여지를 부여하고, 목적달성에 필요한 범위를 넘는 과도한 기본권 제한을 하고 있으므로 침해의 최소성이 인정되지 아니한다. 또한 이 사건 법령조항들은 국내 인터넷 이용자들의 해외 사이트로의 도피, 국내 사업자와 해외 사업자 사이의 차별 내지 자의적 법집행의 시비로 인한 집행 곤란의 문제를 발생시키고 있고, 나아가 본인확인제 시행 이후에 명예훼손, 모욕, 비방의 정보의 게시가 표현의 자유의 사전 제한을 정당화할 정도로 의미 있게 감소하였다는 증거를 찾아볼 수 없는 반면에, 게시판 이용자의 표현의 자유를 사전에 제한하여 의사표현 자체를 위축시킴으로써 자유로운 여론의 형성을 방해하고, 본인확인제의 적용을 받지 않는 정보통신망상의 새로운 의사소통수단과 경쟁하여야 하는 게시판 운영자에게 업무상 불리한 제한을 가하며, 게시판 이용자의 개인정보가 외부로 유출되거나 부당하게 이용될 가능성이 증가하게 되었는바, 이러한 인

터넷게시판 이용자 및 정보통신서비스 제공자의 불이익은 본인확인제가 달성하려는 공익보다 결코 더 작다고 할 수 없으므로, 법익의 균형성도 인정되지 않는다. 따라서 본인확인제를 규율하는 이 사건 법령조항들은 과잉금지원칙에 위배하여 인터넷게시판 이용자의 표현의 자유, 개인정보자기결정권 및 인터넷게시판을 운영하는 정보통신서비스 제공자의 언론의 자유를 침해를 침해한다(헌재결 2012.8.23, 2010헌마47, 252).

ㄴ. 심판대상조항은 정치적 의사표현이 가장 긴요한 선거운동기간 중에 인터넷언론사 홈페이지 게시판 등 이용자로 하여금 실명확인을 하도록 강제함으로써 익명표현의 자유와 언론의 자유를 제한하고, 모든 익명표현을 규제함으로써 대다수 국민의 개인정보자기결정권도 광범위하게 제한하고 있다는 점에서 이와 같은 불이익은 선거의 공정성 유지라는 공익보다 결코 과소평가될 수 없다. 그러므로 심판대상조항은 과잉금지원칙에 반하여 인터넷언론사 홈페이지 게시판 등 이용자의 익명표현의 자유와 개인정보자기결정권, 인터넷언론사의 언론의 자유를 침해한다(헌재결 2021.1.28, 2018헌마456 등).

오답의 이유

ㄷ. 이 사건 시행령조항이 자동차소유자 자신에 관한 광고는 허용하면서 타인에 관한 광고를 금지하는 것은 일견하여 표현내용에 따른 규제로 볼 수도 있으나, 이 사건 시행령조항이 자신에 관한 광고와 타인에 관한 광고를 구분하여 규제의 기준으로 삼은 것은, 광고의 매체로 이용될 수 있는 차량을 제한함으로써 자동차를 이용한 광고행위의 양을 도로교통의 안전과 도시미관을 해치지 않는 적정한 수준으로 제한하려고 한 것이다. 따라서 표현의 자유를 침해한다고 볼 수 없다(헌재결 2002.12.18, 2000헌마764).

ㄹ. 심판대상조항을 통하여 달성되는 이익, 즉 아동음란물의 광범위한 유통·확산을 사전적으로 차단하고 이를 통해 아동음란물이 초래하는 각종 폐해를 방지하며 특히 관련된 아동·청소년의 인권 침해 가능성을 사전적으로 차단하는 공익이 위와 같이 초래되는 사적 불이익보다 더 크며, 서비스이용자의 통신의 비밀, 표현의 자유가 침해될 수 있는 점은 온라인서비스제공자에게 비밀유지 의무 등을 부과하는 별도의 법령을 통하여 보장함으로써 대처할 문제이다. … 따라서 심판대상조항은 온라인서비스제공자의 영업수행의 자유, 서비스이용자의 통신의 비밀과 표현의 자유를 침해하지 아니한다(헌재결 2018.6.28, 2016헌가15).

※ 출제당시 시행처 정답은 ①이었으나, 그 후 판례변경으로 인해 2023.06. 기준 ②이 정답임을 알려드립니다.

---

03 난도 ★☆☆   정답 ②

정답의 이유

② 특별사면의 경우에는 국회의 동의가 필요하지 않고(사면법 제9조), 일반사면을 명하려면 국회의 동의가 필요하다(헌법 제79조 제2항).

오답의 이유

① 헌법 제69조는 대통령의 취임선서의무를 규정하면서, 대통령으

로서 '직책을 성실히 수행할 의무'를 언급하고 있다. 비록 대통령의 '성실한 직책수행의무'는 헌법적 의무에 해당하나, '헌법을 수호해야 할 의무'와는 달리, 규범적으로 그 이행이 관철될 수 있는 성격의 의무가 아니므로, 원칙적으로 사법적 판단의 대상이 될 수 없다고 할 것이다(헌재결 2004.5.14, 2004헌나1).

③ 헌법 제88조 제3항

④ 헌법 제111조 제4항

04 난도 ★★☆ 　　　　　　　　　　정답 ③

정답의 이유

③ 이 사건 시행령조항은 신원확인기능의 효율적 수행을 도모하고, 신원확인의 정확성 내지 완벽성을 제고하기 위하여 열 손가락 지문 전부를 주민등록증 발급신청서에 날인하도록 규정하고 있는 바, 지문정보가 유전자, 홍채, 치아 등 다른 신원확인수단에 비하여 간편하고 효율적이며, 일정한 범위의 범죄자나 손가락 일부의 지문정보를 수집하는 것만으로는 열 손가락 지문을 대조하는 것과 그 정확성 면에서 비교하기 어렵다는 점 등을 고려하면, 이 사건 시행령조항이 과도하게 개인정보자기결정권을 침해하였다고 볼 수 없다(헌재결 2015.5.28, 2011헌마731).

오답의 이유

① 대판 2014.7.24, 2012다49933

② 대판 2016.8.17, 2014다235080

④ 헌재결 2018.8.30, 2014헌마368

05 난도 ★★☆ 　　　　　　　　　　정답 ③

정답의 이유

③ 법원이 법률의 위헌 여부 심판을 헌법재판소에 제청한 때에는 당해 소송사건의 재판은 헌법재판소의 위헌 여부의 결정이 있을 때까지 정지된다. 다만, 법원이 긴급하다고 인정하는 경우에는 종국재판 외의 소송절차를 진행할 수 있다(헌법재판소법 제42조 제1항). 법원이 위헌법률심판을 제청한 경우에 당해 소송절차가 정지된다.

오답의 이유

① 대판 1996.5.14, 95부13

② 헌법재판소법 제68조 제2항에 따른 헌법소원심판은 위헌 여부 심판의 제청신청을 기각하는 결정을 통지받은 날부터 30일 이내에 청구하여야 한다(헌법재판소법 제69조 제2항).

④ 제41조 제1항에 따른 법률의 위헌 여부 심판의 제청신청이 기각된 때에는 그 신청을 한 당사자는 헌법재판소에 헌법소원심판을 청구할 수 있다. 이 경우 그 당사자는 당해 사건의 소송절차에서 동일한 사유를 이유로 다시 위헌 여부 심판의 제청을 신청할 수 없다(헌법재판소법 제68조 제1항).

06 난도 ★★☆ 　　　　　　　　　　정답 ②

정답의 이유

② 법관의 독립은 공정한 재판을 위한 필수 요소로서 다른 국가기관이나 사법부 내부의 간섭으로부터의 독립뿐만 아니라 사회적

세력으로부터의 독립도 포함한다. 심판대상조항의 입법목적은 법원 앞에서 집회를 열어 법원의 재판에 영향을 미치려는 시도를 막으려는 것이다. 이런 입법목적은 법관의 독립과 재판의 공정성 확보라는 헌법의 요청에 따른 것이므로 정당하다. 한편, 각급 법원 인근에 집회·시위금지장소를 설정하는 것은 입법목적 달성을 위한 적합한 수단이다(헌재결 2018.7.26, 2018헌바137).

오답의 이유

① 헌재결 2003.10.30, 2000헌마67, 83

③ 헌재결 2018.5.31, 2013헌바322, 2016헌바354, 2017헌바360, 398, 471, 2018헌가3, 4, 9

④ 헌재결 2014.3.27, 2010헌가2, 2012헌가13

더 알아보기

집회의 자유의 헌법적 기능

집회의 자유는 개인의 인격발현의 요소이자 민주주의를 구성하는 요소라는 이중적 헌법적 기능을 가지고 있다. 인간의 존엄성과 자유로운 인격발현을 최고의 가치로 삼는 우리 헌법질서 내에서 집회의 자유도 다른 모든 기본권과 마찬가지로 일차적으로는 개인의 자기결정과 인격발현에 기여하는 기본권이다. 뿐만 아니라, 집회를 통하여 국민들이 자신의 의견과 주장을 집단적으로 표명함으로써 여론의 형성에 영향을 미친다는 점에서, 집회의 자유는 표현의 자유와 더불어 민주적 공동체가 기능하기 위하여 불가결한 근본요소에 속한다(헌재결 2003.10.30, 2000헌마67, 83).

07 난도 ★★★ 　　　　　　　　　　정답 ③

정답의 이유

③ 심판대상조항에 의해서는 아직 의사소통이 이루어지지 않은 이동통신서비스 가입단계에서의 본인확인절차를 거치는 것이므로, 이동통신서비스 가입자가 누구인지 식별가능해진다고 하여도 곧바로 그가 누구와 언제, 얼마동안 통화하였는지 등의 정보를 파악할 수 있는 것은 아니다. 따라서 심판대상조항으로 인해 가입자가 개개의 통신내용과 이용 상황에 기한 처벌을 두려워하여 이동통신서비스 이용 여부 자체를 진지하게 고려하게 할 정도라고 할 수 없다. 개인정보자기결정권, 통신의 자유가 제한되는 불이익과 비교했을 때, 명의도용피해를 막고, 차명휴대전화의 생성을 억제하여 보이스피싱 등 범죄의 범행도구로 악용될 가능성을 방지함으로써 잠재적 범죄 피해 방지 및 통신망 질서 유지라는 더욱 중대한 공익의 달성효과가 인정된다. 따라서 심판대상조항은 청구인들의 개인정보자기결정권 및 통신의 자유를 침해하지 않는다(헌재결 2019.9.26, 2017헌마1209).

오답의 이유

①·② 헌법 제18조로 보장되는 기본권인 통신의 자유란 통신수단을 자유로이 이용하여 의사소통할 권리이다. '통신수단의 자유로운 이용'에는 자신의 인적 사항을 누구에게도 밝히지 않는 상태로 통신수단을 이용할 자유, 즉 통신수단의 익명성 보장도 포함된다. 심판대상조항은 휴대전화를 통한 문자·전화·모바일 인터넷 등 통신기능을 사용하고자 하는 자에게 반드시 사전에 본

인확인 절차를 거치는 데 동의해야만 이를 사용할 수 있도록 하므로, 익명으로 통신하고자 하는 청구인들의 통신의 자유를 제한한다. 반면, 심판대상조항이 통신의 비밀을 제한하는 것은 아니다. 가입자의 인적사항이라는 정보는 통신의 내용·상황과 관계없는 '비 내용적 정보'이며 휴대전화 통신계약 체결 단계에서는 아직 통신수단을 통하여 어떠한 의사소통이 이루어지는 것이 아니므로 통신의 비밀에 대한 제한이 이루어진다고 보기는 어렵기 때문이다(헌재결 2019.9.26, 2017헌마1209).

④ 헌재결 2010.10.28, 2007헌마890

08 난도 ★★☆ 　　　　　　　　　　　정답 ④

정답의 이유

④ 국립대학인 서울대학교의 "94학년도 대학입학고사주요요강"은 사실상의 준비행위 내지 사전안내로서 행정쟁송의 대상이 될 수 있는 행정처분이나 공권력의 행사는 될 수 없지만 그 내용이 국민의 기본권에 직접 영향을 끼치는 내용이고 앞으로 법령의 뒷받침에 의하여 그대로 실시될 것이 틀림없을 것으로 예상되어 그로 인하여 직접적으로 기본권 침해를 받게 되는 사람에게는 사실상의 규범작용으로 인한 위험성이 이미 현실적으로 발생하였다고 보아야 할 것이므로 이는 헌법소원의 대상이 되는 헌법재판소법 제68조 제1항 소정의 공권력의 행사에 해당된다고 할 것이며, 이 경우 헌법소원 외에 달리 구제방법이 없다.

오답의 이유

① 헌재결 1989.7.28, 89헌마1
② 헌재결 2015.12.23, 2013헌마182
③ 헌재결 2003.9.16, 2003헌마566

09 난도 ★☆☆ 　　　　　　　　　　　정답 ①

정답의 이유

① 본회의는 공개한다. 다만, 의장의 제의 또는 의원 10명 이상의 연서에 의한 동의(動議)로 본회의 의결이 있거나 의장이 각 교섭단체 대표의원과 협의하여 국가의 안전보장을 위하여 필요하다고 인정할 때에는 공개하지 아니할 수 있다(국회법 제75조 제1항).

오답의 이유

② 국회에 제출된 법률안 기타의 의안은 회기 중에 의결되지 못한 이유로 폐기되지 아니한다. 다만, 국회의원의 임기가 만료된 때에는 그러하지 아니하다(헌법 제51조).
③ 국채를 모집하거나 예산외에 국가의 부담이 될 계약을 체결하려 할 때에는 정부는 미리 국회의 의결을 얻어야 한다(헌법 제58조).
④ 국회는 국무총리 또는 국무위원의 해임을 대통령에게 건의할 수 있다(헌법 제63조 제1항).

10 난도 ★★☆ 　　　　　　　　　　　정답 ④

정답의 이유

④ 재판부는 종국심리에 관여한 재판관 과반수의 찬성으로 사건에 관한 결정을 한다. 다만, 법률의 위헌결정, 탄핵의 결정, 정당해산의 결정 또는 헌법소원에 관한 인용결정을 하는 경우에는 재

판관 6명 이상의 찬성이 있어야 한다(헌법재판소법 제23조 제2항 제1호).

오답의 이유

① 헌재결 2014.1.28, 2012헌가19
② 등록신청을 받은 관할 선거관리위원회는 형식적 요건을 구비하는 한 이를 거부하지 못한다. 다만, 형식적 요건을 구비하지 못한 때에는 상당한 기간을 정하여 그 보완을 명하고, 2회 이상 보완을 명하여도 응하지 아니할 때에는 그 신청을 각하할 수 있다(정당법 제15조).
③ 헌법 제8조 제4항

더 알아보기

심판정족수(헌법재판소법 제23조)
① 재판부는 재판관 7명 이상의 출석으로 사건을 심리한다.
② 재판부는 종국심리에 관여한 재판관 과반수의 찬성으로 사건에 관한 결정을 한다. 다만, 다음 각 호의 어느 하나에 해당하는 경우에는 재판관 6명 이상의 찬성이 있어야 한다.
　1. 법률의 위헌결정, 탄핵의 결정, 정당해산의 결정 또는 헌법소원에 관한 인용결정을 하는 경우
　2. 종전에 헌법재판소가 판시한 헌법 또는 법률의 해석 적용에 관한 의견을 변경하는 경우

11 난도 ★☆☆ 　　　　　　　　　　　정답 ③

정답의 이유

③ 국회의원이 국회에서 직무상 행한 발언과 표결은 임기 후에도 임기 중 행위에 대한 민·형사상 책임을 지지 않고, 임기 중이라고 하더라도 국회 밖에서 행한 발언이나 국회 안에서 행한 발언이 국회 안에서 문제되는 것까지 책임을 지지 않는 것은 아니다.

오답의 이유

① 헌법 제44조 제2항
② 국회법 제28조
④ 대판 1992.9.22, 91도3317

12 난도 ★☆☆ 　　　　　　　　　　　정답 ①

정답의 이유

① 탄핵심판은 당사자가 변론기일에 출석하지 아니하면 다시 기일을 정하여야 하며, 다시 정한 기일에도 당사자가 출석하지 아니하면 그의 출석 없이 심리할 수 있다(헌법재판소법 제52조 제1항, 제2항).

오답의 이유

② 헌법 제49조 제1항
③ 헌법재판소법 제23조 제2항 제1호
④ 헌법 제53조 제2항

13 난도 ★★☆ 정답 ②

정답의 이유

가. 가산점제도는 제대군인에 비하여, 여성 및 제대군인이 아닌 남성을 부당한 방법으로 지나치게 차별하는 것으로서 헌법 제11조에 위배되며, 이로 인하여 청구인들의 평등권이 침해된다(헌재결 1999.12.23, 98헌마363).

나. 이 사건 조항의 경우 명시적인 헌법적 근거 없이 국가유공자의 가족들에게 만점의 10%라는 높은 가산점을 부여하고 있는바, 그러한 가산점 부여 대상자의 광범위성과 가산점 10%의 심각한 영향력과 차별효과를 고려할 때, 그러한 입법정책만으로 헌법상의 공정경쟁의 원리와 기회균등의 원칙을 훼손하는 것은 부적절하며, 국가유공자의 가족의 공직 취업기회를 위하여 매년 많은 일반 응시자들에게 불합격이라는 심각한 불이익을 입게 하는 것은 정당화될 수 없다. 이 사건 조항의 차별로 인한 불평등 효과는 입법목적과 그 달성수단 간의 비례성을 현저히 초과하는 것이므로, 이 사건 조항은 청구인들과 같은 일반 공직시험 응시자들의 평등권을 침해한다(헌재결 2006.2.23, 2004헌마675, 981, 1022).

오답의 이유

다. 청년할당제는 일정 규모 이상의 기관에만 적용되고, 전문적인 자격이나 능력을 요하는 경우에는 적용을 배제하는 등 상당한 예외를 두고 있다. 더욱이 3년간 한시적으로만 시행하며, 청년할당제가 추구하는 청년실업해소를 통한 지속적인 경제성장과 사회 안정은 매우 중요한 공익인 반면, 청년할당제가 시행되더라도 현실적으로 35세 이상 미취업자들이 공공기관 취업기회에서 불이익을 받을 가능성은 크다고 볼 수 없다. 따라서 이 사건 청년할당제가 청구인들의 평등권, 공공기관 취업의 자유를 침해한다고 볼수 없다(헌재결 2014.8.28, 2013헌마553).

라. 국가와 지방자치단체는 장애인의 고용에 관하여 사업주 및 국민일반의 이해를 높이기 위해 교육·홍보 및 장애인 고용촉진 운동을 추진하고, 사업주·장애인 기타 관계자에 대한 지원과 장애인의 특성을 고려한 직업재활의 조치를 강구하여야 하며, 기타 장애인의 고용촉진 및 직업안정을 도모하기 위하여 필요한 시책을 종합적이고 효과적으로 추진하여야 할 책임이 있는 공공적 주체이며, 한편 민간사업주와는 달리 기준고용률을 미달하는 경우 부담금의 납부를 명하고 이를 징수한다든지 기준고용률을 초과하는 경우 고용지원금 및 장려금을 지급할 수 없는 등 민간사업주와는 다른 지위에 있으므로, 국가·지방자치단체와 민간사업주와의 차별취급은 합리적인 근거가 있는 차별이라고 할 것이다(헌재결 2003.7.24, 2001헌바96).

14 난도 ★★☆ 정답 ④

정답의 이유

④ 대법원은 헌법 제108조에 근거하여 입법권의 위임을 받아 규칙을 제정할 수 있다 할 것이고, 헌법 제75조에 근거한 포괄위임금지원칙은 법률에 이미 하위법규에 규정될 내용 및 범위의 기본사항이 구체적으로 규정되어 있어서 누구라도 당해 법률로부터 하위법규에 규정될 내용의 대강을 예측할 수 있어야 함을 의미하므로, 위임입법이 대법원규칙인 경우에도 수권법률에서 이 원칙을 준수하여야 함은 마찬가지이다(헌재결 2016.6.30, 2013헌바27).

오답의 이유

① 국무총리 또는 행정각부의 장은 소관사무에 관하여 법률이나 대통령령의 위임 또는 직권으로 총리령 또는 부령을 발할 수 있다(헌법 제95조).

② 헌재결 1997.2.20, 95헌바27

③ 헌재결 2001.4.26, 2000헌바122

15 난도 ★★☆ 정답 ③

정답의 이유

③ "법률에 의한 재판을 받을 권리"라 함은 법관에 의한 재판을 받되 법에 정한 대로의 재판, 즉 절차법이 정한 절차에 따라 실체법이 정한 내용대로 재판을 받을 권리를 보장하는 취지로서 자의와 전단에 의한 재판을 배제한다는 것이므로 여기에서 곧바로 상고심 재판을 받을 권리가 생겨난다고 보기 어렵다(헌재결 1995.10.26, 94헌바28).

오답의 이유

① 모든 국민은 신속한 재판을 받을 권리를 가진다. 형사피고인은 상당한 이유가 없는 한 지체없이 공개재판을 받을 권리를 가진다(헌법 제27조 제3항).

② 헌재결 1994.4.28, 93헌바26

④ 헌재결 2000.6.29, 99헌바66, 67, 68, 69, 70, 86

16 난도 ★★★ 정답 ③·④

정답의 이유

③ 법령의 개정 시 입법자가 구 법령의 존속에 대한 당사자의 신뢰를 침해하여 신뢰보호 원칙을 위배하였는지 여부의 판단 기준 및 변리사 제1차 시험을 절대평가제에서 상대평가제로 환원하는 내용의 변리사법 시행령 개정조항을 즉시 시행하도록 정한 부칙 부분이 헌법에 위반되어 무효이다(대판 2006.11.16, 2003두12899). 해당 선지에서 절대평가제와 상대평가제를 서로 바꾸어 출제하여 틀린 지문이 되었으므로 최종적으로 ③은 복수정답으로 처리가 되었다.

④ 헌법재판소에 의한 위헌심사의 대상이 되는 '법률'이란 '국회의 의결을 거친 이른바 형식적 의미의 법률'을 의미하고, 위헌심사의 대상이 되는 규범이 형식적 의미의 법률이 아닌 때에는 그와 동일한 효력을 갖는 데에 국회의 승인이나 동의를 요하는 등 국회의 입법권 행사라고 평가할 수 있는 실질을 갖춘 것이어야 한다. 구 대한민국헌법(이하 '유신헌법'이라 한다) 제53조 제3항은 대통령이 긴급조치를 한 때에는 지체 없이 국회에 통고하여야 한다고 규정하고 있을 뿐, 사전적으로는 물론이거니와 사후적으로도 긴급조치가 그 효력을 발생 또는 유지하는 데 국회의 동의 내지 승인 등을 얻도록 하는 규정을 두고 있지 아니하고, 실제로 국회에서 긴급조치를 승인하는 등의 조치가 취하여진 바도 없

다. 따라서 유신헌법에 근거한 긴급조치는 국회의 입법권 행사라는 실질을 전혀 가지지 못한 것으로서, 헌법재판소의 위헌심판대상이 되는 '법률'에 해당한다고 할 수 없고, 긴급조치의 위헌 여부에 대한 심사권은 최종적으로 대법원에 속한다(대판 2010.12.16, 2010도5986).

오답의 이유
① 헌법 제107조 제2항
② 법원조직법 제7조 제1항 제2호는 명령 또는 규칙이 법률에 위반함을 인정하는 경우에는 대법관 전원의 2/3 이상의 합의체에서 심판하도록 규정하고 있는 바, 여기에서 말하는 명령 또는 규칙이라 함은 국가와 국민에 대하여 일반적 구속력을 가지는 이른바 법규로서의 성질을 가지는 명령 또는 규칙을 의미한다 할 것이다(대판 1990.2.27, 88재누55).

17 난도 ★★☆   정답 ①

정답의 이유
① 죽음에 임박한 환자에 대한 연명치료 중단에 관한 다툼은 법원의 재판을 통하여 해결될 수 있고, 법원의 재판에서 나타난 연명치료 중단의 허용요건이나 절차 등에 관한 기준에 의하여 연명치료 중단에 관한 자기결정권은 충분하지 않을지는 모르나 효율적으로 보호될 수 있으며, 자기결정권을 행사하여 연명치료를 중단하고 자연스런 죽음을 맞이하는 문제는 생명권 보호라는 헌법적 가치질서와 관련된 것으로 법학과 의학만의 문제가 아니라 종교, 윤리, 나아가 인간의 실존에 관한 철학적 문제까지도 연결되는 중대한 문제이므로 충분한 사회적 합의가 필요한 사항이다. 따라서 이에 관한 입법은 사회적 논의가 성숙되고 공론화 과정을 거친 후 비로소 국회가 그 필요성을 인정하여 이를 추진할 사항이다. 또한 '연명치료 중단에 관한 자기결정권'을 보장하는 방법으로서 '법원의 재판을 통한 규범의 제시'와 '입법' 중 어느 것이 바람직한가는 입법정책의 문제로서 국회의 재량에 속한다 할 것이다. 그렇다면 헌법해석상 '연명치료 중단 등에 관한 법률'을 제정할 국가의 입법의무가 명백하다고 볼 수 없다(헌재결 2009.11.26, 2008헌마385).

오답의 이유
② 헌재결 2008.7.31, 2004헌마1010, 2005헌바90
③ 헌재결 2011.5.26, 2010헌마775
④ 헌재결 2018.7.26, 2016헌마1029

18 난도 ★☆☆   정답 ①

정답의 이유
① 헌법 제21조 제1항이 언론·출판에 대한 검열금지를 규정한 것은 비록 헌법 제37조 제2항이 국민의 자유와 권리를 국가안전보장·질서유지 또는 공공복리를 위하여 필요한 경우에 한하여 법률로써 제한할 수 있도록 규정하고 있다고 할지라도 언론·출판에 대하여는 검열을 수단으로 한 제한만은 법률로써도 허용되지 아니 한다는 것을 밝힌 것이다(헌재결 1996.10.4, 93헌가13, 91헌가10).

오답의 이유
② 헌재결 1992.6.26, 90헌바26
③·④ 헌재결 1996.10.4, 93헌가13, 91헌가10

19 난도 ★★☆   정답 ①

정답의 이유
① 헌법 제128조 제1항

오답의 이유
② 헌법개정안은 기명투표로 표결한다(국회법 제112조 제4항).
③ 헌법개정안이 제2항의 찬성을 얻은 때에는 헌법개정은 확정되며, 대통령은 즉시 이를 공포하여야 한다(헌법 제130조 제3항).
④ 국민투표의 효력에 관하여 이의가 있는 투표인은 투표인 10만인 이상의 찬성을 얻어 중앙선거관리위원회위원장을 피고로 하여 투표일로부터 20일 이내에 대법원에 제소할 수 있다(국민투표법 제92조).

20 난도 ★★★   정답 ①

정답의 이유
① 헌법 제119조 제2항에 규정된 '경제주체 간의 조화를 통한 경제민주화'의 이념은 경제영역에서 정의로운 사회질서를 형성하기 위하여 추구할 수 있는 국가목표로서 개인의 기본권을 제한하는 국가행위를 정당화하는 헌법규범이다(헌재결 2003.11.27, 2001헌바35).

오답의 이유
②·③ 헌재결 1996.12.26, 96헌가18
④ 헌재결 1999.11.25, 98헌마55

21 난도 ★☆☆   정답 ①

정답의 이유
① 헌법 제13조 제2항은 "모든 국민은 소급입법에 의하여 … 재산권을 박탈당하지 아니한다."고 규정하고 있으나, 여기서 말하는 소급입법은 이미 과거에 완성된 사실·법률관계를 규율의 대상으로 하는 이른바 진정소급효를 가지는 입법만을 말하는 것이다(대판 1999.9.3, 98두7060).

오답의 이유
② 헌재결 1998.9.30, 97헌바38
③ 헌재결 1998.11.26, 97헌바58
④ 헌재결 2011.3.31, 2008헌바141, 2009헌바14, 19, 36, 247, 352, 2010헌바91

진정소급입법 인정 판례

이 사건 귀속조항은 진정소급입법에 해당하지만, 진정소급입법이라 할지라도 예외적으로 국민이 소급입법을 예상할 수 있었던 경우와 같이 소급입법이 정당화되는 경우에는 허용될 수 있다. 친일재산의 취득 경위에 내포된 민족배반적 성격, 대한민국임시정부의 법통계승을 선언한 헌법 전문 등에 비추어 친일반민족행위자측으로서는 친일재산의 소급적 박탈을 충분히 예상할 수 있었고, 친일재산 환수 문제는 그 시대적 배경에 비추어 역사적으로 매우 이례적인 공동체적 과업이므로 이러한 소급입법의 합헌성을 인정한다고 하더라도 이를 계기로 진정소급입법이 빈번하게 발생할 것이라는 우려는 충분히 불식될 수 있다. 따라서 이 사건 귀속조항은 진정소급입법에 해당하나 헌법 제13조 제2항에 반하지 않는다(헌재결 2011.3.31, 2008헌바141, 2009헌바14, 19, 36, 247, 352, 2010헌바91).

22 난도 ★★☆   정답 ④

정답의 이유

④ 인간다운 생활을 보장하기 위한 객관적 내용의 최소한을 보장하고 있는지의 여부는 생활보호법에 의한 생계보호급여만을 가지고 판단하여서는 아니되고 그외의 법령에 의거하여 국가가 생계보호를 위하여 지급하는 각종 급여나 각종 부담의 감면등을 총괄한 수준을 가지고 판단하여야 하는바, 1994년도를 기준으로 생활보호대상자에 대한 생계보호급여와 그 밖의 각종 급여 및 각종 부담감면의 액수를 고려할 때, 이 사건 생계보호기준이 청구인들의 인간다운 생활을 보장하기 위하여 국가가 실현해야 할 객관적 내용의 최소한도의 보장에도 이르지 못하였다거나 헌법상 용인될 수 있는 재량의 범위를 명백히 일탈하였다고는 보기 어렵고, 따라서 비록 위와 같은 생계보호의 수준이 일반 최저생계비에 못 미친다고 하더라도 그 사실만으로 곧 그것이 헌법에 위반된다거나 청구인들의 행복추구권이나 인간다운 생활을 할 권리를 침해한 것이라고는 볼 수 없다(헌재결 1997.5.29, 94헌마33).

오답의 이유

① 헌법 제34조 제1항은 "모든 국민은 인간다운 생활을 할 권리를 가진다"고 하고, 제2항은 "국가는 사회보장·사회복지의 증진에 노력할 의무를 진다"고 규정하고 있는바, 이 법상의 연금수급권과 같은 사회보장수급권은 이 규정들로부터 도출되는 사회적 기본권의 하나이다. 이와 같이 사회적 기본권의 성격을 가지는 연금수급권은 국가에 대하여 적극적으로 급부를 요구하는 것이므로 헌법규정만으로는 이를 실현할 수 없고, 법률에 의한 형성을 필요로 한다(헌재결 1999.4.29, 97헌마333).

② · ③ 헌재결 1997.5.29, 94헌마33

23 난도 ★★★   정답 ②

정답의 이유

② 헌재결 2017.10.26, 2016헌바301

오답의 이유

① 복수국적자가 대한민국 국민의 병역의무나 국적선택제도에 관하여 아무런 귀책사유 없이 알지 못하는 경우란 상정하기 어려운 점, 귀책사유 없이 국적선택기간을 알지 못하는 외국 거주 복수 국적자라면 그가 생활영역에서 외국의 국적과 대한민국 국적을 함께 가지고 있다는 사실이 그의 법적 지위에 별다른 영향을 미치지 않을 것인 점, 이 사건 법률조항들이 병역법 제2조, 제8조를 아울러 살펴보아야 제1국민역에 편입되는 시기를 알 수 있도록 하고 있다는 것만으로 불완전한 입법이라거나, 수범자가 이를 알 것이라고 기대하기 어렵다고 할 수 없는 점, 이 사건 법률조항들이 민법상 성년에 이르지 못한 복수국적자로 하여금 18세가 되는 해의 3월 31일까지 국적을 선택하도록 하고 있다는 것만으로 현저하게 불합리하다거나 국적이탈의 자유를 과도하게 제한하고 있다고 보기 어려운 점 등을 고려하여, 이 사건 법률조항들이 복수국적자의 국적이탈의 자유를 침해하지 않는다는 선례의 견해를 그대로 유지하기로 한다(헌재결 2015.11.26, 2013헌마805, 2014헌마788). 해당 선지는 위 판례에서 재판관 1인의 별개의견이다.

③ 거주·이전의 자유는 거주지나 체류지라고 볼 만한 정도로 생활과 밀접한 연관을 갖는 장소를 선택하고 변경하는 행위를 보호하는 기본권인바, 이 사건에서 서울광장이 청구인들의 생활형성의 중심지인 거주지나 체류지에 해당한다고 할 수 없고, 서울광장에 출입하고 통행하는 행위가 그 장소를 중심으로 생활을 형성해 나가는 행위에 속한다고 볼 수도 없으므로 청구인들의 거주·이전의 자유가 제한되었다고 할 수 없다(헌재결 2011.6.30, 2009헌마406).

④ 법인도 성질상 법인이 누릴 수 있는 기본권의 주체가 되고(헌재결 1991.6.3, 90헌마56 참조), 위 조항에 규정되어 있는 법인의 설립이나 지점 등의 설치, 활동거점의 이전(이하 "설립 등"이라 한다) 등은 법인이 그 존립이나 통상적인 활동을 위하여 필연적으로 요구되는 기본적인 행위유형들이라고 할 것이므로 이를 제한하는 것은 결국 헌법상 법인에게 보장된 직업수행의 자유와 거주·이전의 자유를 제한하는 것인가의 문제로 귀결된다. 살펴건대 위 조항은 대도시내에서의 법인의 설립 등 행위를 직접적으로 제한하는 내용의 규정이라고 볼 수 없고 다만 법인이 대도시내에서 설립 등의 목적을 위하여 취득하는 부동산등기에 대하여 통상보다 높은 세율의 등록세를 부과함으로써 대도시내에서의 법인의 설립 등 행위가 억제될 것을 기대하는 범위 내에서 사실상 법인의 그러한 행위의 자유가 간접적으로 제한되는 측면이 있을 뿐이다(헌재결 1996.3.28, 94헌바42).

24 난도 ★★☆　　　　　　　　　　　　　　정답 ②

정답의 이유

② 형벌불소급원칙에서 의미하는 '처벌'은 형법에 규정되어 있는 형식적 의미의 형벌 유형에 국한되지 않으며, 범죄행위에 따른 제재의 내용이나 실제적 효과가 형벌적 성격이 강하여 신체의 자유를 박탈하거나 이에 준하는 정도로 신체의 자유를 제한하는 경우에는 형벌불소급원칙이 적용되어야 한다. 노역장유치는 그 실질이 신체의 자유를 박탈하는 것으로서 징역형과 유사한 형벌적 성격을 가지고 있으므로 형벌불소급원칙의 적용대상이 된다(헌재결 2017.10.26, 2015헌바239, 2016헌바177). 해당 선지는 위 판례에서 재판관 2인의 별개의견이다.

오답의 이유

① · ③ 헌재결 2012.12.27, 2010헌가82, 2011헌바393

④ 디엔에이감식시료의 채취 행위 및 디엔에이신원확인정보의 수집, 수록, 검색, 회보라는 일련의 행위는 수형인등에게 심리적 압박에서 나오는 위하효과로 인한 범죄의 예방효과를 가진다는 점에서 행위자의 장래 위험성에 근거하여 범죄자의 개선을 통해 범죄를 예방하고 장래의 위험을 방지하여 사회를 보호하기 위해서 부과되는 보안처분으로서의 성격을 지닌다고 볼 수 있다(헌재결 2014.8.28, 2011헌마28, 106, 141, 156, 326, 2013헌마215, 360).

25 난도 ★★★　　　　　　　　　　　　　　정답 ④

정답의 이유

④ 공인중개업은 국민의 재산권에 큰 영향을 미치므로 업무의 공정성과 신뢰를 확보할 필요성이 큰 반면, 심판대상조항으로 인하여 중개사무소 개설등록이 취소된다 하더라도 공인중개사 자격까지 취소되는 것이 아니어서 3년이 경과한 후에는 다시 중개사무소를 열 수 있다. 따라서 심판대상조항은 과잉금지원칙에 반하여 직업선택의 자유를 침해하지 아니한다(헌재결 2019.2.28, 2016헌바467).

오답의 이유

① 헌재결 2010.2.25, 2009헌바38

② 헌재결 2016.3.31, 2013헌가2

③ 헌재결 2018.7.26, 2017헌마452

헌법 | 2019년 법원직 9급

한눈에 훑어보기

✔ 빠른 정답

01	02	03	04	05	06	07	08	09	10
③	④	②	④	②	③	②	②	③	③
11	12	13	14	15	16	17	18	19	20
②	③	②	④	①	②	④	②	②	③
21	22	23	24	25					
④	①	④	②	②					

✔ 점수 체크

구분	1회독	2회독	3회독
맞힌 문항 수	/ 25	/ 25	/ 25
나의 점수	점	점	점

01 난도 ★★☆ 정답 ③

정답의 이유

③ 영창처분은 전투경찰순경을 일정한 시설에 구금하는 징계벌로서 전투경찰순경의 신체활동의 자유를 직접 제한하므로, 이 사건 영창조항이 적법절차원칙이나 과잉금지원칙에 위반되어 전투경찰순경의 신체의 자유를 침해하는지가 문제된다. 청구인은 이 사건 영창조항이 헌법상 영장주의에 위배된다는 주장도 하나, 헌법 제12조 제3항에서 규정하고 있는 영장주의란 형사절차와 관련하여 체포·구속·압수·수색의 강제처분을 할 때 신분이 보장되는 법관이 발부한 영장에 의하지 않으면 안 된다는 원칙으로, 형사절차가 아닌 징계절차에도 그대로 적용된다고 볼 수 없다. 따라서 이 사건 영창조항이 헌법상 영장주의에 위반되는지 여부는 더 나아가 판단하지 아니한다(헌재결 2016.3.31. 2013헌바190).

오답의 이유

① 헌법 제12조 제3항의 영장주의는 적법절차원칙에서 도출되는 원리로서, 형사절차와 관련하여 체포·구속·압수·수색의 강제처분을 함에 있어서는 사법권독립에 의하여 신분이 보장되는 법관이 발부한 영장에 의하지 않으면 아니 된다는 원칙이다(헌재결 2018.4.26. 2015헌바370).

② 헌법 제16조가 주거의 자유와 관련하여 영장주의를 선언하고 있는 이상, 그 예외는 매우 엄격한 요건 하에서만 인정되어야 하는 점 등을 종합하면, 헌법 제16조의 영장주의에 대해서도 그 예외를 인정하되, 이는 (1) 그 장소에 범죄혐의 등을 입증할 자료나 피의자가 존재할 개연성이 소명되고, (2) 사전에 영장을 발부받기 어려운 긴급한 사정이 있는 경우에만 제한적으로 허용될 수 있다고 보는 것이 타당하다(헌재결 2018.4.26. 2015헌바370).

④ 구속집행정지는 법원이 직권으로 결정하는 것으로서, 구속집행정지 사유들은 한시적인 경우가 많아 그 시기를 놓치게 되면 피고인에게 집행정지의 의미가 없어지게 된다는 점을 고려하면, 이 사건 법률조항은 검사의 즉시항고에 의한 불복을 그 피고인에 대한 구속집행을 정지할 필요가 있다는 법원의 판단보다 우선시킬 뿐만 아니라, 사실상 법원의 구속집행정지결정을 무의미하게 할 수 있는 권한을 검사에게 부여한 것이라는 점에서 영장주의의 본질에 반하여 헌법 제12조 제3항의 영장주의원칙에 위배된다(헌재결 2012.6.27. 2011헌가36).

정답의 이유

④ 이 사건 법률조항들은 유치원 주변 및 아직 유아 단계인 청소년을 유해한 환경으로부터 보호하고 이들의 건전한 성장을 돕기 위한 것으로 그 입법목적이 정당하고, 이를 위해서 유치원 주변의 일정구역 안에서 해당 업소를 절대적으로 금지하는 것은 그러한 유해성으로부터 청소년을 격리하기 위하여 필요·적절한 방법이며, 그 범위가 유치원 부근 200미터 이내에서 금지되는 것에 불과하므로, 청구인들의 직업의 자유를 침해하지 아니한다(헌재결 2013.6.27, 2011헌바8).

오답의 이유

① 이 사건 법률조항은 오직 성범죄 전과에 기초해 10년이라는 일률적인 기간 동안 취업제한의 제재를 부과하며, 이 기간 내에는 취업제한 대상자가 그러한 제재로부터 벗어날 수 있는 어떠한 기회도 존재하지 않는 점, 재범의 위험에 대한 사회적 차원의 대처가 필요하다 해도 이 위험의 경중에 대한 고려가 있어야 하는 점 등에 비추어 침해의 최소성 요건을 충족했다고 보기 힘들다. 이상과 같이 이 사건 법률조항은 그 목적의 정당성, 수단의 적합성이 인정되지만, 침해의 최소성과 법익의 균형성 원칙에 위반되어 청구인들의 직업선택의 자유를 침해한다(헌재결 2016.7.28, 2013헌바389).

② 청구인들은 치과대학을 졸업하고 국가시험에 합격하여 치과의사 면허를 받았을 뿐만 아니라, 전공의수련과정을 사실상 마쳤다. 그런데 현행 의료법과 위 규정에 의하면 치과전문의의 전문과목은 10개로 세분화되어 있고, 일반치과의까지 포함하면 11가지의 치과의가 존재할 수 있는데도 이를 시행하기 위한 시행규칙의 미비로 청구인들은 일반치과의로서 존재할 수 밖에 없는 실정이다. 따라서 이로 말미암아 청구인들은 직업으로서 치과전문의를 선택하고 이를 수행할 자유를 침해당하고 있다. 또한 청구인들은 전공의수련과정을 사실상 마치고도 치과전문의자격시험의 실시를 위한 제도가 미비한 탓에 치과전문의자격을 획득할 수 없었고 이로 인하여 형벌의 위험을 감수하지 않고는 전문과목을 표시할 수 없게 되었으므로 행복추구권을 침해받고 있고, 이 점에서 전공의수련과정을 거치지 않은 일반 치과의사나 전문의시험이 실시되는 다른 의료분야의 전문의에 비하여 불합리한 차별을 받고 있다(헌재결 1998.7.16, 96헌마246).

③ 심판대상조항 중 '자동차 등을 이용하여' 부분은 포섭될 수 있는 행위 태양이 지나치게 넓을 뿐만 아니라, 하위법령에서 규정될 대상범죄에 심판대상조항의 입법목적을 달성하기 위해 반드시 규제할 필요가 있는 범죄행위가 아닌 경우까지 포함될 우려가 있어 침해의 최소성 원칙에 위배된다. 심판대상조항은 운전을 생업으로 하는 자에 대하여는 생계에 지장을 초래할 만큼 중대한 직업의 자유의 제약을 초래하고, 운전을 업으로 하지 않는 자에 대하여도 일상생활에 심대한 불편을 초래하여 일반적 행동의 자유를 제약하므로 법익의 균형성 원칙에도 위배된다. 따라서 심판대상조항은 직업의 자유 및 일반적 행동의 자유를 침해한다(헌재결 2015.5.28, 2013헌가6).

정답의 이유

② 재판의 심리와 판결은 공개한다. 다만, 심리는 국가의 안전보장 또는 안녕질서를 방해하거나 선량한 풍속을 해할 염려가 있을 때에는 법원의 결정으로 공개하지 아니할 수 있다(헌법 제109조).

오답의 이유

① 법관의 정년은 법률로 정한다(헌법 제105조 제4항), 대법원장과 대법관의 정년은 각각 70세, 판사의 정년은 65세로 한다(법원조직법 제45조 제4항).

③ 대법원장의 임기는 6년으로 하며, 중임할 수 없다(헌법 제105조 제1항), 대법관의 임기는 6년으로 하며, 법률이 정하는 바에 의하여 연임할 수 있다(헌법 제105조 제2항).

④ 대법원장과 대법관이 아닌 법관은 대법관회의의 동의를 얻어 대법원장이 임명한다(헌법 제104조).

정답의 이유

④ 경찰의 임무 또는 경찰관의 직무 범위를 규정한 경찰법 제3조, 경찰관직무집행법 제2조는 그 성격과 내용 및 아래와 같은 이유로 '일반적 수권조항'이라 하여 국민의 기본권을 구체적으로 제한 또는 박탈하는 행위의 근거조항으로 삼을 수는 없으므로 위 조항 역시 이 사건 통행제지행위 발동의 법률적 근거가 된다고 할 수 없다. 우선 우리 헌법이 국민의 자유와 권리를 제한하는 경우 근거하도록 한 '법률'은 개별적 또는 구체적 사안에 적용할 작용법적 조항을 의미하는 것이지, 조직법적 규정까지 포함하는 것이 아니다. 다음으로 이를 일반적 수권조항이라고 보는 것은 각 경찰작용의 요건과 한계에 관한 개별적 수권조항을 자세히 규정함으로써 엄격한 요건 아래에서만 경찰권의 발동을 허용하려는 입법자의 의도를 법률해석으로 뒤집는 것이다. 또한 국가기관의 임무 또는 직무에 관한 조항을 둔 다른 법률의 경우에는 이를 기본권제한의 수권조항으로 해석하지 아니함에도 경찰조직에만 예외를 인정하는 것은 법치행정의 실질을 허무는 것이다. 마지막으로 만약 위 조항들이 일반적 수권조항에 해당한다고 인정하더라도 명확성의 원칙 위반이라는 또 다른 위헌성을 피할 수 없으므로 결국 합헌적인 법률적 근거로 볼 수 없게 된다. 따라서 경찰청장의 이 사건 통행제지행위는 법률적 근거를 갖추지 못한 것이므로 법률유보원칙에도 위반하여 청구인들의 일반적 행동자유권을 침해한 것이다(헌재결 2011.6.30, 2009헌마406).

오답의 이유

① 여신전문금융회사의 임원에 대한 문책경고의 경우 적어도 그 제한의 본질적인 사항에 관한 한 법률에 근거를 두어야 한다는 전제하에, 금융감독기구의 설치 등에 관한 법률 제17조 제1호, 제3호, 제37조 제1호, 제2호의 각 규정은 금융감독위원회 또는 금융감독원의 직무범위를 규정한 조직규범에 불과하여 이들이 당연히 법률유보원칙에서 말하는 법률의 근거가 될 수 없다. 따라

서 피고가 여신전문금융회사의 임원인 원고에 대하여 한 이 사건 문책경고는 아무런 법률상의 근거 없이 행하여지는 것으로서 위법하다(대판 2005.2.17, 2003두14765).

② 사법시험령 제15조 제2항은 사법시험의 제2차시험의 합격결정에 있어서는 매과목 4할 이상 득점한 자 중에서 합격자를 결정한다는 취지의 과락제도를 규정하고 있는바, 이는 그 규정내용에서 알 수 있다시피 사법시험 제2차시험의 합격자를 결정하는 방법을 규정하고 있을 뿐이어서 사법시험의 실시를 집행하기 위한 시행과 절차에 관한 것이지, 새로운 법률사항을 정한 것이라고 보기 어렵다. 따라서 사법시험령 제15조 제2항에서 규정하고 있는 사항이 국민의 기본권을 제한하는 것임에도 불구하고, 모법의 수권 없이 규정하였다거나 새로운 법률사항에 해당하는 것을 규정하여 집행명령의 한계를 일탈하였다고 볼 수 없으므로, 헌법 제37조 제2항, 제75조, 행정규제기본법 제4조 등을 위반하여 무효라 할 수 없다(대판 2007.1.11, 2004두10432).

③ 법률유보의 원칙은 '법률에 의한' 규율만을 뜻하는 것이 아니라 '법률에 근거한' 규율을 요청하는 것이므로 기본권 제한의 형식이 반드시 법률의 형식일 필요는 없고 법률에 근거를 두면서 헌법 제75조가 요구하는 위임의 구체성과 명확성을 구비하기만 하면 위임입법에 의하여도 기본권 제한을 할 수 있다 할 것이다(헌재결 2005.2.24, 2003헌마289).

05 난도 ★★☆　　　　　　　　　　　정답 ②

정답의 이유

② 심판대상조항은 정치적 의사표현이 가장 긴요한 선거운동기간 중에 인터넷언론사 홈페이지 게시판 등 이용자로 하여금 실명확인을 하도록 강제함으로써 익명표현의 자유와 언론의 자유를 제한하고, 모든 익명표현을 규제함으로써 대다수 국민의 개인정보자기결정권도 광범위하게 제한하고 있다는 점에서 이와 같은 불이익은 선거의 공정성 유지라는 공익보다 결코 과소평가될 수 없다. 그러므로 심판대상조항은 과잉금지원칙에 반하여 인터넷언론사 홈페이지 게시판 등 이용자의 익명표현의 자유와 개인정보자기결정권, 인터넷언론사의 언론의 자유를 침해한다(헌재결 2021.1.28, 2018헌마456 등).

오답의 이유

① 언론기관의 공정보도의무를 부과하고, 언론매체를 통한 활동의 측면에서 선거의 공정성을 해할 수 있는 행위에 대하여는 언론매체를 이용한 보도·논평, 언론 내부 구성원에 대한 행위, 외부의 특정후보자에 대한 행위 등 다양한 관점에서 이미 충분히 규제하고 있으므로 그와 별도로 심판대상조항들을 두어 언론인으로 하여금 선거운동의 기간과 방법, 태양을 불문하고 일체의 선거운동을 금지하고 이에 따라 언론인이 언론매체를 이용하지 아니하고 업무 외적으로 개인적인 판단에 따른 선거운동조차 할 수 없도록 하는 것은 침해의 최소성 원칙에 위반된다. 결론적으로 심판대상 조항들은 과잉금지원칙에 위반되어 언론인 청구인들의 선거운동의 자유를 침해한다(헌재결 2016.6.30, 2013헌가1).

③ 이 사건 시정요구는 서비스제공자 등에게 조치결과 통지의무를 부과하고 있고, 서비스제공자 등이 이에 따르지 않는 경우 방송통신위원회의 해당 정보의 취급거부·정지 또는 제한명령이라는 법적 조치가 내려질 수 있으며, 행정기관인 방송통신심의위원회가 표현의 자유를 제한하게 되는 결과의 발생을 의도하거나 또는 적어도 예상하였다 할 것이므로, 이사건 시정요구는 단순한 행정지도로서의 한계를 넘어 규제적·구속적 성격을 상당히 강하게 갖는 것으로서 항고소송의 대상이 되는 공권력의 행사라고 봄이 상당하다(헌재결 2012.2.23, 2008헌마500).

④ 영화도 의사표현의 한 수단이므로 영화의 제작 및 상영은 다른 의사표현수단과 마찬가지로 언론·출판의 자유에 의한 보장을 받음은 물론, 영화는 학문적 연구결과를 발표하는 수단이 되기도 하고 예술표현의 수단이 되기도 하므로 그 제작 및 상영은 학문·예술의 자유에 의하여도 보장을 받는다(헌재결 1996.10.4, 93헌가13).

06 난도 ★★★　　　　　　　　　　　정답 ③

정답의 이유

③ 정당해산심판은 일반적 기속력과 대세적·법규적 효력을 가지는 법령에 대한 헌법재판소의 결정과 달리 원칙적으로 해당 정당에게만 그 효력이 미친다. 또 정당해산결정은 해당 정당의 해산에 그치지 않고 대체정당이나 유사정당의 설립까지 금지하는 효력을 가지므로, 오류가 드러난 결정을 바로잡지 못한다면 현 시점의 민주주의가 훼손되는 것에 그치지 않고 장래 세대의 정치적 의사결정에까지 부당한 제약을 초래할 수 있다. 따라서 정당해산심판절차에서는 재심을 허용하지 아니함으로써 얻을 수 있는 법적 안정성의 이익보다 재심을 허용함으로써 얻을 수 있는 구체적 타당성의 이익이 더 크므로 재심을 허용하여야 한다. 한편, 이 재심절차에서는 원칙적으로 민사소송법의 재심에 관한 규정이 준용된다(헌재결 2016.5.26, 2015헌아20).

오답의 이유

① 헌재결 2016.5.26, 2015헌아20

② 헌법재판소의 해산결정으로 정당이 해산되는 경우에 그 정당 소속 국회의원이 의원직을 상실하는지에 대하여 명문의 규정은 없으나, 정당해산심판제도의 본질은 민주적 기본질서에 위배되는 정당을 정치적 의사형성과정에서 배제함으로써 국민을 보호하는 데에 있는데 해산정당 소속 국회의원의 의원직을 상실시키지 않는 경우 정당해산결정의 실효성을 확보할 수 없게 되므로, 이러한 정당해산제도의 취지 등에 비추어 볼 때 헌법재판소의 정당해산결정이 있는 경우 그 정당 소속 국회의원의 의원직은 당선방식을 불문하고 모두 상실되어야 한다(헌재결 2014.12.19, 2013헌다1).

④ 재심대상결정의 심판대상은 재심청구인의 목적이나 활동이 민주적 기본질서에 위배되는지, 재심청구인에 대한 정당해산결정을 선고할 것인지, 정당해산결정을 할 경우 그 소속 국회의원에 대하여 의원직 상실을 선고할 것인지 여부이다. 내란음모 등 형사사건에서 내란음모 혐의에 대한 유·무죄 여부는 재심대상결정의 심판대상이 아니었고 논리적 선결문제도 아니다. 따라서

이ㅇ기 등에 대한 내란음모 등 형사사건에서 대법원이 지하혁명조직의 존재와 내란음모죄의 성립을 모두 부정하였다 해도, 재심대상결정에 민사소송법 제451조 제1항 제8호의 재심사유가 있다고 할 수 없다. 따라서 이 사건 재심청구는 부적법하다(헌재결 2016.5.26, 2015헌아20).

07 난도 ★☆☆　　　　　　　　　　　　　정답 ②

오답의 이유

② 탄핵소추절차는 국회와 대통령이라는 헌법기관 사이의 문제이고, 국회의 탄핵소추의결에 따라 사인으로서 대통령 개인의 기본권이 침해되는 것이 아니며 국가기관으로서 대통령의 권한행사가 정지될 뿐이다. 따라서 국가기관이 국민에 대하여 공권력을 행사할 때 준수하여야 하는 법원칙으로 형성된 적법절차의 원칙을 국가기관에 대하여 헌법을 수호하고자 하는 탄핵소추절차에 직접 적용할 수 없다(헌재결 2017.3.10, 2016헌나1).

오답의 이유

① 국회의 의사절차에 헌법이나 법률을 명백히 위반한 흠이 있는 경우가 아니면 국회 의사절차의 자율권은 권력분립의 원칙상 존중되어야 하고, 국회법 제130조 제1항은 탄핵소추의 발의가 있을 때 그 사유 등에 대한 조사 여부를 국회의 재량으로 규정하고 있으므로, 국회가 탄핵소추사유에 대하여 별도의 조사를 하지 않았다거나 국정조사결과나 특별검사의 수사결과를 기다리지 않고 탄핵소추안을 의결하였다고 하여 그 의결이 헌법이나 법률을 위반한 것이라고 볼 수 없다(헌재결 2017.3.10, 2016헌나1).

③ 헌법 제65조는 대통령이 '그 직무집행에 있어서 헌법이나 법률을 위배한 때'를 탄핵사유로 규정하고 있다. 여기에서 '직무'란 법제상 소관 직무에 속하는 고유 업무와 사회통념상 이와 관련된 업무를 말하고, 법령에 근거한 행위뿐만 아니라 대통령의 지위에서 국정수행과 관련하여 행하는 모든 행위를 포괄하는 개념이다. 또 '헌법'에는 명문의 헌법규정뿐만 아니라 헌법재판소의 결정에 따라 형성되어 확립된 불문헌법도 포함되고, '법률'에는 형식적 의미의 법률과 이와 동등한 효력을 가지는 국제조약 및 일반적으로 승인된 국제법규 등이 포함된다(헌재결 2017.3.10, 2016헌나1).

④ 대통령을 탄핵하기 위해서는 대통령의 법 위배 행위가 헌법질서에 미치는 부정적 영향과 해악이 중대하여 대통령을 파면함으로써 얻는 헌법 수호의 이익이 대통령 파면에 따르는 국가적 손실을 압도할 정도로 커야 한다. 즉, '탄핵심판청구가 이유 있는 경우'란 대통령의 파면을 정당화할 수 있을 정도로 중대한 헌법이나 법률 위배가 있는 때를 말한다(헌재결 2017.3.10, 2016헌나1).

08 난도 ★★☆　　　　　　　　　　　　　정답 ②

정답의 이유

② 이 사건 금지조항은 인터넷게임만을 대상으로 하므로, PC에 내장되어 있거나 별도의 장치로 다운로드받은 게임으로서 네트워크 기능을 이용하지 않는 게임을 16세 미만 청소년이 이용하는 경우에는 아무런 시간적 규제를 받지 않는다. 앞서 보았듯이 인터넷게임은 주로 동시 접속자와의 상호교류를 통한 게임 진행 방식을 취하고 있어 지속적인 수행이 가능하므로 게임자가 스스로의 의지로 중단하기 쉽지 않은 특징이 있고, 정보통신망서비스가 제공되는 곳이면 시간적·장소적 제약 없이 언제나 쉽게 접속하여 게임을 즐길 수 있어 장시간 이용으로 이어질 가능성이 크다. … 따라서 인터넷게임을 이용하는 경우와 인터넷게임이 아닌 다른 게임을 이용하는 경우에 대한 규제를 달리하는 것에는 합리적 이유가 있다고 할 것이므로 이로 인하여 청구인들의 평등권이 침해된다고 볼 수 없다(헌재결 2014.4.24, 2011헌마659).

오답의 이유

① 심판대상 법률조항은 전자장치 부착명령을 집행할 수 없는 기간 동안 집행을 정지하고 다시 집행이 가능해졌을 때 잔여기간을 집행함으로써 재범방지 및 성행교정을 통한 재사회화라는 전자장치부착의 목적을 달성하기 위한 것으로서 입법목적의 정당성이 인정되고, 수단의 적절성도 인정된다. 그러므로 심판대상 법률조항은 과잉금지원칙에 반하여 청구인의 인격권 등 기본권을 침해하지 아니한다(헌재결 2013.7.25, 2011헌마781).

③ 종교의 자유는 일반적으로 신앙의 자유, 종교적 행위의 자유 및 종교적 집회·결사의 자유 등 3요소로 구성되어 있다고 한다. 그 중 종교적 집회·결사의 자유는 종교적 목적으로 같은 신자들이 집회하거나 종교단체를 결성할 자유를 말하는데, 이 사건 종교집회 참석 제한 처우는 청구인이 종교집회에 참석하는 것을 제한한 행위이므로 청구인의 종교의 자유, 특히 종교적 집회·결사의 자유를 제한한다. 그렇다면 이 사건 종교집회 참석 제한 처우로 청구인에게 종교집회 참석을 하지 못하게 한 것은 침해의 최소성 요건을 충족하였다고 보기 어렵다. 이 사건 종교집회 참석제한 처우로 얻을 수 있는 공익은 구치소의 안전과 질서 유지 및 종교집회의 원활한 진행으로서, 이러한 공익이 청구인의 종교집회 참석의 기회를 제한함으로써 입게 되는 종교의 자유의 침해라는 불이익보다 크다고 단정하기 어려우므로 법익의 균형성 요건 또한 충족하였다고 할 수 없다(헌재결 2014.6.26, 2012헌마782).

④ 어린이집 CCTV 설치는 어린이집에서 발생하는 안전사고와 보육교사 등에 의한 아동학대를 방지하기 위한 것으로, 그 자체로 어린이집 운영자나 보육교사 등으로 하여금 사전에 영유아 안전사고 방지에 만전을 기하고 아동학대행위를 저지르지 못하도록 하는 효과가 있고, 어린이집 내 안전사고나 아동학대 발생 여부의 확인이 필요한 경우 도움이 될 수 있으므로, CCTV 설치 조항은 목적의 정당성과 수단의 적합성이 인정된다. 그러므로 CCTV 설치 조항은 과잉금지원칙을 위반하여 청구인들의 기본권을 침해하지 않는다(헌재결 2017.12.28, 2015헌마994).

정답의 이유

③ 이 사건 행위 중 릴레이 1인 시위, 릴레이 언론기고, 릴레이 내 부전산망 게시는 모두 후행자가 선행자에 동조하여 동일한 형태의 행위를 각각 한 것에 불과하고, 여럿이 같은 시간에 한 장소에 모여 집단의 위세를 과시하는 방법으로 의사를 표현하거나 여럿이 단체를 결성하여 그 단체 명의로 의사를 표현하는 경우, 여럿이 가담한 행위임을 표명하는 경우 또는 정부활동의 능률을 저해하기 위한 집단적 태업행위에 해당한다거나 이에 준할 정도로 행위의 집단성이 있다고 보기 어렵다(대판 2017.4.13, 2014두8469).

오답의 이유

① 국가공무원법이 위와 같이 '공무 외의 일을 위한 집단행위'라고 다소 포괄적이고 광범위하게 규정하고 있다 하더라도, 이는 공무가 아닌 어떤 일을 위하여 공무원들이 하는 모든 집단행위를 의미하는 것이 아니라, 언론·출판·집회·결사의 자유를 보장하고 있는 헌법 제21조 제1항, 공무원에게 요구되는 헌법상의 의무 및 이를 구체화한 국가공무원법의 취지, 국가공무원법상의 성실의무 및 직무전념의무 등을 종합적으로 고려하여 '공익에 반하는 목적을 위한 행위로서 직무전념의무를 해태하는 등의 영향을 가져오는 집단적 행위'라고 해석된다(대판 2017.4.13, 2014두8469).

② 위 규정을 위와 같이 해석한다면 수범자인 공무원이 구체적으로 어떠한 행위가 여기에 해당하는지를 충분히 예측할 수 없을 정도로 적용 범위가 모호하다거나 불분명하다 할 수 없으므로 위 규정이 명확성의 원칙에 반한다고 볼 수 없고, 또한 위 규정이 적용 범위가 지나치게 광범위하거나 포괄적이어서 공무원의 표현의 자유를 과도하게 제한 한다고 볼 수 없으므로, 과잉금지의 원칙에 반한다고 볼 수도 없다(대판 2017.4.13, 2014두8469).

④ 공무원들의 어느 행위가 국가공무원법 제66조 제1항에 규정된 '집단행위'에 해당하려면, 그 행위가 반드시 같은 시간, 장소에서 행하여져야 하는 것은 아니지만, 공익에 반하는 어떤 목적을 위한 다수인의 행위로서 집단성이라는 표지를 갖추어야만 한다고 해석함이 타당하다. 따라서 여럿이 같은 시간에 한 장소에 모여 집단의 위세를 과시하는 방법으로 의사를 표현하거나 여럿이 단체를 결성하여 그 단체 명의로 의사를 표현하는 경우, 실제 여럿이 모이는 형태로 의사표현을 하는 것은 아니지만 발표문에 서명 날인을 하는 등의 수단으로 여럿이 가담한 행위임을 표명하는 경우 또는 일제 휴가나 집단적인 조퇴, 초과근무 거부 등과 같이 정부활동의 능률을 저해하기 위한 집단적 태업 행위로 볼 수 있는 경우에 속하거나 이에 준할 정도로 행위의 집단성이 인정되어야 국가공무원법 제66조 제1항에 해당한다고 볼 수 있다(대판 2017.4.13, 2014두8469).

정답의 이유

③ 권한쟁의심판청구는 피청구인의 처분 또는 부작위(不作爲)가 헌법 또는 법률에 의하여 부여받은 청구인의 권한을 침해하였거나 침해할 현저한 위험이 있는 경우에만 할 수 있다(헌법재판소법 제61조 제2항). 권한쟁의심판의 대상은 일반 법원의 기관소송의 대상이 되지 않으며, 권한쟁의심판의 대상이 되는 법적 분쟁은 헌법에 국한되지 않고 헌법과 법률상의 분쟁을 포함한다.

오답의 이유

① 권한쟁의심판은 국가기관 상호간 또는 국가기관과 지방자치단체 간 그리고 지방자치단체 상호간에 헌법과 법률에 따른 권한의 유무와 범위에 관하여 다툼이 발생한 경우에, 헌법소송을 통하여 이를 유권적으로 심판함으로써 각 기관에게 주어진 권한을 보호함과 동시에 객관적 권한질서의 유지를 통해서 국가기능의 수행을 원활히 하고, 국가기관 및 지방자치단체라는 수평적 및 수직적 권력 상호간의 견제와 균형을 유지시켜 헌법이 정한 권능질서의 규범적 효력을 보호하기 위한 제도이다(헌재결 2014.3.27, 2012헌라4).

② 권한쟁의심판제도는 연혁적으로 정부와 의회 간의 다툼을 중립적 헌법수호자인 헌법재판소가 권력분립제도의 취지에 따라 해결하는 것에서 출발하였다. 이러한 의미에서 권한쟁의심판제도는 최고국가기관 간의 의견차이로 다툼이 발생한 경우 헌법해석을 통하여 분쟁을 해결함으로써 정치적 평화에 기여하고 정치적 통일을 확보하는 데 제도적 의의가 있었다. 그리고 의회와 정부가 다수당을 중심으로 통합되어 가는 정당국가적 경향에 따라 의회의 정부에 대한 통제기능이 약화되고, 권력의 통제 및 견제의 메커니즘이 여당과 야당의 구도로 변하게 되자, 권한쟁의심판제도는 정치과정에서 소수파가 다수파의 월권적 행위를 헌법을 통해 통제할 수 있는 수단으로서의 기능도 갖게 되었다.

④ 권한쟁의심판에 있어서 '제3자 소송담당'의 필요성을 부인할 수는 없으나, 국회의 의사가 다수결에 의하여 결정되었음에도 다수결의 결과에 반대하는 소수의 국회의원에게 권한쟁의심판을 청구할 수 있게 하는 것은 다수결의 원리와 의회주의의 본질에 어긋날 뿐만 아니라, 국가기관이 기관 내부에서 민주적인 방법으로 토론과 대화에 의하여 기관의 의사를 결정하려는 노력 대신 모든 문제를 사법적 수단에 의해 해결하려는 방향으로 남용될 우려도 있으므로, 권한쟁의심판에 있어 제3자 소송담당을 허용하는 법률의 규정이 없는 현행법 체계 하에서 국회의 구성원인 청구인들은 국회의 조약 체결·비준에 대한 동의권의 침해를 주장하는 권한쟁의심판을 청구할 수 없다고 보아야 한다(헌재결 2007. 7.26, 2005헌라8).

11 난도 ★★☆ 　　　　　　　　　정답 ②

② 입법자가 도시계획법 제21조를 통하여 국민의 재산권을 비례의 원칙에 부합하게 합헌적으로 제한하기 위해서는, 수인의 한계를 넘어 가혹한 부담이 발생하는 예외적인 경우에는 이를 완화하는 보상규정을 두어야 한다. 이러한 보상규정은 입법자가 헌법 제23조 제1항 및 제2항에 의하여 재산권의 내용을 구체적으로 형성하고 공공의 이익을 위하여 재산권을 제한하는 과정에서 이를 합헌적으로 규율하기 위하여 두어야 하는 규정이다. 재산권의 침해와 공익간의 비례성을 다시 회복하기 위한 방법은 헌법상 반드시 금전보상만을 해야 하는 것은 아니다. 입법자는 지정의 해제 또는 토지매수청구권제도와 같이 금전보상에 갈음하거나 기타 손실을 완화할 수 있는 제도를 보완하는 등 여러 가지 다른 방법을 사용할 수 있다(헌재결 1998.12.24, 89헌마214).

① 손실보상은 적법한 공용제한의 경우를 전제한 것이며, 위법한 공용제한의 경우는 원칙상 손해배상법의 법리가 적용된다(헌재결 2005.7.21, 2004헌바57).

③ 헌법재판소법 제68조 제1항 단서에 의하면 헌법소원은 다른 권리구제절차를 거친 뒤 비로소 제기할 수 있는 것이기는 하지만, 여기서 말하는 권리구제절차는 공권력의 행사 또는 불행사를 직접대상으로 하여 그 효력을 다툴 수 있는 권리구제절차를 의미하는 것이지, 사후적·보충적 구제수단인 손해배상청구나 손실보상청구를 의미하는 것이 아님은 헌법소원제도를 규정한 헌법의 정신에 비추어 명백하다(헌재결 1989.4.17, 88헌마3).

④ 토지수용법 제71조 소정의 환매권은 헌법상의 재산권 보장규정으로부터 도출되는 것으로서 헌법이 보장하는 재산권의 내용에 포함되는 권리이며, 피수용자가 손실보상을 받고 소유권의 박탈을 수인할 의무는 그 재산권의 목적물이 공공사업에 이용되는 것을 전제로 하기 때문에 위 헌법상 권리는 피수용자가 수용 당시 이미 정당한 손실보상을 받았다는 사실로 말미암아 부인되지 않는다(헌재결 1994.2.24, 92헌가15).

12 난도 ★★☆ 　　　　　　　　　정답 ③

③ 병역종류조항은 병역의 종류와 각 병역의 내용 및 범위를 법률로 정하여 병역부담의 형평을 기하고, 병역의무자의 신체적 특성과 개인적 상황, 병력수급 사정 등을 고려하여 병역자원을 효율적으로 배분할 수 있도록 함과 동시에, 병역의 종류를 한정적으로 열거하고 그에 대한 예외를 인정하지 않음으로써 병역자원을 효과적으로 확보할 수 있도록 하기 위한 것이다. 이는 궁극적으로 국가안전보장이라는 헌법적 법익을 실현하고자 하는 것이므로 위와 같은 입법목적은 정당하고, 병역종류조항은 그러한 입법목적을 달성하기 위한 적합한 수단이다(헌재결 2018.6.28, 2011헌바379, 2012헌가17).

① 현역복무와 대체복무 사이에 복무의 난이도나 기간과 관련하여 형평성을 확보해 현역복무를 회피할 요인을 제거한다면, 심사의 곤란성과 병역기피자의 증가 문제를 효과적으로 해결할 수 있다. 따라서 양심적 병역거부자에 대한 대체복무제를 도입할 경우 병역기피자가 증가하고 병역의무의 형평성이 붕괴되어 전체 병역제도의 실효성이 훼손될 것이라는 견해는 다소 추상적이거나 막연한 예측에 가깝다. 반면, 이미 상당한 기간 동안 세계의 많은 나라들이 양심적 병역거부를 인정하면서도 여러 문제들을 효과적으로 해결하여 징병제를 유지해오고 있다는 사실은, 대체복무제를 도입하면서도 병역의무의 형평을 유지하는 것이 충분히 가능하다는 사실을 강력히 시사한다(헌재결 2018.6.28, 2011헌바379, 2012헌가17).

② 우리나라의 양심적 병역거부자는 연평균 약 600명 내외일 뿐이므로 병역자원이나 전투력의 감소를 논할 정도로 의미 있는 규모는 아니다. 더구나 양심적 병역거부자들을 처벌한다고 하더라도 이들을 교도소에 수감할 수 있을 뿐 입영시키거나 소집에 응하게 하여 병역자원으로 활용할 수는 없으므로, 대체복무제의 도입으로 양심적 병역거부자들이 대체복무를 이행하게 된다고 해서 병역자원의 손실이 발생한다고 할 수 없다. 이러한 사정을 고려하면, 양심적 병역거부자에게 대체복무를 부과하더라도 우리나라의 국방력에 의미 있는 수준의 영향을 미친다고 보기는 어려울 것이다. 이와 같이 대체복무제라는 대안이 있음에도 불구하고 군사훈련을 수반하는 병역의무만을 규정한 병역종류조항은, 침해의 최소성 원칙에 어긋난다(헌재결 2018.6.28, 2011헌바379, 2012헌가17).

④ 헌재결 2018.6.28, 2011헌바379, 2012헌가17

13 난도 ★★☆ 　　　　　　　　　정답 ②

② 헌법재판소법에서 정당해산결정의 기속력을 명시적으로 규정하고 있지는 않지만, 중앙선거관리위원회가 정당해산을 집행하도록 규정하고 있다.

① 법률의 위헌결정은 법원과 그 밖의 국가기관 및 지방자치단체를 기속(羈束)한다(헌법재판소법 제47조 제1항).

③ 헌법재판소의 권한쟁의심판의 결정은 모든 국가기관과 지방자치단체를 기속한다(헌법재판소법 제67조 제1항).

④ 헌법소원의 인용결정은 모든 국가기관과 지방자치단체를 기속한다(헌법재판소법 제75조 제1항).

더 알아보기

정당해산 결정의 집행(헌법재판소법 제60조)

정당의 해산을 명하는 헌법재판소의 결정은 중앙선거관리위원회가 정당법에 따라 집행한다.

14 난도 ★★☆　　　　　　　　　　　정답 ④

정답의 이유

④ 직업공무원제도하에서 입법자는 직제폐지로 생기는 유휴인력을 직권면직하여 행정의 효율성 이념을 달성하고자 할 경우에도 직업공무원제도에 따른 공무원의 권익이 손상되지 않도록 조화로운 입법을 하여야 하는데, 직제가 폐지되면 해당 공무원은 그 신분을 잃게 되므로 직제폐지를 이유로 공무원을 직권면직할 때는 합리적인 근거를 요하며, 직권면직이 시행되는 과정에서 합리성과 공정성이 담보될 수 있는 절차적 장치가 요구된다. 이 사건 규정이 직제가 폐지된 경우 직권면직을 할 수 있도록 규정하고 있다고 하더라도 이것이 직업공무원제도를 위반하고 있다고는 볼 수 없다(헌재결 2004.11.25, 2002헌바8).

오답의 이유

① 직업공무원제도는 헌법이 보장하는 제도적 보장 중의 하나임이 분명하므로 입법자는 직업공무원제도에 관하여 '최소한 보장'의 원칙의 한계 안에서 폭넓은 입법형성의 자유를 가진다(헌재결 1997.4.24, 95헌바48).

② 공무원 보수 등 근무조건은 법률로 정하여야 하고, 국가예산에 계상되어 있지 아니하면 공무원 보수의 지급이 불가능한 점 등에 비추어 볼 때, 공무원이 국가를 상대로 실질이 보수에 해당하는 금원의 지급을 구하려면 공무원의 '근무조건 법정주의'에 따라 국가공무원법령 등 공무원의 보수에 관한 법률에 지급근거가 되는 명시적 규정이 존재하여야 하고, 나아가 해당 보수 항목이 국가예산에도 계상되어 있어야만 한다(대판 2016.8.25, 2013두14610).

③ 연금급여가 직업공무원제도의 한 내용이라는 점을 감안하더라도, 연금급여의 성격상 그 급여의 구체적인 내용은 국회가 사회 정책적 고려, 국가의 재정 및 연금기금의 상황 등 여러 가지 사정을 참작하여 보다 폭넓은 입법재량으로 결정할 수 있고, 연금급여의 후불임금적 성격을 고려할 때 그 퇴직연금급여는 최종보수월액을 기초로 하는 것보다 오히려 공무원으로 재직한 전 기간 평균보수월액으로 하는 것이 합리적이라고 할 수 있는바, 종전의 '최종보수월액'을 '최종 3년간 평균보수월액'으로 개정한 공무원 연금법상 위 급여액산정기초규정은 그 자체로 타당성이 인정된다(헌재결 2003.9.25, 2001헌마93).

15 난도 ★☆☆　　　　　　　　　　　정답 ①

정답의 이유

① 감사위원 임명에는 국회의 동의절차가 존재하지 않는다. 국회의 동의를 얻어야 하는 것은 감사원장의 임명이다.

오답의 이유

② 감사위원은 정당에 가입하거나 정치운동에 관여할 수 없다(감사원법 제10조).

③ 감사원은 세입·세출의 결산을 매년 검사하여 대통령과 차년도 국회에 그 결과를 보고하여야 한다(헌법 제99조).

④ 감사원법은 국회·법원 및 헌법재판소에 소속된 공무원을 제외하고 정부조직법 및 그 밖의 법률에 따라 설치된 행정기관의 사무와 그에 소속한 공무원의 직무에 대한 사항을 감찰한다(감사원법 제24조 제3항, 제24조 제1항 제1호).

더 알아보기

감사원의 구성(헌법 제98조)

① 감사원은 원장을 포함한 5인 이상 11인 이하의 감사위원으로 구성한다.

② 원장은 국회의 동의를 얻어 대통령이 임명하고, 그 임기는 4년으로 하며, 1차에 한하여 중임할 수 있다.

③ 감사위원은 원장의 제청으로 대통령이 임명하고, 그 임기는 4년으로 하며, 1차에 한하여 중임할 수 있다.

16 난도 ★★☆　　　　　　　　　　　정답 ②

정답의 이유

② 헌법재판관 중 3인은 국회에서 선출하는 자를, 3인은 대법원장이 지명하는 자를 임명한다(헌법 제111조 제3항). 헌법재판소의 장은 국회의 동의를 얻어 재판관 중에서 대통령이 임명한다(헌법 제111조 제4항).

오답의 이유

① 헌법재판소는 법관의 자격을 가진 9인의 재판관으로 구성하며, 재판관은 대통령이 임명한다.

③ 심판의 변론과 결정의 선고는 공개한다. 다만, 서면심리와 평의(評議)는 공개하지 아니한다(헌법재판소법 제34조 제1항). 헌법재판소의 심판에 관하여는 재판의 심리와 판결은 공개한다. 다만, 심리는 국가의 안전보장, 안녕질서 또는 선량한 풍속을 해칠 우려가 있는 경우에는 결정으로 공개하지 아니할 수 있다(헌법재판소법 제34조 제2항).

④ 재판부는 재판관 7명 이상의 출석으로 사건을 심리한다(헌법재판소법 제23조).

17 난도 ★★☆　　　　　　　　　　　정답 ④

정답의 이유

④ 재판부는 사건의 심리를 위하여 필요하다고 인정하는 경우에는 직권 또는 당사자의 신청에 의하여 증거조사를 할 수 있다(헌법재판소법 제31조 제1항).

오답의 이유

① 재판부는 종국심리(終局審理)에 관여한 재판관 과반수의 찬성으로 사건에 관한 결정을 한다. 다만, 종전에 헌법재판소가 판시한 헌법 또는 법률의 해석 적용에 관한 의견을 변경하는 경우에는 재판관 6명 이상의 찬성이 있어야 한다(헌법재판소법 제23조 제2항 제2호).

② 권한쟁의의 심판은 그 사유가 있음을 안 날부터 60일 이내에, 그 사유가 있는 날부터 180일 이내에 청구하여야 한다(헌법재판소법 제63조 제1항). 헌법소원의 심판은 그 사유가 있음을 안 날부터 90일 이내에, 그 사유가 있는 날부터 1년 이내에 청구하여야 한다. 다만, 다른 법률에 따른 구제절차를 거친 헌법소원의 심판은 그 최종결정을 통지받은 날부터 30일 이내에 청구하여야

한다(헌법재판소법 제69조 제1항).

③ 위헌법률의 심판과 헌법소원에 관한 심판은 서면심리에 의한다. 다만, 재판부는 필요하다고 인정하는 경우에는 변론을 열어 당사자, 이해관계인, 그 밖의 참고인의 진술을 들을 수 있다(헌법재판소법 제30조 제2항).

18 난도 ★★★   정답 ②

정답의 이유

② 형사소송법 제34조는 "변호인 또는 변호인이 되려는 자는 신체구속을 당한 피고인 또는 피의자와 접견하고 서류 또는 물건을 수수할 수 있으며 의사로 하여금 진료하게 할 수 있다."라고 규정하고 있으므로, 변호인이 되려는 의사를 표시한 자가 객관적으로 변호인이 될 가능성이 있다고 인정되는데도, 형사소송법 제34조에서 정한 '변호인 또는 변호인이 되려는 자'가 아니라고 보아 신체구속을 당한 피고인 또는 피의자와 접견하지 못하도록 제한하여서는 아니 된다(대판 2017.3.9, 2013도16162).

오답의 이유

① 변호사인 변호인에게는 변호사법이 정하는 바에 따라서 이른바 진실의무가 인정되는 것이지만, 변호인이 신체구속을 당한 사람에게 법률적 조언을 하는 것은 그 권리이자 의무이므로 변호인이 적극적으로 피고인 또는 피의자로 하여금 허위진술을 하도록 하는 것이 아니라 단순히 헌법상 권리인 진술거부권이 있음을 알려주고 그 행사를 권고하는 것을 가리켜 변호사로서의 진실의무에 위배되는 것이라고는 할 수 없다(대판 2007.1.31, 2006모656).

③·④ 변호인 또는 변호인이 되려는 자의 접견교통권은 신체구속제도 본래의 목적을 침해하지 아니하는 범위 내에서 행사되어야 하므로, 변호인 또는 변호인이 되려는 자가 구체적인 시간적·장소적 상황에 비추어 현실적으로 보장할 수 있는 한계를 벗어나 피고인 또는 피의자를 접견하려고 하는 것은 정당한 접견교통권의 행사에 해당하지 아니하여 허용될 수 없다. 다만 접견교통권이 그와 같은 한계를 일탈한 것이어서 허용될 수 없다고 판단함에 있어서는 신체구속을 당한 사람의 헌법상 기본적 권리인 변호인의 조력을 받을 권리의 본질적인 내용이 침해되는 일이 없도록 신중을 기하여야 한다(대판 2017.3.9, 2013도16162).

19 난도 ★★☆   정답 ②

정답의 이유

② 지방자치단체가 조례를 제정할 수 있는 사항은 지방자치단체의 고유사무인 자치사무와 개별 법령에 의하여 지방자치단체에 위임된 단체위임사무에 한하고, 국가사무가 지방자치단체의 장에게 위임되거나 상위 지방자치단체의 사무가 하위 지방자치단체의 장에게 위임된 기관위임사무에 관한 사항은 원칙적으로 조례의 제정범위에 속하지 않는다(대판 2013.4.11, 2011두12153).

오답의 이유

① 지방자치단체가 조례를 제정할 수 있는 사항은 지방자치단체의 고유사무인 자치사무와 개별 법령에 의하여 지방자치단체에 위

임된 단체위임사무에 한하고, 국가사무가 지방자치단체의 장에게 위임되거나 상위 지방자치단체의 사무가 하위 지방자치단체의 장에게 위임된 기관위임사무에 관한 사항은 원칙적으로 조례의 제정범위에 속하지 않는다(대판 2013.4.11, 2011두12153).

③ 국가사무로서의 성격을 가지고 있는 기관위임사무의 집행권한의 존부 및 범위에 관하여 지방자치단체가 청구한 권한쟁의심판청구는 지방자치단체의 권한에 속하지 아니하는 사무에 관한 심판청구로서 그 청구가 부적법하다고 할 것이다(헌재결 2004.9.23, 2000헌라2).

④ 건설교통부장관은 지방자치단체의 장이 기관위임사무인 국토이용계획 사무를 처리함에 있어서 자신과 의견이 다를 경우 행정협의조정위원회에 협의·조정 신청을 하여 그 협의·조정 결정에 따라 의견불일치를 해소할 수 있고, 법원에 의한 판결을 받지 않고서도 행정권한의 위임 및 위탁에 관한 규정이나 구 지방자치법에서 정하고 있는 지도·감독을 통하여 직접 지방자치단체의 장의 사무처리에 대하여 시정명령을 발하고 그 사무처리를 취소 또는 정지할 수 있으며, 지방자치단체의 장에게 기간을 정하여 직무이행명령을 하고 지방자치단체의 장이 이를 이행하지 아니할 때에는 직접 필요한 조치를 할 수도 있으므로, 국가가 국토이용계획과 관련한 지방자치단체의 장의 기관위임사무의 처리에 관하여 지방자치단체의 장을 상대로 취소소송을 제기하는 것은 허용되지 않는다(대판 2007.9.20, 2005두6935).

20 난도 ★★★   정답 ③

정답의 이유

③ 공무담임권은 공직취임의 기회 균등뿐만 아니라 취임한 뒤 승진할 때에도 균등한 기회 제공을 요구한다. 청구인의 경우 군 복무기간이 승진소요 최저연수에 포함되지 않으므로 공무원으로 근무하다가 군 복무를 한 사람보다 더 오래 재직하여야 승진임용 절차가 진행된다. 또 군 복무기간이 경력평정에서도 일부만 산입되므로 경력평정점수도 상대적으로 적게 부여된다. 이는 승진임용절차 개시 및 승진임용점수 산정과 관련된 법적 불이익에 해당하므로, 승진경쟁인원 증가에 따라 승진 가능성이 낮아지는 사실상의 불이익 문제나 단순한 내부승진인사 문제와 달리 공무담임권의 제한에 해당한다(헌재결 2018.7.26, 2017헌마1183).

오답의 이유

① 모든 국민은 법률이 정하는 바에 의하여 공무담임권을 가진다(헌법 제25조).

② 공무담임권은, 국민이 국가나 공공단체의 구성원으로서 직무를 담당할 수 있는 권리를 뜻하고, 여기서 직무를 담당한다는 것은 공무담임에 관하여 능력과 적성에 따라 평등한 기회를 보장받는 것을 의미한다(헌재결 2018.7.26, 2017헌마1183).

④ 선출직 공무원의 공무담임권은 선거를 전제로 하는 대의제의 원리에 의하여 발생하는 것이므로 공직의 취임이나 상실에 관련된 어떠한 법률조항이 대의제의 본질에 반한다면 이는 공무담임권도 침해하는 것이라고 볼 수 있다(헌재결 2009.3.26, 2007헌마843).

정답의 이유

④ 헌법 제34조 제1항에 따른 인간다운 생활을 할 권리는 사회권적 기본권의 일종으로서 인간의 존엄에 상응하는 최소한의 물질적인 생활의 유지에 필요한 급부를 국가에게 적극적으로 요구할 수 있는 권리를 의미한다. 그런데 도시환경정비사업의 시행으로 인하여 철거되는 주택의 소유자를 위하여 사업시행기간 동안 거주할 임시수용시설을 설치하는 것은 국가에 대하여 최소한의 물질적 생활을 요구할 수 있는 인간다운 생활을 할 권리의 향유와 관련되어 있다고 할 수 없다. 또한, 청구인과 같은 주택의 소유자는 정비사업에 의하여 건설되는 주택을 자신의 선택에 따라 분양받을 수 있는 우선적 권리를 향유하게 되고, 정비사업의 완료 후에는 종전보다 주거환경이 개선된 기존의 생활근거지에서 계속 거주할 수 있으므로 청구인의 주장처럼 생활의 근거를 상실하는 것도 아니다. 그렇다면 이 사건 법률조항이 인간다운 생활을 할 권리를 제한하거나 침해한다고 할 수 없다(헌재결 2014.3.27, 2011헌바396).

오답의 이유

① 이 사건 수시모집요강은 기초생활수급자 및 차상위계층, 장애인 등을 대상으로 하는 일부 특별전형에만 검정고시 출신자의 지원을 허용하고 있을 뿐 수시모집에서의 검정고시 출신자의 지원을 일률적으로 제한하여 실질적으로 검정고시 출신자의 대학입학 기회의 박탈이라는 결과를 초래하고 있다. 수시모집의 학생선발 방법이 정시모집과 동일할 수는 없으나, 이는 수시모집에서 응시자의 수학능력이나 그 정도를 평가하는 방법이 정시모집과 다른 것을 의미하며, 수학능력이 있는 자들에게 동등한 기회를 주고 합리적인 선발 기준에 따라 학생을 선발하여야 한다는 점에서는 정시모집과 다르다고 할 수 없다. 따라서 이 사건 수시모집요강이 수시모집에서 검정고시 출신의 응시자에게 수학능력이 있는지 여부를 평가할 수 있는 기회를 부여하지 아니하고 이를 박탈한다는 것은 수학능력에 따른 합리적인 차별이라고 보기 어렵다. 이러한 사정을 종합하면, 이 사건 수시모집요강은 검정고시 출신자인 청구인들을 합리적인 이유 없이 차별하여 청구인들의 교육을 받을 권리를 침해한다고 할 수 있다(헌재결 2017.12.28, 2016헌마649).

② 공무원연금법에 따른 퇴직연금일시금 수급자 및 그 배우자를 기초연금 지급대상에서 제외한 것은 노인의 생활안정과 복리향상이라는 기초연금법의 입법목적을 달성하기 위하여 퇴직연금일시금을 받음으로써 소득기반을 제공받은 사람과 나아가 그러한 사람과 하나의 생활공동체를 형성하여 소득기반을 공유하는 사람인 배우자를 제외하기 위한 것으로서, 그 입법목적의 합리성을 인정할 수 있다. … 이상에서 본 바와 같은 심판대상조항의 입법 목적의 합리성, 다른 법령상의 사회보장체계 및 공무원에 대한 후생복지제도 등을 종합적으로 고려하여 보면, 심판대상조항으로 인하여 청구인들의 기초연금 수급권행사에 어느 정도의 제한이 초래된다 하더라도, 이로 인해 국가가 실현해야 할 객관적 내용의 최소한도 보장에도 이르지 못하게 된다거나 헌법상 용인될 수 있는 재량의 범위를 명백히 일탈하게 된다고 보기는

어렵다. 따라서 심판대상조항이 공무원연금법에 따른 퇴직연금일시금을 받은 사람과 그 배우자의 인간다운 생활을 할 권리를 침해한다고 할 수 없다(헌재결 2018.8.30, 2017헌바197).

③ 업무와 재해 사이의 상당인과관계 여부와 상관없이 업무상 발생한 모든 재해를 산재보험으로 보장하거나 재해근로자의 상당인과관계에 대한 입증책임을 면해 준다면, 재해근로자와 그 가족의 생활을 보다 많이 보장할 수는 있겠으나, 보험재정의 건전성에 문제를 발생시켜 결과적으로 생활보호가 필요한 근로자와 그 가족을 보호할 수 없게 하는 사태를 초래할 수 있다. 따라서 심판대상조항이 업무와 재해 사이의 상당인과관계에 대한 입증책임을 근로자 측에게 부담시키는 것은 합리적인 이유가 있다. 이러한 점들을 고려할 때, 근로자 측이 현실적으로 부담하는 입증책임이 근로자 측의 보호를 위한 산재보험제도 자체를 형해화시킬 정도로 과도하다고 보기도 어렵다. 따라서 심판대상조항이 청구인들의 사회보장수급권을 침해하였다고 볼 수 없다(헌재결 2015.6.25, 2014헌바269).

정답의 이유

① 헌법 제27조 제3항 제1문에 의거한 신속한 재판을 받을 권리의 실현을 위해서는 구체적인 입법형성이 필요하고, 신속한 재판을 위한 어떤 직접적이고 구체적인 청구권이 이 헌법규정으로부터 직접 발생하지 아니하므로, 보안관찰처분들의 취소청구에 대해서 법원이 그 처분들의 효력이 만료되기 전까지 신속하게 판결을 선고해야 할 헌법이나 법률상의 작위의무가 존재하지 아니한다(헌재결 1999.9.16, 98헌마75).

오답의 이유

② 이 사건 법률조항은 '군사시설' 중 '전투용에 공하는 시설'을 손괴한 일반 국민이 항상 군사법원에서 재판을 받도록 하고 있다. 이는 명시적으로 헌법 개정을 통하여 비상계엄이 선포된 경우를 제외하고는 '군사시설'에 관한 죄를 범한 일반 국민은 군사법원의 재판을 받지 아니하게 하여 군사법원의 신분적 재판권의 범위를 축소한 헌법개정권력자의 의도와 배치된다. 따라서 이 사건 법률조항은 헌법 제27조 제2항에 위반되어, 군인 또는 군무원이 아닌 일반 국민의 헌법과 법률이 정한 법관에 의한 재판을 받을 권리를 침해한다(헌재결 2013.11.28, 2012헌가10).

③ 재심청구권 역시 헌법 제27조에서 규정한 재판을 받을 권리에 당연히 포함된다고 할 수 없고, 어떤 사유를 재심사유로 정하여 재심을 허용할 것인가는 입법자가 확정판결에 대한 법적 안정성, 재판의 신속·적정성, 법원의 업무부담 등을 고려하여 결정하여야 할 입법정책의 문제라고 할 것이다(헌재결 2004.12.16, 2003헌바105).

④ 우리 헌법상 헌법과 법률이 정한 법관에 의한 재판을 받을 권리는 직업법관에 의한 재판을 주된 내용으로 하는 것이므로 국민참여재판을 받을 권리가 헌법 제27조 제1항에서 규정한 재판을 받을 권리의 보호범위에 속한다고 볼 수 없다(헌재결 2009.11.26, 2008헌바12).

정답의 이유

④ 기본권 보장규정인 헌법 제2장의 제목이 "국민의 권리와 의무"이고 그 제10조 내지 제39조에서 "모든 국민은 … 권리를 가진다"고 규정하고 있으므로 이러한 기본권의 보장에 관한 각 헌법규정의 해석상 국민만이 기본권의 주체라 할 것이고, 공권력의 행사자인 국가, 지방자치단체나 그 기관 또는 국가조직의 일부나 공법인은 기본권의 수범자이지 기본권의 주체가 아니고, 오히려 국민의 기본권을 보호 내지 실현해야 할 책임과 의무를 지니고 있을 뿐이다(헌재결 2009.5.28, 2007헌바80).

오답의 이유

① 기본권의 주체성은 헌법재판에서 헌법소원을 제기할 수 있는 가능성과 직결되어 있다. 헌법재판소법 제68조 제1항에 의하면 '공권력의 행사 또는 불행사(不行使)로 인하여 헌법상 보장된 기본권을 침해받은 자', 즉 기본권의 주체만이 헌법소원을 제기할 수 있으므로 기본권 주체가 아닌 자가 헌법소원을 제기하는 경우에는 부적법 각하된다.

② 아동과 청소년은 인격의 발전을 위하여 어느 정도 부모와 학교의 교사 등 타인에 의한 결정을 필요로 하는 아직 성숙하지 못한 인격체이지만, 부모와 국가에 의한 교육의 단순한 대상이 아닌 독자적인 인격체이며, 그의 인격권은 성인과 마찬가지로 인간의 존엄성 및 행복추구권을 보장하는 헌법 제10조에 의하여 보호된다(헌재결 2000.4.27, 98헌가16).

③ 우리 헌법은 법인 내지 단체의 기본권 향유능력에 대하여 명문의 규정을 두고 있지는 않지만 본래 자연인에게 적용되는 기본권이라도 그 성질상 법인이 누릴 수 있는 기본권은 법인에게도 적용된다(헌재결 2012.8.23, 2009헌가27).

더 알아보기

헌법재판소법 제68조 제1항 한정위헌(헌재결 2016.4.28, 2016헌마33)
헌법재판소법(2011.4.5. 법률 제10546호로 개정된 것) 제68조 제1항 본문 중 "법원의 재판을 제외하고는" 부분은, 헌법재판소가 위헌으로 결정한 법령을 적용함으로써 국민의 기본권을 침해한 재판이 포함되는 것으로 해석하는 한 헌법에 위반된다.

정답의 이유

나. 국회의원의 수는 법률로 정하되, 200인 이상으로 한다(헌법 제41조).

라. 국회의 회의는 공개한다. 다만, 출석의원 과반수의 찬성이 있거나 의장이 국가의 안전보장을 위하여 필요하다고 인정할 때에는 공개하지 아니할 수 있다(헌법 제50조 제1항).

오답의 이유

가. 정기회의 회기는 100일을, 임시회의 회기는 30일을 초과할 수 없다(헌법 제47조).

다. 국회는 헌법 또는 법률에 특별한 규정이 없는 한 재적의원 과반수의 출석과 출석의원 과반수의 찬성으로 의결한다. 가부동수인 때에는 부결된 것으로 본다(헌법 제49조).

정답의 이유

② 공권력의 불행사로 인한 기본권침해는 그 불행사가 계속되는 한 기본권침해의 부작위가 계속된다 할 것이므로, 공권력의 불행사에 대한 헌법소원심판은 그 불행사가 계속되는 한 기간의 제약이 없이 적법하게 청구할 수 있다(헌재결 1994.12.29, 89헌마2).

오답의 이유

① '수사과정에서의 비공개 지명수배' 조치는 수사기관 내부의 단순한 공조(共助) 내지 의사연락에 불과할 뿐이고 그 자체만으로는 아직 국민에 대하여 직접 효력을 가지는 것이라 할 수 없다. 또한 수사기관간에 비공개리에 이루어지는 지명수배 조치의 속성상으로 인하여 피의자가 거주·이전의 자유에 제약을 받는다고 보기도 어렵거니와 설사 그러한 제약적 효과가 있다 하더라도 이는 지명수배자가 그 소재발견을 회피하려는 데 따른 선택적 결과에 불과할 뿐 지명수배 조치로 인한 필연적·직접적인 효과로 보기어려우므로, 이는 헌법소원심판의 대상이 되는 '공권력의 행사'에 해당한다고 볼 수 없다(헌재결 2002.9.19, 99헌마181).

③ 피청구인의 행정입법부작위를 대상으로 하여 그 위헌 또는 위법 여부를 직접 다툴 수 있는 권리구제절차는 없다. 물론 행정입법부작위를 원인으로 한 국가배상 등의 청구가 전혀 불가능한 것은 아니지만 이러한 사후적·보충적 권리구제수단은 헌법재판소법 제68조 제1항 단서 소정의 "다른 권리구제절차"에 해당하지 아니한다. 따라서 이 사건 헌법소원 심판청구는 다른 법률에 구제절차가 없는 경우에 해당하므로 보충성의 요건을 흠결하였다고 볼 수 없다(헌재결 2002.7.18, 2000헌마707).

④ 공권력의 행사에 대하여 헌법소원심판을 청구하기 위하여는, 공권력의 주체에 의한 공권력의 발동으로서 국민의 권리의무에 대하여 직접적인 법률효과를 발생시키는 행위가 있어야 한다. 그런데 대통령의 법률안 제출행위는 국가기관 간의 내부적 행위에 불과하고 국민에 대하여 직접적인 법률효과를 발생시키는 행위가 아니므로 헌법재판소법 제68조에서 말하는 공권력의 행사에 해당되지 않는다(헌재결 1994.8.31, 92헌마174).

PART 2

국어

국어 | 2023년 법원직 9급

한눈에 훑어보기

✔ **빠른 정답**

01	02	03	04	05	06	07	08	09	10
③	①	③	②	④	②	③	①	③	②
11	**12**	**13**	**14**	**15**	**16**	**17**	**18**	**19**	**20**
④	④	④	④	③	④	②	①	④	②
21	**22**	**23**	**24**	**25**					
④	④	③	③	②					

✔ **점수 체크**

구분	1회독	2회독	3회독
맞힌 문항 수	/ 25	/ 25	/ 25
나의 점수	점	점	점

---

01 난도 ★☆☆   정답 ③

비문학 > 사실적 읽기

[정답의 이유]

③ 5문단의 "어떤 식으로든 눈에 띄고 선택받아 '돈'이 되기 위해 비윤리적이어도 개의치 않고 자극적인 요소들을 자연스럽게 포함한다. ~ 이런 이유로 가짜 뉴스는 혐오나 선동과 같은 자극적 요소를 담게 되고, 이렇게 만들어진 가짜 뉴스는 사회 구성원들의 통합을 방해하고 극단주의를 초래한다."를 통해 확인할 수 있다.

[오답의 이유]

① 5문단에서 '뉴스와 관련된 돈은 대부분 광고에서 발생한다. 모든 광고는 광고 중개 서비스를 통하는데, 광고주가 중개업체에 돈을 지불하면 중개업체는 금액에 따라 광고를 배치한다.'라고 하였으나 이를 통해 광고주와 중계업체 사이에 위계 관계가 발생하는지는 알 수 없다.

② 5문단의 '뉴스가 범람하는 상황에서 이용자는 선택과 집중을 할 수밖에 없다.'를 통해 소비자가 선택과 집중을 통해 뉴스를 소비하게 되는 것은 ㉠ 때문이 아니라 뉴스가 범람하는 상황 때문이다.

④ 5문단의 '뉴스와 관련된 돈은 대부분 광고에서 발생한다. ~ 높은 조회수가 나오는 사이트일수록 높은 금액의 광고를 배치하는 식이다.'를 통해 사이트에 높은 금액을 지불하는 것은 소비자가 아닌 광고주임을 알 수 있다. 소비자가 높은 금액을 주고 가짜 뉴스를 읽는다는 내용은 제시된 글에 나타나지 않는다.

02 난도 ★★☆   정답 ①

비문학 > 사실적 읽기

[정답의 이유]

① 2문단에서 가짜 뉴스의 정의와 범위에 대해서 의견이 여러 갈래로 나뉜다고 하였다. 하지만 가짜 뉴스의 기준과 범위를 정하기 어려운 이유는 나타나지 않는다.

[오답의 이유]

② 2문단에서 한국언론학회와 한국언론진흥재단이 주최한 세미나에서 가짜 뉴스를 '정치적 · 경제적 이익을 위해 의도적으로 언론 보도의 형식을 하고 유포된 거짓 정보'라고 정의하였다. 이를 통해 제시된 글이 전문성을 가진 단체가 주최한 세미나에서 정의한 가짜 뉴스의 개념을 제시하고 있음을 알 수 있다.

③ 1문단에서 "2016년에 옥스퍼드 사전은 세계의 단어로 '탈진실'을 선정하며 탈진실화가 국지적 현상이 아니라 세계적으로 나타나는 시대적 특성이라고 진단했다."라며 '탈진실'이라는 시대적 특성을 제시한 다음 가짜 뉴스가 사회적 논란거리로 떠올랐다고

하였다. 이를 통해 제시된 글이 가짜 뉴스가 논란거리로 떠오르게 된 시대의 특성을 제시하고 있음을 확인할 수 있다.

④ 4문단에서 대중이 뉴스를 접하는 채널이 신문·방송과 같은 전통적 매체에서 포털이나 SNS 등의 디지털 매체로 옮겨 가면서 가짜 뉴스는 누구나 쉽게 이용하는 매체에 '정식 기사'의 얼굴을 하고 나타나며 이는 쉽게 유통되고 확산되는 특징을 갖는다고 하였다. 이를 통해 제시된 글이 사용 매체의 변화로 인해 발생한 가짜 뉴스의 특징을 제시하고 있음을 알 수 있다.

03 난도 ★☆☆　　　　　　　　　　　　정답 ③

비문학 > 사실적 읽기

[정답의 이유]

③ 3문단의 '1923년 관동 대지진이 났을 때 일본 내무성이 조선인에 대해 악의적으로 허위 정보를 퍼뜨린 일은 가짜 뉴스가 잔인한 학살로 이어진 사건이다.'를 통해 과거에 가짜 뉴스로 인해 많은 사람이 실제로 사망하는 사건이 벌어졌다는 것을 확인할 수 있다.

[오답의 이유]

① 4문단의 '가짜 뉴스는 더 이상 동요나 입소문을 통해 퍼지지 않는다.'를 통해 가짜 뉴스가 현재에는 입소문을 통해 전파되지 않음을 확인할 수 있다.

② 1문단의 "2016년에 옥스퍼드 사전은 세계의 단어로 '탈진실'을 선정하며 탈진실화가 국지적 현상이 아니라 세계적으로 나타나는 시대적 특성이라고 진단했다."를 통해 탈진실화는 특정 국가에 한정된 것이 아닌 세계적으로 나타나는 현상임을 확인할 수 있다.

④ 3문단의 '이처럼 역사 속에서 늘 반복된 가짜 뉴스가 뜨거운 감자로 떠오른 것은 새삼스러운 것처럼 보이지만, 최근 일어나는 가짜 뉴스 현상을 돌아보면 이전의 사례와는 확연히 다른 점을 발견할 수 있다.'를 통해 가짜 뉴스 현상은 과거와 현재가 확연히 다른 양상을 보임을 확인할 수 있다.

04 난도 ★★★　　　　　　　　　　　　정답 ②

문법 > 통사론

[정답의 이유]

② '사기를 높여야'에서 동사 '높이다'는 형용사 '높다'의 어근 '높–' 뒤에 사동의 접미사 '–이–'가 결합한 것으로, 접사가 어근 뒤에 결합하였고 형용사인 '높다'가 동사 '높이다'로 품사가 바뀌었음을 확인할 수 있다. 따라서 ㉠과 ㉡을 모두 충족하는 예로 가장 적절하다.

[오답의 이유]

① '저녁노을이 유난히 새빨갛다'에서 형용사 '새빨갛다'는 형용사 '빨갛다' 앞에 접두사 '새–'가 결합한 것으로, 접사가 어근 앞에 결합하였고 품사는 바뀌지 않았음을 확인할 수 있다. 따라서 ㉠과 ㉡ 모두 충족하지 못하는 예이다.

③ '책은 쉽고 재미있게 읽힌다'에서 동사 '읽히다'는 동사 '읽다'의 어근 '읽–' 뒤에 피동의 접미사 '–히–'가 결합한 것으로, 접사가 어근 뒤에 결합하였고 품사는 바뀌지 않았음을 확인할 수 있다. 따라서 ㉠은 충족하지만 ㉡은 충족하지 못하는 예이다.

④ '천천히 달리기가'에서 동사 '달리기'는 동사 '달리다'의 어간 '달리–'에 명사형 전성 어미 '–기'가 결합한 것으로 접사가 결합하지 않았고 품사도 바뀌지 않았음을 확인할 수 있다. 따라서 ㉠과 ㉡ 모두 충족하지 못하는 예이다.

05 난도 ★★☆　　　　　　　　　　　　정답 ④

문법 > 통사론

[정답의 이유]

④ ㉣ '편찮으셨구나'는 '아프다'의 높임 어휘인 '편찮다'의 어간 '편찮–'에 높임 선어말 어미 '–으시–'가 결합한 것으로 주체인 '할머니'를 높인다.

[오답의 이유]

① ㉠ '모시고'는 '데리다'의 높임 어휘인 '모시다'의 활용형으로, 객체인 '할머니'를 높인다.

② ㉡ '할머니께'는 '할머니'에 높임의 부사격 조사 '께'가 결합한 것으로, 객체인 '할머니'를 높인다.

③ ㉢ '드린대'는 '주다'의 높임 어휘인 '드리다'의 활용형으로, 객체인 '할머니'를 높인다.

06 난도 ★★☆　　　　　　　　　　　　정답 ②

현대 문학 > 현대 소설

[정답의 이유]

② '철'이 '나'에게 6·25 전쟁 때 북한군의 포로가 되었던 어느 형제에 관한 이야기를 들려주는 (가)의 내용이 외부 이야기이고 이 형제의 이야기가 구체적으로 전개되는 (나)~(마)의 내용이 내부 이야기이다. 따라서 이야기를 외부와 내부로 구성하여 주제를 전달하고 있다는 설명은 적절하다.

[오답의 이유]

① (나)에서 '형은 둔감했고 위태위태하도록 솔직했고, 결국 조금 모자란 사람이었다.', '물론 평소에 동생에 대한 형으로서의 체모나 위신 같은 것도 전혀 신경을 쓰지 않아서, ~ 하얀 살갗의 여윈 얼굴에 이 쓴웃음은 동생의 오연한 성미와 잘 어울려 있었다.' 등을 통해 인물의 성격을 상세하게 설명하고 있음을 알 수 있다. 그러나 인물을 희화화하고 있지는 않다.

③ 제시된 작품은 등장인물의 내적 독백이 아닌 대화를 중심으로 사건이 전개되고 있다.

④ 제시된 작품은 사건들을 병렬적으로 제시하고 있지 않다.

07 난도 ★★☆ 　　　　　　　　　　　　　　정답 ③

현대 문학 > 현대 소설

[정답의 이유]

③ '너, 무슨 일이 생겨두 날 형이라구 글지 마라'라는 말에는 자신의 죽음으로 인해 동생이 불이익을 받을까 염려하는 마음이 담겨 있다. 따라서 구성원을 획일화하는 사회에 대한 비판적 인식을 드러낸 것이라는 내용은 적절하지 않다.

[오답의 이유]

① 제시된 작품에서 '형'은 둔감하고 어수룩하여 현실에 잘 적응하지 못하지만, 솔직하고 천진난만한 인물이다. 따라서 모자라지만 둔감하고 위태위태하도록 솔직했던 형은 순수한 인간 본연의 모습을 간직한 인물로 볼 수 있다.

② 제시된 작품에서 '형'은 '주의의 경비병들을 흘끔 곁눈질해' 보며 눈치를 살피다가 점점 천진한 모습을 잃어 '밤에도 동생의 귀에다 입을 대고 이것저것 지껄이지' 않고, 동생이 울어도 '왜 우느냐고 화를 내지도 않고 울음을 터뜨리지도' 않는다. 이러한 상황을 볼 때 형이 경비병의 눈치를 흘끔거리기만 하는 모습에서 개인의 자유를 억압하는 외부의 감시가 존재함을 확인할 수 있다.

④ 제시된 작품에서 '형'은 아픈 다리 때문에 힘들어하다가 '주의해 보아 오던 한 사람이 뒤에서 따발총을 휘둘러' 쏘아 죽고 만다. 이를 통해 전쟁의 폭력성과 근원적인 인간성 상실의 모습을 확인할 수 있다.

08 난도 ★☆☆ 　　　　　　　　　　　　　　정답 ①

현대 문학 > 현대 소설

[정답의 이유]

① (나)를 보면, 해방 이듬해 삼팔선을 넘을 때 모두가 긴장해서 숨도 제대로 쉬지 못하는 상황에서 형이 "야하, 이기 바루 그 삼팔선이구나이, 야하."라고 말해서 모두를 놀라게 했던 일을 제시하고 있다. 따라서 형은 모두가 긴장한 상황임을 알고 본인도 긴장하여 아무 소리도 내지 못했다고 이해한 것은 적절하지 않다.

[오답의 이유]

② (다)와 (라)에서 눈물을 흘리는 동생의 모습을 보고 왜 우느냐고 화를 내면서도 눈물을 터뜨리는 형의 모습을 확인할 수 있다.

③ (라)의 '이젠 밤에도 동생의 귀에다 입을 대고 이것저것 지껄이지 않았다. ~ 동생은 또 참다못해 눈물을 흘렸다. 그러나 형은 왜 우느냐고 화를 내지도 않고 울음을 터뜨리지도 않았다. 동생은 이런 형이 서러워 더 더 흐느꼈다.'를 통해 시간이 지나 동생의 귀에 어떤 말도 하지 않는 형의 모습을 보며 서러워하는 동생의 모습을 확인할 수 있다.

④ (마)에서 형은 동생에게 "너, 무슨 일이 생겨두 날 형이라구 글지 마라, 어엉"이라며 평소와 다른 숙성한 사람 같은 억양으로 말하는 장면을 제시하고 있다.

09 난도 ★★☆ 　　　　　　　　　　　　　　정답 ③

통합 > 고전 운문 · 현대 시

[정답의 이유]

③ (가)에서는 '잡스와 두어리마ᄂᆞᄂᆞᆫ / 선ᄒᆞ면 아니 올셰라'라며 이별의 상황을 체념하고 수용하는 모습과 자기 희생적인 태도가 나타난다. (나)에서는 '나 보기가 역겨워 / 가실 때에는 / 말없이 고이 보내 드리우리다'라며 이별의 상황을 받아들이는 체념적 태도가 나타나고 '가시는 걸음걸음 / 놓인 그 꽃을 / 사뿐히 즈려밟고 가시옵소서.'에서 임에 대한 원망을 초극한 희생적인 사랑이 나타난다.

[오답의 이유]

① ㉠ (가)의 '가시ᄂᆞᆫ 듯 도셔 오쇼셔 나ᄂᆞᆫ'을 통해 사랑하는 임과 재회하기를 바라는 화자의 소망을 확인할 수 있다. (나)에서는 임과 이별하고 싶지 않은 마음을 표현하고는 있으나 임과의 재회를 희망하는 모습은 나타나지 않는다.

② (나)에서는 '영변(寧邊)에 약산(藥山)'이라는 구체적인 지명이 나타나지만 (가)에서는 나타나지 않는다.

④ (가)와 (나) 모두 이별의 원인을 외부에서 찾고 있지 않다.

10 난도 ★★☆ 　　　　　　　　　　　　　　정답 ②

통합 > 고전 운문 · 현대 시

[정답의 이유]

② '셜온'의 주체를 화자로 본다면 ㉡ '셜온 님'은 '나'를 서럽게 하는 임이라고 해석되고 '셜온'의 주체를 임으로 본다면 ㉡ '셜온 님'은 이별을 서러워하는 임이라고 해석된다. 따라서 임 역시 이별 상황을 아쉬워하고 있다는 것은 '셜온'의 주체를 임으로 본 경우이다.

[오답의 이유]

① ㉠ '선ᄒᆞ면 아니 올셰라'에서 서운하면 사랑하는 임이 돌아오지 않을까 하여 임을 보내드린다며 화자가 임을 떠나보내는 이유를 제시하고 있다.

③ 영변의 약산에 핀 ㉢ '진달래꽃'을 임이 떠나는 길에 뿌리겠다고 하는 것은 떠나는 임에 대한 축복이며 화자의 사랑과 정성을 의미한다. 또한 '진달래꽃'은 시적 화자의 분신으로, 이것을 밟고 가라고 하는 것은 화자의 헌신과 희생을 보여주는 것이다.

④ 임이 떠나는 상황에서도 죽어도 눈물을 흘리지 않겠다고 함으로써 인고의 자세를 보여주고 있으나 실제로는 반어법을 통해 이별의 상황에서 느끼는 슬픔을 강조하고 있다.

11 난도 ★★★　　　　　　　　　　정답 ④

통합 > 고전 운문 · 현대 시

[정답의 이유]
④ (가)와 (나) 모두 기 – 승 – 전 – 결의 4단 구성을 통해 시상을 전개하고 있다. (가)는 '이별의 슬픔(기) – 임에 대한 원망(승) – 이별에 대한 체념(전) – 재회의 소망(결)'의 구성으로 시상이 전개되며, (나)는 '이별의 정한(기) – 떠나는 임에 대한 축복(승) – 희생적 사랑(전) – 이별의 정한 극복(결)'의 구성으로 시상이 전개된다.

[오답의 이유]
① 수미 상관은 첫 번째 연이나 행을 마지막 연이나 행에 다시 반복하는 것을 의미한다. 이를 고려했을 때 (나)에서는 1연의 '나 보기가 역겨워 / 가실 때에는 / 말없이 고이 보내 드리우리다.' 시구가 동일하게 4연에서도 반복되어 수미 상관이 나타나는 것을 확인할 수 있다. (가)에서는 수미 상관 형식이 나타나지 않는다.
② (가)에서는 음악적 효과를 위해 '나ᄂ'이라는 여음과 '위 증즐가 大平盛代(대평성대)'라는 후렴구를 사용하고 있으며, '가시리 가시리잇고 / ᄇ리고 가시리잇고'라는 시구에서 반복을 통해 운율을 형성하고 있다.
③ (가)에서는 '가시리/가시리/잇고'와 같이 3 · 3 · 2조의 3음보 율격을 보이나 (나)에서는 '나 보기가 / 역겨워 / 가실 때에는'과 같이 7 · 5조의 3음보 율격을 보인다.

> **작품 해설**
>
> **(가) 작자 미상, 「가시리」**
> • 갈래: 고려 가요
> • 성격: 애상적, 서정적, 소극적, 자기희생적
> • 주제: 이별의 정한(情恨)
> • 특징
> 　– '기-승-전-결'의 4단 구성
> 　– 간결하고 함축적인 시어를 사용함
> 　– 민족 전통 정서인 '한'을 잘 나타냄
>
> **(나) 김소월, 「진달래꽃」**
> • 갈래: 자유시, 서정시
> • 성격: 서정적, 애상적, 민요적, 향토적
> • 주제: 이별의 정한(情恨)과 그 승화
> • 특징
> 　– '기-승-전-결'의 4단 구성
> 　– 7 · 5조, 3음보의 민요적 율격을 사용함
> 　– 반어법을 통해 이별의 정한(情恨)을 표현

12 난도 ★★☆　　　　　　　　　　정답 ④

현대 문학 > 현대 시

[정답의 이유]
〈보기〉의 ㉮ '풀벌레 소리'는 '텔레비전'이라는 문명과 대비되는 것으로, 자연을 가리킨다. 텔레비전을 끄자 비로소 들리는 풀벌레 소리는 시적 화자에게 긍정적인 의미로 인식되는 대상이다.
④ (가)의 ㉣ '보이는 빛'은 누구에게나 돋보이는 것이다. (가)의 화자는 사소하거나 보잘것없지만 가치를 지니는 대상을 긍정적으로 여기고 있으므로 '보이는 빛'은 화자가 긍정적으로 인식하는 대상이 아니다. 따라서 '보이는 빛'은 ㉮의 '풀벌레 소리'와 성격이 가장 다르다.

[오답의 이유]
①·②·③ ㉠ '검은 것', ㉡ '비누 거품', ㉢ '쓰레기'는 모두 보잘것없지만 가치를 지니는 것으로, 화자가 긍정적으로 인식하는 대상이다. 따라서 ㉮의 '풀벌레 소리'와 성격이 유사하다.

> **작품 해설**
>
> **김기택, 「풀벌레들의 작은 귀를 생각함」**
> • 갈래: 자유시, 서정시
> • 성격: 감각적, 고백적, 주지적
> • 주제: 문명적 삶에 대한 반성과 자연과의 교감
> • 특징
> 　– 문명과 자연을 대조하여 문명에 대한 비판적 시각을 드러냄
> 　– 감각적 표현을 활용하여 시의 이미지를 형상화함
> 　– 화자의 경험을 새롭게 깨달은 점을 고백적 어조로 나타냄

13 난도 ★★☆　　　　　　　　　　정답 ④

현대 문학 > 현대 시

[정답의 이유]
④ 화자는 7연에서 '모래', '바람', '먼지', '풀' 등 미비한 자연물과 '나'의 왜소한 모습을 대비하여 조그마한 일에만 분개하는 자신을 자조하며 반성적인 태도를 드러내고 있다. 따라서 화자가 미비한 자연물과의 대비를 통해 자신의 왜소함을 극복하고 있다는 이해는 적절하지 않다.

[오답의 이유]
① 설렁탕집 갈비가 기름 덩어리만 나왔다고 분개한 일, 돈을 받으러 여러 번 찾아오는 야경꾼들을 증오한 일, 포로수용소의 야전병원에서 일하며 너스들과 스펀지를 만들고 거즈를 개고 있는 나에게 정보원이 남자가 이런 일을 하냐고 놀렸던 일 등 일상적 경험을 나열하고 있다. 이러한 경험을 통해 화자는 사소한 일에만 분개하는 자신의 소시민적 모습을 성찰하고 있다.
② '설렁탕집 돼지 같은 주인 년', '머리에 피도 안 마른 애놈' 등의 시구를 통해 화자가 비속어를 사용함으로써 자신의 속된 모습을 노출하고 있다.
③ 3연의 '옹졸한 나의 전통은 유구하고 이제 내 앞에 정서(情緒)로 가로놓여 있다'를 통해 화자는 과거로부터 지속된 옹졸한 태도가 체질화되었음을 고백하고 있다.

14 난도 ★★☆ 　　　　　　　　　　　　정답 ④

현대 문학 > 현대 시

정답의 이유

④ (가)에서는 '검은 것에서도 빛이 난다' 등 역설적 인식을 통하여 사소한 것에 대한 긍정적인 태도를 드러내고 있다. 하지만 (나)에서는 역설적 인식이 드러나지 않는다.

오답의 이유

① (가)에서는 '검은 것', '비누 거품', '쓰레기', '보이지 않는 것' 등 사소하거나 보잘것없는 것들과 '흰 것', '맑은 것', '깨끗한 것', '보이는 빛' 등 돋보이는 것들의 대조를 통하여 시상을 전개하고 있다. (나)에서는 '언론의 자유 요구, 월남 파병 반대' 등 사회적으로 중요한 본질적인 일과 갈비가 기름 덩어리만 나왔다고 분개하고, 찾아오는 야경꾼들을 증오하는 등 사소한 일을 대조하고 있다. 또한 '왕궁, 땅 주인, 구청 직원, 동회 직원' 등 권력이나 힘을 가진 자와 '설렁탕집 주인, 이발쟁이, 야경꾼' 등 힘없는 자와 대조하여 시상을 전개하고 있다.

② (가)에서는 '구두 닦는 사람', '창문 닦는 사람', '청소하는 사람' 등 일상에서 자주 볼 수 있는 시어를 사용하여 시적 정황을 드러내고 있다. (나)에서도 '50원짜리 갈비', '설렁탕집', '개 울음소리' 등 일상적 시어를 사용하여 시적 정황을 사실적이고 구체적으로 드러내고 있다.

③ (가)에서는 '…는 사람을 보면 / 그 사람의 손을 보면 / … 끝을 보면 / …에서도 빛이 난다. / …만이 빛나는 것은 아니다.'라는 문장 구조를 반복하여 운율을 형성하고 있다. (나)는 7연에서 '얼마큼 작으냐'라는 문장을 반복하여 운율을 형성하고 있다.

15 난도 ★☆☆ 　　　　　　　　　　　　정답 ③

현대 문학 > 현대 시

정답의 이유

③ ⓐ의 '절정 위'는 부정적 현실에 대하여 적극적으로 비판하고 저항하는 삶을 의미한다. 그런데 자신에게 불리한 인사 평가 제도에 대해 불평하는 회사원은 부정적 현실에 대하여 저항한다기보다는 개인의 이익을 추구하는 모습이라 볼 수 있다. 또한 불만에 대하여 직접 나서서 해결하지 않고 그저 불평만 하는 것은 소극적 태도에 해당한다. 따라서 ⓐ의 삶을 구현하고 있는 인물로 보기 어렵다.

오답의 이유

① 악덕 기업의 제품 불매 운동에 참여하고 있는 중학생은 부정적 현실에 대하여 적극적으로 비판하고 저항하는 '절정 위'의 삶을 구현하고 있는 인물이다.

② 불합리한 외교조약에 대해 반대시위를 벌이는 시민은 부정적 현실에 대하여 적극적으로 비판하고 저항하는 '절정 위'의 삶을 구현하는 인물이다.

④ 대기업의 노동 착취에 대해 비판적 논조의 기사를 쓴 기자는 부정적 현실에 대하여 적극적으로 비판하고 저항하는 '절정 위'의 삶을 구현하는 인물이다.

작품 해설

(가) 천양희, 「그 사람의 손을 보면」
- 갈래: 자유시, 서정시
- 성격: 사색적, 교훈적, 예찬적
- 주제: 자신이 맡은 일을 성실하게 수행하는 삶의 가치
- 특징
  - 동일한 시어나 시구, 유사한 문장 구조를 반복하여 운율을 형성함
  - 대조적인 의미의 시구를 제시하여 주제를 부각함
  - 시선의 이동에 따른 시상 전개를 보여 줌

(나) 김수영, 「어느 날 고궁을 나오면서」
- 갈래: 자유시, 서정시
- 성격: 자기 반성적, 현실 비판적, 자조적
- 주제: 부정한 권력과 사회 부조리에 저항하지 못하는 소시민의 자기반성
- 특징
  - 실제 경험을 바탕으로 구체적인 사건들을 나열함
  - 상황을 대비함으로써 주제를 선명히 드러냄
  - 자조적인 독백을 통하여 반성적 태도를 보임

16 난도 ★★★ 　　　　　　　　　　　　정답 ④

문법 > 고전 문법

정답의 이유

④ ⓑ의 주어는 '이 사람미'이고 ⓒ의 주어는 '大王이'로 모두 3인칭이다. 주어의 인칭이 동일하므로 ⓑ와 ⓒ를 통해 주어의 인칭에 따라 의문형 어미가 달리 나타나는 경우가 있었는지 확인할 수 없다.

오답의 이유

① ⓐ의 '나니이다'는 동사 '나다'의 어간 '나-'에 객관적 믿음의 선어말 어미 '-니-'와 상대 높임의 선어말 어미 '-이-'가 결합한 것이다. 이것이 '났습니다'라고 해석되는 것으로 보아 중세국어에는 과거 시제 선어말 어미 없이 과거를 표현하였음을 확인할 수 있다.

② ⓒ에서 서술어 '出令ᄒᆞ샤ᄃᆡ'는 '출령ᄒ-'에 주체 높임의 선어말 어미 '-샤-'와 종속적 연결 어미 '-ᄃᆡ'가 결합한 것이다. 이를 통해 중세국어에는 서술어의 주체를 높이는 방법 중 하나로 선어말 어미를 사용하였음을 확인할 수 있다.

③ ⓑ에서 '닐온'의 기본형은 '니르다'이며 현대국어에서는 두음 법칙이 적용되어 '이르다'로 쓰인다. 이를 통해 현대국어에서는 두음 법칙의 적용을 받는 단어들이 중세국어에서는 두음 법칙의 적용을 받지 않았음을 확인할 수 있다. ⓑ에서 '뜨들'은 '뜻'을 의미하는 '뜯'에 목적격 조사 '을'이 결합한 것이다. 중세국어의 목적격 조사에는 '을'과 '을'이 있는데 '뜯'에 음성모음인 'ㅡ'가 왔으므로 모음조화 현상에 의해 목적격 조사도 이와 동일한 음성모음 'ㅡ'가 사용된 '을'이 결합하였다. 이를 통해 중세국어에는 특정 부류의 모음이 같이 나타나는 모음조화 현상이 엄격히 지켜졌다는 것을 알 수 있다.

중세국어의 의문형 어미

- 주어가 1 · 3인칭인 경우

판정의문문 (의문사 無)	– 상대방에게 '예', '아니요'의 대답을 요구하는 의문문 – '아' 계열의 의문형 어미 사용: –ㄴ가, –잇가, –녀 등 예 가 잇논가(가 있는가?), 미드니잇가(믿었습니까?) 등
설명의문문 (의문사 有)	– 상대방에게 구체적인 설명을 요구하는 의문문 – '오' 계열의 의문형 어미 사용: –ㄴ고, –잇고, –뇨 등 예 어듸 가난고(어디 가는가?), 가리잇고(가겠습니까?) 등

- 주어가 2인칭인 경우: 의문사와 상관없이 의문형 어미 '–ㄴ다/는다'를 사용

  예 네 엇뎨 안다(네가 어떻게 알았니?)

---

17 난도 ★★☆   정답 ②

고전 문학 > 고전 운문

정답의 이유

② (가)에서는 '이 내 임을 어이할꼬'라는 의문형 진술을 통해 사랑하는 임의 죽음에 대한 슬픔과 체념을 드러내고 있다. (나)에서는 '녀든 길 알픽 잇거든 아니 녀고 엇절고'라는 의문형 진술을 통해 학문에 정진하겠다는 의지를 드러내고 있다. (다)에서는 '한숨아 셰 한숨아 네 어닉 틈으로 드러온다'라는 의문형 진술을 통해 화자의 답답한 심정을 드러내고 있다.

오답의 이유

① (다)의 중장에서 화자는 다양한 문과 자물쇠 등을 열거하며 시름을 막고 싶은 화자의 마음을 과장해서 표현하고 있다. (가)와 (나)에서는 과장적 표현을 사용하고 있지 않다.

③ (나)는 '고인(古人)도 날 못 보고 나도 고인 못 뵈'에서, (다)는 '네 어닉 틈으로 드러온다'에서 유사한 문장 구조의 반복이 나타나지만 (가)는 유사한 문장 구조의 반복이 나타나지 않는다.

④ (가), (나), (다) 모두 반어적 표현을 사용하고 있지 않다.

---

18 난도 ★★☆   정답 ①

고전 문학 > 고전 운문

정답의 이유

① ㉠에서는 임의 죽음에 대한 체념의 정서가 나타난다. 이와 가장 유사한 정서가 드러나는 것은 김춘수의 「강우」이다. '지금은 어쩔 수가 없다고'라는 구절에서 슬픔과 체념의 정서가 드러남을 확인할 수 있다.

오답의 이유

② 오세영의 「자화상2」에서는 세속적 욕심을 버리고 빈 가지 끝에 홀로 앉아 먼 지평선을 응시하는 까마귀와 같이 순결하고 고고한 삶을 살아가겠다는 의지적 태도를 보여준다.

③ 김종삼의 「누군가 나에게 물었다」에서 화자는 일상적 삶을 살아가는 평범한 사람들이 시인임을 강조하며 '그런 사람들'에 대한 예찬적 태도를 보여준다.

④ 이육사 「꽃」에서는 하늘도 다 끝나고 비 한 방울 내리지 않는 고난의 상황에서도 '오히려 꽃은 빨갛게 피지 않는가'라고 하며 현실 극복 의지를 보여준다.

---

19 난도 ★☆☆   정답 ④

고전 문학 > 고전 운문

정답의 이유

④ (나)와 (다)는 각각 연시조와 사설시조로, 시조는 종장의 첫 음보가 3음절로 고정된다는 형식적 특징을 갖는다. (나)와 (다) 종장의 첫 음보는 '녀든 길'과 '어인지'이므로 두 작품 모두 종자의 첫 음보 음절 수가 3음절로 지켜지고 있음을 확인할 수 있다.

오답의 이유

① (나)는 평시조로, 4음보의 전통적인 율격으로 이루어져 있다.

② (다)는 사설시조로, 중장이 다른 장에 비해 길어진 구성을 취한다.

③ (나)와 (다) 모두 시조이며, 시조는 초장, 중장, 종장의 3장 구성으로 이루어진다는 특징이 있다.

작품 해설

(가) 작자 미상, 「공무도하가」

- 갈래: 고대 가요
- 성격: 서정적, 애상적, 체념적
- 주제: 임의 죽음으로 인한 이별의 슬픔과 한
- 특징
  - '물'의 상징적 의미를 중심으로 시상을 전개함
  - 시적 화자의 절박한 심정을 직접적으로 표현함

(나) 이황, 「도산십이곡」

- 갈래: 평시조, 연시조
- 성격: 교훈적, 관조적, 예찬적, 회고적
- 주제: 자연에 동화된 삶과 학문 수양에 정진하는 마음
- 특징
  - 총12수의 연시조로 · 내용상 '언지(言志)' 전 6곡과 '언학(言學)' 후 6곡으로 나뉨
  - 자연과 학문에 대한 진지한 성찰이 드러남
  - 현실을 도피하여 자연을 벗 삼아 지내면서 쓴 강호가도의 대표적인 작품

(다) 작자 미상, 「한숨아 셰 한숨아 ~」

- 갈래: 사설시조
- 성격: 해학적, 과장적, 수심가(愁心歌)
- 주제: 그칠 줄 모르는 시름
- 특징
  - 한숨을 의인화하여 삶의 애환을 해학적으로 표현함
  - 반복법, 열거법 등을 사용하여 화자의 심정을 표현함

20 난도 ★★☆ 　　　　　　　　　　정답 ②

고전 문학 > 고전 수필

정답의 이유

② 제시된 작품은 '수오재'에 대한 의문 제기로 시작하여 자문자답을 통해 대상에 대한 의미를 밝히고, '나'를 잃고 살았던 과거의 삶을 반성하고 본질적 자아를 지키는 것이 바로 '나'를 지키는 것임을 깨달아 가는 과정을 보여준다. 따라서 대상에 대한 의문을 타인과의 문답 과정을 통해 해소하고 있다는 설명은 적절하지 않다.

오답의 이유

① '내 밭을 지고 달아날 자가 있는가. 밭은 지킬 필요가 없다. 내 집을 지고 달아날 자가 있는가. 집은 지킬 필요가 없다. ~ 그러니 천하 만물은 모두 지킬 필요가 없다.'와 '이익으로 꾀면 떠나가고, 위험과 재앙이 겁을 주어도 떠나간다. ~ 어찌 실과 끈으로 묶고 빗장과 자물쇠로 잠가서 나를 굳게 지키지 않겠는가.'를 통해 열거의 방식으로 깨달음의 내용을 제시하고 있음을 알 수 있다.

③ '맹자가 말씀하시기를 ~ 이 말씀이 진실이다.'를 통해 옛 성현의 말을 인용하여 본질적 자아를 지키는 것이 중요하다는 자신의 주장에 설득력을 높이고 있음을 알 수 있다.

④ "나와 굳게 맺어져 있어 서로 떨어질 수 없는 사물 가운데 나[吾]보다 더 절실한 것은 없다. 그러니 굳이 지키지 않아도 어디로 가겠는가. 이상한 이름이다."를 통해 서두에서 대상에 대한 의문을 제기하며 독자의 관심과 흥미를 유발하고 있음을 알 수 있다.

21 난도 ★★☆ 　　　　　　　　　　정답 ④

고전 문학 > 고전 수필

정답의 이유

④ '이때 둘째 형님도 나[吾]를 잃고 나를 쫓아 남해 지방으로 왔는데, 역시 나[吾]를 붙잡아서 그곳에 함께 머물렀다.'를 통해 둘째 형님 역시 귀양을 와서 본질적 자아를 찾았음을 알 수 있다.

오답의 이유

① '이게 바로 큰형님이 그 거실에 수오재라고 이름 붙인 까닭일 것이다.'를 통해 알 수 있다.

② '그러다가 결국 처지가 바뀌어 조정에 나아가 검은 사모관대에 비단 도포를 입고, 12년 동안이나 대낮에 미친 듯이 큰길을 뛰어다녔다.'를 통해 '나'가 과거에 급제하여 10년 이상 나랏일을 하였음을 알 수 있다.

③ '내가 장기로 귀양 온 뒤에 혼자 지내면서 곰곰이 생각해 보다가, 하루는 갑자기 이 의문점에 대해 해답을 얻게 되었다.'를 통해 '나'는 수오재에 대해 생긴 의문에 대한 해답을 장기에 와서 얻었음을 알 수 있다.

22 난도 ★★☆ 　　　　　　　　　　정답 ③

고전 문학 > 고전 수필

정답의 이유

③ '내 책을 훔쳐 없앨 자가 있는가. 성현의 경전이 세상에 퍼져 물이나 불처럼 흔한데, 누가 감히 없앨 수 있겠는가.'를 통해 책은 널리 퍼져 없애기 어렵다는 것을 확인할 수 있으며, '아주 친밀하게 붙어 있어서 서로 배반하지 못할 것 같다가도, 잠시 살피지 않으면 어디든지 못가는 곳이 없다.'를 통해 ⊙ '나[吾]'는 살피지 않으면 금세 달아난다는 것을 확인할 수 있다.

오답의 이유

① '내 밭을 지고 달아날 자가 있는가. 밭은 지킬 필요가 없다.'를 통해 누가 훔쳐 가기 쉬운 밭이라는 설명이 적절하지 않음을 확인할 수 있다.

② '내 옷이나 양식을 훔쳐서 나를 옹색하게 하겠는가.'를 통해 옷이 나를 옹색하게 만든다는 설명이 적절하지 않으며, '마음을 울리는 아름다운 음악 소리만 들어도 떠나가며, 눈썹이 새까맣고 이가 하얀 미인의 요염한 모습만 보아도 떠나간다.'를 통해 유혹에 쉽게 떠나가지 않는다는 설명이 적절하지 않음을 확인할 수 있다.

④ '내 정원의 여러 가지 꽃나무나 과일나무들을 뽑아 갈 자가 있는가. 그 뿌리는 땅속에 깊이 박혔다.'를 통해 누군가가 가져가면 돌아오지 않는 양식이라는 설명이 적절하지 않으며, '한 번 가면 돌아올 줄을 몰라서, 붙잡아 만류할 수가 없다.'를 통해 떠났다가도 곧 돌아온다는 설명이 적절하지 않음을 확인할 수 있다.

> **작품 해설**
>
> 정약용, 「수오재기」
> • 갈래: 고전 수필, 한문 수필
> • 성격: 자성적, 회고적, 교훈적
> • 주제: 본질적 자아를 지키는 것의 중요성
> • 특징
> 　– 경험과 사색, 자문자답을 통하여 사물의 의미를 도출하고 삶에 대하여 성찰함
> 　– 의문을 제기하고 그에 대한 깨달음을 얻어 가는 과정을 통하여 독자의 공감을 유발함

23 난도 ★★☆ 　　　　　　　　　　정답 ③

비문학 > 사실적 읽기

정답의 이유

③ 제시된 글에서 이차 프레임의 효과에 대한 전문가의 견해를 인용하고 있지 않다.

오답의 이유

① 이차 프레임의 일반적인 기능을 세 가지로 나누어 제시하고 있으며, '먼저', '다음으로', '마지막으로'라는 표지를 사용하여 병렬적으로 나열하고 있다.

② 광고에서 이차 프레임을 활용해 상품을 주목받도록 하거나 영화에서 작중 인물을 문이나 창을 통해 반복적으로 보여주며 세상으로부터 격리된 상황을 시각화하는 등 이차 프레임이 사용되는 다양한 예시를 제시하고 있다.

④ '프레임(frame)은 영화와 사진 등의 시각 매체에서 화면 영역과 화면 밖의 영역을 구분하는 경계로서의 틀을 말한다.'와 "문, 창, 기둥, 거울 등 주로 사각형이나 원형의 형태를 갖는 물체들을 이용하여 프레임 안에 또 다른 프레임을 만드는 경우가 있다. 이런 기법을 '이중 프레이밍', 그리고 안에 있는 프레임을 '이차 프레임'이라 칭한다."에서 프레임, 이중 프레이밍, 이차 프레임의 개념을 제시하고 있다.

24 난도 ★☆☆   정답 ③

어휘 > 한자어

[정답의 이유]

③ 환기(喚起)는 문맥상 '주의나 여론, 생각 따위를 불러일으킴'을 의미한다.

25 난도 ★★☆   정답 ②

비문학 > 사실적 읽기

[정답의 이유]

② 2문단에서 '그리고 이차 프레임 내부의 대상과 외부의 대상 사이에는 정서적 거리감이 조성되기도 한다.'라고 하였으므로 이차 프레임 안의 대상과 밖의 대상 사이에 거리감이 조성되기도 한다는 이해는 적절하다.

[오답의 이유]

① 1문단에서 '카메라로 대상을 포착하는 행위는 현실의 특정한 부분만을 떼어내 프레임에 담는 것으로, 찍은 사람의 의도와 메시지를 내포한다.'라고 하였으므로 프레임 밖의 영역에 찍은 사람의 의도와 메시지가 담긴다는 이해는 적절하지 않다.

③ 1문단에서 '대상을 틀로 에워싸기 때문에 시각적으로 강조하는 효과가 있으며, 대상이 작거나 구도의 중심에서 벗어나 있을 때도 존재감을 부각하기가 용이하다.'라고 하였으므로 이차 프레임 내 대상의 크기가 작을 경우 대상의 존재감이 강조되기 어렵다는 이해는 적절하지 않다.

④ 3문단에서 '가령 이차 프레임 내부 이미지의 형체를 식별하기 어렵게 함으로써 관객의 지각 행위를 방해하여, 강조의 기능을 무력한 것으로 만들거나 서사적 긴장을 유발하기도 한다.'라고 하였으므로 이차 프레임 안의 화면을 식별하기 어렵게 만들 경우 역설적으로 대상을 강조하는 효과가 발생한다는 이해는 적절하지 않다.

국어 | 2022년 법원직 9급

한눈에 훑어보기

 영역 분석

어휘 08
1문항, 4%

문법 04 09 14 15 16 17 18 19 24 25
10문항, 40%

고전 문학 10 11 12 13
4문항, 16%

현대 문학 20 21 22 23
4문항, 16%

비문학 01 02 03 05 06 07
6문항, 24%

✓ **빠른 정답**

01	02	03	04	05	06	07	08	09	10
④	④	③	②	③	①	③	③	④	③
11	**12**	**13**	**14**	**15**	**16**	**17**	**18**	**19**	**20**
①	④	④	②	③	④	②	②	②	②
21	**22**	**23**	**24**	**25**					
①	①	③	②	②					

✓ **점수 체크**

구분	1회독	2회독	3회독
맞힌 문항 수	/ 25	/ 25	/ 25
나의 점수	점	점	점

01 난도 ★☆☆   정답 ④

비문학 > 글의 전개 방식

정답의 이유

④ 제시된 글에서는 학교 팽창의 원인을 학습 욕구 차원, 경제적 차원, 정치적 차원, 사회적 차원으로 나누어 설명하고 있다. 그러나 학교 팽창의 원인에 대한 역사적 의의나 현대사회가 나아가야 할 방향은 제시하지 않았다.

오답의 이유

① 1문단의 '무엇이 학교를 이토록 팽창하게 만들었을까?'를 통해 의문문을 활용하여 독자의 궁금증을 유발하고 있음을 확인할 수 있다.

② 학교 팽창의 원인을 학습 욕구 차원, 경제적 차원, 정치적 차원, 사회적 차원으로 나누어 문단별로 설명함으로써 특정 현상의 원인을 병렬적으로 제시하고 있음을 확인할 수 있다.

③ 1문단의 '예를 들어 한국의 대학생 수는 1945년 약 8000명이었지만, 2010년 약 350만 명으로 증가했다.'를 통해 학교가 팽창하게 된 현상에 대해 수치 자료를 예로 제시하며 설명하고 있음을 확인할 수 있다.

02 난도 ★★☆   정답 ④

비문학 > 추론적 읽기

정답의 이유

④ 3문단의 '경제적 차원에서 학교는 산업사회가 성장하는 데 있어서 필수적인 인력 양성 기관의 역할을 담당하였다. ~ 이러한 산업사회의 과제를 해결하기 위한 기관이 학교였다. 산업 수준이 더욱 고도화됨에 따라 학교 교육의 기간도 장기화된다.'를 통해 산업 수준이 더욱 고도화되면서 산업사회의 과제를 해결하기 위한 기관이 학교이기 때문에 학교가 팽창되었다는 것은 사회적 차원이 아니라 경제적 차원에서 바라보는 관점이므로 적절하지 않다.

오답의 이유

① 2문단의 '먼저 학습 욕구 차원에서, 인간은 지적·인격적 성장을 위한 학습 욕구를 지니고 있다.'를 통해 확인할 수 있다.

② 3문단의 '다음으로 경제적 차원에서 학교는 산업사회가 성장하는 데 있어서 필수적인 인력 양성 기관의 역할을 담당하였다.'를 통해 확인할 수 있다.

③ 4문단의 '다음으로 정치적 차원에서 학교는 국민통합을 이룰 수 있는 장치였다. 통일국가에서는 언어, 역사의식, 가치관, 국가이념 등을 모든 국가 구성원들에게 가르쳐야 했다. ~ 학교에서의 의무교육제도는 국민통합 교육을 위한 국가적 필요에 의해 시작된 것으로 볼 수 있다.'를 통해 확인할 수 있다.

03 난도 ★★★

정답 ③

비문학 > 추론적 읽기

정답의 이유

③ 5문단의 '막스 베버는 그의 저서 『경제와 사회』에서 ~ 나아가 그는 높은 학력을 가진 사람은 사회경제적으로 높은 지위를 독점할 수 있다고 기술한 바 있다.'와 〈보기〉의 'A는 학교가 학생들의 능력에 따라 성적을 주고, ~ 높은 학력을 통해 능력을 인정받은 개인은 희소가치가 높은 노동을 제공함으로써 높은 소득을 얻고 계층 상승을 이룰 수 있다고 본다.'를 통해 막스 베버와 A는 모두 학력을 통해 높은 계층의 지위를 차지할 수 있다고 생각함을 확인할 수 있다.

오답의 이유

① 5문단의 '학력은 각자의 능력을 판단하는 잣대로 활용되었다. 막스 베버는 ~ 높은 학력을 가진 사람은 사회경제적으로 높은 지위를 독점할 수 있다고 기술한 바 있다.'와 〈보기〉의 'A는 학교가 학생들의 능력에 따라 성적을 주고, ~ 높은 학력을 통해 능력을 인정받은 개인은 희소가치가 높은 노동을 제공함으로써 높은 소득을 얻고 계층 상승을 이룰 수 있다고 본다.'를 통해 막스 베버와 A는 모두 고학력을 취득한 사람이 저학력을 취득한 사람보다 능력이 뛰어나다고 생각함을 확인할 수 있다.

② 5문단의 '막스 베버는 그의 저서 『경제와 사회』에서 ~ 과거에는 명문가의 족보가 필요했지만, 오늘날에는 학력증명이 있어야 한다고 주장했다. 나아가 그는 높은 학력을 가진 사람은 사회경제적으로 높은 지위를 독점할 수 있다고 기술한 바 있다.'와 〈보기〉의 'B는 상급 학교의 진학은 개인의 능력만을 반영하지 않고 부모의 사회적 지위와 소득의 영향을 받는다고 본다.'를 통해 B는 막스 베버와 달리 사회경제적으로 높은 지위를 차지하기 위해서 개인의 학력보다 부모의 지위가 중요하다고 생각함을 확인할 수 있다.

④ 5문단의 '막스 베버는 그의 저서 『경제와 사회』에서 ~ 높은 학력을 가진 사람은 사회경제적으로 높은 지위를 독점할 수 있다고 기술한 바 있다.'와 〈보기〉의 'B는 상급 학교의 진학은 개인의 능력만을 반영하지 않고 부모의 사회적 지위와 소득의 영향을 받는다고 본다.'를 통해 B는 막스 베버와 달리 높은 관직에 오르기 위해서는 명문가에서 태어나는 것이 뛰어난 학력을 가지는 것보다 중요하다고 생각함을 확인할 수 있다.

04 난도 ★☆☆

정답 ②

문법 > 통사론

정답의 이유

② '철수가 산책했던'은 관형사형 어미 '-던'이 결합한 관형절이며, 주어 '공원은'을 수식하고 있다. 따라서 부사절이라는 설명은 적절하지 않다.

오답의 이유

① '동생이 산'은 관형사형 어미 '-ㄴ'이 결합한 관형절이며, 목적어 '사탕을'을 수식하고 있다.

③ '숙소로 돌아가기'는 명사형 어미 '-기'가 결합한 명사절이며, 목적격 조사 '를'과 결합하여 안은문장의 목적어로 쓰이고 있다.

④ '학교에 가기'는 명사형 어미 '-기'가 결합한 명사절이며, 부사격 조사 '에'와 결합하여 안은문장의 부사어로 쓰이고 있다.

> [!NOTE] 더 알아보기
>
> **명사절을 안은문장**
> - 문장에서 주어, 목적어, 관형어, 부사어 등의 기능을 하는 명사절을 안은문장이다.
> - 명사형 어미 '-(으)ㅁ, -기'와 '-는 것' 등이 사용된다.
>   - 예 영희가 그 일에 관여했음이 밝혀졌다. (주어)
>   - 예 아침에 네가 일어나기를 기다렸다. (목적어)
>   - 예 너는 말하기 전에 한 번 더 생각해 보아라. (관형어)
>   - 예 네가 노력하기에 따라 결과가 달라진다. (부사어)
>   - 예 이상 기후 현상이 나타난다는 것은 사실이다. (주어)
>
> **관형절을 안은문장**
> - 문장에서 관형어의 기능을 하는 절을 안은문장이다.
> - 관형사형 어미 '-(으)ㄴ, -는, -(으)ㄹ, -던' 등이 사용된다.
>   - 예 이 옷은 어제 내가 입은 옷이다.
>   - 예 어려서부터 내가 먹던 맛이 아니다.
>
> **부사절을 안은문장**
> - 문장에서 부사어의 기능을 하는 절을 안은문장이다.
> - '-게, -도록' 등이 사용된다.
>   - 예 그 집은 조명이 아름답게 장식되어 있다.
>   - 예 나는 철수가 편히 쉴 수 있도록 자리를 비켜주었다.

05 난도 ★★☆

정답 ③

비문학 > 글의 전개 방식

정답의 이유

③ 제시된 글에서는 '기업전략'이라는 개념을 소개하고 구체적인 예로 '기업 다각화 전략'을 제시하여 자세히 설명하고 있다.

오답의 이유

① '기업 전략'이나 '기업 다각화 전략'이 성립하게 된 배경이나 역사적 의의를 서술하지 않았다.

② '기업 다각화 전략'의 장점을 제시하였으나, 단점 또는 단점을 극복하는 방안들을 서술하지 않았다.

④ '리처드 러멜트'라는 학자의 구분법을 소개하였으나, 다양한 학자들의 견해를 비교하지 않았다.

06 난도 ★★★

정답 ①

비문학 > 추론적 읽기

정답의 이유

① 불경기와 호경기가 반복적으로 순환되는 사업의 경우 안정적으로 경제성을 창출하기 위해 '비관련' 분야의 다각화를 해야 함을 추론할 수 있으므로 a에는 '비관련'이 들어가야 한다. 또한 다각화 전략을 활용하면 경기가 불안정할 때에도 자금 순환의 안정성을 확보할 수 있으므로 b에는 '확보'가 들어가야 한다.

07 난도 ★★☆
정답 ③

비문학 > 사실적 읽기

정답의 이유

③ 4문단의 '새로운 인력을 채용하여 교육시키는 데 많은 시간과 비용이 들어감을 고려하면, 다각화된 기업은 신규 기업에 비해 훨씬 우월한 위치에서 경쟁할 수 있다.'를 통해 신규 기업은 새로운 인력을 채용하고 교육하는 것에 부담이 있음을 확인할 수 있다.

오답의 이유

① 3문단의 '범위의 경제성이란 하나의 기업이 동시에 복수의 사업 활동을 하는 것이, 복수의 기업이 단일의 사업 활동을 하는 것보다 총비용이 적고 효율적이라는 이론이다.'를 통해 한 기업이 제품A, 제품B를 모두 생산하는 것이 서로 다른 두 기업이 각각 제품A, 제품B를 생산하는 것보다 효과적임을 확인할 수 있다.

② 4문단의 '또한 다각화된 기업은 기업 내부 시장을 활용함으로써 새로운 가치를 창출할 수 있다. 여러 사업부에서 나오는 자금을 통합하여 활용할 수 있는 내부 자본시장을 갖추었을 뿐 아니라'를 통해 다각화된 기업은 여러 사업부에서 나오는 자금을 통합하여 활용할 수 있음을 확인할 수 있다.

④ 2문단의 '리처드 러멜트는 미국의 다각화 기업을 구분하며, 관련 사업에서 70% 이상의 매출을 올리는 기업을 관련 다각화 기업, 70% 미만의 매출을 올리는 기업을 비관련 다각화 기업으로 명명했다.'를 통해 리처드 러멜트에 의하면 관련 사업에서 70% 이상의 매출을 올리는 기업이 관련 다각화 기업임을 확인할 수 있다.

08 난도 ★★☆
정답 ③

어휘 > 한자어

정답의 이유

③ '창출(創出: 비롯할 창, 날 출)'이란 '전에 없던 것을 처음으로 생각하여 지어내거나 만들어 냄'이라는 의미이다. '사업 따위를 처음으로 이루어 시작함'이라는 의미를 가진 단어는 '창업(創業: 비롯할 창, 업 업)'이다.

오답의 이유

① 구성(構成: 얽을 구, 이룰 성): 몇 가지 부분이나 요소들을 모아서 일정한 전체를 짜 이룸 또는 그 이룬 결과

② 기여(寄與: 부칠 기, 더불 여): 도움이 되도록 이바지함

④ 우월(優越: 넉넉할 우, 넘을 월): 다른 것보다 나음

09 난도 ★★☆
정답 ④

문법 > 고전 문법

정답의 이유

④ ㉣은 의문사 '어디(어듸)'에 대한 답을 요구하는 설명 의문문이며 'ᄒᆞ라체' 상대 높임 등급이므로 어미 '-뇨'가 사용된 것이다.

오답의 이유

① ㉠의 '이 딸이 너희의 종인가?'는 가부(可否)에 대한 대답을 요구하는 판정 의문문이므로 의문 보조사 '가'가 사용된 것이다.

② ㉡의 '얻는 약이 무엇인가?'는 의문사 '무엇'에 대한 답을 요구하는 설명 의문문이므로 의문 보조사 '고'가 사용된 것이다.

③ ㉢의 '네가 믿느냐 아니 믿느냐?'는 2인칭 주어 의문문이므로 어미 '-ㄴ다'가 사용된 것이다.

10 난도 ★★☆
정답 ③

고전 문학 > 고전 운문

정답의 이유

③ 제시된 작품 중 (가)는 이별의 정한을 노래한 고려 가요이고, (나)는 임과 영원히 함께 하고 싶은 소망을 노래한 고려 가요이다. (가)에서는 '질삼뵈 ᄇᆞ리시고 ~ 우러곰 좃니노이다'를 통해 생업의 기반인 길쌈하던 베를 버리고 임을 좇아가겠다는 화자의 태도를 드러내고 있고, (나)에서는 '구운 밤, 옥 연꽃, 무쇠 옷, 무쇠 소'를 소재로 불가능한 상황을 설정해 임과 이별하지 않겠다는 화자의 의지를 드러내고 있다. 따라서 (가)와 (나)는 모두 임과 이별하고 싶지 않아 하는 화자의 모습이 드러남을 확인할 수 있다.

오답의 이유

① (가)에서는 '비 내여 노흔다 샤공아'를 통해 임이 떠나간 배를 내어놓은 사공을 원망하고 있는데, 이는 임에 대한 원망을 사공에게 전가한 표현이다. 따라서 (가)에서만 시적 대상에 대한 원망의 정서가 드러나고 있다.

② (가)에서는 '닷곤 ᄃᆡ 쇼셩경 고외마른'을 통해 자신이 거주하는 공간인 서경에 대해 애정을 드러내고 있다. 따라서 (가)에서만 자신이 거주하는 공간에 대한 애정을 드러내고 있다.

④ (나)에서는 '구운 밤, 옥 연꽃, 무쇠 옷, 무쇠 소'를 소재로 불가능한 상황을 설정하여 이러한 상황이 일어나야만 임과 이별하겠다고 이야기하고 있는데, 이는 임과 절대로 이별하지 않겠다는 화자의 의지를 드러낸 표현이다. 따라서 (나)에서만 불가능한 상황을 설정해 화자의 의지를 드러내고 있다.

11 난도 ★☆☆
정답 ①

고전 문학 > 고전 운문

정답의 이유

① (가)는 고려 시대 평민들이 부르던 노래인 고려 가요로, 3음보와 3·3·2조(3·3·3조)의 음수율이 나타난다. 따라서 3음보의 전통적인 율격을 가진 문학 갈래이므로 4음보의 율격을 지녔다는 설명은 적절하지 않다.

오답의 이유

② 고려 가요에서는 연마다 반복되는 여음구(후렴구)가 등장하여 음악성을 부여하고 있다.

③ '긴힛ᄯᆞᆫ 그츠리잇가', '신(信)잇ᄃᆞᆫ 그츠리잇가'라는 설의적 표현을 사용하여 임에 대한 믿음이 끊어지지 않을 것이라는 화자의 정서를 드러내고 있다.

④ '위 두어렁셩 두어렁셩 다링디리'는 악기 소리를 활용한 후렴구로, 경쾌한 리듬감을 형성하고 있다.

고려 가요의 특징

형식	대체로 3 · 3 · 2조 3음보로 분연체이며, 후렴구 또는 조흥구가 발달했다.
작자	미상(未詳)의 평민층 작품으로 어느 개인의 창작이라기보다는 구전되는 동안에 민요적 성격을 띠게 된 것으로 본다.
내용	• 남녀 간의 애정, 이별의 아쉬움, 자연 예찬 등 민중들의 소박하고 풍부한 정서를 진솔하게 표현하였다. • 조선 시대에는 고려 가요를 남녀상열지사라고 하여 많은 작품이 삭제되었다.

12 난도 ★☆☆   정답 ④

고전 문학 > 고전 운문

정답의 이유

④ '구스리'는 '구슬이 바위에 떨어져도 끈이 끊어지지 않는다'는 상황에 활용된 소재로, 화자의 사랑과 믿음을 의미한다고 볼 수 있다.

오답의 이유

① '그 바미(그 밤이)'는 '구운 밤에서 싹이 나야만'이라는 불가능한 상황에 활용된 소재이다.

② '그 오시(그 옷이)'는 '무쇠로 만든 옷이 다 헐어야만'이라는 불가능한 상황에 활용된 소재이다.

③ '그 쇠(그 소가)'는 '그 소가 쇠로 된 풀을 먹어야만'이라는 불가능한 상황에 활용된 소재이다.

13 난도 ★★☆   정답 ④

고전 문학 > 고전 운문

정답의 이유

④ (가)의 '대동강'은 임이 떠나가는 이별의 공간을 의미한다. 제시된 작품은 임과의 이별을 노래한 정지상의 「송인(送人)」이라는 한시로, '남포'는 임을 보내는 이별의 공간을 의미한다.

오답의 이유

① 제시된 작품은 삶의 고뇌와 비애를 노래한 작자 미상의 「청산별곡(靑山別曲)」이라는 고려 가요로, '청산(靑山)'은 화자가 동경하는 세계이자 현실 도피의 공간을 의미한다.

② 제시된 작품은 수양 대군의 왕위 찬탈에 항거하는 작가의 의지를 드러낸 성삼문의 시조로, '수양산(首陽山)'은 중국 고사 속 인물인 백이와 숙제가 살던 곳 또는 수양 대군을 의미한다.

③ 제시된 작품은 가을밤을 배경으로 무욕을 노래한 월산 대군의 시조로, '추강(秋江)'은 화자가 있는 공간적 배경을 의미한다.

(가) 작자 미상, 「서경별곡」

• 갈래: 고려 가요

• 성격: 적극적, 직설적

• 주제: 이별의 정한

• 특징
 – 적극적인 태도로 임과의 이별을 거부함
 – 3음보의 율격, 분연체, 후렴구 등 고려 가요의 전형성을 지님

(나) 작자 미상, 「정석가」

• 갈래: 고려 가요

• 성격: 민요적, 송축가

• 주제: 임에 대한 영원한 사랑

• 특징
 – 불가능한 상황을 설정하여 임에 대한 영원한 사랑을 노래함
 – 반복을 통해 상황과 정서를 강조함

14 난도 ★☆☆   정답 ②

문법 > 한글 맞춤법

정답의 이유

② 제시된 문장에서는 '실제로 일어날 수 있는 여러 가지 중에서 어느 것이 일어나도 뒤 절의 내용이 성립하는 데 아무런 상관이 없음을 나타내는 연결 어미'인 '-든지'가 오는 것이 적절하므로 '밥을 먹든지 말든지 네 맘대로 해라.'가 맞는 표현이다. '-던지'는 막연한 의문이 있는 채로 그것을 뒤 절의 사실과 관련시키는 데 쓰는 연결 어미이므로 '얼마나 춥던지 손이 곱아 펴지지 않았다.'와 같이 쓸 수 있다.

오답의 이유

① 밑줄 친 부분의 '-든'은 실제로 일어날 수 있는 여러 가지 중에서 어느 것이 일어나도 뒤 절의 내용이 성립하는 데 아무런 상관이 없음을 나타내는 연결 어미인 '-든지'의 준말이다. 제시된 문장에서는 싫든지 좋든지 이 길로 가는 수밖에 없음을 나타내고 있으므로 어미가 적절하게 쓰였다.

③ 밑줄 친 부분의 '-던'은 앞말이 관형어 구실을 하게 하고, 과거의 어떤 상태를 나타내는 어미이므로 문장에서 적절하게 쓰였다.

④ 밑줄 친 부분의 '-든지'는 실제로 일어날 수 있는 여러 가지 중에서 어느 것이 일어나도 뒤 절의 내용이 성립하는 데 아무런 상관이 없음을 나타내는 연결 어미이므로 문장에서 적절하게 쓰였다.

−더라, −던, −든지(한글 맞춤법 제56항)

• 지난 일을 나타내는 어미는 '−더라, −던'으로 적는다. (ㄱ을 취하고, ㄴ을 버림)

ㄱ	ㄴ
지난겨울은 몹시 춥더라.	지난겨울은 몹시 춥드라.
깊던 물이 얕아졌다.	깊든 물이 얕아졌다.
그렇게 좋던가?	그렇게 좋든가?
그 사람 말 잘하던데!	그 사람 말 잘하든데!
얼마나 놀랐던지 몰라.	얼마나 놀랐든지 몰라.

• 물건이나 일의 내용을 가리지 아니하는 뜻을 나타내는 조사와 어미는 '(−)든지'로 적는다. (ㄱ을 취하고, ㄴ을 버림)

ㄱ	ㄴ
배든지 사과든지 마음대로 먹어라.	배던지 사과던지 마음대로 먹어라.
가든지 오든지 마음대로 해라.	가던지 오던지 마음대로 해라.

15 난도 ★★☆   정답 ③

문법 > 고전 문법

정답의 이유

A: '나라'는 무정물이므로 중세국어의 관형격 조사는 'ㅅ'이 쓰인다. 따라서 '나라+ㅅ'의 형태인 '나랏'으로 써야 한다.

B: '사룸'은 유정물이며 양성 모음이므로 중세국어의 관형격 조사는 '익'가 쓰인다. 따라서 '사룸+익'의 형태인 '사ᄅ미'로 써야 한다.

C: '世尊(세존)'은 유정물이며 종교적으로 높은 대상이므로 중세국어의 관형격 조사는 'ㅅ'이 쓰인다. 따라서 '世尊+ㅅ'의 형태인 '世尊ㅅ'으로 써야 한다.

16 난도 ★☆☆   정답 ④

문법 > 음운론

정답의 이유

④ [A]에서 일어난 음운 변동은 '비음화'로, 앞에 오는 자음인 'ㄱ, ㄷ, ㅂ'이 뒤에 오는 자음인 비음 'ㄴ, ㅁ'을 만나 같은 조음 방법인 비음 'ㅇ, ㄴ, ㅁ'으로 바뀐 것이다. [B]에서 일어난 음운 변동은 '유음화'로, 앞에 오는 자음인 비음 'ㄴ'이 뒤에 오는 자음인 유음 'ㄹ'을 만나 같은 조음 방법인 유음 'ㄹ'로 바뀐 것이다. 따라서 [A]와 [B]에서 일어난 음운 변동은 앞의 자음이 뒤의 오는 자음의 조음 방법에 동화되는 음운 변동이다.

자음 동화

자음과 자음이 만났을 때, 어느 한쪽이 다른 쪽의 영향을 받아 그와 같거나 비슷한 다른 자음으로 바뀌는 현상이다.

• 비음화: 비음(ㄴ, ㅁ, ㅇ)이 아닌 자음이 비음으로 바뀌어 발음되는 현상이다. 받침 'ㄱ(ㄲ, ㅋ, ㄳ, ㄺ), ㄷ(ㅅ, ㅆ, ㅈ, ㅊ, ㅌ, ㅎ), ㅂ(ㅍ, ㄼ, ㄿ, ㅄ)'은 'ㄴ, ㅁ' 앞에서 [ㅇ, ㄴ, ㅁ]으로 발음한다.

[ㄱ]+[ㄴ, ㅁ]→[ㅇ]+[ㄴ, ㅁ]	국물[궁물], 깎는[깡는], 키읔만[키응만], 몫몫이[몽목씨], 읽는[잉는]
[ㄷ]+[ㄴ, ㅁ]→[ㄴ]+[ㄴ, ㅁ]	걷는[건는], 옷맵시[온맵씨], 있는[인는], 잊는[인는], 쫓는[쫀는], 붙는[분는], 놓는[논는]
[ㅂ]+[ㄴ, ㅁ]→[ㅁ]+[ㄴ, ㅁ]	입는[임는], 앞마당[암마당], 밟는[밤는], 읊는[음는], 없는[엄는]

• 유음화: 'ㄴ'은 'ㄹ'의 앞이나 뒤에서 [ㄹ]로 발음한다. 첫소리 'ㄴ'이 'ㅀ', 'ㄾ' 뒤에 연결되는 경우에도 [ㄹ]로 발음한다.

[ㄴ]+[ㄹ]→[ㄹ]+[ㄹ]	난리[날리], 광한루[광할루]
[ㄹ]+[ㄴ]→[ㄹ]+[ㄹ]	줄넘기[줄럼끼], 핥는지[할른지], 뚫는[뚤른], 핥네[할레]

17 난도 ★★☆   정답 ②

문법 > 통사론

정답의 이유

② ㉡에서는 직접 인용절이 간접 인용절로 바뀔 때, 인용격 조사 '라고'가 '고'로 달라지고 큰따옴표가 없어짐을 알 수 있다. 또한 1인칭 대명사인 '나'가 앞에서 이미 말하였거나 나온 바 있는 사람을 도로 가리키는 3인칭 대명사인 '자기'로 달라짐을 알 수 있다. 따라서 지시 대명사로 달라졌다는 설명은 적절하지 않다.

오답의 이유

① ㉠에서는 직접 인용절이 간접 인용절로 바뀔 때, 인용격 조사 '라고'가 '고'로 달라지고 큰따옴표가 없어짐을 알 수 있다. 또한 명령형 어미인 '−거라'가 명령형 어미인 '−으라'로 바뀌어 다른 형태로 나타남을 알 수 있다.

③ ㉢에서는 직접 인용절이 간접 인용절로 바뀔 때, 인용격 조사 '라고'가 '고'로 달라지고 큰따옴표가 없어짐을 알 수 있다. 또한 상대 높임 표현에서 하십시오체의 종결 어미인 '−ㅂ니다'가 '−다'로 바뀌어 직접 인용절에서 사용된 상대 높임 표현이 간접 인용절에서는 나타나지 않음을 알 수 있다.

④ ㉣에서는 직접 인용절이 간접 인용절로 바뀔 때, 인용격 조사 '라고'가 '고'로 달라지고 큰따옴표가 없어짐을 알 수 있다. 또한 직접 인용절의 시간 표현인 '오늘'이 간접 인용절에서는 말하는 시점을 기준으로 '어제'로 바뀌었음을 알 수 있다.

18 난도 ★★☆　　　　정답 ②

문법 > 형태론

정답의 이유

② 제시된 문장의 형태소는 '눈(명사)/이(조사)/녹-(어간)/-으면(어미)/남-(어간)/-은(어미)/발(명사)/자국(명사)/자리(명사)/마다(조사)/꽃(명사)/이(조사)/피-(어간)/-리-(선어말 어미)/-니(어말 어미)'로 나눌 수 있다. 의존 형태소는 어간, 어미, 조사, 접사로, 제시된 문장에서 의존 형태소는 '이, 녹-, -으면, 남-, -은, 마다, 이, 피-, -리-, -니'이므로 총 10개이다.

오답의 이유

① 자립 형태소는 명사, 대명사, 수사, 관형사, 부사, 감탄사로, 제시된 문장에서 자립 형태소는 '눈, 발, 자국, 자리, 꽃'이므로 총 5개이다.

③ 실질 형태소는 명사, 대명사, 수사, 관형사, 부사, 감탄사, 용언의 어간으로, 제시된 문장에서 실질 형태소는 '눈, 녹-, 남-, 발, 자국, 자리, 꽃, 피-'이므로 총 8개이다.

④ 어절은 띄어쓰기의 단위로, 제시된 문장은 '눈이/녹으면/남은/발자국/자리마다/꽃이/피리니'와 같이 총 7개의 어절로 이루어져 있다. 음절은 말소리의 단위로, 제시된 문장은 총 19개의 음절로 이루어져 있다.

19 난도 ★★☆　　　　정답 ②

문법 > 음운론

정답의 이유

② ㉠의 '꽃잎'은 음절의 끝소리 규칙(교체), 'ㄴ' 첨가(첨가), 비음화(교체)가 일어나 [꼰닙]으로 발음되고, ㉡의 '맏며느리'는 비음화(교체)가 일어나 [만며느리]로 발음된다. 따라서 음운의 첨가는 ㉠에서만 나타났으므로 적절하지 않은 설명이다.

오답의 이유

① ㉠의 '꽃잎'은 음절의 끝소리 규칙과 비음화의 음운 교체가 일어나고, ㉡의 '맏며느리'는 비음화의 음운 교체가 일어난다. 또한 ㉢의 '닫혔다'는 음절의 끝소리 규칙과 된소리되기, 구개음화의 음운 교체가 일어나고, ㉣의 '넓죽하다'는 된소리되기의 음운 교체가 일어난다. 따라서 ㉠~㉣은 모두 음운이 교체되는 현상이 일어난다는 설명은 적절하다.

③ ㉢ '닫혔다'는 어근 '닫-'의 받침 'ㄷ'과 접미사 '-히-'의 'ㅎ'이 [ㅌ]으로 축약되고, 'ㅌ'이 'ㅊ'으로 바뀌는 구개음화가 일어났다. 따라서 'ㄷ'과 'ㅎ' 두 개의 음운이 하나로 축약되는 현상이 일어난다는 설명은 적절하다.

④ ㉣의 '넓죽하다'는 자음군 단순화(탈락), 된소리되기(교체), 거센소리되기(축약)가 일어나 [넙쭈카다]로 발음되므로 음운의 탈락과 축약이 일어난다는 설명은 적절하다.

20 난도 ★★☆　　　　정답 ②

현대 문학 > 현대 소설

정답의 이유

② 제시된 작품은 일제 강점기 지식인인 구보가 거리를 배회하면서 보고 생각한 것을 나열하는 방식으로 사건이 전개되는 소설이다. 따라서 특정 인물의 내면 심리를 중심으로 이야기가 전개되고 있다는 설명은 적절하다.

오답의 이유

① 주인공의 행동을 우스꽝스럽게 묘사하며 조롱하는 것은 작품에 나타나지 않았다.

③ 주인공이 예술가로서의 삶과 일상적인 삶의 행복 사이에서 갈등하는 인물의 내적 갈등은 확인할 수 있으나, 인물과 인물 간의 갈등이 드러나지 않았다.

④ 제시된 작품에서는 한 인물의 내적 독백을 통해 사건을 전개하고 있을 뿐, 대화 장면을 빈번하게 제시하지 않았다.

21 난도 ★★☆　　　　정답 ①

현대 문학 > 현대 소설

정답의 이유

① '구보는 한구석에 가 서서 그의 앞에 앉아 있는 노파를 본다. ~ 이미 굳어 버린 그의 안면 근육은 어떠한 다행한 일에도 펴질 턱 없고, 그리고 그의 몽롱한 두 눈은 비록 그의 딸의 그지없는 효양(孝養)을 가지고도 감동시킬 수 없을지 모른다.'를 통해 구보가 '노파'의 가난한 삶을 상상하면서 그녀의 외양을 묘사해 고단한 삶을 표현하고 있음을 확인할 수 있다. 따라서 구보가 '노파'의 가난한 삶을 상상해 보며 그녀의 생기 없는 외양에 대해 생각한다는 것은 적절하다.

오답의 이유

② '구보는 그 시골 신사가 ~ 만약 그에게 얕은 지혜와 또 약간의 용기를 주면 그는 삼등 승차권을 주머니 속에 간수하고 일, 이등 대합실에 오만하게 자리잡고 앉을 게다.'를 통해 구보가 '중년의 시골 신사'의 행동을 상상해 보며 그의 거만한 행동에 대해 비판하고 있음을 확인할 수 있다. 따라서 '중년의 시골 신사'의 행동을 목격한 것이 아니라 상상한 것이다.

③ '문득 구보는 그의 얼굴에서 부종(浮腫)을 발견하고 그의 앞을 떠났다. 신장염. 그뿐 아니라, 구보는 자기 자신의 만성 위확장을 새삼스러이 생각해 내지 않으면 안 되었다.'를 통해 만성 위확장은 구보가 중년 신사의 부종을 보고 연상한 병이므로 '40여 세의 노동자'가 앓고 있는 것이 아님을 확인할 수 있다. 또한

"40여 세의 노동자. ~ 분명한 '바세도우씨'병. 그것은 누구에게든 결코 깨끗한 느낌을 주지는 못한다."를 통해 구보는 '40여 세의 노동자'가 불결한 느낌을 준다고 생각하고 있음을 확인할 수 있으나, 그의 곁에 가서 앉는 행동은 하지 않았다.

④ '그러나 그가, 문 옆에 기대어 섰는 캡 쓰고 린네르 즈메에리 양복 입은 사나이의, 그 온갖 사람에게 의혹을 갖는 두 눈을 발견하였을 때, 구보는 또 다시 우울 속에 그곳을 떠나지 않으면 안 된다.'를 통해 구보는 '양복 입은 사나이'가 타인을 의심하고 불신하는 모습을 목격하고 실망하였음을 확인할 수 있다. 따라서 '양복 입은 사나이'의 행동에 분노를 느낀 것은 아니다.

22 난도 ★★☆　　　　　　　　　　　　　　정답 ①

현대 문학 > 현대 소설

정답의 이유

① '흘낏 구보를 본 그들 내외의 눈에는 자기네들의 행복을 자랑하고 싶어하는 마음이 엿보였는지도 모른다. 구보는, 그들을 업신여겨 볼까 하다가, 문득 생각을 고쳐, 그들을 축복하여 주려 하였다.'를 통해 구보는 행복해 보이는 가족을 바라보며 축복해 주려 하였음을 확인할 수 있으므로 그들을 업신여기려 한다는 것은 적절하지 않다.

오답의 이유

② '구보는 다시 밖으로 나오며, 자기는 어디 가 행복을 찾을까 생각한다. 발 가는 대로, 그는 어느 틈엔가 안전지대에 가 서서, 자기의 두 손을 내려다보았다.'를 통해 구보는 방향성이나 목표가 없이 배회하고 있음을 확인할 수 있다.

③ '그러나 자기와 더불어 그곳에 있던 온갖 사람들이 모두 저 차에 오르는 것을 보았을 때, 그는 저 혼자 그곳에 남아 있는 것에 외로움과 애달픔을 맛본다. 구보는, 움직인 전차에 뛰어올랐다.'를 통해 구보가 혼자 남아 있는 것에 대한 외로움을 느끼고 움직이는 전차에 뛰어올랐음을 확인할 수 있다.

④ '구보는 고독을 느끼고, 사람들 있는 곳으로, 약동하는 무리들이 있는 곳으로, 가고 싶다 생각한다. 그는 눈앞에 경성역을 본다. ~ 다만 구보는 고독을 삼등 대합실 군중 속에 피할 수 있으면 그만이다.'를 통해 구보가 고독을 피하기 위해 경성역으로 향했음을 확인할 수 있다.

23 난도 ★★☆　　　　　　　　　　　　　　정답 ③

현대 문학 > 현대 시

정답의 이유

③ 제시된 작품은 가난하지만 평화로웠던 고향의 모습을 회상하며 고향에 대한 그리움을 노래한 시로, '옛이야기 지줄대는 실개천이 휘돌아 나가고'에서 자연물을 의인화하여 고향의 평화로운 풍경을 제시하고 있음을 확인할 수 있다. 〈보기〉의 작품은 고향 상실의 아픔을 노래한 시로, '흰 점 꽃이 인정스레 웃고'에서 자연물을 의인화하여 자연은 인간과 달리 예전과 변함이 없음을 표현하고 있다. 따라서 제시된 작품과 〈보기〉의 작품 모두 자연물에 인격을 부여하여 대상을 형상화하고 있다는 것은 적절하다.

오답의 이유

① 〈보기〉의 '어린 시절에 불던 풀피리 소리 아니 나고 / 메마른 입술에 쓰디쓰다.'에서 과거의 추억을 잃어버린 상실감을 청각적 심상과 미각적 심상으로 나타내고 있음을 확인할 수 있다. 그러나 제시된 작품에서는 과거의 추억을 잃어버린 현실을 씁쓸하게 드러내는 부분을 확인할 수 없다.

② 〈보기〉의 '고향에 고향에 돌아와도 / 그리던 하늘만이 높푸르구나.'에서 변해 버린 고향에 대한 거리감을 드러내고 있음을 확인할 수 있다. 그러나 제시된 작품에서는 고향과의 거리감, 단절감을 드러내는 부분을 확인할 수 없다.

④ 제시된 작품에서는 시각, 청각, 촉각, 공감각 등 다양한 감각적 심상을 통해 고향의 모습을 형상화하고 있고, 〈보기〉의 작품에서는 시각, 청각, 미각 등 다양한 감각적 심상을 통해 고향의 모습을 형상화하고 있다. 따라서 제시된 작품과 〈보기〉의 작품 모두 다양한 감각적 심상을 활용하고 있다.

작품 해설

정지용, 「고향」
- 갈래: 자유시, 서정시
- 성격: 낭만적, 회고적, 애상적
- 주제: 고향 상실과 인생무상
- 특징
  - 다양한 감각적 이미지를 통해 고향을 형상화함
  - 수미상관 구조를 통해 운율을 형성하고 의미를 강조함

정지용, 「향수」
- 갈래: 자유시, 서정시
- 성격: 향토적, 묘사적, 감각적
- 주제: 고향에 대한 그리움
- 특징
  - 감각적 심상을 활용하여 대상을 선명하게 묘사하고 있음
  - 후렴구가 반복되는 병렬식 구조로 구성하고 있음

24 난도 ★★☆　　　　　　　　　　　　　　정답 ②

문법 > 통사론

정답의 이유

② ㉠의 주성분은 주어 '아이가', 서술어 '잔다'로 총 2개이고, ㉡의 주성분은 주어 '그는', 목적어 '딸을', 서술어 '삼았다'로 총 3개이며, ㉢의 주성분은 주어 '영희가', 목적어 '물을', 서술어 '엎질렀구나'로 총 3개이다. 따라서 ㉠~㉢의 주성분의 개수가 일치한다는 설명은 적절하지 않다.

오답의 이유

① ㉠의 관형어는 '작은', ㉡의 관형어는 '친구의', ㉢의 관형어는 '뜨거운'이다. 따라서 ㉠~㉢은 모두 관형어가 존재한다는 설명은 적절하다.

③ ㉠의 부속 성분은 관형어 '작은', 부사어 '침대에서', 부사어 '예쁘게'로 총 3개이고, ㉡의 부속 성분은 관형어 '친구의', 부사어 '며느리로'로 총 2개이며, ㉢의 부속 성분은 관형어 '뜨거운'으로 총

1개이다. 따라서 ㉠의 부속 성분의 개수가 ㉡, ㉢보다 많다는 설명은 적절하다.

④ ㉠의 부사어 '침대에서'와 '예쁘게'는 필수적 부사어가 아닌 문장에서 생략해도 문장의 구성에 영향을 주지 않는 수의적 부사어이고, ㉡의 부사어 '며느리로'는 서술어 '삼았다'가 필요로 하는 필수적 부사어이다. 따라서 ㉡은 ㉠과 달리 필수적 부사어가 존재한다는 설명은 적절하다.

25 난도 ★★☆ 　　　　　　　　　　　　　　　정답 ②

문법 > 통사론

[정답의 이유]

② ㉠은 대등하게 이어진문장이므로 앞뒤 문장의 순서가 바뀌어도 동일한 의미를 나타내지만, ㉡은 종속적으로 이어진문장이므로 앞뒤 문장의 순서를 바꾸면 문장이 성립되지 않거나 의미가 변화하므로 적절하지 않다.

[오답의 이유]

① ㉠은 앞 절과 뒤 절이 '대조'의 의미 관계를 갖는 연결 어미 '-지만'으로 연결된 대등하게 이어진문장이고, ㉡은 앞 절과 뒤 절이 '조건'의 의미 관계를 갖는 연결 어미 '-면'으로 연결된 종속적으로 이어진문장이다.

③ ㉢은 문장에서 명사처럼 기능하는 절인 명사절을 안은문장이고, ㉣은 문장에서 관형어로 기능하는 절인 관형절을 안은문장이다.

④ ㉢에서 안은문장의 주어는 '언니는'이고, 안긴문장의 주어는 '아이가'이므로 주어가 서로 다르다. ㉣에서 안은문장의 주어는 '영수가'이고, 안긴문장의 주어도 '영수가'이므로 주어가 같다.

✔ 빠른 정답

01	02	03	04	05	06	07	08	09	10
②	④	③	③	③	②	①	②	③	③
11	12	13	14	15	16	17	18	19	20
④	③	④	①	④	④	④	②	③	②
21	22	23	24	25					
③	①	①	③	③					

✔ 점수 체크

구분	1회독	2회독	3회독
맞힌 문항 수	/ 25	/ 25	/ 25
나의 점수	점	점	점

---

01 난도 ★★☆   정답 ②

비문학 > 글의 전개 방식

[정답의 이유]

② 1문단에서는 '달에 갈 때'와 '화성에 갈 때'의 차이점을 제시하고 있으며, 5문단부터는 '화학 로켓'과 '전기적인 추진 방식'의 차이점을 제시하고 있다. 따라서 두 대상의 차이점을 중심으로 내용을 전개하고 있다는 설명은 적절하다.

[오답의 이유]

① 1문단에서 '달에 갈 때'와 '화성에 갈 때'의 사례가 제시되었지만, 다양한 사례를 들어 주장을 강화하고 있다는 설명은 적절하지 않다.

③ 제시된 글에서는 상반되는 두 이론을 제시하지 않았고, 이를 절충한 대안 제시도 없다.

④ 제시된 글에는 특정 대상과 관련된 과학 이론도 없으며, 그 문제점을 지적한 내용도 없다. 5문단에 '화학 로켓'의 문제점에 대한 언급은 있지만, '화학 로켓'을 특정 대상과 관련된 과학 이론으로 볼 수는 없다.

02 난도 ★★☆   정답 ④

비문학 > 사실적 읽기

[정답의 이유]

④ 7문단에서 전기적인 추진 방식은 '에너지가 열로 달아나지 않으므로 그만큼 연비가 높아진다.'라고 하였으므로 적절한 설명이다.

[오답의 이유]

① 1문단에서 '화성에 갈 때는 편도 8개월 정도 걸린다.', '화성 유인 비행은 500일 내지 1,000일 정도가 걸린다.'라고 하였으므로 화성 유인 비행이 왕복 8개월 정도가 걸린다는 설명은 적절하지 않다.

② 5문단에서 '화학 로켓은 추진력은 크지만, 열로 에너지가 달아나므로 그만큼 연비가 낮아진다. 그래서 많은 양의 연료가 필요하다.'라고 하였으므로 화학 로켓의 추진력이 작다는 설명은 적절하지 않다.

③ 3문단에서 '과거에 미국은 달에 인간을 보내기 위해 아폴로 계획에 총 250억 달러를 투자했다고 한다.'라고 하였으므로 달에 인간을 보내기 위해 총 470억 달러를 투자했다는 설명은 적절하지 않다.

03 난도 ★★☆

정답 ③

비문학 > 추론적 읽기

정답의 이유

③ 제시된 글에서는 장기간에 걸친 화성 유인 탐사를 위해 많은 양의 화물이 필요한데 현재 사용되는 화학 로켓의 경우 연비가 낮아 화물을 여러 번에 나누어 운반할 수밖에 없으며, 이를 해결하기 위해 연비가 높은 엔진이 필요하다고 말하고 있다. 2문단에서 '(470톤의) 화물의 운반이 화성 유인 비행에서 가장 큰 문제일 것이다.'라고 하였고, 이를 해결하기 위해 7문단에 '전기 추진을 사용하면 연료를 대폭 감량할 수 있기 때문에 화물의 양이 절반으로 줄어들 것이다.'라고 한 데서 위 내용을 확인할 수 있다. 따라서 화성 유인 탐사를 위해 가장 시급히 해결해야 할 문제는 '연료 소비 효율(연비)을 높이는 것'임을 파악할 수 있다.

오답의 이유

① 3문단에서 '막대한 자금을 투입해서, 다른 용도가 없고 지나치게 거대한 로켓을 만드는 시대는 이미 지났다는 뜻이다.'라고 하였으므로 적절하지 않다.

② 우주 비행사 양성과 관련된 내용은 제시되지 않았다.

④ 화물을 여러 번 나누어 운반할 때 사용하는 우주선 엔진의 연비를 높이는 것이 시급히 해결해야 하는 문제이다. 연비를 높이면 화물을 여러 번 나누어 운반하는 문제는 해결할 수 있다.

04 난도 ★☆☆

정답 ③

문법 > 의미론

정답의 이유

③ ㉠의 '문제'는 '해결하기 어렵거나 난처한 대상 또는 그런 일'을 의미한다. 제시된 글에서는 화성 유인 비행에서 많은 양의 화물을 운반하는 것은 해결하기 어려운 일이라는 뜻으로 사용되었다. ③은 출산율 감소가 해결하기 어렵고 난처한 일이라는 내용이므로 '문제'는 ㉠과 같이 '해결하기 어렵거나 난처한 대상 또는 그런 일'을 뜻한다고 할 수 있다.

오답의 이유

① 논쟁이 된 영화가 개봉된다는 내용이므로 '문제'는 '논쟁, 논의, 연구 따위의 대상이 되는 것'을 뜻한다.

② 그는 어디서나 말썽을 일으켰다는 내용이므로 '문제'는 '귀찮은 일이나 말썽'을 뜻한다.

④ 어려운 문제를 푼다는 내용이므로 '문제'는 '해답을 요구하는 물음'을 뜻한다.

05 난도 ★★☆

정답 ③

문법 > 통사론

정답의 이유

제시된 글에서 교사는 피동문에는 목적어가 없는 것이 원칙이지만, 드물게 피동문에 목적어가 나타날 때가 있다고 하였다. 따라서 (가)에는 피동문이면서 목적어를 갖는 문장이 들어가야 한다.

③ '밟히다'는 동사 '밟다'의 어근 '밟-'에 피동 접미사 '-히-'가 결합한 피동사이다. '동생이 버스 안에서 발을 밟혔다.'는 피동사

'밟히다'가 사용된 피동문에 '발을'이라는 목적어가 있으므로 피동문이지만 목적어를 갖는 문장에 해당함을 알 수 있다.

오답의 이유

① '두 팔로 감싸게 하거나 그렇게 하여 품 안에 있게 하다.'를 뜻하는 '안기다'는 동사 '안다'의 사동사로, 어근 '안-'에 사동 접미사 '-기-'가 결합한 것이다. 목적어 '짐을'이 나타나고 있지만, 사동문에 해당되므로 (가)에 들어갈 문장으로 적절하지 않다. '안다'의 경우 피동사와 사동사 모두 '안기다'의 형태로 나타나므로 유의해야 한다.

② '어떤 곳에서 다른 곳으로 자리를 바꾸게 하다.'를 뜻하는 '옮기다'는 동사 '옮다'의 어근 '옮-'에 사동 접미사 '-기-'가 결합한 것이다. 목적어 '짐을'이 있으나, 피동문이 아닌 사동문에 해당되므로 (가)에 들어갈 문장으로 적절하지 않다.

④ '받거나 당하게 하다.'를 뜻하는 '입히다'는 동사 '입다'의 어근 '입-'에 사동 접미사 '-히-'가 결합한 사동사이다. 목적어 '상해를'이 있지만, 피동문이 아닌 사동문이므로 (가)에 들어갈 문장으로 적절하지 않다.

> ### 더 알아보기
>
> **사동 표현과 피동 표현**
>
> • 사동과 피동의 개념
>
> | 사동 | 주체가 남에게 동작이나 행동을 하게 하는 것 |
> | --- | --- |
> | 피동 | 주체가 다른 힘에 의하여 움직이거나 작용을 하는 것 |
>
> • 사동문과 피동문의 구별
>
> | 사동문 | • 목적어가 있다.
• 사동사를 '-게 하다'로 해석하면 자연스럽다.
예 친구에게 꽃을 들려 집에 보냈다. |
> | --- | --- |
> | 피동문 | • 목적어가 없다.
• 피동사를 '-어지다'로 해석하면 자연스럽다.
예 무릎을 치니 다리가 번쩍 들렸다. |

06 난도 ★★☆

정답 ②

문법 > 국어의 로마자 표기법

정답의 이유

② 자음 동화는 '음절의 끝 자음이 그 뒤에 오는 자음과 만날 때, 어느 한쪽이 다른 쪽을 닮아서 그와 비슷하거나 같은 소리로 바뀌기도 하고, 양쪽이 서로 닮아서 두 소리가 다 바뀌기도 하는 현상'으로, '속리산'은 자음 동화 현상에 의해 [송니산]으로 발음된다. (1)-㉰의 자음 동화는 변화가 일어난 대로 표기한다는 규정과 (1)-㉺의 고유 명사의 첫 글자는 대문자로 적는다는 규정에 따라 '속리산[송니산]'은 'Songnisan'으로 적는다.

오답의 이유

① '해돋이'는 구개음화 현상으로 인하여 [해도지]로 발음된다. (1)-㉰에서 구개음화는 변화가 일어난 대로 표기한다고 하였으므로 '해돋이[해도지]'는 'haedoji'로 적는다.

③ '울산'은 된소리되기 현상이 일어나 [울싼]으로 발음된다. 하지만 (1)-ⓓ에서 된소리되기는 표기에 반영하지 않는다고 하였으므로 'Ulssan'이 아니라 'Ulsan'으로 표기한다.

④ '집현전'은 거센소리되기 현상이 일어나 [지편전]으로 발음된다. (1)-ⓔ의 '다만'을 보면 체언에서 일어나는 거센소리되기는 표기에 반영하지 않고 'ㅎ'을 밝혀 적는다고 하였으므로 체언인 '집현전[지편전]'은 'ㅂ'과 'ㅎ'을 구분하여 'Jiphyeonjeon'으로 적는다.

07 난도 ★★☆   정답 ①

비문학 > 글의 전개 방식

정답의 이유

① 제시된 글은 '학문의 방법론', 즉 '학문의 대상을 보는 관점'에 대해 '미학'과 '미술사학, 음악사학'을 대비하여 설명하고 있다. 크게 두 가지 범주로 구분하여 설명하고는 있으나, 두 범주의 공통점은 '아름다움에 대해 연구하는 학문'이라는 한 가지뿐이며 공통점보다는 차이점을 위주로 설명하고 있다.

오답의 이유

② 2문단에서는 '미술사학·음악사학'은 미술·음악을 역사적 관점에서 보는 것이라 하였고, 3문단에서는 '미학'은 아름다운 대상을 철학적으로 연구하는 학문이라고 설명하고 있다. 이를 통해 제시된 글은 대상 간의 차이점에 초점을 맞춘 내용을 서술하고 있음을 알 수 있다.

③ 1문단의 '미학이란 무엇인가?', 2문단의 '미술사학이나 음악사학이 미학이 아니라면 모두 똑같이 아름다운 대상을 연구하는 학문임에도 이들 사이의 차이점은 무엇인가?' 등 독자에게 계속해서 질문을 던지는 방식으로 내용을 진행하고 있다.

④ 2문단의 '미술사학은 화가 개인이나 화파 사이의 역사적 관계를 연구하는 학문이다.', 3문단의 '미학은 아름다운 대상을 철학적으로 연구하는 학문이다.'와 같이 미술사학과 미학의 정의와 그 특징을 밝히며 서술하고 있다.

08 난도 ★★★   정답 ②

비문학 > 사실적 읽기

정답의 이유

② 2문단에서 '미학이나 미술사학, 음악사학이 모두 아름다운 대상을 연구한다는 점에는 마찬가지이지만'이라고 하며 미학과 미술사학이 모두 '아름다운 대상'을 연구한다고 하였다. 또한 3문단에서 '미학과 미술사학의 차이는 미술작품을 철학과 역사라는 도구 중 어떤 도구를 가지고 연구하냐의 차이이다.', 4문단에서 '미술사학은 미술을 역사적 관점에서 보는 것이고, 미학은 미술을 철학적 관점에서 보는 것이다.'라며 서로 다른 도구로 연구한다고 하였다. 따라서 서로 다른 도구를 가지고 아름다운 대상을 연구한다는 내용은 적절하다.

오답의 이유

① 2문단에서 '미술사학은 화가 개인이나 화파 사이의 역사적 관계를 연구하는 학문이다. 이러한 연구 방식은 그림의 역사를 연구하는 것이기에 우리는 그러한 학문을 미술사학이라고 부르며,

이 같은 설명이 음악사학에도 적용될 것이다.'라고 하였으므로 미술사학과 음악사학은 아름다운 대상에 접근하는 방식이 같다고 할 수 있다.

③ 2문단에서 '미학이나 미술사학, 음악사학이 모두 아름다운 대상을 연구한다는 점에는 마찬가지이지만, 그 차이점은 그것에 접근하는 방식, 다르게 말하면 그것들을 연구하는 방식이 다르기 때문이다.', 3문단에서 '미학과 미술사학의 차이는 미술작품을 철학과 역사라는 도구 중 어떤 도구를 가지고 연구하냐의 차이다.'라고 하며 미학과 미술사학·음악사학이 연구하는 방식에서 차이가 있음을 설명하고 있다. 따라서 그림, 음악 등의 아름다운 것을 연구하는 사람들은 모두 미학을 한다는 설명은 적절하지 않다.

④ 미학과 음악사학에서 미술과 음악은 도구가 아닌 연구의 대상일 뿐이다. 제시된 글에서 말하는 '도구'는 '철학'과 '역사'로, 미학은 아름다운 대상을 철학적 관점에서 보는 것이고 음악사학은 음악을 역사적 관점에서 보는 것이다.

09 난도 ★★☆   정답 ③

비문학 > 추론적 읽기

정답의 이유

③ 빈칸 앞의 '미술사학은 미술을 역사적 관점에서 보는 것이고, 미학은 미술을 철학적 관점에서 보는 것이다.'라는 문장에서 '미술사학'과 '미학'은 '미술'이라는 동일한 대상을 연구하는 학문이며 동일한 대상을 각각 역사적, 철학적 관점에서 바라본다는 차이가 있음을 제시하고 있다. 따라서 '즉'이 앞에서 말한 내용을 재진술할 때 사용하는 부사임을 고려하였을 때, 빈칸 뒤에서 '미술사학'과 '미학'의 차이점에 대해 설명하고 있으므로 빈칸에는 동일한 대상을 연구한다는 두 학문의 공통점이 나오는 것이 적절하다.

오답의 이유

① 제시된 글에서는 미학과 미술사학의 비슷한 특징에 대해 언급하지 않았다.

② 2문단에서 '미학이나 미술사학, 음악사학이 모두 아름다운 대상을 연구한다는 점에는 마찬가지이지만, 그 차이점은 그것에 접근하는 방식, 다르게 말하면 그것들을 연구하는 방식이 다르기 때문이다.'라고 하였으므로 '연구 방법이 동일하지만'이라는 내용은 적절하지 않다.

④ 역접의 연결 어미 '-지만'이 사용되었으므로 빈칸의 뒷 문장에 나온 두 학문의 다른 점과 반대되는 두 학문의 공통점에 대한 내용이 나와야 한다.

10 난도 ★★☆   정답 ③

현대 문학 > 현대 소설

정답의 이유

③ 조세희의 「뫼비우스의 띠」는 1970년대 도시 재개발의 이면에서 도시 빈민 계층들이 겪는 삶의 고통과 좌절을 그린 소설이다. 따라서 사회 문제를 취급한 사회 소설이라는 설명은 적절하지만, 일상의 기계적인 삶을 고발하는 내용을 다루고 있지는 않다.

① 제시된 작품은 액자 소설의 형태를 취하고 있다. 수학 교사가 학생들에게 굴뚝 청소를 하고 나온 두 아이에 대한 질문을 던진 후에 뫼비우스의 띠에 대해 설명하는 부분은 외부 이야기에 해당하며, 빈민층의 삶을 보여주는 일화는 내부 이야기에 해당한다.

② 앉은뱅이와 꼽추가 자신들의 이익을 가로챈 사나이에게 복수하는 내용(내부 이야기)과 뒷부분에서 학생들에게 지식이 자신이 입을 이익에 맞추어 쓰이는 일이 없기를 당부한 교사의 수업(외부 이야기)이 유기적인 관계를 이룬다고 할 수 있다.

④ '앉은뱅이와 꼽추는 약장수에게서 구한 휘발유 한 통을 들고 사나이가 탄 승용차를 가로막아 선다. 그리고 그를 차에서 끌어내리고 폭력을 행사한 후에 가방에서 20만 원씩 두 뭉치 돈을 꺼낸다.'를 통해 범죄 장면은 자세한 설명 없이 행동의 개요만 묘사하였음을 확인할 수 있다. 또한 앉은뱅이가 '사나이'를 죽이는 장면은 '그는 친구의 얼굴만 보았다. 그 이외에는 정말 아무것도 보지 않았다.'와 같이 꼽추의 내적 진술만 드러날 뿐 구체적인 행위는 과감히 생략하여 사건을 속도감 있게 전개하고 있다.

더 알아보기

소설 구성의 종류

평면적 구성	사건이 과거, 현재, 미래의 시간적 흐름에 따라 차례로 진행되는 방식이다.
입체적 구성	사건이 작가의 의도에 따라 순서가 바뀌어 진행되는 방식이다. 현대 소설에서 많이 나타난다.
액자식 구성	외부 이야기(외화) 안에 내부 이야기(내화)가 위치하여 이중적으로 구성된 방식이다. 소설의 핵심은 내화에 있으며, 외화는 내화를 전개하기 위한 포석을 까는 이야기이다.

11 난도 ★★☆   정답 ④

현대 문학 > 현대 소설

정답의 이유

④ '앉은뱅이'와 '꼽추'는 몸이 성치 않은 사람들로 거대한 도시 자본 속에서 무력하고 무능력한 존재이다. 이러한 주인공을 설정하여 정당한 대가도 받지 못한 채 삶의 터전에서 쫓겨난 빈민 계층의 비극적인 현실 상황을 강조하는 효과를 가져온다.

오답의 이유

① '앉은뱅이'와 '꼽추'는 당시 시대적 배경과는 관계가 없다.

② 제시된 작품은 사회 현실을 적나라하게 폭로한 소설로, 동화적인 분위기와는 상관이 없다.

③ 소설 내에서 '앉은뱅이'는 삶의 터전을 빼앗아간 부동산업자에게 폭력적으로 복수하는 등 부도덕적인 행동을 하지만, 주인공을 '앉은뱅이'와 '꼽추'로 설정한 것은 인물의 부도덕성을 부각하기 위한 것이 아니라 도시 빈민 계층의 무력함을 강조하기 위한 것이다.

더 알아보기

소설의 인물

- 인물의 개념
  - 작가에 의해 창조된 허구의 사람이다.
  - 소설 속에서 사건과 행동의 주체이며, 행위자이다.
- 인물 제시 방법
  - 직접 제시: 서술자가 인물의 성격을 직접 요약하여 제시하는 방법이다. 인물의 성격이 서술자에 의해 비교적 명확하게 드러나기 때문에 독자는 인물을 쉽게 이해할 수 있다.
  - 간접 제시: 인물의 행동이나 대화를 통해 인물의 성격을 간접적으로 제시하는 방법이다. 독자는 인물의 대화나 행동을 통해 유추해야 하고, 표현의 한계로 인해 서술자의 인물에 대한 견해가 분명하지 않을 수 있다.

12 난도 ★☆☆   정답 ③

현대 문학 > 현대 소설

정답의 이유

③ 꼽추는 앉은뱅이를 떠나 약장수와 함께 가겠다며, '내가 무서워하는 것은 자네의 마음이야.'라고 이야기한다. 이를 볼 때 꼽추가 앉은뱅이를 떠나려는 이유는 걸음이 느린 앉은뱅이와 함께 가는 것이 부담스러운 게 아니라, '사나이'를 죽인 앉은뱅이가 두렵기 때문임을 알 수 있다.

오답의 이유

① ㉠ '이건 우리 돈야.'는 앉은뱅이가 자신들의 이익을 가로챈 '사나이'에게 폭력을 행사한 후 돈을 빼앗고 이런 자신의 행위에 정당성을 부여하기 위해 한 말이다.

② ㉡ '앉은뱅이의 손이 부들부들 떨렸다. 꼽추의 손도 마찬가지로 떨렸다. 두 친구의 가슴은 더 떨렸다.'를 통해 '사나이'에게 폭력을 행사하고 돈을 빼앗은 데 대한 불안과 흥분을 동시에 드러내고 있다.

④ ㉣ 앞 문장인 '울지 않겠다고 이를 악물었다. 그러나 흐르는 눈물은 어쩔 수 없었다.'를 통해 친구까지 잃은 앉은뱅이의 절망을 느낄 수 있다. 그리고 그 다음 문장인 ㉣ '그는 이 밤이 또 얼마나 길까 생각했다.'에서 '또 얼마나 길까'는 그런 절망적인 상황이 앞으로도 계속될 것임을 암시한다.

13 난도 ★★☆   정답 ④

현대 문학 > 현대 소설

정답의 이유

④ 꼽추는 약장수에 대해 '완전한 사람은 얼마 없어. 그는 완전한 사람야. 죽을힘을 다해 일하고 그 무서운 대가로 먹고살아.'라고 말한다. 따라서 꼽추는 약장수가 자신의 정직한 노력으로 대가를 받는 사람이라고 생각했다는 내용은 제시된 글과 일치한다.

오답의 이유

① 통을 가져오라고 한 앉은뱅이의 말을 듣고 꼽추는 승용차 밖으로 먼저 나간다. 따라서 앉은뱅이가 꼽추보다 먼저 승용차 밖으로 나왔다는 내용은 적절하지 않다.

② 앉은뱅이와 꼽추는 '사나이'를 차에서 끌어내리고 폭력을 행사한 후에 가방에서 돈을 빼앗는 방법으로 문제를 해결하였다. 따라서 대화를 통해 문제를 해결하고자 했다는 내용은 적절하지 않다.

③ 꼽추와 앉은뱅이의 집을 쇠망치로 부수는 이는 '쇠망치를 든 사람들'이다. '어떤 사나이에게 자신들의 아파트 입주권을 한 평당 16만 원에 팔고, 그 사나이는 그 입주권을 다른 사람들에게 36만 원에 판다.'라는 내용으로 볼 때, 승용차에 탄 사나이는 앉은뱅이와 꼽추의 아파트 입주권을 싸게 사서 다른 사람들에게 비싸게 판 사람이다. 따라서 승용차에 탄 사나이가 꼽추와 앉은뱅이의 집을 쇠망치로 부수었다는 내용은 적절하지 않다.

작품 해설

조세희, 「뫼비우스의 띠」
• 갈래: 현대 소설, 연작 소설
• 성격: 상징적, 사회 비판적
• 주제: 도시 빈민층이 겪는 삶의 고통
• 특징
 − 동화적 구도와 비극적 삶의 부조화로 비극성을 강화함
 − 액자식 구성으로, 과거와 현재의 시간을 넘나드는 구성과 우화적 기법을 사용함

14 난도 ★★☆ 정답 ①

비문학 > 글의 전개 방식

정답의 이유

① 미생물과 관련하여 마르쿠스 플렌치즈, 루이 파스퇴르, 로베르트 코흐, 조지프 리스터 등 여러 학자들의 탐구 및 실험 내용을 구체적으로 제시하고 있다.

오답의 이유

② 제시된 글은 전체적으로 미생물 탐구 및 실험 내용에 대한 변천사를 시대별로 설명하고 있으나, 상반된 두 이론을 대조하여 설명하고 있지는 않다. 2문단에서 자연발생설과 이에 반박하는 이론으로서 배종설을 들고 있긴 하지만, 두 이론을 대조하여 그 장단점을 제시하지는 않았다.

③ 1문단에서 '그러나 유감스럽게도 그 주장에 대한 증거가 없었으므로 플렌치즈는 외견상 하찮아 보이는 미생물들도 사실은 중요하다는 점을 다른 사람들에게 납득시킬 수가 없었다.'라며, 플렌치즈가 제시한 가설의 문제점을 밝히고 있으나, 이에 대한 해결 방안을 제시하지는 않았다.

④ 글 전체를 통해 미생물에 대한 인식이 형성된 과정은 알 수 있으나, 미생물의 종류를 나누어 분석하지는 않았다.

15 난도 ★★☆ 정답 ④

비문학 > 사실적 읽기

정답의 이유

④ 2문단에서 파스퇴르는 '미생물이 누에에게 두 가지 질병을 일으킨다는 사실을 입증한 뒤, 감염된 알을 분리하여 질병이 전염되는 것을 막음으로써 프랑스의 잠사업을 위기에서 구했다.'라고 하였으며, 5문단에서 '조지프 리스터는 파스퇴르에게서 영감을 얻어 소독 기법을 실무에 도입했다. 그는 자신의 스태프들에게 손과 의료 장비와 수술실을 화학적으로 소독하라고 지시함으로써 수많은 환자들을 극심한 감염으로부터 구해냈다.'라고 하였다. 따라서 파스퇴르는 프랑스의 잠사업과 환자들을 감염으로부터 보호하는 일에 긍정적인 영향을 미쳤음을 알 수 있다.

오답의 이유

① 1문단에서 마루쿠스 플렌치즈의 주장에 대해 '그 주장에 대한 증거가 없었으므로 플렌치즈는 외견상 하찮아 보이는 미생물들도 사실은 중요하다는 점을 다른 사람들에게 납득시킬 수가 없었다. 심지어 한 비평가는 그처럼 어처구니없는 가설에 반박하느라 시간을 허비할 생각이 없다며 대꾸했다.'라고 하였으므로 미생물이 질병을 일으킨다는 플렌치즈의 주장은 당시 모든 사람들의 긍정적 반응을 이끌어내지 못했음을 알 수 있다.

② 2문단에서 '사람들은 흔히 썩어가는 물질이 내뿜는 나쁜 공기, 즉 독기가 질병을 일으킨다고 생각했다. 1865년 파스퇴르는 이런 생각이 틀렸음을 증명했다.'라고 하였으므로 썩어가는 물질이 내뿜는 독기가 질병을 일으킨다는 주장이 틀렸음을 증명한 것은 플렌치즈가 아닌 파스퇴르였다는 것을 알 수 있다.

③ 3문단에서 '때마침 다른 과학자들이 동물의 시체에서 탄저균을 발견하자, 1876년 코흐는 이 미생물을 쥐에게 주입한 뒤 쥐가 죽은 것을 확인했다.'라고 한 것으로 보아, 동물의 시체에서 탄저균을 발견한 것은 코흐가 아닌 다른 과학자들임을 알 수 있다.

16 난도 ★★☆ 정답 ④

비문학 > 추론적 읽기

정답의 이유

④ 4문단의 '코흐를 비롯한 과학자들은 한센병, 임질, 장티푸스, 결핵 등의 질병 뒤에 도사리고 있는 세균들을 속속 발견했다. 이러한 발견을 견인한 것은 새로운 도구였다.'를 통해 코흐는 새로운 도구의 도움을 받아 질병을 유발하는 미생물들을 발견하였음을 확인할 수 있다.

오답의 이유

① 4문단에서 탄저병이 연구된 뒤 20년에 걸쳐 코흐를 비롯한 과학자들은 한센병, 임질, 장티푸스, 결핵 등의 질병 뒤에 도사리고 있는 세균들을 속속 발견했고, 순수한 미생물을 배양하는 방법이 개발되었으며, 새로운 염색제가 등장하여 세균의 발견과 확인을 도왔다고 하였다. 따라서 세균은 미생물의 일종이라는 내용은 적절하다.

② 5문단에서는 '세균을 확인하자 과학자들은 거두절미하고 세균을 제거하는 작업에 착수했다.', '그(조지프 리스터)는 자신의 스태

프들에게 손과 의료 장비와 수술실을 화학적으로 소독하라고 지시함으로써 수많은 환자들을 극심한 감염으로부터 구해냈다.'라고 하였으므로 세균을 화학적인 방법으로 제거할 수 있다는 내용은 적절하다.

③ 1~3문단에 따르면 1762년 마르쿠스 플렌치즈가 미생물이 체내에서 증식함으로써 질병을 일으키고 이는 공기를 통해 전염될 수 있다고 주장하였지만 증거가 없어 무시되었으나, 19세기 중반 루이 파스퇴르와 로베르트 코흐가 각각 미생물이 질병을 일으킨다는 배종설을 입증하면서 미생물과 질병의 연관성에 대한 인식이 변화하기 시작했다고 하였다. 따라서 미생물과 질병의 연관성에 대한 인식이 통시적으로 변화해왔다는 내용은 적절하다.

17 난도 ★★☆　　　　　　　　　정답 ④

현대 문학 > 현대 시

정답의 이유

④ '바람결 따라 타오르는 꽃성(城)'은 화자가 갈망하는 미래의 현실을 상징하며, ⓐ '꽃성'은 화자의 소망이 이루어진 날의 모습, 즉 '해방된 조국'을 뜻한다.

오답의 이유

① · ② · ③ ⑨ '그 땅', ⑩ '북(北)쪽 툰드라', ⓒ '눈 속'은 모두 일제 강점기 시대의 고난과 시련이 연속되는 암담한 현실을 의미한다. ⓐ '꽃성'과 대조되는 의미로 사용되었다.

18 난도 ★☆☆　　　　　　　　　정답 ②

현대 문학 > 현대 시

정답의 이유

② (가)의 '꽃은 발갛게', (나)의 '파란 녹'과 같이 (가)와 (나) 모두 색채를 나타내는 시어를 통한 시각적 심상이 드러난다.

오답의 이유

① (가)에는 어두운 현실 상황에 저항하여 조국 광복을 이루겠다는 화자의 의지적 어조가 드러난다. 반면, (나)에는 과거와 현재에 대한 성찰을 통해 자신이 바라는 미래를 고백적 어조로 드러낸다.

③ (가)와 (나) 모두 시구가 반복되는 부분이 없다.

④ (가)와 (나) 모두 영탄적 어조를 사용하여 화자의 정서를 드러낸다. (가)에는 '않는가', '날이여', '약속(約束)이여!', '보노라', (나)에는 '욕될까', '살아왔던가', '했던가'와 같이 영탄적 어조를 사용한다.

19 난도 ★★☆　　　　　　　　　정답 ③

현대 문학 > 현대 시

정답의 이유

③ 윤동주의 「참회록」에서 '구리거울'은 자아 성찰의 매개체이다. 백석의 「흰 바람벽이 있어」에서 '흰 바람벽'은 내면의 모습을 비춰 주는 대상으로, 화자가 삶을 성찰하도록 하는 매개체이다. 따라서 '구리거울'과 '흰 바람벽'은 모두 화자의 자아 성찰의 매개체로서의 기능을 하는 소재로 볼 수 있다.

오답의 이유

① 정지용의 「유리창 1」에서 '유리'는 화자와 죽은 아들을 단절시키는 소재이면서, 동시에 죽은 아들을 만날 수 있도록 하는 소재이기도 하다.

② 김수영의 「눈」에서 '기침'은 더러운 것인 '가래'를 뱉는 행위로, 몸속의 더럽고 불순한 것을 밖으로 배출하여 제거하고 자신을 정화시키는 역할을 한다.

④ 정희성의 「저문 강에 삽을 씻고」에서 '흐르는 물'은 고단하고 궁핍한 노동자의 삶을 의미한다.

작품 해설

(가) 이육사, 「꽃」

- 갈래: 자유시, 서정시
- 성격: 상징적, 의지적, 저항적
- 주제: 조국 광복에 대한 의지와 신념
- 특징
  - 강인하고 의지적인 남성적 어조를 사용함
  - 시각적 이미지와 역동적 이미지를 통해 화자의 의지를 효과적으로 드러냄

(나) 윤동주, 「참회록」

- 갈래: 자유시, 서정시
- 성격: 고백적, 성찰적, 상징적
- 주제: 자아 성찰과 고난 극복의 의지
- 특징
  - 시간의 흐름에 따라 시상을 전개함
  - '구리거울'을 매개체로 하여 자기 성찰의 모습을 보여줌

20 난도 ★★☆　　　　　　　　　정답 ②

문법 > 고전 문법

정답의 이유

② ⑩ '여름 하ᄂᆞ니'는 현대어 '열매(가) 많으니'로 풀이될 수 있다. 여기서 '여름'은 체언 '여름(열매)'에 주격 조사가 생략된 형태로, 체언에 주격 조사가 없이 단독으로 주어가 실현된 것이다. 따라서 목적어가 실현되었다는 내용은 적절하지 않다.

오답의 이유

① ⑨ '太子ᄅᆞᆯ'은 현대어로 '태자를'을 뜻하며, 체언 '太子(태자)' 뒤에 목적격 조사 '롤'이 붙어서 목적어가 실현된 것이므로 적절하다.

③ ⓒ '고ᄌᆞ란'의 현대어 풀이는 '꽃일랑'으로, 체언 '곶(꽃)'에 보조사 'ᄋᆞ란(일랑)'이 붙어서 서술어 '푸디 말오(꺾지 말고)'의 목적어가 실현된 것이므로 적절하다.

④ ⓐ '부텻 像올'의 현대어 풀이는 '부처의 형상을'로, 명사구인 '부텻 像'에 목적격 조사 '올'이 붙어 목적어가 실현된 것이므로 적절하다.

고전 문학 > 고전 산문

정답의 이유

③ 제시된 작품은 가난이라는 현실적 소재와 이로 인한 비참한 상황을 다루고 있으므로 비현실적 상황 설정은 찾을 수 없다.

오답의 이유

① '흥보 마누라 나온다', '어디 돈', '잘난 돈', '가지 마오', '가지를 마오', '병영 가신 우리 영감' 등 동일한 어구를 반복하여 운율을 조성하고 있다.

② '그때 박흥보는 숫한 사람이라 벌벌 떨며 들어간다.'를 통해 서술자가 개입하여 인물에 대한 자신의 생각을 전달하고 있음을 확인할 수 있다.

④ 전체적으로 사실을 담담하게 서술하는 중모리나 보통 빠르기로 일상적인 대목에서 사용되는 중중모리를 사용하다가, 흥보 아내가 매품을 팔러 가려는 남편을 말리는 부분에서는 가장 느린 진양조 장단을 사용하여 슬픈 정서를 드러내고 있다. 이를 통해 상황에 맞는 장단을 사용하여 인물의 정서를 효과적으로 전달하고 있음을 알 수 있다.

더 알아보기

판소리의 구성

창(소리)	광대가 가락에 맞추어 부르는 노래이다.
아니리 (사설)	창이 아닌 말로, 창과 창 사이에 하는 대사로 광대가 숨을 돌릴 수 있다.
추임새	흥을 돋우기 위하여 삽입하는 소리로 '좋지, 얼씨구, 흥' 등이 있다.
발림 (너름새)	소리의 극적인 전개를 돕기 위하여 몸짓이나 손짓으로 하는 동작을 말한다.
더늠	명창이 자신의 독특한 방식으로 다듬어 부르는 어떤 마당의 한 대목을 말한다.

판소리의 장단

진양조	판소리의 장단 중 가장 느린 장단으로, 내용이 슬프고, 장중한 느낌의 장면에서 사용한다.
중모리	중간 빠르기로 판소리에서 가장 많이 쓰이며, 태연하고 안정감을 주는 장면에 사용한다.
중중모리	중모리보다 조금 빠른 장단으로 흥겹고 우아한 느낌을 주며, 춤을 추는 장면이나 화려한 장면에 사용한다.
자진모리	중중모리보다 더 빠른 장단으로 섬세하고 명랑하며 경쾌한 느낌에 사용한다.
휘모리	판소리의 장단 중 가장 빠른 장단으로 흥분하거나 급박한 느낌을 주는 장면에 사용한다.
엇모리	빠른 3박과 2박이 혼합된 10박의 특이한 장단으로 신비한 장면에 사용한다.

고전 문학 > 고전 산문

정답의 이유

① 학수고대(鶴首苦待)는 '학의 목처럼 목을 길게 빼고 간절히 기다림을 뜻하는 말'이다. 흥보 마누라는 '영감이 떠난 그날부터 후원에 단(壇)을 세우고 정화수를 바치고, 병영 가신 우리 영감 매 한 대도 맞지 말고 무사히 돌아오시라고 밤낮 기도'하였으므로 무사히 돌아오기를 간절히 바란다는 뜻의 '학수고대'하고 있다는 말은 적절하다.

•鶴首苦待: 학 학, 머리 수, 괴로울 고, 기다릴 대

오답의 이유

② 새옹지마(塞翁之馬)는 '인생의 길흉화복은 변화가 많아서 예측하기가 어렵다는 말'이다. 흥보는 '허유허유 나려를 가며 신세자탄(身世自嘆) 울음을 운다.'를 통해 매품을 팔러 가는 자신의 상황에 대해 신세 한탄을 하고, 매품을 팔지 못하게 된 상황에 대해서 '그렁저렁 울며불며 돌아온다.'라며 한스러워하고 있음을 확인할 수 있다. 하지만 이를 '새옹지마'로 여기고 있다고 볼 수 없다.

•塞翁之馬: 변방 새, 늙은이 옹, 갈 지, 말 마

③ 측은지심(惻隱之心)은 '사단(四端)의 하나로 불쌍히 여기는 마음을 이르는 말'이다. 흥보 아들들은 흥보가 매품을 팔러 병영에 간다니까 저의 어머니 울음소리를 듣고도 '갔다 올 제 떡 한 보따리 사 가지고 오시오.'라며 본인들이 필요한 것을 요구한다. 따라서 흥보 아들들이 흥보에 대해 '측은지심'을 갖고 있다고 볼 수 없다.

•惻隱之心: 슬퍼할 측, 숨을 은, 갈 지, 마음 심

④ 어불성설(語不成說)은 '말이 조금도 사리에 맞지 아니함을 뜻하는 말'이다. 흥보는 매품을 팔지 못하게 되었다는 사령의 말에 기막혀하며 슬퍼하긴 하지만, 그 말이 사리에 맞지 않는다고 생각진 않는다.

•語不成說: 말씀 어, 아닐 불, 이룰 성, 말씀 설

고전 문학 > 고전 산문

정답의 이유

① 흥보는 옆집 꾀수 애비가 자신의 이름을 대고 매품을 팔았다는 것을 알자 울면서 집으로 돌아가지만, 제시된 글에 사령을 원망한 부분은 없다.

오답의 이유

② 흥보는 사령과의 대화를 통해 옆집 꾀수 애비가 자신 대신 매품을 팔았다는 것을 알게 되었고, 자신이 매품을 팔 수 없게 된 상황을 인식하였다.

③ 사령이 흥보가 속았다는 것을 알고 속상하겠다는 뜻으로 흥보에게 '당신 곯았소.'하고 말하자, 흥보가 '곯다니 계란이 곯지, 사람이 곯나.'라며 언어유희를 사용하여 답하는 장면에서 해학적인 표현을 통해 독자의 웃음을 유발하고 있다는 것을 알 수 있다.

④ 가난 때문에 죄도 없이 매품을 팔아 곤장을 맞으려 하고, 결국 매품 파는 일마저도 다른 사람에게 밀려 실패하는 흥보의 상황을 통해 당시 서민들의 삶이 몹시 힘들었음을 짐작할 수 있다.

24 난도 ★★☆   정답 ③

비문학 > 사실적 읽기

정답의 이유

③ 대구에 계신 할아버지와의 대화를 통해 지역 간 사용 어휘의 차이, 어머니와의 대화를 통해 세대 간 사용 어휘의 차이로 인해 생기는 불편함에 대해 서술하고 있긴 하지만, 성별에 따라 사용하는 어휘가 달라지기도 한다는 내용은 〈보기〉에 없다.

오답의 이유

① "어머니께서는 '문상'이 무엇이냐고 물으셨고 나는 '문화상품권'을 줄여서 사용하는 말이라고 말씀드렸다."라는 부분과 "학교에서 친구들과 이야기할 때 흔히 사용하는 '컴싸'나 '훈남', '생파' 같은 단어들을 부모님과 대화할 때는 설명을 해드려야 해서 불편할 때가 많다."라는 내용을 통해 어휘는 세대에 따라 달라지기도 한다는 것을 알 수 있다.

② '할아버지께서 나에게 심부름을 시키셨는데 사투리가 섞여 있어서 잘 알아들을 수가 없었다.'라는 부분을 통해 어휘가 지역에 따라 달라지기도 한다는 것을 알 수 있다.

④ "학교에서 친구들과 이야기할 때 흔히 사용하는 '컴싸'나 '훈남', '생파' 같은 단어들을 부모님과 대화할 때는 설명을 해드려야 해서 불편할 때가 많다."라는 부분을 통해 청소년들이 은어나 유행어를 많이 쓴다는 것을 알 수 있다.

25 난도 ★★★   정답 ③

문법 > 형태론

정답의 이유

③ '밝다'는 동사와 형용사 두 가지로 품사 통용하는 단어이다. '밤이 지나고 환해지며 새날이 오다.'라는 의미로 사용하는 경우에는 동사이며, '불빛 따위가 환하다. / 빛깔의 느낌이 환하고 산뜻하다.'의 의미로 쓰는 경우에는 형용사이다. 첫 번째 문장의 '밝다'는 '불빛 따위가 환하다.'라는 의미의 형용사이고, 두 번째 문장의 '밝다'는 '빛깔의 느낌이 환하고 산뜻하다.'라는 의미의 형용사이다. 따라서 품사의 통용 사례로 보기 어렵다.

오답의 이유

① '만큼'은 조사와 의존 명사로 품사 통용하는 단어이다. 체언의 뒤에 붙는 '만큼'은 앞말과 비슷한 정도나 한도임을 나타내는 격 조사 혹은 앞말에 한정됨을 나타내는 보조사이고, 용언의 관형사형 뒤에 오는 '만큼'은 앞의 내용에 상당한 수량이나 정도, 뒤에 나오는 내용의 원인이나 근거가 됨을 나타내는 의존 명사이다. 첫 번째 문장의 '만큼'은 체언 '철수' 뒤에 붙여 쓴 조사이고, 두 번째 문장의 '만큼'은 용언의 관형사형 '먹을'의 수식을 받는 의존 명사이다.

② '내일'은 명사와 부사 두 가지로 품사 통용하는 단어이다. '내일' 뒤에 조사가 붙는 경우는 명사이고, '내일'이 용언이나 문장을 수식하는 경우는 부사이다. 첫 번째 문장의 '내일'은 뒤에 관형격 조사 '의'가 붙었으므로 명사이며, 두 번째 문장의 '내일'은 용언 '시작합시다'를 수식하므로 부사이다.

④ '크다'는 동사와 형용사로 품사 통용하는 단어이다. '동식물이 몸의 길이가 자라다. / 사람이 자라서 어른이 되다. / 수준이나 능력 따위가 높은 상태가 되다.'의 뜻으로 사용될 때는 동사이고 이외의 뜻으로 사용될 때는 형용사이다. 첫 번째 문장의 '크다'는 '사람이나 사물의 외형적 길이, 넓이, 높이, 부피 따위가 보통 정도를 넘다.'를 뜻하므로 형용사이고, 두 번째 문장의 '크다'는 '동식물이 몸의 길이가 자라다.'를 뜻하므로 동사이다.

더 알아보기

동사와 형용사로 모두 쓰이는 단어

길다	동사	머리가 꽤 많이 길었다.
	형용사	해안선이 길다.
크다	동사	너 커서 무엇이 되고 싶니?
	형용사	그녀는 씀씀이가 크다.
늦다	동사	그는 약속 시간에 항상 늦는다.
	형용사	시계가 오 분 늦게 간다.
감사하다	동사	나는 친구에게 도와준 것에 감사했다.
	형용사	당신의 작은 배려가 대단히 감사합니다.
있다	동사	그는 내일 집에 있는다고 했다.
	형용사	나는 신이 있다고 믿는다.
밝다	동사	내일 날이 밝는 대로 떠나겠다.
	형용사	햇불이 밝게 타오른다.

국어 | 2020년 법원직 9급

점수 체크

구분	1회독	2회독	3회독
맞힌 문항 수	/ 25	/ 25	/ 25
나의 점수	점	점	점

01 난도 ★★☆ 정답 ①

현대 문학 > 현대 수필

정답의 이유

① 6문단에서 '변절이란 무엇인가?'라고 묻고 '절개를 바꾸는 것, 곧 자기가 심신으로 이미 신념하고 표방했던 자리에서 방향을 바꾸는 것이다.'라고 답하는 자문자답의 형식을 취하고 있으나, 이는 당대 정치가들의 변절을 비꼬기 위함이므로 자신의 삶을 성찰한다는 설명은 적절하지 않다.

오답의 이유

② 2문단의 아이스케이크 장사, 4문단의 신단재와 한용운 선생 등 구체적인 사례를 들어 논지를 강화하고 있다.

③ 과부나 홀아비의 정조와 지조의 고귀성을 비교하고, 아이스케이크 장사가 생활의 방편을 위해 일을 바꾸는 것과 정치적 변절의 차이를 대조하는 등 비교와 대조를 통해 말하고자 하는 바를 부각하고 있다.

④ 5문단에서 '한때의 적막을 받을지언정 만고에 처량한 이름이 되지 말라.'라는 「채근담」의 한 구절을 인용하면서 필자의 의도를 드러내고 있다.

02 난도 ★★★ 정답 ③

현대 문학 > 현대 수필

정답의 이유

③ 2문단에서 '여름에 아이스케이크 장사를 하다가 가을 바람만 불면 단팥죽 장사로 간판을 남 먼저 바꾸는 것을 누가 욕하겠는가. 장사꾼, 기술자, 사무원의 생활 방도는 이 길이 오히려 정도(正道)이기도 하다.'라며 장사꾼, 기술자, 사무원의 '생활 방도'는 정도라고 하였다. 반면 지도자와 정치인에게 바라는 지조에 대해서는 5문단에서 '오늘 우리가 지도자와 정치인들에게 바라는 지조는 이토록 삼엄한 것은 아니다.', '자신의 위의(威儀)와 정치적 생명을 위하여 좀 더 어려운 것을 참고 견디라는 충고 정도다.'라고 하였다. 따라서 장사꾼 등에게 바라는 생활과 정치인에게 바라는 지조가 다른 것임을 알 수 있다.

오답의 이유

① 6문단에서 변절이란 '절개를 바꾸는 것, 곧 자기가 심신으로 이미 신념하고 표방했던 자리에서 방향을 바꾸는 것이다.'라고 하였고, 10문단에서는 '자기 신념으로 일관한 사람은 변절자가 아니다.'라고 하였다. 따라서 자기 신념이 확고하다면 잘못된 신념을 고집하여도 변절자가 아니라는 사실을 확인할 수 있다.

② 6문단에서 '사람들이 욕하는 변절은 개과천선(改過遷善)의 변절이 아니고 좋고 바른 데서 나쁜 방향으로 바꾸는 변절을 변절이라 한다.', 7문단에서 '일제(日帝) 때 경찰에 관계하다 독립운동으로 바꾼 이가 있거니와 그런 분을 변절이라고 욕하진 않았다.'라고 하며 변절 행위가 비판받지 않는 경우에 대해 설명하였다.

④ 3문단에서 '자기의 신념에 어긋날 때면 목숨을 걸어 항거하여 타협하지 않고 부정과 불의한 권력 앞에는 최저의 생활, 최악의 곤욕을 무릅쓸 각오가 없으면 섣불리 지조를 입에 담아서는 안 된다.'라고 하며, 지조를 입에 담으려면 최악의 곤욕을 무릅쓸 각오가 있어야 한다고 하였다.

03 난도 ★★☆
정답 ②

현대 문학 > 현대 수필

정답의 이유

② 〈보기〉는 단종에 대한 충절을 노래한 절의가로, '야광명월'은 단종에 대한 자신의 '충절'을 의미한다. 제시된 작품의 ⓒ '신단재 선생'도 일화를 통해 망명 생활 중 지조를 지킨 모습을 제시했다. 따라서 '야광명월'과 '신단재 선생' 모두 시련의 상황 속에서 지조를 지켰다고 볼 수 있다.

오답의 이유

① ㉠의 '과부나 홀아비'가 개가하고 재취하는 것은 자연스러운 일이며 그것을 막아서는 안 된다고 했으므로 이들은 변절자라고 할 수 없다. 〈보기〉의 '눈비'는 계유정란이나 급변하는 정치적 상황을 의미하므로 이런 상황을 변절자로 볼 수는 없다. 〈보기〉에서 변절자는 계유정란을 통해 단종의 왕위를 찬탈한 간신들을 뜻하는 '가마귀'이다.

③ '야당이 된 이'가 '지조에 있어 완전히 깨끗하다고는 못하겠지만'을 통해 ⓒ의 '야당이 된 이'가 지조를 지켰다고 볼 수는 없음을 확인할 수 있다. 또한 〈보기〉의 '가마귀'는 마음을 바꾸고 단종의 왕위를 찬탈한 간신들을 의미하므로 지조를 지킨 것이 아니다.

④ '민족 전체의 일을 위하여 몸소 치욕을 무릅쓴 업적이 있을 때는 변절자로 욕하지 않는다.', "일제 말기 말살되는 국어의 명맥을 붙들고 살렸을 뿐 아니라 국내에서 민족 해방의 날을 위한 유일의 준비가 되었던 〈맞춤법 통일안〉, 〈표준말모음〉, 〈큰사전〉을 편찬한 '조선어학회'가 '국민총력연맹조선어학회지부'의 간판을 붙인 것을 욕하는 사람은 없었다."를 통해 ⓔ '조선어학회'는 변절자라고 할 수 없음을 확인할 수 있다.

작품 해설

박팽년, 「가마귀 눈비 마즈 ~」

• 갈래: 평시조, 절의가
• 성격: 의지적, 풍자적
• 주제: 변하지 않는 절의와 지조
• 특징
  – 임금에 대한 충절을 노래한 절의가
  – 세조의 왕위 찬탈과 어린 임금 단종을 소재로 한 작품
  – 화자의 심정을 자연물에 의탁하여 우의적으로 표현함

---

04 난도 ★★☆
정답 ③

비문학 > 글의 전개 방식

정답의 이유

③ 2문단의 '아나톨 칼레츠키는 그의 저서 『자본주의 4.0』에서 대중 민주주의와 자본주의는 제대로 결합하여 발전을 서로 도와 온 것으로 설명하고 있다.'를 통해 전문가의 견해를 제시하여 민주주의와 자본주의의 결합에 대해 서술했음을 알 수 있다. 그리고 다음 문단에서 '레스터 서로'와 '칼레츠키'의 견해를 인용하여 신뢰도를 높이고 있다.

오답의 이유

① 민주주의와 자본주의가 지닌 문제점이나 그에 대한 대안을 제시한 부분은 없다.

② 민주주의와 자본주의 체제의 결합에 대해 얘기하고 있을 뿐, 충돌하는 견해를 절충하여 새로운 결론을 도출하고 있지 않다.

④ 자본주의와 민주주의의 결합 과정을 단계적으로 서술한 것이 아니라, 민주주의와 자본주의가 성공적으로 결합할 수 있었던 이유를 설명하고 있다.

---

05 난도 ★☆☆
정답 ③

비문학 > 사실적 읽기

정답의 이유

③ 2문단의 '보통 근대 자본주의의 시작은 1776년으로 간주된다. 이 해는 미국이 독립하고, 애덤 스미스의 『국부론』이 출간된 때이다.'를 통해 확인할 수 있다.

오답의 이유

① 1문단에서 '하지만 미국에서조차도 20세기 초에야 여성에게 투표권을 부여하면서 제대로 된 대중 민주주의의 형태를 갖추게 되었다.'라고 하였으므로 미국의 대중 민주주의는 19세기 말이 아니라 20세기 초에 시작되었다고 할 수 있다.

② 2문단에서 '지금은 세계 수많은 나라가 민주주의와 자본주의를 결합한 정치 · 경제 체제를 갖추고 있다.'라고 하였으므로 소수의 나라만이 민주주의와 자본주의를 결합한 정치 · 경제 체제를 갖추고 있다는 내용은 잘못된 것이다.

④ 레스터 서로의 저서를 인용하여 '민주주의와 자본주의는 적절한 권력의 분배에 대해 매우 다른 믿음을 갖고 있다.'라고 하였으므로 민주주의와 자본주의는 권력 분배에 대한 지향점이 다르다고 할 수 있다.

---

06 난도 ★☆☆
정답 ③

현대 문학 > 현대 시

정답의 이유

③ (다)는 얼어붙은 강물을 바라보면서 어린 시절 추위를 막아주던 아버지에 대한 진한 그리움을 표현하고 있다. 하지만 (가)는 일제 강점기 가난으로 가족을 잃고 여승이 된 여인의 기구한 삶을 묘사하며 안타까움과 슬픔을 드러내고는 있다.

① (가)에서는 여승(사람)이 시상을 유발하고, (다)에서는 얼어붙은 한강을 보며 아버지를 떠올리는 것으로 보아 사물이 시상을 유발한다.

② (가)의 '쓸쓸한 낯이 넷날같이 늙었다.'와 '나는 불경처럼 서러워졌다.'에서 직유법을 사용하여 화자의 정서를 형상화하고 있다.

④ (나)의 화자는 '못 위에 앉아 밤새 꾸벅거리는 제비'를 보고 과거 고단한 삶을 살았던 아버지의 모습을 회상하고 있다. (다)의 화자는 '오늘은 영하(零下)의 한강교를 지나면서 문득 / 나를 품에 안고 추위를 막아 주던 / 예닐곱 살 적 그 겨울 밤의 아버지'를 떠올리며 과거를 회상하고 있다.

07 난도 ★★☆   정답 ③

현대 문학 > 현대 시

③ (다)에서 '꽝 꽝'과 말줄임표는 아버지의 사랑과 희생, 아버지에 대한 화자의 그리움을 표현한 것이다. '꽝 꽝 얼어붙은 잔등으로 혹한을 막으며 / 하얗게 얼음으로 엎드려 있던 아버지'에서 자식을 위해 기꺼이 희생하는 아버지의 모습을 표현하고 있다. 마지막에 '아버지, 아버지……'라고 함으로써 아버지에 대한 화자의 그리움을 나타냈다. 따라서 나약한 인간에 대한 연민의 어조가 드러난다는 설명은 적절하지 않다.

① (나)에서 '못'은 실직한 아버지의 고달픈 삶을 나타내며, '반쪽 난 달빛'은 '피곤에 지친 한 여자', 즉 실직한 아버지 대신 생활전선에 나선 어머니의 힘겨운 삶을 표현하고 있다.

② (나)에서는 '못 위에 앉아 밤새 꾸벅거리는 제비'를 보며 화자의 어린 시절에 힘든 삶을 살았던 아버지의 모습을 떠올리고 있다.

④ (다)에서 '얼어붙은 잔등으로 혹한을 막으며 하얗게 얼음으로 엎드려 있던 아버지'의 모습은 자식을 위해 자신을 희생하여 혹한을 막아주던 아버지의 한없는 사랑을 표현하고 있다.

작품 해설

(가) 백석, 「여승(女僧)」

- 갈래: 자유시, 서정시
- 성격: 애상적, 감각적, 서사적, 회화적
- 제재: 한 여자의 일생
- 주제
  – 한 여인의 비극적 삶
  – 일제 강점기로 인한 가족 공동체의 해체
- 특징
  – 감각적 어휘와 감정이 절제된 시어, 직유적 표현 등을 사용함
  – 토속적 시어를 통해 우리 민족의 삶의 현실을 표현함
  – 역순행적 구성으로 여승의 삶을 압축하여 전개함

(나) 나희덕, 「못 위의 잠」

- 갈래: 자유시, 서정시
- 성격: 서사적, 애상적, 회상적
- 주제: 유년 시절의 아버지에 대한 회상과 연민
- 특징
  – 아비 제비와 아버지의 고단한 삶을 대비하여 제시함
  – '현재–과거 회상–현재'로 장면을 구성함

(다) 이수익, 「결빙(結氷)의 아버지」

- 갈래: 자유시, 서정시
- 성격: 고백적, 회상적, 애상적
- 주제: 아버지에 대한 애틋함과 그리움
- 특징
  – 시간의 흐름에 따라 시상을 전개함
  – 어머니에게 말하는 방식을 사용함
  – 대조적인 감각 이미지를 사용함

08 난도 ★☆☆   정답 ②

현대 문학 > 현대 시

② (가)에서는 '풀(민중)'과 '바람(민중을 억누르는 권력)', '눕다'와 '일어나다', '울다'와 '웃다', '먼저'와 '늦게' 같은 대립적인 시어를 사용하여 민중의 끈질긴 생명력을 표현하고 있다. 또한 (나)에서 '해'는 시적 화자가 간절히 소망하는 대상이며, '어둠'은 절망적인 현실을 나타낸다. 어둠의 세계(어둠, 달밤, 골짜기, 칡범, 짐승)와 밝음의 세계(해, 청산, 사슴, 꽃, 새)를 대립적으로 배치하여 밝고 평화로운 세계가 오기를 소망하고 있다.

① 시간의 흐름에 따른 화자의 태도 변화를 찾아볼 수 없다.

③ (나)는 청자(해)에게 말하는 방식이지만, (가)는 그렇지 않다.

④ (가)에는 의성어와 의태어가 없지만, (나)는 '이글이글', '훨훨훨', '워어이 워어이' 등을 써서 생동감 있는 표현을 이끌어 내고 있다.

09 난도 ★☆☆   정답 ②

현대 문학 > 현대 시

② ㉠ '풀'은 권력자에게 저항해 온 민중을 가리키며 눕고 울었다가도 먼저 일어나고 먼저 웃는 존재로 의인화되어 있고, ㉡ '해'는 어둠을 물리치는 광명이자 조국의 밝은 미래를 가리키며 '말갛게 씻은 얼굴 고운 해야 솟아라'라고 의인화되어 있다. 따라서 둘 다 화자가 가치 있게 여기는 의인화된 대상이라고 할 수 있다.

① ㉠ '풀'은 억압받는 현실에 저항하는 끈질긴 생명력을 가진 민중을 의미하며, ㉡ '해'는 시적 화자가 간절히 소망하는 대상으로 일제 강점기의 암울한 현실인 어둠을 살라먹는 광명의 존재라고 할 수 있다.

③ ㉠과 ㉡ 모두 과거 회상이나 성찰과는 관계없다.

④ ㉠과 ㉡ 모두 모두 부정적 현실에서 긍정적인 의미를 내포하고 있지만, 부정적 현실 인식을 긍정적으로 변화시키는 내용은 없다.

> **작품 해설**
>
> (가) 김수영, 「풀」
> • 갈래: 자유시, 서정시
> • 성격: 상징적, 주지적, 참여적, 비판적
> • 주제: 풀(민중)의 강한 생명력
> • 특징
>   – 상징적 시어의 대립 구조를 통해 주제를 드러냄
>   – 반복법과 대구법을 사용하여 리듬감을 형성함
>
> (나) 박두진, 「해」
> • 갈래: 서정시
> • 성격: 상징적, 의지적, 미래 지향적
> • 주제: 화합과 평화의 세계에 대한 소망
> • 특징
>   – 시어와 시구의 반복으로 운율을 형성함
>   – '밝음'과 '어둠'의 대립적 이미지를 사용함
>   – 상징적인 시어를 사용하여 강렬한 소망을 표현함

10 난도 ★☆☆ 　　　　　 정답 ①

현대 문학 > 현대 시

[정답의 이유]

① 제시된 작품은 암담한 현실 속에서의 자기 성찰과 현실 극복 의지를 담고 있다. 이 시에서는 무기력한 현실적 자아와 그것을 반성적으로 응시하는 내면적 자아의 대립과 화해의 과정이 형상화되어 있다. 또한 일제 강점기의 암울한 시대에 부끄럽지 않은 삶을 살고자 하는 시인의 고뇌와 자기 성찰이 독백적 어조로 전개되어 있다. 따라서 시선의 이동에 따라 시상을 전개했다는 설명은 적절하지 않다.

[오답의 이유]

② 1연의 '밤비가 속살거려'를 통해 시간적 배경은 '밤', '육첩방 남의 나라'를 통해 공간적 배경은 '일본'임을 알 수 있으며, 시간적·공간적 배경을 통해 일제 강점기에 일본에서 유학하는 화자의 복잡하고 우울한 상황을 짐작할 수 있다.

③ 9연에서 일제 강점기의 부정적 현실을 의미하는 '어둠'과 독립 또는 새로운 시대를 의미하는 '아침'을 대립적으로 제시하여 시적 의미를 구체화했다.

④ 제시된 작품에는 일제 강점기 시대 속에서 부끄럽지 않은 삶을 살아가려는 지식인의 고뇌와 자기 성찰이 담겨 있다. 7연의 '시가 이렇게 쉽게 쓰여 씌어지는 것은 / 부끄러운 일이다.'를 통해 반성적 태도를 엿볼 수 있다. 또한 10연의 '나는 나에게 작은 손을 내밀어 / 눈물과 위안으로 잡는 최초의 악수'를 통해 내면적 자아와 현실적 자아가 화해하는 미래 지향적 상황을 표현했다.

> **작품 해설**
>
> 윤동주, 「쉽게 씌어진 시」
> • 갈래: 자유시, 서정시
> • 성격: 저항적, 반성적, 미래 지향적
> • 주제: 어두운 시대 현실 속에서의 고뇌와 자기 성찰
> • 특징
>   – 두 자아의 대립과 화해를 통해 시상을 전개함
>   – 비유와 상징을 통해 시상을 구체화함

11 난도 ★☆☆ 　　　　　 정답 ①

고전 문학 > 고전 산문

[정답의 이유]

① 제시된 작품은 겉으로는 유교적 질서를 지키는 이상적인 인물로 행세하지만 사실은 부정하고 타락한 이중적 행실을 보이는 '북곽 선생'과 '동리자'를 내세워 당시 양반 계급의 부패한 도덕관념을 우의적으로 풍자하고 비판한 소설이다. 그러나 제시된 작품에서 시대적 배경을 구체적으로 묘사하고 있지는 않다.

[오답의 이유]

② '유(儒)란 유(諛)라 하더니'는 동음이의어인 '유학자'를 뜻하는 '유(儒)'와 '아첨하다'를 뜻하는 '유(諛)'를 이용한 언어유희로, 유학자는 아첨을 잘한다고 비판한 것이다.

③ 의인화된 '범'과 풍자 대상인 '북곽 선생'의 말과 행동을 통해 사건을 전개하고 있다.

④ 의인화된 '범'을 통하여 양반들의 악행과 위선적 모습, 허위의식을 풍자함으로써 작가의 현실 비판 의식을 우회적으로 드러냈다.

12 난도 ★★☆ 　　　　　 정답 ④

고전 문학 > 고전 산문

[정답의 이유]

④ 북곽 선생이 범을 보고 겁에 질려 살고 싶은 마음에 머리를 조아리고 '범님'이라고 칭하는 것을 볼 때, 북곽 선생이 범에게 아첨하여 목숨을 구걸했음을 알 수 있다. 그리고 '이로써 보면 범의 본성이 인간보다 더 어질다는 뜻이 아니겠느냐?'며 인간의 본성과 범의 본성을 비교하는 것은 북곽 선생의 아첨에 대해 범이 꾸짖으며 답한 말이다. 따라서 북곽 선생이 인간의 본성과 범의 본성을 비교했다는 것은 잘못 이해한 것이다.

[오답의 이유]

① '네놈들이 하는 말은 모두 오상(五常)을 벗어나지 않고, 경계하고 권장하는 것은 늘 사강(四綱)에 있다. 그렇지만 ~ 인간의 악행은 당최 그칠 줄을 모른다.'를 통해 확인할 수 있다.

② '행여 남들이 자신을 알아볼까 겁이 나 한 다리를 들어 목에다 얹고는 귀신처럼 춤추고 웃으며 문을 빠져나왔다.'를 통해 확인할 수 있다.

③ '네가 평소에는 세상의 온갖 나쁜 이름을 끌어모아 제멋대로 내게 갖다 붙이더니만, 지금은 서둘러 면전에서 아첨을 늘어놓으니 그 따위 말을 대체 누가 믿겠느냐?'를 통해 확인할 수 있다.

13 난도 ★☆☆   정답 ④

고전 문학 > 고전 산문

정답의 이유

④ ㉣에서 북곽 선생은 범에게 머리를 조아리고 목숨을 살려달라고 빌다가 날이 밝아 범이 사라지자 농부 앞에서 자신의 비굴함을 숨기려고 허세를 부리고 있다.

오답의 이유

① ㉠은 범이 이중적이고 위선적인 북곽 선생을 조롱하며 하는 말로, 본심을 숨기고자 상대방에게 거부감을 드러내고 있다는 설명은 적절하지 않다.

② ㉡은 범이 위선적으로 악행을 일삼는 인간을 비판하며 하는 말로, 자랑거리를 앞세워 상대가 따르도록 강요한다는 설명은 적절하지 않다.

③ ㉢은 똥을 뒤집어쓰고 비굴하게 엎드려 있는 북곽 선생을 발견한 농부의 질문으로, 상대를 흠모하는 마음을 드러내고 있다는 설명은 적절하지 않다.

14 난도 ★★☆   정답 ③

고전 문학 > 고전 산문

정답의 이유

③ 북곽 선생은 높은 학식과 고매한 인품으로 명망 높은 선비이지만, 실상은 부도덕하고 위선적인 인물이다. 따라서 '양의 머리를 걸어 놓고 개고기를 판다는 뜻으로, 겉보기만 그럴듯하게 보이고 속은 변변하지 아니함을 이르는 말'인 양두구육(羊頭狗肉)으로로 표현할 수 있다.

• 羊頭狗肉: 양 양, 머리 두, 개 구, 고기 육

오답의 이유

① 동량지재(棟梁之材): 마룻대와 들보로 쓸 만한 재목이라는 뜻으로, 집안이나 나라를 떠받치는 중대한 일을 맡을 만한 인재를 이르는 말

• 棟梁之材: 마룻대 동, 들보 량, 갈 지, 재목 재

② 천의무봉(天衣無縫): 천사의 옷은 꿰맨 흔적이 없다는 뜻으로, 완전무결하여 흠이 없음을 이르는 말

• 天衣無縫: 하늘 천, 옷 의, 없을 무, 꿰맬 봉

④ 개과천선(改過遷善): 지난날의 잘못이나 허물을 고쳐 올바르고 착하게 됨

• 改過遷善: 고칠 개, 지날 과, 옮길 천, 착할 선

> **작품 해설**
>
> 박지원, 「호질(虎叱)」
> • 갈래: 한문 소설, 단편 소설
> • 성격: 풍자적, 비판적, 우의적
> • 주제: 양반의 위선적인 삶과 인간 사회의 부도덕성 비판
> • 특징
>   – 우의적 기법을 사용하여 인간 사회를 풍자함
>   – 인물의 행위를 희화화함
>   – 실학사상을 바탕으로 인간의 부정적인 삶을 비판함

15 난도 ★★☆   정답 ④

현대 문학 > 현대 시

정답의 이유

④ 구도적인 자세를 통해 사물의 의미를 새롭게 발견해 내고 있는 작품은 (가)이다. (나)는 화자의 구체적인 경험을 통해 얻은 깨달음, 즉 삶을 너무 멀리서 보아도 안 되고 너무 가까이서 보아서도 안 된다는, 세상을 대하는 바람직한 관점을 강조하고 있다. 따라서 (나)는 구도적인 자세를 통해 사물의 새로운 의미를 나타낸다고 할 수 없다.

오답의 이유

① (가)는 '바람도 없는 공중에 수직(垂直)의 파문을 내며 고요히 떨어지는 오동잎은 누구의 발자취입니까?'와 같이 자연 현상에 대해 의문형 문장을 반복하며, 자연 현상의 배후에 있는 절대자를 상징하는 '누구'에 대한 예찬적 태도를 드러내고 있다.

② (가)는 종교적·명상적·관념적인 성격의 시로, 참된 가치를 찾아 정진하는 구도자적 자세가 담겨 있다.

③ (나)에는 화자가 설악산 대청봉 정상에서 세상을 멀리 바라본 모습과 산 아래 원통의 뒷골목에서 세상을 직접 경험한 모습을 대조시켜, 세상을 보는 적절한 거리·관점·태도에 관한 깨달음을 보여준다.

16 난도 ★★★   정답 ④

현대 문학 > 현대 시

정답의 이유

④ Ⓐ는 '울리고', '노래'에서 청각적 심상이 사용되었고, '누구의 노래입니까?'와 같이 경어체와 의문형의 어조로 표현되었으므로, '신비로운 소리'라는 청각적 심상을 사용하고 '누구의 숨결입니까.'와 같이 경어체와 의문형의 어조로 표현한 ④가 가장 적절하다.

오답의 이유

① '풀꽃'과 '미소'는 모두 시각적 이미지에 해당하므로 조건에 부합하지 않는다.

② '느티나무'는 시각적 이미지에 해당하고 '사랑'은 추상적 개념에 해당하므로 조건에 부합하지 않는다.

③ '흰 구름'과 '그림'은 시각적 이미지에 해당하므로 조건에 부합하지 않는다.

17 난도 ★☆☆   정답 ③

현대 문학 > 현대 시

정답의 이유

③ 가까이에서 바라본 적나라한 삶의 모습을 사실적으로 묘사한 ㉢은 너무 멀리서 혹은 너무 가까이에서만 보지 말고 적당한 거리를 두고 세상을 바라보는 균형 잡힌 시각을 강조하기 위한 화자의 장치라고 할 수 있다. 따라서 탈속적인 공간에 대한 동경을 그려내고 있다고는 할 수 없다.

오답의 이유

① ㉠은 '떨어지는 오동잎', '푸른 하늘', '알 수 없는 향기', '작은 시내', '저녁놀' 등 다양한 자연 현상 속에 드러나 보이는 '임'의 존재를 형상화함으로써 임에 대한 화자의 외경심과 신비감을 드러내고 있다.

② ㉡은 타고 남은 재가 다시 기름이 되듯이, 어둠의 시대에 자기 자신을 태워서 '임'이 사라진 세상을 밝히려는 구도자적 정신을 상징적으로 드러내고 있다.

④ ㉣은 삶을 너무 멀리서 보아도 안 되고 너무 가까이서 보아도 안 된다고 하면서, 단순하기도 하고 복잡하기도 한 삶에 대한 화자의 인식을 드러내고 있다.

작품 해설

(가) 한용운, 「알 수 없어요」
- 갈래: 자유시, 서정시
- 성격: 명상적, 관조적, 역설적
- 주제: 절대적 존재에 대한 동경과 구도의 정신
- 특징
  - 경어체와 의문형 어구를 반복하여 사용함
  - 자연 현상을 통한 깨달음을 형상화함
  - 문장 구조를 반복하여 형태적 안정성을 부여함

(나) 신경림, 「장자(莊子)를 빌려」
- 갈래: 자유시, 서정시
- 성격: 묘사적, 대조적
- 주제: 세상을 바라보는 관점에 대한 성찰
- 특징
  - 사물을 의인화하여 표현함
  - 삶을 바라보는 올바른 관점이 무엇인지에 대해 질문을 던짐
  - 산 정상에서 바라본 모습과 산 아래에서 바라본 모습을 대조해서 나타냄

18 난도 ★★☆   정답 ①

문법 > 형태론

정답의 이유

㉠ '무슨'은 '예상 밖의 못마땅한 일을 강조할 때 쓰는 말'로, 체언 '말'을 수식하고 있다. 따라서 체언을 수식하고 형태는 변하지 않는(활용하지 않는) 관형사이다.

㉡ '모든'은 '빠짐이나 남김이 없이 전부의'라는 의미로, 체언 '사람들'을 수식하고 있다. 따라서 체언을 수식하고 형태는 변하지 않는 관형사이다.

오답의 이유

㉢ '빠른'은 형용사 '빠르다'의 관형사형으로, 형태 변화를 하며 서술성을 지니는 특징이 있으므로 품사는 형용사이다.

㉣ '아름다운'은 형용사 '아름답다'의 관형사형으로, 형태 변화를 하며 서술성을 지니는 특징이 있으므로 품사는 형용사이다.

더 알아보기

관형사와 관형사형

관형사	• 활용을 하지 않는다. • 뒤에 오는 체언을 수식한다. 예 새 옷
관형사형	• 활용을 한다. • 수식의 기능과 더불어 서술성을 지닌다. • 기본형이 있다. 예 새로운 옷(기본형: 새롭다)

19 난도 ★★☆   정답 ①

비문학 > 글의 전개 방식

정답의 이유

① 제자인 도응과 선왕의 질문에 대해 맹자가 답변하는 방식을 사용했고, 순 임금과 무왕 등의 사례를 들어 자신의 생각을 드러내고 있으므로 적절한 내용이다.

오답의 이유

② 맹자가 직접 체험한 내용은 드러나 있지 않다.

③ 질문에 따라 여러 사례를 들어 자신의 생각을 밝히고 있지만, 상황에 따라 변화하는 생각을 순차적으로 밝히고 있지는 않다.

④ 맹자는 본인의 생각을 밝히고 있을 뿐 자신의 생각을 따르지 않을 경우 발생하는 문제점에 대해 말하지 않았다.

20 난도 ★★☆   정답 ①

비문학 > 사실적 읽기

정답의 이유

① 다섯 번째 글에서 '이렇게 흉포하고 잔학한 인간은 이미 천하 만민의 부모 노릇을 하는 천자가 아니고 한 명의 단순한 사내에 지나지 않습니다. 저는 백성들로부터 버림을 받은 한 사내인 주(紂)를 죽였다는 말은 들은 일이 있습니다만'이라고 하였으므로 포악하여 백성을 해치는 임금을 벌하는 일이 정당하다는 것은 맹자의 생각과 일치한다.

오답의 이유

② 두 번째 글에서 '순은 그런 경우를 당하면 자기가 차지했던 천하를 헌 짚신 버리듯 버리고 자기 부친인 고수를 등에 업고 도망쳐 멀리 바닷가로 피해 가 살며, 죽을 때까지 기꺼이 즐거워하면서 지난날에 차지했던 천하 같은 것은 까맣게 잊어버릴 것이다.'라고 하였다. 이를 통해 '순'이 자식으로서의 입장을 천자의 의무보다 중시했음을 알 수 있다.

③ 세 번째 글에서 '나라에는 백성이 무엇보다도 귀중하고, 토지와 곡물의 신이 그다음으로 귀중하며, 임금은 사실상 그 비중이 가장 가볍다. 따라서 '밭일하는 사람들의 마음에 들어 그들이 좋아하게 되면 천하를 통치하는 천자가 되는 것이다.'라고 하였으므로 천자가 되려면 '백성'의 마음에 들어야 한다는 것을 알 수 있다.

④ 첫 번째 글에서 '법령을 정비하여 물샐틈없이 잘해 나가는 정치는 나쁜 것이 아니다. 하지만 그것보다는 예의염치(禮義廉恥)와 효제충신(孝悌忠信) 등을 체득 실천하도록 잘 가르쳐 백성들이

나랏일을 위해 자발적으로 협조하게 하는 것이 나라 다스리는 데는 더욱 좋다.'라고 했다. 즉, 법령 정비도 나쁘지 않지만, 예의염치와 효제충신을 체득 실천하도록 가르치는 게 더욱 좋다는 의미이므로, 법령 정비를 부정적으로 보았다는 내용은 적절하지 않다.

21 난도 ★★☆   정답 ④

비문학 > 추론적 읽기

정답의 이유

④ 첫 번째 글에서 통치자가 '예의염치와 효제충신 등을 체득 실천하도록 잘 가르쳐 나가는 정치를 하면 백성들이 그 인후(仁厚)함에 감복하여 위정자를 사랑한다.', '백성을 잘 가르쳐 나가는 정치를 하면 백성들이 좋아하여 마음으로 따르게 하는 성과를 올리게 한다.'라고 하였으므로 통치자가 인과 덕으로 다스리면 백성들은 위정자를 사랑함을 알 수 있다. 따라서 백성들이 덕을 베풀어도 은혜를 모른다는 내용은 적절하지 않다.

오답의 이유

① 네 번째 글에서 '인자하지 않고서 온 천하를 얻어 천자가 된 자는 본 적이 없다.'라고 하였으므로 통치자가 백성들에게 인자한 덕을 지니고 있어야 한다는 내용은 적절하다.

② 다섯 번째 글에서 '흉포하고 잔학한 인간은 이미 천하 만민의 부모 노릇을 하는 천자가 아니고'라고 하였으므로 통치자(천자)는 부모와 같은 태도로 다스려야 한다는 내용은 적절하다.

③ 세 번째 글에서 '나라에는 백성이 무엇보다도 귀중하고', '밭일하는 사람들(백성)의 마음에 들어 그들이 좋아하게 되면 천하를 통치하는 천자가 되는 것이다.'라고 하였으므로 백성들은 나라에서 가장 귀중한 존재이고 그들의 마음이 천자를 정한다는 내용은 적절하다.

22 난도 ★★☆   정답 ②

문법 > 통사론

정답의 이유

② ㉠의 '보이다'는 '눈으로 대상의 존재나 형태적 특징을 알게 하다.'라는 의미로, 사동사이다. 반면 ㉡의 '보이다'는 '눈으로 대상의 존재나 형태적 특징을 알게 되다.'라는 의미로, '보다'의 피동사이다.

오답의 이유

① ㉠의 '울리다'는 '어떤 물체가 소리를 내다.'라는 의미의 동사이고, ㉡의 '울리다'는 '억누르기 힘든 감정이나 참기 어려운 아픔으로 눈물을 흘리게 하다.' 또는 '그렇게 눈물을 흘리면서 소리를 내게 하다.'라는 의미로, ㉠과 ㉡ 모두 목적어를 필요로 하는 사동사이다.

③ ㉠의 '녹이다'는 '추워서 굳어진 몸이나 신체 부위를 풀리게 하다.'라는 의미이고, ㉡의 '녹이다'는 '얼음이나 얼음같이 매우 차가운 것을 열로 액체가 되게 하다.'라는 의미로, ㉠과 ㉡ 모두 목적어를 필요로 하는 사동사이다.

④ ㉠의 '들리다'는 '손에 가지게 되다.'라는 의미로, 피동사이다. ㉡

의 '들리다'는 '손에 가지게 하다.'라는 의미로, 사동사이다.

> **더 알아보기**
>
> **사동사와 피동사의 형태가 같은 경우**

걸리다	'걷다'의 사동사	어머니는 동생은 업고 형은 걸리며 피란길을 떠났다.
	'걸다'의 피동사	그림이 벽에 걸렸다.
날리다	'날다'의 사동사	종이 비행기를 공중에 날렸다.
	'날다'의 피동사	아카시아 꽃이 눈처럼 날린다.
닦이다	'닦다'의 사동사	아이에게 구두를 닦였다.
	'닦다'의 피동사	깨끗이 닦인 유리창을 바라보았다.
뜯기다	'뜯다'의 사동사	소에게 풀을 뜯기며 앉아있었다.
	'뜯다'의 피동사	자물쇠가 뜯긴 자국이 나 있었다.
물리다	'물다'의 사동사	가해자에게 치료비를 물렸다.
	'물다'의 피동사	사나운 개에게 팔을 물렸다.
보이다	'보다'의 사동사	그는 나에게 사진첩을 보였다.
	'보다'의 피동사	벽에 걸려 있는 시계가 보였다.
안기다	'안다'의 사동사	할머니 품에 아기를 안겼다.
	'안다'의 피동사	동생은 아버지에게 안겨서 차에 올랐다.
업히다	'업다'의 사동사	할머니에게 아이를 업혀 보냈다.
	'업다'의 피동사	아이가 엄마 등에 업혀 잠이 들었다.
읽히다	'읽다'의 사동사	학생들에게는 시를 읽히곤 했다.
	'읽다'의 피동사	수많은 사람에게 읽혀 온 작품이다.
잡히다	'잡다'의 사동사	겨우 연필을 잡혔지만 아이는 아무것도 쓰지 않았다.
	'잡다'의 피동사	경찰에게 도둑이 잡혔다.

23 난도 ★★☆   정답 ①

문법 > 형태론

정답의 이유

밑줄 친 '후자의 예'는 특정한 뜻을 더하는 접사가 어근 앞에 붙어 새말이 된 파생어를 가리킨다. 접사는 단독으로 쓰이지 않고 항상 다른 어근이나 단어에 붙어 새로운 단어를 구성하는 부분을 말하며, 접두사와 접미사가 있다.

① '강마르다'는 '물기가 없이 바싹 메마르다. / 성미가 부드럽지 못하고 메마르다. / 살이 없이 몹시 수척하다.'를 의미하며, '마르다'에 '몹시'의 뜻을 더하는 접두사 '강-'이 결합한 파생어이다.

오답의 이유

② '첫'은 '맨 처음의'를 뜻하는 관형사로, '사랑, 눈' 등의 명사와 결합하여 합성어가 된다.

③ '새'는 '이미 있던 것이 아니라 처음 마련하거나 다시 생겨난'을 뜻하는 관형사로, '집, 해, 신랑' 등의 명사와 결합하여 합성어가 된다.

④ '얕-'은 형용사 '얕다'의 어근으로, '보다'와 결합하여 합성어가 된다.

문법 > 한글 맞춤법

정답의 이유

④ '부스러기'는 '잘게 부스러진 물건 / 쓸 만한 것을 골라내고 남은 물건 / 하찮은 사람이나 물건을 비유적으로 이르는 말'의 의미를 지니는 명사로, '마른 잎이나 검불, 종이 따위를 밟거나 건드리는 소리가 자꾸 나다. 또는 그런 소리를 자꾸 내다.'를 뜻하는 '부스럭거리다'와는 관계가 없다. 따라서 '부스러기'는 '-거리다'가 붙을 수 없는 어근에 접미사가 붙어서 명사가 된 말이다.

오답의 이유

① '동그라미'는 '-하다'나 '-거리다'가 붙을 수 없는 어근에 접미사가 붙어서 명사가 된 것이므로 원형을 밝히어 적지 아니한다.

② '삐죽이'는 '-하다'나 '-거리다'가 붙는 어근에 '-이'가 붙어서 명사가 된 것으로 원형을 밝히어 적는다.

③ '매미'와 '뻐꾸기'는 '-하다' 또는 '-거리다'가 붙을 수 없으므로 [붙임] 규정에 따라 원형을 밝히어 적지 아니한다.

더 알아보기

한글 맞춤법 제23항

'-하다'나 '-거리다'가 붙는 어근에 '-이'가 붙어서 명사가 된 것은 그 원형을 밝히어 적는다. (ㄱ을 취하고, ㄴ을 버림)

ㄱ	ㄴ	ㄱ	ㄴ
깔쭉이	깔쭈기	살살이	살사리
꿀꿀이	꿀꾸리	쌕쌕이	쌕쌔기
눈깜짝이	눈깜짜기	오뚝이	오뚜기
더펄이	더퍼리	코납작이	코납자기
배불뚝이	배불뚜기	푸석이	푸서기
삐죽이	삐주기	홀쭉이	홀쭈기

[붙임] '-하다'나 '-거리다'가 붙을 수 없는 어근에 '-이'나 또는 다른 모음으로 시작되는 접미사가 붙어서 명사가 된 것은 그 원형을 밝히어 적지 아니한다.

개구리	귀뚜라미	기러기
깍두기	꽹가리	날라리
누더기	동그라미	두드러기
딱따구리	매미	부스러기
뻐꾸기	얼루기	칼싹두기

문법 > 의미론

정답의 이유

④ 관계 반의어는 방향 반의어라고도 하는데, '위-아래', '주다-받다'와 같이 상대적 관계에 있는 두 단어가 일정한 기준점을 중심으로 하여 맞선 방향으로 의미상 대칭을 이루는 관계이다. '있다-없다'는 의미상 대치를 이루는 상대적 관계가 아니라 양분적 대립 관계이다. 따라서 두 단어가 상호 배타적인 영역을 갖는 '상보 반의어'에 해당한다. 상보 반의어는 '남성-여성', '알다-모르다'과 같이 두 단어가 양분적 대립 관계로 상호 배타적인 영역을 가지며, 중간항이 없고 동시 부정이 불가능하다.

오답의 이유

① '사다-팔다'는 내가 사면 상대방은 파는 서로 상대적인 관계이므로 관계 반의어이다.

② '부모-자식'은 한쪽이 부모면 다른 한쪽은 자식인 상대적 관계이므로 관계 반의어이다.

③ '동쪽-서쪽'은 한쪽이 동쪽이면 다른 쪽은 서쪽이 되는 상대적 관계이므로 관계 반의어이다.

한눈에 훑어보기

✅ 영역 분석

문법 01 02 10 21 22
5문항, 20%

고전 문학 03 04 05 18 19 20
6문항, 24%

현대 문학 06 07 08 09 23 24 25
7문항, 28%

비문학 11 12 13 14 15 16 17
7문항, 28%

✅ 빠른 정답

01	02	03	04	05	06	07	08	09	10
④	①	②	④	③	②	②	③	①	②
11	**12**	**13**	**14**	**15**	**16**	**17**	**18**	**19**	**20**
③	②	①	④	②	③	②	②	①	②
21	**22**	**23**	**24**	**25**					
③	④	③	①	④					

✅ 점수 체크

구분	1회독	2회독	3회독
맞힌 문항 수	/ 25	/ 25	/ 25
나의 점수	점	점	점

01 난도 ★★☆ 정답 ④

문법 > 고전 문법

정답의 이유

④ '뼈'에는 어두 자음군 'ㅂㅅ'가 사용되었다. 하지만 어두 자음군을 하나의 자음처럼 발음했는지는 알 수 없기 때문에 사례로 적절하지 않다.

오답의 이유

① '孔子(공ᄌ)ㅣ'는 '공ᄌ'와 주격 조사 'ㅣ'가 결합한 말이므로 중세 국어 시기에 주격 조사를 사용했다는 사례로 적절하다.

② '술흔'은 '술ㅎ'과 조사 '은'이 결합한 말로 '술ㅎ'은 'ㅎ' 종성 체언 이다. 따라서 중세국어 시기에 'ㅎ'으로 끝나는 체언을 사용했다는 사례로 적절하다.

③ '받ᄌᆞ온'은 어간 '받-'과 객체 높임 선어말 어미 '-ᄌᆞ-' 그리고 관형사형 어미 '-ㄴ'이 결합한 말이므로 중세국어 시기에 객체를 높이는 형태소 '-ᄌᆞ-'이 있었다는 사례로 적절하다.

작품 해설

『소학언해(小學諺解)』

• 연대: 선조 19년(1586)

• 특징
  - 끊어 적기가 나타나, 이어 적기와 혼용해서 사용됨
  - 모음 조화 파괴 현상이 나타남

• 현대어 풀이

> 공자께서 증자에게 일러 말씀하시기를 몸과 형체와 머리털과 살은 부모님께 받은 것이라 감히 헐게 하여 상하게 하지 아니함 이 효도의 시작이고, 입신(출세)하여 도를 행하여 이름을 후세에 날려 이로써 부모를 드러나게 함이 효도의 끝이니라.

02 난도 ★☆☆ 정답 ①

문법 > 한글 맞춤법

정답의 이유

㉠ 도착하는∨대로(○): 용언의 관형사형 '도착하는'의 수식을 받는 '대로'는 의존 명사이므로 앞말과 띄어 쓴다.

㉣ 이것뿐이다(○): 체언 '이것' 뒤에 오는 '뿐'은 조사이므로 앞말에 붙여 쓴다.

오답의 이유

㉡ 말씀∨대로(×) → 말씀대로(○): 명사 '말씀' 뒤에 오는 '대로'는 조사이므로 앞말에 붙여 쓴다.

ⓒ 느낀대로(×) → 느낀∨대로(○): 용언의 관형사형 '느낀' 뒤에 오는 '대로'는 의존 명사이므로 앞말과 띄어 쓴다.
ⓗ 들었을뿐이다(×) → 들었을∨뿐이다(○): 용언의 관형사형 '들었을' 뒤에 오는 '뿐'은 의존 명사이므로 앞말과 띄어 쓴다.

03 난도 ★☆☆   정답 ②

고전 문학 > 고전 산문

정답의 이유

② ⓑ '저'는 '장화'와 '홍련'의 아버지인 '배 좌수'가 자신을 가리키는 말이다.

오답의 이유

① ⓐ '흉녀'는 장화와 홍련의 계모인 '허 씨'를 가리키는 말이다.
③ ⓒ '후처'는 '배 좌수'의 후처인 '허 씨'를 가리키는 말이다.
④ ⓓ '소첩'은 '허 씨'가 자기 자신을 낮춰서 가리키는 말이다.

04 난도 ★★☆   정답 ④

고전 문학 > 고전 산문

정답의 이유

④ ⓔ의 '용모와 재질이 비상하고, 성품이 또한 온순하여 자못 숙녀의 풍도가 있는지라.'에서 서술자가 자신의 시각에서 이야기를 직접 서술한 것임을 파악할 수 있다.

오답의 이유

① ㉠은 작품 속 인물인 '부사'가 한 말로, 인물의 시각에서 서술한 것이다.
② ㉡은 작품 속 인물인 '배 좌수'가 한 말로, 인물의 시각에서 서술한 것이다.
③ ㉢은 작품 속 인물인 '흉녀'가 한 말로, 인물의 시각에서 서술한 것이다.

05 난도 ★★☆   정답 ③

고전 문학 > 고전 산문

정답의 이유

③ ⓔ는 '흉녀(허 씨 부인)'가 '부사'에게 '장화'와 '홍련'을 친자식처럼 정성들여 키웠으나 그들이 나이가 들수록 행동거지가 불측하여 자신의 말을 듣지 않고 성실하지 못하여 원망만 많이 한다고 하소연하는 장면이다. 적반하장(賊反荷杖)은 '도둑이 도리어 매를 든다는 뜻으로, 잘못한 사람이 아무 잘못도 없는 사람을 나무람을 이르는 말'로, ⓔ와 내용이 부합한다.
   • 賊反荷杖: 도둑 적, 돌이킬 반, 연 하, 지팡이 장

오답의 이유

① 믿는 도끼에 발등 찍힌다: 잘되리라고 믿고 있던 일이 어긋나거나 믿고 있던 사람이 배반하여 오히려 해를 입음을 비유적으로 이르는 말

② 공든 탑이 무너지랴: 공들여 쌓은 탑은 무너질 리 없다는 뜻으로, 힘을 다하고 정성을 다하여 한 일은 그 결과가 반드시 헛되지 아니함을 비유적으로 이르는 말

④ 닭 쫓던 개 지붕[먼 산] 쳐다보듯: 개에게 쫓기던 닭이 지붕으로 올라가자 개가 쫓아 올라가지 못하고 지붕만 쳐다본다는 뜻으로, 애써 하던 일이 실패로 돌아가거나 남보다 뒤떨어져 어찌할 도리가 없이 됨을 비유적으로 이르는 말

작품 해설

작자 미상, 「장화홍련전(薔花紅蓮傳)」
• 갈래: 고전 소설
• 성격: 전기적, 교훈적
• 주제: 계모의 흉계로 인한 가정의 비극과 권선징악
• 특징
  – 가정형 계모 소설(家庭型繼母小說)의 대표작
  – 인물의 대화와 내면 심리 묘사를 통해 사건을 전개함
  – 고전 소설의 전형적 서술 방식인 순행적 구성과 서술자의 개입이 엿보임
  – 후처제의 제도적 모순과 가장의 무책임함을 다룸으로써 현실의 모순을 비판함

---

06 난도 ★★☆   정답 ②

현대 문학 > 현대 소설

정답의 이유

제시된 작품은 등장인물을 익명화하여 현대 사회의 단절된 인간관계와 개인주의를 그려냈다. 절망에 빠진 사내의 죽음을 짐작하면서도 말리지 않는 모습은 인간적 연대감을 상실한 현대인들의 모습을 보여 준다.
② 제시된 작품은 등장인물인 '나', '안', '사내' 세 사람 중 '나'가 서술자인 1인칭 주인공 시점의 소설이다. 사건을 체험한 사람이 직접 서술하는 방식을 취해 인물과 독자 사이의 거리가 가깝고, 사건의 현장감이 잘 느껴진다.

오답의 이유

① 제시된 작품에서 '나'의 내면 의식에 메인 시술은 드러나 있지 않다. 1인칭 시점을 취하고 있지만 내면의 갈등을 묘사하기보다는 인물의 행동과 대화를 통해 갈등을 암시적으로 나타내고 있다.
③ 등장인물이 주인공의 행동과 사건을 관찰하는 것은 1인칭 관찰자 시점에 대한 설명이다. 제시된 작품은 주인공인 '나'가 자신의 이야기를 서술하는 1인칭 주인공 시점이므로 적절하지 않다.
④ '중국집 → 양품점 → 화재가 난 곳'으로 장면 전환이 이루어지고 있지만 이를 통해서 인물의 가치관이 달라지고 있음을 파악할 수는 없다.

더 알아보기

시점과 거리의 관계

- 1인칭 주인공 시점
  - 서술자가 곧 등장인물, 즉 주인공과 같다. 따라서 서술자와 인물의 거리가 가장 가깝다.
  - 이와 같은 원리로 인물과 독자의 거리도 가깝다고 할 수 있다.
- 전지적 작가 시점
  - 서술자가 등장인물의 행위뿐만 아니라 내면 심리까지 독자에게 전달하기 때문에 서술자와 인물, 서술자와 독자 사이의 거리는 가깝다.
  - 독자와 인물 사이의 거리는 멀다.
- 1인칭 관찰자 시점, 작가 관찰자 시점
  - 서술자가 등장인물의 말과 행동을 전달하고, 이를 통해 독자가 인물을 직접 판단하게 되므로 인물과 독자의 거리는 가깝다.
  - 서술자와 독자, 인물과 서술자의 거리는 멀다.

---

07 난도 ★★☆　　　　　　　　　　　　정답 ②

현대 문학 > 현대 소설

정답의 이유

② 〈보기〉의 첫 문장 '중국집에서 거리로 나왔을 때'를 통해 〈보기〉가 중국집에서 나온 이후의 상황임을 유추할 수 있다. 또한 〈보기〉 마지막 부분의 '어디로 갈까?'를 통해 이들이 중국집을 나온 후 어디에 갈지 고민하고 있다는 것을 알 수 있다. (다)의 첫 부분인 '아무데도 갈 데가 없었다. 방금 우리가 나온 중국집 곁에 양품점의 쇼윈도가 있었다. ~ 우리는 양품점 안으로 들어 갔다.'를 통해 중국집을 나온 후 고민했지만 아무데도 갈 데가 없었고 결국 중국집 옆에 있는 양품점에 들어갔음을 알 수 있다. 따라서 〈보기〉와 (다)는 이어지는 단락이므로 (나)와 (다) 사이에 들어가는 것이 적절하다.

---

08 난도 ★☆☆　　　　　　　　　　　　정답 ③

현대 문학 > 현대 소설

정답의 이유

㉠ 사내가 ⓒ '아내의 시체를 병원에 판' 이유는 ⓐ '난 처갓집이 어딘지도 모릅니다. 그래서 할 수 없었어요.'에서 말한 것처럼 아내의 연고지를 파악할 수 없어 시체를 어떻게 처리해야 하는지 알지 못했기 때문이다.

㉡ '나'는 '그래서 할 수 없었어요.'라며 자조적으로 말하는 '사내'의 말을 잘 이해하지 못해 ⓑ '뭘 할 수 없었다는 말입니까?'라며 무슨 상황인지 되묻고 있다. 이에 '사내'는 ⓒ '아내의 시체를 병원에 팔았습니다.'라며, '나'가 되물은 상황에 대해 설명하는 것을 볼 때, 적절한 이해이다.

㉢ '사내'는 ⓒ '아내의 시체를 병원에 판' 대가로 ⓓ '돈 사천 원'을 받았다. 따라서 상황을 바르게 이해한 것이다.

㉣ '사내'는 아내의 시체를 팔아 번 ⓓ '돈 사천 원'을 모두 써 없애 버리고 싶어서 '안'과 '나'에게 이 돈을 다 쓸 때까지 ⓔ '함께 있어 주십시오.'라고 요청하였다. 따라서 상황을 바르게 이해한 것이다.

오답의 이유

㉤ '사내'가 ⓕ '그러나 여전히 힘없는 음성으로 말했다.'라고 반응한 것은 아내의 시체를 팔았다는 죄책감 때문이다. 또한 '안'과 '나'는 ⓔ '함께 있어 주십시오.'라고 한 사내의 요청을 받아들여 이후 같이 행동한다. 따라서 ⓔ가 좌절되었기 때문에 ⓕ와 같이 반응했다는 설명은 상황을 잘못 이해한 것이다.

---

09 난도 ★☆☆　　　　　　　　　　　　정답 ①

현대 문학 > 현대 소설

정답의 이유

① (다)에서 '사내'가 '안'과 '나'에게 넥타이를 사주는 것은 자신의 죄책감을 덜기 위한 무분별한 소비 행위일 뿐 인간성의 회복과는 무관한 행동이다.

오답의 이유

② 쓸 수 있는 돈이 있음에도 갈 곳 없이 방황하는 세 사람을 통해 목표 없이 방황하는 도시인의 비애를 파악할 수 있다.

③·④ 타인의 어려움에 대한 공감 능력이 있다면 화재가 빨리 진압되기를 바라는 것이 일반적인 반응이다. 하지만 시간을 보내기 위해 불이 더 오래 타기를 바라는 '나'의 태도나 화재 같은 건 아무것도 아니라고 하는 '안'의 모습은 인간적인 유대 관계가 없는 이기적인 현대인의 단면을 보여준다.

---

10 난도 ★★☆　　　　　　　　　　　　정답 ②

문법 > 한글 맞춤법

정답의 이유

㉠ 대(순우리말)+잎(순우리말) → 댓잎[댄닙]: 순우리말로 된 합성어로서 뒷말의 첫소리 모음 앞에서 'ㄴㄴ' 소리가 덧나므로 1.-(3)에 해당한다. 따라서 사이시옷을 적을 수 있다.

㉡ 아래(순우리말)+마을(순우리말) → 아랫마을[아랜마을]: 순우리말로 된 합성어로서 뒷말의 첫소리 'ㄴ, ㅁ' 앞에서 'ㄴ' 소리가 덧나므로 1.-(2)에 해당한다. 따라서 사이시옷을 적을 수 있다.

㉣ 코(순우리말)+병(한자어) → 콧병[코뼝/콛뼝]: 순우리말과 한자어의 합성어로서 뒷말의 첫소리가 된소리로 나므로 2.-(1)에 해당한다. 따라서 사이시옷을 적을 수 있다.

오답의 이유

㉢ 머리(순우리말)+말(순우리말) → 머리말[머리말]: 순우리말로 된 합성어이지만, 뒷말의 첫소리 앞에 'ㄴ' 소리가 덧나지 않는다. 따라서 사이시옷을 표기하지 않는다.

㉤ 위(순우리말)+층(한자어) → 위층[위층]: 순우리말과 한자어의 합성어이지만, 뒷말의 첫소리가 된소리로 나거나 뒷말의 첫소리 앞에 'ㄴ' 소리가 덧나지 않는다. 따라서 사이시옷을 표기하지 않는다.

㉥ 개(한자어)+수(한자어) → 개수[개:쑤]: 한자어로 이루어진 합성어에는 본래 사이시옷을 넣지 않는 것이 원칙이다. 단 〈보기 1〉의 3.에 속하는 여섯 단어는 예외로 한다. 따라서 '개수'는 사이시옷을 표기하지 않는다.

11 난도 ★☆☆   정답 ③

비문학 > 사실적 읽기

정답의 이유

③ ㉢에서 쓰인 '존재'는 '현실에 실제로 있음 또는 그런 대상'을 의미하지만, ⓐ에 쓰인 '존재'는 '다른 사람의 주목을 끌 만한 두드러진 품위나 처지 또는 그런 대상'을 의미한다.

오답의 이유

① ㉠과 ①의 '처방'은 모두 '일정한 문제를 처리하는 방법'을 의미한다.

② ㉡과 ②의 '현혹'은 모두 '정신을 빼앗겨 하여야 할 바를 잊어버림 또는 그렇게 되게 함'을 의미한다.

④ ㉣과 ④의 '섭렵'은 모두 '물을 건너 찾아다닌다는 뜻으로, 많은 책을 널리 읽거나 여기저기 찾아다니며 경험함을 이르는 말'이다.

12 난도 ★★☆   정답 ②

비문학 > 글의 전개 방식

정답의 이유

② 제시된 글은 '고전을 읽어야 하는 이유(글의 논지)'를 예시와 비유를 통해 쉽게 전달하고 있다. 박지원의 '창애에게 답하다[답창애(答蒼厓)]', '하룻밤에 아홉 번 강물을 건넌 이야기[일야구도하기(一夜九渡河記)]' 등의 다양한 예를 제시하고 있으며, 고전을 '길을 알려주는 든든한 지팡이', '밤바다의 등댓불'로 빗대어 표현하고 있다.

오답의 이유

① 제시된 글은 '고전을 읽어야 하는 이유'에 대해 논하고 있으나, 예상 밖의 주제를 도출하고 있는 부분은 없다.

③ 우리 삶에 있어서의 고전의 중요성에 대해 여러 고전의 예시를 통해 이야기하고 있으나, 대조적인 내용을 병렬적으로 배열한 부분은 없다.

④ 전체적으로 다양한 고전을 예시로 제시하여 논지를 강화하고 있으나, 두 개의 핵심 사건을 비교 · 대조한 부분은 없다.

13 난도 ★★☆   정답 ①

비문학 > 사실적 읽기

정답의 이유

① 6문단에서는 "고전은 '창애에게 답하다'에 나오는 그 지팡이와 같다. 갑자기 길을 잃고 헤맬 때 길을 알려 준다. 지팡이가 있으면 길에서 계속 울며 서 있지 않아도 된다."라고 하며 '고전'을 통해 삶의 지혜를 배울 수 있다고 하였으며, 8문단에서는 '고전에 대한 든든한 신뢰를 바탕으로 생활 속에서 고전을 늘 가까이 하는 적극적인 태도가 필요하다.'라고 하며 고전을 적극적으로 읽어야 한다고 하였다. 따라서 '아무것도 모르면 차라리 마음이 편하여 좋으나, 무엇이나 좀 알고 있으면 걱정거리가 많아 도리어 해롭다.'를 뜻하는 '아는 게 병, 모르는 게 약이다.'는 제시된 글이 전제로 하고 있는 내용으로 적절하지 않다.

오답의 이유

② 5문단의 '그러니 지팡이를 짚고서라도 집을 찾는 것이 먼저다. 그다음에 눈을 똑바로 뜨고 제집 대문 색깔과 골목의 위치를 잘 확인하고 나오면 된다.'를 통해 '일의 처리는 선후를 가려야 한다.'가 전제되고 있음을 파악할 수 있다.

③ 1문단의 '아주 오래전에 쓰인 고전이 지금도 힘이 있는 것은 인간의 삶이 본질적으로 변한 적이 없기 때문이다.'를 통해 '인간의 삶은 본질적으로 변하지 않는다.'가 전제되고 있음을 파악할 수 있다.

④ 2문단에서 예로 든 '문득 눈이 뜨인, 앞을 못 보던 사람의 이야기'에서는 '앞을 못 보는 삶에 길들여져 있던 그는 한꺼번에 쏟아져 들어온 엄청난 정보를 도저히 처리할 능력이 없었다. 그는 갑자기 자기 집마저 찾지 못하는 바보가 되고 말았다.'라고 하였다. 이를 통해 '인간은 낯선 환경과 마주치면 쉽게 혼란에 빠진다.'가 전제되고 있음을 파악할 수 있다.

14 난도 ★★☆   정답 ④

비문학 > 추론적 읽기

정답의 이유

(가) 앞부분에서는 시장이 모든 것에 우선한다고 하였지만, (가)의 뒷부분에서는 태초에 시장은 없었다고 하면서 반대 견해를 내세우고 있다. 따라서 앞과 뒤의 내용이 상반될 때 쓰이는 역접의 접속사가 들어가야 하므로 '그러나'가 적절하다.

(나) 앞부분에서는 미국이 초기 산업화에 성공할 수 있었던 가장 큰 이유는 정부의 개입이라 하였고, (나)의 뒷부분에서는 미국이 제2차 세계 대전이 발발하기 전까지 100년 동안 산업 보호 장벽이 가장 견고했던 나라였다고 하면서 앞부분의 논지를 이어 나가고 있다. 따라서 (나)에는 앞 내용을 이어주거나 한층 더한 사실을 덧붙일 때 사용하는 '게다가'가 들어가는 것이 적절하다.

(다) 앞부분에서는 모든 선진국은 사실상 정부의 강도 높은 개입으로 발전해왔다고 했으며, (다) 뒷부분에서는 시장이 국가의 개입없이 발전하는 것은 실제 사실이 아닌 희망 사항에 기반을 둔 것이라고 하고 있다. 따라서 (다)에는 인과 관계를 나타내는 접속사가 들어가야 하므로 '그러므로'가 적절하나.

오답의 이유

(가) 역접의 접속어가 들어가야 하므로 앞 내용이 뒤의 내용의 원인 · 근거가 될 때 쓰는 접속어 '그러므로'나 문장이나 절을 병렬적으로 연결할 때 쓰이는 접속어 '그리고'는 적절하지 않다.

(나) (가)의 내용을 추가하여 설명해주고 있으므로 뒤에 오는 말이 앞의 내용과 상반됨을 나타내는 '반면'은 적절하지 않다.

(다) '그러나'는 역접의 접속사이므로 인과 관계를 나타내는 접속사가 들어가야 하는 (다)에 적절하지 않다.

15 난도 ★★☆   정답 ②

비문학 > 글의 전개 방식

정답의 이유

② 제시된 글은 시장이 모든 것에 우선하는 신고전파 경제학을 비판하는 내용으로, 국가의 경제 발전을 위해서는 정부(국가)의 시장 개입이 필요하다고 주장한다. 또한 신고전파 경제학의 '시장이 모든 것에 우선한다.'라는 주장에 대해 '정부가 시장에 개입해야 한다.'라는 상반된 이론을 내세우며 영국, 미국 등 구체적인 사례를 제시하고 있다. 따라서 특정이론에 대한 상반된 주장을 내세우며 구체적인 사례를 제시했다는 설명은 적절하다.

오답의 이유

① 신고전파 경제학이 주장하는 특정이론의 형성과정을 시대순으로 제시한 것이 아니라, 이에 대한 반대 의견을 여러 가지 사례를 들어 주장하고 있다.

③ 정부의 시장 개입에 대한 두 가지 의견을 모두 소개하고는 있으나, 각각의 장단점을 제시한 것이 아니라 '정부가 시장에 개입해야 한다.'라는 주장을 내세우며 이에 대한 근거를 제시하고 있다.

④ 특정이론의 종류를 나누어 분석한 부분은 없다.

16 난도 ★★☆   정답 ③

비문학 > 추론적 읽기

정답의 이유

③ 제시된 글에서는 정부의 강력한 시장 개입이 필요하다고 주장하고 있다. 반면 〈보기〉에서는 "성공하는 정책일수록 시장 친화적이어야 한다. 정부의 '보이는 손'은 만병통치약이 아니다. 오히려 거의 모든 문제는 시장에서 해결되고, 정부의 역할은 제한적이다."라고 하며 정부의 시장 개입은 제한적으로 이루어지는 것이 바람직하다고 주장하고 있다. 따라서 제시된 글과 달리 〈보기〉에서는 정부의 시장 개입은 제한적으로 이루어지는 것이 바람직하다고 주장한다는 설명은 글의 내용을 적절하게 이해한 것이다.

오답의 이유

① 제시된 글은 정부의 강력한 시장 개입이 필요하다고 주장하는 글로, 〈보기〉의 '시장이 우선이고 정부의 역할은 제한적이어야 한다.'라는 주장과 상반된다.

② 〈보기〉의 '결과적으로는 시장의 흐름이 정부보다 더 강력하게 작용한다.', "정부의 '보이는 손'은 만병통치약이 아니다." 등을 보면 정부의 시장 개입은 한계가 있다고 주장하고 있음을 알 수 있다. 따라서 〈보기〉에서는 정부의 '보이는 손'이 시장을 성공으로 이끄는 결정적인 요인이라고 주장한다는 설명은 글의 내용을 잘못 이해한 것이다.

④ 〈보기〉의 '오히려 거의 모든 문제는 시장에서 해결되고, 정부의 역할은 제한적이다.'를 보면, 정부의 강력한 시장 개입을 주장하는 제시된 글과 달리 〈보기〉는 정부의 시장 개입을 제한한다는 것을 알 수 있다.

17 난도 ★★☆   정답 ②

비문학 > 추론적 읽기

정답의 이유

② ⓒ '단순하고 자연적인 자유'는 외부의 개입 없이 시장에 모든 것을 맡기는 '시장의 자유', '자율 시장'을 의미한다.

오답의 이유

① · ③ · ④ ㉠ '인위적 대체물', ㉢ '유치산업 보호', ㉣ '비(非)자연적 방법'은 정부의 시장 개입을 의미한다.

18 난도 ★★☆   정답 ②

고전 문학 > 고전 운문

정답의 이유

사설시조는 평시조의 기본형에서 초장과 중장이 제한 없이 길어진 산문적이고 서민적인 시조의 형식을 말한다. 또한 종장도 첫 구만 세 글자로 정해져 있고 나머지는 산문과 비슷한 형식을 갖는다.

② (나)는 사설시조로 초장과 중장의 구가 약간씩 늘어났지만, 4음보를 유지하고 있으며 종장은 평시조의 기본 율격을 지키고 있으므로 초 · 중 · 종장이 모두 율격을 무시한 형태라고 할 수 없다.

오답의 이유

① 사설시조는 서민계급이 자신들의 생활 감정을 담고자 향유한 것으로, 풍자와 해학을 통해 사회를 비판하고 고통과 비애를 극복하고자 하는 평민 문학의 특징이 나타난다.

③ (나)에서는 자신의 답답함을 강조하기 위해 여러 가지 문을 열거하는 등 다소 과장된 표현으로 자신의 고통을 부각하면서도 그것을 해학으로 풀어내고 있다.

④ 중장에서는 여러 종류의 창을 내는 과정을 구체적으로 열거하여 답답한 심정을 강조하고 있을 뿐 아니라, 창을 내어 이 답답한 마음을 해소하고 싶다는 현실 극복의 의지가 표현되어 있다.

19 난도 ★☆☆   정답 ①

고전 문학 > 고전 운문

정답의 이유

① '백송골(白松骨)'은 성질이 굳세고 날쌔어 귀히 여기는 사냥용 매를 의미하는 한자어이다. 한자어를 서민적인 일상어라고 간주하기는 어렵다.

오답의 이유

② '것넌 산(山) 브라보니 백송골(白松骨)이 떠 잇거늘 가슴이 금즉ᄒ여 풀덕 쒸여 내ᄃᆞ다가 두험 아래 잣바지거고(건너편 산을 바라보니 날랜 흰 송골매 한 마리가 떠 있으므로 가슴이 섬뜩하여지고 철렁 내려앉아 펄쩍 뛰어 내닫다가 두엄 아래로 나자빠졌구나.)'를 통해 자신보다 강한 이에게는 꼼짝 못하는 두꺼비의 모습을 볼 수 있고, 그럼에도 불구하고 '모쳐라 놀낸 낼싀만졍(다행스럽게도 몸이 날랜 나였기에 망정이지)'과 같이 자기 자신을 위로하는 데서 위선을 엿볼 수 있다.

③ '두꺼비'는 약자에게 군림하고 강자에게 비굴한 양반 계층을 풍자하고 있으며, 강자인 '백송골'을 피해 도망가다가 자빠지고도 자기 합리화를 하는 모습을 통해 비판의 대상임을 알 수 있다.

④ '파리'는 평민 계층을, '두터비(두꺼비)'는 양반 계층을, '백송골 (白松骨)'은 최상층 관리를 의미하며, 이 세 계층을 통해 권력 구조의 비리를 우회적으로 나타내고 있다. 또한 종장에서 화자를 '두터비'로 바꾸어 자기 합리화를 하는 비굴한 모습을 보여줌으로써 풍자의 효과를 높이고 있다.

20 난도 ★★★   정답 ②

고전 문학 > 고전 운문

[정답의 이유]

(가)는 병자호란 패배 후 김상헌이 청나라 심양에 볼모로 끌려갈 때의 심정을 노래한 작품이다. 고국을 떠나 적국으로 끌려가는 불안감과 안타까움, 비분강개한 심정을 표현하고 있다. 〈보기〉는 도산 안창호가 망명하기 전에 지은 우국 가사이다. 제시된 부분은 제1절로 어쩔 수 없이 조국과 이별해야 하는 심정을 담아내고 있다.

② 대유법은 사물의 한 부분이나 특징 등을 들어 그 자체나 전체를 나타내는 수사법으로, (가)에서는 '고국'을 '삼각산(三角山)'과 '한강수(漢江水)'에 비유하는 대유법이 사용되었음을 알 수 있으며, 〈보기〉에서도 '고국'을 '한반도'에 비유하는 대유법이 사용되었음을 알 수 있다. 또한 (가)에서는 '삼각산(三角山)아', '한강수(漢江水)ㅣ야'라며 자연물을 사람처럼 부르는 의인법이 사용되었음을 알 수 있고, 〈보기〉에서도 '너를 두고 나는 간다'와 같이 '한반도'를 사람처럼 부르는 의인법이 사용되었음을 알 수 있다.

[오답의 이유]

① (가)에는 '가노라 삼각산(三角山)아 다시 보쟈 한강수(漢江水)ㅣ야'와 같이 문장의 순서를 바꾸어 놓음으로써 강한 인상을 주는 '도치법'이 쓰였지만, 누구나 아는 사실을 설문 형식으로 제시하는 '설의법'은 쓰이지 않았다. 〈보기〉에도 설의법은 쓰이지 않았다.

③ (가)와 〈보기〉에서 내용상 대조가 분명하게 드러나지 않는다.

④ a-a-b-a의 반복은 〈보기〉에만 드러나는 특징이다.

작품 해설

(가) 김상헌, 「가노라 삼각산(三角山)아 ~」
- 갈래: 평시조, 단시조
- 성격: 우국가, 비분개(悲憤歌)
- 주제: 고국을 떠나는 신하의 안타까운 마음
- 특징
  - 다양한 표현법을 통해 화자의 정서를 효과적으로 표현함
  - 작가가 청나라로 끌려가는 절박한 상황에서 조국애와 충정을 그린 작품임

(나) 작가 미상, 「창(窓) 내고쟈 창(窓)을 내고쟈 ~」
- 갈래: 사설시조
- 성격: 해학적, 의지적, 구체적
- 주제: 답답한 삶에서 벗어나고 싶은 마음

- 특징
  - 고통을 웃음으로 극복하고자 하는 해학성이 뛰어남
  - 일상에서 늘 볼 수 있는 소재와 익히 잘 알고 있는 어휘를 통해 작자의 정서를 드러냄
  - 유사어의 반복과 열거, 과장을 통해 해학적 분위기를 조성함

(다) 작가 미상, 「두터비 ㅍ리를 물고 ~」
- 갈래: 사설시조
- 성격: 풍자적, 우의적, 회화적, 해학적
- 주제: 양반 계층과 관리들의 횡포와 허장성세(虛張聲勢) 풍자
- 특징
  - 의인법, 상징법 등 다양한 표현 방법을 사용함
  - 풍자적 아이러니, 우의적 수법 등으로 당시 위정자들의 허위적인 모습을 비판함

21 난도 ★★☆   정답 ③

문법 > 음운론

[정답의 이유]

㉠ 부엌+일 → [부억닐]: 음절의 끝소리 규칙, 'ㄴ' 첨가 → [부엉닐]: 비음화

㉡ 콧+날 → [콛날]: 음절의 끝소리 규칙 → [콘날]: 비음화

㉢ 앉+고 → [안꼬]: 자음군 단순화, 된소리되기

㉣ 훑+는 → [훌른]: 자음군 단순화, 유음화

③ '앓+고 → [알코]'는 자음 축약(ㅎ+ㄱ → ㅋ)이 일어났지만 ㉢에서는 자음군 단순화와 된소리되기가 나타난다.

[오답의 이유]

① '맞+불 → [맏뿔]'에는 음절의 끝소리 규칙과 된소리되기가 나타나므로, 음절 끝에 오는 자음이 제한되는 음운 변동이 일어난다는 설명은 적절하다. ㉠~㉣ 중 음절의 끝소리 규칙이 나타나는 것은 ㉠, ㉡이다.

② '있+니 → [인니]'에는 음절의 끝소리 규칙과 비음화 현상이 나타난다. 인접하는 자음과 조음 방법이 같아지는 음운 변동 현상은 자음 동화 현상으로, 비음화(㉠, ㉡)와 유음화(㉣)가 있다.

④ '몫+도 → [목또]'에는 자음군 단순화와 된소리되기 현상이 나타난다. 음절 끝에 둘 이상의 자음이 오지 못하기 때문에 나타나는 자음군 단순화 현상이 일어나는 것은 ㉢, ㉣이다.

더 알아보기

음절의 끝소리 규칙
- 개념
  - 표기법상으로는 대부분의 자음을 종성에 표기할 수 있지만, 실제로 발음할 수 있는 것은 'ㄱ, ㄴ, ㄷ, ㄹ, ㅁ, ㅂ, ㅇ' 7개밖에 없다.
  - 7개 자음에 속하지 않은 자음이 종성에 놓일 때에는 7개 자음 중 하나로 바뀐다.

받침의 표기	발음	예시
ㄱ, ㄲ, ㅋ	[ㄱ]	익다[익따], 닦다[닥따], 키읔[키윽]
ㄴ	[ㄴ]	신[신]
ㄷ, ㅅ, ㅆ, ㅈ, ㅊ, ㅌ, ㅎ	[ㄷ]	닫다[닫따], 옷[옫], 있다[읻따], 젖[젇], 꽃[꼳], 솥[솓], 히읗[히읃]
ㄹ	[ㄹ]	별[별]
ㅁ	[ㅁ]	감[감]
ㅂ, ㅍ	[ㅂ]	입다[입따], 앞[압]
ㅇ	[ㅇ]	강[강]

22 난도 ★★☆ 정답 ④

문법 > 통사론

정답의 이유

④ 후텁지근한(○): '후텁지근하다'는 '조금 불쾌할 정도로 끈끈하고 무더운 기운이 있다.'를 뜻하는 표준어이다.

오답의 이유

① 헤매이던(×) → 헤매던(○): '어떤 환경에서 헤어나지 못하고 허덕이다.'를 뜻하는 단어는 '헤매다'이며, '헤매이다'는 '헤매다'를 잘못 사용한 예이다.

② • 그∨곳(×) → 그곳(○): '그곳'의 '그'는 '곳'을 꾸며주는 관형사가 아니다. '그곳' 자체가 '거기'를 문어적으로 이르는 말로, 지시 대명사이므로 붙여 써야 한다.
  • 내노라하는(×) → 내로라하는(○): '내로라하다'는 '어떤 분야를 대표할 만하다.'를 뜻하는 동사이다. '내노라하다'는 '내로라하다'를 잘못 사용한 예이다.

③ 칠흙(×) → 칠흑(○): '칠흑(漆黑)'은 '옻칠처럼 검고 광택이 있음 또는 그런 빛깔'을 뜻하는 말이다. '칠흙'은 잘못된 표현이다.

23 난도 ★★☆ 정답 ③

현대 문학 > 현대 소설

정답의 이유

③ 부수적 인물인 '나'가 주인공인 '권 씨'와 주변 인물을 관찰하고 이야기를 전하는 방식의 1인칭 관찰자 시점의 소설이다.

오답의 이유

① 제시된 작품은 1인칭 관찰자 시점이므로 작품 밖의 서술자가 서술한다는 설명은 적절하지 않다.

② 외부 이야기 속에 내부 이야기를 삽입하여 시점과 주인공이 바뀌는 것은 '액자식 구성'이다. 제시된 작품은 시점과 주인공의 변화 없이 '나'의 시점으로 주인공 '권 씨'의 이야기를 일관되게 서술하고 있다.

④ 작품 속 서술자이자 화자인 '나'는 '나'의 심리와 '나'가 보고 있는 상대의 심리를 관찰자 시점에서 서술하고 있다. 따라서 서술자의 요약적 서술을 통해 인물의 심리와 성격을 제시한다는 설명은 적절하지 않다.

소설의 시점

• 시점의 개념
  – 작품 속에서 서술자가 사건이나 대상을 바라보는 시각이나 관점을 말한다.
  – 어떤 서술자를 통해 내용이 전개되는지에 따라 작품의 주제, 인물의 성격 등이 다양하게 나타난다.

• 시점의 종류

구분	사건의 내부적 분석	사건의 외부적 분석
서술자 '나' → 1인칭 시점	1인칭 주인공 시점	1인칭 관찰자 시점
서술자 '제3의 인물' → 3인칭 시점	전지적 작가 시점	작가 관찰자 시점

24 난도 ★☆☆ 정답 ①

현대 문학 > 현대 소설

정답의 이유

① ㉠의 '의사가 애를 꺼내는 방법도 여러 질'이라는 말 속에는 응급 환자인 '권 씨 아내'의 목숨보다 병원비를 우선시하는 원장 의사에 대한 비난과 냉소가 담겨 있다.

오답의 이유

② ㉠의 '아버지 노릇 하는 것도 아마 여러 질일 겁니다.'를 통해 돈을 우선시하는 의사에 대한 비난과 대비하여, '권 씨'를 아버지로 인정하며 '권 씨'에 대한 안타까움을 드러내고 있다.

③ ㉠은 정부의 정책이 아닌 위급상황에도 병원비를 바라는 의사를 돌려 비판하는 말이다.

④ ㉠은 무기력증이 아니라 '권 씨'에 대한 안타까움과 동정, '의사'에 대한 비판에 가까운 감정을 표현하고 있다.

25 난도 ★★☆ 정답 ④

현대 문학 > 현대 소설

정답의 이유

④ '권 씨'가 바짓가랑이 뒤에 구두를 문지르는 동작을 반복하고, 아내의 병원비를 거절당한 상황에서 '오 선생, 이래 뵈도 나 대학 나온 사람이오.'라는 말을 하는 것을 통해 비참한 처지에 놓였으나 마지막까지 지키고 싶은 '권 씨'의 자존심을 엿볼 수 있다.

오답의 이유

① 내용의 전개상 '반짝거리는 구두'는 언젠가 인간다운 삶을 살 것이라는 '권 씨'의 희망보다 마지막 남은 자존심을 뜻한다고 볼 수 있다.

② '권 씨'는 전체 내용의 전개상 구두를 세속적인 성공을 이룩하는 데 사용하지 않으며, 제시된 글에 나타난 '구두'의 역할 역시 '권 씨'가 세속의 성공을 욕망하는 상징물이 아니다.

③ '권 씨'가 말한 '대학 나온 사람'은 비참한 처지에 놓였지만 의사나 '나'로 대표되는 다른 사람과 같은 '사람'이라고 표현한 것에 가깝다.

PART 3

한국사

한눈에 훑어보기

✅ 빠른 정답

01	02	03	04	05	06	07	08	09	10
②	②	④	③	③	②	③	③	②	②
11	12	13	14	15	16	17	18	19	20
④	②	④	③	④	④	①	②	④	③
21	22	23	24	25					
③	①	④	③	②					

✅ 점수 체크

구분	1회독	2회독	3회독
맞힌 문항 수	/ 25	/ 25	/ 25
나의 점수	점	점	점

---

01 난도 ★★☆   정답 ②

근대 > 정치사

[자료해설]

제시문은 헌의 6조에 대한 내용으로, 밑줄 친 '이 단체'는 독립 협회임을 알 수 있다. 독립 협회는 관민 공동회를 개최하고, 여기서 중추원 개편을 통한 의회 설립 방안이 담겨 있는 헌의 6조를 건의하여 고종이 이를 채택하였다(1898.10).

[정답의 이유]

㉠ 독립 협회는 자주 국권 확립을 촉구하는 구국 선언 상소문(1898.2.)을 지어 고종에게 올리고, 만민 공동회를 열어 자주 국권 운동을 전개하였다.

㉢ 독립 협회는 러시아 재정 · 군사 고문 철수 요구, 러시아의 절영도 조차(租借) 요구 저지 등 반 · 러 운동을 전개하였다.

[오답의 이유]

㉡ 고종의 강제 퇴위 반대 운동에 앞장선 단체는 대한 자강회이다. 대한 자강회는 교육과 산업 활동을 바탕으로 한 국권 회복을 목표로 활동하였고, 고종의 강제 퇴위 반대 운동을 전개하다가 일제의 탄압으로 해산되었다(1907).

㉢ 일제의 황무지 개간권 요구에 반대한 단체는 보안회이다. 보안회는 일본이 대한 제국에 황무지 개간권을 요구하자 반대 운동을 전개하여 이를 저지하였다(1904).

[더 알아보기]

헌의 6조

1. 외국인에게 의지하지 말고 관민이 한마음으로 힘을 합하여 전제 황권을 공고히 할 것
2. 외국과의 이권에 관한 계약과 조약은 각 대신과 중추원 의장이 합동 날인하여 시행할 것
3. 국가 재정은 탁지부에서 전관하고, 예산과 결산을 국민에게 공포할 것
4. 중대 범죄를 공판하되, 피고의 인권을 존중할 것
5. 칙임관을 임명할 때에는 황제가 정부에 그 뜻을 물어서 중의에 따를 것
6. 정해진 규정을 실천할 것

---

02 난도 ★★☆   정답 ②

일제 강점기 > 정치사

[자료해설]

제시된 자료는 1912년 8월에 제정된 토지 조사령 제1조와 제4조 내용이다. 조선 총독부는 토지 조사국을 설치하고 1912년 토지 조

사령을 발표하여 일정 기간 내 토지를 신고하게 하는 토지조사사업 (1910~1918)을 실시하였다.

> **정답의 이유**
>
> ② 1914년 이상설은 러시아 연해주에서 공화정을 목표로 하는 대한 광복군 정부를 조직하였다. 이후 정통령 이상설, 부통령 이동휘를 선출하여 독립운동을 전개하였다.

> **오답의 이유**
>
> ① 조선 혁명당은 1929년 국민부가 기존의 민족유일당 조직동맹을 개편함에 따라 결성된 단체이다.
>
> ③ 『신여성』은 1923년 천도교의 주도로 발행된 잡지이고, 『삼천리』는 1929년 대중지를 표방하며 창간된 월간 잡지이다.
>
> ④ 1937년 러시아 스탈린은 만주 지역이 일본의 침략을 받기 시작하자 극동 지방의 안보를 우려하여 국경 지방에 거주하는 한인을 강제로 이주시키는 정책을 실시하였다. 이로 인해 러시아 연해주에 살고 있던 한인 약 20만 명이 중앙 아시아로 강제 이주되었다.

03 난도 ★★☆ 　　　　　　　　　　정답 ④

중세 > 정치사

> **정답의 이유**
>
> (다) 이자겸 · 척준경의 난(인종, 1126): 인종은 1126년 이자겸의 권력에 불안을 느껴 그를 제거하려 했으나 실패하고, 이자겸이 이에 반발하여 척준경과 함께 난을 일으켰다. 그러나 얼마 후 인종은 이자겸의 부하인 척준경을 시켜 이자겸을 제거하였다.
>
> (나) 묘청의 난(인종, 1135): 고려 인종 때 묘청은 서경 천도와 칭제 건원, 금 정벌 등을 주장하였으나 받아들여지지 않자 서경에서 반란을 일으켰고, 1136년에 김부식의 관군에 의해 진압되었다.
>
> (가) 정중부의 난(무신정변, 1170): 고려 의종이 무신들을 천대하고 향락에 빠져 실정을 일삼자 무신들의 불만이 쌓여갔으며, 그러던 중 보현원에서 대장군 이소응이 문신 한뢰에게 뺨을 맞는 사건이 발생하였고, 이를 계기로 분노가 폭발한 무신들이 정변을 일으켰다. 정중부와 이의방을 중심으로 조정을 장악한 무신들은 의종을 폐위하여 거제도로 추방한 뒤 명종을 즉위시켰다.

더 알아보기

무신정변(1170)

배경		고려 의종의 무신에 대한 차별과 하급 군인들의 불만 고조
과정		정중부와 이의방을 중심으로 조정 장악 → 문신 제거와 의종 폐위, 명종 즉위로 정권 장악(중방을 중심으로 권력 행사) → 무신 집권에 반발한 김보당, 조위총 난 진압
변천		무신들이 토지 · 사병 · 노비를 늘려 세력 확대 → 무신 간 권력 싸움이 발생
최씨 무신 정권	최충헌	이의민 제거 후 권력 장악, 명종에게 봉사 10조 올림, 교정도감(최고 권력 기구) 설치, 도방(사병 기관) 확대
	최우	정방 설치(인사권 장악), 문신 등용

04 난도 ★★☆ 　　　　　　　　　　정답 ③

근대 > 정치사

> **자료해설**
>
> (가) 1881년 황쭌셴(황준헌)의 『조선책략』 유포에 반대한 이만손 등의 영남 유생들이 올린 영남 만인소의 내용이다.
>
> (나) 1895년 10월 명성황후를 시해한 을미사변과 단발령(11월)에 대한 반발로 전국의 유생들이 주도하고 농민들이 가담하여 일으킨 을미의병에 대한 내용이다.

> **정답의 이유**
>
> ㉡ 1895년 2월 제2차 갑오개혁 당시 고종은 교육의 기본 방향을 제시한 교육 입국 조서를 반포하여 교육의 중요성을 강조하였다.
>
> ㉢ 1885년 조선에 대한 러시아의 세력 확장에 불안을 느낀 영국이 이를 저지하기 위해 거문도를 불법으로 점령하였다.

> **오답의 이유**
>
> ㉠ 1898년 독립 협회는 만민 공동회와 관민 공동회를 개최하여 민중에게 근대적 국권 · 민권 사상을 고취시켰다.
>
> ㉣ 나철은 한 · 일 병합 조약으로 국권을 완전히 빼앗기자, 1909년 대종교를 창시하고 단군 숭배를 통해 민족의식을 고취하며 교세를 확장하였다.

05 난도 ★★☆ 　　　　　　　　　　정답 ③

중세 > 정치사

> **자료해설**
>
> 제시문에서 '향리', '중방', '원종', '도병마녹사' 등이 언급되는 것으로 보아 고려 시대에 대한 내용이다. 고려 성종 때 최승로의 시무 28조를 받아들여 지방 세력을 견제하기 위해 지방관을 파견하고 향리제를 마련하였다. 도병마녹사는 고려 시대 도병마사의 한 벼슬에 해당한다.

> **정답의 이유**
>
> ㉠ 고려 시대 주현은 지방관이 상주한 지역을, 속현은 지방관이 상주하지 않은 지역을 통칭하는데, 고려 시대는 지방관이 파견되지 않은 속현의 수가 더 많았다.
>
> ㉢ 고려 시대 어사대의 관원과 중서문하성의 낭사는 대간으로 불리며 간쟁 · 봉박권과 함께 관리 임명에 대한 서경권을 가지고 있었다.

> **오답의 이유**
>
> ㉡ 모든 군현에 수령이 파견된 것은 조선 시대이다. 조선 시대 수령은 지방의 행정 · 사법 · 군사권을 행사하였다.
>
> ㉣ 전국을 8도로 나누고, 그 밑에 부 · 목 · 군 · 현을 둔 것은 조선 시대이다.

더 알아보기

조선 초기 중앙 집권 체제 강화

지방 행정 조직	8도 – 부·목·군·현 – 면리제 실시
지방관 파견	• 관찰사: 8도에 파견되어 관할 지역의 수령을 감찰 • 수령: 모든 군현에 파견되어 행정·사법·군사권을 행사 • 향리: 고려 때와 달리 수령을 보좌하는 세습적 아전으로 격하
유향소 설치	수령의 통치를 돕거나 향리를 감찰하고 풍속을 바로잡기 위해 지방 품관들이 자발적으로 설치한 조직
경재소 설치	중앙의 지방 통치 체제 강화를 위해 설치한 기구. 중앙 고위 관리가 출신 지역 경재소 관장하고 그 지역 유향소 품관을 임명·감독

06 난도 ★★☆   정답 ②

근대 태동기 > 경제사

자료해설

제시문은 담배가 추위를 막지도 못하고 요깃거리도 못 되면서 심는 땅은 기름져야 하므로 매우 재배하기가 까다롭고, 전황(錢荒)도 담배에서 비롯되었으니 담배 재배를 철저히 금해달라는 상소문이다. 담배는 '조선 후기'에 상품화되어 재배가 활발하게 이루어졌다.

정답의 이유

㉠ 조선 후기에는 이수광의 『지봉유설』, 이익의 『성호사설』, 이덕무의 『청장관전서』, 서유구의 『임원경제지』, 이규경의 『오주연문장전산고』, 홍봉한의 『동국문헌비고』 등의 백과사전이 널리 편찬되었다.

㉡ 조선 후기에는 평시조보다 글이 길고 형식이 자유로운 사설시조가 유행하였다. 사설시조는 서민 작가의 참여가 많아지면서 남녀 간의 사랑, 양반에 대한 풍자 등이 솔직하게 표현되었다.

오답의 이유

㉢ 주자소를 설치하고 계미자를 주조하여 금속 활자 인쇄술이 한층 더 발전한 것은 조선 초기 태종 때이다.

07 난도 ★★☆   정답 ③

시대 통합 > 지역사

자료해설

제시문은 고려 최씨 무신 정권 시기 권력을 장악하고 있던 최우가 몽골의 침입에 대비하여 강화도로 천도하고자 대신들을 모아 놓고 논의할 때 신하 참지정사 유승단이 강화도 천도를 반대하고 있는 내용이다. 따라서 (가) 지역은 강화도이다.

정답의 이유

㉡ 조선 효종 때 전주사고본이 보관되어 있던 마니산 사고가 실록각의 실화 사건으로 많은 사적들이 불타게 되자 강화도 정족산성 안 전등사 서쪽에 정족산 사고를 새로 건립하였다. 이후 마니산 사고에 보관되었던 조선왕조실록과 서책들을 정족산성의 정족산 사고로 옮겼다.

오답의 이유

㉠ 동녕부는 고려 원종 때부터 충렬왕 때까지 서경을 포함한 고려 서북면 일대에 설치되었던 원의 통치기관이다.

㉢ 고려 무신 정권기에 공주 명학소에서 망이·망소이가 과도한 부역과 소 주민에 대한 차별 대우에 항의하여 농민 반란을 일으켰다.

08 난도 ★★☆   정답 ③

일제 강점기 > 문화사

자료해설

제시문에서 '최현배', '표준어 및 외래어 표기법 통일안' 등이 언급되는 것으로 보아 (가) 단체는 조선어 학회(1931~1942)이다.

정답의 이유

㉡·㉢ 조선어 학회는 한글 맞춤법 통일안과 외국어 표기법 통일안을 제정하고 우리말의 체계화를 위해 노력하였으며, 우리나라 최초의 국어학 학술지인 『한글』을 발행하였다. 이후 『조선말 큰사전(우리말 큰사전)』의 편찬을 시작하였으나 일제는 조선어 학회를 독립운동 단체로 간주하여 관련 인사를 체포한 후 학회를 강제 해산시켰고(조선어 학회 사건, 1942), 이때 이극로, 최현배 등이 구속되어 옥고를 치렀다. 이로 인해 중단되었던 『조선말 큰사전』의 편찬은 해방 이후 완성되었다.

오답의 이유

㉠ 국문 연구소는 1907년 학부대신 이재곤의 건의로 대한 제국 학부 안에 설치된 것으로, 지석영과 주시경을 중심으로 한글의 정리와 국어의 이해 체계 확립에 힘썼다.

㉣ 천도교는 3·1 운동 이후 제2의 3·1 운동을 계획하여 자주독립 선언문을 발표하였고, 『개벽』, 『신여성』, 『어린이』 등의 잡지를 간행하여 민족의식을 높였다.

09 난도 ★★★   정답 ②

근대 > 정치사

자료해설

제시문은 1905년 을사늑약 강제 체결로 인해 고종 황제가 대프랑스 대통령에게 보낸 친서의 내용이다. 포츠머스 조약을 통해 열강들로부터 사실상 한국에 대한 지배를 인정받은 일본은 을사늑약을 체결하여 대한 제국의 외교권을 박탈하였고, 한국을 식민지로 만들려는 계획을 진행하였다.

정답의 이유

② 을사늑약 강제 체결(1905.11.) 이후 일제는 통감부 설치와 함께 한국의 각 지방에서 일본인들의 활동과 이익을 보장하고, 지방 행정을 장악하기 위해 이사청을 설치, 운용하였다.

오답의 이유

① 일본은 러·일 전쟁에서 승리하자 러시아와 포츠머스 조약을 체결(1905.9.)하여 국제 사회로부터 대한 제국에 대한 지배권을 인정받았다.

③ 만주에 주둔하고 있던 러시아군이 군사적 근거지 확보를 위해 용암포와 압록강 하구를 강제 점령하여 대한 제국에 조차를 요

구하였다. 일본과 영국의 간섭으로 성공하지 못하였지만 이후 이 사건은 러·일 전쟁의 발단이 되었다(1903).

④ 러·일 전쟁에서 일본이 유리해지자 한국을 식민지화하기 위한 계획안을 확정한 뒤 일본은 강제로 제1차 한·일 협약을 체결하였다(1904).

10 난도 ★★☆　정답 ②

고대 > 정치사

[자료해설]

(가) 사료의 '영락 5년', '패려', '친히 군사를 이끌고' 등으로 보아 광개토 대왕 때이다. 광개토 대왕은 숙신(여진)과 비려(거란)를 정벌하여 만주 일대를 장악하고 후연(선비)을 공격하여 요동을 확보하였다(391~413).

(나) 사료의 '고구려왕 거련', '한성을 포위', '고구려 병사에게 살해' 등으로 보아 장수왕 때이다. 고구려 장수왕은 백제의 수도 한성을 함락하고 백제 개로왕을 전사시킨 뒤 한강 유역을 차지하였다(475).

[정답의 이유]

② 고구려 장수왕은 수도를 국내성에서 평양성으로 옮기고 남진 정책을 추진하였다(427).

[오답의 이유]

① 신라에 병부가 설치된 것은 법흥왕(514~540) 때이다. 신라 법흥왕은 병부와 상대등을 설치하였고 공복 제정, 율령 반포를 통해 국가 통치 체제를 갖추었다.

③ 백제 고이왕(234~286)은 6좌평제와 16관등제를 정비하여 중앙 집권 국가의 기틀을 마련하였다.

④ 백제의 최전성기를 이끈 근초고왕은 정예군 3만 명을 거느리고 고구려 평양성을 공격하였고, 이때 고구려 고국원왕이 전사하였다(371).

11 난도 ★★★　정답 ④

근세 > 경제사

[자료해설]

제시된 사료에서 임금은 수령에게 '수령칠사'에 대한 내용을 묻고 있다. 수령칠사는 수령이 힘써야 할 일곱 가지의 임무에 대한 것이다.

[정답의 이유]

수령칠사

• 농상성(農桑盛): 농업과 양잠 장려

• 호구증(戶口增): 호구의 증가

• 학교흥(學校興): 학교 교육의 진흥

• 군정수(軍政修): 군정의 바른 처리

• 부역균(賦役均): 부역의 균등 부과

• 사송간(詞訟簡): 소송의 간명한 처리

• 간활식(奸猾息): 간교한 풍속을 없앰

따라서 ㉠, ㉡, ㉢, ㉣ 모두 해당된다.

12 난도 ★★☆　정답 ②

현대 > 정치사

[자료해설]

제시된 조약의 내용은 한·미 상호 방위 조약의 내용이다. 한·미 상호 방위 조약은 전문(前文)과 본문 6개 조로 구성되며, 외부로부터의 무력 공격에 대한 공동방위 결의가 전문에 명시되어 있다.

[정답의 이유]

이승만 정부 때 한국과 미국 간 경제 및 군사 원조에 관한 협약인 한·미 상호 방위 원조 협정이 체결되었다(1950). 그러나 1950년 6월 북한의 남침으로 6·25 전쟁이 발발한 당시에 한·미 상호 방위 원조 협정은 겨우 실현 단계에 이르렀고, 이후 1953년 실질적인 군사동맹인 한·미 상호 방위 조약이 조인되었다.

[오답의 이유]

• 대한민국 정부 수립(1948)

• 6·25 전쟁 발발(1950)

• 제2차 개정헌법 공포(1954)

• 5·16 군사 정변(1961)

• 한·일 기본 조약 조인(1965)

[더 알아보기]

한·미 상호 방위 조약(6조)

제1조 당사국은 관련될지도 모르는 어떠한 국제적 전쟁이라도 국제 평화와 안전과 정의를 위태롭게 하지 않는 방법으로 평화적 수단에 의하여 해결하고 또한 국제관계에 있어서 국제연합의 목적이나 당사국이 국제연합에 대하여 부담한 업무에 배치되는 방법으로 무력에 의한 위협이나 무력의 행사를 삼갈 것을 약속한다.

제2조 당사국 중 어느 1국의 정치적 독립 또는 안전이 외부로부터의 무력 공격에 의하여 위협을 받고 있다고 어느 당사국이든지 인정할 때에는 언제든지 당사국은 서로 협의한다. 당사국은 단독으로나 공동으로 자조(自助)와 상호 원조에 의하여 무력 공격을 저지하기 위한 적절한 수단을 지속 강화시킬 것이며 본 조약을 이행하고 그 목적을 추진할 적절한 조치를 협의와 합의하에 취할 것이다.

제3조 각 당사국은 타 당사국의 행정 지배하에 있는 영토와 각 당사국이 타 당사국의 행정 지배하에 합법적으로 들어갔다고 인정하는 금후의 영토에 있어서 타 당사국에 대한 태평양 지역에 있어서의 무력 공격을 자국의 평화와 안전을 위태롭게 하는 것이라 인정하고 공통한 위험에 대처하기 위하여 각자의 헌법상의 수속에 따라 행동할 것을 선언한다.

제4조 상호적 합의에 의하여 미합중국의 육군, 해군과 공군을 대한민국의 영토 내와 그 부근에 배치하는 권리를 대한민국은 이를 허여(許與)하고 미합중국은 이를 수락한다.

제5조 본 조약은 대한민국과 미합중국에 의하여 각자의 헌법상의 수속에 따라 비준되어야 하며 그 비준서가 양국에 의하여 워싱턴에서 교환되었을 때 효력을 발생한다.

제6조 본 조약은 무기한으로 유효하다. 어느 당사국이든지 타 당사국에 통고한 후 1년 후에 본 조약을 종지(終止)시킬 수 있다.

13 난도 ★★☆　　　　　　　　　　　　　정답 ④

현대 > 경제사

자료해설

제시된 자료는 김영삼 대통령이 취임 직후 발표한 금융실명제에 대한 내용이다. 김영삼 정부는 부정부패와 탈세를 뿌리 뽑기 위해 대통령 긴급명령으로 금융실명제를 실시하여 경제 개혁을 추진하였다(1993).

정답의 이유

④ 김영삼 정부는 국제 경제의 세계화와 개방 경제 체제 확산에 따른 대응을 위해 경제 협력 개발 기구(OECD)에 가입하였다(1996).

오답의 이유

① YH 무역 사건은 YH 무역 노동자들이 폐업에 대한 항의로 신민당사 앞에서 농성 시위를 벌이던 중 경찰의 강제 진압으로 해산당한 사건(1979)으로 박정희 정부 때의 일이다. 이 사건으로 박정희 정부는 야당 총재인 김영삼을 국회의원직에서 제명하였고, 이로 인해 부산·마산에서 유신 정권에 반대하는 부마 민주 항쟁이 전개되었다.

② 박정희 정부는 제4차 경제개발 5개년 계획을 1977~1981년에 추진하였으며, 이때 중화학 공업 비중이 경공업을 앞질렀다.

③ 국민 기초 생활 보장법은 생활이 어려운 사람에게 필요한 급여를 실시하여 이들의 최저생활을 보장하고 자활을 돕는 것을 목적으로 김대중 정부 시기인 1999년 9월 7일에 제정되어 2000년 10월 1일에 시행되었다.

14 난도 ★☆☆　　　　　　　　　　　　　정답 ③

고대 > 정치사

정답의 이유

(다) 고구려 광개토 대왕은 신라의 원군 요청을 받고 군대를 보내 신라에 침입한 왜를 격퇴하였다(400).

(나) 신라 신문왕은 귀족 세력을 약화시키기 위해 관료전을 지급하였다(687).

(라) 발해 선왕(818~830) 때 국력이 강성하여 주변국들로부터 해동성국이라 불렸다.

(가) 신라의 군인 출신인 견훤은 세력을 키워 완산주(현재 전주)에 도읍을 정하고 후백제를 건국하였다(900).

15 난도 ★☆☆　　　　　　　　　　　　　정답 ④

선사 시대와 국가의 형성 > 국가의 형성

자료해설

제시된 자료는 고조선의 8조법에 대한 내용이다. 고조선은 사회 질서를 유지하기 위해 8개의 조항으로 이루어진 범금 8조를 만들었으나 현재는 3개의 조항만 전해진다.

정답의 이유

④ 고조선은 위만의 손자인 우거왕 때 한 무제의 침공으로 왕검성이 함락되면서 멸망하였다.

오답의 이유

① 고구려에는 혼인을 하면 신랑이 신부 집 뒤에 서옥이라는 집을 짓고 생활하다가 자식을 낳아 장성하면 신랑 집으로 돌아가는 서옥제라는 풍습이 있었다.

② 부여는 매년 12월 수확에 대한 감사제의 성격을 지닌 영고라는 제천행사를 열었다.

③ 삼한 중 마한의 세력이 가장 셌으며, 마한을 이루고 있는 소국 중 하나인 목지국의 지배자가 삼한을 대표하였다.

16 난도 ★★☆　　　　　　　　　　　　　정답 ④

중세 > 정치사

자료해설

제시문은 고려 성종 993년 거란의 1차 침입이 있었을 때 서희가 벌인 협상의 내용이다. 거란 장수 소손녕이 옛 고구려의 영토가 거란의 소유라고 하자, 서희는 고려는 고구려를 계승하였고, 거란이 동경으로 삼고 있는 요양(遼陽)도 고구려의 땅이었으므로 고려에 복속되어야 한다고 주장하였다.

정답의 이유

④ 고려 성종은 당의 제도를 모방하여 2성 6부로 이루어진 중앙 관제를 구성하였고, 전국의 주요 지역에 12목을 설치하고 목사를 파견하였다.

오답의 이유

① 고려 태조 때, 발해는 거란의 침략으로 멸망하였다(926).

② 고려 인종은 문벌 귀족 이자겸이 최고 권력을 누리며 왕의 자리까지 넘보자 그를 제거하려고 시도하였으나 실패하였다. 이에 이자겸은 척준경과 함께 난을 일으켰다(1126).

③ 고려 문종 때 최충이 세운 9재 학당은 사학 12도 중 가장 번성하여 많은 후진을 양성하였다.

17 난도 ★★★　　　　　　　　　　　　　정답 ①

일제 강점기 > 경제사

자료해설

제시된 사료는 백남운이 집필한 『조선사회경제사』 서문의 일부이다. 백남운은 후쿠다 도쿠조가 주장한 한국 사회의 정체성 논리에 맞서 마르크스주의 역사학의 관점에서 『조선사회경제사』를 저술하여 식민사관을 극복하고, 한국사의 보편적 발전 과정을 증명하려 하였다.

정답의 이유

① 백남운은 『조선사회경제사』를 통해 유물 사관을 토대로 식민사학의 정체성론을 반박하였다.

오답의 이유

② 이병도, 손진태, 이윤재 등은 친일 단체인 청구학회의 왜곡된 한국사 연구에 반발하여 진단학회를 조직하였고 『진단학보』를 발행하면서 한국사 연구에 힘썼다.

③ 조선사 편수회는 1925년 조선 총독부가 한국사의 왜곡과 식민 지배의 합리화를 위해 설치하였으며, 1930년에 조선사 편수회 출신 어용 역사학자들이 청구학회를 조직하였다.

④ 신채호는 대한매일신보에 『독사신론』을 발표하여 민족을 역사 서술의 중심에 두었으며, 민족주의 사학의 기반을 마련하였다.

18 난도 ★★☆

정답 ②

고대 > 문화사

자료해설

제시된 사료에서 '당에서 유학', '부석사', '관음 신앙 전파' 등이 언급되는 것으로 보아 (가)는 의상임을 알 수 있다. 의상은 당에 가서 승려 지엄으로부터 화엄에 대한 가르침을 받고 돌아와 신라에서 화엄 사상을 펼치고 부석사를 중심으로 수많은 제자들을 양성하였으며, 현세에서 고난을 구제받고자 하는 관음 신앙을 강조하였다.

정답의 이유

② 신라 승려 의상은 당에서 돌아와 『화엄일승법계도』를 저술하여 모든 존재는 상호 의존적인 관계에 있으면서 서로 조화를 이루고 있다는 화엄 사상을 정립하였다.

오답의 이유

① 신라 승려 원효는 불교의 대중화를 위해 불교의 교리를 쉬운 노래로 표현한 『무애가』를 지었다.

③ 고려 승려 의천은 송에서 유학하고 돌아와 개경(개성) 흥왕사에서 교종과 선종의 불교 통합 운동을 전개하였고, 국청사를 중심으로 해동 천태종을 개창하였다.

④ 신라 승려 혜초는 인도와 중앙아시아 지역을 답사한 뒤 『왕오천축국전』을 저술하였다.

19 난도 ★★★

정답 ④

근세 > 경제사

자료해설

제시된 사료는 조선 세종 때 전제상정소에서 올린 최종 공법 내용 중 일부이다. 전제상정소는 세종 때 공법의 제정과 실시를 위해 설치된 관서이다.

정답의 이유

④ 경시서는 고려 문종 때 개경에 설치되어 시전을 관리 · 감독하던 기관으로, 조선 건국 후에도 불법적인 상행위를 감시하기 위해 계속 경시서를 두었다. 세조 때는 경시서를 평시서로 이름을 변경하였다.

오답의 이유

① 조선 중종 때 왜구가 조선 정부의 통제에 반발하며 삼포왜란을 일으켰다(1510).

② 고려의 국제 무역항인 벽란도는 예성강 하구에 위치하였고 이곳을 통해 송, 아라비아 상인들과도 교역을 전개하였다.

③ 조선 효종 때 신속은 『농가집성』을 펴내 벼농사 중심의 농법을 소개하고, 이앙법의 보급에 공헌하였다.

20 난도 ★☆☆

정답 ③

근대 태동기 > 경제사

자료해설

제시된 자료는 성호 이익의 한전론에 대한 내용이다. 중농학파 실학자 이익은 『성호사설』을 통해 한 가정의 생활을 유지하는 데 필요한 규모의 토지를 영업전으로 정하고, 영업전의 매매를 금지하는 한전론을 주장하였다.

정답의 이유

③ 이익은 나라를 좀먹는 6가지의 폐단(노비제, 과거제, 양반 문벌제, 사치와 미신, 승려, 게으름)을 6좀이라 칭하며 비판하였다.

오답의 이유

① 안정복은 『동사강목』을 저술하여 독자적 정통론을 체계화하였다. 안정복의 『동사강목』에서는 삼국을 무통으로 하고 단군-기자-마한-통일 신라를 정통으로 하였다.

② 정약용은 조선 후기의 대표적인 실학자로 지방 행정 개혁 방향을 제시한 『목민심서』, 형법 개혁에 대한 『흠흠신서』, 중앙 행정 개혁에 대한 내용을 다룬 『경세유표』, 홍역에 대해 연구한 의서인 『마과회통』 등을 저술하였다.

④ 유형원은 균전론을 내세워 직업에 따라 토지를 차등 지급하고, 조세 및 요역을 토지에 일괄 부과함으로써 농민의 최저 생활 보장, 국가 재정의 안정적 확보를 주장하였다.

21 난도 ★★☆

정답 ③

근세 > 정치사

자료해설

제시된 사료는 1504년에 일어난 갑자사화에 대한 내용이다. 연산군이 생모인 폐비 윤씨 사건의 전말을 알게 되면서 갑자사화가 발생하였다. 이로 인해 김굉필 등 당시 폐비 윤씨 사건에 관련된 인물들과 무오사화 때 피해를 면했던 훈구 세력까지 큰 화를 입었다.

정답의 이유

③ 연산군은 생모인 폐비 윤씨 사건의 전말을 알게 되면서 생모 윤씨를 폐비하는 데 동조한 김굉필 등의 사림파와 이미 죽은 훈구파 한명회 등을 부관참시하였다.

오답의 이유

① 세조는 수양대군 시절 계유정난을 일으켜 황보인, 김종서 등을 제거하고 권력을 장악하였으며 조카인 단종을 몰아내고 왕으로 즉위하였다(1453).

② 중종 때 조광조가 반정 공신들의 비리를 척결하기 위해 공신의 위훈을 삭제하자 이에 반발하여 기묘사화가 일어났으며, 조광조를 비롯한 사림들이 제거되었다(1519).

④ 선조 때 사림 세력은 이조 전랑 임명권을 놓고 김효원을 중심으로 한 동인과 심의겸을 중심으로 한 서인으로 분화되었다(1575).

22 난도 ★★☆   정답 ①

중세 > 정치사

자료해설

제시된 자료에서 '짐은 미천한 가문에서 일어나 그릇되게 사람들의 추대를 받아', '19년 만에 삼한을 통일', '훈요를 지어 후세에 전하니' 등의 내용으로 보아 밑줄 친 ㉠ 기간은 고려 태조(왕건) 시기(918~943)임을 알 수 있다.

정답의 이유

① 공산 전투(927)는 후백제의 견훤이 경주를 기습 공격하자 고려 태조 왕건이 신라를 돕기 위해 출전하였으나, 대구 팔공산 근처에서 후백제군의 기습 공격을 받아 크게 패한 전투이다. 이때 후백제군에게 포위된 왕건을 대신하여 왕건의 옷을 입고 맞서던 신숭겸과 장수 김락 등이 전사하였다.

오답의 이유

② 고려 광종은 다양한 개혁을 통해 공신과 호족의 세력을 약화시키고 왕권을 강화하고자 노비안검법을 실시하여(956) 억울하게 노비가 된 사람들을 구제하고, 호족 세력을 견제하는 동시에 국가 재정을 확충하고자 하였다.

③ 후고구려를 세운 궁예는 철원으로 천도 후 국호를 태봉, 연호를 수덕만세로 정하였다(911).

④ 고려 성종 때 최승로는 시무 28조를 건의하였고(982), 성종은 이를 받아들여 다양한 제도를 시행하면서 통치 체제를 정비하였다.

23 난도 ★★☆   정답 ④

고대 > 정치사

자료해설

제시된 (가)는 대가야의 멸망과 관련 있는 사료이다. 신라 진흥왕은 활발한 정복 활동을 전개하여 고구려가 차지하고 있던 한강 유역을 빼앗았으며, 또한 이사부와 사다함을 보내 대가야를 병합(562)하여 영토를 확장하였다.

제시된 (나)는 백제의 멸망과 관련 있는 사료이다. 백제 계백의 결사대는 황산벌에서 당의 장수 소정방과 김유신이 이끄는 나당 연합군에 맞서 항전하였으나 패배하였다. 결국 수도 사비가 함락되고 의자왕과 태자 융이 당으로 송치되면서 백제는 멸망하였다(660).

정답의 이유

④ 고구려 영양왕 때 수 양제가 우중문의 30만 별동대로 평양성을 공격하였으나 을지문덕이 살수에서 2,700여 명을 제외한 수군을 전멸시켰다(살수 대첩, 612).

오답의 이유

① 백제는 고구려의 남진 정책으로 수도 한성이 함락되고 개로왕이 전사하자, 이후 즉위한 문주왕이 웅진(공주)으로 천도하였다(475).

② 고구려 소수림왕은 중국 전진으로부터 불교를 수용하고 이를 통해 왕실의 권위를 높이고자 하였다(4세기 후반).

③ 신라 문무왕은 기벌포 전투에서 설인귀가 이끄는 당군에 승리하고 당의 세력을 한반도에서 몰아내면서 삼국을 통일하였다(676).

24 난도 ★★☆   정답 ③

현대 > 정치사

자료해설

제시된 자료는 3선에 성공한 박정희의 장기 집권을 위해 1972년 10월에 개정하여 1980년 9월까지 시행된 유신 헌법의 일부이다. 유신 헌법은 3권 분립을 무시하고 대통령의 초법적 권한을 부여하기 위해 긴급 조치권을 부여하였으며, 국회의원 1/3 추천권, 국회 해산권, 대법원장과 헌법 위원회 위원장 임명권, 정당 및 정치 활동 금지 등을 규정하였다.

정답의 이유

③ 국가보위비상대책위원회는 신군부가 5·18 민주화 운동을 무력으로 진압한 후 국가 주요 조직을 장악하고, 대통령을 보좌하기 위해 설치한 임시 행정 기구이다(1980.5.).

오답의 이유

① 광주 대단지 사건은 1971년 박정희 정부 때 정부의 무계획적인 도시 정책과 졸속 행정에 반발하여 경기도 광주 대단지(현재 경기도 성남시) 주민들이 대규모 시위를 전개한 것을 말한다.

② 1972년 박정희 정부는 남북 간의 교류를 제의하여 서울과 평양에서 7·4 남북 공동 성명을 발표하고 남북 조절 위원회를 설치하였다.

④ 1970년 박정희 정부 때 서울 청계천 평화시장의 노동자였던 전태일은 저임금과 열악한 노동 환경을 사회에 알리기 위해 근로기준법 준수를 요구하며 분신하였다.

25 난도 ★★☆   정답 ②

근대 태동기 > 정치사

자료해설

제시된 자료는 조선 현종 때 발생한 기해예송 때 허목의 상소 일부이다. 조선 현종 때 효종의 국상 당시 자의 대비의 복상 문제를 놓고 효종의 왕위 계승에 대한 정통성과 관련하여 서인과 남인 사이에 예송 논쟁이 발생하였다(기해예송). 서인은 효종이 둘째 아들이므로 자의 대비의 복상 기간을 1년으로 해야 한다고 주장하였고, 남인은 효종을 장자로 대우하여 3년 복상을 주장하였다. 따라서 밑줄 친 '신(臣)'은 상소를 올린 남인의 허목이다.

정답의 이유

② 조선 숙종 때 희빈 장씨의 소생에 대한 원자 책봉 문제로 기사환국이 발생하여 서인이 물러나고 남인이 재집권하였다. 이때 서인 세력의 영수인 송시열이 사사되고 중전이었던 인현 왕후가 폐위되었다(1689).

오답의 이유

① 숙종 시기인 1680년 경신환국 이후 서인은 남인에 대한 처벌 문제로 노론과 소론으로 나뉘었다.

③ 북인 정권은 광해군과 함께 왕권의 안정을 위하여 영창 대군의 생모인 인목대비의 폐위를 주장하였다.

④ 성혼 학파는 17세기 후반 서인이 노론과 소론으로 갈라질 때 소론의 학문적 기반이 되었다.

한국사 | 2022년 법원직 9급

한눈에 훑어보기

✓ 영역 분석

선사 시대와 국가의 형성 19 25
2문항, 8%

고대 03 14 16
3문항, 12%

중세 01 09 11 15 23
5문항, 20%

근세 02 08 10 24
4문항, 16%

근대 태동기 17 21
2문항, 8%

근대 04 07 18
3문항, 12%

일제 강점기 12 20
2문항, 8%

현대 05
1문항, 4%

시대 통합 06 13 22
3문항, 12%

✓ 빠른 정답

01	02	03	04	05	06	07	08	09	10
②	④	④	①	②	①	①	③	③	①
11	12	13	14	15	16	17	18	19	20
①	①	②	②	②	④	②	④	①	②
21	22	23	24	25					
③	③	③	②	①					

✓ 점수 체크

구분	1회독	2회독	3회독
맞힌 문항 수	/ 25	/ 25	/ 25
나의 점수	점	점	점

01 난도 ★★☆ 　　　　　　　　　　　정답 ②

중세 > 정치사

자료해설

제시된 자료에서 (가)는 충렬왕(1274)부터 충정왕(1351)까지 원 간섭기에 포함되는 시기이다.

정답의 이유

② 충렬왕 때 원은 고려를 일본 원정에 동원하기 위해 정동행성을 설치(1280)하였으나, 원정 실패 이후에도 폐지하지 않고 내정 간섭 기구로 삼았다. 정동행성의 부속 관서인 이문소는 본래 범죄를 단속하는 기관이었으나 반원 세력을 억압하는 역할을 수행하였다.

오답의 이유

① 무신 집권기에 서경 유수 조위총이 난을 일으켰다(1174).

③ 홍건적의 제2차 침입 때 공민왕은 복주(안동)로 피신하였다 (1361).

④ 고려 원종 때 강화도에서 개경으로 환도하자 배중손, 김통정을 중심으로 한 삼별초가 이에 반대하여 강화도, 진도, 제주도로 이동하며 대몽 항쟁을 전개하였다(1270~1273).

더 알아보기

공민왕의 반원 자주 정책

원의 내정 간섭	
• 일본 원정에 동원	• 영토 상실
• 관제 격하	• 정동행성 이문소 설치
• 인적 · 물적 수탈(공물, 공녀)	• 몽골풍 유행(변발, 호복 등)

↓

공민왕의 반원 자주 정책	
• 친원 세력 숙청(기철 등)	• 쌍성총관부 수복
• 관제 복구	• 정동행성 이문소 폐지
• 원의 연호 폐지	• 몽골풍 금지

02 난도 ★★☆ 　　　　　　　　　　　정답 ④

근세 > 사회사

자료해설

제시문에서 '아전을 견제하고 풍속을 바로 잡는 것', '좌수 · 별감' 등의 내용을 통해 밑줄 친 '이 기구'가 유향소임을 알 수 있다.

정답의 이유

④ 향약에 대한 설명이다. 향약은 지방의 향인들이 공동체 생활을 하면서 서로 돕는 풍습으로 조선 시대에 들어 전통적 공동 조직

과 미풍양속을 계승하면서 삼강오륜을 중심으로 한 유교적 가치를 더하여 백성들의 교화 및 질서 유지에 알맞게 재편하였다.

오답의 이유

① 중앙의 고위 관리에게 출신 지역의 경재소를 관장하게 하고 그 지역의 유향소 품관을 임명·감독하게 하여 조선 전기 중앙의 지방 통치 체제를 강화하였다.

②·③ 유향소는 조선 초기 지방 수령의 통치를 돕거나 향리를 감찰하고 풍속을 교화하기 위해 지방 품관들이 자발적으로 설치한 조직으로, 좌수와 별감 등의 향임이 회의를 주도하였다.

03 난도 ★★☆　　　　　　　　　　　　　정답 ④

고대 > 정치사

자료해설

제시문에서 이차돈이 왕에게 "신의 목을 베어 여러 사람들의 논의를 진정시키십시오."라고 아뢰는 내용을 통해 밑줄 친 왕이 법흥왕임을 알 수 있다. 법흥왕은 이차돈의 순교를 계기로 불교를 신라의 국교로 공인하였다.

정답의 이유

④ 신라 법흥왕은 병부와 상대등을 설치하였고 공복 제정, 율령 반포를 통해 국가 통치 체제를 갖추었다.

오답의 이유

① 신라 지증왕 때 이사부는 왕의 명령으로 우산국(울릉도)과 우산도(독도)를 복속하고 실직주의 군주가 되었다.

② 백제와 가야, 왜가 연합하여 신라에 침입하고 금성을 공격하는 등 많은 피해를 입혔다. 그러자 신라 내물왕은 고구려 광개토 대왕에게 원군을 요청하여 왜구를 격퇴하였다.

③ 신라 진흥왕은 활발한 정복 활동을 전개하여 고구려가 차지하고 있던 한강 유역을 빼앗고 대가야를 병합하여 영토를 확장하였다.

더 알아보기

신라 국왕의 업적

내물왕	• 김씨에 의한 왕위 계승권 확립 • 고구려 광개토 대왕의 도움으로 왜를 물리침 • 마립간 칭호 사용
지증왕	• 국호 '신라', '왕' 칭호 사용 • 우경 실시, 동시전 설치 • 전국의 주·군·현 정비 • 우산국 복속(이사부)
법흥왕	• '건원' 연호 사용 • 불교 공인, 율령 반포, 병부 설치 • 골품제 정비, 상대등 제도 마련 • 금관가야 복속
진흥왕	• 화랑도를 국가 조직으로 개편 • 불교 정비, 황룡사 건립 • 한강 유역 차지(나·제 동맹 결렬, 관산성 전투로 백제 성왕 전사) → 단양 적성비, 북한산비 • 대가야 정복 → 창녕비 • 함경도 지역까지 진출 → 마운령비, 황초령비

04 난도 ★☆☆　　　　　　　　　　　　　정답 ①

근대 > 정치사

자료해설

제시문의 별기군을 창설한 시기는 1881년이다. 고종은 개화 정책의 일환으로 기존 5군영을 무위영과 장어영의 2영으로 개편하고 신식 군대인 별기군을 창설하였다. 별기군은 군사 기술을 가르칠 일본인 교관을 초빙하였는데 이로 인해 별기군은 '왜별기', 즉 일본의 별기군이라는 비난을 받기도 하였다.

정답의 이유

주어진 연표는 통리기무아문 설치(1880) - (가) - 기기창 설치(1883) - (나) - 군국기무처 설치(1894) - (다) - 원수부 설치(1899) - (라) - 통감부 설치(1906) 순으로, 제시문의 별기군 설치(1881) 시기는 (가)에 해당한다.

05 난도 ★★☆　　　　　　　　　　　　　정답 ②

현대 > 정치사

자료해설

(가) '상대방을 무력으로 침략하지 아니한다', '경제 교류와 협력' 등으로 보아 남북한 화해 및 불가침, 교류·협력 등에 관한 공동 합의서인 남북 기본 합의서(1991)임을 알 수 있다(노태우 정부).

(나) '남측의 연합제 안과 북측의 연방제 안이 서로 공통성', '통일을 지향'을 통해 6·15 남북 공동 선언 발표(2000)임을 알 수 있다(김대중 정부).

정답의 이유

② 김대중 정부는 햇볕 정책을 실시하여 화해와 협력을 통한 평화 통일을 추구하였다. 이러한 정책의 일환으로 해로를 통한 금강산 관광을 추진하여 금강산 관광선인 금강호가 처음으로 출항하였다(1998).

오답의 이유

① 박정희 정부는 남북 간의 교류를 제의하여 서울과 평양에서 7·4 남북 공동 성명을 발표하고 남북 조절 위원회를 설치하였다(1972).

③ 노무현 정부는 제2차 남북 정상 회담을 진행하여 남북의 경제 협력을 강조하면서 10·4 남북 공동 선언을 발표하였다(2007).

④ 전두환 정부 때 서울과 평양에서 최초로 남북 이산 가족 상봉이 이루어졌다(1985).

더 알아보기

현대 정부의 통일 정책

이승만 정부	북진 통일론, 반공 정책
박정희 정부	• 남북 적십자 회담 • 7·4 남북 공동 성명: 자주·평화·민족 대단결의 3대 통일 원칙 합의, 남북 조절 위원회 설치(1972)
전두환 정부	이산 가족 최초 상봉, 예술 공연단 교환 방문
노태우 정부	• 북방 외교 추진 • 남북 유엔 동시 가입 • 남북 기본 합의서(1991) • 한반도 비핵화 공동 선언
김대중 정부	• 대북 화해 협력 정책(햇볕 정책): 금강산 관광 사업 전개 • 제1차 남북 정상 회담 개최(2000) − 6·15 남북 공동 선언 − 개성 공단 조성 합의, 금강산 육로 관광 추진
노무현 정부	• 제2차 남북 정상 회담 개최(2007) − 10·4 남북 공동 선언 − 개성 공단 착공식

06 난도 ★☆☆ 정답 ①

시대 통합 > 경제사

자료해설

제시된 제도의 시행 순서는 (가) 역분전(태조) − (나) 전시과(경종) − (다) 과전법(공양왕) − 공법(세종)이다.

정답의 이유

(가) 고려 태조는 후삼국 통일에 공을 세운 공신들에게 관등에 관계 없이 공로, 인품 등을 기준으로 차등을 두어 역분전을 지급하였다(940).

(나) 고려 경종 때 처음 시행된 전시과는 관직 복무와 직역의 대가로 토지를 나눠 주는 제도였다. 관리부터 군인, 한인까지 총 18등급으로 나누어 곡물을 수취할 수 있는 전지와 땔감을 얻을 수 있는 시지를 주었고, 수급자들은 지급된 토지에 대해 수조권만 가졌다(976).

(다) 고려 말 공양왕 때 신진 사대부 조준 등의 건의로 실시된 토지 개혁법인 과전법은 지급 대상 토지를 원칙적으로 경기 지역에 한정하였다(1391). 이후 조선 시대 사대부 관리들의 경제 기반을 보장하고 국가의 재정을 유지하는 기반이 되었다.

(라) 조선 세종은 공법의 제정과 실시를 위해 전제상정소를 설립하였고, 세제 개혁에 대한 논의가 더욱 진전되면서 토지의 비옥도에 따라 전세를 차등 징수하는 전분 6등법을 제정하여 시행하였다(1444).

07 난도 ★☆☆ 정답 ①

근대 > 정치사

자료해설

(가) 안핵사 이용태가 고부 농민 봉기의 참가자와 주도자를 탄압하자 전봉준, 김개남 등은 보국안민, 제폭구민의 기치를 내걸고 농민군을 재조직하였고, 백산에서 봉기하여 4대 강령을 발표하였다(1차 봉기, 1894.3.).

(나) 일본군이 경복궁을 점령하는 등 일본의 내정 간섭이 심해지자 외세를 몰아내기 위해 동학 농민군의 남접과 북접이 연합하여 다시 봉기하였다(2차 봉기, 1894.9.).

정답의 이유

㉠ 동학 농민군과 전주 화약을 체결한 후 조선 정부에서는 교정청을 설치하여 자주적인 내정 개혁을 시도하였다(1894.6.). 그러나 일본군이 경복궁을 포위하고 고종을 협박하여 내정 개혁 기구로 군국기무처를 설치하였다.

㉡ 동학 농민군은 백산 봉기 이후 황토현 전투에서 관군에 승리(1894.4.)하고 전주성을 점령하면서 전라도 일대를 장악하였으며, 이후 정부와 전주 화약을 맺고 해산하였다(1894.5.).

오답의 이유

㉢ 전라도 고부 군수 조병갑의 횡포에 견디다 못한 농민들이 동학 교도 전봉준을 중심으로 고부에서 봉기를 일으켜 고부 관아를 점령하였다. 보고를 받은 조선 정부는 조병갑을 파면하고 박원명을 신임 고부 군수로 임명하였다(1894.1.).

㉣ 동학교도들은 삼례 집회에서 혹세무민의 죄로 처형당한 최제우의 교조 신원 운동을 전개하였다(1892).

08 난도 ★★☆ 정답 ②

근세 > 정치사

자료해설

제시문에서 정몽주의 난(정몽주 선죽교 살해)과 정도전의 난(1차 왕자의 난)에 공을 세우고, 임금의 "나의 동복(同腹) 아우인 그를 세자로 삼겠다."라는 말을 통해 임금은 '정종'이고 밑줄 친 '그'는 태종 이방원임을 알 수 있다.

정답의 이유

㉡ 태종은 정확한 호구 파악을 통한 조세 징수와 군역 부과를 위해 16세 이상의 남자들에게 호패를 발행하는 호패법을 실시하였다.

㉣ 태종은 6조에서 의정부를 거치지 않고 국왕이 바로 재가를 내리는 6조 직계제를 시행하여 의정부의 권한을 약화시키고 왕권을 강화하였다.

오답의 이유

㉠ 인조는 개간을 권장하여 경작지를 확충하고 농민 부담을 줄이기 위해 영정법을 실시하여 풍흉에 관계없이 토지 1결당 쌀 4∼6두로 전세를 고정하였다.

㉢ 조선의 기본 법전인 『경국대전』은 세조 때 편찬되기 시작하여 성종 때 완성·반포되었다.

중세 > 정치사

[자료해설]

제시문의 '여진을 정벌한 후 동북쪽에 9개의 성을 쌓았다'는 내용을 통해 밑줄 친 왕이 고려 예종임을 알 수 있다. 고려 숙종 때 부족을 통일한 여진족이 고려의 국경을 자주 침입하자 윤관이 왕에게 건의하여 별무반을 편성하였다(1104). 이후 예종 때 윤관은 별무반을 이끌고 여진을 토벌하여 동북 9성을 설치하였다(1107).

[정답의 이유]

③ 고려 중기 최충의 문헌공도를 대표로 하는 사학 12도의 발전으로 과거 응시를 희망하는 사람들이 대부분 사학으로 모여들자 예종은 관학 교육의 진흥을 위해 국자감을 재정비하고 장학 재단인 양현고를 설치하였다.

[오답의 이유]

① 고려 광종은 다양한 개혁을 통해 공신과 호족의 세력을 약화시키고 왕권을 강화하고자 하였으며, 국왕을 황제라 칭하고 광덕, 준풍 등의 독자적 연호를 사용하였다.

② 고려 성종은 최승로의 시무 28조를 받아들여 중앙의 통치 기구를 개편하고, 전국 12목에 지방관을 파견하여 지방 세력을 견제하였다.

④ 고려 숙종 때 승려 의천의 건의에 따라 화폐 주조를 전담하는 주전도감을 설치하고 해동통보와 삼한통보, 해동중보 등의 동전과 활구(은병)를 발행 · 유통하였다.

[더 알아보기]

고려의 교육 제도

사학	최충의 문헌공도(9재 학당) 등 사학 12도 융성
관학	• 중앙-국자감, 지방-향교 • 관학 진흥책 실시 – 숙종: 서적포(도서 출판) – 예종: 국학(국자감)에 7재(전문 강좌) 설치, 양현고 (장학 재단) – 인종: 경사 6학(개경) 정비 – 충렬왕: 섬학전(교육 기금), 국학의 대성전 완공

근세 > 정치사

[자료해설]

제시문에서 '사림의 여론을 바탕으로 왕도 정치를 실현하고자 하였으나 훈구 대신들의 반발로 사사(기묘사화)되었다'는 내용을 통해 밑줄 친 '개혁'은 조선 중종 때 조광조의 개혁 정치임을 알 수 있다.

[정답의 이유]

① 중종 때 등용된 조광조는 천거제의 일종인 현량과를 실시하여 사림이 대거 등용될 수 있는 발판을 마련하였으며 소격서 폐지, 위훈 삭제 등의 급진적인 개혁을 실시하였으나, 이에 반발한 훈구 세력들이 주초위왕 사건을 일으켜 기묘사화가 발생하면서 조광조를 비롯한 사림들이 피해를 입었다(1519).

[오답의 이유]

② 고종 즉위 이후 정치적 실권을 잡은 흥선 대원군은 비변사를 폐지하고 의정부의 권한을 강화하였으며, 삼군부를 부활시켜 군사 및 국방 문제를 전담하게 하였다.

③ 고려 문종 때 최충이 세운 9재 학당은 사학 12도 중 가장 번성하여 많은 후진을 양성하였으며, 최충의 사후 그의 시호를 바탕으로 문헌공도라 칭하였다.

④ 임술 농민 봉기를 수습하기 위해 안핵사로 파견된 박규수는 민란의 원인이 삼정의 문란에 있다고 보고 삼정이정청을 설치하였으나 근본적인 문제를 해결하지는 못하였다.

[더 알아보기]

조선 시대의 사화

무오사화 (연산군)	• 원인: 김일손이 김종직의 조의제문을 사초에 기록 → 이극돈이 이를 고함 • 결과: 훈구파의 사림파 탄압

갑자사화 (연산군)	• 원인: 연산군 생모 폐비 윤씨 사건 • 결과: 연산군에 의해 사림파 및 훈구파 일부까지 피해

기묘사화 (중종)	• 원인: 조광조의 급진적 개혁 정치(현량과 실시, 위훈 삭제 등) • 결과: 훈구파의 반발로 조광조를 비롯한 사림파 제거

을사사화 (명종)	• 원인: 왕실 외척 간의 권력 다툼 • 결과: 소윤(윤원형)이 대윤(윤임)을 몰아내고 정권 장악 → 양재역 벽서 사건

중세 > 정치사

[자료해설]

제시문에서 '주전도감, 은병을 만들어 화폐로 사용하였고 민간에서는 이를 활구로 불렀다'는 내용 등을 통해 밑줄 친 '왕'은 고려 숙종임을 알 수 있다.

[정답의 이유]

㉠ · ㉡ 고려 시대에는 상업 활동이 활발해지면서 국가 재정 관리의 효율성을 위해 화폐 발행의 필요성이 대두되었다. 이에 따라 숙종은 승려 의천의 건의에 따라 화폐주조를 전담하는 관서인 주전도감을 설치하고 삼한통보, 해동통보, 해동중보 등의 동전과 활구(은병)를 만들어 통용을 추진하였다.

[오답의 이유]

㉢ 지원보초는 원 황제 세조의 연호인 '지원'을 원나라 화폐인 '보초' 앞에 붙인 화폐명으로, 고려 후기 원 간섭기에는 지원보초, 중통보초 등의 원나라의 화폐가 유입되어 통용되었다.

㉣ 저화는 고려 말 공양왕 때 처음 등장하였으나 제대로 사용되지 못하다가, 조선 전기 태종 때 제작되어 사용되던 지폐이다.

12 난도 ★★☆　　　　　　　　　　정답 ①

일제 강점기 > 정치사

자료해설

제시문의 '진주성 내 동포들이 궐기하여 형평사라는 조직을 조직하였다'는 내용을 통해 일제 강점기 때의 형평 운동임을 알 수 있다.

정답의 이유

① 갑오개혁 이후 공사 노비법이 혁파되어 법적으로는 신분제가 폐지되었으나 일제 강점기 때 백정에 대한 사회적 차별은 더욱 심해졌다. 백정들은 이러한 차별을 철폐하기 위해 진주에서 조선 형평사 창립 대회를 개최하고 형평 운동을 전개하였다(1923).

오답의 이유

② 김홍집과 박정양 등을 중심으로 한 군국기무처를 통해 제1차 갑오개혁이 실시되었다(1894). 이때 문벌을 폐지하고 재능에 따라 인재를 등용하기 위해 과거제를 폐지하였고, 공사 노비법을 혁파하여 신분제가 법적으로 폐지되었다.

③ 고려의 특수 행정 구역이었던 향·부곡·소는 조선 전기에 들어와 일반 군현으로 승격되거나 일반 군현에 포함되어 소멸되었다.

④ 조선 순조 때 세도 정치와 삼정의 문란으로 인해 어려움을 겪던 농민들과 서북 지역 차별 대우에 불만을 품은 평안도 지방 사람들이 몰락 양반 출신 홍경래를 중심으로 봉기를 일으켰다(홍경래의 난, 1811).

13 난도 ★★☆　　　　　　　　　　정답 ②

시대 통합 > 정치사

자료해설

제시문의 '건주의 여진족이 왜적을 무찌르는 데 병력을 지원하겠다', '명과 조선의 병력, 조선의 산천 형세를 알 수 있어 거절했다'는 내용을 통해 임진왜란에 대한 설명임을 알 수 있다.

정답의 이유

② 임진왜란 당시 많은 도공과 활자 기술자 등이 일본에 납치되었고 이 도공들에 의해 만들어진 도자기가 유럽에서 크게 인기를 끌게 되면서 일본의 도자기 문화가 발달하였다.

오답의 이유

① 조선 세종 때 여진족을 몰아낸 뒤 최윤덕이 압록강 상류 지역에 4군을 설치하고(1443), 김종서가 두만강 하류 지역에 6진을 설치하였다(1449).

③ 조선 세종은 대마도주의 요구를 받아들여 부산포, 제포, 염포를 개방하였고(1426), 이곳에 왜관이 형성되어 일본인의 숙박과 무역이 이루어졌다. 이렇게 일본과의 교류를 확대해 나가다가 제한된 범위 내에서 무역을 허락하는 계해약조를 체결하였다(1443).

④ 신라 선덕 여왕 때 승려 자장의 건의로 황룡사 9층 목탑이 세워졌으나(645), 몽골의 고려 침입 당시 소실되어(1238) 지금은 경주에 터만 남아 있다.

14 난도 ★★★　　　　　　　　　　정답 ②

고대 > 정치사

자료해설

(가) '백제왕이 군사 3만 명을 거느리고 평양성 공격', '방어하다가 왕이 죽었다' 등으로 볼 때 백제의 최전성기를 이끌었던 근초고왕 때이다. 근초고왕은 고구려의 평양성을 공격하여 고국원왕을 전사시켰다(371).

(나) '신라를 습격', '왕이 살해되었다', '시호를 성이라 하였다' 등으로 볼 때 백제의 중흥을 도모한 성왕 때이다. 성왕은 신라 진흥왕이 나·제 동맹을 깨고 백제가 차지한 지역을 점령하자 이에 분노하여 신라를 공격하였으나 관산성 전투에서 전사하였다(554).

정답의 이유

② 고구려 장수왕은 평양으로 천도하며 남진 정책을 추진하였다(427). 이를 바탕으로 백제의 수도 한성을 함락하고 백제 개로왕을 전사시킨 뒤 한강 유역을 차지하였다.

오답의 이유

① 고구려 영양왕은 군사적으로 유리한 지역을 차지하기 위해 요서 지방을 공격하였으나 수나라의 방어로 실패하였다. 이에 수나라 문제가 30만의 병력을 이끌고 고구려를 침입하였다(598).

③ 신라와 당의 연합군은 백제를 공격하여 황산벌에서 계백의 결사대를 물리치고 백제를 멸망시켰다(660).

④ 신라 문무왕은 매소성 전투(675)와 기벌포 전투(676)에서 승리하여 당의 세력을 한반도에서 몰아내고 삼국 통일을 완성하였다.

15 난도 ★★☆　　　　　　　　　　정답 ②

중세 > 사회사

자료해설

제시문에서 '부호정, 호정, 부호장, 호장' 등의 신분과 『고려사』 등을 통해 밑줄 친 '이들'은 고려 시대의 향리임을 알 수 있다.

정답의 이유

② 고려 시대 향리는 속현과 특수 행정 구역에서 조세와 공물의 징수, 노역 징발 등의 실질적인 운영을 담당하였다.

오답의 이유

① 음서 제도는 귀족의 자손들을 시험 없이 관리에 등용하는 것으로서 공신과 종실의 자손, 5품 이상 고위 관료의 아들, 동생, 친·외손자, 사위, 조카 등이 혜택을 받았다.

③ 칠반천역은 신분은 조선 시대 양인이지만 천한 역을 담당했던 계층으로 신량역천이라고도 하며, 수군, 조례, 역졸, 조졸 등 힘든 일에 종사하였다.

④ 고려 시대의 토착 세력이었던 향리는 조선 시대에 아전으로 격하되어 수령의 행정 실무를 보좌하였다.

더 알아보기

칠반천역

개념	조선 시대 양인이지만 천한 역을 담당했던 신분(신량역천)
부류	수군(해군), 조례(관청의 잡역 담당), 나장(형사 업무 담당), 일수(지방 고을 잡역), 봉수군(봉수 업무), 역졸(역에 근무), 조졸(조운 업무) 등

---

16 난도 ★★☆   정답 ④

고대 > 문화사

자료해설

제시문의 '불로장생과 신선이 되기를 추구'하였으며, '연개소문이 귀족과 연결된 불교 세력을 억누르기 위해 장려했다'는 내용을 통해 (가)의 종교가 도교임을 알 수 있다.

정답의 이유

④ 충남 부여 능산리 고분군 절터에서 출토된 백제 금동 대향로는 불교 유물이지만 도교적 이상향을 표현한 것으로, 국보 제287호로 지정되어 있다.

오답의 이유

① 전라남도 화순군 쌍봉사에 있는 철감 선사 승탑은 신라 말에 만들어졌으며, 국보 제57호로 지정되어 있다. 승탑은 통일 신라 후기 지방 호족 세력의 지원으로 선종 불교가 유행하면서 발달하였다.

② 일본에서 발견된 칠지도는 백제 근초고왕이 왜에 하사하였다고 알려져 있다. 이를 통해 백제가 왜와 교류하면서 다양한 선진 문물을 제공하였다는 것을 확인할 수 있다.

③ 금동 미륵보살 반가 사유상은 머리에 3면이 둥근 산 모양의 관을 쓰고 있어서 삼산 반가 사유상으로도 불리는 삼국 시대의 불상이며, 국보 제83호로 지정되어 있다.

---

17 난도 ★★★   정답 ②

근대 태동기 > 정치사

자료해설

제시문의 '반정을 주도하여 정권을 잡았다', '훈련도감, 어영청, 총융청, 수어청의 병권을 장악하였다'는 내용을 통해 임진왜란 이후 발생한 인조반정이라는 것을 알 수 있다. 그러므로 (가)는 인조반정을 주도하여 정권을 잡은 서인이다.

정답의 이유

㉠ 인조반정을 주도한 서인 세력은 두 호란과 명의 멸망으로 조선의 정통성이 크게 손상되자 명에 대한 의리를 지키고 청에게 당한 수모를 갚자는 북벌론을 주장하였다.

㉢ 현종 때 효종과 효종비의 국상 당시 자의 대비의 복상 문제로 두 번의 예송 논쟁이 발생하여 서인과 남인 사이의 대립이 심화되었다.

오답의 이유

㉡ 광해군과 북인 정권은 왕권의 안정을 위하여 영창 대군의 생모인 인목 대비의 폐위를 주장하였다.

㉢ 조식 학파와 서경덕 학파를 중심으로 북인이 형성되었다.

---

18 난도 ★★☆   정답 ④

근대 > 정치사

자료해설

제시된 사건의 순서는 (라) 병인양요 – (나) 오페르트 도굴 사건 – (다) 신미양요 – (가) 운요호 사건이다.

정답의 이유

(라) 병인박해를 구실로 강화도를 공격한 프랑스 군대는 양화진을 공격하여 외규장각을 불태우고 의궤 등을 약탈해갔다(병인양요, 1866).

(나) 오페르트를 비롯한 서양인들이 충남 덕산에 위치한 흥선 대원군의 아버지 남연군의 묘를 도굴하려다가 실패하였다(오페르트 도굴 사건, 1868).

(다) 제너럴셔먼호 사건을 구실로 미국 함대가 강화도에 침입하여 신미양요가 발생하였다. 미국 군대가 초지진을 함락하고 광성보를 공격하였으나 어재연이 이끄는 조선 군대가 미국 군대를 막아냈다(신미양요, 1871).

(가) 일본 군함 운요호가 강화도 초지진에 침입해 공격한 후 영종도에 상륙해 조선인들을 죽이거나 약탈하는 등의 만행을 저질렀다(운요호 사건, 1875).

더 알아보기

흥선 대원군 집권 시기의 역사적 사건

병인박해 (1866.1.)	프랑스의 천주교 선교사 9명과 신도 8천여 명 처형
제너럴셔먼호 사건 (1866.8.)	미국 상선 제너럴셔먼호의 통상 요구 → 평양 관민들의 저항(평안도 감사 박규수)
병인양요 (1866.9.)	병인박해를 구실로 프랑스군이 강화도 양화진 침략 → 정족산성에서 양헌수 부대 활약 → 외규장각 의궤 등 약탈
오페르트 도굴 사건 (1868)	독일 상인 오페르트가 충남 덕산의 남연군 묘 도굴 시도
신미양요 (1871)	미군의 강화도 초지진, 덕진진 침략 → 광성보의 어재연 부대 활약 → 수(帥)자기 약탈 → 전국에 척화비 건립

19 난도 ★☆☆　　　　　　　　　　정답 ①

선사 시대와 국가의 형성 > 국가의 형성

[자료해설]

제시문의 '소노부에서 왕이 나왔으나 계루부에서 왕위를 차지하고 있다', '대인은 고추가의 칭호를 더하였다' 등을 통해 (가) 국가가 고구려임을 알 수 있다.

[정답의 이유]

① 고구려에는 혼인을 하면 신랑이 신부 집 뒤에 서옥이라는 집을 짓고 생활하다가 자식을 낳아 장성하면 신랑 집으로 돌아가는 서옥제라는 풍습이 있었다.

[오답의 이유]

② 삼한은 제정 분리 사회였으며, 소도라는 신성 지역을 따로 두어 제사장인 천군이 이를 관리하였다.

③ 부여는 매년 12월 수확에 대한 감사제의 성격을 지닌 영고라는 제천 행사를 열었다.

④ 동예에는 읍락 간의 영역을 중요시하여 다른 부족의 경계를 침범하는 경우 노비와 소, 말로 변상하게 하는 책화 제도가 있었다.

20 난도 ★☆☆　　　　　　　　　　정답 ②

일제 강점기 > 정치사

[자료해설]

제시문에서 '이 날은 태황제의 인산날이었으며 만세 소리가 울려 퍼졌다', '융희제(순종)와 두 분의 친왕' 등의 내용을 통해 3·1 운동임을 알 수 있다.

[정답의 이유]

② 국내외 독립운동가들은 3·1 운동을 계기로 민족의 주체성을 확인하고 조직적인 독립운동을 전개하기 위해 중국 상하이에 모여 대한민국 임시 정부를 수립하였다(1919).

[오답의 이유]

①·④ 한국인 학생과 일본인 학생 간의 충돌 사건을 계기로 조선인 학생에 대한 차별과 식민지 교육에 저항한 광주 학생 항일 운동이 발생하였다(1929). 이에 당시 신간회 중앙 본부는 진상 조사단을 파견하여 지원하기도 하였다.

③ 조선 공산당을 중심으로 한 사회주의 세력과 천도교를 중심으로 한 민족주의 세력이 연대하여 순종의 인산일을 기회로 삼아 6·10 만세 운동을 준비하였다(1926).

21 난도 ★☆☆　　　　　　　　　　정답 ③

근대 태동기 > 정치사

[자료해설]

(가) 영조는 붕당 정치의 폐해를 막고 능력에 따른 인재를 등용하기 위해 탕평책을 실시하였고, 성균관에 탕평비를 건립하였다(1742).

(나) 정조는 인재 양성을 위하여 새롭게 관직에 오르거나 기존 관리들 중 능력 있는 문신들을 규장각에서 재교육시키는 초계문신제를 실시하였다(1781).

[정답의 이유]

③ 정조 때 문물제도 및 통치 체제를 정리한 『대전통편』을 편찬하여 왕조의 통치 규범을 재정비하였다(1785).

[오답의 이유]

① 정조는 왕권을 뒷받침하는 군사적 기반을 갖추기 위해 친위 부대인 장용영을 설치하고 서울 도성에는 내영, 수원 화성에는 외영을 두었다(1793).

② 숙종 때 간도 지역을 두고 청과 국경 분쟁이 발생하자 두 나라 대표가 백두산 일대를 답사하고 국경을 확정하여 백두산정계비를 세웠다(1712).

④ 철종 때 발생한 임술 농민 봉기에 안핵사로 파견된 박규수는 삼정이정청을 설치하여 삼정의 문란을 해결하고자 하였다(1862).

더 알아보기

영조와 정조의 업적

영조	• 탕평책 실시: 탕평비 건립 • 민생 안정책: 균역법 실시, 신문고 부활 • 문물제도 정비: 『속대전』, 『속오례의』 편찬
정조	• 탕평책 실시 • 왕권 강화 정책: 장용영 설치, 수원 화성 건립 • 인재 등용: 규장각 설치, 초계문신제 시행 • 문물제도 정비: 『대전통편』, 『동문휘고』 편찬

22 난도 ★★☆　　　　　　　　　　정답 ③

시대 통합 > 문화사

[자료해설]

제시문을 순서대로 나열하면 (다) 『농상집요』 도입(원 간섭기) – (라) 『농사직설』 편찬(세종) – (가) 『금양잡록』 편찬(성종) – (나) 『농가집성』 편찬(효종)이다.

[정답의 이유]

(다) 고려 충정왕 때 이암이 중국 화북 지방 농법을 소개한 『농상집요』를 처음 들여왔으나 한반도 농업의 실정과 맞지 않았다.

(라) 조선 세종은 정초, 변효문 등을 시켜 우리 풍토에 맞는 농법을 기술한 『농사직설』을 간행하였다.

(가) 조선 성종 때 강희맹은 사계절의 농법과 농작물에 대한 주의사항 등에 대해 직접 경험한 것을 종합하여 『금양잡록』을 저술하였다.

(나) 조선 효종 때 신속에 의해 편찬된 『농가집성』은 모내기법을 소개하였고 이후 조선 후기 모내기법의 보급과 수리 시설의 확충으로 농업 생산량이 증가하였다.

23 난도 ★☆☆　　　　　　　　　　정답 ③

중세 > 문화사

[자료해설]

제시문의 '일연의 저서', '기이(紀異)', '불교사와 관련된 일화를 중심으로 서술하였다'는 내용 등을 통해 밑줄 친 '이 책'은 『삼국유사』임을 알 수 있다.

③ 『삼국유사』는 불교사를 중심으로 왕력과 함께 기이(紀異)편을 두어 전래 기록을 수록하였으며, 특히 단군을 우리 민족의 시초로 여겨 단군 왕검의 건국 설화를 수록하였다.

①·② 고려 인종의 명을 받아 김부식이 편찬한 『삼국사기』는 현존하는 우리나라 최고(最古)의 역사서이다. 이는 유교적 사관을 바탕으로 본기, 연표, 지, 열전 등으로 구성된 기전체 형식으로 서술되었다.

④ 고려 공민왕 때 이제현을 중심으로 편찬한 『사략』은 성리학적 유교 사관에 입각하여 임금들의 치적을 정리하였다.

24 난도 ★★☆   정답 ②

근세 > 정치사

제시문에서 '김종서 등이 반란을 꾀하였으나 한명회 등이 그 기미를 밝혀 그들을 제거했다(계유정난)', '집현전을 없애고 경연을 정지한다'는 내용 등을 통해 (가)의 인물이 세조임을 알 수 있다.

② 세조는 간경도감을 설치하여 『석보상절』, 불교 경전 등을 한글로 번역하여 간행하고 보급하는 등 적극적인 불교 진흥책을 펼쳐 일시적으로 불교가 중흥되기도 하였다.

① 고려 말 공민왕은 신돈을 등용하고 전민변정도감을 설치하여 권문세족에 의해 점탈된 토지를 돌려주고 억울하게 노비가 된 자를 풀어주는 등 개혁을 단행하였다.

③ 조선 세종은 숭유억불 정책을 펼쳐 7개의 불교 종단 중 조계·천태·총남종을 선종으로 합치고, 화엄·자은·중신·시흥종을 교종으로 묶었다. 선종과 교종에 각각 18개, 총 36개의 사찰만을 공식적으로 인정하였다.

④ 조선 선조 때 발생한 정여립 모반 사건으로 기축옥사가 일어나 서인이 정국을 주도하였고, 이때 피해를 입은 동인이 북인과 남인으로 분화되었다.

25 난도 ★☆☆   정답 ①

선사 시대와 국가의 형성 > 국가의 형성

제시된 자료는 '비파형 동검'과 '고인돌'로 (가)의 나라가 고조선임을 알 수 있다.

① 고조선은 왕 밑에 상·대부·장군 등의 관직을 두었다.

② 옥저와 동예는 읍군이나 삼로라는 군장들이 부족을 다스렸다.

③ 고구려는 5부족 연맹체 국가로 왕 아래 상가, 고추가 등의 대가들이 사자, 조의, 선인 등의 관리를 거느렸으나, 점차 왕권이 성장하면서 태조왕 이후에는 계루부 고씨에 의한 왕위의 독점적 세습이 이루어지게 되었다.

④ 옥저는 가족이 죽으면 가매장하였다가 나중에 큰 목곽에 함께 안치하는 가족 공동묘의 풍습이 있었다.

고조선

성립	• 청동기 문화를 바탕으로 건국 • 제정 일치 사회: 단군(제사장)＋왕검(정치적 지도자인 군장)
성장	• 부왕, 준왕 때 왕권 강화(왕위 세습) • 연과 대립할 만큼 강성(진개의 공격) • 정치 체제: 왕 밑에 상·대부·장군 등의 관직 존재
위만 조선	• 준왕을 몰아내고 위만이 고조선 계승 • 철기 문화 본격적 수용
발전	• 중계 무역 • 범금 8조를 통해 사회 질서 유지
멸망	한 무제의 공격으로 왕검성 함락 → 멸망(기원전 108년)
유물	비파형 동검, 고인돌

한국사 | 2021년 법원직 9급

한눈에 훑어보기

✔ 영역 분석

선사 시대와 국가의 형성   05   06   07
3문항, 12%

고대   14   18
2문항, 8%

중세   13   19   21
3문항, 12%

근세   04   10
2문항, 8%

근대 태동기   24
1문항, 4%

근대   02   15   17   25
4문항, 16%

일제 강점기   01   08   11   16   22   23
6문항, 24%

현대   03   09   12   20
4문항, 16%

✔ 빠른 정답

01	02	03	04	05	06	07	08	09	10
③	③	③	①	①	④	③	①	②	③

11	12	13	14	15	16	17	18	19	20
①	②	③	①	③	③	②	②	③	③

21	22	23	24	25
①	②	②	③	④

✔ 점수 체크

구분	1회독	2회독	3회독
맞힌 문항 수	/ 25	/ 25	/ 25
나의 점수	점	점	점

01 난도 ★★☆   정답 ③

일제 강점기 > 정치사

자료해설

제시문은 1938년에 제정된 국가 총동원법이다. 1930년대 이후 대륙 침략을 위해 한반도를 병참 기지화하고 중·일 전쟁과 태평양 전쟁을 일으킨 일제는 국가 총동원법을 시행하여 인적·물적 자원을 수탈하였다.

정답의 이유

③ 조선 사상범 예방 구금령은 국가 총동원법의 제정 이후인 1941년에 제정되었다. 이 법령은 치안 유지법 위반으로 형을 마친 자를 석방된 이후에도 법원의 영장 없이 검경이 자의적으로 계속 구금하거나 일정한 제재를 할 수 있도록 한 반인권적 조치였다.

오답의 이유

① 중·일 전쟁은 중국과 일본 양국 간에 벌어진 전쟁으로 1937년 중국 베이징 서남부에 있는 루거우차오에서 시작하였다 (1937~1945).

② 백남운은 『조선사회경제사』를 통해 유물 사관을 토대로 식민 사학의 정체성론을 반박하였다(1933).

④ 1930년대 초 남만주 지역에서 조선 혁명군을 이끈 양세봉은 중국 의용군과 연합하여 영릉가 전투에서 일본군에 승리하였다 (1932).

02 난도 ★★★   정답 ③

근대 > 정치사

자료해설

제시문은 한·일 신협약 체결 이후 해산된 군인들이 정미의병으로 활약하면서 서울 진공 작전을 추진한 내용이다.

정답의 이유

ⓒ 한·일 신협약(정미 7조약) 체결과 군대 해산에 반발하여 이인영을 총대장으로 두는 13도 창의군이 결성되었다. 이들은 1908년 서울 진공 작전을 전개하였으나 실패하였다.

ⓒ 13도 창의군 총대장 이인영은 서울 진공 작전을 앞두고 서울 주재 각국 영사관에 의병을 국제법상의 교전 단체로 인정해 줄 것을 요구하는 서신을 발송하였다.

오답의 이유

㉠ 고종의 해산 권고 조칙에 따라 해산한 것은 을미의병이다. 을미의병은 단발령의 철회와 고종의 해산 권고 조칙에 따라 대부분 해산하였다.

㉣ 을미의병의 잔여세력들이 활빈당을 조직하여 충청도와 경기도 지방을 중심으로 활동하였다(1900~1905).

한국사

법원직

항일 의병 활동

구분	배경	활동
을미의병	• 을미사변 • 단발령	• 동학 농민군 잔여 세력 참여 • 고종의 해산 조칙으로 자진 해산
을사의병	을사늑약	대표적 의병장: 신돌석(최초의 평민 의병장), 최익현(대마도 유배 중 사망), 민종식(홍주성 점령)
정미의병	• 고종 강제 퇴위 • 군대 강제 해산	• 해산 군인 참여 이후 의병 전쟁화 • 각국 공사관에 국제법상 교전 단체 승인 요구 • 서울 진공 작전 시도(실패) • 만주, 연해주로 이동 → 독립군으로 계승

---

03 난도 ★☆☆   정답 ③

현대 > 정치사

자료해설

제시문은 '이 헌법 공포 당시의 대통령에 한해서는 중임 제한 규정을 적용하지 않는다(제55조 단서 제한)'는 내용을 통해 이승만 정부의 제2차 개헌(사사오입 개헌)임을 알 수 있다(1954).

정답의 이유

③ 이승만 정부는 진보당의 조봉암 등을 북한의 주장과 유사한 평화 통일 방안을 주장하였다는 혐의로 1958년에 체포하였고, 조봉암은 이듬해 사형에 처해졌다.

오답의 이유

① 노태우 정부는 북방 외교 정책을 추진해 소련, 중국과의 교류를 확대하였다. 이를 토대로 소련(1990) · 중국(1992)과의 외교 관계를 수립하였다.

② 박정희 정부는 경제 개발 계획에 필요한 자본 확보를 위해 일본과의 국교 정상화를 추진하여 한 · 일 협정을 체결하였다(1965).

④ 김영삼 정부에 들어서서 지방 자치 단체장 선거를 포함한 지방 자치제가 전면적으로 시행되었다(1995). 장면 정부 때도 지방 자치제가 전면적으로 시행되었지만, 5 · 16 군사 정변으로 중단되었다.

더 알아보기

진보당 사건의 재심 무죄 판결

피고인은 일제 강점기하에서 독립운동가로서 조국의 독립을 위하여 투쟁하였다. 광복 이후 제헌 국회의 국회 의원, 제2대 국회 의원과 국회 부의장을 역임하였으며, 1952년과 1956년 제2, 3대 대통령 선거에 출마하기도 하였다. 또한, 초대 농림부 장관 재직 시에는 농지 개혁의 기틀을 마련하여 우리나라 경제 체제의 기반을 다진 정치인이다. 그러나 재심 대상 판결로 사형이 집행되었다. 이 사건 재심에서 피고인에 대한 공소 사실 대부분이 무죄로 밝혀졌으므로 이제 뒤늦게나마 재심 판결로서 그 잘못을 바로잡고, 무기불법소지의 점에 대하여는 형의 선고를 유예하기로 한다.

– 대판 2011.1.20. 2008재도11 전합 –

---

04 난도 ★★☆   정답 ①

근세 > 정치사

자료해설

제시된 자료의 (가)는 1519년 기묘사화, (나)는 1623년 인조반정에 대한 내용이다.

정답의 이유

① 선조 대 정여립 모반 사건(1589)과 건저의 사건(1591)을 계기로, 동인은 온건파인 남인과 강경파인 북인으로의 분파가 이루어졌다.

오답의 이유

② 숙종 시기인 1680년 경신환국 이후 서인은 남인에 대한 처벌 문제로 노론과 소론으로 나뉘었다.

③ 1차 예송은 현종 때 일어난 기해예송(1659)이다. 당시 서인은 신권을 강조하며 1년설을, 남인은 왕권 강화를 강조하며 3년설을 주장하였다. 그 결과 서인이 주장한 기년복(1년설)이 채택되었다.

④ 기묘사화(1519)의 배경이다. 조광조가 훈구 세력의 위훈 삭제를 주장한 것이 기묘사화의 직접적인 원인으로 작용하였다.

더 알아보기

4대 사화

무오사화	김종직, 조의제문
갑자사화	폐비 윤씨
기묘사화	위훈 삭제, 조광조 제거
을사사화	윤임(대윤)과 윤원형(소윤)

---

05 난도 ★☆☆   정답 ①

선사 시대와 국가의 형성 > 선사 시대

자료해설

제시된 자료의 유물은 신석기 시대의 유물인 가락바퀴와 갈돌 · 갈판이다.

정답의 이유

① 신석기 시대에는 조 · 피 등을 재배하는 농경 생활이 시작되었으며, 갈돌과 갈판으로 곡식을 갈아서 음식을 만들어 먹었다. 또한 가락바퀴로 실을 뽑아 뼈바늘로 옷을 지어 입었다.

오답의 이유

② 청동기 시대에 정치권력과 경제력을 가진 군장이 등장하였는데, 이들의 무덤인 고인돌의 규모를 통해 당시 지배층의 권력을 확인할 수 있다.

③ 구석기 시대에는 주먹도끼, 찍개, 긁개 등의 뗀석기를 제작하여 사용하였다.

④ 구석기 시대 사람들은 주로 동굴이나 막집에 거주하였으며 계절에 따라 이동 생활을 하였다. 신석기 시대 사람들은 강가나 바닷가에 움집을 짓고 정착생활을 하였다.

선사 시대와 국가의 형성 > 국가의 형성

`자료해설`

제시문의 밑줄 친 '나라'는 동예이다. '북쪽으로는 고구려 · 옥저와 맞닿아 있었다.'는 것과 '대군장이 없고 후 · 읍군 · 삼로가 하호를 다스렸다.'는 내용을 통해 이를 파악할 수 있다.

`정답의 이유`

④ 동예는 읍군이나 삼로라는 군장들이 부족을 다스렸다. 매년 10월에는 무천이라는 제천 행사를 열었으며, 단궁, 과하마, 반어피 등의 특산물이 유명하여 이를 낙랑과 왜에 수출하기도 하였다.

`오답의 이유`

① 1세기 초 왕호를 사용한 나라는 부여와 고구려이다.

② 민며느리제는 옥저의 혼인 풍습이다. 여자가 어렸을 때 남자 집으로 가서 생활하다가 성장한 후에 남자가 예물을 치르고 혼인하는 제도로, 일종의 신부 매매혼 풍습이다. 동예의 혼인 풍습으로는 족외혼이 있다.

③ 삼한 중 마한의 세력이 가장 셌으며, 마한을 이루고 있는 소국 중 하나인 목지국의 지배자가 삼한을 대표하였다.

선사 시대와 국가의 형성 > 국가의 형성

`자료해설`

제시문은 고조선의 단군 건국 신화의 내용이다.

`정답의 이유`

③ 특정 동물을 수호신으로 여기는 원시 신앙은 토테미즘이다. 샤머니즘은 인간과 영혼, 하늘을 연결해 주는 존재인 무당을 믿는 원시 신앙이다.

`오답의 이유`

① 고조선 건국 설화에서는 환웅이 하늘의 아들이라는 천손 사상을 내세워 자기 부족의 우월성을 과시했다.

② 환웅이 인간 세상에 내려올 때 거느렸던 풍백(바람) · 우사(비) · 운사(구름)는 농경과 밀접한 관계가 있는 날씨를 주관하는 존재이다. 이를 통해 고조선이 농경이 매우 발달한 사회였음을 알 수 있다.

④ 단군은 제사장, 왕검은 정치적 지배자를 의미한다. 단군 왕검이라는 이름을 통해 고조선이 제정 일치 사회였음을 알 수 있다.

`더 알아보기`

고조선의 건국과 멸망

단군 조선	· 건국: 선민 사상, 농경 사회, 사유 재산과 계급 분화, 홍익인간, 제정 일치 사회 · 관련 문헌: 『삼국유사』, 『제왕운기』, 『동국여지승람』, 『응제주시』 · 세력 범위: 비파형 동검, 미송리식 토기 출토 지역과 일치
위만 조선	· 집권: 기원전 194 · 성격: 유이민 집단(철기 문화)과 토착 세력의 연합 정권 · 성장: 본격적인 철기 문화 수용, 영토 확장, 중계 무역 · 멸망: 한의 침입으로 멸망(기원전 108)

일제 강점기 > 정치사

`자료해설`

(가) 임시정부의 위기 상황: 교통국과 연통제 조직이 일제에 발각되어 임시정부의 위기 상황

(나) 독립운동의 노선 갈등: 무장 투쟁론, 외교 독립론, 실력 양성론 등의 갈등 심화

(다) 개조파와 창조파의 대립: 무장 투쟁론자로 구성된 창조파의 외교 활동 비판

(라) 지도 체제의 개편: 국무령 중심의 내각 책임제

`정답의 이유`

㉠ 일제의 탄압으로 임시정부의 교통국과 연통제 조직이 일제에 발각되어 와해되었다(1921). 그로 인해 자금난과 인력난의 어려움을 겪기도 하였다.

㉡ 외교 활동에 대한 무장 투쟁론자들의 비판이 거세지면서 임시정부 내에서 무장 투쟁론, 외교 독립론, 실력 양성론 등의 독립운동 방향에 대한 노선 갈등이 심화되었다.

`오답의 이유`

㉢ 외교론을 비판하는 무장 투쟁론자들로 구성된 것은 창조파였다. 창조파인 신채호, 박용만, 박은식 등은 임시정부의 해체와 연해주에 새로운 공화국 수립을 주장하였다. 안창호 등의 외교 독립론을 주장한 개화파는 임시정부의 개편과 실력 양성론 등을 주장하였다.

㉣ 국민 대표 회의 결렬 이후, 임시정부는 제2차 개헌(1925)을 통해 대통령 중심 체제에서 국무령 중심의 내각 책임제로 개헌하였다.

현대 > 정치사

`자료해설`

제시문은 조선 건국 준비 위원회가 발표한 강령 내용이다.

`정답의 이유`

② 조선 건국 준비 위원회는 미군과의 협상에서 유리한 입장을 차지하기 위해 1945년에 '조선 인민 공화국의 수립'을 선포하고 각 지방에 인민 위원회를 조직하였다.

`오답의 이유`

① 자유당은 이승만 계열의 보수 정당으로 1951년에 창당하여 반공을 구실로 반대파를 탄압하였으며, 독재 정치의 기반을 구축하였다.

③ 독립 촉성 중앙 협의회는 이승만을 중심으로 한 민족주의 정당과 단체들이 조직한 정치 단체이다(1945).

④ 유엔 소총회에서 선거가 가능한 지역에서만 총선거를 실시하라는 결정이 내려진 후 남북 분단을 우려한 김구와 김규식은 평양으로 가서 김일성과 남북 협상을 전개하였으나 큰 성과를 거두지는 못하였다(1948).

조선 건국 준비 위원회 강령

• 우리는 완전한 독립 국가의 건설을 기한다.
• 우리는 전 민족의 정치적 경제적 사회적 기본 요구를 실현할 수 있는 민주주의적 정권의 수립을 기한다.
• 우리는 일시적 과도기에 있어서 국내 질서를 자주적으로 유지하며 대중생활의 확보를 기한다.

- 『조선해방연보』 -

10 난도 ★☆☆   정답 ③

근세 > 정치사

자료해설

제시문의 (가)는 환국, (나)는 탕평책이다.

정답의 이유

ⓒ 정조는 영조의 탕평 정치를 계승하여 붕당을 가리지 않고 인재를 등용하였다. 영조가 비교적 온건한 탕평책(완론 탕평)을 실시하였다면, 정조는 특권 정치 세력을 배제하고 적극적인 탕평책(준론 탕평)을 실시하였다. 이에 따라 노론과 소론을 가리지 않았을 뿐만 아니라 학문이 뛰어난 서얼 출신들을 규장각 검서관으로 기용하기도 하였다.

ⓒ 숙종은 희빈 장씨 소생의 원자 책봉을 반대하는 송시열의 관작을 삭탈하고 제주도로 유배시켜 사사(賜死)하였으며, 송시열을 비롯한 서인 세력이 대거 축출되고 남인이 집권하는 기사환국이 발생하였다(1689).

오답의 이유

㉠ (가)에 들어갈 용어는 환국이다. 숙종 대에 일어난 환국으로는 남인의 영수 허적이 궁중의 천막을 무단으로 사용한 문제로 발생한 경신환국(1680), 희빈 장씨의 소생을 원자로 책봉하는 문제로 발생한 기사환국(1689), 인현 왕후의 복위 문제로 발생한 갑술환국(1694) 등이 있다. 예송 논쟁은 현종 때 효종의 왕위 계승에 대한 정통성과 관련하여 자의 대비의 복상 문제를 놓고 서인과 남인 사이에 두 차례 전개되었다.

㉣ 숙종은 금위영을 창설하여 5군영 체제를 확립하고 국왕 수비와 수도 방어를 강화하였다(1682). 5군영 설치는 영·정조 시기의 탕평책과는 관련이 없다.

11 난도 ★★☆   정답 ①

일제 강점기 > 정치사

자료해설

(가)는 충칭, (나)는 류저우, (다)는 창사, (라)는 상하이이다. 제시된 자료는 대한민국 임시정부가 충칭 시기에 발표한 대일 선전 포고문의 내용이다.

정답의 이유

① 대한민국 임시정부 충칭 시기에 일본군의 진주만 기습 공격으로 태평양 전쟁이 발발하자, 대한민국 임시정부의 김구 주석과 조소앙 외교부장 명의로 일본에 대한 선전 포고를 명문화한 자료(대일 선전 포고문)이다(1941.12.).

오답의 이유

② (나)는 류저우로 1938~1939년 임시정부의 수도였다.
③ (다)는 창사로 1937~1938년 임시정부의 수도였다.
④ (라)는 상하이로 1919~1932년 임시정부의 수도였다.

대한민국 임시정부 이동 경로

12 난도 ★★☆   정답 ②

현대 > 정치사

자료해설

제시문의 밑줄 친 ㉠은 1972년에 제정된 유신 헌법, ㉡은 1980년에 이루어진 제8차 개헌이다.

정답의 이유

② 박정희는 장기 집권을 위해 제7차 개헌(유신 헌법)을 선포하여 대통령에게 국회의원 1/3 추천 임명권, 국회 해산권, 헌법 효력을 정지시킬 수 있는 긴급 조치권 등 강력한 권한을 부여하였다(1972).

오답의 이유

① 박정희는 장기 집권을 위해 대통령의 3선 연임을 허용하는 제6차 개헌(3선 개헌)을 강행하여 통과시켰다(1969). 유신 헌법에서는 대통령의 연임 제한이 없었다.
③ 전두환 정권은 제8차 개헌을 단행하여 대통령 선거인단에서 7년 단임의 대통령을 선출하는 대통령 간선제를 실시하였다(1980).
④ 박정희 정부는 유신 헌법을 발표하여 대통령 임기 6년과 중임 제한 조항 삭제 및 통일 주체 국민 회의를 통한 대통령 간선제의 내용을 담은 제7차 헌법 개정을 단행하였다(1972).

13 난도 ★★☆   정답 ③

중세 > 경제사

자료해설

제시된 자료는 (나) 시정 전시과(경종) - (가) 은병 주조(숙종) - (다) 과전법(공양왕) 시행의 순서를 묻는 문제이다.

(나) 경종 대의 시정 전시과(976)에 대한 내용이다. 사료에는 '관품의 높고 낮음은 따지지 않는다.'라고 되어 있으나, 실제로는 관등과 인품을 고려하여 전 · 시지를 분급하였다.

(가) 고려 숙종 때 은병을 주조하였으나(1101), 널리 유통되지는 못하였다. 은병은 은(銀) 1근으로 우리나라 지형을 병(甁) 양식을 본떠 만들었다.

(다) 고려 말 공양왕 때 신진 사대부 조준 등의 건의로 실시된 과전법은 지급 대상 토지를 원칙적으로 경기 지역에 한정하였다 (1391). 이후 과전법은 조선 시대 사대부 관리들의 경제 기반을 보장하고 국가의 재정을 유지하는 기반이 되었다.

14 난도 ★☆☆ 정답 ①

고대 > 정치사

자료해설

제시된 지도는 백제 근초고왕 대의 대외 진출 모습이다.

정답의 이유

㉠ 근초고왕은 남으로 마한을 통합하였으며, 북으로는 고구려 평양성을 공격하여 고국원왕을 전사시켰다.

㉡ 4세기 근초고왕 대 부자 상속에 의한 왕위 계승을 확립하였다.

오답의 이유

㉢ 백제 성왕에 대한 설명이다. 성왕은 중앙 관청을 22부로 확대하고, 수도를 5부로 지방을 5방으로 정비하였다.

㉣ 백제 고이왕에 대한 설명이다. 고이왕은 6좌평 16관등제를 정비하고 관복제를 도입하는 등 중앙 집권 국가의 토대를 형성하였다.

15 난도 ★★☆ 정답 ③

근대 > 경제사

자료해설

제시문의 (ㄱ)은 개항장에서의 일본 화폐 사용을 명시한 조 · 일 수호 조규 부록(1876.7.), (ㄴ)은 일본인의 양곡 유출 허용 등을 내용으로 하는 조 · 일 무역 규칙(1876.7.)이다.

(ㄱ) 조 · 일 수호 조규 부록은 개항장에서 일본 화폐의 유통을 허용하였으며, 일본 상인의 거류지를 설정하고 일본 외교관의 여행의 자유를 허용하였다.

(ㄴ) 조 · 일 무역 규칙은 일본에 양미와 잡곡의 무제한 유출을 허용하였으며, 일본 상선에 대한 무항세와 일본 상품에 대한 무관세 조항을 포함하였다.

정답의 이유

③ (다) 시기인 1876년에 조선과 일본 사이에 강화도 조약이 체결되었다. 이후 부속 조약인 조 · 일 수호 조규 부록과 조 · 일 무역 규칙이 체결되었다.

강화도 조약(조 · 일 수호 조규, 1876)

배경	운요호 사건
내용	• 조선이 자주국임을 명시(청의 간섭 배제 의도) • 부산 · 원산 · 인천 개항, 해안 측량권 허용, 영사 재판권 (치외 법권) 인정
성격	외국과 맺은 최초의 근대적 조약, 불평등 조약
부속 조약	• 조 · 일 수호 조규 부록: 개항장 내 일본인 거류지(외국인 무역 활동과 거주가 허용된 지역) 설정, 일본 화폐 유통 • 조 · 일 무역 규칙: 양곡의 무제한 유출, 일본의 수출입 상품에 대한 무관세 허용

16 난도 ★☆☆ 정답 ③

일제 강점기 > 문화사

자료해설

제시문은 백남운이 저술한 『조선사회경제사』의 일부로, 사회 경제 사학에 대한 내용이다.

정답의 이유

③ 백남운은 사회 경제 사학의 대표적인 학자로, 한국사를 세계사적 보편성 위에 체계화하는 과정에서 식민 사학의 정체성론을 비판하였다.

오답의 이유

① 일선 동조론은 일제가 한국 지배를 정당화 · 합리화하기 위해 한국인의 저항을 무마시키려는 의도로 만든 식민 사관의 일종으로 조선인과 일본인의 조상이 같다는 주장이다.

②·④ 실증 사학은 이병도, 손진태, 이윤재 등이 문헌 고증의 방법을 통해 한국사를 실증적으로 연구한 학문으로, 이에 영향을 받은 것은 진단학회이다. 진단학회는 1934년 조직되었으며 진단학보 등을 발행하여 청구학회(친일 단체)에 대항하였다.

17 난도 ★☆☆ 정답 ②

근대 > 정치사

자료해설

제시문에서 '만동묘', '큰 서원의 철폐' 등의 내용을 통해, (가)는 흥선 대원군이며, 서원 철폐에 관한 내용임을 알 수 있다.

정답의 이유

② 흥선 대원군은 삼정의 문란을 개혁하고자 하였다. 첫째 전정의 문란은 양전 사업 시행, 은결 색출, 토지 겸병 금지로, 둘째 군정의 문란은 호포제 실시, 양반에게 군포를 징수하는 것으로, 셋째 환곡의 문란은 환곡제를 사창제로 개편하였다.

오답의 이유

① 고종은 개화 반대 여론을 의식해 암행어사 형태로 비밀리에 조사 시찰단을 일본에 파견하였다. 이때 파견된 박정양 등은 일본의 근대 문물을 시찰하고 돌아왔다(1881). 조사 시찰단은 흥선 대원군이 하야한 이후의 일이다.

③ 조선 영조는 붕당 정치의 폐해를 막기 위해 탕평파를 중심으로 국정을 운영하였고, 성균관에 탕평비를 건립하였다(1742).

④ 정조 때 문물제도 및 통치 체제를 정리한 『대전통편』을 편찬하여 왕조의 통치 규범을 재정비하였다(1785).

18 난도 ★★☆   정답 ②

고대 > 정치사

자료해설

제시문의 사건을 일어난 순서대로 배열하면 (나) 백제 건국 – (다) 고구려 옥저 복속 – (라) 신라 법흥왕 통치 체제 정비 – (가) 백제 성왕 한강 하류 수복이다.

정답의 이유

(나) 온조는 한강 유역의 토착 세력과 고구려 계통의 유이민을 규합하고 하남 위례성에 백제를 건국(기원전 18)하였다.

(다) 고구려 태조왕은 동옥저를 복속(56)시키고 영토를 확장하였다.

(라) 신라 법흥왕은 병부와 상대등 설치, 공복 제정, 율령 반포(520) 등을 통해 통치 질서를 확립하였다.

(가) 백제 성왕은 신라 진흥왕과 함께 고구려를 공격(551)하여 한강 하류 지역을 차지하면서 백제의 중흥을 도모하였다.

19 난도 ★★★   정답 ③

중세 > 정치사

자료해설

제시된 표는 고려 건국(918) – (가) – 후백제 멸망 및 후삼국 통일(936)에 대한 내용으로 두 사건 사이에 발생한 사건을 찾는 문제이다.

정답의 이유

③ 궁예의 수하로 들어간 왕건은 한강을 점령한 후 수군을 이끌고 후백제의 금성(나주)을 점령하였다(903).

오답의 이유

① 고려 왕건이 고창(안동) 전투에서 후백제군에 크게 승리하여 경상도 일대에서 견훤 세력을 몰아내고 후삼국 통일의 기반을 마련하였다(930).

② 신라 경순왕 김부가 스스로 고려에 투항하면서 신라가 멸망하였고(935), 경순왕은 경주의 사심관으로 임명되었다.

④ 발해 멸망 직후 세자 대광현은 유민들과 고려에 망명하였다(934). 태조 왕건은 이들을 받아들이고 관직을 하사하였으며 대광현에게 왕씨 성을 하사하였다.

20 난도 ★★☆   정답 ③

현대 > 정치사

자료해설

제시된 자료는 1948년 2월에 발표된 김구의 '삼천만 동포에게 읍고함'으로 이 성명서는 남한만의 단독 정부 수립에 반대한다는 내용이 담겨 있다.
순서대로 나열하면 8 · 15 광복(1945.8.) – (가) – 정읍 발언(1946.6.) – (나) – 제2차 미 · 소 공동 위원회 개최(1947.5.) –

(다) – 5 · 10 총선거(1948.5.) – (라) – 대한민국 정부 수립(1948.8.)이다.

정답의 이유

③ 김구의 '삼천만 동포에게 읍고함' 성명서가 발표된 시점은 (다)이다. 유엔 총회에서 결의한 전체 한반도 내 선거가 무산되자 유엔 소총회에서 가능한 지역에서만 선거를 실시하라는 결정이 내려졌다. 이에 남북 분단을 우려한 김구는 북한에서 김일성을 만나 남북 협상을 개최하였으나 큰 성과를 거두지는 못하였다(1948.4.).

더 알아보기

남북 협상(1948)

배경	이승만 · 한국 민주당 등이 남한만의 단독 선거 결정 찬성. 좌익 세력은 반대 → 김구와 중도 세력이 통일 정부 수립을 위한 남북 정치 지도자 회담 제의
전개	김구, 김규식 등이 평양 방문 → 남북 주요 정당 및 사회 단체 연석회의와 남북 지도자 회의 개최(1948.4.) → 단독 정부 수립 반대, 미 · 소 양군 철수 요구 등을 담은 결의문 채택
결과	미국과 소련이 합의안 미수용. 남북에서 각각 단독 정부 수립 절차 진행. 김구 피살로 남북 협상 중단

21 난도 ★★☆   정답 ①

중세 > 정치사

자료해설

제시된 표에서 고려 지배층의 변화 중 (가) 세력은 신진 사대부이다.

정답의 이유

① 신진 사대부는 사상적으로 성리학을 수용하여 학문적 기반으로 삼았으며, 불교를 배척하여 불교의 폐단을 시정하려 하였다.

오답의 이유

② 신진 사대부는 대체로 과거를 통해 중앙의 관리로 진출하였다.

③ 신진 사대부는 주로 지방 향리 출신이거나 중소 지주층이었다.

④ 친원적 성향을 가지고 도평의사사를 장악한 것은 권문세족이다. 신진 사대부는 권문세족을 비판하고 친명적인 성향을 가지고 있었다.

22 난도 ★★☆   정답 ②

일제 강점기 > 정치사

자료해설

제시문은 광주 학생 항일 운동 당시의 격문이다. 광주 학생 항일 운동은 한 · 일 학생 간의 우발적 충돌 사건을 계기로 발생하였으나, 한국인 학생에 대한 차별과 식민지 교육에 저항하는 항일 운동으로 발전하였다(1929).

정답의 이유

② 광주 학생 항일 운동은 전국적으로 확산되었고 이듬해까지 학생들이 동맹 휴학을 단행하기도 하였다. 이로써 광주 학생 항일 운동은 3 · 1 운동 이후 최대 규모의 민족 운동으로 발전하였다.

[오답의 이유]

① 원산 노동자 총파업은 일제 강점기에 영국인이 경영하는 회사에서 일본 감독관이 조선인 노동자를 구타한 사건을 계기로 시작되어 노동 조건 개선을 요구하는 노동 운동으로 발전하였다(1929).

③ 평양에서 조만식을 중심으로 조직된 조선 물산 장려회는 '조선 사람 조선 것'을 주장하며, 국산품 장려 운동을 통해 물산 장려 운동을 전개하였다(1920).

④ 순종의 인산일에 사회주의자들과 학생들이 대규모 만세 운동을 준비하였으나 사회주의자들이 일제에 발각되면서 학생들을 중심으로 6·10 만세 운동을 진행하였다(1926).

23 난도 ★★★   정답 ②

일제 강점기 > 정치사

[자료해설]

제시된 자료는 일어난 사건의 흐름에 따라 (나) 청산리 전투(백운평·천수평·어랑촌 전투) – (다) 간도 참변 – (가) 자유시 집결과 참변 – (라) 혁신 의회와 국민부 재편을 찾는 문제이다.

[정답의 이유]

(나) 청산리 전투의 일부로서 김좌진의 북로군정서군이 길림성 백운평 전투(1920.10.21.), 천수평·어랑촌 전투(1920.10.22.)에서 대승을 거두었다.

(다) 일제는 봉오동 전투와 청산리 전투의 패배에 대한 보복으로 독립군의 근거지를 소탕하기 위해 간도 지역의 수많은 한국인을 학살하는 만행을 저질렀는데 이를 간도 참변이라 한다(1920.10.9.~1920.11.5.).

(가) 대한 독립 군단은 간도 참변으로 인해 러시아 자유시로 근거지를 옮겼으나 독립군 내부의 지휘권을 둘러싼 갈등과 적색군에 의한 무장 해제 요구 과정에서 다수의 사상자가 발생하는 자유시 참변을 겪었다(1921).

(라) 1920년대 후반 3부 통합 운동이 시작됐다. 이로 인해 참의부·정의부·신민부가 북만주의 혁신 의회(1928)와 남만주의 국민부(1929)로 재편되었다.

[더 알아보기]

무장 독립 투쟁의 전개

봉오동 전투(1920.6.) → 훈춘 사건 → 청산리 대첩(1920.10.) → 간도 참변(1920.10.) → 대한 독립 군단 조직(1920) → 자유시 참변(1921) → 3부 설립(1923~1925) → 미쓰야 협정(1925) → 3부 통합 운동(1929) → 만주사변(1931) → 한·중 연합 작전(1931~1934)

24 난도 ★☆☆   정답 ③

근대 태동기 > 경제사

[자료해설]

제시문은 조선 후기의 경제 상황을 그린 박지원의 『허생전』 중 일부 내용이다.

[정답의 이유]

③ 조선 후기, 관영 수공업이 쇠퇴하고 민영 수공업이 발달하였다. 특히 민간 수공업자들이 상인들로부터 원료와 자금을 미리 받아 물품을 생산하는 선대제가 유행하였다.

[오답의 이유]

① 조선 후기의 지대 납부 방식은 타조법(수확량의 일정한 비율을 지대로 납부)에서 도조법(일정한 액수의 지대 납부)으로 변화되어 갔다. 그렇지만 여전히 일반적 지대 납부 방식은 타조법이었다.

② 조선 후기에 상업의 발달로 담배, 면화, 인삼 등 상품 작물의 재배가 활발해졌다. 특히 쌀의 상품화가 활발해지고 그 수요가 크게 증가되어 밭을 논으로 바꾸는 현상이 발생하기도 하였다.

④ 조선 후기에는 광산 경영 전문가인 덕대가 물주에게서 자본을 조달받고, 채굴업자·채굴 노동자·제련 노동자 등을 고용하여 광물을 채굴하고 제련하였다.

[더 알아보기]

조선 후기 수공업과 광업

수공업	• 관영 수공업 쇠퇴: 장인세를 내고 물품을 직접 만들어 판매 • 민영 수공업 발달: 상인 자본의 지원을 받아 제품을 만드는 선대제 유행. 임노동자를 고용해 공장제 수공업 형태로 물품 생산. 독립 수공업자가 등장하여 생산과 판매까지 주관(18세기 후반)
광업	• 설점수세제(민간인의 광산 채굴을 허용하고 세금 징수), 잠채(광물을 몰래 채굴) 성행 • 전문 광산 경영인 덕대 등장

25 난도 ★★☆   정답 ④

근대 > 정치사

[자료해설]

제시된 내용은 러·일 전쟁 후 러시아와 일본 간에 체결된 포츠머스 조약에 대한 내용이다. 연표를 순서대로 나열하면 임오군란(1882) – (가) – 거문도 사건(1885) – (나) – 갑오개혁(1894) – (다) – 대한제국 설립(1897) – (라) – 국권 강탈(1910)이다.

[정답의 이유]

④ 한반도와 만주 지역에 대한 지배권을 두고 제국주의 전쟁인 러·일 전쟁이 벌어졌다. 일본은 인천 제물포에 있던 러시아 군함을 격침시키고 선전 포고한 뒤 압록강을 거쳐 만주까지 진입하였다. 결국 미국의 중재로 러·일 양국이 포츠머스 강화 조약을 체결하였고 이를 통해 일본은 한국과 만주 지역에 대한 지배권을 확립하며 승리를 거두었다(1905).

한눈에 훑어보기

☑ 빠른 정답

01	02	03	04	05	06	07	08	09	10
④	①	③	②	②	③	①	①	②	②
11	12	13	14	15	16	17	18	19	20
①	①	③	④	④	③	④	①	③	①
21	22	23	24	25
④	④	④	②	①

☑ 점수 체크

구분	1회독	2회독	3회독
맞힌 문항 수	/ 25	/ 25	/ 25
나의 점수	점	점	점

---

01 난도 ★★☆   정답 ④

근대 > 정치사

자료해설

제시문을 반포된 순서대로 나열하면 (다) 갑신정변 14개조 개혁 정강 – (나) 제1차 갑오개혁의 법령 – (가) 관민 공동회에서 결의한 헌의 6조이다.

정답의 이유

(다) 갑신정변의 14개조 개혁 정강이다(1884). 김옥균 등의 급진 개화파는 일본의 군사적 지원을 받아 우정총국 개국 축하연에서 갑신정변을 일으켜 정권을 장악한 뒤 14개조 개혁 정강을 발표하였다. 입헌 군주제, 청과의 사대 관계 폐지, 능력에 따른 인재 등용 등의 개혁을 추진하였으나 청군의 개입으로 3일 만에 실패하였다.

(나) 제1차 갑오개혁 때 발표한 법령 내용이다(1894). 김홍집 내각은 1차 갑오개혁을 통해 국정과 왕실 사무를 분리하고, 개국 연호를 사용하였으며 과거제를 폐지하였다. 또한, 탁지아문이 재정 사무를 관장하게 하고 은 본위 화폐 제도와 조세 금납제를 시행하였다.

(가) 독립 협회의 헌의 6조이다(1898). 독립 협회는 만민 공동회와 관민 공동회를 개최하여 민중에게 근대적 지식과 국권, 민권 사상을 고취시켰으며, 헌의 6조를 결의하여 고종에게 건의하였다.

더 알아보기

갑신정변 14개조 개혁 정강

1. 대원군을 조속히 귀국시키고 청에 대한 조공 허례를 폐지할 것
2. 문벌을 폐지하고 백성의 평등권을 제정하여 재능에 따라 인재를 등용할 것
3. 전국의 지조법(地租法)을 개혁하고 간리(奸吏)를 근절하며 빈민을 구제하고 국가 재정을 충실히 할 것
4. 내시부를 폐지하고 재능 있는 자만을 등용할 것
5. 전후 간리와 탐관오리 가운데 현저한 자를 처벌할 것
6. 각도의 환상미(還上米)는 영구히 면제할 것
7. 규장각을 폐지할 것
8. 시급히 순사를 설치하여 도적을 방지할 것
9. 혜상공국(惠商公局)을 폐지할 것
10. 전후의 시기에 유배 또는 금고된 죄인을 다시 조사하여 석방시킬 것

11. 4영을 합하여 1영으로 하고 영 가운데서 장정을 뽑아 근위대를 급히 설치할 것, 육군 대장은 왕세자로 할 것
12. 일체의 국가 재정은 호조에서 관할하고 그 밖의 재정 관청은 금지할 것
13. 대신과 참찬은 날을 정하여 의정부에서 회의하고 정령을 의정·집행할 것
14. 정부 6조 외에 불필요한 관청을 폐지하고 대신과 참찬으로 하여금 이것을 심의 처리하도록 할 것

02 난도 ★★★ 정답 ①

근대 태동기 > 사회사

자료해설

제시된 표는 조선 후기 사회·경제적 변화로 인한 신분 변화를 나타낸 것이다. 제시된 표에 의하면 시기별로 양반 수가 꾸준히 증가된 반면 상민·노비 호수는 감소함으로써 봉건적 신분 질서가 점차 해체되어 가고 있는 사회 현상을 보여준다.

정답의 이유

㉠ 납속책은 나라의 재정이 곤란할 때, 재물을 납부한 부유한 상민에게 관직, 면천, 면역 등의 특혜를 준 정책이다.

㉡ 공명첩은 돈이나 곡식 등을 받고 부유층에게 관직을 팔아 발급해주던 명예직 임명장(매관직첩)이다.

오답의 이유

㉢ 선무군관포는 영조 때 균역법 시행으로 부족해진 세원을 보충하기 위해 지방의 일부 상류층에게 선무군관의 칭호를 주고 거두던 군포로서, 1년에 1필을 징수하였다.

㉣ 조선 후기에는 양반들이 자신들의 지위를 지키기 위해 문중을 중심으로 서원과 사우를 많이 세웠다.

더 알아보기

조선 후기 신분제의 동요

양반층 분화	• 배경: 붕당 정치의 변질 → 일당 전제화 • 권반: 집권 세력 • 향반: 향촌의 토호 • 잔반: 빈궁한 생활을 하는 양반 • 신향의 등장 • 양반층의 자기 도태
양반 수 증가	• 배경: 부농의 지위 향상과 역 부담 모면 추구 • 납속책, 공명첩 • 족보 매입 및 위조 • 양반의 사회 권위 하락 • 양반 중심의 신분제 동요
중간 계층의 성장	• 배경: 조선 후기의 사회·경제적 변화 • 서얼: 납속책·공명첩, 상소운동 • 기술직: 소청 운동 전개 • 역관: 외래 문화 수용의 선구적 역할 • 규장각 검서관 기용(정조) • 전문직으로서의 역할 부각 • 성리학적 가치 체계에 도전

노비 감소	• 재정상·국방상 목적으로 해방 • 공노비: 입역 노비 → 납공 노비화 • 사노비: 납속, 도망 등으로 신분 상승 • 노비종모법 시행 • 공노비 해방(순조, 1801) • 사노비 해방(갑오개혁 → 신분제 폐지)

03 난도 ★☆☆ 정답 ③

현대 > 정치사

자료해설

제시된 자료에서 7·4 남북 공동 선언(1972) 발표와 남북 기본 합의서(1991.12.9.) 채택 사이에 있었던 사실을 찾는 문제이다.

정답의 이유

③ 노태우 정부 때 적극적인 북방 외교를 바탕으로 남북한의 유엔 동시 가입이 이루어졌다(1991.9.).

오답의 이유

① 김대중 정부 시기 평양에서 최초의 남북 정상 회담이 이루어져 개성 공단 건설 운영에 관한 합의서를 체결하였으나, 노무현 정부에 이르러서 비로소 개성 공단 착공식이 진행되었다(2003).

② 김대중 정부는 햇볕 정책을 실시하여 화해와 협력을 통한 평화 통일을 추구하였으며, 이러한 정책의 일환으로 금강산 해로 관광 사업을 시작하였다(1998).

④ 노태우 정부 시기에 북한의 핵개발 노력을 저지하기 위한 마무리 조치로 북한에 요구하여 남북한의 한반도 비핵화 공동 선언을 채택시켰다(1991.12.31.).

04 난도 ★☆☆ 정답 ②

중세 > 정치사

자료해설

제시문에서 '공녀', '자녀들이 원나라로 끌려가' 등의 내용을 통해 원 간섭기임을 알 수 있다.

정답의 이유

② 원 간섭기에 원과의 친분 관계를 통해 성장한 가문이 점차 발전하여 형성된 권문세족은 사패를 위조하거나 받은 것처럼 속여 사유지를 늘리며 농민의 토지를 빼앗아 농장을 점차 확대하여 갔다.

오답의 이유

① 무신 집권기인 몽골의 2차 침입 때 고려의 승장 김윤후가 처인성 전투에서 적장 살리타를 사살하였다(1232).

③ 『삼국사기』는 고려 인종의 명을 받아 김부식이 편찬한 현존하는 우리나라 최고(最古)의 역사서이다(1145).

④ 고려 숙종 때 부족을 통일한 여진족이 고려의 국경을 자주 침입하자 윤관이 왕에게 건의하여 별무반을 편성하였다. 이후 예종 때 윤관은 별무반을 이끌고 여진을 토벌하여 동북 9성을 설치하였다(1107).

05 난도 ★★☆   정답 ②

근대 태동기 > 경제사

자료해설

제시된 사료는 대표적인 중상 학파 실학자인 박제가가 저술한 『북학의』의 '소비론'에 대한 내용이다.

정답의 이유

㉠·㉢ 박제가는 『북학의』를 저술하여 청의 문물 수용과 적극적인 소비를 주장하고 수레와 선박의 이용을 권장하였다.

오답의 이유

㉡ 유수원은 『우서』를 저술하여 상공업의 진흥과 기술의 혁신을 강조하고, 사농공상의 직업적 평등을 주장하였다.

㉣ 유형원은 『반계수록』에서 토지는 국가가 공유하며 신분에 따라 토지를 차등 분배하고, 자영농을 육성하여 민생의 안정과 국가 경제를 바로잡아야 한다는 내용의 균전론을 주장하였다.

06 난도 ★☆☆   정답 ③

근대 > 정치사

자료해설

제시문은 제2차 수신사로 일본을 다녀온 김홍집이 국내에 소개한 황준헌의 『조선책략』으로, (가)는 러시아이다.

정답의 이유

③ 을미사변으로 인해 신변의 위협을 느낀 고종은 러시아 공사관으로 피신하였다(1896).

오답의 이유

① 영국은 조선에 대한 러시아의 세력 확장을 저지하기 위해 남해의 전략 요충지인 거문도를 불법으로 점령하였다(1885).

② 프랑스 군대는 자국의 선교사를 처형한 병인박해를 빌미로 강화도를 침략하였다(1866).

④ 조선은 서양 열강 중 미국과 최초로 조·미 수호 통상 조약을 체결하였다(1882).

07 난도 ★★★   정답 ①

현대 > 정치사

자료해설

제시된 사료는 이승만 정권 시기에 제정·공포된 귀속 재산 처리법이다(1949). 이승만 정부는 이 법을 제정하여 일제가 남긴 재산을 민간인 연고자에게 분배하였다.

정답의 이유

① 이승만 정부 시기인 1950년대에는 6·25 전쟁 이후 미국의 원조에 기반을 두고 면화, 설탕, 밀가루를 중심으로 한 삼백 산업이 활성화되어 소비재 공업이 성장하였다.

오답의 이유

② 김영삼 정부는 부정부패와 탈세를 뿌리 뽑겠다는 의지로 금융 실명제를 실시하여 경제 개혁을 추진하였다(1993).

③ 박정희 정부 때 수출의 증대로 수출액 100억 달러를 달성하였다(1977).

④ 김영삼 정부 때 한국 경제의 세계화를 위해 경제 협력 개발 기구(OECD)에 가입하였다(1996).

08 난도 ★★☆   정답 ①

근대 태동기 > 사회사

자료해설

제시된 사료는 조선 후기 정조 때 서얼들이 청요직 통청을 바라며 제기한 상소문이다.

정답의 이유

① 조선 후기 역관들은 청과의 외교 업무에 종사하면서 서학을 비롯한 외래 문화 수용에 있어서 선구적 역할을 수행하였다.

오답의 이유

② 포구에서 상품 매매를 중개하며 성장한 것은 덕대가 아니라 객주나 여각이다. 이들은 포구를 거점으로 활발한 상행위를 하였다. 덕대는 조선 후기 광산 경영 전문가이다.

③ 「혼일강리역대국도지도」는 조선 전기 태종 때 편찬된 현존하는 동양 최고의 세계 지도이다.

④ 서얼 허통에 자극받은 기술직 중인들은 대규모 통청 운동을 벌였으나 실패하였다.

더 알아보기

조선 후기 중인층의 신분 상승

서얼	• 영 · 정조의 개혁 분위기에 편승하여 적극적인 신분 상승 시도(상소 운동) → 서얼들의 청요직 통청 요구 수용 • 정조 때 유득공, 이덕무, 박제가 등 서얼 출신이 규장각 검서관에 기용
기술직 중인	• 축적된 재산과 실무 경력을 바탕으로 신분 상승 운동 추구 • 철종 때 관직 진출 제한을 없애 달라는 대규모 소청 운동 전개 → 실패(전문직의 역할 부각)

09 난도 ★☆☆   정답 ②

근세 > 정치사

[자료해설]

제시문은 삼사에 관한 설명이다. 사간원, 사헌부, 홍문관을 삼사로 불렀으며, 이 기관은 조선 시대 정치 체제에서 권력의 독점과 부정을 방지하기 위해 존재하였다.

[정답의 이유]

㉠ · ㉢ 사간원은 국왕에 대한 간쟁과 논박을 담당하였고, 사헌부는 관리의 비리를 감찰하며 정책을 감시하는 역할을 하였다. 사간원과 사헌부를 합쳐 양사 또는 대간이라고 하였으며 이들은 권력을 견제하는 역할을 하였다.

[오답의 이유]

㉡ 승정원은 왕명을 출납하는 왕의 비서 기관으로 의금부와 함께 왕권을 뒷받침하는 역할을 하였다.

㉣ 춘추관은 역사서 편찬 및 보관 업무를 담당하였다.

10 난도 ★★☆   정답 ②

시대 통합 > 경제사

[자료해설]

제시된 자료는 (나) 신라 신문왕 관료전 지급 – (가) 신라 신문왕 녹읍 폐지 – (라) 고려 경종 시정 전시과 실시 – (다) 고려 공양왕 과전법 실시의 시대적 순서를 묻는 문제이다.

[정답의 이유]

(나) 통일 신라 신문왕은 왕권을 강화하기 위해 다양한 정치 개혁을 단행하여 관료전을 지급하였다(687).

(가) 통일 신라 신문왕은 귀족 세력을 약화시키기 위해 녹읍을 폐지하였다(689).

(라) 고려 경종에 의해 처음 시행된 시정 전시과는 관직 복무와 직역의 대가로 관료들에게 토지를 나누어 주는 제도였다(976).

(다) 고려 공양왕 때 신진 사대부 조준 등의 건의로 토지 개혁법인 과전법을 실시하였으며, 지급 대상 토지를 원칙적으로 경기 지역에 한정하였다(1391).

더 알아보기

고려 전시과의 종류

과전	문무 관리에게 관등에 따라 차등 지급
한인전	6품 이하 하급 관료의 자제로서 관직에 오르지 못한 사람에게 지급
구분전	하급 관료와 군인의 유가족에게 지급
공음전	5품 이상의 관료에게 지급, 세습 가능, 음서제와 함께 고려 귀족 사회의 경제적 기반
군인전	군역의 대가로 지급, 세습 가능
내장전	왕실 운영 경비 충당을 위해 지급, 세습 가능
공해전	지방 관청 운영을 위해 지급
사원전	사원 운영을 위해 지급
외역전	향리에게 지급
공신전	공신에게 지급

11 난도 ★☆☆   정답 ①

근대 태동기 > 정치사

[자료해설]

제시문에서 '균역법(1750)을 시행했다'는 것을 통해 밑줄 친 '그'가 영조임을 알 수 있다.

[정답의 이유]

㉠ 영조는 조선 건국 초기부터 수해가 심했던 청계천 준설 작업과 유료 변경 사업을 통해 치수 사업을 본격적으로 추진하였다.

㉡ 영조는 제도와 권력 구조의 개편 내용을 정리한 『속대전』을 편찬하였다. 이 외에도 영조는 『속오례의』, 『동국문헌비고』 등의 저서를 남겼다.

[오답의 이유]

㉢ 호조의 사례를 모아 엮은 책인 『탁지지』는 정조 때 편찬되었다.

㉣ 정조는 초계문신 제도를 실시하여 37세 이하의 참상 · 참하의 당하관 중 젊고 재능 있는 문신들을 의정부에서 초선하여 규장각에 위탁 교육을 시키고, 40세가 되면 졸업시키는 인재 양성의 장치를 강구하였다.

12 난도 ★★☆   정답 ①

시대 통합 > 문화사

[자료해설]

제시된 사료는 신채호의 『조선사연구초』의 내용이다. (가)는 지방의 신진개혁 세력(서경파)인 묘청이고, (나)는 중앙 귀족의 보수 세력(개경파)인 김부식이다.

[정답의 이유]

① 고려 인종은 이자겸의 난 이후 왕권을 회복시키고자 정치 개혁을 추진하였다. 이 과정에서 묘청, 정지상을 중심으로 한 서경 세력과 김부식을 중심으로 한 개경 세력 간의 대립이 발생하였다. 서경 세력은 서경 천도와 칭제건원, 금 정벌을 주장하였는데 받아들여지지 않자 국호를 대위, 연호를 천개로 하여 서경에서

반란을 일으켰으나(1135) 김부식의 관군에 의해 진압되었다.

오답의 이유

② 고려 후기 권문세족이 점탈한 토지를 돌려주고 억울하게 노비가 된 자를 풀어주기 위해 설치된 전민변정도감은 공민왕 때 신돈의 건의로 설치되었다.

③ 성리학은 충렬왕 때 안향을 통해 처음 들어왔다.

④ 김부식은 인종 때 왕명에 따라 『삼국사기』를 편찬하였다.

더 알아보기

이자겸의 난(1126)

원인	경원 이씨의 권력 장악 → 인종과 측근 세력의 이자겸 제거 시도
전개	이자겸이 척준경과 함께 난을 일으켜 권력 장악 → 인종의 척준경 포섭으로 이자겸 세력 제거 → 척준경 탄핵
결과	국왕 권위 실추, 문벌 사회 분열

13 난도 ★☆☆   정답 ③

중세 > 경제사

자료해설

제시된 자료는 고려 시대에 시행된 토지 제도인 (다) 역분전 – (가) 시정 전시과 – (라) 개정 전시과 – (나) 경정 전시과의 순서를 묻는 문제이다.

정답의 이유

(다) 역분전은 태조 때 개국 공신 등에게 충성도와 인품에 따라 지급된 토지이다(940).

(가) 경종 때 실시한 시정 전시과는 관리의 관등과 인품을 고려하여 전지와 시지를 지급하였다(976).

(라) 목종 때 실시한 개정 전시과는 지급 기준에서 인품을 배제하고 관등에 따라 18등급으로 구분하여 토지를 지급하였다(998).

(나) 문종 때 실시한 경정 전시과는 산직을 배제하고 현직 관리에게만 토지를 지급하였다(1076).

더 알아보기

전시과 제도

• 태조 23년(940)에 처음으로 역분전(役分田) 제도를 설정하였는데, 삼한을 통합할 때 조정의 관료와 군사에게 그 관계(官階)의 높고 낮음을 논하지 않고 그 사람의 성품과 행동의 착하고 악함과 공로가 크고 작은가를 참작하여 차등 있게 주었다.

…(중략)…

• 경종 원년 11월에 비로소 직관(職官) · 산관(散官)의 각 품(品)의 전시과를 제정하였는데 관품(官品)의 높고 낮은 것은 논하지 않고 다만 인품(人品)만 가지고 전시과의 등급을 결정하였다.

…(중략)…

• 목종 원년 3월 각 군현의 안일호장(安逸戶長)에게 직전(職田)의 절반을 주었다. 12월 문무 양반 및 군인들의 전시과를 개정하였다.

…(중략)…

• 문종 30년에 양반 전시과를 다시 개정하였다.

— 『고려사』 —

14 난도 ★☆☆   정답 ④

고대 > 정치사

자료해설

제시된 사료는 관산성 전투에 관한 내용으로 (가)에 해당하는 왕은 백제 성왕이다.

정답의 이유

④ 백제 성왕은 웅진에서 사비로 도읍을 천도하고 국호를 남부여로 고쳐 새롭게 중흥을 도모하였다.

오답의 이유

① 고구려 장수왕의 남하 정책에 대비하기 위해 백제의 비유왕과 신라의 눌지왕 사이에 나 · 제 동맹이 성립되었고, 이를 더욱 강화하기 위해 백제의 동성왕과 신라의 소지왕이 결혼 동맹을 맺었다.

② 백제 무령왕은 지방에 22담로를 설치하고 왕족을 파견하여 지방에 대한 통제를 강화하였다.

③ 신라 진흥왕은 화랑도를 국가적인 조직으로 정비하였고, 이들은 원광의 세속 5계를 생활 규범으로 삼아 명산대천을 찾아다니며 수련을 하였다.

15 난도 ★★☆   정답 ④

시대 통합 > 문화사

자료해설

제시된 자료는 토기의 특징을 파악하여 제작된 시대 순서를 묻는 문제이다.

정답의 이유

(라) 빗살무늬 토기 – 신석기 시대의 대표적인 토기

(가) 청자 상감운학무늬 매병 – 고려의 상감 청자

(나) 분청사기 철화어문 항아리 – 조선 전기에 제작된 분청사기

(다) 백자 청화 '홍치2년'명 송죽문 항아리 – 조선 후기 청화 백자

16 난도 ★★☆   정답 ③

중세 > 정치사

자료해설

제시문은 고려 문종 때 최충이 세운 9재 학당으로 사학 12도 중 가장 번성하여 많은 후진을 양성하였다.

정답의 이유

③ 최충의 문헌공도를 대표로 하는 사학 12도의 발전으로 관학이 위축되자 고려 예종은 관학 교육의 진흥을 위해 국자감을 재정비('국학'으로 고침)하고 장학 재단인 양현고를 설치하였다.

오답의 이유

① 성리학은 원 간섭기인 충렬왕 때 안향의 소개로 도입되었고, 백이정, 이제현, 이색 등을 통해 신진 사대부들에게 전래되어 새로운 국가 지도 이념으로 발전하게 되었다.

② 신진 사대부는 성리학을 학문뿐만 아니라 유교를 생활 속에서 실천하여 재현하고자 하는 의지로 『소학』과 『주자가례』를 이해하여 널리 보급하였다.

④ 고려 충선왕은 왕위에서 물러난 뒤 원의 연경에 만권당을 세우고 이제현 등 성리학자들을 고려에서 데려와 원의 학자들과 교류하게 하였다.

더 알아보기

고려 시대 교육 기관의 변화

관학 장려	• 국자감 정비(중앙): 유학부, 기술학부 • 향교 설치(지방): 지방 관리와 서민의 자제 교육
사학의 융성	사학 12도(최충의 9재 학당) → 관학 위축
관학 진흥책	• 숙종: 서적포 설치 • 예종: 국학 7재, 양현고, 청연각, 보문각 설치 • 인종: 경사 6학 정비, 유학 교육 강화 • 충렬왕: 섬학전, 문묘 건립 • 공민왕: 성균관 부흥(순수 유교 교육)

17 난도 ★☆☆ 정답 ④

근대 태동기 > 문화사

자료해설

제시된 사료에서 '공동 경작', '공동 소유', '노동량에 비례한 수확물 분배'등의 내용을 통해 정약용이 주장한 여전론에 대한 설명임을 알 수 있다.

정답의 이유

④ 『목민심서』는 조선 후기의 실학자 정약용이 목민관이 지켜야 할 지침을 밝히면서 관리들의 폭정을 비판한 저서이다.

오답의 이유

① 『열하일기』는 조선 후기 실학자 박지원이 청나라에 다녀온 후에 작성한 견문록이다.

② 『반계수록』은 조선 중기 학자 유형원이 통치 제도에 관한 개혁안을 중심으로 저술한 책이다.

③ 『성호사설』은 조선 후기 실학자인 이익이 백과사전식으로 저술한 저서이다.

18 난도 ★☆☆ 정답 ①

선사 시대와 국가의 형성 > 국가의 형성

자료해설

제시된 사료의 (가) 국가는 부여이다.

정답의 이유

① 부여에서는 매년 12월에 풍성한 수확제이자 추수 감사제의 성격을 지닌 영고라는 제천 행사가 열렸다.

오답의 이유

② 고구려에는 혼인을 하면 신랑이 신부 집 뒤에 서옥이라는 집을 짓고 생활하다가 자식을 낳아 장성하면 신랑 집으로 돌아가는 서옥제라는 풍습이 있었다.

③ 동예에서 생산되는 특산물로는 단궁, 과하마, 반어피 등이 유명하였다.

④ 삼한은 마한, 진한, 변한으로 구성된 연맹 왕국으로 신지, 견지, 읍차와 같은 정치적 지배자가 있었다.

19 난도 ★☆☆ 정답 ③

일제 강점기 > 정치사

자료해설

제시된 자료를 순서대로 나열하면 국권 피탈(1910) - (가) - 3 · 1 운동(1919) - (나) - 만주 사변(1931) - (다) - 중 · 일 전쟁(1937) - (라) - 8 · 15 해방(1945)이다. 지도에 표시된 전투는 지청천이 이끈 한국 독립군의 '쌍성보 전투'(1932), 대전자령 전투(1933)와 양세봉이 이끈 조선 혁명군의 영릉가 전투(1932), 흥경성 전투(1933)'이다. 모두 만주 사변 이후인 (다) 시기에 일어난 사건이다.

정답의 이유

③ 일제는 1931년 만주 사변을 일으켜 중국 동북부를 점령하였고, 청의 마지막 황제였던 푸이를 황제로 삼아 일본의 괴뢰 정권인 만주국을 세우게 되었다. 이로 인해 중국 내 일제에 대한 반일 감정이 고조되었고, 한 · 중 연합 작전이 추진되었다. 지청천이 이끄는 한국 독립군은 쌍성보(1932), 대전자령(1933) 전투에서, 양세봉이 이끄는 조선 혁명군은 영릉가(1932), 흥경성(1933) 전투에서 승리를 거두었다.

20 난도 ★★☆ 정답 ①

일제 강점기 > 정치사

자료해설

제시된 자료의 (가) 단체는 1907년 서울에서 조직된 비밀 결사 단체인 신민회이다.

정답의 이유

① 신민회는 남만주 삼원보, 밀산부 한흥동, 블라디보스토크 신한촌 등에 독립운동 기지를 건설하였다.

오답의 이유

② 고종의 강제 퇴위와 군대 해산에 반발하여 정미의병이 전국적으로 전개되었고, 해산 군인들이 의병 활동에 가담하며 의병 부대가 조직화되었다.

③ 신민회는 국권 회복과 공화정체의 근대 국민 국가 건설을 목표로 활동하였다.

④ 나철 · 오기호 등은 을사늑약을 체결하는 데 협력한 친일파 을사오적(박제순, 이지용, 이근택, 이완용, 권중현)을 암살하기 위해 자신회를 조직하여 활동하였다.

21 난도 ★☆☆

정답 ④

선사 시대와 국가의 형성 > 국가의 형성

자료해설

제시된 사료는 고조선의 8조법이다. 고조선은 사회 질서를 유지하기 위해 8개의 조항으로 이루어진 8조법(=범금 8조)을 만들었으나 현재는 3개의 조항만 전해진다.

정답의 이유

④ 고조선은 기원전 3세기경 강력한 왕이 등장하여 왕위를 세습하였으며, 그 밑에 상, 대부, 장군 등의 관직도 두었다.

오답의 이유

① 동예는 매년 10월에 무천이라는 제천 행사를 열었으며, 특산물로는 단궁, 과하마, 반어피 등이 있었다.

② 부여와 고구려 지배층의 혼인 풍습으로 형이 죽으면 동생이 형수를 아내로 삼는 형사취수제가 있었다.

③ 고구려는 귀족 회의인 제가 회의를 통해 국가의 중대 문제를 결정하였고, 중대한 범죄자가 있으면 사형에 처하였다.

22 난도 ★☆☆

정답 ④

현대 > 정치사

자료해설

제시된 (가)는 1969년의 제6차 개헌(3선 개헌)으로 대통령의 3선 연임을 허용하였다.

정답의 이유

④ 제6차 개헌의 주요 내용은 대통령 직선제, 대통령의 장기 집권을 위한 3선 연임 허용, 대통령에 대한 탄핵 소추 결의의 요건을 강화, 국회 의원의 행정부 장·차관의 겸직 허용 등이다.

오답의 이유

① 제6차 개헌은 대통령 직선제를 규정하였다.

② 1954년에 이승만 정권은 제2차 개헌(사사오입 개헌)을 통해 초대 대통령에 한해 중임 제한을 폐지하여 장기 집권을 시도하였다.

③ 4·19 혁명 이후 허정을 내각 수반으로 하는 과도 정부가 구성되었다(제3차 개헌). 이 정부에서는 내각 책임제와 양원제를 골자로 하여 헌법을 개정하고 총선거를 실시하였다.

더 알아보기

대한민국 개헌 과정

1차 개헌 (발췌 개헌, 1952)	대통령 직선제, 부통령제, 양원제 국회, 국무위원에 대한 국회의 불신임 결의 등
2차 개헌 (사사오입 개헌, 1954)	대통령 직선제, 초대 대통령의 중임 제한 철폐, 국민 투표제 신설, 부통령의 대통령 지위 승계권 부여 등
3차 개헌 (1960)	내각 책임제, 양원제 국회, 지방 자치 단체장의 선거제 채택, 경찰의 중립 규정 등
4차 개헌 (1960)	소급 특별법 제정(3·15 부정 선거 관련자 및 부정 축재자들을 소급하여 처벌)
5차 개헌 (1962)	• 5·16 군사 정변 • 대통령 직선제, 단원제 국회
6차 개헌 (3선 개헌, 1969)	대통령의 3선 허용, 국회 의원 정수 증원, 국회 의원의 각료 겸임 등
7차 개헌 (유신 헌법, 1972)	대통령 간선제, 6년 임기, 중임 제한 철폐, 대통령 권한 강화, 법률 유보 조항을 통한 기본권 제한 용이, 통일 주체 국민 위원회 설치
8차 개헌 (1980)	• 12·12 사태 • 대통령 간선제, 7년 단임제
9차 개헌 (1987)	• 6월 민주 항쟁 • 대통령 직선제, 5년 단임제, 국군의 정치적 중립 • 대한민국 임시 정부의 법통 계승, 4·19 민주 이념의 계승 명시

23 난도 ★☆☆

정답 ④

근세 > 문화사

자료해설

제시된 사료의 밑줄 친 '그'는 이황이다. 이황은 왕 스스로 성학 군주가 되어야 한다는 성학 군주론을 주장하였고 일본 성리학에도 영향을 주었다. 그는 '동방의 주자'라고 불리기도 하였다.

정답의 이유

④ 이황은 군주의 도를 도식으로 설명한 『성학십도』에서 왕권을 강조하여 왕과 신하는 같은 예가 적용될 수 없으며, 군주 스스로 성학을 따라 성학 군주가 되어야 함을 강조하였다.

오답의 이유

① 이황의 사상은 김성일, 유성룡 등에게 계승되어 영남 학파를 형성하였고, 이이의 사상은 조헌, 김장생으로 이어져 기호 학파를 형성하였다.

② 조선 후기 정제두는 지행합일을 중요시하는 양명학을 체계적으로 연구하였고, 강화도에서 후진 양성에 힘을 기울여 강화 학파를 발전시켰다.

③ 『성학집요』는 이이의 저술로, 이이는 이 책에서 현명한 신하가 군주에게 성학을 가르쳐서 군주의 기질을 변화시켜야 한다고 주장하였다.

24 난도 ★★☆

정답 ②

고대 > 정치사

자료해설

제시문은 백제가 신라를 지속적으로 공격하면서 대야성까지 함락시키자 위기감을 느낀 김춘추가 선덕 여왕에게 고구려 보장왕을 만나 원병을 요청하고자 하는 내용이다(642). 따라서 밑줄 친 '왕'은 선덕 여왕이다.

정답의 이유

② 신라 선덕 여왕 때 승려 자장이 주변 9개 민족의 침략을 부처의 힘으로 막기 위한 목탑 건립을 건의하여 황룡사 9층 목탑이 세워졌다(645).

① 진흥왕은 한강 상류 지역을 점령한 후 단양 적성비를 세웠다.

③ 고구려가 멸망한 후 검모잠이 보장왕의 아들 안승을 왕으로 추대하고 고구려 부흥 운동을 전개하였다. 이후 내분이 일어나자 안승은 검모잠을 죽인 뒤 고구려 유민을 이끌고 신라로 망명하였다. 이에 신라 문무왕은 안승을 보덕국의 왕으로 임명하고 금마저(전북 익산)에 땅을 주어 고구려 부흥 운동을 지원하였다 (674).

④ 법흥왕은 이차돈의 순교를 계기로 불교를 신라의 국교로 공인하였다(527).

25 난도 ★★☆ 정답 ①

중세 > 정치사

자료해설

제시된 (가)는 노비안검법을 실시한 고려 광종이다. 고려 광종은 노비안검법을 실시하여 억울하게 노비가 된 사람들을 구제하고 국가 재정을 확충하면서 호족 세력을 약화시키고자 하였다.

정답의 이유

㉠ 고려 광종은 신구 세력을 교체하고 새로운 관리 선발 기준을 마련하기 위해 과거제를 실시하였다.

㉡ 고려 광종은 강화된 왕권을 배경으로 하여 황제라 칭하고 광덕, 준풍 등 독자적인 연호를 사용하였으며 개경을 황도, 서경을 서도라 부르도록 하였다.

오답의 이유

㉢ 고려 성종 때는 태조 때 흑창의 명칭을 의창으로 고쳐 빈민을 구제하고자 하였고, 물가 조절을 위한 상평창을 개경, 서경, 12목에 설치하였다.

㉣ 고려 현종은 전국을 5도와 양계, 경기로 나누고 일반 행정 구역인 5도에 지방관인 안찰사를 파견하였다.

한국사 | 2019년 법원직 9급

✔️ **빠른 정답**

01	02	03	04	05	06	07	08	09	10
③	①	③	③	②	②	③	①	②	④
11	12	13	14	15	16	17	18	19	20
③	②	④	①	④	②	③	④	①	②
21	22	23	24	25					
④	④	③	④	①					

✔️ **점수 체크**

구분	1회독	2회독	3회독
맞힌 문항 수	/ 25	/ 25	/ 25
나의 점수	점	점	점

01 난도 ★☆☆ 정답 ③

근대 > 정치사

자료해설

제시된 자료에서 '외국인에게 의지하지 말고 관민이 한마음으로 힘을 합하여 전제 황권을 견고하게 할 것', '각 대신과 중추원 의장이 합동 날인하여 시행할 것', '국가 재정을 탁지부에 전관하고 예산과 결산을 국민에게 공포할 것' 등의 내용을 볼 때, 이는 독립 협회가 결의한 '헌의 6조'에 대한 내용임을 알 수 있다.

정답의 이유

③ 헌의 6조는 1898년 10월에 독립 협회가 개최한 관민 공동회에서 결의한 6가지 국정 개혁안이다. 따라서 제시된 연표에서 헌의 6조가 발표된 시기는 (다)이다.

더 알아보기

독립 협회의 창립과 활동

배경	아관파천으로 나라의 권위 실추
내용	• 자주 국권 운동: 열강의 침투 반대(독립문 건립), 구국 운동 상소문, 만민 공동회 개최 • 자유 민권 운동: 기본권 운동, 국민 참정권 운동 • 자강 개혁 운동: 박정양 내각 수립, 관민 공동회 개최(헌의 6조), 중추원 관제 반포
의의	민중을 바탕으로 한 국권 수호, 민권 신장에 기여한 근대화 운동
주도 세력	서재필, 윤치호, 이상재, 남궁억 등 개혁적 정부 관료와 개화 지식인들이 주도하여 시민·학생·노동자·여성·천민 등 각계각층의 인사들이 참여
한계	• 외세 배척 운동이 주로 러시아를 대상으로 함 • 의병을 '비도'라 비판

02 난도 ★★☆ 정답 ①

근세 > 정치사

자료해설

제시문 (가)에서는 의정부의 여러 일을 나누어 6조에 귀속시켰다는 내용이 나오므로 조선 태종 시기의 6조 직계제 시행에 관한 것이며, (나)에서는 상왕의 나이가 어리다는 것과 모든 서무는 6조가 저마다 직무를 맡아 직계한다는 내용이 나오므로 세조 시기의 6조 직계제의 부활에 관한 것이다. 따라서 태종과 세조 사이에 있었던 사실을 고르면 된다.

정답의 이유

① (가)와 (나) 사이: 세종은 4군 6진 개척을 통해 압록강에서 두만 강을 경계로 하는 현재의 국경선을 확보하였다.

오답의 이유

② (나) 이후: 16세기에는 다른 사람을 사서 군역을 대신하게 하는 대립이나 군역에 복무해야 할 사람에게 포를 받고 군역을 면제 해 주는 방군수포가 만연하였다. 이에 중종 때에는 방군수포를 정식화하는 군적 수포제를 실시하였다.

③ (나) 이후: 직전법을 폐지한 것은 명종에 해당한다. 명종은 직전 법을 폐지하고 녹봉제를 실시하였다.

④ (나) 이후: 성종은 홍문관을 설치하고 주요 관리들을 경연에 참 여하게 함으로써 집현전의 기능을 계승하였다.

더 알아보기

조선 세종의 업적

정치	• 의정부 서사제 시행 • 집현전 설치 • 대마도 정벌(이종무) • 3포 개항, 계해약조 • 4군 6진 개척(최윤덕, 김종서)
발명 및 창제	• 측우기, 자격루 등 개발(장영실) • 훈민정음 창제
편찬 사업	• 의례서 『삼강행실도』 • 역법서 『칠정산』 • 농서 『농사직설』 • 의서 『향약집성방』, 『의방유취』

03 난도 ★★☆ 정답 ③

근대 태동기 > 문화사

자료해설

제시문에서 '한 집의 재산을 헤아려서 토지 몇 부를 한 집의 영업전 으로 하여', '오직 영업전 몇 부 안에서 사고파는 것만을 철저히 살 핀다' 등의 내용을 통해 성호 이익이 주장한 '한전론'에 대한 것임을 알 수 있다.

정답의 이유

③ 조선 후기 중농 학파 실학자 이익은 성호 학파를 형성하였으며, 한 가정의 생활을 유지하는 데 필요한 규모의 토지를 영업전으 로 정하고, 영업전의 매매를 금지하는 한전론을 주장하였다.

오답의 이유

① 여전론을 주장한 것은 정약용이다.

② 이익은 노론 계열이 아니라 남인 계열에 해당한다.

④ 『열하일기』를 저술한 사람은 박지원이다. 박지원은 청에 다녀온 뒤 『열하일기』를 저술하여 상공업의 발달과 화폐 유통을 주장하 였으며, 교역의 중요성을 인식하여 수레와 선박의 필요성을 강 조하였다.

04 난도 ★★☆ 정답 ③

근대 태동기 > 문화사

자료해설

제시된 자료에서 백자가 유행하였고, 청화 백자도 많이 만들어졌 다는 내용을 통해 밑줄 친 '이 시기'가 조선 후기에 해당함을 알 수 있다.

정답의 이유

③ 서얼이나 노비 출신의 문인들이 등장한 것은 조선 후기가 맞지 만, 황진이는 조선 전기인 중종 때 활동한 것으로 전해진다. 황 진이는 시서와 음률이 뛰어났던 개성의 기녀이자 여류 시조 작 가이다.

오답의 이유

① 조선 후기에는 서민 문화가 발달함에 따라 판소리, 잡가, 가면극 이 유행하였다.

② 조선 후기 대표적인 실학자 박지원은 한문 소설 「양반전」, 「허생 전」, 「호질」 등을 통해 양반 문벌 제도의 비생산성을 비판했다.

④ 조선 후기 중 17세기 대표적인 불교 건축물에는 김제 금산사 미 륵전, 보은 법주사 팔상전, 구례 화엄사 각황전 등이 있고, 18세 기 건축물에는 논산 쌍계사 대웅전, 부안 개암사 대웅보전 등이 있다.

05 난도 ★★☆ 정답 ②

현대 > 정치사

자료해설

제시문에서 '남북을 통한 좌 · 우 합작으로 민주주의 임시 정부를 수 립할 것', '미 · 소 공동 위원회 속개를 요청하는 공동 성명을 발표할 것' 등의 내용을 볼 때, 밑줄 친 '위원회'는 좌 · 우 합작 위원회를 의 미하고, 제시된 내용은 좌 · 우 합작 7원칙에 해당함을 알 수 있다.

정답의 이유

② 해방 이후 좌 · 우 대립이 격화되면서 분단의 위기를 느낀 중도 파 세력들은 여운형, 김규식을 중심으로 좌 · 우 합작 위원회를 수립하였다. 이후 중도적 사상의 통일 정부를 수립하는 것을 목 적으로 좌 · 우 합작 7원칙을 합의하여 제정하였다(1946.10.).

오답의 이유

① 좌 · 우 합작 위원회는 제1차 미 · 소 공동 위원회의 휴회와 남한 의 단독 정부 수립을 주장하는 이승만의 정읍 발언(1946.6.)으 로 인한 남북 분단의 우려로 발족한 단체이다.

③ 좌 · 우 합작 위원회에 조선 공산당과 한민당은 참여하지 않았으 며, 여운형, 김규식 등 중도 세력을 중심으로 조직되었다.

④ 좌 · 우 합작 위원회는 모스크바 3국 외상 회의 결정을 지지하였 다. 좌 · 우 합작 위원회는 좌 · 우 합작 7원칙에서 민주 독립을 보장한 모스크바 3국 외상 회의 결정에 의해 남북을 통한 좌 · 우 합작으로 민주주의 임시 정부를 수립할 것을 주장하였다.

좌 · 우 합작 위원회가 발표한 좌 · 우 합작 7원칙

1. 민주 독립을 보장한 3상 회의 결정에 의하여 남북을 통한 좌 · 우 합작으로 민주주의 임시 정부를 수립할 것
2. 미 · 소 공동 위원회 속개를 요청하는 공동 성명을 발표할 것
3. 토지 개혁에 있어 몰수, 유조건 몰수, 차등 매상 등으로 토지를 농민에게 무상으로 나누어주고, 시가지 등의 기타 및 대건물을 적당히 처리하며, 중요 산업을 국유화하고, 사회 노동법령 및 정치적 자유를 기본으로 지방 자치제의 확립을 속히 실시하며, 통화 및 민생 문제 등을 급속히 처리하여 민주주의 건국 과업 완수에 매진할 것
4. 친일파 · 민족 반역자를 처리할 조례를 본 합작 위원회 등에서 입법기구에 제안하여 입법 기구로 하여금 심리 결정하여 실시케 할 것
5. 남북을 통하여 현 정권하에 검거된 정치 운동자의 석방에 노력하고 아울러 남북, 좌우의 테러적 행동을 모두 즉시 제지토록 노력할 것
6. 입법 기구에 있어서는 일체 그 기능과 구성 방법, 운영 등에 관한 대안을 본 합작 위원회에서 작성하여 적극적으로 실행을 기도할 것
7. 전국적으로 언론 · 집회 · 결사 · 출판 · 교통 · 투표 등의 자유를 절대 보장되도록 노력할 것

– 독립신보(1946.10.8.) –

06 난도 ★★☆   정답 ②

시대 통합 > 정치사

자료해설

제시문을 순서대로 나열하면 (나) 사림의 등용(성종) – (다) 사화의 발생(연산군~명종) – (가) 동인의 분열(선조) – (라) 붕당 정치의 변질(숙종)이다.

정답의 이유

(나) 사림의 등용(성종): 성종 때 훈구 세력을 견제하기 위해 김종직 등 지방 사림 세력을 대거 등용하였다.

(다) 사화의 발생(연산군, 중종, 명종): 사림 세력이 중앙 정계로 진출하여 언론을 장악하고 왕권을 견제하자, 사림 세력을 탄압하는 사화가 발생하였다.

(가) 동인의 분열(선조): 선조 때 정여립 모반 사건(1589)과 건저의 사건(1591)을 계기로 동인은 강경파인 북인과 온건파인 남인으로 분열되었다.

(라) 붕당 정치의 변질(숙종): 숙종 때 상황에 따라 한 붕당을 일거에 내몰고 상대 붕당에게 정권을 모두 위임하는 환국 정치가 발생하였다. 이로 인해 상호 견제와 비판을 통한 붕당 간 균형이 무너지고 특정 붕당이 정권을 독점하는 일당 전제화 추세가 대두되었으며, 공론보다 개인이나 가문의 이익을 우선시하였다.

붕당 정치의 전개와 변질

선조~광해군	• 동인이 정여립 모반 사건을 계기로 남인과 북인으로 분화 • 광해군 때 북인 집권
인조~효종	인조반정 후 서인 집권 → 상호 비판적 공존
현종	두 차례 예송 발생 → 서인과 남인 대립 심화
숙종	• 환국 전개 → 3사의 언론 기능 변질, 남인 몰락, 서인 노론과 소론으로 분화 • 붕당 간 보복과 탄압으로 일당 전제화 경향

07 난도 ★★☆   정답 ③

근대 > 정치사

자료해설

제시문에서 '흥선 대원군을 물러나게 하고 군국기무처를 폐지하였으며, 김홍집 · 박영효 연립 내각을 구성하고 개혁을 단행하였다'고 하였으므로 밑줄 친 '개혁'은 제2차 갑오개혁임을 알 수 있다.

정답의 이유

ⓛ 제2차 갑오개혁 때 재판소를 설치하고 사법권과 행정권을 분리하였다.

ⓒ 제2차 갑오개혁 때 8도에서 23부로 지방 행정을 개편하였다.

오답의 이유

ⓙ 과거제를 폐지한 것은 제1차 갑오개혁에 해당한다.

ⓔ 제3차 개혁(을미개혁) 때 중앙군은 친위대로, 지방군은 진위대로 군사 개편이 이뤄졌다.

08 난도 ★★☆   정답 ①

근대 태동기 > 경제사

자료해설

제시된 자료에서 '인정(人丁)에 대한 세를 신포(身布)라 하였는데', '대원군은 이를 수정하여 동포라는 법을 제정하였다.' 등의 내용을 볼 때, 이 시기는 조선 후기(흥선 대원군)임을 알 수 있다.

정답의 이유

ⓙ 도조법은 조선 후기에 일부 지방에서 시행된 것으로, 농사의 풍 · 흉에 관계없이 매년 일정 지대액(평균 수확량의 1/3)을 납부하는 것을 말한다. 지주의 간섭이 타조법에 비해 낮아지므로 도조법은 소작인에게 유리한 것이 특징이다.

ⓛ 조선 후기에는 밭고랑에 씨를 뿌리는 견종법이 보급되었고, 이로 인해서 벼와 보리의 생산량이 증가하였다.

오답의 이유

ⓒ 삼한통보는 고려 숙종 시기에 주조된 화폐를 말한다. 조선 후기에 유행한 화폐는 상평통보이다.

ⓔ 조선 후기에는 관영 수공업이 약화되고, 민영 수공업이 발달하였다.

소작제의 변화

타조법 (조선 전기~후기, 일반적)	• 정율 지대(당해 수확량의 1/2) • 소작인 불리, 지주 간섭 있음 • 전세 · 종자 · 농기구 소작인 부담 • 지주와 전호의 신분적 예속 관계
도조법 (조선 후기, 도지권 소유자만 해당)	• 정액 지대(일정 소작료, 평균 수확량의 1/3) • 소작인 유리, 지주 간섭 없음 • 도지권은 매매 · 양도 · 전매 가능 • 지주와 전호의 경제적 계약 관계

09 난도 ★★☆   정답 ②

일제 강점기 > 정치사

자료해설

제시문에서 삼균제도를 골자로 한 헌법의 실시 등의 내용이 있으므로 조소앙의 삼균주의를 바탕으로 하여 대한민국 임시정부가 발표한 건국 강령(1941)임을 알 수 있다.

정답의 이유

② 대한민국 임시정부는 충칭에서 직할 부대인 한국 광복군을 창설하였다(1940). 이후 영국군의 요청을 받아 인도 · 미얀마 전선에 파견되었으며, 미국 전략 정보처(OSS)의 협조를 받아 국내 진공 작전을 준비하였으나 일본이 항복하여 무산되었다.

오답의 이유

① 동북 항일 연군: 1937년 동북 항일 연군 소속의 항일 유격대 대원들이 함경남도 보천보의 경찰 주재소 등 일제 통치 기구를 공격하였다.

③ 조선 독립 동맹: 대한민국 임시정부에 편입되지 않은 조선 의용대 중 일부가 중국 화북지대로 이동한 후 조선 독립 동맹으로 확대 · 개편되었으며, 산하에 조선 의용군이 조직되었다(1942). 조선 의용군은 중국 팔로군과 함께 항일 투쟁을 전개하였으며, 해방 후에는 북한 인민군에 편입되었다.

④ 조선 민족 전선 연맹: 중 · 일 전쟁이 발발하자 조선 민족 혁명당의 김원봉은 다른 단체들과 연합해서 조선 민족 전선 연맹을 결성하였고(1937), 산하에 군사 조직인 조선 의용대가 조직되었다(1938).

10 난도 ★★☆   정답 ④

중세 > 경제사

자료해설

제시문에서 '문무의 백관으로부터 부병(府兵)과 한인(閑人)에 이르기까지 과(科)에 따라 받지 않은 자가 없었으며, 또한 과에 따라 땔나무를 베어낼 땅도 지급하였으니'의 내용을 볼 때, (가) 제도가 전시과를 나타냄을 알 수 있다. 전시과는 관직 복무와 직역의 대가로 관료에게 토지를 나눠 주는 제도로, 관리부터 군인, 한인까지 총 18등급으로 나누어 곡물을 수취할 수 있는 전지와 땔감을 얻을 수 있는 시지를 주었고, 수급자들은 지급된 토지에 대해 수조권만 가졌다.

정답의 이유

④ 고려 문종 때 실시된 경정 전시과는 지급 대상을 현직 관리로 제한하여 품계에 따라 지급하였다.

오답의 이유

① 전시과 제도는 고려 경종 때 처음 시행되었다.

② 전시과 제도에서 양반전은 문무 관리(양반)에게 관직 복무의 대가로 지급된 토지인데, 받은 사람이 죽거나 퇴직 후에 국가에 반납하는 것을 원칙으로 하여 토지의 세습이 인정되지 않았다.

③ 목종 때의 개정 전시과 제도는 전 · 현직 관리에게 토지를 지급하였으나 시정 전시과와 달리 인품에 관계없이 품계를 기준으로 지급하였다.

11 난도 ★★☆   정답 ③

중세 > 정치사

자료해설

제시된 그림에 표시된 (가) 지역은 강동 6주에 해당한다. 강동 6주(흥화진, 용주, 철주, 통주, 귀주, 곽주)는 고려 시대 거란의 침입 당시 서희의 외교 담판으로 획득한 곳이다.

정답의 이유

③ 993년(고려 성종 12) 거란에 대한 고려의 강경책과 친송 정책이 원인이 되어 거란의 제1차 침입이 있었는데, 이때 서희는 적장인 소손녕과 외교 담판을 벌여 송나라와 단교를 하고 거란과 교류하는 것을 조건으로 강동 6주를 확보하는 성과를 얻었다.

오답의 이유

① 조선 세종 때 김종서는 여진족을 몰아내고 함경도 지역(두만강 하류)에 6진을 설치하였다.

② 공민왕 때 무력으로 원나라의 통치 기구인 쌍성총관부를 공격해서 철령 이북의 땅을 수복하였다.

④ 1107년(고려 예종 2) 윤관은 별무반을 이끌고 동북 지방의 여진족을 북방으로 몰아내고 동북 지방 일대에 9성을 쌓았다.

거란(요)의 침입

원인	• 고구려 계승 의식에 의한 친송 · 북진 정책 • 만부교 사건, 강조의 정변
전개	• 1차 침입(993): 서희의 외교 담판(vs 소손녕), 강동 6주 획득 • 2차 침입(1010): 양규의 활약 • 3차 침입(1018): 강감찬의 귀주 대첩(1019)
결과	• 문화재 소실: 초조대장경, 황룡사 9층 목탑 • 개경 환도, 무신 정권 몰락 → 삼별초 항쟁(강화도, 진도, 제주도) → 원 간섭기(변발과 호복 유행, 정동행성 설치)

12 난도 ★★☆   정답 ②

현대 > 정치사

자료해설

(가) 3 · 15 부정 선거로 인해 발생한 4 · 19 혁명(1960)의 구호이다.

(나) 신군부의 등장과 계엄령 확대가 원인이 되어 발생한 5 · 18 민주화 운동(1980)의 구호이다.

(다) 굴욕적인 한 · 일 회담으로 인해 발생한 6 · 3 항쟁(1964)의 구호이다.

(라) 정부의 4 · 13 호헌 조치 발표로 인해 발생한 6월 민주 항쟁(1987)의 구호이다.

정답의 이유

② 5 · 18 민주화 운동 이후 제8차 개헌이 추진되었는데, 선거인단을 통한 대통령 간선제와 임기 7년 단임제가 결정된 것이 특징이다.

오답의 이유

① 4 · 19 혁명의 결과, 이승만 대통령이 하야하고 허정 과도 정부가 들어서게 되었다.

③ 6 · 3 항쟁(1964)에서 학생들은 굴욕적인 한 · 일 회담에 반대하고 박정희 정권의 퇴진을 요구하였으나 오히려 박정희 정부는 비상 계엄령을 선포하고 시위 학생들을 연행하였다.

④ 6월 민주 항쟁(1987) 과정에서 사망한 연세대 학생 이한열의 희생을 통해 대통령 직선제 개헌을 주요 내용으로 하는 6 · 29 민주화 선언이 발표되었다.

13 난도 ★★★   정답 ④

시대 통합 > 문화사

자료해설

제작된 시기순으로 나열하면 (나) 익산 미륵사지 석탑(백제, 7세기) – (가) 불국사 3층 석탑(신라, 8세기) – (다) 쌍봉사 철감선사 승탑(신라, 9세기) – (마) 월정사 8각 9층 석탑(고려 전기, 12세기) – (라) 경천사지 10층 석탑(고려 후기, 14세기)이다.

정답의 이유

(나) 익산 미륵사지 석탑: 백제 무왕 때(7세기, 639) 제작되었으며, 우리나라에 현존하는 가장 오래된 탑이다.

(가) 불국사 3층 석탑: 신라 중대 경덕왕 때(8세기) 제작되었으며, 이중 기단 위에 3층 석탑을 쌓는 전형적인 통일 신라의 석탑 양식으로 되어 있다.

(다) 쌍봉사 철감선사 승탑: 신라 하대(9세기)에 선종의 영향을 받아 제작되었으며, 전형적인 팔각원당형의 모습을 갖추고 있다.

(마) 월정사 8각 9층 석탑: 고려 전기(12세기)에 제작되었으며, 송의 영향을 받은 다각 다층탑이다.

(라) 경천사지 10층 석탑: 고려 후기(14세기, 1348)에 제작되었으며, 조선 세조 때 제작된 원각사지 10층 석탑에 영향을 주었다.

더 알아보기

시대별 탑의 종류

백제	• 익산 미륵사지 석탑: 무왕 때 건립, 국보 제11호, 우리나라에서 가장 크고 오래된 석탑, 사리 장엄구와 금제 봉안기 발견 • 부여 정림사지 5층 석탑: 국보 제9호, 목탑 양식, 백제의 대표적인 석탑
신라	경주 분황사 모전 석탑: 국보 제30호, 신라에서 가장 오래된 석탑, 전탑 형식(벽돌 모양), 현재 3층까지만 존재
통일 신라	• 경주 감은사지 (동서) 3층 석탑: 국보 제112호, 동서로 나란히 세워진 같은 규모와 양식을 갖춘 쌍탑 • 경주 불국사 3층 석탑(석가탑): 국보 제21호, 무구정광대다라니경 발견 • 경주 불국사 다보탑: 국보 제20호, 불국사 내 동쪽 위치, 화강석 석탑 • 양양 진전사지 3층 석탑: 국보 제122호 기단과 탑신에 팔부신중을 새김 • 구례 화엄사 사사자 3층 석탑: 국보 제35호, 신라의 유일한 사자 석탑 • 쌍봉사 철감선사 승탑: 국보 제57호, 선종의 영향을 받아 제작
발해	영광탑(발해 5층 전탑): 중국 지린성 위치, 당의 영향을 받음
고려	• 평창 월정사 8각 9층 석탑: 국보 제48-1호, 고려 초기의 대표적인 석탑 • 개성 경천사지 10층 석탑: 국보 제86호, 다각 다층 대리석 불탑, 원의 영향을 받음, 국립 중앙 박물관에 전시
조선	서울 원각사지 10층 석탑: 국보 제2호, 개성 경천사지 10층 석탑을 본떠 대리석으로 만듦

---

14 난도 ★☆☆   정답 ①

현대 > 경제사

자료해설

제시된 사진은 수출 100억 달러 달성 기념물로, 박정희 정부 시기인 1977년에 만들어진 것이다.

정답의 이유

① 박정희 정부는 제3 · 4차 경제 개발 계획(1972~1981)을 추진하면서 기존 경공업 중심의 공업화 정책에서 중화학 공업 중심의 공업화로 적극 전환 · 육성하였다.

오답의 이유

② 경제 협력 개발 기구(OECD)에 가입한 것은 김영삼 정부 시기(1996년)이다.

③ 이승만 정부 시기인 1950년대에 미국의 잉여 농산물을 가공하는 삼백 산업(제분, 제당, 면방직)을 육성하였다.

④ 자유 무역 협정(FTA)을 통해 시장 개방을 확대한 것은 2000년대 이후이다. 노무현 정부 시기인 2004년 4월에 발효된 한 · 칠레 자유 무역 협정(FTA)이 우리나라의 최초의 FTA이다.

15 난도 ★☆☆   정답 ④

고대 > 문화사

[자료해설]

제시된 그림은 통일 이전 신라의 대표적인 무덤 양식인 돌무지 덧 널무덤을 나타낸 것이다. 돌무지 덧널무덤은 나무널을 만든 후 큰 덧널을 만들고, 그 위에 돌을 쌓은 다음 봉분을 덮어 완성한 것이 특징이다. 신라의 대표적인 돌무지 덧널무덤으로는 천마총, 호우총 등이 있다.

[자료해설]

④ 돌무지 덧널무덤은 나무로 곽을 짜고 그 위에 돌을 쌓은 다음 흙을 덮은 구조로 되어 있어 도굴이 어려워 여러 가지 형태의 부장품이 출토되었다.

[오답의 이유]

① 중국 남조의 영향을 받은 것은 백제 벽돌 무덤으로, 대표적인 벽돌 무덤으로는 공주 무령왕릉이 있다.

② 고구려의 초기 무덤 형태는 돌무지 무덤으로, 돌을 계단식으로 정밀하게 쌓아 올린 것이 특징이다. 대표적인 돌무지 무덤으로는 장군총이 있다.

③ 경주 천마총에서 출토된 천마도는 벽화가 아니라, 마구장비에 그려진 그림이다.

16 난도 ★★☆   정답 ②

일제 강점기 > 경제사

[자료해설]

제시된 자료에 있는 '토지 소유자는 조선 총독이 정하는 기간 내에 임시 토지 조사국장에게 신고해야 한다.' 등의 내용을 볼 때, 이는 1910년대 일제가 실시한 토지 조사 사업(토지 조사령, 1912)임을 알 수 있다. 토지 조사 사업은 지정된 기간 안에 신고를 해야 소유권을 인정(기한부 신고제)하였는데, 신고 기간도 짧고 절차가 복잡했으며 무엇보다 농민에게 토지 신고제가 많이 알려지지 않아서 신고할 기회를 놓친 사람이 많았다. 또한 토지 조사 사업은 농민의 관습적 경작권을 불인정했기 때문에 농민들은 기한부 소작농으로 전락했으며, 지주의 소유권만 인정했기 때문에 지주제가 강화되는 결과를 가져왔다.

[정답의 이유]

② 농민의 관습적 경작권이 인정되지 않아 대부분의 농민들은 기한부 소작농으로 전락하였다.

[오답의 이유]

① 농민의 관습적 경작권은 인정하지 않고, 지주의 소유권만 인정했기 때문에 지주제가 강화되는 결과를 가져왔다.

③ 토지 조사 사업 결과, 대부분의 농민들은 기한부 계약제 소작농 및 도시 빈민으로 전락했다.

④ 일제는 근대적 토지 소유 제도의 확립을 명분으로 세웠으나 실제로는 한국인의 토지를 약탈하고, 지세 수입 증대를 통한 식민지 지배의 경제적 기반을 확보하기 위함이었다.

[더 알아보기]

토지 조사 사업

목적	• 명분: 근대적 토지 소유 제도 확립, 소작인의 전통적 경작권 부정 • 실상: 지세 수입 증대를 통한 식민지 지배의 경제적 기반 확보
시행 과정	• 토지 조사령 발표(1912), 기한부 신고제 • 짧은 신고 기간, 복잡한 절차 → 미신고 토지가 많음
결과	• 토지 약탈: 미신고 토지, 공공 기관 토지 등 상당 부분을 총독부가 차지 • 토지 불하: 동양 척식 주식회사 등의 토지 회사가 일본인에게 헐값으로 불하(일본인 대지주 증가) • 과세지 면적 증가: 총독부의 지세 수입 급증, 농민의 세금 부담 가중 • 지주의 권한 강화, 소작농의 권리 약화: 소작농은 도지권 상실, 기한부 계약제 소작농 및 도시 빈민으로 전락 → 몰락한 농민들이 만주, 연해주 등 국외로 이주

17 난도 ★☆☆   정답 ③

선사 시대와 국가의 형성 > 선사 시대

[자료해설]

제시된 유물은 반달 돌칼로, 청동기 시대의 대표적인 유물이며 벼와 같은 곡식의 이삭을 자르는 데 사용되었다.

[정답의 이유]

③ 청동기 시대에는 생산력이 증가해 잉여 생산물을 축적하면서 사유 재산 제도가 나타났고 빈부 격차 및 계급의 분화가 발생했다.

[오답의 이유]

① 농경이 시작된 것은 신석기 시대로 조·피·수수 등을 재배했으며, 청동기 시대에는 농경이 본격화되면서 벼농사를 짓기 시작했다.

② 불교를 받아들인 시대는 삼국 시대이다.

④ 주로 동굴이나 막집에서 살았던 시대는 구석기 시대이다.

18 난도 ★★☆   정답 ④

근대 태동기 > 문화사

[자료해설]

제시문에서 '사람이 곧 하늘이라, 그러므로 사람은 평등하며 차별이 없나니, 사람이 마음대로 귀천을 나눔은 하늘을 거스르는 것이다.'의 내용으로 볼 때, 이는 동학의 인내천 사상에 대한 것임을 알 수 있다.

[정답의 이유]

ⓒ 동학은 인내천 사상을 바탕으로 인간 평등을 강조하며, 양반과 상민을 차별하지 않았다. 또한 여성과 어린아이를 존중하는 사회를 추구했다.

ⓔ 동학의 3대 교주(손병희)는 동학을 천도교로 개편하였다. 이후 일제 강점기에 천도교는 『개벽』, 『어린이』, 『신여성』 등의 잡지를 발행하여 계몽 운동을 벌였다.

㉠ 대종교는 북간도 지역에서 중광단을 결성(1911)하여 항일 무장 투쟁을 벌였다.

㉡ 임술 농민 봉기(1862)는 철종 때 세도 정치로 인한 관료의 부패와 양반 지주층의 수탈로 인해 일어난 봉기로, 동학과는 무관하다. 동학이 바탕이 되었던 것은 동학 농민 운동(1894)이다.

더 알아보기

민족 문화 수호를 위한 종교 활동

대종교	만주에 무장 독립 단체인 중광단(1911) 결성, 북로 군정서(1919, 김좌진) 조직
원불교	새생활 운동, 실천 강조, 근면 · 절약 · 개간 사업 · 저축 · 금주 · 금연 운동 전개
불교	조선 불교 유신회 조직(1921, 한용운), 불교계 정화 · 사찰령 폐지 운동
천도교	동학 개창, 제2의 3 · 1 운동 계획(6 · 10 만세 운동), 기관지 『만세보』 간행, 『개벽』 · 『어린이』 · 『학생』 등의 잡지 간행
개신교	일제가 날조한 안악 사건 · 105인 사건에 연루, 신사 참배 거부 운동
천주교	3 · 1 운동에 적극 참여, 의민단 조직(1919, 만주), 잡지 『경향』, 고아원 · 양로원 등 사회 사업

19 난도 ★★☆ 정답 ①

중세 > 정치사

자료해설

제시된 자료의 (가) 시기는 여말선초의 상황으로, 위화도 회군(1388) 이후부터 공양왕이 폐위되고 이성계가 즉위한 조선 건국(1392) 전의 시기에 해당한다.

정답의 이유

① 과전법(1391)은 공양왕 때 신진 사대부 급진 개혁파(이성계, 조준 등)의 주도로 실시한 토지 개혁으로, 권문세족의 토지를 몰수하고 재분배하여 신진 사대부들의 경제적 기반을 다지기 위해 시행되었다.

오답의 이유

② 전민변정도감은 권문세족이 부당하게 뺏은 토지와 노비를 판정하여 원래 소유주에게 돌려주거나 양민으로 해방시키기 위한 임시 관서였다. 원종 때 처음 설치되었으며(1269), 그 후 충렬왕, 공민왕, 우왕 등 총 7차례에 걸쳐 설치되었다.

③ 제1차 왕자의 난(1398)은 조선 건국 이후에 일어났다. 이방원은 난을 일으켜 정도전 등을 제거하였고, 2대 정종이 왕위에 올랐다.

④ 정도전이 요동 정벌을 추진한 것은 이성계 즉위 이후의 일이다. 이후 제1차 왕자의 난으로 정도전이 제거되면서 요동 정벌은 중단되었다.

20 난도 ★★☆ 정답 ②

근대 태동기 > 경제사

자료해설

제시문에서 밑줄 친 ㉠ 방납은 농민들이 공물로 진상할 물건을 중앙 서리나 상인들이 대납하고 농민들에게 몇 배의 대가를 요구하여 이익을 챙기던 폐단으로, 이를 시정하고자 실시된 제도는 대동법이다. 대동법은 가호에 부과되던 현물을 토지 결수에 따라 쌀, 포목, 동전 등으로 징수했다.

정답의 이유

② 대동법 시행 이후 공인이 등장하면서 물품의 수요와 공급이 증가해 상품 화폐 경제가 발전했다.

오답의 이유

① 기존의 공물 납부는 가호 기준으로 부과되어 호세(戶稅) 성격이 강했지만, 대동법은 토지 소유를 기준으로 함에 따라 공납의 전세(田稅)화가 촉진되었다.

③ 토지 1결당 쌀 4두를 징수하는 것은 영정법으로, 인조 때 시행되었다(1635).

④ 농민들의 군포 부담이 2필에서 1필로 줄어든 것은 영조 때 시행된 균역법(1750)으로, 부족분은 결작과 선무군관포 등으로 보완하도록 하였다.

21 난도 ★★☆ 정답 ④

현대 > 정치사

자료해설

제시된 자료에서 '남측의 연합제와 북측의 낮은 단계의 연방제 안이 공통성이 있다고 인정한다'는 내용을 통해 김대중 정부 때의 '6 · 15 남북 공동 선언(2000)'에 대한 내용임을 알 수 있다. 6 · 15 남북 공동 선언은 남과 북의 대화와 협력을 강조하고, 교류 협력을 강화하기로 하는 내용을 담고 있다. 회담 이후 개성 공단 설치, 경의선 복구, 남북 이산 가족 상봉 등의 정책이 이루어졌다.

정답의 이유

④ 5 · 16 군사 정변은 1961년, 유신 헌법 공포는 1972년, 전두환 구속은 1995년, 김대중 대통령 당선은 1997년, 개성 공단 조성은 2003년 착공, 2004년 조성이다. 따라서 6 · 15 남북 공동 선언이 발표된 시기로 옳은 것은 (라)이다.

더 알아보기

제1차 남북 정상 회담(2000, 평양)

6 · 15 남북 공동 선언 (2000)	• 우리 민족끼리 힘을 합쳐 자주적 통일 • 남측의 연합제 안과 북측의 낮은 단계의 연방제 안의 공통성 인정 • 가족, 친척 방문단 교환 및 비전향 장기수 문제 해결 • 남과 북의 경제 협력과 교류 활성화
영향	제2차 남북 정상 회담(2007, 평양)의 10 · 4 남북 공동 선언(2007), 제3차 남북 정상 회담(2018, 판문점)에 영향

22 난도 ★★☆   정답 ④

일제 강점기 > 정치사

[자료해설]

제시문에서 '외교, 준비 등의 미련한 꿈을 버리고 민중 직접 혁명의 수단을 취함을 선언하노라.', '폭력, 암살, 파괴, 폭동으로써 강도 일본의 통치를 타도하고…' 등의 내용을 통해 의열단의 요청으로 신채호가 작성한 「조선 혁명 선언」(의열단 선언, 1923)'임을 알 수 있다.

[정답의 이유]

④ 유물 사관으로 식민 사학의 정체성 이론을 반박한 것은 백남운이다. 백남운은 「조선사회경제사」, 「조선봉건사회경제사」 등의 저술을 통해 사적 유물론에 입각하여 한국사를 체계적 · 법칙적으로 이해하고자 하였다.

[오답의 이유]

① 신채호는 「독사신론」에서 식민 사관과 그 영향을 받은 국사 교과서 등을 비판하고 민족주의 사학의 방향을 제시하였다.

② 신채호는 「이순신전」, 「을지문덕전」, 「최도통전」, 「이태리건국삼걸전」 등 영웅들의 전기를 편찬하여 민족 의식을 고취하고자 하였다.

③ 신채호는 「조선상고사」에서 역사를 '아(我)와 비아(非我)의 투쟁'으로 해석하였다.

[더 알아보기]

민족주의 사학과 사회 경제 사학

민족주의 사학	• 박은식: 「한국통사」, 「한국독립운동지혈사」 저술. 민족의 '혼' 강조 • 신채호: 고대사 연구에 치중하여 「조선상고사」, 「조선사연구초」 저술
사회 경제 사학	• 사회주의의 영향으로 유물 사관을 토대로 한국사 정리 • 백남운: 「조선사회경제사」, 「조선봉건사회경제사」 → 식민주의 사관의 정체성 반박

23 난도 ★★☆   정답 ③

근세 > 정치사

[자료해설]

제시문에서 '부득이 하루라도 더 먹고살기 위해 도적이 되는 자가 많다'등을 통해 이는 「명종실록」에 기록된 임꺽정의 난에 대한 사료임을 알 수 있다. 따라서 명종 재위 시기에 있었던 일을 찾아야 한다.

[자료해설]

③ 을사사화는 명종의 외척인 윤원형(소윤) 일파가 인종의 외척 윤임(대윤) 일파를 숙청하고 정국을 주도하는 과정에서 사림이 피해를 입은 사건으로, 명종 때인 1545년에 일어났다.

[오답의 이유]

① 중종 때, 조광조를 비롯한 사림을 대거 등용하여 개혁 정치를 추진하였으나 위훈 삭제를 계기로 훈구 공신들의 반발을 사 사림세력들이 제거되었다(기묘사화, 1519).

② 현종 때, 대비의 복상 문제로 두 차례 예송이 전개되었는데, 1차 기해예송(1659) 때는 서인의 1년설이, 2차 갑인예송(1674) 때는 남인의 1년설이 채택되었다.

④ 선조 때, 정여립 모반 사건(1589)을 계기로 동인이 온건파인 남인과 급진파인 북인으로 나뉘게 되었다.

24 난도 ★★☆   정답 ④

근대 태동기 > 정치사

[자료해설]

제시문에서 서얼과 노비에 대한 차별을 완화하였으며, 「동문휘고」, 「무예도보통지」 등을 편찬했다는 내용을 통해 밑줄 친 '왕'이 정조임을 알 수 있다.

[자료해설]

④ 정조는 지방 사림의 영향력을 줄이고 백성에 대한 국가의 통치권을 강화하기 위해서 수령이 군현 단위의 향약을 직접 주관하게 했다.

[오답의 이유]

① 효종 때 서인을 중심으로 북벌 운동이 전개되었다. 효종은 어영청을 중심으로 병력을 확보하고 신식 무기를 제조하였다. 숙종 때에도 북벌을 주장하는 움직임이 있었으나, 현실적인 문제로 실천하지는 못했다.

②·③ 영조는 붕당의 뿌리를 없애기 위해 공론의 주재자로 인식되던 산림을 부정하고 서원을 정리했다. 또한 이조 전랑의 권한을 약화시키기 위하여 후임자 천거권과 3사의 관리를 선발할 수 있게 해 주던 관행을 폐지했다. 영조의 탕평 정치로 왕은 가장 큰 영향력을 행사하게 되었고 붕당의 정치적 의미는 옅어졌다.

25 난도 ★★★   정답 ①

일제 강점기 > 정치사

[정답의 이유]

① 종로 경찰서에 폭탄을 투척(1923)하고 일본 경찰과 교전한 인물은 의열단의 김상옥이다. 김익상은 조선 총독부에 폭탄을 투척하였다(1921).

[오답의 이유]

② 남자현은 1932년에 국제 연맹 리튼 조사단이 하얼빈에 오자, 혈서를 써서 조사단에게 보내 독립을 호소했다. 또한 일본의 만주국 대사 무토 노부요시를 암살하려고 하였으나, 발각되어 붙잡힌 뒤 6개월간 수감되었다. 후에 보석으로 석방되었으나 1933년 하얼빈에서 세상을 떠났다.

③ 조선 민족 혁명당의 김원봉은 중국 국민당 정부의 도움을 받아 한커우에서 조선 의용대를 결성했다(1938). 조선 의용대는 중국 국민당과 연합하여 일본군에 대한 정보 수집과 포로 심문 등의 활동을 전개하였다.

④ 여운형(중도 좌파)은 김규식(중도 우파)과 함께 남북 분단의 우려와 분열을 방지하기 위해 좌 · 우 합작 위원회를 결성하였고, 1946년 10월에 좌 · 우 합작 7원칙을 발표하였다.

교육은 우리 자신의 무지를 점차 발견해 가는 과정이다.

— 윌 듀란트 —

PART 4

영어

한눈에 훑어보기

✓ 빠른 정답

01	02	03	04	05	06	07	08	09	10
③	②	②	①	②	③	③	②	④	②
11	**12**	**13**	**14**	**15**	**16**	**17**	**18**	**19**	**20**
④	②	③	④	②	③	①	②	③	③
21	**22**	**23**	**24**	**25**					
③	③	①	④	③					

✓ 점수 체크

구분	1회독	2회독	3회독
맞힌 문항 수	/ 25	/ 25	/ 25
나의 점수	점	점	점

---

01 난도 ★☆☆   정답 ③

독해 > 세부 내용 찾기 > 내용 (불)일치

정답의 이유

여덟 번째 문장에서 'Molaison's life was a series of firsts, as he couldn't remember anything he had done before.'라고 했고, 그다음 문장에서 '하지만, 그는 시간이 지나면서 새로운 운동 기능을 습득할 수 있었다.'라고 했으므로, 글의 내용과 일치하지 않는 것은 ③ '살아가면서 이전에 한 일을 조금씩 기억할 수 있었지만, 시간이 지나면서 운동 능력이 약화되었다.'이다.

오답의 이유

① 두 번째 문장에서 '~ Molaison allowed surgeons to remove a section of tissue from each side of his brain to stop the seizures.'라고 했으므로, 글의 내용과 일치한다.

② 세 번째 문장 후반부에서 '~ the discovery that complex functions like learning and memory are linked to specific regions of the brain.'이라고 했으므로, 글의 내용과 일치한다.

④ 마지막 문장에서 'Studies of Molaison allowed neuroscientists to further explore the brain networks involved in conscious and unconscious memories, ~'라고 했으므로, 글의 내용과 일치한다.

본문해석

27세의 남자인 Henry Molaison은 1950년대에 약 10년 동안 심신을 약화시키는 발작을 겪었다. 1953년 9월 1일, Molaison은 발작을 멈추기 위해 외과의사들에게 그의 뇌의 양쪽으로부터 조직의 한 부분을 제거하기로 했다. 수술은 효과가 있었지만, Molaison은 새로운 기억을 형성할 수 없는 영구적인 기억상실증 상태로 남았다. 이 비극적인 결과는 20세기 뇌 과학에서 가장 중요한 발견들 중 하나로 이어졌는데, 학습과 기억과 같은 복잡한 기능들은 뇌의 특정한 영역과 연결되어 있다는 발견이다. Molaison은 연구에서 그의 사생활을 보호하기 위해서 'H.M.'으로 알려지게 되었다. 과학자 William Scoville은 Molaison과 비슷한 수술을 받은 9명의 환자들을 연구했는데, 그들의 내측 측두엽의 일부를 제거한 사람들만이 기억력 문제, 특히 최근 기억의 문제를 경험했다는 것을 발견했다. 그는 뇌의 특정한 구조가 정상적인 기억을 위해 필요하다는 것을 발견했다. Molaison의 삶은 그가 전에 한 일을 기억할 수 없었기 때문에 첫 번째의 연속이었다. 하지만, 그는 시간이 지나면서 새로운 운동 기능을 습득할 수 있었다. Molaison에 대한 연구는 신경과학자들에게 심지어 2008년 그의 죽음 이후에도 의식적인 기억 및 무의식적인 기억과 관련된 뇌의 연결 조직을 더 탐구할 수 있게 했다.

- debilitating 쇠약하게 하는
- suffer from ～로 고통 받다, ～을 겪다
- surgeon 외과의, 외과 전문의
- tissue (세포들로 이뤄진) 조직
- operation 수술
- permanent 영구[영속]적인
- complex 복잡한
- function (사람·사물의) 기능
- be linked to ～와 연관되다
- privacy 사생활[프라이버시]
- temporal lobes (대뇌의) 측두엽
- neuroscientist 신경 과학자
- explore 탐구[분석]하다
- unconscious memories 무의식적인 기억

02 난도 ★☆☆   정답 ②

어법 > 비문 찾기

정답의 이유

that nature in the form of landscapes, plants, and animals는 선행사 idea를 수식하는 관계대명사절로 are는 관계사절의 주어인 nature를 받는 동사이므로, ② are → is가 되어야 한다.

오답의 이유

① 'in which we live'는 선행사 biome(생물군계)을 수식하는 관계 사절로 「전치사+관계대명사(in which)」는 where로 대체할 수 있으며, 전치사 in을 뒤로 보내 which we live in으로도 쓸 수 있다.

③ edited 다음에 목적어가 없고 'by Kellert and Wilson'이 있으므로, 수동인 '편집된'의 뜻으로 과거분사가 적절하게 사용되었다. 명사(The Biophilia Hypothesis)를 수식하며, 「관계대명사+be동사(which was)」가 생략되었다.

④ that은 동사 is의 보어가 되는 명사절(that humans have a universal desire to be in natural settings)을 이끄는 접속사로 사용되었다.

본문해석

인간은 우리가 살고 있는 생물군계의 미생물, 식물, 동물로부터 유래한 분명히 보이는 혜택을 초월하는 자연에 대한 선천적인 친밀감을 가지고 있다. 풍경, 식물, 동물 형태인 자연이 우리의 행복에 좋다는 생각은 오래되었으며, Charles Darwin이나 그 이전으로 거슬러 올라갈 수 있다. 이러한 생각은 심리학자 Erich Fromm에 의해 생명애라고 불렸으며, 하버드의 개미 생물학자 Edward O. Wilson과 Stephen Kellert에 의해 연구되었다. 1984년, Wilson은 *Biophilia*를 출판했는데 그것은 1995년 Kellert와 Wilson이 편집한 또 다른 책인 *Biophilia Hypothesis*의 출판으로 이어졌다. 그들의 생명애 가설(biophilia hypothesis)은 인간이 자연적인 환경에 있고 싶은 보편적인 욕망을 가지고 있다는 것이다.

- go beyond ～을 넘어서다
- tangible 분명히 실재하는[보이는], 유형(有形)의
- benefit 혜택, 이득
- derive from ～에서 유래하다, 파생하다
- microbe 미생물
- landscape 풍경
- well-being 행복, 웰빙
- biophilia 생명애(愛)
- biologist 생물학자
- Biophilia Hypothesis 생명애 가설(인간이 다른 생명체, 즉 자연과의 관계를 추구하는 선천적인 경향을 가지고 있다고 주장하는 가설)

더 알아보기

명사절을 이끄는 접속사 that

- 문장 앞에 붙은 의미가 없는 that은 명사절을 이끄는 접속사로, that절은 '～라는 것'으로 해석하며 문장의 주어, 목적어, 보어 역할을 한다.

  예 The reason for my happiness is that I focus on the positive. (보어)

  (내 행복의 이유는 내가 긍정적인 측면에 초점을 맞추는 데에 있다.)

- know, think, guess, believe, hope 등의 동사는 that이 이끄는 절을 목적어로 가지며, that은 아무 뜻이 없고 생략 가능하다.

  예 I believe that imagination is stronger than knowledge. (목적어)

  = I believe imagination is stronger than knowledge.

  (나는 상상력이 지식보다 강력하다는 것을 믿는다.)

- that은 접속사의 역할만 하므로 뒤에는 완벽한 절의 형태를 갖추어야 한다.

  예 It has turned out that she didn't go to school yesterday.

  (그녀가 어제 학교를 가지 않았다는 것이 밝혀졌다.)

- 앞에 나온 명사의 내용과 일치할 때 that절은 동격의 that절이다.

  예 The fact that he is your brother-in-law should not affect your decision. (the fact와 동격)

  (그가 네 처남이라는 사실이 네 결정에 영향을 주어서는 안 된다.)

- 전치사의 목적어로는 사용할 수 없다.

  예 She is aware of that he will not come back. (×)

- what vs. that : what+불완전한 절 vs. that+완전한 절

  예 I can't believe what he told me. (what절이 목적어가 없는 불완전한 문장)

  (나는 그가 나에게 한 말을 믿을 수 없다.)

  예 What we are worried about is his too much work. (what절이 목적어가 없는 불완전한 문장)

  (우리가 걱정하는 것은 그의 과도하게 많은 일이다.)

  예 I can't believe that he got married to her. (that절이 완전한 문장)

  (나는 그가 그녀와 결혼을 했다는 사실을 믿을 수 없다.)

예 <u>That</u> movies are based on novels seems natural today.
(that절이 완전한 문장)
(영화들이 소설을 토대로 하는 것은 오늘날 자연스러운 것처럼 보인다.)

03 난도 ★☆☆   정답 ②

독해 > 세부 내용 찾기 > 내용 (불)일치

정답의 이유

다섯 번째 문장에서 'They believe a greatly reduced amount of the sun's warmth reached the planet's surface ~'라고 했으므로, 주어진 글의 내용과 일치하는 않는 것은 ② '학자들은 "눈덩이 지구" 기간 동안에도 지구의 표면에 다다른 태양의 온기가 크게 감소하지 않았다고 믿고 있다.'이다.

오답의 이유

① 세 번째 문장에서 'But life somehow 'survived(살아남았다)' during this time called "Snowball Earth."'라고 했으므로, 글의 내용과 일치한다.

③ 여덟 번째 문장에서 'This enabled the earliest forms of complex life to survive in areas ~'라고 했으므로, 글의 내용과 일치한다.

④ 마지막에서 세 번째와 두 번째 문장에서 '~ that ice-free, open water conditions existed in place during the last part of so-called "the Ice Age" ~ the world's oceans were not completely frozen.'이라고 했으므로, 글의 내용과 일치한다.

본문해석

지구상의 생명체들은 7억 2천만 년 전에 시작된 크라이오제니아기 동안 생존 가능성에 대한 극단적인 시험에 직면했다. 그 행성은 8천 5백만 년의 대부분 기간 동안 얼어 있었다. 하지만 생명체는 "눈덩이 지구"라고 불리는 이 시기에 어떻게든 살아남았다. 과학자들은 이 시기의 시작을 더 잘 이해하려고 노력하고 있다. 그들은 태양의 복사열이 하얀 빙상에 반사되자 크게 감소한 태양의 온기가 행성 표면에 도달했다고 믿고 있다. 또한 그들이 말하기를 흑색 세일에서 발견되어 해초로 확인된 화석들은 살기에 적합한 물 환경이 그들이 한때 믿었던 것보다 더 널리 퍼져 있었다는 신호라고 했다. 일부 연구의 결과는 눈이 녹자 그 행성이 "슬러시볼 지구"에 더 가까웠다는 생각을 뒷받침한다. 이것은 한때 꽁꽁 얼었다고 생각되었던 지역에서 복잡한 생명체의 가장 초기 형태가 살아남는 것을 가능하게 했다. 연구원들은 말하기를 가장 중요한 발견은 소위 "빙하 시대"의 마지막 시기 동안 얼지 않은 개방된 물이 있는 장소가 존재했다는 것이라고 했다. 그 연구결과는 세계의 바다가 완전히 얼어 있었던 것은 아니라는 것을 입증한다. 그것은 다세포 생물이 살아남을 수 있었던 거주 가능한 피난처 구역이 존재했다는 것을 의미한다.

VOCA

- face   상황에[이] 직면하다[닥쳐오다]
- extreme   극도의, 극심한
- survivability   살아 남을 수 있는 힘, 생존 가능성
- frozen   얼어붙은, 결빙된
- somehow   어떻게든
- radiation   (열 · 에너지 등의) 복사
- fossil   화석
- black shale   흑색 세일
- seaweed   해초
- livable   살기에 적합한[좋은]
- ice-free   얼지 않는, 결빙(結氷)하지 않는
- demonstrate   증거[실례]를 들어가며 보여주다, 입증[실증]하다
- habitable   (장소가 사람이) 주거할 수 있는
- refuge   피신(처), 도피(처)
- multicellular organism   다세포 생물

04 난도 ★★☆   정답 ①

독해 > 빈칸 완성 > 단어 · 구 · 절

정답의 이유

첫 번째 문장에서 '지구의 온도가 상승함에 따라 해수면도 상승하여 전 세계 해안 지역 공동체를 위협하고 있다.'라고 문제를 제시했으므로, 빈칸 문장에는 문제에 대한 'solution(해결책)'을 제시하는 내용이 와야 함을 유추할 수 있다. 빈칸 앞부분에서 '놀랍게도, 심지어 굴과 같은 작은 유기체까지도 ~이다.'라고 했고, 빈칸 다음 문장에서 'Oysters are keystone species with ripple effects on the health of their ecosystems and its inhabitants.'라고 했으므로, 빈칸에 들어갈 말로 가장 적절한 것은 ① 'can come to our defense(우리의 방어 수단이 될 수 있다)'이다.

오답의 이유

② 비상식량이 될 수 있다
③ 미세 플라스틱에 의해 오염될 수 있다
④ 지역 주민들의 수입을 증가시킬 수 있다

본문해석

지구의 온도가 상승함에 따라 해수면도 상승하여 전 세계 해안 지역 공동체를 위협하고 있다. 놀랍게도, 심지어 굴과 같은 작은 유기체까지도 우리의 방어 수단이 될 수 있다. 굴은 그들의 생태계와 거주민들의 건강에 파급효과가 있는 핵심 종이다. 성체 굴 한 마리는 하루에 최대 50갤런의 물을 여과할 수 있으며, 수로를 더 깨끗하게 만든다. 건강한 굴 암초는 또한 수백의 다른 해양 생물들에게 집을 제공하고, 생물 다양성과 생태계 균형을 촉진한다. 해수면 상승이 광범위한 홍수로 이어짐에 따라, 굴 암초는 폭풍의 충격을 완충하고 추가적인 해안 침식으로부터 보호하는 방벽 역할을 한다.

- threaten 위태롭게 하다, 위협하다
- coastal community 연안 지역 공동체
- organism 유기적 조직체, 유기체
- oyster 굴
- keystone species 핵심 종
- ecosystem (특정 지역의) 생태계
- inhabitant 주민[서식 동물]
- filter 여과하다, 거르다
- oyster reef 굴 암초
- promote 촉진[고취]하다
- biodiversity 생물 다양성
- ecosystem balance 생태계 균형
- pervasive 만연하는, (구석구석) 스며[배어]드는
- flooding 침수
- buffer (충격을) 완화하다
- coastal erosion 해안 침식

05 난도 ★★☆   정답 ②

독해 > 빈칸 완성 > 단어 · 구 · 절

정답의 이유

② (A) 빈칸 앞부분에서 '혀의 다른 부분들이 특정한 맛에 담당하고 있다는 주장은 현대 과학에 의해 ~라고 입증되었고'라고 했는데, 주어진 글의 첫 번째 문장에서 '~ claims that different sections of the tongue are responsible for specific tastes, is incorrect, according to modern science.'라고 했으므로, 빈칸 (A)에 들어갈 말은 'false(사실이 아닌)'가 적절하다.

(B) 빈칸 앞부분에서 '맛 선호는 ~ 역사에 의해 영향을 받는다.'라고 했는데, 주어진 글의 여섯 번째 문장에서 '우리의 조상들(our ancestors)'이 영양소와 쉽게 칼로리를 얻기 위해 과일이 필요했으므로, 우리는 자연스럽게 단맛에 끌리게 되었다고 했으므로, 빈칸 (B)에 들어갈 말은 'evolutionary(진화의)'가 적절하다.

오답의 이유

① 정확한 – 진화의
③ 사실이 아닌 – 정신의
④ 정확한 – 정신의

본문해석

현대 과학에 따르면 미각 지도에 대한 통념, 즉 혀의 다른 부분들이 특정한 맛을 담당한다는 주장은 사실이 아니다. 미각 지도는 1900년대 초 독일 과학자 David Hänig의 실험에서 비롯되었는데, 그것은 혀가 중심부가 아닌 가장자리 부분을 따라서 맛에 가장 민감하다는 사실을 발견했다. 하지만 이것은 단맛이 혀의 앞쪽에 있고, 쓴맛이 뒤쪽에 있으며, 짠맛과 신맛이 옆에 있다고 주장하는 것으로 수년간 잘못 해석되어 왔다. 실제로, 혀 전체에 있는 미뢰를 통해 다양한 맛이 감지된다. 미뢰는 우리의 장기적인 학습과 연관성에 근거하여, 우리가 어떤 음식을 갈망하거나 싫어하게 만들도록 함께 작용한다. 예를 들어, 우리 조상들이 영양소와 칼로리를 손쉽게 얻기 위해 과일을 필요로 했으므로 우리가 자연스럽게 단맛에 끌리는 반면, 몇몇 식물들의 쓴맛은 독성에 대한 경고 역할을 한다. 물론, 동물계의 다른 종들도 독특한 미각 능력을 가지고 있는데, 육식동물들은 과일을 먹지 않기 때문에 사람들처럼 설탕을 갈망하지 않는다.

⇓

혀의 다른 부분들이 특정한 맛에 담당하고 있다는 주장은 현대 과학에 의해 (A) 사실이 아닌 것으로 입증되었고, 맛 선호는 (B) 진화의 역사에 의해 영향을 받는다.

VOCA

- taste map 미각 지도
- claim 주장하다
- originate from ~에서 비롯되다
- sensitive 예민한[민감한]
- misinterpret 잘못 해석[이해]하다
- taste bud 미뢰[맛봉오리]
- crave 갈망[열망]하다
- long-term 장기적인
- ancestor 조상, 선조
- nutrient 영양소, 영양분
- serve as ~의 역할을 하다
- warning 경고, 계고
- toxicity 유독성
- carnivores 육식 동물
- evolutionary history 진화의 역사

어법 > 비문 찾기

정답의 이유

관계대명사 what은 선행사를 포함하며, the thing which로 바꿔 쓸 수 있는데, ③ what 앞에 amazing thing이 있으므로 어법상 ③ what → which가 되어야 한다. 이때 관계대명사 what 다음에는 불완전한 문장이 와야 하는데, we take for granted에서 take 뒤에 목적어가 없다는 것에 유의한다.

오답의 이유

① by which는 선행사 means를 수식하는 전치사＋관계대명사로 어법상 적절하게 사용되었다.

② used는 동사(is)에 연결되어 '사용된'의 뜻의 과거분사가 형용사 역할하는 것으로 적절하게 사용되었다.

④ 부사절(when we and others do this together)의 주어 we and others가 복수 명사이므로, 어법상 동사 do가 적절하게 사용되었다.

본문해석

언어는 사람들이 서로 의사소통하는 주요한 수단이다. 대부분의 생물들이 의사소통을 하지만, 인간의 말은 다른 동물들의 의사소통 시스템보다 더 복잡하고, 더 창의적이고, 더 광범위하게 사용된다. 언어는 인간이 되는 것을 뜻하는 것의 필수적인 부분이고 모든 문화의 기본적인 부분이다. 언어인류학은 언어와 문화의 관계를 이해하는 것과 관련있다. 언어는 우리가 당연시하는 놀라운 것이다. 우리가 말할 때, 다양한 음색과 음높이를 가진 소리를 내기 위해 우리의 신체인 폐, 성대, 입, 혀, 입술을 사용한다. 그리고 어쨌든, 우리와 다른 사람들이 함께 이것을 할 때, 우리는 서로 의사소통을 할 수 있지만, 우리가 같은 언어를 사용할 때만 가능하다. 언어인류학자들은 언어들 사이의 변형과 언어가 구조화되고, 학습되고, 사용되는 방법을 이해하기를 원한다.

VOCA

• primary 주된, 주요한, 기본적인
• means 수단, 방법, 방도
• communicate with ～와 연락하다
• creative 창조적인, 창의적인
• extensively 광범위하게
• linguistic anthropology 언어인류학
• be concerned with ～에 관계가 있다, ～에 관심이 있다
• understanding 이해
• amazing 놀라운
• take A for granted A를 당연한 일로[의문의 여지가 없다고] 생각하다
• lung 폐, 허파
• vocal cord 성대(聲帶), 목청
• tone 어조, 말투
• pitch 음의 높이
• anthropologist 인류학자
• variation 변화

독해 > 글의 일관성 > 문장 삽입

정답의 이유

주어진 글은 의료서비스 챗봇은 이 문제를 해결하고 가정에서 사람들이 편안하게 적절한 진단과 조언을 받는 것을 보장한다는 내용이므로, 주어진 글 앞에는 '이 문제(this problem)'에 대한 내용이 나와야 한다. ③ 앞 문장에서 'This often proves harmful effects on the person's mental and physical health if misdiagnosed and improper medicines are consumed.'에서 문제에 대한 내용이 나오고, ③ 다음 문장에서 '~ the chatbot prescribes over the counter treatment ~'라고 문제에 대한 해결책을 설명하고 있으므로 글의 흐름상 주어진 문장이 들어가기에 적절한 곳은 ③이다.

본문해석

질병에 걸린다는 두려움 혹은 과도한 진료비 때문에 병원이나 보건소에 가는 것을 망설이는 사람들이 많아졌다. 이것은 그들로 하여금 인터넷에서 검증되지 않은 정보를 근거로 스스로 자가 진단하게 한다. 만약 오진되고 부적절한 약품을 섭취한다면 이것은 종종 사람의 정신적, 신체적 건강에 해로운 영향을 미친다는 것을 증명한다. 의료서비스 챗봇은 이 문제를 해결하고 가정에서 편안하게 사용할 수 있는 사람들을 위한 적절한 진단과 조언을 보장하는 것을 목적으로 한다. 진단의 심각성을 기초로 하여, 챗봇은 처방전이 필요 없는 일반의약품을 처방하거나 검증된 의료 전문가에게 진단을 확대한다. 광범위한 다양한 증상과 위험 요인 및 치료법에 대해 훈련받은 상호 작용 챗봇은 특히 COVID-19의 경우, 사용자의 건강 문의를 쉽게 처리할 수 있다.

VOCA

• hesitant 주저하는, 망설이는
• contract (병에) 걸리다
• consultation fee 진료비
• self-diagnose 자가 진단하다
• unverified 증명[입증]되지 않은, 미증명의
• misdiagnose (질병 · 문제를) 오진하다
• severity 심각성
• prescribe 처방을 내리다, 처방하다
• treatment 치료, 처치
• escalate 확대[증가/악화]되다[시키다]
• diagnosis 진단
• verify 입증하다
• interactive 상호적인, 상호 작용을 하는
• symptom 증상
• risk factor 위험 요인
• handle 다루다[다스리다/처리하다]
• query 문의, 의문

・perspective 관점, 시각

- perspective 관점, 시각
- self-care 자기를 스스로 돌보기

08 난도 ★★★ 　　　　　　　　　　　정답 ②

독해 > 글의 일관성 > 글의 순서

정답의 이유

주어진 글에서 스포츠팬 우울증은 열성적인 스포츠팬들에게 영향을 미치는 '실제 현상(real phenomenon)'이라고 했으므로, 많은 팬들에게 선호하는 팀이나 선수들에 대한 그들의 감정의 투자는 너무나 강렬해서 기대가 충족되지 못하면 우울증(depression)으로 이어질 수 있다는 (B)가 와야 한다. (B)의 마지막에서 스포츠팬들의 우울증이 정신적, 신체적 건강에 '부정적인 영향(negative effects)'을 끼칠 수 있다고 했으므로, 문맥상 부정적인 영향을 구체적으로 설명하는 (A)로 이어져야 한다. (A)의 마지막 부분에서 'There are many factors that can contribute to sports fan depression~'이라고 스포츠 팬 우울증의 원인이 되는 요소들을 나열했으므로, 스포츠팬 우울증의 부정적인 영향을 '완화하기(mitigate)' 위한 방안을 제시하는 (C)로 이어지는 것이 자연스럽다. 따라서 주어진 글 다음에 이어질 글의 순서로 적절한 것은 ② '(B) – (A) – (C)'이다.

본문해석

스포츠팬 우울증은 특히 실망하거나 패배할 때 많은 열성적인 스포츠팬들에게 영향을 미치는 실제 현상이다.

(B) 많은 팬들에게 선호하는 팀이나 운동선수들에 대한 그들의 감정의 투자는 너무나 강렬해서 패배하거나 기대를 충족시키지 못하면 슬픔, 좌절, 그리고 심지어 우울증으로 이어질 수 있다. 연구는 스포츠팬들의 우울증이 정신 건강과 신체 건강에 모두 여러 가지 부정적인 영향을 미칠 수 있다는 것을 보여주었다.

(A) 팬들은 스트레스 수준 상승과 불안 또는 우울감 발달의 위험이 증가할 뿐만 아니라 기분, 식욕, 수면의 질이 떨어지는 것을 경험할 수 있다. 스포츠팬 우울증의 원인이 될 수 있는 많은 요소들이 있는데, 그것들은 팀의 성공에 대한 개인적인 투자, 특정 팀을 지원하는 사회적인 압력, 종종 세간의 이목을 끄는 유명한 스포츠 행사에 동반되는 언론의 과열된 보도와 감시를 포함한다.

(C) 스포츠팬 우울증에 대한 부정적인 영향을 완화하기 위해서는 팬들이 스포츠에 대한 건강한 시각을 유지하고 결국 그것들은 단지 게임에 불과하다는 것을 기억하는 것이 중요하다. 운동과 같은 자기 스스로를 돌보는 활동에 참여하며, 사랑하는 사람들과 시간을 보내고, 정신 건강 전문가로부터 지원을 구하는 것이 도움이 될 수 있다.

VOCA

- depression 우울함, 암울함
- affect 영향을 미치다
- frustration 불만, 좌절감
- appetite 식욕
- sleep quality 수면의 질
- heightened 고조된
- contribute to ~에 기여하다
- intense media coverage 언론의 과열된 취재
- high-profile 세간의 이목을 끄는
- mitigate 완화[경감]시키다

09 난도 ★☆☆ 　　　　　　　　　　　정답 ④

독해 > 세부 내용 찾기 > 내용 (불)일치

정답의 이유

여섯 번째 문장에서 'After establishing himself as a writer for adults, Roald Dahl began writing children's stories in 1960 while living in England with his family.'라고 했으므로, Roald Dahl에 관한 글의 내용과 가장 일치하지 않는 것은 ④ '성인을 위한 작가가 된 뒤 영국에서 가족과 떨어져 혼자 살면서 글을 썼다.'이다.

오답의 이유

① 두 번째 문장에서 'He spent his childhood in England and, at age eighteen, went to work for the Shell Oil Company in Africa.'라고 했으므로, 글의 내용과 일치한다.

② 세 번째 문장에서 'When World War II broke out, he joined the Royal Air Force and became a fighter pilot.'이라고 했으므로, 글의 내용과 일치한다.

③ 다섯 번째 문장에서 'His first short story, which recounted his adventures in the war ~'라고 했으므로, 글의 내용과 일치한다.

본문해석

Roald Dahl(1916-1990)은 노르웨이인 부모님 사이에서 Wales에서 태어났다. 그는 영국에서 어린 시절을 보냈으며, 18세에 아프리카에 있는 Shell Oil 회사에서 일하기 위해 갔다. 2차 세계대전이 발발했을 때, 그는 영국 공군에 입대했고 전투기 조종사가 되었다. 26세에 워싱턴 D.C로 이사했는데, 그가 글을 쓰기 시작한 곳은 바로 그곳이었다. 그의 전쟁에서의 모험에 대해 이야기한 첫 번째 단편소설이 The Saturday Evening Post에 의해 구입되었고, 길고 유명한 경력을 시작했다. 어른을 위한 작가로서의 입지를 굳힌 후, Roald Dahl은 1960년 가족과 함께 영국에서 사는 동안에 어린이들의 이야기를 쓰기 시작했다. 그의 첫 번째 이야기는 그의 많은 책들이 헌정된 그의 자녀들을 위한 오락으로 쓰였다. Roald Dahl은 이제 우리 시대의 가장 사랑받는 작가들 중 한 명으로 여겨진다.

VOCA

- fighter pilot 전투기 조종사
- recount (특히 사기가 경험한 것에 대해) 이야기하다[말하다]
- illustrious 저명한, 걸출한
- career 직업, 직장 생활, 경력
- establish 설립[설정]하다
- entertainment 오락(물), 여흥
- dedicate (책·음악·작품·공연을) 헌정하다[바치다]
- beloved 사랑받는

PART 4 | 2023년 법원직 9급　**557**

독해 > 글의 일관성 > 무관한 어휘·문장

정답의 이유

주어진 글은 지속 가능한 새로운 에너지원으로 부각되고 있는 해파리의 형광 단백질을 이용한 에너지 발생에 대한 내용이다. ② 앞 문장에서 해파리의 형광 단백질을 태양광 전지로 전환하여 에너지를 발생시키는 과정을 설명했고, ② 다음 문장에서 그것의 주요한 이점이 '화석 연료와 제한된 에너지원을 사용하지 않는 깨끗한 대안' 이라고 했다. 따라서 문맥상 글의 전체 흐름과 관계없는 문장은 ② 'There has been constant criticism that the natural environment is being damaged by reckless solar power generation(무분별한 태양광 발전으로 자연환경이 훼손되고 있다는 계속적인 비판이 있다).'이다.

본문해석

지속 가능한 에너지의 새로운 자원 분야에서 가장 흥미로운 발견 중 하나는 해파리의 바이오 태양 에너지이다. 과학자들은 이 동물의 형광 단백질이 현재의 광전기성 에너지보다 더 지속 가능한 방법으로 태양 에너지를 발생시키는 데 사용될 수 있다는 것을 발견했다. 이 에너지는 어떻게 생성되는가? 그 과정은 해파리의 형광 단백질을 태양광 전지로 전환시키는 것을 포함하는데, 태양광 전지는 에너지를 생성해서 그것을 작은 장치로 이동시키는 것이 가능하다. 무분별한 태양광 발전으로 자연환경이 훼손되고 있다는 계속적인 비판이 있다. 이 생명체들에 대한 천연 에너지원 사용의 주요한 이점은 화석 연료를 사용하지 않거나 제한된 자원의 사용이 필요하지 않는 깨끗한 대안이라는 것이다. 비록 이 프로젝트가 아직 시험 단계에 있지만, 이 에너지원이 발전하여 점점 더 보편화되고 있는 소형 전기 장치 유형에 전력을 공급하기 위한 환경 친화적인 대안이 될 수 있을 것으로 기대된다.

VOCA

- sustainable energy 지속 가능한 에너지
- jellyfish 해파리
- fluorescent 형광성의, 야광의
- protein 단백질
- generate 발생시키다, 만들어 내다
- convert 전환시키다[개조하다]
- transfer 옮기다, 이동[이송/이전]하다
- reckless 무모한, 신중하지 못한
- solar power 태양 에너지
- generation (특히 전기·열 등의) 발생
- fossil fuel 화석 연료
- limited resources 제한된 자원
- trial 시험[실험]
- phase 단계[시기/국면]
- green 환경 보호의[친화적인], 녹색의

독해 > 글의 일관성 > 글의 순서

정답의 이유

주어진 글의 첫 번째 문장에서 '인간의 수준에서, 소는 단순해 (simple) 보인다.'라고 했으므로, 문맥상 소가 풀을 먹고 우유를 생산하는 과정을 화학적인 또는 연금술처럼 '단순한(straightforward)' 변화로 설명한 (C)가 오는 것이 자연스럽다. (C)의 후반부에서 'All you need is some grass, a cow and several generations of practical knowhow.'라는 문장은 'though'로 시작한 (B)에서 '현미경으로 보면, 모든 것이 더 복잡해진다.'라는 문장과 연결된다. (B)의 후반부에서 우유는 하나의 물질이 아니라 많은 물질의 혼합물이며, 풀 또한 우리가 완전히 이해할 수 없을 정도로 복잡하다고 했으므로 'A cow's complexity is even greater.'라고 시작하는 (A)로 이어지는 것이 자연스럽다. 따라서 주어진 글 다음에 이어질 글의 순서로 적절한 것은 ④ '(C) - (B) - (A)'이다.

본문해석

인간의 수준에서, 소는 단순해 보인다. 여러분이 그것에게 풀을 먹이면, 그것은 우유를 여러분에게 돌려준다. 그것은 그 비밀이 소와 몇몇 다른 포유동물(대부분은 풀을 소화할 수 없음)에 국한된 마술이다.

(C) 그 과정을 이용하기 위해 세부적인 것들을 이해할 필요는 없다. 그것은 풀에서 우유로의 간단한 변화이며, 생물학보다는 화학 혹은 연금술에 더 가깝다. 그것은 그 나름대로는 마술이지만 확실하게 작동하는 합리적인 마술이다. 필요한 것은 약간의 풀과 소 한 마리, 그리고 몇 세대에 걸친 실용적인 노하우가 전부이다.

(B) 하지만 현미경으로 보면, 모든 것이 더 복잡해진다. 자세히 들여다보면 볼수록 더 복잡해진다. 우유는 하나의 물질이 아니라 많은 물질의 혼합물이다. 풀은 너무 복잡해서 우리는 아직도 풀을 완전히 이해하지 못한다.

(A) 소의 복잡성은 훨씬 더 거대하다. 특히, 소는 (황소를 더하여) 새로운 세대의 어린 소를 만들 수 있다. 이것은 인간의 수준에서는 단순한 것이지만, 미시적인 차원에서는 표현할 수 없을 정도로 복잡하다.

VOCA

- feed 먹이를 주다
- pay back 갚다[돌려주다]
- trick 마술, 속임수
- mammal 포유동물
- digest 소화하다[소화시키다]
- exploit 활용하다
- straightforward 간단한, 쉬운
- transformation 변화[탈바꿈], 변신
- alchemy 연금술
- reliably 믿을 수 있게, 확실히
- microscope 현미경
- complicated 복잡한
- substance 물질

- mixture 혼합물[혼합체]
- inexpressibly 표현하기 어려울 정도로, 대단히
- microscopic 미세한, 현미경으로 봐야만 보이는

- on-site 현장의, 현지의
- unlock 열다, (비밀 등을) 드러내다
- productivity 생산성
- sense of purpose 목적 의식

12 난도 ★★☆ 　　　　　　　　　정답 ②

독해 > 글의 일관성 > 문장 삽입

정답의 이유

'But'으로 시작하는 주어진 문장에서 '여기서 인력 절반 이상의 일터가 원격 근무를 할 기회가 거의 없거나 전혀 없다는 것은 주목할 가치가 있다.'라고 했으므로, 앞뒤에 상반되는 내용이 있는 곳에 들어가야 한다는 것을 유추할 수 있다. ② 앞 문장에서 '이것은 COVID-19 이전보다 4~5배 더 많은 원격 근무'라고 했고, ② 다음 문장에서 'Moreover, not all work that can be done remotely should be ~'라고 한 다음에, '예를 들어, 협상, 브레인스토밍, 그리고 민감한 피드백을 제공하는 것들은 원격으로 수행할 때 덜 효과적일 수 있는 활동이다.'라고 했으므로, 글의 흐름으로 보아, 주어진 문장이 들어가기에 가장 적절한 곳은 ②이다.

본문해석

COVID-19의 확산은 원격 근무를 방해하는 문화적, 기술적 장벽을 넘어뜨렸다. 원격 근무를 이어갈 잠재력에 대한 분석에 따르면 선진 경제 근로자의 20~25%가 1주일에 3~5일의 범위에서 재택근무를 할 수 있다는 것을 보여주었다. 이것은 COVID-19 이전보다 4~5배 더 많은 원격 근무이다. 그러나 여기서 인력의 절반 이상의 일터가 원격 근무를 할 기회가 거의 없거나 전혀 없다는 것은 주목할 가치가 있다. 게다가 원격으로 수행될 수 있다고 해서 모든 작업이 그래야만 하는 것은 아니다. 예를 들어, 협상, 브레인스토밍, 그리고 민감한 피드백을 제공하는 것들은 원격으로 수행될 때 덜 효과적일 수 있는 활동이다. 그리고 원격 근무에 대한 전망은 근무 환경, 직업 및 당면한 임무에 따라 달라지므로 일부 작업은 현장에서 수행되고 일부 작업은 원격으로 수행되는 혼합 방식의 근무 설정이 이어질 가능성이 높다. 혼합체 세계에서 지속 가능한 성과와 웰빙을 열기 위해서는 성과와 생산성에 대한 선도적인 추진 원동력은 직원들에게 제공하는 것이 보상이 아닌 목적 의식이어야 한다.

VOCA

- It's worth noting that ~하다는 것은 주목할 가치가 있다
- spread 확산, 전파
- flatten 깨부수다[넘어뜨리다]
- barrier 장애물[장벽]
- stand in the way of ~을 훼방 놓다
- remote work 원격 근무
- potential 가능성이 있는, 잠재적인
- persist 집요하게[고집스럽게/끈질기게] 계속하다
- workforce 노동 인구[노동력]
- negotiation 협상, 교섭
- brainstorming 창조적 집단 사고, 브레인스토밍
- feedback 피드백
- hybrid 혼합체

13 난도 ★☆☆ 　　　　　　　　　정답 ③

독해 > 세부 내용 찾기 > 내용 (불)일치

정답의 이유

네 번째 문장에서 '~ he began to realize that although there were events in a patient's past that she or he might not remember consciously, these events could affect the person's actions in her or his present life.'라고 했으므로, 글의 내용과 일치하지 않는 것은 ③ '기억이 나지 않는 과거는 환자에게 영향을 미치지 못한다고 주장했다.'이다.

오답의 이유

① 첫 번째 문장에서 'Sigmund Freud was a doctor of psychology in Vienna, Austria~'라고 했으므로, 글의 내용과 일치한다.
② 두 번째 문장에서 'He treated many patients with nervous problems through his "talk cure."'라고 했으므로, 글의 내용과 일치한다.
④ 마지막 부분에서 'Freud wrote a book ~ The title of the book was "The Interpretation of Dreams."'라고 했으므로, 글의 내용과 일치한다.

본문해석

Sigmund Freud는 19세기 말 오스트리아 빈의 정신과 의사였다. 그는 자신의 'talk cure'를 통해 신경 문제가 있는 많은 환자들을 치료했다. 이런 종류의 치료를 위해 Freud는 그의 환자들에게 그들을 괴롭히고 있는 것은 무엇이든지 그에게 말하도록 했다. 환자들을 치료하면서 그는 환자의 과거에서 그녀 또는 그가 의식적으로 기억하지 못하는 사건들이 있을 수도 있지만, 이 사건들이 현재의 삶에서 그 사람의 행동에 영향을 미칠 수 있다는 것을 깨닫기 시작했다. Freud는 과거의 기억이 숨겨져 있던 곳을 무의식이라고 불렀다. 무의식으로부터의 이미지는 사람의 꿈이나 행동을 통해 나타날 수 있다. Freud는 1899년에 무의식과 꿈에 대한 자신의 이론에 대한 책을 썼다. 그 책의 제목은 'The Interpretation of Dreams'였다.

VOCA

- treat 치료하다, 처치하다
- nervous 신경이 과민한, 신경의
- bother 신경 쓰이게 하다, 괴롭히다
- consciously 의식적으로
- affect 영향을 미치다
- unconscious mind 잠재의식, 무의식
- show up 나타나다

14 난도 ★☆☆　　　　　　　　　　　　　정답 ④

독해 > 세부 내용 찾기 > 요지, 주장

정답의 이유

네 번째 문장 후반부에서 '우리가 실제로 어떻게 느끼는지 알아차리는 것(to notice how we actually feel)'이 더 낫다고 한 다음에, 마지막 문장에서 감정적 인식이 단순히 의미하는 것은 '여러분의 감정을 일어나는 대로 인식하고, 존중하고, 받아들이는 것(recognizing, respecting, and accepting your feelings as they happen)'이라고 했으므로 글의 요지로 적절한 것은 ④ '우리의 감정을 인식하고 존중하며 그대로 받아들여야 한다.'이다.

본문해석

모든 감정은 우리들에게 우리 자신과 상황에 대해 무언가 말해준다. 하지만 때때로 우리는 우리가 느끼는 것을 받아들이기 어렵다. 예를 들면, 만약 우리가 질투심을 느끼는 것과 같은 특정한 방식으로 우리 자신을 판단할 수도 있다. 하지만 우리가 그렇게 느껴서는 안 된다고 생각하는 대신에, 차라리 우리가 실제로 어떻게 느끼는지 알아차리는 것이 더 낫다. 부정적인 감정을 피하거나 우리가 그 방식을 느끼지 않는 척하는 것은 역효과를 가져올 수 있다. 우리가 그것들을 마주하지 않고 우리가 왜 그렇게 느끼는지 이해하려고 노력하지 않는다면, 어려운 감정들을 지나치고 그것들이 사라지도록 내버려 두는 것이 더 어렵다. 여러분의 감정에 대해 깊이 생각하거나 여러분이 어떻게 느끼는지 계속 말할 필요는 없다. 감정적 인식은 단순히 여러분의 감정을 일어나는 대로 인식하고, 존중하고, 받아들이는 것을 의미한다.

VOCA

- accept 받아들이다[인정하다]
- jealous 질투하는
- notice ~을 의식하다[(보거나 듣고) 알다]
- avoid (회)피하다
- pretend ~인 척하다[것처럼 굴다]
- backfire 역효과를 낳다
- fade 서서히 사라지다, 점점 희미해지다
- dwell on ~을 깊이 생각하다, 숙고하다
- awareness 의식[관심]

15 난도 ★★★　　　　　　　　　　　　　정답 ②

독해 > 글의 일관성 > 글의 순서

정답의 이유

'At the level of lawmaking(입법 수준에서)'으로 시작하는 주어진 글은 거대 기술기업들이 기술적 자원과 혁신에 대해 변경할 수 없는 통제력을 가져야 할 이유가 없다는 내용이므로, 글의 흐름상 주어진 글 다음에는 'At the private and personal level(사적이고 개인적인 수준에서)'로 시작한 (B)에서 'control of your life(여러분의 삶을 통제)'해야 할 이유도 역시(either) 없다는 내용이 오는 것이 자연스럽다. (B)의 후반부에서 정책과 정치, 우리의 개인적인 생활에서 우리들의 데이터가 팔리고 아이들이 게임에 중독되고, 우리들

이 사이버공간에서 살게 될 것을 '불가피한(inevitable)' 사실로 받아들여서는 안 된다고 했으므로 문맥상 'As a free people(자연인으로서)'로 시작하는 (C)에서 우리는 우리가 소비하는 디지털 제품의 종류와 양에 대해 '절대적인 통제(absolute control)'를 행사할 권리가 있다는 내용이 와야 한다. (C) 후반부의 'parents should control what tech products go to their kids.'를 받아 (A)에서 '아이에게 스마트폰을 사주지 않으면 아이는 스마트폰을 가질 수 없다.'라고 한 Daily Wire사의 Matt Walsh의 말로 이어지는 것이 자연스럽다. 따라서 주어진 글 다음에 이어질 글의 순서로 적절한 것은 ② '(B) - (C) - (A)'이다.

본문해석

입법 수준에서, 거대 기술기업들이 기술적인 자원과 혁신에 대해 이의를 제기할 수 없는 통제력을 가져야 할 이유가 없다.

(B) 사적이고 개인적인 수준에서도 그들이 여러분의 삶을 통제해야 할 이유도 역시 없다. 정책, 정치, 그리고 우리의 개인적인 생활에서 우리의 데이터가 최고 입찰자에게 팔릴 것이며 우리의 아이들이 온라인 게임에 중독될 것이고, 우리들이 사이버 공간에서 살게 될 것을 '불가피한' 것으로 받아들여서는 안 된다.

(C) 자유인으로서 우리는 우리가 소비하는 디지털 제품의 종류와 양에 대해 절대적인 통제를 행사할 권리가 있다. 특히, 부모들은 어떤 기술 제품이 아이들에게 전달되는지 통제해야 한다.

(A) Daily Wire사의 Matt Walsh가 지적했듯이, 예를 들어, 아이에게 스마트폰을 사주지 않으면 아이는 스마트폰을 가질 수 없다. 감시 없이 모든 충동을 만족시킬 수 있는 장치를 아이의 손에 쥐어 줄 필요는 없다.

VOCA

- lawmaking 입법(의)
- tech giant 거대 기술 기업
- ironclad 이의를 제기할 수 없는, 변경할 수 없는
- grip 통제, 지배
- innovation 혁신, 쇄신
- inevitable 불가피한, 필연적인
- highest bidder 최고 입찰인
- be addicted to ~에 빠지다[중독되다]
- metaverse 사이버 공간, 가상공간
- be entitled to ~에 대한 권리가/자격이 주어지다, ~가 주어지다
- exert (권력 · 영향력을) 가하다[행사하다]
- absolute control 절대적인 통제
- digital products 디지털 제품
- consume 소모하다
- point out 가리키다, 지적하다
- indulge 마음껏 하다
- impulse 충동
- supervision 감독[지도]

16 난도 ★★★ 정답 ③

독해 > 글의 일관성 > 문장 삽입

정답의 이유

주어진 글이 'These may appear as challenges~'로 시작하므로 주어진 글 앞에는 These에 해당하는 것들이 나와야 하며, 주어진 글 다음에는 'challenges'를 받는 내용이 와야 한다. ③ 앞 문장에서 미래의 식량 안보가 의지할 것들(a combination of the stresses~, variability of weather~, development of cultivars ~, the ability to develop effective adaptation strategies~)을 나열하고 있는데, 주어진 문장에서 'These'로 받았으며, 주어진 문장의 challenges를 ③ 다음 문장에서 'these challenges also provide us ~'로 받고 있으므로, 글의 흐름으로 보아, 주어진 문장이 들어가기에 가장 적절한 곳은 ③이다.

본문해석

지구 온난화는 인간이 감수해야 하는 현실이다. 이것은 인식해야 할 매우 중요한 사안인데, 그것은 지구상의 인간 존재에 영향을 미치는 모든 요소들 중에서 지구상의 생명체에게 가장 중요하고 지구 온난화에 의해 가장 위협받는 것은 바로 식량 안보이기 때문이다. 미래의 식량 안보는 기후 변화에 의해 부과되는 생물학적 및 비생물학적 스트레스, 식물 성장 시기 내 기후의 가변성, 서로 다른 주변 조건에 더 적합한 품종의 개발, 그리고 이러한 품종들이 변화하는 기후 조건 하에서 자신들의 유전적 잠재력을 표현할 수 있도록 하는 효과적인 적응 전략을 개발하는 능력에 의존할 것이다. 이것들은 미래의 기후를 예측하는 우리 능력의 불확실성 때문에 다루기 불가능한 도전으로 보일 수도 있다. 그러나 이러한 도전들은 또한 우리에게 토양식물대기 상호 작용에 대한 우리의 이해를 증진시킬 수 있는 기회를 제공하고, 우리가 이 지식을 활용하여 전 세계의 모든 지역에 걸쳐 향상된 식량 안보라는 궁극적인 목표를 달성할 수 있도록 할 수 있는 방법을 제공한다.

VOCA

- address (문제 · 상황 등에 대해) 고심하다[다루다]
- global warming 지구 온난화
- issue 주제[안건], 쟁점, 사안
- parameter (일정하게 정한) 한도
- food security 식량 안보
- paramount 중요한, 최고의
- threatened 멸종될 위기에 직면한
- biotic 생물의, 생물에 관련된
- variability 가변성, 변동성
- genetic 유전의, 유전학의
- potential 가능성이 있는, 잠재적인
- enhance 높이다[향상시키다]
- soil–plant–atmosphere 토양식물대기
- interaction 상호 작용
- achieve 달성하다, 성취하다

17 난도 ★☆☆ 정답 ①

어법 > 비문 찾기

정답의 이유

① 밑줄 친 disputing은 문장의 주어(the exact number of emotions)의 동사가 나올 자리인데, 주어가 3인칭 단수 명사이므로 disputing → disputes가 되어야 한다. 이때, dispute는 '논란의 여지가 있다'로 해석한다. 'with some researchers suggesting~'은 「with+명사+분사구문」을 통해 부대상황을 강조했다.

오답의 이유

② Despite는 '~에도 불구하고'라는 뜻의 전치사로, despite 다음에 명사(these disagreements)가 왔으므로, 어법상 적절하게 사용되었다.
③ closely는 '밀접하게'라는 뜻의 부사로, 형용사 linked(연계된)를 수식하고 있으므로 어법상 적절하게 사용되었다.
④ them은 to attain의 목적어로 social rewards를 받고 있으므로, 어법상 적절하게 사용되었다.

본문해석

인류학자 Paul Ekman은 1970년대에 인간이 6가지 기본적인 감정들, 즉 분노, 두려움, 놀라움, 혐오, 기쁨, 슬픔을 경험한다고 제안했다. 하지만 감정의 수에 대해서는 논란의 여지가 있는데, 어떤 연구자들은 단지 4개에 불과하다고 제안하고, 다른 사람들은 그 수를 27개까지로 보고 있다. 게다가 과학자들은 감정이 모든 인간 문화에 보편적인지 아닌지 혹은 우리가 감정을 가지고 태어났는지 아니면 경험을 통해 그것을 배우는지에 대해 논쟁한다. 이러한 의견의 불일치에도 불구하고, 감정은 뇌의 특정 영역에서의 활동의 분명한 산물이다. 편도체와 섬, 즉 대뇌 피질은 감정과 가장 밀접하게 관련된 두 가지 대표적인 뇌 구조이다. 편도체는 뇌 깊숙한 곳에 있는 한 쌍의 아몬드 모양의 구조로 감정, 감정적 행동, 그리고 자극을 통합한다. 그것은 두려움을 해석하고, 친구와 적을 구별하는 것을 돕고, 사회적 보상과 그것들을 얻는 방법을 알아낸다. 섬엽은 혐오의 근원이다. 혐오에 대한 경험은 독이나 상한 음식을 섭취하는 것으로부터 여러분을 보호할 수도 있다.

VOCA

- anthropologist 인류학자
- additionally 게다가
- debate 논의[도의/논쟁]하다
- disagreement 의견 충돌[차이], 다툼, 불일치
- insula (뇌 · 췌장의) 섬엽
- almond–shaped 아몬드 형의, (한쪽 또는 양쪽의) 끝이 뾰족한 타원형의
- integrate 통합시키다[되다]
- distinguish from ~와 구별하다
- attain 이루다[획득하다]
- source of disgust 혐오의 근원
- ingest 삼키다[먹다]
- spoiled food 상한 음식

영어

법원직

18 난도 ★☆☆　　　　　　　　　정답 ②

독해 > 대의 파악 > 제목, 주제

정답의 이유

글의 첫 부분에서 'Do you want to be a successful anchor? If so, keep this in mind.'라고 한 다음에 뉴스 앵커로서 필요한 자질을 말하고 있으므로, 글의 주제로 적절한 것은 ② 'qualifications to become a news anchor(뉴스 앵커가 되기 위한 자격)'이다.

오답의 이유

① 생방송 뉴스 제작의 어려움
③ 언론인의 사회적 역할의 중요성
④ 올바른 여론 형성의 중요성

본문해석

성공적인 앵커가 되기를 원하는가? 그렇다면, 이 점을 명심하라. 앵커로서 개인은 뉴스 방송, 특별 보도 및 기타 유형의 뉴스 프로그램 동안 시청자에게 뉴스와 정보를 전달하도록 요청될 것이다. 이것은 뉴스 사건의 해석과 애드리브, 스크립트를 사용할 수 없을 때 뉴스 속보를 효과적으로 전달하는 것이 포함된다. 뉴스를 진행하는 앵커의 업무는 또한 이야기를 수집하고 쓰는 것을 포함한다. 앵커는 스크립트를 명확하고 효과적으로 전달할 수 있어야 한다. 실력 있는 글쓰기 능력, 믿을 수 있는 뉴스 판단력, 그리고 시각적 스토리텔링에 대한 강한 감각이 필수적인 기술이다. 이 사람은 본업으로 정보원을 양성하고 새로운 정보를 발견하는 자발적으로 행동하는 사람이어야 한다. 뉴스 속보를 발생한 대로 애드리브하고 설명하는 능력뿐만 아니라 생방송 보도기술이 중요하다.

VOCA

• anchor 앵커맨, (뉴스를) 진행하다, 앵커를 하다
• call upon ～을 청하다, 요구하다
• viewer (텔레비전) 시청자
• newscast 뉴스 프로그램
• adlib (연설 · 연기 등을) 즉흥적으로 하다, 애드리브로 하다
• communicate (정보 등을) 전달하다
• breaking news 뉴스 속보
• solid 확실한, 믿을 수 있는
• news judgement 뉴스 판단력
• self-starter 자발적으로 행동하는 사람
• cultivate 기르다[함양하다]

19 난도 ★☆☆　　　　　　　　　정답 ③

독해 > 세부 내용 찾기 > 내용 (불)일치

정답의 이유

네 번째 문장에서 'While he never self-identified as an Impressionist, ～ to the quick, gestural brush strokes aiming to capture a fleeting moment that was typical of the Impressionists.'라고 했으므로, 글의 내용과 일치하지 않는 것은 ③ '로댕은 자신을 인상파라고 밝히며 인상파의 전형적인 붓놀림을 보여주었다.'이다.

오답의 이유

① 첫 번째 문장에서 'Modern sculpture is generally considered to have begun with the work of French sculptor Auguste Rodin.'이라고 했으므로, 글의 내용과 일치한다.
② 두 번째 문장의 후반부에서 '～ he incorporated novel ways of building his sculpture that defied classical categories and techniques.'라고 했으므로, 글의 내용과 일치한다.
④ 마지막 문장에서 'Rodin's most original work departed from traditional themes of mythology and allegory, ～'라고 했으므로, 글의 내용과 일치한다.

본문해석

현대 조각은 일반적으로 프랑스의 조각가 Auguste Rodin의 작품에서 시작되었다고 여겨진다. 종종 조각의 인상주의자로 여겨지는 Rodin은 예술적 전통에 반항하는 것을 시작하지 않았지만, 고전적인 기술을 거부하며 자신의 조각을 만드는 새로운 방식을 통합했다. 구체적으로, Rodin은 복잡하고 격동적이며 깊게 팬 표면을 점토로 형태화했다. 그는 결코 인상파라고 자칭하지는 않았지만, 그가 작품에 사용한 격렬한 몸짓을 표현하는 모델링은 종종 인상파 화가들의 전형이었던 찰나의 순간을 포착하기 위한 재빠른 손짓의 붓놀림에 비유된다. Rodin의 가장 독창적인 작품은 신화와 우화의 전통적인 주제에서 벗어나 강렬한 사실주의로 인체를 모델링하고 개인의 기질과 신체적 특질을 찬양하는 것을 선호한다.

VOCA

• sculptor 조각가
• set out 착수하다[나서다]
• rebel against ～에 대항[저항]하다
• incorporate 통합하다
• defy 반항[저항/거역]하다
• turbulent 격동의, 격변의
• self-identify as ～로 자칭하다
• impressionist 인상파 화가
• vigorous 활발한, 격렬한
• gestural 몸짓의, 손짓의
• modeling (조각의) 살 붙임
• employ (기술 · 방법 등을) 쓰다[이용하다]
• liken (～에) 비유하다, 비기다
• brush stroke 붓놀림
• fleeting 순식간의, 잠깐 동안의
• depart from ～에서 벗어나다
• allegory 우화, 풍자
• in favor of ～에 찬성[지지]하여
• celebrate 찬양하다, 기리다
• physicality 신체적 특징, 육체적 적응 (능력)

20 난도 ★☆☆   정답 ③

독해 > 대의 파악 > 제목, 주제

정답의 이유

마지막 문장에서 'By drawing attention to the face and encouraging cosmetics use, portrait photography heightened the aesthetic valuation of smooth and often light-colored skin.'이라고 했으므로, 글의 주제로 적절한 것은 ③ 'active use of cosmetics to make the face look better(얼굴을 더 좋게 만들기 위한 화장품의 적극적인 사용)'이다.

오답의 이유

① 화장품 과다 사용의 부작용
② 사진작가들에 의해 조장된 화장품 남용
④ 사진술의 발달로 인해 줄어든 화장품 사용

본문해석

화장품은 인물사진 기법과 매우 밀접하게 연관되어 있어서 일부 사진 핸드북은 화장품 만드는 법을 포함했다. 미국의 사진작가들은 또한 네거티브와 프린트를 수정하기 위해 가끔 화장품을 사용하기도 했으며, 볼연지의 흔적으로 여성의 얼굴을 생동감 있게 만들었다. 어두운 피부를 가진 일부 고객들은 더 밝아 보이는 사진을 요청했다. 1935년 아프리카계 미국인 신문에 실린 피부 미백제 광고는 이 제품이 사진작가들에 의해 만들어진 것과 동일한 외모, 즉 잡티 하나 없는 더 밝은 피부를 얻을 수 있다고 약속함으로써 이 관행을 언급했다. 얼굴에 관심을 끌고 화장품 사용을 장려함으로써, 인물 사진이 매끄러운 피부와 종종 밝은색 피부에 대한 심미적 가치를 고조시켰다.

VOCA

• cosmetics 화장품
• portraiture 초상화법, 인물 사진 기법
• retouch (그림·사진을) 수정[가필]하다
• enliven 더 재미있게[생동감 있게] 만들다
• skin lightener 피부 미백제
• achieve 달성하다, 성취하다
• blemish (피부 등의) 티
• draw attention to ~에 이목을 끌다
• portrait photography 인물사진
• heighten (감정·효과가[를]) 고조되다[고조시키다]
• aesthetic 심미적, 미학적
• valuation 판단, (판단된) 중요성
• light-colored 옅은[밝은] 색의

21 난도 ★★☆   정답 ③

독해 > 글의 일관성 > 무관한 어휘·문장

정답의 이유

주어진 글은 '놀이'의 중요성에 대한 내용으로, 다섯 번째 문장부터 '놀이'의 이점에 대해 나열하고 있다. 다섯 번째 문장에서 놀이는 자신과 다른 사람들과의 관계를 '양성한다(nurtures)'라고 한 다음에, 연이어서 놀이는 스트레스를 '해소하고(relieves)' 행복감을 증가시키며 공감, 창의성, 그리고 협력의 감정을 형성하고, 강건함과 근성의 성장을 지원한다고 했다. 밑줄 친 ③ 앞부분에서 'When children are deprived of opportunities for play(아이들이 놀 기회를 박탈당하면)'라고 했으므로, 문맥상 뒷부분에는 부정적인 의미가 와야 함을 유추할 수 있다. 따라서 ③ 'enhanced(향상된) → delayed(지연된), stunted(저해된) 등'이 되어야 한다.

본문해석

"놀이는 그 자체를 위해 행해지는 것이다."라고 'Play(놀이)'의 저자인 정신과 의사 Stuart Brown은 말한다. 그는 그의 저서에서 쓰기를, "그것은 자발적이고, 즐겁고, 몰입감을 제공하고, 시간을 빼앗는다. 그리고 결과보다 행동 자체가 더 중요하다."라고 했다. 이 정의를 염두에 두면 놀이의 잠재적 이점을 쉽게 인식할 수 있다. 놀이는 자신과 다른 사람들과의 관계를 양성한다. 그것은 스트레스를 해소하고 행복감을 증가시킨다. 그것은 공감, 창의성, 그리고 협력의 감정을 형성한다. 강건함과 근성의 성장을 지원한다. 아이들이 놀 기회를 박탈당하면, 그들의 발달 기회는 크게 향상될(→ 저해될) 수 있다. 놀이는 너무나 중요해서 유엔고등인권위원회는 그것을 모든 어린이의 기본적인 권리라고 선언했다. 놀이는 하찮은 것이 아니다. 그것은 '진짜 일'이 끝난 후에 하는 무언가가 아니다. 놀이는 어린 시절의 진짜 일이다. 그것을 통해, 아이들은 온전하고 행복한 어른이 될 수 있는 최고의 기회를 갖게 된다.

VOCA

• for its own sake 그 자체의 목적으로
• psychiatrist 정신과 의사
• voluntary 자발적인, 임의적인, 자진한
• pleasurable 즐거운
• a sense of engagement 몰입감
• definition 정의
• nurture 육성[양성]하다
• relieve (불쾌감·고통 등을) 없애[덜어] 주다
• empathy 감정이입, 공감
• sturdiness 강건함
• grit 투지, 기개
• be deprived of ~을 빼앗기다
• enhance 높이다[향상시키다]
• declare 선언[선포/공표]하다
• fundamental 근본[본질]적인
• frivolous 경박한, 하찮은
• whole 온전한

독해 > 빈칸 완성 > 단어·구·절

정답의 이유

네 번째 문장에서 '첫 번째 시도가 실패한 후, Lewis는 해발 5,300미터에서 수영하는 가장 좋은 방법에 대해 논의하기 위한 평가회의를 가졌다.'라고 했으므로, 다음 부분에 평가회의의 결과에 대한 내용이 나와야 한다. 빈칸 앞 문장에서 'He is usually very aggressive when he swims because he wants to finish quickly and get out of the cold water.'라고 했고, 빈칸 문장이 But으로 시작하고 있으므로 빈칸에 들어갈 말로 적절한 것은 aggressive(공격적인)와 반대되는 ③ 'humility(겸손함)'임을 유추할 수 있다.

오답의 이유

① 슬픔
② 분노
④ 자신감

본문해석

Lewis Pugh는 영국의 지구력 수영 선수로, 차가운 개빙 구역에서 장거리 수영을 하는 것으로 가장 잘 알려져 있다. 그는 기후 변화와 공해의 영향으로부터 세계의 바다와 수로를 보호해야 하는 긴급한 필요성에 대한 관심을 끄는 방법의 하나로 추운 곳에서 수영한다. 2019년에 Pugh는 Everest산 근처 네팔의 Khumbu지역에 위치한 Imja호에서 수영하기로 결정했다. 첫 번째 시도가 실패한 후, Lewis는 해발 5,300미터에서 수영하는 가장 좋은 방법에 대해 논의하기 위해 평가 회의를 했다. 그는 보통 수영을 할 때 매우 공격적인데, 빨리 끝내고 차가운 물에서 벗어나고 싶기 때문이다. 하지만 이번에 그는 겸손함을 보여주었고 천천히 수영했다.

VOCA

• endurance 인내(력), 참을성
• long-distance 장거리의
• open water 개빙(開氷) 구역(부빙(浮氷)이 수면의 10분의 1 이하)
• failed 실패한
• attempt 시도
• aggressive 공격적인

독해 > 글의 일관성 > 무관한 어휘·문장

정답의 이유

주어진 글은 패스트 패션의 일회용 소비 문화로 인하여 버려진 물건들이 환경에 큰 부담을 더하고 있으며, 이것을 해결하기 위해 패션의 지속 가능성 개념에 주목하고 있다는 내용이다. ①의 앞 문장에서 'This means customers simply discard products ~'라고 했고, ②에서 '그 결과, 이러한 버려진 물건들은 환경에 큰 부담을 더한다.'라고 했으므로, 글의 전체 흐름과 관계없는 문장은 ① 'The consumers are generally satisfied with the quality of fast fashion brand clothing(소비자들은 일반적으로 패스트 패션 브랜드 의류의 품질에 만족한다).'이다.

본문해석

패스트 패션은 최신 패션 트렌드에 대응하기 위해 빠른 속도로 저렴한 의류를 생산하는 방식이다. 패스트 패션 시대에 쇼핑이 오락의 한 형태로 진화하면서, 고객들은 지속 가능성 전문가들이 말하는 일회용 소비문화에 기여하고 있다. 이것은 물건들이 쓸모없다고 판단되면 고객들은 재활용하거나 기부하기보다 그 물건들을 그냥 버린다는 것을 의미한다. 소비자들은 일반적으로 패스트 패션 브랜드 의류의 품질에 만족한다. 그 결과, 이러한 버려진 물건들은 환경에 큰 부담을 더한다. 일회용 소비문화와 패스트 패션의 위기를 해결하기 위해 패션의 지속 가능성 개념이 주목받고 있다. 지속 가능한 패션은 사회 경제적, 환경적 관심사를 고려하여 가능한 한 지속 가능하게 생산되고, 유통되고, 활용되는 의류, 신발류, 액세서리류를 포함한다.

VOCA

• respond 대응[반응/부응]하다
• entertainment 오락(물), 여흥
• sustainability 지속[유지] 가능성
• refer to 언급[지칭]하다
• throwaway (값싸게 만들어져) 그냥 쓰고 버리는
• discard 버리다, 폐기하다
• deem (~로) 여기다[생각하다]
• recycle 재활용[재생]하다
• donate 기부[기증]하다
• burden 부담, 짐
• resolve 해결하다
• bring to ~로 이끌다
• spotlight 스포트라이트, 환한 조명
• apparel (매장에서 판매되는) 의류
• footwear 신발(류)
• distribute (상품을) 유통시키다
• utilize 활용[이용]하다
• take into account ~을 고려하다
• socio-economic 사회 경제적
• environmental 환경의[환경과 관련된]
• concern 우려[걱정]

24 난도 ★★☆   정답 ④

독해 > 대의 파악 > 요지, 주장

정답의 이유

두 번째 문장에서 '~ some women with deepening and worsening skin wrinkles also had lower bone density, independent of age and factors known to influence bone mass.'라고 했으므로, 글의 요지로 적절한 것은 ④ '주름은 단지 피부 노화와만 연관된 것이 아니라 뼈 건강 상태와도 연관이 있다.'이다.

본문해석

주름은 노화의 확실한 신호이며, 뼈 건강이 감소하고 있다는 것을 암시할 수도 있다. 예일 의과 대학의 연구원들은 피부 주름이 깊어지고 악화되는 일부 여성들은 나이와 골부피에 영향을 주는 것으로 알려진 요소들과는 별개로 더 낮은 골밀도를 가지고 있다는 것을 발견했다. 피부와 뼈는 나이가 들면서 소실되는 1형 콜라겐이라는 공통된 구성 요소 단백질을 공유한다고 연구 저자인 Lubna Pal 박사는 말한다. 그녀는 말하기를, 눈썹 사이의 주름, 즉 콧대 위의 수직선은 잘 부러지는 뼈의 가장 강력한 표시인 것처럼 보인다고 한다. 장기적인 연구가 필요하지만, 피부가 뼈 수준에서 일어나고 있는 것을 반영하는 것처럼 보인다고 Pal은 말한다.

VOCA

- wrinkle (특히 얼굴의) 주름
- sure sign 확실한 신호
- hint 넌지시 알려주다, 암시[힌트]를 주다
- bone health 뼈 건강
- on the decline 기울어져, 쇠퇴하여
- deepen 악화되다, 악화시키다
- worsen 악화되다, 악화시키다
- bone density 골밀도
- bone mass 골부피
- share 함께 쓰다, 공유하다
- vertical line 수직선, 연직선
- the bridge of the nose 콧대
- reflect 나타내다[반영하다]

25 난도 ★☆☆   정답 ③

독해 > 세부 내용 찾기 > 내용 (불)일치

정답의 이유

네 번째 문장에서 'Chronic stress can cause ~ which can lead to other negative effects on your health, including cardiovascular and immune systems and gut health.'라고 했으므로, 글의 내용과 일치하지 않는 것은 ③ 'Stress does not usually affect our cardiovascular systems(스트레스는 보통 우리의 심혈관계에 영향을 주지 않는다).'이다.

오답의 이유

① 명상은 우리에게 정신적으로나 육체적으로 모두 이롭다. → 첫 번째 문장에서 'Meditation can improve your quality of life thanks to its many psychological and physical benefits.'라고 했으므로, 글의 내용과 일치한다.

② 코르티솔은 스트레스가 많은 상황에서 방출된다. → 세 번째 문장에서 'When faced with a difficult or stressful moment, our bodies create cortisol, ~'이라고 했으므로, 글의 내용과 일치한다.

④ 명상은 신체에서 만성적인 스트레스를 낮추는 데 도움을 줄 수 있다. → 마지막 문장에서 'Meditation, ~ can help to reduce chronic stress in the body and lower the risk of its side effects.'라고 했으므로, 글의 내용과 일치한다.

본문해석

명상은 많은 심리적, 육체적 이점 덕분에 삶의 질을 향상시킬 수 있다. Clinical Psychology Review의 연구에 따르면, 명상과 같이 마음 챙김에 기초한 개입들은 특히 스트레스 영역에서 정신 건강을 향상시키는 것으로 나타났다. 곤란하거나 스트레스가 많은 순간에 직면했을 때, 우리의 신체는 스트레스 조절 기능을 담당하는 스테로이드 호르몬인 코르티솔과 다른 많은 기능들 가운데 우리들의 선천적인 투쟁 혹은 도피 반응을 만들어낸다. 만성적인 스트레스는 지속적이고 높은 수준의 코르티솔을 유발할 수 있는데, 그것은 심혈관계와 면역체계, 내장 건강을 포함한 여러분의 건강에 다른 부정적인 영향으로 이어질 수 있다. 마음을 진정시키고 감정을 조절하는 데 초점을 맞춘 명상은 신체의 만성적인 스트레스를 줄이고 부작용의 위험을 낮추는 데 도움을 줄 수 있다.

VOCA

- meditation 명상, 묵상
- mindfulness-based 마음 챙김에 기초한
- intervention 개입
- face with ~을 가지고 직면하다
- create 일으키다, 만들어내다
- cortisol 코르티솔(부신 피질에서 생기는 스테로이드 호르몬의 일종)
- responsible for ~에 책임이 있는, 원인이 있는
- regulate 조절[조정]하다
- fight-or-flight response 투쟁 혹은 도피 반응, 싸움 혹은 도주 반응
- chronic stress 만성적 스트레스
- cause ~을 야기하다[초래하다]
- sustained 지속된, 한결같은, 일관된
- elevated 높은
- cardiovascular 심혈관계의
- immune system 면역 체계
- gut 소화관, 내장
- calm 진정시키다
- side effect 부작용

한눈에 훑어보기

✓ 영역 분석

독해 02 03 04 05 06 07 08 09 10 12 13 14
16 17 20 21 22 23 24 25
20문항, 80%

어법 01 11 15 18 19
5문항, 20%

✓ 빠른 정답

01	02	03	04	05	06	07	08	09	10
①	①	①	③	④	④	①	③	③	④
11	12	13	14	15	16	17	18	19	20
①	③	①	②	④	②	③	①	①	②
21	22	23	24	25					
③	②	③	②	③					

✓ 점수 체크

구분	1회독	2회독	3회독
맞힌 문항 수	/ 25	/ 25	/ 25
나의 점수	점	점	점

01 난도 ★☆☆   정답 ①

어법 > 정문 찾기

[정답의 이유]

(A) 주어진 문장의 주어는 The selection으로 단수이므로 be동사 역시 단수 명사와 함께 쓰이는 is가 옳다.

(B) '~에 사용되다'에 해당하는 숙어는 'be used to 동사원형'이므로 to meet가 옳다.

(C) 선행사 areas를 수식하는 관계사를 찾는 문제이다. 관계사 뒤에 이어지는 문장은 문장의 구성요소를 모두 갖춘 완전한 문장(관계절 내의 동사 'exist'는 자동사이므로 목적어를 필요로 하지 않는다)이므로 관계부사 where가 옳다.

[본문해석]

어떤 직업 또는 작업을 위한 적절한 보호복 선택은 주로 보여지는 위험에 대한 분석 또는 평가에 의해 좌우된다. 착용자의 노출 빈도와 유형뿐 아니라 예상되는 활동은 이러한 결정에 입력되는 일반적인 변수이다. 예를 들면, 소방관은 다양한 연소 물질들에 노출된다. 따라서 전문화된 다층 직물 구조가 주어진 열 문제들을 대처하는 데 사용된다. 그 결과 일반적으로 상당히 무거우며 근본적으로 어떠한 화재 상황에서도 최고 수준의 보호를 제공하는 보호 장비가 된다. 반대로, 돌발적인 화재의 가능성이 있는 지역에서 일하는 산업 노동자는 매우 다른 일련의 위험 요소와 필요조건들을 가지고 있을 것이다. 많은 경우에, 면 작업복 위에 입는 방염 작업복이 이 위험을 적절하게 해결해 준다.

[VOCA]

• appropriate 적절한
• protective 보호하는
• dictate ~을 좌우하다
• analysis 분석
• assessment 평가
• determination 결정
• variable 변하는[변하기 쉬운] 것[성질], 변수
• requirement 필요조건
• adequately 적절하게, 충분히

더 알아보기

관계대명사 vs. 관계부사

- 관계대명사는 문장 속에서 주어, 보어 또는 목적어 역할, 즉 명사를 대신하므로 관계대명사절은 불완전한 문장이다.

  예 She never listens to the advice which I gave it to her.

  (그녀는 내가 그녀에게 했던 조언을 결코 듣지 않았다.)

  → which는 선행사 advice를 수식하는 목적격 관계대명사로 관계절에서 목적어 역할을 하며, 관계절은 목적어(it)가 없는 불완전한 절이다.

  예 I met a student yesterday in the cafeteria who said she knew you.

  (나는 어제 너를 알고 있다고 말한 한 여학생을 식당에서 만났다.)

  → who는 선행사 a student를 수식하는 주격 관계대명사로 관계절에서 주어 역할을 하며, 관계절은 주어(a student)가 없는 불완전한 절이다.

- 관계부사는 부사를 대신하므로 관계부사절은 부사가 없어도 가능한 완전한 문장이다.

  예 Trees must be fitted for the places where they live.

  (나무들은 그들이 살고 있는 장소에 맞아야 한다.)

  → where는 선행사 the places를 수식하는 관계부사로 관계절에서 부사의 역할을 하며, 관계절은 완전한 문장이다. 이때 관계부사 where는 전치사+관계대명사(in which)로 바꿔쓸 수 있다.

---

02 난도 ★★☆   정답 ①

독해 > 빈칸 완성 > 단어 · 구 · 절

정답의 이유

① 세 번째 문장에서 'The Indian government now runs programs aimed at improving their lot ~(인도 정부는 숲 근처에 사는 사람들의 지역을 향상시키는 것을 목표로 하는 프로그램을 운영하는데 ~)'이라고 했으므로 (A)에는 'improve(향상시키다)'가 적절하다. 마지막 문장에서 그 프로그램이 성공한다면 숲은 지속가능하게 관리될 것이라고 했으므로 (B)에는 'ruining(파괴하는)'이 적절하다.

오답의 이유

② 통제하다 – 보존하는

③ 향상시키다 – 제한하는

④ 통제하다 – 확대하는

본문해석

인도에서는 대략 3억 6천만 명, 즉 인구의 3분의 1이 숲속에 또는 숲과 아주 가까운 곳에 산다. 이 사람들의 절반 이상은 공식적인 빈곤선 아래에 살고 있으며, 그 결과 그들은 숲으로부터 얻는 자원에 결정적으로 의존한다. 인도 정부는 현재 숲의 상업적인 관리에 그들을 참여시킴으로써 그들의 지역을 개선하는 것을 목표로 프로그램을 운영하는데, 이러한 방식으로 그들이 필요로 하는 식량과 재료를 계속해서 얻을 수 있게도 하지만, 동시에 숲에서 나오는 수확물을 판매하게 하기도 한다. 만약 프로그램이 성공하면, 숲 거주자들은 더 번영할 것이지만 그들은 자신들의 전통적인 생활 방식과 문화를 보존할 수 있을 것이고, 그래서 숲은 지속 가능하게 관리될 것이며 야생동물들이 고갈되지 않는다.

⇩

인도 정부는 숲을 (B) 파괴하지 않고 숲 근처에 사는 사람들의 삶을 (A) 향상시키기 위해 노력하고 있다.

VOCA

- depend 의존하다
- crucially 결정적으로
- obtain 얻다
- dweller 거주자
- prosperous 번영하는
- sustainably 지속 가능하게
- deplete 고갈시키다

---

03 난도 ★☆☆   정답 ①

독해 > 빈칸 완성 > 단어 · 구 · 절

정답의 이유

① 병원 직원들이 마스크 때문에 환자와의 소통이 어려워지자 마스크를 끼고도 상대방의 표정과 마음을 읽을 수 있는 방법을 찾아가는 이야기이다. 따라서 (A) 'alternative(대안적인)' – (B) 'complement(보완하다)'가 적절하다.

오답의 이유

② 성가신 – 분석하다

③ 효과적인 – 방해하다

④ 충격적인 – 향상시키다

본문해석

얼굴의 신호나 접촉이 없는 팬데믹 기간 동안에는, 어조와 억양에 대한 더 많은 강조, 속도를 늦추고 성가신 소리 없이 음량을 높이는 것을 포함하여 대화의 다른 측면에 더 집중할 필요가 있다. 얼굴 표정 없이는 말의 많은 뉘앙스를 쉽게 놓칠 수 있기 때문에, 눈 맞춤이 훨씬 더 큰 중요성을 가질 것이다. 일부 병원 직원들은 이 문제를 해결하기 위해 혁신적인 방법을 고안했다. 한 전문 간호사는 만성적으로 아픈 어린 환자들이 그녀의 얼굴을 볼 수 없다는 것을 몹시 걱정해서 아이들이 가리킬 수 있는 다양한 얼굴 스티커를 인쇄했다. 또한 일부 병원들은 현재 직원들을 쉽게 식별할 수 있는 '얼굴—시트'를 환자들에게 제공하고 있다. 그리고 이것은 마스크를 착용한 채로 동료와 환자들에게 자기 자신을 다시 소개하는 데 항상 유용하다.

⇩

일부 병원들과 직원들은 팬데믹 기간 동안 환자들과의 대화를 (B) 보완할 (A) 대안적인 방법을 찾고 있다.

VOCA

- in the absence of ~이 없을 때에, ~이 없어서
- pandemic 팬데믹, 전 세계적인(전국적인) 유행병
- emphasis 강조
- assume ~을 취하다, ~을 띠다, 가지다
- innovative 혁신적인
- chronically 만성적으로
- identification 식별
- colleague 동료

더 알아보기

글의 순서를 찾는 유형 해결 비법 ①

글의 순서 유형에서는 인물의 이름, 지시어 또는 연결어가 정답을 찾는 데 큰 힌트가 된다. (C)에서 Kenneth Glader의 Full name이 언급된 뒤 (B)에서 Glander라는 Last name만 언급되었으므로 (C) – (B) 순서라는 것을 알 수 있다. 또한 (A) 문단에서 사용된 By the same token과 Finally는 이 문단이 마지막 문단이라는 사인이 된다.

04 난도 ★★☆　　　　　　　　　　정답 ③

독해 > 글의 일관성 > 글의 순서

정답의 이유

영장류가 새로운 음식을 검사하고 익숙해지는 과정에 대한 내용이다. 실험자 Kenneth Glader가 이 방법을 먼저 소개한 뒤, 그 방법의 구체적인 예시가 이어지는 두괄식의 글이다. 따라서 정답은 주제 – 예시에 맞는 ③ '(C) – (B) – (A)'이다.

본문해석

일단 어미를 떠나면, 영장류는 그들이 마주친 새로운 음식이 안전하고 수집할 가치가 있는지에 대해 계속 결정해야 한다.
(C) 자기 스스로를 실험 도구로 사용하는 것은 하나의 옵션이지만, 사회적 영장류는 더 나은 방법을 찾아냈다. Kenneth Glander는 이것을 '견본추출'이라고 부른다. 짖는 원숭이들이 새로운 서식지로 이동하면, 무리 중 하나가 나무로 가서 나뭇잎 몇 개를 먹고 하루를 기다릴 것이다.
(B) 만약 식물에 특히 강력한 독소가 들어있다면, 그 시식자의 몸이 그것을 분해하려 할 것이며, 이 과정에서 대개 원숭이들을 아프게 할 것이다. Glander는 "이런 것을 본 적이 있어요."라고 말했다. "무리의 다른 원숭이들이 큰 관심을 가지고 지켜보고 있습니다. 만약 그 동물이 아프면, 다른 동물들도 그 나무에 다가가지 않을 것입니다. 이것은 주어지는 신호, 즉 사회적 신호입니다."
(A) 마찬가지로 그 시식자가 괜찮다고 느껴지면, 며칠 안에 다시 나무 속에 들어가서 조금 더 먹고 다시 기다리며 천천히 많은 양을 모을 것이다. 마지막으로 그 원숭이가 건강하면 다른 원숭이들도 이것이 괜찮다는 것을 알고 새로운 음식을 택한다.

VOCA

- primates 영장류
- encounter 마주하다
- by the same token 같은 이유로[마찬가지로]
- adopt 채택하다
- experiment 실험
- habitat 서식지
- troop 무리, 떼

05 난도 ★★☆　　　　　　　　　　정답 ④

독해 > 세부 내용 찾기 > 내용 (불)일치

정답의 이유

④ 마지막 문장 'Other Koreans living in Japan could not afford the train fare ~ and among them who had ethnic Japanese spouses and Japanese-born, Japanese-speaking children, ~'에서 교통비가 없는 한국인들 중에서 이미 일본인과 결혼해서 일본에서 태어나 일본어를 말하는 자녀들이 있는 한국인들이 일본에 남았다고 했으므로 글의 내용과 일치하지 않는다.

오답의 이유

① 두 번째 문장에서 일본에 남은 한국인들과 그들의 후손들을 Zainichi라 한다고 했으므로 글의 내용과 일치한다.
② 네 번째 문장에서 전쟁 직후 경제적 기회를 누렸던 한국인들이 일본에 머무르는 것을 선택했다고 했으므로 글의 내용과 일치한다.
③ 여섯 번째 문장에서 한국의 열악한 환경에 싫증을 느껴 일본에 돌아가기로 했다고 했으므로 글의 내용과 일치한다.

본문해석

일본이 제2차 세계대전에서 패전한 후, 많은 한국인들이 (100~140만 명) 일본을 떠났다. 1948년까지 일본에 자리잡은 한국인의 인구는 약 60만 명이었다. 이 한국인들과 그들의 후손들은 보통 Zainichi(문자 그대로 일본에 거주하는)라고 불리며, 이 용어는 종전 직후 몇 년 동안 등장했었다. 일본에 남은 한국인들은 다양한 이유로 그렇게 했다. 식민지 시대 동안 사업, 제국의 관료 사회, 군대에서 성공적인 커리어를 쌓았거나, 전쟁 직후에 열린 경제적 기회를 누렸던 한국인들은 빈곤하고 정치적으로 불안정했던 해방 직후의 한국으로 돌아오는 위험을 무릅쓰기보다는 일본 사회에서의 상대적으로 특권적인 지위를 유지하기로 했다. 본국으로 송환된 일부 한국인들은 그들이 본 열악한 환경에 싫증을 느껴 일본으로 돌아가기로 하기도 했다. 일본에 사는 다른 한국인들은 출발 항구까지 가는 기차비를 감당할 수 없었고, 그들 중 일본인 배우자와 일본어를 사용하는 자녀가 있는 사람들에게는 새로운 환경의 문화적이고 언어적인 도전을 처리하는 것보다 일본에 머무르는 것이 더 합리적이었다.

VOCA

- ethnic 민족의
- bureaucracy 관료
- colonial period 식민지 시대

- privileged status 특권지위
- impoverished 빈곤한
- repulse 구역질나게 하다, 혐오감을 주다
- navigate (힘든 상황을) 다루다, 처리하다

06 난도 ★★☆ 　　　　　　　　　　　　　　　　정답 ④

독해 > 빈칸 완성 > 단어 · 구 · 절

정답의 이유

빈칸 다음에서 심판, 오케스트라 지휘자가 손과 팔, 몸의 움직임을 통해서 의사를 전달한다고 했고, 네 번째 문장에서 'People working at a distance from each other have to invent special signals if they want to communicate.'라고 한 다음에 공장이나 수영장 같은 시끄러운 환경에서 일하는 사람들도 자신들만의 신호가 필요하다고 했다. 따라서 빈칸에 들어갈 말로 가장 적절한 것은 ④ 'develop their signing a bit more fully(더 확실하게 그들의 신호를 발전시키다)'이다.

오답의 이유

① 부모와 자녀를 지원하다
② 완전히 새로운 업무 스타일을 도입하다
③ 기본적인 인권을 위해 법정에서 싸우다

본문해석

사람들이 좀 더 확실하게 그들의 신호를 발전시켜야 했던 직업이 있다. 우리는 심판들이 그들의 팔과 손을 사용해서 선수들에게 신호로 지시를 내리는 것을 본다.—크리켓에서 한 손가락이 위쪽을 향하는 것은 타자가 아웃되고 삼주문을 떠나야 한다는 것을 의미한다. 오케스트라 지휘자들은 그들의 움직임을 통해 연주자들을 통제한다. 서로 멀리 떨어져서 일하는 사람들은 의사소통을 원한다면 특별한 신호를 만들어야 한다. 기계들이 몹시 시끄러운 소리를 내는 공장에서와 같은 소란한 환경에서 일하는 사람들이나 학교 아이들로 가득찬 수영장 주변의 구조원들도 마찬가지이다.

VOCA

- refree (축구, 권투, 농구 등의) 심판
- umpire (야구, 크리켓, 테니스 등의) 심판
- conductor 지휘자
- invent 발명하다

07 난도 ★★☆ 　　　　　　　　　　　　　　　　정답 ①

독해 > 세부 내용 찾기 > 내용 (불)일치

정답의 이유

두 번째 문장에서 인간에게 암을 유발하는 19가지의 화학물질 중 7가지가 생쥐와 쥐에게 암을 유발한다고 했으므로 글의 내용과 일치하지 않는 것은 그와 반대되는 내용의 ①이다.

오답의 이유

② 세 번째 문장에서 항우울제인 노미펜신이 쥐, 토끼 등에게 극소의 독성을 가지고 있지만 인간에게는 간독성과 빈혈을 유발했다고 했으므로 글의 내용과 일치한다.
③ 네 번째 문장에서 동물 실험에서는 예측되지 않았던 심각한 부작용을 사람에게는 일으켜서 장애 또는 심지어 사망을 초래할 수도 있다는 것이 밝혀졌다고 했으므로 글의 내용과 일치한다.
④ 마지막 문장에서 동물 연구 중단을 요구하는 연구원들은 인간 임상 실험, 부검 실험실의 도움을 받은 관찰 같은 더 나은 방법이 있다고 했으므로 글의 내용과 일치한다.

본문해석

연구에 동물 사용을 반대하는 사람들은 약물 또는 기타 화합물들의 안전성 테스트에 동물을 사용하는 것 또한 반대한다. 제약업계에서는, 국립암연구소에서 정한 기준에 따르면 섭취될 때 인간에게 암을 유발하는 19가지의 화학물질들 중 고작 7가지만이 생쥐와 쥐에게 암을 유발한다(Barnard and Koufman, 1997)는 것이 주목받았다. 예를 들면 항우울제인 노미펜신은 쥐, 토끼, 개, 원숭이에게 극소의 독성을 가지고 있지만, 인간에게는 간독성과 빈혈을 유발했다. 이것과 다른 경우에서, 일부 화합물들이 동물 실험에서는 예측되지 않았던 심각한 부작용을 사람에게 일으켜서 치료받는 사람들에게 장애 또는 심지어 사망으로 이어질 수도 있는 상태를 초래한다는 것이 밝혀졌다. 그리고 동물 연구 중단을 요구하는 연구원들은 인간 임상 실험, 부검 실험실의 도움을 받는 관찰 같은 더 나은 방법이 있다고 명시한다.

VOCA

- compound 화합물
- pharmaceutical 제약의
- antidepressant 항우울제
- toxicity 유독성
- disability 장애
- autopsy 부검

독해 > 글의 일관성 > 무관한 어휘 · 문장

정답의 이유

'clear(확실한)' 다음에 오는 However로 시작하는 문장에서 찬물 샤워의 긍정적인 영향에 대해 서술하고 있으므로 이전 문장에서는 찬물 샤워가 체중 감량에 도움이 되는지에 대한 연구는 확실하지 않다는 내용이 서술되어야 한다. 찬물 샤워의 효과가 확실하지는 않더라도 많은 사람들의 경험과 증언을 통해 그 효과를 입증할 수 있다고 전개되어야 하므로 문맥상 낱말의 쓰임이 적절하지 않은 것은 ③ 'clear(확실한)'이다.

본문해석

찬물 샤워는 수온이 70℉ 미만인 모든 샤워이다. 이것은 건강상 이점이 있을 수 있다. 우울증이 있는 사람에게는 찬물 샤워가 일종의 가벼운 전기충격 요법으로 작용할 수 있다. 찬물은 많은 전기적 자극을 뇌에 보내준다. 찬물은 주의력, 명료함, 에너지 레벨을 높이기 위해 당신의 체계를 덜컥 움직이게 한다. 때때로 행복 호르몬이라고도 일컫는 엔돌핀 또한 분비된다. 이 효과는 웰빙과 낙관주의로 이어진다. 비만인 사람의 경우, 일주일에 2~3번 찬물 샤워를 하는 것이 신진대사 증가에 기여할 수도 있다. 이것은 장기적으로 비만을 이겨내는 데 도움이 될 수도 있다. 찬물 샤워가 사람들의 체중 감량에 정확히 어떻게 도움이 되는지에 대한 연구는 확실하다(→ 확실하지 않다). 하지만 찬물이 특정 호르몬 수치를 균일하게 만들고 위장 계통을 치료할 수 있음을 보여준다. 이런 효과들은 체중 감량으로 이어지는 찬물 샤워의 능력에 추가된다. 또한 규칙적으로 하면 찬물 샤워는 순환 계통을 더 효율적으로 만들 수 있다. 일부 사람들은 또한 찬물 샤워의 결과로 피부가 더 좋아보인다고 보고했는데, 아마도 순환이 더 잘되기 때문일 것이다. 우리는 부상 후 치료를 위한 찬물을 지지하는 데이터를 최근에 봤음에도 운동선수들은 이러한 이점을 수년간 알고 있었다.

VOCA

• depression 우울, 우울증
• impulse 자극
• alertness 기민성
• obese 비만인
• metabolism 신진대사
• circulatory system 순환계
• efficient 효율적인

독해 > 빈칸 완성 > 단어 · 구 · 절

정답의 이유

③ 협력 스타일은 모든 사람에게 이로운 방향으로 문제를 해결하려 한다고 했으므로 (A)에는 '상호 이해'가 적절하다. 반면 경쟁 스타일은 문제를 빠르게 해결하는 경향이 있다고 했으므로 (B)에는 '시간 효율성'이 적절하다.

오답의 이유

① 재정적 능력 – 상호작용
② 시간 절약 – 평화로움
④ 유효성 – 일관성

본문해석

연구원들은 갈등이 발생했을 때 한 개인이 대처하는 습관적인 방법에 대해 관심을 가져왔다. 그들은 이 접근 방식을 갈등 스타일이라고 불렀다. 여러 가지 분명한 갈등 스타일이 있으며 각각은 장점과 단점을 가지고 있다. 협력 스타일은 모든 사람들에게 최상의 결과가 제공될 가능성을 극대화하는 방식으로 문제를 해결하는 경향이 있다. 협력 스타일의 장점은 신뢰 형성, 긍정적인 관계 유지, 그리고 헌신 구축을 포함한다. 그러나, 그것은 시간이 걸리고 갈등 중에 다른 사람과 협력하려면 많은 에너지가 필요하다. 경쟁 스타일은 목표에 도달하지 못하는 사람에게 적대감을 키울 수 있다. 하지만, 경쟁 스타일은 갈등을 빠르게 해결하는 경향이 있다.

⇩

협력 스타일은 (A) 상호 이해에 큰 가치를 두는 사람에게 사용될 수 있는 반면, (B) 시간 효율성을 선호하는 사람은 경쟁 스타일을 선택할 수도 있다.

VOCA

• habitual 습관적인
• apparent 분명한
• pros and cons 장단점, 찬반 양론
• maximize 극대화하다
• commitment 헌신
• hostility 적의

독해 > 글의 일관성 > 글의 순서

정답의 이유

갈등 해결의 역사적 진화는 1950년대와 1960년대에 추진력을 얻었다는 주어진 글 다음에 다양한 학문 연구에서 온 한 개척자 그룹 (A group of pioneers)이 일반적인 현상으로서 갈등 연구의 가치를 알았다는 내용의 (C)로 이어지는 것이 자연스럽다. 역접 연결사 'However(그러나)'로 시작하는 (B)에서 개척자 그룹을 그들(they)로 받으며 일부 사람들에게는 진지하게 받아들여지지 않았다고 하면서 국제 관계 종사자들의 예를 들고, 마지막으로 (A)에서 새로운 사상 속에 담긴 분석과 실행의 결합이 실무자들의 전통과 조화를 이루기가 쉽지 않았다는 것으로 마무리하는 것이 적절하다. 따라서 글의 순서로 가장 적절한 것은 ④ '(C) − (B) − (A)'이다.

본문해석

갈등 해결의 역사적 진화는 핵무기 개발과 초강대국들 사이의 갈등이 인류 생존을 위협하는 것으로 보였던 냉전이 한창이던 1950년대와 1960년대에 추진력을 얻었다.

(C) 다양한 학문 연구에서 온 한 개척자 그룹은 갈등이 국제적인 관계, 국내 정치, 산업 관계, 지역사회 또는 개인 사이에서 발생하든 간에 관계없이, 유사한 특성을 가진 일반적인 현상으로서 갈등을 연구하는 것의 가치를 보았다.

(B) 하지만, 그들은 일부 사람들에게는 그리 진지하게 받아들여지지 않았다. 국제 관계 전문가들은 국제 갈등에 대한 자신들만의 이해를 가지고 있었으며 제안된 새로운 접근 방식에서 가치를 보지 못했다.

(A) 새로운 사상 속에 담긴 분석과 실천의 결합은 전통적인 학술 기관 또는 외교관이나 정치인 같은 실무자들의 전통과 조화를 이루는 것이 쉽지 않았다.

VOCA

• momentum 추진력, 탄력
• at the height of ～의 최고조에
• superpower 초강대국
• implicit 내재된
• reconcile 조화를 이루다
• disciplines 학문

어법 > 정문 찾기

정답의 이유

(A) 타동사(is accepting) 뒤에는 목적어가 와야 한다. 이어지는 문장 'there are always unintended consequences'는 존재구문으로 주어와 술어, 보어를 모두 갖춘 완전한 문장이므로, 완전한 문장을 끌어올 수 있는 명사절 접속사인 that이 옳다.

(B) 로마의 역사를 과거 시점에서 표현하고 있으므로 과거동사 had가 사용되어야 한다.

(C) 선행사 a process를 수식하는 관계대명사절이 등위접속사 and로 연결되어 that was both constrained by reality와 병렬 구조를 이루어야 하고, 의미상 process는 '채우는'이 아니라 '채워지는'이라는 수동태 표현이 더 적절하므로 filled with가 되어야 한다.

오답의 이유

② · ③ 관계대명사 what은 주어, 보어 또는 목적어를 대신하고 있으므로 그 뒤에 나오는 문장은 불완전해야 한다.

③ · ④ 역사적 사실을 이야기하는 문장이므로 현재시제 have는 옳지 않다.

② · ④ filling with가 능동 형태로 쓰이려면 목적어가 함께 와야 하는데 현 문장에는 목적어가 없으므로 옳지 않다.

본문해석

경제학을 이해하는 열쇠는 언제나 의도되지 않은 결과가 있다는 것을 받아들이는 것이다. 사람들이 나름대로 합당한 이유로 하는 행동들은 그들이 예상하거나 의도하지 않았던 결과를 불러오기도 한다. 지정학에서도 마찬가지이다. 로마의 마을이 기원전 7세기에 확장을 시작했을 때에, 500년 후에 지중해 세계를 정복하기 위한 종합 계획을 가지고 있었는지 의심스럽다. 하지만 주민들이 이웃 마을을 상대로 취한 첫 번째 행동은 현실에 제약받으면서도 의도되지 않은 결과로 가득 찬 과정의 도화선에 불을 당긴 것이었다. 로마는 계획된 것은 아니지만, 그냥 일어난 일도 아니었다.

VOCA

• unintended 의도되지 않은
• consequences 결과
• envision 상상하다
• expansion 확장
• set in motion ～의 도화선에 불을 당기다
• constrained 제약된

존재구문

- 존재구문의 형태: There be동사+명사+수식어(구)
  - 존재구문의 be동사 뒤에 있는 명사가 실질주어이고, 동사는 실질주어에 수일치한다.
  - 존재구문의 의미: ~(들이) 있다, ~(들)이 존재한다
  - 'There is[are] ~' 구문에서 'there'는 아무런 의미 없이 문장을 이끄는 유도부사이다.
    - 예 There was little information about her.
      (그녀에 대한 정보가 거의 없었다.)
- 명사 앞에 the, this, that은 올 수 없다.
  - 예 There is <u>the</u> book on the desk. (×)
    - → There is <u>a</u> book on the desk. (○)
      (책상 위에 책이 있다.)
- be동사 대신 1형식 동사(go, live, exist 등)가 사용되기도 한다.
  - 예 There <u>has lived</u> a beautiful woman in that house since 2002.
    (2002년 이후로 저 집에 아름다운 여성이 살고 있다.)

12 난도 ★★☆   정답 ③

독해 > 빈칸 완성 > 단어 · 구 · 절

정답의 이유

여섯 번째 문장에서 로마가 물이 곧 권력이라는 것을 이해하고 제국의 번영을 위해 수로를 건설했다는 내용이 언급되어 있으므로 빈칸에 들어갈 말로 가장 적절한 것은 ③ 'concentrating and strengthening their authority(그들의 권력을 집중하고 강화하는)'이다.

오답의 이유

① 청년들을 교육하는 것에 집중하는
② 지역 시장에서 자유로운 무역을 금지하는
④ 그들의 재산을 다른 나라에 넘겨주는

본문해석

물과 문명은 밀접한 관련이 있다. '수력 문명'이라는 개념은 물이 역사를 통틀어 많은 대규모의 문명을 위한 통일적인 맥락이자 타당한 이유라고 주장한다. 예를 들면, 여러 세기에 걸친 중국 제국은 부분적으로 황하를 따라 홍수를 통제해 살아남았다. 수력학적 이론에 대한 한 가지 해석은 대도시로 인구를 모으는 타당한 이유는 물을 관리하기 위함이라는 것이다. 또 다른 해석은 대규모 물 프로젝트가 대도시의 번성을 가능하게 한다고 제안한다. 로마 제국은 그들이 통제했던 땅 전체에 방대한 송수로 망을 건설했기 때문에, 로마는 물과 권력 사이의 관계를 이해했는데, 그중 상당 부분이 손상되지 않은 채로 남아 있다. 예를 들어, 프랑스 남부의 Pont de Gard가 물 공공 기반 시설에 대한 인류의 투자에 대한 증거로 오늘날 존재하고 있다. 로마 총독들은 <u>그들의 권력을 집중하고 강화하는</u> 방식으로 도로, 다리, 수로 시스템을 건설했다.

> **VOCA**

- unifying 통일[통합]하는, 통일적인
- interpretation 해석
- intact 손상되지 않은 채로
- testament 증거
- infrastructure 사회[공공] 기반 시설
- governor 통치자
- authority 권한

13 난도 ★★☆   정답 ①

독해 > 글의 일관성 > 글의 순서

정답의 이유

주어진 글의 첫 번째 문장 'Ambiguity is so uncomfortable that it can even turn good news into bad.'에서 모호함의 불편함을 언급하고 그 예로 병원에서 검사 받는 상황을 들고 있으므로 검사 결과를 듣는 상황인 (B)로 이어지는 것이 자연스럽다. 검사 결과 음성이라는 (B) 다음에는 통증의 원인에 대한 설명이 필요하다는 (A)가 이어진다. 마지막으로 (C)에서 모호한 결과는 또 다른 불안감을 가져오게 될 것이고 좌절감을 느끼게 할 것이라고 마무리 짓고 있다. 따라서 주어진 글 다음에 이어질 글의 순서로 적절한 것은 ① '(B) − (A) − (C)'이다.

본문해석

모호함은 너무 불편해서 좋은 소식을 나쁜 소식으로 바꿀 수도 있다. 당신은 지속적인 복통으로 의사를 찾는다. 당신의 의사는 복통의 이유를 찾을 수 없고 그래서 검사를 위해 당신을 검사실로 보낸다.

(B) 일주일 후 결과를 듣기 위해 당신은 전화를 받는다. 당신이 마침내 그녀의 사무실에 도착하면, 당신의 의사는 웃으며 검사 결과는 모두 음성이었다고 말한다.

(A) 그리고 무슨 일이 생길까? 당신의 즉각적인 안도감은 기이한 불편감으로 바뀔 수도 있다. 당신은 여전히 그 통증이 무엇이었는지 모른다. 어딘가에는 설명이 있어야 한다.

(C) 아마도 암일 수도 있고 그들이 그것을 놓쳤을 수도 있다. 어쩌면 그것은 악화되었을지도 모른다. 분명히 그들은 원인을 찾아낼 수 있어야 할 것이다. 확실한 답이 없기 때문에 당신은 좌절감을 느낀다.

> **VOCA**

- ambiguity 모호함
- uncomfortable 불편한
- persistent 지속적인
- negative 음성
- immediate 즉각적인
- relief 안도감
- definitive 확실한

14 난도 ★★☆

정답 ②

독해 > 글의 일관성 > 문장 삽입

정답의 이유

주어진 문장은 however가 사용되었으므로 상반되는 내용의 중간에 들어가야 한다. ②의 앞 문장에서 '평상복 출근날' 실행의 긍정적인 의도를 서술하고, ② 다음 문장에서 '~ employees had to create a "workplace casual"(~ 직원들은 '직장용 평상복' 의류를 마련해야 했다).'라고 평상복 출근의 역효과를 말하고 있으므로 주어진 문장이 들어가기에 적절한 위치는 ②이다.

본문해석

출근할 때 옷 입는 방식은 새로운 선택의 요소가 되었으며, 그것과 함께 새로운 걱정거리가 되었다. 약 10년 전에 등장한 '자유복장의 날' 또는 '평상복 출근날' 실행은 직원들의 삶을 더 편하게 만들고, 그들이 돈을 절약하고 사무실에서 더 편안함을 느낄 수 있게 하기 위해 의도되었다. 하지만 효과는 정반대였다. 일반적인 직장 출근복 외에 직원들은 '직장용 평상복' 의류를 마련해야 했다. 이 평상복은 사실 주말 동안 집에서 입고 다니던 스웨트 셔츠나 티셔츠가 될 수는 없었다. 이 평상복은 편안하면서도 진중한 어떤 특정한 이미지를 유지하는 의상이어야 했다.

VOCA
- anxieties 걱정거리
- dress-down day 약식 복장으로 근무하는 날
- reverse 반대의
- sustain 유지하다, 지속하다

15 난도 ★★☆

정답 ④

어법 > 비문 찾기

정답의 이유

④ 동명사(Deciding on)가 주어의 역할을 하고 있는 문장으로, 동명사는 단수 취급하므로 동사는 are → is가 되어야 한다.

오답의 이유

① 주격 관계대명사 that이 선행사 method를 수식하고 있다.
② 선행사 survey online을 수식하는 관계사 that절 속에 있는 동사 enables와 provides가 등위접속사 and로 연결되어 병렬을 이루고 있다. 선행사가 단수이므로 3인칭 단수 동사 provides가 올바르게 사용되었다.
③ Whichever는 복합관계대명사이다. Whichever way가 하나의 명사로 목적어의 역할을 하고 있다. 주어 you, 동사 choose와 함께 사용되어 '어떤 방법을 선택하더라도'라는 의미의 부사절로 사용되었다.

본문해석

당신은 당신이 원하는 결과에 가장 적합한 연구 방법을 선택해야 한다. 당신은 수많은 사람들에게 질문하고 리포트 형식으로 전체 분석을 제공할 수 있는 온라인 설문 조사를 실행할 수 있다. 또는 일대일 질문을 하는 것이 더 소수의 실험 대상으로 선택된 사람들로부터 답변을 얻을 수 있는 더 나은 방법이라고 생각할 수도 있다. 어떤 방법을 선택하든, 비슷한 것들끼리 비교할 필요가 있을 것이다. 사람들에게 같은 질문을 하고 답변을 비교해 보아라. 유사점과 차이점을 둘 다 찾아보아라. 패턴과 트렌드를 찾아보아라. 데이터를 기록하고 분석하는 방법을 결정하는 것은 중요하다. 간단한 자체 생성 스프레드시트는 일부 기본적인 연구 데이터를 기록하기에 충분할 것이다.

VOCA
- suit ~에 잘 맞다, 적합하다
- outcome 결과
- format 형식
- spreadsheet 스프레드시트

16 난도 ★☆☆

정답 ②

독해 > 대의 파악 > 요지, 주장

정답의 이유

제시문은 범죄자가 범죄를 저지르는 이유를 설명하는 글로, 첫 번째 문장에서 'Some criminal offenders may engage in illegal behavior because they love the excitement and thrills that crime can provide.'라고 하면서 '범죄가 제공하는 흥분과 전율'을 범죄 이유로 제시하고 있다. 마지막 문장 'The need for excitement is a significant predictor of criminal choice.'에서 범죄에서 흥분 욕구가 범죄 선택의 주요 예측 변수라고 했으므로 글의 요지로 가장 적절한 것은 ② '범죄 행위에서 생기는 흥분과 쾌감이 범죄를 유발할 수 있다.'이다.

오답의 이유

① 범죄를 줄이기 위한 교육은 언급되지 않았다.
③ 범죄를 줄이는 방법에 대한 내용은 언급되지 않았다.
④ 제도를 만들어 범죄 피해자를 도와줄 수 있다는 내용은 언급되지 않았다.

본문해석

일부 범죄자들은 범죄가 제공하는 흥분과 전율을 사랑하기 때문에 불법행위에 가담할 수 있다. 사회학자 Jack Katz는 매우 영향력 있는 그의 저서 *Seductions of Crime*에서 범죄 행위에는 사람들을 범죄 생활로 '유혹'하는 즉각적인 이점이 있다고 주장한다. 어떤 사람들에게는 좀도둑질과 기물파손이 매력적이다. 왜냐하면 벌받지 않고 범죄를 해내는 것이 개인의 능력을 증명하는 스릴 넘치는 일이기 때문이다. 흥분욕구는 체포와 처벌에 대한 두려움과 맞설 수 있다. 사실, 일부 범죄자들은 이 추가된 '전율' 때문에 특히 위험한 상황을 의도적으로 찾는다. 흥분욕구는 범죄 선택의 중요한 예측 변수이다.

VOCA

- offender 범죄자
- engage in ~에 관여하다
- seduction 유혹
- shoplifting 절도
- get away with ~을 잘 해내다, ~을 벌 받지 않고 (무난히) 해내다
- demonstration 증명
- apprehension 체포
- predictor 예측 변수

17 난도 ★☆☆   정답 ③

독해 > 빈칸 완성 > 단어 · 구 · 절

[정답의 이유]

제시문은 새끼 원숭이의 대리모 실험에 관한 내용이다. 빈칸 앞 문장에서 '~ they overwhelmingly preferred and spent significantly more time with the warm terry-cloth mother'라고 했으므로 대리모가 따뜻한 천으로 새끼 원숭이에게 심리적 편안함을 주었다고 유추할 수 있다. 따라서 빈칸에 들어갈 말로 가장 적절한 것은 ③ 'comfort(편안함)'이다.

[오답의 이유]

① 직업
② 약물
④ 교육

본문해석

애착의 중요성을 보여주는 한 고전적인 연구에서, Wisconsin 대학의 심리학자인 Harry와 Margaret Harlow는 어린 원숭이들의 반응을 조사했다. 새끼 원숭이들은 생물학적 어미로부터 분리되었고, 두 대리모가 우리 안으로 들여보내졌다. 하나는 철사 어미로 동그란 나무 머리, 차가운 금속 철사 그물망 그리고 새끼 원숭이가 우유를 마실 수 있는 우유병으로 구성되어 있었다. 두 번째 어미는 따뜻한 테리 직물 담요로 감싸져 있는 스펀지 고무 형태였다. 새끼 원숭이들은 음식을 위해 철사 어미에게 다가갔지만 그들은 압도적으로 따뜻한 테리 직물 어미를 선호하며 상당히 더 많은 시간을 보냈다. 따뜻한 테리 직물 어미는 음식을 제공하지 않았지만 편안함을 제공했다.

VOCA

- attachment 애착
- investigate 조사하다
- terry-cloth 테리 직물
- overwhelmingly 압도적으로

18 난도 ★☆☆   정답 ①

어법 > 비문 찾기

[정답의 이유]

① 등위접속사 and로 연결된 문장으로, and 앞이 과거(was released)이므로 and 다음에도 과거동사가 사용되어야 한다. 따라서 spend → spent가 되어야 한다.

[오답의 이유]

② what 명사절이 figure out의 목적어로 사용되었다. 명사절 속에서 what은 동사 had done의 목적어 역할을 한다.

③ 주어 I의 재귀대명사 myself가 isolate의 목적어로 사용되었다.

④ so+형용사[부사]+that ~ 구문은 '너무 ~해서 …하다'라고 해석된다. 이때 that은 문장을 이끄는 접속사이므로 that 다음에는 완전한 문장이 온다.

본문해석

나는 친부모에 의해 입양 보내졌고, 내 인생의 첫 10년을 고아원에서 보냈다. 나는 몇 년 동안 내게 무슨 문제가 있을까 고민하며 보냈다. 만약 내 부모님이 나를 원하지 않았다면, 누가 원할 수 있을까? 나는 내가 무엇을 잘못했고 왜 많은 사람들이 나를 쫓아 보냈는지 알아내려 노력했다. 나는 현재 누구에게도 가까이 다가가지 않는데 만약 내가 그것을 하면 사람들이 나를 떠날 수도 있기 때문이다. 어렸을 때 나는 살아남기 위해 감정적으로 나 스스로를 고립시켜야만 했고, 여전히 어렸을 때 가졌던 가정들을 바탕으로 움직인다. 나는 버림받는 것이 너무도 두렵기에 위험을 무릅쓰고 나아가지 않을 것이고 최소한의 모험도 하지 않을 것이다. 나는 지금 마흔 살이지만 여전히 어린아이 같은 기분이 든다.

VOCA

- release 방출하다
- adoption 입양
- orphanage 고아원
- assumption 가정, 추측
- deserted 버림받은
- venture 과감히 가다, 위험을 무릅쓰고 나아가다
- take a risk 모험을 하다

어법 > 비문 찾기

정답의 이유

① suggest는 5형식 동사가 아닌 3형식 동사로 that절이 목적어로 사용되었으며 that이 생략되었으므로 suggested people to use → suggested people (should) use가 되어야 한다.

오답의 이유

② 명사 functioning이 동사 enhance의 목적어로 사용되었다.

③ 주어 positive emotional experiences를 받는 본동사는 (may) improve와 (may) strengthen이며, 이 두 동사는 and로 연결되어 병렬 구조를 이루고 있다.

④ because 부사절 속에서 주어는 emotional experiences와 everyday behaviors이고, 동사는 share이다. 주어가 복수형이므로 복수 동사인 share가 사용된 것이 옳다.

본문해석

음악은 일상 생활로 옮겨갈 수 있는 심리 요법 효과를 가질 수 있다. 많은 학자들은 사람들에게 음악을 심리 요법 매개체로 사용할 것을 제안했다. 음악치료는 '그들의 심리적, 신체적, 인지적 또는 사회적 기능'을 향상시키기 위한 개인의 치료 또는 재활의 부속물로써 음악을 사용하는 것으로 광범위하게 정의될 수 있다. 음악으로부터 받은 긍정적인 감정의 경험은 치료과정을 개선할 수 있으므로 전통적인 인지적/행동적 방법과 일상적인 목표로의 전환을 강화시킬 수 있다. 이것은 아마도 부분적으로 음악과 일상적인 행동들에 의해 유발된 감정적 경험이 긍정적인 감정과 자극을 담당하는 중복된 신경학적 경로를 공유하기 때문일지도 모른다.

VOCA

- music therapy 음악치료
- adjunct 부속물
- rehabilitation 재활
- cognitive 인지의
- elicited 유발된
- neurological 신경학의

독해 > 빈칸 완성 > 단어 · 구 · 절

정답의 이유

첫 번째 문장에서 '문화적 해석은 보통 측정할 수 있는 증거보다는 ~ 에 근거하여 만들어진다'라고 했으므로 빈칸에는 '측정할 수 있는 증거'와 대조되는 표현이 들어가는 것을 유추할 수 있다. 빈칸 이후에서 전반적으로 '가난한 사람은 게으르다.'라는 편파적인 명제가 잘못되었다고 서술하고 있고, 마지막 문장에서 '아프리카 사람들이 일을 적게 해서 가난하다는 고정관념은 남녀의 고된 노동이 일상인 마을에서 하루만 시간을 보내면 그 즉시 잠재워진다.'라고 했으므로 첫 번째 문장의 측정할 수 있는 증거와 대조되는 개념은 고정관념과 유사한 개념이라는 것을 알 수 있다. 따라서 빈칸에 들어갈 말로 적절한 것은 ② 'prejudice(편견)'이다.

오답의 이유

① 통계

③ 외모

④ 상황

본문해석

문화적 해석은 주로 눈에 띄는 증거보다는 편견에 근거하여 만들어진다. 이 논쟁은 순환하는 경향이 있다. 사람들은 게으르기 때문에 가난하다. 그들이 게으르다는 것을 어떻게 알까? 그들이 가난하기 때문이다. 이러한 해석을 옹호하는 사람들은 낮은 생산성은 게으름이나 노력 부족의 결과가 아니라 생산에 투입되는 자금 부족의 결과라는 것을 거의 이해하지 못한다. 아프리카 농부들은 게으르지 않지만 토양 영양분, 트랙터, 지선 도로, 관개된 대지, 저장 시설 등이 부족한 것이다. 아프리카 사람들이 일을 거의 하지 않아서 가난하다는 고정관념은 남녀의 고된 노동이 일상인 마을에서 하루만 시간을 보내면 그 즉시 잠재워진다.

VOCA

- measurable 눈에 띄는, 측정할 수 있는
- productivity 생산성
- nutrient 영양분
- feeder road 지선 도로
- irrigated plot 관개된 대지
- stereotype 고정관념

영어

법원직

21 난도 ★★★　　　　　　　　　　정답 ③

독해 > 글의 일관성 > 문장 삽입

정답의 이유

주어진 문장은 But으로 시작하므로 역접 관계의 문장 사이에 들어가야 한다. 두 번째, 세 번째 문장에서 가격이 떨어지면 회사가 사람들을 해고함으로써 공급과 수요의 균형을 맞춘다고 하였고, ③ 다음 문장에서는 농부를 해고하는 것이 공급을 줄이는 데 도움이 되지 않는다는 반대의 내용이 나왔으므로 주어진 문장이 들어가기에 적절한 곳은 ③이다.

본문해석

자유 시장은 농업에서 작동한 적은 없으며 앞으로도 없을 것이다. 가족 농장의 경제는 회사의 경제와 매우 다르다. 가격이 떨어지면, 회사는 사람들을 해고하고 공장을 멈출 수 있다. 결국 시장은 공급과 수요의 새로운 균형을 찾게 된다. 그러나 식량에 대한 수요는 탄력적이지 않다. 사람들은 음식이 저렴하다고 더 많이 먹지 않는다. 그리고 농부들을 해고하는 것이 공급을 줄이는 데 도움이 되지 않는다. 당신은 나를 해고할 수는 있지만 나의 토지를 해고할 수는 없다. 왜냐하면 현금 흐름이 더 필요하거나 나보다 더 효율적이라고 생각하는 다른 농부가 와서 경작할 것이기 때문이다.

VOCA

• agriculture 농업
• idle 놀리다, 쉬게 하다
• cash flow 현금 유동성

22 난도 ★★☆　　　　　　　　　　정답 ②

독해 > 대의 파악 > 제목, 주제

정답의 이유

본문에서는 운동과 훈련에 건강한 식사가 없이는 훈련의 성과가 소실될 수 있으며, 규칙적인 식사 계획을 통해서 훈련이 보상을 받을 수 있다고 했다. 따라서 글의 주제는 ② 'importance of eating well in exercise(운동에서 잘 먹는 것의 중요성)'이다.

오답의 이유

① 몸의 유연성을 향상시키는 방법
③ 과도한 다이어트에 의해 유발되는 건강 문제들
④ 꾸준한 훈련을 통해 기술 향상시키기

본문해석

매일의 훈련은 운동선수, 특히 훈련에 전념하는 것이 정규 직업인 엘리트 운동선수에게는 특별한 영양분의 필요성을 만들어낸다. 하지만 레크리에이션 스포츠조차도 영양적인 어려움을 만들어낼 것이다. 그리고 당신이 스포츠에 얼마나 참여하는지 그 정도에 상관없이, 만약 훈련으로부터 최대한의 결과치를 달성하기 위해서라면 당신은 그 어려움에 대처해야만 한다. 건강한 식사 없이는 당신의 훈련의 목적의 많은 부분이 소실될 수 있다. 최악의 시나리오에서는, 식습관의 문제와 결함은 훈련 성과를 직접적으로 손상시킬 수 있다. 다른 상황에서는, 당신이 향상될지라도 그 정도가 당신의 잠재력보

다 낮거나 당신의 경쟁자보다 더 느릴 수도 있다. 하지만 긍정적인 측면에서는, 올바른 매일의 식사 계획을 통해서 훈련을 향한 당신의 헌신이 충분히 보상받을 것이다.

VOCA

• nutritional 영양의
• commitment 헌신, 약속, 전념
• sound 건강한
• dietary 식습관의
• deficiencies 결핍, 결함
• impair 손상시키다

23 난도 ★★☆　　　　　　　　　　정답 ③

독해 > 대의 파악 > 제목, 주제

정답의 이유

본문은 '보는 사람이 작품을 완성시킨다'는 예술 역사가의 말로 시작하며 작품을 보는 사람들의 생각과 질문이 그 작품을 완성하는 데 얼마나 중요한지 설명하고 있다. 따라서 정답은 ③ '미술 작품은 감상하는 사람으로 인하여 비로소 완성된다.'이다.

본문해석

매우 존경받는 예술 역사가 Ernst Gombrich는 '보는 사람의 몫'이라 불리는 것에 대해 글을 썼다. Gombrich의 신념은 보는 사람이 작품을 완성시키고 작품의 의미의 일부가 그것을 보는 사람에게서 나온다는 것이었다. 따라서 보다시피―작품을 완성시키는 보는 사람은 바로 당신이기에 틀린 답이란 없다. 만약 당신이 갤러리에서 작품을 바라보고 있다면, 작품 옆에 있는 설명을 읽어라. 만약 직원이 있다면, 질문을 해라. 당신의 동료 방문자에게 어떻게 생각하는지 물어봐라. 질문을 하는 것은 더 많이 이해하는 것의 열쇠이고 그것은 예술뿐 아니라 삶의 모든 것에 적용된다. 하지만 무엇보다도, 작품 앞에서 자신감을 가져라. 만약 당신이 작품에 대해 고심한다면, 당신은 의도된 보는 사람이며 당신이 생각하는 것은 중요하다. 당신이 중요하고 유일한 비평가이다.

VOCA

• well-respected 존경을 받는
• beholder 보는 사람
• complete 완성시키다
• confidence 자신감
• contemplate 심사숙고하다

독해 > 세부 내용 찾기 > 내용 (불)일치

[정답의 이유]

세 번째 문장에서 아르헨티나의 문화는 스페인과 이탈리아에서 온 유럽인들의 이주에 의해 큰 영향을 받았다고 했으므로 ② '북미 출신 이주민들이 그 문화에 많은 영향을 끼쳤다.'가 내용과 가장 일치하지 않는다.

[오답의 이유]

① 두 번째 문장에서 Jose de San Martin이 아르헨티나의 독립운동을 이끌었다고 하였으므로 일치한다.

③ 네 번째 문장에서 아르헨티나에는 남아메리카에서 가장 많은 유대인이 있다고 했으므로 일치한다.

④ 마지막 문장에서 1880년에서 1930년 사이 농업의 발전으로 세계 10대 부유한 국가 중 하나였다고 했으므로 일치한다.

본문해석

아르헨티나는 남아메리카의 거의 남쪽 절반을 차지하는, 세계에서 8번째로 큰 나라이다. 1500년대 초에 스페인에 의한 식민지화가 시작되었지만 1816년 Jose de San Martin이 아르헨티나의 독립운동을 이끌었다. 아르헨티나의 문화는 19세기 후반과 20세기 초반, 주로 스페인과 이탈리아에서 온 대규모의 유럽인들의 이주에 의해 큰 영향을 받았다. 대다수의 사람들은 최소한 명목상으로는 가톨릭교이고, 그 나라에는 남아메리카에서 가장 많은 유대인들(약 30만 명)이 있다. 1880년에서 1930년 사이, 농업의 발전 덕분에, 아르헨티나는 세계 10대 부유한 국가들 중 하나였다.

VOCA

• comprising 포함하는
• colonization 식민지화
• massive 거대한
• primarily 주로
• nominally 명목상으로

독해 > 세부 내용 찾기 > 내용 (불)일치

[정답의 이유]

여섯 번째 문장에서 1941년, 그녀가 여배우로 출연한 영화는 아카데미 시상식 3개 부문의 후보(nominations)에 올랐다고 했으므로 ③ '출연한 영화가 1941년에 영화제에서 3개 부문에 수상했다.'는 글의 내용과 일치하지 않는다.

[오답의 이유]

① 첫 번째 문장에서 스케이트장과 스크린을 누빈 세계에서 가장 유명한 피겨스케이팅 선수 중 한 명으로, 자신의 기술을 직업이 되게 한 것으로 유명하다고 했으므로 글의 내용과 일치한다.

② 두 번째 문장에서 Henie가 올림픽에서 3개의 금메달을 딴 메달리스트이자 노르웨이와 유럽 챔피언이라고 했으므로 글의 내용과 일치한다.

④ 마지막 문장에서 그녀의 가장 큰 유산은 어린 소녀들이 스케이트를 타도록 영감을 준 것이라고 했으므로 글의 내용과 일치한다.

본문해석

Sonja Henie는 스케이트장과 스크린을 누빈 세계에서 가장 유명한 피겨스케이팅 선수 중 한 명으로 자신의 기술을 직업이 되게 한 것으로 유명하다. 올림픽에서 3개의 금메달을 딴 메달리스트이자 노르웨이와 유럽 챔피언인 Henie는 스릴 넘치게 연극적이고 활발한 피겨스케이팅 스타일을 고안했다. 그녀는 짧은 스커트, 흰색 스케이트와 매력적인 움직임을 도입했다. 그녀의 화려한 회전과 점프는 모든 경쟁자들의 기준을 높였다. 1936년, 21세기 폭스사는 그녀가 영화 'One in a Million'의 주연으로 출연하도록 계약했고, 그녀는 머지 않아 헐리우드의 주요한 여배우들 중 한 명이 되었다. 1941년, 그녀가 여배우로 출연한 영화 'Sun Valley Serenade'는 아카데미상 3개 부문의 후보에 올랐다. Henie의 다른 영화들은 찬사를 덜 받았지만, 그녀는 아이스 스케이팅의 인기를 촉발시켰다. 1938년, 그녀는 Hollywood Ice Revues라고 하는 호화로운 순회공연을 시작했다. 그녀의 많은 모험은 그녀에게 부를 만들어 주었지만, 그녀의 가장 큰 유산은 어린 소녀들로 하여금 스케이트를 타도록 영감을 준 것이었다.

VOCA

• thrillingly 스릴넘치게
• theatrical 연극적인
• spectacular 화려한
• raise the bar 기대치를 높이다
• nomination 후보
• acclaim 칭송하다, 찬사
• surge 급증
• extravagant 호화로운, 사치스러운
• fortune 많은 돈, 행운
• inspire 영감을 주다, 고무하다

영어

법원직

한눈에 훑어보기

✓ 영역 분석

독해 01 02 04 06 07 08 09 10 11 12 14 15
16 17 19 20 21 22 23 24 25
21문항, 84%

어법 03 05 13 18
4문항, 16%

✓ 빠른 정답

01	02	03	04	05	06	07	08	09	10
④	④	④	②	②	④	①	②	①	③
11	**12**	**13**	**14**	**15**	**16**	**17**	**18**	**19**	**20**
③	④	④	②	①	①	④	①	②	②
21	**22**	**23**	**24**	**25**					
②	③	②	②	②					

✓ 점수 체크

구분	1회독	2회독	3회독
맞힌 문항 수	/ 25	/ 25	/ 25
나의 점수	점	점	점

01 난도 ★★☆   정답 ④

독해 > 빈칸 완성 > 단어·구·절

[정답의 이유]

제시문의 중반부에서 Jared Diamond가 'once caused terrifying epidemics(무서운 전염병) and then disappeared as mysteriously(신기하게 사라진) as they had come.'이라고 한 다음, 이어서 그 예로 수만 명을 죽음으로 내몬 후 사그라진 영국의 속립열을 인용했다. 마지막 문장에서 '지나친 효율성은 어떤 전염성 유기체에도 좋은 것은 아니다.'라고 했으므로 빈칸에 들어갈 말로 가장 적절한 것은 ④ '(A) infectious(전염성이 있는) – (B) disappear (사라지다)'이다.

[오답의 이유]

① 더 약한 – 사라지다
② 더 약한 – 퍼지다
③ 전염성이 있는 – 퍼지다

본문해석

미생물은 계산적인 존재가 아니다. 비누 거품 샤워로 수백만에 달하는 그것들을 학살할 때 여러분이 그것들에게 어떤 고통을 주는지 신경 쓰지 않는 것처럼 그것들도 자신들이 여러분에게 무엇을 하는지 상관하지 않는다. 병원균이 유일하게 신경 쓰는 때는 여러분을 매우 잘 죽일 때뿐이다. 만일 그것들이 이동하기 전에 여러분을 제거한다면, 그것들은 아마도 스스로 멸종할 것이다. 사실 이러한 일은 때때로 일어난다. Jared Diamond는 언급하기를, 역사는 '한때 무서운 전염병을 일으켰다가 그것들이 왔던 것처럼 신기하게 사라진' 질병으로 가득하다고 한다. 그는 그 기세가 맹렬했지만 다행히 일시적이었던 영국의 속립열을 인용하는데, 그 유행병은 1485년부터 1552년까지 맹위를 떨치며 수만 명을 죽음으로 내몬 후 스스로 사그라졌다. 지나친 효율성은 어떤 전염성 유기체에도 좋은 것은 아니다.

⇩

병원체들이 (A) 전염성이 강할수록, 그것은 더 빨리 (B) 사라질 가능성이 높다.

VOCA

• microorganism 미생물
• entity 독립체, 존재(물)
• distress 고통
• slaughter 학살하다
• pathogen 병원균, 병원체
• epidemic (병의) 유행, 유행병, 전염병

- cite 인용하다
- robust 강한
- mercifully 다행히도
- transient 일시적인, 순간적인
- sweating sickness 속립열
- rage (질병·화재 등이) 급속히 번지다, 맹위를 떨치다
- infectious 전염성의, 병을 옮길 수 있는

02 난도 ★★★   정답 ④

독해 > 대의 파악 > 지칭 추론

[정답의 이유]

밑줄 친 'drains the mind'는 '마음을 비우다'의 뜻으로 바로 앞 문장의 '~ at last, make you stand in the middle of the writing (~ 마침내 여러분을 글 한가운데 서게 하다)'과 의미가 비슷하다. 따라서 'drains the mind'가 뜻하는 바로 가장 적절한 것은 ④ 'to place oneself in the background(배경에 자신을 두다)'이다.

[오답의 이유]

① 마음을 치유하다
② 감성적이 되도록 돕다
③ 그/그녀의 호기심을 만족시키다

본문해석

만약 글이 탄탄하고 좋으면, 작가의 분위기와 기질은 그 작품을 훼손시키지 않으면서 결국 드러날 것이다. 그러므로 스타일[문체]을 얻으려면, 어떤 것에도 영향을 주지 않는 것부터 시작하라. 즉, 글의 느낌과 본질로 독자의 관심을 이끌어내라는 것이다. 신중하고 정직한 작가는 문체에 대해 걱정할 필요가 없다. 언어 사용에 능숙해지면, 여러분의 문체가 드러날 것이며, 여러분 자신이 나타날 것이기 때문에, 이런 일이 일어나면, 여러분을 다른 마음들로부터 분리하는 장벽을 깨고, 마침내 여러분을 글 한가운데 서게 만드는 것이 점점 더 쉽다는 것을 알게 될 것이다. 다행스럽게도, 글쓰기, 즉 창작 행위는 마음을 단련시킨다. 글쓰기는 사고를 시작하는 한 가지 방식이며, 글쓰기의 연습과 습관은 마음을 비운다.

VOCA

- solid 단단한, 확실한, 훌륭한
- temper 기질, 성질
- at the expense[cost] of ~을 희생하면서
- composition 작문, 작곡
- discipline 훈련하다
- drain 배수하다, 빼내 가다[소모시키다]

03 난도 ★★☆   정답 ④

어법 > 정문 찾기

[정답의 이유]

(A) 'A and B'의 병렬 구조로, and 앞에 형용사(false)가 있으므로 (과거분사형)형용사(perceived)가 적절하다.

(B) 형용사(gifted)를 수식하므로 부사(differently)가 적절하다.

(C) 앞 문장의 복수 명사 talents를 대신하면서 관계절(we have been given)의 수식을 받고 있으므로 지시대명사 those가 적절하다. those는 '~ 하는 것들[~ 하는 사람들]'을 뜻하며 수식어[전치사구, 관계절, 분사]의 수식을 받는다. those 다음에는 관계대명사 which[that]가 생략되었다.

[오답의 이유]

① 인식하다 – 다른 – 그들을
② 인식하다 – 다르게 – ~ 하는 것들
③ 인식된 – 다른 – 그들을

본문해석

자신 그리고 인생에서 우리의 운명에 대한 불만 중 일부는 실제 상황을 근거로 하고 있으며, 일부는 거짓이고 단순히 현실로 인식된 것이다. 인식된 것은 정리되고 버려져야 한다. 진짜는 변경할 수 있거나 변경할 수 없는 것으로 분류될 것이다. 만약 그것이 후자에 속한다면, 우리는 그것을 받아들이기 위해 노력해야 한다. 만약 그것이 전자에 속한다면, 그런 경우 우리는 대신 그것을 제거, 교환, 수정하기 위해 노력할 수 있는 대안이 있다. 우리는 모두 인생에서 특별한 목적이 있고, 모두 타고난 재능이 있는데, 단지 다르게 타고난 재능이 있는 것일 뿐이다. 그것은 1, 5, 10개의 재능을 부여받은 것이 공평한지 불공평한지에 대한 논쟁이 아니다. 그것은 우리가 우리의 재능을 가지고 무엇을 했는가에 대한 것이다. 그것은 우리에게 주어진 것들(재능)을 얼마나 잘 투자했는가에 대한 것이다. 만약 누군가가 그들의 삶이 불공평하다는 견해를 고수한다면, 그것은 정말로 신에 대한 모욕이다.

VOCA

- lot 운명, 운
- sort out 선별하다, 분류하다; 문제를 해결하다
- discard 버리다, 폐기하다
- fall into ~로 나뉘다
- strive 분투하다
- alternative 대안, 대체, 대신의, 다른
- modify 수정[변경]하다, 바꾸다
- gifted 재능이 있는

독해 > 글의 일관성 > 글의 순서

정답의 이유

주어진 글의 마지막 문장 'This is a common fallacy(이것은 일반적인 오류이다).'의 이유를 'it is because ~'로 받아서 설명하는 (B)가 주어진 글 다음에 오고, (B)의 most difficult customers를 'You also, ironically, repel ~(또한 역설적으로 더 좋은 고객을 쫓아버리는데 ~)'로 이어받는 (C)가 오는 것이 자연스럽다. 마지막으로 'It is, therefore, ~'로 시작하는 (A)에서 글을 마무리 짓고 있으므로 주어진 글 다음에 이어질 글의 순서로 적절한 것은 ② '(B) – (C) – (A)'이다.

본문해석

사람들은 낮은 가격을 청구하거나 경쟁사보다 낮은 가격을 책정함으로써, 더 많은 고객을 얻을 것이라고 추측한다. 이것은 일반적인 오류이다.

(B) 그것은 경쟁사에 비해서 인하된 가격을 부과하면, 고객 시장의 하위층을 끌어들이기 때문이다. 이 고객들은 더 적은 것으로 더 많은 것을 원하며, 종종 여러분의 사업에서 더 많은 시간과 간접비를 차지한다. 그들은 또한 여러분이 가장 다루기 어렵고 행복하게 하기 어려운 고객일 수도 있다.

(C) 또한 역설적으로 더 좋은 고객들을 쫓아버리는데, 그것은 그들이 더 높은 품질의 제품 또는 서비스를 위하여 더 비싼 가격을 지불할 것이기 때문이다. 우리는 많은 경쟁사들이 시장에 나와 지속 가능하지 않은 일일 요금을 부과하는 것을 보아왔다. 그들은 종종 심지어 그들의 할당량을 채우기 위해 고군분투하다가, 곧 포기하고 다른 일을 하는 것으로 옮기기도 한다.

(A) 그러므로, 시작할 때 더 적은 양으로 더 높은 이윤의 제품과 서비스를 갖는 것이 훨씬 더 낫다. 어쩔 수 없이 가격을 낮추기 위해 언제든지 협상할 수 있지만, 인상을 협상할 수 있는 경우는 거의 없기 때문이다.

VOCA

- charge (요금을) 청구하다
- fallacy 틀린 생각, (인식상의) 오류
- end 끝, 선단, 말단
- take up (시간 · 장소를) 차지하다
- overhead 간접비(의)
- repel 쫓아버리다
- sustainable 지속 가능한, 지탱할 수 있는
- quota 쿼터, 할당

어법 > 비문 찾기

정답의 이유

② '출판을 위해 시를 제출하는 것(submit a poem for publication)'이 문장의 주어이므로 submit → submitting(동명사)이 되어야 한다.

오답의 이유

① 'their work in print'에서 their는 children의 소유격으로 올바르게 사용되었다.
③ 'which poems they are most proud of'는 '그들이 가장 자랑스러워하는 어떤 시'의 뜻으로, which는 의문형용사로 어법상 올바르게 사용되었다.
④ 'publicly showcase their accomplishment'에서 publicly는 동사(showcase)를 수식하는 부사로 올바르게 사용되었다.

본문해석

글쓰기를 즐기는 아이들은 종종 자신들의 작품을 인쇄물로 보는 것에 흥미를 느낀다. 한 가지 비공식적인 접근은 그들의 시를 타자로 쳐서 인쇄해서 게시하는 것이다. 또는 많은 아동 작가들의 시를 복사한 문집을 만들 수도 있다. 하지만 진정으로 헌신적이고 야심한 아이들에게 있어서, 출판을 위해 시를 제출하는 것은 가치 있는 목표이다. 그리고 아이들의 독창적인 시를 인쇄하는 몇 가지 웹과 인쇄 자료들이 있다. 어린이 시인들이 원고(양식, 형식 등)의 제출 프로토콜에 익숙해지도록 도움을 주어라. 그들이 가장 자랑스러워하는 시를 고르도록 하고, 제출된 모든 것의 복사본을 보관하고, 부모님의 허락을 받도록 하라. 그리고 나서 그들의 작품이 채택되어 인쇄되어 나올 때 함께 축하하라. 그들을 축하하고, 그들의 성취를 공개적으로 전시하며, 널리 알려라. 성공은 성공을 고취한다. 그리고 물론, 만약 그들의 작품이 거절당한다면, 지원과 격려를 해 주어라.

VOCA

- post 게시[공고]하다
- photocopy 복사하다
- anthology 명시 선집, 선집, 명문집
- dedicated 헌신적인, 전용의, 몰두하고 있는
- ambitious 야심 있는
- worthy 가치 있는, 훌륭한
- protocol 의례, 프로토콜, 원안
- manuscript 원고
- showcase 전시하다
- accomplishment 성취, 업적, 재주, 기량
- spread 퍼뜨리다
- inspire 고무[격려]하다

동명사

- 동명사는 문장 내에서 주어, 목적어, 보어, 전치사의 목적어 역할을 한다.

  예 Smoking cigarettes may kill you. → 주어

  (담배를 피우면 죽을 수도 있다.)

  예 My favorite activity is reading thrillers. → 보어

  (내가 가장 좋아하는 활동은 스릴러물을 읽는 것이다.)

  예 I *enjoy* finding a bargain when I go shopping.

  → 타동사의 목적어

  (나는 쇼핑갈 때 싼 물건을 찾는 것을 즐긴다.)

  예 We sit on the couch and ponder the idea *of* taking a walk.

  → 전치사의 목적어

  (우리는 소파에 앉아서 산책하는 것에 대해 골똘히 생각한다.)

- 동명사와 명사의 차이

동명사	명사
• 명사의 역할: 주어, 목적어, 보어로 쓰임 • 동사의 역할: 목적어를 취함	• 명사의 역할: 주어, 목적어, 보어로 쓰임 • 동사가 아니므로 목적어를 취할 수 없음

  예 The paper charged her with use(→ using) the company's money for her own purpose.

  (그 신문은 그녀가 자신의 목적을 위해 회삿돈을 사용했다고 비난했다.)

06 난도 ★★☆   정답 ④

독해 > 글의 일관성 > 문장 삽입

정답의 이유

주어진 문장의 '~ from the tribe, the tiny seeds ~'로 미루어 앞에 부족과 작은 씨앗에 대한 설명이 나와야 함을 유추할 수 있다. ④ 앞 문장에서 'one seed', 'this one seed', 'entire tribe'가 처음으로 언급되었으므로 주어진 문장이 들어가기에 적절한 곳은 ④이다.

본문해석

Pueblo 인디언 문화에서 옥수수는 사람들에게 곧 생명의 상징이다. '태양과 빛의 할머니' Corn Maiden이 이 선물을 가져와 사람들에게 삶의 힘을 주었다. 옥수수가 태양에 의해 생명을 부여받으면서, Corn Maiden은 태양의 불을 인간의 몸으로 가져와, 자연을 통해 인간에게 그의 사랑과 힘의 많은 표상들을 준다. 각각의 Maiden은 아이에게 주는 것처럼 사랑으로 길러지는 옥수수 씨앗을 하나씩 가져오는데, 이 하나의 씨앗이 부족 전체를 영원히 지탱할 것이다. 부족의 사랑과 힘으로 그 작은 씨앗들은 성숙하고 크게 자라서, 사람들을 위한 작물로 재배된다. Corn Maidens의 영혼은 부족 사람들과 영원히 함께 있다.

- tribe 부족
- bring 가져오다, 데려오다
- representation 묘사[표현]
- nurture (잘 자라도록) 양육하다, 보살피다
- sustain 살아가게 하다, 지속시키다
- entire 전체의, 온

07 난도 ★★☆   정답 ①

독해 > 빈칸 완성 > 단어 · 구 · 절

정답의 이유

제시문의 네 번째 문장의 '~ they pump waste products into them(~ 그것들은[나무들은] 폐기물을 그것들에 퍼붓는다)'과 다섯 번째 문장의 '~ they are taking this opportunity to relieve themselves(~ 그것들이 용변을 보기 위해 이 기회를 이용하고 있다)'로 미루어 빈칸에 들어갈 말로 적절한 것은 ① 'tree toilet paper(나무 화장지)'이다.

오답의 이유

② 그 식물 주방

③ 나무의 폐

④ 곤충의 부모

본문해석

너도밤나무, 참나무, 가문비나무, 그리고 소나무는 항상 새롭게 생장하며, 오래된 것을 없애야 한다. 가장 분명한 변화는 매년 가을에 일어난다. 나뭇잎들은 제 역할을 했다. 즉, 그것들은 이제 낡았고 충해로 인해 구멍이 숭숭 뚫렸다. 그것들에 작별을 고하기 전에, 나무들은 폐기물을 그것들에 퍼붓는다. 여러분은 그것들이 용변을 보기 위해 이 기회를 이용하고 있다고 말할 수 있다. 그러고 나서, 그것들은 연약한 조직층을 성장시켜서 각각의 나뭇잎을 그것이 나 있는 나뭇가지로부터 떼어내고, 그 잎들은 다음번 산들바람에 땅으로 굴러떨어진다. 이제 지면을 덮은 채 여러분이 그것들을 밟고 지나다닐 때 매우 만족스러운 저르륵저르륵 소리를 내는 바스락거리는 나뭇잎들은 기본적으로 나무 화장지이다.

- beech 너도밤나무
- oak 참나무
- spruce 가문비나무
- riddle 수수께끼, 구멍을 숭숭 뚫다, 벌집같이 만들다
- bid (고어 · 시에서) 고하다, 명하다
- adieu 작별
- relieve oneself 용변을 보다, 배변하다
- breeze 산들바람
- rustling 바스락[사각, 와작] 소리나는, 바스락거리는 소리
- scrunch 저르륵저르륵[뽀드득뽀드득] 소리를 내다
- scuffle 휙[슉] 움직이다

독해 > 글의 일관성 > 무관한 어휘·문장

정답의 이유

제시문은 소설의 쓰임새 중 하나가 공감을 쌓는 것이라고 주장하고 나서 소설을 통해 공감을 쌓는 과정을 그리고 있다. ②는 그러한 과정과 상관없는 내용이므로 논점에서 어긋나는 문장이다. 따라서 글의 흐름상 어색한 문장은 ②이다.

본문해석

소설은 많은 쓰임새가 있는데, 그것들 중 한 가지는 공감을 쌓는 것이다. TV나 영화를 볼 때, 여러분은 다른 사람들에게 일어나는 일들을 보고 있다. 산문 소설은 26개의 글자[알파벳]와 몇 개의 구두점으로 이루어졌다. 그리고 여러분은 여러분만의 상상력을 발휘하여 세상을 만들고, 그곳에서 살면서 다른 눈으로 바깥을 바라본다. 여러분은 사물을 느끼고, 그렇지 않다면 결코 알지 못했을 장소와 세계를 방문하게 된다. 다행스럽게도, 지난 10년 동안, 세계에서 가장 아름답고 알려지지 않은 많은 장소들이 주목받았다. 저 바깥에 있는 다른 사람들도 모두 또 하나의 '나'라는 것을 알게 된다. 여러분은 다른 누군가가 되고 있고, 여러분 자신의 세계로 돌아오면, 여러분은 약간 변화될 것이다.

VOCA

• empathy 공감, 감정이입
• prose 산문, 산문의
• a handful of 소수의
• punctuation mark 구두점
• put in the spotlight 주목[관심]을 받다

독해 > 빈칸 완성 > 단어·구·절

정답의 이유

빈칸 앞부분에 '그것에 그늘을 드리우는 다른 식물들은 새로운 생명을 즉시 소멸시킬(Other plants casting shade on it would extinguish the new life immediately) 것'이며, '만약 이런 솜털 같은 작은 씨앗 꾸러미가 가문비나무나 너도밤나무 숲에 떨어진다면, 씨앗의 생은 시작도 하기 전에 끝난다.'라고 했으므로 문맥상 빈칸에는 작은 씨앗 꾸러미가 가문비나무나 너도밤나무 숲에 떨어지는 것보다 ① 'prefer settling in unoccupied territory(빈 지역에 정착하기를 선호한다)'가 적절하다.

오답의 이유

② 초식동물의 먹이로 선택되었다
③ 인간의 개입을 피하려고 진화했다
④ 먼 겨울까지 죽은 잎을 달고 있다

본문해석

버드나무와 포플러의 씨앗은 너무 작아서 여러분은 솜털로 뒤덮여 날아다니는 털에서 작고 어두운 두 개의 점으로만 알아볼 수 있다. 이 씨앗들 중 하나는 무게가 0.0001그램밖에 나가지 않는다. 이렇게 약한 에너지를 비축해서, 묘목은 수증기가 다 떨어지기 전에 겨우 1~2밀리미터만 자랄 수 있고 어린잎을 이용해 스스로 만든 양분에 의존해야 한다. 하지만 그것은 작은 새싹을 위협하는 경쟁이 없는 곳에서만 효과가 있다. 그것에 그늘을 드리우는 다른 식물들은 새로운 생명을 즉시 소멸시킬 것이다. 그래서 만약 이런 솜털 같은 작은 씨앗 꾸러미가 가문비나무나 너도밤나무 숲에 떨어진다면, 씨앗의 생은 시작도 하기 전에 끝난다. 그래서 버드나무와 포플러는 빈 지역에 정착하기를 선호한다.

VOCA

• willow 버드나무
• minuscule 아주 작은
• make out ~을 알아보다
• fluffy 솜털 같은, 솜털로 덮인
• weigh 무게[체중]가 ~이다
• meagre[=meager] 빈약한, 메마른, 결핍한
• reserve 비축[예비](물)
• seedling 묘목, 어린 나무
• run out of ~을 다 써버리다, ~이 없어지다
• steam 수증기, (작은) 물방울
• rely on 기대다, 의존하다
• threaten 위태롭게 하다, 위협하다
• sprout 싹이 트다, 새싹
• cast (그림자를) 드리우다
• shade 그늘
• extinguish 소멸시키다

독해 > 글의 일관성 > 무관한 어휘·문장

정답의 이유

제시문은 좋은 워킹화에 관해 설명하는 글이다. ③ lowered 다음에서 '~ the sole at the back of the shoe is ~ thicker~(신발 뒷부분의 밑창이 ~ 더 두껍다)'라고 했으므로 문맥상 낱말의 쓰임이 적절하지 않은 것은 ③ 'lowered(낮아진)'이다. lowered → heightened(높아진) 또는 raised(올려진)가 되어야 한다.

오답의 이유

① 지지하는
② 충격 흡수 능력을 가진
④ 널찍한

좋은 워킹화는 중요하다. 대부분 주요 운동 브랜드들은 특히 걷기를 위해 고안된 신발을 제공한다. 스타일보다는 착용감과 편안함이 더 중요한데, 신발은 끼거나 조이지 않고, 지지감이 느껴져야 한다. 상부는 가벼우면서 통기성이 뛰어나고 유연해야 하며, 안창은 방습성이 있어야 하고, 밑창은 충격을 흡수해야 한다. 신발 뒤꿈치 굽의 쐐기가 낮아야(→ 높아야) 하며, 따라서 신발 뒷부분의 밑창이 앞부분보다 두 배 더 두껍다. 마지막으로, 운동용 양말을 신을 때도 앞심이 넓어야 한다(공간이 있어야 한다).

VOCA

- constricting 수축되는, 조이는
- insole 구두의 안창
- absorbent (특히 액체를) 잘 빨아들이는, 흡수력 있는
- heel (신발의) 굽
- wedge 쐐기
- toe box (구두 끝의 안쪽에 넣는) 앞심

11 난도 ★★☆   정답 ③

독해 > 대의 파악 > 요지, 주장

정답의 이유

첫 문장의 'If your kids fight every time ~ make sure you're close enough to be able to hear them ~(여러분의 자녀들이 ~ 할 때마다 싸운다면, ~ 여러분이 그들의 소리를 들을 수 있을 만큼 반드시 충분히 가까이 있도록 하라)'과 마지막 문장의 'They should also learn to revisit problems ~(그들은 또한 ~ 문제를 다시 논의하는 법을 배워야 한다)'로 미루어 글의 요지로 가장 알맞은 것은 ③ 'Help your kids learn to resolve conflict(여러분의 아이들이 갈등을 해결하는 법을 배우도록 도와라).'임을 유추할 수 있다.

오답의 이유

① 여러분의 아이들에게 그들의 시험을 평가해 달라고 요청하라.
② 여러분의 아이들이 서로 경쟁하도록 하라.
④ 여러분의 아이들에게 논쟁에서 이기는 법을 가르쳐라.

여러분의 자녀들이 비디오 게임을 할 때마다 싸운다면, 아이들이 게임을 하기 위해 앉을 때 여러분이 그들의 소리를 들을 수 있을 만큼 반드시 충분히 가까이 있도록 하라. 그들이 사용하는 공격적인 특정한 단어나 목소리 톤을 듣고, 그것이 더 격해지기 전에 개입하려고 노력하라. 일단 화가 진정되면, 아이들을 앉히고 탓하거나 비난하지 말고 앉아서 그 문제에 대해 의논해 보라. 아이들 각자에게 방해받지 않고 말할 기회를 주고, 그들 스스로 그 문제에 대한 해결책을 제시하도록 노력하게 하라. 아이들이 초등학생이 될 때쯤이면, 그들은 어떤 것들이 서로에게 유리한 해결책이고, 어떤 것들이 시간이 지나면서 가장 효과가 있고 서로를 만족시킬 가능성이 있는지 평가할 수 있게 된다. 그들은 또한 해결책이 더 이상 효과가 없을 때 문제를 다시 논의하는 법을 배워야 한다.

VOCA

- aggressive 공격적인, 적극적인, 활동적인
- intervene 개입하다, 끼어들다
- temper 성격, 기질, 화
- settle 진정되다
- accuse 비난하다
- uninterrupted 방해받지 않는
- come up with 제시하다
- revisit 다시 논의하다
- resolve 해결하다

12 난도 ★★☆   정답 ④

독해 > 대의 파악 > 요지, 주장

정답의 이유

제시문은 세균의 이점을 설명하는 내용으로, 'When we come in contact with most germs, ~(우리가 대부분의 세균과 접촉할 때, 우리 몸은 그것들을 파괴하고, 그 결과 우리의 면역 체계와 질병과 싸워 이기는 그것의 능력을 강화한다)'라고 한 다음, 결론적으로 'these "good germs" actually make us healthier(이러한 유익균은 실제로 우리를 더 건강하게 만든다).'라고 했으므로 글의 요지로 적절한 것은 ④ '과도하게 세균을 제거하려고 하는 것이 오히려 면역 능력을 해친다.'이다.

어떤 희생을 치르더라도 세균을 피하는 게 요즘 추세이다. 우리는 욕실과 부엌, 공기를 소독한다. 우리는 세균을 죽이기 위해 손을 소독하고 구강청결제로 입안을 헹군다. 일부 사람들은 되도록 사람들과 접촉하는 것을 피하고, 세균 감염에 대한 두려움 때문에 심지어 악수도 하지 않으려 한다. 내 생각에는 어떤 사람들은 마음을 제외한 모든 것을 정화할 것이라고 해도 무방할 것 같다. 'the Boy in the Bubble' 이야기를 기억하는가? 그는 면역 체계 없이 태어났고, 사람들과의 접촉을 차단당한 채 완전히 무균 상태인 방에서 살아야 했다. 물론, 모든 사람들은 합리적인 수준의 청결함과 개인위생 상태를 유지하기 위해 신중한 조치를 취해야 하지만, 많은 경우, 우리가 너무 지나친 것은 아닐까? 우리가 대부분의 세균과 접촉할 때, 우리 몸은 그것들을 파괴하고, 그 결과 우리의 면역 체계와 더 나아가 질병과 싸워 이기는 그것의 능력을 강화한다. 따라서 이러한 '유익균'은 실제로 우리를 더 건강하게 만든다. 모든 세균을 피하고 무균 환경에서 사는 게 가능하다고 해도, 그러면 우리는 'the Boy in the Bubble'처럼 되지 않을까?

VOCA

- germ 세균, 미생물, 병원체
- disinfect 소독[살균]하다, (컴퓨터의) 바이러스를 제거하다
- sanitize 위생 처리하다, 살균하다 (= disinfect)
- for fear of ~하는 것을 두려워하여, ~할까 봐
- safe to say ~이라고 말해도 무방하다
- purify 정화하다
- take measure 조치를 취하다

- prudent 신중한
- go overhead 도를 지나치다
- come in contact with ～와 접촉하다
- fight off 물리치다
- sterile 무균의

13 난도 ★★☆ 정답 ④

어법 > 비문 찾기

정답의 이유

④ 부대상황 분사구문으로, 'with＋목적어＋현재분사[과거분사]'의 형식인데, 목적어와 관계가 능동이면 현재분사, 수동이면 과거분사를 사용한다. '～ with one quarter of its population lived within the walls ～'에서 'population'과 'lived'의 관계가 능동이므로 lived → living이 되어야 한다.

오답의 이유

① 'Knowing as the Golden City ～'는 분사구문으로, 주절의 주어(Jaisalmer)와 분사구문의 주어가 일치하여 생략한 경우이다. 문맥상 주어(Jaisalmer)가 Golden City로 '알려진' 수동 관계이므로 Knowing → Known으로 올바르게 고쳤다.

② 문장의 동사(rises)가 나와 있으므로 shelters는 'its 30-foot-high walls and medieval sandstone fort'를 수식하는 분사인데, 문맥상 성벽과 요새가 '보호하는' 능동 관계이므로 shelters → sheltering으로 올바르게 고쳤다.

③ '부정어구 도치(so little has life)' 문장으로, 'so little has life altered here'로 미루어 'so ～ that' 구문 문장임을 유추할 수 있으므로 which → that으로 올바르게 고쳤다.

본문해석

Golden City로 알려진 Jaisalmer는 Khyber Pass로 가는 길목에 있는 예전의 카라반 중심지였으며, 모래바다로부터 우뚝 솟아있고, 30피트 높이 성벽과 중세 사암 요새가 사파이어 빛 하늘로 치솟은 조각 첨탑과 궁전을 보호하고 있다. 꼬불꼬불한 작은 길과 숨겨진 사원으로 인해 Jaisalmer는 아라비안나이트에서 바로 나온 것 같이 생겼고, 이곳의 삶이 거의 변하지 않아서 여러분 자신이 13세기로 되돌아간 것으로 상상하기 쉽다. 이곳은 아직도 기능을 하는 인도의 유일한 요새 도시로, 인구의 4분의 1이 성벽 안에 살고 있으며 자주 다니는 길목에서 충분히 먼 거리에 있어서 관광업으로 인한 최악의 피해를 면했다. 그 도시의 재산은 원래 그곳을 지나가는 낙타 카라반들에게 부과되었던 상당한 통행료에서 나왔다.

VOCA

- medieval 중세의, 중고의
- fort 요새
- shelter 보호하다
- spire 뾰족탑
- soar 우뚝 솟다
- winding 꼬불꼬불한
- alter 변하다, 바뀌다
- ravage 파괴

- substantial 실질적인, 상당한
- toll 통행료

14 난도 ★★☆ 정답 ②

독해 > 대의 파악 > 요지, 주장

정답의 이유

제시문의 마지막 문장에서 'we must find a way ～(우리는 어떻게든 모든 사람들이 새로운 발견에 접근 가능한 방법을 찾아야 한다).'라고 했으므로 필자가 주장하는 바는 ② '새로운 연구 결과에 모든 사람이 접근할 수 있게 해야 한다.'이다.

본문해석

학자들은 세계의 문제에 대해 냉담하지도 무관심하지도 않다. 이러한 문제에 관한 책들이 그 어느 때보다 많이 출판되고 있지만, 일반 대중들의 관심을 끄는 책은 거의 없다. 마찬가지로, 새로운 연구 발견은 대학에서 지속적으로 이루어지고 있으며, 전 세계 컨퍼런스에서 공유되고 있다. 불행히도, 이 활동의 대부분은 자기 잇속만 차리는 활동이다. 이것 또한 오직 선택적으로, 과학을 제외하고, 새로운 견해들은 우리의 삶을 개선하는 데 도움이 되는 방법으로 대중에게 전해지지 않고 있다. 그러나 이러한 발견은 단순히 엘리트들의 소유물이 아니며, 선택된 소수의 전문가들의 소유로 남아서도 안 된다. 각 개인은 자신[그 또는 그녀]의 삶의 결정을 내려야 하며, 우리가 누구이고 우리에게 무엇이 좋은지에 대한 현재의 이해를 고려하여 선택해야 한다. 그 점에 있어서, 우리는 어떻게든 모든 사람들이 새로운 발견에 접근 가능한 방법을 찾아야 한다.

VOCA

- apathetic 무관심한, 냉담한
- indifferent 무관심한
- capture (흥미를) 사로잡다
- self-serving 이기적인, 자기 잇속만 차리는
- selectively 선택적으로
- property 소유물
- possession 소유
- in light of ～을 고려하여
- accessible 접근 가능한

15 난도 ★★☆ 정답 ①

독해 > 대의 파악 > 제목, 주제

정답의 이유

첫 문장에서 'Language gives ～(언어는 개인에게 정체성과 소속감을 준다).'라고 했고, 마지막 문장에서 향상된 자아 정체성과 자존감 덕분에 아이의 수업 성적 또한 향상된다고 했으므로 글의 주제로 적절한 것은 ① 'the importance of mother tongue in child development(아동 발달에서 모국어의 중요성)'이다.

오답의 이유

② 아이들의 외국어 학습에 대한 영향

③ 아이들의 자존감을 향상시키는 방안

④ 언어학적 분석의 효율성

본문해석

언어는 개인에게 정체성과 소속감을 준다. 아이들이 자랑스럽게 그들의 언어를 배우고 가정과 이웃에서 그것을 말할 수 있을 때, 아이들은 높은 자존감을 갖게 될 것이다. 게다가, 모국어의 진정한 가치를 아는 아이들은 외국어로 말할 때 자신을 성공한 사람이 된 것처럼 느끼지 않을 것이다. 향상된 자아 정체성과 자존감 덕분에, 아이의 수업 성적 또한 향상되는데, 그것은 이러한 아이는 언어적 소외감에 대한 걱정을 덜 가지고 등교하기 때문이다.

VOCA

- identity 정체성, 자신, 신원, 신분; 독자성, 동질감
- sense of belonging 소속감
- self−esteem 자부심, 자존감, 자긍심
- mother tongue 모국어
- linguistic marginalization 언어적 소외감

16 난도 ★☆☆   정답 ①

독해 > 대의 파악 > 제목, 주제

정답의 이유

두 번째 문장에서 'They discovered ~ that by living and working together, they could interact with the world more effectively(그들은 함께 생활하고 일함으로써 더 효과적으로 세계와 상호작용할 수 있다는 사실을 발견했는데 ~)'라고 했고, 다음 문장에서 '만약 동물들이 한 무리로 뭉친다면, 그들은 자신보다 더 큰 동물들을 잡고 죽일 수 있다'라고 했으므로 글의 주제로 적절한 것은 ① 'benefits of being social in animals(동물들이 사회적인 것의 장점)'이다.

오답의 이유

② 협동 행동의 단점
③ 동물과 인간의 공통적 특성
④ 짝짓기와 번식에서의 경쟁

본문해석

많은 동물들이 홀로 지내지 않는다. 그들은 함께 생활하고 일함으로써 더 효과적으로 세계와 상호작용할 수 있다는 사실을 발견했는데, 어쩌면 자연이 그들을 위해 발견해준 것일 수도 있다. 예를 들어, 만약 동물이 홀로 먹이를 사냥한다면, 자신보다 훨씬 더 작은 동물들만 잡고 죽이고 먹을 수 있지만, 만약 동물들이 한 무리로 뭉친다면, 그들은 자신보다 더 큰 동물들을 잡고 죽일 수 있다. 한 무리의 늑대는 말 한 마리를 죽일 수 있고, 무리는 매우 잘 먹을 수 있다. 그러므로 동물들은 혼자 일하는[사냥하는] 것보다 함께 일한다면, 같은 숲에 있는 동종의 동물들이 더 많은 먹이를 얻을 수 있다. 협력에는 다른 이점이 있다. 즉, 동물들은 서로에게 위험을 경고할 수 있고, (만약 따로따로 탐색한 다음, 먹이를 찾는 데 성공한 동물을 따라간다면) 더 많은 먹이를 찾을 수 있으며, 심지어 병들거나 다친 것들을 어느 정도는 보살필 수 있다. 동물들이 멀리 떨어져 사는 것보다 무리를 지어 살면 짝짓기와 번식에도 더 용이하다.

VOCA

- loner 외톨이
- interact 상호작용하다
- band together 함께 뭉치다, 무리를 이루다
- pack 무리, 떼
- alert 알리다, 주의를 환기시키다
- mating 짝짓기
- reproduction 번식
- drawback 결점
- trait 특징

17 난도 ★★☆   정답 ④

독해 > 글의 일관성 > 무관한 어휘 · 문장

정답의 이유

제시문은 철학은 스스로 생각할 수 있게 해주므로 초등학교 때부터 철학자처럼 생각하는 법을 배워야 한다는 취지의 글이다. ④ 앞의 문장에서 'go on reciting the rules of others as if they were sacrosanct(다른 사람들의 법칙을 마치 신성불가침이라도 되는 것처럼 계속 암송한다).'라고 했으므로 문맥상 ④에서 결과적으로 그들은 자신도 모르게 다른 사람들의 세계의 proponents(지지자들)가 된다고 하는 것이 적절하다. 따라서 문맥상 낱말의 쓰임이 적절하지 않은 것은 ④ 'opponents(반대자들)'이다.

본문해석

내 자신의 호기심은 대학에서의 철학 공부에 의해 고무되었다. 그 과정에는 우리가 공부하기로 되어 있는 수많은 철학자들이 목록에 있었고, 나는 처음에는 우리의 과제가 일종의 세속적인 성서로서 그들의 작품을 배우고 받아들이는 것이라고 생각했다. 하지만 내가 기뻤던 것은, 지도교수의 관심이 내가 그들의 이론을 암송하는 게 아니라, 과거 철학자들을 권위자가 아닌 자극제로 사용하여 내 자신의 이론을 발전시키는 데 도움을 주는 것이라는 걸 알게 된 것이었다. 그것이 내 지적 자유의 비결이었다. 이제 나는 스스로 생각하고, 무엇이든 모든 것에 의문을 제기하고, 내가 옳다고 생각하는 경우에만 동의할 공식적인 허락을 받았다. 좋은 교육을 받았더라면, 훨씬 더 일찍 그 허락을 받았을 것이다. 아, 어떤 사람들은, 그것을 받은 적이 없는 것 같아 보이고, 다른 사람들의 법칙을 마치 신성불가침이라도 되는 것처럼 계속 암송한다. 결과적으로, 그들은 자신도 모르게 다른 사람들의 세계의 반대자들(→ 지지자들)이 된다. 이제, 나는 철학이 전문 철학자들에게만 맡겨지기에는 너무 중요하다고 생각한다. 우리는 모두 초등학교 때부터 철학자처럼 생각하는 법을 배워야 한다.

VOCA

- be supposed to ~하기로 되어 있다
- absorb 받아들이다
- secular 세속의, 속인의, 세속적인
- delighted 기뻐하는
- recite 암송하다
- stimulant 각성제, 자극이 되는 것, 자극성의

- authority 당국, 권한, 권위, 권위자
- intellectual 지적인
- alas 아아, 슬프도다
- unwitting 모르는, 의식하지 않은

18 난도 ★★☆   정답 ①

어법 > 정문 찾기

[정답의 이유]

(A) 명사(evidence) 다음에 완전한 문장[주어(Mayan leaders)+동사(were aware of)+목적어(their uncertain dependence)]이 나오므로 명사(evidence)를 보충·설명하는 동격 명사절을 이끄는 'that'이 적절하다. 동격의 that은 일반적으로, '명사(fact, news, evidence, belief, idea)+that'의 형식으로 쓰인다.

(B) 문맥상 '저장하기 위해'라는 의미가 되어야 하므로 (B)에는 to부정사의 부사적 용법으로 쓰인 'to store'가 적절하다.

(C) 'as+보어+as+주어+동사'에서 as가 양보 부사절 접속사로 쓰였으므로 (C)에는 주격 보어(impressive)를 취하는 be동사 'were'가 적절하다.

본문해석

과거를 되돌아보면, 과학자들은 마야의 지도자들이 강우에 대한 자신들의 불안정한 의존에 대해 여러 세기 동안 알고 있었다는 산더미 같은 증거를 발견했다. (그들은) 물 부족에 대해 알고 있었을 뿐만 아니라 기록도 하고 계획도 세웠다. 마야인들은 강우량이 적은 해에는 재배할 작물의 종류, 공공 용수의 사용, 식량 배급을 엄격하게 통제하면서 (물)보존을 시행했다. 3천 년 통치 기간의 처음 절반 동안 마야인들은 가뭄기에 대비해 빗물을 저장하기 위해 더 큰 규모의 지하 인공 호수와 수조를 계속 만들었다. 공들여 꾸민 그들의 신전들도 인상적이었지만, 물을 모으고 저장하기 위한 그들의 효율적인 체계는 설계와 공법에 있어서 걸작이었다.

VOCA

- look back 되돌아보다
- uncover 발견하다
- a mountain of 많은
- uncertain 불안정한, 불확실한
- dependence 의존성
- enforce 시행하다, 강요하다
- conservation 보존, 보호
- regulate 통제하다
- reign 통치, 통치 기간
- artificial 인공의
- drought 가뭄
- elaborately 공들여, 정교하게
- masterpiece 걸작

19 난도 ★★☆   정답 ②

독해 > 글의 일관성 > 글의 순서

[정답의 이유]

② 주어진 글은 종교가 사람에게서 가장 좋은 것을 끌어내는 유일한 현상은 아니라고 했으므로 문맥상 아이를 갖는 것과 전쟁, 자연재해도 인간을 성숙하게 하는 효과가 있다고 한 (B)로 이어지는 것이 자연스럽다. 이어서 (C)에서 '하지만(But) 종교만큼 효과적인 것도 없다'라고 이야기하고 나서 (A)에서 종교가 없었다면(otherwise) 자아도취하거나 천박할 사람들도 종교에 의해 인생에 대한 관점(a perspective on life)을 얻게 된다고 마무리하는 것이 자연스럽다.

본문해석

종교는 확실히 한 사람에게서 가장 좋은 것을 끌어낼 수 있지만, 그것이 그 속성만이 가진 유일한 현상은 아니다.

(B) 아이를 갖는 것은 종종 한 사람을 놀랄 만큼 성숙하게 하는 효과가 있다. 유명한 말이지만, 전시는 홍수나 허리케인 같은 자연재해가 그러한 것처럼, 사람들에게 능력을 발휘할 많은 기회를 제공한다.

(C) 그러나 하루하루 빠짐없이 평생을 대비하기 위해서는 아마도 종교만큼 효과적인 것은 없을 것이다. 즉, 그것은 강력하고 재능있는 사람들을 더 겸손하고 인내심 있게 만들고, 보통 사람들이 자기 자신을 넘어설 수 있게 만들며, 음주나 마약 또는 범죄로부터 벗어나기 위해 필사적으로 도움을 필요로 하는 많은 사람들에게 견고한 지원을 제공한다.

(A) 그렇지 않았다면 자기 만족적이거나, 천박하거나, 조잡하거나, 그저 겁쟁이가 되었을 사람들도, 모두가 자랑스러워할 어려운 결정을 내리는 데 도움을 주는 인생에 대한 관점이 그들의 종교에 의해 주어지면, 그들은 종종 고상해진다.

VOCA

- bring out ~을 꺼내다, ~을 끌어내다
- property 속성
- phenomenon 현상
- self absorbed 자기도취의, 자기 일에 몰두한
- shallow 얕은, 천박한
- crude 가공하지 않은, 미숙한
- quitter 쉽게 체념해 버리는 사람, 겁쟁이, 비겁자
- ennoble 고상하게 하다
- perspective 관점
- an abundance of 많은, 풍부한
- occasion (~을 위한/~할) 시기; 기회, 호기
- rise to 능력을 발휘하다
- day in, day out (오랫동안) 해가 뜨나 해가 지나[하루도 빠짐없이]
- brace 버티다, 대응 태세를 갖추다
- sturdy 튼튼한, 견고한, 불굴의, 단단한
- desperately 절실하게, 필사적으로, 절망적으로
- stay away from ~을 가까이하지 않다

20 난도 ★★☆   정답 ②

독해 > 글의 일관성 > 글의 순서

정답의 이유

주어진 글 끝부분의 'deplete more rapidly(더 빠르게 고갈되다)'는 (B)의 'The result of this depletion(이러한 고갈의 결과는)'으로 이어지고, (B) 끝부분의 'rising population numbers(증가하는 인구수)'는 (A)의 'Population growth(인구 증가)'로 이어진다. 그런 다음 (A)의 'increased greenhouse gases, mostly from CO2 emissions(주로 이산화탄소 배출로 인해 온실가스가 증가하는)'는 (C)의 'As greenhouse gases increase(온실가스가 증가함에 따라)'로 마무리된다. 따라서 주어진 글 다음에 이어질 글의 순서는 ② '(B) − (A) − (C)'이다.

본문해석

더 많은 사람들이 더 많은 자원을 필요로 하는데, 이는 인구가 증가함에 따라 지구의 자원이 더 빠르게 고갈된다는 것을 의미한다.

(B) 이러한 고갈의 결과는 인간이 증가하는 인구수를 수용하기 위해 지구에서 자원을 제거함으로써 발생하는 삼림 벌채와 생물 다양성의 손실이다.

(A) 인구 증가는 또한 온실가스 증가를 초래하는데, 이는 주로 이산화탄소 배출로 인한 것이다. 가시화해 보면, 20세기 동안, 인구는 4배로 증가했는데, 이산화탄소 배출량은 12배 증가했다.

(C) 온실가스가 증가함에 따라 기후 패턴도 그러한데[늘어나는데], 이것은 결국 기후 변화라고 불리는 장기적인 패턴을 야기한다.

VOCA

• deplete 고갈시키다, 다 써버리다, 비우다
• emission (빛 · 열 · 가스 등의) 배출, 배출물, 배기가스
• visualization 눈에 보이게 함[하는 힘], 시각화
• fourfold 4중(四重)의[으로], 4배의[로], 4배, 4중, 네 겹
• deforestation 삼림파괴
• strip 없애다
• accommodate 편의를 도모하다, 수용하다
• ultimately 결국, 궁극적으로

21 난도 ★★☆   정답 ②

독해 > 글의 일관성 > 무관한 어휘 · 문장

정답의 이유

제시문은 의학 인류학자와 전염병 학자가 협업하여, 질병의 확산에 영향을 미치는 요인과 질병의 원인과 증상, 어떻게 질병을 잘 치료할 수 있는지 등을 연구하여 효과적인 보건 의료 서비스를 제공하는 것에 대한 내용이다. 따라서 전체 흐름과 관계없는 문장은 '의사가 되고자 하는 동기(incentive)'에 대해 설명한 ②이다.

본문해석

인간 생물학 및 생리학의 광범위한 훈련을 받은 의학 인류학자들은 질병 전염 패턴과 특정 집단들이 말라리아와 수면병 같은 질병의 존재에 어떻게 적응하는지를 연구한다. 바이러스와 박테리아의 전염은 사람들의 식생활, 위생, 기타 행동의 영향을 많이 받기 때문에 많은 의학 인류학자들은 전염병 학자와 팀을 이루어 질병의 확산에 영향을 미치는 문화적 관행을 파악한다. 대부분의 학생들이 성공적인 의학 경력에 주어지는 금전적 보상보다는 인도주의적 이유로 의사가 된다는 것이 일반적인 믿음일지도 모르지만, 선진국에서는 지위와 보상에 대한 전망도 아마 하나의 동기일 것이다. 서로 다른 문화들은 질병의 원인과 증상, 질병을 가장 잘 치료하는 방법, 전통 치료사와 의사의 능력 그리고 치유 과정에서의 지역사회 참여의 중요성에 대해 저마다 생각이 다르다. 의학 인류학자들은 인류 공동체가 이러한 것들을 어떻게 인식하는지 연구함으로써, 병원 및 다른 기관이 보다 효과적으로 보건 의료 서비스를 제공할 수 있도록 지원한다.

VOCA

• anthropologist 인류학자
• physiology 생리학
• transmission 전염, 전파
• adapt 적응하다
• presence 존재
• sanitation 공중위생
• epidemiologist 유행[전염]병 학자
• identify 확인하다
• enter medicine 의사가 되다
• humanitarian 인도주의적인, 인도주의의
• prospect 전망
• deliver 전달하다, 전하다

독해 > 글의 일관성 > 글의 순서

정답의 이유

주어진 글에서 Sequoya의 출생에 대해 소개하고, (C)에서 'As a child ~(어린 시절 ~)'로 이어지는 것이 자연스럽다. 그 다음으로 (A)와 (B) 중에서 (B)의 'More important ~(더 중요한 것은 ~)'로 미루어, (B) 앞에 다른 '중요한 것'이 나와 있을 것으로 유추할 수 있으므로 (A) 다음에 (B)가 이어진다는 것을 유추할 수 있다. 따라서 주어진 글 다음에 이어질 글의 순서로 적절한 것은 ③ '(C) – (A) – (B)'이다.

본문해석

Sequoya(1760?–1843)는 Tennessee 주 동부에서 Cherokee 부족의 전통과 종교에 대한 지식으로 높이 존경받는 한 명문가에서 태어났다.

(C) 어린 시절, Sequoya는 Cherokee 구전을 배웠고, 그 이후 성인이 되어 유로 아메리카 문화를 소개받았다. 그의 편지에서, Sequoya는 의사소통에 사용되는 유럽계 미국인들의 글쓰기 방법에 어떻게 매료되었는지를 언급한다.

(A) 글쓰기가 그의 민족에게 갖는 가능성을 인식한 Sequoya는 1821년에 체로키 알파벳을 발명했다. 이 글자 체계로, Sequoya는 고대 부족의 관습을 기록할 수 있었다.

(B) 더 중요한 것은 그의 알파벳이 Cherokee 국가의 출판 산업 발전을 도와서 신문과 책이 발행될 수 있었다는 점이다. 따라서 학령기 아이들은 그들 자신의 언어로 Cherokee 문화와 전통에 대해 배울 수 있었다.

VOCA

• be born into[to] ~의 가정에 태어나다
• be highly regarded for ~에 대해 높이 존경받다
• prestigious 명망 있는[높은], 일류의
• recognize 인식하다, 알다
• oral tradition 구전
• fascinated 매료된

독해 > 세부 내용 찾기 > 내용 (불)일치

정답의 이유

두 번째 문단의 세 번째 문장에서 'Donations of peanut butter can be dropped off ~ on Monday through Friday, 8:00 am to 4:00 pm(월요일부터 금요일까지 매일 오전 8시부터 오후 4시까지 ~ 땅콩버터를 기부하실 수 있습니다).'이라고 했으므로 안내문의 내용과 일치하지 않는 것은 ② '토요일과 일요일에도 땅콩버터를 기부할 수 있다.'이다.

오답의 이유

① 첫 번째 문단의 두 번째 문장에서 'to benefit children, families and seniors who face hunger in Northeast Louisiana'라고 했으므로 안내문의 내용과 일치한다.
③ 두 번째 문단의 마지막 문장에서 'Monetary donations can be made here or by calling 427–418–4581.'이라고 했으므로 안내문의 내용과 일치한다.
④ 안내문의 마지막 문장에서 'For other drop-off locations, visit our website ~'라고 했으므로 안내문의 내용과 일치한다.

본문해석

사랑을 나누세요
땅콩버터 운동 동안에 배고픔과 싸우기

작은 도움이 필요한 지역 가족들을 도움으로써 우리 지역 사회에 기여하세요. Louisiana주 북동부의 굶주림에 직면한 아이들과 가족들, 노인들에게 도움이 되기 위해 올해로 제4회를 맞이한 전 지역 땅콩버터 기부 운동을 시작합니다.

땅콩버터는 어린이들과 어른들이 좋아하는 고단백 식품이기 때문에, 푸드 뱅크에서 많이 필요한 주요 식품입니다. 3월 29일 금요일 오후 4시까지 플라스틱 단지에 담긴 땅콩버터나 기금을 Monroe 푸드 뱅크에 기부해 주세요. 월요일부터 금요일까지 매일 오전 8시부터 오후 4시까지 Monroe Central Avenue 4600번지에 위치한 푸드 뱅크의 배급 센터에 땅콩버터를 기부하실 수 있습니다. 금전 기부는 이곳 또는 427–418–4581로 전화해서 하실 수 있습니다.

다른 기부처를 원하시면 저희 웹사이트인 https://www.foodbanknela.org를 방문해 주세요.

VOCA

• make a contribution 공헌하다, 기부하다
• assistance 도움
• kick off 시작하다
• benefit 도움이 되다
• staple 주요한, 주요 산물, 기본 식품
• packed ~이 가득 찬, 꽉 찬
• drop off at ~에 갖다 놓다[내려주다]
• distribution 배급, 유통
• monetary 금전적인

독해 > 대의 파악 > 분위기, 어조, 심경

정답의 이유

화자가 네 번째 문장에서 자신의 부족이 가난했지만, 정직함으로 유명했다(we were famous for our honesty)고 한 것과, 여섯 번째 문장의 'We put pride first, honest next, and after that we believed in right and wrong.'으로 미루어 자신의 부족에 대한 화자의 자부심을 짐작할 수 있다. 따라서 화자의 심경으로 적절한 것은 ② 'satisfied and proud(만족스럽고 자랑스러운)'이다.

오답의 이유

① 평화롭고 고요한
③ 겁에 질리고 무서워하는
④ 놀라고 크게 놀란

본문해석

우리 부족 전체가 가난에 시달렸다. Garoghlanian 가문의 모든 지파가 세상에서 가장 놀랍고 우스꽝스러운 가난 속에 살고 있었다. 우리가 우리 뱃속을 계속해서 채울 수 있을 만한 돈을 도대체 어디서 구했는지 아무도 이해할 수 없었다. 하지만 가장 중요한 것은, 우리가 정직하기로 유명했다는 것이다. 우리는 대략 11세기 동안 정직함으로 유명했는데, 심지어 우리가 바로 세상이라고 생각하고 싶었던 곳에서 가장 부유한 일족이었을 때도 그랬다. 우리는 자부심을 최우선에 두었고, 다음으로는 정직을. 그다음으로 옳고 그름을 믿었다. 우리 중 누구도 이 세상 어느 누구도 이용하지 못했을 것이다.

VOCA

• branch 일가, 가족
• comical 우스꽝스러운
• belly 배, 부풀다
• something like 거의, 약(about)
• put A first A를 가장 중시하다
• take advantage of ~을 이용하다
• horrified 겁에 질린
• astonished 깜짝 놀란

독해 > 세부 내용 찾기 > 내용 (불)일치

정답의 이유

네 번째 문장에서 'Cooked tomatoes, however, have lower levels of vitamin C than raw tomatoes, so if you're looking to increase your levels, you might be better off sticking with the raw(하지만 조리된 토마토는 생토마토보다 비타민C의 수치가 낮으므로 만약 수치를 늘리고 싶다면, 계속해서 생토마토로 먹는 편이 더 나을 것이다).'라고 했으므로 글의 내용과 일치하지 않는 것은 ② '더 많은 비타민C를 섭취하고 싶다면 생토마토보다 조리된 토마토를 섭취하는 것이 낫다.'이다.

오답의 이유

① 두 번째 문장에서 '~ our body can absorb lycopene more effectively when tomatoes are cooked'라고 했으므로 글의 내용과 일치한다.
③ 여섯 번째 문장에서 'If you're buying tomato sauce or paste, choose a variety with no salt or sugar added ~'라고 했으므로 글의 내용과 일치한다.
④ 마지막 문장에서 '~ if you're eating your tomatoes raw, salt them sparingly and choose salad dressings ~'라고 했으므로 글의 내용과 일치한다.

본문해석

음식을 날로 먹는 것에 대한 인기가 점점 늘어남에도 불구하고, 여전히 조리된 야채로부터 영양분을 얻을 수 있다. 예를 들어, 우리 몸은 토마토가 익었을 때 리코펜을 더 효과적으로 흡수할 수 있다. (그러나 생토마토는 여전히 리코펜의 좋은 공급원이라는 것을 잊지 마라.) 하지만 조리된 토마토는 생토마토보다 비타민C의 수치가 낮으므로 만약 수치를 늘리고 싶다면, 계속해서 생토마토로 먹는 편이 더 나을 것이다. 익혀서 먹든 생으로 먹든, 토마토가 가진 건강상의 이점을 희석시키지 않는 것이 중요하다. 토마토 소스나 토마토 페이스트를 산다면, 소금이나 설탕이 첨가되지 않은 종류를 고르라. 아니면 그보다 좋은 것은, 집에서 자신의 소스를 만들어라. 그리고 만약 토마토를 날것으로 먹는다면, 소금을 약간만 뿌리고 칼로리와 포화지방이 낮은 샐러드드레싱을 선택하라.

VOCA

• nutrient 영양, 영양소, 영양분
• lycopene 리코펜(토마토 따위의 붉은 색소)
• stick with ~을 고수하다
• variety (같은 종류의 것에서 다른) 종류
• sparingly 조금만
• saturated fat 포화 지방

영어

법원직

한눈에 훑어보기

✓ 영역 분석

독해
01 02 03 04 05 06 07 08 11 12 13 16
17 18 19 20 21 22 23 24 25
21문항, 84%

어법
09 10 14 15
4문항, 16%

✓ 빠른 정답

01	02	03	04	05	06	07	08	09	10
②	①	②	④	①	①	①	①	③	①
11	12	13	14	15	16	17	18	19	20
②	②	①	③	③	②	③	④	④	④
21	22	23	24	25					
④	②	③	③	④					

✓ 점수 체크

구분	1회독	2회독	3회독
맞힌 문항 수	/ 25	/ 25	/ 25
나의 점수	점	점	점

01 난도 ★☆☆　　　　　　　　　　　　　정답 ②

독해 > 빈칸 완성 > 단어 · 구 · 절

[정답의 이유]

(A) 첫 번째 문장에서 '~ not every fact is an item of knowledge (~ 모든 사실이 지식에 속하는 것은 아니다)'라고 하였고, 네 번째 문장에서 'But as long as no one looks into the box, this fact remains unknown ~(하지만 아무도 그 상자 안을 들여다보지 않는 한, 이 사실은 아직 모르는 것이므로 ~)'라고 하였으므로 문맥에 맞는 (A)에 적절한 낱말은 'knowledge(지식)'이다.

(B) 괄호가 있는 문장 뒷부분에 '~ but just ink marks and electronic traces(~ 단지 잉크 자국이나 전자의 작용에 의한 흔적에 불과할 것이다)'라고 나와 있으므로 문두에는 부정의 전치사가 들어가야 함을 알 수 있다. 따라서 문맥에 맞는 (B)에 적절한 낱말은 'Without(~ 없이)'이다.

(C) 일곱 번째 문장에 'Knowledge demands some kind of access to a fact on the part of some living subject(지식은 현재 존재하는 어떤 대상에 관한 사실에 모종의 접근을 요구한다).'라고 되어 있으므로 이와 일관성이 있으려면, 지식은 어떠한 대상에 소속되지 않고는 존재할 수 없다는 의미의 문장이 되어야 한다. 따라서 문맥에 맞는 낱말로 적절한 것은 'unattached(소속되지 않은)'이다.

[오답의 이유]

① 사실 − ~를 가지고 − 소속되지 않은
③ 지식 − ~를 가지고 − 소속된
④ 사실 − ~없이 − 소속된

본문해석

지식을 사실과 동일시하는 것은 꽤 구미가 당기는 일이지만, 모든 사실이 지식에 속하는 것은 아니다. 동전 하나가 담겨 봉인된 판지 상자를 흔든다고 상상해보자. 당신이 상자를 내려놓을 때, 그 상자 안에 든 동전은 앞면이든 뒷면이든 떨어졌다. 그것이 사실이라고 해보자. 하지만 아무도 그 상자 안을 들여다보지 않는 한, 이 사실은 아직 모르는 것이므로, 그것은 아직 (A) 지식의 영역에 속하지 않는다. 또한 사실은 단순히 글로 적힌다고 해서 지식이 되는 것도 아니다. 만일 당신이 하나의 종이쪽지에는 '동전은 앞면이 나왔다'라고, 또 다른 종이쪽지에는 '동전은 뒷면이 나왔다'라고 문장을 쓴다면, 둘 중 어느 하나의 종이쪽지에는 사실을 적은 것이겠지만, 여전히 당신은 동전 던지기의 결과에 대한 지식을 획득하지 못할 것이다. 지식은 현재 존재하는 어떤 대상에 관한 사실에 모종의 접근을 요구한다. 그것에 접근할 의사가 (B) 없다면, 도서관과 데이터베이스에 저장된 것이 무엇이든 그것은 지식이 되기는 커녕, 단지 잉크 자국이나 전자의 작용에 의한 흔적에 불과할 것이다. 어떤 특정 지식의 경우, 이러한 접근은 한 개인에게만 유일한 것일 수도 있고, 아닐 수도 있다. 즉, 같은 사실을 한 사람만 알고 다른 사람들은 모를 수도 있다. 상식은 많은 사람에 의해 공유될 수도 있지만, 어떠한 대상에도 (C) 소속되지 않은 채 매달리는 지식은 없다.

VOCA

• tempting 솔깃한, 구미가 당기는
• identify ~ with … ~을 …와 동일시하다
• heads and tails 동전의 앞면과 뒷면
• realm 영역, 범위
• slip (작은 종이) 조각, 쪽지
• on the part of ~에 관해서는, ~ 편에서는
• dangle (달랑) 매달리다, 달랑거리다
• unattached 붙어 있지 않은, 결합되지 않은, 떨어져 있는

02 난도 ★★★   정답 ①

독해 > 빈칸 완성 > 단어 · 구 · 절

정답의 이유

제시문의 핵심 소재는 '영업사원의 구매 전략'이며, 주제는 '여기서 여러분만 소외되었다고 압력을 가함으로써 구매를 꾀한다.'이다. 마지막 두 문장에서 강조하는 것처럼, 다른 모든 사람들이 이미 구매한 물건을 여러분'도' 구매해야 한다고 압력을 가하는 것이므로 빈칸에는 ① 'peer pressure(또래 집단 압력)'가 적절하다.

오답의 이유

② 충동구매
③ 왕따 전술
④ 치열한 경쟁

본문해석

쉽게 외부의 영향을 받는 젊은이들만이 또래 집단 압력을 경험하는 것은 아니다. 우리들 대부분은 아마 영업사원으로부터 압력을 받은 경험이 있을 것이다. 영업사원이 여러분에게 '당신의 경쟁사 중 70퍼센트가 그들의 서비스를 이용하는데 왜 이용하지 않느냐'라고 하면서, '사무용 솔루션'을 판매하려고 했던 적이 있는가? 하지만 그 70퍼센트의 경쟁사들이 바보라면? 혹은 그 70퍼센트의 경쟁사들이 추가로 값어치 있는 것을 꽤 많이 제공받았거나 도저히 거부할 수 없는 기회인 낮은 가격을 제시받았다면? 그 관행은 오직 한 가지 일을 하기 위해 고안된 것으로, 여러분이 구매하게끔 압력을 가하기 위한 것이다. 여러분이 뭔가 놓치고 있다고 느끼게 하기 위해서 혹은 다른 사람들은 다 알고 있는 것을 여러분만 모르고 있다고 느끼게 하기 위해서이다.

VOCA

• impressionable 쉽게 외부의 영향을 받는
• be subject(ed) to ~을 경험하다, ~의 대상이 되다

• sales rep 외판원, 영업사원
• idiot 바보, 멍청이
• value 가치, 값
• miss out on ~을 놓치다

03 난도 ★☆☆   정답 ②

독해 > 빈칸 완성 > 단어 · 구 · 절

정답의 이유

이러한 유형의 문제는 글의 흐름을 잘 따라가면 된다. 정확하게 그 단어의 뜻이 문맥과 어울리는지보다 맥락상 부정적인 단어가 들어갈 것인지, 긍정적인 단어가 들어갈 것인지를 판단하는 것이 도움이 된다.

(A) because로 연결된 인과관계의 종속절에서 그들은 자신감에 차 있고 기여할 기회를 즐긴다고 하였으므로 문맥상 (A)에는 'willingly(기꺼이)'가 적절하다.

(B) because로 연결된 인과관계가 성립하기 위해서는 그들이 문제를 악화시키는 이유로 실패한다는 믿음을 가지고 있어야 하므로 문맥상 (B)에는 'hold(가지다)'가 적절하다.

(C) 문맥상 자존감이 높은 사람들은 그들의 성공을 자신들의 내부적인 특성의 결과로 본다는 의미의 'attribute(~ 때문이라고 여기다)'가 적절하다.

오답의 이유

① 기꺼이 – 부인하다 – 시도하다
③ 마지못해 – 가지다 – 시도하다
④ 마지못해 – 부인하다 – ~때문이라고 여기다

본문해석

자존감이 높은 사람들은 자신의 기술과 능력에 대한 자신감이 있으며 삶이 그들에게 주는 고난에 맞서는 것을 즐긴다. 그들은 (A) 기꺼이 팀을 이뤄 일하는데, 왜냐하면 그들은 자신감에 차 있고 (팀에) 기여할 기회를 즐기기 때문이다. 그러나 자존감이 낮은 사람들은 어색함과 수줍음을 느끼며 자기 자신을 표현하지 못하는 경향이 있다. 종종 그들은 회피 전략을 선택함으로써 문제를 악화시키는데, 왜냐하면 그들은 자신이 어떤 일을 하더라도 실패한다는 믿음을 (B) 가지고 있기 때문이다. 반대로, 그들은 자신들이 하찮다는 느낌을 숨기기 위해 허풍을 떨고 거만한 행동을 보여줌으로써 자존감 부족을 보충할지도 모른다. 게다가 그러한 개인들은 자신의 성공 요인을 외부에서 찾음으로써 설명하는 반면, 자존감이 높은 사람들은 그들의 성공을 내부적 특성 (C) 때문이라고 여긴다.

VOCA

• self-esteem 자존감
• confidence 자신감, 확신
• competence 능력
• sure of oneself 확신에 찬
• compound 악화시키다
• opt for ~을 선택하다
• compensate for 보상하다, 보충하다
• boastful 뽐내는, 허풍을 떠는

- arrogant 거만한, 오만한
- cover up 숨기다[은폐하다]
- unworthiness 가치 없음, 하찮음
- account for 설명하다, 처리하다
- attribute A to B A(결과)가 B(원인) 때문이라고 여기다

04 난도 ★★☆　　　　　　　　　　　　　　　정답 ④

독해 > 대의 파악 > 제목, 주제

정답의 이유

제시문은 주제가 글의 시작과 끝에 등장하는 양괄식 구조의 글이다. 첫 번째 문장에서 핵심 소재로 '고안해 낼 수 있는 능력'을, 주제로 '인간이 가진 능력은 창조성이다'를 파악할 수 있으며, 마지막 문장에서 이 주제를 다시 언급하여 '인간이 가진 창조성'을 강조하고 있다. 핵심 소재와 주제를 모두 포함하는 제목으로는 ④ 'Creativity: a Unique Trait Human Species Have For Survival(창의력: 인간이 생존을 위해 가지고 있는 독특한 특성)'이 적절하다.

오답의 이유

① 인간의 창조성은 어디에서 오는가?
② 영장류의 신체적인 특징은 무엇인가?
③ 다른 종들보다 뛰어난 호모 사피엔스의 신체적 장점들

본문해석

확실히, 다른 어떤 종도 황당한 것부터 심하게 터무니없는 것에 이르기까지 새롭고 독창적인 것을 고안해 낼 수 있는 우리의 능력에 대한 권리를 주장할 수 없다. 다른 동물들도 무언가를 만든다. 새들은 복잡한 둥지를 조립하고, 비버는 댐을 만들고, 개미는 정교한 터널망을 판다. Fuentes는 말하기를, "그러나 비행기, 기이하게 기울어진 고층빌딩과 치아 펫은 정말 인상적이에요."라고 한다. 그는 진화적인 관점에서 덧붙이기를, "창조성이란 두 다리로 걷는 것, 큰 두뇌와 사물을 조작하는 데 참 좋은 손을 가진 것과 마찬가지로 우리의 도구 세트의 일부분이죠."라고 한다. 큰 송곳니나 발톱, 날개나 다른 명백한 신체적 이점이 없는, 육체적으로 볼품없는 영장류에게 있어서, 창조성은 위대한 보완책이었으며, 더 나아가서, 적어도 현재의 호모 사피엔스의 생존을 보장하는 것이다.

VOCA

- lay claim to ~에 대한 권리를 주장하다
- devise 고안하다
- sublimely 완전히
- ridiculous 웃기는, 말도 안 되는, 터무니없는
- assemble 조립하다
- intricate 복잡한
- elaborate 정교한
- tilt 기울다
- skyscraper 고층빌딩
- standpoint 관점, 견지
- tool kit 도구 세트
- unprepossessing 매력 없는, 호감을 주지 못하는
- primate 영장류

- fang 송곳니
- equalizer 동등하게 하는 것, 동점골

05 난도 ★☆☆　　　　　　　　　　　　　　　정답 ①

독해 > 빈칸 완성 > 단어 · 구 · 절

정답의 이유

첫 번째 문장에서 핵심 소재 'bird identification(조류 식별)'과 주제 'Most of bird identification is based on a sort of subjective impression ~(대부분의 조류 식별은 ~ 일종의 주관적인 느낌에 기초한다)'을 제시하였다. 또한 글의 중반부에서 'All that combines to create a unique impression of a bird that can't really be taken apart ~(이 모든 것이 합쳐져서 새의 독특한 인상을 만들어내는데, 그것은 실제로 분해될 수도 ~ 없다)'라고 하였으므로 글의 요지를 한 문장으로 요약하면 각 빈칸에 들어갈 말로 적절한 것은 ① '(A) instinctive impression(직관적인 느낌) – (B) discrete analysis(개별적인 분석)'이다.

오답의 이유

② 객관적 연구 – 주관적 판단
③ 신체적 외모 – 행동적 특성
④ 밀착 관찰 – 원격 관찰

본문해석

"대부분의 조류 식별은 새가 움직이는 방식과 다른 각도에서 보이는 아주 순간적인 외양 그리고 연속적으로 나타나는 서로 다른 모습과 같이 일종의 주관적인 느낌에 기초하며, 그것이 고개를 돌릴 때와 날아갈 때 그리고 방향을 바꿀 때 연속적인 다른 모양과 각도를 볼 수 있습니다."라며 Sibley는 말한다. "이 모든 것이 합쳐져서 새의 독특한 인상을 만들어내는데, 그것은 실제로 분해될 수도, 말로 표현될 수도 없지요. 들판에서 새를 보게 되면, 당신은 그것을 분석하고 그것이 이렇게, 이렇게, 그리고 이렇게 보이는 것으로 보아 그것은 분명히 이런 종이라고 말하는데 시간이 걸리지 않을 것입니다. 그것이 더 자연스럽고 직관적이죠. 많은 연습 후에, 새를 보면 그것이 당신의 뇌에 작은 스위치를 켭니다. 그것이 맞습니다. 당신은 한 눈에 그게 무엇인지 알 것입니다."

⇩

Sibley의 말에 따르면, 조류 식별은 (B) 개별적인 분석보다는 (A) 직관적인 느낌에 기초한다.

VOCA

- identification 동일시하는[되는] 것, 식별
- subjective 주관적인
- instantaneous 즉각적인
- sequence 연속성, 연속적인 장면, 하나의 순서로 이루어진 움직임/장면들
- take apart 분해하다
- when it comes down to ~ing ~할 기회가 되면
- instinctive 직관적인, 본능적인
- trigger [총을] 쏘다, [방아쇠를] 당기다
- at a glance 첫눈에, 한눈에

독해 > 글의 일관성 > 글의 순서

정답의 이유

주어진 글에서 '~ are also likely to undergo significant changes ~(~ 엄청난 변화를 겪을 가능성이 있다)'는 (A)의 '~ are also likely to be associated with a corresponding decrease in the importance of exterior car design(~ 또한 그에 상응하는 자동차 외관 디자인의 중요성의 감소와 연관될 가능성이 있다)'으로 부연 설명하며 이것은 (C)에서 자동차 외관은 개인화와 자기 동일성을 위한 매개체 역할보다는 광고 및 홍보 활동을 위한 수단에 해당할지 모른다는 내용으로 이어진다. 이러한 변화를 (B)에서 As a result로 정리해주고 있으므로 주어진 글 다음에 이어질 글의 순서로 적절한 것은 ① '(A) - (C) - (B)'이다.

본문해석

자동차가 사람을 덜 의존하게 됨에 따라, 카셰어링과 단기 임대 프로그램의 사용이 높아짐과 동시에 상품이 소비자에 의해 사용되는 방식이나 상황 또한 엄청난 변화를 겪을 가능성이 있다.

(A) 머지않은 미래에, 운전자가 필요 없는 자동차가 당신이 필요할 때 당신에게 올 수도 있고, 당신이 이용을 끝내면 그것이 주차 공간을 찾을 필요도 없이 떠날 수도 있다. 카셰어링과 단기 임대의 증가는 또한 그에 상응하는 자동차 외관 디자인의 중요성의 감소와 연관될 가능성이 있다.

(C) 자동차의 외관은 개인화와 자기 동일성을 위한 수단의 역할을 하기보다는, Free Car Media에 의해 제공되는 것들과 같은 브랜드 홍보대사 프로그램을 포함하여, 점차 광고와 그 외 홍보 활동을 위한 수단에 상당하게 될지도 모른다.

(B) 결과적으로, 자동차에서 나오는 상징적인 의미, 그것들과 소비자의 자기 동일성 및 지위의 관계가 차례로 바뀔 가능성이 있다.

VOCA

• undergo 겪다
• significant 중대한, 심각한
• not-too-distant 머지않은
• corresponding 해당하는, 상응하는, 부합하는
• personalization 개인화 ; 인격화
• derive from ~에서 나오다, 유래하다, 파생하다
• channel 경로, 수단
• medium 매체, 도구, 수단
• brand ambassador 홍보 대사
• in turn 차례로, 교대로

독해 > 글의 일관성 > 글의 순서

정답의 이유

주어진 글의 끝부분에 '~ the doors were put on the hinges, the same as in America(~ 자동차 문이 경첩에 달리는데, 이것은 미국에서도 똑같았다)'가 있으므로 주어진 글 다음에는 그러한 작업의 연결선상에 있으면서 역접의 의미를 가지는 But이 등장하는 (A)가 와야 한다. (A)의 마지막 문장에 'In Japan, that job didn't seem to exist(일본에서는, 그러한 작업이 없는 것 같았다).'라고 나와 있으므로 이에 대한 미국 자동차 회사 임원들의 반응(당황함)과 질문을 서술한 (B)가 (A) 다음에 와야 한다. (B)에 제시된 일본 안내원의 설명을 자세하게 풀어쓴 것이 (General → Specific 두괄식) (C)이므로 주어진 글 다음에 이어질 글의 순서로 적절한 것은 ① '(A) - (B) - (C)'이다.

본문해석

일본의 조립 라인을 보기 위해 일본에 방문한 미국 자동차 회사 임원단의 놀랄 만한 이야기가 있다. 조립 라인 마지막 부분에, 자동차 문이 경첩에 달리는데, 이것은 미국에서도 똑같았다.

(A) 하지만 뭔가 빠져 있었다. 미국에서는, 조립 라인의 한 노동자가 차문이 완벽하게 끼워졌는지 확인하기 위해 고무망치를 가지고 차문의 가장자리를 두드려 본다. 일본에서는, 그러한 작업이 없는 것 같았다.

(B) 당황한 미국 자동차 회사 임원들은 어느 시점에 자동차 문이 완벽하게 들어맞는지 확인하는지를 물었다. 일본인 안내원이 그들을 쳐다보곤 겸연쩍게 웃었다. "우리는 그것을 설계할 때 꼭 맞게 만듭니다."

(C) 일본 자동차 공장에서, 그들은 최적의 해결책을 찾기 위해 문제를 조사하고 데이터를 축적하지 않았다. 그들은 시작 단계에서부터 자신들이 원하는 결과가 나오도록 설계했다. 그들이 원하는 결과를 얻지 못했다면, 그것은 전체 과정을 시작할 때 내린 결정 때문이라고 그들은 이해했다.

VOCA

• assembly line 조립 라인
• hinge 경첩
• mallet 나무망치
• sheepishly 겸연쩍게, 멋쩍게, 소심하게
• engineer 수작을 부리다, 교묘하게 만들다 ; (설계해서) 제작하다
• outcome 결과

독해 > 빈칸 완성 > 연결어

정답의 이유

① 접속부사를 선택하는 문제로, 앞뒤 문장의 논리 관계를 판단해야 한다(접속부사는 해당 문장과 앞 문장의 관계를 설명한다). (A)의 앞 문장에는 '~ has strongly supported(~ 강력하게 뒷받침했다)'라는 긍정적인 견해가 나와 있는 데 반해 (A)가 있는 문장에는 '~ not very strong or consistent(~ 매우 강하지 않거나 혹은 일관적이지 않다)'라는 부정적인 견해가 나와 있으므로 이 두 내용은 역접의 접속부사로 연결해야 한다. 따라서 (A)에는 'However(하지만)'가 들어가야 한다. (B)의 앞 문장에는 '~ I have observed ~ different than ~(나는 ~ 다르다는 것을 발견해냈다)'이라는 말이 나와 있고 (B)가 있는 문장에는 '~ has grown weaker over time(~ 더욱 설득력이 없어지고 있다)'이라는 말이 나와 있으므로 둘 다 부정적인 견해를 드러냈다. 이와 같이 둘은 같은 논조를 유지하고 있으므로 (B)에는 역접이 아닌 첨가의 접속부사 'what's more(게다가)'가 들어가야 한다.

오답의 이유

② 그 결과 - 대조적으로

③ 하지만 - 그럼에도 불구하고

④ 그 결과 - 예를 들어

본문해석

속임수를 알 수 있는 비언어적 단서에 대한 많은 연구들이 있었는데, 이는 Ekman의 연구와 그의 (기밀) 누출에 대한 아이디어로 거슬러 올라간다. 사람들이 다른 이들의 비언어적 행동을 거짓말을 감지하는 한 가지 방법으로 사용한다는 사실은 충분히 입증되었다. 나의 연구와 또 다른 많은 이들의 연구는 사람들이 정직성을 평가할 때 타인의 비언어적 행동 관찰에 의존한다는 것을 강력하게 뒷받침했다. (A) 하지만, 다양한 비언어적 행동과 거짓말을 하는 행동 사이의 연관성에 대한 사회 과학적 연구는 그 연관성이 일반적으로 매우 강하지 않거나 혹은 일관적이지 않다는 것을 보여준다. 내 연구에서, 나는 한 명의 거짓말쟁이가 누설하는 것처럼 보이는 비언어적 신호들이 두 번째 거짓말쟁이에 의해 주어지는 그것들(신호들)과 다르다는 것을 발견해냈다. (B) 게다가, 비언어적 행동들과 기만행위를 연관 짓는 과학적 증거들은 시간이 지남에 따라 더욱 설득력이 없어지고 있다. 사람들은 타인이 비언어적으로 자신을 나타내는 방식을 근거로 정직성을 추론하지만, 그것은 유용성과 타당성이 매우 제한적이다.

VOCA

• nonverbal 말로 할 수 없는, 말을 쓰지 않는

• deception 속임, 사기, 기만

• leakage 누출, 새어나감

• document 서류로 입증하다, 뒷받침하다

• well documented (문서로 된) 관련 증거가 많은, 문서에 의해 충분히 입증된

• detect 발견하다, 알아내다, 감지하다

• give away [정체를] 폭로하다; [비밀 · 진의 등을] 누설하다

• utility 유용성

• validity 타당성

• assess ~의 가치[성질, 능력]를 판단[평가]하다

어법 > 비문 찾기

정답의 이유

③ '요구하는(requiring) 보고서'가 아닌 '요구되는(required) 보고서'의 뜻으로, 수동의 의미를 갖는 과거분사가 와야 하므로 requiring → required가 되어야 한다.

오답의 이유

① 분사구문을 사용한 문장으로, 원래 문장 'as the banks start ~'를 보면 '주어-동사' 관계가 능동이므로 능동 의미인 현재분사(starting)가 올바르게 사용되었다.

② 관계부사(where)는 선행사가 존재하고 종속절에 완전한 문장이 따라오며, 해석상 'in[at]+which'를 집어넣어 올바른 의미인지 확인해야 한다. 선행사 areas 다음에 그 영역 '안에서' 일어나는 일을 완전한 문장으로 표현하였으므로 어법상 옳다.

④ is being made의 주어는 a decision으로, 문맥상 수동 관계이므로 진행형(be+-ing)과 수동태(be+p.p.)가 함께 올바르게 쓰였다.

본문해석

신생 기업은 법인 조직이 되자마자 은행 계좌가 필요할 것이며, 급여 계좌의 필요성도 빠르게 뒤따를 것이다. 은행들은 급여를 지급하고 관련 세무 부기를 처리하는 서비스에 있어서 매우 경쟁적인데, 심지어 가장 소규모 사업이라고 할지라도 그러하다. 이것들은 하나의 사업체가 최고 품질의 서비스와 대부분 '무료인' 회계 업무를 지원받기 원하는 분야이다. 변동이 있는 지급 급여 세법은 따라잡기가 골칫거리인데, 특히 50개 주나 되는 많은 지역에서 판매 인력이 활동하려고 할 때 그렇다. 그리고 요구하는(→ 요구되는) 보고서는 회사의 관리 직원에게 부담을 더한다. 그러한 서비스는 종종 은행원에 의해서 가장 잘 제공된다. 이 분야에서의 은행의 참고자료는 ADP와 같은 급여 지급 대체 서비스와 비교되어야 하지만, 결정을 내릴 때는 미래의 장기적인 관계를 염두에 두어야 한다.

VOCA

• start-up 신생 기업, 신규 업체(특히 인터넷 기업)

• incorporated 유한 책임의, 법인 조직의

• payroll 급여

• bookkeeping 경리

• sales force 판매 인력

• legislation 법안, 법제

• administrative 일반 관리, 행정

관계부사 where

• 관계부사의 기능

접속사+부사	선행사를 수식하는 형용사절을 이끌면서 그 절에서 '접속사+부사'의 역할을 한다.
전치사+관계대명사	선행사를 수식하는 형용사절을 이끌며, '전치사+관계대명사'로 바꿔 쓸 수 있다.

예 A mutual aid group is *a place* where an individual brings a problem and asks for assistance.

(상조모임은 개인이 문제를 가져와 도움을 요청하는 곳이다.)

예 Trees must be fitted for *the places* where they live.

→ where=in which

(나무들은 그들이 살고 있는 장소에 맞아야 한다.)

• 관계부사와 관계대명사의 차이

	선행사	관계절 형태
관계부사	있음	관계부사 다음에는 완전한 문장이 온다.
관계대명사		관계대명사 다음에는 불완전한 문장이 온다(관계절의 주어, 목적어 역할).

예 He proposed creating *a space* where musicians would be able to practice for free. → 관계부사

(그는 음악가들이 무료로 연습할 수 있는 공간을 만들자고 제안했다.)

예 She wants to rent *the apartment* which she saw last Sunday. → 관계대명사

(그녀는 지난 일요일에 보았던 아파트를 빌리고 싶어 한다.)

10 난도 ★★☆

정답 ①

어문 > 비문 찾기

정답의 이유

① 감정동사(depress, surprise, amaze 등)는 주어가 감정의 원인이면 현재분사(-ing)를, 주어가 감정을 느끼는 대상이면 과거분사(p.p.)를 써야 한다. 문맥상 find의 목적어 it(=to visit animal shelter)이 감정의 원인이므로 depressed → depressing이 되어야 한다.

오답의 이유

② 관계부사(where)는 선행사가 있고, 종속절에 완전한 문장이 온다. 선행사(streets) 다음에 완전한 절(they're ~ the elements)이 왔으므로 관계부사 where가 어법상 올바르게 쓰였다.

③ 문맥상 '주인들에 의해 발견되고 되찾아지다'라는 뜻으로, 동사(are found) 다음에 목적어가 없으므로 수동태가 올바르게 쓰였다.

④ 형용사(adoptable)가 명사(pets)를 수식하므로 어법상 올바르게 사용되었다.

많은 사람들이 동물 보호소를 방문하는 게 너무 슬프거나 우울하다고 느끼기 때문에 그곳에 방문하기를 거부한다. 그들이 그렇게 안 좋게 느끼지 않아야 하는 이유는 아주 많은 운좋은 동물들이 교통사고의 위험, 다른 동물이나 인간의 공격을 받을 위험과 비바람을 맞기 쉬운 길거리의 위험한 삶에서 구조되기 때문이다. 또한 많은 길잃은 애완동물들이 단지 동물보호소로 이송되었다는 이유만으로 마음이 심란한 주인들에 의해 발견되고 되찾아진다. 가장 중요한 것은, 입양할 수 있는 동물들이 집을 찾고, 아프거나 위험에 처한 동물들은 인도적으로 고통을 덜게 된다는 것이다.

VOCA

• animal shelter 동물 보호소
• depressing 우울한, 우울한 감정을 만드는
• the elements 비바람, 악천후
• be subject to ~을 당하기(입기) 쉬운, 걸리기 쉬운
• likewise 또한, 마찬가지로
• reclaim 되찾다, 되돌려 달라고 하다
• distraught 심란한, (흥분해서) 완전히 제정신이 아닌
• adoptable 양자로 삼을 수 있는, 입양할 수 있는
• relieve ~ of … ~의 …을 덜어주다

11 난도 ★★☆

정답 ②

독해 > 빈칸 완성 > 단어 · 구 · 절

정답의 이유

(A) 자신을 매우 사회적으로 책임감 있다고 믿었던 여성의 검사 결과에 대한 내용으로, (A) 다음 문장에서 자신의 점수에 매우 실망했다고 하였으므로 그녀의 기대와 다르게 '평균적인 (average)' 결과가 나왔음을 추론할 수 있다.

(B) 인과관계를 설명하는 접속부사 therefore의 앞부분에서 그녀는 사회적 책임에 매우 높은 기준을 가지고 있었다고 했으므로 평가할 때 자기 자신에게 '엄격했음(hard)'을 추론할 수 있다.

(C) 앞 문장에서 자기 자신에게 엄격했다는 내용과 연결해야 한다. 자신의 높은 기준으로 보았을 때 자신에게 실망한 것이므로 실제로는(In reality) 책임감이 없어서 실망한 것이 아니라 책임감이 '더 많은(more)' 편이었지만 그조차도 만족하지 못했다는 설명이 논리상 적절하다.

오답의 이유

① 평균적인 - 관대한 - 더 적게
③ 보기 드문 - 엄격한 - 더 적게
④ 보기 드문 - 관대한 - 더 많이

본문해석

EQ 검사는 신뢰할 수 있는 테스트 방식으로 진행될 때 여러분들에게 여러분 자신에 대한 매우 유용한 정보를 제공할 수 있다. 나는 몇 천 명의 사람들을 검사해 보았고, 많은 사람들이 그들의 결과에 다소 놀라워한다는 사실을 발견했다. 예를 들어, 자신이 매우 사회적으로 책임감이 있고 타인에 대해 신경 쓴다고 믿고 있었던 한 여성은 그 부분에서 (A) 평균적인 점수를 보였다. 그녀는 자신의 점수에 매우 실망했다. 그녀는 사회적 책임감에 매우 높은 기준을 가지고 있었으므로, 자기 자신을 평가할 때 극도로 (B) 엄격했던 것으로 드러났다. 사실, 그녀는 대다수 사람보다 사회적 책임감이 (C) 더 많았지만, 그녀 자신은 그보다 더 잘할 수 있다고 믿었던 것이다.

VOCA

- reliable 신뢰할 만한, 믿음직한
- come out with ~을 하다; ~을 보여주다, 공표하다
- extraordinary 특출한, 뛰어난
- assessment 평가
- in reality 사실은[실제로는]

12 난도 ★★☆   정답 ②

독해 > 빈칸 완성 > 단어 · 구 · 절

[정답의 이유]

주제가 앞부분에 등장하는 두괄식 구성의 글로, 나머지 내용을 전부 이해한 후 전체 내용을 요약할 수 있는 문장을 완성하면 된다. 두 가지 사례 모두 질문에 대해 사실의 특정 부분만 떼어 대답함으로써 '잘못된 사실을 믿게 만든다'는 내용이므로 빈칸에 들어갈 말로 가장 적절한 것은 ② 'effect a certain belief(특정한 믿음을 초래하다)'이다.

[오답의 이유]

① 추가 금액을 벌다
③ 기억 문제를 숨기다
④ 다른 이들이 죄책감이 들도록 하다

본문해석

사람은 자신에게 유리한 증거를 사용해 특정한 믿음을 초래하려고 노력할지도 모른다. 한 어머니가 아들에게 묻는다. "이번 학기에 영어는 잘하고 있니?" 아들은 명랑하게 대답한다. "아, 저 이번 쪽지 시험에서 95점을 받았어요." 이 말은 그가 다른 모든 쪽지 시험을 망쳤고, 그의 실제 평균은 55점이라는 사실을 감추고 있다. 하지만, 만일 이 문제를 더 추궁하지 않는다면, 어머니는 아들이 잘하고 있음을 기뻐할지도 모른다. Linda가 Susan에게 묻는다. "Dickens 소설 많이 읽어봤어?" Susan이 대답하기를, "아, *Pickwick Papers*가 내가 가장 좋아하는 소설 중 하나지."라고 한다. 이 진술은 *Pickwick Papers*가 그녀가 읽은 유일한 Dickens의 소설이라는 사실을 숨기고, 이는 아마 Linda에게 Susan이 엄청난 Dickens의 광팬이라는 인상을 줄지도 모른다.

VOCA

- effect (어떤 결과를) 가져오다, 초래하다

- evidence 증거, 흔적
- advantage 유리한 점, 이점, 장점
- statement 성명, 진술, 서술
- conceal 감추다, 숨기다
- pursue 쫓다
- delighted 아주 기뻐[즐거워]하는
- disguise 변장하다, 위장하다
- enthusiast 열광적인 지지자

13 난도 ★☆☆   정답 ①

독해 > 빈칸 완성 > 단어 · 구 · 절

[정답의 이유]

① 첫 번째 문장에서 핵심 소재로 '칭찬'을 제시하고 있으며, 두 번째 문장과 However로 시작하는 세 번째 문장에서 칭찬이 도움이 되기도 하지만 포괄적인 일반화를 하는 말자는 화자의 논조를 파악할 수 있다. (A)에는 핵심 소재인 'praise(칭찬)'가 들어가야 한다. 칭찬이 긍정적 · 부정적일 수 있는 기준으로 네 번째 문장에서 'on certain tasks, on others(=other tasks)'를 통해 과업의 유형에 따라 다를 수 있다는 견해를 제시하므로 (B)에는 quality of teamwork(협동작업의 질)이 아닌 'task types(과업의 유형)'가 들어가야 한다.

[오답의 이유]

② 경쟁 – 협동작업의 질
③ 칭찬 – 협동작업의 질
④ 경쟁 – 과업의 종류

본문해석

우리의 외모, 정원, 우리가 준비한 저녁 식사 혹은 회사 업무에 대해 칭찬을 받든지 간에, 잘한 일로 인정받는 것은 언제나 만족감을 준다. 확실히, 강화 이론은 가끔의 칭찬을 새로운 기술 학습에 도움이 되는 것으로 본다. 하지만, 일부 증거는 수행을 향상시키기 위해 칭찬을 하는 것과 관련하여 포괄적인 일반화를 하지 않아야 한다고 경고한다. 어떤 과업에서는 칭찬이 수행을 향상시키지만, 또 다른 과업에서는 오히려 해로운 것으로 판명되는 것 같다. 승리를 기대하는 홈팬들의 열광적인 응원이 그 팀의 몰락을 가져오는 상황을 상상해 보아라. 이러한 상황에서, 칭찬은 운동선수들에게 압박을 주며, 그들의 경기력에 지장을 주는 것으로 보인다.

⇓

(A) 칭찬이 수행에 도움이 되느냐 해가 되느냐는 (B) 과업의 유형에 달려 있다.

VOCA

- assignment 과제, 임무
- caution ~하지 말라고 주의를 주다, 경고를 주다
- sweeping 전면적인, 광범위한, 포괄적인
- task 과업
- enthusiastic 열광적인
- downfall 몰락
- disrupt 방해하다, 지장을 주다

어법 > 비문 찾기

정답의 이유

③ 문맥상 read는 앞에 나온 가주어 it의 원래 주어인 진주어임을 알 수 있다. It(가주어) ~ 진주어 구문에서 진주어는 to부정사나 that절 형태가 되어야 하므로 read → to read로 수정해야 한다.

오답의 이유

① 등위접속사 or는 병렬 구조로 연결되므로 동명사 viewing, going, reading을 올바르게 연결했다.

② 관계대명사절 동사의 수, 시제 일치를 묻는 문제이다. 관계대명사 that은 선행사 social rules를 수식하며, 3인칭 복수 명사를 서술하는 동사로 현재형 govern을 올바르게 사용했다.

④ despite(~에도 불구하고)는 전치사로 다음에 명사[명사 상당 어구]가 와야 하는데, despite 다음에 명사(the fact)+동격의 명사절(that the relationships are totally impersonal)이 왔으므로 올바르게 쓰였다.

본문해석

우리가 미디어를 소비하는 것을 익명의 사회적 관계라는 맥락에서 생각해 본다면, 우리는 술집과 같은 공공장소에서 텔레비전을 보는 것, 콘서트나 댄스 클럽에 가는 것, 혹은 버스나 지하철에서 신문을 읽는 것 등과 같이 낯선 사람들의 존재를 포함하는 모든 경우를 의미한다. 일반적으로, 우리가 주변 사람들과, 그리고 미디어 제품과 상호작용을 하는 방식을 통제하는 사회적인 규칙이 존재한다. 예를 들어, 다른 사람의 어깨 너머로 (그가 읽는 것을) 읽는다거나 혹은 공공장소에서 일어나 TV 채널을 바꾸는 것은 우리 문화에서 무례한 것으로, 혹은 적어도 과격한 것으로 여겨진다. 음악 팬이라면 특정한 콘서트 형태에서 무엇이 적절한 행동인지를 알고 있다. 다른 사람들의 존재는, 그 관계가 전적으로 개인적인 점을 나누지 않는다는 사실에도 불구하고, 종종 그 환경을 규정하고 그에 따라 미디어 소비 활동을 규정하는 데에 결정적이다.

VOCA

• anonymous 익명의, 특색 없는
• occasion 때, 경우
• aggressive 공격적인
• appropriate 적절한
• setting (주변) 환경, 배경
• impersonal 특정 개인과 상관없는, 개인적인 정을 나누지 않는

어법 > 비문 찾기

정답의 이유

③ 주어는 name and identity가 아닌 inability이며 3인칭 불가산 명사이므로 단수 취급하여 be동사를 are → is로 써야 한다.

오답의 이유

① the way를 수식하는 관계부사절의 주어 amnesia는 해석상 '묘사하는' 것이 아니라 '묘사되는' 것이므로 과거분사(portrayed)가 올바르게 사용되었다.

② spend는 돈이나 시간을 '쓰다'라는 의미이며 spend+(돈, 시간)+(on)+-ing 형태로 쓰이므로 trying이 올바르게 사용되었다. 같은 뜻으로 take를 쓸 때에는 take+(돈, 시간)+to부정사 형태로 쓰인다.

④ 부대상황을 나타내는 'with+명사+형용사' 분사구문으로 형용사 intact가 올바르게 쓰였다.

본문해석

우리 중 다수는 기억상실증, 즉 갑작스런 기억의 상실이 자신의 이름이나 정체성을 기억하지 못하는 결과로 이어진다고 믿는다. 이러한 믿음은 보통 영화, TV, 그리고 문학 작품에서 기억상실증이 묘사된 방식을 반영하는 것일지도 모른다. 예를 들어, 우리가 영화 *The Bourne Identity*(본 아이덴티티)에서 Matt Damon이 연기한 인물을 볼 때, 그는 자기 자신이 누구인지, 자신이 왜 그런 기술들을 가지고 있는지, 혹은 그가 어디에서 왔는지 전혀 기억하지 못한다. 그는 영화의 상당 부분을 이 질문들에 답하기 위해 노력하는 데 할애한다. 하지만, 당신의 이름과 정체성을 기억해내지 못하는 것은 현실에서는 대단히 드물다. 기억상실은 뇌 손상에 의한 것이 가장 흔한데, 이는 환자가 새로운 기억을 형성하지 못하게 할 뿐, 과거의 대부분의 기억을 손상시키지는 않는다. 어떤 영화들은 더 흔한 이 증상을 정확하게 묘사하는데, 우리가 좋아하는 *Memento*이다.

VOCA

• amnesia 기억상실증
• portray (풍경 따위)를 묘사하다; ~을 극적으로 표현하다
• exceedingly 대단히
• victim 희생자
• intact 온전한, 전혀 다치지 않은
• accurately 정확히, 정밀하게
• syndrome 증후군, 증상

16 난도 ★★☆ 정답 ②

독해 > 빈칸 완성 > 단어·구·절

정답의 이유

첫 번째 문장에서 핵심 소재로 'natural hazards(자연재해)'를 제시하였으며, However가 포함된 세 번째 문장에서 'humans are not always rational(사람이 언제나 이성적인 것은 아니다.)'이라는 주제를 제시하였으므로 맨 마지막 문장의 빈칸에는 그 주제문에 부합하는 내용이 들어가야 한다. 따라서 빈칸에 들어갈 말로 적절한 것은 ② 'do not always act appropriately(언제나 적절하게 행동하는 것은 아니다)'이다.

오답의 이유

① 침묵하기를 거부한다
③ 유전적 요인을 가장 꼭대기에 둔다
④ 자연재해를 정의하는 데에는 어려움이 있다

본문해석

자연재해와 그것이 사람들과 그들의 재산에 미치는 부정적인 영향에 대해서는 현재 많은 것이 알려져 있다. 논리적인 사람이라면 그러한 잠재적인 영향을 피하거나, 혹은 그러한 영향을 최소화하기 위해 적어도 그들의 행동이나 그들의 재산을 변경하리라는 것은 명백해 보인다. 하지만, 사람이 언제나 이성적인 것은 아니다. 개인적인 경험을 하거나 혹은 그러한 경험을 한 사람을 알게 될 때까지, 대부분의 사람들은 무의식적으로 '여기서는 일어나지 않을 거야.' 또는 '나에게 일어나지는 않을 거야.'라고 믿는다. 심지어 위험 요소, 사건의 발생 가능성과 사건의 손실을 인지하는 박식한 과학자들조차도 언제나 적절하게 행동하는 것은 아니다.

VOCA

- natural hazard (지리학) 자연재해
- property 소유물, 건물, 재산
- modify (모양·성질·계획·의견 따위)를 변경하다, 수정하다
- subconsciously 무의식적으로
- knowledgeable 아는 것이 많은, 많이 아는
- odds 공산, 가능성
- occurrence 발생

17 난도 ★☆☆ 정답 ③

독해 > 대의 파악 > 제목, 주제

정답의 이유

첫 번째 문장에서 핵심 소재로 'specialization(전문화)'을 제시하고 있으며, 이 핵심 소재가 들어가 있는 선지는 ③뿐이다. 이후에는 전문화된 직업의 나열, 전문화에 따른 교역의 발달을 설명하고 있다. 따라서 이 글의 주제로 적절한 것은 ③ 'what made people engage in specialization and trade(사람들을 전문화와 교역에 참여하게 만든 것)'이다.

오답의 이유

① 기후와 토양이 지역 상품에 얼마나 영향을 미치는가
② 지역 특산물을 위해 좋은 평판을 얻는 방법
④ 도시의 번영과 전문직들의 정규직 고용

본문해석

도시와 왕국의 번영과 교통 인프라의 발전은 전문화를 위한 새로운 기회를 가져왔다. 인구 밀도가 높은 도시들은 전문 구두장이들이나 의사들뿐만 아니라 목수, 성직자, 군인, 그리고 변호사들에게도 정규 직장을 제공했다. 정말 훌륭한 와인, 올리브 오일 또는 도자기를 만든다는 명성을 얻은 마을들은 그 상품을 거의 독점적으로 전문화하고 그들이 필요했던 다른 모든 제품을 위해 다른 촌락들과 그것을 교역할 가치가 있음을 발견했다. 이것은 타당했다. 기후와 토양은 다르므로 토양과 기후가 포도 덩굴에 훨씬 더 적합한 곳에서 난 더 부드러운 품종을 구입할 수 있는데 왜 당신의 뒤뜰에서 난 그저 그런 와인을 마시겠는가? 만일 당신 뒤뜰의 점토가 더 단단하고 더 예쁜 도자기를 만들어낼 수 있다면, 당신은 교환할 수 있다.

VOCA

- full-time employment 상근, 매일 일정한 시간에 근무함
- be worth one's while ～할 가치가 있다
- mediocre 썩 좋지는 않은
- smoother smooth(부드러운)의 비교급
- variety 품종

독해 > 세부 내용 찾기 > 지칭 추론

정답의 이유

밑줄 친 'the issue'가 있는 문장, '~ signed a bill ~ banned "lunch shaming," or giving worse food to students with debt ~(대체 급식으로 망신 주는 것, 즉 급식비 미납 학생들에게 질이 더 좋지 않은 음식을 제공하는 것을 금지하는 법안에 서명했다)'와 제시문의 전체 내용을 통해 'the issue'가 가리키는 것이 '급식비 미납 학생과 관련된 문제'임을 알 수 있다. 따라서 밑줄 친 the issue가 가리키는 내용은 ④ 'Many students in the district who could not afford lunch were burdened with lunch debt(학구 내의 급식비를 낼 수 없는 많은 학생들이 급식비 미납의 부담을 짊어졌다).'이다.

오답의 이유

① 주지사는 급식비 미납 학생들의 급식 품목을 축소하는 법안에 서명했다.
② Kyote는 급식비 계좌에 돈이 떨어져 급식을 빼앗겼다.
③ 재정 부담을 겪는 학구는 예산을 삭감하여 양질의 급식을 제공하지 못했다.

본문해석

아홉 살인 Ryan Kyote는 캘리포니아주 Napa에 있는 집에서 아침을 먹고 있을 때, 인디애나 주의 한 학교가 6살 아이의 급식비 계좌에 충분한 돈이 없자 그녀의 식사를 빼앗았다는 뉴스를 보았다. Kyote는 그의 친구들에게도 그런 일이 일어날 수 있는지를 물었다. 그의 엄마가 알아보기 위해 지역 교육청에 연락했을 때, 그들의 지역에 있는 학교의 학생들이 통틀어 25,000달러나 되는 급식비를 내지 못하고 있다는 것을 알게 되었다. 그 학구는 미납 학생들을 절대로 처벌하지 않았다고 말하지만, Kyote는 자신이 저축해 둔 용돈을 그와 같은 학년의 학생의 미납금을 위해 사용하기로 결심했고, 그것은 약 74달러였다. 이것은 급식비 미납금 청산을 위한 운동의 양상을 띠게 되었다. 10월에 캘리포니아 주지사 Gavin Newsom은 '대체 급식으로 망신 주는 것'. 즉 급식비 미납 학생들에게 질이 더 좋지 않은 음식을 제공하는 것을 금지하는 법안에 서명했으며, 그는 이 문제에 대한 의식을 높인 Kyote에게 그의 '공감과 용기'에 감사를 표했다. Kyote는 "영웅들은 나이에 상관없이 나옵니다."라고 지적한다.

VOCA

· district 지역, 구역, 지역구
· all told 모두 합해서, 통틀어
· bill 법안
· penalize 벌칙을 가하다, 처벌하다
· ban 금하다
· raise awareness 의식을 높이다
· point out 가리키다, 지적하다

독해 > 세부 내용 찾기 > 내용 (불)일치

정답의 이유

마지막 문장에 'generally travel in pairs(일반적으로 짝을 지어 이동하며)'라고 되어 있으므로 글의 내용과 일치하지 않는 것은 ④이다.

오답의 이유

① 여섯 번째 문장에서 직접 언급하였다.
② 여섯 번째 문장에서 직접 언급하였다.
③ 첫 번째 문장의 'The biggest heart in the world ~'에서 심장이 가장 크다고 하였고, 일곱 번째 문장의 'the largest animal who ever lived ~'에서 가장 큰 동물이라고 언급하였다.

본문해석

세상에서 가장 큰 심장은 청고래[흰긴수염고래] 안에 있다. 그것은 무게가 7톤이 넘는다. 그것은 방 하나 만큼 크다. 이 생명체는 태어날 때 길이가 20피트에 무게가 4톤이나 나간다. 그것은 당신의 자동차보다 훨씬 더 크다. 그것은 매일 어미로부터 100갤런의 우유를 마시고 하루에 200파운드씩 몸집이 커지는데, 7세나 8세가 되면 상상할 수 없는 사춘기를 견뎌내고 그런 다음 필히 인간의 시야에서 사라지며 짝짓기 습성, 이동 패턴, 식성, 사회적 관계, 언어, 사회 구조와 질병에 대해 거의 알려진 것이 없다. 아마도 전 세계에 약 10,000마리의 청고래가 지구의 모든 바다에 살고 있을 것인데, 지금까지 살았던 가장 큰 동물에 관해 인간이 알아낸 것은 거의 없다. 하지만 우리는 다음과 같은 것을 알고 있다. 세계에서 가장 큰 심장을 가진 이 동물들은 일반적으로 짝을 지어 이동하며, 그들의 날카로운 울음소리, 귀청을 찢는 사랑의 언어는 몇 마일이나 멀리 떨어진 물속에서도 들릴 수 있다.

VOCA

· way 큰 차이로, 훨씬
· unimaginable 상상할 수도 없는
· puberty 사춘기, 성장기
· ken 알다, 시야, 안계; 지식의 범위, 이해의 범위 (beyond one's ken: ~의 이해력 밖의)
· essentially 본질적으로; 본래(는); 반드시
· next to nothing 거의 제로에 가까운, 없는 것이나 다름없는
· penetrating 귀를 찢는 듯한, 날카로운
· moan 신음하다
· piercing 날카로운
· yearning 동경, 사모

독해 > 대의 파악 > 제목, 주제

정답의 이유

첫 번째 문장에서 핵심 소재로 'produce(농산물)'를, 주제로 'when handling fresh produce, control of the atmosphere is important(농산물 취급 시 공기 조절은 중요하다)'를 파악할 수 있으며, 마지막 문장에서 이 주제를 다시 언급하여 'Related to the control of gases and moisture is the need for some circulation of air among the stored foods(공기와 수분 조절과 관련된 것은 저장된 음식에 어느 정도의 공기 순환이 필요하다는 것이다).'라고 했다. 핵심 소재와 주제를 모두 포함하는 선택지는 ④ 'The importance of controlling certain levels of gases and moisture in storing foods(식품 저장 시 공기와 수분 조절의 중요성)'이다.

오답의 이유

① 대기 중 유해 기체 관리의 필요성
② 식물과 과일 재배 시 최적의 수분 조절법
③ 매년 전 세계적으로 증가하는 탄소발자국의 심각성

본문해석

신선한 농산물을 취급할 때 온도를 조절하는 것 외에도, 공기의 조절은 중요하다. 보관 중 건조를 막기 위해서 공기 중에 약간의 수분이 필요하지만, 너무 많은 수분은 곰팡이의 성장을 촉진할 수 있다. 일부 상업용 창고는 공기를 조절하는데, 신중하게 이산화탄소와 습도의 수준을 조절한다. 가끔은 에틸렌 가스 같은 다른 기체가 세심하게 농도를 조절해 투입될 수도 있는데, 이는 바나나와 다른 신선한 농산물을 최적의 품질로 만드는 데 도움을 주기 위해서다. 공기와 수분 조절과 관련된 것은 저장된 음식에 어느 정도의 공기 순환이 필요하다는 것이다.

VOCA

• atmosphere 대기, 공기; 분위기
• dehydration 건조, 탈수
• mold 곰팡이
• optimal 최선의, 최상의, 최적의

독해 > 글의 일관성 > 무관한 어휘 · 문장

정답의 이유

④의 앞 문장에서 병자에게 거짓말을 하면 긍정적인 결과가 나올 수 있다고 했으며, On the other hand로 시작하는 문장은 그 반대 경우를 묘사하는 문장이다. 반대되는 경우는 병자에게 진실을 말했을 때 부정적인 결과가 나와야 하고, 여기서는 우울증을 막는 것이 아니라 유발할 수 있으므로 ④에는 cause, trigger, encourage, induce(유발하다) 등이 들어가야 한다.

오답의 이유

① 앞 문장에서 거짓말의 부정적인 결과에 대해 언급하고, For instance를 통해 부연설명을 해주는 문장이다. 거짓말을 한 상황이므로 신뢰를 얻는 것이 아니라 잃는 것이 거짓말의 부정적인 결과이므로 'undermined'는 적절하게 사용되었다.
② 앞에서 거짓말의 부정적 결과를 묘사했으며, Thus를 통해 그 논조를 이어가고 있다. 긍정적인 영향이 아닌 부정적인 영향을 끼치는 것이 논리상 올바르다.
③ outweigh, surpass 등은 의미상 비교급 표현인 동사들이다. 비교의 대상은 언제나 동등한 대상 둘의 반대되는 특성이므로 주어(harmful effects)와 반대되는 것으로 benefits는 적절하다.

본문해석

거짓말이 어떤 상황에서는 아무런 해를 끼치지 않는다고 할지라도, 만일 알려진다면 거짓말은 인간의 의사소통이 따르는 진실을 말하는 일반적 관행을 약화시키기 때문에 여전히 도덕적으로 옳지 않다. 예를 들어, 만일 내가 허영을 부리기 위해 내 나이를 속이고, 내 거짓말이 들통난다면, 아무런 심각한 피해가 발생하지 않았다고 할지라도 나는 보통은 당신의 신뢰를 서서히 약화시킬 것이다. 그러한 경우에 당신은 내가 이후에 말하는 모든 것을 믿을 가능성이 매우 적어질 것이다. 그러므로 모든 거짓말은, 알려질 때, 간접적인 해로운 영향을 끼친다. 그러나 아주 가끔은, 거짓말로 생기는 이로움에 의해 아마도 이러한 해로운 영향의 결점을 메우기에 충분할지도 모른다. 예를 들어, 만일 누군가가 심각하게 아프다면, 그들의 기대 수명에 대해 거짓말하는 것은 그들에게 더 오래 살 기회를 주는 것이 될지도 모른다. 반면에, 그들에게 사실을 말해주는 것은 신체적 쇠약을 가속화시킬 우울증을 막을(→ 유발할) 가능성이 있다.

VOCA

• grounds 이유
• vanity 자만, 허영; 자만심, 허영심; 헛됨, 무의미
• undermine 약화시키다
• outweigh ~보다 더 크다, 대단하다, ~의 결점을 메우기에 충분하다
• life expectancy 기대 수명
• accelerate 가속화되다, 가속화하다

22 난도 ★★☆　　　　　　　정답 ②

독해 > 글의 일관성 > 문장 삽입

[정답의 이유]

주어진 문장의 'also(또한)'는 앞 문장과 같은 논조를 펼치며 새로운 소재를 소개할 때 쓰이므로 주어진 문장은 '물은 생명을 유지하기 위해 필요하다'라는 논조를 가진 문장 뒷부분에 들어가야 함을 알 수 있다. 물이 해양 생명체에 도움이 된다는 내용은 ②의 앞 문장이므로 주어진 문장은 ②에 들어가야 한다.

본문해석

해수의 일반적인 몇 가지 특성들은 해양 서식동물들의 생존과 복지에 필수적이다. 물은 대부분의 해양 생물들 부피의 80~90퍼센트를 차지한다. 이것은 수영하고 떠다니는 생명체들에게 부력을 제공하고 몸을 지탱해주며 무거운 골격계의 필요성을 줄인다. 물은 또한 생명 유지에 필요한 대부분의 화학 반응을 위한 매개물이다. 해양 생명체들의 삶의 과정은 결과적으로 해수의 기본적인 물리적, 화학적 성질을 많이 바꾸며, 여기에는 그것의 투명도, 화학 구성이 포함되고, 이는 생명체를 전체 해양 환경의 필수불가결한 부분으로 만든다. 생물들과 그들의 해양 환경 사이의 상호 작용을 이해하기 위해 필요한 것은 해수의 물리적, 화학적 특성 중 보다 중요한 몇 가지를 간단히 검사해 보는 것이다. 담수와 해수의 특성은 많은 부분에서 다르므로 우리는 먼저 담수의 기본적인 특성을 고려한 뒤 그 특성들이 해수에서는 어떻게 다른지 조사한다.

VOCA

• property　특성, 고유성, 속성
• inhabitant　(특정 지역의) 주민[서식 동물]
• account for　해명하다; (부분, 비율을) 차지하다
• buoyancy　부력
• medium　수단, 매체, 매개물
• integral　필수적인
• transparency　투명도
• attribute　자질, 속성

23 난도 ★★☆　　　　　　　정답 ③

독해 > 빈칸 완성 > 단어 · 구 · 절

[정답의 이유]

이러한 유형의 문제는 글의 흐름을 잘 따라가면 된다. 정확하게 그 단어의 뜻이 문맥과 어울리는지보다, 맥락상 부정적인 단어가 들어갈 것인지, 긍정적인 단어가 들어갈 것인지를 판단하는 것이 도움이 된다.

(A) 글의 전체 논조에 대한 가장 큰 힌트는 세 번째 문장의 and 다음 부분에서 찾을 수 있다. 'the players got better than ever'라는 표현을 통해 AI에 대해 비판적인 시각보다는 우호적인 시각임을 알아낼 수 있으므로 (A)에는 인간의 경기력을 'diminish(약화시키지) 않았다'가 논리적으로 옳다.

(B) 체스 프로그램에 대한 우호적인 관점을 표현하는 것은 'inspired(영감을 주었다)'이다.

(C) AI가 도움이 되었다는 전체 논조에 따라 AI로 훈련한 이 선수는 'highest(가장 높은)' 순위를 보유한다고 보는 것이 논리적으로 옳다.

[오답의 이유]

① 약화시키다 – 의욕을 꺾었다 – 가장 높은
② 증가시키다 – 의욕을 꺾었다 – 가장 낮은
④ 증가시키다 – 영감을 주었다 – 가장 낮은

본문해석

여기에 다음과 같이 훨씬 더 놀라운 점이 있다. AI의 등장은 순수하게 인간 체스 선수들의 경기력을 (A) 약화시키지 않았다. 오히려 반대다. 값싸고 매우 똑똑한 체스 프로그램들은 그 어느 때보다 더 많은 사람들이 그 어느 때보다 많은 체스경기에서 체스를 두게끔 (B) 영감을 주었으며 체스 선수들은 그 어느 때보다 더 잘 하고 있다. 현재는 Deep Blue가 Kasparov를 처음 이겼을 때보다 2배 이상의 그랜드 마스터(최고 수준의 체스 선수)들이 있다. 현재 체스 랭킹 1위인 인간 체스 선수는 Magnus Carlsen인데, 그는 AI들을 이용해 훈련하였으며 모든 인간 체스 선수 중에 가장 컴퓨터같다고 여겨진다. 그는 또한 역사상 (C) 가장 높은 인간 그랜드 마스터 순위를 보유하고 있다.

VOCA

• advent　등장, 시작, 도입
• diminish　줄이다, 낮아지다
• top-ranked　최상위의
• ranking　순위, 평가
• deem　간주하다, 생각하다, 여기다

독해 > 빈칸 완성 > 단어 · 구 · 절

정답의 이유

첫 번째 문장에서 핵심 소재로 'fashion objects(패션 제품)'을 제시하였고, 'self-oriented(자기 지향적)'라는 주제가 등장한다. However로 시작하는 세 번째 문장에서 'is also other-oriented(또한 타자 지향적이기도 하다)'라고 했으므로 글의 내용을 요약할 때 빈칸에 들어갈 말로 가장 적절한 것은 ③ 'both self-oriented and other-oriented(자기 지향적인 동시에 타자 지향적)'이다.

오답의 이유

① 본질적으로 오직 자기 지향적
② 다른 것들과는 다르게 오직 타자 지향적
④ 그 본질과 관계없이 정의하기 어려운

본문해석

패션 제품들의 미적 가치는 순수 미술 작품들의 미적 가치와 마찬가지로 자기 지향적이다. 소비자들은 (그 제품들에) 매력을 느끼려 하고 매력적인 사람들로 둘러싸이고자 하는 욕구를 가진다. 하지만, 순수 예술의 미적 가치와는 다르게, 패션의 미적 가치는 또한 타자 지향적이기도 하다. 외모의 매력은 타인의 반응을 끌어내고 사회적 상호작용을 촉발시키는 방식이다.

⇩

패션 제품들의 미적 가치는 자기 지향적인 동시에 타자 지향적이다.

VOCA

• aesthetic   미적인, 미적
• self-oriented   자기 지향적인, 자기 자신에 집중한
• fine art   순수 예술
• other-oriented   타자 지향적인
• elicit   끌어내다
• facilitate   (행동 · 조치 등을) 촉진[조성]하다
• inherently   본질적으로; 타고나서

독해 > 글의 일관성 > 문장 삽입

정답의 이유

주어진 문장에는 대명사 'this'가 있으며, 이것이 어떤 것을 가리키고 있는지 찾아 그다음 부분에 위치시키면 된다. 또 하나의 중요한 힌트는 주어진 문장 내에서, '꿈을 기억하든 기억하지 못하든 간에'라는 조건이 등장했다는 점이다. 따라서 꿈을 기억할 때의 장점만을 서술한 ①의 앞 문장을 기준으로 이 기억할 때의 장점에 관련된 이야기가 언제 끝나는지, 기억과 상관없는 꿈의 장점이 어디에서 시작하는지를 체크해야 한다. 기억과 상관없이 꿈이 도움이 된다는 이야기는 유일하게 ④의 다음 문장에 등장하므로 정답은 ④이다. 대명사 'this'가 뜻하는 것은 ④의 앞 문장인 '꿈꾸는 것은 건강한 삶의 필수적인 부분인 것'이다.

본문해석

어떤 이들은 꿈에 아무런 가치가 없다고 믿지만, 이 밤에 일어나는 이러한 드라마를 무의미한 것으로 일축하는 것은 잘못이다. 꿈을 기억하면 얻어지는 것들이 있다. 우리는 더 연결되어 있고, 더 완전하고, 더 잘 해내고 있다고 느낄 수 있다. 우리는 영감, 정보, 그리고 위안을 받을 수 있다. 알베르트 아인슈타인은 자신의 상대성 이론이 꿈에서 영감을 받았다고 말했다. 사실, 그는 그의 발견 중 많은 것들이 꿈에 의한 것이었다고 주장했다. 우리가 꿈을 꾸는 이유를 묻는 것은 우리가 숨을 쉬는 이유를 묻는 것만큼이나 타당하다. 꿈꾸는 것은 건강한 삶의 필수적인 부분이다. 좋은 소식은 우리가 꿈을 기억하든 기억하지 못하든 간에 이것이 사실이라는 것이다. 많은 사람들은 비록 그들이 구체적인 꿈을 기억하지 못해도 깨어나자마자 문제에 대한 새로운 해결책을 떠올리게 되었다고 말한다.

VOCA

• dismiss   일축하다
• nocturnal   야행성의, 밤에 일어나는
• irrelevant   관계가 없는, 무의미한
• on track   (원하는 결과를 향해) 착착 나아가는[진행 중인]
• integral   필수적인

영어 | 2019년 법원직 9급

한눈에 훑어보기

✓ 영역 분석

독해 02 03 05 06 07 08 09 10 11 12 13 14
15 16 17 18 19 20 24 25

20문항, 80%

어법 01 04 21 22 23

5문항, 20%

✓ 빠른 정답

01	02	03	04	05	06	07	08	09	10
③	③	③	③	②	②	①	③	②	④
11	**12**	**13**	**14**	**15**	**16**	**17**	**18**	**19**	**20**
②	①	③	②	④	④	①	③	③	②
21	**22**	**23**	**24**	**25**					
④	③	③	④	②					

✓ 점수 체크

구분	1회독	2회독	3회독
맞힌 문항 수	/ 25	/ 25	/ 25
나의 점수	점	점	점

01 난도 ★★★ 정답 ③

어법 > 비문 찾기

[정답의 이유]

③ 주어(two-month-olds)를 수식하는 관계사절(who were later identified as shy children) 다음에 문장의 본동사가 와야 하므로 reacting → reacted가 되어야 한다.

[오답의 이유]

① predisposed to는 '~성향이 있는'의 뜻으로 어법상 올바르게 사용되었다.

② 선행사 differences 다음에 동사(show up)가 나오므로 사물 주격 관계대명사 that이 올바르게 사용되었다. which로도 대체 가능하다.

④ 비교급 표현(more often)이 있으므로 than이 올바르게 사용되었다.

본문해석

최근 연구는 어떤 사람들은 유전적으로 수줍음을 잘 타는 경향이 있다는 것을 보여준다. 다시 말하면 어떤 사람들은 내성적인 성향을 타고난다는 것이다. 연구원들은 신생아의 15~20%가 수줍음을 타는 징후를 보인다고 말한다. 그들은 더 조용하고 더 경계한다. 연구원들은 빠르면 생후 2개월부터 보이는 사교적인 아기들과 수줍어하는 아기들 간의 생리학적 차이를 확인했다. 한 연구에서 나중에 수줍음이 많은 아이로 밝혀진 두 달 된 아기들은 움직이는 모빌과 사람 목소리 녹음 테이프 같은 자극에 스트레스 징후로 반응했는데, 심장 박동수가 증가하고 팔 다리를 떨고, 심하게 울었다. 수줍음의 유전적 근거에 대한 추가 증거는 내성적인 아이들의 부모와 조부모가 그렇지 않은 아이들의 부모나 조부모들보다 그들이 어렸을 때 더 내성적이었다고 말한다는 사실이다.

VOCA

• reveal 알리다, 폭로하다
• genetically 유전적으로
• predispose ~하게 만들다, ~하는 성향을 갖게 하다
• vigilant 경계하는
• physiological 생리학의, 생리적인
• stimuli 자극, 격려(stimulus의 복수)
• jerky 덜컥거리는, 요동치는, 경련하는

독해 > 빈칸 완성 > 단어 · 구 · 절

정답의 이유

(A) 다음에서 한국의 소프트 파워는 군사력이나 경제력(military power or economic power)을 통해서보다는 이미지를 통해 행사하는 힘(power a country wields through its image)이라고 했으므로 (A)에는 'intangible(무형의)'가 적절하다.

(B) 앞에서 2000년 한국과 일본 간 금지됐던 대중문화 교류가 부분적으로 해제되면서 개선되었다고 했으므로 (B)에는 'surge(급상승)'이 적절하다.

(C) 앞에서 한류로 인한 수익은 2004년 18억 7천 달러에서 2014년 116억 달러가 되었으므로 (C)에는 'boost(증가)'가 적절하다.

오답의 이유

① 유형의 – 급상승 – 침체

② 무형의 – 감소 – 증가

④ 유형의 – 감소 – 침체

본문해석

한국은 세계에 주도적으로 대중문화를 수출하는 국가가 되겠다는 헌신적인 목표를 가진 세계에서 유일한 국가들 중 하나이다. 이것이 한국이 '소프트 파워'를 키우는 방법이다. 이것은 한 국가가 군사력 또는 경제력을 통해서보다는 국가의 이미지를 통해 행사하는 (A) 무형의 힘을 가리킨다. 한류는 처음에는 중국과 일본으로, 이후 동남아시아와 전 세계 여러 국가로 퍼져갔다. 2000년에 한국과 일본 간의 50년 동안의 대중문화 교류 금지가 일부 해제되었으며, 이것이 일본인들 사이에서 한국 대중문화의 (B) 급상승을 개선했다. 한국의 방송 당국은 여러 국가에 TV 프로그램과 문화 콘텐츠를 홍보하기 위해 직원들을 파견해 왔다. 한류는 한국과 한국의 비즈니스와 문화, 국가 이미지에 축복이 되어 왔다. 1999년 초반부터 한류는 아시아 전역에서 가장 큰 문화 현상 중 하나가 되었다. 한류의 효과는 엄청나서 2004년 한국 GDP의 0.2%를 차지했는데, 대략 18억 7천 달러에 이른다. 더 최근인 2014년에 한류는 한국 경제에서 대략 116억 달러라는 (C) 증가를 기록했다.

VOCA

- dedicated 헌신적인
- wield 행사하다, 휘두르다
- surge 동요, 급상승
- intangible 무형의
- delegate 대리인, 사절단
- promote 촉진[고취]하다
- blessing 다행스러운 것, 좋은 점
- tremendous 엄청난(=huge)
- contributing 기여하는
- amount to (합계가) ~에 이르다[달하다]
- estimated 추정된
- boost 증대, 부양
- stagnation 침체

독해 > 글의 일관성 > 무관한 어휘 · 문장

정답의 이유

제시문은 Bohemian Rhapsody가 흥행하고 Freddie의 특별한 재능으로 Queen이 전 세계적인 인기를 얻은 과정을 서술한 내용인데, ③은 Freddie의 어린 시절에 관한 내용이므로 전체 흐름과 가장 관계없는 문장이다.

본문해석

Queen의 불멸의 오페라 스타일 싱글 Bohemian Rhapsody는 1975년 발매되어 영국 차트 정상에 9주 동안 있었다. 곡의 길이와 특이한 스타일 때문에 거의 발표되지 않을 뻔했지만 연주되어야 한다고 Freddie가 강력하게 주장했던 노래는 즉시 엄청난 히트곡이 되었다. 이때쯤 Freddie의 특별한 재능이 뚜렷해지고 있었는데, 그것은 엄청난 음역대의 목소리와 Queen에게 그들의 화려하고 예측 불가능한 이색적인 개성을 준 무대 존재감이었다. Bomi Bulsara와 Jer Bulsara의 아들인 Freddie는 어린 시절의 상당 부분을 인도에서 보냈으며 그곳에서 St. Peter 기숙학교에 다녔다. 곧 Queen의 인기는 영국을 넘어서 유럽 전역, 일본, 미국까지 이르렀는데, 특히 미국에서 1979년 Freddie의 노래 Crazy Little thing Called Love로 차트 1위를 차지했다.

VOCA

- immortal 불사의, 불멸의
- operatically 오페라 스타일의
- release 출시하다
- recognizable 인식할 수 있는, 알아볼 수 있는
- operatically 오페라 스타일의
- unpredictable 예측 불가능한
- flamboyant 이색적인, 화려한
- the bulk of ~의 대부분
- chart 인기순위에 오르다
- triumph 대성공을 거두다

어법 > 정문 찾기

정답의 이유

(A) resort to는 '~에 의지하다'의 뜻으로, to(전치사) 다음에는 명사 또는 명사 상당 어구가 와야 하므로 (A)에는 동명사 'creating'이 적절하다.

(B) 다음에 완전한 형태(he provided voices for many characters ~)의 절이 오므로 (B)에는 관계부사 'where'가 적절하다. where는 계속적 용법으로 쓰여 '그런데 거기서 ~'의 뜻으로 해석된다.

(C) 주어(screen credits)가 복수 명사이므로 (C)에는 복수 동사 'were'가 적절하다.

많은 업계 전문가들에 의해 만화 목소리 연기의 창시자로 여겨지는 Mel Blanc은 1927년 지역 라디오 쇼의 성우로서 그의 경력을 시작했다. 제작자들은 여러 명의 배우들을 고용할 자금이 없었기 때문에, Mel Blanc은 필요에 따라 쇼를 위한 다양한 목소리와 성격을 (A) 만들어 내는 것에 의지했다. 그는 Jack Benny 프로그램의 고정 출연자가 되었고, (B) 거기서 사람, 동물, 엔진 조정이 필요한 자동차 같은 생명이 없는 다양한 등장인물들에 대한 목소리를 제공했다. Porky Pig 역을 위해 그가 만들어낸 독특한 목소리는 Warner Bros에서 그의 큰 성공에 연료를 공급했다. 곧 Blanc은 Hanna-Barbera 스튜디오 등장인물뿐만 아니라 많은 스튜디오의 애니메이션 스타들과 밀접한 관계를 맺게 되었다. 그가 가장 오래 진행한 목소리 연기는 Daffy Duck이었는데, 대략 52년 동안 계속되었다. Blanc은 자신의 작품을 극도로 보호했는데, 'Mel Blanc에 의한 목소리 연기'라는 스크린 크레딧들은 항상 그의 계약 조건에 (C) 있었다.

VOCA

- resort to ~에 의지하다
- personas (극·소설 등의) 등장인물
- in need of ~을 필요로 하고
- nonliving 생명이 없는
- tune-up 엔진 조정
- distinctive 독특한, 특이한
- breakout success 큰 성공
- protective of ~을 보호하는
- the terms of contract 계약 조건

05 난도 ★★☆

정답 ②

독해 > 빈칸 완성 > 단어·구·절

정답의 이유

제시문은 사무실용 건물의 수요 급감으로 많은 공실이 생겨, 추후 주거, 상업, 사무실 기능 간의 교환이 필요할 것이라는 내용이다. 네덜란드 주요 도시에서 사무실용 건물이 비어 있어 유령 도시화의 위험이 있다고 예측하고 있으므로 빈칸에 들어갈 말로 가장 적절한 것은 ② 'a number of plans for office buildings be redeveloped for housing(사무실용 건물을 위한 많은 계획이 주거용으로 재개발되어야 한다)'이다.

오답의 이유

① 건물유지 비용을 줄이기 위해 새로운 디자인이 채택되어야 한다.
③ 주거용 빌딩이 상업용 빌딩으로 전환되어야 한다.
④ 가능한 많은 점포를 디자인하고 전달해야 한다.

현재 사무실용 건물의 수요 급락과 그로 인한 많은 공실 때문에 우리는 주거 용도와 상업용 또는 사무실 용도를 교환할 수 있는 계획을 개발할 필요가 있다. 이러한 공실률은 역사적인 수준에 이르렀다. 현재 네덜란드 주요 도시는 500만 평방 미터 상당의 빈 사무실이 있으나, 반면 주택은 16만 가구가 부족하다. 네덜란드 부동산 개발협회에 따르면, 적어도 100만 평방 미터는 공실로 남아 있을 것으로 예측된다. 주요 도시 주변에 빈 사무실 건물들이 생겨나는 '유령 도시'에 대한 실제적인 위협이 있다. 이런 예측에도 불구하고 사무실용 건물 건설은 전속력으로 계속되고 있는데, 수익률이 높은 시기에 계획됐기 때문이다. 그러므로 이제는 사무실용 건물을 위한 많은 계획이 주거용으로 재개발되어야 하는 것이 필요하다.

VOCA

- plummet 급락하다
- vacant property 공실
- residential 주거의
- unoccupied 임자 없는, 비어 있는
- spring up 튀어나오다, 마구 생겨나다
- at full tilt 전속력으로
- convert 바꾸다, 개조하다

06 난도 ★★☆

정답 ②

독해 > 세부 내용 찾기 > 내용 (불)일치

정답의 이유

제시문의 두 번째 문장에서 'Developmental psychologists study ~ through maturity and old age(발달심리학자들은 태아기부터 성인기와 노년기까지의 행동과 성장 패턴을 연구한다).'라고 했으므로 글의 내용과 일치하는 것은 ② '발달심리학자들은 인간의 일생의 행동과 성장을 연구한다.'이다.

오답의 이유

① 첫 번째 문장에서 'Child psychologists concentrate ~ birth through age eleven(아동심리학자들은 출생에서 11세까지의 개인에 대한 연구에 집중한다).'라고 했으므로 글의 내용과 일치하지 않는다.
③ 여섯 번째 문장에서 'Among them are lower IQs ~ more unemployment and low-paying jobs(그것들 중에는 낮은 지능지수와 읽기 능력, 잦은 자살 시도, 더 높은 실업률 그리고 저임금 직업 등이 있다).'라고 했으므로 글의 내용과 일치하지 않는다.
④ 마지막 문장에서 '~ interest to developmental psychologists ~ expected after retirement(발달심리학자들의 직업과 관련된 관심사는 대다수 임원들이 은퇴 후 예상보다 더 일찍 사망하는지 그 이유에 대한 것이다).'라고 했으므로 글의 내용과 일치하지 않는다.

아동심리학자들은 출생에서 11세까지의 개인에 대한 연구에 집중한다. 발달심리학자들은 태어나기 전 시기부터 성인기, 노년기에 이르는 행동과 성장 유형을 연구한다. 많은 임상 심리학자들은 아이들의 행태 문제를 전문적으로 다룬다. 아동심리 연구는 종종 근로 행위에 대해 설명하는 데 도움이 된다. 예를 들어, 한 연구에 의하면, 아동학대와 방임의 피해자들은 장기적으로 그 결과로 고통받을지도 모른다고 나왔다. 그것들 중에 낮은 지능지수와 읽기 능력, 잦은 자살 시도, 더 높은 실업률 그리고 저임금 직업 등이 있다. 오늘날 많은 사람들이 인간 발달 단계 중 성인기 연구에 흥미를 갖게 되었다. 발달심리학자들의 연구는 중년의 위기 같은 중년층의 문제에 대한 폭넓은 관심을 유발했다. 발달심리학자들의 직업과 관련된 관심사는 대다수 임원들이 은퇴 후 예상보다 더 일찍 사망하는지 그 이유에 대한 것이다.

VOCA

- developmental psychologist 발달심리학자
- prenatal 태아기의, 태어나기 이전의
- maturity 성숙함
- clinical psychologist 임상심리학자
- specialize in ~을 전문으로 하다
- shed light on ~을 밝히다, ~을 설명하다
- childhood abuse 아동 학대
- neglect 방임
- consequence 결과
- phase (과정상의) 단계
- executive 임원

07 난도 ★★☆ 정답 ①

독해 > 빈칸 완성 > 단어 · 구 · 절

정답의 이유

제시문은 의사 결정에 영향을 주는 대비효과(contrast effect)를 설명하는 내용이다. 가격할인된 스웨터 구입, 추운 지역에서 따뜻한 지역으로의 이동, 접시 크기와 먹는 양의 관계에 대한 연구 결과를 통해, 사람들은 자신이 이전에 경험한 것과의 비교를 통해 어떤 것을 인지하는 경향이 있다는 것을 설명하고 있으므로 빈칸 (A)와 (B)에 들어갈 적절한 것은 ① 'perceive(인식하다) - previous experience(이전 경험)'이다.

오답의 이유

② 제공하다 - 예견된 미래
③ 인식하다 - 예상치 못한 사건
④ 제공하다 - 첫인상

의사 결정에 영향을 주는 한 가지 설명 요소는 대비효과이다. 예를 들어, 70달러짜리 스웨터가 처음에는 품질이 좋은 상품으로 보이지 않을 수 있다. 하지만 만약 이 스웨터가 200달러에서 할인되었다는 걸 알게 되면, 갑자기 정말 싼 것처럼 보일지도 모른다. 그것이 '거래를 성사시키는' 대비효과이다. 마찬가지로, 우리 가족은 매사추세츠에 살아서 추운 날씨에 매우 익숙하다. 그러나 우리 가족이 추수감사절 동안 이모와 삼촌을 만나러 플로리다에 가면, 그들은 기온이 화씨 60도(약 섭씨 15도)인데도 아이들에게 모자를 쓰라고 재촉한다.—사실 아이들이 보기에 수영하고 놀 만한 날씨인데 말이다! 연구는 심지어 사람들은 큰 접시로 음식을 먹을 때 작은 접시로 음식을 먹는 경우보다 더 많이 먹는다는 것을 보여준다. 같은 분량도 작은 접시에 담은 것이 큰 접시에 담을 때보다 더 많아 보인다. 그리고 우리는 이렇게 인식한 크기를 언제 배부르다고 느낄지 알리는 신호로 삼는다.

⇩

대비효과는 (B) 이전 경험과의 두드러진 비교에 따라 다른 방식으로 자극을 (A) 인식하는 경향이다

VOCA

- presentation 발표, 설명
- contrast effect 대비효과
- seal the deal 거래를 성사시키다
- virtually 사실상
- perspective 시각, 관점
- portion 부분
- cue 신호
- salient 현저한, 핵심적인

08 난도 ★★★ 정답 ③

독해 > 글의 일관성 > 무관한 어휘 · 문장

정답의 이유

③ 제시문은 과속에 대한 내용으로, 글의 중반부에서 'At high speed the vehicle needs greater distance to stop'이라고 한 다음에, 속도가 느린 차량은 바로 정지(to halt immediately)할 수 있지만 속도가 빠른 차량은 정지하는 데 먼 거리(long way to stop)가 필요하다고 했다. 따라서 운동의 제1법칙 때문에 더 긴 거리를 미끄러지는 것이므로 short → long이 되어야 한다.

오답의 이유

① 제시문 전반에 걸쳐 과속의 위험성을 말하고 있고, 바로 다음 문장에서 차량의 속도가 빠를수록 속도가 느린 차량에 비해 사고가 나기 쉽고 부상의 정도도 클 수 있다고 했으므로 문맥상 increase가 올바르게 사용되었다.
② 속도를 올리면 위험도 커지므로 문맥상 higher가 올바르게 사용되었다.
④ 과속하면 앞으로 일어날 일에 대한 판단 능력이 감소하는 것이므로 문맥상 reduced가 올바르게 사용되었다.

대부분의 치명적 사고는 과속 때문에 생긴다. 속도를 더 내려고 하는 것은 인간의 자연스러운 잠재의식이다. 기회가 주어진다면, 인간은 무한대의 속도를 달성하려고 할 것이다. 그러나 우리가 다른 사람들과 도로를 공유할 때, 우리는 항상 다른 차량으로부터 몇 대 앞이나 뒤에 있을 것이다. 속도가 증가하면 사고 위험성과 사고 시 부상 정도 또한 높아진다. 속도가 빠른 차는 느린 차보다 사고가 나기 쉬우며 부상 정도 또한 클 가능성이 있다. 속도가 높아지면, 위험도 더 커진다. 고속으로 달리는 차량은 더 긴 정지거리, 즉 제동 거리가 필요하다. 속도가 느린 차량은 바로 정지하지만, 속도가 빠른 차량은 정지하는 데 더 먼 거리가 필요하고, 운동의 제1법칙 때문에 짧은(→ 긴) 거리를 미끄러진다. 빠른 속도로 움직이는 차량은 충돌 시 더 큰 충격을 받게 되고 이런 이유로 더 심각한 부상을 입을 것이다. 앞으로 일어날 일에 대한 판단 능력도, 더 빠른 속도로 운전하는 동안, 감소하여 판단착오의 원인이 되며, 결국 충돌사고가 일어나게 된다.

VOCA

- fatal 치명적인
- subconscious 잠재의식의
- infinity 무한대
- severity 심함, 엄격함
- multiply 곱하다
- be prone to ~하기 쉽다
- halt 멈추다
- skid 미끄러지다
- hence 이런 이유로

09 난도 ★★☆ 정답 ②

독해 > 대의 파악 > 요지, 주장

정답의 이유

제시문은 독자는 작품을 좋아하거나 싫어할 자유가 있지만, 먼저 그 작품이 명작으로 인정받는 이유를 이해한 이후에 작품에 대한 의견을 가질 수 있다고 말하고 있다. 따라서 글의 요지로 적절한 것은 ② 'Try to understand the value of the book while to read before judging it(책을 판단하기 전에 읽는 동안 그 책의 가치를 이해하기 위해 노력하라).'이다.

오답의 이유

① 책의 명성을 훼손할 수 있는 결점에 주목하라.
③ 관심 있는 책뿐만 아니라 관심 없는 책도 읽어라.
④ 책을 다 읽을 때까지는 주제에 대해 비판적인 시각을 유지하라.

읽을 가치가 있는 것으로 보이는 어떤 것에든 관심을 가지기 위해 노력하는 것이 우선 필요하다. 학생은 남들이 어떤 점에서 그 책을 좋다고 하는지 알아내기 위해 성실하게 노력해야 한다. 모든 독자들은 명작이라도 좋아하거나 싫어할 수 있다. 그러나 그는 왜 그것이 존경받는지를 이해할 때까지 그것에 대한 의견을 가질 위치에 있지 않다. 그는 책에서 무엇이 나쁜지가 아니라 무엇이 좋은지를 스스로 깨닫기 위해 노력해야 한다. 단점을 발견하기 위해 정신을 훈련시켜 비판적인 능력을 가장 잘 개발한다는 통설은 그것이 거짓인 것만큼 잔인하다. 어느 트집쟁이든 위대한 작품에서 결점을 찾을 수 있다. 그것의 모든 장점을 발견할 수 있는 사람은 계몽된 사람들뿐이다. 좋은 책의 진가를 알아보려는 진지한 노력이 독자를 흥미 잃게 하는 일은 거의 없을 것이다.

VOCA

- endeavor 노력
- worthwhile ~할 가치가 있는
- earnestly 진지하게
- wherein 어디에서, 어떤 점에서
- shortcoming 단점
- vicious 잔인한
- carper 트집쟁이, 혹평가
- enlightened 깨우친, 계몽된

10 난도 ★★☆ 정답 ④

독해 > 세부 내용 찾기 > 내용 (불)일치

정답의 이유

도표에 따르면 유기농 농산물의 맛이 더 좋다고 응답한 사람은 32%로 미국 성인들의 약 1/3에 해당되고, 두 농산물의 맛이 거의 같다고 응답한 사람은 59%로 2/3보다는 적으므로 도표의 내용과 일치하지 않는 문장은 ④이다.

오답의 이유

① 도표에서 건강에 더 좋다고 생각하는 사람의 비율은 55%이므로 More than half of the public의 수치와 일치한다.
② 도표에서 유기농 농산물이 건강에 더 좋지도 않고 나쁘지도 않다고 답한 사람의 비율은 41%이므로 More than forty percent와 일치한다.
③ 도표에서 유기농 농산물이 더 맛이 좋다고 답한 사람의 비율은 32%로, 맛이 비슷하다고 답한 59%보다 적으므로 도표의 내용과 일치한다.

대부분의 미국인들은 건강에 대한 염려 때문에 유기농 식품을 구매하고 있다. 절반 이상의 사람들이 유기농 과일과 채소가 전통적인 방식으로 재배된 농산물보다 건강에 더 좋다고 말한다. 40% 이상이 유기농 제품이 건강에 더 좋지도 나쁘지도 않다고 말했고, 가장 적은 수의 사람들은 유기농 제품이 건강에 더 나쁘다고 말한다. 유기농 제품이 전통적인 방식으로 재배된 과일과 채소보다 맛이 더 좋다고 말하는 미국인은 거의 없다. 미국 성인의 약 1/3이 유기농 제품이 더 맛있다고 말하고, 2/3 이상은 유기농 제품과 전통적으로 재배된 유기농 제품이 맛이 비슷하다고 말한다.

VOCA

• organic 유기농의

• conventional 전통적인, 재래식의

11 난도 ★☆☆   정답 ②

독해 > 세부 내용 찾기 > 지칭 추론

정답의 이유

밑줄 친 brush off는 '~을 무시하다'의 뜻으로 의미가 가장 적절한 것은 ② 'ignore some concerns you have(여러분이 가진 몇몇 걱정을 무시하다)'이다.

오답의 이유

① 여러분과 민감한 주제에 대해 의논하다

③ 여러분이 말한 것에 대해 편안하게 느끼다

④ 불편한 주제를 진지하게 다루다

본문해석

의사와 환자 사이의 많은 의사소통은 개인적인 것이다. 의사와 좋은 관계를 갖기 위해서는, 비록 여러분이 당황스럽거나 불편하더라도, 섹스나 기억력 문제 같은 민감한 주제에 대해 이야기하는 것이 중요하다. 의사들은 대부분 사적인 문제를 얘기하는 것에 익숙하며 여러분의 불편함을 덜어주려고 노력할 것이다. 이런 주제들은 대다수 노인들과 관련 있다는 것을 명심해라. 여러분은 의사와 얘기할 때 여러분이 민감한 주제를 꺼내는 데 도움이 될 책자와 다른 자료들을 사용할 수 있다. 기억력, 우울감, 성기능, 요실금 같은 문제들이 반드시 노화의 정상적인 부분은 아니라는 것을 이해하는 게 중요하다. 좋은 의사는 이런 문제들에 대한 여러분의 걱정을 진지하게 받아들이고 무시하지 않을 것이다. 만약 의사가 여러분의 걱정을 심각하게 받아들이지 않는다고 생각한다면, 여러분의 감정을 말하거나 새로운 의사를 찾는 것을 고려해라.

VOCA

• ease 편해지다[편하게 해 주다], (고통 · 불편 등이[을]) 덜해지다[덜어 주다]

• discomfort (마음을) 불편하게 하다, 불편함, 불안감

• concern 영향을 미치다[관련되다]

• incontinence (대소변)실금

• brush off ~을 무시하다, ~을 털어버리다

12 난도 ★★☆   정답 ①

독해 > 빈칸 완성 > 단어 · 구 · 절

정답의 이유

제시문은 우리는 세상을 감지하는 동일한 신체 기관을 가지고 있지만, 세상을 인식하는 것은 우리가 사용하는 언어에 의해 결정된다는 내용이다. 빈칸 앞부분에서 에스키모인들은 눈을 의미하는 데 32개의 단어를 사용하는 반면, 고대 아즈텍 사람들은 눈, 추위, 얼음을 한 단어로 사용했다고 했으므로 빈칸에 들어갈 말로 가장 적절한 것은 ① 'one and the same phenomenon(하나의 동일한 현상)'이다.

오답의 이유

② 서로 구별되는 것

③ 독특한 특성의 구별된 것들

④ 특정한 신체 기관에 의해 감지되는 것

본문해석

언어학자 Edward Sapir와 Benjamin Lee Whorf가 제안한 유명한 가설에 따르면, 비록 우리는 모두 세상을 인식하기 위한 똑같은 신체 기관 —보기 위한 눈, 듣기 위한 귀, 냄새를 맡는 코, 느끼기 위한 피부, 맛보기 위한 입—을 가지고 있지만, 세상에 대한 우리 인식은 우리가 말하는 언어에 상당 부분 의존한다. 그들은, 언어는 우리가 특정한 방식으로 세상을 '보는' 한 쌍의 안경과 같다고, 가설을 세웠다. 언어와 인식 사이의 관계에 대한 전형적인 예는 눈이라는 단어이다. 에스키모 언어에는 눈을 나타내는 단어가 32개나 있다. 예를 들어 에스키모어는 내리는 눈, 땅에 쌓인 눈, 얼음처럼 단단히 뭉쳐진 눈, 질척거리는 눈, 바람에 날리는 눈, 우리가 '옥수수 가루' 눈이라고도 부르는, 눈에 대한 다른 단어들을 가지고 있다. 반면 멕시코의 고대 아즈텍 언어는 눈, 추위, 얼음을 의미하는 데 단지 한 단어만 사용했다. 따라서 Sapir-Whorf 가설이 정확하고 우리가 단어를 붙인 것만 인식할 수 있다면, 아즈텍 사람들은 눈, 추위, 얼음을 하나의 동일한 현상으로 인식했다.

VOCA

• physical organ 신체 기관

• to a great extent 상당하게, 크게

• hypothesis 가설, 추정

• linguist 언어학자

• slushy 눈이 녹아 진창이 된

• cornmeal 옥수수 가루

13 난도 ★☆☆　　　　　　　　　　　　정답 ③

독해 > 글의 일관성 > 문장 삽입

[정답의 이유]

주어진 문장은 소프트 파워에 대한 내용이며, 'on the contrary(반대로)'로 미루어, 앞의 내용과 대조되는 내용이어야 하므로 주어진 문장이 들어갈 적절한 곳은 바로 앞 문장에서 하드 파워(hard power)의 개념을 설명한 ③이다.

본문해석

'소프트 파워' 개념은 1990년대 초 미국의 정치학자이며 클린턴 행정부의 국방부 차관이었던 Joseph Nye, Jr에 의해서 형성되었다. 미국 교수 J. Nye의 의견은 '힘'의 개념에 대한 해석을 신선하게 바라볼 수 있게 했고 과학적 논쟁을 유발시켰으며 국제 정치의 실용적 측면을 자극했다. 그의 연구에서 그는 두 가지 형태의 힘을 확인한다. '하드 파워'와 '소프트 파워'이다. 그는 '하드 파워'를 '처음의 선호와 전략과는 모순되는 방식으로 사람들을 행동하게 만드는 능력'이라고 정의한다. 반대로 '소프트 파워'는 '강압이나 비용보다는 유인과 설득을 통해 목표를 달성하는 능력'이다. 국가의 '소프트 파워'는 세계 정치과정에서 다른 참여자들을 '매혹시키고' 그것의 고유한 문화(그것이 다른 사람들에게 매력적이라는 맥락에서), 정치적 가치와 외교 정책(만약 합법적이고 도덕적으로 정당하다고 판단된다면)의 매력을 입증하는 능력이다. '소프트 파워'의 주요 요소는 문화, 정치적 가치, 외교 정책이다.

VOCA

• coercion　강제, 강압
• fee　수수료, 사례
• deputy defense　국방부 차관
• interpretation　해석, 이해
• provoke　유발하다
• contradict　부인하다, 반박하다, 모순되다
• demonstrate　입증하다
• legitimate　합법적인

14 난도 ★★☆　　　　　　　　　　　　정답 ②

독해 > 대의 파악 > 제목, 주제

[정답의 이유]

제시문은 인공지능이 소비자 반응을 빨리 측정할 수 있고, 실수로 인한 영향이 적기 때문에 소매업에 적합하다는 내용이므로 글의 주제로 가장 적절한 것은 ② 'why retail is suited for AI(왜 소매업이 인공지능에 적절한가)'이다.

[오답의 이유]

① 인공지능의 위험
③ 소매업 기술과 환대
④ AI 발달의 중요한 요소들

본문해석

다양한 분야에서 인공지능을 배치하는 속도는 몇 가지 중요한 요소들에 달려있다. 소매업이 몇 가지 이유로 특히 적합하다. 첫 번째는 검증하고 측정하는 능력이다. 적절한 안전장치가 있다면, 거대 소매업체들은 인공지능을 배치하고 소비자의 반응을 시험하고 측정할 수 있다. 그들은 또한 직접적으로 순이익에 대한 영향을 매우 빠르게 측정할 수 있다. 두 번째는 실수로 인한 상대적으로 작은 결과들이다. 여객기를 착륙시키는 인공지능은 사람들을 죽일 수도 있기 때문에 실수를 해서는 안 된다. 소매업에 배치된 매일 수백만의 결정을 하는 인공지능은, 전반적인 효과가 긍정적이기만 하면 약간의 실수를 할 여유가 있다. 몇몇 스마트 로봇 기술은 이미 소매업에서 일어나고 있다. 그러나 가장 중요한 변화들 중 다수는 물리적 로봇이나 자율주행차량보다는 인공지능의 배치로부터 올 것이다.

VOCA

• rapidity　속도
• deployment　배치, 전개
• safeguard　안전 보조 장치
• bottom line　요점, 순이익
• autonomous　자율적인

15 난도 ★★☆　　　　　　　　　　　　정답 ④

독해 > 빈칸 완성 > 단어 · 구 · 절

[정답의 이유]

제시문에서 카르마는 본인이 행동한 대로 결실을 거두는 방식으로 작동한다는 내용이 반복되므로 빈칸에 들어갈 말로 적절한 것은 ④ 'what goes around comes around(뿌린 대로 거둔다)'이다.

[오답의 이유]

① 비가 오기만 하면 쏟아진다(안 좋은 일은 겹쳐서 일어난다)
② 제때의 바느질 한 번이 아홉 바느질을 던다(호미로 막을 데 가래로 막는다)
③ 백지장도 맞들면 낫다

본문해석

'뿌린 대로 거둔다.'는 카르마가 어떻게 작동하는지에 대한 기본적인 이해이다. 카르마라는 단어는 글자 그대로 '행동'을 의미한다. 카르마는 몇 가지 단순한 범주로 나뉠 수 있다.—선, 악, 개인과 집단이다. 한 사람의 행동에 따라, 그 사람은 그 행동들의 열매를 거둘 것이다. 그 열매는 이미 행해진 행동의 본질에 따라 달콤하거나 시큼할 수도 있다. 만약 한 무리의 사람들이 함께 하나의 어떤 행동 또는 행동들을 했다면 그 열매는 집단적인 방식으로 수확될 수 있다. 우리가 말하고 행동하는 모든 것이 미래에 우리에게 일어날 일을 결정한다. 우리가 정직하게 행동했든, 부정직하게 행동했든지 간에, 남을 돕든지 남에게 해를 끼치든지 간에, 모든 것은 기록되고 이번 생이나 다음 생에서 카르마 반응으로 나타난다. 모든 카르마의 기록은 영혼과 함께 다음 생과 육체에 전달된다.

VOCA

- karma 카르마, 업보

- reap 수확하다, 거두다

- manifest 나타나다

16 난도 ★★★ 정답 ④

독해 > 대의 파악 > 요지, 주장

정답의 이유

제시문은 독창적인 사고를 할 수 있도록 돕는 리더의 역할에 관한 글이다. 리더 자신이 본보기가 되어야 하고, 틀을 벗어나도록 격려하고, 힘을 실어주며, 마지막으로 그런 사람들에게 적절한 보상을 해주어야 한다고 설명하고 있으므로 필자의 주장으로 가장 적절한 것은 ④ '팀원에게 창의적인 사고를 할 수 있는 토대를 만들어줘야 한다.'이다.

본문해석

독창적인 사고에 영감을 주는 문화를 만드는 것은 궁극적으로 사람들이 능력을 최대한 발휘하도록 격려하고 사람들이 변화를 추진하도록 힘을 실어주는 것이다. 리더로서, 여러분은 변화가 어려운 시기에 지지를 제공해야 하며, 그 지지는 여러분이 설정한 사례, 장려하는 행동, 보상하는 성취에 대한 것이다. 먼저 여러분이 설정한 사례에 대해 생각해 보라. 여러분 자신은 일관되게 독창적으로 행동하는 사람의 모델인가? 여러분은 스스로 앞으로 나아가며 책임과 의무를 지고, 해결에 집중하며 호기심을 표시하는가? 다음으로, 틀에서 벗어날 준비가 된 사람들을 격려하고 힘을 실어줄 방법을 찾아라. 그들의 노력을 여러분이 잘 알고 있음을 알게 하라. 그들이 아이디어를 다듬고, 어떤 위험이 감수할 만한 가치가 있는지 결정하는 데 도움을 주어라. 그리고 가장 중요한 것은, 어떤 성취에 대해 보상할지 신중하게 염두에 두어라. 여러분은 안전하게 하는 사람들만 인정하는가? 아니면, 더 나아가기 위해 노력하고, 틀을 깨는 모습을 보여주었으나 공격적인 목표에 미치지 못한 사람들도 보상할 것인가?

VOCA

- out-of-the-box 발군의, 격이 다른

- stretch (능력을) 최대한 발휘하다

- empower 권한을 주다, 자율권을 주다

- accountability 의무

- mindful 신경을 쓰는, 유념하는

- fall short of ~에 미치지 못하다, 미흡하다

17~18

본문해석

사전은 승리를 '경쟁에서 다른 사람을 누르고 물리쳐서, 상 또는 보상을 받는 것'이라고 정의한다. 하지만, 내 인생에서 가장 의미 있는 승리 중 몇몇은 다른 사람을 누르고 이기는 것도, 관련된 상을 받는 것도 아니었다. 나에게 승리는 장애를 극복하는 것을 의미한다.

나의 첫 승리 경험은 초등학교의 체육관에서 발생했다. 거의 매일, 팔굽혀펴기와 스쿼트로 준비운동을 한 후 우리는 이어달리기를 해야 했다. 나는 어렸을 때 천식을 앓고 있었지만, 우리 팀은 많은 경주에서 승리했다. 경주가 끝나면 몇 분 동안 내 가슴은 타는 듯이 아팠다. 그렇지만 이것은 매우 자랑스럽게 느낄 가치가 있었다. 내가 다른 사람을 이겼기 때문이 아니라 장애를 극복했기 때문이었다. 어쨌든 나는 11살 즈음에 내 만성적인 병을 (A) '극복했다.'

고등학교에서 나는 또 다른 승리를 경험했다. 생물학에 관한 읽기를 좋아했지만 나는 아무리 해도 실험실에서 개구리를 해부할 수가 없었다. 어떤 것이라도 죽은 것의 냄새를 싫어했고 개구리의 배를 갈라 연다는 상상은 (B) 역겹게 만들었다. 메스를 개구리에게 가져갈 때마다 손이 떨리고 속이 뒤틀렸다. 가장 최악인 것은, 생물 선생님이 나의 헛된 시도들에 경멸스럽다는 듯이 반응했다는 것이다. (C) 즐거운(→ 괴로운) 2주가 지나고, 나는 정신을 가다듬기로 마음 먹었다. 내가 과민반응하고 있다는 것을 깨달았다. 결심하고, 나는 다음 실험 수업에 당차게 들어가서 실험대로 향하고 한 번에 개구리의 배를 갈라 열었다. 이 사건 후 나는 생물학에서 (D) 뛰어나게 잘하게 되었다. 나는 미지에 대한 두려움을 극복하고 내 자신에 대한 새로운 것을 발견했다. 나는 다시 승리했다.

이런 경험들을 통해, 나는 이런 장애들을 극복하기 위해 희생해야 할지라도 내가 삶을 더 고맙게 여긴다는 것을 이제 안다. 이것이 나를 이끄는 긍정적 추진력이며 바로 승리의 정신이다.

VOCA

- obstacle 장애, 장애물

- squat thrust 스쿼트

- asthma 천식

- handicap (신체적·정신적) 장애

- outgrow ~보다 커지다

- dissect 해부하다

- scalpel 메스

- futile 헛된, 소용없는

- contempt 경멸, 멸시

- get hold of 정신차리게 하다

- sweep into ~로 빠르게 가다

- excel 능가하다, 뛰어나다

- impediment 장애

17 난도 ★★☆　　　　　　　　　정답 ①

독해 > 대의 파악 > 제목, 주제

정답의 이유

제시문의 첫 번째 문단을 통해 글의 주제를 파악할 수 있다. 필자에게 승리는 장애를 극복하는 것을 말하며, 자신이 장애를 극복한 사례들을 나열하고 있으므로 글의 제목으로 적절한 것은 ① 'What Winning Is to Me(승리란 나에게 무엇인가)'이다.

오답의 이유

② 행복의 추구

③ 후반전의 승자

④ 긍정적 사고에 대한 이야기

18 난도 ★★☆　　　　　　　　　정답 ③

독해 > 글의 일관성 > 무관한 어휘·문장

정답의 이유

(C) 앞부분에서 필자는 개구리 해부를 하는 것이 매우 힘들고, 선생님마저 경멸하는 반응을 보여 괴로운 시간을 보냈음을 알 수 있으므로 ③ (C) 'amusing(즐거운)'은 문맥상 적절하지 않다.

19 난도 ★☆☆　　　　　　　　　정답 ③

독해 > 빈칸 완성 > 단어·구·절

정답의 이유

③ 제시문의 도입부에서 엄마의 반응을 '적극적으로'와 '평소대로' 행동하는 그룹으로 구분했다는 설명이 나오므로 (B)에 들어갈 말로 적절한 것은 'reaction(반응)'이다. 후반부에 뱀을 본 엄마의 '공포 반응'에 따라 아기들이 울음을 터뜨리거나(A그룹), 장난감처럼 가지고 놀았다(B그룹)고 했으므로 (A)에 들어갈 말로 적절한 것은 'All phobias(모든 공포증)'이다.

오답의 이유

① 게임의 규칙들 – 지지

② 장난감에 대한 선호 – 참여

④ 다양한 감정들 – 격려

본문해석

한 고전적인 심리학 연구는 엄마들과 12개월 된 아이들을 참여시켰다. 각각의 엄마는 연구 내내 그녀의 아기와 함께 있었으나, 엄마들은 A와 B, 두 그룹으로 나뉘어졌다. A그룹과 B그룹 모두 같은 상황에 노출되었는데, 유일한 차이점은 B그룹 엄마들은 자신들의 아기가 앞에 있는 무언가를 가지고 놀도록 적극적으로 격려해야 했던 반면, A그룹 엄마들은 단지 자신들의 아기들이 가지고 놀고 있는 것에 대해서 평소대로 행동해야 했던 점뿐이었다.

이 아기들은 무엇을 가지고 놀았을까? 거대한 길들여진 비단뱀이었다. 연구는 다음과 같이 진행되었다. A그룹의 아이들은 비단뱀이 아이들 사이를 지나갈 수 있도록 바닥에 놓여졌다. 뱀에 대한 공포는 선천적이지만 약 두 살 때까지는 활성화되지 않기 때문에, 이 아기들은 뱀을 큰 장난감으로 보았다. A그룹 아기들은 살아있는 비단뱀을 갖고 놀기 시작하면서, 엄마가 무엇을 하고 있는지 올려다보았다. 평소대로 하라는 말을 들은 엄마들은 자연스럽게 겁을 먹은 듯이 보였다. 엄마의 얼굴에서 공포를 보고 아기들은 울음을 터뜨렸다. B그룹의 차례가 되었을 때, 지시받은 대로 엄마들은 아기들이 계속 뱀을 갖고 놀도록 웃으면서 격려했다. 그 결과, 이 아기들은 이 비단뱀을 움켜쥐고 입에 물고 있었는데, 그 이유는 모두 엄마들이 그들의 새로운 장난감을 지지했기 때문이었다.

⇩

(A) 모든 공포증은 보통 아이들이 어떤 것들에 대한 부모의 (B) 반응을 관찰함으로써 학습된다.

VOCA

- positively　적극적으로
- be themselves　평소의 모습을 유지하다
- tame　길들여진
- python　비단뱀
- slither　미끄러져 가다, 스르르 나아가다
- innate　선천적인
- activated　활성화된
- horrified　겁먹은
- chew on　~을 입에 물다
- phobia　공포

20 난도 ★★☆ 정답 ②

독해 > 글의 일관성 > 무관한 어휘 · 문장

[정답의 이유]

제시문은 사회가 현대화되면서 노인의 지위가 약화되고 있다는 내용이다. 문장의 도입부에서 사회가 현대화되면서 노인들의 지위가 쇠퇴한다고 했고, 기술적 변화가 노인들의 지혜나 삶의 경험을 평가절하하는(devalue) 경향이 있다고 했으므로 문맥상 낱말의 쓰임이 적절하지 않은 것은 ② 'revalue(재평가하다)'이다.

본문해석

고령화에 대한 근대화 이론에 의하면, 사회가 현대화될수록 노인들의 지위는 쇠퇴한다. 수렵 채집 사회에서 노인의 지위는 낮았지만, 그것은 노인들이 토지를 통제했던 안정적인 농경 사회에서 급격하게 상승했다. 산업화에 들어서면서, 현대 사회는 노년층을 재평가하는(→ 평가절하하는) 경향이 있다고 말해진다. 고령화에 대한 근대화 이론은 노년층의 역할과 지위는 기술 발전과 반비례 관계라고 시사한다. 도시화와 사회 유동성 같은 요소들은 가족을 해체시키는 경향이 있는 반면, 기술적 변화는 노인들의 지혜나 삶의 경험을 평가절하하는 경향이 있다. 일부 연구자들은 근대화의 핵심 요소들이 사실 다양한 사회에서 노인들의 쇠퇴하는 지위와 폭넓게 연관되어 있다는 사실을 발견했다.

VOCA

- modernization theory 근대화 이론
- revalue 재평가하다, 다시 높이 평가하다
- inversely 역비례하여, 반대로
- disperse 해산하다
- whereas 반면
- devalue 평가절하하다

21 난도 ★★☆ 정답 ④

어법 > 비문 찾기

[정답의 이유]

④ 타동사 breed(사육하다, 재배하다)가 분사로 사용되었는데, 다음에 목적어가 없으므로 수동 분사구문으로 써서 having bred → having been bred가 되어야 한다.

[오답의 이유]

① keep은 '~을 어떤 상태로 두다'라는 의미일 때 목적어와 목적격 보어를 취한다. 목적어(their seeds)와 목적격 보어(attached)가 '씨앗이 부착되어 있다'라는 의미로 수동 관계이므로 과거분사(attached)가 올바르게 사용되었다.

② to부정사(to occur)의 의미상 주어로 'for+목적격(for these phenomena)'이 올바르게 사용되었다.

③ which의 선행사는 앞 문장 전체로 관계사 which가 계속적 용법으로 올바르게 사용되었다.

본문해석

벼 줄기는 익으면 고개를 숙이고 옥수수 낱알은 익어도 새싹에 남는다. 이것이 이상하게 보이지 않을 수도 있지만, 실제로는 이런 형태의 쌀과 옥수수는 자연에서 살아남으면 안 된다. 보통, 그것들이 익으면, 씨는 발아하기 위해 땅에 떨어져야 한다. 그러나 쌀과 옥수수는 돌연변이이며, 이것들은 편리하고 효과적인 수확을 위해 씨앗이 붙어 있게끔 변형되었다. 인간들은 이런 현상이 일어나도록 재배 기술을 통해 이러한 돌연변이를 지속적으로 선택하고 번식시켰다. 이런 돌연변이 씨앗들은 의도적으로 퍼졌고, 이는 식물들이 씨앗을 온전히 보존하기 위해 재배되면서 자연에서 발견되지 않는 인공 품종이 되었다는 것을 의미한다. 이런 품종을 키움으로써 가장 선호하는 씨앗이 생산된다.

VOCA

- stalk 줄기, 대
- kernel (과실의) 낱알
- shoot 싹
- ripe 익은
- germinate 발아하다
- mutant 돌연변이
- modify 수정하다, 변경하다
- breed 새끼를 낳다, 사육하다
- intact 온전한
- nurture 키우다
- cultivar 품종

더 알아보기

to부정사의 의미상 주어

- to부정사의 의미상 주어는 일반적으로 'for+목적격'으로 표시한다.

  예 We are anxious for him to return home safe.
  (우리는 그가 집으로 무사히 돌아오기를 간절히 바라고 있다.)

  예 It seems unnecessary for us to start work this week.
  (우리가 이번 주에 일을 시작하는 것은 불필요해 보인다.)

- 성상형용사 다음에 오는 to부정사의 의미상의 주어는 'of+목적격'으로 표시한다.

kind, wise, clever, thoughtful, considerate, careful, generous, stupid, foolish, cruel, rude, careless 등

  예 It is stupid of her to make that mistake.
  (그녀가 그런 실수를 하다니 어리석다.)

  예 It was rude of me to have kept you waiting.
  (당신을 기다리게 하다니 제가 무례했습니다.)

- to부정사의 의미상 목적어가 앞에 나와 있을 때는 반복해서 쓰지 않는다.

  예 The math question was too tough for the student to answer it(→ to answer).
  (그 수학문제는 너무 어려워서 그 학생이 답을 할 수가 없었다.)

어법 > 정문 찾기

정답의 이유

(A) 관계사절을 복원하면 later information we gather about this person is processed, remembered, and viewed as relevant by the mold가 되므로 (A)에는 by the mold를 의미하는 '전치사+관계대명사(by which)'가 적절하다.

(B) 주절의 주어(he)와 분사구문이 '그가 결론에 도달하다'라는 의미의 능동 관계이므로 현재분사를 사용해야 한다. 그리고 결론에 도달한 시점이 그가 원형과 생각을 가진 시점보다 이전이므로 (B)에는 '완료분사구문(Having reached)'이 적절하다.

(C) 선행사(impression)가 있으므로 (C)에는 '관계대명사(that)'이 적절하다. what은 선행사를 포함하는 관계대명사이다.

본문해석

첫인상 편향이란 우리의 첫인상이 우리가 이 사람에 대해 얻는 후속 정보가 처리되고, 기억되고, 적절하다고 보여지는 틀을 만든다는 것을 의미한다. 예를 들어, 수업 중인 Ann-Chinn을 관찰한 것을 기초로, Loern은 그녀를 전형적인 아시아 여성으로 보고 그녀가 조용하고 성실하고 내성적이라고 추측할지 모른다. 옳든 틀리든 이런 결론들에 도달한 그는 이제 Ann-Chinn의 행동을 이해하고 해석하기 위해 일련의 원형과 생각을 가지고 있다. 시간이 지나면서, 그는 자신의 원형과 생각에 일치하는 행동을 그가 그녀에 대해 이미 만들어 놓은 인상에 끼워 맞춘다. 그가 선택한 범퍼 스티커에 대해 그녀가 불신감을 표하는 것을 알아차렸을 때, 기존의 그의 원형에 들어맞지 않기 때문에, 그는 단순히 그것을 무시하거나 그녀의 실제 성격에 대한 특이한 예외라고 볼 수도 있다.

VOCA

• bias 선입관, 편견
• mold 틀
• relevant 관련된, 적절한
• stereotypical 진부한, 틀에 박힌
• assume 가정하다
• unassertive 내성적인
• consistent with ～와 일치하는
• prototype 원형, 프로토타입
• construct (이런저런 증거들에 기반을 두고 마음속으로 구성한) 생각
• dismiss 무시하다

어법 > 비문 찾기

정답의 이유

③ 전치사 despite(～에도 불구하고) 다음에는 명사 또는 명사 상당 어구가 와야 하는데, despite 다음에 전치사구(not without significant effort and attention to language)가 왔으므로 어법상 올바르지 않다. 원래 문장 though it is not without significant ～에서 주어(it)와 be동사가 생략된 '접속사+분사구문' 형태로 써야 하므로 despite → though가 되어야 한다.

오답의 이유

① 접속사(and)로 연결된 병치구문에서는 같은 구조끼리 연결되어야 한다. and 앞에 전치사구(to drawing analogies between first and second language acquisition)가 왔으므로 and 다음에도 전치사구(to justifying certain teaching methods and techniques ～ principles)가 올바르게 사용되었다.

② given(～이 주어진다면)은 비인칭 독립분사구문으로 올바르게 사용되었다.

④ 주어(the most obvious difference)가 단수 명사이므로 단수 동사(is)가 올바르게 사용되었다.

본문해석

아동 언어 습득에 대한 연구의 물결은 언어 교사들과 교사 교육담당자들이 제1언어 습득과 제2언어 습득 사이의 유사성을 도출하고 심지어 제1언어 학습 원리에 기초하여 특정 교육 방법과 기술을 정당화하기 위한 목적으로 그러한 연구의 일반적인 발견들 중 일부를 연구하도록 이끌었다. 표면상으로, 유추하는 것이 전적으로 타당하다. 정상적인 발달 환경이 주어지면, 모든 아이들은 모국어를 유창하고 효과적으로 습득한다. 게다가, 그들은 언어에 대한 상당한 노력과 관심이 없음에도 불구하고 특별한 지도 없이 그것들을 '자연스럽게' 습득한다. 그러나, 직접적인 비교는 신중하게 다뤄져야 한다. 제1언어와 제2언어 학습 사이에는 수십 개의 두드러진 차이점이 있다. 성인의 제2언어 학습의 경우, 가장 확연한 차이는 성인과 아동 사이의 엄청난 인식과 정서적 대조이다.

VOCA

• acquisition 취득, 습득
• with a view to ～할 목적으로
• draw 얻다[도출해 내다]
• analogy 유사점, 유추
• justify 옳다고 하다, 정당화하다
• on the basis of ～에 근거하여
• salient 두드러진, 중요한
• tremendous 엄청난
• cognitive 인식의
• affective 정서적인

24 난도 ★★☆

독해 > 글의 일관성 > 무관한 어휘·문장

정답의 이유

제시문은 평소 이성적이던 아내가 열이 나자 그에게 행동이 느리다고 화를 냈다는 사실을 통해, 체온과 생체 시계와의 관계를 연구하게 된 생리학자의 이야기를 다루고 있다. 체온이 올라가면 생체 시계가 더 빨리 움직이고, 열이 나면 동일한 시간을 더 오래 걸리는 것처럼 느끼기 때문에 열이 나는 아내가 그에게 고약하게 굴었던 것임을 알게 되었으므로 문맥상 낱말의 쓰임이 적절하지 않은 것은 ④ 'justifiably(정당하게)'이므로 justifiably → unjustifiably(부당하게)가 되어야 한다.

본문해석

미국의 생리학자 Hudson Hoagland는 어디서나 과학적인 미스터리들을 목격했고 그것들을 해결하는 것이 그의 소명이라고 느꼈다. 한번은, 그의 아내가 열이 났을 때, Hoagland는 그녀에게 아스피린을 주기 위해 약국으로 차를 몰고 갔다. 그는 그것에 대해 빨리 처리했지만, 그가 돌아왔을 때, 평소에는 이성적이던 아내가 그에게 당밀처럼 느리다고 화를 내며 불평했다. Hoagland는 그녀의 열이 그녀의 생체 시계를 왜곡시켰는지 궁금해서 그녀의 체온을 쟀고, 아내에게 일 분 시간 길이를 추측하게 하고, 약을 주었다. 그리고 아내의 열이 내렸을 때, 다시 아내에게 시간 길이를 추측하게 했다. 아내의 체온이 정상으로 돌아왔을 때 그는 로그를 표시했고 그것이 직선이라는 것을 발견했다. 이후 그가 옳았다고 확신할 때까지 피실험자의 체온을 의도적으로 올리고 내리면서, 그는 실험실에서 연구를 계속했다. 체온이 높을수록 생체 시계는 더 빨라졌고, 그의 아내가 <u>정당하게(→ 부당하게)</u> 짜증을 내는 것은 아니었다.

VOCA

- calling 소명
- (as) slow as molasses (동작·머리 회전 등이) 매우 느린
- distort (사실·생각 등을) 왜곡하다
- plot 음모하다, 표시하다
- linear 직선 모양
- artificially 인위적으로, 부자연스럽게
- justifiably 정당하게
- cranky 짜증내는

25 난도 ★★★

독해 > 빈칸 완성 > 단어·구·절

정답의 이유

제시문의 첫 문장에서 Saint Paul이 보이지 않는 것은 보이는 것을 통해 이해되어야 한다고 말했다고 했다. 마지막에서 네 번째 문장에서 'Greek artists and poets realized how splendid a man could be, straight and swift and strong(그리스의 예술가와 시인들은 인간이 얼마나 눈부시고, 반듯하고, 재빠르고, 강할 수 있는지 깨달았다).'라고 한 다음, '그는 아름다움을 찾는 그들의 성취였다.'라고 했으므로 빈칸에 적절한 것은 ② 'put human beings at the center(인간을 중심에 두었다)'이다.

오답의 이유

① 현실의 외관을 가지고 있지 않았다
③ 전지전능한 신과 관련이 있었다
④ 초자연적인 힘에 대한 갈망을 나타냈다

본문해석

Saint Paul은 보이지 않는 것은 보이는 것을 통해 이해되어야 한다고 말했다. 그것은 히브리인의 생각이 아닌 그리스인의 생각이었다. 고대 사회 중 그리스에서만 사람들은 보이는 것에 사로잡혀 있었다. 그들은 주변에 실존하는 것에서 그들의 욕망을 만족시킬 것을 찾았다. 조각가는 운동선수들이 시합하며 경쟁하는 것을 보았고 그가 상상할 수 있는 어떤 것도 그 강인한 젊은 신체만큼 아름다운 것은 없다고 생각했다. 그래서 그는 아폴로 조각상을 만들었다. 이야기꾼은 그가 거리에서 지나쳤던 사람들 속에서 헤르메스를 발견했다. 호머가 말한 것처럼, 그는 신을 '젊음이 가장 사랑스러운 그 나이의 젊은이와 같다'고 보았다. 그리스의 예술가와 시인들은 인간이 얼마나 눈부시고, 반듯하고, 재빠르고, 강할 수 있는지 깨달았다. 그는 아름다움을 찾는 그들의 성취였다. 그들은 그들의 마음에 형성된 어떤 환상을 만들고 싶은 생각이 없었다. 그리스의 모든 예술과 사상은 <u>인간을 중심에 두었다.</u>

VOCA

- preoccupy 사로잡다
- sculptor 조각가
- contend 경쟁하다, 다투다
- storyteller 이야기꾼
- splendid 눈부신, 정말 좋은
- straight 반듯한, 솔직한
- swift 재빠른
- fulfillment 성취
- semblance 외관
- omnipotent 전지전능한
- supernatural 초자연적인

PART 5

민법

민법 | 2023년 법원직 9급

한눈에 훑어보기

✓ 빠른 정답

01	02	03	04	05	06	07	08	09	10
②	④	②	①	①	①	③	②	②	③
11	12	13	14	15	16	17	18	19	20
①	④	④	④	①	①	③	④	①	①
21	22	23	24	25					
①	②	④	②	③					

✓ 점수 체크

구분	1회독	2회독	3회독
맞힌 문항 수	/ 25	/ 25	/ 25
나의 점수	점	점	점

01 난도 ★★★   정답 ②

정답의 이유

ㄴ. 주채무자가 채권자에 대해 취소권 또는 해제권이나 해지권이 있는 동안은 보증인은 채권자에 대해 채무의 이행을 거절할 수 있다(제435조). 단, 보증인은 주채무자의 취소권, 해제권 또는 해지권을 채권자에게 직접 행사할 수는 없다(제140조).

ㄷ. 민법 제165조가 판결에 의하여 확정된 채권, 판결과 동일한 효력이 있는 것에 의하여 확정된 채권은 단기의 소멸시효에 해당한 것이라도 그 소멸시효는 10년으로 한다고 규정하는 것은 당해 판결등의 당사자 사이에 한하여 발생하는 효력에 관한 것이고 채권자와 주채무자 사이의 판결등에 의해 채권이 확정되어 그 소멸시효가 10년으로 되었다 할지라도 위 당사자 이외의 채권자와 연대보증인사이에 있어서는 위 확정판결등은 그 시효기간에 대하여는 아무런 영향도 없고 채권자의 연대보증인의 연대보증채권의 소멸시효기간은 여전히 종전의 소멸시효기간에 따른다(대판 1986.11.25. 86다카1569).

오답의 이유

ㄱ. 대판 2000.4.11. 99다12123

ㄹ. 대판 2005.8.19. 2002다59764

02 난도 ★☆☆   정답 ④

정답의 이유

④ 부동산에 대한 취득시효가 완성되면 점유자는 소유명의자에 대하여 취득시효완성을 원인으로 한 소유권이전등기절차의 이행을 청구할 수 있고 소유명의자는 이에 응할 의무가 있으므로 점유자가 그 명의로 소유권이전등기를 경료하지 아니하여 아직 소유권을 취득하지 못하였다고 하더라도 소유명의자는 점유자에 대하여 점유로 인한 부당이득반환청구를 할 수 없다(대판 1993.5.25. 92다51280).

오답의 이유

① 대판 2000.8.22. 2000다21987

② 대판 2009.7.16. 2007다15172

③ 대판 2005.5.26. 2002다43417

03 난도 ★★★   정답 ②

정답의 이유

ㄴ. 대판 2008.5.8. 2007다36933

ㄷ. 대판 1991.3.22. 91다70

ㄹ. 대판 1972.5.23. 72따115

ㄱ. 민법 제249조의 동산 선의취득제도는 동산을 점유하는 자의 권리외관을 중시하여 이를 신뢰한 자의 소유권 취득을 인정하고 진정한 소유자의 추급을 방지함으로써 거래의 안전을 확보하기 위하여 법이 마련한 제도이므로, 위 법조 소정의 요건이 구비되어 동산을 선의취득한 자는 권리를 취득하는 반면 종전 소유자는 소유권을 상실하게 되는 법률효과가 법률의 규정에 의하여 발생되므로, 선의취득자가 임의로 이와 같은 선의취득 효과를 거부하고 종전 소유자에게 동산을 반환받아 갈 것을 요구할 수 없다(대판 1998.6.12. 98다6800).

04 난도 ★★☆ 정답 ①

① 주위토지통행권은 통행을 위한 지역권과는 달리 통행로가 항상 특정한 장소로 고정되어 있는 것은 아니고, 주위토지의 현황이나 사용방법이 달라졌을 때에는 주위토지 통행권자는 주위토지 소유자를 위하여 보다 손해가 적은 다른 장소로 옮겨 통행할 수밖에 없는 경우도 있으므로, 일단 확정판결이나 화해조서 등에 의하여 특정의 구체적 구역이 위 요건에 맞는 통행로로 인정되었더라도 그 이후 그 전제가 되는 포위된 토지나 주위토지 등의 현황이나 구체적 이용상황에 변동이 생긴 경우에는 민법 제219조의 입법 취지나 신의성실의 원칙 등에 비추어 구체적 상황에 맞게 통행로를 변경할 수 있는 것이고, 그 과정에서 포위된 토지와 주위토지의 각 소유자 간에 원만한 합의가 이루어지지 아니하는 경우 일방이 상대방에 대하여 기존의 확정판결이나 화해조서 등이 인정한 통행장소와 다른 곳을 통행로로 삼아 주위토지 통행권의 확인이나 통행방해의 배제·예방 또는 통행 금지 등을 소로써 구하더라도 그 청구가 위 확정판결이나 화해조서 등의 기판력에 저촉된다고 볼 수 없다(대판 2004.5.13. 2004다10268).

② 대판 2005.3.10. 2004다65589
③ 대판 2017.1.12. 2016다39422
④ 대판 2005.3.10. 2004다65589

05 난도 ★★★ 정답 ①

ㄱ. 대판 2013.4.11. 2009다62059
ㄴ. 대판 1999.12.10. 98다58467

ㄷ. 토지공유자의 한 사람이 다른 공유자의 지분 과반수의 동의를 얻어 건물을 건축한 후 토지와 건물의 소유자가 달라진 경우 토지에 관하여 관습법상의 법정지상권이 성립되는 것으로 보게 되면 이는 토지공유자의 1인으로 하여금 자신의 지분을 제외한 다른 공유자의 지분에 대하여서까지 지상권설정의 처분행위를 허용하는 셈이 되어 부당하다(대판 1993.4.13. 92다55756).

ㄹ. 동일인의 소유에 속하고 있던 토지와 지상 건물이 매매 등으로 인하여 소유자가 다르게 된 경우에 건물을 철거한다는 특약이 없는 한 건물소유자는 건물의 소유를 위한 관습상 법정지상권을 취득한다. 그런데 민법 제406조의 채권자취소권의 행사로 인한 사해행위의 취소와 일탈재산의 원상회복은 채권자와 수익자 또는 전득자에 대한 관계에 있어서만 효력이 발생할 뿐이고 채무자가 직접 권리를 취득하는 것이 아니므로, 토지와 지상 건물이 함께 양도되었다가 채권자취소권의 행사에 따라 그중 건물에 관하여만 양도가 취소되고 수익자와 전득자 명의의 소유권이전등기가 말소되었다고 하더라도, 이는 관습상 법정지상권의 성립요건인 '동일인의 소유에 속하고 있던 토지와 지상 건물이 매매 등으로 인하여 소유자가 다르게 된 경우'에 해당한다고 할 수 없다(대판 2014.12.24. 2012다73158).

06 난도 ★☆☆ 정답 ①

① 보험계약자가 피보험자의 상속인을 보험수익자로 하여 맺은 생명보험계약이나 상해보험계약에서 피보험자의 상속인은 피보험자의 사망이라는 보험사고가 발생한 때에는 보험수익자의 지위에서 보험자에 대하여 보험금 지급을 청구할 수 있고, 이 권리는 보험계약의 효력으로 당연히 생기는 것으로서 상속재산이 아니라 상속인의 고유재산이다. 이때 보험수익자로 지정된 상속인 중 1인이 자신에게 귀속된 보험금청구권을 포기하더라도 그 포기한 부분이 당연히 다른 상속인에게 귀속되지는 아니한다. 이러한 법리는 단체보험에서 피보험자의 상속인이 보험수익자로 인정된 경우에도 동일하게 적용된다(대판 2020.2.6. 2017다215728).

② 대판 1993.4.13. 92다54524
③ 대판 2003.11.14. 2003다30968
④ 대판 2016.5.4. 2014스122

07 난도 ★★☆ 정답 ③

③ 은행과 근저당권설정자와의 사이에 근저당권설정계약을 체결할 때 작성된 근저당권설정계약서에 '채무자가 채권자(본, 지점)에 대하여 현재 및 장래에 부담하는 어음대출, 어음할인, 증서대출, 당좌대출, 지급보증(사채보증 포함), 매출채권거래, 상호부금거래, 유가증권 대여, 외국환 기타의 여신거래로 말미암은 채무, 보증채무, 어음 또는 수표상의 채무, 이자채무, 지연배상금채무, 채무나 설정자가 부담할 제 비용, 보험료의 부대채무, 기타 여신거래에 관한 채무'라는 취지의 기재가 있는 경우, 그 기재는 은행의 여신거래로부터 생기는 모든 채무를 담보하기로 하는 이른바 포괄근저당권을 설정한다는 문언이라고 할 것이고, 계약서가 부동문자로 인쇄된 약관의 형태를 취하고 있다 하더라도 이는 처분문서라고 할 것이므로, 그 진정성립이 인정되는 때에는, 은행의 담보취득행위가 은행대차관계에 있어서 이례에 속하고

관례를 벗어나는 것이라고 보여지거나 피담보채무를 제한하는 개별 약정이 있었다는 등의 특별한 사정이 없는 한, 그 문언대로 의사표시의 존재와 내용을 인정하여야 한다(대판 1997.6.24. 95다43327).

오답의 이유

① 대판 1990.12.7. 90다카25208

② 제102조

④ 대판 1989.9.12. 88누9305

08 난도 ★☆☆   정답 ②

정답의 이유

② 여러 명의 채권자가 사해행위취소 및 원상회복청구의 소를 제기하여 여러 개의 소송이 계속중인 경우에는 각 소송에서 채권자의 청구에 따라 사해행위의 취소 및 원상회복을 명하는 판결을 선고하여야 하고, 수익자(전득자를 포함한다.)가 가액배상을 하여야 할 경우에도 수익자가 반환하여야 할 가액을 채권자의 채권액에 비례하여 채권자별로 안분한 범위 내에서 반환을 명할 것이 아니라, 수익자가 반환하여야 할 가액 범위 내에서 각 채권자의 피보전채권액 전액의 반환을 명하여야 한다(대판 2005.11.25. 2005다51457).

오답의 이유

① 대판 2019.3.14. 2018다277792

③ 대판 2008.4.24. 2007다84352

④ 대판 2018.7.20. 2018다222747

09 난도 ★☆☆   정답 ②

정답의 이유

② 민법상 법인의 이사회의 결의에 하자가 있는 경우에 관하여 법률에 별도의 규정이 없으므로 그 결의에 무효사유가 있는 경우에는 이해관계인은 언제든지 또 어떤 방법에 의하든지 그 무효를 주장할 수 있다고 할 것이지만, 이와 같은 무효주장의 방법으로서 이사회 결의무효확인소송이 제기되어 승소확정판결이 난 경우, 그 판결의 효력은 위 소송의 당사자 사이에서만 발생하는 것이지 대세적 효력이 있다고 볼 수는 없다(대판 2000.1.28. 98다26187).

오답의 이유

① 제60조

③ 제71조, 제72조

④ 대판 1986.1.17. 85마720

10 난도 ★★☆   정답 ③

정답의 이유

③ 민법 제548조 제1항 단서에서 규정하고 있는 제3자란 일반적으로 계약이 해제되는 경우 그 해제된 계약으로부터 생긴 법률효과를 기초로 하여 해제 전에 새로운 이해관계를 가졌을 뿐 아니라 등기·인도 등으로 완전한 권리를 취득한 자를 말하고, 계약상의 채권을 양수한 자는 여기서 말하는 제3자에 해당하지 않는

다고 할 것인바, 계약이 해제된 경우 계약해제 이전에 해제로 인하여 소멸되는 채권을 양수한 자는 계약해제의 효과에 반하여 자신의 권리를 주장할 수 없음은 물론이고, 나아가 특단의 사정이 없는 한 채무자로부터 이행받은 급부를 원상회복하여야 할 의무가 있다(대판 2003.1.24. 2000다22850).

오답의 이유

① 대판 2013.11.28. 2013다22812

② 과실상계는 본래 채무불이행 또는 불법행위로 인한 손해배상책임에 대하여 인정되는 것이고, 매매계약이 해제되어 소급적으로 효력을 잃은 결과 매매당사자에게 당해 계약에 기한 급부가 없었던 것과 동일한 재산상태를 회복시키기 위한 원상회복의무의 이행으로서 이미 지급한 매매대금 기타의 급부의 반환을 구하는 경우에는 적용되지 아니한다(대판 2014.3.13. 2013다34143).

④ 제556조, 제558조

11 난도 ★☆☆   정답 ①

정답의 이유

① 채무자가 소멸시효 완성 후에 한 소멸시효이익의 포기행위는 소멸하였던 채무가 소멸하지 않았던 것으로 되어 결과적으로 채무자가 부담하지 않아도 되는 채무를 새롭게 부담하게 되는 것이므로 채권자취소권의 대상인 사해행위가 될 수 있다(대판 2013.5.31. 2012마712).

오답의 이유

② 대판 2015.6.11. 2015다200227

③ 시효완성 후 시효이익의 포기가 인정되려면 시효이익을 받는 채무자가 시효의 완성으로 인한 법적인 이익을 받지 않겠다는 효과의사가 필요하기 때문에 시효완성 후 소멸시효 중단사유에 해당하는 채무의 승인이 있었다 하더라도 그것만으로는 곧바로 소멸시효 이익의 포기라는 의사표시가 있었다고 단정할 수 없다(대판 2017.7.11. 2014다32458).

④ 대판 2011.4.14. 2010다91886

12 난도 ★★☆   정답 ④

정답의 이유

④ 사해행위 취소의 효력은 채무자와 수익자의 법률관계에 영향을 미치지 아니하고, 사해행위 취소로 인한 원상회복 판결의 효력도 소송의 당사자인 채권자와 수익자 또는 전득자에게만 미칠 뿐 채무자나 다른 채권자에게 미치지 아니하므로, 어느 채권자가 수익자를 상대로 사해행위 취소 및 원상회복으로 소유권이전등기의 말소를 명하는 판결을 받았으나 말소등기를 마치지 아니한 상태라면 소송의 당사자가 아닌 다른 채권자는 위 판결에 기하여 채무자를 대위하여 말소등기를 신청할 수 없다. 그럼에도 불구하고 다른 채권자의 등기신청으로 말소등기가 마쳐졌다면 등기에는 절차상의 흠이 존재한다.

그러나 채권자가 사해행위 취소의 소를 제기하여 승소한 경우 취소의 효력은 민법 제407조에 따라 모든 채권자의 이익을 위하여 미치므로 수익자는 채무자의 다른 채권자에 대하여도 사해행

위의 취소로 인한 소유권이전등기의 말소등기의무를 부담하는 점, 등기절차상의 흠을 이유로 말소된 소유권이전등기가 회복되더라도 다른 채권자가 사해행위취소판결에 따라 사해행위가 취소되었다는 사정을 들어 수익자를 상대로 다시 소유권이전등기의 말소를 청구하면 수익자는 말소등기를 해 줄 수밖에 없어서 결국 말소된 소유권이전등기가 회복되기 전의 상태로 돌아가는데 이와 같은 불필요한 절차를 거치게 할 필요가 없는 점 등에 비추어 보면, 사해행위 취소 및 원상회복으로 소유권이전등기의 말소를 명한 판결의 소송당사자가 아닌 다른 채권자가 위 판결에 기하여 채무자를 대위하여 마친 말소등기는 등기절차상의 흠에도 불구하고 실체관계에 부합하는 등기로서 유효하다(대판 2015.11.17. 2013다84995).

오답의 이유

① 대판 2002.2.5. 2001다72029
② 대판 1995.11.10. 95다13685
③ 대판 1983.8.23. 83다카597

13 난도 ★☆☆ 　　　　정답 ④

정답의 이유

④ 甲 주식회사 등이 노동조합과 체결한 각 단체협약에서 업무상 재해로 인해 조합원이 사망한 경우에 직계가족 등 1인을 특별채용하도록 규정한 이른바 '산재 유족 특별채용 조항'이 민법 제103조에 의하여 무효인지 문제 된 사안에서, 산재 유족 특별채용 조항이 甲 회사 등의 채용의 자유를 과도하게 제한하는 정도에 이르거나 채용 기회의 공정성을 현저히 해하는 결과를 초래하였다고 볼 특별한 사정을 인정하기 어려우므로, 선량한 풍속 기타 사회질서에 위반되어 무효라고 볼 수 없다고 한 사례(대판 2020.8.27. 2016다248998).

오답의 이유

① 대판 2000.2.11. 99다56833
② 대판 2001.2.9. 99다38613
③ 대판 2017.4.7. 2014다234827

14 난도 ★★☆ 　　　　정답 ④

정답의 이유

④ 쌍무계약의 당사자 일방이 먼저 한 번 현실의 제공을 하고, 상대방을 수령지체에 빠지게 하였다고 하더라도 그 이행의 제공이 계속되지 않는 경우는 과거에 이행의 제공이 있었다는 사실만으로 상대방이 가지는 동시이행의 항변권이 소멸하는 것은 아니므로, 일시적으로 당사자 일방의 의무의 이행 제공이 있었으나 곧 그 이행의 제공이 중지되어 더 이상 그 제공이 계속되지 아니하는 기간 동안에는 상대방의 의무가 이행지체 상태에 빠졌다고 할 수는 없다고 할 것이고, 따라서 그 이행의 제공이 중지된 이후에 상대방의 의무가 이행지체되었음을 전제로 하는 손해배상청구도 할 수 없는 것이다(대판 1995.3.14. 94다26646).

오답의 이유

① 대판 2001.7.27. 2001다27784
② 대판 1993.5.14. 92다45025
③ 대판 2015.8.27. 2013다81224

15 난도 ★★☆ 　　　　정답 ①

정답의 이유

① 상계는 쌍방이 서로 상대방에 대하여 같은 종류의 급부를 목적으로 하는 채권을 가지고 자동채권의 변제기가 도래하였을 것을 그 요건으로 하는 것인데, 형벌의 일종인 벌금도 일정 금액으로 표시된 추상적 경제가치를 급부목적으로 하는 채권인 점에서는 다른 금전채권들과 본질적으로 다를 것이 없고, 다만 발생의 법적 근거가 공법관계라는 점에서만 차이가 있을 뿐이나 채권 발생의 법적 근거가 무엇인지는 급부의 동종성을 결정하는 데 영향이 없으며, 벌금형이 확정된 이상 벌금채권의 변제기는 도래한 것이므로 달리 이를 금하는 특별한 법률상 근거가 없는 이상 벌금채권은 적어도 상계의 자동채권이 되지 못할 아무런 이유가 없다(대판 2004.4.27. 2003다37891).

오답의 이유

② 대판 2006.7.4. 2006므751
③ 항변권이 붙어 있는 채권을 자동채권으로 하여 다른 채무(수동채권)와의 상계를 허용한다면 상계자 일방의 의사표시에 의하여 상대방의 항변권 행사의 기회를 상실시키는 결과가 되므로 그러한 상계는 허용될 수 없고, 특히 수탁보증인이 주채무자에 대하여 가지는 민법 제442조의 사전구상권에는 민법 제443조 소정의 이른바 면책청구권이 항변권으로 부착되어 있는 만큼 이를 자동채권으로 하는 상계는 허용될 수 없다(대판 2001.11.13. 2001다55222).
④ 대판 2011.8.25. 2011다24814

16 난도 ★★☆ 　　　　정답 ①

정답의 이유

① 당사자들이 공동이행방식의 공동수급체를 구성하여 도급인으로부터 공사를 수급받는 경우 공동수급체는 원칙적으로 민법상 조합에 해당한다(대판 2018.1.24. 2015다69990).

오답의 이유

② 주택조합이 주체가 되어 신축 완공한 건물로서 조합원 외의 일반인에게 분양되는 부분은 조합원 전원의 총유에 속하며, 총유물의 관리 및 처분에 관하여 주택조합의 정관이나 규약에 정한 바가 있으면 이에 따르고 그에 관한 정관이나 규약이 없으면 조합원 총회의 결의에 의하여야 하며, 그와 같은 절차를 거치지 않은 행위는 무효라고 할 것이다(대판 2007.12.13. 2005다52214).
③ 대판 2000.10.27. 2000다22881
④ 대판 1994.10.25. 94다28437

17 난도 ★☆☆ 정답 ③

③ 상속인의 상속회복청구권에 관한 규정은 포괄적 수증의 경우에 유추 적용되고, 상속회복청구권의 제척기간에 관한 규정도 상속에 관한 법률관계의 신속한 확정을 위한 상속회복청구권의 제척기간의 제도적 취지에 비추어 볼 때 포괄적 수증의 경우에 유추 적용된다(대판 2001.10.12. 2000다22942).

① 유증을 받을 자는 유언자의 사망 후에 언제든지 유증을 승인 또는 포기할 수 있고, 그 효력은 유언자가 사망한 때에 소급하여 발생하므로(민법 제1074조), 채무초과 상태에 있는 채무자라도 자유롭게 유증을 받을 것을 포기할 수 있다. 또한 채무자의 유증 포기가 직접적으로 채무자의 일반재산을 감소시켜 채무자의 재산을 유증 이전의 상태보다 악화시킨다고 볼 수도 없다. 따라서 유증을 받을 자가 이를 포기하는 것은 사해행위 취소의 대상이 되지 않는다고 보는 것이 옳다(대판 2019.1.17. 2018다260855).

② 대판 2003.5.27. 2000다73445

④ 대판 2022.7.28. 2017다245330

18 난도 ★☆☆ 정답 ④

④ 민사사건의 소송 대리업무를 위임받은 변호사가 그 소송 제기 전에 상대방에 채무 이행을 최고하고 형사고소를 제기하는 등의 사무를 처리함으로써 사건위임인과 상대방 사이에 재판 외 화해가 성립되어 결과적으로 소송제기를 할 필요가 없게 된 경우에, 사건본인과 변호사 사이에 소제기에 의하지 아니한 사무처리에 관하여 명시적인 보수의 약정을 한바 없다고 하여도 특단의 사정이 없는 한 사건위임인은 변호사에게 위 사무처리에 들인 노력에 상당한 보수를 지급할 의무가 있다(대판 1982.9.14. 82다125, 82다카284).

① 대판 1992.2.11. 91다36239

② 대판 1996.1.26. 95다26919

③ 대판 2007.2.8. 2004다64432

19 난도 ★★☆ 정답 ①

① 부동산 실권리자명의 등기에 관한 법률(이하 '부동산실명법'이라 한다) 규정의 문언, 내용, 체계와 입법 목적 등을 종합하면, 부동산실명법을 위반하여 무효인 명의신탁약정에 따라 명의수탁자 명의로 등기를 하였다는 이유만으로 그것이 당연히 불법원인급여에 해당한다고 단정할 수는 없다(대판 2019.6.20. 2013다218156 전합).

② 대판 2013.6.14. 2011다65174

③ 대판 2010.5.27. 2009다12580

④ 대판 1992.12.11. 92다33169

20 난도 ★★☆ 정답 ①

① 일반으로 건물의 소유를 목적으로 하는 토지 사용대차에 있어서는, 당해 토지의 사용수익의 필요는 당해 지상건물의 사용수익의 필요가 있는 한 그대로 존속하는 것이고, 이는 특별한 사정이 없는 한 차주 본인이 사망하더라도 당연히 상실되는 것이 아니어서 그로 인하여 곧바로 계약의 목적을 달성하게 되는 것은 아니라고 봄이 통상의 의사해석에도 합치되므로, 이러한 경우에는 민법 제614조의 규정에 불구하고 대주가 차주의 사망사실을 사유로 들어 사용대차계약을 해지할 수는 없다(대판 1993.11.26. 93다36806).

② 대판 2021.2.4. 2019다202795

③ 대판 2001.7.24. 2001다23669

④ 제611조 제2항

21 난도 ★☆☆ 정답 ①

① 의사표시가 강박에 의한 것이어서 당연무효라는 주장 속에 강박에 의한 의사표시이므로 취소한다는 주장이 당연히 포함되어 있다고는 볼 수 없다(대판 1996.12.23. 95다40038).

② 대판 1992.5.12. 91다26546

③ 제5조, 제146조 참고

④ 제137조

22 난도 ★★☆ 정답 ②

② 공유관계의 발생원인과 공유지분의 비율 및 분할된 경우의 경제적 가치, 분할 방법에 관한 공유자의 희망 등의 사정을 종합적으로 고려하여 당해 공유물을 특정한 자에게 취득시키는 것이 상당하다고 인정되고, 다른 공유자에게는 그 지분의 가격을 취득시키는 것이 공유자 간의 실질적인 공평을 해치지 않는다고 인정되는 특별한 사정이 있는 때에는 공유물을 공유자 중의 1인의 단독소유 또는 수인의 공유로 하되 현물을 소유하게 되는 공유자로 하여금 다른 공유자에 대하여 그 지분의 적정하고도 합리적인 가격을 배상시키는 방법에 의한 분할도 현물분할의 하나로 허용된다(대판 2004.10.14. 2004다30583).

① 대판 2020.5.21. 2018다879

③ 대판 2015.8.13. 2015다18367

④ 대판 1991.11.12. 91다27228

23 난도 ★☆☆   정답 ④

정답의 이유

④ 주택의 임차인이 제3자에 대한 대항력을 구비한 후 임차 주택의 소유권이 양도된 경우에는, 그 양수인이 임대인의 지위를 승계하게 되고, 임차보증금 반환채무도 주택의 소유권과 결합하여 일체로서 이전하며, 이에 따라 양도인의 위 채무는 소멸한다 할 것이므로, 주택 양수인이 임차인에게 임대차보증금을 반환하였다 하더라도, 이는 자신의 채무를 변제한 것에 불과할 뿐, 양도인의 채무를 대위변제한 것이라거나, 양도인이 위 금액 상당의 반환채무를 면함으로써 법률상 원인 없이 이익을 얻고 양수인이 그로 인하여 위 금액 상당의 손해를 입었다고 할 수 없다(대판 1993.7.16. 93다17324).

오답의 이유

① 대판 1993.11.23. 92다38980
② 대판 2010.5.27. 2010다10276
③ 대판 2008.3.13. 2007다54023

24 난도 ★★☆   정답 ②

정답의 이유

② 증여나 유증 후 그 목적물에 관하여 제3자가 저당권이나 지상권 등의 권리를 취득한 경우에는 원물반환이 불가능하거나 현저히 곤란하므로, 반환의무자가 목적물을 저당권 등의 제한이 없는 상태로 회복하여 이전해 줄 수 있다는 등의 예외적인 사정이 없는 한 유류분권리자는 반환의무자를 상대로 원물반환 대신 그 가액의 반환을 구할 수 있다. 그러나 그렇다고 해서 유류분권리자가 스스로 위험이나 불이익을 감수하면서 원물반환을 구하는 것까지 허용되지 않는다고 볼 것은 아니므로, 그 경우에도 법원은 유류분권리자가 청구하는 방법에 따라 원물반환을 명하여야 한다(대판 2022.2.10. 2020다250783).

오답의 이유

① 대판 2014.2.13. 2013다65963
③ 대판 2013.3.14. 2010다42624
④ 대판 2012.5.24. 2010다50809

25 난도 ★★☆   정답 ③

정답의 이유

③ 토지의 매수인이 아직 소유권이전등기를 마치지 않았더라도 매매계약의 이행으로 토지를 인도받은 때에는 매매계약의 효력으로서 이를 점유·사용할 권리가 있으므로, 매도인이 매수인에 대하여 그 점유·사용을 법률상 원인이 없는 이익이라고 하여 부당이득반환청구를 할 수는 없다. 이러한 법리는 대물변제 약정 등에 의하여 매매와 같이 부동산의 소유권을 이전받게 되는 사람이 이미 부동산을 점유·사용하고 있는 경우에도 마찬가지로 적용된다(대판 2016.7.7. 2014다2662).

오답의 이유

① · ② 대판 2023.2.2. 2022다276789
④ 대판 1997.6.27. 97다12488

민법 | 2022년 법원직 9급

한눈에 훑어보기

✅ 빠른 정답

01	02	03	04	05	06	07	08	09	10
④	②	③	④	②	③	③	①	③	②
11	**12**	**13**	**14**	**15**	**16**	**17**	**18**	**19**	**20**
②	④	①	④	①	①	③	①	①	③
21	**22**	**23**	**24**	**25**					
②	①	④	④	④					

✅ 점수 체크

구분	1회독	2회독	3회독
맞힌 문항 수	/ 25	/ 25	/ 25
나의 점수	점	점	점

01 난도 ★★☆ 　　　　　　　　　　정답 ④

정답의 이유

ㄱ. 공유물분할의 소에서 공유부동산의 특정한 일부씩을 각각의 공유자에게 귀속시키는 것으로 현물분할하는 내용의 조정이 성립하였다고 하더라도 재판에 의한 공유물분할의 경우와 마찬가지로 그 즉시 공유관계가 소멸하고 각 공유자에게 그 협의에 따른 새로운 법률관계가 창설되는 것은 아니라고 할 것이므로, 토지의 분필절차를 마친 후 각 단독소유로 하기로 한 부분에 관하여 다른 공유자의 공유지분을 이전받아 등기를 마침으로써 비로소 그 부분에 대한 대세적 권리로서의 소유권을 취득하게 된다(대판 2013.11.21. 2011두1917).

ㄹ. 구분점포의 매매당사자가 매매계약 당시 구분점포의 실제 이용현황이 집합건축물대장 등 공부와 상이한 것을 모르는 상태에서 점포로서 이용현황대로 위치 및 면적을 매매목적물의 그것으로 알고 매매하였다고 해서 매매당사자들이 건축물대장 등 공부상 위치와 면적을 떠나 이용현황대로 매매목적물을 특정하여 매매한 것이라고 볼 수 없다(대판 2012.5.24. 2012다105).

오답의 이유

ㄴ. 대판 2021.7.8. 2017다204247

ㄷ. 대판 1998.10.30. 98마475

02 난도 ★★☆ 　　　　　　　　　　정답 ②

정답의 이유

② 매도인에게 소유권이 유보된 자재가 제3자와 매수인 사이에 이루어진 도급계약의 이행으로 제3자 소유 건물의 건축에 사용되어 부합된 경우에, 제3자가 도급계약에 의하여 제공된 자재의 소유권이 유보된 사실에 관하여 과실 없이 알지 못한 경우라면 선의취득의 경우와 마찬가지로 제3자가 그 자재의 귀속으로 인한 이익을 보유할 수 있는 법률상 원인이 있다고 봄이 상당하므로 매도인으로서는 그에 관한 보상청구를 할 수 없다(대판 2009.9.24. 2009다15602).

오답의 이유

① 대판 1979.8.28. 79다784

③ 제257조

④ 제259조

03 난도 ★★☆ 정답 ③

정답의 이유

③ 원고가 미등기 건물을 매수하였으나 소유권이전등기를 하지 못한 경우에는 위 건물의 소유권을 원시취득한 매도인을 대위하여 불법점유자에 대하여 인도청구를 할 수 있고, 이때 원고는 불법점유자에 대하여 직접 자기에게 인도할 것을 청구할 수도 있다(대판 1980.7.8. 79다1928).

오답의 이유

① 대판 2009.4.23. 2009다3234
② 대판 2007.11.30. 2005마1130
④ 대판 2007.5.10. 2006다82700, 대판 1989.4.25. 88다카4253

04 난도 ★☆☆ 정답 ④

정답의 이유

④ 변제기에 도달하지 아니한 채권의 매도인이 채무자의 자력을 담보한 때에는 변제기의 자력을 담보한 것으로 추정한다(제579조).

오답의 이유

① 대판 1997.5.7. 96다39455
② 대판 2003.4.25. 2002다70075
③ 대판 2002.4.9. 99다47396

05 난도 ★★☆ 정답 ②

정답의 이유

② 1인 채무자에 대한 복수채권자의 채권을 담보하기 위하여 그 복수채권자와 채무자가 채무자 소유의 부동산에 관하여 복수채권자를 공동권리자로 하는 매매예약을 체결하고 그에 따른 소유권이전등기청구권보전의 가등기를 한 경우에 공동으로 매매예약완결권을 가지는 관계인지 채권자 각자의 지분별로 별개의 독립적인 매매예약완결권을 가지는 관계인지는 매매예약의 내용에 따라야 하며, 만일 공동명의로 담보가등기를 마친 수인의 채권자가 각자의 지분별로 별개의 독립적인 매매예약완결권을 가지는 경우에는 채권자 중 1인은 단독으로 자신의 지분에 관하여 가등기담보 등에 관한 법률이 정한 청산절차를 이행한 후 소유권이전의 본등기절차 이행청구를 할 수 있다(대판 2012.2.16. 2010다82530).

오답의 이유

① 대판 2014.6.26. 2012다25944
③ 대판 2008.3.13. 2006다31887
④ 대판 2016.10.27. 2015다52978

06 난도 ★★☆ 정답 ③

정답의 이유

③ 제854조의2

> **제844조(남편의 친생자의 추정)**
> ③ 혼인관계가 종료된 날부터 300일 이내에 출생한 자녀는 혼인 중에 임신한 것으로 추정한다.
>
> **제854조의2(친생부인의 허가 청구)**
> ① 어머니 또는 어머니의 전(前) 남편은 제844조 제3항의 경우에 가정법원에 친생부인의 허가를 청구할 수 있다. 다만, 혼인 중의 자녀로 출생신고가 된 경우에는 그러하지 아니하다.

오답의 이유

① 친생자 출생신고가 인지의 효력을 갖는 경우라도, 그와 같은 신고로 인한 친자관계의 외관을 배제하고자 하는 때에는 인지에 관련된 소송이 아니라 친생자관계부존재확인의 소를 제기하여야 한다(대판 1993.7.27. 91므306).
② 친양자 입양의 취소의 효력은 소급하지 아니한다(제908조의7).
④ 자는 부의 성과 본을 따른다. 다만, 부모가 자의 혼인신고시 모의 성과 본을 따르기로 협의한 경우에는 모의 성과 본을 따른다(제781조 제1항).

07 난도 ★★☆ 정답 ③

정답의 이유

③ 저당권자가 물상대위권의 행사로 금전 또는 물건의 인도청구권을 압류하기 전에 저당목적물 소유자가 그 인도청구권에 기하여 금전 등을 수령한 경우, 저당목적물 소유자는 피담보채권액 상당의 부당이득을 반환할 의무를 부담하며, 따라서 저당권자는 저당물의 소유자에게 부당이득반환청구를 할 수 있다(대판 2009.5.14. 2008다17656).

오답의 이유

① 대판 1998.10.2. 98다27197
② 대판 2014.4.10. 2013다36040
④ 대판 1997.9.26. 97다10314

08 난도 ★★☆ 정답 ①

정답의 이유

① 변제충당에 관한 민법 제476조 내지 제479조는 임의규정이므로, 담보권의 실행 등을 위한 경매에 있어서 배당금이 동일 담보권자가 가지는 수개의 피담보채권의 전부를 소멸시키기에 부족한 경우, 채권자와 채무자 사이에 변제충당에 관한 합의가 있었다고 하더라도 합의에 의한 변제충당은 허용될 수 없고 민법 제477조의 규정에 의한 법정변제충당의 방법에 따라 충당을 하여야 한다(대판 1996.5.10. 95다55504).

② 대판 2009.6.11. 2009다12399

③ 대판 2014.4.30. 2013다8250

④ 대판 2013.9.12. 2012다118044

09 난도 ★★☆ 정답 ③

ㄷ. 甲이 대리권 없이 乙 소유 부동산을 丙에게 매도하여 소유권이 전 등기를 마쳐주었는데 이후 甲이 乙로부터 부동산을 상속받 은 경우, 소유자가 된 甲이 자신의 매매행위가 무권대리행위여 서 무효임을 주장하는 것은 금반언의 원칙이나 신의성실의 원 칙에 반하여 허용될 수 없다(대판 1994.9.27. 94다20617).

ㄹ. 인지청구권은 본인의 일신전속적인 신분관계상의 권리이므로 포기할 수는 없으며, 그 행사가 상속재산에 대한 이해관계에서 비롯되었다고 하더라도 실효의 법리가 적용될 여지도 없다(대 판 2001.11.27. 2001므1353).

ㄱ. 대판 1997.6.27. 97다12211

ㄴ. 대판 2010.2.11. 2009다82046

10 난도 ★★★ 정답 ②

② 민법 제214조의 규정에 의하면 소유자는 소유권을 방해하는 자 에 대하여 방해의 제거를 청구할 수 있고 소유권을 방해할 염려 있는 행위를 하는 자에 대하여 그 예방이나 손해배상의 담보를 청구할 수 있으나, 소유자가 침해자에 대하여 방해제거 행위 또 는 방해예방 행위를 하는 데 드는 비용을 청구할 수 있는 권리는 위 규정에 포함되어 있지 않으므로 민법 제214조에 기하여 방해 배제 비용 또는 방해예방 비용을 청구할 수는 없다(대판 2014.11.27. 2014다52612).

① 대판 1996.3.8. 95다34866

③ 대판 2012.9.27. 2011다76747

④ 대판 2010.8.19. 2010다43801

11 난도 ★★☆ 정답 ②

② 부동산 매도인이 매매대금을 다 지급받지 않은 상태에서 매수인 에게 소유권이전등기를 마쳐주었으나 부동산을 계속 점유하고 있는 경우라도, 매매대금채권을 피담보채권으로 매수인이나 그 에게서 부동산 소유권을 취득한 제3자를 상대로 유치권을 주장 할 수 없다(대결 2012.1.12. 2011마2380).

① 대판 2011.12.22. 2011다84298

③ 대판 2021.7.29. 2019다216077

④ 대판 2012.1.26. 2011다96208

12 난도 ★★☆ 정답 ④

④ 기존채권채무의 당사자가 그 목적물을 소비대차의 목적으로 할 것을 약정한 경우 그 약정을 경개로 볼 것인가 또는 준소비대차 로 볼 것인가는 일차적으로 당사자의 의사에 의하여 결정되고 만약 당사자의 의사가 명백하지 않을 때에는 의사해석의 문제이 나, 일반적으로는 준소비대차로 보아야 한다(대판 1989.6.27. 89다카2957).

① 제599조

② 대판 2021.10.28. 2017다224302

③ 대판 2002.12.6. 2001다2846

13 난도 ★★★ 정답 ①

① 제1008조의2 제1항

② 가정법원의 한정승인신고 수리의 심판은 일응 한정승인의 요건 을 구비한 것으로 인정한다는 것일 뿐 그 효력을 확정하는 것이 아니고, 한정승인의 효력이 있는지 여부에 대한 최종적인 판단 은 실체법에 따라 민사소송에서 결정될 문제이다(대판 2021.2.25. 2017다289651).

③ 미성년 상속인의 법정대리인이 인식한 바를 기준으로 '상속채무 초과사실을 중대한 과실없이 알지 못하였는지 여부'와 '이를 알 게 된 날'을 정한 다음 특별한정승인의 제척기간이 이미 지난 것 으로 판명되면, 단순승인의 법률관계가 그대로 확정되므로, 이 후 상속인이 성년에 이르더라도 상속인 본인 스스로의 인식을 기준으로 특별한정승인 규정이 적용되고 제척기간이 별도로 기 산되어야 함을 내세워 새롭게 특별한정승인을 할 수는 없다(대 판 2020.11.19. 2019다232918).

④ 사인증여에 관하여는 유증에 관한 규정이 준용되지만, 민법 제 1078조가 포괄적 사인증여에 준용된다고 하는 것은 사인증여의 성질에 반하므로 민법 제1078조는 준용되지 아니한다(대판 1996.4.12. 94다37714). 따라서 포괄적 사인증여를 받은 자는 포괄적 유증을 받은 자와 달리 상속인과 동일한 권리의무가 있 지 아니하다.

14 난도 ★★☆ 정답 ④

④ 토지의 소유자라 하더라도 토양오염을 유발하였음에도 오염토 양을 정화하지 않은 상태에서 그 오염토양이 포함된 토지를 거 래에 제공함으로써 유통되게 하였다면, 이는 거래의 상대방 및 위 토지를 전전 취득한 현재의 토지 소유자에 대한 위법행위로 서 불법행위가 성립할 수 있다(대판 2016.5.19. 2009다 66549).

① 대판 2015.2.12. 2013다61602

② 대판 2005.11.10. 2004다37676

③ 대판 2017.8.29. 2017다227103

15 난도 ★☆☆　　　　　　　　　　정답 ①

① 소멸시효는 법률행위에 의하여 이를 단축 또는 경감할 수 있으나 이를 배제, 연장 또는 가중할 수는 없다(제184조 제2항).

② 대판 2010.3.11. 2009다100098

③ 제165조 제1항 및 제3항

④ 대판 2009.7.9. 2009다14340

16 난도 ★★☆　　　　　　　　　　정답 ①

① 물상보증인이 담보부동산을 제3취득자에게 매도하고 제3취득자가 담보부동산에 설정된 근저당권의 피담보채무의 이행을 인수한 경우, 그 이행인수는 매매당사자 사이의 내부적인 계약에 불과하여 이로써 물상보증인의 책임이 소멸하지 않는 것이고, 따라서 담보부동산에 대한 담보권이 실행된 경우에도 제3취득자가 아닌 원래의 물상보증인이 채무자에 대한 구상권을 취득한다(대판 1997.5.30. 97다1556).

② 제467조 제1항

③ 대판 2013.5.9. 2012다40998

④ 제473조, 제566조

17 난도 ★★☆　　　　　　　　　　정답 ③

③ 제한능력자의 상대방은 제한능력자가 능력자가 된 후에 그에게 1개월 이상의 기간을 정하여 그 취소할 수 있는 행위를 추인할 것인지 여부의 확답을 촉구할 수 있다. 능력자로 된 사람이 그 기간 내에 확답을 발송하지 아니하면 그 행위를 추인한 것으로 본다(제15조 제1항).

① 제158조

② 제947조의2 제1항

④ 제13조 제4항

18 난도 ★☆☆　　　　　　　　　　정답 ①

① 표현대리행위가 성립하는 경우에 그 본인은 표현대리행위에 의하여 전적인 책임을 부담하게 되고, 과실상계의 법리를 유추적용하여 본인의 책임을 경감할 수 없다(대판 1996.7.12. 95다49554).

② 대판 1997.4.8. 96다54942

③ 대판 2018.6.28. 2018다210775

④ 대판 1983.12.13. 83다카1489

19 난도 ★★☆　　　　　　　　　　정답 ①

ㄱ. 제871조 제1항

ㄴ. 대판 2000.6.9. 99므1633

ㄷ. 민법은 입양의 요건으로 동의와 허가 등에 관하여 규정하고 있을 뿐이고 존속을 제외하고는 혈족의 입양을 금지하고 있지 않다(민법 제877조 참조). 따라서 조부모가 손자녀를 입양하여 부모·자녀 관계를 맺는 것이 입양의 의미와 본질에 부합하지 않거나 불가능하다고 볼 이유가 없다. 조부모가 자녀의 입양허가를 청구하는 경우에 입양의 요건을 갖추고 입양이 자녀의 복리에 부합한다면 이를 허가할 수 있다(대판 2021.12.23. 2018스5).

ㄹ. 양자는 입양된 때로부터 양부모의 친생자와 같은 지위를 가진다(제882조의2 제1항).

20 난도 ★★☆　　　　　　　　　　정답 ③

③ 채권이 이중으로 양도된 경우의 양수인 상호간의 우열은 통지 또는 승낙에 붙여진 확정일자의 선후에 의하여 결정하는 것이 아니라 채권양도에 대한 채무자의 인식, 즉 확정일자 있는 양도통지가 채무자에게 도달한 일시 또는 확정일자 있는 승낙의 일시의 선후에 의하여 결정하여야 할 것이다(대판 1994.4.26. 93다24223).

① 대판 2017.9.21. 2015다61286

② 대판 2000.12.22. 2000다55904

④ 대판 2002.9.10. 2002다21509

21 난도 ★★☆　　　　　　　　　　정답 ②

② 매매예약 완결권을 행사할 수 있는 시기를 특별히 약정한 경우에도 그 제척기간은 당초 권리의 발생일로부터 10년간의 기간이 경과되면 만료되는 것이지, 그 약정에 따라 권리를 행사할 수 있는 때로부터 10년이 되는 날까지로 연장된다고 볼 수 없다(대판 1995.11.10. 94다22682).

① 대판 2019.3.14. 2018다255648

③ 대판 1996.9.20. 96다25371

④ 대판 2018.11.29. 2017다247190

22 난도 ★★☆ 정답 ①

정답의 이유

① 제3자를 위한 계약에서도 낙약자와 요약자 사이의 법률관계(기본관계)에 기초하여 수익자가 요약자와 원인관계(대가관계)를 맺음으로써 해제 전에 새로운 이해관계를 갖고 그에 따라 등기, 인도 등을 마쳐 권리를 취득하였다면, 수익자는 민법 제548조 제1항 단서에서 말하는 계약해제의 소급효가 제한되는 제3자에 해당한다고 봄이 타당하다(대판 2021.8.19. 2018다244976).

오답의 이유

② 대판 2000.4.11. 99다51685

③ 대판 1992.10.27. 91다483

④ 대판 1990.3.27. 89다카14110

23 난도 ★★☆ 정답 ④

정답의 이유

④ 유치권이 인정되는 아파트를 경락·취득한 자가 유치권자에 대한 임료 상당의 부당이득금 반환채권을 자동채권으로 하고 유치권자의 종전 소유자에 대한 유익비상환채권을 수동채권으로 하는 상계는 허용되지 아니한다(대판 2011.4.28. 2010다101394).

오답의 이유

① 대판 2021.2.10. 2017다258787

② 대판 2012.2.16. 2011다45521

③ 대판 2018.8.30. 2016다46338, 민사소송법 제216조 제2항

24 난도 ★★☆ 정답 ④

정답의 이유

④ 연대채무의 경우 연대채무자 중 1인이 채권자에 대한 반대채권으로 상계를 한 경우 그 상계의 효력이 다른 연대채무자에게도 미치며(제418조), 부진정연대채무의 경우에도 부진정연대채무자 중 1인이 채권자에 대한 반대채권으로 상계를 하였다면 그 상계의 효력은 다른 부진정연대채무자에게 미친다(대판 2010.9.16. 2008다97218).

오답의 이유

① 대판 2014.8.20. 2012다97420

② 대판 2019.8.14. 2019다216435

③ 제425조 제1항 및 제2항

25 난도 ★★☆ 정답 ④

정답의 이유

④ 수급인이 완공기한 내에 공사를 완성하지 못한 채 공사를 중단하고 계약이 해제된 결과 완공이 지연된 경우, 지체상금발생의 종기는 도급인이 공사도급계약을 해제할 수 있었을 때(실제로 해제한 때가 아니다)부터 도급인이 다른 업자에게 맡겨서 공사를 완성할 수 있었던 시점까지이다(대판 2010.1.28. 2009다41137).

오답의 이유

① 대판 2017.1.12. 2014다11574

② 대판 2017.1.12. 2014다11574

③ 대판 2012.5.24. 2011다109586

민법 | 2021년 법원직 9급

한눈에 훑어보기

✓ 빠른 정답

01	02	03	04	05	06	07	08	09	10
④	③	②	①	④	③	④	③	④	④
11	**12**	**13**	**14**	**15**	**16**	**17**	**18**	**19**	**20**
①	③	③	①	④	①	④	②	③	②
21	**22**	**23**	**24**	**25**					
③	②	③	②	④					

✓ 점수 체크

구분	1회독	2회독	3회독
맞힌 문항 수	/ 25	/ 25	/ 25
나의 점수	점	점	점

01 난도 ★★★ 　　　　　　　　　　　　　　　정답 ④

정답의 이유

가. 대판 2009.9.10, 2009다37251

다. 대판 1992.11.27, 92다7719

마. 대판 2016.10.27, 2016다25140

오답의 이유

나. 민법 제103조에 의하여 무효로 되는 반사회질서 행위는 법률행위의 목적인 권리의무의 내용이 선량한 풍속 기타 사회질서에 위반되는 경우뿐만 아니라, 그 내용 자체는 반사회질서적인 것이 아니라고 하여도 법률적으로 이를 강제하거나 법률행위에 반사회질서적인 조건 또는 금전적인 대가가 결부됨으로써 반사회질서적 성질을 띠게 되는 경우 및 표시되거나 상대방에게 알려진 법률행위의 동기가 반사회질서적인 경우를 포함한다(대판 2000.2.11, 99다56833).

라. 형사사건에 관하여 체결된 성공보수약정이 가져오는 여러 가지 사회적 폐단과 부작용 등을 고려하면, 구속영장청구 기각, 보석 석방, 집행유예나 무죄 판결 등과 같이 의뢰인에게 유리한 결과를 얻어내기 위한 변호사의 변론활동이나 직무수행 그 자체는 정당하다 하더라도, 형사사건에서의 성공보수약정은 수사·재판의 결과를 금전적인 대가와 결부시킴으로써, 기본적 인권의 옹호와 사회정의의 실현을 사명으로 하는 변호사 직무의 공공성을 저해하고, 의뢰인과 일반 국민의 사법제도에 대한 신뢰를 현저히 떨어뜨릴 위험이 있으므로, 선량한 풍속 기타 사회질서에 위배되는 것으로 평가할 수 있다. 다만 선량한 풍속 기타 사회질서는 부단히 변천하는 가치관념으로서 어느 법률행위가 이에 위반되어 민법 제103조에 의하여 무효인지는 법률행위가 이루어진 때를 기준으로 판단하여야 하고, 또한 그 법률행위가 유효로 인정될 경우의 부작용, 거래자유의 보장 및 규제의 필요성, 사회적 비난의 정도, 당사자 사이의 이익균형 등 제반 사정을 종합적으로 고려하여 사회통념에 따라 합리적으로 판단하여야 한다(대판 2015.7.23, 2015다20111).

02 난도 ★☆☆ 　　　　　　　　　　　　　　　정답 ③

정답의 이유

③ 민법 제760조 제3항은 불법행위의 방조자를 공동행위자로 보아 방조자에게 공동불법행위의 책임을 부담시키고 있는바, 방조는 불법행위를 용이하게 하는 직접, 간접의 모든 행위를 가리키는 것으로서 작위에 의한 경우뿐만 아니라 작위의무 있는 사람이 그것을 방지하여야 할 제반 조치를 취하지 아니하는 부작위로 인하여 불법행위자의 실행행위를 용이하게 하는 경우도 포함하

며, 손해의 전보를 목적으로 하여 과실을 원칙적으로 고의와 동일시하는 민사법의 영역에서는 과실에 의한 방조도 가능하다(대판 2014.3.27, 2013다91597).

① 대판 2006.1.26, 2004다21053
② 대판 2003.3.28, 2003다5061
④ 대판 2017.12.22, 2016다202947

03 난도 ★★☆   정답 ②

정답의 이유
② 변제할 정당한 이익이 있는 자가 채무자를 위하여 채권의 일부를 대위변제할 경우에 대위변제자는 변제한 가액의 범위 내에서 종래 채권자가 가지고 있던 채권 및 담보에 관한 권리를 법률상 당연히 취득하게 되는 것이므로, 채권자가 부동산에 대하여 근저당권을 가지고 있는 경우에는, 채권자는 대위변제자에게 일부 대위변제에 따른 저당권의 일부 이전의 부기등기를 경료해 주어야 할 의무가 있다 할 것이나, 이 경우에도 채권자는 일부 변제자에 대하여 우선변제권을 가지고 있다 할 것이다(대판 2002.7.26, 2001다53929).

오답의 이유
① 대판 2020.10.15, 2019다222041
③ 대판 2009.2.26, 2005다32418
④ 대판 2017.10.31, 2015다65042

04 난도 ★★★   정답 ①

정답의 이유
① 부동산에 대한 점유취득시효가 완성되었다고 하더라도 이를 등기하지 아니하고 있는 사이에 그 부동산에 관하여 제3자에게 소유권이전등기가 마쳐지면 점유자는 그 제3자에게 대항할 수 없다(대판 1998.4.10, 97다56495).

오답의 이유
② 채권자가 수익자를 상대로 사해행위취소의 소를 제기한 경우 수익자는 취소채권자의 채권이 시효로 소멸하였음을 주장할 수 있다(대판 2007.11.29, 2007다54849).
③ 대판 2004.11.12, 2004다40955
④ 채권자가 전득자를 상대로 민법 제406조 제1항에 의한 채권자취소권을 행사하기 위해서는, 같은 조 제2항에서 정한 기간 안에 채무자와 수익자 사이의 사해행위의 취소를 소송상 공격방법의 주장이 아닌 법원에 소를 제기하는 방법으로 청구하여야 하는 것이고, 비록 채권자가 수익자를 상대로 사해행위의 취소를 구하는 소를 이미 제기하여 채무자와 수익자 사이의 법률행위를 취소하는 내용의 판결을 선고받아 확정되었더라도 그 판결의 효력은 그 소송의 피고가 아닌 전득자에게는 미칠 수 없는 것이므로, 채권자가 그 소송과는 별도로 전득자에 대하여 채권자취소권을 행사하여 원상회복을 구하기 위해서는 위에서 본 법리에 따라 민법 제406조 제2항에서 정한 기간 안에 전득자에 대한 관계에 있어서 채무자와 수익자 사이의 사해행위를 취소하는 청구

를 하지 않으면 아니 된다(대판 2005.6.9, 2004다17535).

05 난도 ★★☆   정답 ④

정답의 이유
④ 甲과 乙이 빌라 분양을 甲이 대행하고 수수료를 받기로 하는 내용의 분양전속계약을 체결하면서, 특약사항으로 "분양계약기간 완료 후 미분양 물건은 甲이 모두 인수하는 조건으로 한다."라고 정한 사안에서, 위 특약사항은 '인수하는 조건'이라는 문언을 사용하고 있기는 하나 그 자체만으로 당사자가 조건을 붙여 효력발생이 좌우되게 하려는 계약의 내용이 특정되어 있지 아니한 점, 오히려 '인수하는 조건'이라는 문언은 미분양 세대의 인수에 따라 계약의 효력발생이 좌우되게 하려는 의사라기보다는 단순히 이를 계약의 내용 중 하나로 정한다는 의미로 사용되었다고 볼 소지가 큰 점, 위 특약사항을 둔 이유가 분양계약기간이 만료되었음에도 미분양 세대가 있는 경우 甲이 이를 인수할 의무를 부담하도록 하기 위함이지 甲이 미분양 세대를 인수하지 아니할 경우 조건이 성취되지 않은 것으로 보아 수수료 전부를 포기하게 할 의사였다고 보기는 어려운 점, 甲이 빌라 분양을 전부 완료하지 못한 채 계약이 중단된 경우에도 甲이 이미 분양하거나 인수한 세대만큼 乙에 이익이 된다면, 신의칙에 비추어 甲에게 적어도 그에 상응하는 수수료를 지급하도록 하는 것이 옳은 점을 종합하면, 위 특약사항은 甲이 분양계약기간 만료 후 미분양 세대를 인수할 의무를 부담한다는 계약의 내용을 정한 것에 불과하고, 계약의 효력발생이 좌우되게 하려는 법률행위의 부관으로서 조건을 정한 것이라고 보기는 어려운데도, 이와 달리 본 원심판단에 법리오해의 잘못이 있다고 한 사례(대판 2020.7.9, 2020다202821)

오답의 이유
① 대판 2003.5.13, 2003다10797
② 대판 1983.4.12, 81다카692
③ 민법 제147조

06 난도 ★★☆   정답 ③

정답의 이유
③ 대판 2015.8.27, 2013다81224

오답의 이유
① 도급계약에 있어 일의 완성에 관한 주장·입증책임은 일의 결과에 대한 보수의 지급을 청구하는 수급인에게 있고, 제작물공급계약에서 일이 완성되었다고 하려면 당초 예정된 최후의 공정까지 일단 종료하였다는 점만으로는 부족하고 목적물의 주요구조 부분이 약정된 대로 시공되어 사회통념상 일반적으로 요구되는 성능을 갖추고 있어야 하므로, 제작물공급에 대한 보수의 지급을 청구하는 수급인으로서는 그 목적물 제작에 관하여 계약에서 정해진 최후 공정을 일단 종료하였다는 점뿐만 아니라 그 목적물의 주요구조 부분이 약정된 대로 시공되어 사회통념상 일반적으로 요구되는 성능을 갖추고 있다는 점까지 주장·입증하여야 한다(대판 2006.10.13, 2004다21862).

② 수급인이 완공기한 내에 공사를 완성하지 못한 채 완공기한을 넘겨 도급계약이 해제된 경우에 있어서 그 지체상금 발생의 시기(始期)는 완공기한 다음날이고, 종기(終期)는 수급인이 공사를 중단하거나 기타 해제사유가 있어 도급인이 이를 해제할 수 있었을 때를 기준으로 하여 도급인이 다른 업자에게 의뢰하여 같은 건물을 완공할 수 있었던 시점이다(대판 2001.1.30, 2000다56112).

④ 도급인이 완성된 목적물의 하자로 인하여 계약의 목적을 달성할 수 없는 때에는 계약을 해제할 수 있다. 그러나 건물 기타 토지의 공작물에 대하여는 그러하지 아니하다(민법 제668조).

07 난도 ★☆☆   정답 ④

정답의 이유

④ 상속재산 분할협의는 공동상속인들 사이에 이루어지는 일종의 계약으로서, 공동상속인들은 이미 이루어진 상속재산 분할협의의 전부 또는 일부를 전원의 합의에 의하여 해제한 다음 다시 새로운 분할협의를 할 수 있다(대판 2004.7.8, 2002다73203).

오답의 이유

① 대판 2020.8.13, 2019다249312
② 대판 2016.5.4, 2014스122
③ 민법 제1012조

08 난도 ★★☆   정답 ③

정답의 이유

③ 대판 2001.6.12, 2000다47187

오답의 이유

① 부동산의 합유자 중 일부가 사망한 경우 합유자 사이에 특별한 약정이 없는 한 사망한 합유자의 상속인은 합유자로서의 지위를 승계하는 것이 아니므로 해당 부동산은 잔존 합유자가 2인 이상일 경우에는 잔존 합유자의 합유로 귀속되고 잔존 합유자가 1인인 경우에는 잔존 합유자의 단독소유로 귀속된다(대판 1994.2.25, 93다39225).
② 점유권은 상속인에게 이전한다(민법 제193조).
④ 피고 소송수행자의 상고이유에 대하여, 정신적 고통에 대한 피해자의 위자료 청구권도 재산상의 손해배상 청구권과 구별하여 취급할 근거 없는 바이므로 그 위자료 청구권이 일신 전속권이라 할 수 없고 피해자의 사망으로 인하여 상속된다고 할 것이다(대판 1969.4.15, 69다268).

09 난도 ★☆☆   정답 ④

정답의 이유

④ 민법 제201조

오답의 이유

① 점유자는 소유의 의사로 선의, 평온 및 공연하게 점유한 것으로 추정한다(민법 제197조 제1항). 무과실 점유한 것으로 추정되지는 않는다.

② 선의의 점유자라도 본권에 대한 소에 패소한 때에는 그 소가 제기된 때로부터 악의의 점유자로 본다(민법 제197조 제2항).
③ 점유자의 승계인은 자기의 점유만을 주장하거나 자기의 점유와 전점유자의 점유를 아울러 주장할 수 있다(민법 제199조 제1항).

10 난도 ★★☆   정답 ④

정답의 이유

④ 채권양도의 대항요건의 흠결의 경우 채권을 주장할 수 없는 채무자 이외의 제3자는 양도된 채권 자체에 관하여 양수인의 지위와 양립할 수 없는 법률상 지위를 취득한 자에 한하므로, 선순위의 근저당권부채권을 양수한 채권자보다 후순위의 근저당권자는 채권양도의 대항요건을 갖추지 아니한 경우 대항할 수 없는 제3자에 포함되지 않는다(대판 2005.6.23, 2004다29279).

오답의 이유

① 대판 2019.6.27, 2017다222962
② 대판 2016.7.14, 2015다46119
③ 대판 1994.4.26, 93다24223

11 난도 ★☆☆   정답 ①

정답의 이유

① 전세금의 지급은 전세권 성립의 요소가 되는 것이지만 그렇다고 하여 전세금의 지급이 반드시 현실적으로 수수되어야만 하는 것은 아니고 기존의 채권으로 전세금의 지급에 갈음할 수도 있다(대판 1995.2.10, 94다18508).

오답의 이유

② 대판 2001.7.2, 2001마212
③ 민법 제313조
④ 민법 제317조

12 난도 ★★☆   정답 ③

정답의 이유

③ 동산질권을 선의취득하기 위하여는 질권자가 평온, 공연하게 선의이며 과실없이 질권의 목적동산을 취득하여야 하고, 그 취득자의 선의, 무과실은 동산질권자가 입증하여야 한다(대판 1981.12.22, 80다2910).

오답의 이유

① 대판 2000.9.8, 99다58471
② 대판 1991.3.22, 91다70
④ 선의취득의 목적물은 반드시 동산일 것으로 선박·자동차·항공기·건설기계 등 등기·등록으로 공시되는 동산이나 가치의 표상으로 유통되는 금전, 명인방법에 의하여 공시되는 지상물이나 입목등기에 의하여 공시된 입목, 지시채권·무기명채권 등 증권적 채권 등은 제외이다. 지상권, 저당권과 같은 부동산에 관한 권리는 선의취득의 대상이 될 수 없다.

13 난도 ★★☆   정답 ③

③ 원고와 소외인이 동거를 하면서 사실상의 부부관계를 맺고 실질적인 가정을 이루어 대외적으로도 부부로 행세하여 왔다면 원고와 위 소외인 사이에 일상가사에 관한 사항에 관하여 상호대리권이 있다고 보아야 한다(대판 1980.12.23, 80다2077).

사실혼관계에 있는 부부의 일방이 사실혼 중에 자기 명의로 취득한 재산은 그 명의자의 특유재산으로 추정되나 실질적으로 다른 일방 또는 쌍방이 그 재산의 대가를 부담하여 취득한 것이 증명된 때에는 특유재산의 추정은 번복되어 그 다른 일방의 소유이거나 쌍방의 공유라고 보아야 할 것이다(대판 1994.12.22, 93다52068).

① 대판 1998.12.8, 98므961
② 대판 1996.9.20, 96므530
④ 대판 1996.9.20, 96므530

14 난도 ★★☆   정답 ①

① 채권자의 별도의 의사표시가 없더라도 바로 이행기가 도래한 것과 같은 효과를 발생케 하는 이른바 정지조건부 기한이익 상실의 특약을 하였을 경우에는 그 특약에 정한 기한의 이익 상실사유가 발생함과 동시에 기한의 이익을 상실케 하는 채권자의 의사표시가 없더라도 이행기 도래의 효과가 발생하고, 채무자는 특별한 사정이 없는 한 그때부터 이행지체의 상태에 놓이게 된다(대판 1999.7.9, 99다15184).

② 부동산 매매계약에 있어서 매수인이 잔대금지급기일까지 그 대금을 지급하지 못하면 그 계약이 자동적으로 해제된다는 취지의 약정이 있더라도 특별한 사정이 없는 한 매수인의 잔대금지급의무와 매도인의 소유권이전등기의무는 동시이행의 관계에 있으므로 매도인이 잔대금지급기일에 소유권이전등기에 필요한 서류를 준비하여 매수인에게 알리는 등 이행의 제공을 하여 매수인으로 하여금 이행지체에 빠지게 하였을 때에 비로소 자동적으로 매매계약이 해제된다고 보아야 하고 매수인이 그 약정기한을 도과하였더라도 이행지체에 빠진 것이 아니라면 대금 미지급으로 계약이 자동해제된다고는 볼 수 없다(대판 1992.10.27, 91다32022).

③ 대판 2008.2.1, 2007다8914
④ 대판 2010.12.9, 2009다59237

15 난도 ★★☆   정답 ④

④ 민법의 조합의 해산사유와 청산에 관한 규정은 그와 내용을 달리하는 당사자의 특약까지 배제하는 강행규정이 아니므로 당사자가 민법의 조합의 해산사유와 청산에 관한 규정과 다른 내용의 특약을 한 경우, 그 특약은 유효하다(대판 1985.2.26, 84다카1921).

① 이른바 '내적조합'이라는 일종의 특수한 조합으로 보기 위하여는 당사자의 내부관계에서는 조합관계가 있어야 할 것이고, 내부적인 조합관계가 있다고 하려면 서로 출자하여 공동사업을 경영할 것을 약정하여야 하며, 영리사업을 목적으로 하면서 당사자 중의 일부만이 이익을 분배받고 다른 자는 전혀 이익분배를 받지 않는 경우에는 조합관계(동업관계)라고 할 수 없다(대판 2000.7.7, 98다4466).

② 대판 2013.10.24, 2012다47524
③ 대판 2006.3.9, 2004다49693

16 난도 ★★★   정답 ①

① 대판 2020.7.9, 2016다244231

② 채권담보의 목적으로 이루어지는 부동산 양도담보의 경우에 있어서 피담보채무가 변제된 이후에 양도담보권설정자가 행사하는 등기청구권은 양도담보권설정자의 실질적 소유권에 기한 물권적청구권이므로 따로이 시효소멸되지 아니한다(대판 1979.2.13, 78다2412).

③ 소멸시효는 객관적으로 권리가 발생하여 그 권리를 행사할 수 있는 때로부터 진행하고 그 권리를 행사할 수 없는 동안만은 진행하지 않는바, '권리를 행사할 수 없는'경우란, 권리자가 권리의 존재나 권리행사 가능성을 알지 못하였다는 등의 사실상 장애사유가 있는 경우가 아니라, 법률상의 장애사유, 예컨대 기간의 미도래나 조건불성취 등이 있는 경우를 말하는데(대법원 2006.4.27, 선고 2006다1381 판결 등 참조), 건물에 관한 소유권이전등기청구권에 있어서 그 목적물인 건물이 완공되지 아니하여 이를 행사할 수 없었다는 사유는 법률상의 장애사유에 해당한다(대판 2007.8.23, 2007다28024).

④ 금전채무의 이행지체로 인하여 발생하는 지연손해금은 그 성질이 손해배상금이지 이자가 아니며, 민법 제163조 제1호가 규정한 '1년 이내의 기간으로 정한 채권'도 아니므로 3년간의 단기소멸시효의 대상이 되지 아니한다(대판 1998.11.10, 98다42141).

17 난도 ★★★   정답 ④

정답의 이유

④ 공유자 중 1인인 피고가 공유물을 독점적으로 점유하고 있어 다른 공유자인 원고가 피고를 상대로 공유물의 인도를 청구하는 경우, 그러한 행위는 공유물을 점유하는 피고의 이해와 충돌한다. 애초에 보존행위를 공유자 중 1인이 단독으로 할 수 있도록 한 것은 보존행위가 다른 공유자에게도 이익이 되기 때문이라는 점을 고려하면, 이러한 행위는 민법 제265조 단서에서 정한 보존행위라고 보기 어렵다(대판 2020.5.21, 2018다287522 전합).

오답의 이유

③ 공유물의 소수지분권자가 다른 공유자와 협의 없이 공유물의 전부 또는 일부를 독점적으로 점유ㆍ사용하고 있는 경우 다른 소수지분권자는 공유물의 보존행위로서 그 인도를 청구할 수는 없고, 다만 자신의 지분권에 기초하여 공유물에 대한 방해 상태를 제거하거나 공동 점유를 방해하는 행위의 금지 등을 청구할 수 있다고 보아야 한다(대판 2020.5.21, 2018다287522 전합).

18 난도 ★★★   정답 ②

정답의 이유

② 화해계약이 성립되면 특별한 사정이 없는 한 그 창설적 효력에 의하여 종전의 법률관계를 바탕으로 한 권리의무관계는 소멸되는 것이므로 계약당사자 간에는 종전의 법률관계가 어떠하였느냐를 묻지 않고 화해계약에 의하여 새로운 법률관계가 생기는 것이고, 화해계약의 의사표시에 착오가 있더라도 이것이 당사자의 자격이나 목적인 분쟁 이외의 사항에 관한 것이 아니고 분쟁의 대상인 법률관계 자체에 관한 것인 때에는 이를 취소할 수 없다(대판 1992.9.22, 92다25335).

오답의 이유

① 동기의 착오가 법률행위의 내용의 중요부분의 착오에 해당함을 이유로 표의자가 법률행위를 취소하려면 그 동기를 당해 의사표시의 내용으로 삼을 것을 상대방에게 표시하고 의사표시의 해석상 법률행위의 내용으로 되어 있다고 인정되면 충분하고 당사자들 사이에 별도로 그 동기를 의사표시의 내용으로 삼기로 하는 합의까지 이루어질 필요는 없지만, 그 법률행위의 내용의 착오는 보통 일반인이 표의자의 입장에 섰더라면 그와 같은 의사표시를 하지 아니하였으리라고 여겨질 정도로 그 착오가 중요한 부분에 관한 것이어야 한다(대판 2000.5.12, 2000다12259).

③ 민법 제109조 제1항에 의하면 법률행위 내용의 중요 부분에 착오가 있는 경우 착오에 중대한 과실이 없는 표의자는 법률행위를 취소할 수 있고, 민법 제580조 제1항, 제575조 제1항에 의하면 매매의 목적물에 하자가 있는 경우 하자가 있는 사실을 과실 없이 알지 못한 매수인은 매도인에 대하여 하자담보책임을 물어 계약을 해제하거나 손해배상을 청구할 수 있다. 착오로 인한 취소 제도와 매도인의 하자담보책임 제도는 취지가 서로 다르고, 요건과 효과도 구별된다. 따라서 매매계약 내용의 중요 부분에 착오가 있는 경우 매수인은 매도인의 하자담보책임이 성립하는

지와 상관없이 착오를 이유로 매매계약을 취소할 수 있다(대판 2018.9.13, 2015다78703).

④ 소취하합의의 의사표시 역시 민법 제109조에 따라 법률행위의 내용의 중요 부분에 착오가 있는 때에는 취소할 수 있을 것이다. 의사표시의 동기에 착오가 있는 경우에는 당사자 사이에 그 동기를 의사표시의 내용으로 삼았을 때에 한하여 의사표시의 내용의 착오가 되어 취소할 수 있는 것이며, 법률행위의 중요 부분의 착오라 함은 표의자가 그러한 착오가 없었더라면 그 의사표시를 하지 않으리라고 생각될 정도로 중요한 것이어야 하고 보통 일반인도 표의자의 처지에 섰더라면 그러한 의사표시를 하지 않았으리라고 생각될 정도로 중요한 것이어야 한다(대판 2020.10.15, 2020다227523).

19 난도 ★★☆   정답 ③

정답의 이유

③ 여행자는 약정한 시기에 대금을 지급하여야 하며, 그 시기의 약정이 없으면 관습에 따르고, 관습이 없으면 여행의 종료 후 지체 없이 지급하여야 한다(민법 제674조의5).

오답의 이유

① 민법 제674조의3
② 민법 제674조의4 제1항
④ 민법 제674조의6

20 난도 ★★☆   정답 ②

정답의 이유

② 유치권의 행사는 채권의 소멸시효의 진행에 영향을 미치지 않는다(민법 제326조).

오답의 이유

① 민법 제320조 제1항
③ 대판 2006.8.25, 2006다22050
④ 대판, 2014.12.11, 2014다53462, 상법 제58조

21 난도 ★★☆   정답 ③

정답의 이유

③ 법률상의 원인없이 이득하였음을 이유로 한 부당이득의 반환에 있어서 이득이라 함은 실질적인 이익을 가리키는 것이므로 법률상 원인 없이 건물을 점유하고 있다 하여도 이를 사용, 수익하지 않았다면 이익을 얻은 것이라고 볼 수 없는 것인바, 임차인이 임대차계약 종료 이후에도 임차건물부분을 계속 점유하기는 하였으나 이를 사용, 수익하지 아니하여 실질적인 이득을 얻은 바 없는 경우에는 그로 인하여 임대인에게 손해가 발생하였다 하더라도 임차인의 부당이득 반환의무는 성립될 여지가 없다(대판 1990.12.21, 90다카24076).

오답의 이유

① 계약상 급부가 계약의 상대방뿐만 아니라 제3자의 이익으로 된 경우에 급부를 한 계약당사자가 계약 상대방에 대하여 계약상의 반대급부를 청구할 수 있는 이외에 그 제3자에 대하여 직접 부

당이득반환청구를 할 수 있다고 보면, 자기 책임하에 체결된 계약에 따른 위험부담을 제3자에게 전가시키는 것이 되어 계약법의 기본원리에 반하는 결과를 초래할 뿐만 아니라, 채권자인 계약당사자가 채무자인 계약 상대방의 일반채권자에 비하여 우대받는 결과가 되어 일반채권자의 이익을 해치게 되고, 수익자인 제3자가 계약 상대방에 대하여 가지는 항변권 등을 침해하게 되어 부당하므로, 위와 같은 경우 계약상 급부를 한 계약당사자는 이익의 귀속 주체인 제3자에 대하여 직접 부당이득반환을 청구할 수는 없다(대판 2010.6.24, 2010다9269).

② 대판 2014.3.13, 2013다34143

④ 대판 1993.4.27, 92다56087

22 난도 ★★☆　　　　정답 ②

정답의 이유

② 저당권의 효력이 저당부동산에 부합된 물건과 종물에 미친다는 민법 제358조 본문을 유추하여 보면 건물에 대한 저당권의 효력은 그 건물에 종된 권리인 건물의 소유를 목적으로 하는 지상권에도 미치게 되므로, 건물에 대한 저당권이 실행되어 경락인이 그 건물의 소유권을 취득하였다면 경락 후 건물을 철거한다는 등의 매각조건에서 경매되었다는 등 특별한 사정이 없는 한, 경락인은 건물 소유를 위한 지상권도 민법 제187조의 규정에 따라 등기 없이 당연히 취득하게 되고, 한편 이 경우에 경락인이 건물을 제3자에게 양도한 때에는, 특별한 사정이 없는 한 민법 제100조 제2항의 유추적용에 의하여 건물과 함께 종된 권리인 지상권도 양도하기로 한 것으로 봄이 상당하다(대판 1996.4.26, 95다52864).

정답의 이유

① 대판 2002.10.25, 2000다63110

③ 대판 2016.7.27, 2015다230020

④ 대판 2004.12.24, 2004다52798

23 난도 ★★☆　　　　정답 ③

정답의 이유

③ 보증인보호법 제7조 제1항의 취지는 보증채무의 범위를 특정하여 보증인을 보호하는 것이다. 따라서 이 규정에서 정한 '보증기간'은 특별한 사정이 없는 한 보증인이 보증책임을 부담하는 주채무의 발생기간이라고 해석함이 타당하고, 보증채무의 존속기간을 의미한다고 볼 수 없다(대판 2020.7.23, 2018다42231).

오답의 이유

① 대판 1996.2.9, 94다38250

② 민법 제436조의2 제1항

④ 대판 2002.9.10, 2002다21509

24 난도 ★★☆　　　　정답 ②

정답의 이유

② 부동산의 소유자로부터 매매계약을 체결할 대리권을 수여받은 대리인은 특별한 다른 사정이 없는 한 그 매매계약에서 약정한 바에 따라 중도금이나 잔금을 수령할 수도 있다고 보아야 하고, 매매계약의 체결과 이행에 관하여 포괄적으로 대리권을 수여받은 대리인은 특별한 다른 사정이 없는 한 상대방에 대하여 약정된 매매대금지급기일을 연기하여 줄 권한도 가진다고 보아야 할 것이다(대판 1992.4.14, 91다43107).

오답의 이유

①·③ 대판 1994.2.8, 93다39379

④ 대판 1992.6.23, 91다14987

25 난도 ★★☆　　　　정답 ④

정답의 이유

④ 유류분반환청구권은 그 행사 여부가 유류분권리자의 인격적 이익을 위하여 그의 자유로운 의사결정에 전적으로 맡겨진 권리로서 행사상의 일신전속성을 가진다고 보아야 하므로, 유류분권리자에게 그 권리행사의 확정적 의사가 있다고 인정되는 경우가 아니라면 채권자대위권의 목적이 될 수 없다(대판 2010.5.27, 2009다93992).

오답의 이유

① 대판 1997.7.22, 97다5749

② 대판 1993.7.13, 92다48857

③ 민법 제404조

민법 | 2020년 법원직 9급

한눈에 훑어보기

✓ 빠른 정답

01	02	03	04	05	06	07	08	09	10
①	①	①	④	①	②	④	④	②	④
11	12	13	14	15	16	17	18	19	20
②	③	①	③	②	④	④	③	④	①
21	22	23	24	25					
②	④	③	④	②					

✓ 점수 체크

구분	1회독	2회독	3회독
맞힌 문항 수	/ 25	/ 25	/ 25
나의 점수	점	점	점

01 난도 ★★★ 정답 ①

[정답의 이유]

ㄱ. 대판 2004.9.24, 2004다31463

ㄷ. 대판 1992.9.25, 92다21258

ㅂ. 대판 2002.3.15, 2001다77352, 77369

[오답의 이유]

ㄴ. 전 점유자의 점유를 승계한 자는 그 점유 자체와 하자만을 승계할 뿐 그 점유로 인한 법률효과까지 승계하는 것은 아니어서 취득시효의 완성으로 인하여 부동산의 소유명의자에 대한 소유권이전등기청구권을 시효취득하는 자는 시효완성 당시의 점유자에 한하므로, 그로부터 부동산의 점유를 승계한 현 점유자로서는 자신의 전 점유자에 대한 소유권이전등기청구권을 보전하기 위하여 시효완성 당시의 전 점유자가 소유명의자에 대하여 가지는 소유권이전등기청구권을 대위행사할 수 있을 뿐이지, 전 점유자의 취득시효 완성의 효과를 주장하여 직접 자기에게 소유권이전등기를 청구할 권리는 없다(대판 1995.11.28, 95다22078, 22085).

ㄹ. 구분소유적 공유관계에 있는 토지 중 공유자 1인의 특정 구분소유 부분에 관한 점유취득시효가 완성된 경우 다른 공유자의 특정 구분소유 부분이 다른 사람에게 양도되고 그에 따라 토지 전체의 공유지분에 관한 지분이전등기가 경료되었다면 대외적인 관계에서는 점유취득시효가 완성된 특정 구분소유 부분 중 다른 공유자 명의의 지분에 관하여는 소유 명의자가 변동된 경우에 해당하므로, 점유자는 취득시효의 기산점을 임의로 선택하여 주장할 수 없다(대판 2006.10.12, 2006다44753).

ㅁ. 권리자가 시효를 주장하는 자로부터 제소당하여 직접 응소행위로서 상대방의 청구를 적극적으로 다투면서 자신의 권리를 주장하여 그것이 받아들여진 경우에는 민법 제247조 제2항에 의하여 취득시효기간에 준용되는 민법 제168조 제1호, 제170조 제1항에서 시효중단사유의 하나로 규정하고 있는 재판상의 청구에 포함되는 것으로 해석함이 상당하다 할 것이나, 점유자가 소유자를 상대로 소유권이전등기 청구소송을 제기하면서 그 청구원인으로 '취득시효 완성'이 아닌 '매매'를 주장함에 대하여, 소유자가 이에 응소하여 원고 청구기각의 판결을 구하면서 원고의 주장 사실을 부인하는 경우에는, 이는 원고 주장의 매매 사실을 부인하여 원고에게 그 매매로 인한 소유권이전등기청구권이 없음을 주장함에 불과한 것이고 소유자가 자신의 소유권을 적극적으로 주장한 것이라 볼 수 없으므로 시효중단사유의 하나인 재판상의 청구에 해당한다고 할 수 없다(대판 1997.12.12, 97다30288).

02 난도 ★★★

정답 ①

정답의 이유

① 해제는 해제권자의 의사표시에 의하여 계약이 소급적으로 소멸하나, 해제조건이란 조건이 성취하는 경우 장래에 향하여 특별한 의사표시 없이 효력이 소멸하는 것이므로 서로 소멸이라는 법적 성격은 같으나 그 효과는 다르다고 봄이 옳다.

오답의 이유

② 대판 1997.11.14, 97다6193

③ 대판 2005.6.9, 2005다6341

④ 대판 2005.11.25, 2005다53705, 53712

03 난도 ★★☆

정답 ①

정답의 이유

ㄱ. 법정대리인의 동의 없이 신용구매계약을 체결한 미성년자가 사후에 법정대리인의 동의 없음을 사유로 들어 이를 취소하는 것이 신의칙에 위배된 것이라고 할 수 없다(대판 2007.11.16, 2005다 71659, 71666, 71673).

ㄷ. 甲과 L사의 신용카드 이용계약이 취소되었기 때문에 L사는 甲에 대하여 부당이득의 반환을 청구할 수 있을 뿐이다.

ㅁ. L사와 甲의 신용카드 이용계약이 취소됨에도 불구하고 甲과 乙 사이에 체결된 개별적인 매매계약은 특별한 사정이 없는 한 신용카드 이용계약취소와 무관하게 유효하게 존속한다 할 것이고 甲이 반환하여야 할 대상은 재화인 외장하드가 아닌 금전상 이득인 10만 원이 된다.

오답의 이유

ㄴ. 미성년자가 법률행위를 함에 있어서 요구되는 법정대리인의 동의는 언제나 명시적이어야 하는 것은 아니고 묵시적으로도 가능한 것이며, 미성년자의 행위가 위와 같이 법정대리인의 묵시적 동의가 인정되거나 처분허락이 있는 재산의 처분 등에 해당하는 경우라면, 미성년자로서는 더 이상 행위무능력을 이유로 그 법률 행위를 취소할 수 없다(대판 2007.11.16, 2005다 71659, 71666, 71673).

ㄹ. 甲이 L사와의 신용카드 이용계약을 취소하였다고 하더라고 L사와 乙의 가맹점 계약은 유효한 것으로 보기 때문에 L사는 甲에게 부당이득의 반환을 청구할 수 있다.

더 알아보기

미성년자가 신용카드거래 후 신용카드 이용계약을 취소한 경우의 법률관계

미성년자가 신용카드발행인과 사이에 신용카드 이용계약을 체결하여 신용카드거래를 하다가 신용카드 이용계약을 취소하는 경우 미성년자는 그 행위로 인하여 받은 이익이 현존하는 한도에서 상환할 책임이 있는바, 신용카드 이용계약이 취소됨에도 불구하고 신용카드회원과 해당 가맹점 사이에 체결된 개별적인 매매계약은 특별한 사정이 없는 한 신용카드 이용계약취소와 무관하게 유효하게 존속한다 할 것이고, 신용카드발행인이 가맹점들에 대하여 그 신용카드 사용대금을 지급한 것은 신용카드 이용계약과는 별개로 신용카드

발행인과 가맹점 사이에 체결된 가맹점 계약에 따른 것으로서 유효하므로, 신용카드발행인의 가맹점에 대한 신용카드이용대금의 지급으로써 신용카드회원은 자신의 가맹점에 대한 매매대금 지급채무를 법률상 원인 없이 면제받는 이익을 얻었으며, 이러한 이익은 금전상의 이득으로서 특별한 사정이 없는 한 현존하는 것으로 추정된다. 원심판결 이유에 의하면, 원심은 이 사건 신용카드 이용계약이 취소됨으로써 원고들은 신용카드발행인인 피고들이 가맹점에 대신 지급하였던 물품, 용역대금채무를 면제받았으므로 피고들에게 위 물품, 용역대금 상당을 반환할 의무가 있다고 판단하고, 원고들이 가맹점과의 매매계약을 통하여 취득한 물품과 제공받은 용역이 부당이득으로 반환의 대상이 된다는 원고들의 주장을 배척하였는바, 원심의 이러한 판단은 위의 법리에 따른 것으로 정당하고, 거기에 주장과 같은 부당이득에 관한 법리오해 등의 위법이 있다고 할 수 없다(대판 2005.4.15, 2003다60297, 60303, 60310, 60327).

04 난도 ★★☆

정답 ④

정답의 이유

④ 재산분할재판에서 분할대상인지 여부가 전혀 심리된 바 없는 재산이 재판확정 후 추가로 발견된 경우에는 이에 대하여 추가로 재산분할청구를 할 수 있다. 다만 추가 재산분할청구 역시 이혼한 날부터 2년 이내라는 제척기간을 준수하여야 한다(대판 2018.6.22, 2018스18).

오답의 이유

① 대판 2013.10.11, 2013다7936

② 대판 1993.6.11, 93므171

③ 대판 2019.9.25, 2017므11917

05 난도 ★★☆

정답 ①

정답의 이유

① 근저당권이 설정되어 있는 부동산에 관하여 사해행위가 이루어진 후 근저당권이 말소되어 그 부동산의 가액에서 근저당권 피담보채무액을 공제한 나머지 금액의 한도에서 사해행위를 취소하고 가액의 배상을 명하는 경우 그 가액의 산정은 사실심 변론종결시를 기준으로 하여야 하고, 기존의 근저당권이 말소된 후 사해행위에 의하여 그 부동산에 관한 권리를 취득한 전득자에 대하여도 사실심 변론종결시의 부동산 가액에서 말소된 근저당권 피담보채무액을 공제한 금액의 한도에서 그가 취득한 이익에 대한 가액 배상을 명할 수 있다(대판 2001.9.4, 2000다66416).

오답의 이유

② 대판 2011.4.14, 2011다6342

③ 대판 2003.4.11, 2003다5016

④ 대판 2002.5.24, 2002다7176

정답의 이유

② 민법 제168조 제1호, 제170조 제1항에서 시효중단사유의 하나로 규정하고 있는 재판상의 청구란, 통상적으로는 권리자가 원고로서 시효를 주장하는 자를 피고로 하여 소송물인 권리를 소의 형식으로 주장하는 경우를 가리키나, 이와 반대로 시효를 주장하는 자가 원고가 되어 소를 제기한 데 대하여 피고로서 응소하여 소송에서 적극적으로 권리를 주장하고 그것이 받아들여진 경우도 이에 포함되고, 위와 같은 응소행위로 인한 시효중단의 효력은 피고가 현실적으로 권리를 행사하여 응소한 때에 발생하지만, 권리자인 피고가 응소하여 권리를 주장하였으나 소가 각하되거나 취하되는 등의 사유로 본안에서 권리주장에 관한 판단 없이 소송이 종료된 경우에는 민법 제170조 제2항을 유추적용하여 그때부터 6월 이내에 재판상의 청구 등 다른 시효중단조치를 취한 경우에 한하여 응소 시에 소급하여 시효중단의 효력이 있다고 보아야 한다(대판 2012.1.12, 2011다78606).

오답의 이유

① 부진정연대채무에서 채무자 1인에 대한 재판상 청구 또는 채무자 1인이 행한 채무의 승인 등 소멸시효의 중단사유나 시효이익의 포기는 다른 채무자에게 효력을 미치지 않는다(대판 2017.9.12, 2017다865).

③ 채권자가 확정판결에 기한 채권의 실현을 위하여 채무자에 대하여 민사집행법상 재산명시신청을 하고 그 결정이 채무자에게 송달되었다면 거기에 소멸시효 중단사유인 '최고'로서의 효력만이 인정되므로, 재산명시결정에 의한 소멸시효 중단의 효력은, 그로부터 6월 내에 다시 소를 제기하거나 압류 또는 가압류, 가처분을 하는 등 민법 제174조에 규정된 절차를 속행하지 아니하는 한, 상실된다.

④ 재판상의 청구는 소송의 각하, 기각 또는 취하의 경우에는 시효중단의 효력이 없으며(민법 제170조 제1항), 6월 내에 재판상의 청구, 파산절차참가, 압류 또는 가압류, 가처분을 한 때에는 시효는 최초의 재판상 청구로 인하여 중단된 것으로 본다(민법 제170조 제2항).

정답의 이유

④ 사용자가 피용자의 과실에 의한 불법행위로 인한 사용자책임을 부담하는 경우와 마찬가지로 피용자의 고의에 의한 불법행위로 인하여 사용자책임을 부담하는 경우에도 피해자에게 그 손해의 발생과 확대에 기여한 과실이 있다면 사용자책임의 범위를 정함에 있어서 이러한 피해자의 과실을 고려하여 그 책임을 제한할 수 있다(대판 2002.12.26, 2000다56952).

오답의 이유

① 대판 2017.5.17, 2016다248806
② 대판 2005.5.13, 2004다71881
③ 대판 2019.5.10, 2017다239311

정답의 이유

④ 대판 2011.2.24, 2009다17783

오답의 이유

① 주식회사의 대표이사가 이사회의 결의를 거쳐야 할 대외적 거래행위에 관하여 이를 거치지 아니하고 한 경우라도 이와 같은 이사회결의사항은 회사의 내부적 의사결정에 불과하다 할 것이므로 그 거래 상대방이 그와 같은 이사회결의가 없었음을 알거나 알 수 있었을 경우가 아니라면 그 거래행위는 유효하다고 해석되고 위와 같은 상대방의 악의는 이를 주장하는 회사측이 주장·입증하여야 할 것이다(대판 1993.6.25, 93다13391).

② 민법 제35조 제1항은 "법인은 이사 기타 대표자가 그 직무에 관하여 타인에게 가한 손해를 배상할 책임이 있다"라고 정한다. 여기서 '법인의 대표자'에는 그 명칭이나 직위 여하, 또는 대표자로 등기되었는지 여부를 불문하고 당해 법인을 실질적으로 운영하면서 법인을 사실상 대표하여 법인의 사무를 집행하는 사람을 포함한다고 해석함이 상당하다(대판 2011.4.28, 2008다15438).

③ 민법 제276조 제1항은 "총유물의 관리 및 처분은 사원총회의 결의에 의한다.", 같은 조 제2항은 "각 사원은 정관 기타의 규약에 좇아 총유물을 사용·수익할 수 있다."라고 규정하고 있을 뿐 공유나 합유의 경우처럼 보존행위는 그 구성원 각자가 할 수 있다는 민법 제265조 단서 또는 제272조 단서와 같은 규정을 두고 있지 아니한바, 이는 법인 아닌 사단의 소유형태인 총유가 공유나 합유에 비하여 단체성이 강하고 구성원 개인들의 총유재산에 대한 지분권이 인정되지 아니하는 데에서 나온 당연한 귀결이라고 할 것이므로 총유재산에 관한 소송은 법인 아닌 사단이 그 명의로 사원총회의 결의를 거쳐 하거나 또는 그 구성원 전원이 당사자가 되어 필수적 공동소송의 형태로 할 수 있을 뿐 그 사단의 구성원은 설령 그가 사단의 대표자라거나 사원총회의 결의를 거쳤다 하더라도 그 소송의 당사자가 될 수 없고, 이러한 법리는 총유재산의 보존행위로서 소를 제기하는 경우에도 마찬가지라 할 것이다(대판 2005.9.15, 2004다44971).

더 알아보기

종중 유사단체

종중 유사단체는 비록 그 목적이나 기능이 고유한 의미의 종중과 별다른 차이가 없다 하더라도 공동선조의 후손 중 일부에 의하여 인위적인 조직행위를 거쳐 성립된 경우에는 사적 임의단체라는 점에서 자연발생적인 종족집단인 고유한 의미의 종중과 그 성질을 달리하므로, 그러한 경우에는 사적 자치의 원칙 내지 결사의 자유에 따라 그 구성원의 자격이나 가입조건을 자유롭게 정할 수 있음이 원칙이다. 따라서 그러한 종중 유사단체의 회칙이나 규약에서 공동선조의 후손 중 남성만으로 그 구성원을 한정하고 있다 하더라도 특별한 사정이 없는 한 이는 사적 자치의 원칙 내지 결사의 자유의 보장범위에 포함되고, 위 사정만으로 그 회칙이나 규약이 양성평등원칙을 정한 헌법 제11조 및 민법 제103조를 위반하여 무효라고 볼 수는 없다(대판 2011.2.24, 2009다17783).

09 난도 ★★☆ 정답 ②

② 부동산에 대한 매매대금 채권이 소유권이전등기청구권과 동시이행의 관계에 있다고 할지라도 매도인은 매매대금의 지급기일 이후 언제라도 그 대금의 지급을 청구할 수 있는 것이며, 다만 매수인은 매도인으로부터 그 이전등기에 관한 이행의 제공을 받기까지 그 지급을 거절할 수 있는 데 지나지 아니하므로 매매대금 청구권은 그 지급기일 이후 시효의 진행에 걸린다(대판 1991.3.22, 90다9797).

① 정지조건있는 법률행위는 조건이 성취한 때로부터 그 효력이 생긴다(민법 제147조 제1항). 소멸시효는 권리를 행사할 수 있는 때로부터 진행하고, 여기서 권리를 행사할 수 있는 때라 함은 권리 행사에 법률상의 장애가 없는 때를 말하므로, 정지조건부 권리에 있어서 조건 미성취의 동안은 권리를 행사할 수 없어 소멸시효가 진행되지 아니한다(대판 1992.12.22, 92다28822).

③ 대판 1999.3.18, 98다32175

④ 대판 1992.3.31, 91다32053

10 난도 ★★☆ 정답 ④

④ 이혼으로 인한 재산분할청구권은 이혼을 한 당사자의 일방이 다른 일방에 대하여 재산분할을 청구할 수 있는 권리로서 이혼이 성립한 때에 그 법적 효과로서 비로소 발생하는 것일 뿐만 아니라, 협의 또는 심판에 의하여 그 구체적 내용이 형성되기까지는 그 범위 및 내용이 불명확·불확정하기 때문에 구체적으로 권리가 발생하였다고 할 수 없으므로, 당사자가 이혼이 성립하기 전에 이혼소송과 병합하여 재산분할의 청구를 하고 법원이 이혼과 동시에 재산분할로서 금전의 지급을 명하는 판결을 하는 경우 그 금전지급채무에 관하여는 그 판결이 확정된 다음날부터 이행지체책임을 지게 되고, 따라서 소송촉진등에관한특례법 제3조 제1항 단서에 의하여 같은 조항 본문에 정한 이율이 적용되지 아니한다(대판 2001.9.25, 2001므725,732).

① 대판 2003.8.19, 2003다24215

② 대판 2018.4.23, 2017다205127

③ 대판 2012.3.29, 2011다38325

11 난도 ★★★ 정답 ②

② 대판 2017.1.12, 2014다11574, 11581

① 민법 제673조에서 도급인으로 하여금 자유로운 해제권을 행사할 수 있도록 하는 대신 수급인이 입은 손해를 배상하도록 규정하고 있는 것은 도급인의 일방적인 의사에 기한 도급계약 해제를 인정하는 대신, 도급인의 일방적인 계약해제로 인하여 수급인이 입게될 손해, 즉 수급인이 이미 지출한 비용과 일을 완성하였더라면 얻었을 이익을 합한 금액을 전부 배상하게 하는 것이라 할 것이므로, 위 규정에 의하여 도급계약을 해제한 이상은 특별한 사정이 없는 한 도급인은 수급인에 대한 손해배상에 있어서 과실상계나 손해배상예정액 감액을 주장할 수는 없다(대판 2002.5.10, 2000다37296, 37302).

③ 수급인이 납품기한 내에 납품을 완료하지 못하면 지연된 일수에 비례하여 계약금액에 일정 비율을 적용하여 산정한 지체상금을 도급인에게 지급하기로 약정한 경우, 수급인이 책임질 수 없는 사유로 의무 이행이 지연되었다면 해당 기간만큼은 지체상금의 발생기간에서 공제되어야 한다. 그리고 도급계약의 보수 일부를 선급하기로 하는 특약이 있는 경우, 수급인은 그 제공이 있을 때까지 일의 착수를 거절할 수 있고 이로 말미암아 일의 완성이 지연되더라도 채무불이행책임을 지지 않으므로, 도급인이 수급인에 대하여 약정한 선급금의 지급을 지체하였다는 사정은 일의 완성이 지연된 데 대하여 수급인이 책임질 수 없는 사유에 해당한다. 따라서 도급인이 선급금 지급을 지체한 기간만큼은 수급인이 지급하여야 하는 지체상금의 발생기간에서 공제되어야 한다(대판 2016.12.15, 2014다14429).

④ 제3채무자(공사도급인) 갑과 집행채무자(공사수급인) 을사이에 갑의 을에 대한 공사금채무의 범위 내에서 공사에 필요한 물품의 납품대금을 을대신 납품업자인 병에게 직접 지급하기로 합의하고 이에 따른 납품이 이루어진 경우 갑은 그 물품대금을 지급하기 전이라 해도 위 합의를 이유로 공사금의 지급을 거절할 수 있다고 할 것이고, 그 납품이 집행채권자 정의 신청에 의한 을의 갑에 대한 위 공사금채권에 관한 전부명령의 송달전에 이루어진 경우 갑이 그 대금을 지급하기 전이라도 전부채권자인 정에게 대항할 수 있다(대판 1990.4.27, 89다카2049).

12 난도 ★☆☆ 정답 ③

③ 당사자의 특별한 의사표시가 없으면 변제기전이라도 채무자는 변제할 수 있다. 그러나 상대방의 손해는 배상하여야 한다(민법 제468조).

① 민법 제460조

② 민법 제466조

④ 민법 제469조 제1항

더 알아보기

제3자의 변제(민법 제468조)

① 채무의 변제는 제삼자도 할 수 있다. 그러나 채무의 성질 또는 당사자의 의사표시로 제삼자의 변제를 허용하지 아니하는 때에는 그러하지 아니하다.

② 이해관계없는 제삼자는 채무자의 의사에 반하여 변제하지 못한다.

13 난도 ★★☆　　　　　　　　　　　　정답 ①

정답의 이유

① 대판 2002.2.26, 99다72743

오답의 이유

② 부동산을 매수하여 이를 점유하게 된 자는 그 매매가 무효가 된다는 사정이 있음을 알았다는 등의 특단의 사정이 없는 한 그 점유의 시초에 소유의 의사로 점유한 것이며, 나중에 매도자에게 처분권이 없었다는 등의 사유로 그 매매가 무효인 것이 밝혀졌다 하더라도 그와 같은 점유의 성질이 변하는 것은 아니다(대판 1996.5.28, 95다40328).

③ 타인의 부동산을 점유하는 사람은 일응 소유의 의사로 점유하는 것으로 추정되고 그 추정을 번복할 만한 특별한 사정이 있는 경우에 한하여 타주점유로 인정할 수 있는바, 토지의 점유자가 이전에 토지 소유자를 상대로 그 토지에 관하여 매매를 원인으로 한 소유권이전등기청구소송을 제기하였다가 패소하고 그 판결이 확정되었다 하더라도 그 사정만을 들어서는 토지 점유자의 자주점유의 추정이 번복되어 타주점유로 전환된다고 할 수 없다(대판 2009.12.10, 2006다19177).

④ 시효취득에 있어서 자주점유의 요건이 되는 소유의 의사는 점유취득의 원인이 되는 점유권원의 성질에 의하여 객관적으로 결정되는 것이므로 지상건물과 함께 그 대지를 매수취득하여 점유를 개시함에 있어서 매수인이 인접토지와의 경계선을 정확하게 확인하여 보지 아니하여 착오로 인접토지의 일부를 그가 매수취득한 대지에 속하는 것으로 믿고 점유를 하여 왔다 하더라도 위 인접토지의 일부를 현실적으로 인도받아 점유하고 있는 이상 위 인접토지에 대한 점유 역시 소유의 의사에 기하여 한 것이라고 보아야 할 것이다(대판 1992.5.26, 92다2844, 2851, 2868).

14 난도 ★★☆　　　　　　　　　　　　정답 ③

정답의 이유

③ 등기명의인의 경정등기는 명의인의 동일성이 인정되는 범위를 벗어나면 허용되지 아니한다. 그렇지만 등기명의인의 동일성 유무가 명백하지 아니하여 경정등기 신청이 받아들여진 결과 명의인의 동일성이 인정되지 않는 위법한 경정등기가 마쳐졌다 하더라도, 그것이 일단 마쳐져서 경정 후의 명의인의 권리관계를 표상하는 결과에 이르렀고 그 등기가 실체관계에도 부합하는 것이라면 등기는 유효하다(대판 2015.5.21, 2012다952).

오답의 이유

① 대판 2000.3.10, 99다65462

② 대판 1990.11.27, 87다카453

④ 대판 2003.5.13, 2002다64148

15 난도 ★☆☆　　　　　　　　　　　　정답 ②

정답의 이유

② 민법 제844조 제1항의 문언과 체계, 민법이 혼인 중 출생한 자녀의 법적 지위에 관하여 친생추정 규정을 두고 있는 기본적인 입법 취지와 연혁, 헌법이 보장하고 있는 혼인과 가족제도, 사생

활의 비밀과 자유, 부부와 자녀의 법적 지위와 관련된 이익의 구체적인 비교 형량 등을 종합하면, 혼인 중 아내가 임신하여 출산한 자녀가 남편과 혈연관계가 없다는 점이 밝혀졌더라도 친생추정이 미치지 않는다고 볼 수 없다(대판 2019.10.23, 2016므2510).

오답의 이유

① 대판 1983.7.12, 82므59

③ 대판 1992.7.24, 91므566

④ 대판 2000.1.28, 99므1817

16 난도 ★☆☆　　　　　　　　　　　　정답 ④

정답의 이유

④ 유치권의 성립요건이자 존속요건인 유치권자의 점유는 직접점유이든 간접점유이든 관계가 없으나, 다만 유치권은 목적물을 유치함으로써 채무자의 변제를 간접적으로 강제하는 것을 본체적 효력으로 하는 권리인 점 등에 비추어, 그 직접점유자가 채무자인 경우에는 유치권의 요건으로서의 점유에 해당하지 않는다고 할 것이다(대판 2008.4.11, 2007다27236).

오답의 이유

① 대판 2018.1.24, 2016다234043

② 타인의 물건 또는 유가증권을 점유한 자는 그 물건이나 유가증권에 관하여 생긴 채권이 변제기에 있는 경우에는 변제를 받을 때까지 그 물건 또는 유가증권을 유치할 권리가 있다(민법 제320조 제1항).

③ 대판 2009.1.15, 2008다70763

17 난도 ★★☆　　　　　　　　　　　　정답 ④

정답의 이유

④ 이자 또는 지연손해금은 주된 채권인 원본의 존재를 전제로 그에 대응하여 일정한 비율로 발생하는 종된 권리인데, 하나의 금전채권의 원금 중 일부가 변제된 후 나머지 원금에 대하여 소멸시효가 완성된 경우, 가분채권인 금전채권의 성질상 변제로 소멸한 원금 부분과 소멸시효 완성으로 소멸한 원금 부분을 구분하는 것이 가능하고, 이 경우 원금에 종속된 권리인 이자 또는 지연손해금 역시 변제로 소멸한 원금 부분에서 발생한 것과 시효완성으로 소멸된 원금 부분에서 발생한 것으로 구분하는 것이 가능하므로, 소멸시효 완성의 효력은 소멸시효가 완성된 원금 부분으로부터 그 완성 전에 발생한 이자 또는 지연손해금에는 미치나, 변제로 소멸한 원금 부분으로부터 그 변제 전에 발생한 이자 또는 지연손해금에는 미치지 않는다(대판 2008.3.14, 2006다2940).

오답의 이유

① 대판 1989.3.28, 88다카12803

② 대판 2018.2.28, 2016다45779

③ 대판 1998.11.10, 98다42141

18 난도 ★★☆

정답 ③

정답의 이유

③ 채권자가 동일한 목적을 달성하기 위하여 복수의 채권을 갖고 있는 경우, 채권자로서는 그 선택에 따라 권리를 행사할 수 있되, 그중 어느 하나의 청구를 한 것만으로는 다른 채권 그 자체를 행사한 것으로 볼 수는 없으므로, 특별한 사정이 없는 한 그 다른 채권에 대한 소멸시효 중단의 효력은 없다(대판 2002.6.14, 2002다11441).

오답의 이유

① 대판 2002.2.26, 2000다25484
② 대판 2011.10.13, 2010다80930
④ 대판 2017.4.28, 2016다239840

19 난도 ★☆☆

정답 ④

정답의 이유

④ 물상보증인이 근저당권의 채무자의 계약상의 지위를 인수한 것이 아니라, 다만 그 채무만을 면책적으로 인수하고 이를 원인으로 하여 근저당권 변경의 부기등기가 경료된 경우, 특별한 사정이 없는 한 그 변경등기는 당초 채무자가 근저당권자에 대하여 부담하고 있던 것으로서 물상보증인이 인수한 채무만을 그 대상으로 하는 것이지, 그 후 채무를 인수한 물상보증인이 다른 원인으로 근저당권자에 대하여 부담하게 된 새로운 채무까지 담보하는 것으로 볼 수는 없다(대판 2002.11.26, 2001다73022).

오답의 이유

① 대판 2002.9.24, 2002다36228
② 대판 2013.9.13, 2011다56033
③ 전채무자의 채무에 대한 보증이나 제삼자가 제공한 담보는 채무인수로 인하여 소멸한다. 그러나 보증인이나 제삼자가 채무인수에 동의한 경우에는 그러하지 아니하다(민법 제459조).

20 난도 ★★☆

정답 ①

정답의 이유

① 민법 제924조 제1항에 따른 친권 상실 청구가 있으면 가정법원은 민법 제925조의2의 판단 기준을 참작하여 친권 상실사유에는 해당하지 않지만 자녀의 복리를 위하여 친권의 일부 제한이 필요하다고 볼 경우 청구취지에 구속되지 않고 친권의 일부 제한을 선고할 수 있다(대판 2018.5.25, 2018스520).

오답의 이유

② 대판 2012.4.13, 2011므4719
③ 무상으로 자에게 재산을 수여한 제삼자가 친권자의 관리에 반대하는 의사를 표시한 때에는 친권자는 그 재산을 관리하지 못한다(민법 제918조 제1항).
④ 대판 1996.4.9, 96다1139

21 난도 ★★★

정답 ②

정답의 이유

ㄷ. 채권자는 자기의 채무자에 대한 부동산의 소유권이전등기청구권 등 특정채권을 보전하기 위하여 채무자가 방치하고 있는 그 부동산에 관한 특정권리를 대위하여 행사할 수 있고 그 경우에는 채무자의 무자력을 요건으로 하지 아니하는 것이다(대판 1992.10.27, 91다483). 채권자취소권을 특정물에 대한 소유권이전등기청구권을 보전하기 위하여 행사하는 것은 허용되지 않으므로 부동산의 제1양수인은 자신의 소유권이전등기청구권 보전을 위하여 양도인과 제3자 사이에서 이루어진 이중양도행위에 대하여 채권자취소권을 행사할 수 없다고 할 것이다(대판 1995.2.10, 94다2534).

ㄹ. 채권자대위소송에 있어서 대위에 의하여 보전될 채권자의 채무자에 대한 권리가 인정되지 아니할 경우에는 채권자가 스스로 원고가 되어 채무자의 제3채무자에 대한 권리를 행사할 당사자적격이 없게 되므로, 그 대위소송은 부적법하여 각하할 수밖에 없다(대판 1999.11.8, 94다31549).

오답의 이유

ㄱ. 민법 제404조 제1항, 제406조 제1항
ㄴ. 대판 2002.11.8, 2002다42957

> ### 더 알아보기
>
> **채권자대위원과 채권자취소권**
>
> • 민법 제404조(채권자대위권)
>   ① 채권자는 자기의 채권을 보전하기 위하여 채무자의 권리를 행사할 수 있다. 그러나 일신에 전속한 권리는 그러하지 아니하다.
>   ② 채권자는 그 채권의 기한이 도래하기 전에는 법원의 허가없이 전항의 권리를 행사하지 못한다. 그러나 보전행위는 그러하지 아니하다.
>
> • 민법 제406조(채권자취소권)
>   ① 채무자가 채권자를 해함을 알고 재산권을 목적으로 한 법률행위를 한 때에는 채권자는 그 취소 및 원상회복을 법원에 청구할 수 있다. 그러나 그 행위로 인하여 이익을 받은 자나 전득한 자가 그 행위 또는 전득당시에 채권자를 해함을 알지 못한 경우에는 그러하지 아니하다.
>   ② 전항의 소는 채권자가 취소원인을 안 날로부터 1년, 법률행위 있은 날로부터 5년 내에 제기하여야 한다.

22 난도 ★★☆

정답 ④

정답의 이유

④ 법원이 손해배상의 예정액이 부당하게 과다하다고 하여 감액을 한 경우 손해배상액의 예정에 관한 약정 중 감액부분에 해당하는 부분은 처음부터 무효라고 할 것이다(대판 1991.7.9, 91다11490).

오답의 이유

①·② 대판 2007.12.27, 2006다9408
③ 대판 2017.8.18, 2017다228762

23 난도 ★★☆　　　　　　　　　　　　정답 ③

[정답의 이유]

③ 의무 없이 타인의 사무를 처리한 자는 그 타인에 대하여 민법상 사무관리 규정에 따라 비용상환 등을 청구할 수 있으나, 제3자와의 약정에 따라 타인의 사무를 처리한 경우에는 의무 없이 타인의 사무를 처리한 것이 아니므로 이는 원칙적으로 그 타인과의 관계에서는 사무관리가 된다고 볼 수 없다(대판 2013.9.26, 2012다43539).

[오답의 이유]

① 대판 2014.12.11, 2012다15602

② 관리자가 타인의 생명, 신체, 명예 또는 재산에 대한 급박한 위해를 면하게 하기 위하여 그 사무를 관리한 때에는 고의나 중대한 과실이 없으면 이로 인한 손해를 배상할 책임이 없다(민법 제735조).

④ 대판 2013.8.22, 2013다30882

24 난도 ★★★　　　　　　　　　　　　정답 ④

[정답의 이유]

④ 임대차계약이 임차인의 채무불이행으로 인하여 해지된 경우에는 임차인은 민법 제646조에 의한 부속물매수청구권이 없다고 한 원심의 판단은 정당하다. 그리고 임차인인 피고(반소원고, 이하 피고라고 한다)에게 부속물매수청구권이 인정되지 아니하는 이상 원심이 피고가 매수청구한 것이 부속물인지의 여부, 매수청구 시에 증가되어 있는 객관적 가치의 유무 및 그 가액에 관하여 심리하지 아니하였다 하여 위법이라고 할 수 없다(대판 1990.1.23, 88다카7245, 88다카7252).

[오답의 이유]

① 대판 2019.7.10, 2018.다242727

② 대판 2017.1.25, 2014다52933

③ 대판 2008.5.15, 2007다23203

25 난도 ★☆☆　　　　　　　　　　　　정답 ②

[정답의 이유]

ㄱ. 의사표시는 표의자가 진의 아님을 알고 한 것이라도 그 효력이 있다. 그러나 상대방이 표의자의 진의 아님을 알았거나 알 수 있었을 경우에는 <u>무효로 한다</u>(민법 제107조 제1항).

ㄴ. 의사표시는 법률행위의 중요부분에 착오가 있는 때에는 <u>취소할 수 있다.</u> 그러나 그 착오가 표의자의 중대한 과실로 인한 때에는 그러하지 아니하다(민법 제109조 제1항).

ㄷ. 상대방과 통정한 허위의 의사표시는 <u>무효로 한다</u>(민법 제108조 제1항).

ㄹ. 상대방 있는 의사표시에 관하여 제3자가 사기나 강박을 행한 경우에는 상대방이 그 사실을 알았거나 알 수 있었을 경우에 한하여 그 의사표시를 취소할 수 있다(민법 제110조 제2항).

ㅁ. 취소권은 <u>추인할 수 있는 날로부터 3년</u> 내에, 법률행위를 한 날로부터 10년 내에 행사하여야 한다(민법 제146조).

한눈에 훑어보기

✓ 빠른 정답

01	02	03	04	05	06	07	08	09	10
①	①	④	①	②	③	④	③	①	④
11	12	13	14	15	16	17	18	19	20
③	②	①	③	②	②	②	③	②	②
21	22	23	24	25					
①	④	②	②	③					

✓ 점수 체크

구분	1회독	2회독	3회독
맞힌 문항 수	/ 25	/ 25	/ 25
나의 점수	점	점	점

01 난도 ★★★   정답 ①

정답의 이유

① 법원이 한정승인신고를 수리하게 되면 피상속인의 채무에 대한 상속인의 책임은 상속재산으로 한정되고, 그 결과 상속채권자는 특별한 사정이 없는 한 상속인의 고유재산에 대하여 강제집행을 할 수 없다. 그런데 민법은 한정승인을 한 상속인에 관하여 그가 상속재산을 은닉하거나 부정소비한 경우 단순승인을 한 것으로 간주하는 것 외에는 상속재산의 처분행위 자체를 직접적으로 제한하는 규정을 두고 있지 않기 때문에, 한정승인으로 발생하는 위와 같은 책임제한 효과로 인하여 한정승인자의 상속재산 처분행위가 당연히 제한된다고 할 수는 없다. 또한 민법은 한정승인자가 상속재산으로 상속채권자 등에게 변제하는 절차는 규정하고 있으나, 한정승인만으로 상속채권자에게 상속재산에 관하여 한정승인자로부터 물권을 취득한 제3자에 대하여 우선적 지위를 부여하는 규정은 두고 있지 않으며, 민법 제1045조 이하의 재산분리 제도와 달리 한정승인이 이루어진 상속재산임을 등기하여 제3자에 대항할 수 있게 하는 규정도 마련하고 있지 않다. 따라서 한정승인자로부터 상속재산에 관하여 저당권 등의 담보권을 취득한 사람과 상속채권자 사이의 우열관계는 민법상의 일반원칙에 따라야 하고, 상속채권자가 한정승인의 사유만으로 우선적 지위를 주장할 수는 없다(대판 2010.3.18, 2007다77781 전합).

오답의 이유

② 공동상속인은 상속재산의 분할에 관하여 공동상속인 사이에 협의가 성립되지 아니하거나 협의할 수 없는 경우에 가사소송법이 정하는 바에 따라 가정법원에 상속재산분할심판을 청구할 수 있을 뿐이고, 상속재산에 속하는 개별 재산에 관하여 민법 제268조의 규정에 따라 공유물분할청구의 소를 제기하는 것은 허용되지 않는다(대판 2015.8.13, 2015다18367).

③ 민법 제1028조는 "상속인은 상속으로 인하여 취득할 재산의 한도에서 피상속인의 채무와 유증을 변제할 것을 조건으로 상속을 승인할 수 있다."라고 규정하고 있다. 상속인이 위 규정에 따라 한정승인의 신고를 하게 되면 피상속인의 채무에 대한 한정승인자의 책임은 상속재산으로 한정되고, 그 결과 상속채권자는 특별한 사정이 없는 한 상속인의 고유재산에 대하여 강제집행을 할 수 없으며 상속재산으로부터만 채권의 만족을 받을 수 있다. 상속채권자가 아닌 한정승인자의 고유채권자가 상속재산에 관하여 저당권 등의 담보권을 취득한 경우, 담보권을 취득한 채권자와 상속채권자 사이의 우열관계는 민법상 일반원칙에 따라야 하고 상속채권자가 우선적 지위를 주장할 수 없다. 이는 한정승

인자의 고유채무가 조세채무인 경우에도 그것이 상속재산 자체에 대하여 부과된 조세나 가산금, 즉 당해세에 관한 것이 아니라면 마찬가지이다(대판 2016.5.24, 2015다250574).

④ 상속의 한정승인이나 포기는 상속인의 의사표시만으로 효력이 발생하는 것이 아니라 가정법원에 신고를 하여 가정법원의 심판을 받아야 하며, 심판은 당사자가 이를 고지받음으로써 효력이 발생한다. 이는 한정승인이나 포기의 의사표시의 존재를 명확히 하여 상속으로 인한 법률관계가 획일적으로 처리되도록 함으로써, 상속재산에 이해관계를 가지는 공동상속인이나 차순위 상속인, 상속채권자, 상속재산의 처분 상대방 등 제3자의 신뢰를 보호하고 법적 안정성을 도모하고자 하는 것이다. 상속인이 가정법원에 상속포기의 신고를 하였더라도 이를 수리하는 가정법원의 심판이 고지되기 이전에 상속재산을 처분하였다면, 이는 상속포기의 효력 발생 전에 처분행위를 한 것이므로 민법 제1026조 제1호에 따라 상속의 단순승인을 한 것으로 보아야 한다(대판 2016.12.29, 2013다73520).

02 난도 ★★★   정답 ①

정답의 이유

① 명의신탁자가 그 소유인 부동산의 등기명의를 명의수탁자에게 이전하는 이른바 양자간 등기명의신탁의 경우에 있어서 명의신탁자와의 명의신탁약정에 의하여 행하여진 명의수탁자 명의의 소유권이전등기는 법률 제4944호 부동산실명법의 유예기간이 경과한 1996.7.1. 이후에는 원인무효로서 말소되어야 한다. 그리하여 명의수탁자로서는 명의신탁자는 물론 제3자에 대한 관계에서도 수탁된 부동산에 대한 소유권자임을 주장할 수 없고, 소유권에 기한 물권적 청구권을 행사할 수도 없다고 할 것이다(대판 2006.8.24, 2006다18402, 18419)

오답의 이유

② 명의신탁자와 명의수탁자가 이른바 계약명의신탁 약정을 맺고 매매계약을 체결한 소유자도 명의신탁자와 명의수탁자 사이의 명의신탁약정을 알면서 그 매매계약에 따라 명의수탁자 앞으로 당해 부동산의 소유권이전등기를 마친 경우 부동산 실권리자명의 등기에 관한 법률 제4조 제2항 본문에 의하여 명의수탁자 명의의 소유권이전등기는 무효이므로, 당해 부동산의 소유권은 매매계약을 체결한 소유자에게 그대로 남아 있게 되고, 명의수탁자가 자신의 명의로 소유권이전등기를 마친 부동산을 제3자에게 처분하면 이는 매도인의 소유권 침해행위로서 불법행위가 된다. 그러나 명의수탁자로부터 매매대금을 수령한 상태의 소유자로서는 그 부동산에 관한 소유명의를 회복하기 전까지는 신의칙 내지 민법 제536조 제1항 본문의 규정에 의하여 명의수탁자에 대하여 이와 동시이행의 관계에 있는 매매대금 반환채무의 이행을 거절할 수 있는데, 이른바 계약명의신탁에서 명의수탁자의 제3자에 대한 처분행위가 유효하게 확정되어 소유자에 대한 소유명의 회복이 불가능한 이상, 소유자로서는 그와 동시이행관계에 있는 매매대금 반환채무를 이행할 여지가 없다. 또한 명의신탁자는 소유자와 매매계약 관계가 없어 소유자에 대한 소유권이전등기청구도 허용되지 아니하므로, 결국 소유자인 매도인으로

서는 특별한 사정이 없는 한 명의수탁자의 처분행위로 인하여 어떠한 손해도 입은 바가 없다(대판 2013.9.12, 2010다95185). 따라서 이른바 3자간 계약명의신탁한 경우에는 명의수탁자인 피고가 위 각 부동산을 임의로 처분하더라도 매도인인 원고로서는 특별한 사정이 없는 한 명의수탁자인 피고를 상대로 불법행위로 인한 손해배상청구를 할 수 없다.

③ 부동산의 매수인이 목적물을 인도받아 계속 점유하는 경우에는 매도인에 대한 소유권이전등기청구권은 소멸시효가 진행되지 않고, 이러한 법리는 3자간 등기명의신탁에 의한 등기가 유효기간의 경과로 무효로 된 경우에도 마찬가지로 적용된다. 따라서 그 경우 목적 부동산을 인도받아 점유하고 있는 명의신탁자의 매도인에 대한 소유권이전등기청구권 역시 소멸시효가 진행되지 않는다(대판 2013.12.12, 2013다26647).

④ 계약명의신탁의 당사자들이 명의신탁약정이 유효한 것, 즉 명의신탁자가 이른바 내부적 소유권을 가지는 것을 전제로 하여 장차 명의신탁자 앞으로 목적 부동산에 관한 소유권등기를 이전하거나 부동산의 처분대가를 명의신탁자에게 지급하는 것 등을 내용으로 하는 약정을 하였다면 이는 명의신탁약정을 무효라고 정하는 부동산실명법 제4조 제1항에 좇아 무효이다(대판 2014.8.20, 2014다30483).

03 난도 ★☆☆   정답 ④

정답의 이유

④ 민법 제205조에 의하면, 점유자가 점유의 방해를 받은 때에는 방해의 제거 및 손해의 배상을 청구할 수 있고(제1항), 제1항의 청구권은 방해가 종료한 날로부터 1년 내에 행사하여야 하는데(제2항), 민법 제205조 제2항이 정한 '1년의 제척기간'은 재판 외에서 권리행사하는 것으로 족한 기간이 아니라 반드시 그 기간 내에 소를 제기하여야 하는 이른바 출소기간으로 해석함이 타당하다. 그리고 기산점이 되는 '방해가 종료한 날'은 방해 행위가 종료한 날을 의미한다(대판 2016.7.29, 2016다214483, 2016다214490).

오답의 이유

① 민법 제214조의 규정에 의하면, 소유자는 소유권을 방해하는 자에 대하여 그 방해제거 행위를 청구할 수 있고, 소유권을 방해할 염려가 있는 행위를 하는 자에 대하여 그 방해예방 행위를 청구하거나 소유권을 방해할 염려가 있는 행위로 인하여 발생하리라고 예상되는 손해의 배상에 대한 담보를 지급할 것을 청구할 수 있으나, 소유자가 침해자에 대하여 방해제거 행위 또는 방해예방 행위를 하는 데 드는 비용을 청구할 수 있는 권리는 위 규정에 포함되어 있지 않으므로, 소유자가 민법 제214조에 기하여 방해배제 비용 또는 방해예방 비용을 청구할 수는 없다(대판 2014.11.27, 2014다52612).

② 소유자는 그 소유에 속한 물건을 점유한 자에 대하여 반환을 청구할 수 있다. 그러나 점유자가 그 물건을 점유할 권리가 있는 때에는 반환을 거부할 수 있다(민법 제213조). 여기서 반환을 거부할 수 있는 점유할 권리에는 유치권도 포함되고, 유치권자로부터 유치물을 유치하기 위한 방법으로 유치물의 점유 내지 보

관을 위탁받은 자는 특별한 사정이 없는 한 점유할 권리가 있음을 들어 소유자의 소유물반환청구를 거부할 수 있다(대판 2014.12.24, 2011다62618).

③ 토지의 소유자라 하더라도 토양오염물질을 토양에 누출·유출하거나 투기·방치함으로써 토양오염을 유발하였음에도 오염토양을 정화하지 않은 상태에서 오염토양이 포함된 토지를 거래에 제공함으로써 유통되게 하거나, 토지에 폐기물을 불법으로 매립하였음에도 처리하지 않은 상태에서 토지를 거래에 제공하는 등으로 유통되게 하였다면, 다른 특별한 사정이 없는 한 이는 거래의 상대방 및 토지를 전전 취득한 현재의 토지 소유자에 대한 위법행위로서 불법행위가 성립할 수 있다. 그리고 토지를 매수한 현재의 토지 소유자가 오염토양 또는 폐기물이 매립되어 있는 지하까지 토지를 개발·사용하게 된 경우 등과 같이 자신의 토지소유권을 완전하게 행사하기 위하여 오염토양 정화비용이나 폐기물 처리비용을 지출하였거나 지출해야만 하는 상황에 이르렀다거나 구 토양환경보전법에 의하여 관할 행정관청으로부터 조치명령 등을 받음에 따라 마찬가지의 상황에 이르렀다면 위법행위로 인하여 오염토양 정화비용 또는 폐기물 처리비용의 지출이라는 손해의 결과가 현실적으로 발생하였으므로, 토양오염을 유발하거나 폐기물을 매립한 종전 토지 소유자는 오염토양 정화비용 또는 폐기물 처리비용 상당의 손해에 대하여 불법행위자로서 손해배상책임을 진다(대판 2016.5.19, 2009다66549 전합). 반면 위 대상판결의 소수의견은 자신의 토지에 폐기물을 매립하거나 토양을 오염시켜 토지를 유통시킨 경우는 물론 타인의 토지에 그러한 행위를 하여 토지가 유통된 경우라 하더라도, 행위자가 폐기물을 매립한 자 또는 토양오염을 유발시킨 자라는 이유만으로 자신과 직접적인 거래관계가 없는 토지의 전전 매수인에 대한 관계에서 폐기물 처리비용이나 오염정화비용 상당의 손해에 관한 불법행위책임을 부담한다고 볼 수는 없다고 하였다.

04 난도 ★★☆   정답 ①

정답의 이유

① 1동의 건물에 대하여 구분소유가 성립하기 위해서는 객관적·물리적인 측면에서 1동의 건물이 존재하고, 구분된 건물부분이 구조상·이용상 독립성을 갖추어야 할 뿐 아니라, 1동의 건물 중 물리적으로 구획된 건물부분을 각각 구분소유권의 객체로 하려는 구분행위가 있어야 한다. 여기서 구분행위는 건물의 물리적 형질에 변경을 가함이 없이 법률관념상 건물의 특정 부분을 구분하여 별개의 소유권의 객체로 하려는 일종의 법률행위로서, 시기나 방식에 특별한 제한이 있는 것은 아니고 처분권자의 구분의사가 객관적으로 외부에 표시되면 인정된다. 따라서 집합건물이 아닌 일반건물로 등기된 기존의 건물이 구분건물로 변경등기되기 전이라도, 구분된 건물부분이 구조상·이용상 독립성을 갖추고 건물을 구분건물로 하겠다는 처분권자의 구분의사가 객관적으로 외부에 표시되는 구분행위가 있으면 구분소유권이 성립한다(대판 2016.6.28, 2016다1854, 2016다1861).

② 아파트 지하실이 건축 당시부터 그 지상의 주택 부분과는 별도의 용도나 목적으로 건축되었다고 볼 특별한 사정이 엿보이지 않는다면 건축 당시 그 아파트의 각층 주택의 관리를 위한 기계실 또는 전입주자 공동사용의 목적을 위한 창고, 대피소 등으로 사용하기 위하여 건축된 것으로 봄이 타당하고, 이에 관한 건축물관리대장상 용도가 주택으로 되어 있다거나 그 지하실이 주택 또는 상가 등의 용도로 사용하기에 충분한 높이와 환기 시설 등을 갖추고 있다는 등의 사정만으로 달리 볼 수 없으므로, 이는 구분소유자 전원의 공용에 제공되는 건물 부분으로 그들의 공유에 속할 뿐 따로 구분소유의 목적이 될 수 없다(대판 1995.3.3, 94다4691).

③ 집합건물인 상가건물의 지하주차장이 그 건물을 신축함에 있어서 건축법규에 따른 부속주차장으로 설치되기는 하였으나, 분양계약상의 특약에 의하여 그 건물을 분양받은 구분소유자들의 동의 아래 공용부분에서 제외되어 따로 분양되었고, 그 구조상으로나 이용상으로도 상가건물의 지상 및 지하실의 점포, 기관실 등과는 독립된 것으로서, 이와 분리하여 구분소유의 대상이 될 수 있다(대판 1995.12.26, 94다44675).

④ 집합건물의 건축자로부터 전유부분과 대지지분을 함께 분양의 형식으로 매수하여 그 대금을 모두 지급함으로써 소유권 취득의 실질적 요건은 갖추었지만 전유부분에 대한 소유권이전등기만 경료받고 대지지분에 대하여는 위와 같은 사정으로 아직 소유권이전등기를 경료받지 못한 자는 매매계약의 효력으로써 전유부분의 소유를 위하여 건물의 대지를 점유·사용할 권리가 있는바, 매수인의 지위에서 가지는 이러한 점유·사용권은 단순한 점유권과는 차원을 달리하는 본권으로서 집합건물의 소유 및 관리에 관한 법률 제2조 제6호 소정의 구분소유자가 전유부분을 소유하기 위하여 건물의 대지에 대하여 가지는 권리인 대지사용권에 해당한다고 할 것이고, 수분양자로부터 전유부분과 대지지분을 다시 매수하거나 증여 등의 방법으로 양수받거나 전전 양수받은 자 역시 당초 수분양자가 가졌던 이러한 대지사용권을 취득한다(대판 2000.11.16, 98다45652, 45669 전합).

05 난도 ★★★   정답 ②

정답의 이유

② 상가건물 임대차보호법 제3조는 '대항력 등'이라는 표제로 제1항에서 대항력의 요건을 정하고, 제2항에서 "임차건물의 양수인은 임대인의 지위를 승계한 것으로 본다."라고 정하고 있다. 이 조항은 임차인이 취득하는 대항력의 내용을 정한 것으로, 상가건물의 임차인이 제3자에 대한 대항력을 취득한 다음 임차건물의 양도 등으로 소유자가 변동된 경우에는 양수인 등 새로운 소유자(이하 '양수인'이라 한다)가 임대인의 지위를 당연히 승계한다는 의미이다. 위 조항에 따라 임차건물의 양수인이 임대인의 지위를 승계하면, 양수인은 임차인에게 임대보증금반환의무를 부담하고 임차인은 양수인에게 차임지급의무를 부담한다. 그러나 임차건물의 소유권이 이전되기 전에 이미 발생한 연체차임이나 관리비 등은 별도의 채권양도절차가 없는 한 원칙적으로 양수인

에게 이전되지 않고 임대인만이 임차인에게 청구할 수 있다. 차임이나 관리비 등은 임차건물을 사용한 대가로서 임차인에게 임차건물을 사용하도록 할 당시의 소유자 등 처분권한 있는 자에게 귀속된다고 볼 수 있기 때문이다. 임대차계약에서 임대차보증금은 임대차계약 종료 후 목적물을 임대인에게 명도할 때까지 발생하는, 임대차에 따른 임차인의 모든 채무를 담보한다. 따라서 이러한 채무는 임대차관계 종료 후 목적물이 반환될 때에 특별한 사정이 없는 한 별도의 의사표시 없이 보증금에서 당연히 공제된다. 임차건물의 양수인이 건물 소유권을 취득한 후 임대차관계가 종료되어 임차인에게 임대차보증금을 반환해야 하는 경우에 임대인의 지위를 승계하기 전까지 발생한 연체차임이나 관리비 등이 있으면 이는 특별한 사정이 없는 한 임대차보증금에서 당연히 공제된다(대판 2017.3.22, 2016다218874).

오답의 이유

① 임대인으로서는 임대차보증금 없이도 부동산 임대차계약을 유지할 수 있으므로, 임대차계약이 존속 중이라도 임대차보증금반환채무에 관한 기한의 이익을 포기하고 임차인의 임대차보증금반환채권을 수동채권으로 하여 상계할 수 있고, 임대차 존속 중에 그와 같은 상계의 의사표시를 한 경우에는 임대차보증금반환채무에 관한 기한의 이익을 포기한 것으로 볼 수 있다(대판 2017.3.15, 2015다252501).

③ 임차인이 임대인 소유 건물의 일부를 임차하여 사용·수익하던 중 임차 건물 부분에서 화재가 발생하여 임차 건물 부분이 아닌 건물 부분(이하 '임차 외 건물 부분'이라 한다)까지 불에 타 그로 인해 임대인에게 재산상 손해가 발생한 경우 임차 외 건물 부분이 구조상 불가분의 일체를 이루는 관계에 있는 부분이라 하더라도, 그 부분에 발생한 손해에 대하여 임대인이 임차인을 상대로 채무불이행을 원인으로 하는 배상을 구하려면, 임차인이 보존·관리의무를 위반하여 화재가 발생한 원인을 제공하는 등 화재 발생과 관련된 임차인의 계약상 의무 위반이 있었고, 그러한 의무위반과 임차 외 건물 부분의 손해 사이에 상당인과관계가 있으며, 임차 외 건물 부분의 손해가 의무 위반에 따라 민법 제393조에 의하여 배상하여야 할 손해의 범위 내에 있다는 점에 대하여 임대인이 주장·증명하여야 한다(대판 2017.5.18, 2012다86895, 2012다86901 전합).

※ 종래 대법원은 임차인이 임대인 소유 건물의 일부를 임차하여 사용·수익하던 중 임차 건물 부분에서 화재가 발생하여 임차 외 건물 부분까지 불에 타 그로 인해 임대인에게 재산상 손해가 발생한 경우에, 건물의 규모와 구조로 볼 때 건물 중 임차 건물 부분과 그 밖의 부분이 상호 유지·존립함에 있어서 구조상 불가분의 일체를 이루는 관계에 있다면, 임차인은 임차 건물의 보존에 관하여 선량한 관리자의 주의의무를 다하였음을 증명하지 못하는 이상 임차 건물 부분에 한하지 아니하고 건물의 유지·존립과 불가분의 일체 관계에 있는 임차 외 건물 부분이 소훼되어 임대인이 입게 된 손해도 채무불이행으로 인한 손해로 배상할 의무가 있다고 판단하여 왔는데, 위 전원합의체 판결로써 위 법리가 변경되었다.

④ 주택임대차보호법은 임차인에게 우선변제권이 인정되기 위하여 대항요건과 임대차계약증서상의 확정일자를 갖추는 것 외에 계약 당시 임차보증금이 전액 지급되어 있을 것을 요구하지는 않는다. 따라서 임차인이 임대인에게 임차보증금의 일부만을 지급하고 주택임대차보호법 제3조 제1항에서 정한 대항요건과 임대차계약증서상의 확정일자를 갖춘 다음 나머지 보증금을 나중에 지급하였다고 하더라도 특별한 사정이 없는 한 대항요건과 확정일자를 갖춘 때를 기준으로 임차보증금 전액에 대해서 후순위권리자나 그 밖의 채권자보다 우선하여 변제를 받을 권리를 갖는다고 보아야 한다(대판 2017.8.29, 2017다212194).

06 난도 ★★★ 정답 ③

정답의 이유

③ 양도금지의 특약이 붙은 채권이 양도된 경우에 양수인의 악의 또는 중과실에 관한 입증책임은 채무자가 부담하지만, 그러한 경우에도 채무자로서는 양수인의 선의 등의 여부를 알 수 없어 과연 채권이 적법하게 양도된 것인지에 관하여 의문이 제기될 여지가 충분히 있으므로 특별한 사정이 없는 한 민법 제487조 후단의 채권자 불확지를 원인으로 하여 변제공탁을 할 수 있다(대판 2000.12.22, 2000다55904).

오답의 이유

① 민법 제489조 제1항에서는 채권자가 공탁을 승인하거나 공탁소에 대하여 공탁물을 받기를 통고하거나 공탁유효의 판결이 확정되기까지는 변제자는 공탁물을 회수할 수 있다고 규정하고 있다.

② 매수인이, 매도인을 대리하여 매매잔대금을 수령할 권한을 가지고 있는 병에게 잔대금의 수령을 최고하고, 병을 공탁물 수령자로 지정하여 한 잔대금 변제공탁은 매도인에 대한 잔대금 지급의 효력이 있고, 또 매수인이 위 공탁을 함에 있어서 반대급부로서 소유권이전등기절차에 필요한 서류 등의 교부를 요구하였다고 하여도 위 반대급부의 이행을 요구받은 상대방은 매도인이라고 할 것이며, 위 반대급부조건을 붙여서 한 위 공탁은 유효하다(대판 1981.9.22, 81다236).

④ 민법 제491조는 채무자가 채권자의 상대의무이행과 동시에 변제할 경우에는 채권자는 그 의무이행을 하지 아니하면 공탁물을 수령하지 못한다고 규정하고 있다.

07 난도 ★☆☆ 정답 ④

정답의 이유

ㄴ. 1필의 토지의 일부에 대한 시효취득을 인정하기 위하여는 그 부분이 다른 부분과 구분되어 시효취득자의 점유에 속한다는 것을 인식하기에 족한 객관적 징표가 계속하여 존재할 것을 요한다 할 것이다(대판 1965.11.16, 65다1819, 1820; 대판 1975.6.24, 74다1877).

ㄹ. 민법 제245조 제2항이 정한 등기부취득시효의 요건인 '부동산의 소유자로 등기한 자'에서 말하는 등기는 적법·유효한 등기일 필요는 없고 무효의 등기라도 관계없다(대판 1994.2.8, 93다23367; 1998.1.20, 96다48527).

ㄱ. 민법 제246조 제1항은 10년간 소유의 의사로 평온, 공연하게 동산을 점유한 자는 그 소유권을 취득한다고 규정하고, 제2항은 전항의 점유가 선의이며 과실없이 개시된 경우에는 5년을 경과함으로써 그 소유권을 취득한다고 규정하고 있다.

ㄷ. 토지 소유자가 토지의 특정한 일부분을 타인에게 매도하면서 등기부상으로는 전체 토지의 일부 지분에 관한 소유권이전등기를 경료해 준 경우에 매도 대상에서 제외된 나머지 특정 부분을 계속 점유한다고 하더라도 이는 자기 소유의 토지를 점유하는 것이어서 취득시효의 기초가 되는 점유라고 할 수 없고, 이는 토지의 특정한 일부분을 매수한 자가 등기부상으로는 전체 토지의 일부 지분에 관한 소유권이전등기를 경료받고 매수 대상인 그 특정 부분을 점유하는 경우에도 마찬가지일 것이다(대판 2009.10.15, 2007다83632).

ㅁ. 공유자 중 1인이 1필지 토지 중 특정부분만을 점유하여 왔다면 민법 제245조 제2항이 정한 '부동산의 소유자로 등기한 자'와 '그 부동산을 점유한 때'라는 등기부취득시효의 요건 중 특정부분을 제외한 나머지 부분에 관하여는 부동산의 점유라는 요건을 갖추지 못하였고, 그 특정부분 점유자가 1필지 토지에 관하여 가지고 있는 공유지분등기가 그 특정부분 자체를 표상하는 등기라고 볼 수는 없으므로, 결국 그 특정부분에 대한 공유지분의 범위 내에서만 등기부취득시효가 완성되었다고 보아야 할 것이고(대판 1986.5. 27, 86다카280; 대판 1993.8.27, 93다4250), 그 1필지 토지가 원래 2인 이상이 내부적으로는 위치와 면적을 특정하여 구분소유하기로 하고 그들의 공유로 등기한 구분소유적 공유관계에 있었던 토지라고 하여 달리 볼 수 없다(대판 2015.2.12, 2013다215515).

08 난도 ★★☆ 정답 ③

③ 민법 제1065조 내지 제1070조가 유언의 방식을 엄격하게 규정한 것은 유언자의 진의를 명확히 하고 그로 인한 법적 분쟁과 혼란을 예방하기 위한 것이므로, 법정된 요건과 방식에 어긋난 유언은 그것이 유언자의 진정한 의사에 합치하더라도 무효라고 하지 않을 수 없다(대판 1999.9.3, 98다17800, 2006.3.9, 2005다57899). 따라서 자필증서에 의한 유언은 민법 제1066조 제1항의 규정에 따라 유언자가 그 전문과 연월일, 주소, 성명을 모두 자서하고 날인하여야만 효력이 있다고 할 것이므로 유언자가 주소를 자서하지 않았다면 이는 법정된 요건과 방식에 어긋난 유언으로서 그 효력을 부정하지 않을 수 없고, 유언자의 특정에 아무런 지장이 없다고 하여 달리 볼 것도 아니다(대판 2014.10.6, 2012다29564).

① 민법 제1008조의2, 제1112조, 제1113조 제1항, 제1118조에 비추어 보면, 기여분은 상속재산분할의 전제 문제로서의 성격을 가지는 것으로서, 상속인들의 상속분을 일정부분 보장하기 위하여 피상속인의 재산처분의 자유를 제한하는 유류분과는 서로 관계가 없다. 따라서 공동상속인 중에 상당한 기간 동거·간호 그

밖의 방법으로 피상속인을 특별히 부양하거나 피상속인의 재산의 유지 또는 증가에 특별히 기여한 사람이 있을지라도 공동상속인의 협의 또는 가정법원의 심판으로 기여분이 결정되지 않은 이상 유류분반환청구소송에서 기여분을 주장할 수 없음은 물론이거니와, 설령 공동상속인의협의 또는 가정법원의 심판으로 기여분이 결정되었다고 하더라도 유류분을 산정함에 있어 기여분을 공제할 수 없고, 기여분으로 유류분에 부족이 생겼다고 하여 기여분에 대하여 반환을 청구할 수도 없다(대판 2015.10.29, 2013다60753).

②·④ 유류분반환청구권의 행사로 인하여 생기는 원물반환의무 또는 가액반환의무는 이행기한의 정함이 없는 채무이므로, 반환의무자는 그 의무에 대한 이행청구를 받은 때에 비로소 지체책임을 진다. 금전채무와 같이 급부의 내용이 가분인 채무가 공동상속된 경우, 이는 상속개시와 동시에 당연히 공동상속인들에게 법정상속분에 따라 상속된 것으로 봄이 타당하므로, 법정상속분 상당의 금전채무는 유류분 권리자의 유류분 부족액을 산정할 때 고려하여야 할 것이나, 공동상속인 중 1인이 자신의 법정상속분 상당의 상속채무 분담액을 초과하여 유류분 권리자의 상속채무 분담액까지 변제한 경우에는 유류분 권리자를 상대로 별도로 구상권을 행사하여 지급받거나 상계를 하는 등의 방법으로 만족을 얻는 것은 별론으로 하고, 그러한 사정을 유류분 권리자의 유류분 부족액 산정 시 고려할 것은 아니다(대판 2013.3.14, 2010다42624, 42631).

09 난도 ★★★ 정답 ①

① 상계의 의사표시가 있는 경우, 채무는 상계적상시에 소급하여 대등액에서 소멸한 것으로 보게 되므로, 상계에 의한 양 채권의 차액 계산 또는 상계충당은 상계적상의 시점을 기준으로 하게 된다. 따라서 그 시점 이전에 수동채권의 변제기가 이미 도래하여 지체가 발생한 경우에는 상계적상 시점까지의 수동채권의 약정이자 및 지연손해금을 계산한 다음 자동채권으로 그 약정이자 및 지연손해금을 먼저 소각하고 잔액을 가지고 원본을 소각하여야 한다(대판 2005.7.8, 2005다8125). 한편 상계의 경우에도 민법 제499조에 의하여 민법 제476조, 제477조에 규정된 변제충당의 법리가 준용된다. 따라서 여러 개의 자동채권이 있고 수동채권의 원리금이 자동채권의 원리금 합계에 미치지 못하는 경우에는 우선 자동채권의 채권자가 상계의 대상이 되는 자동채권을 지정할 수 있고, 다음으로 자동채권의 채무자가 이를 지정할 수 있으며, 양 당사자가 모두 지정하지 아니한 때에는 법정변제충당의 방법으로 상계충당이 이루어지게 된다(대판 2011.8.25, 2011다24814).

② 소송에서의 상계항변은 일반적으로 소송상의 공격방어방법으로 피고의 금전지급의무가 인정되는 경우 자동채권으로 상계를 한다는 예비적 항변의 성격을 갖는다. 따라서 상계항변이 먼저 이루어지고 그 후 대여금채권의 소멸을 주장하는 소멸시효항변이 있었던 경우에, 상계항변 당시 채무자인 피고에게 수동채권인

대여금채권의 시효이익을 포기하려는 효과의사가 있었다고 단정할 수 없다. 그리고 항소심 재판이 속심적 구조인 점을 고려하면 제1심에서 공격방어방법으로 상계항변이 먼저 이루어지고 그 후 항소심에서 소멸시효항변이 이루어진 경우를 달리 볼 것은 아니다(대판 2013.2.28, 2011다21556).

③ 민법 제496조의 취지는, 고의의 불법행위에 의한 손해배상채권에 대하여 상계를 허용한다면 고의로 불법행위를 한 자까지도 상계권 행사로 현실적으로 손해배상을 지급할 필요가 없게 되어 보복적 불법행위를 유발하게 될 우려가 있고, 또 고의의 불법행위로 인한 피해자가 가해자의 상계권 행사로 인하여 현실의 변제를 받을 수 없는 결과가 됨은 사회적 정의관념에 맞지 아니하므로 고의에 의한 불법행위의 발생을 방지함과 아울러 고의의 불법행위로 인한 피해자에게 현실의 변제를 받게 하려는 데 있다 할 것인바, 법이 보장하는 상계권은 이처럼 그의 채무가 고의의 불법행위에 기인하는 채무자에게는 적용이 없는 것이고, 나아가 부당이득의 원인이 고의의 불법행위에 기인함으로써 불법행위로 인한 손해배상채권과 부당이득반환채권이 모두 성립하여 양채권이 경합하는 경우 피해자가 부당이득반환채권만을 청구하고 불법행위로 인한 손해배상채권을 청구하지 아니한 때에도, 그 청구의 실질적 이유, 즉 부당이득의 원인이 고의의 불법행위였다는 점은 불법행위로 인한 손해배상채권을 청구하는 경우와 다를 바 없다 할 것이어서, 고의의 불법행위에 의한 손해배상채권은 현실적으로 만족을 받아야 한다는 상계금지의 취지는 이러한 경우에도 타당하므로, 민법 제496조를 유추적용함이 상당하다(대판 2002.1.25, 2001다52506).

④ 물상보증인 소유의 부동산에 대한 후순위저당권자는 물상보증인이 대위취득한 채무자 소유의 부동산에 대한 선순위공동저당권에 대하여 물상대위를 할 수 있다. 이 경우에 채무자는 물상보증인에 대한 반대채권이 있더라도 특별한 사정이 없는 한 물상보증인의 구상금 채권과 상계함으로써 물상보증인 소유의 부동산에 대한 후순위저당권자에게 대항할 수 없다. 채무자는 선순위공동저당권자가 물상보증인 소유의 부동산에 대해 먼저 경매를 신청한 경우에 비로소 상계할 것을 기대할 수 있는데, 이처럼 우연한 사정에 의하여 좌우되는 상계에 대한 기대가 물상보증인 소유의 부동산에 대한 후순위저당권자가 가지는 법적 지위에 우선할 수 없다(대판 2017.4.26, 2014다221777, 2014다221784).

10 난도 ★★☆ 　　　　　　　　　　　　　정답 ④

정답의 이유

④ 민법 제481조의 규정에 의하여 대위할 자가 있는 경우에 채권자의 고의나 과실로 담보가 상실되거나 감소된 때에는 대위할 자는 그 상실 또는 감소로 인하여 상환을 받을 수 없는 한도에서 그 책임을 면한다(민법 제485조). 이는 보증인 등 법정대위를 할 자가 있는 경우에 채권자에게 담보보존의무를 부담시킴으로써 대위할 자의 구상권과 대위에 대한 기대권을 보호하려는 것이다. 물상보증인은 근저당권의 피담보채무를 변제할 정당한 이익이 있는 자로서 변제로 채권자를 대위할 법정대위권이 있다. 채권자가 고의나 과실로 담보를 상실하게 하거나 감소하게 한 때에는 특별한 사정이 없는 한 물상보증인의 대위권을 침해하는 것이므로 물상보증인은 민법 제485조에 따라 상실 또는 감소로 인하여 상환을 받을 수 없는 한도에서 면책 주장을 할 수 있다. 여기서 물상보증인이 면책 주장을 할 수 있다는 것은 채무자가 부담하는 근저당권의 피담보채무 자체가 소멸한다는 뜻은 아니고 피담보채무에 관한 물상보증인의 책임이 소멸한다는 의미이다(대판 2017.10.31, 2015다65042).

오답의 이유

① 피담보채무는 근저당권설정계약에서 근저당권의 존속기간을 정하거나 근저당권으로 담보되는 기본적인 거래계약에서 결산기를 정한 경우에는 원칙적으로 존속기간이나 결산기가 도래한 때에 확정되지만, 이 경우에도 근저당권에 의하여 담보되는 채권이 전부 소멸하고 채무자가 채권자로부터 새로이 금원을 차용하는 등 거래를 계속할 의사가 없는 경우에는, 그 존속기간 또는 결산기가 경과하기 전이라 하더라도 근저당권설정자는 계약을 해지하고 근저당권설정등기의 말소를 구할 수 있고, 한편 존속기간이나 결산기의 정함이 없는 때에는 근저당권의 피담보채무의 확정방법에 관한 다른 약정이 있으면 그에 따르되 이러한 약정이 없는 경우라면 근저당권설정자가 근저당권자를 상대로 언제든지 해지의 의사표시를 함으로써 피담보채무를 확정시킬 수 있다. 그리고 이러한 계약의 해제 또는 해지에 관한 권한은 근저당부동산의 소유권을 취득한 제3취득자도 원용할 수 있다(대판 2002.5.24, 2002다7176).

② 근저당권은 계속적인 거래관계로부터 발생·소멸하는 불특정다수의 채권 중 그 결산기에 잔존하는 채권을 일정한 한도액의 범위 내에서 담보하는 것으로서 그 거래가 종료하기까지 그 피담보채권은 계속적으로 증감·변동하는 것이므로, 근저당 거래관계가 계속되는 관계로 근저당권의 피담보채권이 확정되지 아니하는 동안에는 그 채권의 일부가 대위변제되었다 하더라도 그 근저당권이 대위변제자에게 이전될 수 없다(대판 2000.12.26, 2000다54451).

③ 공동근저당권자가 목적 부동산 중 일부 부동산에 대하여 제3자가 신청한 경매절차에 소극적으로 참가하여 우선배당을 받은 경우, 해당 부동산에 관한 근저당권의 피담보채권은 그 근저당권이 소멸하는 시기, 즉 매수인이 매각대금을 지급한 때에 확정되지만, 나머지 목적 부동산에 관한 근저당권의 피담보채권은 기본거래가 종료하거나 채무자나 물상보증인에 대하여 파산이 선고되는 등의 다른 확정사유가 발생하지 아니하는 한 확정되지 아니한다(대판 2017.9.21, 2015다50637).

정답의 이유

③ 사해행위의 목적인 부동산에 수개의 저당권이 설정되어 있다가 사해행위 후 그 중 일부 저당권만이 말소된 경우, 사해행위의 취소에 따른 원상회복은 가액배상의 방법에 의할 수밖에 없을 것이고, 그 경우 배상하여야 할 가액은 그 부동산의 가액에서 말소된 저당권의 피담보채권액과 말소되지 아니한 저당권의 피담보채권액을 모두 공제하여 산정하여야 한다(대판 2007.7.12, 2005다65197).

오답의 이유

① 상속의 포기는 민법 제406조 제1항에서 정하는 "재산권에 관한 법률행위"에 해당하지 아니하여 사해행위취소의 대상이 되지 못한다(대판 2011.6.9, 2011다29307). 주택임대차보호법 제8조의 소액보증금 최우선변제권은 임차목적 주택에 대하여 저당권에 의하여 담보된 채권, 조세 등에 우선하여 변제받을 수 있는 일종의 법정담보물권을 부여한 것이므로, 채무자가 채무초과상태에서 채무자 소유의 유일한 주택에 대하여 위 법조 소정의 임차권을 설정해 준 행위는 채무초과상태에서의 담보제공행위로서 채무자의 총재산의 감소를 초래하는 행위가 되는 것이고, 따라서 그 임차권설정행위는 사해행위취소의 대상이 된다고 할 것이다(대판 2005.5.13, 2003다50771).

② 사해행위인 매매예약에 기하여 수익자 앞으로 가등기를 마친 후 전득자 앞으로 가등기 이전의 부기등기를 마치고 나아가 가등기에 기한 본등기까지 마쳤다 하더라도, 위 부기등기는 사해행위인 매매예약에 기초한 수익자의 권리의 이전을 나타내는 것으로서 부기등기에 의하여 수익자로서의 지위가 소멸하지는 아니하며, 채권자는 수익자를 상대로 사해행위인 매매예약의 취소를 청구할 수 있다. 그리고 설령 부기등기의 결과 가등기 및 본등기에 대한 말소청구소송에서 수익자의 피고적격이 부정되는 등의 사유로 인하여 수익자의 원물반환의무인 가등기말소의무의 이행이 불가능하게 된다 하더라도 달리 볼 수 없으며, 특별한 사정이 없는 한 수익자는 가등기 및 본등기에 의하여 발생된 채권자들의 공동담보 부족에 관하여 원상회복의무로서 가액을 배상할 의무를 진다(대판 2015.5.21, 2012다952).

④ 채권자가 사해행위의 취소와 함께 수익자 또는 전득자로부터 책임재산의 회복을 명하는 사해행위취소의 판결을 받은 경우 취소의 효과는 채권자와 수익자 또는 전득자 사이에만 미치므로, 수익자 또는 전득자가 채권자에 대하여 사해행위의 취소로 인한 원상회복 의무를 부담하게 될 뿐, 채권자와 채무자 사이에서 취소로 인한 법률관계가 형성되거나 취소의 효력이 소급하여 채무자의 책임재산으로 복구되는 것은 아니다(대판 2014.6.12, 2012다47548, 47555).

정답의 이유

② 양육자가 상대방에 대하여 자녀 양육비의 지급을 구할 권리는 당초에는 기본적으로 친족관계를 바탕으로 하여 인정되는 하나의 추상적인 법적 지위였던 것이 당사자 사이의 협의 또는 당해 양육비의 내용 등을 재량적·형성적으로 정하는 가정법원의 심판에 의하여 구체적인 청구권으로 전환됨으로써 비로소 보다 뚜렷하게 독립한 재산적 권리로서의 성질을 가지게 된다. 이와 같이 당사자의 협의 또는 가정법원의 심판에 의하여 구체적인 지급 청구권으로서 성립하기 전에는 과거의 양육비에 관한 권리는 양육자가 그 권리를 행사할 수 있는 재산권에 해당한다고 할 수 없고, 따라서 이에 대하여는 소멸시효가 진행할 여지가 없다고 보아야 한다(대판 2011.7.29, 2008스67).

오답의 이유

① 민법의 관계규정에 의하면 민법 소정의 혼인취소사유 중 동의 없는 혼인, 동성혼, 재혼금지기간위반혼인, 악질 등 사유에 의한 혼인, 사기, 강박으로 인한 혼인 등에 대하여는 제척기간 또는 권리소멸사유를 규정하면서도(민법 제819조 내지 제823조) 중혼과 연령미달 혼인에 대하여만은 권리소멸에 관한 사유를 규정하지 아니하고 있는바, 이는 중혼 등의 반사회성, 반윤리성이 다른 혼인취소사유에 비하여 일층 무겁다고 본 입법자의 의사를 반영한 것으로 보이고, 그렇다면 중혼의 취소청구권에 관하여 장기간의 권리불행사 등 사정만으로 가볍게 그 권리소멸을 인정하여서는 아니 될 것이다(대판 1993.8.24, 92므907).

③ 이혼으로 인한 재산분할청구권은 이혼을 한 당사자의 일방이 다른 일방에 대하여 재산분할을 청구할 수 있는 권리로서 이혼이 성립한 때에 그 법적 효과로서 비로소 발생하는 것일 뿐만 아니라, 협의 또는 심판에 의하여 구체적 내용이 형성되기까지는 그 범위 및 내용이 불명확·불확정하기 때문에 구체적으로 권리가 발생하였다고 할 수 없으므로 협의 또는 심판에 의하여 구체화되지 않은 재산분할청구권은 채무자의 책임재산에 해당하지 아니하고, 이를 포기하는 행위 또한 채권자취소권의 대상이 될 수 없다(대판 2013.10.11, 2013다7936).

④ 인지청구 등의 소에서 제소기간의 기산점이 되는 '사망을 안 날'은 사망이라는 객관적 사실을 아는 것을 의미하고, 사망자와 친생자관계에 있다는 사실까지 알아야 하는 것은 아니라고 해석함이 타당하다(대판 2015.2.12, 2014므4871).

13 난도 ★★☆

정답 ①

정답의 이유

① 유효한 도급계약에 기하여 수급인이 도급인으로부터 제3자 소유 물건의 점유를 이전받아 이를 수리한 결과 그 물건의 가치가 증가한 경우, 도급인이 그 물건을 간접점유하면서 궁극적으로 자신의 계산으로 비용지출과정을 관리한 것이므로, 도급인만이 소유자에 대한 관계에 있어서 민법 제203조에 의한 비용상환청구권을 행사할 수 있는 비용지출자라고 할 것이고, 수급인은 그러한 비용지출자에 해당하지 않는다고 보아야 한다(대판 2002.8.23, 99다66564, 66571).

오답의 이유

② 채무자가 다른 상속인과 공동으로 부동산을 상속받은 경우에는 채무자의 상속지분에 관하여서만 상속등기를 하는 것이 허용되지 아니하고 공동상속인 전원에 대하여 상속으로 인한 소유권이전등기를 신청하여야 한다(부동산등기규칙 제52조 제7호, 대위상속등기에 관한 1994.11.5.자 등기선례 제4-274호). 그리고 채권자가 자신의 채권을 보전하기 위하여 채무자가 다른 상속인과 공동으로 상속받은 부동산에 관하여 위와 같이 공동상속등기를 대위신청하여 그 등기가 행하여지는 것과 같이 채권자에 의한 채무자 권리의 대위행사의 직접적인 내용이 제3자의 법적 지위를 보전·유지하는 것이 되는 경우에는, 채권자는 자신의 채무자가 아닌 제3자에 대하여도 다른 특별한 사정이 없는 한 사무관리에 기하여 그 등기에 소요된 비용의 상환을 청구할 수 있다고 할 것이다(대판 2013.8.22, 2013다30882).

③ 계약상 급부가 계약 상대방뿐 아니라 제3자에게 이익이 된 경우에 급부를 한 계약당사자는 계약 상대방에 대하여 계약상 반대급부를 청구할 수 있는 이외에 제3자에 대하여 직접 부당이득반환청구를 할 수는 없다고 보아야 하고, 이러한 법리는 급부가 사무관리에 의하여 이루어진 경우에도 마찬가지이다. 따라서 의무 없이 타인을 위하여 사무를 관리한 자는 타인에 대하여 민법상 사무관리 규정에 따라 비용상환 등을 청구할 수 있는 외에 사무관리에 의하여 결과적으로 사실상 이익을 얻은 다른 제3자에 대하여 직접 부당이득반환을 청구할 수는 없다(대판 2013.6.27, 2011다17106).

④ 민법 제367조가 저당물의 제3취득자가 그 부동산에 관한 필요비 또는 유익비를 지출한 때에는 저당물의 경매대가에서 우선상환을 받을 수 있다고 규정한 취지는 저당권설정자가 아닌 제3취득자가 저당물에 관한 필요비 또는 유익비를 지출하여 저당물의 가치가 유지·증가된 경우, 매각대금 중 그로 인한 부분은 일종의 공익비용과 같이 보아 제3취득자가 경매대가에서 우선상환을 받을 수 있도록 한 것이므로 저당물에 관한 지상권, 전세권을 취득한 자만이 아니고 소유권을 취득한 자도 민법 제367조 소정의 제3취득자에 해당한다(대판 2004.10.15, 2004다36604).

14 난도 ★☆☆

정답 ③

정답의 이유

甲. 민법 제157조는 기간을 일, 주, 월 또는 연으로 정한 때에는 기간의 초일은 산입하지 아니한다. 그러나 그 기간이 오전 영시로부터 시작하는 때에는 그러하지 아니하다고 규정하고 있는바, 따라서 판결서가 2019. 1. 1. 오후 2시에 송달되었다면 그 날의 다음날인 2019. 1. 2.부터 기산해야 한다.

乙. 민법 제159조는 기간을 일, 주, 월 또는 연으로 정한 때에는 기간말일의 종료로 기간이 만료한다고 규정하고 있고, 민법 제161조는 기간의 말일이 토요일 또는 공휴일에 해당한 때에는 기간은 그 익일로 만료한다고 규정하고 있으므로, 항소기간의 말일인 2019. 1. 15.이 임시 공휴일이어서 그 다음 날인 2019. 1. 16.에 접수한 피고의 항소장은 기간 내에 접수된 적법한 것이다.

丁. 민법 제71조는 총회의 소집은 1주간 전에 그 회의의 목적사항을 기재한 통지를 발하고 기타 정관에 정한 방법에 의하여야 한다고 규정하고 있고, 민법에서는 사단법인의 사원총회 소집통지에 대하여 발신주의를 취하고 있는바, 따라서 총회 예정일이 2019. 3. 15. 오전 10시라면 늦어도 2019. 3. 8. 오전 0시까지는 사원들에게 소집통지를 발송하여야 한다.

오답의 이유

丙. 민법 제4조는 사람은 19세로 성년에 이르게 된다고 규정하고, 민법 제158조는 나이는 출생일을 산입하여 만(滿) 나이로 계산한다고 규정하고 있으므로, 2000. 2. 2. 오후 2시에 태어난 사람은 2019. 2. 2. 오전 0시에 성년에 이르게 된다.

15 난도 ★☆☆

정답 ②

정답의 이유

② 민법 제275조, 제276조 제1항에서 말하는 총유물의 관리 및 처분이라 함은 총유물 그 자체에 관한 이용·개량행위나 법률적·사실적 처분행위를 의미하는 것이므로, 비법인사단이 타인 간의 금전채무를 보증하는 행위는 총유물 그 자체의 관리·처분이 따르지 아니하는 단순한 채무부담행위에 불과하여 이를 총유물의 관리·처분행위라고 볼 수는 없다(대판 2007.4.19, 2004다60072, 60089 전합).

오답의 이유

① 민법 제63조는 법인의 조직과 활동에 관한 것으로서 법인격을 전제로 하는 조항이 아니고, 법인 아닌 사단이나 재단의 경우에도 이사가 없거나 결원이 생길 수 있으며, 통상의 절차에 따른 새로운 이사의 선임이 극히 곤란하고 종전 이사의 긴급처리권도 인정되지 아니하는 경우에는 사단이나 재단 또는 타인에게 손해가 생길 염려가 있을 수 있으므로, 민법 제63조는 법인 아닌 사단이나 재단에도 유추 적용할 수 있다(대판 2009.11.19, 2008마699 전합).

③ 종중총회의 소집통지는 종중의 규약이나 관례가 없는 경우 소집권자가 총회에 참석할 자격이 있는 종원 중 국내에 거주하고 소재가 분명하여 연락통지가 가능한 종원인 성년남자에게 적당한

법원직

방법으로 통지할 것을 요하며, 일부 종원에게 위와 같은 소집통지를 결여한 채 개최된 종중회의의 결의는 효력을 부정함이 마땅하고, 결의가 통지가능한 종중원의 과반수의 찬성을 얻은 것이라고 하여도 달리 볼 수 없다(대판 1992.11.27, 92다34124).

④ 비법인사단인 교회의 대표자는 총유물인 교회 재산의 처분에 관하여 교인총회의 결의를 거치지 아니하고는 이를 대표하여 행할 권한이 없다. 그리고 교회의 대표자가 권한 없이 행한 교회 재산의 처분행위에 대하여는 민법 제126조의 표현대리에 관한 규정이 준용되지 아니한다(대판 2009.2.12, 2006다23312).

16 난도 ★★☆ 　　　　　　　　　　　　　　　　정답 ②

[정답의 이유]

② 매매당사자 간에 계약금을 수수하고 계약해제권을 유보한 경우에 매도인이 계약금의 배액을 상환하고 계약을 해제하려면 계약해제 의사표시 이외에 계약금 배액의 이행의 제공이 있으면 족하고 상대방이 이를 수령하지 아니한다 하여 이를 공탁하여야 유효한 것은 아니다(대판 1992.5.12, 91다2151).

[오답의 이유]

① 계약금계약은 금전 기타 유가물의 교부를 요건으로 하므로 단지 계약금을 지급하기로 약정만 한 단계에서는 아직 계약금으로서의 효력, 즉 위 민법 규정에 의해 계약해제를 할 수 있는 권리는 발생하지 않는다고 할 것이다(대판 2008.3.13, 2007다73611).

③ 매도인이 '계약금 일부만 지급된 경우 지급받은 금원의 배액을 상환하고 매매계약을 해제할 수 있다'고 주장한 사안에서, '실제 교부받은 계약금'의 배액만을 상환하여 매매계약을 해제할 수 있다면 이는 당사자가 일정한 금액을 계약금으로 정한 의사에 반하게 될 뿐 아니라, 교부받은 금원이 소액일 경우에는 사실상 계약을 자유로이 해제할 수 있어 계약의 구속력이 약화되는 결과가 되어 부당하기 때문에, 계약금 일부만 지급된 경우 수령자가 매매계약을 해제할 수 있다고 하더라도 해약금의 기준이 되는 금원은 '실제 교부받은 계약금'이 아니라 '약정 계약금'이라고 봄이 타당하므로, 매도인이 계약금의 일부로서 지급받은 금원의 배액을 상환하는 것으로는 매매계약을 해제할 수 없다(대판 2015.4.23, 2014다231378).

④ 매도인이 민법 제565조에 의하여 계약금의 배액을 상환하고 계약을 해제하려면 매수인이 이행에 착수할 때까지 하여야 할 것인 바, 여기에서 이행에 착수한다는 것은 객관적으로 외부에서 인식할 수 있는 정도로 채무의 이행행위의 일부를 하거나 또는 이행을 하기 위하여 필요한 전제행위를 하는 경우를 말하는 것으로서, 단순히 이행의 준비를 하는 것만으로는 부족하나 반드시 계약내용에 들어맞는 이행의 제공의 정도에까지 이르러야 하는 것은 아니라 할 것이고, 그와 같은 경우에 이행기의 약정이 있다 하더라도 당사자가 채무의 이행기 전에는 착수하지 아니하기로 하는 특약을 하는 등 특별한 사정이 없는 한 그 이행기 전에 이행에 착수할 수도 있다(대판 2002.11.26, 2002다46492).

17 난도 ★☆☆ 　　　　　　　　　　　　　　　　정답 ②

[정답의 이유]

② 민법 제268조 제1항에서는 공유자는 공유물의 분할을 청구할 수 있지만, 5년 내의 기간으로 분할하지 아니할 것을 약정할 수 있다고 규정하고 있다.

[오답의 이유]

① 민법 제262조 제2항은 공유자의 지분은 균등한 것으로 추정한다고 규정하고, 민법 제263조는 공유자는 그 지분을 처분할 수 있고 공유물 전부를 지분의 비율로 사용, 수익할 수 있다고 규정하고 있다.

③ 민법 제273조 제1항은 합유자는 전원의 동의없이 합유물에 대한 지분을 처분하지 못한다고 규정하고, 제2항은 합유자는 합유물의 분할을 청구하지 못한다고 규정하고 있다.

④ 민법 제276조 제1항은 총유물의 관리 및 처분은 사원총회의 결의에 의한다고 규정하고, 제2항은 각 사원은 정관 기타의 규약에 좇아 총유물을 사용, 수익할 수 있다고 규정하고 있다.

18 난도 ★★☆ 　　　　　　　　　　　　　　　　정답 ③

[정답의 이유]

③ 매도인에 대한 하자담보에 기한 손해배상청구권에 대하여는 민법 제582조의 제척기간이 적용되고, 이는 법률관계의 조속한 안정을 도모하고자 하는 데에 취지가 있다. 그런데 하자담보에 기한 매수인의 손해배상청구권은 권리의 내용·성질 및 취지에 비추어 민법 제162조 제1항의 채권 소멸시효의 규정이 적용되고, 민법 제582조의 제척기간 규정으로 인하여 소멸시효 규정의 적용이 배제된다고 볼 수 없으며, 이때 다른 특별한 사정이 없는 한 무엇보다도 매수인이 매매 목적물을 인도받은 때부터 소멸시효가 진행한다고 해석함이 타당하다(대판 2011.10.13, 2011다10266).

[오답의 이유]

① 민법 제109조 제1항에 의하면 법률행위 내용의 중요 부분에 착오가 있는 경우 착오에 중대한 과실이 없는 표의자는 법률행위를 취소할 수 있고, 민법 제580조 제1항, 제575조 제1항에 의하면 매매의 목적물에 하자가 있는 경우 하자가 있는 사실을 과실 없이 알지 못한 매수인은 매도인에 대하여 하자담보책임을 물어 계약을 해제하거나 손해배상을 청구할 수 있다. 착오로 인한 취소제도와 매도인의 하자담보책임 제도는 취지가 서로 다르고, 요건과 효과도 구별된다. 따라서 매매계약 내용의 중요 부분에 착오가 있는 경우 매수인은 매도인의 하자담보책임이 성립하는지와 상관없이 착오를 이유로 매매계약을 취소할 수 있다(대판 2018.9.13, 2015다78703).

② 민법 제571조 제1항은 선의의 매도인이 매매의 목적인 권리의 전부를 이전할 수 없는 경우에 적용될 뿐 매매의 목적인 권리의 일부를 이전할 수 없는 경우에는 적용될 수 없고, 마찬가지로 수 개의 권리를 일괄하여 매매의 목적으로 정하였으나 그 중 일부의 권리를 이전할 수 없는 경우에도 위 조항은 적용될 수 없다(대판 2004.12.9, 2002다33557).

④ 타인의 권리를 매매의 목적으로 한 경우에 있어서 그 권리를 취득하여 매수인에게 이전하여야 할 매도인의 의무가 매도인의 귀책사유로 인하여 이행불능이 되었다면 매수인이 매도인의 담보책임에 관한 민법 제570조 단서의 규정에 의해 손해배상을 청구할 수 없다 하더라도 채무불이행 일반의 규정(민법 제546조, 제390조)에 좇아서 계약을 해제하고 손해배상을 청구할 수 있다(대판 1993.11.23, 93다37328).

19 난도 ★★☆ 　　　　　　　　　　　　　정답 ②

정답의 이유

② 취득시효의 중단사유가 되는 재판상 청구에는 시효취득의 대상인 목적물의 인도 내지는 소유권존부 확인이나 소유권에 관한 등기청구소송은 말할 것도 없고, 소유권침해의 경우에 그 소유권을 기초로 하는 방해배제 및 손해배상 혹은 부당이득반환청구소송도 이에 포함된다. 이 경우 그로 인한 시효중단의 효력은 당사자 및 그 승계인 간에만 미치는 바, 여기서 당사자라 함은 중단행위에 관여한 당사자를 가리키고 시효의 대상인 권리 또는 청구권의 당사자는 아니며, 승계인이라 함은 '시효중단에 관여한 당사자로부터 중단의 효과를 받는 권리를 그 중단효과 발생 이후에 승계한 자'를 뜻하고, 포괄승계인은 물론 특정승계인도 이에 포함된다(대판 1997.4.25, 96다46484).

오답의 이유

① 금전채무의 이행지체로 인하여 발생하는 지연손해금은 그 성질이 손해배상금이지 이자가 아니며, 민법 제163조 제1호가 규정한 '1년 이내의 기간으로 정한 채권'도 아니므로 3년간의 단기소멸시효의 대상이 되지 아니한다(대판 1998.11.10, 98다42141). 민법 제163조 제3호가 3년의 단기소멸시효에 걸리는 채권으로 들고 있는 "도급을 받은 자의 공사에 관한 채권"에서, 그 "채권"이라함은 도급받은 공사의 공사대금채권뿐만 아니라 그 공사에 부수되는 채권도 포함하는 것이다(대판 1994.10.14, 94다17185).

③ 소멸시효가 완성된 경우 이를 주장할 수 있는 사람은 시효로 인하여 채무가 소멸되는 결과 직접적인 이익을 받는 사람에 한정되므로, 채무자에 대한 일반 채권자는 자기의 채권을 보전하기 위하여 필요한 한도 내에서 채무자를 대위하여 소멸시효 주장을 할 수 있을 뿐 채권자의 지위에서 독자적으로 소멸시효의 주장을 할 수 없다(대판 1997.12.26, 97다22676).

④ 주채무가 시효로 소멸한 때에는 보증인도 그 시효소멸을 원용할 수 있으며, 주채무자가 시효의 이익을 포기하더라도 보증인에게는 그 효력이 없다(대판 1991.1.29, 89다카1114).

20 난도 ★☆☆ 　　　　　　　　　　　　　정답 ②

정답의 이유

② 금전채권에 대한 압류 및 추심명령이 있는 경우, 이는 강제집행절차에서 추심채권자에게 채무자의 제3채무자에 대한 채권을 추심할 권능만을 부여하는 것이므로, 이로 인하여 채무자가 제3채무자에 대하여 가지는 채권이 추심채권자에게 이전되거나 귀속되는 것은 아니므로, 추심채무자로서는 제3채무자에 대하여 피압류채권에 기하여 그 동시이행을 구하는 항변권을 상실하지 않는다(대판 2001.3.9, 2000다73490).

오답의 이유

① 동시이행의 항변권을 규정한 민법 제536조의 취지는 공평의 관념과 신의칙에 합당하기 때문이며, 동조가 민법 제549조에 의하여 계약해제의 경우 각 당사자의 원상회복의무에 준용되고 있는 점을 생각할 때, 쌍무계약이 무효로 되어 각 당사자가 서로 취득한 것을 반환하여야 하는 경우에도 동시이행관계가 있다고 보아 민법 제536조를 준용함이 옳다(대판 1993.9.10, 93다16222).

③ 매수인이 선이행의무 있는 중도금을 지급하지 않았다 하더라도 계약이 해제되지 않은 상태에서 잔대금 지급기일이 도래하여 그 때까지 중도금과 잔대금이 지급되지 아니하고 잔대금과 동시이행관계에 있는 매도인의 소유권이전등기 소요서류가 제공된 바 없이 그 기일이 도과하였다면, 특별한 사정이 없는 한 매수인의 중도금 및 잔대금의 지급과 매도인의 소유권이전등기 소요서류의 제공은 동시이행관계에 있다 할 것이어서 그 때부터는 매수인은 중도금을 지급하지 아니한 데 대한 이행지체의 책임을 지지 아니한다(대판 1998.3.13, 97다54604, 54611).

④ 항변권이 붙어 있는 채권을 자동채권으로 하여 타의 채무와의 상계를 허용한다면 상계자 일방의 의사표시에 의하여 상대방의 항변권행사의 기회를 상실케 하는 결과가 되므로 이와 같은 상계는 그 성질상 허용될 수 없다(대판 2002.8.23, 2002다25242). 다만, 상계의 대상이 될 수 있는 자동채권과 수동채권이 동시이행관계에 있다고 하더라도 서로 현실적으로 이행하여야 할 필요가 없는 경우라면 상계로 인한 불이익이 발생할 우려가 없고 오히려 상계를 허용하는 것이 동시이행관계에 있는 채권·채무 관계를 간명하게 해소할 수 있으므로 특별한 사정이 없는 한 상계가 허용된다(대판 2006.7.28, 2004다54633).

21 난도 ★★☆ 　　　　　　　　　　　　　정답 ①

정답의 이유

① ⓐ는 취득시효, ⓑ는 제척기간, 밑줄 친 '이것'은 소멸시효이다. 민법 제167조는 소멸시효는 그 기산일에 소급하여 효력이 생긴다고 규정하고 있는바, 소멸시효는 시효기간 동안 계속된 사실상태를 보호하는 제도이며 그 결과 소멸시효로 채무를 면하는 자는 기산일 이후의 이자를 지급할 필요가 없다.

오답의 이유

② 민법 제175조는 압류, 가압류 및 가처분은 권리자의 청구에 의하여 또는 법률의 규정에 따르지 아니함으로 인하여 취소된 때에는 시효중단의 효력이 없다고 규정하고, 민법 제177조에서 시효중단의 효력있는 승인에는 상대방의 권리에 관한 처분의 능력이나 권한있음을 요하지 아니한다고 규정하고 있으며, 민법 제178조 제1항은 시효가 중단된 때에는 중단까지에 경과한 시효기간은 이를 산입하지 아니하고 중단사유가 종료한 때로부터 새로이 진행한다고 규정하고 있다.

③ 민법 제184조 제2항은 소멸시효는 법률행위에 의하여 이를 배제, 연장 또는 가중할 수 없으나 이를 단축 또는 경감할 수 있다고 규정하고 있다.

④ 민법 제162조 제2항은 채권 및 소유권 이외의 재산권은 20년간 행사하지 아니하면 소멸시효가 완성한다고 규정하고 있다.

22 난도 ★☆☆   정답 ④

정답의 이유

④ 무권대리행위의 추인은 무권대리인이나 상대방에게 명시 또는 묵시의 방법으로 할 수 있는 것이다(대판 1991.3.8, 90다17088).

오답의 이유

① 민법 제116조 제1항은 의사표시의 효력이 의사의 흠결, 사기, 강박 또는 어느 사정을 알았거나 과실로 알지 못한 것으로 인하여 영향을 받을 경우에 그 사실의 유무는 대리인을 표준하여 결정한다고 규정하고 있다.

② 민법 제117조는 대리인은 행위능력자임을 요하지 아니한다고 규정하고 있다. 대리행위의 효과가 대리인이 아닌 본인에게 귀속되므로 무능력자제도의 취지에 어긋나지 않을 뿐만 아니라 임의대리에서 본인 스스로 행위무능력자를 대리인으로 선정한 이상 그에 따른 불이익을 본인이 감수하는 것이 타당하기 때문이다.

③ 표현대리행위가 성립하는 경우에 본인은 표현대리행위에 기하여 전적인 책임을 져야 하는 것이고 상대방에게 과실이 있다고 하더라도 과실상계의 법리를 유추적용하여 본인의 책임을 감경할 수 없는 것이다(대판 1994.12.22, 94다24985).

23 난도 ★★☆   정답 ②

정답의 이유

② 민법 제109조 제1항 단서는 의사표시의 착오가 표의자의 중대한 과실로 인한 때에는 그 의사표시를 취소하지 못한다고 규정하고 있는데, 위 단서 규정은 표의자의 상대방의 이익을 보호하기 위한 것이므로, 상대방이 표의자의 착오를 알고 이를 이용한 경우에는 착오가 표의자의 중대한 과실로 인한 것이라고 하더라도 표의자는 의사표시를 취소할 수 있다(대판 2014.11.27, 2013다49794)

오답의 이유

① 의사표시는 법률행위의 내용의 중요 부분에 착오가 있는 때에는 취소할 수 있고, 의사표시의 동기에 착오가 있는 경우에는 당사자 사이에 그 동기를 의사표시의 내용으로 삼았을 때에 한하여 의사표시의 내용의 착오가 되어 취소할 수 있는 것이다(대판 1999.4.23, 98다45546). 그리고 당사자의 합의로 착오로 인한 의사표시 취소에 관한 민법 제109조 제1항의 적용을 배제할 수 있다(대판 2014.11.27, 2013다49794).

③ 신용카드 가맹점이 미성년자와 신용구매계약을 체결할 당시 향후 그 미성년자가 법정대리인의 동의가 없었음을 들어 스스로 위 계약을 취소하지는 않으리라고 신뢰하였다 하더라도 그 신뢰가 객관적으로 정당한 것이라고 할 수 있을지 의문일 뿐만 아니라, 그 미성년자가 가맹점의 이러한 신뢰에 반하여 취소권을 행사하는 것이 정의관념에 비추어 용인될 수 없는 정도의 상태라고 보기도 어려우며, 미성년자의 법률행위에 법정대리인의 동의를 요하도록 하는 것은 강행규정인데, 위 규정에 반하여 이루어진 신용구매계약을 미성년자 스스로 취소하는 것을 신의칙 위반을 이유로 배척한다면, 이는 오히려 위 규정에 의해 배제하려는 결과를 실현시키는 셈이 되어 미성년자 제도의 입법 취지를 몰각시킬 우려가 있으므로, 법정대리인의 동의 없이 신용구매계약을 체결한 미성년자가 사후에 법정대리인의 동의 없음을 사유로 들어 이를 취소하는 것이 신의칙에 위배된 것이라고 할 수 없다(대판 2007.11.16, 2005다71659, 71666, 71673)

④ 근로계약은 근로자가 사용자에게 근로를 제공하고 사용자는 이에 대하여 임금을 지급하는 것을 목적으로 체결된 계약으로서(근로기준법 제2조 제1항 제4호) 기본적으로 그 법적 성질이 사법상 계약이므로 계약 체결에 관한 당사자들의 의사표시에 무효 또는 취소의 사유가 있으면 상대방은 이를 이유로 근로계약의 무효 또는 취소를 주장하여 그에 따른 법률효과의 발생을 부정하거나 소멸시킬 수 있다. 다만 그와 같이 근로계약의 무효 또는 취소를 주장할 수 있다 하더라도 근로계약에 따라 그동안 행하여진 근로자의 노무 제공의 효과를 소급하여 부정하는 것은 타당하지 않으므로 이미 제공된 근로자의 노무를 기초로 형성된 취소 이전의 법률관계까지 효력을 잃는다고 보아서는 아니 되고, 취소의 의사표시 이후 장래에 관하여만 근로계약의 효력이 소멸된다고 보아야 한다(대판 2017.12.22, 2013다25194, 2013다25200).

24 난도 ★☆☆   정답 ②

정답의 이유

② 어느 부동산에 관하여 등기가 경료되어 있는 경우 특별한 사정이 없는 한 그 원인과 절차에 있어서 적법하게 경료된 것으로 추정된다(대판 2002.2.5, 2001다72029). 더 나아가 등기의 추정력은 등기사항의 적법에도 미친다. 가령 담보물권이 등기로부터 그 담보물권의 존재뿐만 아니라 피담보채권의 존재도 추정된다(대판 1969.2.18, 68다2329). 환매기간을 제한하는 환매특약이 등기부에 기재되어 있는 때에는 반증이 없는 한 등기부 기재와 같은 환매특약이 진정하게 성립된 것으로 추정함이 상당하다(대판 1991.10.11, 91다13700).

오답의 이유

① 어느 부동산에 관하여 등기가 경료되어 있는 경우 특별한 사정이 없는 한 그 원인과 절차에 있어서 적법하게 경료된 것으로 추정된다. 따라서 전 등기명의인이 미성년자이고 당해 부동산을 친권자에게 증여하는 행위가 이해상반행위라 하더라도 일단 친권자에게 이전등기가 경료된 이상, 특별한 사정이 없는 한, 그 이전등기에 관하여 필요한 절차를 적법하게 거친 것으로 추정된다(대판 2002.2.5, 2001다72029).

③ · ④ 부동산에 관하여 소유권이전등기가 마쳐져 있는 경우에는 그 등기 명의자는 제3자에 대하여서뿐 아니라 그 전 소유자에 대

하여서도 적법한 등기원인에 의하여 소유권을 취득한 것으로 추정되므로 이를 다투는 측에서 그 무효사유를 주장·입증하여야 하고, 부동산 등기는 현재의 진실한 권리상태를 공시하면 그에 이른 과정이나 태양을 그대로 반영하지 아니하였어도 유효한 것으로서, 등기 명의자가 전 소유자로부터 부동산을 취득함에 있어 등기부상 기재된 등기원인에 의하지 아니하고 다른 원인으로 적법하게 취득하였다고 하면서 등기원인 행위의 태양이나 과정을 다소 다르게 주장한다고 하여 이러한 주장만 가지고 그 등기의 추정력이 깨어진다고 할 수는 없으므로, 이러한 경우에도 이를 다투는 측에서 등기 명의자의 소유권이전등기가 전 등기 명의인의 의사에 반하여 이루어진 것으로서 무효라는 주장·입증을 하여야 한다(대판 1997.6.24, 97다2993).

25 난도 ★★★   정답 ③

정답의 이유

③ 건물 철거의 합의가 관습상의 법정지상권 발생의 소극적 요건이 되는 이유는 그러한 합의가 없을 때라야 토지와 건물의 소유자가 달라진 후에도 건물 소유자로 하여금 그 건물의 소유를 위하여 토지를 계속 사용케 하려는 묵시적 합의가 있는 것으로 볼 수 있다는 데 있고, 한편 관습상의 법정지상권은 타인의 토지 위에 건물을 소유하는 것을 본질적 내용으로 하는 권리가 아니라, 건물의 소유를 위하여 타인의 토지를 사용하는 것을 본질적 내용으로 하는 권리여서, 위에서 말하는 '묵시적 합의'라는 당사자의 추정 의사는 건물의 소유를 위하여 토지를 계속 사용한다는 데 중점이 있는 의사라 할 것이므로, 건물 철거의 합의에 위와 같은 묵시적 합의를 깨뜨리는 효력, 즉 관습상의 법정지상권의 발생을 배제하는 효력을 인정할 수 있기 위하여서는, 단지 형식적으로 건물을 철거한다는 내용만이 아니라 건물을 철거함으로써 토지의 계속사용을 그만두고자 하는 당사자의 의사가 그 합의에 의하여 인정될 수 있어야 한다(대판 1999.12.10, 98다58467).

오답의 이유

① 관습법상의 법정지상권이 성립되기 위하여는 토지와 건물 중 어느 하나가 처분될 당시에 토지와 그 지상건물이 동일인의 소유에 속하였으면 족하고 원시적으로 동일인의 소유였을 필요는 없다(대판 1995.7.28, 95다9075, 9082). 관습에 의한 법정지상권이 성립된 경우 그 지료에 관하여는 당사자의 청구에 의하여 법원이 이를 정한다고 규정한 민법 제366조를 준용하여야 할 것이고, 이 때 토지소유자는 법원에서 상당한 지료를 결정할 것을 전제로 하여 바로 그 급부를 청구할 수 있다(대판 1996.2.13, 95누11023).

② 토지공유자의 한 사람이 다른 공유자의 지분 과반수의 동의를 얻어 건물을 건축한 후 토지와 건물의 소유자가 달라진 경우 토지에 관하여 관습법상의 법정지상권이 성립되는 것으로 보게 되면 이는 토지공유자의 1인으로 하여금 자신의 지분을 제외한 다른 공유자의 지분에 대하여서까지 지상권설정의 처분행위를 허용하는 셈이 되어 부당하다(대판 1993.4.13, 92다55756).

④ 민법 제366조의 법정지상권은 저당권설정 당시 동일인의 소유에 속하던 토지와 건물이 경매로 인하여 양자의 소유자가 다르게 된 때에 건물의 소유자를 위하여 발생하는 것으로서, 토지에 관하여 저당권이 설정될 당시 토지 소유자에 의하여 그 지상에 건물이 건축 중이었던 경우 그것이 사회관념상 독립된 건물로 볼 수 있는 정도에 이르지 않았다 하더라도 건물의 규모, 종류가 외형상 예상할 수 있는 정도까지 건축이 진전되어 있었고, 그 후 경매절차에서 매수인이 매각대금을 다 낸 때까지 최소한의 기둥과 지붕 그리고 주벽이 이루어지는 등 독립된 부동산으로서 건물의 요건을 갖춘 경우에는 법정지상권이 성립한다(대판 1992.6.12, 92다7221; 대판 2011.1.13, 2010다67159). 이 경우 토지에 관하여 저당권이 설정될 당시 저당권자를 위하여 동시에 지상권이 설정되었다고 하더라도 저당권설정 당시 그 토지 위에 건축 중이던 건물을 철거하기로 하는 등 특별한 사유가 없고 저당권의 실행으로 그 지상권도 소멸하였다면 건물을 위한 법정지상권이 발생하지 않는다고 할 수 없다(대판 1991.10.11, 91다23462).

목적과 그에 따른 계획이 없으면 목적지 없이 항해하는 배와 같다.

– 피츠휴 닷슨 –

PART 6

민사소송법

한눈에 훑어보기

✔ 빠른 정답

01	02	03	04	05	06	07	08	09	10
④	①	④	④	④	④	③	③	②	④
11	12	13	14	15	16	17	18	19	20
②	②	①	④	④	③	④	②	③	②
21	22	23	24	25					
①	①	③	②	④					

✔ 점수 체크

구분	1회독	2회독	3회독
맞힌 문항 수	/ 25	/ 25	/ 25
나의 점수	점	점	점

01 난도 ★★☆ 　　　　　　　　　　정답 ④

[정답의 이유]

④ 이른바 고유필수적 공동소송이 아닌 사건에서 소송 도중에 당사자를 추가하는 것은 허용될 수 없고, 동일한 특허권에 관하여 2인 이상의 자가 공동으로 특허의 무효심판을 청구하여 승소한 경우에 그 특허권자가 제기할 심결취소소송은 심판청구인 전원을 상대로 제기하여야만 하는 고유필수적 공동소송이라고 할 수 없으므로, 위 소송에서 당사자의 변경을 가져오는 당사자추가신청은 명목이 어떻든 간에 부적법하여 허용될 수 없다(대판 2009.5.28. 2007후1510).

[오답의 이유]

① 대판 2019.10.23. 2012다46170
② 대판 2011.2.24. 2009다43355
③ 대판 2011.2.4. 2009다43355

02 난도 ★☆☆ 　　　　　　　　　　정답 ①

[정답의 이유]

① 당사자신문은 소송자료를 제공하는 것이 아니기 때문에 소송무능력자도 대상이 된다(민사소송법 제372조 참고).

[오답의 이유]

② 대판 1992.10.27. 92다32463
③ 대판 1998.4.13. 98마413
④ 민사소송법 제451조 제1항 제7호

03 난도 ★★★ 　　　　　　　　　　정답 ④

[정답의 이유]

④ 인지와 송달료는 납부절차, 관리주체, 납부금액의 처리방법 등에 차이가 있는 점 등을 고려하면, 신청인이 인지의 보정명령에 따라 인지액 상당의 현금을 수납은행에 납부하면서 잘못하여 인지로 납부하지 아니하고 송달료납부서에 의하여 송달료로 납부한 경우에는 인지가 납부되었다고 할 수 없어 인지 보정의 효과가 발생되지 아니한다. 그러나 이 경우 신청인은 인지의 보정명령을 이행하기 위하여 인지액 상당의 현금을 수납은행에 납부한 것이고, 그 결과 인지 보정과 유사한 외관이 남게 되어 이를 객관적으로 인식할 수 있는 점, 인지와 송달료의 납부기관이 수납은행으로 동일하여 납부 과정에서 혼동이 생길 수 있는 점, 신청인에게 인지 납부 과정의 착오를 시정할 수 있는 기회를 제공함이 정의관념에 부합하는 것으로 보이는 점 등을 고려하면, 인지액 상당의 현금을 송달료로 잘못 납부한 신청인에게는 다시 인

지를 보정할 수 있는 기회를 부여함이 타당하다(대판 2014.4.30. 2014마76).

오답의 이유

① 원고가 보정명령에서 정해진 기간 내에 소장의 흠을 보정하지 아니한 때에는 재판장은 명령으로 소장을 각하한다(민사소송법 제254조 제2항).

② 법인인 소송당사자에게 효과가 발생할 소송행위는 그 법인을 대표하는 자연인의 행위거나 그 자연인에 대한 행위라야 할 것이므로 소송당사자인 법인에의 소장, 기일소환장 및 판결 등 서류는 그 대표자에게 송달하여야 하는 것이니 그 대표자의 주소, 거소에 하는 것이 원칙이고, 법인의 영업소나 사무소에도 할 수 있으나, 법인의 대표자의 주소지가 아닌 소장에 기재된 법인의 주소지로 발송하였으나 이사불명으로 송달불능된 경우에는, 원칙으로 되돌아가 원고가 소를 제기하면서 제출한 법인등기부등본 등에 나타나 있는 법인의 대표자의 주소지로 소장 부본 등을 송달하여 보고 그 곳으로도 송달되지 않을 때에 주소 보정을 명하여야 하므로, 법인의 주소지로 소장 부본을 송달하였으나 송달불능되었다는 이유만으로 그 주소 보정을 명한 것은 잘못이므로 그 주소 보정을 하지 아니하였다는 이유로 한 소장각하명령은 위법하다(대판 1997.5.19. 97마600).

③ 소장각하 명령이 송달된 후에는 설사 부족된 인지를 가첨하고 그 명령에 불복을 신청하였다 할지라도 그 각하명령을 취소할 수 없다(대판 1996.1.12. 95두61).

04 난도 ★★★ 정답 ④

정답의 이유

ㄷ. 대판 1984.6.14. 84다카744

ㄹ. 대판 1991.12.13. 91다34509

오답의 이유

ㄱ. 원고 甲이 지병으로 인한 집중력 저하와 정신과 치료 등의 사유로 상고기간을 도과하였다며 추완상고장을 제출한 사안에서, 위 사유는 민사소송법 제173조 제1항의 '당사자가 책임질 수 없는 사유'에 해당한다고 볼 수 없다(대판 2011.12.27. 2011후2688).

ㄴ. 조정이 성립되지 아니한 것으로 사건이 종결된 후 피신청인의 주소가 변경되었음에도 피신청인이 조정법원에 주소변경신고를 하지 않은 상태에서 민사조정법 제36조 제1항 제2호에 따라 조정이 소송으로 이행되었는데, 통상의 방법으로 변론기일통지서 등 소송서류를 송달할 수 없게 되어 발송송달이나 공시송달의 방법으로 송달한 경우에는 처음부터 소장 부본이 적법하게 송달된 경우와 달라서 피신청인에게 소송의 진행상황을 조사할 의무가 있다고 할 수 없다. 따라서 피신청인이 이러한 소송의 진행상황을 조사하지 않아 상소제기의 불변기간을 지키지 못하였다면 이는 당사자가 책임질 수 없는 사유로 말미암은 것에 해당한다(대판 2015.8.13. 2015다213322).

05 난도 ★☆☆ 정답 ④

정답의 이유

④ 판결은 상소를 제기할 수 있는 기간 또는 그 기간 이내에 적법한 상소제기가 있을 때에는 확정되지 아니하며(민사소송법 제498조), 부적법한 상소가 제기된 경우에는 그 부적법한 상소를 각하하는 재판이 확정되면 상소기간이 지난 때에 소급하여 확정된다(대판 2001.2.27. 2000다25798, 25804).

오답의 이유

① 대판 2011.9.29. 2009다7076

② 대판 1998.4.14. 96다2187

③ 대판 1994.12.23. 94다44644

06 난도 ★☆☆ 정답 ④

정답의 이유

④ 소송구조결정의 상대방은 변호사보수의 지급유예의 소송구조결정에 대하여 즉시항고할 수 없다(민사소송법 제133조 참고).

오답의 이유

① · ② 민사소송법 제128조 제1항

③ 민사소송법 제130조

07 난도 ★★★ 정답 ③

정답의 이유

③ 소송목적의 값은 소로 주장하는 이익을 기준으로 계산하여야 하고(민사소송법 제26조), 원고가 청구취지로써 구하는 범위 내에서 원고의 입장에서 전부 승소할 경우에 직접 받게 될 경제적 이익을 객관적으로 평가하여 금액으로 정함을 원칙으로 한다(민사소송 등 인지규칙 제6조). 따라서 채무자가 지급명령에 대하여 적법한 이의신청을 하여 지급명령신청이 소송으로 이행하게 되는 경우 지급명령신청 시의 청구금액을 소송목적의 값으로 하여 인지액을 계산함이 원칙이나, 소송기록이 관할법원으로 송부되기 전에 지급명령신청 시의 청구금액을 기준으로 한 인지 부족액이 보정되지 않은 상태에서 채권자가 지급명령을 발령한 법원에 청구금액을 감액하는 청구취지 변경서를 제출하는 등 특별한 사정이 있는 경우에는 변경 후 청구에 관한 소송목적의 값에 따라 인지액을 계산하여야 할 것이다(대판 2012.5.3. 2012마73).

오답의 이유

① · ② 독촉절차의 관할법원은 전속관할이므로 관련사건의 관할, 합의관할, 변론관할의 규정이 적용될 수 없고, 관할을 위반한 지급명령신청은 각하하여야 한다(민사소송법 제463조, 제465조 제1항).

> **제463조(관할법원)**
>
> 독촉절차는 채무자의 보통재판적이 있는 곳의 지방법원이나 제7조(근무지의 특별재판적) 내지 제9조(어음·수표 지급지의 특별재판적) 제12조(사무소·영업소가 있는 곳의 특별재판적) 또는 제18(불법행위지의 특별재판적)조의 규정에 의한 관할법원의 전속관할로 한다.
>
> **제465조(신청의 각하)**
>
> ① 지급명령의 신청이 제462조 본문 또는 제463조의 규정에 어긋나거나, 신청의 취지로 보아 청구에 정당한 이유가 없는 것이 명백한 때에는 그 신청을 각하하여야 한다. 청구의 일부에 대하여 지급명령을 할 수 없는 때에 그 일부에 대하여도 또한 같다.

④ 민사소송법 제472조 제2항은 "채무자가 지급명령에 대하여 적법한 이의신청을 한 경우에는 지급명령을 신청한 때에 이의신청된 청구목적의 값에 관하여 소가 제기된 것으로 본다."라고 규정하고 있는바, 지급명령 사건이 채무자의 이의신청으로 소송으로 이행되는 경우에 지급명령에 의한 시효중단의 효과는 소송으로 이행된 때가 아니라 지급명령을 신청한 때에 발생한다(대판 2015.2.12. 2014다228440).

08 난도 ★★★ 정답 ③

[정답의 이유]

ㄴ. 당사자가 참가에 대하여 이의를 신청하지 아니한 채 변론하거나 변론준비기일에서 진술을 한 경우에는 이의를 신청할 권리를 잃는다(민사소송법 제74조).

ㄷ. 민사소송법 제79조에 따른 독립당사자참가소송은 동일한 권리관계에 관하여 원고, 피고와 독립당사자참가인이 서로 간의 다툼을 하나의 소송절차로 한꺼번에 모순 없이 해결하는 소송형태이다. 독립당사자참가가 적법하다고 인정되어 원고, 피고와 독립당사자참가인 간의 소송에 대하여 본안판결을 할 때에는 세 당사자를 판결의 명의인으로 하는 하나의 종국판결을 선고함으로써 세 당사자들 사이에서 합일확정적인 결론을 내려야 한다. 이러한 본안판결에 대하여 일방이 항소한 경우에는 제1심판결 전체의 확정이 차단되고 사건 전부에 관하여 이심의 효력이 생긴다. 그리고 이러한 경우 항소심의 심판대상은 실제 항소를 제기한 자의 항소 취지에 나타난 불복범위에 한정하되 세 당사자 사이의 결론의 합일확정 필요성을 고려하여 그 심판 범위를 판단해야 한다. 이에 따라 항소심에서 심리·판단을 거쳐 결론을 내릴 때 세 당사자 사이의 결론의 합일확정을 위하여 필요한 경우에는 그 한도에서 항소 또는 부대항소를 제기하지 않은 당사자에게 결과적으로 제1심판결보다 유리한 내용으로 판결이 변경되는 것도 배제할 수는 없다(대판 2022.7.28. 2020다231928).

[오답의 이유]

ㄱ. 보조참가인이 피참가인을 보조하여 공동으로 소송을 수행하였으나 피참가인이 소송에서 패소한 경우에는 형평의 원칙상 보조참가인이 피참가인에게 패소판결이 부당하다고 주장할 수 없도록 구속력을 미치게 하는 이른바 참가적 효력이 인정되지만, 전소 확정판결의 참가적 효력은 전소 확정판결의 결론의 기초가 된 사실상 및 법률상의 판단으로서 보조참가인이 피참가인과 공동이익으로 주장하거나 다툴 수 있었던 사항에 한하여 미친다. 이러한 법리에 비추어 보면 전소가 확정판결이 아닌 화해권고결정에 의하여 종료된 경우에는 확정판결에서와 같은 법원의 사실상 및 법률상의 판단이 이루어졌다고 할 수 없으므로 참가적 효력이 인정되지 아니한다(대판 2015.5.28. 2012다78184).

09 난도 ★★☆ 정답 ②

[정답의 이유]

② 소는 판결의 선고가 아니라 확정될 때까지 그 전부나 일부를 취하할 수 있다(민사소송법 제266조).

> **제266조(소의 취하)**
>
> ① 소는 판결이 확정될 때까지 그 전부나 일부를 취하할 수 있다.

[오답의 이유]

① 항소의 취하는 항소의 전부에 대하여 하여야 하고 항소의 일부 취하는 효력이 없으므로 병합된 수개의 청구 전부에 대하여 불복한 항소에서 그중 일부 청구에 대한 불복신청을 철회하였더라도 그것은 단지 불복의 범위를 감축하여 심판의 대상을 변경하는 효과를 가져오는 것에 지나지 아니하고, 항소인이 항소심의 변론종결시까지 언제든지 서면 또는 구두진술에 의하여 불복의 범위를 다시 확장할 수 있는 이상 항소 자체의 효력에 아무런 영향이 없다(대판 2017.1.12. 2016다241249).

③ 민사소송법 제266조 제2항, 제393조 제2항

④ 항소의 취하가 있으면 소송은 처음부터 항소심에 계속되지 아니한 것으로 보게 되나(민사소송법 제393조 제2항, 제267조 제1항), 항소취하는 소의 취하나 항소권의 포기와 달리 제1심 종국판결이 유효하게 존재하므로, 항소기간 경과 후에 항소취하가 있는 경우에는 항소기간 만료 시로 소급하여 제1심판결이 확정되나, 항소기간 경과 전에 항소취하가 있는 경우에는 판결은 확정되지 아니하고 항소기간 내라면 항소인은 다시 항소의 제기가 가능하다(대판 2016.1.14. 2015므3455).

정답의 이유

④ 제척 또는 기피신청을 받은 법관의 소속 법원이 합의부를 구성하지 못하는 경우에는 바로 위의 상급법원이 결정하여야 한다(민사소송법 제46조 제3항).

오답의 이유

① 종중 규약을 개정한 종중 총회 결의에 대한 무효확인을 구하는 소가 제기되었는데 원심 재판부를 구성한 판사 중 1인이 당해 종중의 구성원인 사안에서, 그 판사는 민사소송법 제41조 제1호에 정한 '당사자와 공동권리자·공동의무자의 관계에 있는 자'에 해당한다(대판 2010.5.13. 2009다102254).

② 대판 1997.6.13. 96다56115

③ 대판 2019.1.4. 2018스563

정답의 이유

② 소송구조신청이 있는 경우 인지첩부의무의 발생이 저지된다는 것은 소송구조신청을 기각하는 재판이 확정될 때까지 인지첩부의무의 이행이 정지 또는 유예되는 것을 의미하고, 소송구조신청이 있었다고 하여 종전에 이루어진 인지보정명령의 효력이 상실된다고 볼 근거는 없으므로, 종전의 인지보정명령에 따른 보정기간 중에 제기된 소송구조신청에 대하여 기각결정이 확정되면 재판장으로서는 다시 인지보정명령을 할 필요는 없지만 종전의 인지보정명령에 따른 보정기간 전체가 다시 진행되어 그 기간이 경과한 때에 비로소 소장 등에 대한 각하명령을 할 수 있다(대결 2008.6.2. 2007무77).

오답의 이유

① 대결 1980.6.12. 80마160

③ 대결 2013.7.31. 2013마670

④ 대결 2013.9.9. 2013마1273

정답의 이유

② 재판부의 변론재개결정이나 재판장의 기일지정명령은 민사소송법이 일반적으로 항고의 대상으로 삼고 있는 같은 법 제439조 소정의 '소송절차에 관한 신청을 기각한 결정이나 명령'에 해당하지 아니하고 또 이에 대하여 불복할 수 있는 특별규정도 없으므로 이에 대하여는 항고를 할 수 없다(대결 2008.5.26. 2008마368).

오답의 이유

① 민사소송법 제449조

③ 민사소송법 제450조, 제427조, 제429조

④ 대결 2008.5.22. 2008그90

정답의 이유

① 확정된 지급명령의 경우 그 지급명령의 청구원인이 된 청구권에 관하여 지급명령 발령 전에 생긴 불성립이나 무효 등의 사유를 그 지급명령에 관한 이의의 소에서 주장할 수 있고, 이러한 청구이의의 소에서 청구이의 사유에 관한 증명책임도 일반 민사소송에서의 증명책임 분배의 원칙에 따라야 한다. 따라서 확정된 지급명령에 대한 청구이의 소송에서 원고가 피고의 채권이 성립하지 아니하였음을 주장하는 경우에는 피고에게 채권의 발생원인 사실을 증명할 책임이 있고, 원고가 그 채권이 통정허위표시로서 무효라거나 변제에 의하여 소멸되었다는 등 권리 발생의 장애 또는 소멸사유에 해당하는 사실을 주장하는 경우에는 원고에게 그 사실을 증명할 책임이 있다(대판 2010.6.24. 2010다12852).

오답의 이유

② 대판 1997.5.23. 95다51908

③ 대판 1984.6.12. 81다558

④ 대판 1995.2.10. 93다52402

정답의 이유

④ 선정당사자는 선정자들로부터 소송수행을 위한 포괄적인 수권을 받은 것으로서 일체의 소송행위는 물론 소송수행에 필요한 사법상의 행위도 할 수 있는 것이고 개개의 소송행위를 함에 있어서 선정자의 개별적인 동의가 필요한 것은 아니다(대판 2003.5.30. 2001다10748).

오답의 이유

① 대판 2003.11.14. 2003다34038

② 대판 2018.10.12. 2018다231871

③ 대판 2015.10.15. 2015다31513

정답의 이유

④ 이행권고결정의 이행조항에 "피고는 원고에게 20,000,000원 및 이에 대하여 이 사건 소장 부본 송달일 다음날부터 이 사건 판결 선고일까지 연 5%, 그 다음날부터 완제일까지 연 20%의 각 비율에 의한 금원을 지급하라"는 취지로 기재되어 있는 사안에서, 위 이행조항의 '판결 선고일'의 의미는 '이행권고결정의 고지일'인 '이행권고결정서 등본의 송달일'이라고 봄이 타당하다고 한 사례(대결 2013.6.10. 2013그52).

오답의 이유

① 독촉절차나 조정절차에서 소송절차로 이행된 사건의 경우는 이행권고결정을 할 수 없다(소액사건심판법 제5조의3 제1항 제1호).

② 이행권고결정이란 소액사건에 있어서 법원이 원고의 소장을 살펴보아 변론을 거칠 필요가 없는 단순 명확한 사안이라고 판단되는 경우에는 피고에게 원고의 청구취지대로 이행할 것을 권고하고 피고가 법정기간내에 이의신청을 하지 아니하면 이행권고

결정이 확정판결과 같은 효력을 갖게 하는 것으로서 이행권고결정서의 송달을 제대로 받지 못하여 이의신청할 기회를 놓치면 그 소송에서 패소하는 결과가 되기 때문에 그 결정서의 송달에 있어서는 우편송달과 공시송달을 활용하지 못하도록 하고 있다(소액사건심판법 제5조의3 제3항 참고).

③ 이의신청을 한 피고는 제1심 판결이 선고되기 전까지 이의신청을 취하(取下)할 수 있다(소액사건심판법 제5조의4 제4항).

16 난도 ★☆☆   정답 ③

정답의 이유

③ 문서는 진정성립이 증명되어야만 증거로 할 수 있지만 증명의 방법에 관하여는 특별한 제한이 없고, 부지로 다투는 서증에 관하여 거증자가 성립을 증명하지 아니한 경우라 할지라도 법원은 다른 증거에 의하지 아니하고 변론의 전취지를 참작하여 그 성립을 인정할 수도 있다(대판 1993.4.13. 92다12070).

오답의 이유

① 대판 1997.12.12. 95다38240
② 대판 1988.12.20. 88다카3083
④ 대판 1990.2.13. 89다카16383

17 난도 ★★☆   정답 ④

정답의 이유

④ 민사소송법 제179조 소정의 공시송달의 요건이 갖추어지지 아니하였다고 하더라도, 재판장의 명에 의하여 공시송달이 된 이상 원칙적으로 공시송달의 효력에는 영향이 없는 것이나, 법인에 대한 송달은 같은 법 제60조 및 제166조에 따라서 그 대표자에게 하여야 되는 것이므로 법인의 대표자가 사망하여 버리고 달리 법인을 대표할 자도 정하여지지 아니하였기 때문에 법인에 대하여 송달을 할 수 없는 때에는 공시송달도 할 여지가 없는 것이라고 보아야 할 것이다(대판 1991.10.22. 91다9985).

오답의 이유

① 대결 2009.10.8. 2009마529
② 대결 2001.8.31. 2001마3790
③ 대판 2022.3.17. 2020다216462

18 난도 ★★☆   정답 ②

정답의 이유

② 민사집행법 제158조의 문언이 '첫 변론기일'이라고 명시하고 있을 뿐만 아니라, 변론준비절차는 변론이 효율적이고 집중적으로 실시될 수 있도록 당사자의 주장과 증거를 정리하여 소송관계를 뚜렷이 하기 위하여(민사소송법 제279조 제1항) 마련된 제도로서 당사자는 변론준비기일을 마친 뒤의 변론기일에서 변론준비기일의 결과를 진술하여야 하는 등(민사소송법 제287조 제2항) 변론준비기일의 제도적 취지, 그 진행방법과 효과, 규정의 형식 등에 비추어 볼 때, 민사집행법 제158조에서 말하는 '첫 변론기일'에 '첫 변론준비기일'은 포함되지 않는다. 따라서 배당이의의 소송에서 첫 변론준비기일에 출석한 원고라고 하더라도 첫 변론

기일에 불출석하면 민사집행법 제158조에 따라서 소를 취하한 것으로 볼 수밖에 없다(대판 2007.10.25. 2007다34876).

오답의 이유

① 민사소송법 제27조 소정의 응소관할이 생기려면 피고의 본안에 관한 변론이나 준비절차에서의 진술은 현실적인 것이어야 하므로 피고의 불출석에 의하여 답변서 등이 법률상 진술 간주되는 경우는 이에 포함되지 아니한다(대결 1980.9.26. 80마403).

③ 당사자의 주소, 거소 기타 송달할 장소를 알 수 없는 경우가 아님이 명백함에도 재판장이 당사자에 대한 변론기일 소환장을 공시송달에 의할 것으로 명함으로써 당사자에 대한 변론기일 소환장이 공시송달된 경우, 그 당사자는 각 변론기일에 적법한 절차에 의한 송달을 받았다고 볼 수 없으므로, 위 공시송달의 효력이 있다 하더라도 각 변론기일에 그 당사자가 출석하지 아니하였다고 하여 쌍방 불출석의 효과가 발생한다고 볼 수 없다(대판 1997.7.11. 96므1380).

④ 피고가 원고의 청구를 인낙하는 취지를 기재한 준비서면을 제출하여 그 준비서면이 진술간주되었다고 하여도 피고가 변론기일에 출석하여 구술로써 인낙하지 아니한 이상 인낙의 효력이 발생하지 않는다(대판 1982.3.23. 81다1336).

19 난도 ★★☆   정답 ③

정답의 이유

③ 예비적 병합의 경우에는 수개의 청구가 하나의 소송절차에 불가분적으로 결합되어 있기 때문에 주위적 청구를 먼저 판단하지 않고 예비적 청구만을 인용하거나 주위적 청구만을 배척하고 예비적 청구에 대하여 판단하지 않는 등의 일부판결은 예비적 병합의 성질에 반하는 것으로서 법률상 허용되지 아니하며, 그럼에도 불구하고 주위적 청구를 배척하면서 예비적 청구에 대하여 판단하지 아니하는 판결을 한 경우에는 그 판결에 대한 상소가 제기되면 판단이 누락된 예비적 청구 부분도 상소심으로 이심이 되고 그 부분이 재판의 탈루에 해당하여 원심에 계속중이라고 볼 것은 아니다(대판 2000.11.16. 98다22253).

오답의 이유

① 단순병합의 경우는 일부판결이 허용되나 선택적 병합, 예비적 병합의 경우는 일부판결이 불허된다. 통상의 공동소송의 경우는 일부판결이 허용되지만 필수적 공동소송의 경우는 고유필수적이든 유사필수적이든 일부판결은 불허된다. 독립당사자 참가의 경우는 판결의 합일확정 필요성 때문에 일부판결이 허용되지 않는다.

② 중간판결은 사건을 완결하는 재판이 아니므로 소송비용 부담의 재판을 요하지 않는다. 또한 중간판결에 대해서는 독립된 상소가 허용되지 않는다(민사소송법 제390조 참고).

④ 논리적으로 전혀 관계가 없어 순수하게 단순병합으로 구하여야 할 수개의 청구를 선택적 또는 예비적 청구로 병합하여 청구하는 것은 부적법하여 허용되지 않는다. 따라서 원고가 그와 같은 형태로 소를 제기한 경우 제1심법원이 본안에 관하여 심리·판단하기 위해서는 소송지휘권을 적절히 행사하여 이를 단순병합 청구로 보정하게 하는 등의 조치를 취하여야 하는바, 법원이 이

러한 조치를 취함이 없이 본안판결을 하면서 그 중 하나의 청구에 대하여만 심리·판단하여 이를 인용하고 나머지 청구에 대한 심리·판단을 모두 생략하는 내용의 판결을 하였다 하더라도 그로 인하여 청구의 병합 형태가 선택적 또는 예비적 병합 관계로 바뀔 수는 없으므로, 이러한 판결에 대하여 피고만이 항소한 경우 제1심법원이 심리·판단하여 인용한 청구만이 항소심으로 이심될 뿐, 나머지 심리·판단하지 않은 청구는 여전히 제1심에 남아 있게 된다(대판 2008.12.11. 2005다51495).

20 난도 ★★★   정답 ②

정답의 이유

ㄴ. 민사소송법 제234조의2

> **제234조의2 (피고의 경정)**
> ① 원고가 피고를 잘못 지정한 것이 명백한 때에는 제1심법원은 변론의 종결시까지 원고의 신청에 의하여 결정으로 피고의 경정을 허가할 수 있다. 다만, 피고가 본안에 관한 준비서면을 제출하거나 준비절차에서 진술하거나 변론을 한 후에는 그의 동의를 얻어야 한다.
> ② 피고의 경정은 서면으로 신청하여야 한다.

ㄷ. 경정을 허가하는 결정에 대하여 종전 피고는 경정에 부동의하였음을 사유로 즉시항고를 할 수 있다(민사소송법 제261조 제3항).

오답의 이유

ㄱ. 민사소송법 제234조의2 소정의 피고경정신청을 기각하는 결정에 불복이 있는 원고는 민사소송법 제409조의 통상항고를 제기할 수 있으므로 그 결정에 대하여 특별항고를 제기할 수는 없다(대판 1997.3.3. 97으1).

ㄹ. 피고경정신청을 허가하는 결정을 한 때에는 그 결정의 정본과 소장의 부본을 새로운 피고에게 송달하여야 한다(민사소송법 제261조 제2항).

21 난도 ★★☆   정답 ①

정답의 이유

① 민사소송법 제347조 제3항은 "제3자에 대하여 문서제출명령을 하는 경우에는 제3자 또는 그가 지정하는 자를 심문하여야 한다."라고 규정하고 있는바, 이는 그 제3자가 문서제출명령에 따르지 아니한 때에는 과태료의 제재를 받게 되는 점(민사소송법 제351조, 제318조, 제311조 제1항)을 고려하여 미리 그 진술기회를 제공하고 이를 통하여 그 제3자의 문서 소지 여부 및 문서제출의무의 존부와 범위 등에 관하여 충실한 심리가 이루어지게 하려는 데에 그 입법 취지가 있다. 따라서 민사소송법 제347조 제3항의 규정에 따른 심문절차를 거쳤는지 여부에 관하여는 그 문서제출명령을 받은 제3자만이 법률상 이해관계를 가진다고 할 것이므로, 제3자에 대한 문서제출명령에 대하여는 그 제3자만이 자기에 대한 심문절차의 누락을 이유로 즉시항고할 수 있을 뿐이고, 본안소송의 당사자가 그 제3자에 대한 심문절차의 누락을 이유로 즉시항고하는 것은 허용되지 아니한다고 할 것이다(대결 2008.9.26. 2007마672).

오답의 이유

② 민사소송법 제355조 제1항

③ 대판 1995.5.3. 95마415

④ 당사자가 제출거부할 때는 과태료가 부과되지 않는다(민사소송법 제349조). 제3자가 문서를 정당한 사유없이 문서제출명령에 응하지 않는 경우에는 법원은 결정으로 500만 원 이하의 과태료에 처할 수 있고, 이에 대해서는 즉시 항고할 수 있다(민사소송법 제351조, 제318조, 제311조 제1항, 제8항).

22 난도 ★☆☆   정답 ①

정답의 이유

① 소송상 청구금액을 감축한다는 것은 소의 일부취하를 뜻한다. 소취하에 대한 피고의 동의 및 동의의 거절은 반드시 명시적으로 하여야 하는 것은 아니며 묵시적으로 하여도 무방하다(대판 1993.9.14. 93누9460).

오답의 이유

② 서면에 의하지 아니한 청구취지의 변경은 잘못이지만 이에 대하여 상대방이 지체 없이 이의를 하지 않았다면 책문권의 상실로 그 잘못은 치유된다(대판 1993.3.23. 92다51204).

③ 민사소송법 제265조

④ 대판 1995.1.24. 93다25875

23 난도 ★★☆   정답 ③

정답의 이유

③ 소송고지의 요건이 갖추어진 경우에 그 소송고지서에 고지자가 피고지자에 대하여 채무의 이행을 청구하는 의사가 표명되어 있으면 민법 제174조에 정한 시효중단사유로서의 최고의 효력이 인정된다. 시효중단제도는 그 제도의 취지에 비추어 볼 때 이에 관한 기산점이나 만료점은 원권리자를 위하여 너그럽게 해석하는 것이 상당한데, 소송고지로 인한 최고의 경우 보통의 최고와는 달리 법원의 행위를 통하여 이루어지는 것으로서, 그 소송에 참가할 수 있는 제3자를 상대로 소송고지를 한 경우에 그 피고지자는 그가 실제로 그 소송에 참가하였는지 여부와 관계없이 후일 고지자와의 소송에서 전소 확정판결에서의 결론의 기초가 된 사실상·법률상의 판단에 반하는 것을 주장할 수 없어 그 소송의 결과에 따라서는 피고지자에 대한 참가적 효력이라는 일정한 소송법상의 효력까지 발생함에 비추어 볼 때, 고지자로서는 소송고지를 통하여 당해 소송의 결과에 따라 피고지자에게 권리를 행사하겠다는 취지의 의사를 표명한 것으로 볼 것이므로, 당해 소송이 계속중인 동안은 최고에 의하여 권리를 행사하고 있는 상태가 지속되는 것으로 보아 민법 제174조에 규정된 6월의 기간은 당해 소송이 종료된 때로부터 기산되는 것으로 해석하여야 한다(대판 2009.7.9. 2009다14340).

① 소송고지는 고지자의 권한일 뿐 원칙적으로 고지의무는 없다. 그러나 예외적으로 법률에 의하여 소송고지가 강제되는 경우가 있다(민사집행법 제238조, 상법 제404조 참고).

②·④ 대판 2009.7.9. 2009다14340

24 난도 ★☆☆　　　　　　　　　　　　　　　정답 ②

② 소가는 소를 제기한 때(법률의 규정에 의하여 소의 제기가 의제되는 경우에는 그 소를 제기한 것으로 되는 때)를 기준으로 하여 산정한다(민사소송 등 인지규칙 제7조).

① 민사소송 등 인지규칙 제6조

③ 민사소송 등 인지규칙 제19조, 제20조

④ 민사소송 등 인지규칙 제21조

25 난도 ★★☆　　　　　　　　　　　　　　　정답 ④

④ 가분채권에 대한 이행청구의 소를 제기하면서 그것이 나머지 부분을 유보하고 일부만 청구하는 것이라는 취지를 명시하지 아니한 경우에는 그 확정판결의 기판력은 나머지 부분에까지 미치는 것이어서 별소로써 나머지 부분에 관하여 다시 청구할 수는 없는 것이므로, 일부 청구에 관하여 전부 승소한 채권자는 나머지 부분에 관하여 청구를 확장하기 위한 항소가 허용되지 아니한다면 나머지 부분을 소구할 기회를 상실하는 불이익을 입게 된다 할 것이고, 따라서 이러한 경우에는 예외적으로 전부 승소한 판결에 대해서도 나머지 부분에 관하여 청구를 확장하기 위한 항소의 이익을 인정함이 상당하다고 할 것이다(대판 2010.11.11. 2010두14534).

① 대판 2022.10.14. 2022다252387

② 대결 1987.12.30. 87마1028

③ 대판 2003.9.26. 2001다68914

민사소송법 | 2022년 법원직 9급

한눈에 훑어보기

✔ 빠른 정답

01	02	03	04	05	06	07	08	09	10
①	③	③	②	②	②	②	④	②	③
11	**12**	**13**	**14**	**15**	**16**	**17**	**18**	**19**	**20**
④	②	②	①	③	④	②	④	④	④
21	**22**	**23**	**24**	**25**					
①	④	①	④	④					

✔ 점수 체크

구분	1회독	2회독	3회독
맞힌 문항 수	/ 25	/ 25	/ 25
나의 점수	점	점	점

01 난도 ★★☆ 정답 ①

정답의 이유

① 참칭대표자를 대표자로 표시하여 소송을 제기한 결과 그 앞으로 소장부본 및 변론기일소환장이 송달되어 변론기일에 참칭대표자의 불출석으로 의제자백 판결이 선고된 경우, 이는 적법한 대표자가 변론기일소환장을 송달받지 못하였기 때문에 실질적인 소송행위를 하지 못한 관계로 위 의제자백 판결이 선고된 것이므로, 민사소송법 제451조 제1항 제3호 소정의 재심사유에 해당한다(대판 1999.2.26. 98다47290 판결)

오답의 이유

② 제소자가 상대방의 주소를 허위로 기재함으로써 그 허위주소로 소송서류가 송달되어 그로 인하여 상대방 아닌 다른 사람이 그 서류를 받아 의제자백의 형식으로 제소자 승소의 판결이 선고되고 그 판결정본 역시 허위의 주소로 보내어져 송달된 것으로 처리된 경우에는 상대방에 대한 판결의 송달은 부적법하여 무효이므로 상대방은 아직도 판결정본의 송달을 받지 않은 상태에 있어 이에 대하여 상소를 제기할 수 있을 뿐만 아니라, 위 사위판결에 기하여 부동산에 관한 소유권이전등기나 말소등기가 경료된 경우에는 별소로서 그 등기의 말소를 구할 수도 있다(대판 1995.5.9. 94다41010 판결).

③ 당사자가 상대방의 주소 또는 거소를 알고 있었음에도 소재불명 또는 허위의 주소나 거소로 하여 소를 제기한 탓으로 공시송달의 방법에 의하여 판결(심판)정본이 송달된 때에는 민사소송법 제451조 제1항 제11호에 의하여 재심을 제기할 수 있음은 물론이나 또한 같은 법 제173조에 의한 소송행위 추완에 의하여도 상소를 제기할 수도 있다(대판 2011.12.22. 2011다73540 판결).

④ 대여금 중 일부를 변제받고도 이를 속이고 대여금 전액에 대하여 소송을 제기하여 승소 확정판결을 받은 후 강제집행에 의하여 위 금원을 수령한 채권자에 대하여, 채무자가 그 일부 변제금 상당액은 법률상 원인 없는 이득으로서 반환되어야 한다고 주장하면서 부당이득반환 청구를 하는 경우, 그 변제주장은 대여금 반환청구 소송의 확정판결 전의 사유로서 그 판결이 재심의 소 등으로 취소되지 아니하는 한 그 판결의 기판력에 저촉되어 이를 주장할 수 없으므로, 그 확정판결의 강제집행으로 교부받은 금원을 법률상 원인없는 이득이라고 할 수 없다(대판 1995.6.29. 94다41430 판결).

02 난도 ★★☆ 정답 ③

정답의 이유

③ 당사자가 부지로서 다툰 서증에 관하여 거증자가 특히 그 성립을 증명하지 아니하는 경우라고 할지라도 법원은 다른 증거에 의하지 않고 변론의 전취지를 참작하여 자유심증으로써 그 성립을 인정할 수 있다 할 것이다(당원 1974.7.23. 선고 74다119 판결 참조)(대판 1982.3.23. 80다1857 판결).

오답의 이유

① 당사자 일방이 입증을 방해하는 행위를 하였더라도 법원으로서는 이를 하나의 자료로 삼아 자유로운 심증에 따라 방해자측에게 불리한 평가를 할 수 있음에 그칠 뿐 입증책임이 전환되거나 곧바로 상대방의 주장 사실이 증명된 것으로 보아야 하는 것은 아니다(대판 1999.4.13. 98다9915 판결).

② 자유심증주의를 채택하고 있는 우리 민사소송법 하에서 상대방 부지 중 비밀리에 상대방과의 대화를 녹음하였다는 이유만으로 그 녹음테이프나 이를 속기사에 의하여 녹취한 녹취록이 증거능력이 없다고 단정할 수 없고, 그 채증 여부는 사실심 법원의 재량에 속하는 것이다(대판 1999. 5. 25. 선고 99다1789 판결 참조)(대판 2009.9.10. 2009다37138, 37145 판결).

④ 민사소송절차에서 신체감정에 관한 감정인의 감정결과는 증거방법의 하나에 불과하고, 법관은 당해 사건에서 모든 증거를 종합하여 자유로운 심증에 의하여 특정의 감정결과와 다르게 노동능력상실률을 판단할 수 있고, 또한 당사자도 주장·입증을 통하여 그 감정결과의 당부를 다툴 수 있는 것이다(대판 2002.6.28. 선고2001다27777 판결).

03 난도 ★☆☆ 정답 ③

정답의 이유

③ 예비적 반소청구는 새로운 반소의 변경으로서 민사소송법 270조 같은 법 262조 1항에 의하여 항소심에 있어서도 반소원고는 반소청구의 기초에 변경이 없고 소송절차를 지연케함이 현저하지 아니한 경우에는 반소피고의 동의가 없다하여도 적법하게 예비적 반소청구를 할 수 있다(대판 1969.3.25. 68다1094, 1095 판결).

오답의 이유

① 본소가 취하된 때에는 피고는 원고의 동의 없이 반소를 취하 할 수 있다(민사소송법 제271조).

② 민사소송법 제271조의 규정은 원고가 반소의 제기를 유발한 본소는 스스로 취하해 놓고 그로 인하여 유발된 반소만의 유지를 상대방에게 강요한다는 것은 공평치 못하다는 이유에서 원고가 본소를 취하한 때에는 피고도 원고의 동의없이 반소를 취하할 수 있도록 한 규정이므로 본소가 원고의 의사와 관계없이 부적법하다 하여 각하됨으로써 종료된 경우에까지 유추적용 할 수 없고, 원고의 동의가 있어야만 반소취하의 효력이 발생한다 할 것이다(대판 1984.7.10. 84다카298 판결).

④ 가지급물반환 신청은 소송 중의 소의 일종으로서 그 성질은 예비적 반소라 할 것이므로(대판 1996. 5. 10. 선고 96다5001 판결 참조) 가집행의 선고가 붙은 제1심판결에 대하여 피고가 항소를 하였지만 피고의 항소가 기각된 이 사건에서 원심이 따로 가지급물반환 신청에 대한 판단을 하지 아니한 것은 적법하다(대판 2005.1.13. 2004다19647 판결).

04 난도 ★★☆ 정답 ②

정답의 이유

② 일반적으로 판결이 확정되면 법원이나 당사자는 확정판결에 반하는 판단이나 주장을 할 수 없는 것이나, 이러한 확정판결의 효력은 그 표준시인 사실심 변론종결 시를 기준으로 하여 발생하는 것이므로, 그 이후에 새로운 사유가 발생한 경우까지 전소의 확정판결의 기판력이 미치는 것은 아니다. 따라서 전소에서 피담보채무의 변제로 양도담보권이 소멸하였음을 원인으로 한 소유권이전등기의 회복 청구가 기각되었다고 하더라도, 장래 잔존 피담보채무의 변제를 조건으로 소유권이전등기의 회복을 청구하는 것은 전소의 확정 판결의 기판력에 저촉되지 아니한다(대판 2014.1.23. 2013다64793 판결).

오답의 이유

① 토지소유권에 기한 물권적 청구권을 원인으로 하는 토지인도소송의 소송물은 토지소유권이 아니라 그 물권적 청구권인 토지인도청구권이므로 그 소송에서 청구기각된 확정판결의 기판력은 토지 인도청구권의 존부 그 자체에만 미치는 것이고 소송물이 되지 아니한 토지소유권의 존부에 관하여는 미치지 아니한다 할 것이므로 그 토지인도소송의 사실심변론종결후에 그 패소자인 토지소유자로부터 토지를 매수하고 소유권이전등기를 마침으로써 그 소유권을 승계한 제3자의 토지소유권의 존부에 관하여는 위 확정판결의 기판력이 미치지 않는다 할 것이고 또 이 경우, 위 제3자가 가지게 되는 물권적 청구권인 토지인도청구권은 적법하게 승계한 토지소유권의 일반적 효력으로서 발생된 것이고 위 토지인도소송의 소송물인 패소자의 토지인도청구권을 승계함으로써 가지게 된 것이라고는 할 수 없으므로 위 제3자는 위 확정판결의 변론종결후의 승계인에 해당한다고 할 수도 없다(대판 1984.9.25. 84다카148 판결).

③ 확정된 전소의 기판력 있는 법률관계가 후소의 소송물 자체가 되지 아니하여도 후소의 선결문제가 되는 때에는 전소의 확정판결의 판단은 후소의 선결문제로서 기판력이 작용한다고 할 것이므로, 소유권확인청구에 대한 판결이 확정된 후 다시 동일 피고를 상대로 소유권에 기한 물권적 청구권을 청구원인으로 하는 소송을 제기한 경우에는 전소의 확정판결에서의 소유권의 존부에 관한 판단에 구속되어 당사자로서는 이와 다른 주장을 할 수 없을 뿐만 아니라 법원으로서도 이와 다른 판단은 할 수 없다(대판 2000.6.9. 98다18155 판결)

④ 확정판결의 기판력은 소송물로 주장된 법률관계의 존부에 관한 판단의 결론 자체에만 미치고 그 전제가 되는 법률관계의 존부에까지 미치는 것은 아니어서, 가등기에 기한 소유권이전등기절차의 이행을 명한 전소 판결의 기판력은 소송물인 소유권이전등기청구권의 존부에만 미치고 그 등기청구권의 원인이 되는 채권계약의 존부나 판결이유 중에 설시되었을 뿐인 가등기의 효력

유무에 관한 판단에는 미치지 아니하고, 따라서 만일 후소로써 위 가등기에 기한 소유권이전등기의 말소를 청구한다면 이는 1 물1권주의의 원칙에 비추어 볼 때 전소에서 확정된 소유권이전 등기청구권을 부인하고 그와 모순되는 정반대의 사항을 소송물 로 삼은 경우에 해당하여 전소 판결의 기판력에 저촉된다고 할 것이지만, 이와 달리 위가등기만의 말소를 청구하는 것은, 전소 에서 판단의 전제가 되었을 뿐이고 그로써 아직 확정되지는 아 니한 법률관계를 다투는 것에 불과하여 전소 판결의 기판력에 저촉된다고 볼 수 없다(대판 1995.3.24. 93다52488 판결).

05 난도 ★☆☆

정답 ②

정답의 이유

② 당사자가 제146조의 규정을 어기어 고의 또는 중대한 과실로 공 격 또는 방어방법을 뒤늦게 제출함으로써 소송의 완결을 지연시 키게 하는 것으로 인정할 때에는 법원은 직권으로 또는 상대방 의 신청에 따라 결정으로 이를 각하할 수 있다(민사소송법 제 149조 제1항).

오답의 이유

① 재판장은 당사자의 의견을 들어 한 쪽 또는 양 쪽 당사자에 대하 여 특정한 사항에 관하여 주장을 제출하거나 증거를 신청할 기 간을 정할 수 있다(민사소송법 제147조 제1항).

③ 민사소송법 제149조에 정한 실기한 공격·방어방법이란 당사자 가 고의 또는 중대한 과실로 소송의 정도에 따른 적절한 시기를 넘겨 뒤늦게 제출하여 소송의 완결을 지연시키는 공격 또는 방 어의 방법을 말한다. 여기에서 적절한 시기를 넘겨 뒤늦게 제출 하였는지를 판단함에는 새로운 공격·방어방법이 구체적인 소 송의 진행정도에 비추어 당사자가 과거에 제출을 기대할 수 있 었던 객관적 사정이 있었는데도 이를 하지 않은 것인지, 상대방 과 법원에 새로운 공격·방어방법을 제출하지 않을 것이라는 신 뢰를 부여하였는지 여부 등을 고려해야 한다. 항소심에서 새로 운 공격·방어방법이 제출된 경우에는 특별한 사정이 없는 한 항소심뿐만 아니라 제1심까지 통틀어 시기에 늦었는지를 판단 해야 한다. 나아가 당사자의 고의 또는 중대한 과실이 있는지를 판단함에는 당사자의 법률지식과 함께 새로운 공격·방어방법 의 종류, 내용과 법률구성의 난이도, 기존의 공격·방어방법과 의 관계, 소송의 진행경과 등을 종합적으로고려해야 한다(대판 2017.5.17. 2017다1097 판결).

④ 당사자가 제출한 공격 또는 방어방법의 취지가 분명하지 아니한 경우에, 당사자가 필요한 설명을 하지 아니하거나 설명할 기일 에 출석하지 아니한 때에는 법원은 직권으로 또는 상대방의 신 청에 따라 결정으로 이를 각하할 수 있다(민사소송법 제149조 제2항).

06 난도 ★★☆

정답 ②

정답의 이유

② 민법 제276조 제1항은 "총유물의 관리 및 처분은 사원총회의 결 의에 의한다.", 같은 조 제2항은 "각 사원은 정관 기타의 규약에 좇아 총유물을 사용·수익할 수 있다."라고 규정하고 있을 뿐 공 유나 합유의 경우처럼 보존행위는 그 구성원 각자가 할 수 있다 는 민법 제265조 단서 또는 제272조 단서와 같은 규정을 두고 있지 아니한바, 이는 법인 아닌 사단의 소유형태인 총유가 공유 나 합유에 비하여 단체성이 강하고 구성원 개인들의 총유재산에 대한 지분권이 인정되지 아니하는 데에서 나온 당연한 귀결이라 고 할 것이므로 총유재산에 관한 소송은 법인 아닌 사단이 그 명 의로 사원총회의 결의를 거쳐거나 또는 그 구성원 전원이 당 사자가 되어 필수적 공동소송의 형태로 할 수 있을 뿐 그 사단의 구성원은 설령 그가 사단의 대표자라거나 사원총회의 결의를 거 쳤다 하더라도 그 소송의 당사자가 될 수 없고, 이러한 법리는 총유재산의 보존행위로서 소를 제기하는 경우에도 마찬가지라 할 것이다(대판 2005.9.15. 2004다44971 전원합의체 판결).

오답의 이유

① 민사소송법 제48조가 비법인사단의 당사자능력을 인정하는 것 은 법인이 아니라도 사단으로서의 실체를 갖추고 그 대표자 또 는 관리인을 통하여 사회적 활동이나 거래를 하는 경우에는 그 로 인하여 발생하는 분쟁은 그 단체가 자기 이름으로 당사자가 되어 소송을 통하여 해결하도록 하기 위한 것이므로, 여기서 말 하는 사단이라 함은 일정한 목적을 위하여 조직된 다수인의 결 합체로서 대외적으로 사단을 대표할 기관에 관한 정함이 있는 단체를 말하고, 어떤 단체가 비법인사단으로서 당사자능력을 가 지는가 하는 것은 소송요건에 관한 것으로서 사실심의 변론종결 일을 기준으로 판단하여야 한다(대판 1997.12.9. 97다18547 판결)

③ 말소회복등기와 양립할 수 없는 등기는 회복의 전제로서 말소의 대상이 될 뿐이고, 그 등기명의인은 부동산등기법 제75조 소정 의 등기상 이해관계 있는 제3자라고 볼 수 없으므로 그 등기명 의인을 상대로 말소회복등기에 대한 승낙의 의사표시를 구하는 청구는 당사자적격이 없는 자에 대한 청구로서 부적법하다는 원 심 판단을 수긍한 사례(대판 2004.2.27. 2003다35567 판결).

④ 일반적으로 채권에 대한 가압류가 있더라도 이는 채무자가 제3 채무자로부터 현실로 급부를 추심하는 것만을 금지하는 것일 뿐 채무자는 제3채무자를 상대로 그 이행을 구하는 소송을 제기할 수 있고 법원은 가압류가 되어 있음을 이유로 이를 배척할 수는 없는 것이 원칙이다. 왜냐하면 채무자로서는 제3채무자에 대한 그의 채권이 가압류되어 있다 하더라도 채무명의를 취득할 필요 가 있고 또는 시효를 중단할 필요도 있는 경우도 있을 것이며 또 한 소송계속 중에 가압류가 행하여진 경우에 이를 이유로 청구 가 배척된다면 장차 가압류가 취소된 후 다시 소를 제기하여야 하는 불편함이 있는 데 반하여 제3채무자로서는 이행을 명하는 판결이 있더라도 집행단계에서 이를 저지하면 될 것이기 때문이 다(대판 2002.4.26. 2001다59033 판결).

정답의 이유

② 부진정연대채무의 관계에 있는 채무자들을 공동피고로 하여 이행의 소가 제기된 경우 그 공동피고에 대한 각 청구는 법률상 양립할 수 없는 것이 아니므로 그 소송은 민사소송법 제70조 제1항에서 규정한 본래 의미의 예비적·선택적 공동소송이라고 할 수 없으므로(대판 2009. 3. 26. 선고 2006다47677 판결 참조), 따라서 거기에는 필수적 공동소송에 관한 민사소송법 제67조는 준용되지 않는다고 할 것이어서 상소로 인한 확정차단의 효력도 상소인과 그 상대방에 대해서만 생기고 다른 공동소송인에 대한 관계에는 미치지 않는다(대판 2012.9.27. 2011다76747 판결).

오답의 이유

① 공동소송인 가운데 한 사람의 소송행위 또는 이에 대한 상대방의 소송행위와 공동소송인 가운데 한 사람에 관한 사항은 다른 공동소송인에게 영향을 미치지 아니한다(민사소송법 제66조).

③ 민사소송법 제68조

> 제68조(필수적 공동소송인의 추가)
> ① 법원은 제67조 제1항의 규정에 따른 공동소송인 가운데 일부가 누락된 경우에는 제1심의 변론을 종결할 때까지 원고의 신청에 따라 결정으로 원고 또는 피고를 추가하도록 허가할 수 있다. 다만, 원고의 추가는 추가될 사람의 동의를 받은 경우에만 허가할 수 있다.

④ 민사소송법 제67조 제2항

> 제67조(필수적 공동소송에 대한 특별규정)
> ② 제1항의 공동소송에서 공동소송인 가운데 한 사람에 대한 상대방의 소송행위는 공동소송인 모두에게 효력이 미친다.

정답의 이유

④ 전속관할 위반 시 상고이유가 된다(민사소송법 제424조 제1항 제3호). 그러나 판결이 확정된 후에는 재심사유가 아니므로 이를 다툴 수 없다.

오답의 이유

① 재심은 재심을 제기할 판결을 한 법원의 전속관할로 한다(민사소송법 제453조 제1항).

② 민사소송법 제31조, 제29조, 제30조

> 제31조(전속관할에 따른 제외)
> 전속관할(專屬管轄)이 정하여진 소에는 제2조, 제7조 내지 제25조, 제29조 및 제30조의 규정을 적용하지 아니한다.
>
> 제29조(합의관할)
> ① 당사자는 합의로 제1심 관할법원을 정할 수 있다.
> ② 제1항의 합의는 일정한 법률관계로 말미암은 소에 관하여 서면으로 하여야 한다.
>
> 제30조(변론관할)
> 피고가 제1심 법원에서 관할위반이라고 항변(抗辯)하지 아니하고 본안(本案)에 대하여 변론(辯論)하거나 변론준비기일(辯論準備期日)에서 진술하면 그 법원은 관할권을 가진다.

③ [1] 이송결정의 기속력은 당사자에게 이송결정에 대한 불복방법으로 즉시항고가 마련되어 있는 점이나 이송의 반복에 의한 소송지연을 피하여야 할 공익적 요청은 전속관할을 위배하여 이송한 경우라고 하여도 예외일 수 없는 점에 비추어 볼 때, 당사자가 이송결정에 대하여 즉시항고를 하지 아니하여 확정된 이상 원칙적으로 전속관할의 규정을 위배하여 이송한 경우에도 미친다.

[2] 심급관할을 위배하여 이송한 경우에 이송결정의 기속력이 이송받은 상급심 법원에도 미친다고 한다면 당사자의 심급의 이익을 박탈하여 부당할 뿐만 아니라, 이송을 받은 법원이 법률심인 대법인 경우에는 직권조사 사항을 제외하고는 새로운 소송자료의 수집과 사실확정이 불가능한 관계로 당사자의 사실에 관한 주장, 입증의 기회가 박탈되는 불합리가 생기므로, 심급관할을 위배한 이송결정의 기속력은 이송받은 상급심 법원에는 미치지 않는다고 보아야 하나, 한편 그 기속력이 이송받은 하급심 법원에도 미치지 않는다고 한다면 사건이 하급심과 상급심 법원 간에 반복하여 전전이송되는 불합리한 결과를 초래하게 될 가능성이 있어 이송결정의 기속력을 인정한 취지에 반하는 것일 뿐더러 민사소송의 심급의 구조상 상급심의 이송결정은 특별한 사정이 없는 한 하급심을 구속하게 되는바 이와 같은 법리에도 반하게 되므로, 심급관할을 위배한 이송결정의 기속력은 이송받은 하급심 법원에는 미친다고 보아야한다(대판 1995.5.15. 94마1059, 1060 결정).

정답의 이유

② 병합의 형태가 선택적 병합인지 예비적 병합인지 여부는 당사자의 의사가 아닌 병합청구의 성질을 기준으로 판단하여야 한다(대판 2014.5.29. 2013다96868)

오답의 이유

① 채권자가 본래적 급부청구인 부동산소유권이전등기 청구에다가 이에 대신할 전보배상(전보배상)을 부가하여 대상청구(대상청구)를 병합하여 소구(소구)한 경우의 대상청구는 본래적 급부청구권이 현존함을 전제로 하여 이것이 판결확정 전에 이행불능되거나 또는 판결확정 후에 집행불능이 되는 경우에 대비하여 전보배상을 미리 청구하는 경우로서 그 중 후자의 양자의 병합은

현재의 급부청구와 장래의 급부청구와의 단순병합에 속하는 것으로 허용되고(대판 1975.7.22. 75다450), 또 부동산소유권이전 등기를 명하는 판결이 확정된 후 또는 그 판결확정과 동시에 그 집행이 불능한 것이 되어 별소(別訴)로 그 전보배상을 구하는 것도 당연히 허용되며, 이는 부동산소유권이전등기 말소청구권의 경우에도 마찬가지이다(대판 2006.1.27. 2005다39013).

③ 제1심법원이 원고의 선택적 청구 중 하나만을 판단하여 기각하고 나머지 청구에 대하여는 아무런 판단을 하지 아니한 조치는 위법한 것이고, 원고가 이와 같이 위법한 제1심판결에 대하여 항소한 이상 원고의 선택적 청구 전부가 항소심으로 이심되었다고 할 것이므로, 선택적 청구 중 판단되지 않은 청구 부분이 재판의 탈루로서 제1심법원에 그대로 계속되어 있다고 볼 것은 아니다(대판 1998.7.24. 96다99).

④ 통상의 민사사건과 가처분에 대한 이의사건은 다른 종류의 소송 절차에 따르는 것이므로 변론을 병합할 수 없다(대판 2003.8.22. 2001다23225, 23232).

10 난도 ★★☆ 　　　　　　　　　정답 ③

정답의 이유

③ 공동상속인이 다른 공동상속인을 상대로 어떤 재산이 상속재산 임의 확인을 구하는 소는 이른바 고유필수적 공동소송이라고 할 것이고, 고유필수적 공동소송에서는 원고들 일부의 소 취하 또는 피고들 일부에 대한 소 취하는 특별한 사정이 없는 한 그 효력이 생기지 않는다(대판 2007.8.24. 선고 2006다40980 판결).

오답의 이유

① 합유재산의 보존행위는 합유재산의 멸실·훼손을 방지하고 그 현상을 유지하기 위하여 하는 사실적·법률적 행위로서 이러한 합유재산의 보존행위를 각 합유자 단독으로 할 수 있도록 한 취지는 그 보존행위가 긴급을 요하는 경우가 많고 다른 합유자에게도 이익이 되는 것이 보통이기 때문이다. 민법상 조합인 공동수급체가 경쟁입찰에 참가하였다가 다른 경쟁업체가 낙찰자로 선정된 경우, 그 공동수급체의 구성원 중 1인이 그 낙찰자 선정이 무효임을 주장하며 무효확인의 소를 제기하는 것은 그 공동수급체가 경쟁입찰과 관련하여 갖는 법적 지위 내지 법률상 보호받는 이익이 침해될 우려가 있어 그 현상을 유지하기 위하여 하는 소송행위이므로 이는 합유재산의 보존행위에 해당한다(대판 2013.11.28. 2011다80449).

② 공유물분할청구의 소는 분할을 청구하는 공유자가 원고가 되어 다른 공유자 전부를 공동피고로 하여야 하는 고유필수적 공동소송이고, 공동소송인과 상대방 사이에 판결의 합일확정을 필요로 하는 고유필수적 공동소송에서는 공동소송인 중 일부가 제기한 상소는 다른 공동소송인에게도 효력이 미치므로 공동소송인 전원에 대한 관계에서 판결의 확정이 차단되고 소송은 전체로서 상소심에 이심된다. 따라서 공유물분할 판결은 공유자 전원에 대하여 상소기간이 만료되기 전에는 확정되지 않고, 일부 공유자에 대하여 상소기간이 만료되었다고 하더라도 그 공유자에 대한 판결 부분이 분리·확정되는 것은 아니다(대판 2017.9.21. 2017다233931).

④ 타인 소유의 토지 위에 설치되어 있는 공작물을 철거할 의무가 있는 수인을 상대로 그 공작물의 철거를 청구하는 소송은 필요적 공동소송이 아니다(대판 1993.2.23. 92다49218).

11 난도 ★★☆ 　　　　　　　　　정답 ④

정답의 이유

④ 권리관계에 대하여 당사자 사이에 아무런 다툼이 없어 법적 불안이 없으면 원칙적으로 확인의 이익이 없다고 할 것이나, 피고가 권리관계를 다투어 원고가 확인의 소를 제기하였고 당해 소송에서 피고가 권리관계를 다툰 바 있다면 특별한 사정이 없는 한 항소심에 이르러 피고가 권리관계를 다투지 않는다는 사유만으로 확인의 이익이 없다고 할 수 없다(대판 2009.1.15. 2008다74130).

오답의 이유

① 일반적으로 과거의 법률관계는 확인의 소의 대상이 될 수 없으나, 혼인, 입양과 같은 신분관계나 회사의 설립, 주주총회의 결의무효, 취소와 같은 사단적 관계, 행정처분과 같은 행정관계와 같이 그것을 전제로 하여 수많은 법률관계가 발생하고 그에 관하여 일일이 개별적으로 확인을 구하는 번잡한 절차를 반복하는 것보다 과거의 법률관계 그 자체의 확인을 구하는 편이 관련된 분쟁을 일거에 해결하는 유효 적절한 수단일 수 있는 경우에는 예외적으로 확인의 이익이 인정된다(대판 1995.3.28. 94므1447).

② 시효중단을 위한 후소로서 이행소송 외에 전소 판결로 확정된 채권의 시효를 중단시키기 위한 조치, 즉 '재판상의 청구'가 있다는 점에 대하여만 확인을 구하는 형태의 '새로운 방식의 확인소송'이 허용되고, 채권자는 두 가지 형태의 소송 중 자신의 상황과 필요에 보다 적합한 것을 선택하여 제기할 수 있다고 보아야 한다(대판 2018.10.18. 2015다232316 전원합의체 판결).

③ 확인의 소는 원고의 권리 또는 법률상 지위에 현존하는 불안·위험이 있고 확인판결을 받는 것이 그 분쟁을 근본적으로 해결하는 가장 유효·적절한 수단일 때 허용되는바, 근저당권설정자가 근저당권설정계약에 기한 피담보채무가 존재하지 아니함의 확인을 구함과 함께 그 근저당권설정등기의 말소를 구하는 경우에 근저당권설정자로서는 피담보채무가 존재하지 않음을 이유로 근저당권설정등기의 말소를 구하는 것이 분쟁을 유효·적절하게 해결하는 직접적인 수단이 될 것이므로 별도로 근저당권설정계약에 기한 피담보채무가 존재하지 아니함의 확인을 구하는 것은 확인의 이익이 있다고 할 수 없다(대판 2000.4.11. 2000다5640).

12 난도 ★★☆

정답의 이유

② 민사소송법 제226조 제1항 단서

> **제226조(결정에 대한 이의신청)**
> ① 당사자는 제225조의 결정에 대하여 그 조서 또는 결정서의 정본을 송달받은 날부터 2주 이내에 이의를 신청할 수 있다. 다만, 그 정본이 송달되기 전에도 이의를 신청할 수 있다.

오답의 이유

① 민사소송법 제225조 제1항

> **제225조(결정에 의한 화해권고)**
> ① 법원·수명법관 또는 수탁판사는 소송에 계속 중인 사건에 대하여 직권으로 당사자의 이익, 그 밖의 모든 사정을 참작하여 청구의 취지에 어긋나지 아니하는 범위 안에서 사건의 공평한 해결을 위한 화해권고결정(화해권고결정)을 할 수 있다.

③ 민사소송법 제227조 제4항

> **제227조(이의신청의 방식)**
> ④ 제226조 제1항의 규정에 따라 이의를 신청한 때에는 이의 신청의 상대방에게 이의신청서의 부본을 송달하여야 한다.

④ 화해권고결정에 '원고는 소를 취하하고, 피고는 이에 동의한다.'는 화해조항이 있고, 이러한 화해권고결정에 대하여 양 당사자가 이의하지 않아 확정되었다면, 화해권고결정의 확정으로 당사자 사이에 소를 취하한다는 내용의 소송상 합의를 하였다고 볼 수 있다. 따라서 본안에 대한 종국판결이 있은 뒤에 이러한 화해권고결정이 확정되어 소송이 종결된 경우에는 소취하한 경우와 마찬가지로 민사소송법 제267조 제2항의 규정에 따라 같은 소를 제기하지 못한다(대판 2021.7.29. 선고 2018다230229 판결).

13 난도 ★☆☆
정답 ②

정답의 이유

② 민사소송법 제62조의2 단서

> **제62조의2(의사무능력자를 위한 특별대리인의 선임 등)**
> ① 의사능력이 없는 사람을 상대로 소송행위를 하려고 하거나 의사능력이 없는 사람이 소송행위를 하는 데 필요한 경우 특별대리인의 선임 등에 관하여는 제62조를 준용한다. 다만, 특정후견인 또는 임의후견인도 특별대리인의 선임을 신청할 수 있다.

오답의 이유

① 민사소송법 제62조 제3항

> **제62조(제한능력자를 위한 특별대리인)**
> ③ 특별대리인은 대리권 있는 후견인과 같은 권한이 있다. 특별대리인의 대리권의 범위에서 법정대리인의 권한은 정지된다.

③ 법인 또는 법인 아닌 사단의 대표자가 없거나 대표권을 행사할 수 없는 경우, 대표자가 사실상 또는 법률상 장애로 대표권을 행사할 수 없는 경우, 대표자의 불성실하거나 미숙한 대표권 행사로 소송절차의 진행이 현저하게 방해받는 경우에 구 민사소송법(2016.2. 3. 법률 제13952호로 개정되기 전의 것, 이하 '법'이라 한다) 제64조에 의해 준용되는 법 제62조의 규정에 따라 선임된 특별대리인, 즉 소송법상 특별대리인은 법인 또는 법인 아닌 사단의 대표자와 동일한 권한을 가져 소송수행에 관한 일체의 소송행위를 할 수 있으므로, 소송법상 특별대리인은 특별한 사정이 없는 한 법인을 대표하여 수행하는 소송에 관하여 상소를 제기하거나 이를 취하할 권리가 있다(대판 2018.12.13. 2016다210849, 210856).

④ 선임신청의 기각결정에 대해서는 항고할 수 있으나(법 제439조), 선임 결정에 대하여는 항고할 수 없다. 특별대리인선임결정에 대하여는 항고를 할 수 없다(대판 1963.5.2. 63마4).

14 난도 ★☆☆
정답 ①

정답의 이유

① 소송대리인이 있는 경우는 당사자가 사망하였다고하여 소송절차가 중단되지 않는다(민사소송법 제233조, 제238조).

> **제233조(당사자의 사망으로 말미암은 중단)**
> ① 당사자가 죽은 때에 소송절차는 중단된다. 이 경우 상속인·상속재산관리, 그 밖에 법률에 의하여 소송을 계속하여 수행할 사람이 소송절차를 수계(受繼)하여야 한다.
>
> **제238조(소송대리인이 있는 경우의 제외)**
> 소송대리인이 있는 경우에는 제233조 제1항, 제234조 내지 제237조의 규정을 적용하지 아니한다.

오답의 이유

② 민사소송법 제234조, 제238조

> **제234조(법인의 합병으로 말미암은 중단)**
> 당사자인 법인이 합병에 의하여 소멸된 때에 소송절차는 중단된다. 이 경우 합병에 의하여 설립된 법인 또는 합병한 뒤의 존속법인이 소송절차를 수계하여야 한다.
>
> **제238조(소송대리인이 있는 경우의 제외)**
> 소송대리인이 있는 경우에는 제233조 제1항, 제234조 내지 제237조의 규정을 적용하지 아니한다.

③ 민사소송법 제48조

> **제48조(소송절차의 정지)**
> 법원은 제척 또는 기피신청이 있는 경우에는 그 재판이 확정될 때까지 소송절차를 정지하여야 한다. 다만, 제척 또는 기피신청이 각하된 경우 또는 종국판결(終局判決)을 선고하거나 긴급을 요하는 행위를 하는 경우에는 그러하지 아니하다.

④ 민사소송법 제245조

> **제245조(법원의 직무집행 불가능으로 말미암은 중지)**
> 천재지변, 그 밖의 사고로 법원이 직무를 수행할 수 없을 경우에 소송절차는 그 사고가 소멸될 때까지 중지된다.

15 난도 ★★☆ 정답 ③

정답의 이유

③ 제1심 판결에서 참가인의 독립당사자참가신청을 각하하고 원고의 청구를 기각한 데 대하여 참가인은 항소기간 내에 항소를 제기하지 아니하였고, 원고만이 항소한 경우 위 독립당사자참가신청을 각하한 부분은 원고의 항소에도 불구하고 피고에 대한 본소청구와는 별도로 이미 확정되었다 할 것이다(대판 1992.5.26. 91다4669, 91다4676).

오답의 이유

① 공동소송참가는 타인간의 소송의 목적이 당사자 일방과 제3자에 대하여 합일적으로 확정될 경우 즉, 타인간의 소송의 판결의 효력이 제3자에게도 미치게 되는 경우에 한하여 그 제3자에게 허용되는바(대판 1986.7.22. 85다620), 학교 법인의 이사회의 결의에 하자가 있는 경우에 관하여 법률에 별도의 규정이 없으므로 그 결의에 무효사유가 있는 경우에는 이해관계인은 언제든지 또 어떤 방법에 의하든지 그 무효를 주장할 수 있고, 이와 같은 무효주장의 방법으로서 이사회결의무효확인소송이 제기되어 승소확정판결이 난 경우, 그 판결의 효력은 위 소송의 당사자사이에서만 발생하는 것이지 대세적 효력이 있다고 볼 수는 없으므로(대판 2000.1.28. 98다26187), 이사회결의무효확인의 소는 그 소송의 목적이 당사자 일방과 제3자에 대하여 합일적으로 확정될 경우가 아니어서 제3자는 공동소송참가를 할 수 없다고 할 것이다(대판 2001.7.13. 2001다13013).

② 채권자대위소송이 계속 중인 상황에서 다른 채권자가 동일한 채무자를 대위하여 채권자대위권을 행사하면서 공동소송참가신청을 할 경우, 양 청구의 소송물이 동일하다면 민사소송법 제83조 제1항이 요구하는 '소송목적이 한쪽 당사자와 제3자에게 합일적으로 확정되어야 할 경우'에 해당하므로 참가신청은 적법하다. 이때 양청구의 소송물이 동일한지는 채권자들이 각기 대위행사하는 피대위채권이 동일한지에 따라 결정되고, 채권자들이 각기 자신을 이행상대방으로 하여 금전의 지급을 청구하였더라도 채권자들이 채무자를 대위하여 변제를 수령하게 될 뿐 자신의 채권에 대한 변제로서 수령하게 되는 것이 아니므로 이러한 채권자들의 청구가 서로소송물이 다르다고 할 수 없다. 여기서 원고

가 일부 청구임을 명시하여 피대위채권의 일부만을 청구한 것으로 볼 수 있는 경우에는 참가인의 청구금액이 원고의 청구금액을 초과하지 아니하는 한 참가인의 청구가 원고의 청구와 소송물이 동일하여 중복된다고 할 수 있으므로 소송목적이 원고와 참가인에게 합일적으로 확정되어야 할 필요성을 인정할 수 있어 참가인의 공동소송참가신청을 적법한 것으로 보아야 한다(대판 2015.7.23. 2013다30301, 30325).

④ 독립당사자참가소송에서 소가 피고 및 당사자참가인의 동의를 얻어 적법하게 취하되면 그때 3면소송관계는 소멸하고, 당사자참가인의 원·피고에 대한 소가 독립의 소로서 소송요건을 갖춘 이상 그 소송계속은 적법하며, 이 때 당사자참가인의 신청이 비록 참가신청 당시 당사자참가요건을 갖추지 못했다 하더라도 이미 본소가 소멸되어 3면소송관계가 해소된 이상 종래의 3면소송 당시에 필요했던 당사자참가요건의 구비여부는 가려볼 필요가 없는 것이다. 기록에 의하면 이 사건에서 독립당사자참가소송 형태는 1987.12.24. 원고의 적법한 소취하로써 소멸되었고 그 이후부터는 당사자참가인의 원·피고들에 대한 청구가 일반 공동소송으로 남아 있다고 봐야하고, 당사자참가인의 참가요건 구비를 더 이상 거론할 필요가 없는 것이다(대판 1991.1.25. 90다4723).

16 난도 ★★☆ 정답 ④

정답의 이유

④ 소의 교환적 변경은 신청구의 추가적 병합과 구청구의 취하의 결합형태로 볼 것이므로 본안에 대한 종국판결이 있은 후 구청구를 신청구로 교환적 변경을 한 다음 다시 본래의 구청구로 교환적 변경을 한 경우에는 종국판결이 있은 후 소를 취하하였다가 동일한 소를 다시 제기한 경우에 해당하여 부적법하다(대판 1987.11.10. 87다카1405).

오답의 이유

① 민사소송법 제267조 제2항

> **제267조(소취하의 효과)**
> ② 본안에 대한 종국판결이 있은 뒤에 소를 취하한 사람은 같은 소를 제기하지 못한다.

② 민사소송법 제267조 제2항의 규정은 임의의 소취하에 의하여 그때까지의 국가의 노력을 헛수고로 돌아가게 한 자에 대한 제재적 취지에서 그가 다시 동일한 분쟁을 문제삼아 소송제도를 농락하는 것과 같은 부당한 사태의 발생을 방지할 목적에서 나온 것이므로 여기에서 동일한 소라 함은 반드시 기판력의 범위나 중복제소금지의 경우의 그것과 같이 풀이할 것은 아니고, 따라서 당사자와 소송물이 동일하더라도 재소의 이익이 다른 경우에는 동일한 소라고 할 수 없는 반면, 후소가 전소의 소송물을 선결적 법률관계 내지 전제로 하는 것일 때에는 비록 소송물은 다르지만 본안의 종국판결후에 전소를 취하한 자는 전소의 목적이었던 권리 내지 법률관계의 존부에 대하여는 다시 법원의 판단을 구할 수 없는 관계상 위 제도의 취지와 목적에 비추어 후소

에 대하여도 동일한 소로서 판결을 구할 수 없다고 풀이함이 상당하다(대판 1989.10.10. 88다카18023).

③ 민사소송법 제267조 제2항은 "본안에 대한 종국판결이 있은 후 소를 취하한 자는 동일한 소를 제기하지 못한다."라고 규정하고 있는바, 이는 소취하로 인하여 그 동안 판결에 들인 법원의 노력이 무용화되고 종국판결이 당사자에 의하여 농락당하는 것을 방지하기 위한 제재적 취지의 규정이므로, 본안에 대한 종국판결이 있은 후 소를 취하한 자라 할지라도 이러한 규정의 취지에 반하지 아니하고 소제기를 필요로 하는 정당한 사정이 있다면 다시 소를 제기할 수 있다(대판 1998.3.13. 95다48599, 48605).

17 난도 ★★☆　　　　　　　　　　　　　　정답 ②

정답의 이유

② 민사집행법 제23조 제1항은 민사집행절차에 관하여 민사집행법에 특별한 규정이 없으면 성질에 반하지 않는 범위 내에서 민사소송법의 규정을 준용한다는 취지인데, 집행절차상 즉시항고 재판에 관하여 변론주의의 적용이 제한됨을 규정한 민사집행법 제15조 제7항 단서 등과 같이 직권주의가 강화되어 있는 민사집행법하에서 민사집행법 제16조의 집행에 관한 이의의 성질을 가지는 강제경매 개시결정에 대한 이의의 재판절차에서는 민사소송법상 재판상 자백이나 의제자백에 관한 규정은 준용되지 아니하고, 이는 민사집행법 제268조에 의하여 담보권실행을 위한 경매절차에도 준용되므로 경매개시결정에 대한 형식적인 절차상의 하자를 이유로 한 임의경매 개시결정에 대한 이의의 재판절차에서도 민사소송법상 재판상 자백이나 의제자백에 관한 규정은 준용되지 아니한다(대판 2015.9.14. 2015마813).

오답의 이유

① 자백은 당사자가 자기에게 불이익한 사실을 인정하는 진술로서 상대방 당사자의 진술내용과 일치하거나 상대방 당사자가 이를 원용하는 경우에 성립하는 것이고, 상대방이 이를 원용하지 아니하여 당사자 쌍방의 주장이 일치된 바 없다면 이를 자백(선행자백)이라고 볼 수 없다. 그리고 당사자 일방이 한 진술에 잘못된 계산이나 기재, 기타 이와 비슷한 표현상의 잘못이 있고, 잘못이 분명한 경우에는 비록 상대방이 이를 원용하였다고 하더라도 당사자 쌍방의 주장이 일치한다고 할 수 없으므로 자백(선행자백)이 성립할 수 없다(대판 2018.8.1. 2018다229564).

③ 재판상의 자백에 대하여 상대방의 동의가 없는 경우에는 자백을 한 당사자가 그 자백이 진실에 부합되지 않는다는 것과 자백이 착오에 기인한다는 사실을 증명한 경우에 이를 취소할 수 있는바, 이때 진실에 부합하지 않는다는 사실에 대한 증명은 그 반대되는 사실을 직접증거에 의하여 증명함으로써 할 수 있지만, 자백사실이 진실에 부합하지 않음을 추인할 수 있는 간접사실의 증명에 의하여도 가능하다고 할 것이고, 또 자백이 진실에 반한다는 증명이 있다고 하여 그 자백이 착오로 인한 것이라고 추정되는 것은 아니지만 그 자백이 진실과 부합되지 않는 사실이 증명된 경우라면 변론의 전취지에 의하여 그 자백이 착오로 인한 것이라는 점을 인정할 수 있다(대판 2000.9.8. 2000다23013).

④ 법정변제충당의 순서를 정함에 있어 기준이 되는 이행기나 변제

이익에 관한 사항 등은 구체적 사실로서 자백의 대상이 될 수 있으나, 법정변제충당의 순서 자체는 법률 규정의 적용에 의하여 정하여지는 법률상의 효과여서 그에 관한 진술이 비록 그 진술자에게 불리하더라도 이를 자백이라고 볼 수는 없다(대판 1998.7.10. 98다6763).

18 난도 ★★☆　　　　　　　　　　　　　　정답 ④

정답의 이유

④ 가압류·가처분 등 보전소송사건을 수임받은 소송대리인의 소송대리권은 수임받은 사건에 관하여 포괄적으로 미친다고 할 것이므로 가압류사건을 수임받은 변호사의 소송대리권은 그 가압류신청 사건에 관한 소송행위뿐만 아니라 본안의 제소명령을 신청하거나, 상대방의 신청으로 발하여진 제소명령결정을 송달받을 권한에까지 미친다(대판 2003.3.31. 2003마324).

오답의 이유

① 소송상 화해나 청구의 포기에 관한 특별수권이 되어 있다면 특별한 사정이 없는 한 그러한 소송행위에 대한 수권만이 아니라 그러한 소송행위의 전제가 되는 당해 소송물인 권리의 처분이나 포기에 대한 권한도 수여되어 있다고 봄이 상당하다(대판 1994.3.8. 93다52105)(대판 2000. 1. 31. 99마6205).

② 소취하에 대한 소송대리인의 동의는 민사소송법 제90조 제2항 소정의 특별수권사항이 아닐 뿐 아니라, 소송대리인에 대하여 특별수권사항인 소취하를 할 수 있는 대리권을 부여한 경우에도 상대방의 소취하에 대한 동의권도 포함되어 있다고 봄이 상당하므로 그같은 소송대리인이 한 소취하의 동의는 소송대리권의 범위내의 사항으로서 본인에게 그 효력이 미친다(대판 1984.3.13. 선고82므40).

③ 통상 소송위임장이라는 것은 민사소송법 제89조 제1항에 따른 소송대리인의 권한을 증명하는 전형적인 서면이라고 할 것인데, 여기에서의 소송위임(수권행위)은 소송대리권의 발생이라는 소송법상의 효과를 목적으로 하는 단독 소송행위로서 그 기초관계인 의뢰인과 변호사 사이의 사법상의 위임계약과는 성격을 달리하는 것이고, 의뢰인과 변호사 사이의 권리의무는 수권행위가 아닌 위임계약에 의하여 발생한다(대판 1997.12.12. 95다20775).

19 난도 ★★☆　　　　　　　　　　　　　　정답 ④

정답의 이유

④ 소송에서 다투어지고 있는 권리 또는 법률관계의 존부가 동일한 당사자 사이의 전소에서 이미 다루어져 이에 관한 확정판결이 있는 경우에 당사자는 이에 저촉되는 주장을 할 수 없고, 법원도 이에 저촉되는 판단을 할 수 없음은 물론, 위와 같은 확정판결의 존부는 당사자의 주장이 없더라도 법원이 이를 직권으로 조사하여 판단하지 않으면 안되고, 더 나아가 당사자가 확정판결의 존재를 사실심변론종결시까지 주장하지 아니하였더라도 상고심에서 새로이 이를 주장, 입증할 수 있는 것이다(대판 1989.10.10. 89누1308).

① 청구이의의 소는 집행권원이 가지는 집행력의 배제를 목적으로 하는 것으로서 판결이 확정되더라도 당해 집행권원의 원인이 된 실체법상 권리관계에 기판력이 미치지 않는다. 따라서 채무자가 채권자에 대하여 채무부담행위를 하고 그에 관하여 강제집행승낙문구가 기재된 공정증서를 작성하여 준 후, 공정증서에 대한 청구이의의 소를 제기하지 않고 공정증서의 작성원인이 된 채무에 관하여 채무부존재확인의 소를 제기한 경우, 그 목적이 오로지 공정증서의 집행력 배제에 있는 것이 아닌 이상 청구이의의 소를 제기할 수 있다는 사정만으로 채무부존재확인소송이 확인의 이익이 없어 부적법하다고 할 것은 아니다(대판 2013.5.9. 2012다108863).

② 단체의 구성원이 단체내부규정의 효력을 다투는 소는 당사자 사이의 구체적인 권리 또는 법률관계의 존부확인을 구하는 것이 아니므로 부적법하다(대판 1992.11.24. 91다29026).

③ 법원의 가처분결정에 기하여 그 가처분집행의 방법으로 이루어진 처분금지가처분등기는 집행법원의 가처분결정의 취소나 집행취소의 방법에 의해서만 말소될 수 있는 것이어서 처분금지가처분등기의 이행을 소구할 수는 없는 것이다(대판 1982.12.14. 80다1872, 1873).

20 난도 ★★☆ 정답 ④

④ 민사소송법 제461조에 의하여 준용되는 같은 법 제451조 제1항 제9호에 정하여진 '판결에 영향을 미칠 중요한 사항에 관하여 판단을 누락한 때'라고 함은, 직권조사사항에 해당하는지 여부를 불문하고 그 판단 여하에 따라 판결의 결론에 영향을 미치는 사항으로서 당사자가 구술변론에서 주장하거나 또는 법원의 직권조사를 촉구하였음에도 불구하고 판단을 하지 아니한 경우를 말하는 것이므로 당사자가 주장하지 아니하거나 그 조사를 촉구하지 아니한 사항은 이에 해당하지 아니한다(대판 2004.9.13. 2004마660).

① 비법인사단이 당사자인 사건에서 대표자에게 적법한 대표권이 있는지 여부는 소송요건에 관한 것으로서 법원의 직권조사사항이므로, 법원에 판단의 기초자료인 사실과 증거를 직권으로 탐지할 의무까지는 없다 하더라도 이미 제출된 자료에 의하여 대표권의 적법성에 의심이 갈만한 사정이 엿보인다면 그에 관하여 심리·조사할 의무가 있다(대판 2011.7.28. 2010다97044).

② 직권조사사항은 자백의 대상이 될 수 없다(대판 2002.5.14. 선고 2000다42908).

③ 특정한 권리나 법률관계에 관하여 분쟁이 있어도 제소하지 아니하기로 합의(이하 '부제소 합의'라고 한다)한 경우 이에 위배되어 제기된 소는 권리보호의 이익이 없고, 또한 당사자와 소송관계인은 신의에 따라 성실하게 소송을 수행하여야 한다는 신의성실의 원칙(민사소송법 제1조 제2항)에도 어긋나는 것이므로, 소가 부제소 합의에 위배되어 제기된 경우 법원은 직권으로 소의 적법 여부를 판단할 수 있다(대판 2013.11.28. 2011다80449).

21 난도 ★★☆ 정답 ①

① 민사소송법 제399조 제2항에 의하면, '항소기간을 넘긴 것이 분명한 때'에는 원심재판장이 명령으로 항소장을 각하하도록 규정하고 있는바, 그 규정의 취지에 비추어 볼 때 항소권의 포기 등으로 제1심판결이 확정된 후에 항소장이 제출되었음이 분명한 경우도 이와 달리 볼 이유가 없으므로, 이 경우에도 원심재판장이 항소장 각하명령을 할 수 있는 것으로 봄이 상당하다(대판 2006.5.2. 2005마933).

② 민사소송법 제395조 제3항

> **제395조(항소권의 포기방식)**
> ③ 항소를 한 뒤의 항소권의 포기는 항소취하의 효력도 가진다.

③ 제1심법원이 피고에게 소장의 부본을 송달하였을 때 피고가 원고의 청구를 다투는 경우에는 소장의 부본을 송달받은 날부터 30일 이내에 답변서를 제출하여야 하고(민사소송법 제256조 제1항), 법원은 피고가 답변서를 제출하지 아니한 때에는 청구의 원인이 된 사실을 자백한 것으로 보고 변론 없이 판결할 수 있으나(이하 '무변론판결'이라 한다), 판결이 선고되기까지 피고가 원고의 청구를 다투는 취지의 답변서를 제출한 경우에는 무변론판결을 할 수 없다(같은 법 제257조 제1항). 따라서 제1심법원이 피고의 답변서 제출을 간과한 채 민사소송법 제257조 제1항에 따라 무변론판결을 선고하였다면, 이러한 제1심판결의 절차는 법률에 어긋난 경우에 해당한다. 항소법원은 제1심판결의 절차가 법률에 어긋날 때에 제1심판결을 취소하여야 한다(같은 법 제417조). 따라서 제1심법원이 피고의 답변서 제출을 간과한 채 민사소송법 제257조 제1항에 따라 무변론판결을 선고함으로써 제1심판결 절차가 법률에 어긋난 경우 항소법원은 민사소송법 제417조에 의하여 제1심판결을 취소하여야 한다. 다만 항소법원이 제1심판결을 취소하는 경우 반드시 사건을 제1심법원에 환송하여야 하는 것은 아니므로, 사건을 환송하지 않고 직접 다시 판결할 수 있다(대판 2020.12.10. 2020다255085).

④ 항소의 취하가 있으면 소송은 처음부터 항소심에 계속되지 아니한 것으로 보게 되나(민사소송법 제393조 제2항, 제267조 제1항), 항소취하는 소의 취하나 항소권의 포기와 달리 제1심 종국판결이 유효하게 존재하므로, 항소기간 경과 후에 항소취하가 있는 경우에는 항소기간 만료 시로 소급하여 제1심판결이 확정되나, 항소기간 경과 전에 항소취하가 있는 경우에는 판결은 확정되지 아니하고 항소기간 내라면 항소인은 다시 항소의 제기가 가능하다(대판 2016.1.14. 2015므3455).

22 난도 ★☆☆ 정답 ④

정답의 이유

④ 단독사건에서는 민사소송법 제276조 단서와 제272조 제1항의 규정에 의하여 미리 준비서면에 기재하지 아니한 증인을 상대방이 변론기일에 출석하지 아니한 채 재정증인으로 증거조사를 하고 증거로 채택하였을 경우 위법이 아니다(대판 1975.1.28. 74다1721).

오답의 이유

① 민사소송법 제272조

> 제272조(변론의 집중과 준비)
> ① 변론은 집중되어야 하며, 당사자는 변론을 서면으로 준비하여야 한다.
> ② 단독사건의 변론은 서면으로 준비하지 아니할 수 있다. 다만, 상대방이 준비하지 아니하면 진술할 수 없는 사항은 그러하지 아니하다.

② 준비서면에 취득시효완성에 관한 주장사실이 기재되어 있다 하더라도 그 준비서면이 변론기일에서 진술된 흔적이 없다면 취득시효완성의 주장에 대한 판단유탈의 위법이 있다 할 수 없다(대판 1983.12.27. 80다1302).

③ 민사소송법 제273조

> 제273조(준비서면의 제출 등)
> 준비서면은 그것에 적힌 사항에 대하여 상대방이 준비하는 데 필요한 기간을 두고 제출하여야 하며, 법원은 상대방에게 그 부본을 송달하여야 한다.

23 난도 ★★☆ 정답 ①

정답의 이유

① 토지임대차 종료시 임대인의 건물철거와 그 부지인도 청구에는 건물매수대금 지급과 동시에 건물명도를 구하는 청구가 포함되어 있다고 볼 수 없다(대판 1995.7.11. 94다34265 전원합의체 판결).

오답의 이유

② 매수인이 단순히 소유권이전등기청구만을 하고 매도인이 동시이행의 항변을 한 경우 법원이 대금수령과 상환으로 소유권이전등기절차를 이행할 것을 명하는 것은 그 청구중에 대금지급과 상환으로 소유권이전등기를 받겠다는 취지가 포함된 경우에 한하므로 그 청구가 반대급부 의무가 없다는 취지임이 분명한 경우에는 청구를 기각하여야 한다(대판 1980.2.26. 80다56).

③ 채무자가 피담보채무 전액을 변제하였다고 하거나, 피담보채무의 일부가 남아 있음을 시인하면서 그 변제와 상환으로 담보목적으로 경료된 소유권이전등기의 회복을 구함에 대하여 채권자는 그 소유권이전등기가 담보목적으로 경료된 것임을 다투고 있는 경우, 채무자의 청구 중에는 만약 그 소유권이전등기가 담보목적으로 경료된 것이라면 소송 과정에서 밝혀진 잔존 피담보채무의 지급을 조건으로 그 소유권이전등기의 회복을 구한다는 취

지까지 포함되어 있는 것으로 해석하여야 하고, 그러한 경우에는 장래이행의 소로서 미리 청구할 필요도 있다(대판 1996.11.12. 96다33938).

④ 원고는 한결같이 피고가 정기검사를 받는다는 구실로 이 사건 선박을 원고로부터 인도받아간 후 되돌려 주지 아니하고 계속 점유한 것이 불법행위에 해당한다고 주장하면서 그로 인한 손해배상을 구하고 있을 뿐인데도 원심이 그에 대하여 판단하지 아니하고 위에서 본 바와 같이 채무불이행을 원인으로 하여 피고에게 그 배상을 명하고 있음이 명백하므로 이는 결국 당사자가 신청하지 아니한 사항을 판결한 것이 되어 위법하다고 하지 않을 수 없다. 이점을 지적하는 주장은 이유 있다(대판 1989.11.28. 88다카9982).

24 난도 ★★☆ 정답 ④

정답의 이유

④ 채권자가 채무인수자를 상대로 제기한 채무이행청구소송(전소)과 채무인수자가 채권자를 상대로 제기한 원래 채무자의 채권자에 대한 채무부존재확인소송(후소)은 그 청구취지와 청구원인이 서로 다르므로 중복제소에 해당하지 않는다(대판 2001.7.24. 2001다22246).

오답의 이유

① 상계의 항변을 제출할 당시 이미 자동채권과 동일한 채권에 기한 소송을 별도로 제기하여 계속 중인 경우, 사실심의 담당재판부로서는 전소와 후소를 같은 기회에 심리·판단하기 위하여 이부, 이송 또는 변론병합 등을 시도함으로써 기판력의 저촉·모순을 방지함과 아울러 소송경제를 도모함이 바람직하였다고 할 것이나, 그렇다고 하여 특별한 사정이 없는 한 별소로 계속 중인 채권을 자동채권으로 하는 소송상 상계의 주장이 허용되지 않는다고 볼 수는 없다(대판 2001.4.27. 2000다4050).

② 중복제소금지의 원칙에 위배되어 제기된 소에 대한 판결이나 그 소송절차에서 이루어진 화해라도 확정된 경우에는 당연무효라고 할 수는 없다(대판 1995.12.5. 94다59028).

③ 채무자가 제3채무자를 상대로 제기한 이행의 소가 법원에 계속되어 있는 경우에도 압류채권자는 제3채무자를 상대로 압류된 채권의 이행을 청구하는 추심의 소를 제기할 수 있고, 제3채무자를 상대로 압류채권자가 제기한 추심의 소는 채무자가 제기한 이행의 소에 대한 관계에서 민사소송법 제259조가 금지하는 중복된 소제기에 해당하지 않는다고 봄이 타당하다(대판 2013.12.18. 2013다202120).

정답의 이유

④ 재심의 소송절차에서 중간확인의 소를 제기하는 것은 재심청구가 인용될 것을 전제로 하여 재심대상소송의 본안청구에 대하여 선결관계에 있는 법률관계의 존부의 확인을 구하는 것이므로, 재심사유가 인정되지 않아서 재심청구를 기각하는 경우에는 중간확인의 소의 심판대상인 선결적 법률관계의 존부에 관하여 나아가 심리할 필요가 없으나, 한편 중간확인의 소는 단순한 공격방어방법이 아니라 독립된 소이므로 이에 대한 판단은 판결의 이유에 기재할 것이 아니라 종국판결의 주문에 기재하여야 할 것이므로 재심사유가 인정되지 않아서 재심청구를 기각하는 경우에는 중간확인의 소를 각하하고 이를 판결 주문에 기재하여야 한다(대판 2008.11.27. 2007다69834,69841).

오답의 이유

① 민사소송법 제264조 제2항, 제3항

> 제264조(중간확인의 소)
> ② 제1항의 청구는 서면으로 하여야 한다.
> ③ 제2항의 서면은 상대방에게 송달하여야 한다.

③ 소유권 이전등기나 그 말소등기절차 이행청구의 소가 계속 중 당해 부동산에 대한 소유권 확인청구를 추가하는 소변경을 제2심에서도 유효하게 할 수 있고, 또 소유권 이전등기나 말소등기 이행청구에 관한 판결의 기판력은 소유권확인청구에는 미치지 아니한다(대판 1973.9.12. 72다1436).

한눈에 훑어보기

✓ 빠른 정답

01	02	03	04	05	06	07	08	09	10
①	③	①	④	①	②	①	③	①	④
11	**12**	**13**	**14**	**15**	**16**	**17**	**18**	**19**	**20**
④	①	③	②	②	③	③	①	④	④
21	**22**	**23**	**24**	**25**					
①	①	①	②	④					

✓ 점수 체크

구분	1회독	2회독	3회독
맞힌 문항 수	/ 25	/ 25	/ 25
나의 점수	점	점	점

---

01 난도 ★★☆ 정답 ①

정답의 이유

① 기판력이라 함은 기판력 있는 전소판결의 소송물과 동일한 후소를 허용하지 않는 것임은 물론, 후소의 소송물이 전소의 소송물과 동일하지 않다고 하더라도 전소의 소송물에 관한 판단이 후소의 선결문제가 되거나 모순관계에 있을 때에는 후소에서 전소판결의 판단과 다른 주장을 하는 것을 허용하지 않는 작용을 하는 것이다(대판 1995.3.24, 94다46114).

오답의 이유

② 대판 2018.8.30, 2016다46338

③ 대판 2018.8.30, 2016다46345

④ 대판 2010.12.23, 2010다58889

02 난도 ★★☆ 정답 ③

정답의 이유

③ 적법한 대표자 자격이 없는 비법인 사단의 대표자가 한 소송행위는 후에 대표자 자격을 적법하게 취득한 대표자가 소송행위를 추인하면 행위 시에 소급하여 효력을 가지게 되고, 이러한 추인은 상고심에서도 할 수 있다(대판 2016.7.7, 2013다76871).

오답의 이유

① 대판 2008.8.21, 2007다79480

② 대판 1980.4.22, 80다308

④ 대판 1973.7.24, 69다60

03 난도 ★★★ 정답 ①

정답의 이유

ㄱ. 소송절차 중단 중에 제기된 상소는 부적법하지만 상소심법원에 수계신청을 하여 하자를 치유시킬 수 있으므로, 상속인들에게서 항소심소송을 위임받은 소송대리인이 소송수계절차를 취하지 아니한 채 사망한 당사자 명의로 항소장 및 항소이유서를 제출하였더라도, 상속인들이 항소심에서 수계신청을 하고 소송대리인의 소송행위를 적법한 것으로 추인하면 하자는 치유되고, 추인은 묵시적으로도 가능하다(대판 2016.4.9, 2014다210449).

ㄴ. 신탁으로 말미암은 수탁자의 위탁임무가 끝난 때에 소송절차는 중단되고, 이 경우 새로운 수탁자가 소송절차를 수계하여야 하지만(민사소송법 제236조), 소송대리인이 있는 경우에는 소송절차가 중단되지 아니하고(민사소송법 제238조), 소송대리권도 소멸하지 아니한다(민사소송법 제95조 제3호).

ㄷ. 민사소송법 제54조가 여러 선정당사자 가운데 죽거나 그 자격을 잃은 사람이 있는 경우에는 다른 당사자가 모두를 위하여 소송행위를 한다고 규정하고 있음에 비추어 볼 때, 공동파산관재인 중 일부가 파산관재인의 자격을 상실한 때에는 남아 있는 파산관재인에게 관리처분권이 귀속되고 소송절차는 중단되지 아니하므로, 남아 있는 파산관재인은 자격을 상실한 파산관재인을 수계하기 위한 절차를 따로 거칠 필요가 없이 혼자서 소송행위를 할 수 있다(대판 2008.4.24, 2006다14363).

ㄹ. 당사자가 사망하였으나 소송대리인이 있는 경우에는 소송절차가 중단되지 아니하고(민사소송법 제238조, 제233조 제1항), 소송대리인은 상속인들 전원을 위하여 소송을 수행하게 되며, 판결은 상속인들 전원에 대하여 효력이 있다. 이 경우 심급대리의 원칙상 판결정본이 소송대리인에게 송달되면 소송절차가 중단되므로 항소는 소송수계절차를 밟은 다음에 제기하는 것이 원칙이다. 다만 제1심 소송대리인이 상소제기에 관한 특별수권이 있어 상소를 제기하였다면 상소제기 시부터 소송절차가 중단되므로 항소심에서 소송수계절차를 거치면 된다(대판 2016.4.29, 2014다210449).

04 난도 ★★☆　　　　　　정답 ④

[정답의 이유]

④ 근무장소 외의 송달할 장소에서 송달받을 사람을 만나지 못한 때에는 그 사무원, 피용자(被用者) 또는 동거인으로서 사리를 분별할 지능이 있는 사람에게 서류를 교부할 수 있다(민사소송법 제186조 제1항). 근무장소에서 송달받을 사람을 만나지 못한 때에는 제183조제2항의 다른 사람 또는 그 법정대리인이나 피용자 그 밖의 종업원으로서 사리를 분별할 지능이 있는 사람이 서류의 수령을 거부하지 아니하면 그에게 서류를 교부할 수 있다(민사소송법 제186조 제2항). 서류를 송달받을 사람 또는 제1항의 규정에 의하여 서류를 넘겨받을 사람이 정당한 사유 없이 송달받기를 거부하는 때에는 송달할 장소에 서류를 놓아둘 수 있다(민사소송법 제186조 제3항).

[오답의 이유]

① 송달은 특별한 규정이 없으면 송달받을 사람에게 서류의 등본 또는 부본을 교부하여야 한다(민사소송법 제178조 제1항). 송달할 서류의 제출에 갈음하여 조서, 그 밖의 서면을 작성한 때에는 그 등본이나 초본을 교부하여야 한다(동법 제178조 제2항).

② 소송무능력자에게 할 송달은 그의 법정대리인에게 한다(동법 제179조). 여러 사람이 공동으로 대리권을 행사하는 경우의 송달은 그 가운데 한 사람에게 하면 된다(동법 제180조). 여러 소송대리인이 있는 때에는 각자가 당사자를 대리한다(동법 제93조).

③ 당사자의 주소 등 또는 근무장소를 알 수 없는 경우 또는 외국에서 하여야 할 송달에 관하여 제191조의 규정에 따를 수 없거나 이에 따라도 효력이 없을 것으로 인정되는 경우에는 법원사무관 등은 직권으로 또는 당사자의 신청에 따라 공시송달을 할 수 있다(동법 제194조). 공시송달은 법원사무관등이 송달할 서류를 보관하고 그 사유를 법원게시판에 게시하거나, 그 밖에 대법원규칙이 정하는 방법에 따라서 하여야 한다(동법 제195조).

05 난도 ★☆☆　　　　　　정답 ①

[정답의 이유]

① 소를 각하한 제1심판결에 대하여 원고만이 불복상소하였으나 심리한 결과 원고의 청구가 이유가 없다고 인정되는 경우 그 제1심판결을 취소하여 원고의 청구를 기각한다면 오히려 항소인인 원고에게 불이익한 결과로 되어 부당하므로 항소심은 원고의 항소를 기각하여야 한다(대판 1987.7.7, 86다카2675).

[오답의 이유]

② 대판 2009.6.11, 2009다12399

③ 대판 2003.7.22, 2001다76298

④ 대판 1991.11.8, 90다17804

06 난도 ★★☆　　　　　　정답 ②

[정답의 이유]

② 법원이 청구의 일부에 대해 재판을 누락한 경우에 그 청구부분에 대해서는 그 법원이 계속하여 재판한다(민사소송법 제212조).

[오답의 이유]

① 소는 판결이 확정될 때까지 그 전부나 일부를 취하할 수 있다(민사소송법 제266조). 따라서 소의 취하는 항소심 판결 선고 후에도 가능하지만, 항소의 취하는 항소심 판결 선고 전까지만 가능하다(동법 제393조).

③ 상소불가분의 원칙 상 상소를 제기하면 단사자의 불복신청의 범위에 관계없이 확정차단의효력과 이심의 효력이 원칙적으로 원심판결의 전부에 대해 발생한다.

④ 통상의 공동소송의 경우 공동소송인 중 1인에 관한 사항은 다른 공동소송인에 영향을 미치지 않는다(동법 제66조).

07 난도 ★★☆　　　　　　정답 ①

[정답의 이유]

① 피담보채무가 발생하지 아니한 것을 전제로 한 근저당권설정등기의 말소등기절차이행청구 중에 피담보채무의 변제를 조건으로 장래의 이행을 청구하는 취지가 포함된 것으로는 보여지지 않는다(대판 1991.4.23, 91다6009).

[오답의 이유]

② 부동산을 단독으로 상속하기로 분할협의하였다는 이유로 그 부동산 전부가 자기 소유임의 확인을 구하는 청구에는 그와 같은 사실이 인정되지 아니하는 경우 자신의 상속받은 지분에 대한 소유권의 확인을 구하는 취지가 포함되어 있다고 보아야 하므로, 이러한 경우 법원은 특단의 사정이 없는 한 그 청구의 전부를 기각할 것이 아니라 그 소유로 인정되는 지분에 관하여 일부 승소의 판결을 하여야 한다(대판 1995.9.29, 95다22849).

③ 자동차손해배상보장법 제3조는 불법행위에 관한 민법 규정의 특별 규정이라고 할 것이므로 자동차 사고로 인하여 손해를 입은 자가 자동차손해배상보장법에 의하여 손해배상을 주장하지 않았다고 하더라도 법원은 민법에 우선하여 자동차손해배상보장법을 적용하여야 한다(대판 1997.11.28, 95다29390).

④ 대판 1994.1.25, 93다9422

08 난도 ★☆☆　　　　　　　　　　　정답 ③

정답의 이유

③ 법원의 석명권 행사는 당사자의 주장에 모순된 점이 있거나 불완전·불명료한 점이 있을 때에 이를 지적하여 정정 보충할 수 있는 기회를 주고, 계쟁 사실에 대한 증거의 제출을 촉구하는 것을 그 내용으로 하는 것으로, 당사자가 주장하지도 아니한 법률효과에 관한 요건사실이나 독립된 공격방어 방법을 시사하여 그 제출을 권유함과 같은 행위를 하는 것은 변론주의의 원칙에 위배되는 것으로 석명권 행사의 한계를 일탈하는 것이 된다(대판 1996.2.9, 95다27998).

오답의 이유

① 대판 1996.2.9, 95다27998
② 대판 1987.6.9, 86다카2600
④ 대판 2020.3.26, 2018다301336

09 난도 ★★☆　　　　　　　　　　　정답 ①

정답의 이유

① 민사소송법 제117조 제1항은 "원고가 대한민국에 주소·사무소와 영업소를 두지 아니한 때 또는 소장·준비서면, 그 밖의 소송기록에 의하여 청구가 이유 없음이 명백한 때 등 소송비용에 대한 담보제공이 필요하다고 판단되는 경우에 피고의 신청이 있으면 법원은 원고에게 소송비용에 대한 담보를 제공하도록 명하여야 한다. 담보가 부족한 경우에도 또한 같다."라고 규정하고 있다. 따라서 소송비용의 담보제공 신청권은 피고에게 있을 뿐 원고가 위와 같은 담보제공 신청을 할 수는 없고, 이는 상소심 절차에서도 동일하게 적용되므로, 원고가 본안소송의 항소심에서 승소하여 피고가 그에 대한 상고를 제기함에 따라 원고가 피상고인으로 되었다고 하여 원고에게 소송비용 담보제공 신청권이 인정되는 것은 아니다(대판 2017.9.14, 2017카담507).

오답의 이유

② 민사소송법 제118조는 "담보를 제공할 사유가 있다는 것을 알고도 피고가 본안에 관하여 변론하거나 변론준비기일에서 진술한 경우에는 담보제공을 신청하지 못한다."라고 규정하고 있다. 같은 법 제119조는 "담보제공을 신청한 피고는 원고가 담보를 제공할 때까지 소송에 응하지 아니할 수 있다."라고 규정하고 있다. 그러므로 적법한 담보제공신청 없이 피고가 본안에 관하여 변론하거나 변론준비기일에서 진술한 경우 담보제공신청권을 상실한다. 반면 피고가 적법한 담보제공신청을 한 경우에는 그 후 응소를 거부하지 않고 본안에 관하여 변론 등을 하였더라도 이미 이루어진 담보제공신청의 효력이 상실되거나 그 신청이 부적법하게 되는 것은 아니다(대판 2018.6.1, 2018마5162).
③ 대판 2017.4.21, 2017마63
④ 담보의 제공은 금전 또는 법원이 인정하는 유가증권을 공탁(供託)하거나, 대법원규칙이 정하는 바에 따라 지급을 보증하겠다는 위탁계약을 맺은 문서를 제출하는 방법으로 한다. 다만, 당사자들 사이에 특별한 약정이 있으면 그에 따른다(민사소송법 제122조).

10 난도 ★★☆　　　　　　　　　　　정답 ④

정답의 이유

④ 법원사무관등은 변론기일에 참여하여 기일마다 조서를 작성하여야 한다. 다만, 변론을 녹음하거나 속기하는 경우 그 밖에 이에 준하는 특별한 사정이 있는 경우에는 법원사무관 등을 참여시키지 아니하고 변론기일을 열 수 있다(민사소송법 제152조 제1항).

오답의 이유

① 변론조서에는 법원사무관 등이 변론의 요지를 기재하되 자백에 관한 사항은 특히 명확히 기재하여야 하며, 그 조서에는 재판장이 기명날인하고 이해관계인은 조서의 열람을 신청하고 이의를 제기할 수 있도록 되어 있음에 비추어(민사소송법 제143조 제1호, 제146조), 변론의 내용이 조서에 기재되어 있을 때에는 다른 특별한 사정이 없는 한 그 내용이 진실한 것이라는 점에 관한 강한 증명력을 갖는다고 할 것이다(대판 2001.4.13, 2001다6367).
② 변론방식에 관한 규정이 지켜졌다는 것은 조서로만 증명할 수 있다. 다만, 조서가 없어진 때에는 그러하지 아니하다(민사소송법 제158조).
③ 법원은 필요하다고 인정하는 경우에는 변론의 전부 또는 일부를 녹음하거나, 속기자로 하여금 받아 적도록 명할 수 있으며, 당사자가 녹음 또는 속기를 신청하면 특별한 사유가 없는 한 이를 명하여야 한다(동법 제159조 제1항). 이 경우 녹음테이프와 속기록은 조서의 일부로 삼는다(동법 동조 제2항).

11 난도 ★★☆　　　　　　　　　　　정답 ④

정답의 이유

④ 수개의 청구를 모두 기각한 제1심판결에 대하여 원고가 그중 일부의 청구에 대하여만 항소를 제기한 경우, 항소되지 않았던 나머지 부분도 항소로 인하여 확정이 차단되고 항소심에 이심은 되나 원고가 그 변론종결시까지 항소취지를 확장하지 아니하는 한 나머지 부분에 관하여는 원고가 불복한 바가 없어 항소심의 심판대상이 되지 아니하므로 항소심으로서는 원고의 수개의 청구 중 항소하지 아니한 부분을 다시 인용할 수는 없다(대판 1994.12.23, 94다44644).

오답의 이유

① 대판 2006.5.2, 2005마933
② 구체적인 사건의 소송 계속중 그 소송 당사자 쌍방이 판결선고 전에 미리 상소하지 아니하기로 합의하였다면 그 판결은 선고와 동시에 확정된다(대판 2007.11.29, 2007다52317).
③ 원고 또는 피고가 판결확정증명서를 신청한 때에는 제1심 법원의 법원사무관등이 기록에 따라 내어 준다(민사소송법 제499조 제1항). 소송기록이 상급심에 있는 때에는 상급법원의 법원사무관등이 그 확정부분에 대하여만 증명서를 내어 준다(동법 동조 제2항).

12 난도 ★★☆ 　　　　　　　　정답 ①

정답의 이유

① 민사소송법 제101조

> 제101조(일부패소의 경우)
> 일부패소의 경우에 당사자들이 부담할 소송비용은 법원이 정한다. 다만, 사정에 따라 한 쪽 당사자에게 소송비용의 전부를 부담하게 할 수 있다.

오답의 이유

② 민사소송법 제102조 제1항

③ 소송이 재판에 의하지 아니하고 완결된 경우에 당사자가 소송비용을 상환받기 위하여서는 민사소송법 제104조 제1항에 의하여 당해 소송이 완결될 당시의 소송계속법원에 소송비용부담재판의 신청을 하여야 하고 이를 제1심수소법원에 소송비용액확정결정신청의 방법으로 할 수는 없다(대판 1992.11.30, 90마1003).

④ 소송비용부담의 재판은 소송비용상환의무의 존재를 확정하고 그 지급을 명하는 데 그치고 그 액수는 당사자의 신청에 의하여 민사소송법 제110조에 의한 소송비용액확정결정을 받아야 하므로, 소송비용부담의 재판만으로 소송비용상환청구채권의 집행권원이 될 수 없고, 따라서 소송비용액확정결정에 의한 소송비용은 본안판결의 집행력이 미치는 대상이 아니다(대판 2006.10.12, 2004재다818).

13 난도 ★★☆ 　　　　　　　　정답 ③

정답의 이유

③ 당사자본인으로 신문해야 함에도 증인으로 신문하였다 하더라도 상대방이 이를 지체 없이 이의하지 아니하면 책문권 포기, 상실로 인하여 그 하자가 치유된다(대판 1992.10.27, 92다32463).

오답의 이유

① 증언의 거부에 정당한 이유가 없다고 한 재판이 확정된 뒤에 증인이 증언을 거부한 때에는 제311조제1항(증인이 정당한 사유 없이 출석하지 아니한 때에 법원은 결정으로 증인에게 이로 말미암은 소송비용을 부담하도록 명하고 500만원 이하의 과태료에 처한다.), 제8항(제1항과 제2항의 결정에 대하여는 즉시항고를 할 수 있다. 다만, 제447조의 규정은 적용하지 아니한다.) 및 제9항(제2항 내지 제8항의 규정에 따른 재판절차 및 그 집행 그 밖에 필요한 사항은 대법원규칙으로 정한다.)의 규정을 준용한다(민사소송법 제318조).

② 주신문, 반대신문, 재주신문의 순서에 따른 신문이 끝난 후에는 당사자는 재판장의 허가를 받은 때에만 다시 신문할 수 있다(민사소송규칙 제89조).

> **더 알아보기**
>
> 증인이 다음 각호의 1에 해당한 때에는 선서하게 하지 아니하고 신문하여야 한다(민사소송법 제322조).
> 1. 16세 미만의 자
> 2. 선서의 취지를 이해하지 못하는 자

14 난도 ★☆☆ 　　　　　　　　정답 ②

정답의 이유

② 민사소송법 제95조

> 제95조(소송대리권이 소멸되지 아니하는 경우)
> 다음 각호 가운데 어느 하나에 해당하더라도 소송대리권은 소멸되지 아니한다.
> 1. 당사자의 사망 또는 소송능력의 상실
> 2. 당사자인 법인의 합병에 의한 소멸
> 3. 당사자인 수탁자(受託者)의 신탁임무의 종료
> 4. 법정대리인의 사망, 소송능력의 상실 또는 대리권의 소멸·변경

오답의 이유

① 대판 1982.7.27, 82다68

③ 민사소송법 제89조 제1항에 의하면, 소송대리인의 권한은 서면으로 증명하여야 하는 것이지만, 소송대리인이 소송대리위임장을 법원에 제출한 이상 소송대리권이 있다고 할 것이고, 법원의 잘못 등으로 그 소송대리위임장이 기록에 편철되지 아니하거나 다른 기록에 편철되었다고 하여 소송대리인의 소송대리행위가 무효가 되는 것은 아니다(대판 2005.12.8, 2005다36298).

④ 민사소송법 제93조

15 난도 ★★★ 　　　　　　　　정답 ②

정답의 이유

② 대판 1971.4.22, 71마279

오답의 이유

① 이미 사망한 자를 채무자로 한 처분금지가처분신청은 부적법하고 그 신청에 따른 처분금지가처분결정이 있었다고 하여도 그 결정은 당연무효로서 그 효력이 상속인에게 미치지 않는다고 할 것이므로, 채무자의 상속인은 일반승계인으로서 무효인 그 가처분결정에 의하여 생긴 외관을 제거하기 위한 방편으로 가처분결정에 대한 이의신청으로써 그 취소를 구할 수 있다(대판 2002.4.26, 2000다30578).

③ 사망자를 피고로하여 제소한 제1심에서 원고가 상속인으로 당사자표시정정을 함에 있어서 일부상속인을 누락시킨 탓으로 그 누락된 상속인이 피고로 되지 않은 채 제1심판결이 선고된 경우에 원고는 항소심에서 그 누락된 상속인을 다시 피고로 정정추가할 수 없다(대판 1974.7.16, 73다1190).

④ 채무자 甲의 乙 은행에 대한 채무를 대위변제한 보증인 丙이 채무자 甲의 사망사실을 알면서도 그를 피고로 기재하여 소를 제기한 사안에서, 보증인 丙은 채무자 甲의 상속인으로 피고의 표시를 정

정할 수 있고, 따라서 당초 소장을 제출한 때에 소멸시효중단의 효력이 생긴다고 본 원심판단을 수긍한 사례(대판 2011.3.10, 2010다99040)

16 난도 ★☆☆ 정답 ③

정답의 이유

③ 민사소송법 제349조

오답의 이유

① 민사소송법 제347조

제347조(제출신청의 허가여부에 대한 재판)

① 법원은 문서제출신청에 정당한 이유가 있다고 인정한 때에는 결정으로 문서를 가진 사람에게 그 제출을 명할 수 있다.

② 문서제출의 신청이 문서의 일부에 대하여만 이유 있다고 인정한 때에는 그 부분만의 제출을 명하여야 한다.

③ 제3자에 대하여 문서의 제출을 명하는 경우에는 제3자 또는 그가 지정하는 자를 심문하여야 한다.

④ 법원은 문서가 제344조에 해당하는지를 판단하기 위하여 필요하다고 인정하는 때에는 문서를 가지고 있는 사람에게 그 문서를 제시하도록 명할 수 있다. 이 경우 법원은 그 문서를 다른 사람이 보도록 하여서는 안된다.

---

② 민사소송법 제345조

제345조(문서제출신청의 방식)

문서제출신청에는 다음 각호의 사항을 밝혀야 한다.

1. 문서의 표시
2. 문서의 취지
3. 문서를 가진 사람
4. 증명할 사실
5. 문서를 제출하여야 하는 의무의 원인

---

④ 제348조(불복신청) 문서제출의 신청에 관한 결정에 대하여는 즉시항고를 할 수 있다.

17 난도 ★★☆ 정답 ③

정답의 이유

③ 소송 계속중에 소송목적인 의무의 승계가 있다는 이유로 하는 소송인수신청이 있는 경우 신청의 이유로서 주장하는 사실관계 자체에서 그 승계적격의 흠결이 명백하지 않는 한 결정으로 그 신청을 인용하여야 하는 것이고, 그 승계인에 해당하는가의 여부는 피인수신청인에 대한 청구의 당부와 관련하여 판단할 사항으로 심리한 결과 승계사실이 인정되지 않으면 청구기각의 본안판결을 하면 되는 것이지 인수참가신청 자체가 부적법하게 되는 것은 아니다(대판 2005.10.27, 2003다66691).

오답의 이유

① 민사소송법 제74조의 권리승계참가는 소송의 목적이 된 권리를 승계한 경우뿐만 아니라 채무를 승계한 경우에도 이를 할 수 있다(대판 1983.9.27, 83다카1027).

② 소송목적인 권리를 양도한 원고는 법원이 소송인수 결정을 한 후 피고의 승낙을 받아 소송에서 탈퇴할 수 있는데(민사소송법 제82조 제3항, 제80조), 그 후 법원이 인수참가인의 청구의 당부에 관하여 심리한 결과 인수참가인의 청구를 기각하거나 소를 각하하는 판결을 선고하여 판결이 확정된 경우에는 원고가 제기한 최초의 재판상 청구로 인한 시효중단의 효력은 소멸한다. 다만 소송탈퇴는 소취하와는 성질이 다르며, 탈퇴 후 잔존하는 소송에서 내린 판결은 탈퇴자에 대하여도 효력이 미친다(민사소송법 제82조 제3항, 제80조 단서). 이에 비추어 보면 인수참가인의 소송목적 양수 효력이 부정되어 인수참가인에 대한 청구기각 또는 소각하 판결이 확정된 날부터 6개월 내에 탈퇴한 원고가 다시 탈퇴 전과 같은 재판상의 청구 등을 한 때에는, 탈퇴 전에 원고가 제기한 재판상의 청구로 인하여 발생한 시효중단의 효력은 그대로 유지된다(대판 2017.7.18, 2016다35789).

④ 대판 1987.11.10, 87다카473

18 난도 ★★☆ 정답 ①

정답의 이유

① 구체적인 사건의 소송 계속 중 그 소송 당사자 쌍방이 판결선고 전에 미리 상소하지 아니하기로 합의하였다면 그 판결은 선고와 동시에 확정되는 것이므로, 이러한 합의는 소송당사자에 대하여 상소권의 사전포기와 같은 중대한 소송법상의 효과가 발생하게 되는 것으로서 반드시 서면에 의하여야 할 것이며, 그 서면의 문언에 의하여 당사자 쌍방이 상소를 하지 아니한다는 취지가 명백하게 표현되어 있을 것을 요한다(대판 2007.11.29, 2007다52317).

오답의 이유

② 대판 1980.1.29, 79다2066

③ 강제집행 당사자 사이에 그 신청을 취하하기로 하는 약정은 사법상으로는 유효하다 할지라도 이를 위배하였다 하여 직접 소송으로서 그 취하를 청구하는 것은 공법상의 권리의 처분을 구하는 것이어서 할 수 없는 것이다(대판 1966.5.31, 66다564).

④ 대판 2007.5.11, 2005후1202

19 난도 ★★★ 정답 ④

정답의 이유

④ 승계참가에 관한 민사소송법 규정과 2002년 민사소송법 개정에 따른 다른 다수당사자 소송제도와의 정합성, 원고 승계참가인(이하 '승계참가인'이라 한다)과 피참가인인 원고의 중첩된 청구를 모순 없이 합일적으로 확정할 필요성 등을 종합적으로 고려하면, 소송이 법원에 계속되어 있는 동안에 제3자가 소송목적인 권리의 전부나 일부를 승계하였다고 주장하며 민사소송법 제81조에 따라 소송에 참가한 경우, 원고가 승계참가인의 승계 여부

에 대해 다투지 않으면서도 소송탈퇴, 소 취하 등을 하지 않거나 이에 대하여 피고가 부동의하여 원고가 소송에 남아 있다면 승계로 인해 중첩된 원고와 승계참가인의 청구 사이에는 필수적 공동소송에 관한 민사소송법 제67조가 적용된다(대판 2019.10.23, 2012다46170 전합).

[오답의 이유]

① 소송이 법원에 계속되어 있는 동안에 제3자가 소송목적인 권리 또는 의무의 전부나 일부를 승계하였다고 주장하며 제79조의 규정에 따라 소송에 참가한 경우 그 참가는 소송이 법원에 처음 계속된 때에 소급하여 시효의 중단 또는 법률상 기간준수의 효력이 생긴다(민사소송법 제81조).

②·③ 동법 제82조

20 난도 ★★☆ 정답 ④

[정답의 이유]

④ 소장의 흠결(민사소송법 제245조 제1항의 경우)을 보정기간 내에 보정을 하지 않은 경우에 명령으로 각하하여야 한다.

> **제254조(재판장 등의 소장심사권)**
> ① 소장이 제249조 제1항의 규정에 어긋나는 경우와 소장에 법률의 규정에 따른 인지를 붙이지 아니한 경우에는 재판장은 상당한 기간을 정하고, 그 기간 이내에 흠을 보정하도록 명하여야 한다. 재판장은 법원사무관 등으로 하여금 위 보정명령을 하게 할 수 있다(개정 2014. 12. 30.).
> ② 원고가 제1항의 기간 이내에 흠을 보정하지 아니한 때에는 재판장은 명령으로 소장을 각하하여야 한다.
> ③ 제2항의 명령에 대하여는 즉시항고를 할 수 있다.
> ④ 재판장은 소장을 심사하면서 필요하다고 인정하는 경우에는 원고에게 청구하는 이유에 대응하는 증거방법을 구체적으로 적어 내도록 명할 수 있으며, 원고가 소장에 인용한 서증(書證)의 등본 또는 사본을 붙이지 아니한 경우에는 이를 제출하도록 명할 수 있다.

[오답의 이유]

① 대판 2013.9.9, 2013마1273

② 항소심재판장은 항소장 부본을 송달할 수 없는 경우 항소인에게 상당한 기간을 정하여 그 기간 이내에 흠을 보정하도록 명해야 하고, 항소인이 이를 보정하지 않으면 항소장 각하명령을 해야 한다(민사소송법 제402조 제1항, 제2항 참조). 이러한 항소심재판장의 항소장 각하명령은 항소장 송달 전까지만 가능하다. 따라서 항소장이 피항소인에게 송달되어 항소심법원과 당사자들 사이의 소송관계가 성립하면 항소심재판장은 더 이상 단독으로 항소장 각하명령을 할 수 없다(대판 2020.1.30, 2019마5599).

③ 인지첩부 등 소장심사는 소송요건 및 청구의 당부를 판단하는 것보다 선행되어야 한다(대판 1969.8.28, 69마375).

21 난도 ★★☆ 정답 ①

[정답의 이유]

① 가집행이 붙은 제1심 판결을 선고받은 채무자가 선고일 약 1달 후에 그 판결에 의한 그때까지의 원리금을 추심 채권자에게 스스로 지급하기는 하였으나 그 제1심 판결에 대하여 항소를 제기하여 제1심에서 인용된 금액에 대하여 다투었다면, 그 채무자는 제1심 판결이 인용한 금액에 상당하는 채무가 있음을 스스로 인정하고 이에 대한 확정적 변제행위로 추심 채권자에게 그 금원을 지급한 것이 아니라, 제1심 판결이 인용한 지연손해금의 확대를 방지하고 그 판결에 붙은 가집행 선고에 기한 강제집행을 면하기 위하여 그 금원을 지급한것으로 봄이 상당하고, 이와 같이 제1심 판결에 붙은 가집행선고에 의하여 지급된 금원은 확정적으로 변제의 효과가 발생하는 것이 아니어서 채무자가 그 금원의 지급 사실을 항소심에서 주장하더라도 항소심은 그러한 사유를 참작하지 않으므로, 그 금원 지급에 의한 채권 소멸의 효과는 그 판결이 확정된 때에 비로소 발생한다고 할 것이며, 따라서 채무자가 그와 같이 금원을 지급하였다는 사유는 본래의 소송의 확정판결의 집행력을 배제하는 적법한 청구의 사유가 된다(대판 1995.6.30, 95다15827).

[오답의 이유]

② 민법상의 재산분할청구권은 이혼을 한 당사자의 일방이 다른 일방에 대하여 재산분할을 청구할 수 있는 권리로서 이혼이 성립한 때에 그 법적 효과로서 비로소 발생하는 것이므로, 당사자가 이혼이 성립하기 전에 이혼소송과 병합하여 재산분할의 청구를 하고, 법원이 이혼과 동시에 재산분할을 명하는 판결을 하는 경우에도 이혼판결은 확정되지 아니한 상태이므로, 그 시점에서 가집행을 허용할 수는 없다(대판 1998.11.13, 98므1193).

③ 민사소송법 제215조

④ 대판 2003.6.10, 2003다14010

22 난도 ★★☆ 정답 ①

[정답의 이유]

① 수소법원이 민사소송법 제507조 제2항 소정의 강제집행정지결정 등을 명하기 위하여 담보제공명령을 내렸다면 이러한 담보제공명령은 나중에 있을 강제집행을 정지하는 재판에 대한 중간적 재판에 해당하는바, 위 명령에서 정한 공탁금액이 너무 과다하여 부당하다고 하더라도 이는 강제집행정지의 재판에 대한 불복절차에서 그 당부를 다툴 수 있을 뿐, 중간적 재판에 해당하는 담보제공명령에 대하여는 독립하여 불복할 수 없다(대판 2001.9.3, 2001그85).

[오답의 이유]

② 일반적으로 원심법원이 항고를 이유 있다고 인정하는 때에는 그 재판을 경정할 수 있으나 통상의 절차에 의하여 불복을 신청할 수 없는 결정이나 명령에 대하여 특별히 대법원에 위헌이나 위법의 심사권을 부여하고 있는 특별항고의 경우에 원심법원에 반성의 기회를 부여하는 재도의 고안을 허용하는 것은 특별항고를 인정한 취지에 맞지 않으므로 특별항고가 있는 경우 원심법원은

경정결정을 할 수 없고 기록을 그대로 대법원에 송부하여야 한다(대판 2001.2.28, 2001그4).

③ 대판 2014.10.8, 2014마667

④ 민사소송법상 항고법원의 소송절차에는 항소에 관한 규정이 준용되는데, 민사소송법은 항소이유서의 제출기한에 관한 규정을 두고 있지 아니하므로 가압류이의신청에 대한 재판의 항고인이 즉시항고이유서를 제출하지 아니하였다거나 그 이유를 적어 내지 아니하였다는 이유로 그 즉시항고를 각하할 수는 없다(대판 2008.2.29, 2008마145).

23 난도 ★★☆

정답 ①

[정답의 이유]

① 매매계약해제의 효과로서 이미 이행한 것의 반환을 구하는 이행의 소를 제기할 수 있을지라도 그 기본이 되는 매매계약의 존부에 대하여 다툼이 있어 즉시 확정의 이익이 있는 때에는 계약이 해제되었음의 확인을 구할 수도 있는 것이므로 매매계약이 해제됨으로써 현재의 법률관계가 존재하지 않는다는 취지의 소는 확인의 이익이 있다(대판 1982.10.26, 81다108).

[오답의 이유]

② 甲 소유의 부동산에 관하여 乙 명의의 소유권이전등기청구권가등기가 마쳐진 후 위 부동산에 관하여 가압류등기를 마친 丙 주식회사가 위 가등기가 담보목적 가등기인지 확인을 구한 사안에서, 부동산등기법 제92조 제1항에 따라 丙 회사의 위 가압류등기가 직권으로 말소되는지가 위 가등기가 순위보전을 위한 가등기인지 담보가등기인지에 따라 결정되는 것이 아니므로, 丙 회사의 법률상 지위에 현존하는 불안·위험이 존재한다고 볼 수 없고, 만약 위 가등기가 담보가등기임에도 乙이 청산절차를 거치지 않은 채 본등기를 마친다면, 丙 회사로서는 甲을 대위하여 본등기의 말소를 구할 수 있고 그에 따라 위 가압류등기도 회복시킬 수 있을 것이므로, 담보가등기라는 확인의 판결을 받는 것 외에 달리 구제수단이 없다고 보기 어려운데도, 丙 회사의 청구가 확인의 이익이 있다고 본 원심판단에 법리오해의 잘못이 있다고 한 사례(대판 2017.6.29, 2014다30803).

③ 대판 1992.3.31, 91다39184

④ 건축공사가 완료되어 건축법상 최종적인 절차로서 건축허가상 건축주 명의로 사용검사승인까지 받아 소유권보존등기가 마쳐진 경우와는 달리, 비록 건축공사 자체는 독립한 건물로 볼 수 있을 만큼 완성되었으나 그 적법한 사용에 이르기까지 필요한 건축법상의 각종 신고나 신청 등의 모든 절차를 마치지 않은 채 소유권보존등기가 이루어진 경우에는, 그 건물의 원시취득자는 자신 앞으로 건축주 명의를 변경하여 그 명의로 건축법상 남아 있는 각종 신고나 신청 등의 절차를 이행함으로써 건축법상 허가된 내용에 따른 건축을 완료할 수 있을 것이므로, 이러한 경우 그 건물의 정당한 원시취득자임을 주장하여 건축주 명의변경 절차의 이행을 구하는 소는 그 소의 이익을 부정할 수 없다(대판 2009.2.12, 2008다72844).

24 난도 ★★★

정답 ②

[정답의 이유]

② 판결이나 화해조서의 경정이 가능한 오류에는 그것이 법원의 과실로 인하여 생긴 경우뿐만 아니라 당사자의 청구에 잘못이 있어 생긴 경우도 포함된다고 할 것이며, 경정결정을 함에 있어서는 그 소송 전 과정에 나타난 자료는 물론 경정대상인 판결이나 화해 이후에 제출되어진 자료도 다른 당사자에게 아무런 불이익이 없는 경우나 이를 다툴 수 있는 기회가 있었던 경우에는 소송경제상 이를 참작하여 그 오류가 명백한지 여부를 판단할 수 있다고 할 것이다(대판 2000.5.24, 98마1839).

[오답의 이유]

① 판결경정결정은 원칙적으로 당해 판결을 한 법원이 하는 것이고, 상소의 제기로 본안사건이 상소심에 계속된 경우에는 당해 판결의 원본이 상소기록에 편철되어 상소심 법원으로 송부되므로, 판결원본과 소송기록이 있는 상소심법원도 경정결정을 할 수 있는 것이기는 하지만, 당해 판결에 대하여 상소를 하지 아니하여 사건이 상소심에 계속되지 아니한 부분은 상소심의 심판대상이 되지 않는 것이므로, 통상의 공동소송이었던 다른 당사자간의 소송사건이 상소의 제기로 상소심에 계속된 결과, 상소를 하지 아니한 당사자 간의 원심판결의 원본과 소송기록이 우연히 상소심 법원에 있다고 하더라도, 상소심 법원이 심판의 대상이 되지도 않은 부분에 관한 판결을 경정할 권한을 가지는 것은 아니다(대판 1992.1.29, 91마748).

③ 판결의 경정이란 일단 선고된 판결에 대하여 그 내용을 실질적으로 변경하지 않는 범위 내에서 판결의 표현상의 기재 잘못이나 계산의 착오 또는 이와 유사한 잘못을 법원 스스로가 결정으로써 경정 또는 보충하여 강제집행이나 호적의 정정 또는 등기의 기재 등 넓은 의미의 집행에 지장이 없도록 하자는 데 그 취지가 있는 것이므로, 청구취지에서 지급을 구하는 금원 중 원금 부분의 표시를 누락하여 그대로 판결된 경우에는 비록 그 청구원인에서는 원금의 지급을 구하고 있더라 하더라도 판결경정으로 원금 부분의 표시를 추가하는 것은 주문의 내용을 실질적으로 변경하는 경우에 해당하여 허용될 수 없다(대판 1995.4.26, 94그26).

④ 판결경정신청 기각결정에 대하여는 특별항고만이 허용될 뿐이므로 동 기각결정에 대하여 항고를 제기하면서 당사자가 이를 특별항고라고 표시하지 않았고 또 항고법원을 대법원으로 지정하지 않았다고 하더라도 이를 특별항고로 처리해야 한다(대판 1982.5.11, 82마41).

정답의 이유

④ 청구의 인낙이 변론조서에 기재가 되면 따로 인낙조서의 작성이 없는 경우라도 인정판결과 같은 효력이 생기고 그것으로써 소송은 종료되며 만약 청구의 인낙이 변론조서에 기재되었음에도 불구하고 소송이 진행된 경우 법원은 인낙으로 인한 소송종료를 판결로 선고하여야 한다(대판 1962.6.14, 62마6).

오답의 이유

① 합유로 소유권이전등기가 된 부동산에 관하여 명의신탁해지를 원인으로 한 소유권이전등기절차의 이행을 구하는 소송은 합유물에 관한 소송으로서 고유필요적 공동소송에 해당하여 합유자 전원을 피고로 하여야 할 뿐 아니라 합유자 전원에 대하여 합일적으로 확정되어야 하므로, 합유자 중 일부의 청구인낙이나 합유자 중 일부에 대한 소의 취하는 허용되지 않는다(대판 1996.12.10, 96다23238).

② 원심에서 추가된 청구가 종전의 주위적 청구가 인용될 것을 해제조건으로 하여 청구된 것임이 분명하다면, 원심으로서는 종전의 주위적 청구의 당부를 먼저 판단하여 그 이유가 없을 때에만 원심에서 추가된 예비적 청구에 관하여 심리판단할 수 있고, 위 추가된 예비적 청구만을 분리하여 심리하거나 일부 판결을 할 수 없으며, 피고로서도 위 추가된 예비적 청구에 관하여만 인낙을 할 수도 없고, 가사 인낙을 한 취지가 조서에 기재되었다 하더라도 그 인낙의 효력이 발생하지 아니한다(대판 1995.7.25, 94다62017).

③ 주주총회결의의 부존재·무효를 확인하거나 결의를 취소하는 판결이 확정되면 당사자 이외의 제3자에게도 그 효력이 미쳐 제3자도 이를 다툴 수 없게 되므로, 주주총회결의의 하자를 다투는 소에 있어서 청구의 인낙이나 그 결의의 부존재·무효를 확인하는 내용의 화해·조정은 할 수 없고, 가사 이러한 내용의 청구인낙 또는 화해·조정이 이루어졌다 하여도 그 인낙조서나 화해·조정조서는 효력이 없다(대판 2004.9.24, 2004다20847).

민사소송법 법원직

민사소송법 | 2020년 법원직 9급

한눈에 훑어보기

✔ **빠른 정답**

01	02	03	04	05	06	07	08	09	10
②	③	①	③	①	②	①	①	②	③
11	**12**	**13**	**14**	**15**	**16**	**17**	**18**	**19**	**20**
③	③	②	②	②	③	①	③	③	④
21	**22**	**23**	**24**	**25**					
①	③	③	③	③					

✔ **점수 체크**

구분	1회독	2회독	3회독
맞힌 문항 수	/ 25	/ 25	/ 25
나의 점수	점	점	점

01 난도 ★★☆　　　　　　　　　　　　정답 ②

정답의 이유

② 인영 부분 등의 진정성립이 인정되는 경우, 그 당시 그 문서의 전부 또는 일부가 미완성된 상태에서 서명날인만을 먼저 하였다는 등의 사정은 이례에 속한다고 볼 것이므로 완성문서로서의 진정성립의 추정력을 뒤집으려면 그럴 만한 합리적인 이유와 이를 뒷받침할 간접반증 등의 증거가 필요하다고 할 것이고, 만일 그러한 완성문서로서의 진정성립의 추정이 번복되어 백지문서 또는 미완성 부분을 작성명의자가 아닌 자가 보충하였다는 등의 사정이 밝혀진 경우라면, 다시 그 백지문서 또는 미완성 부분이 정당한 권한에 기하여 보충되었다는 점에 관하여는 그 문서의 진정성립을 주장하는 자 또는 문서제출자에게 그 입증책임이 있다(대판 2003.4.11, 2001다11406).

오답의 이유

① 대판 2003.4.11, 2001다11406
③ 대판 1997.12.12, 95다38240
④ 민사소송법 제356조 제1항, 제3항

> **제356조(공문서의 진정의 추정)**
> ① 문서의 작성방식과 취지에 의하여 공무원이 직무상 작성한 것으로 인정한 때에는 이를 진정한 공문서로 추정한다.
> ② 공문서가 진정한지 의심스러운 때에는 법원은 직권으로 해당 공공기관에 조회할 수 있다.
> ③ 외국의 공공기관이 작성한 것으로 인정한 문서에는 제1항 및 제2항의 규정을 준용한다.

02 난도 ★★☆　　　　　　　　　　　　정답 ③

정답의 이유

③ 건물이 그 존립을 위한 토지사용권을 갖추지 못하여 토지의 소유자가 건물의 소유자에 대하여 당해 건물의 철거 및 그 대지의 인도를 청구할 수 있는 경우에라도 건물소유자가 아닌 사람이 건물을 점유하고 있다면 토지소유자는 그 건물 점유를 제거하지 아니하는 한 위의 건물 철거 등을 실행할 수 없다. 따라서 그때 토지소유권은 위와 같은 점유에 의하여 그 원만한 실현을 방해당하고 있다고 할 것이므로, 토지소유자는 자신의 소유권에 기한 방해배제로서 건물점유자에 대하여 건물로부터의 퇴출을 청구할 수 있다. 그리고 이는 건물점유자가 건물소유자로부터의 임차인으로서 그 건물임차권이 이른바 대항력을 가진다고 해서 달라지지 아니한다(대판 2010.8.19, 2010다43801).

03 난도 ★★☆　　　　　　　　　　　　　정답 ①

정답의 이유

① 재심제도의 본래의 목적에 비추어 볼 때 재심의 대상이 되는 "확정된 종국판결"이란 당해 사건에 대한 소송절차를 최종적으로 종결시켜 그것에 하자가 있다고 하더라도 다시 통상의 절차로는 더이상 다툴 수 없는 기판력이나 형성력, 집행력을 갖는 판결을 뜻하는 것이라고 이해하여야 할 것이다. 대법원의 환송판결은 형식적으로 보면 "확정된 종국판결"에 해당하지만, 여기서 종국판결이라고 하는 의미는 당해 심급의 심리를 완결하여 사건을 당해 심급에서 이탈시킨다는 것을 의미하는 것일 뿐이고 실제로는 환송받은 하급심에서 다시 심리를 계속하게 되므로 소송절차를 최종적으로 종료시키는 판결은 아니며, 또한 환송판결도 동일절차 내에서는 철회, 취소될 수 없다는 의미에서 기속력이 인정됨은 물론 법원조직법 제8조, 민사소송법 제406조 제2항 후문의 규정에 의하여 하급심에 대한 특수한 기속력은 인정되지만 소송물에 관하여 직접적으로 재판하지 아니하고 원심의 재판을 파기하여 다시 심리판단하여 보라는 종국적 판단을 유보한 재판의 성질상 직접적으로 기판력이나 실체법상 형성력, 집행력이 생기지 아니한다고 하겠으므로 이는 중간판결의 특성을 갖는 판결로서 "실질적으로 확정된 종국판결"이라 할 수 없다. 종국판결은 당해 심급의 심리를 완결하여 심급을 이탈시킨다는 측면에서 상소의 대상이 되는 판결인지 여부를 결정하는 기준이 됨은 분명하지만 종국판결에 해당하는 모든 판결이 바로 재심의 대상이 된다고 이해할 아무런 이유가 없다. 통상의 불복방법인 상소제도와 비상의 불복 방법인 재심제도의 본래의 목적상의 차이에 비추어 보더라도 당연하다. 따라서 환송판결은 재심의 대상을 규정한 민사소송법 제422조 제1항 소정의 "확정된 종국판결"에는 해당하지 아니하는 것으로 보아야 할 것이어서, 환송판결을 대상으로 하여 제기한 이 사건 재심의 소는 부적법하므로 이를 각하하여야 한다(대판 1995.2.14, 93재다27, 34).

오답의 이유

② 대판 2016.12.27, 2016다35123

③·④ 대판 2019.10.17, 2018다300470

04 난도 ★★★　　　　　　　　　　　　　정답 ③

정답의 이유

③ 일개의 손해배상청구권 중 일부가 소송상 청구되어 있는 경우에 과실상계를 함에 있어서는 손해의 전액에서 과실비율에 의한 감액을 하고 그 잔액이 청구액을 초과하지 않을 경우에는 그 잔액을 인용할 것이고 잔액이 청구액을 초과할 경우에는 청구의 전액을 인용하는 것으로 풀이하는 것이 일부청구를 하는 당사자의 통상적 의사라고 할 것이다(대판 1976.6.22, 75다819).

더 알아보기

별소의 잔부청구 = 위법

원고는 상고이유의 일부로 위 종전소송이 위법, 부당한 가처분 집행으로 인한 손해 중 일부만을 청구하는 것으로 그 취지를 분명히 하고 있음을 전제로 이 사건 소송이 그 나머지 잔부를 청구하는 것이므로 중복제소에 해당하지 아니한다고 주장하나, 원심이 적법히 확정한 사실에 의하면 위 종전소송에서 위법, 부당한 가처분 집행으로 입은 나머지 손해배상청구를 유보한다는 취지를 명시함이 없이 판시 약정금 상당의 손해배상을 구하고 있음을 알 수 있어 위종전소송에서의 청구가 일부청구임을 전제로 하는 위 상고이유의 주장은 이유 없다. 따라서 원심판결이 상고이유에서 지적하는 일부 청구에 대한 대법원의 판례에 저촉되는 흠이 있다고도 할 수 없다. 그리고 가사 원고 주장과 같이 위 종전소송에서의 청구가 일부청구라 하여도 이 사건 소송이 위 종전소송의 사실심에 계속 중에 제기되었음이 기록상 명백한 이상, 원고는 위 종전소송에서 청구취지의 확장으로 용이하게 이 사건 소송의 청구를 할 수 있었는데도 별소로 잔부청구인 이 사건 청구를 하는 것은 소권남용에 해당되어 부적법한 것으로 각하를 면하지 못할 것이므로 원심과 같은 결론에 이르게 된다. 따라서 원고의 위 상고이유의 주장은 어느 모로 보나 이유없음에 귀착된다(대판 1996.3.8, 95다46319).

05 난도 ★★☆　　　　　　　　　　　　　정답 ①

정답의 이유

① 원고가 본소의 이혼청구에 병합하여 재산분할청구를 제기한 후 피고가 반소로서 이혼청구를 한 경우, 원고가 반대의 의사를 표시하였다는 등의 특별한 사정이 없는 한, 원고의 재산분할청구 중에는 본소의 이혼청구가 받아들여지지 않고 피고의 반소청구에 의하여 이혼이 명하여지는 경우에도 재산을 분할해 달라는 취지의 청구가 포함된 것으로 봄이 상당하다고 할 것이므로(이 때 원고의 재산분할청구는 피고의 반소청구에 대한 재반소로서의 실질을 가지게 된다), 이러한 경우 사실심으로서는 원고의 본소 이혼청구를 기각하고 피고의 반소청구를 받아들여 원·피고의 이혼을 명하게 되었다고 하더라도, 마땅히 원고의 재산분할청구에 대한 심리에 들어가 원·피고가 협력하여 이룩한 재산의 액수와 당사자 쌍방이 그 재산의 형성에 기여한 정도 등 일체의 사정을 참작하여 원고에게 재산분할을 할 액수와 방법을 정하여야 한다(대판 2001.6.15, 2001므626, 633).

06 난도 ★★★ 정답 ②

정답의 이유

② 확정된 판결의 이유 부분의 논리구조상 법원이 당해 소송의 소송물인 수동채권의 전부 또는 일부의 존재를 인정하는 판단을 한 다음 피고의 상계항변에 대한 판단으로 나아가 피고가 주장한 반대채권(또는 자동채권, 이하 '반대채권'이라고만 한다)의 존재를 인정하지 않고 상계항변을 배척하는 판단을 한 경우에, 그와 같이 반대채권이 부존재한다는 판결이유 중의 판단의 기판력은 특별한 사정이 없는 한 '법원이 반대채권의 존재를 인정하였더라면 상계에 관한 실질적 판단으로 나아가 수동채권의 상계적상일까지의 원리금과 대등액에서 소멸하는 것으로 판단할 수 있었던 반대채권의 원리금 액수'의 범위에서 발생한다고 보아야 한다. 그리고 이러한 법리는 피고가 상계항변으로 주장하는 반대채권의 액수가 소송물로서 심판되는 소구채권의 액수보다 더 큰 경우에도 마찬가지로 적용된다(대판 2018.8.30, 2016다46338).

오답의 이유

① 대판 2014.6.12, 2013다95964
③ 대판 2002.9.6, 2002다34666
④ 대판 2013.3.28, 2011다3329

더 알아보기

기판력의 객관적 범위(민사소송법 제216조)
① 확정판결은 주문에 포함된 것에 한하여 기판력을 가진다.
② 상계를 주장한 청구가 성립되는지 아닌지의 판단은 상계하고 대항한 액수에 한하여 기판력을 가진다.

07 난도 ★☆☆ 정답 ①

정답의 이유

① 사망자를 피고로 하는 소 제기는 원고와 피고의 대립당사자 구조를 요구하는 민사소송법의 기본원칙에 반하는 것으로서 실질적 소송관계가 성립할 수 없어 부적법하므로, 그러한 상태에서 제1심결이 선고되었다 할지라도 판결은 당연무효이다. 피고가 소제기 당시에는 생존하였으나 그 후 소장부본이 송달되기 전에 사망한 경우에도 마찬가지이다. 이러한 법리는 사망자를 채무자로 한 지급명령에 대해서도 적용된다. 사망자를 채무자로 하여 지급명령을 신청하거나 지급명령 신청 후 정본이 송달되기 전에 채무자가 사망한 경우에는 지급명령은 효력이 없다. 설령 지급명령이 상속인에게 송달되는 등으로 형식적으로 확정된 것 같은 외형이 생겼다고 하더라도 사망자를 상대로 한 지급명령이 상속인에 대하여 유효하게 된다고 할 수는 없다. 그리고 회생절차폐지결정이 확정되어 효력이 발생하면 관리인의 권한은 소멸하므로, 관리인을 채무자로 한 지급명령의 발령 후 정본의 송달 전에 회생절차 폐지결정이 확정된 경우에도 채무자가 사망한 경우와 마찬가지로 보아야 한다(대판 2017.5.17, 2016다274188).

오답의 이유

② 대판 1992.7.14, 92다2455
③ 대판 2016.4.29, 2014다210449
④ 대판 2015.8.13, 2015다209002

08 난도 ★★☆ 정답 ①

정답의 이유

① 통상의 공동소송에 있어 공동당사자 일부만이 상고를 제기한 때에는 피상고인은 상고인인 공동소송인 이외의 다른 공동소송인을 상대방으로 하거나 상대방으로 보태어 부대상고를 제기할 수는 없다(대판 1994.12.23, 94다40734).

오답의 이유

②·④ 대판 1995.6.30, 94다58261
③ 피항소인은 항소권이 소멸된 뒤에도 변론이 종결될 때까지 부대항소를 할 수 있다(민사소송법 제403조).

09 난도 ★☆☆ 정답 ②

정답의 이유

② 학교는 교육시설의 명칭으로서 일반적으로 법인도 아니고 대표자 있는 법인격 없는 사단 또는 재단도 아니기 때문에, 원칙적으로 민사소송에서 당사자능력이 인정되지 않는다. 이러한 법리는 비송사건에서도 마찬가지이다(대판 2019.3.25, 2016마5908).

오답의 이유

① 법인이 아닌 사단이나 재단은 대표자 또는 관리인이 있는 경우에는 그 사단이나 재단의 이름으로 당사자가 될 수 있다(민사소송법 제52조).
③ 대판 1987.4.4, 86다카2479
④ 대판 2006.6.2, 2004마1148

10 난도 ★★☆ 정답 ③

정답의 이유

③ 대판 1994.9.27, 94다22897

오답의 이유

① 재판상 자백의 취소는 반드시 명시적으로 하여야만 하는 것은 아니고 종전의 자백과 배치되는 사실을 주장함으로써 묵시적으로도 할 수 있다(대판 1994.9.27, 94다22897).
② 자백을 취소하는 당사자는 그 자백이 진실에 반한다는 것 외에 착오로 인한 것임을 아울러 증명하여야 하고, 진실에 반하는 것임이 증명되었다고 하여 착오로 인한 자백으로 추정되지는 아니한다(대판 1994.9.27, 94다22897).
④ 대판 2001.4.24, 2001다5654

11 난도 ★★☆　　　　　　　　　　　정답 ③

③ 응소행위에 대하여 소멸시효중단의 효력을 인정하는 것은 그것이 권리 위에 잠자는 것이 아님을 표명한 것에 다름 아닐 뿐만 아니라 계속된 사실상태와 상용할 수 없는 다른 사정이 발생한 때로 보아야 한다는 것에 기인한 것이므로, 채무자가 반드시 소멸시효완성을 원인으로 한 소송을 제기한 경우이거나 당해 소송이 아닌 전 소송 또는 다른 소송에서 그와 같은 권리주장을 한 경우이어야 할 필요는 없고, 나아가 변론주의 원칙상 피고가 응소행위를 하였다고 하여 바로 시효중단의 효과가 발생하는 것은 아니고 시효중단의 주장을 하여야 그 효력이 생기는 것이지만, 시효중단의 주장은 반드시 응소 시에 할 필요는 없고 소멸시효기간이 만료된 후라도 사실심 변론종결 전에는 언제든지 할 수 있다(대판 2010.8.26, 2008다42416, 42423).

① 대판 1992.10.27, 92다18597

② 대판 1982.2.9, 81다534

④ 대판 1993.9.14, 93다28379

12 난도 ★☆☆　　　　　　　　　　　정답 ③

③ 특허권 등의 지식재산권에 관한 소를 제기하는 경우에는 제2조부터 제23조까지의 규정에 따른 관할법원 소재지를 관할하는 고등법원이 있는 곳의 지방법원의 전속관할로 한다. 다만, 서울고등법원이 있는 곳의 지방법원은 서울중앙지방법원으로 한정한다(민사소송법 제24조 제1항).

① 등기·등록에 관한 소를 제기하는 경우에는 등기 또는 등록할 공공기관이 있는 곳의 법원에 제기할 수 있다(민사소송법 제21조).

② 부동산에 관한 소를 제기하는 경우에는 부동산이 있는 곳의 법원에 제기할 수 있다(민사소송법 제20조).

④ 국가의 보통재판적은 그 소송에서 국가를 대표하는 관청 또는 대법원이 있는 곳으로 한다(민사소송법 제6조).

더 알아보기

지식재산권 등에 관한 특별재판적(민사소송법 제24조 제1항)

① 특허권, 실용신안권, 디자인권, 상표권, 품종보호권(이하 "특허권 등"이라 한다)을 제외한 지식재산권과 국제거래에 관한 소를 제기하는 경우에는 제2조 내지 제23조의 규정에 따른 관할법원 소재지를 관할하는 고등법원이 있는 곳의 지방법원에 제기할 수 있다. 다만, 서울고등법원이 있는 곳의 지방법원은 서울중앙지방법원으로 한정한다.

② 특허권 등의 지식재산권에 관한 소를 제기하는 경우에는 제2조부터 제23조까지의 규정에 따른 관할법원 소재지를 관할하는 고등법원이 있는 곳의 지방법원의 전속관할로 한다. 다만, 서울고등법원이 있는 곳의 지방법원은 서울중앙지방법원으로 한정한다.

③ 제2항에도 불구하고 당사자는 서울중앙지방법원에 특허권 등의 지식재산권에 관한 소를 제기할 수 있다.

13 난도 ★★☆　　　　　　　　　　　정답 ②

② 대판 2001.3.9, 2000다58668

① 항소는 제1심 법원이 선고한 종국판결에 대하여 할 수 있다. 다만, 종국판결 뒤에 양 쪽 당사자가 상고할 권리를 유보하고 항소를 하지 아니하기로 합의한 때에는 그러하지 아니하다(민사소송법 제390조 제1항). 소송종료선언은 종국판결이기 때문에 상소가 허용된다.

③ 소는 판결이 확정될 때까지 그 전부나 일부를 취하할 수 있다(민사소송법 제266조 제1항).

④ 소의 교환적 변경은 신청구의 추가적 병합과 구청구의 취하의 결합형태로 볼 것이므로 본안에 대한 종국판결이 있은 후 구청구를 신청구로 교환적 변경을 한 다음 다시 본래의 구청구로 교환적 변경을 한 경우에는 종국판결이 있은 후 소를 취하하였다가 동일한 소를 다시 제기한 경우에 해당하여 부적법하다(대판 1987.11.10, 87다카1405).

14 난도 ★★☆　　　　　　　　　　　정답 ②

가. 가분채권의 일부에 대한 이행청구의 소를 제기하면서 나머지를 유보하고 일부만을 청구한다는 취지를 명시하지 아니한 이상 확정판결의 기판력은 청구하고 남은 잔부청구에까지 미치는 것이므로, 나머지 부분을 별도로 다시 청구할 수는 없다(대판 2016.7.27, 2013다96165).

라. 말소등기 청구사건의 소송물은 당해 등기의 말소등기청구권이고, 그 동일성 식별의 표준이 되는 청구원인, 즉 말소등기청구권의 발생원인은 당해 '등기원인의 무효'라 할 것이며, 등기원인의 무효를 뒷받침하는 개개의 사유는 독립된 공격방어방법에 불과하여 별개의 청구원인을 구성한다고 볼 수 없다(대판 1999.9.17, 97다54024).

나. 진정한 등기명의의 회복을 위한 소유권이전등기청구는 이미 자기 앞으로 소유권을 표상하는 등기가 되어 있었거나 법률에 의하여 소유권을 취득한 자가 진정한 등기명의를 회복하기 위한 방법으로 현재의 등기명의인을 상대로 그 등기의 말소를 구하는 것에 갈음하여 허용되는 것인데, 말소등기에 갈음하여 허용되는 진정 명의회복을 원인으로 한 소유권이전등기청구권과 무효등기의 말소청구권은 어느 것이나 진정한 소유자의 등기명의를 회복하기 위한 것으로서 실질적으로 그 목적이 동일하고, 두 청구권 모두 소유권에 기한 방해배제청구권으로서 그 법적 근거와 성질이 동일하므로, 비록 전자는 이전등기, 후자는 말소등기의 형식을 취하고 있다고 하더라도 그 소송물은 실질상 동일한 것으로 보아야 하고, 따라서 소유권이전등기말소청구소송에서 패소확정판결을 받았다면 그 기판력은 그 후 제기된 진정명의회복을 원인으로 한 소유권이전등기청구소송에도 미친다(대판 2001.9.20, 99다37894).

다. 불법행위로 인하여 생명 또는 신체의 손상을 입은 경우에 있어서 적극적 손해와 소극적 손해는 소송물을 서로 달리하는 것이므로 그 손해배상의무의 존부나 범위에 관한 피고의 항쟁이 상당한지의 여부는 적극적 손해와 소극적 손해에 관하여 각기 따로 판단하여야 한다(대판 2001.2.23, 2000다63752).

15 난도 ★☆☆   정답 ②

정답의 이유

② 증거조사는 당사자가 기일에 출석하지 아니한 때에도 할 수 있다(민사소송법 제295조).

오답의 이유

① 증거의 신청과 조사는 변론기일 전에도 할 수 있다(민사소송법 제289조 제2항).

③ 법원은 당사자가 신청한 증거를 필요하지 아니하다고 인정한 때에는 조사하지 아니할 수 있다. 다만, 그것이 당사자가 주장하는 사실에 대한 유일한 증거인 때에는 그러하지 아니하다(민사소송법 제290조).

④ 법원은 당사자가 신청한 증거에 의하여 심증을 얻을 수 없거나, 그 밖에 필요하다고 인정한 때에는 직권으로 증거조사를 할 수 있다(민사소송법 제292조).

16 난도 ★★☆   정답 ③

정답의 이유

③ 여러 사람이 공동으로 대리권을 행사하는 경우의 송달은 그 가운데 한 사람에게 하면 된다(민사소송법 제180조).

오답의 이유

① 송달은 이 법에 특별한 규정이 없으면 법원이 직권으로 한다(민사소송법 제174조).

② 해당 사건에 출석한 사람에게는 법원사무관 등이 직접 송달할 수 있다(민사소송법 제177조).

④ 대판 1998.2.13, 95다15667

17 난도 ★★☆   정답 ①

정답의 이유

① 원고의 본소 청구취지가 피고 갑에 대하여는 계쟁토지가 피고 을의 소유임의 확인을, 피고 을에 대하여는 시효취득을 원인으로 한 소유권이전등기절차이행을 구하는 것인데 당사자참가인의 참가취지가 원고와 피고 갑에 대하여는 위 토지가 피고 을의 소유임의 확인을, 피고 을에 대하여는 매매를 원인으로 한 소유권이전등기절차이행을 구하는 것이어서 당사자참가가 부적법하다(대판 1991.5.28, 91다6832, 6849).

오답의 이유

② 대판 1992.12.8, 92다26772, 26789

③ 대판 2005.5.26, 2004다25901, 25918

④ 대판 1994.2.22, 93다43682, 51309

18 난도 ★☆☆   정답 ③

정답의 이유

③ 소송대리인은 위임을 받은 사건에 대하여 반소ㆍ참가ㆍ강제집행ㆍ가압류ㆍ가처분에 관한 소송행위 등 일체의 소송행위와 변제의 영수를 할 수 있다(민사소송법 제90조 제1항).

오답의 이유

① 당사자의 배우자 또는 4촌 안의 친족으로서 당사자와의 생활관계에 비추어 상당하다고 인정되는 경우에는 변호인이 아니더라도 소송대리인이 될 수 있다(민사소송법 제88조 제1항, 민사소송규칙 제15조).

② 대판 1991.3.27, 90마970

④ 대판 1995.12.26, 95다24609

> **더 알아보기**
>
> **단독사건에서 소송대리의 허가(민사소송규칙 제15조)**
>
> ① 단독판사가 심리ㆍ재판하는 사건으로서 다음 각 호의 어느 하나에 해당하는 사건에서는 변호사가 아닌 사람도 법원의 허가를 받아 소송대리인이 될 수 있다.
>
>   1. 민사 및 가사소송의 사물관할에 관한 규칙 제2조 단서 각 호의 어느 하나에 해당하는 사건
>
>   2. 제1호 사건 외의 사건으로서 다음 각 목의 어느 하나에 해당하지 아니하는 사건
>
>   가. 소송목적의 값이 소제기 당시 또는 청구취지 확장(변론의 병합 포함) 당시 1억원을 넘는 소송사건
>
>   나. 가목의 사건을 본안으로 하는 신청사건 및 이에 부수하는 신청사건(다만, 가압류ㆍ다툼의 대상에 관한 가처분 신청사건 및 이에 부수하는 신청사건은 제외한다)
>
> ② 제1항과 법 제88조 제1항의 규정에 따라 법원의 허가를 받을 수 있는 사람은 다음 각 호 가운데 어느 하나에 해당하여야 한다.
>
>   1. 당사자의 배우자 또는 4촌 안의 친족으로서 당사자와의 생활관계에 비추어 상당하다고 인정되는 경우
>
>   2. 당사자와 고용, 그 밖에 이에 준하는 계약관계를 맺고 그 사건에 관한 통상사무를 처리ㆍ보조하는 사람으로서 그 사람이 담당하는 사무와 사건의 내용 등에 비추어 상당하다고 인정되는 경우

19 난도 ★★☆   정답 ③

정답의 이유

③ 대판 2003.1.24, 2002다56987

오답의 이유

① 대판 1992.6.12, 92다11848

② 법원이 청구의 취지 또는 원인의 변경이 옳지 아니하다고 인정한 때에는 직권으로 또는 상대방의 신청에 따라 변경을 허가하지 아니하는 결정을 하여야 한다(민사소송법 제263조).

④ 대판 1997.6.10, 96다25449, 25456

20 난도 ★★☆ 정답 ④

정답의 이유
④ 대판 1992.5.12, 92다2066

오답의 이유
① 전속적 관할합의의 경우 법률이 규정한 전속관할과 달리 임의관할의 성격을 가지기 때문에, 법원은 공익상의 필요에 의하여 사건을 다른 관할 법원에 이송할 수 있는 점 등 이 사건에 나타난 제반 사정을 앞에서 본 법리에 비추어 살펴보면, 대구지방법원에 관하여 전속적 합의관할을 하는 내용의 이 사건 관할합의조항이 건전한 거래질서를 훼손하는 것으로서 재항고인에게 부당하게 불이익을 주는 약관조항에 해당한다고 보기는 어렵다(대판 2008.12.16, 2007마1328). 당사자 간에 전속적 관할합의가 있는 경우 현저한 지연을 피하기 위한 목적에 한정하여 이송가능하고, 현저한 손해를 피할 목적으로는 가능하지 않다는 것이 통설이다.

② 수소법원의 재판관할권 유무는 법원의 직권조사사항으로서 법원이 그 관할에 속하지 아니함을 인정한 때에는 민사소송법 제34조 제1항에 의하여 직권으로 이송결정을 하는 것이고, 소송당사자에게 관할위반을 이유로 하는 이송신청권이 있는 것은 아니다. 따라서 당사자가 관할위반을 이유로 한 이송신청을 한 경우에도 이는 단지 법원의 직권발동을 촉구하는 의미밖에 없다. 한편 법원이 당사자의 신청에 따른 직권발동으로 이송결정을 한 경우에는 즉시항고가 허용되지만(민사소송법 제39조), 위와 같이 당사자에게 이송신청권이 인정되지 않는 이상 항고심에서 당초의 이송결정이 취소되었다 하더라도 이에 대한 신청인의 재항고는 허용되지 않는다(대판 2018.1.19, 2017마1332).

③ 심급관할을 위배하여 이송한 경우에 이송결정의 기속력이 이송받은 상급심 법원에도 미친다고 한다면 당사자의 심급의 이익을 박탈하여 부당할 뿐만 아니라, 이송을 받은 법원이 법률심인 대법원인 경우에는 직권조사 사항을제외하고는 새로운 소송자료의 수집과 사실확정이 불가능한 관계로 당사자의 사실에 관한 주장, 입증의 기회가 박탈되는 불합리가 생기므로, 심급관할을 위배한 이송결정의 기속력은 이송받은 상급심 법원에는 미치지 않는다고 보아야 하나 … 심급관할을 위배한 이송결정의 기속력은 이송받은 하급심 법원에는 미친다고 보아야 한다(대판 1995.5.15, 94마1059, 1060).

21 난도 ★☆☆ 정답 ①

정답의 이유
① 지급명령의 신청이 제462조 본문 또는 제463조의 규정에 어긋나거나, 신청의 취지로 보아 청구에 정당한 이유가 없는 것이 명백한 때에는 그 신청을 각하하여야 한다. 청구의 일부에 대하여 지급명령을 할 수 없는 때에 그 일부에 대하여도 또한 같다(민사소송법 제465조 제1항).

오답의 이유
② 민사소송법 제466조
③ 민사소송법 제470조 제1항, 제2항

④ 민사소송법 제474조는 이의신청이 취하된 경우에 지급명령은 확정판결과 같은 효력이 있다고 규정하고 있다. 지급명령 제도는 채권자로 하여금 통상의 판결절차보다 간이·신속·저렴하게 집행권원을 얻게 하는 절차로서 절차의 신속성이 필요하며, 일반적인 소송과 달리 지급명령이 확정되더라도 채무자는 다시 청구이의 절차에서 그 확정 전에 발생된 사유를 주장하여 구제받을 수 있다(민사집행법 제58조 제3항). 이러한 이의신청 취하에 관한 규정 및 지급명령 제도의 특수성 등을 종합하면, 지급명령에 대한 이의신청을 취하하면 지급명령이 바로 확정되고, 설령 이의신청을 취하한 후 아직 이의신청기간이 남아 있다고 하더라도 채무자는 다시 이의신청을 할 수 없다고 해석함이 상당하다(대판 2012.11.21, 2011마1980).

22 난도 ★★☆ 정답 ③

정답의 이유
③ 중복제소금지는 소송계속으로 인하여 당연히 발생하는 소송요건의 하나로서, 이미 동일한 사건에 관하여 전소가 제기되었다면 설령 그 전소가 소송요건을 흠결하여 부적법하다고 할지라도 후소의 변론종결시까지 취하·각하 등에 의하여 소송계속이 소멸되지 아니하는 한 후소는 중복제소금지에 위배하여 각하를 면치 못하게 되는바, 이와 같은 법리는 어느 채권자가 채무자를 대위하여 제3채무자를 상대로 제기한 채권자대위소송이 법원에 계속 중 다른 채권자가 같은 채무자를 대위하여 제3채무자를 피고로 하여 동일한 소송물에 관하여 소송을 제기한 경우에도 적용된다(대판 1998.2.27, 97다45532).

오답의 이유
① 대판 1994.2.8, 93다53092
② 대판 1990.4.27, 88다카25274, 25281
④ 대판 2003.7.11, 2003다19558

23 난도 ★★☆ 정답 ③

정답의 이유
③ 제척 또는 기피신청에 대한 재판은 그 신청을 받은 법관의 소속 법원 합의부에서 결정으로 하여야 한다(민사소송법 제46조 제1항).

오답의 이유
① 민사소송법 제44조 제2항
② 제척 또는 기피신청을 받은 법관은 제1항의 재판에 관여하지 못한다. 다만, 의견을 진술할 수 있다(민사소송법 제46조 제2항). 법원사무관 등에 대하여는 이 절의 규정을 준용한다(민사소송법 제50조 제1항).
④ 법원은 제척 또는 기피신청이 있는 경우에는 그 재판이 확정될 때까지 소송절차를 정지하여야 한다. 다만, 제척 또는 기피신청이 각하된 경우 또는 종국판결을 선고하거나 긴급을 요하는 행위를 하는 경우에는 그러하지 아니하다(민사소송법 제48조).

24 난도 ★★☆   정답 ③

③ 동대표 지위의 부존재 확인을 구하는 소송에서 입주자대표회의와 상대방 중 누가 피고적격을 가지는지에 따라 어느 일방에 대한 청구는 부적법하고 다른 일방에 대한 청구는 적법하게 될 수 있으므로 이들 각 청구는 법률상 양립할 수 없는 경우에 해당하여 앞에서 본 주관적·예비적 공동소송의 한 태양에 속하고, 따라서 민사소송법 제70조 제1항에 의하여 준용되는 같은 법 제68조의 규정에 따라 그 주관적·예비적 피고의 추가가 허용되는 것으로 보아야 할 것이다(대판 2007.6.26, 2007마515).

① 대판 2011.2.24, 2009다43355
② 대판 2012.9.27, 2011다76747
④ 민사소송법 제70조 제2항

25 난도 ★★☆   정답 ③

③ 판결서에는 민사소송법 제208조의 규정에 불구하고 이유를 기재하지 아니할 수 있다(소액사건심판법 제11조의2).

① 소액사건심판법 제8조 제1항
② 소액사건심판법 제5조의7 제1항
④ 소액사건심판법 제5조의8 제3항은 이행권고결정에 대한 청구에 관한 이의의 주장에 관하여는 위 민사집행법 규정에 의한 제한을 받지 아니한다고 규정하고 있으므로, 확정된 이행권고결정에 관하여는 그 결정 전에 생긴 사유도 청구에 관한 이의의 소에서 주장할 수 있다. 이에 비추어 보면 위 소액사건심판법 규정들의 취지는 확정된 이행권고결정에 확정판결이 가지는 효력 중 기판력을 제외한 나머지 효력인 집행력 및 법률요건적 효력 등의 부수적 효력을 인정하는 것이고, 기판력까지 인정하는 것은 아니다(대판 2009.5.14, 2006다34190).

민사소송법 | 2019년 법원직 9급

한눈에 훑어보기

빠른 정답

01	02	03	04	05	06	07	08	09	10
③	①	①	②	①	③	③	②	②	③
11	12	13	14	15	16	17	18	19	20
③	②	②	②	①	②	④	④	④	③
21	22	23	24	25					
③	④	①	④	②					

점수 체크

구분	1회독	2회독	3회독
맞힌 문항 수	/ 25	/ 25	/ 25
나의 점수	점	점	점

01 난도 ★★☆ 정답 ③

정답의 이유

③ 채권을 보전하기 위하여 대위행사가 필요한 경우는 실체법상 권리뿐만 아니라 소송법상 권리에 대하여서도 대위가 허용되나, 채무자와 제3채무자 사이의 소송이 계속된 이후의 소송수행과 관련한 개개의 소송상 행위는 그 권리의 행사를 소송당사자인 채무자의 의사에 맡기는 것이 타당하므로 채권자대위가 허용될 수 없다. 같은 취지에서 볼 때 상소의 제기와 마찬가지로 종전 재심대상판결에 대하여 불복하여 종전 소송절차의 재개, 속행 및 재심판을 구하는 재심의 소 제기는 채권자대위권의 목적이 될 수 없다(대판 2012.12.27, 2012다75239).

오답의 이유

① 원고가 피고의 주소를 알면서 허위주소로 제소하여 공시송달의 방법으로 승소확정판결을 받았다는 이유로 피고가 제기한 재심의 소에서는 피고는 확정판결의 취소를 구함과 동시에 본소 청구기각을 구하는 외에 원고에 대한 새로운 청구를 병합하는 것은 부적법하다(대판 1971.3.31, 71다8).

② 화해가 성립된 소송사건에서 원고들의 소송대리인이었던 변호사가 원고들로부터 그 소송사건만을 위임받아 그 소송의 목적이 된 부동산에 관하여만 화해할 권한을 부여받았음에도 불구하고 그 권한의 범위를 넘어 당해 소송물 이외의 권리관계를 포함시켜 화해를 하였음을 이유로 하는 준재심청구는 결국 대리인이 소송행위를 함에 필요한 특별수권의 흠결을 그 사유로 하는 것이므로 민사소송법 제427조가 적용될 수 없다(대판 1993.10.12, 93다32354). 즉 재심기간이 제한을 받는다는 것이다.

④ 재심대상판결의 소송물은 취득시효 완성을 이유로 한 소유권이전등기청구권으로서 채권적 청구권인 경우, 그 변론종결 후에 원고로부터 소유권이전등기를 경료받은 승계인은 기판력이 미치는 변론종결 후의 제3자에 해당하지 아니하고, 따라서 피고들은 재심대상판결의 기판력을 배제하기 위하여 승계인에 대하여도 재심의 소를 제기할 필요는 없으므로 승계인에 대한 재심의 소는 부적법하다(대판 1997.5.28, 96다41649).

02 난도 ★★☆   정답 ①

정답의 이유

① 민사소송법 제60조, 제59조 제1항의 취지는 법인 대표자의 대표권이 소멸하였다고 하더라도 당사자가 그 대표권의 소멸 사실을 알았는지의 여부, 모른 데에 과실이 있었는지의 여부를 불문하고 그 사실의 통지 유무에 의하여 대표권의 소멸 여부를 획일적으로 처리함으로써 소송절차의 안정과 명확을 기하기 위함에 있으므로, 법인 대표자의 대표권이 소멸된 경우에도 그 통지가 있을 때까지는 다른 특별한 사정이 없는 한 소송절차상으로는 그 대표권이 소멸되지 아니한 것으로 보아야 하므로, 대표권 소멸 사실의 통지가 없는 상태에서 구 대표자가 한 소취하는 유효하고, 상대방이 그 대표권 소멸 사실을 알고 있었다고 하여 이를 달리 볼 것은 아니다(대판 1998.2.19, 95다52710 전합).

오답의 이유

② 민사소송법 제233조 제1항은 당사자가 죽은 때에 소송절차는 중단된다. 이 경우 상속인·상속재산관리인, 그 밖에 법률에 의하여 소송을 계속하여 수행할 사람이 소송절차를 수계(受繼)하여야 한다고 규정하고 있으나, 민사소송법 제238조는 소송대리인이 있는 경우에는 제233조 제1항, 제234조 내지 제237조의 규정을 적용하지 아니한다고 규정하고 있습니다. 민사소송법 제239조에서는 당사자가 파산선고를 받은 때에 파산재단에 관한 소송절차는 중단된다고 규정하고 있다. 즉, 민사소송법 제238조에서는 법 제239조를 배제하는 규정을 두고 있지 않으므로, 당사자가 파산선고를 받은 경우 소송대리인이 있다고 하더라도 소송절차는 중단된다고 할 것이다.

③ 수계신청의 적부는 법원의 직권조사 사항으로서 조사의 결과 수계가 이유 없다고 인정할 경우에는 결정으로서 이를 기각하여야 되나 이유 있을 때에는 별도의 재판을 필요로 하는 것이 아니며, 그대로 소송절차를 진행할 수 있음이 민사소송법 제221조 제1항의 규정에 비추어 명백하다(대판 1970.4.28, 67다1262).

④ 이혼소송과 재산분할청구가 병합된 경우, 배우자 일방이 사망하면 이혼의 성립을 전제로 하여 이혼소송에 부대한 재산분할청구 역시 이를 유지할 이익이 상실되어 이혼소송의 종료와 동시에 종료된다(대판 1994.10.28, 94므246, 94므253).

03 난도 ★★☆   정답 ①

정답의 이유

① 민사소송법 제314조는 증인은 그 증언이 자기나 증인의 친족 또는 이러한 관계에 있었던 사람이 공소제기 되거나 유죄판결을 받을 염려가 있는 사항 또는 자기나 그들에게 치욕이 될 사항에 관한 것인 때에는 이를 거부할 수 있다고 규정하고 있다. 따라서 증인이 자기의 친족과 현저히 이해관계가 있는 사항이라는 이유만으로 증언을 거부할 수는 없다.

오답의 이유

② 민사소송법 제315조 제1항 제2호에 의하면 기술 또는 직업의 비밀에 속하는 사항에 대하여 신문을 받을 때 증인은 증언을 거부할 수 있다.

③ 민사소송법 제327조의2 제1항 제1호에 의하면 법원은 증인이 멀리 떨어진 곳 또는 교통이 불편한 곳에 살고 있거나 그 밖의 사정으로 말미암아 법정에 직접 출석하기 어려운 사람을 증인으로 신문하는 경우 상당하다고 인정하는 때에는 당사자의 의견을 들어 비디오 등 중계장치에 의한 중계시설을 통하여 신문할 수 있다.

④ 민사소송규칙 제92조 제1항에 의하면 반대신문은 주신문에 나타난 사항과 이에 관련된 사항에 관하여 하고, 제2항에 의하면 반대신문에서 필요한 때에는 유도신문을 할 수 있다.

04 난도 ★★☆   정답 ②

정답의 이유

② 소장 또는 상소장에 관한 재판장 또는 원심 재판장의 인지보정명령은 민사소송법에서 일반적으로 항고의 대상으로 삼고 있는 동법 제409조 소정의 '소송절차에 관한 신청을 기각하는 결정이나 명령'에 해당하지 아니하고 또 이에 대하여 불복할 수 있는 특별규정도 없으므로 인지보정명령에 대하여는 독립하여 이의신청이나 항고를 할 수 없다(대판 1987.2.4, 86그157). 민사소송법 제254조 제1항은 소장이 제249조 제1항의 규정에 어긋나는 경우와 소장에 법률의 규정에 따른 인지를 붙이지 아니한 경우에는 재판장은 상당한 기간을 정하고, 그 기간 이내에 흠을 보정하도록 명하여야 한다. 재판장은 법원사무관등으로 하여금 위 보정명령을 하게 할 수 있다고 규정하고, 제3항은 소장 각하 명령에 대하여는 즉시항고를 할 수 있다고 규정하고 있다. 즉 보정명령에 대한 불복을 규정하고 있지 않다.

오답의 이유

① 민사소송법 제219조는 부적법한 소로서 그 흠을 보정할 수 없는 경우에는 변론 없이 판결로 소를 각하할 수 있다고 규정하고 있다.

③ 민사소송법 제257조 제1항에서는 법원은 피고가 제256조 제1항의 답변서를 제출하지 아니한 때에는 청구의 원인이 된 사실을 자백한 것으로 보고 변론 없이 판결할 수 있다. 다만, 직권으로 조사할 사항이 있거나 판결이 선고되기까지 피고가 원고의 청구를 다투는 취지의 답변서를 제출한 경우에는 그러하지 아니하다고 규정하고, 제2항에서 <u>피고가 청구의 원인이 된 사실을 모두 자백하는 취지의 답변서를 제출하고 따로 항변을 하지 아니한 때에는 제1항의 규정을 준용</u>한다고 규정하고 있다.

④ 민사소송법 제248조에 의하면 소는 법원에 소장을 제출함으로써 제기하는데, 소액사건의 경우에는 소액사건심판법 제4조 제1항에 따라 구술로써 제기할 수 있다.

정답의 이유

① 도시 및 주거환경정비법에 따른 조합의 이사가 자기를 위하여 조합을 상대로 소를 제기하는 경우 그 소송에 관하여는 감사가 조합을 대표하므로(도시 및 주거환경정비법 제22조 제4항), 조합에 감사가 있는 때에는 조합장이 없거나 조합장이 대표권을 행사할 수 없는 사정이 있더라도 조합은 특별한 사정이 없는 한 민사소송법 제64조, 제62조에 정한 '법인의 대표자가 없거나 대표자가 대표권을 행사할 수 없는 경우'에 해당하지 아니하여 특별대리인을 선임할 수 없다. 나아가 수소법원이 이를 간과하고 특별대리인을 선임하였더라도 특별대리인은 이사가 제기한 소에 관하여 조합을 대표할 권한이 없다(대판 2015.4.9, 2013다89372).

오답의 이유

② 민사소송법 제62조 제1항은 미성년자·피한정후견인 또는 피성년후견인이 당사자인 경우, 그 친족, 이해관계인(미성년자·피한정후견인 또는 피성년후견인을 상대로 소송행위를 하려는 사람을 포함한다), 대리권 없는 성년후견인, 대리권 없는 한정후견인, 지방자치단체의 장 또는 검사는 다음 각 호의 경우에 소송절차가 지연됨으로써 손해를 볼 염려가 있다는 것을 소명하여 수소법원(受訴法院)에 특별대리인을 선임하여 주도록 신청할 수 있다고 규정하고 있다.

③ 적법한 대표자 자격이 없는 甲이 비법인 사단을 대표하여 소를 제기하였다가 항소심에서 그 대표권에 대한 의문이 제기되자 민사소송법 제64조에 의해 준용되는 동법 제62조에 따라 특별대리인으로 선임되었는데, 상고심에서 甲이 선임한 소송대리인이 甲이 수행한 기왕의 모든 소송행위를 추인한 사안에서, 甲이 비법인 사단을 대표하여 한 모든 소송행위는 그 행위시에 소급하여 효력을 갖게 된다(대판 2010.6.10, 2010다5373).

④ 특별대리인 선임신청을 인용한 결정에 대하여는 누구나 불복(단, 특별항고는 허용)을 할 수 없고(그 선임신청을 각하 또는 기각한 경우는 불복할 수 있다) 개임선청이 있다하여도 이는 법원이 민사소송법 제58조 제3항에 의하여 "언제든지 특별대리인을 개임할 수 있다"는 법원의 직권발동을 촉구하는데 불과하므로 법원은 그 개임신청에 대하여 반드시 어떠한 결정을 하여야 할 의무가 없을 뿐 아니라 가사법원이 그 개임신청을 각하 또는 기각한다는 결정을 하였다 하여도 이에 대하여는 불복할 수 없을 것이며(단, 그와 같은 결정이 있는 이상 특별항고 사유가 있다면 특별항고는 할 수 있다) 개임신청을 이용하여 개임결정을 하였다 하여도 역시 불복할 수 없다(단, 특별항고는 가능하다)(대판 1969.3.25, 68그21).

정답의 이유

③ 선정당사자는 선정자들로부터 소송수행을 위한 포괄적인 수권을 받은 것으로서 일체의 소송행위는 물론 소송수행에 필요한 사법상의 행위도 할 수 있는 것이고 개개의 소송행위를 함에 있어서 선정자의 개별적인 동의가 필요한 것은 아니라 할 것임에도, 원심은 이재영이 선정당사자의 자격으로 위와 같은 합의를 하였는지에 관하여 심리해 보지도 아니한 채 위 합의에 대하여 원고 등 근로자들의 동의가 있었다고 볼 수 없다는 이유만으로 위 금원의 지급은 원고에 대하여 효력이 없다고 하였으니, 원심판결에는 선정당사자에 관한 법리를 오해하여 심리를 다하지 아니한 위법이 있다고 할 것이다(대판 2003.5.30, 2001다10748).

오답의 이유

① 민사소송법 제53조 제1항은 공동의 이해관계를 가진 여러 사람이 제52조의 규정에 해당되지 아니하는 경우에는, 이들은 그 가운데에서 모두를 위하여 당사자가 될 한 사람 또는 여러 사람을 선정하거나 이를 바꿀 수 있다고 규정하고, 제2항에서는 소송이 법원에 계속된 뒤 제1항의 규정에 따라 당사자를 바꾼 때에는 그 전의 당사자는 당연히 소송에서 탈퇴한 것으로 본다고 규정하고 있다.

② 당사자 선정은 언제든지 장래를 위하여 이를 취소·변경할 수 있으며, 선정을 철회한 경우에 선정자 또는 당사자가 상대방 또는 법원에 대하여 선정 철회 사실을 통지하지 아니하면 철회의 효력을 주장하지 못하지만(민사소송법 제63조 제2항, 제1항), 선정의 철회는 반드시 명시적이어야만 하는 것은 아니고 묵시적으로도 가능하다고 보아야 한다(대판 2015.10.15, 2015다31513).

④ 선정당사자가 선정자로부터 별도의 수권 없이 변호사 보수에 관한 약정을 하였다면 선정자들이 이를 추인하는 등의 특별한 사정이 없는 한 선정자에 대하여 효력이 없다고 할 것이며, 뿐더러 그와 같은 보수약정을 하면서 향후 변호사 보수와 관련하여 다투지 않기로 부제소합의를 하거나 약정된 보수액이 과도함을 이유로 선정자들이 제기한 별도의 소송에서 소취하합의를 하더라도 이와 관련하여 선정자들로부터 별도로 위임받은 바가 없다면 선정자에 대하여 역시 그 효력을 주장할 수 없다(대판 2010.5.13, 2009다105246).

07 난도 ★★☆   정답 ③

정답의 이유

③ 민사소송법은 항소이유서의 제출기한에 관한 규정을 두고 있지 아니하므로 가압류이의신청에 대한 재판의 항고인이 즉시항고 이유서를 제출하지 아니하였다거나 그 이유를 적어내지 아니하였다는 이유로 그 즉시항고를 각하할 수는 없다(대판 2008.2.29, 2008마145).

오답의 이유

① 민사소송법 제444조 제1항은 즉시항고는 재판이 고지된 날부터 1주 이내에 하여야 한다고 규정하고, 제2항은 제1항의 기간은 불변기간으로 한다고 규정하고 있다. 특별항고에 관하여 민사소송법 제449조 제2항은 제1항의 항고는 재판이 고지된 날부터 1주 이내에 하여야 한다고 규정하고, 제3항은 제2항의 기간은 불변기간으로 한다고 규정하고 있다.

② 민사소송법 제474조, 제473조의 규정에 의하면 가집행선고가 붙은 판결에 관하여 한 강제집행정지신청기각결정에 대하여는 항고를 할 수 없는 것이어서 동법 제420조 소정의 특별항고가 허용될 뿐이므로 이러한 결정에 대한 항고는 당사자가 특별항고라는 표시와 대법원 귀중이라는 표시를 하지 아니하였다고 하더라도 그 항고장을 접수한 법원으로서는 이를 특별항고로 취급하여 소송기록을 대법원에 송부함이 마땅하다 할 것이다(대판 1987.12.30, 86마347).

④ 민사소송법 제442조의 규정에 비추어 볼 때 항소법원의 결정에 대하여는 대법원에 재항고하는 방법으로 다투어야만 하는바, 지방법원 항소부 소속 법관에 대한 제척 또는 기피신청이 제기되어 민사소송법 제45조 제1항의 각하결정 또는 소속 법원 합의부의 기각결정이 있는 경우에 이는 항소법원의 결정과 같은 것으로 보아야 하므로 이 결정에 대하여는 대법원에 재항고하는 방법으로 다투어야 한다(대판 2008.5.2, 2008마427).

08 난도 ★★★   정답 ②

정답의 이유

② 채권자대위소송이 계속 중인 상황에서 다른 채권자가 동일한 채무자를 대위하여 채권자대위권을 행사하면서 공동소송참가신청을 할 경우, 양 청구의 소송물이 동일하다면 민사소송법 제83조 제1항이 요구하는 '소송목적이 한쪽 당사자와 제3자에게 합일적으로 확정되어야 할 경우'에 해당하므로 참가신청은 적법하다(대판 2015.7.23, 2013다30301, 30325).

오답의 이유

① 채권자가 채권자대위권을 행사하는 방법으로 제3채무자를 상대로 소송을 제기하고 판결을 받은 경우 채권자가 채무자에 대하여 민법 제405조 제1항에 의한 보존행위 이외의 권리행사의 통지, 또는 민사소송법 제84조에 의한 소송고지 혹은 비송사건절차법제49조 제1항에 의한 법원에 의한 재판상 대위의 허가를 고지하는 방법 등 어떠한 사유로 인하였던 적어도 채권자대위권에 의한 소송이 제기된 사실을 채무자가 알았을 때에는 그 판결의 효력이 채무자에게 미친다고 보아야 한다(대판 2014.1.23,

2011다108095).

③ 채권자대위권은 채무자가 제3채무자에 대한 권리를 행사하지 아니하는 경우에 한하여 채권자가 자기의 채권을 보전하기 위하여 행사할 수 있는 것이어서 채권자가 대위권을 행사할 당시는 이미 채무자가 권리를 재판상 행사하였을 때에는 설사 패소의 본안판결을 받았더라도 채권자는 채무자를 대위하여 채무자의 권리를 행사할 당사자적격이 없다(대판 1992.11.10, 92다30016).

④ 비법인사단인 채무자 명의로 제3채무자를 상대로 한 소가 제기되었으나 사원총회의 결의 없이 총유재산에 관한 소가 제기되었다는 이유로 각하판결을 받고 그 판결이 확정된 경우에는 채무자가 스스로 제3채무자에 대한 권리를 행사한 것으로 볼 수 없다(대판 2018.10.25, 2018다210539).

09 난도 ★★☆   정답 ②

정답의 이유

② 청구이의의 소가 제기되기 전에 그 채무명의에 표시된 청구권을 양수한 자의 권리승계 참가신청은 부적법한 것이다(대판 1983.9.27, 83다카1027).

오답의 이유

① 원고는 1999. 7. 9. 이 사건 손해배상청구권을 승계참가인에게 양도하고 원심 소송 계속 중인 2000. 3. 23. 피고에게 채권양도의 통지를 한 다음 승계참가인이 승계참가신청을 하자 탈퇴한 사실을 알 수 있는바, 원고가 적법하게 탈퇴한 경우에 있어서 원심으로서는 제1심판결을 변경하여 승계참가인의 청구에 대하여 판단을 하였어야 할 것임에도, 원심은 단순히 피고의 항소를 기각함으로써 원고의 청구를 전부 인용한 제1심판결을 그대로 유지하고 말았으니, 원심판결에는 소송탈퇴 및 승계참가에 관한 법리를 오해하여 판결에 영향을 미친 위법이 있다 할 것이다(대판 2004.1.27, 2000다63639).

③ 승계참가인이 소송당사자로부터 계쟁 부동산에 대한 지분 중 일부를 양도받은 권리승계인이라 하여 상고심에 이르러 승계참가신청을 한 경우, 이러한 참가신청은 법률심인 상고심에서는 허용되지 아니한다(대판 2001.3.9, 98다51169).

④ 사해행위취소의 상대적 효력에 의하면, 원고의 피고에 대한 청구의 원인행위가 사해행위라는 이유로 원고에 대하여 사해행위취소를 청구하면서 독립당사자참가신청을 하는 경우, 독립당사자참가인의 청구가 그대로 받아들여진다 하더라도 원고와 피고 사이의 법률관계에는 아무런 영향이 없고, 따라서 그러한 참가신청은 사해방지참가의 목적을 달성할 수 없으므로 부적법하다(대판 2014.6.12, 2012다47548, 47555).

10 난도 ★★☆
정답 ③

③ 송달은 원칙적으로 받을 사람의 주소·거소·영업소 또는 사무소에서 해야 하는데(민사소송법 제183조 제1항 전문), 여기서 말하는 영업소 또는 사무소는 송달 받을 사람 자신이 경영하는 영업소 또는 사무소를 의미하는 것이지 송달 받을 사람의 근무장소는 이에 해당하지 않으며, 송달 받을 사람이 경영하는, 그와 별도의 법인격을 가지는 회사의 사무실은 송달 받을 사람의 영업소나 사무소라 할 수 없고, 이는 그의 근무장소에 지나지 아니한다(대판 2004.7.21, 2004마535).

① 민사소송법 제174조는 송달은 이 법에 특별한 규정이 없으면 법원이 직권으로 한다고 규정하고 있고, 동법 제190조 제1항은 당사자의 신청이 있는 때에는 공휴일 또는 해뜨기 전이나 해진 뒤에 집행관 또는 대법원규칙이 정하는 사람에 의하여 송달할 수 있다고 규정하고 있다.

② 근무장소에서의 송달을 규정한 민사소송법 제183조 제2항에 의하면, 근무장소에서의 송달은 송달 받을 자의 주소 등의 장소를 알지 못하거나 그 장소에서 송달할 수 없는 때에 한하여 할 수 있는 것이므로 소장, 지급명령신청서 등에 기재된 주소 등의 장소에 대한 송달을 시도하지 않은 채 근무장소로 한 송달은 위법하다(대판 2004.7.21, 2004마535).

④ 송달은 원칙적으로 민사소송법 제183조 제1항에서 정하는 송달을 받을 사람의 주소, 거소, 영업소 또는 사무소 등의 '송달장소'에서 하여야 한다. 만일 송달장소에서 송달받을 사람을 만나지 못한 때에는 그 사무원, 고용인 또는 동거자로서 사리를 분별할 지능 있는 사람에게 서류를 교부하는 보충송달의 방법에 의하여 송달할 수는 있지만, 이러한 보충송달은 위 법 조항에서 정하는 '송달장소'에서 하는 경우에만 허용되고 송달장소가 아닌 곳에서 사무원, 고용인 또는 동거자를 만난 경우에는 사무원 등이 송달받기를 거부하지 아니한다 하더라도 그 곳에서 사무원 등에게 서류를 교부하는 것은 보충송달의 방법으로서 부적법하다(대판 2018.5.4, 2018무513).

11 난도 ★★☆
중 정답 ③

③ 항소의 취하는 항소의 전부에 대하여 하여야 하고 항소의 일부 취하는 효력이 없으므로 병합된 수개의 청구 전부에 대하여 불복한 항소에서 그중 일부 청구에 대한 불복신청을 철회하였더라도 그것은 단지 불복의 범위를 감축하여 심판의 대상을 변경하는 효과를 가져오는 것에 지나지 아니하고, 항소인이 항소심의 변론종결시까지 언제든지 서면 또는 구두진술에 의하여 불복의 범위를 다시 확장할 수 있는 이상 항소 자체의 효력에 아무런 영향이 없다(대판 2017.1.12, 2016다241249).

① 민사소송법 제397조 제2항에 의하면 항소장에는 당사자와 법정대리인, 제1심 판결의 표시와 그 판결에 대한 항소의 취지를 기재해야 한다고 규정하고 있을 뿐 불복의 범위와 이유까지 기재해야 한다고 규정하고 있지 않다.

② 민사소송법 제395조 제1항은 항소권의 포기는 항소를 하기 이전에는 제1심 법원에, 항소를 한 뒤에는 소송기록이 있는 법원에 서면으로 하여야 한다고 규정하고 있다.

④ 항소심은 당사자의 불복신청범위 내에서 제1심판결의 당부를 판단할 수 있을 뿐이므로, 설사 제1심판결이 부당하다고 인정되는 경우라 하더라도 그 판결을 불복당사자의 불이익으로 변경하는 것은 당사자가 신청한 불복의 한도를 넘어 제1심판결의 당부를 판단하는 것이 되어 허용될 수 없다 할 것인바 원고만이 항소한 경우에 항소심으로서는 제1심보다 원고에게 불리한 판결을 할 수는 없는 것이다(대판 2005.8.19, 2004다8197, 8203).

12 난도 ★★☆
정답 ②

② 재판상 화해에서도 제3자의 이의가 있을 때에 화해의 효력을 실효시키기로 하는 약정이 가능하고 그 실효조건의 성취로 화해의 효력은 당연히 소멸된다(대판 1993.6.29, 92다56056).

① 민사소송법상의 소송행위에는 특별한 규정이나 특별한 사정이 없는 한 민법상의 법률행위에 관한 규정이 적용될 수 없는 것이므로 사기, 강박 또는 착오 등 의사표시의 하자를 이유로 그 무효나 취소를 주장할 수 없다(대판 1980.8.26, 80다76).

③ 당사자 쌍방이 소송 계속 중 작성한 서면에 위와 같은 불상소 합의가 포함되어 있는가 여부의 해석을 둘러싸고 이견이 있어 그 서면에 나타난 당사자의 의사해석이 문제되는 경우, 이러한 불상소 합의와 같은 소송행위의 해석은 일반 실체법상의 법률행위와는 달리 내심의 의사가 아닌 철저한 표시주의와 외관주의에 따라 그 표시를 기준으로 하여야 하고, 표시된 내용과 저촉되거나 모순되어서는 아니 된다(대판 2007.11.29, 2007다52317, 52324).

④ 지급명령에 대한 이의신청의 취하는 채무자가 제기한 이의신청을 철회하여 지급명령에 확정판결과 같은 효력을 부여하는 채무자의 법원에 대한 소송행위로서 소송행위의 특질상 소송절차의 명확성과 안정성을 기하기 위한 표시주의가 관철되어야 하므로 민법의 법률행위에 관한 규정은 원칙적으로 적용되지 않는다. 다만 대표자나 대리인이 상대방과 통모하여 형사상 처벌을 받을 배임행위 등에 의하여 지급명령에 대한 이의신청을 취하한 때에는 민사소송법 제451조 제1항 제5호의 규정을 유추적용하여 그 효력이 부정될 수 있는 경우가 있을 것이나, 같은 조 제2항에 따라 그 형사상 처벌받을 행위에 대하여 유죄의 판결이나 과태료부과의 재판이 확정된 때 또는 증거부족 외의 이유로 유죄의 확정판결이나 과태료부과의 확정재판을 할 수 없는 때라야 할 것이다(대판 2012.6.14, 2010다86112).

13 난도 ★★☆ 　　　　　　　　　　　정답 ②

정답의 이유

② 민사소송법 제238조에서는 소송 중에 당사자가 사망한 경우, 법인이 합병으로 인하여 소멸한 경우, 당사자가 소송능력을 잃은 때 또는 법정대리인이 죽거나 대리권을 잃은 때, 수탁자의 위탁임무가 끝난 때, 일정한 자격에 의하여 자기 이름으로 남을 위하여 소송당사자가 된 사람이 그 자격을 잃거나 죽은 때에도 소송대리인이 있는 경우 소송절차가 중단되지 않는다고 규정하고 있다.

오답의 이유

① 소송 계속 중 어느 일방 당사자의 사망에 의한 소송절차 중단을 간과하고 변론이 종결되어 판결이 선고된 경우에는 그 판결은 소송에 관여할 수 있는 적법한 수계인의 권한을 배제한 결과가 되는 절차상 위법은 있지만 그 판결이 당연 무효라 할 수는 없고, 다만 그 판결은 대리인에 의하여 적법하게 대리되지 않았던 경우와 마찬가지로 보아 대리권 흠결을 이유로 상소 또는 재심에 의하여 그 취소를 구할 수 있을 뿐이므로, 이와 같이 사망한 자가 당사자로 표시된 판결에 기하여 사망자의 승계인을 위한 또는 사망자의 승계인에 대한 강제집행을 실시하기 위하여는 민사소송법 제481조를 준용하여 승계집행문을 부여함이 상당하다(대판 1998.5.30, 98그7).

③ 제1심 소송 계속 중 사망한 당사자의 공동상속인 중 소송수계절차를 밟은 상속인만을 당사자로 표시한 제1심판결에 대하여 망인의 소송대리인이 그 소송수계인만을 항소인으로 표시하여 판결 전부를 불복하는 항소를 제기한 사안에서, 그 항소는 소송수계인으로 표시되지 않은 나머지 상속인들 모두에게 효력이 미치는 위 제1심판결 전부에 대하여 제기된 것으로서 위 항소로 제1심판결 전부에 대하여 확정이 차단되었다고 보아야 함에도, 나머지 상속인들이 망인의 소송상 지위를 당연승계한 부분의 제1심판결이 이미 확정된 것으로 오인하여 그 상속인들의 소송수계신청을 기각한 원심판결을 파기한 사례이다(대판 2010.12.23, 2007다22866).

④ 심급대리의 원칙상 판결정본이 소송대리인에게 송달되면 소송절차가 중단되므로 항소는 소송수계절차를 밟은 다음에 제기하는 것이 원칙이다. 다만 제1심 소송대리인이 상소제기에 관한 특별수권이 있어 상소를 제기하였다면 그 상소제기 시부터 소송절차가 중단되므로 항소심에서 소송수계절차를 거치면 된다(대판 2016.4.29, 2014다210449).

14 난도 ★★☆ 　　　　　　　　　　　정답 ②

정답의 이유

② 소송요건을 구비하여 적법하게 제기된 본소가 그 후에 상대방이 제기한 반소로 인하여 소송요건에 흠결이 생겨 다시 부적법하게 되는 것은 아니므로, 원고가 피고에 대하여 손해배상채무의 부존재확인을 구할 이익이 있어 본소로 그 확인을 구하였다면, 피고가 그 후에 그 손해배상채무의 이행을 구하는 반소를 제기하였다 하더라도 그러한 사정만으로 본소청구에 대한 확인의 이익

이 소멸하여 본소가 부적법하게 된다고 볼 수는 없다(대판 1999.6.8, 99다17401, 17418).

오답의 이유

① 반소청구에 본소청구의 기각을 구하는 것 이상의 적극적 내용이 포함되어 있지 않다면 반소청구로서의 이익이 없고, 어떤 채권에 기한 이행의 소에 대하여 동일 채권에 관한 채무부존재확인의 반소를 제기하는 것은 그 청구의 내용이 실질적으로 본소청구의 기각을 구하는 데 그치는 것이므로 부적법하다(대판 2007.4.13, 2005다40709, 40716).

③ 피고가 원고 이외의 제3자를 추가하여 반소피고로 하는 반소는 원칙적으로 허용되지 아니하고, 다만 피고가 제기하려는 반소가 필수적 공동소송이 될 때에는 민사소송법 제68조의 필수적 공동소송인 추가의 요건을 갖추면 허용될 수 있다(대판 2015.5.29, 2014다235042, 235059, 235066).

④ 피고의 예비적 반소는 본소청구가 인용될 것을 조건으로 심판을 구하는 것으로서 제1심이 원고의 본소청구를 배척한 이상 피고의 예비적 반소는 제1심의 심판대상이 될 수 없는 것이다(대판 2006.6.29, 2006다19061, 19078).

15 난도 ★★☆ 　　　　　　　　　　　정답 ①

정답의 이유

① 민사소송법 제67조 제1항은 소송목적이 공동소송인 모두에게 합일적으로 확정되어야 할 공동소송의 경우에 공동소송인 가운데 한 사람의 소송행위는 모두의 이익을 위하여서만 효력을 가진다고 규정하고 있습니다. 따라서 고유필수적 공동소송인 가운데 1인이 한 소취하는 다른 필수적 공동소송인 모두에게 이익이 되는 행위라고 볼 수 없으므로, 1인의 소취하는 필수적 공동소송인 모두에게 효력이 미치지 않는다.

오답의 이유

② 동업약정에 따라 동업자 공동으로 토지를 매수하였다면 그 토지는 동업자들을 조합원으로 하는 동업체에서 토지를 매수한 것이므로 그 동업자들은 토지에 대한 소유권이전등기청구권을 준합유하는 관계에 있고, 합유재산에 관한 소는 이른바 고유필요적 공동소송이라 할 것이므로 그 매매계약에 기하여 소유권이전등기의 이행을 구하는 소를 제기하려면 동업자들이 공동으로 하지 않으면 안된다(대판 1994.10.25, 93다54064).

③ 민사소송법 제68조 제1항에서 법원은 필수적 공동소송인 가운데 일부가 누락된 경우에는 제1심의 변론을 종결할 때까지 원고의 신청에 따라 결정으로 원고 또는 피고를 추가하도록 허가할 수 있다. 다만, 원고의 추가는 추가될 사람의 동의를 받은 경우에만 허가할 수 있다.

④ 공유물분할청구의 소는 분할을 청구하는 공유자가 원고가 되어 다른 공유자 전부를 공동피고로 하여야 하는 고유필수적 공동소송이다(대판 2003.12.12, 2003다44615, 44622).

정답의 이유

② 원고가 채권자대위권에 기해 청구를 하다가 당해 피대위채권 자체를 양수하여 양수금청구로 소를 변경한 사안에서, 이는 청구원인의 교환적 변경으로서 채권자대위권에 기한 구 청구는 취하된 것으로 보아야 하나, 그 채권자대위소송의 소송물은 채무자의 제3채무자에 대한 계약금반환청구권인데 위 양수금 청구는 원고가 위 계약금반환청구권 자체를 양수하였다는 것이어서 양 청구는 동일한 소송물에 관한 권리의무의 특정승계가 있을 뿐 그 소송물은 동일한 점, 시효중단의 효력은 특정승계인에게도 미치는 점, 계속 중인 소송에 소송목적인 권리 또는 의무의 전부나 일부를 승계한 특정승계인이 소송참가하거나 소송인수한 경우에는 소송이 법원에 처음 계속된 때에 소급하여 시효중단의 효력이 생기는 점, 원고는 위 계약금반환채권을 채권자대위권에 기해 행사하다 다시 이를 양수받아 직접 행사한 것이어서 위 계약금반환채권과 관련하여 원고를 '권리 위에 잠자는 자'로 볼 수 없는 점 등에 비추어 볼 때, 당초의 채권자대위소송으로 인한 시효중단의 효력이 소멸하지 않는다(대판 2010.6.24, 2010다17284).

오답의 이유

① 청구의 기초의 변경에 대하여 피고가 지체 없이 이의를 진술하지 아니하고 변경된 청구에 관한 본안의 변론을 한 때에는 피고는 책문권을 상실하여 다시 이의를 제기하지 못한다(대판 1982.1.26, 81다546).

③ 원고의 청구가 모두 인용된 제1심판결에 대하여 피고가 지연손해금 부분에 대하여만 항소를 제기하고, 원금 부분에 대하여는 항소를 제기하지 아니하였다고 하더라도 제1심에서 전부 승소한 원고가 항소심 계속중 부대항소로서 청구취지를 확장할 수 있는 것이므로, 항소심이 원고의 부대항소를 받아들여 제1심판결의 인용금액을 초과하여 원고 청구를 인용하였더라도 거기에 불이익변경금지의 원칙이나 항소심의 심판범위에 관한 법리오해의 위법이 없다(대판 2003.9.26, 2001다68914).

④ 항소심에서 청구의 교환적 변경이 적법하게 이루어지면, 청구의 교환적 변경에 따라 항소심의 심판대상이었던 제1심판결이 실효되고 항소심의 심판대상은 새로운 청구로 바뀐다. 이러한 경우 항소심은 제1심판결이 있음을 전제로 한 항소각하 판결을 할 수 없고, 사실상 제1심으로서 새로운 청구의 당부를 판단하여야 한다(대판 2018.5.30, 2017다21411). 항소심에서 소의 교환적 변경이 있으면 제1심판결은 소취하로 실효되고, 항소심의 심판대상은 교환된 청구에 대한 새로운 소송으로 바뀌어져 항소심은 사실상 제1심으로 재판하는 것이 되므로, 그 뒤에 항소인이 항소를 취하한다 하더라도 항소취하는 그 대상이 없어 아무런 효력을 발생할 수 없다(대판 2008.5.29, 2008두2606).

정답의 이유

④ 소송계속 중 어느 일방 당사자의 사망에 의한 소송절차 중단을 간과하고 변론이 종결되어 판결이 선고된 경우에는 그 판결은 소송에 관여할 수 있는 적법한 수계인의 권한을 배제한 결과가 되는 절차상 위법은 있지만 그 판결이 당연무효라 할 수는 없고, 다만 그 판결은 대리인에 의하여 적법하게 대리되지 않았던 경우와 마찬가지로 보아 대리권흠결을 이유로 상소 또는 재심에 의하여 그 취소를 구할 수 있을 뿐이다(대판 1995.5.23, 94다28444 전합).

오답의 이유

① 소액사건심판법 제8조 제1항은 당사자의 배우자·직계혈족 또는 형제자매는 법원의 허가없이 소송대리인이 될 수 있다고 규정하고 있다.

② 변호사 아닌 지방자치단체 소속 공무원으로 하여금 소송수행자로서 지방자치단체의 소송대리를 하도록 한 것은 민사소송법 제424조 제1항 제4호가 정하는 '소송대리권의 수여에 흠이 있는 경우'에 해당하여(대판 2006.6.9, 2006두4035), 절대적 상고이유에 해당한다.

③ 항소의 제기에 관하여 필요한 수권이 흠결된 소송대리인의 항소장 제출이 있었다고 하더라도 당사자 또는 적법한 소송대리인이 항소심에서 본안에 관하여 변론하였다면 이로써 그 항소제기 행위를 추인하였다고 할 것이어서, 그 항소는 당사자가 적법하게 제기한 것으로 된다(대판 2007.2.22, 2006다81653).

정답의 이유

④ 당사자가 변론기일에 출석하지 아니하여 상대방이 주장한 사실을 자백한 것으로 재판상 보는 이른바 의제자백은 원래의 자백이 함부로 그 효과를 제거할 수 없는 것과는 달라서, 그후에 변론기일에 나와 다툼으로서 의제자백의 효과를 지워버릴 수 있다(대판 1971.10.21, 71다1277).

오답의 이유

① 민사소송법 제139조 소정의 의제자백의 요건이 구비되어 일단 의제자백으로서의 효과가 발생한 때에는 그 이후의 기일에 대한 소환장이 송달불능으로 되어 공시송달하게 되었다고 하더라도 이미 발생한 의제자백의 효과가 상실되는 것은 아니라고 할 것이므로 위 규정에 의하여 자백한 것으로 간주하여야 할 사실을 증거판단하여 의제자백에 배치되는 사실인정을 하는 것은 위법이라고 할 것이다(대판 1988.2.23, 87다카961).

② 소송대리권의 존부는 법원의 직권탐지사항으로서, 이에 대하여는 의제자백에 관한 규정이 적용될 여지가 없다(대판 1999.2.24, 97다38930).

③ 민사소송법 제257조 제1항 본문에서는 법원은 피고가 제256조 제1항의 답변서를 제출하지 아니한 때에는 청구의 원인이 된 사실을 자백한 것으로 보고 변론 없이 판결할 수 있다고 규정하고 있다.

민사소송법 법원직

19 난도 ★★☆   정답 ④

④ 민사소송법 제121조는 담보제공신청에 관한 결정에 대하여는 즉시항고를 할 수 있다고 규정하고 있다. 민사소송법 개정 당시 직권에 의한 소송비용 담보제공 재판을 도입하면서 이에 대한 불복규정을 별도로 마련하지 않았으나, 민사소송법은 특별한 규정이 있을 때만 즉시항고할 수 있다는 규정을 두고 있지 않고, 직권에 의한 소송비용 담보제공 재판에 대한 불복 자체를 금지하고 있지도 않은 점, 직권에 의한 소송비용 담보제공 재판의 경우에도 피고의 신청에 의한 경우와 마찬가지로 담보를 제공하지 않으면 변론 없이 소각하 판결이 내려질 수 있으므로 원고에게 불복 기회를 부여해야 할 필요성은 신청에 의한 경우와 다를 게 없는 점 등에 비추어 보면, 법원의 직권에 의한 소송비용 담보제공 재판에 불복할 경우에도 원고는 민사소송법 제121조를 준용하여 즉시항고를 제기할 수 있다고 보는 것이 타당하다(대판 2011.5.2, 2010부8).

① 민사소송법 제117조 제1항은 원고가 대한민국에 주소·사무소와 영업소를 두지 아니한 때 또는 소장·준비서면, 그 밖의 소송기록에 의하여 청구가 이유 없음이 명백한 때 등 소송비용에 대한 담보제공이 필요하다고 판단되는 경우에 피고의 신청이 있으면 법원은 원고에게 소송비용에 대한 담보를 제공하도록 명하여야 하고, 담보가 부족한 경우에도 또한 같다고 규정하고 있다.

② 민사소송법 제118조는 담보를 제공할 사유가 있다는 것을 알고도 피고가 본안에 관하여 변론하거나 변론준비기일에서 진술한 경우에는 담보제공을 신청하지 못한다고 규정하고 있다.

③ 민사소송법 제124조는 담보를 제공하여야 할 기간 이내에 원고가 이를 제공하지 아니하는 때에는 법원은 변론없이 판결로 소를 각하할 수 있다. 다만, 판결하기 전에 담보를 제공한 때에는 그러하지 아니하다고 규정하고 있다.

20 난도 ★★★   정답 ③

③ 제권판결에 대한 취소판결의 확정 여부가 불확실한 상황에서 그 확정을 조건으로 한 수표금 청구는 장래이행의 소의 요건을 갖추었다고 보기 어려울 뿐만 아니라, 제권판결 불복의 소의 결과에 따라서는 수표금 청구소송의 심리가 무위에 그칠 우려가 있고, 제권판결 불복의 소가 인용될 경우를 대비하여 방어하여야 하는 수표금 청구소송의 피고에게도 지나친 부담을 지우게 된다는 점에서 이를 쉽사리 허용할 수 없다(대판 2013.9.13, 2012다36661).

① 민사소송법 제251조는 "장래에 이행할 것을 청구하는 소는 미리 청구할 필요가 있어야 제기할 수 있다."라고 정하고 있다. 채무자의 태도나 채무의 내용과 성질에 비추어 채무의 이행기가 도래하더라도 채무자의 이행을 기대할 수 없다고 판단되는 경우에는 미리 청구할 필요가 있다고 보아야 한다(대판 2018.7.26,

2018다227551).

② 장래에 채무의 이행기가 도래할 예정인 경우에도 채무불이행 사유가 언제까지 존속할 것인지가 불확실하여 변론종결 당시에 확정적으로 채무자가 책임을 지는 기간을 예정할 수 없다면 장래의 이행을 명하는 판결을 할 수 없다(대판 2018.7.26, 2018다227551).

④ 확정판결은 주문에 포함한 것에 대하여 기판력이 있고, 변론종결시를 표준으로 하여 이행기가 장래에 도래하는 청구권이더라도 미리 그 청구할 필요가 있는 경우에는 장래이행의 소를 제기할 수 있으므로, 이행판결의 주문에서 그 변론종결 이후 기간까지의 급부의무의 이행을 명한 이상 그 확정판결의 기판력은 그 주문에 포함된 기간까지의 청구권의 존부에 대하여 미치는 것이 원칙이다(대판 1999.3.9, 97다58194).

21 난도 ★★☆   정답 ③

③ 지방법원 항소부 소속 법관에 대한 제척 또는 기피신청이 제기되어 민사소송법 제45조 제1항의 각하결정 또는 소속 법원 합의부의 기각결정이 있은 경우에 이는 항소법원의 결정과 같은 것으로 보아야 하므로 이 결정에 대하여는 대법원에 재항고하는 방법으로 다투어야 한다(대판 2008.5.2, 2008마427).

① 민사소송법 제43조 제2항은 당사자가 법관을 기피할 이유가 있다는 것을 알면서도 본안에 관하여 변론하거나 변론준비기일에서 진술을 한 경우에는 기피신청을 하지 못한다고 규정하고 있다.

② 민사소송법 제45조 제1항은 제척 또는 기피신청이 제44조의 규정에 어긋나거나 소송의 지연을 목적으로 하는 것이 분명한 경우에는 신청을 받은 법원 또는 법관은 결정으로 이를 각하(却下)한다고 규정하고 있다.

④ 종국판결의 선고는 기피의 신청이 있는 때에도 할 수 있는 것이므로, 변론종결 후에 기피신청을 당한 법관이 소송절차를 정지하지 아니하고 판결을 선고한 것이 위법하다고 할 수 없다(대판 1993.11.9, 93다39553).

22 난도 ★★★   정답 ④

④ 변론준비기일에 있어서 양쪽 당사자의 불출석이 밝혀진 경우 재판장 등은 앞서 본 양쪽의 불출석으로 처리하여 새로운 변론준비기일을 지정하는 외에도 당사자 불출석을 이유로 변론준비절차를 종결할 수 있다는 점, 나아가 양쪽 당사자 불출석으로 인한 취하간주제도는 적극적 당사자에게 불리한 제도로서 적극적 당사자의 소송유지의사 유무와 관계없이 일률적으로 법률적 효과가 발생한다는 점까지 고려할 때 변론준비기일에서 양쪽 당사자 불출석의 효과는 변론기일에 승계되지 않는다고 할 것이다. 원·피고들 양쪽이 변론준비기일에 한 번, 변론기일에 두 번 불출석하였다고 하더라도 위 변론준비기일에서 불출석의 효과가

변론기일에 승계되지 아니하는 이상 소가 취하된 것으로 볼 수 없다(대판 2006.10.27, 2004다69581).

오답의 이유

① 법인인 소송당사자가 법인이나 그 대표자의 주소가 변경되었는데도 이를 법원에 신고하지 아니하여 2차에 걸친 변론기일소환장이 송달불능이 되자 법원이 공시송달의 방법으로 재판을 진행한 결과 쌍방불출석으로 취하 간주되었다면, 이는 그 변론기일에 출석하지 못한 것이 소송당사자의 책임으로 돌릴 수 없는 사유로 인하여 기일을 해태한 경우라고는 볼 수 없다(대판 1987.2.24, 86누509).

② 배당이의 소송에서 첫 변론준비기일에 출석한 원고라고 하더라도 첫 변론기일에 불출석하면 민사집행법 제158조에 따라서 소를 취하한 것으로 볼 수밖에 없다(대판 2007.10.25, 2007다34876).

③ 서증은 법원 외에서 조사하는 경우 이외에는 당사자가 변론기일 또는 준비절차기일에 출석하여 현실적으로 제출하여야 하고, 서증이 첨부된 소장 또는 준비서면 등이 진술되는 경우에도 마찬가지라고 할 것인바, 원고는 이 사건 지급명령신청서에 소론의 서증들을 첨부하였으나 제1심에서는 의제자백으로 인한 원고승소판결이 이루어졌고 또 원심에서는 원고가 2차에 걸친 변론기일에 아무 사유없이 출석하지 아니하였기 때문에 위 서증들이 법원에 현실적으로 제출된 바 없었으므로, 원심이 위 서증들의 제출이 없었던 것으로 취급하였음은 위 법리에 따른 것으로서 옳고 여기에 소론과 같이 법령위반이나 이유모순 또는 채증법칙 위배의 위법이 없다(대판 1991.11.8, 91다15775).

23 난도 ★★★ 정답 ①

정답의 이유

① 계쟁 부동산에 관한 피고 명의의 소유권이전등기가 원인무효라는 이유로 원고가 피고를 상대로 그 등기의 말소를 구하는 소송을 제기하였다가 청구기각의 판결을 선고받아 확정되었다고 하더라도, 그 확정판결의 기판력은 소송물로 주장된 말소등기청구권이나 이전등기청구권의 존부에만 미치는 것이지 그 기본이 된 소유권 자체의 존부에는 미치지 아니하고, 따라서 원고가 비록 위 확정판결의 기판력으로 인하여 계쟁 부동산에 관한 등기부상의 소유 명의를 회복할 방법은 없게 되었다고 하더라도 그 소유권이 원고에게 없음이 확정된 것은 아닐 뿐만 아니라, 등기부상 소유자로 등기되어 있지 않다고 하여 소유권을 행사하는 것이 전혀 불가능한 것도 아닌 이상, 원고로서는 그의 소유권을 부인하는 피고에 대하여 계쟁 부동산이 원고의 소유라는 확인을 구할 법률상 이익이 있으며, 이러한 법률상의 이익이 있는 이상에는 특별한 사정이 없는 한 소유권확인 청구의 소제기 자체가 신의칙에 반하는 것이라고 단정할 수 없는 것이다(대판 2002.9.24, 2002다11847).

오답의 이유

② 소유권이전등기말소청구소송에서 패소확정판결을 받았다면 그 기판력은 그 후 제기된 진정명의회복을 원인으로 한 소유권이전등기청구소송에도 미친다(대판 2001.9.20, 99다37894 전합).

이는 진정한 등기명의의 회복을 위한 소유권이전등기청구는 이미 자기 앞으로 소유권을 표상하는 등기가 되어 있었거나 법률에 의하여 소유권을 취득한 자가 진정한 등기명의를 회복하기 위한 방법으로 현재의 등기명의인을 상대로 그 등기의 말소를 구하는 것에 갈음하여 허용되는 것인데, 말소등기에 갈음하여 허용되는 진정명의회복을 원인으로 한 소유권이전등기청구권과 무효등기의 말소청구권은 어느 것이나 진정한 소유자의 등기명의를 회복하기 위한 것으로서 실질적으로 그 목적이 동일하고, 두 청구권 모두 소유권에 기한 방해배제청구권으로서 그 법적 근거와 성질이 동일하므로, 비록 전자는 이전등기, 후자는 말소등기의 형식을 취하고 있다고 하더라도 그 소송물은 실질상 동일한 것으로 보아야 하기 때문이다.

③ 대지 소유권에 기한 방해배제청구로서 그 지상건물의 철거를 구하여 승소확정판결을 얻은 경우 그 지상건물에 관하여 위 확정판결의 변론종결 전에 경료된 소유권이전청구권가등기에 기하여 위 확정판결의 변론종결 후에 소유권이전등기를 경료한 자가 있다면 그는 민사소송법 제204조 제1항의 변론종결 후의 승계인이라 할 것이어서 위 확정판결의 기판력이 미친다(대판 1992.10.27, 92다10883).

④ 원고의 소구채권 자체가 인정되지 않는 경우 더 나아가 피고의 상계항변의 당부를 따져볼 필요도 없이 원고 청구가 배척될 것이므로, '원고의 소구채권 그 자체를 부정하여 원고의 청구를 기각한 판결'과 '소구채권의 존재를 인정하면서도 상계항변을 받아들인 결과 원고의 청구를 기각한 판결'은 민사소송법 제216조에 따라 기판력의 범위를 서로 달리한다(대판 2018.8.30, 2016다46338, 2016다46345).

24 난도 ★★★ 정답 ④

정답의 이유

④ 시효중단을 위한 후소로서 이행소송 외에 전소 판결로 확정된 채권의 시효를 중단시키기 위한 조치, 즉 '재판상의 청구'가 있다는 점에 대하여만 확인을 구하는 형태의 '새로운 방식의 확인소송'이 허용되고, 채권자는 두 가지 형태의 소송 중 자신의 상황과 필요에 보다 적합한 것을 선택하여 제기할 수 있다고 보아야 한다(대판 2018.10.18, 2015다232316 전합).

오답의 이유

① 확정된 승소판결에는 기판력이 있으므로, 승소 확정판결을 받은 당사자가 그 상대방을 상대로 다시 승소 확정판결의 전소(전소)와 동일한 청구의 소를 제기하는 경우 그 후소는 권리보호의 이익이 없어 부적법하다. 하지만 예외적으로 확정판결에 의한 채권의 소멸시효기간인 10년의 경과가 임박한 경우에는 그 시효중단을 위한 소는 소의 이익이 있다(대판 2018.7.19, 2018다22008 전합).

② 후소의 판결이 전소의 승소 확정판결의 내용에 저촉되어서는 아니 되므로, 후소 법원으로서는 그 확정된 권리를 주장할 수 있는 모든 요건이 구비되어 있는지 여부에 관하여 다시 심리할 수 없다(대판 2018.7.19, 2018다22008 전합).

③ 시효중단을 위한 후소로서 이행소송 외에 전소 판결로 확정된 채권의 시효를 중단시키기 위한 조치, 즉 '재판상의 청구'가 있다는 점에 대하여만 확인을 구하는 형태의 '새로운 방식의 확인소송'이 허용되고, 채권자는 두 가지 형태의 소송 중 자신의 상황과 필요에 보다 적합한 것을 선택하여 제기할 수 있다고 보아야 한다(대판 2018.10.18, 2015다232316 전합).

25 난도 ★★☆ 정답 ②

[정답의 이유]

② 사문서의 진정성립에 관한 증명방법에 관하여는 특별한 제한이 없으나 그 증명방법은 신빙성이 있어야 하고, 증인의 증언에 의하여 그 진정성립을 인정하는 경우 그 신빙성 여부를 판단함에 있어서는 증언 내용의 합리성, 증인의 증언 태도, 다른 증거와의 합치 여부, 증인의 사건에 대한 이해관계, 당사자와의 관계 등을 종합적으로 검토하여야 할 것이다(대판 1992.1.21, 91다33643).

[오답의 이유]

① 문서의 성립에 관한 자백은 보조사실에 관한 자백이기는 하나 그 취소에 관하여는 다른 간접사실에 관한 자백취소와는 달리 주요 사실의 자백취소와 동일하게 처리하여야 할 것이므로 문서의 진정성립을 인정한 당사자는 자유롭게 이를 철회할 수 없다고 할 것이고, 이는 문서에 찍힌 인영의 진정함을 인정하였다가 나중에 이를 철회하는 경우에도 마찬가지이다(대판 2001.4.24, 2001다5654).

③ 사문서에 날인된 작성 명의인의 인영이 그의 인장에 의하여 현출된 것이라면 특단의 사정이 없는 한 그 인영의 진정성립, 즉 날인 행위가 작성 명의인의 의사에 기한 것임이 추정되고, 일단 인영의 진정성립이 추정되면 민사소송법 제329조에 의하여 그 문서 전체의 진정성립이 추정되나, 위와 같은 추정은 그 날인행위가 작성 명의인 이외의 자에 의하여 이루어진 것임이 밝혀지거나 작성 명의인의 의사에 반하여 혹은 작성 명의인의 의사에 기하지 않고 이루어진 것임이 밝혀진 경우에는 깨어진다. 그런데 위와 같은 인영의 진정성립, 즉 날인행위가 작성 명의인의 의사에 기한 것이라는 추정은 사실상의 추정이므로(대판 1995.6.30, 94다41324; 1996.6.28, 96다13279), 인영의 진정성립을 다투는 자가 반증을 들어 인영의 진정성립, 즉 날인행위가 작성 명의인의 의사에 기한 것임에 관하여 법원으로 하여금 의심을 품게 할 수 있는 사정을 입증하면 그 진정성립의 추정은 깨어진다(대판 1997.6.13, 96재다462).

④ 처분문서는 그 진정성립이 인정되는 경우에는 그 문서에 표시된 의사표시의 존재와 그 내용을 부정할 만한 분명하고 수긍할 수 있는 특별한 사정이 없는 한 그 내용되는 법률행위의 존재를 인정하여야 할 것이다(대판 1990.3.23, 89다카16505).

PART 7

형법

한눈에 훑어보기

빠른 정답

01	02	03	04	05	06	07	08	09	10
④	③	②	②	④	④	③	②	②	②
11	12	13	14	15	16	17	18	19	20
①	④	①	①	③	④	③	④	②	①
21	22	23	24	25					
②	③	④	④	④					

점수 체크

구분	1회독	2회독	3회독
맞힌 문항 수	/ 25	/ 25	/ 25
나의 점수	점	점	점

---

01 난도 ★☆☆ 정답 ④

정답의 이유

④ 민사소송의 당사자는 증인능력이 없으므로 증인으로 선서하고 증언하였다고 하더라도 위증죄의 주체가 될 수 없고, 이러한 법리는 민사소송에서의 당사자인 법인의 대표자의 경우에도 마찬가지로 적용된다(대판 2012.12.13. 2010도14360).

오답의 이유

① 대판 1993.9.28. 93도425

② 대판 2009.3.12. 2008도11007

③ 대판 2004.1.27. 2003도5114

02 난도 ★★☆ 정답 ③

정답의 이유

③ '부동산 실권리자명의 등기에 관한 법률' 시행 전에 명의수탁자가 소유하는 부동산에 관하여 명의신탁자와 사이에 사후적으로 그 부동산을 명의신탁자를 위하여 '대외적으로만' 보유하는 관계에 관한 명의신탁약정이 이루어진 다음 위 법 제11조에서 정한 유예기간 내에 실명등기 등을 하지 않고 그 기간을 경과함으로써 위 법 제12조 제1항, 제4조에 의하여 위 명의신탁약정이 무효로 됨에 따라 명의수탁자가 당해 부동산에 관한 완전한 소유권을 취득하게 된 경우, 위 유예기간이 경과하기 전까지는 명의수탁자는 명의신탁약정에 따라 당해 부동산에 관한 소유명의를 취득한 것으로서 명의신탁자는 언제라도 명의신탁약정을 해지하고 당해 부동산에 관한 소유권을 취득할 수 있었다고 할 것이므로, 명의수탁자는 위 법 시행에 따라 당해 부동산에 관한 완전한 소유권을 취득함으로써 당해 부동산 자체를 부당이득하였다고 보아야 하고, 위 법 제3조 및 제4조가 명의신탁자에게 소유권이 귀속되는 것을 막는 취지의 규정은 아니므로 명의수탁자는 명의신탁자에게 자신이 취득한 당해 부동산을 부당이득으로 반환할 의무가 있다(대판 2010.2.11. 2008다16899).

오답의 이유

① 대판 2021.3.11. 2019도1721

② 대판 2016.5.19. 2014도6992

④ 대판 2014.12.24. 2011도11084

03 난도 ★★☆　　　　　　　　　　정답 ②

[정답의 이유]

② 친족상도례에 관한 규정은 범인과 피해물건의 소유자 및 점유자 모두 사이에 친족관계가 있는 경우에만 적용되는 것이고 절도범인이 피해물건의 소유자나 점유자의 어느 일방과 사이에서만 친족관계가 있는 경우에는 그 적용이 없다(대판 1980.11.11. 80도131).

[오답의 이유]

① 형법 제354조, 제328조 제1항에 의하면 배우자 사이의 사기죄는 이른바 친족상도례에 의하여 형을 면제하도록 되어 있으나, 사기죄를 범하는 자가 금원을 편취하기 위한 수단으로 피해자와 혼인신고를 한 것이어서 그 혼인이 무효인 경우라면, 그러한 피해자에 대한 사기죄에서는 친족상도례를 적용할 수 없다고 할 것이다(대판 2015.12.10. 2014도11533).

③ 형법 제354조, 제328조의 규정을 종합하면, 직계혈족, 배우자, 동거친족, 호주, 가족 또는 그 배우자 간의 사기 및 사기미수의 각 죄는 그 형을 면제하여야 하고, 그 외의 친족 간에는 고소가 있어야 공소를 제기할 수 있으며, 또한 형법상 사기죄의 성질은 특정경제범죄가중처벌등에관한 법률 제3조 제1항에 의해 가중처벌되는 경우에도 그대로 유지되고, 특별법인 특정경제범죄가중처벌 등에 관한 법률에 친족상도례에 관한 형법 제354조, 제328조의 적용을 배제한다는 명시적인 규정이 없으므로, 형법 제354조는 특정경제범죄가중처벌 등에 관한 법률 제3조 제1항 위반죄에도 그대로 적용된다(대판 2000.10.13. 99오1).

④ 손자가 할아버지 소유 농업협동조합 예금통장을 절취하여 이를 현금자동지급기에 넣고 조작하는 방법으로 예금 잔고를 자신의 거래 은행 계좌로 이체한 사안에서, 위 농업협동조합이 컴퓨터 등 사용사기 범행 부분의 피해자라는 이유로 친족상도례를 적용할 수 없다고 한 사례(대판 2007.3.15. 2006도2704).

04 난도 ★☆☆　　　　　　　　　　정답 ②

[정답의 이유]

② 모욕의 수단과 방법에는 제한이 없으므로 언어적 수단이 아닌 비언어적·시각적 수단만을 사용하여 표현을 하더라도 그것이 사람의 사회적 평가를 저하시킬 만한 추상적 판단이나 경멸적 감정을 전달하는 것이라면 모욕죄가 성립한다(대판 2023.2.2. 2022도4719).

[오답의 이유]

① 대판 2015.9.10. 2015도2229

③ 대판 2022.8.31. 2019도7370

④ 대판 2022.7.28. 2020도8336

05 난도 ★★☆　　　　　　　　　　정답 ④

[정답의 이유]

④ 장물이라 함은 재산범죄로 인하여 취득한 물건 그 자체를 말하고, 그 장물의 처분대가는 장물성을 상실하는 것이지만, 금전은 고도의 대체성을 가지고 있어 다른 종류의 통화와 쉽게 교환할 수 있고, 그 금전 자체는 별다른 의미가 없고 금액에 의하여 표시되는 금전적 가치가 거래상 의미를 가지고 유통되고 있는 점에 비추어 볼 때, 장물인 현금을 금융기관에 예금의 형태로 보관하였다가 이를 반환받기 위하여 동일한 액수의 현금을 인출한 경우에 예금계약의 성질상 인출된 현금은 당초의 현금과 물리적인 동일성은 상실되었지만 액수에 의하여 표시되는 금전적 가치에는 아무런 변동이 없으므로 장물로서의 성질은 그대로 유지된다고 봄이 상당하고, 자기앞수표도 그 액면금을 즉시 지급받을 수 있는 등 현금에 대신하는 기능을 가지고 거래상 현금과 동일하게 취급되고 있는 점에서 금전의 경우와 동일하게 보아야 한다(대판 2000.3.10. 98도2579).

[오답의 이유]

① 대판 2006.10.13. 2004도6084

② 대판 2009.4.23. 2009도1203

③ 대판 2004.4.9. 2003도8219

06 난도 ★☆☆　　　　　　　　　　정답 ④

[정답의 이유]

④ 제3자뇌물수수죄에서 제3자란 행위자와 공동정범 이외의 사람을 말하고, 교사자나 방조자도 포함될 수 있다. 그러므로 공무원 또는 중재인이 부정한 청탁을 받고 제3자에게 뇌물을 제공하게 하고 제3자가 그러한 공무원 또는 중재인의 범죄행위를 알면서 방조한 경우에는 그에 대한 별도의 처벌규정이 없더라도 방조범에 관한 형법총칙의 규정이 적용되어 제3자뇌물수수방조죄가 인정될 수 있다(대판 2017.3.15. 2016도19659).

[오답의 이유]

① 대판 2008.2.1. 2007도5190

② 대판 2017.3.15. 2016도19659

③ 대판 1998.9.22. 98도1234

07 난도 ★★☆　　　　　　　　　　정답 ③

[정답의 이유]

③ 대판 2009.12.24. 2007도6243

[오답의 이유]

① 종교적 기도행위의 일환으로서 기도자의 기도에 의한 염원 내지 의사가 상대방에게 심리적 또는 영적으로 전달되는 데 도움이 된다고 인정할 수 있는 한도 내에서 상대방의 신체의 일부에 가볍게 손을 얹거나 약간 누르면서 병의 치유를 간절히 기도하는 행위는 그 목적과 수단면에서 정당성이 인정된다고 볼 수 있지만, 그러한 종교적 기도행위를 마치 의료적으로 효과가 있는 치료행위인 양 내세워 환자를 끌어들인 다음, 통상의 일반적인 안수기도의 방식과 정도를 벗어나 환자의 신체에 비정상적이거나

과도한 유형력을 행사하고 신체의 자유를 과도하게 제압하여 환자의 신체에 상해까지 입힌 경우라면, 그러한 유형력의 행사가 비록 안수기도의 명목과 방법으로 이루어졌다 해도 사회상규상 용인되는 정당행위라고 볼 수 없다(대판 2008.8.21. 2008도2695).

② 신문기자인 피고인이 고소인에게 2회에 걸쳐 증여세 포탈에 대한 취재를 요구하면서 이에 응하지 않으면 자신이 취재한 내용대로 보도하겠다고 말하여 협박하였다는 취지로 기소된 사안에서, 위 행위가 설령 협박죄에서 말하는 해악의 고지에 해당하더라도 특별한 사정이 없는 한 사회상규에 반하지 아니하는 행위라고 보는 것이 타당한데도, 이와 달리 본 원심판단에 정당행위에 관한 법리오해의 위법이 있다고 한 사례(대판 2011.7.14. 2011도639).

④ 피고인들이 확성장치 사용, 연설회 개최, 불법행렬, 서명날인운동, 선거운동기간 전 집회 개최 등의 방법으로 특정 후보자에 대한 낙선운동을 함으로써 공직선거및선거부정방지법에 의한 선거운동제한 규정을 위반한 피고인들의 같은 법 위반의 각 행위는 위법한 행위로서 허용될 수 없는 것이고, 피고인들의 위 각 행위가 시민불복종운동으로서 헌법상의 기본권 행사 범위 내에 속하는 정당행위이거나 형법상 사회상규에 위반되지 아니하는 정당행위 또는 긴급피난의 요건을 갖춘 행위로 볼 수는 없다(대판 2004.4.27. 2002도315).

08 난도 ★☆☆ 정답 ②

정답의 이유

② 협박죄가 성립하려면 고지된 해악의 내용이 행위자와 상대방의 성향, 고지 당시의 주변 상황, 행위자와 상대방 사이의 친숙의 정도 및 지위 등의 상호관계, 제3자에 의한 해악을 고지한 경우에는 그에 포함되거나 암시된 제3자와 행위자 사이의 관계 등 행위 전후의 여러 사정을 종합하여 볼 때에 일반적으로 사람으로 하여금 공포심을 일으키게 하기에 충분한 것이어야 하지만, 상대방이 그에 의하여 현실적으로 공포심을 일으킬 것까지 요구하는 것은 아니며, 그와 같은 정도의 해악을 고지함으로써 상대방이 그 의미를 인식한 이상, 상대방이 현실적으로 공포심을 일으켰는지 여부와 관계없이 그로써 구성요건은 충족되어 협박죄의 기수에 이르는 것으로 해석하여야 한다(대판 2007.9.28. 2007도606 전합).

오답의 이유

①·③ 대판 2007.9.28. 2007도606 전합
④ 대판 2012.1.27. 2011도16044

09 난도 ★★☆ 정답 ②

정답의 이유

② 동장인 피고인이 동 주민자치위원에게 전화를 걸어 "어제 열린 당산제(마을제사) 행사에 남편과 이혼한 甲도 참석을 하여, 이에 대해 행사에 참여한 사람들 사이에 안 좋게 평가하는 말이 많았다."는 취지로 말하고, 동 주민들과 함께한 저녁식사 모임에서

"甲은 이혼했다는 사람이 왜 당산제에 왔는지 모르겠다."는 취지로 말하여 甲의 명예를 훼손하였다는 내용으로 기소된 사안에서, 피고인의 위 발언은 甲의 사회적 가치나 평가를 침해하는 구체적인 사실의 적시에 해당하지 않고 甲의 당산제 참여에 관한 의견표현에 지나지 않는다는 이유로, 이와 달리 본 원심판결에 법리오해의 잘못이 있다고 한 사례(대판 2022.5.13. 2020도15642).

오답의 이유

① 대판 2022.4.14. 2021도17744
③ 대판 2021.8.26. 2021도6416
④ 대판 2020.11.19. 2020도5813

10 난도 ★★☆ 정답 ②

정답의 이유

② 형법 제156조에서 정한 무고죄는 타인으로 하여금 형사처분 또는 징계처분을 받게 할 목적으로 허위의 사실을 신고하는 것을 구성요건으로 하는 범죄이다. 자기 자신으로 하여금 형사처분 또는 징계처분을 받게 할 목적으로 허위의 사실을 신고하는 행위, 즉 자기 자신을 무고하는 행위는 무고죄의 구성요건에 해당하지 않아 무고죄가 성립하지 않는다. 따라서 자기 자신을 무고하기로 제3자와 공모하고 이에 따라 무고행위에 가담하였더라도 이는 자기 자신에게는 무고죄의 구성요건에 해당하지 않아 범죄가 성립할 수 없는 행위를 실현하고자 한 것에 지나지 않아 무고죄의 공동정범으로 처벌할 수 없다(대판 2017.4.26. 2013도12592).

오답의 이유

① 대판 2017.5.30. 2015도15398
③ 대판 2022.6.30. 2022도3413
④ 대판 2010.4.29. 2010도2745

11 난도 ★☆☆ 정답 ①

정답의 이유

① 상대방으로부터 신청을 받아 상대방이 일정한 자격요건 등을 갖춘 경우에 한하여 그에 대한 수용 여부를 결정하는 업무에 있어서는 신청서에 기재된 사유가 사실과 부합하지 않을 수 있음을 전제로 자격요건 등을 심사·판단하는 것이므로, 업무담당자가 사실을 충분히 확인하지 않은 채 신청인이 제출한 허위의 신청사유나 허위의 소명자료를 가볍게 믿고 이를 수용하였다면 이는 업무담당자의 불충분한 심사에 기인한 것으로서 신청인의 위계가 업무방해의 위험성을 발생시켰다고 할 수 없어 위계에 의한 업무방해죄를 구성하지 않는다. 그러나 신청인이 업무담당자에게 허위의 주장을 하면서 이에 부합하는 허위의 소명자료를 첨부하여 제출한 경우 그 수리 여부를 결정하는 업무담당자가 관계 규정이 정한 바에 따라 그 요건의 존부에 관하여 나름대로 충분히 심사를 하였으나 신청사유 및 소명자료가 허위임을 발견하지 못하여 신청을 수리하게 될 정도에 이르렀다면 이는 업무담당자의 불충분한 심사가 아니라 신청인의 위계행위에 의하여 업

무방해의 위험성이 발생된 것이어서 이에 대하여 위계에 의한 업무방해죄가 성립된다(대판 2020.9.24. 2017도19283).

오답의 이유

② 대판 2009.9.10. 2009도5732
③ 대판 2013.2.28. 2011도16718
④ 대판 2007.12.27. 2005도6404

12 난도 ★★☆　　　　　　　　　　　　　정답 ④

정답의 이유

④ 형법 제228조 제1항의 공정증서원본불실기재죄는 공무원에 대하여 진실에 반하는 허위신고를 하여 공정증서원본 또는 이와 동일한 전자기록 등 특수매체기록에 실체관계에 부합하지 않는 불실의 사실을 기재 또는 기록하게 함으로써 성립한다. 그런데 발행인과 수취인이 통모하여 진정한 어음채무 부담이나 어음채권 취득에 관한 의사 없이 단지 발행인의 채권자에게서 채권 추심이나 강제집행을 받는 것을 회피하기 위하여 형식적으로만 약속어음의 발행을 가장한 경우 이러한 어음발행행위는 통정허위표시로서 무효이므로, 이와 같이 발행인과 수취인 사이에 통정허위표시로서 무효인 어음발행행위를 공증인에게는 마치 진정한 어음발행행위가 있는 것처럼 허위로 신고함으로써 공증인으로 하여금 어음발행행위에 대하여 집행력 있는 어음공정증서원본을 작성케 하고 이를 비치하게 하였다면, 이러한 행위는 공정증서원본불실기재 및 불실기재공정증서원본행사죄에 해당한다고 보아야 한다(대판 2012.4.26. 2009도5786).

오답의 이유

① 공증인이 채권양도·양수인의 촉탁에 따라 그들의 진술을 청취하여 채권의 양도·양수가 진정으로 이루어짐을 확인하고 채권양도의 법률행위에 관한 공정증서를 작성한 경우 그 공정증서가 증명하는 사항은 채권양도의 법률행위가 진정으로 이루어졌다는 것일 뿐 그 공정증서가 나아가 양도되는 채권이 진정하게 존재한다는 사실까지 증명하는 것으로 볼 수는 없으므로, 양도인이 허위의 채권에 관하여 그 정을 모르는 양수인과 실제로 채권양도의 법률행위를 한 이상, 공증인에게 그러한 채권양도의 법률행위에 관한 공정증서를 작성하게 하였다고 하더라도 그 공정증서가 증명하는 사항에 관하여는 불실의 사실을 기재하게 하였다고 볼 것은 아니고, 따라서 공정증서원본불실기재죄가 성립한다고 볼 수 없다(대판 2004.1.27. 2001도5414).

② 형법 제228조 제1항이 규정하는 공정증서원본 불실기재죄는 공무원에 대하여 진실에 반하는 허위신고를 하여 공정증서원본에 그 증명하는 사항에 관하여 실체관계에 부합하지 아니하는 불실의 사실을 기재하게 함으로써 성립하는 범죄로서, 위 죄의 객체인 공정증서원본은 그 성질상 허위신고에 의해 불실한 사실이 그대로 기재될 수 있는 공문서이어야 한다고 할 것인바, 민사조정법상 조정신청에 의한 조정제도는 원칙적으로 조정신청인의 신청 취지에 구애됨이 없이 조정담당판사 등이 제반 사정을 고려하여 당사자들에게 상호 양보하여 합의하도록 권유·주선함으로써 화해에 이르게 하는 제도인 점에 비추어, 그 조정절차에서 작성되는 조정조서는 그 성질상 허위신고에 의해 불실한 사실이 그대로 기재될 수 있는 공문서로 볼 수 없어 공정증서원본에 해당하는 것으로 볼 수 없다(대판 2010.6.10. 2010도3232).

③ 주식회사의 신주발행의 경우 신주발행에 법률상 무효사유가 존재한다고 하더라도 그 무효는 신주발행무효의 소에 의해서만 주장할 수 있고, 신주발행무효의 판결이 확정되더라도 그 판결은 장래에 대하여만 효력이 있으므로(상법 제429조, 제431조 제1항), 그 신주발행이 판결로서 무효로 확정되기 이전에 그 신주발행사실을 담당 공무원에게 신고하여 공정증서인 법인등기부에 기재하게 하였다고 하여 그 행위가 공무원에 대하여 허위신고를 한 것이라거나 그 기재가 불실기재에 해당하는 것이라고 할 수는 없다(대판 2007.5.31. 2006도8488).

13 난도 ★★☆　　　　　　　　　　　　　정답 ①

정답의 이유

① 대판 2011.9.8. 2011도5165

오답의 이유

② 형법 제327조에 규정된 강제집행면탈죄에서 재산의 '은닉'이란 강제집행을 실시하는 자에 대하여 재산의 발견을 불능 또는 곤란케 하는 것을 말하는 것으로서, 재산의 소재를 불명케 하는 경우는 물론 그 소유관계를 불명하게 하는 경우도 포함하나, 채무자가 제3자 명의로 되어 있던 사업자등록을 또 다른 제3자 명의로 변경하였다는 사정만으로는 그 변경이 채권자의 입장에서 볼 때 사업장 내 유체동산에 관한 소유관계를 종전보다 더 불명하게 하여 채권자에게 손해를 입게 할 위험성을 야기한다고 단정할 수 없다(대판 2014.6.12. 2012도2732).

③ 형법 제327조의 강제집행면탈죄는 위태범으로서, 현실적으로 민사소송법에 의한 강제집행 또는 가압류·가처분의 집행을 받을 우려가 있는 객관적인 상태에서, 즉 채권자가 본안 또는 보전소송을 제기하거나 제기할 태세를 보이고 있는 상태에서 주관적으로 강제집행을 면탈하려는 목적으로 재산을 은닉, 손괴, 허위양도하거나 허위의 채무를 부담하여 채권자를 해할 위험이 있으면 성립하는 것이고, 반드시 채권자를 해하는 결과가 야기되거나 행위자가 어떤 이득을 취하여야 범죄가 성립하는 것은 아니다(대판 2009.5.28. 2009도875).

④ 명의신탁자와 명의수탁자가 이른바 계약명의신탁 약정을 맺고 명의수탁자가 당사자가 되어 명의신탁 약정이 있다는 사실을 알지 못하는 소유자와 부동산에 관한 매매계약을 체결한 후 그 매매계약에 따라 당해 부동산의 소유권이전등기를 명의수탁자 명의로 마친 경우에는, 명의신탁자와 명의수탁자의 명의신탁 약정이 무효임에도 불구하고 부동산 실권리자명의 등기에 관한 법률 제4조 제2항 단서에 의하여 명의수탁자가 당해 부동산의 완전한 소유권을 취득한다. 반면에 소유자가 계약명의신탁 약정이 있다는 사실을 안 경우에는 수탁자 명의의 소유권이전등기는 무효이고 당해 부동산의 소유권은 매도인이 그대로 보유하게 된다. 어느 경우든지 명의신탁자는 그 매매계약에 의해서는 당해 부동산의 소유권을 취득하지 못하게 되어, 결국 그 부동산은 명의신탁자에 대한 강제집행이나 보전처분의 대상이 될 수 없다(대판 2011.12.8. 2010도4129).

14 난도 ★☆☆　　　　　　　　　　　　정답 ①

정답의 이유

① 형법 제155조 제1항은 타인의 형사사건 또는 징계사건에 관한 증거를 인멸, 은닉, 위조 또는 변조하거나 위조 또는 변조한 증거를 사용한 자를 처벌하고 있고, 여기서의 '위조'란 문서에 관한 죄의 위조 개념과는 달리 새로운 증거의 창조를 의미한다. 그러나 사실의 증명을 위해 작성된 문서가 그 사실에 관한 내용이나 작성명의 등에 아무런 허위가 없다면 '증거위조'에 해당한다고 볼 수 없다. 설령 사실증명에 관한 문서가 형사사건 또는 징계사건에서 허위의 주장에 관한 증거로 제출되어 그 주장을 뒷받침하게 되더라도 마찬가지이다(대판 2021.1.28. 2020도2642).

오답의 이유

② 대판 2021.1.28. 2020도2642

③ 대판 2021.1.28. 2020도2642

④ 대판 1995.4.7. 94도3412

15 난도 ★★☆　　　　　　　　　　　　정답 ③

정답의 이유

③ 캐나다 시민권자인 피고인이 캐나다에서 위조사문서를 행사하였다는 내용으로 기소된 사안에서, 형법 제234조의 위조사문서행사죄는 형법 제5조 제1호 내지 제7호에 열거된 죄에 해당하지 않고, 위조사문서행사를 형법 제6조의 대한민국 또는 대한민국 국민의 법익을 직접적으로 침해하는 행위라고 볼 수도 없으므로 피고인의 행위에 대하여는 우리나라에 재판권이 없는데, 위 행위가 외국인의 국외범으로서 우리나라에 재판권이 있다고 보아 유죄를 인정한 원심판결에 재판권 인정에 관한 법리오해의 위법이 있다고 한 사례(대판 2011.8.25. 2011도6507).

오답의 이유

① 범죄의 성립과 처벌은 행위시의 법률에 의한다고 할 때의 '행위시'라 함은 범죄행위의 종료시를 의미한다(대판 1994.5.10. 94도563).

② 의료법의 목적, 우리나라 보건복지부장관으로부터 면허를 받은 의료인에게만 의료행위 독점을 허용하는 입법 취지 및 관련 조항들의 내용 등을 종합하면, 의료법상 의료제도는 대한민국 영역 내에서 이루어지는 의료행위를 규율하기 위하여 체계화된 것으로 이해된다. 그렇다면 구 의료법 제87조 제1항 제2호, 제27조 제1항이 대한민국 영역 외에서 의료행위를 하려는 사람에게까지 보건복지부장관의 면허를 받을 의무를 부과하고 나아가 이를 위반한 자를 처벌하는 규정이라고 보기는 어렵다. 따라서 내국인이 대한민국 영역 외에서 의료행위를 하는 경우에는 구 의료법 제87조 제1항 제2호, 제27조 제1항의 구성요건 해당성이 없다(대판 2020.4.29. 2019도19130).

④ 형사사건으로 외국 법원에 기소되었다가 무죄판결을 받은 사람은, 설령 그가 무죄판결을 받기까지 상당 기간 미결구금되었더라도 이를 유죄판결에 의하여 형이 실제로 집행된 것으로 볼 수는 없으므로, '외국에서 형의 전부 또는 일부가 집행된 사람'에 해당한다고 볼 수 없고, 그 미결구금 기간은 형법 제7조에 의한

16 난도 ★★☆　　　　　　　　　　　　정답 ④

정답의 이유

④ 형법 제35조 제1항은 "금고 이상의 형을 받아 그 집행을 종료하거나 면제를 받은 후 3년 내에 금고 이상에 해당하는 죄를 범한 자는 누범으로 처벌한다."라고 규정하고 있다. 따라서 집행유예가 실효되는 등의 사유로 인하여 두 개 이상의 금고형 내지 징역형을 선고받아 각 형을 연이어 집행받음에 있어 하나의 형의 집행을 마치고 또 다른형의 집행을 받던 중 먼저 집행된 형의 집행 종료일로부터 3년 내에 금고 이상에 해당하는 죄를 저지른 경우에, 집행 중인 형에 대한 관계에 있어서는 누범에 해당하지 않지만 앞서 집행을 마친 형에 대한 관계에 있어서는 누범에 해당한다(대판 2001.7.27. 2001도2521 참조). 이는 형법 제37조 후단 경합범에 해당하여 두 개 이상의 금고형 내지 징역형을 선고받아 각 형을 연이어 집행받은 경우에도 마찬가지이다(대판 2021.9.16. 2021도8764).

오답의 이유

① 형법 제52조 제1항 소정의 자수란 범인이 자발적으로 자신의 범죄사실을 수사기관에 신고하여 그 소추를 구하는 의사표시를 함으로써 성립하는 것으로서, 일단 자수가 성립한 이상 자수의 효력은 확정적으로 발생하고 그 후에 범인이 번복하여 수사기관이나 법정에서 범행을 부인한다고 하더라도 일단 발생한 자수의 효력이 소멸하는 것은 아니라고 할 것이다(대판 1999.7.9. 99도1695).

② 수사기관에의 신고가 자발적이라고 하더라도 그 신고의 내용이 자기의 범행을 명백히 부인하는 등의 내용으로 자기의 범행으로서 범죄성립요건을 갖추지 아니한 사실일 경우에는 자수는 성립하지 않고, 수사과정이 아닌 그 후의 재판과정에서 범행을 시인하였다고 하더라도 새롭게 자수가 성립할 여지는 없다고 할 것이다(대판 1999.9.21. 99도2443).

③ 형법 제35조 소정의 누범이 되려면 금고 이상의 형을 받아 그 집행을 종료하거나 면제를 받은 후 3년 내에 다시 금고 이상에 해당하는 죄를 범하여야 하는바, 이 경우 다시 금고 이상에 해당하는 죄를 범하였는지 여부는 그 범죄의 실행행위를 하였는지 여부를 기준으로 결정하여야 하므로 3년의 기간 내에 실행의 착수가 있으면 족하고, 그 기간 내에 기수에까지 이르러야 되는 것은 아니다(대판 2006.4.7. 2005도9858).

17 난도 ★☆☆　　　　　　　　　　　　정답 ③

정답의 이유

③ 법원은 유예기간의 범위내에서 보호관찰기간을 정할 수 있다(형법 제62조의2 제2항 참고).

오답의 이유

① 형법 제62조 제1항

② 집행유예 기간 중에 범한 죄에 대하여 형을 선고할 때에, 집행유예의 결격사유를 정하는 형법 제62조 제1항 단서 소정의 요건에

해당하는 경우란, 이미 집행유예가 실효 또는 취소된 경우와 그 선고 시점에 미처 유예기간이 경과하지 아니하여 형 선고의 효력이 실효되지 아니한 채로 남아 있는 경우로 국한되고, 집행유예가 실효 또는 취소됨이 없이 유예기간을 경과한 때에는, 형의 선고가 이미 그 효력을 잃게 되어 '금고 이상의 형을 선고'한 경우에 해당한다고 보기 어려울 뿐 아니라, 집행의 가능성이 더 이상 존재하지 아니하여 집행종료나 집행면제의 개념도 상정하기 어려우므로 위 단서 소정의 요건에 해당하지 않는다고 할 것이므로, 집행유예 기간 중에 범한 범죄라고 할지라도 집행유예가 실효 취소됨이 없이 그 유예기간이 경과한 경우에는 이에 대해 다시 집행유예의 선고가 가능하다(대판 2007.2.8. 2006도6196).

④ 대판 2016.6.23. 2016도5032

18 난도 ★★☆ 　　　　　　　　　정답 ④

[정답의 이유]

④ 형법 제49조 단서는 행위자에게 유죄의 재판을 하지 아니할 때에도 몰수의 요건이 있는 때에는 몰수만을 선고할 수 있다고 규정하고 있으므로 몰수뿐만 아니라 몰수에 갈음하는 추징도 위 규정에 근거하여 선고할 수 있다고 할 것이나 우리 법제상 공소의 제기 없이 별도로 몰수나 추징만을 선고할 수 있는 제도가 마련되어 있지 아니하므로 위 규정에 근거하여 몰수나 추징을 선고하기 위하여서는 몰수나 추징의 요건이 공소가 제기된 공소사실과 관련되어 있어야 하고, 공소사실이 인정되지 않는 경우에 이와 별개의 공소가 제기되지 아니한 범죄사실을 법원이 인정하여 그에 관하여 몰수나 추징을 선고하는 것은 불고불리의 원칙에 위반되어 불가능하며, 몰수나 추징이 공소사실과 관련이 있다 하더라도 그 공소사실에 관하여 이미 공소시효가 완성되어 유죄의 선고를 할 수 없는 경우에는 몰수나 추징도 할 수 없다(대판 1992.7.28. 92도700)

[오답의 이유]

① 범죄행위에 제공하려고 한 물건은 범인 이외의 자의 소유에 속하지 아니하거나 범죄 후 범인 이외의 자가 정을 알면서 취득한 경우 이를 몰수할 수 있고, 한편 법원이나 수사기관은 필요한 때에는 증거물 또는 몰수할 것으로 사료하는 물건을 압수할 수 있으나, 몰수는 반드시 압수되어 있는 물건에 대하여서만 하는 것이 아니므로, 몰수대상물건이 압수되어 있는가 하는 점 및 적법한 절차에 의하여 압수되었는가 하는 점은 몰수의 요건이 아니다(대판 2003.5.30. 2003도705).

② 향정신성의약품관리법 제47조 제1항에 의한 몰수나 추징은 범죄행위로 인한 이득의 박탈을 목적으로 하는 것이 아니라 징벌적 성질의 처분이므로 그 범행으로 인하여 이득을 취득한 바 없다 하더라도 법원은 그 가액의 추징을 명하여야 하지만(대법원 1999. 7. 9. 선고 99도1695 판결 참조), 다만 그 추징의 범위에 관하여는 피고인을 기준으로 하여 그가 취급한 범위 내에서 의약품 가액 전액의 추징을 명하면 되는 것이지 동일한 의약품을 취급한 피고인의 일련의 행위가 별죄를 구성한다고 하여 그 행위마다 따로 그 가액을 추징하여야 하는 것은 아니다(대판

2000.9.8. 2000도546).

③ 뇌물로 받은 돈을 은행에 예금한 경우 그 예금행위는 뇌물의 처분행위에 해당하므로 그 후 수뢰자가 같은 액수의 돈을 증뢰자에게 반환하였다 하더라도 이를 뇌물 그 자체의 반환으로 볼 수 없으니 이러한 경우에는 수뢰자로부터 그 가액을 추징하여야 한다(대판 1996.10.25. 96도2022).

19 난도 ★★☆ 　　　　　　　　　정답 ②

[정답의 이유]

② 자동차 등에 관하여 양도담보설정계약을 체결한 채무자는 채권자에 대하여 그의 사무를 처리하는 지위에 있지 아니하므로, 채무자가 채권자에게 양도담보설정계약에 따른 의무를 다하지 아니하고 이를 타에 처분하였다고 하더라도 배임죄가 성립하지 아니한다(대판 2022.12.22. 2020도8682).

[오답의 이유]

① 어음발행이 무효라 하더라도 그 어음이 실제로 제3자에게 유통되었다면 회사로서는 어음채무를 부담할 위험이 구체적·현실적으로 발생하였다고 보아야 하고, 따라서 그 어음채무가 실제로 이행되기 전이라도 배임죄의 기수범이 된다. 그러나 약속어음 발행이 무효일 뿐만 아니라 그 어음이 유통되지도 않았다면 회사는 어음발행의 상대방에게 어음채무를 부담하지 않기 때문에 특별한 사정이 없는 한 회사에 현실적으로 손해가 발생하였다거나 실해 발생의 위험이 발생하였다고도 볼 수 없으므로, 이 때에는 배임죄의 기수범이 아니라 배임미수죄로 처벌하여야 한다(대판 2017.7.20. 2014도1104 전합).

③ 원인불명으로 재산상 이익인 가상자산을 이체 받은 자가 가상자산을 사용·처분한 경우 이를 형사처벌하는 명문의 규정이 없는 현재의 상황에서 착오송금 시 횡령죄 성립을 긍정한 판례(대법원 2010. 12. 9. 선고 2010도891 판결 등 참조)를 유추하여 신의칙을 근거로 피고인을 배임죄로 처벌하는 것은 죄형법정주의에 반한다. 이 사건 비트코인이 법률상 원인관계 없이 피해자로부터 피고인 명의의 전자지갑으로 이체되었더라도 피고인이 신임관계에 기초하여 피해자의 사무를 맡아 처리하는 것으로 볼 수 없는 이상, 피고인을 피해자에 대한 관계에서 '타인의 사무를 처리하는 자'에 해당한다고 할 수 없다(대판 2021.12.16. 2020도9789).

④ 예금은 은행 등 법률이 정하는 금융기관을 수치인으로 하는 금전의 소비임치계약으로서, 그 예금계좌에 입금된 금전의 소유권은 금융기관에 이전되고, 예금주는 그 예금계좌를 통한 예금반환채권을 취득하므로, 금융기관의 임직원은 예금주로부터 예금계좌를 통한 적법한 예금반환 청구가 있으면 이에 응할 의무가 있을 뿐 예금주와의 사이에서 그의 재산관리에 관한 사무를 처리하는 자의 지위에 있다고 할 수 없다(대판 2017.8.24. 2017도7489).

20 난도 ★☆☆ 　　　　　　　　　　　정답 ①

정답의 이유

① 실행의 수단 또는 대상의 착오로 인하여 결과의 발생이 불가능하더라도 위험성이 있는 때에는 처벌한다. 단, 형을 감경 또는 면제할 수 있다(형법 제27조).

오답의 이유

② 대판 1999.4.13. 99도640
③ 대판 2005.12.8. 2005도8105
④ 대판 1995.7.11. 95모955

21 난도 ★★☆ 　　　　　　　　　　　정답 ②

정답의 이유

② 원래 주식회사의 지배인은 회사의 영업에 관하여 재판상 또는 재판 외의 모든 행위를 할 권한이 있으므로, 지배인이 직접 주식회사 명의 문서를 작성하는 행위는 위조나 자격모용사문서작성에 해당하지 않는 것이 원칙이고, 이는 그 문서의 내용이 진실에 반하는 허위이거나 권한을 남용하여 자기 또는 제3자의 이익을 도모할 목적으로 작성된 경우에도 마찬가지이다(대판 2010.5.13. 2010도1040).

오답의 이유

① 대판 2022.3.31. 2021도17197
③ 대판 2017.5.17. 2016도13912
④ 대판 2008.10.23. 2008도5200

22 난도 ★☆☆ 　　　　　　　　　　　정답 ③

정답의 이유

③ 업무방해죄와 폭행죄는 구성요건과 보호법익을 달리하고 있고, 업무방해죄의 성립에 일반적·전형적으로 사람에 대한 폭행행위를 수반하는 것은 아니며, 폭행행위가 업무방해죄에 비하여 별도로 고려되지 않을 만큼 경미한 것이라고 할 수도 없으므로, 설령 피해자에 대한 폭행행위가 동일한 피해자에 대한 업무방해죄의 수단이 되었다고 하더라도 그러한 폭행행위가 이른바 '불가벌적 수반행위'에 해당하여 업무방해죄에 대하여 흡수관계에 있다고 볼 수는 없다(대판 2012.10.11.2012도1895).

오답의 이유

① 대판 2002.7.18. 2002도669
② 대판 1991.6.25. 91도643
④ 대판 2013.10.31. 2013도10020

23 난도 ★★☆ 　　　　　　　　　　　정답 ④

정답의 이유

④ 피고인이 다른 공범들과 특정 회사 주식의 시세조종 주문을 내기로 공모한 다음 시세조종행위의 일부를 실행한 후 공범관계로부터 이탈하였고, 다른 공범들이 그 이후의 나머지 시세조종행위를 계속한 사안에서, 피고인이 다른 공범들의 범죄실행을 저지하지 않은 이상 그 이후 나머지 공범들이 행한 시세조종행위

에 대하여도 공동정범으로서의 죄책을 부담한다고 한 사례(대판 2011.1.13. 2010도9927).

오답의 이유

① 2인 이상의 서로 대향된 행위의 존재를 필요로 하는 대향범에 대하여 공범에 관한 형법 총칙 규정이 적용될 수 없다. 이러한 법리는 해당 처벌규정의 구성요건 자체에서 2인 이상의 서로 대향적 행위의 존재를 필요로 하는 필요적 공범인 대향범을 전제로 한다. 구성요건상으로는 단독으로 실행할 수 있는 형식으로 되어 있는데 단지 구성요건이 대향범의 형태로 실행되는 경우에도 대향범에 관한 법리가 적용된다고 볼 수는 없다(대판 2022.6.30. 2020도7866).

② 뇌물공여죄와 뇌물수수죄 사이와 같은 이른바 대향범 관계에 있는 자는 강학상으로는 필요적 공범이라고 불리고 있으나, 서로 대향된 행위의 존재를 필요로 할 뿐 각자 자신의 구성요건을 실현하고 별도의 형벌규정에 따라 처벌되는 것이어서, 2인 이상이 가공하여 공동의 구성요건을 실현하는 공범관계에 있는 자와는 본질적으로 다르며, 대향범 관계에 있는 자 사이에서는 각자 상대방의 범행에 대하여 형법 총칙의 공범규정이 적용되지 아니한다. 이러한 점들에 비추어 보면, 형사소송법 제253조 제2항에서 말하는 '공범'에는 뇌물공여죄와 뇌물수수죄 사이와 같은 대향범 관계에 있는 자는 포함되지 않는다(대판 2015.2.12. 2012도4842).

③ 2인 이상이 어떠한 과실행위를 서로의 의사연락아래 하여 범죄되는 결과를 발생케 한 경우에는 과실범의 공동정범이 성립된다(대판 1962.3.29. 4294형상598).

24 난도 ★★☆ 　　　　　　　　　　　정답 ④

정답의 이유

④ 사기죄가 성립되려면 피기망자가 착오에 빠져 어떠한 재산상의 처분행위를 하도록 유발하여 재산적 이득을 얻을 것을 요하고, 피기망자와 재산상의 피해자가 같은 사람이 아닌 경우에는 피기망자가 피해자를 위하여 그 재산을 처분할 수 있는 권능을 갖거나 그 지위에 있어야 하지만, 여기에서 피해자를 위하여 재산을 처분할 수 있는 권능이나 지위라 함은 반드시 사법상의 위임이나 대리권의 범위와 일치하여야 하는 것은 아니고 피해자의 의사에 기하여 재산을 처분할 수 있는 서류 등이 교부된 경우에는 피기망자의 처분행위가 설사 피해자의 진정한 의도와 어긋나는 경우라고 할지라도 위와 같은 권능을 갖거나 그 지위에 있는 것으로 보아야 한다(대판 1994.10.11. 94도1575).

오답의 이유

①·②·③ 대판 2022.12.29. 2022도12494

25 난도 ★☆☆

정답 ④

④ 권리행사방해죄에서의 보호대상인 타인의 점유는 반드시 점유할 권원에 기한 점유만을 의미하는 것은 아니고, 일단 적법한 권원에 기하여 점유를 개시하였으나 사후에 점유 권원을 상실한 경우의 점유, 점유 권원의 존부가 외관상 명백하지 아니하여 법정절차를 통하여 권원의 존부가 밝혀질 때까지의 점유, 권원에 기하여 점유를 개시한 것은 아니나 동시이행항변권 등으로 대항할 수 있는 점유 등과 같이 법정절차를 통한 분쟁 해결시까지 잠정적으로 보호할 가치 있는 점유는 모두 포함된다고 볼 것이고, 다만 절도범인의 점유와 같이 점유할 권리 없는 자의 점유임이 외관상 명백한 경우는 포함되지 아니한다(대판 2006.3.23. 2005도4455).

① 대판 2016.11.25. 2016도9219
② 대판 2022.11.30. 2022도1410
③ 대판 2022.9.15. 2022도5827

한눈에 훑어보기

✓ 빠른 정답

01	02	03	04	05	06	07	08	09	10
①	④	④	④	②	①	④	②	④	③
11	**12**	**13**	**14**	**15**	**16**	**17**	**18**	**19**	**20**
③	④	③	④	④	②	④	④	②	②
21	**22**	**23**	**24**	**25**					
②	③	③	②	④					

✓ 점수 체크

구분	1회독	2회독	3회독
맞힌 문항 수	/ 25	/ 25	/ 25
나의 점수	점	점	점

---

01 난도 ★★☆   정답 ①

정답의 이유

① 횡령죄는 타인의 재물을 보관하는 사람이 재물을 횡령하거나 반환을 거부한 때에 성립한다(형법 제355조 제1항). 횡령죄에서 재물의 보관은 재물에 대한 사실상 또는 법률상 지배력이 있는 상태를 의미하며, 횡령행위는 불법영득의사를 실현하는 일체의 행위를 말한다. 따라서 소유권의 취득에 등록이 필요한 타인 소유의 차량을 인도받아 보관하고 있는 사람이 이를 사실상 처분하면 횡령죄가 성립하며, 보관 위임자나 보관자가 차량의 등록명의자일 필요는 없다. 그리고 이와 같은 법리는 지입회사에 소유권이 있는 차량에 대하여 지입회사에서 운행관리권을 위임받은 지입차주가 지입회사의 승낙 없이 보관 중인 차량을 사실상 처분하거나 지입차주에게서 차량 보관을 위임받은 사람이 지입차주의 승낙 없이 보관 중인 차량을 사실상 처분한 경우에도 마찬가지로 적용된다(대판 2015.6.25. 2015도1944 전합).

오답의 이유

② 대판 2021.2.18. 2016도18761

③ 대판 2014.12.24. 2011도11084

④ 대판 2018.7.19. 2017도17494, 대판 2017.5.31. 2017도3045

02 난도 ★★☆   정답 ④

정답의 이유

④ 형의 집행을 유예하는 경우에는 보호관찰을 받을 것을 명하거나 사회봉사 또는 수강을 명할 수 있다(형법 제62조의2 제1항). 형의 선고를 유예하는 경우에 재범방지를 위하여 지도 및 원호가 필요한 때에는 보호관찰을 받을 것을 명할 수 있다(형법 제59조의2 제1항).

오답의 이유

① 대판 1979.4.10. 78도3098

② 형법 제60조(선고유예의 효과) 형의 선고유예를 받은 날로부터 2년을 경과한 때에는 면소된 것으로 간주한다.

③ 형법 제62조(집행유예의 요건)

> 제62조(집행유예의 요건)
> ① 3년 이하의 징역이나 금고 또는 500만 원 이하의 벌금의 형을 선고할 경우에 제51조의 사항을 참작하여 그 정상에 참작할 만한 사유가 있는 때에는 1년 이상 5년 이하의 기간 형의 집행을 유예할 수 있다. 다만, 금고 이상의 형을 선고한 판결이 확정된 때부터 그 집행을 종료하거나 면제된 후 3년까지의 기간에 범한 죄에 대하여 형을 선고하는 경우에는 그러하지 아니하다.

03 난도 ★★☆　　　　　　　　　　　　정답 ④

정답의 이유

④ 객관적으로 피해자의 사회적 평가를 저하시키는 사실에 관한 보도내용이 소문이나 제3자의 말, 보도를 인용하는 방법으로 단정적인 표현이 아닌 전문 또는 추측한 것을 기사화한 형태로 표현하였지만, 그 표현 전체의 취지로 보아 그 사실이 존재할 수 있다는 것을 암시하는 방식으로 이루어진 경우에는 사실을 적시한 것으로 보아야 한다(대판 2008.11.27. 2007도5312).

오답의 이유

① 공연성의 존부는 발언자와 상대방 또는 피해자 사이의 관계나 지위, 대화를 하게 된 경위와 상황, 사실적시의 내용, 적시의 방법과 장소 등 행위 당시의 객관적 제반 사정에 관하여 심리한 다음, 그로부터 상대방이 불특정 또는 다수인에게 전파할 가능성이 있는지 여부를 검토하여 종합적으로 판단하여야 한다. 발언 이후 실제 전파되었는지 여부는 전파가능성 유무를 판단하는 고려요소가 될 수 있으나, 발언 후 실제 전파 여부라는 우연한 사정은 공연성 인정 여부를 판단함에 있어 소극적 사정으로만 고려되어야 한다(대판 2020.11.19. 2020도5813).

② 대판 1999.6.8. 99도1543

③ 대판 2008.7.10. 2008도1433

04 난도 ★★☆　　　　　　　　　　　　정답 ④

정답의 이유

④ 사기죄와 방문판매등에관한법률 제45조 제2항 제1호의 위반죄는 법률상 1개의 행위로 평가되는 경우에 해당하지 않으며, 또각 그 구성요건을 달리하는 별개의 범죄로서, 서로 보호법익을 달리하고 있어 양죄를 상상적 경합관계나 법조경합관계로 볼 것이 아니라 실체적 경합관계로 봄이 상당하다(대판 2000.7.7. 2000도1899).

오답의 이유

① 대판 2015.10.29. 2015도12838

② 대판 2010.3.25. 2009도1530

③ 대판 2007.5.10. 2007도2372

05 난도 ★★☆　　　　　　　　　　　　정답 ②

정답의 이유

② 채무자가 저당권설정계약에 따라 채권자에 대하여 부담하는 저당권을 설정할 의무는 계약에 따라 부담하게 된 채무자 자신의 의무이다. 채무자가 위와 같은 의무를 이행하는 것은 채무자 자신의 사무에 해당할 뿐이므로, 채무자를 채권자에 대한 관계에서 '타인의 사무를 처리하는 자'라고 할 수 없다. 따라서 채무자가 제3자에게 먼저 담보물에 관한 저당권을 설정하거나 담보물을 양도하는 등으로 담보가치를 감소 또는 상실시켜 채권자의 채권실현에 위험을 초래하더라도 배임죄가 성립한다고 할 수 없다(대판 2020.6.18. 2019도1434).

오답의 이유

① 대판 2011.1.20. 2008도10479

③ 대판 2020.2.20. 2019도9756

④ 대판 2020.6.4. 2015도6057

06 난도 ★★☆　　　　　　　　　　　　정답 ①

정답의 이유

① 무고죄는 국가의 형사사법권 또는 징계권의 적정한 행사를 주된 보호법익으로 하고, 다만 개인의 부당하게 처벌 또는 징계받지 아니할 이익을 부수적으로 보호하는 죄이므로, 설사무고에 있어서 피무고자의 승낙이 있었다고 하더라도 무고죄의 성립에는 영향을 미치지 못한다 할 것이다(대판 2005.9.30. 2005도2712).

오답의 이유

② 대판 2011.9.8. 2011도3489

③ 대판 2019.7.11. 2018도2614

④ 대판 2005.9.30. 2005도2712

07 난도 ★★☆　　　　　　　　　　　　정답 ④

정답의 이유

④ 피고인이 인터넷을 통하여 열람·출력한 등기사항전부증명서 하단의 열람 일시 부분을 수정 테이프로 지우고 복사해 두었다가 이를 타인에게 교부하여 공문서변조 및 변조공문서행사로 기소된 사안에서 (중략) 고인이 등기사항전부증명서의 열람 일시를 삭제하여 복사한 행위는 등기사항전부증명서가 나타내는 권리·사실관계와 다른 새로운 증명력을 가진 문서를 만든 것에 해당하고 그로 인하여 공공적 신용을 해할 위험성도 발생하였다는 이유로, 이와 달리 본 원심판결에 공문서변조에 관한 법리오해의 잘못이 있다(대판 2021. 2. 25. 2018도19043)

오답의 이유

① 대판 2020.12.24. 2019도8443

② 대판 2020.12.24. 2019도8443

③ 대판 2019.12.12. 2018도2560

08 난도 ★★★ 정답 ②

정답의 이유

② 방위행위가 그 정도를 초과한 경우에는 정황(情況)에 따라 그 형을 감경하거나 면제할 수 있다(형법 제21조 제2항).

오답의 이유

① 형법 제21조 제1항

> 제21조(정당방위)
> ① 현재의 부당한 침해로부터 자기 또는 타인의 법익(法益)을 방위하기 위하여 한 행위는 상당한 이유가 있는 경우에는 벌하지 아니한다.

③ 형법 제23조 제1항

> 제23조(자구행위)
> ① 법률에서 정한 절차에 따라서는 청구권을 보전(保全)할 수 없는 경우에 그 청구권의 실행이 불가능해지거나 현저히 곤란해지는 상황을 피하기 위하여 한 행위는 상당한 이유가 있는 때에는 벌하지 아니한다.

④ 대판 2016.1.28. 2014도2477

09 난도 ★★☆ 정답 ④

정답의 이유

④ 미성년자를 보호·감독하는 사람이라고 하더라도 다른 보호감독자의 보호·양육권을 침해하거나 자신의 보호·양육권을 남용하여 미성년자 본인의 이익을 침해하는 때에는 미성년자에 대한 약취죄의 주체가 될 수 있으므로, 부모가 이혼하였거나 별거하는 상황에서 미성년의 자녀를 부모의 일방이 평온하게 보호·양육하고 있는데, 상대방 부모가 폭행, 협박 또는 불법적인 사실상의 힘을 행사하여 그 보호·양육 상태를 깨뜨리고 자녀를 자기 또는 제3자의 사실상 지배하에 옮긴 경우 그와 같은 행위는 특별한 사정이 없는 한 미성년자에 대한 약취죄를 구성한다(대판 2021.9.9. 2019도16421).

오답의 이유

① 대판 2021.9.9. 2019도16421
② 대판 2021.9.9. 2019도16421
③ 대판 2013.6.20. 2010도14328

10 난도 ★★☆ 정답 ③

정답의 이유

③ 어떠한 행위가 범죄구성요건에 해당하지만 정당행위라는 이유로 위법성이 조각된다는 것은 그 행위가 적극적으로 용인, 권장된다는 의미가 아니라 단지 특정한 상황하에서 그 행위가 범죄행위로서 처벌대상이 될 정도의 위법성을 갖추지 못하였다는 것을 의미한다(대판 2021. 12. 30. 2021도9680).

오답의 이유

① 대판 1997.11.14. 97도2118
② 대판 2021.8.19. 2020도14576
④ 대판 2021.9.9. 2016도88

11 난도 ★★☆ 정답 ③

정답의 이유

③ 피고인이 평소 자신이 굴삭기를 주차하던 장소에 갑의 차량이 주차되어 있는 것을 발견하고 갑의 차량 앞에 철근콘크리트 구조물을, 뒤에 굴삭기 크러셔를 바짝 붙여 놓아 갑이 17~18시간 동안 차량을 운행할 수 없게 된 사안에서, 차량 앞뒤에 쉽게 제거하기 어려운 구조물 등을 붙여 놓은 행위는 차량에 대한 유형력 행사로 보기에 충분하고, 차량 자체에 물리적 훼손이나 기능적 효용의 멸실 내지 감소가 발생하지 않았더라도 갑이 위 구조물로 인해 차량을 운행할 수 없게 됨으로써 일시적으로 본래의 사용목적에 이용할 수 없게 된 이상 차량본래의 효용을 해한 경우에 해당한다(대판 2021. 5. 7. 2019도13764).

오답의 이유

① 대판 2007.6. 28. 2007도2590
② 대판 2018.7.24. 2017도1880
④ 대판 2016.11.25. 2016도9219

12 난도 ★★☆ 정답 ④

정답의 이유

④ 아파트 입주자대표회의의 임원 또는 아파트관리회사의 직원들인 피고인들이 기존 관리회사의 직원들로부터 계속 업무집행을 제지받던 중 저수조 청소를 위하여 출입문에 설치된 자물쇠를 손괴하고 중앙공급실에 침입한 행위는 정당행위에 해당하나, 관리비 고지서를 빼앗거나 사무실의 집기 등을 들어낸 행위는 정당행위에 해당하지 않는다(대판 2006.4.13. 2003도3902).

오답의 이유

① 대판 2007.3.29. 2006도9307
② 대판 2005.9.30. 2005도4688
③ 대판 2006.4.13. 2005도9396

13 난도 ★★☆ 정답 ③

정답의 이유

③ 교사범의 교사가 정범이 죄를 범한 유일한 조건일 필요는 없으므로, 교사행위에 의하여 정범이 실행을 결의하게 된 이상 비록 정범에게 범죄의 습벽이 있어 그 습벽과 함께 교사행위가 원인이 되어 정범이 범죄를 실행한 경우에도 교사범의 성립에 영향이 없다(대판 1991.5.14. 91도542).

> 제31조(교사범)
> ③ 교사를 받은 자가 범죄의 실행을 승낙하지 아니한 때에도 교사자에 대하여는 전항과 같다.

② 대판 1997.6.24. 97도1075

④ 대판 2017.4.26. 2013도12592, 대판 2008.10.23. 2008도4852

14 난도 ★★☆

정답 ④

정답의 이유

④ 강제집행면탈죄는 이른바 위태범으로서 강제집행을 당할 구체적인 위험이 있는 상태에서 재산을 은닉, 손괴, 허위양도 또는 허위의 채무를 부담하면 바로 성립하는 것이고, 반드시 채권자를 해하는 결과가 야기되거나 이로 인하여 행위자가 어떤 이득을 취하여야 범죄가 성립하는 것은 아니며, 허위양도한 부동산의 시가액보다 그 부동산에 의하여 담보된 채무액이 더 많다고 하여 그 허위양도로 인하여 채권자를 해할 위험이 없다고 할 수 없다(대판 1999.2.12. 98도2474).

오답의 이유

① 대판 2005.11.10. 2005도6604

② 대판 2008.9.11. 2006도8721

③ 직계혈족, 배우자, 동거친족, 동거가족 또는 그 배우자간의 제323조의 죄는 그 형을 면제한다(형법 제328조 제1항).

15 난도 ★★☆

정답 ④

정답의 이유

④ 피고인이 타인과 공모하여 그 공모자를 상대로 제소하여 의제자백의 판결을 받아 이에 기하여 부동산의 소유권이전등기를 하더라도 이는 소송상대방의 의사에 부합하는 것으로써 착오에 의한 재산적 처분행위가 있다고 할 수 없어 사기죄가 성립하지 않는다(대판 1997.12.23. 97도2430).

오답의 이유

① 대판 2012.11.15. 2012도9603

② 대판 2002.6.28. 2001도1610

③ 대판 1974.3.26. 74도196

16 난도 ★★☆

정답 ②

정답의 이유

② 결과적 가중범인 상해치사죄의 공동정범은 폭행 기타의 신체침해 행위를 공동으로 할 의사가 있으면 성립되고 결과를 공동으로 할 의사는 필요 없으며, 여러 사람이 상해의 범의로 범행 중 한 사람이 중한 상해를 가하여 피해자가 사망에 이르게 된 경우 나머지 사람들은 사망의 결과를 예견할 수 없는 때가 아닌 한 상해치사의 죄책을 면할 수 없다(대판 2000.5.12. 2000도745).

오답의 이유

①·③·④ 대판 2008.11.27. 2008도7311

17 난도 ★★☆

정답 ④

정답의 이유

④ 공무집행방해죄는 공무원의 적법한 공무집행이 전제로 되는데, 추상적인 권한에 속하는 공무원의 어떠한 공무집행이 적법한지 여부는 행위 당시의 구체적 상황에 기하여 객관적·합리적으로 판단하여야 하고 사후적으로 순수한 객관적 기준에서 판단할 것은 아니다. 마찬가지로 현행범 체포의 적법성은 체포 당시의 구체적 상황을 기초로 객관적으로 판단하여야 하고, 사후에 범인으로 인정되었는지에 의할 것은 아니다(대판 2013.8.23. 2011도4763).

오답의 이유

① 대판 2019.6.13. 2019도1413

② 대판 1996.10.11. 96도312

③ 대판 2009.2.26. 2008도11862

18 난도 ★★☆

정답 ④

정답의 이유

④ 직권남용죄에서 말하는 '사람으로 하여금 의무 없는 일을 하게 한 때'라 함은 공무원이 직권을 남용하여 다른 사람으로 하여금 법령상 의무 없는 일을 하게 한 때를 의미한다. 따라서 공무원이 자신의 직무권한에 속하는 사항에 관하여 실무 담당자로 하여금 그 직무집행을 보조하는 사실행위를 하도록 하더라도 이는 공무원 자신의 직무집행으로 귀결될 뿐이므로 원칙적으로 의무 없는 일을 하게 한 때에 해당한다고 할 수 없다(대판 2021.9.16. 2021도2748).

오답의 이유

① 형법 제123조 직권남용죄는 미수범 처벌 규정이 없다.

② 대판 1978.10.10. 75도2665

③ 대판 2004.5.27. 2002도625

19 난도 ★★☆

정답 ②

정답의 이유

② 법관이 처단형을 결정하는 과정에서 피고인에 대한 양형조건들을 참작하여 최종 선고형을 머릿속에 그리면서 임의적 감경 여부를 결정하는 것이 법리적·논리적으로 잘못이라 할 수도 없다. 형의 양정 즉 양형은 법정형을 기초로 하여 형벌의 종류를 선택하고 이를 가중하거나 감경하여 처단형을 정한 다음 그 처단형의 범위에서 구체적인 선고형을 정하는 과정으로 이루어진다(대판 2021.1.21. 2018도5475 전합).

오답의 이유

① 대판 2021.1.21. 2018도5475 전합

③ 대판 2021.1.21. 2018도5475 전합

④ 대판 2021.1.21. 2018도5475 전합

20 난도 ★★☆   정답 ②

정답의 이유

② 공무원이 뇌물로 투기적 사업에 참여할 기회를 제공받은 경우, 뇌물수수죄의 기수 시기는 투기적 사업에 참여하는 행위가 종료된 때로 보아야 하며, 그 행위가 종료된 후 경제사정의 변동 등으로 인하여 당초의 예상과는 달리 그 사업 참여로 아무런 이득을 얻지 못한 경우라도 뇌물수수죄의 성립에는 영향이 없다(대판 2002.11.26. 2002도3539).

오답의 이유

① 대판 2002.11.26. 2002도3539
③ 대판 2021.2.4. 2020도12103
④ 대판 2014.3.27. 2013도11357

21 난도 ★★☆   정답 ②

정답의 이유

② 체포될 당시에 미처 송금하지 못하고 소지하고 있던 자기앞수표나 현금은 장차 실행하려고 한 외국환거래법 위반의 범행에 제공하려는 물건일 뿐, 그 이전에 범해진 외국환거래법 위반의 '범죄행위에 제공하려고 한 물건'으로는 볼 수 없으므로 몰수할 수 없다(대판 2008.2.14. 2007도10034).

오답의 이유

① 대판 2002.9.24. 2002도3589
③ 대판 1984.5.29. 83도2680
④ 대판 2003.5.30. 2003도705

22 난도 ★★☆   정답 ③

정답의 이유

③ 법률 위반 행위 중간에 일시적으로 판례에 따라 그 행위가 처벌 대상이 되지 않는 것으로 해석되었던 적이 있었다고 하더라도 그것만으로 자신의 행위가 처벌되지 않는 것으로 믿은데에 정당한 이유가 있다고 할 수 없다(대판 2021.11.25. 2021도10903).

오답의 이유

① 대판 1985.4.9. 85도25
② 대판 1985.4.9. 85도25
④ 대판 2000.8.18. 2000도2943

23 난도 ★★☆   정답 ③

정답의 이유

③ [1] 위계에 의한 업무방해죄에서 '위계'란 행위자가 행위 목적을 달성하기 위하여 상대방에게 오인, 착각 또는 부지를 일으키게 하여 이를 이용하는 것을 말한다. 컴퓨터 등 정보처리장치에 정보를 입력하는 등의 행위도 그 입력된 정보 등을 바탕으로 업무를 담당하는 사람의 오인, 착각 또는 부지를 일으킬 목적으로 행해진 경우에는 여기서 말하는 위계에 해당할 수 있으나(대법원 2013.11.28. 선고 2013도5117 판결 참조), 위와 같은 행위로 말미암아 업무과 관련하여 오인, 착각 또는 부지를 일으킨 상대

방이 없었던 경우에는 위계가 있었다고 볼 수 없다(대법원 2007.12.27. 선고 2005도6404 판결 참조).
[2] 원심은 판시와 같은 이유를 들어 검사가 제출한 증거들만으로는 피고인이 위계로 써 피해자 은행들의 자동화기기를 통한 무통장·무카드 입금거래에 관한 업무를 방해하였음이 인정되지 않는다고 보아, 이 사건 공소사실 중 업무방해 부분을 무죄로 판단하였다.

오답의 이유

① 대판 2007.6.29. 2006도3839
② 대판 2013.11.28. 2013도511
④ 대판 2013.11.28. 2013도5117

24 난도 ★★☆   정답 ②

정답의 이유

② 한의사인 피고인이 피해자에게 문진하여 과거 봉침을 맞고도 별다른 이상반응이 없었다는 답변을 듣고 알레르기 반응검사를 생략한 채 환부에 봉침시술을 하였는데, 피해자가 위 시술 직후 쇼크반응을 나타내는 등 상해를 입은 사안에서, 피고인이 알레르기 반응검사를 하지 않은 과실과 피해자의 상해 사이에 상당인과관계를 인정하기 어렵다(대판 2011.4.14. 2010도10104).

오답의 이유

① 대판 2014.7.24. 2014도6206
③ 대판 2002.10.11. 2002도4315
④ 대판 1996.7.12. 96도1142

25 난도 ★★☆   정답 ④

정답의 이유

④ 공무원인 피고인이 그 직무에 관하여 이 건 문제로 된 사문서 사본에 '원본대조필 토목기사 피고인'이라 기재하고 도장을 날인하였다면 그 기재 자체가 공문서로 되고, 이 경우 피고인이 실제로 원본과 대조함이 없이 '원본대조필'이라고 기재한 이상 그것만으로 곧 허위공문서작성죄가 성립하는 것이고, 피고인이 위 문서작성자에게 전화로 원본과 상이없다는 사실을 확인하였거나 객관적으로 그 사본이 원본과 다른 점이 없다고 하더라도 위 죄가 성립한다(대판 1981.9.22. 80도3180).

오답의 이유

① 대판 1995.11.10. 95도208
② 대판 1967.1.24. 66도1586
③ 대판 1996.10.15. 96도1669

한눈에 훑어보기

빠른 정답

01	02	03	04	05	06	07	08	09	10
④	③	①	④	④	①	①	④	①	②
11	12	13	14	15	16	17	18	19	20
②	①	②	④	③	①	④	②	①	②
21	22	23	24	25					
③	④	③	①	③					

점수 체크

구분	1회독	2회독	3회독
맞힌 문항 수	/ 25	/ 25	/ 25
나의 점수	점	점	점

01 난도 ★★☆   정답 ④

정답의 이유

④ 피고인이 혼자 술을 마시던 중 甲 정당이 국회에서 예산안을 강행처리하였다는 것에 화가 나서 공중전화를 이용하여 경찰서에 여러 차례 전화를 걸어 전화를 받은 각 경찰관에게 경찰서 관할 구역 내에 있는 甲 정당의 당사를 폭파하겠다는 말을 한 사안에서, 피고인은 甲 정당에 관한 해악을 고지한 것이므로 각 경찰관 개인에 관한 해악을 고지하였다고 할 수 없고, 다른 특별한 사정이 없는 한 일반적으로 甲 정당에 대한 해악의 고지가 각 경찰관 개인에게 공포심을 일으킬 만큼 서로 밀접한 관계에 있다고 보기 어려운데도, 이와 달리 피고인의 행위가 각 경찰관에 대한 협박죄를 구성한다고 본 원심판결에 협박죄에 관한 법리오해의 위법이 있다(대판 2012.8.17, 2011도10451).

오답의 이유

① 대판 2020.8.20, 2020도5493
② 대판 2018.4.24, 2017도10956
③ 대판 2020.2.13, 2019도5186

02 난도 ★★☆   정답 ③

정답의 이유

③ 남용에 해당하는가를 판단하는 기준은 구체적인 공무원의 직무행위가 본래 법령에서 그 직권을 부여한 목적에 따라 이루어졌는지, 직무행위가 행해진 상황에서 볼 때 필요성·상당성이 있는 행위인지, 직권행사가 허용되는 법령상의 요건을 충족했는지 등을 종합하여 판단하여야 한다(대판 2020.2.13, 2019도5186).

오답의 이유

①·④ 대판 2020.2.13, 2019도5186
② 공무원이 한 행위가 직권남용에 해당한다고 하여 그러한 이유만으로 상대방이 한 일이 '의무 없는 일'에 해당한다고 인정할 수는 없다. '의무 없는 일'에 해당하는지는 직권을 남용하였는지와 별도로 상대방이 그러한 일을 할 법령상 의무가 있는지를 살펴 개별적으로 판단하여야 한다(대판 2020.1.30, 2018도2236).

03 난도 ★★☆

정답의 이유

① 어떠한 물건을 점유자의 의사에 반하여 취거하는 행위가 결과적으로 소유자의 이익으로 된다는 사정 또는 소유자의 추정적 승낙이 있다고 볼 만한 사정이 있다고 하더라도, 다른 특별한 사정이 없는 한 그러한 사유만으로 불법영득의 의사가 없다고 할 수는 없다(대판 2003. 1. 24. 2001도991).

오답의 이유

② 피고인이 자기 이외의 자의 소유물인 이 사건 승용차를 점유자인 피해자의 의사에 반하여 그 점유를 배제하고 자기의 점유로 옮긴 이상 그러한 행위가 '절취'에 해당함은 분명하다. 또한 피고인이 이 사건 승용차를 임의로 가져간 것이 소유자인 ○○캐피탈의 의사에 반하는 것이라고는 보기 어렵고 실제로 위 승용차가 ○○캐피탈에 반납된 사정을 감안한다고 하더라도, 그러한 사정만으로는 피고인에게 불법영득의 의사가 없다고 할 수도 없다(대판 2014.2.21. 2013도14139).

③ 대판 1984.2.28. 84도38

④ 대판 1995.10.12. 94도2076

04 난도 ★☆☆
정답 ④

정답의 이유

④ 의료인으로서 자격과 면허를 보유한 사람이 의료법에 따라 의료기관을 개설하여 건강보험의 가입자 또는 피부양자에게 국민건강보험법에서 정한 요양급여를 실시하고 국민건강보험공단으로부터 요양급여비용을 지급받았다면, 설령 그 의료기관이 다른 의료인의 명의로 개설·운영되어 의료법 제4조 제2항을 위반하였더라도 그 자체만으로는 국민건강보험법상 요양급여비용을 청구할 수 있는 요양기관에서 제외되지 아니하므로, 달리 요양급여비용을 적법하게 지급받을 수 있는 자격 내지 요건이 흠결되지 않는 한 국민건강보험공단을 피해자로 하는 사기죄를 구성한다고 할 수 없다(대판 2019.5.20. 2019도1839).

오답의 이유

① 대판 1998.12.8. 98도3263

② 대판 2019.12.27. 2015도10570

③ 대판 2017.12.22. 2017도12649

05 난도 ★★☆
정답 ④

정답의 이유

④ 타인의 사망을 보험사고로 하는 생명보험계약을 체결함에 있어 제3자가 피보험자인 것처럼 가장하여 체결하는 등으로 그 유효요건이 갖추어지지 못한 경우에도, 보험계약 체결 당시에 이미 보험사고가 발생하였음에도 이를 숨겼다거나 보험사고의 구체적 발생 가능성을 예견할 만한 사정을 인식하고 있었던 경우 또는 고의로 보험사고를 일으키려는 의도를 가지고 보험계약을 체결한 경우와 같이 보험사고의 우연성과 같은 보험의 본질을 해칠 정도라고 볼 수 있는 특별한 사정이 없는 한, 그와 같이 하자 있는 보험계약을 체결한 행위만으로는 미필적으로라도 보험금을 편취하려는 의사에 의한 기망행위의 실행에 착수한 것으로 볼 것은 아니다. 그러므로 그와 같이 기망행위의 실행의 착수로 인정할 수 없는 경우에 피보험자 본인임을 가장하는 등으로 보험계약을 체결한 행위는 단지 장차의 보험금 편취를 위한 예비행위에 지나지 않는다(대판 2013.11.14. 2013도7494).

오답의 이유

① 대판 2006.9.14. 2004도6432

② 대판 1977.6.28. 77도251

③ 대판 2015.1.22. 2014도10978

06 난도 ★★★
정답 ①

정답의 이유

① 교사범이란 정범인 피교사자로 하여금 범죄를 결의하게 하여 그 죄를 범하게 한 때에 성립하므로, 교사자의 교사행위에도 불구하고 피교사자가 범행을 승낙하지 아니하거나 피교사자의 범행 결의가 교사자의 교사행위에 의하여 생긴 것으로 보기 어려운 경우에는 이른바 실패한 교사로서 형법 제31조 제3항에 의하여 교사자를 음모 또는 예비에 준하여 처벌할 수 있을 뿐이다(대판 2013.9.12. 2012도2744).

오답의 이유

② 교사자가 피교사자에게 피해자를 "정신 차릴 정도로 때려주라"고 교사하였다면 이는 상해에 대한 교사로 봄이 상당하다(대판 1997.6.24. 97도1075).

③ 막연히 "범죄를 하라"거나 "절도를 하라"고 하는 등의 행위만으로는 교사행위가 되기에 부족하다 하겠으나, 타인으로 하여금 일정한 범죄를 실행할 결의를 생기게 하는 행위를 하면 되는 것으로서 교사의 수단방법에 제한이 없다 할 것이므로, 교사범이 성립하기 위하여는 범행의 일시, 장소, 방법 등의 세부적인 사항까지를 특정하여 교사할 필요는 없는 것이고, 정범으로 하여금 일정한 범죄의 실행을 결의할 정도에 이르게 하면 교사범이 성립된다(대판 1991.5.14. 91도542).

④ 대리응시자들의 시험장의 입장은 시험관리자의 승낙 또는 그 추정된 의사에 반한 불법침입이라 아니할 수 없고 이와 같은 침입을 교사한 이상 주거침입교사죄가 성립된다(대판 1967.12.19. 67도1281).

07 난도 ★★★
정답 ①

정답의 이유

가. (○) 횡령 범행으로 취득한 돈을 공범자끼리 수수한 행위가 공동정범들 사이의 범행에 의하여 취득한 돈을 공모에 따라 내부적으로 분배한 것에 지나지 않는다면 별도로 그 돈의 수수행위에 관하여 뇌물죄가 성립하는 것은 아니다(대판 2019.11.28. 2018도20832).

나. (○) 횡령죄는 타인의 재물에 대한 재산범죄로서 재물의 소유권 등 본권을 보호법익으로 하는 범죄이다. 따라서 횡령죄의 객체가 타인의 재물에 속하는 이상 구체적으로 누구의 소유인지는 횡령죄의 성립 여부에 영향이 없다.

주식회사는 주주와 독립된 별개의 권리주체로서 그 이해가 반드시 일치하는 것은 아니므로, 주주나 대표이사 또는 그에 준하여 회사 자금의 보관이나 운용에 관한 사실상의 사무를 처리하는 자가 회사 소유의 재산을 사적인 용도로 함부로 처분하였다면 횡령죄가 성립한다(대판 2019.12.24, 2019도9773).

다. (○) 동업자 사이에 손익분배의 정산이 되지 아니하였다면 동업자의 한 사람이 임의로 동업자들의 합유에 속하는 동업재산을 처분할 권한이 없는 것이므로, 동업자의 한 사람이 동업재산을 보관 중 임의로 횡령하였다면 지분비율에 관계없이 임의로 횡령한 금액 전부에 대하여 횡령죄의 죄책을 부담한다(대판 2000.11.10, 2000도3013).

라. (○) 횡령죄의 주체는 타인의 재물을 보관하는 자이어야 하고, 여기서 보관이라 함은 위탁관계에 의하여 재물을 점유하는 것을 의미하므로, 결국 횡령죄가 성립하기 위하여는 그 재물의 보관자가 재물의 소유자(또는 기타의 본권자)와 사이에 법률상 또는 사실상의 위탁신임관계가 존재하여야 하고, 또한 부동산의 경우 보관자의 지위는 점유를 기준으로 할 것이 아니라 그 부동산을 제3자에게 유효하게 처분할 수 있는 권능의 유무를 기준으로 결정하여야 하므로, 원인무효인 소유권이전등기의 명의자는 횡령죄의 주체인 타인의 재물을 보관하는 자에 해당한다고 할 수 없다(대판 2007.5.31, 2007도1082).

08 난도 ★☆☆ 　　　　　　　　　　　　　정답 ④

정답의 이유
④ 공무원이 직무집행의 의사 없이 또는 직무처리와 대가적 관계없이 타인을 공갈하여 재물을 교부하게 한 경우에는 공갈죄만이 성립하고, 이러한 경우 재물의 교부자가 공무원의 해악의 고지로 인하여 외포의 결과 금품을 제공한 것이라면 그는 공갈죄의 피해자가 될 것이고 뇌물공여죄는 성립될 수 없다고 하여야 할 것이다(대판 1994.12.22, 94도2528).

09 난도 ★☆☆ 　　　　　　　　　　　　　정답 ①

정답의 이유
① 이 해외건설협회로부터 해외 건설공사기성실적증명서를 허위로 발급받아 이를 대한건설협회에 제출하여 국가종합전자조달 시스템에 입력되게 함으로써 거액의 관급공사의 낙찰자격을 획득한 후 실제로 여러 관급공사를 낙찰받거나 위 김01 등에게 낙찰받게 함으로써 위계로써 한국농어촌공사 충남지역본부 부여지사의 계약담당 직원과 대전광역시 하천관리사업소 등 계약공무원의 공사계약입찰 및 계약체결에 관한 정당한 직무집행을 방해한 사실을 인정할 수 있다는 이유로, 피고인들에 대한 이 부분 업무방해 및 위계공무집행방해의 공소사실을 모두 유죄로 인정한 것은 정당하고, 거기에 논리와 경험칙에 위배하여 자유심증주의의 한계를 벗어나거나 업무방해죄 및 위계에 의한 공무집행방해죄에 관한 법리 등을 오해한 위법이 없다(대판 2013.1.16, 2012도12377).

오답의 이유
② 피고인들이 노래방 업주인 D로 하여금 행정처분을 받게 할 목적으로 D 운영의 노래방에서 주류제공 및 접대부 알선을 요구한 후 경찰에 신고하였다고 하더라도, D가 이 사건 이전에도 자신의 노래방에서 주류판매, 접대부 알선의 행위로 형사처벌을 받은 전력이 있다는 점 등 기록에 나타난 사정에 비추어 보면 이 사건 당시 피고인들의 행위로 인하여 D가 오인, 착각을 일으켜 종전에 하지 않던 주류제공 및 접대부 알선을 비로소 하게 된 것으로 볼 수는 없다(대판 2007.11.29, 2007도5095).

③ 피고인이 단순히 조합사무장에게 조합에 제출된 서면결의서의 접수를 거부하도록 지시하여 그 접수가 이루어지지 않도록 했다는 것만으로 그 명의자인 조합원들에게 어떠한 오인·착각 또는 부지를 일으키게 하였다는 것인지 이해하기 어렵다. 나아가 그러한 접수거부의 지시 후 피고인이 그 서면결의서에 의한 결의권 행사를 총회결의에 반영하지 않는 행위에 해당 조합원들의 무슨 오인·착각 또는 부지를 이용하는 부분이 있었다고 할 수 없다(대판 2009.1.15, 2008도9947).

④ 피고인이 피해자가 조경수 운반을 위하여 사용하던 피고인 소유 토지 위의 현황도로에 축대를 쌓아 그 통행을 막은 사안에서, 그 도로폐쇄에도 불구하고 대체도로를 이용하여 종전과 같이 조경수 운반차량 등을 운행할 수 있어 피해자의 조경수 운반업무가 방해되는 결과발생의 염려가 없었다는 이유로 피고인을 업무방해죄로 의율한 원심판결을 파기한 사례(대판 2007.4.27, 2006도9028).

10 난도 ★☆☆ 　　　　　　　　　　　　　정답 ②

정답의 이유
② 형법 제287조의 미성년자유인죄를 범한 사람이 유인된 사람을 안전한 장소로 풀어준 때에는 그 형을 감경할 수 있다(형법 제295조의2).

오답의 이유
① 형법 제296조의2
③ 형법 제287조의 미성년자유인죄란 기망 또는 유혹을 수단으로 하여 미성년자를 꾀어 그 하자 있는 의사에 따라 미성년자를 자유로운 생활관계 또는 보호관계로부터 이탈하게 하여 자기 또는 제3자의 사실적 지배하에 옮기는 행위를 말하고, 여기서 사실적 지배라고 함은 미성년자에 대한 물리적·실력적인 지배관계를 의미한다고 할 것이다(대판 1998.5.15, 98도690).
④ 본죄의 객체는 사람이다. 따라서 성년자이든 미성년자이든, 남자이건 여자이건 묻지 않는다. 그러므로 추행, 간음 또는 영리의 목적으로 미성년자를 약취 또는 유인한 때는 미성년자약취유인죄가 아니라 본죄가 성립한다.

정답의 이유

② 형법 제227조의2에서 위작의 객체로 규정한 전자기록은, 그 자체로는 물적 실체를 가진 것이 아니어서 별도의 표시·출력장치를 통하지 아니하고는 보거나 읽을 수 없고, 그 생성 과정에 여러 사람의 의사나 행위가 개재됨은 물론 추가 입력한 정보가 프로그램에 의하여 자동으로 기존의 정보와 결합하여 새로운 전자기록을 작출하는 경우도 적지 않으며, 그 이용 과정을 보아도 그 자체로서 객관적·고정적 의미를 가지면서 독립적으로 쓰이는 것이 아니라 개인 또는 법인이 전자적 방식에 의한 정보의 생성·처리·저장·출력을 목적으로 구축하여 설치·운영하는 시스템에서 쓰임으로써 예정된 증명적 기능을 수행하는 것이므로, 위와 같은 시스템을 설치·운영하는 주체와의 관계에서 전자기록의 생성에 관여할 권한이 없는 사람이 전자기록을 작출하거나 전자기록의 생성에 필요한 단위 정보의 입력을 하는 경우는 물론 시스템의 설치·운영 주체로부터 각자의 직무 범위에서 개개의 단위정보의 입력 권한을 부여받은 사람이 그 권한을 남용하여 허위의 정보를 입력함으로써 시스템 설치·운영 주체의 의사에 반하는 전자기록을 생성하는 경우도 형법 제227조의2에서 말하는 전자기록의 '위작'에 포함된다(대판 2005.6.9, 2004도6132).

오답의 이유

① 대판 2020.8.27, 2019도11294
③ 대판 2017.5.17, 2016도13912
④ 대판 2019.12.12, 2018도2560

정답의 이유

① 형법 제114조에서 정한 '범죄를 목적으로 하는 집단'이란 특정 다수인이 사형, 무기 또는 장기 4년 이상의 범죄를 수행한다는 공동목적 아래 구성원들이 정해진 역할분담에 따라 행동함으로써 범죄를 반복적으로 실행할 수 있는 조직체계를 갖춘 계속적인 결합체를 의미한다. '범죄단체'에서 요구되는 '최소한의 통솔체계'를 갖출 필요는 없지만, 범죄의 계획과 실행을 용이하게 할 정도의 조직적 구조를 갖추어야 한다(대판 2020.8.20, 2019도16263).

오답의 이유

② 형법 제115조
③ 폭행, 협박 또는 손괴의 행위를 할 목적으로 다중이 집합하여 그를 단속할 권한이 있는 공무원으로부터 3회 이상의 해산명령을 받고 해산하지 아니한 자는 2년 이하의 징역이나 금고 또는 300만원 이하의 벌금에 처한다(형법 제116조).
④ 형법 제118조, 단순한 사칭에 그쳤을 경우에는 경범죄처벌법에 의해 처벌된다.

정답의 이유

② 상습범과 같은 이른바 포괄적 일죄는 그 중간에 별종의 범죄에 대한 확정판결이 끼어 있어도 그 때문에 포괄적 범죄가 둘로 나뉘는 것은 아니라 할 것이고, 또 이 경우에는 그 확정판결후의 범죄로서 다루어야 한다(대판 1986.2.25, 85도2767).

오답의 이유

① 대판 1994.10.28, 93도1166
③ 대판 2015.9.10, 2015도7081
④ 대판 1999.11.12, 99도2934

정답의 이유

가. 장물취득죄에 있어서 장물이라 함은 재산죄인 범죄행위에 의하여 영득된 물건을 말하는 것으로서 절도, 강도, 사기, 공갈, 횡령 등 영득죄에 의하여 취득된 물건을 말한다(대판 2004.12.9, 2004도5904).

나. 장물죄에 있어서 장물의 인식은 확정적 인식임을 요하지 않으며 장물일지도 모른다는 의심을 가지는 정도의 미필적 인식으로서도 충분하고, 장물인 정을 알고 있었느냐의 여부는 장물 소지자의 신분, 재물의 성질, 거래의 대가 기타 상황을 참작하여 이를 인정할 수밖에 없다 할 것이다(대판 2000.9.5, 99도3590)

라. 장물취득죄에서 '취득'이라고 함은 점유를 이전받음으로써 그 장물에 대하여 사실상의 처분권을 획득하는 것을 의미하는 것이므로, 단순히 보수를 받고 본범을 위하여 장물을 일시 사용하거나 그와 같이 사용할 목적으로 장물을 건네받은 것만으로는 장물을 취득한 것으로 볼 수 없다(대판 2003.5.13, 2003도1366).

오답의 이유

다. 장물인 귀금속의 매도를 부탁받은 피고인이 그 귀금속이 장물임을 알면서도 매매를 중개하고 매수인에게 이를 전달하려다가 매수인을 만나기도 전에 체포되었다 하더라도, 위 귀금속의 매매를 중개함으로써 장물알선죄가 성립한다(대판 2009.4.23, 2009도1203).

정답의 이유

③ 타인으로 하여금 형사처분을 받게 할 목적으로 공무소에 대하여 허위의 사실을 신고하였다고 하더라도, 그 사실이 친고죄로서 그에 대한 고소기간이 경과하여 공소를 제기할 수 없음이 그 신고내용 자체에 의하여 분명한 때에는 당해 국가기관의 직무를 그르치게 할 위험이 없으므로 이러한 경우에는 무고죄는 성립하지 아니한다(대판 1998.4.14, 98도150).

오답의 이유

①·② 성폭행 등의 피해를 입었다는 신고사실에 관하여 불기소처분 내지 무죄판결이 내려졌다고 하여, 그 자체를 무고를 하였다는 적극적인 근거로 삼아 신고내용을 허위라고 단정하여서는 아니 됨은 물론, 개별적, 구체적인 사건에서 피해자임을 주장하는

자가 처하였던 특별한 사정을 충분히 고려하지 아니한 채 진정한 피해자라면 마땅히 이렇게 하였을 것이라는 기준을 내세워 성폭행 등의 피해를 입었다는 점 및 신고에 이르게 된 경위 등에 관한 변소를 쉽게 배척하여서는 아니 된다(대판 2019.7.11, 2018도2614).

④ 대판 1984.1.24, 83도1401

16 난도 ★☆☆　　　　　　　　　　정답 ①

정답의 이유

① 형법 제56조

> **제56조(가중·감경의 순서)**
> 형을 가중·감경할 사유가 경합하는 경우에는 다음 각 호의 순서에 따른다.
> 1. 각칙 조문에 따른 가중
> 2. 제34조 제2항에 따른 가중
> 3. 누범 가중
> 4. 법률상 감경
> 5. 경합범 가중
> 6. 정상참작감경

17 난도 ★★☆　　　　　　　　　　정답 ④

정답의 이유

④ 형법 제151조 제2항 및 제155조 제4항은 친족, 호주 또는 동거의 가족이 본인을 위하여 범인도피죄, 증거인멸죄 등을 범한 때에는 처벌하지 아니한다고 규정하고 있는바, 사실혼관계에 있는 자는 민법 소정의 친족이라 할 수 없어 위 조항에서 말하는 친족에 해당하지 않는다(대판 2003.12.12, 2003도4533).

오답의 이유

① 형법 제344조.

② 대판 2011.4.28, 2011도2170

③ 간접정범은 구성요건 해당성이나 위법성 또는 책임 없는 도구를 이용한 경우에 제한된다. 따라서 친족상도례와 같은 인적 처벌조각사유가 있는 자를 이용한 경우에는 교사범이 성립할 뿐이다.

18 난도 ★★☆　　　　　　　　　　정답 ②

정답의 이유

②는 별개의견이다. 다수의견은 채무자가 금전채무를 담보하기 위하여 그 소유의 동산을 채권자에게 양도담보로 제공함으로써 채권자인 양도담보권자에 대하여 담보물의 담보가치를 유지·보전할 의무 내지 담보물을 타에 처분하거나 멸실, 훼손하는 등으로 담보권 실행에 지장을 초래하는 행위를 하지 않을 의무를 부담하게 되었더라도, 이를 들어 채무자가 통상의 계약에서의 이익대립관계를 넘어서 채권자와의 신임관계에 기초하여 채권자의 사무를 맡아 처리하는 것으로 볼 수 없다. 따라서 채무자를 배임죄의 주체인 '타인

의 사무를 처리하는 자'에 해당한다고 할 수 없고, 그가 담보물을 제3자에게 처분하는 등으로 담보가치를 감소 또는 상실시켜 채권자의 담보권 실행이나 이를 통한 채권실현에 위험을 초래하더라도 배임죄가 성립한다고 할 수 없다. 위와 같은 법리는, 채무자가 동산에 관하여 양도담보설정계약을 체결하여 이를 채권자에게 양도할 의무가 있음에도 제3자에게 처분한 경우에도 적용되고, 주식에 관하여 양도담보설정계약을 체결한 채무자가 제3자에게 해당 주식을 처분한 사안에도 마찬가지로 적용된다(대판 2020.2.20, 2019도9756).

오답의 이유

① 대판 2017.7.20, 2014도1104

③ 대판 2017.6.29, 2017도3808

④ 대판 2020.6.4, 2015도6057

19 난도 ★★☆　　　　　　　　　　정답 ①

정답의 이유

① 형사법상 몰수는 공소사실에 관하여 형사재판을 받는 피고인에 대한 유죄의 판결에서 다른 형에 부가하여 선고되는 형인 점에 비추어, 피고인 이외의 제3자의 소유에 속하는 물건에 대하여 몰수를 선고한 판결의 효력은 원칙적으로 몰수의 원인이 된 사실에 관하여 유죄의 판결을 받은 피고인에 대한 관계에서 그 물건을 소지하지 못하게 하는 데 그치고 그 사건에서 재판을 받지 아니한 제3자의 소유권에 어떤 영향을 미치는 것은 아니다(대판 1999.5.11, 99다12161).

오답의 이유

② 대판 2019.4.18, 2017도14609

③ 대판 2019.2.28, 2018도13382

④ 대판 2016.12.27, 2015도14375

20 난도 ★★☆　　　　　　　　　　정답 ②

정답의 이유

② 형법 제302조의 위계에 의한 미성년자간음죄에 있어서 위계라 함은 행위자가 간음의 목적으로 상대방에게 오인, 착각, 부지를 일으키고는 상대방의 그러한 심적 상태를 이용하여 간음의 목적을 달성하는 것을 말하는 것이고, 여기에서 오인, 착각, 부지란 간음행위 자체에 대한 오인, 착각, 부지를 말하는 것이지, 간음행위와 불가분적 관련성이 인정되지 않는 다른 조건에 관한 오인, 착각, 부지를 가리키는 것은 아니다(대판 2001.12.24, 2001도5074).

오답의 이유

① 대판 2020.3.26, 2019도15994

③ 대판 2019.6.13, 2019도3341

④ 대판 2017.6.29, 2017도3196

정답의 이유

③ 사문서의 위·변조죄는 작성권한 없는 자가 타인 명의를 모용하여 문서를 작성하는 것을 말하므로 사문서를 작성·수정할 때 명의자의 명시적이거나 묵시적인 승낙이 있었다면 사문서의 위·변조죄에 해당하지 않고, 한편 행위 당시 명의자의 현실적인 승낙은 없었지만 행위 당시의 모든 객관적 사정을 종합하여 명의자가 행위 당시 그 사실을 알았다면 당연히 승낙했을 것이라고 추정되는 경우 역시 사문서의 위·변조죄가 성립하지 않는다고 할 것이나, 명의자의 명시적인 승낙이나 동의가 없다는 것을 알고 있으면서도 명의자가 문서작성 사실을 알았다면 승낙하였을 것이라고 기대하거나 예측한 것만으로는 그 승낙이 추정된다고 단정할 수 없다(대판 2011.9.29, 2010도14587).

오답의 이유

① 대판 2020.9.30, 2015도1927
② 대판 2017.7.11, 2013도7896
④ 대판 2011.5.26, 2011도3682

정답의 이유

가. (○) 타인 소유의 광고용 간판을 백색페인트로 도색하여 광고문안을 지워버린 행위는 재물손괴죄를 구성한다(대판 1991.10.22, 91도2090).

나. (○) 재건축사업으로 철거예정이고 그 입주자들이 모두 이사하여 아무도 거주하지 않은 채 비어 있는 아파트라 하더라도, 그 객관적 성상이 본래 사용목적인 주거용으로 쓰일 수 없는 상태라거나 재물로서의 이용가치나 효용이 없는 물건이라고도 할 수 없어 재물손괴죄의 객체가 된다(대판 2007.9.20, 2007도5207).

다. (○) 재물손괴죄에서의 효용을 해하는 행위에는 일시 물건의 구체적 역할을 할 수 없는 상태로 만드는 경우도 해당하므로 판결에 의하여 명도받은 토지의 경계에 설치해 놓은 철조망과 경고판을 치워 버림으로써 울타리로서의 역할을 해한 때에는 재물손괴죄가 성립한다(대판 1982.7.13, 82도1057).

라. (○) 재물손괴죄는 타인의 재물, 문서 또는 전자기록 등 특수매체기록을 손괴 또는 은닉 기타 방법으로 그 효용을 해한 경우에 성립한다(형법 제366조). 여기에서 손괴 또는 은닉 기타 방법으로 그 효용을 해하는 경우에는 물질적인 파괴행위로 물건 등을 본래의 목적에 사용할 수 없는 상태로 만드는 경우뿐만 아니라 일시적으로 물건 등의 구체적 역할을 할 수 없는 상태로 만들어 효용을 떨어뜨리는 경우도 포함된다. 따라서 자동문을 자동으로 작동하지 않고 수동으로만 개폐가 가능하게 하여 자동잠금장치로서 역할을 할 수 없도록 한 경우에도 재물손괴죄가 성립한다(대법 2016.11.25, 2016도9219).

정답의 이유

③ 형법 제308조(사자의 명예훼손), 제311조(모욕)는 친고죄이고 제307조(명예훼손), 제309조(출판물 등에 의한 명예훼손)은 반의사불벌죄이다.

오답의 이유

① 대판 2018.6.15, 2018도4200
② 대판 2018.6.15, 2018도4200
④ 대판 2000.2.25, 98도2188

정답의 이유

① 매도, 매수와 같이 2인 이상의 서로 대향된 행위의 존재를 필요로 하는 관계에 있어서는 공범이나 방조범에 관한 형법총칙 규정의 적용이 있을 수 없고, 따라서 매도인에게 따로 처벌규정이 없는 이상 매도인의 매도행위는 그와 대향적 행위의 존재를 필요로 하는 상대방의 매수범행에 대하여 공범이나 방조범관계가 성립되지 아니한다(대판 2001.12.28, 2001도5158).

오답의 이유

② 종범은 정범의 실행행위 중에 이를 방조하는 경우뿐만 아니라, 실행 착수 전에 장래의 실행행위를 예상하고 이를 용이하게 하는 행위를 하여 방조한 경우에도 정범이 실행행위를 한 경우에 성립한다(대판 1996.9.6, 95도2551).

③ 형법상 방조행위는 정범이 범행을 한다는 정을 알면서 그 실행행위를 용이하게 하는 직접·간접의 행위를 말하므로, 방조범은 정범의 실행을 방조한다는 이른바 방조의 고의와 정범의 행위가 구성요건에 해당하는 행위인 점에 대한 정범의 고의가 있어야 하나, 이와 같은 고의는 내심적 사실이므로 피고인이 이를 부정하는 경우에는 사물의 성질상 고의와 상당한 관련성이 있는 간접사실을 증명하는 방법에 의하여 입증할 수밖에 없고, 이 때 무엇이 상당한 관련성이 있는 간접사실에 해당할 것인가는 정상적인 경험칙에 바탕을 두고 치밀한 관찰력이나 분석력에 의하여 사실의 연결상태를 합리적으로 판단하는 외에 다른 방법이 없다고 할 것이며, 또한 방조범에 있어서 정범의 고의는 정범에 의하여 실현되는 범죄의 구체적 내용을 인식할 것을 요하는 것은 아니고 미필적 인식 또는 예견으로 족하다(대판 2005.4.29, 2003도6056).

④ 종범의 형은 정범의 형보다 감경한다(형법 제32조 제2항).

정답의 이유

③ 형법 제10조에 규정된 심신장애는 생물학적 요소로서 정신병, 정신박약 또는 비정상적 정신상태와 같은 정신적 장애가 있는 외에 심리학적 요소로서 이와 같은 정신적 장애로 말미암아 사물에 대한 판별능력과 그에 따른 행위통제능력이 결여되거나 감소되었음을 요하므로, 정신적 장애가 있는 자라고 하여도 범행 당시 정상적인 사물판별능력이나 행위통제능력이 있었다면 심신장애로 볼 수 없음은 물론이나, 정신적 장애가 정신분열증과 같은 고정적 정신질환의 경우에는 범행의 충동을 느끼고 범행에 이르게 된 과정에 있어서의 범인의 의식상태가 정상인과 같아 보이는 경우에도 범행의 충동을 억제하지 못한 것이 흔히 정신질환과 연관이 있을 수 있고, 이러한 경우에는 정신질환으로 말미암아 행위통제능력이 저하된 것이어서 심신미약이라고 볼 여지가 있다(대판 1992.8.18, 92도1425).

오답의 이유

① 만 14세 미만의 자가 범죄를 저지른 경우에는 책임이 조각되어 형법상 범죄가 성립하지 않는다. 형사미성년자인지 여부는 행위 시를 기준으로 판단한다.

② 자신의 충동을 억제하지 못하여 범죄를 저지르게 되는 현상은 정상인에게서도 얼마든지 찾아볼 수 있는 일로서, 특단의 사정이 없는 한 성격적 결함을 가진 자에 대하여 자신의 충동을 억제하고 법을 준수하도록 요구하는 것이 기대할 수 없는 행위를 요구하는 것이라고는 할 수 없으므로, 원칙적으로 충동조절장애와 같은 성격적 결함은 형의 감면사유인 심신장애에 해당하지 아니한다고 봄이 상당하지만, 그 이상으로 사물을 변별할 수 있는 능력에 장애를 가져오는 원래의 의미의 정신병이 도벽의 원인이라거나 혹은 도벽의 원인이 충동조절장애와 같은 성격적 결함이라 할지라도 그것이 매우 심각하여 원래의 의미의 정신병을 가진 사람과 동등하다고 평가할 수 있는 경우에는 그로 인한 절도 범행은 심신장애로 인한 범행으로 보아야 한다(대판 1999.4.27, 99도693).

④ 형법 제12조 소정의 저항할 수 없는 폭력은, 심리적인 의미에 있어서 육체적으로 어떤 행위를 절대적으로 하지 아니할 수 없게 하는 경우와 윤리적 의미에 있어서 강압된 경우를 말하고, 협박이란 자기 또는 친족의 생명, 신체에 대한 위해를 달리 막을 방법이 없는 협박을 말하며, 강요라 함은 피강요자의 자유스런 의사결정을 하지 못하게 하면서 특정한 행위를 하게 하는 것을 말한다(대판 1983.12.13, 83도2276).

형법 | 2020년 법원직 9급

한눈에 훑어보기

빠른 정답

01	02	03	04	05	06	07	08	09	10
②	②	②	③	③	④	④	④	③	①
11	12	13	14	15	16	17	18	19	20
①	①	③	②	④	④	①	①	①	①
21	22	23	24	25					
③	④	②	③	①					

점수 체크

구분	1회독	2회독	3회독
맞힌 문항 수	/ 25	/ 25	/ 25
나의 점수	점	점	점

---

01 난도 ★★☆   정답 ②

정답의 이유

② 부동산에 관한 횡령죄에 있어서 타인의 재물을 보관하는 자의 지위는 동산의 경우와는 달리 부동산에 대한 점유의 여부가 아니라 부동산을 제3자에게 유효하게 처분할 수 있는 권능의 유무에 따라 결정하여야 하므로, 부동산의 공유자 중 1인이 다른 공유자의 지분을 임의로 처분하거나 임대하여도 그에게는 그 처분권능이 없어 횡령죄가 성립하지 아니한다(대판 2004.5.27. 2003도6988).

오답의 이유

① 대판 2018.7.19. 2017도17494
③ 대판 2008.7.24. 2008도3438
④ 대판 2018.5.17. 2017도4027

02 난도 ★★☆   정답 ②

정답의 이유

② 강도예비 · 음모죄가 성립하기 위해서는 예비 · 음모 행위자에게 미필적으로라도 '강도'를 할 목적이 있음이 인정되어야 하고 그에 이르지 않고 단순히 '준강도'할 목적이 있음에 그치는 경우에는 강도예비 · 음모죄로 처벌할 수 없다(대판 2006.9.14. 2004도6432).

오답의 이유

① 피고인은 간첩에 당하여 불특정 다수인인 경찰관으로 부터 체포 기타 방해를 받을 경우에는 이를 배제하기 위하여 원판시 무기를 휴대한 것임이 명백한 바 이 경우에 있어서의 무기 소지는 법령 제5호 위반으로 문책함은 별론이라 할 것이나 살인 대상이 특정되지 아니한 살인 예비죄의 성립은 이를 인정할 수 없다고 해석함이 타당하다(대판 1959.7.31. 4292형상308).
③ 대판 2009.6.11. 2009도1518
④ 대판 1976.5.25. 75도1549

03 난도 ★★☆   정답 ②

정답의 이유

② 음주로 인한 특정범죄가중처벌 등에 관한 법률 위반(위험운전치사상)죄와 도로교통법 위반(음주운전)죄는 입법 취지와 보호법익 및 적용영역을 달리하는 별개의 범죄이므로, 양 죄가 모두 성립하는 경우 두 죄는 실체적 경합관계에 있다(대판 2008.11.13. 2008도7143).

① 대판 2009.6.25, 2009도3505

③ 대판 2004.4.9, 2003도7762

④ 대판 1987.5.26, 87도527

04 난도 ★★☆ 정답 ③

③ 사기죄의 구성요건인 편취의 범의는 피고인이 자백하지 않는 이상 범행 전후의 피고인의 재력, 환경, 범행의 내용, 거래의 이행과정 등과 같은 객관적인 사정 등을 종합하여 판단할 수밖에 없는 것이고(대판 1995.4.25, 95도424), 타인으로부터 금전을 차용함에 있어서 그 차용한 금전의 용도나 변제할 자금의 마련방법에 관하여 사실대로 고지하였더라면 상대방이 응하지 않았을 경우에 그 용도나 변제자금의 마련방법에 관하여 진실에 반하는 사실을 고지하여 금전을 교부받은 경우에는 사기죄가 성립하고, 이 경우 차용금채무에 대한 담보를 제공하였다는 사정만으로는 결론을 달리 할 것은 아니다(대판 2005.9.15, 2003도5382).

① 대판 2007.4.19, 2005도7288

② 대판 1998.12.8, 98도3263

④ 대판 2005.9.15, 2003도5382

05 난도 ★★☆ 정답 ③

③ 형법이 뇌물죄에 관하여 규정하고 있는 것은 공무원의 직무집행의 공정과 그에 대한 사회의 신뢰 및 직무행위의 불가매수성을 보호하기 위한 것이다. 법령에 기한 임명권자에 의하여 임용되어 공무에 종사하여 온 사람이 나중에 그가 임용결격자이었음이 밝혀져 당초의 임용행위가 무효라고 하더라도, 그가 임용행위라는 외관을 갖추어 실제로 공무를 수행한 이상 공무 수행의 공정과 그에 대한 사회의 신뢰 및 직무행위의 불가매수성은 여전히 보호되어야 한다. 따라서 이러한 사람은 형법 제129조에서 규정한 공무원으로 봄이 타당하고, 그가 그 직무에 관하여 뇌물을 수수한 때에는 수뢰죄로 처벌할 수 있다(대판 2014.3.27, 2013도11357).

① 공무원이 수수한 이익에 직무행위에 대한 대가로서의 성질과 직무 외의 행위에 대한 사례로서의 성질이 불가분적으로 결합되어 있는 경우에는 그 전부가 직무행위에 대한 대가로서의 성질을 가진다(대판 2009.7.9, 2009도3039).

② 공무원이 장래에 담당할 직무에 대한 대가로 이익을 수수한 경우에도 뇌물수수죄가 성립할 수 있지만, 그 이익을 수수할 당시 장래에 담당할 직무에 속하는 사항이 그 수수한 이익과 관련된 것임을 확인할 수 없을 정도로 막연하고 추상적이거나, 장차 그 수수한 이익과 관련지을 만한 직무권한을 행사할지 자체를 알 수 없다면, 그 이익이 장래에 담당할 직무에 관하여 수수되었다거나 그 대가로 수수되었다고 단정하기 어렵다(대판 2017.12.22,

2017도12346).

④ 대판 2001.9.18, 2000도5438

06 난도 ★★★ 정답 ④

④ 피고인에게 적법행위를 기대할 가능성이 있는지 여부를 판단하기 위하여는 행위 당시의 구체적인 상황하에 행위자 대신에 사회적 평균인을 두고 이 평균인의 관점에서 그 기대가능성 유무를 판단하여야 하는 점, 자기에게 형사상 불리한 진술을 강요당하지 아니할 권리가 결코 적극적으로 허위의 진술을 할 권리를 보장하는 취지는 아닌 점, 이미 유죄의 확정판결을 받은 경우에는 일사부재리의 원칙에 의해 다시 처벌되지 아니하므로 증언을 거부할 수 없는바, 이는 사실대로의 진술 즉 자신의 범행을 시인하는 진술을 기대할 수 있기 때문인 점 등에 비추어 보면, 피고인은 강도상해죄로 이미 유죄의 확정판결을 받았으므로 그 범행에 대한 증언을 거부할 수 없을 뿐만 아니라 나아가 사실대로 증언하여야 하고, 설사 피고인이 자신에 대한 형사사건에서 시종일관 그 범행을 부인하였다 하더라도 이러한 사정은 이 사건 위증죄에 관한 양형참작사유로 볼 수 있음은 별론으로 하고 이를 이유로 피고인에게 사실대로의 진술을 기대할 가능성이 없다고 볼 수는 없다(대판 2008.10.23, 2005도10101).

① 대판 1992.12.22, 92도2540

② 대판 1999.10.12, 99도3377

③ 대판 2010.2.11, 2009도12958

07 난도 ★★☆ 정답 ④

④ 장물취득죄는 취득 당시 장물인 정을 알면서 재물을 취득하여야 성립하는 것이므로 피고인이 재물을 인도받은 후에 비로소 장물이 아닌가 하는 의구심을 가졌다고 하여 그 재물수수행위가 장물취득죄를 구성한다고 할 수 없고(대판 1971.4.20, 71도468), 장물인 정을 모르고 장물을 보관하였다가 그 후에 장물인 정을 알게된 경우 그 정을 알고서도 이를 계속하여 보관하는 행위는 장물죄를 구성하는 것이나 이 경우에도 점유할 권한이 있는 때에는 이를 계속하여 보관하더라도 장물보관죄가 성립한다고 할 수 없다(대판 1986.1.21, 85도2472).

① 대판 2017.7.20, 2014도1104

② 대판 1989.4.11, 88도906

③ 대판 1985.11.26, 85도1493

08 난도 ★★☆ 정답 ④

[정답의 이유]

④ 의료인일지라도 의료인 아닌 자의 의료행위에 공모하여 가공하면 의료법 제25조 제1항이 규정하는 무면허의료 행위의 공동정범으로서의 책임을 진다(대판 1986.2.11, 85도448). 치과의사가 환자의 대량유치를 위해 치과기공사들에게 내원환자들에게 진료행위를 하도록 지시하여 동인들이 각 단독으로 전항과 같은 진료행위를 하였다면 무면허의료행위의 교사범에 해당한다(대판 1986.7.8, 86도749).

[오답의 이유]

① 대판 1971.1.26, 70도2598, 대판 2006.5.11, 2006도1663

② 업무상의 임무라는 신분관계가 없는 자가 그러한 신분관계 있는 자와 공모하여 업무상배임죄를 저질렀다면, 그러한 신분관계가 없는 공범에 대하여는 형법 제33조 단서에 따라 단순배임죄에서 정한 형으로 처단하여야 한다. 이 경우에는 신분관계 없는 공범에게도 같은 조 본문에 따라 일단 신분범인 업무상배임죄가 성립하고 다만 과형에서만 무거운 형이 아닌 단순배임죄의 법정형이 적용된다(대판 1986.10.28, 86도1517).

③ 피고인이 갑을 모해할 목적으로 을에게 위증을 교사한 이상, 가사 정범인 을에게 모해의 목적이 없었다고 하더라도, 형법 제33조 단서의 규정에 의하여 피고인을 모해위증교사죄로 처단할 수 있다(대판 1994.12.23, 93도1002).

09 난도 ★☆☆ 정답 ③

[정답의 이유]

③ 경찰서 방범과장이 부하직원으로부터 음반·비디오물 및 게임물에 관한 법률 위반 혐의로 오락실을 단속하여 증거물로 오락기의 변조 기판을 압수하여 사무실에 보관중임을 보고받아 알고 있었음에도 그 직무상의 의무에 따라 위 압수물을 수사계에 인계하고 검찰에 송치하여 범죄 혐의의 입증에 사용하도록 하는 등의 적절한 조치를 취하지 않고, 오히려 부하직원에게 위와 같이 압수한 변조기판을 돌려주라고 지시하여 오락실 업주에게 이를 돌려준 경우, 작위범인 증거인멸죄만이 성립하고 부작위범인 직무유기(거부)죄는 따로 성립하지 아니한다(대판 2006.10.19, 2005도3909).

[오답의 이유]

① 대판 2005.4.15, 2002도3453

② 검찰, 경찰 또는 군의 직에 있는 공무원이 법령에 의한 선거에 관하여 선거인, 입후보자 또는 입후보자되려는 자에게 협박을 가하거나 기타 방법으로 선거의 자유를 방해한 때에는 10년 이하의 징역과 5년 이상의 자격정지에 처한다(형법 제128조).

④ 뇌물을 수수함에 있어서 공여자를 기망한 점이 있다 하여도 뇌물수수죄, 뇌물공여죄의 성립에는 영향이 없고(대판 1985.2.8, 84도2625), 이 경우 뇌물을 수수한 공무원에 대하여는 한 개의 행위가 뇌물죄와 사기죄의 각 구성요건에 해당하므로 형법 제40조에 의하여 상상적 경합으로 처단하여야 할 것이다(대판 1977.6.7, 77도1069).

10 난도 ★★☆ 정답 ①

[정답의 이유]

① 위증죄는 법률에 의하여 선서한 증인이 사실에 관하여 기억에 반하는 진술을 한 때에 성립하고, 증인의 진술이 경험한 사실에 대한 법률적 평가이거나 단순한 의견에 지나지 아니하는 경우에는 위증죄에서 말하는 허위의 공술이라고 할 수 없으며, 경험한 객관적 사실에 대한 증인 나름의 법률적·주관적 평가나 의견을 부연한 부분에 다소의 오류나 모순이 있더라도 위증죄가 성립하는 것은 아니라고 할 것이다(대판 2009.3.12, 2008도11007).

[오답의 이유]

② 위증죄에 있어서의 허위의 공술이란 증인이 자기의 기억에 반하는 사실을 진술하는 것을 말하는 것으로서 그 내용이 객관적 사실과 부합한다고 하여도 위증죄의 성립에 장애가 되지 않는다(대판 1989.1.17, 88도580).

③ 증인의 증언은 그 전부를 일체로 관찰·판단하는 것이므로 선서한 증인이 일단 기억에 반하는 허위의 진술을 하였더라도 그 신문이 끝나기 전에 그 진술을 철회·시정한 경우 위증이 되지 아니한다고 할 것이나, 증인이 1회 또는 수회의 기일에 걸쳐 이루어진 1개의 증인신문절차에서 허위의 진술을 하고 그 진술이 철회·시정된 바 없이 그대로 증인신문절차가 종료된 경우 그로써 위증죄는 기수에 달하고, 그 후 별도의 증인 신청 및 채택 절차를 거쳐 그 증인이 다시 신문을 받는 과정에서 종전 신문절차에서의 진술을 철회·시정한다 하더라도 그러한 사정은 형법 제153조가정한 형의 감면사유에 해당할 수 있을 뿐, 이미 종결된 종전 증인신문절차에서 행한 위증죄의 성립에 어떤 영향을 주는 것은 아니다. 위와 같은 법리는 증인이 별도의 증인신문절차에서 새로이 선서를 한 경우뿐만 아니라 종전 증인신문절차에서 한 선서의 효력이 유지됨을 고지 받고 진술한 경우에도 마찬가지로 적용된다(대판 2010.9.30, 2010도7525).

④ 피고인이 자기의 형사사건에 관하여 허위의 진술을 하는 행위는 피고인의 형사소송에 있어서의 방어권을 인정하는 취지에서 처벌의 대상이 되지 않으나, 법률에 의하여 선서한 증인이 타인의 형사사건에 관하여 위증을 하면 형법 제152조 제1항의 위증죄가 성립되므로 자기의 형사사건에 관하여 타인을 교사하여 위증죄를 범하게 하는 것은 이러한 방어권을 남용하는 것이라고 할 것이어서 교사범의 죄책을 부담케 함이 상당하다(대판 2004.1.27, 2003도5114).

11 난도 ★★☆ 정답 ①

[정답의 이유]

① 강제집행면탈죄는 이른바 위태범으로서 강제집행을 당할 구체적인 위험이 있는 상태에서 재산을 은닉, 손괴, 허위양도 또는 허위의 채무를 부담하면 바로 성립하는 것이고, 반드시 채권자를 해하는 결과가 야기되거나 이로 인하여 행위자가 어떤 이득을 취하여야 범죄가 성립하는 것은 아니며, 허위양도한 부동산의 시가액보다 그 부동산에 의하여 담보된 채무액이 더 많다고 하여 그 허위양도로 인하여 채권자를 해할 위험이 없다고 할 수

없다(대판 1999.2.12, 98도2474).

② 대판 2006.1.26, 2005도4764

③ 대판 1982.6.22, 82도677

④ 대판 1998.2.13, 97도2922

12 난도 ★★☆ 정답 ①

① 진료부는 환자의 계속적인 진료에 참고로 공하여지는 진료상황
부이므로 간호보조원의 무면허 진료행위가 있은 후에 이를 의사
가 진료부에다 기재하는 행위는 정범의 실행행위종료 후의 단순
한 사후행위에 불과하다고 볼 수 없고 무면허 의료행위의 방조
에 해당한다(대판 1982.4.27, 82도122).

② 대판 2004.10.28, 2004도3994

③ 대판 1986.2.11, 85도448

④ 대판 1994.12.23, 93도1002

13 난도 ★★☆ 정답 ③

③ 대판 2005.9.9, 2005도626

① 물건의 소유자가 아닌 사람은 형법 제33조 본문에 따라 소유자
의 권리행사방해 범행에 가담한 경우에 한하여 그의 공범이 될
수 있을 뿐이다. 그러나 권리행사방해죄의 공범으로 기소된 물
건의 소유자에게 고의가 없는 등으로 범죄가 성립하지 않는다면
공동정범이 성립할 여지가 없다(대판 2017.5.30, 2017도4578)

② 쌍무계약이 무효로 되어 각 당사자가 서로 취득한 것을 반환하
여야 할 경우, 어느 일방의 당사자에게만 먼저 그 반환의무의 이
행이 강제된다면 공평과 신의칙에 위배되는 결과가 되므로 각
당사자의 반환의무는 동시이행 관계에 있다고 보아 민법 제536
조를 준용함이 옳다고 해석되고, 이러한 법리는 경매절차가 무
효로 된 경우에도 마찬가지라고 할 것이므로(대판 1995.9.15,
94다55071), 무효인 경매절차에서 경매목적물을 경락받아 이를
점유하고 있는 낙찰자의 점유는 적법한 점유로서 그 점유자는
권리행사방해죄에 있어서의 타인의 물건을 점유하고 있는 자라
고 할 것이다(대판 2003.11.28, 2003도4257).

④ 권리행사방해죄의 구성요건 중 타인의 '권리'란 반드시 제한물권
만을 의미하는 것이 아니라 물건에 대하여 점유를 수반하지 아
니하는 채권도 이에 포함된다(대판 1991.4.26, 90도1958).

14 난도 ★☆☆ 정답 ②

② 강간죄가 성립하려면 가해자의 폭행 · 협박은 피해자의 항거를
불가능하게 하거나 현저히 곤란하게 할 정도의 것이어야 한다.
폭행 · 협박이 피해자의 항거를 불가능하게 하거나 현저히 곤란
하게 할 정도의 것이었는지 여부는 폭행 · 협박의 내용과 정도는

물론, 유형력을 행사하게 된 경위, 피해자와의 관계, 성교 당시
와 그 후의 정황 등 모든 사정을 종합하여 판단하여야 한다. 또
한 강간죄에서의 폭행 · 협박과 간음 사이에는 인과관계가 있어
야 하나, 폭행 · 협박이 반드시 간음행위보다 선행되어야 하는
것은 아니다(대판 2017.10.12, 2016도16948, 2016전도156).

① 대판 2013.5.16, 2012도14788

③ 대판 1990.5.25, 90도607

④ 대판 2007.1.25, 2006도5979

15 난도 ★★☆ 정답 ④

④ 형법 제310조에 의하여 위법성이 조각되는 경우는 형법 제307
조 제1항의 행위가 진실한 사실로서 오로지 공공의 이익에 관한
때에 한하며, 형법 제307조 제2항에 해당하는 행위에 대하여는
위법성조각에 관한 형법 제310조는 적용될 여지가 없다(대판
1993.4.13, 92도234).

① 형법이 명예훼손죄 또는 모욕죄를 처벌함으로써 보호하고자 하
는 사람의 가치에 대한 평가인 외부적 명예는 개인적 법익으로
서, 국민의 기본권을 보호 내지 실현해야 할 책임과 의무를 지고
있는 공권력의 행사자인 국가나 지방자치단체는 기본권의 수범
자일 뿐 기본권의 주체가 아니고, 정책결정이나 업무수행과 관
련된 사항은 항상 국민의 광범위한 감시와 비판의 대상이 되어
야 하며 이러한 감시와 비판은 그에 대한 표현의 자유가 충분히
보장될 때에 비로소 정상적으로 수행될 수 있으므로, 국가나 지
방자치단체는 국민에 대한 관계에서 형벌의 수단을 통해 보호되
는 외부적 명예의 주체가 될 수는 없고, 따라서 명예훼손죄나 모
욕죄의 피해자가 될 수 없다(대판 2016.12.27, 2014도15290).

② 통상 기자가 아닌 보통 사람에게 사실을 적시할 경우에는 그 자
체로서 적시된 사실이 외부에 공표되는 것이므로 그 때부터 곧
전파가능성을 따져 공연성 여부를 판단하여야 할 것이지만, 그
와는 달리 기자를 통해 사실을 적시하는 경우에는 기사화되어
보도되어야만 적시된 사실이 외부에 공표된다고 보아야 할 것이
므로 기자가 취재를 한 상태에서 아직 기사화하여 보도하지 아
니한 경우에는 전파가능성이 없다고 할 것이어서 공연성이 없다
고 봄이 상당하다(대판 2000.5.16, 99도5622).

③ 명예훼손죄가 성립하기 위하여는 사실의 적시가 있어야 하는데,
여기에서 적시의 대상이 되는 사실이란 현실적으로 발생하고 증
명할 수 있는 과거 또는 현재의 사실을 말하며, 장래의 일을 적
시하더라도 그것이 과거 또는 현재의 사실을 기초로 하거나 이
에 대한 주장을 포함하는 경우에는 명예훼손죄가 성립한다고 할
것이고, 장래의 일을 적시하는 것이 과거 또는 현재의 사실을 기
초로 하거나 이에 대한 주장을 포함하는지 여부는 그 적시된 표
현 자체는 물론 전체적인 취지나 내용, 적시에 이르게 된 경위
및 전후 상황, 기타 제반 사정을 종합적으로 참작하여 판단하여
야 한다(대판 2003.5.13, 2002도7420).

16 난도 ★☆☆

정답 ④

정답의 이유

④ 대판 2008.10.23, 2008도5200

오답의 이유

① 행사할 목적으로 타인의 인장, 서명, 기명 또는 기호를 위조 또는 부정사용한 자는 3년 이하의 징역에 처한다(형법 제239조 제1항).

② 허위공문서작성죄의 객체가 되는 문서는 문서상 작성명의인이 명시된 경우뿐 아니라 작성명의인이 명시되어 있지 않더라도 문서의 형식, 내용 등 문서 자체에 의하여 누가 작성하였는지를 추지할 수 있을 정도의 것이면 된다(대판 2019.3.14, 2018도18646).

③ 위조문서행사죄에 있어서의 행사는 위조된 문서를 진정한 것으로 사용함으로써 문서에 대한 공공의 신용을 해칠 우려가 있는 행위를 말하므로, 행사의 상대방에는 아무런 제한이 없고 위조된 문서의 작성 명의인이라고 하여 행사의 상대방이 될 수 없는 것은 아니다(대판 2005.1.28, 2004도4663).

17 난도 ★☆☆

정답 ①

정답의 이유

① 심신장애로 인하여 전항의 능력이 미약한 자의 행위는 형을 감경할 수 있다(형법 제10조 제2항).

오답의 이유

② 형법 제10조에 규정된 심신장애의 유무 및 정도의 판단은 법률적 판단으로서 반드시 전문감정인의 의견에 기속되어야 하는 것은 아니고, 정신질환의 종류와 정도, 범행의 동기, 경위, 수단과 태양, 범행 전후의 피고인의 행동, 반성의 정도 등 여러 사정을 종합하여 법원이 독자적으로 판단할 수 있다(대판 2007.7.12, 2007도3391).

③ 2005. 3. 3.에 출생한자는 2019. 3. 3.에 형사미성년자가 되므로 2019. 1. 1.에 절도죄를 저지른 경우 형벌을 과할 수 없다.

④ 듣거나 말하는 데 모두 장애가 있는 사람의 행위에 대해서는 형을 감경한다(형법 제11조).

18 난도 ★★☆

정답 ①

정답의 이유

① 가정폭력범죄의 처벌 등에 관한 특례법이 정한 보호처분 중의 하나인 사회봉사명령은 가정폭력범죄를 범한 자에 대하여 환경의 조정과 성행의 교정을 목적으로 하는 것으로서 형벌 그 자체가 아니라 보안처분의 성격을 가지는 것이 사실이다. 그러나 한편으로 이는 가정폭력범죄행위에 대하여 형사처벌 대신 부과되는 것으로서, 가정폭력범죄를 범한 자에게 의무적 노동을 부과하고 여가시간을 박탈하여 실질적으로는 신체적 자유를 제한하게 되므로, 이에 대하여는 원칙적으로 형벌불소급의 원칙에 따라 행위시법을 적용함이 상당하다(대판 2008.7.24, 2008어4).

오답의 이유

② 대판 1999.9.17, 97도3349

③ 대판 2018.7.24, 2018도3443

④ 대판 1995.6.16, 94도2413

19 난도 ★★☆

정답 ①

정답의 이유

① 강도죄는 공갈죄와는 달리 피해자의 반항을 억압할 정도로 강력한 정도의 폭행·협박을 수단으로 재물을 탈취하여야 성립하므로, 피해자로부터 현금카드를 강취하였다고 인정되는 경우에는 피해자로부터 현금카드의 사용에 관한 승낙의 의사표시가 있었다고 볼 여지가 없다. 따라서 강취한 현금카드를 사용하여 현금자동지급기에서 예금을 인출한 행위는 피해자의 승낙에 기한 것이라고 할 수 없으므로, 현금자동지급기 관리자의 의사에 반하여 그의 지배를 배제하고 그 현금을 자기의 지배하에 옮겨 놓는 것이 되어서 강도죄와는 별도로 절도죄를 구성한다(대판 2007.5.10, 2007도1375).

오답의 이유

② 대판 2014.9.26, 2014도8076

③ 대판 2011.5.13, 2011도1765

④ 대판 1997.1.24, 96도1731

20 난도 ★★☆

정답 ①

정답의 이유

① 협박죄에서 협박이란 일반적으로 보아 사람으로 하여금 공포심을 일으킬 정도의 해악을 고지하는 것을 의미하며, 그 고지되는 해악의 내용, 즉 침해하겠다는 법익의 종류나 법익의 향유 주체 등에는 아무런 제한이 없다. 따라서 피해자 본인이나 그 친족뿐만 아니라 그 밖의 '제3자'에 대한 법익 침해를 내용으로 하는 해악을 고지하는 것이라고 하더라도 피해자 본인과 제3자가 밀접한 관계에 있어 그 해악의 내용이 피해자 본인에게 공포심을 일으킬 만한 정도의 것이라면 협박죄가 성립할 수 있다. 이 때 '제3자'에는 자연인뿐만 아니라 법인도 포함된다 할 것인데, 피해자 본인에게 법인에 대한 법익을 침해하겠다는 내용의 해악을 고지한 것이 피해자 본인에 대하여 공포심을 일으킬 만한 정도가 되는지 여부는 고지된 해악의 구체적 내용 및 그 표현방법, 피해자와 법인의 관계, 법인 내에서의 피해자의 지위와 역할, 해악의 고지에 이르게 된 경위, 당시 법인의 활동 및 경제적 상황 등 여러 사정을 종합하여 판단하여야 한다(대판 2010.7.15, 2010도1017).

오답의 이유

② 대판 2007.9.28, 2007도606

③ 대판 1998.3.10, 98도70

④ 대판 2002.2.8, 2000도3245

21 난도 ★★☆　　　　　　　　정답 ③

정답의 이유

③ 타인의 부동산을 보관 중인 자가 불법영득의사를 가지고 그 부동산에 근저당권설정등기를 경료함으로써 일단 횡령행위가 기수에 이르렀다 하더라도 그 후 같은 부동산에 별개의 근저당권을 설정하여 새로운 법익침해의 위험을 추가함으로써 법익침해의 위험을 증가시키거나 해당 부동산을 매각함으로써 기존의 근저당권과 관계없이 법익침해의 결과를 발생시켰다면, 이는 당초의 근저당권 실행을 위한 임의경매에 의한 매각 등 그 근저당권으로 인해 당연히 예상될 수 있는 범위를 넘어 새로운 법익침해의 위험을 추가시키거나 법익침해의 결과를 발생시킨 것이므로 특별한 사정이 없는 한 불가벌적 사후행위로 볼 수 없고, 별도로 횡령죄를 구성한다(대판 2013.2.21, 2010도10500).

오답의 이유

① 대판 1969.6.24, 69도692

② 주식회사의 대표이사가 타인을 기망하여 회사가 발행하는 신주를 인수하게 한 다음 그로부터 납입받은 신주인수대금을 보관하던 중 횡령한 행위는 사기죄와는 전혀 다른 새로운 보호법익을 침해하는 행위로서 별죄를 구성한다(대판 2006.10.27, 2004도6503).

④ 직무를 집행하는 공무원에 대하여 위험한 물건을 휴대하여 고의로 상해를 가한 경우에는 특수공무집행방해치상죄만 성립할 뿐, 이와는 별도로 폭력행위 등 처벌에 관한 법률 위반(집단·흉기 등 상해)죄를 구성하지 않는다(대판 2008.11.27, 2008도7311).

22 난도 ★★☆　　　　　　　　정답 ④

정답의 이유

④ 감금을 하기 위한 수단으로서 행사된 단순한 협박행위는 감금죄에 흡수되어 따로 협박죄를 구성하지 아니한다(대판 1982.6.22, 82도705).

오답의 이유

① 대판 2007.6.29, 2005도3832

② 우리 형법은 태아를 임산부 신체의 일부로 보거나, 낙태행위가 임산부의 태아양육, 출산 기능의 침해라는 측면에서 낙태죄와는 별개로 임산부에 대한 상해죄를 구성하는 것으로 보지는 않는다고 해석되고, 따라서 태아를 사망에 이르게 하는 행위가 임산부 신체의 일부를 훼손하는 것이라거나 태아의 사망으로 인하여 그 태아를 양육, 출산하는 임산부의 생리적 기능이 침해되어 임산부에 대한 상해가 된다고 볼 수는 없다(대판 2007.6.29, 2005도3832).

③ 직계존속인 피해자를 폭행하고, 상해를 가한 것이 존속에 대한 동일한 폭력습벽의 발현에 의한 것으로 인정되는 경우, 그 중 법정형이 더 중한 상습존속상해죄에 나머지 행위들을 포괄시켜 하나의 죄만이 성립한다(대판 2003.2.28, 2002도7335).

23 난도 ★★☆　　　　　　　　정답 ②

정답의 이유

② 위조된 약속어음을 진정한 약속어음인 것처럼 속여 기왕의 물품대금채무의 변제를 위하여 채권자에게 교부하였다고 하여도 어음이 결제되지 않는 한 물품대금채무가 소멸되지 아니하므로 사기죄는 성립되지 않는다(대판 1983.4.12, 82도2938).

오답의 이유

① 채무이행을 연기받는 것도 사기죄에 있어서 재산상의 이익이 되므로 채무자가 채권자에 대하여 소정기일까지 지급할 의사나 능력이 없음에도 종전 채무의 변제기를 늦출 목적에서 어음을 발행, 교부한 경우에는 사기죄가 성립한다(대판 2007.3.30, 2005도5972).

③ 비의료인이 개설한 의료기관이 마치 의료법에 의하여 적법하게 개설된 요양기관인 것처럼 국민건강보험공단에 요양급여비용의 지급을 청구하는 것은 국민건강보험공단으로 하여금 요양급여비용 지급에 관한 의사결정에 착오를 일으키게 하는 것으로서 사기죄의 기망행위에 해당하고, 이러한 기망행위에 의하여 국민건강보험공단에서 요양급여비용을 지급받을 경우에는 사기죄가 성립한다(대판 2015.7.9, 2014도11843).

④ 피고인이 자동차를 매도할 당시 곧바로 다시 절취할 의사를 가지고 있으면서도 이를 숨긴 것을 기망이라고 할 수 없어, 결국 피고인이 자동차를 매도할 당시 기망행위가 없었으므로, 피고인에게 사기죄를 인정한 원심판결에 법리오해의 잘못이 있다(대판 2016.3.24, 2015도17452).

24 난도 ★☆☆　　　　　　　　정답 ③

정답의 이유

③ 피고인 갑, 을, 병이 강도행위를 하던 중 피고인 갑, 을은 피해자를 강간하려고 작은 방으로 끌고가 팬티를 강제로 벗기고 음부를 만지던 중 피해자가 수술한 지 얼마 안되어 배가 아프다면서 애원하는 바람에 그 뜻을 이루지 못하였다면, 강도행위의 계속 중 이미 공포상태에 빠진 피해자를 강간하려고 한 이상 강간의 실행에 착수한 것이고, 피고인들이 간음행위를 중단한 것은 피해자를 불쌍히 여겨서가 아니라 피해자의 신체조건상 강간을 하기에 지장이 있다고 본 데에 기인한 것이므로, 이는 일반의 경험상 강간 행위를 수행함에 장애가 되는 외부적 사정에 의하여 범행을 중지한 것에 지나지 않는 것으로서 중지범의 요건인 자의성을 결여하였다(대판 1992.7.28, 92도917).

오답의 이유

① 대판 1999.3.12, 98도3443

② 대판 1985.4.23, 85도464

④ 대판 2019.3.28, 2018도16002

정답의 이유

① 형법 제37조 후단의 경합범 관계에 있는 죄에 대하여 형법 제39조 제1항에 의하여 따로 형을 선고하여야 하기 때문에 하나의 판결로 두 개의 자유형을 선고하는 경우 그 두 개의 자유형은 각각 별개의 형이므로 형법 제62조 제1항에 정한 집행유예의 요건에 해당하면 그 각 자유형에 대하여 각각 집행유예를 선고할 수 있는 것이고, 또 그 두 개의 자유형 중 하나의 자유형에 대하여 실형을 선고하면서 다른 자유형에 대하여 집행유예를 선고하는 것도 우리 형법상 이러한 조치를 금하는 명문의 규정이 없는 이상 허용되는 것으로 보아야 한다(대판 2002.2.26. 2000도4637).

오답의 이유

② 벌금보다 자격상실과 자격정지의 형이 더 무거운 형에 속한다.

③ 금고 이상의 형을 받어 그 집행을 종료하거나 면제를 받은 후 3년 내에 금고 이상에 해당하는 죄를 범한 자는 누범으로 처벌한다(형법 제35조 제1항).

④ 몰수는 타형에 부가하여 과한다. 단, 행위자에게 유죄의 재판을 아니할 때에도 몰수의 요건이 있는 때에는 몰수만을 선고할 수 있다(형법 제49조).

더 알아보기

형의 종류와 경중(형법 제41조, 제50조)

• 제41조 형의 종류는 다음과 같다.

1. 사형	2. 징역
3. 금고	4. 자격상실
5. 자격정지	6. 벌금
7. 구류	8. 과료
9. 몰수	

• 제50조

① 형의 경중은 제41조 각 호의 순서에 따른다. 다만, 무기금고와 유기징역은 무기금고를 무거운 것으로 하고 유기금고의 장기가 유기징역의 장기를 초과하는 때에는 유기금고를 무거운 것으로 한다.

② 같은 종류의 형은 장기가 긴 것과 다액이 많은 것을 무거운 것으로 하고 장기 또는 다액이 같은 경우에는 단기가 긴 것과 소액이 많은 것을 무거운 것으로 한다.

③ 제1항 및 제2항을 제외하고는 죄질과 범정(犯情)을 고려하여 경중을 정한다.

형법 | 2019년 법원직 9급

한눈에 훑어보기

빠른 정답

01	02	03	04	05	06	07	08	09	10
①	③	③	④	④	④	①	②	③	①
11	12	13	14	15	16	17	18	19	20
②	④	①	④	③	④	②	④	①	④
21	22	23	24	25					
①	②	④	③	③					

점수 체크

구분	1회독	2회독	3회독
맞힌 문항 수	/ 25	/ 25	/ 25
나의 점수	점	점	점

01 난도 ★★☆ 　　　　　　　　　　　정답 ①

[정답의 이유]

① 명예훼손죄가 성립하기 위해서는 사실의 적시가 있어야 하는데, 여기에서 적시의 대상이 되는 사실이란 현실적으로 발생하고 증명할 수 있는 과거 또는 현재의 사실을 말하며, 장래의 일을 적시하더라도 그것이 과거 또는 현재의 사실을 기초로 하거나 이에 대한 주장을 포함하는 경우에는 명예훼손죄가 성립한다고 할 것이고, 장래의 일을 적시하는 것이 과거 또는 현재의 사실을 기초로 하거나 이에 대한 주장을 포함하는지 여부는 그 적시된 표현 자체는 물론 전체적인 취지나 내용, 적시에 이르게 된 경위 및 전후 상황, 기타 제반 사정을 종합적으로 참작하여 판단하여야 한다(대판 2003.5.13, 2002도7420).

※ 피고인이 경찰관을 상대로 진정한 사건이 혐의인정 되지 않아 내사종결 처리되었음에도 불구하고 공연히 "사건을 조사한 경찰관이 내일부로 검찰청에서 구속영장이 떨어진다."고 말한 것은 현재의 사실을 기초로 하거나 이에 대한 주장을 포함하여 장래의 일을 적시한 것으로 볼 수 있어 명예훼손죄에 있어서의 사실의 적시에 해당한다고 한 사례이다.

[오답의 이유]

② 대판 1993.3.23, 92도455
③ 대판 1985.5.28, 85도588
④ 대판 2008.11.27, 2007도5312

02 난도 ★★☆ 　　　　　　　　　　　정답 ③

[정답의 이유]

③ 동일한 공무를 집행하는 여럿의 공무원에 대하여 폭행·협박 행위를 한 경우에는 공무를 집행하는 공무원의 수에 따라 여럿의 공무집행방해죄가 성립한다(대판 2009.6.25, 2009도3505).

[오답의 이유]

① 현행 형법에는 공무집행방해치상죄라는 규정은 없다. 설문의 사안은 공무집행 중인 경찰공무원을 폭행하여 상해를 가한 경우에는 공무집행방해죄와 상해죄가 성립하며, 두 죄 사이에는 상상적 경합이 성립된다(다수설).

② 형법 제136조에서 정한 공무집행방해죄는 직무를 집행하는 공무원에 대하여 폭행 또는 협박한 경우에 성립하는 범죄로서 여기서의 폭행은 사람에 대한 유형력의 행사로 족하고 반드시 그 신체에 대한 것임을 요하지 아니하며, 또한 추상적 위험범으로서 구체적으로 직무집행의 방해라는 결과발생을 요하지도 아니한다. 한편 공무집행방해죄에서 '직무를 집행하는'이란 공무원이 직무수행에 직접 필요한 행위를 현실적으로 행하고 있는 때만을

가리키는 것이 아니라 공무원이 직무수행을 위하여 근무 중인 상태에 있는 때를 포괄하고, 직무의 성질에 따라서는 직무수행의 과정을 개별적으로 분리하여 부분적으로 각각의 개시와 종료를 논하는 것이 부적절하고 여러 종류의 행위를 포괄하여 일련의 직무수행으로 파악함이 상당한 경우가 있다(대판 2018.3.29, 2017도21537).

④ 위와 같은 폭행·협박 행위가 동일한 장소에서 동일한 기회에 이루어진 것으로서 사회관념상 1개의 행위로 평가되는 경우에는 여럿의 공무집행방해죄는 상상적 경합의 관계에 있다(대판 2009.6.25, 2009도3505).

03 난도 ★★★   정답 ③

[정답의 이유]

③ 무고죄를 범한 자가 그 신고한 사건의 재판 또는 징계처분이 확정되기 전에 자백 또는 자수한 때에는 그 형을 감경 또는 면제한다(형법 제153조, 제157조).

[오답의 이유]

① 대판 2008.5.29, 2006도6347

② 대판 2017.5.30, 2015도15398

④ 피고인 자신이 상대방의 범행에 공범으로 가담하였음에도 자신의 가담사실을 숨기고 상대방만을 고소한 경우, 피고인의 고소 내용이 상대방의 범행 부분에 관한 한 진실에 부합하므로 이를 허위의 사실로 볼 수 없고, 상대방의 범행에 피고인이 공범으로 가담한 사실을 숨겼다고 하여도 그것이 상대방에 대한 관계에서 독립하여 형사처분 등의 대상이 되지 아니할뿐더러 전체적으로 보아 상대방의 범죄사실의 성립 여부에 직접 영향을 줄 정도에 이르지 아니하는 내용에 관계되는 것이므로 무고죄가 성립하지 않는다(대판 2008.8.21, 2008도3754).

04 난도 ★★☆   정답 ④

[정답의 이유]

④ 부작위범 사이의 공동정범은 다수의 부작위범에게 공통된 의무가 부여되어 있고 그 의무를 공통으로 이행할 수 있을 때에만 성립한다(대판 2008.3.27, 2008도89).

[오답의 이유]

① 대판 1997.4.17, 96도3377 전합

② 대판 2011.13, 2010도9927

③ 대판 1991.6.25, 91도436

05 난도 ★★☆   정답 ④

[정답의 이유]

④ 형법 제311조의 모욕죄는 사람의 가치에 대한 사회적 평가를 의미하는 외부적 명예를 보호법익으로 하는 범죄로서, 모욕죄에서 말하는 모욕이란 사실을 적시하지 아니하고 사람의 사회적 평가를 저하시킬 만한 추상적 판단이나 경멸적 감정을 표현하는 것을 의미한다. 따라서 어떠한 표현이 상대방의 인격적 가치에 대한 사회적 평가를 저하시킬 만한 것이 아니라면 설령 그 표현이

다소 무례한 방법으로 표시되었다 하더라도 이를 두고 모욕죄의 구성요건에 해당한다고 볼 수 없다(대판 2018.11.29, 2017도2661).

[오답의 이유]

① 우리 헌법이 종교의 자유를 보장함으로써 보호하고자 하는 것은 종교 자체나 종교가 신봉하는 신앙의 대상이 아니라, 종교를 신봉하는 국민, 즉 신앙인이고, 종교에 대한 비판은 성질상 어느 정도의 편견과 자극적인 표현을 수반하게 되는 경우가 많으므로, 타 종교의 신앙의 대상에 대한 모욕이 곧바로 그 신앙의 대상을 신봉하는 종교단체나 신도들에 대한 명예훼손이 되는 것은 아니고, 종교적 목적을 위한 언론·출판의 자유를 행사하는 과정에서 타 종교의 신앙의 대상을 우스꽝스럽게 묘사하거나 다소 모욕적이고 불쾌하게 느껴지는 표현을 사용하였더라도 그것이 그 종교를 신봉하는 신도들에 대한 증오의 감정을 드러내는 것이거나 그 자체로 폭행·협박 등을 유발할 우려가 있는 정도가 아닌 이상 허용된다고 보아야 한다(대판 2014.9.4, 2012도13718).

② 형법이 명예훼손죄 또는 모욕죄를 처벌함으로써 보호하고자 하는 사람의 가치에 대한 평가인 외부적 명예는 개인적 법익으로서, 국민의 기본권을 보호 내지 실현해야 할 책임과 의무를 지고 있는 공권력의 행사자인 국가나 지방자치단체는 기본권의 수범자일 뿐 기본권의 주체가 아니고, 그 정책결정이나 업무수행과 관련된 사항은 항상 국민의 광범위한 감시와 비판의 대상이 되어야 하며 이러한 감시와 비판은 그에 대한 표현의 자유가 충분히 보장될 때에 비로소 정상적으로 수행될 수 있으므로, 국가나 지방자치단체는 국민에 대한 관계에서 형벌의 수단을 통해 보호되는 외부적 명예의 주체가 될 수는 없고, 따라서 명예훼손죄나 모욕죄의 피해자가 될 수 없다(대판 2016.12.27, 2014도15290).

③ 모욕죄는 특정한 사람 또는 인격을 보유하는 단체에 대하여 사회적 평가를 저하시킬 만한 경멸적 감정을 표현함으로써 성립하므로 그 피해자는 특정되어야 한다. 그리고 이른바 집단표시에 의한 모욕은, 모욕의 내용이 집단에 속한 특정인에 대한 것이라고는 해석되기 힘들고, 집단표시에 의한 비난이 개별구성원에 이르러서는 비난의 정도가 희석되어 구성원 개개인의 사회적 평가에 영향을 미칠 정도에 이르지 아니한 경우에는 구성원 개개인에 대한 모욕이 성립되지 않는다고 봄이 원칙이고, 비난의 정도가 희석되지 않아 구성원 개개인의 사회적 평가를 저하시킬 만한 것으로 평가될 경우에는 예외적으로 구성원 개개인에 대한 모욕이 성립할 수 있다. 한편 구성원 개개인에 대한 것으로 여겨질 정도로 구성원 수가 적거나 당시의 주위 정황 등으로 보아 집단 내 개별구성원을 지칭하는 것으로 여겨질 수 있는 때에는 집단 내 개별구성원이 피해자로서 특정된다고 보아야 할 것인데, 구체적인 기준으로는 집단의 크기, 집단의 성격과 집단 내에서의 피해자의 지위 등을 들 수 있다(대판 2014.3.27, 2011도15631).

06 난도 ★★☆

정답 ④

정답의 이유

④ 형법은 제329조에서 절도죄를 규정하고 곧바로 제330조에서 야간주거침입절도죄를 규정하고 있을 뿐, 야간절도죄에 관하여는 처벌규정을 별도로 두고 있지 아니하다. 이러한 형법 제330조의 규정형식과 그 구성요건의 문언에 비추어 보면, 형법은 야간에 이루어지는 주거침입행위의 위험성에 주목하여 그러한 행위를 수반한 절도를 야간주거침입절도죄로 중하게 처벌하고 있는 것으로 보아야 하고, 따라서 주거침입이 주간에 이루어진 경우에는 야간주거침입절도죄가 성립하지 않는다고 해석하는 것이 타당하다(대판 2011.4.14, 2011도300).

오답의 이유

① 대판 2011.11.10, 2011도9919
② 대판 2015.12.10, 2013도13444
③ 대판 1991.1.15, 90도2257

07 난도 ★★☆

정답 ①

정답의 이유

① 증인의 증언은 그 전부를 일체로 관찰·판단하는 것이므로 선서한 증인이 일단 기억에 반하는 허위의 진술을 하였더라도 그 신문이 끝나기 전에 그 진술을 철회·시정한 경우 위증이 되지 아니한다고 할 것이나, 증인이 1회 또는 수회의 기일에 걸쳐 이루어진 1개의 증인신문절차에서 허위의 진술을 하고 그 진술이 철회·시정된 바 없이 그대로 증인신문절차가 종료된 경우 그로써 위증죄는 기수에 달하고, 그 후 별도의 증인 신청 및 채택 절차를 거쳐 그 증인이 다시 신문을 받는 과정에서 종전 신문절차에서의 진술을 철회·시정한다 하더라도 그러한 사정은 형법 제153조가 정한 형의 감면사유에 해당할 수 있을 뿐, 이미 종결된 종전 증인신문절차에서 행한 위증죄의 성립에 어떤 영향을 주는 것은 아니다. 위와 같은 법리는 증인이 별도의 증인신문절차에서 새로이 선서를 한 경우뿐만 아니라 종전 증인신문절차에서 한 선서의 효력이 유지됨을 고지 받고 진술한 경우에도 마찬가지로 적용된다(대판 2010.9.30, 2010도7525).

오답의 이유

② 가처분사건이 변론절차에 의하여 진행될 때에는 제3자를 증인으로 선서하게 하고 증언을 하게 할 수 있으나 심문절차에 의할 경우에는 법률상 명문의 규정도 없고, 또 구 민사소송법(2002.1.26. 법률 제6626호로 전문 개정되기 전의 것)의 증인신문에 관한 규정이 준용되지도 아니하므로 선서를 하게 하고 증언을 시킬 수 없다고 할 것이고, 따라서 제3자가 심문절차로 진행되는 가처분 신청사건에서 증인으로 출석하여 선서를 하고 진술함에 있어서 허위의 공술을 하였다고 하더라도 그 선서는 법률상 근거가 없어 무효라고 할 것이므로 위증죄는 성립하지 않는다(대판 2003.7.25, 2003도180).

③ 진술내용이 당해 사건의 요증사항이 아니라거나 재판의 결과에 영향을 미친바 없다고 하여도 선서한 증인이 그 기억에 반하여 허위의 진술을 한 것이라면 위증죄의 죄책을 면할 수 없다. 일반

적으로 증인이 어떠한 사실을 "안다"고 진술하는 경우에는 증인이 직접 경험하거나 또는 타인의 경험한 바를 전해 들어서 알게 된 사실을 진술하는 것이므로 이와 같이 알게 된 경위가 어떤 것인지를 가려내어 그것이 피고인의 기억에 반하는지의 여부를 판단하여야 할 것이고 그 진술이 객관적인 사실과 다르다는 것만으로 곧 기억에 반하는 진술이라고 단정할 수는 없다(대판 1985.3.12, 84도2918).

④ 형법 제153조에서는 위증죄, 모해위증죄를 범한 자가 그 공술한 사건의 재판 또는 징계처분이 확정되기 전에 자백 또는 자수한 때에는 그 형을 감경 또는 면제한다고 규정하고 있다. 따라서 단순위증죄와 마찬가지로 모해위증죄를 범한 자도 그 공술한 사건의 재판 또는 징계처분이 확정되기 전에 자백 또는 자수한 때에는 그 형을 감경 또는 면제한다.

08 난도 ★★☆

정답 ②

정답의 이유

② 피고인이 피해자 甲(여, 48세)에게 욕설을 하면서 자신의 바지를 벗어 성기를 보여주는 방법으로 강제추행하였다는 내용으로 기소된 사안에서, 甲의 성별·연령, 행위에 이르게 된 경위, 갑에 대하여 어떠한 신체 접촉도 없었던 점, 행위장소가 사람 및 차량의 왕래가 빈번한 도로로서 공중에게 공개된 곳인 점, 피고인이 한 욕설은 성적인 성질을 가지지 아니하는 것으로서 '추행'과 관련이 없는 점, 갑이 자신의 성적 결정의 자유를 침해당하였다고 볼 만한 사정이 없는 점 등 제반 사정을 고려할 때, 단순히 피고인이 바지를 벗어 자신의 성기를 보여준 것만으로는 폭행 또는 협박으로 '추행'을 하였다고 볼 수 없는데도, 이와 달리 보아 유죄를 인정한 원심판결에 강제추행죄의 추행에 관한 법리오해의 위법이 있다고 한 사례이다(대판 2012.7.26, 2011도8805).

오답의 이유

① 대판 2012.7.26, 2011도8805
③ 대판 2002.4.26, 2001도2417
④ 대판 2013.9.26, 2013도5856

09 난도 ★★★

정답 ③

정답의 이유

③ 대판 1983.10.25, 82도808

오답의 이유

① 형법 제327조의 강제집행면탈죄는 채권자의 권리보호를 그 주된 보호법익으로 하고 있는 것이므로 강제집행의 기본이 되는 채권자의 권리, 즉 채권의 존재는 강제집행면탈죄의 성립요건이라 할 것이고, 따라서 그 채권의 존재가 인정되지 않을 때에는 강제집행면탈죄가 성립하지 않는다(대판 2008.5.8, 2008도198).

② 형법 제327조의 강제집행면탈죄가 적용되는 강제집행은 민사집행법 제2편의 적용 대상인 '강제집행' 또는 가압류·가처분 등의 집행을 가리키는 것이고, 민사집행법 제3편의 적용 대상인 '담보

권 실행 등을 위한 경매'를 면탈할 목적으로 재산을 은닉하는 등의 행위는 위 죄의 규율 대상에 포함되지 않는다(대판 2015.3.26, 2014도14909).

④ 강제집행면탈죄가 성립하기 위해서는 주관적 구성요건으로 채권자를 해한다는 고의 이외에 강제집행을 면할 목적이 있어야 한다.

10 난도 ★★☆　정답 ①

[정답의 이유]

① 뇌물죄는 직무집행의 공정과 이에 대한 사회의 신뢰에 기초하여 직무행위의 불가매수성을 보호법익으로 하고 있고, 직무에 관한 청탁이나 부정한 행위를 필요로 하지 않으므로 뇌물성을 인정하는 데 특별히 의무위반 행위나 청탁의 유무 등을 고려할 필요가 없고, 금품수수 시기와 직무집행 행위의 전후를 가릴 필요도 없다. 뇌물죄에서 말하는 '직무'에는 법령에 정하여진 직무뿐만 아니라 그와 관련 있는 직무, 관례상이나 사실상 소관하는 직무행위, 결정권자를 보좌하거나 영향을 줄 수 있는 직무행위, 과거에 담당하였거나 장래에 담당할 직무 외에 사무분장에 따라 현실적으로 담당하고 있지 않아도 법령상 일반적인 직무권한에 속하는 직무 등 공무원이 그 직위에 따라 담당할 일체의 직무를 포함한다(대판 2017.12.22, 2017도12346).

[오답의 이유]

② 대판 2017.12.22, 2017도12346
③ 대판 2002.11.26, 2002도3539
④ 뇌물을 수수한 자가 그 후에 자신의 편의에 따라 그중 일부를 타인에게 교부하였어도 위 뇌물 전액을 수수하였다고 보아야 한다(대판 1992.2.28, 91도3364).

11 난도 ★★☆　정답 ②

[정답의 이유]

② 원래 주식회사의 적법한 대표이사는 회사의 영업에 관하여 재판상 또는 재판외의 모든 행위를 할 권한이 있으므로, 대표이사가 직접 주식회사 명의 문서를 작성하는 행위는 자격모용사문서작성 또는 위조에 해당하지 않는 것이 원칙이다. 이는 그 문서의 내용이 진실에 반하는 허위이거나 대표권을 남용하여 자기 또는 제3자의 이익을 도모할 목적으로 작성된 경우에도 그러하다. 그러나 주식회사의 적법한 대표이사라 하더라도 그 권한을 포괄적으로 위임하여 다른 사람으로 하여금 대표이사의 업무를 처리하게 하는 것은 허용되지 않는다. 따라서 대표이사로부터 포괄적으로 권한 행사를 위임받은 사람이 주식회사 명의로 문서를 작성하는 행위는 원칙적으로 권한 없는 사람의 문서 작성행위로서 자격모용사문서작성 또는 위조에 해당하고, 대표이사로부터 개별적·구체적으로 주식회사 명의의 문서 작성에 관하여 위임 또는 승낙을 받은 경우에만 예외적으로 적법하게 주식회사 명의로 문서를 작성할 수 있다(대판 2008.11.27, 2006도2016).

[오답의 이유]

① 대판 1987.7.21, 87도564
③ 대판 2004.4.9, 2003도7762
④ 대판 1990.10.30, 90도1912

12 난도 ★★☆　정답 ④

[정답의 이유]

④ 업무방해죄는 위계 또는 위력으로써 사람의 업무를 방해한 경우에 성립하며, '위력'이란 사람의 자유의사를 제압·혼란케 할 만한 일체의 세력을 말한다. 쟁의행위로서 파업도, 단순히 근로계약에 따른 노무의 제공을 거부하는 부작위에 그치지 아니하고 이를 넘어서 사용자에게 압력을 가하여 근로자의 주장을 관철하고자 집단적으로 노무제공을 중단하는 실력행사이므로, 업무방해죄에서 말하는 위력에 해당하는 요소를 포함하고 있다. 근로자는 원칙적으로 헌법상 보장된 기본권으로서 근로조건 향상을 위한 자주적인 단결권·단체교섭권 및 단체행동권을 가지므로, 쟁의행위로서 파업이 언제나 업무방해죄에 해당하는 것으로 볼 것은 아니고, 전후 사정과 경위 등에 비추어 사용자가 예측할 수 없는 시기에 전격적으로 이루어져 사용자의 사업운영에 심대한 혼란 내지 막대한 손해를 초래하는 등으로 사용자의 사업계속에 관한 자유의사가 제압·혼란될 수 있다고 평가할 수 있는 경우에 비로소 집단적 노무제공의 거부가 위력에 해당하여 업무방해죄가 성립한다고 보는 것이 타당하다(대판 2011.3.17, 2007도482 전합).

[오답의 이유]

① 대판 2002.8.23, 2001도5592
② 대판 2009.11.19, 2009도4166 전합
③ 대판 1992.12.8, 92도1646

13 난도 ★★★　정답 ①

[정답의 이유]

① 수뢰자가 자기앞수표를 뇌물로 받아 이를 소비한 후 자기앞수표 상당액을 증뢰자에게 반환하였다 하더라도 뇌물 그 자체를 반환한 것은 아니므로 이를 몰수할 수 없고 수뢰자로부터 그 가액을 추징하여야 할 것이다(대판 1999.1.29, 98도3584).

[오답의 이유]

② 대판 2002.9.4, 2000도515
③ 형법상 몰수는 임의적 몰수가 원칙이다. 따라서 필요적 몰수의 요건을 갖추지 못한 경우라도 임의적 몰수의 요건을 갖춘 경우라면 몰수할 수도 있다.
④ 범인 또는 그 사정을 아는 제3자가 취득한 제1항의 재물은 몰수한다. 그 재물을 몰수하기 불가능하거나 재산상의 이익을 취득한 때에는 그 가액을 추징한다(형법 제357조 제3항).

정답의 이유

④ 사기죄는 타인을 기망하여 착오에 빠뜨리고 그로 인하여 피기망자(기망행위의 상대방)가 처분행위를 하도록 유발하여 재물 또는 재산상의 이익을 얻음으로써 성립하는 범죄이다. 따라서 사기죄가 성립하려면 행위자의 기망행위, 피기망자의 착오와 그에 따른 처분행위, 그리고 행위자 등의 재물이나 재산상 이익의 취득이 있고, 그 사이에 순차적인 인과관계가 존재하여야 한다. 그리고 사기죄의 피해자가 법인이나 단체인 경우에 기망행위로 인한 착오, 인과관계 등이 있었는지는 법인이나 단체의 대표 등 최종 의사결정권자 또는 내부적인 권한 위임 등에 따라 실질적으로 법인의 의사를 결정하고 처분을 할 권한을 가지고 있는 사람을 기준으로 판단하여야 한다. 따라서 피해자 법인이나 단체의 대표자 또는 실질적으로 의사결정을 하는 최종결재권자 등이 기망행위자와 동일인이거나 기망행위자와 공모하는 등 기망행위임을 알고 있었던 경우에는 기망행위로 인한 착오가 있다고 볼 수 없고, 재물 교부 등의 처분행위가 있었더라도 기망행위와 인과관계가 있다고 보기 어렵다. 이러한 경우에는 사안에 따라 업무상횡령죄 또는 업무상배임죄 등이 성립하는 것은 별론으로 하고 사기죄가 성립한다고 볼 수 없다. 반면에 피해자 법인이나 단체의 업무를 처리하는 실무자인 일반 직원이나 구성원 등이 기망행위임을 알고 있었더라도, 피해자 법인이나 단체의 대표자 또는 실질적으로 의사결정을 하는 최종결재권자 등이 기망행위임을 알지 못한 채 착오에 빠져 처분행위에 이른 경우라면, 피해자 법인에 대한 사기죄의 성립에 영향이 없다(대판 2017.9.26, 2017도8449).

오답의 이유

① 대판 1987.12.22, 87도2168
② 대판 2002.7.18, 2002도669 전합
③ 대판 2017.9.26, 2017도8449

정답의 이유

③ 서로 공격할 의사로 싸우다가 상대방으로 부터 먼저 공격을 받고 이에 대항하여 가해한 행위는 방위행위인 동시에 공격행위의 성격을 가진다 할 것이므로 정당방위 또는 과잉방위가 성립될 수 없다(대판 1971.4.30, 71도527).

오답의 이유

① 대판 1999.12.28, 98도138
② 대판 2010.2.11, 2009도12958
④ 대판 1982.2.23, 81도2958

정답의 이유

④ 직계혈족, 배우자, 동거친족, 동거가족 또는 배우자가 아닌 친족 간의 점유 또는 권리의 목적이 된 자기의 물건 또는 전자기록 등 특수매체기록을 취거, 은닉 또는 손괴하여 권리행사를 방해한 때에는 고소가 있어야 공소를 제기할 수 있다(형법 제328조 제2항).

오답의 이유

① 형법 제304조가 삭제됨에 따라 형법상 강간죄 및 강제추행죄는 더 이상 친고죄가 아니다.
② 폭행죄와 존속폭행죄는 피해자의 명시한 의사에 반하여 공소를 제기할 수 없다(형법 제260조 제3항).
③ 사자명예훼손과 모욕의 죄는 피해자의 명시한 의사에 반하여 공소를 제기할 수 없다(형법 제312조 제1항).

정답의 이유

② 사람을 살해한 다음 그 범죄의 흔적을 은폐하기 위하여 그 시체를 다른 장소로 옮겨 유기하였을 때에는 살인죄와 사체유기죄의 경합범이 성립하고 사체유기를 불가벌적 사후행위라 할 수 없다(대판 1984.11.27, 84도2263).

오답의 이유

① 대판 1993.3.9, 92도2999
③ 대판 1993.11.23, 93도213
④ 대판 2004.4.9, 2003도8219

정답의 이유

④ 피고인이 피해자를 강간하려다가 피해자의 다음번에 만나 친해지면 응해 주겠다는 취지의 간곡한 부탁으로 인하여 그 목적을 이루지 못한 후 피해자를 자신의 차에 태워 집에까지 데려다 주었다면 피고인은 자의로 피해자에 대한 강간행위를 중지한 것이고 피해자의 다음에 만나 친해지면 응해 주겠다는 취지의 간곡한 부탁은 사회통념상 범죄실행에 대한 장애라고 여겨지지는 아니하므로 피고인의 행위는 중지미수에 해당한다(대판 1993.10.12, 93도1851).

오답의 이유

① 다른 공범의 범행을 중지하게 하지 아니한 이상 자기만의 범의를 철회, 포기하여도 중지미수로는 인정될 수 없는 것인바, 기록에 의하면, 피고인은 원심 공동피고인과 합동하여 피해자를 텐트 안으로 끌고 간 후 원심 공동피고인, 피고인의 순으로 성관계를 하기로 하고 피고인은 위 텐트 밖으로 나와 주변에서 망을 보고 원심 공동피고인은 피해자의 옷을 모두 벗기고 피해자의 반항을 억압한 후 피해자를 1회 간음하여 강간하고, 이어 피고인이 위 텐트 안으로 들어가 피해자를 강간하려 하였으나 피해자가 반항을 하며 강간을 하지 말아 달라고 사정을 하여 강간을 하지 않았다는 것이므로, 앞서 본 법리에 비추어 보면 위 구본선이 피고인과의 공모 하에 강간행위에 나아간 이상 비록 피고인이

강간행위에 나아가지 않았다 하더라도 중지미수에 해당하지는 않는다고 할 것이다(대판 2005.2.25, 2004도8259).

② 범죄의 실행행위에 착수하고 그 범죄가 완수되기 전에 자기의 자유로운 의사에 따라 범죄의 실행행위를 중지한 경우에 그 중지가 일반 사회통념상 범죄를 완수함에 장애가 되는 사정에 의한 것이 아니라면 이는 중지미수에 해당한다고 할 것이지만, 피고인이 피해자를 살해하려고 그의 목 부위와 왼쪽 가슴 부위를 칼로 수 회 찔렀으나 피해자의 가슴 부위에서 많은 피가 흘러나오는 것을 발견하고 겁을 먹고 그만 두는 바람에 미수에 그친 것이라면, 위와 같은 경우 많은 피가 흘러나오는 것에 놀라거나 두려움을 느끼는 것은 일반 사회통념상 범죄를 완수함에 장애가 되는 사정에 해당한다고 보아야 할 것이므로, 이를 자의에 의한 중지미수라고 볼 수 없다(대판 1999.4.13, 99도640).

③ 피고인이 장롱 안에 있는 옷가지에 불을 놓아 건물을 소훼하려 하였으나 불길이 치솟는 것을 보고 겁이 나서 물을 부어 불을 끈 것이라면, 위와 같은 경우 치솟는 불길에 놀라거나 자신의 신체 안전에 대한 위해 또는 범행 발각시의 처벌 등에 두려움을 느끼는 것은 일반 사회통념상 범죄를 완수함에 장애가 되는 사정에 해당한다고 보아야 할 것이므로, 이를 자의에 의한 중지미수라고는 볼 수 없다(대판 1997.6.13, 97도957).

19 난도 ★★☆   정답 ①

정답의 이유

① 형법 제10조 소정의 심신장애의 유무는 법원이 형벌제도의 목적 등에 비추어 판단하여야 할 법률문제로서, 그 판단에 있어서는 전문감정인의 정신감정 결과가 중요한 참고자료가 되기는 하나, 법원으로서는 반드시 그 의견에 기속을 받는 것은 아니고, 그러한 감정 결과뿐만 아니라 범행의 경위, 수단, 범행 전후의 피고인의 행동 등 기록에 나타난 제반 자료 등을 종합하여 단독적으로 심신장애의 유무를 판단하여야 한다(대판 1995.2.24, 94도3163).

오답의 이유

② 대판 2007.7.27, 2007도4484
③ 대판 1995.2.24, 94도3163
④ 대판 1987.3.24, 86도2673

20 난도 ★★☆   정답 ④

정답의 이유

④ 형법 제330조에 규정된 야간주거침입절도죄 및 형법 제331조 제1항에 규정된 특수절도(야간손괴침입절도)죄를 제외하고 일반적으로 주거침입은 절도죄의 구성요건이 아니므로 절도범인이 범행수단으로 주거침입을 한 경우에 주거침입행위는 절도죄에 흡수되지 아니하고 별개로 주거침입죄를 구성하여 절도죄와는 실체적 경합의 관계에 서는 것이 원칙이다. 또 형법 제332조는 상습으로 단순절도(형법 제329조), 야간주거침입절도(형법 제330조)와 특수절도(형법 제331조) 및 자동차 등 불법사용(형법 제331조의2)의 죄를 범한 자는 그 죄에 정한 각 형의 2분의

1을 가중하여 처벌하도록 규정하고 있으므로, 위 규정은 주거침입을 구성요건으로 하지 않는 상습단순절도와 주거침입을 구성요건으로 하고 있는 상습야간주거침입절도 또는 상습특수절도(야간손괴침입절도)에 대한 취급을 달리하여, 주거침입을 구성요건으로 하고 있는 상습야간주거침입절도 또는 상습특수절도(야간손괴침입절도)를 더 무거운 법정형을 기준으로 가중처벌하고 있다. 따라서 상습으로 단순절도를 범한 범인이 상습적인 절도범행의 수단으로 주간(낮)에 주거침입을 한 경우에 주간 주거침입행위의 위법성에 대한 평가가 형법 제332조, 제329조의 구성요건적 평가에 포함되어 있다고 볼 수 없다. 그러므로 형법 제332조에 규정된 상습절도죄를 범한 범인이 범행의 수단으로 주간에 주거침입을 한 경우 주간 주거침입행위는 상습절도죄와 별개로 주거침입죄를 구성한다. 또, 형법 제332조에 규정된 상습절도죄를 범한 범인이 그 범행 외에 상습적인 절도의 목적으로 주간에 주거침입을 하였다가 절도에 이르지 아니하고 주거침입에 그친 경우에도 주간 주거침입행위는 상습절도죄와 별개로 주거침입죄를 구성한다(대판 2015.10.15, 2015도8169).

오답의 이유

① 대판 2009.8.20, 2009도3452
② [다수의견] (가) 주거침입죄는 사실상 주거의 평온을 보호법익으로 한다. 주거침입죄의 구성요건적 행위인 침입은 주거침입죄의 보호법익과의 관계에서 해석하여야 하므로, 침입이란 주거의 사실상 평온상태를 해치는 행위 태양으로 주거에 들어가는 것을 의미하고, 침입에 해당하는지는 출입 당시 객관적·외형적으로 드러난 행위 태양을 기준으로 판단함이 원칙이다. 사실상의 평온상태를 해치는 행위 태양으로 주거에 들어가는 것이라면 대체로 거주자의 의사에 반하겠지만, 단순히 주거에 들어가는 행위 자체가 거주자의 의사에 반한다는 주관적 사정만으로는 바로 침입에 해당한다고 볼 수 없다. 거주자의 의사에 반하는지는 사실상의 평온상태를 해치는 행위 태양인지를 평가할 때 고려할 요소 중 하나이지만 주된 평가 요소가 될 수는 없다. 따라서 침입행위에 해당하는지는 거주자의 의사에 반하는지가 아니라 사실상의 평온상태를 해치는 행위 태양인지에 따라 판단되어야 한다.

(나) 행위자가 거주자의 승낙을 받아 주거에 들어갔으나 범죄나 불법행위 등(이하 '범죄 등'이라 한다)을 목적으로 한 출입이거나 거주자가 행위자의 실제 출입 목적을 알았더라면 출입을 승낙하지 않았을 것이라는 사정이 인정되는 경우 행위자의 출입행위가 주거침입죄에서 규정하는 침입행위에 해당하려면, 출입하려는 주거 등의 형태와 용도·성질, 외부인에 대한 출입의 통제·관리 방식과 상태, 행위자의 출입 경위와 방법 등을 종합적으로 고려하여 행위자의 출입 당시 객관적·외형적으로 드러난 행위 태양에 비추어 주거의 사실상 평온상태가 침해되었다고 평가되어야 한다. 이때 거주자의 의사도 고려되지만 주거 등의 형태와 용도·성질, 외부인에 대한 출입의 통제·관리 방식과 상태 등 출입 당시 상황에 따라 그 정도는 달리 평가될 수 있다.

일반인의 출입이 허용된 음식점에 영업주의 승낙을 받아 통상적인 출입방법으로 들어갔다면 특별한 사정이 없는 한 주거침입죄에서 규정하는 침입행위에 해당하지 않는다. 설령 행위자가 범

죄 등을 목적으로 음식점에 출입하였거나 영업주가 행위자의 실제 출입 목적을 알았더라면 출입을 승낙하지 않았을 것이라는 사정이 인정되더라도 그러한 사정만으로는 출입 당시 객관적·외형적으로 드러난 행위 태양에 비추어 사실상의 평온상태를 해치는 방법으로 음식점에 들어갔다고 평가할 수 없으므로 침입행위에 해당하지 않는다(대판 2022.3.24, 2017도18272 전합).

③ 대판 2003.10.24, 2003도4417

21 난도 ★★☆　　　　　　　　　　　정답 ①

정답의 이유

① 우리 형법은 태아를 임산부 신체의 일부로 보거나, 낙태행위가 임산부의 태아양육, 출산 기능의 침해라는 측면에서 낙태죄와는 별개로 임산부에 대한 상해죄를 구성하는 것으로 보지는 않는다고 해석되고, 따라서 태아를 사망에 이르게 하는 행위가 임산부 신체의 일부를 훼손하는 것이라거나 태아의 사망으로 인하여 그 태아를 양육, 출산하는 임산부의 생리적 기능이 침해되어 임산부에 대한 상해가 된다고 볼 수는 없다. 이러한 법리에 비추어 보면, 이 사건에서 비록 피고인들의 과실로 인하여 태아가 사망에 이르렀다고 하더라도, 그러한 사정만으로는 산모인 피해자에 대한 상해가 된다고 할 수 없다(대판 2009.7.9, 2009도1025). 즉, 업무상 과실치상죄는 성립될 수 없다.

오답의 이유

② 대판 1992.2.11, 91도2951
③ 대판 2010.4.29, 2010도2328
④ 대판 1987.1.20, 86도2395

22 난도 ★★☆　　　　　　　　　　　정답 ②

정답의 이유

② 주점의 종업원에게 신체에 위해를 가할 듯한 태도를 보여 이에 겁을 먹은 위 종업원으로부터 주류를 제공받은 경우에 있어 위 종업원은 주류에 대한 사실상의 처분권자이므로 공갈죄의 피해자에 해당된다고 보아 공갈죄가 성립한다고 한 원심의 판단을 수긍한 사례(대판 2005.9.29, 2005도4738).

오답의 이유

① 대판 2005.9.29, 2005도4738
③ 해악의 내용은 합리적이거나 실현가능성이 있을 것도 요하지 않는다. 따라서 미신적 방법에 의한 해악고지를 상대방이 믿고 공포심을 가질 수 있는 상황이면 해악의 고지가 될 수 있다.
④ 대판 1990.8.14, 90도114

23 난도 ★☆☆　　　　　　　　　　　정답 ④

정답의 이유

④ 범인이 자의로 실행에 착수한 행위를 중지하거나 그 행위로 인한 결과의 발생을 방지한 때에는 형을 감경 또는 면제한다(형법 제26조).

오답의 이유

① 방위행위가 그 정도를 초과한 경우에는 정황(情況)에 따라 그 형을 감경하거나 면제할 수 있다(형법 제21조 제2항).
② 심신장애로 인하여 사물을 변별할 능력이 미약하거나 의사를 결정할 능력이 미약한 자의 행위는 형을 감경할 수 있다(형법 제10조 제2항).
③ 경합범중 판결을 받지 아니한 죄가 있는 때에는 그 죄와 판결이 확정된 죄를 동시에 판결할 경우와 형평을 고려하여 그 죄에 대하여 형을 선고한다. 이 경우 그 형을 감경 또는 면제할 수 있다(형법 제39조 제1항).

24 난도 ★★☆　　　　　　　　　　　정답 ③

정답의 이유

③ 공무원이 그 임무에 위배되는 행위로써 제3자로 하여금 재산상의 이익을 취득하게 하여 국가에 손해를 가한 경우에 업무상배임죄가 성립한다(대판 2013.9.27, 2013도6835).

오답의 이유

① 업무상배임죄의 실행으로 인하여 이익을 얻게 되는 수익자 또는 그와 밀접한 관련이 있는 제3자를 배임의 실행행위자와 공동정범으로 인정하기 위해서는 실행행위자의 행위가 피해자인 본인에 대한 배임행위에 해당한다는 것을 알면서도 소극적으로 그 배임행위에 편승하여 이익을 취득한 것만으로는 부족하고, 실행행위자의 배임행위를 교사하거나 또는 배임행위의 전 과정에 관여하는 등으로 배임행위에 적극 가담할 것을 필요로 한다(대판 1999.7.23, 99도1911).
② 대판 1999.4.27, 99도883
④ 대판 2004.6.24, 2004도520

정답의 이유

③ 채무자가 채권자에 대하여 소비대차 등으로 인한 채무를 부담하고 이를 담보하기 위하여 장래에 부동산의 소유권을 이전하기로 하는 내용의 대물변제예약에서, 약정의 내용에 좇은 이행을 하여야 할 채무는 특별한 사정이 없는 한 '자기의 사무'에 해당하는 것이 원칙이다. 채무자가 대물변제예약에 따라 부동산에 관한 소유권을 이전해 줄 의무는 예약 당시에 확정적으로 발생하는 것이 아니라 채무자가 차용금을 제때에 반환하지 못하여 채권자가 예약완결권을 행사한 후에야 비로소 문제가 되고, 채무자는 예약완결권 행사 이후라도 얼마든지 금전채무를 변제하여 당해 부동산에 관한 소유권이전등기절차를 이행할 의무를 소멸시키고 의무에서 벗어날 수 있다. 한편 채권자는 당해 부동산을 특정물 자체보다는 담보물로서 가치를 평가하고 이로써 기존의 금전채권을 변제받는 데 주된 관심이 있으므로, 채무자의 채무불이행으로 인하여 대물변제예약에 따른 소유권등기를 이전받는 것이 불가능하게 되는 상황이 초래되어도 채권자는 채무자로부터 금전적 손해배상을 받음으로써 대물변제예약을 통해 달성하고자 한 목적을 사실상 이룰 수 있다. 이러한 점에서 대물변제예약의 궁극적 목적은 차용금반환채무의 이행 확보에 있고, 채무자가 대물변제예약에 따라 부동산에 관한 소유권이전등기절차를 이행할 의무는 궁극적 목적을 달성하기 위해 채무자에게 요구되는 부수적 내용이어서 이를 가지고 배임죄에서 말하는 신임관계에 기초하여 채권자의 재산을 보호 또는 관리하여야 하는 '타인의 사무'에 해당한다고 볼 수는 없다. 그러므로 채권 담보를 위한 대물변제예약 사안에서 채무자가 대물로 변제하기로 한 부동산을 제3자에게 처분하였다고 하더라도 형법상 배임죄가 성립하는 것은 아니다(대판 2014.8.21, 2014도3363 전합).

오답의 이유

① 대판 2018.5.17, 2017도4027 전합
② 대판 2003.3.25, 2002도7134
④ 대판 2006.11.10, 2004도5167

PART 8

형사소송법

한눈에 훑어보기

✔ **빠른 정답**

01	02	03	04	05	06	07	08	09	10
④	①	④	③	②	③	④	②	③	③
11	12	13	14	15	16	17	18	19	20
④	③	②	②	①	③	②	④	④	①
21	22	23	24	25					
④	④	①	④	②					

✔ **점수 체크**

구분	1회독	2회독	3회독
맞힌 문항 수	/ 25	/ 25	/ 25
나의 점수	점	점	점

01 난도 ★★☆   정답 ④

정답의 이유

④ 비록 사법경찰관이 피의자에게 진술거부권을 행사할 수 있음을 알려 주고 그 행사 여부를 질문하였다 하더라도, 형사소송법 제244조의3 제2항에 규정한 방식에 위반하여 진술거부권 행사 여부에 대한 피의자의 답변이 자필로 기재되어 있지 아니하거나 그 답변 부분에 피의자의 기명날인 또는 서명이 되어 있지 아니한 사법경찰관 작성의 피의자신문조서는 특별한 사정이 없는 한 형사소송법 제312조 제3항에서 정한 '적법한 절차와 방식'에 따라 작성된 조서라 할 수 없으므로 그 증거능력을 인정할 수 없다(대판 2013.3.28. 2010도3359).

오답의 이유

① 피의자에 대한 진술거부권 고지는 피의자의 진술거부권을 실효적으로 보장하여 진술이 강요되는 것을 막기 위해 인정되는 것인데, 이러한 진술거부권 고지에 관한 형사소송법 규정내용 및 진술거부권 고지가 갖는 실질적인 의미를 고려하면 수사기관에 의한 진술거부권 고지 대상이 되는 피의자 지위는 수사기관이 조사대상자에 대한 범죄혐의를 인정하여 수사를 개시하는 행위를 한 때 인정되는 것으로 보아야 한다. 따라서 이러한 피의자 지위에 있지 아니한 자에 대하여는 진술거부권이 고지되지 아니하였더라도 진술의 증거능력을 부정할 것은 아니다(대판 2011.11.10. 2011도8125).

② 피의자의 진술을 녹취 내지 기재한 서류 또는 문서가 수사기관에서의 조사 과정에서 작성된 것이라면, 그것이 '진술조서, 진술서, 자술서'라는 형식을 취하였다고 하더라도 피의자신문조서와 달리 볼 수 없다. 형사소송법이 보장하는 피의자의 진술거부권은 헌법이 보장하는 형사상 자기에게 불리한 진술을 강요당하지 않는 자기부죄거부의 권리에 터 잡은 것이므로, 수사기관이 피의자를 신문함에 있어서 피의자에게 미리 진술거부권을 고지하지 않은 때에는 그 피의자의 진술은 위법하게 수집된 증거로서 진술의 임의성이 인정되는 경우라도 증거능력이 부인되어야 한다(대판 2009.8.20. 2008도8213).

③ 구속영장 발부에 의하여 적법하게 구금된 피의자가 피의자신문을 위한 출석요구에 응하지 아니하면서 수사기관 조사실에 출석을 거부한다면 수사기관은 그 구속영장의 효력에 의하여 피의자를 조사실로 구인할 수 있다고 보아야 한다. 다만 이러한 경우에도 그 피의자신문 절차는 어디까지나 형사소송법 제199조 제1항 본문, 제200조의 규정에 따른 임의수사의 한 방법으로 진행되어야 하므로, 피의자는 헌법 제12조 제2항과 형사소송법 제244조의3에 따라 일체의 진술을 하지 아니하거나 개개의 질문

에 대하여 진술을 거부할 수 있고, 수사기관은 피의자를 신문하기 전에 그와 같은 권리를 알려주어야 한다(대판 2013.7.1. 2013모160).

02 난도 ★☆☆　　　　　　　　　　　　정답 ①

[정답의 이유]

① 위와 같은 헌법이 정한 적법절차와 영장주의 원칙, 형사소송법이 정한 체포된 피의자의 구금을 위한 구속영장의 청구, 발부, 집행절차에 관한 규정을 종합하면, 법관이 검사의 청구에 의하여 체포된 피의자의 구금을 위한 구속영장을 발부하면 검사와 사법경찰관리는 지체 없이 신속하게 구속영장을 집행하여야 한다. 피의자에 대한 구속영장의 제시와 집행이 그 발부 시로부터 정당한 사유 없이 시간이 지체되어 이루어졌다면, 구속영장이 그 유효기간 내에 집행되었다고 하더라도 위 기간 동안의 체포 내지 구금 상태는 위법하다(대판 2021.4.29. 2020도16438).

[오답의 이유]

② 제200조의 6, 제85조 제3항

③ 대판 2011.12.22. 2011도12927

④ 대판 2003.3.27. 2002모81

03 난도 ★★☆　　　　　　　　　　　　정답 ④

[정답의 이유]

④ 피고인이 재판이 계속 중인 사실을 알면서도 새로운 주소지 등을 법원에 신고하는 등 조치를 하지 않아 소환장이 송달불능되었더라도, 법원은 기록에 주민등록지 이외의 주소가 나타나 있고 피고인의 집 전화번호 또는 휴대전화번호 등이 나타나 있는 경우에는 위 주소지 및 전화번호로 연락하여 송달받을 장소를 확인하여 보는 등의 시도를 해 보아야 하고, 그러한 조치 없이 곧바로 공시송달 방법으로 송달하는 것은 형사소송법 제63조 제1항, 소송촉진 등에 관한 특례법 제23조에 위배되어 허용되지 아니하는데, 이처럼 허용되지 아니하는 잘못된 공시송달에 터 잡아 피고인의 진술 없이 공판이 진행되고 피고인이 출석하지 않은 기일에 판결이 선고된 경우에는, 피고인은 자기 또는 대리인이 책임질 수 없는 사유로 상소 제기기간 내에 상소를 하지 못한 것으로 봄이 타당하다(대판 2022.5.26. 2022모439).

[오답의 이유]

① 피고인이 구치소나 교도소 등에 수감 중에 있는 경우는 형사소송법 제63조 제1항에 규정된 '피고인의 주거, 사무소, 현재지를 알 수 없는 때'나 '소송촉진 등에 관한 특례법' 제23조에 규정된 '피고인의 소재를 확인할 수 없는 경우'에 해당한다고 할 수 없으므로, 법원이 수감 중인 피고인에 대하여 공소장 부본과 피고인 소환장 등을 종전 주소지 등으로 송달한 경우는 물론 공시송달의 방법으로 송달하였더라도 이는 위법하다고 보아야 한다. 따라서 법원은 주거, 사무소, 현재지 등 소재가 확인되지 않는 피고인에 대하여 공시송달을 할 때에는 검사에게 주소보정을 요구하거나 기타 필요한 조치를 취하여 피고인의 수감 여부를 확인할 필요가 있다(대판 2013.6.27. 2013도2714).

② 대판 2017.9.22. 2017모1680

③ 형사소송법 제345조의 상소권회복청구는 자기 또는 대리인이 책임질 수 없는 사유로 상소 제기기간 내에 상소를 하지 못한 경우에만 청구할 수 있다. 형사피고사건으로 법원에 재판이 계속 중인 사람은 공소제기 당시의 주소지나 그 후 신고한 주소지를 옮길 때 새로운 주소지를 법원에 신고하거나 기타 소송 진행 상태를 알 수 있는 방법을 강구하여야 하고, 만일 이러한 조치를 하지 않았다면 특별한 사정이 없는 한 소송서류가 송달되지 않아서 공판기일에 출석하지 못하거나 판결 선고사실을 알지 못하여 상소 제기기간을 도과하는 등 불이익을 면할 수 없다(대판 2022.5.26. 2022모439).

04 난도 ★☆☆　　　　　　　　　　　　정답 ③

[정답의 이유]

③ 공판조서에 피고인에 대하여 인정신문을 한 기재가 없다 하여도 같은 조서에 피고인이 공판기일에 출석하여 공소사실신문에 대하여 이를 시정하고 있는 기재가 있으니 인정신문이 있었던 사실이 추정된다 할 것이고 다만 조서의 기재에 이 점에 관한 누락이 있었을 따름인 것이 인정된다(대판 1972.12.26. 72도2421).

[오답의 이유]

① 대판 1990.2.27. 89도2304

② 대판 1988.11.8. 86도1646

④ 대판 2010.6.24. 2010도5040

05 난도 ★★☆　　　　　　　　　　　　정답 ②

[정답의 이유]

② 형사소송법 제361조의4, 제361조의3, 제361조의2에 따르면, 항소인이나 변호인이 항소법원으로부터 소송기록접수통지를 받은 날로부터 20일 이내에 항소이유서를 제출하지 않고 항소장에도 항소이유의 기재가 없는 경우에는 결정으로 항소를 기각할 수 있도록 정하고 있다. 그러나 항소이유서 부제출을 이유로 항소기각의 결정을 하기 위해서는 항소인이 적법한 소송기록접수통지서를 받고서도 정당한 이유 없이 20일 이내에 항소이유서를 제출하지 않았어야 한다. 피고인의 항소대리권자인 배우자가 피고인을 위하여 항소한 경우(형사소송법 제341조)에도 소송기록접수통지는 항소인인 피고인에게 하여야 하는데(형사소송법 제361조의2), 피고인이 적법하게 소송기록접수통지서를 받지 못하였다면 항소이유서 제출기간이 지났다는 이유로 항소기각결정을 하는 것은 위법하다(대판 2018.3.29. 2018모642).

[오답의 이유]

① 형사소송법 제364조의2는 항소법원이 피고인을 위하여 원심판결을 파기하는 경우에 파기의 이유가 항소한 공동피고인에게 공통되는 때에는 그 공동피고인에 대하여도 원심판결을 파기하여야 함을 규정하였는데, 이는 공동피고인 상호 간의 재판의 공평을 도모하려는 취지이다. 이와 같은 형사소송법 제364조의2의 규정 내용과 입법 목적·취지를 고려하면, 위 조항에서 정한 '항소한 공동피고인'은 제1심의 공동피고인으로서 자신이 항소한

경우는 물론 그에 대하여 검사만 항소한 경우까지도 포함한다(대판 2022.7.28. 2021도10579).

③ 항소심에서도 피고인의 출석 없이 개정하지 못하는 것이 원칙이지만(형사소송법 제370조, 제276조), 피고인이 항소심 공판기일에 출정하지 않아 다시 기일을 정하였는데도 정당한 사유 없이 그 기일에도 출정하지 않은 때에는 피고인의 진술 없이 판결할 수 있다(형사소송법 제365조). 이와 같이 피고인이 불출석한 상태에서 그 진술 없이 판결하기 위해서는 피고인이 적법한 공판기일 통지를 받고서도 2회 연속으로 정당한 이유 없이 출정하지 않은 경우에 해당하여야 한다. 이때 '적법한 공판기일 통지'란 소환장의 송달(형사소송법 제76조) 및 소환장 송달의 의제(형사소송법 제268조)의 경우에 한정되는 것이 아니라 적어도 피고인의 이름·죄명·출석 일시·출석 장소가 명시된 공판기일 변경명령을 송달받은 경우(형사소송법 제270조)도 포함된다(대판 2022.11.10. 2022도7940).

④ 제1심법원이 공소사실의 동일성이 인정되는 범위 내에서 공소가 제기된 범죄사실에 포함된 보다 가벼운 범죄사실을 유죄로 인정하면서 법정형이 보다 가벼운 다른 법조를 적용하여 피고인을 처벌하고, 유죄로 인정된 부분을 제외한 나머지 부분에 대하여는 범죄의 증명이 없다는 이유로 판결 이유에서 무죄로 판단한 경우, 그에 대하여 피고인만이 유죄 부분에 대하여 항소하고 검사는 무죄로 판단된 부분에 대하여 항소하지 아니하였다면, 비록 그 죄 전부가 피고인의 항소와 상소불가분의 원칙으로 인하여 항소심에 이심되었다고 하더라도 무죄 부분은 심판대상이 되지 않는다. 따라서 그 부분에 관한 제1심판결의 위법은 형사소송법 제361조의4 제1항 단서의 '직권조사사유' 또는 같은 법 제364조 제2항에 정한 "항소법원은 판결에 영향을 미친 사유에 관하여는 항소이유서에 포함되지 아니한 경우에도 직권으로 심판할 수 있다"는 경우에 해당하지 않으므로, 항소심법원이 직권으로 심판대상이 아닌 무죄 부분까지 심리한 후 이를 유죄로 인정하여 법정형이 보다 무거운 법조를 적용하여 처벌하는 것은 피고인의 방어권 행사에 불이익을 초래하는 것으로서 허용되지 않는다. 이는 제1심판결에 무죄로 판단된 부분에 대한 이유를 누락한 잘못이 있다고 하더라도 동일하다(대판 2008.9.25. 2008도4740).

06 난도 ★☆☆　　　　　　　　　　　정답 ③

정답의 이유

③ 피고인에게 불리한 증거인 증인이 주신문의 경우와 달리 반대신문에 대하여는 답변을 하지 아니하는 등 진술내용의 모순이나 불합리를 그 증인신문 과정에서 드러내어 이를 탄핵하는 것이 사실상 곤란하였고, 그것이 피고인 또는 변호인에게 책임있는 사유에 기인한 것이 아닌 경우라면, 관계 법령의 규정 혹은 증인의 특성 기타 공판절차의 특수성에 비추어 이를 정당화할 수 있는 특별한 사정이 존재하지 아니하는 이상, 이와 같이 실질적 반대신문권의 기회가 부여되지 아니한 채 이루어진 증인의 법정진술은 위법한 증거로서 증거능력을 인정하기 어렵다. 이 경우 피고인의 책문권 포기로 그 하자가 치유될 수 있으나, 책문권 포기

의 의사는 명시적인 것이어야 한다(대판 2010.1.14. 2009도9344).

오답의 이유

① 대판 2022.3.17. 2016도17054
② 대판 2010.1.14. 2009도9344
④ 대판 2019.11.21. 2018도13945 전합

07 난도 ★★☆　　　　　　　　　　　정답 ④

정답의 이유

④ 경찰관이 입당원서 작성자의 주거지·근무지를 방문하여 입당원서 작성 경위 등을 질문한 후 진술서 작성을 요구하여 이를 제출받은 이상 형사소송법 제312조 제5항이 적용되어야 한다는 이유로 형사소송법 제244조의4에서 정한 절차를 준수하지 않은 위 각 증거의 증거능력이 인정되지 않는다고 판단하고, 이와 달리 위 진술서는 경찰서에서 작성한 것이 아니라 작성자가 원하는 장소를 방문하여 받은 것이므로 위 각 절차에 관한 규정이 적용되지 아니한다는 검사의 주장을 배척하였다(대판 2022.10.27. 2022도9510).

오답의 이유

① 대판 2021.11.18. 2016도348 전합
② 대판 2013.7.26. 2013도2511
③ 대판 2015.4.23. 2013도3790

08 난도 ★★☆　　　　　　　　　　　정답 ②

정답의 이유

② 약식명령에 대한 정식재판의 청구는 서면으로 제출하여야 하고, 공무원 아닌 자가 작성하는 서류에는 연월일을 기재하고 기명날인(인장이 없으면 지장을 사용)하여야 하므로, 정식재판청구서에 청구인의 기명날인이 없는 경우에는 정식재판의 청구가 법령상의 방식을 위반한 것으로서 그 청구를 결정으로 기각하여야 하고, 이는 정식재판의 청구를 접수하는 법원공무원이 청구인의 기명날인이 없는데도 이에 대한 보정을 구하지 아니하고 적법한 청구가 있는 것으로 오인하여 청구서를 접수한 경우에도 마찬가지이다. 다만, 법원공무원의 위와 같은 잘못으로 인하여 적법한 정식재판청구가 제기된 것으로 신뢰한 채 정식재판청구기간을 넘긴 피고인은 자기의 '책임질 수 없는 사유'에 의하여 청구기간 내에 정식재판을 청구하지 못한 때에 해당하여 정식재판청구권의 회복을 구할 수 있을 뿐이다(대결 2008.7.11. 2008모605).

오답의 이유

① 대판 2021.12.16. 2019도17150
③ 대판 2012.12.27. 2011도15869
④ 대판 2003.10.10. 2003도3282

09 난도 ★☆☆

정답 ③

정답의 이유

③ 기피신청을 받은 법관이 형사소송법 제22조에 위반하여 본안의 소송절차를 정지하지 않은 채 그대로 소송을 진행하여서 한 소송행위는 그 효력이 없고, 이는 그 후 그 기피신청에 대한 기각 결정이 확정되었다고 하더라도 마찬가지이다(대판 2012.10.11. 2012도8544).

오답의 이유

① 대결 1985.7.23. 85모19

② 대결 1986.9.24. 86모48

④ 제25조 제2항

10 난도 ★★☆

정답 ③

정답의 이유

③ [다수의견] 원래 고소의 대상이 된 피고소인의 행위가 친고죄에 해당할 경우 소송요건인 그 친고죄의 고소를 취소할 수 있는 시기를 언제까지로 한정하는가는 형사소송절차운영에 관한 입법정책상의 문제이기에 형사소송법의 그 규정은 국가형벌권의 행사가 피해자의 의사에 의하여 좌우되는 현상을 장기간 방치하지 않으려는 목적에서 고소취소의 시한을 획일적으로 제1심판결 선고시까지로 한정한 것이고, 따라서 그 규정을 현실적 심판의 대상이 된 공소사실이 친고죄로 된 당해 심급의 판결 선고시까지 고소인이 고소를 취소할 수 있다는 의미로 볼 수는 없다 할 것이어서, 항소심에서 공소장의 변경에 의하여 또는 공소장변경 절차를 거치지 아니하고 법원 직권에 의하여 친고죄가 아닌 범죄를 친고죄로 인정하였더라도 항소심을 제1심이라 할 수는 없는 것이므로, 항소심에 이르러 비로소 고소인이 고소를 취소하였다면 이는 친고죄에 대한 고소취소로서의 효력은 없다(대판 1999.4.15. 96도1922 전합).

오답의 이유

① 대판 2022.5.26. 2021도2488

② 대판 2015.11.17. 2013도7987

④ 대판 2012.2.23. 2011도17264

11 난도 ★☆☆

정답 ④

정답의 이유

④ 판사는 구속 여부의 판단을 위하여 필요하다고 인정하는 때에는 심문장소에 출석한 피해자 그 밖의 제3자를 심문할 수 있다(형사소송규칙 제96조의16 제5항).

오답의 이유

① 형사소송규칙 제96조의13 제1항

② 형사소송규칙 제105조 제1항

③ 형사소송규칙 제96조의12 제3항

12 난도 ★★☆

정답 ③

정답의 이유

③ 형사소송법 제343조 제2항에서는, "상소의 제기기간은 재판을 선고 또는 고지한 날로부터 진행한다."고 규정하고 있으므로, 형사소송에 있어서는 판결등본이 당사자에게 송달되는 여부에 관계없이 공판정에서 판결이 선고된 날로부터 상소기간이 기산되며, 이는 피고인이 불출석한 상태에서 재판을 하는 경우에도 마찬가지이다(대결 2002.9.27. 2002모6).

오답의 이유

① 약식명령에 대한 정식재판청구권의 회복청구를 하는 경우에는 형사소송법 제458조, 제345조, 제346조 제1항, 제3항의 규정에 따라 약식명령이 고지된 사실을 안 날로부터 정식재판청구기간에 상당한 기간인 7일 이내에 서면으로 정식재판청구권 회복 청구를 함과 동시에 정식재판청구를 하여야 하므로 위 7일 이내에 정식재판청구권 회복청구만을 하였을 뿐 정식재판청구를 하지 아니하였다면 그 정식재판청구권 회복청구는 소정방식을 결한 것으로서 허가될 수 없다(대결 1983.12.29. 83모48).

② 상소권회복의 청구가 있는 때에는 법원은 결정을 할 때까지 재판의 집행을 정지하는 결정을 할 수 있다(임의적 집행정지결정, 제348조 제1항).

④ 상소권회복의 청구는 사유가 종지한 날로부터 상소의 제기기간에 상당한 기간 내에 서면으로 원심법원에 제출하여야 하고, 그 청구와 동시에 상소를 제기하여야 한다(제346조 제1항, 제3항).

13 난도 ★★☆

정답 ②

정답의 이유

② 형사사건의 관할은 심리의 편의와 사건의 능률적 처리라는 절차적 요구뿐만 아니라 피고인의 출석과 방어권 행사의 편의라는 방어상의 이익도 충분히 고려하여 결정하여야 하고, 특히 자의적 사건처리를 방지하기 위하여 법률에 규정된 추상적 기준에 따라 획일적으로 결정하여야 한다. 이에 따라 각급 법원의 설치와 관할구역에 관한 법률 제4조 제1호 [별표 3]은 지방법원 본원과 지방법원 지원의 관할구역을 대등한 입장에서 서로 겹치지 않게 구분하여 규정하고 있다. 따라서 제1심 형사사건에 관하여 지방법원 본원과 지방법원 지원은 소송법상 별개의 법원이자 각각 일정한 토지관할 구역을 나누어 가지는 대등한 관계에 있으므로, 지방법원 본원과 지방법원 지원 사이의 관할의 분배도 지방법원 내부의 사법행정사무로서 행해진 지방법원 본원과 그 지원 사이의 단순한 사무분배에 그치는 것이 아니라 소송법상 토지관할의 분배에 해당한다고 할 것이다. 그러므로 형사소송법 제4조에 의하여 지방법원 본원에 제1심 토지관할이 인정된다고 볼 특별한 사정이 없는 한, 지방법원 지원에 제1심 토지관할이 인정된다는 사정만으로 당연히 지방법원 본원에도 제1심 토지관할이 인정된다고 볼 수는 없다(대판 2015.10.15. 2015도1803).

오답의 이유

① 대판 1999.11.26. 99도4398

③ 대판 2011.12.22. 2011도12927

④ 대판 2008.6.12. 2006도8568

14 난도 ★☆☆ 정답 ②

정답의 이유

② 제269조

오답의 이유

① 제266조의8 제1항

③ 법원은 필요하다고 인정한 때에는 직권 또는 검사, 피고인이나 변호인의 신청에 의하여 결정으로 공판준비기일을 재개할 수 있다(제266조의14, 제305조)

④ 제266조의9

15 난도 ★★☆ 정답 ①

정답의 이유

① 공동피고인의 자백은 이에 대한 피고인의 반대신문권이 보장되어 있어 증인으로 신문한 경우와 다를 바 없으므로 독립한 증거능력이 있다(대판 1985.6.25. 85도691).

오답의 이유

② 대판 2017.12.28. 2017도17628

③ 대판 1996.2.13. 95도1794

④ 대판 2008.5.29. 2008도2343

16 난도 ★★☆ 정답 ③

정답의 이유

③ 대판 2003.11.14. 2003도2735

오답의 이유

① 변호인의 선임은 심급마다 변호인과 연명날인한 서면으로 제출하여야 한다(형사소송법 제32조 제1항). 따라서 변호인 선임서를 제출하지 않은 채 상고이유서만을 제출하고 상고이유서 제출기간이 지난 후에 변호인 선임서를 제출하였다면 그 상고이유서는 적법·유효한 변호인의 상고이유서가 될 수 없다(대판 2015.2.26. 2014도12737).

② 친고죄에서 피해자의 고소가 없거나 고소가 취소되었음에도 친고죄로 기소되었다가 그 후 당초에 기소된 공소사실과 동일성이 인정되는 비친고죄로 공소장변경이 허용된 경우 그 공소제기의 흠은 치유된다(대판 2011.5.13. 2011도2233).

④ 세무공무원의 고발없이 조세범칙사건의 공소가 제기된 후에 세무공무원이 그 고발을 하였다 하여도 그 공소절차의 무효가 치유된다고는 볼 수 없다(대판 1970.7.28. 70도942).

17 난도 ★★☆ 정답 ②

정답의 이유

② 형사소송법 제458조 제2항, 제365조는 피고인이 출정을 하지 않음으로써 본안에 대한 변론권을 포기한 것으로 보는 일종의 제재적 규정으로, 이와 같은 경우 피고인의 출정 없이도 심리, 판결할 수 있고 공판심리의 일환으로 증거조사가 행해지게 마련이어서 피고인이 출석하지 아니한 상태에서 증거조사를 할 수밖에 없는 경우에는 위 법 제318조 제2항의 규정상 피고인의 진의와는 관계없이 같은 조 제1항의 동의가 있는 것으로 간주하게 되어 있는 점, 위 법 제318조 제2항의 입법 취지가 재판의 필요성 및 신속성 즉, 피고인의 불출정으로 인한 소송행위의 지연 방지 내지 피고인 불출정의 경우 전문증거의 증거능력을 결정하지 못함에 따른 소송지연 방지에 있는 점 등에 비추어, 약식명령에 불복하여 정식재판을 청구한 피고인이 정식재판절차에서 2회 불출정하여 법원이 피고인의 출정 없이 증거조사를 하는 경우에 위 법 제318조 제2항에 따른 피고인의 증거동의가 간주된다(대판 2010.7.15. 2007도5776).

오답의 이유

① 대판 2013.3.28. 2013도3

③ 대판 2006.11.23. 2004도7900

④ 대판 1983.3.8. 82도2873

18 난도 ★★☆ 정답 ④

정답의 이유

④ 대결 2006.12.18. 2006모646

오답의 이유

① 법원의 관할 또는 판결 전의 소송절차에 관한 결정에 대하여는 특히 즉시항고를 할 수 있는 경우 외에는 항고를 하지 못한다(형사소송법 제403조 제1항). 그런데 관할이전의 신청을 기각한 결정에 대하여 즉시항고를 할 수 있다는 규정이 없으므로, 원심결정에 대하여 재항고인이 불복할 수 없다(대결 2021.4.2. 2020모2561).

② 원심법원은 항고가 이유있다고 인정한 때에는 결정을 경정하여야 한다(제408조 제1항).

③ 항고는 즉시항고 외에는 재판의 집행을 정지하는 효력이 없다. 단, 원심법원 또는 항고법원은 결정으로 항고에 대한 결정이 있을 때까지 집행을 정지할 수 있다(제409조).

19 난도 ★☆☆ 정답 ④

정답의 이유

④ [다수의견] 형사소송법 제372조, 제373조 및 관련 규정의 내용과 취지, 비약적 상고와 항소가 제1심판결에 대한 상소권 행사로서 갖는 공통성, 이와 관련된 피고인의 불복의사, 피고인의 상소권 보장의 취지 및 그에 대한 제한의 범위와 정도, 피고인의 재판청구권을 보장하는 헌법합치적 해석의 필요성 등을 종합하여 보면, 제1심판결에 대하여 피고인은 비약적 상고를, 검사는 항소를 각각 제기하여 이들이 경합한 경우 피고인의 비약적 상

고에 상고의 효력이 인정되지는 않더라도, 피고인의 비약적 상고가 항소기간 준수 등 항소로서의 적법요건을 모두 갖추었고, 피고인이 자신의 비약적 상고에 상고의 효력이 인정되지 않는 때에도 항소심에서는 제1심판결을 다툴 의사가 없었다고 볼 만한 특별한 사정이 없다면, 피고인의 비약적 상고에 항소로서의 효력이 인정된다고 보아야 한다(대판 2022.5.19. 2021도17131).

오답의 이유
① 제372조
② 대판 2007.3.15. 2006도9338
③ 대판 2022.5.19. 2021도17131 전합

20 난도 ★★☆ 정답 ①

정답의 이유
① 형사소송법 제148조에서 '형사소추'는 증인이 이미 저지른 범죄사실에 대한 것을 의미한다고 할 것이므로, 증인의 증언에 의하여 비로소 범죄가 성립하는 경우에는 형사소송법 제160조, 제148조 소정의 증언거부권 고지대상이 된다고 할 수 없다(대판 2011.12.8. 2010도2816).

오답의 이유
② 대판 2011.11.24. 2011도11994
③ 대판 2012.12.13. 2010도10028
④ 제149조

21 난도 ★★☆ 정답 ④

정답의 이유
④ 형사소송규칙 제56조 제1항

오답의 이유
① 피고인이 집행유예의 기간중에 있어 집행유예의 결격자라고 하여 보석을 허가할 수 없는 것은 아니고 형사소송법 제95조는 그 제1 내지 제5호 이외의 경우에는 필요적으로 보석을 허가하여야 한다는 것이지 여기에 해당하는 경우에는 보석을 허가하지 아니할 것을 규정한 것이 아니므로 집행유예기간중에 있는 피고인의 보석을 허가한 것이 누범과 상습범에 대하여는 보석을 허가하지 아니할 수 있다는 형사소송법 제95조 제2호의 취지에 위배되어 위법하고 할 수 없다(대판 1990.4.18. 90모22).
② 검사의 의견청취의 절차는 보석에 관한 결정의 본질적 부분이 되는 것은 아니므로, 설사 법원이 검사의 의견을 듣지 아니한 채 보석에 관한 결정을 하였다고 하더라도 그 결정이 적정한 이상, 절차상의 하자만을 들어 그 결정을 취소할 수는 없다(대판 1997.11.27. 97모88).
③ 보석보증금이 소송절차 진행 중의 피고인의 출석을 담보하는 기능 외에 형 확정 후의 형 집행을 위한 출석을 담보하는 기능도 담당하는 것이고 형사소송법 제102조 제2항의 규정에 의한 보증금몰수결정은 반드시 보석취소결정과 동시에 하여야만 하는 것이 아니라 보석취소결정 후에 별도로 할 수도 있다고 해석되는 점에 비추어 보면, 위법 제103조에서 규정하는 '보석된 자'란

보석허가결정에 의하여 석방된 사람 모두를 가리키는 것이지, 판결확정 전에 그 보석이 취소되었으나 도망 등으로 재구금이 되지 않은 상태에 있는 사람이라고 하여 여기에서 제외할 이유가 없다(대결 2002.5.17. 2001모53).

22 난도 ★☆☆ 정답 ④

정답의 이유
④ 재판장은 판결선고 시 피고인에게 배심원의 평결결과를 고지하여야 하며, 배심원의 평결결과와 다른 판결을 선고하는 때에는 피고인에게 그 이유를 설명하여야 한다(국민의 형사재판 참여에 관한 법률 제48조 제4항).

오답의 이유
① · ③ 국민의 형사재판 참여에 관한 법률 제8조
② 대판 2011.9.8. 2011도7106

23 난도 ★★☆ 정답 ①

정답의 이유
① [다수의견] 부정기형과 실질적으로 동등하다고 평가될 수 있는 정기형은 부정기형의 장기와 단기의 정중앙에 해당하는 형(예를 들어 징역 장기 4년, 단기 2년의 부정기형의 경우 징역 3년의 형이다. 이하 '중간형'이라 한다)이라고 봄이 적절하므로, 피고인이 항소심 선고 이전에 19세에 도달하여 제1심에서 선고한 부정기형을 파기하고 정기형을 선고함에 있어 불이익변경금지 원칙 위반 여부를 판단하는 기준은 부정기형의 장기와 단기의 중간형이 되어야 한다(대판 2020.10.22. 2020도4140 전합).

오답의 이유
② 대판 1998.5.12. 96도2850
③ 대판 2019.10.17. 2019도11540
④ 대판 2001.4.24. 2001도872

24 난도 ★★★ 정답 ④

정답의 이유
④ 피고인이 제1심판결에 대해 항소를 제기하여 2020. 7. 27. 원심으로부터 소송기록접수통지서를 송달받고 2020. 8. 18. 항소이유서를 제출하였는데, 원심이 국선변호인을 선정하거나 피고인이 사선변호인을 선임한 바는 없으며, 정부는 2020. 7.경 2020. 8. 17.을 임시공휴일로 지정한 사안에서, 피고인이 소송기록접수통지를 받은 2020. 7. 27.부터 계산한 항소이유서 제출기간의 말일인 2020. 8. 16.은 일요일이고, 다음 날인 2020. 8. 17. 역시 임시공휴일로서 위 기간에 산입되지 아니하여 그 다음 날인 2020. 8. 18.이 위 기간의 말일이 되므로, 피고인의 항소이유서는 제출기간 내에 적법하게 제출되었다고 한 사례(대판 2021.3.15. 2020모3694).

정답의 이유

② 형사소송법 제219조, 제121조가 규정한 변호인의 참여권은 피압수자의 보호를 위하여 변호인에게 주어진 고유권이다. 따라서 설령 피압수자가 수사기관에 압수 · 수색영장의 집행에 참여하지 않는다는 의사를 명시하였다고 하더라도, 특별한 사정이 없는 한 그 변호인에게는 형사소송법 제219조, 제122조에 따라 미리 집행의 일시와 장소를 통지하는 등으로 압수 · 수색영장의 집행에 참여할 기회를 별도로 보장하여야 한다(대판 2020.11.26. 2020도10729).

오답의 이유

① 제118조

③ 대판 2019.7.11. 2018도20504

④ 대판 2009.3.12. 2008도763

형사소송법 | 2022년 법원직 9급

한눈에 훑어보기

✓ 빠른 정답

01	02	03	04	05	06	07	08	09	10
④	①	③	①	④	③	③	①	④	①
11	12	13	14	15	16	17	18	19	20
①	①	②	②	③	④	①	④	②	③
21	22	23	24	25					
②	④	③	①	④					

✓ 점수 체크

구분	1회독	2회독	3회독
맞힌 문항 수	/ 25	/ 25	/ 25
나의 점수	점	점	점

---

01 난도 ★★☆ 　　　　　　　　정답 ④

정답의 이유

④ 수사기관에 대하여 환부의무를 지우고 있으므로 환부청구권이 인정되고, 피압수자가 수사 도중 자유로운 의사에 의해 소유권을 포기하는 등에 의하여 실체법상의 권리를 상실하더라도 환부하여야 하는 수사기관의 의무에 어떠한 영향을 미칠 수 없고 환부청구권을 포기한다는 의사표시를 하더라도 그 효력이 없어 환부청구권이 소멸하는 것은 아니다(대판 1996.8.16. 94모51).

오답의 이유

① 대판 2018.2.8. 2017도13263

② 대판 2021.11.18. 2016도348

③ 대판 2017.12.5. 2017도13458

02 난도 ★★☆ 　　　　　　　　정답 ①

정답의 이유

① 공소제기 당시의 공소사실에 대한 법정형을 기준으로 하면 공소제기 당시 아직 공소시효가 완성되지 않았으나 변경된 공소사실에 대한 법정형을 기준으로 하면 공소제기 당시 이미 공소시효가 완성된 경우에는 공소시효의 완성을 이유로 면소판결을 선고하여야 한다(대판 2001.8.24. 2001도2902).

오답의 이유

② 제250조, 제251조

③ 대판 2008.12.11. 2008도4101

④ 제253조의2

03 난도 ★★☆ 　　　　　　　　정답 ③

정답의 이유

③ 형사소송법 제88조는 "피고인을 구속한 때에는 즉시 공소사실의 요지와 변호인을 선임할 수 있음을 알려야 한다."고 규정하고 있는바, 이는 사후 청문절차에 관한 규정으로서 이를 위반하였다 하여 구속영장의 효력에 어떠한 영향을 미치는 것은 아니다(대판 2000.11.10. 2000모134).

오답의 이유

① 법원이 피고인에 대하여 구속영장을 발부함에 있어 사전에 형사소송법 제72조의 청문절차를 거치지 아니한 채 구속영장을 발부하였다면 그 발부결정은 위법하지만, 이미 변호인을 선정하여 공판절차에서 변명과 증거의 제출을 다하고 그의 변호 아래 판결을 선고받은 경우 등과 같이 위 규정에서 정한 절차적 권리가 실질적으로 보장되었다고 볼 수 있는 경우에는 절차의 전부 또는 일

으로 발부결정을 위법하다고 볼 것은 아니다(대판 2016.6.14. 2015모1032).

② 구속영장을 소지하지 아니한 경우에 급속을 요하는 때에는 피고인에 대하여 공소사실의 요지와 영장이 발부되었음을 고하고 집행할 수 있으며, 이 경우 집행을 완료한 후에는 신속히 구속영장을 제시하여야 한다(제85조 제3항 및 제4항).

④ 상소기간 중 또는 상소 중의 사건에 관하여 구속기간의 갱신, 구속의 취소, 보석, 구속의 집행정지와 그 정지의 취소에 대한 결정은 소송기록이 원심법원에 있는 때에는 원심법원이 하여야 한다(제105조).

04 난도 ★★☆   정답 ①

[정답의 이유]

① 공소를 제기하려면 공소장을 관할법원에 제출하여야 한다(형사소송법 제254조 제1항). 공무원이 작성하는 서류에는 간인하거나 이에 준하는 조치를 하여야 한다(형사소송법 제57조 제2항). 여기서 '공무원이 작성하는 서류'에는 검사가 작성하는 공소장이 포함된다. '간인'은 서류작성자의 간인으로서 1개의 서류가 여러 장으로 되어 있는 경우 그 서류의 각 장사이에 겹쳐서 날인하는 것이다. 이는 서류 작성 후 그 서류의 일부가 누락되거나 교체되지 않았다는 사실을 담보하기 위한 것이다. 따라서 공소장에 검사의 간인이 없더라도 그 공소장의 형식과 내용이 연속된 것으로 일체성이 인정되고 동일한 검사가 작성하였다고 인정되는 한 그 공소장을 형사소송법 제57조 제2항에 위반되어 효력이 없는 서류라고 할 수 없다. 이러한 공소장 제출에 의한 공소제기는 그 절차가 법률의 규정에 위반하여 무효인 때(형사소송법 제327조 제2호)에 해당한다고 할 수 없다(대판 2021.12.30. 2019도16259).

[오답의 이유]

② 대판 2012.9.27. 2010도17052

③ 대판 2019.12.24. 2019도10086

④ 대판 2009.10.22. 2009도7436

05 난도 ★★☆   정답 ④

[정답의 이유]

④ 원진술의 내용인 사실이 요증사실인 경우에는 전문증거이나, 원진술의 존재 자체가 요증사실인 경우에는 본래증거이지 전문증거가 아니다(대판 2012.7.26. 2012도2937). 따라서 제3자가 피고인으로부터 건축허가 담당 공무원이 외국연수를 가므로 사례비를 주어야 한다는 말을 들었다는 취지로 한 진술은 피고인에 대한 알선수재죄에 있어서의 요증사실이므로 이는 전문증거가 아니라 본래증거에 해당된다(대판 2008.11.13. 2008도8007).

[오답의 이유]

① 대판 1998.2.27. 97도3421

② 대판 2011.6.30. 2009도6717

---

③ 압수수색의 목적이 된 범죄나 이와 관련된 범죄의 경우에는 유죄의 증거로 사용할 수 있다. 그 관련성은 압수수색영장에 기재된 혐의사실의 내용과 구체적 개별적 연관관계가 있는 경우에만 인정되고 단순히 동종 또는 유사 범행이라는 사유만으로 관련성이 있다고 할 것은 아니다(대판 2017.12.5. 2017도13458). 설문에서의 추가자료들은 압수·수색영장의 범죄사실과 단순히 동종 또는 유사 범행인 것을 넘어서서 이와 구체적·개별적 연관관계가 있는 경우로서, 피고인의 乙, 丙 등에 대한 범행에 관하여 유죄 인정의 증거로 사용할 수 있다(대판 2020.2.13. 2019도14341).

06 난도 ★★☆   정답 ③

[정답의 이유]

③ 형사소송법 제200조의4 제3항은 영장 없이는 긴급체포 후 석방된 피의자를 동일한 범죄사실에 관하여 체포하지 못한다는 규정으로, 위와 같이 석방된 피의자라도 법원으로부터 구속영장을 발부받아 구속할 수 있음은 물론이고, 같은 법 제208조 소정의 '구속되었다가 석방된 자'라 함은 구속영장에 의하여 구속되었다가 석방된 경우를 말하는 것이지, 긴급체포나 현행범으로 체포되었다가 사후영장발부 전에 석방된 경우는 포함되지 않는다 할 것이므로, 피고인이 수사 당시 긴급체포되었다가 수사기관의 조치로 석방된 후 법원이 발부한 구속영장에 의하여 구속이 이루어진 경우 앞서 본 법조에 위배되는 위법한 구속이라고 볼 수 없다(대판 2001.9.28. 2001도4291).

[오답의 이유]

① 제200조의3 제1항

② 대판 2006.9.8. 2006도148

④ 제200조의4 제1항

07 난도 ★★☆   정답 ③

[정답의 이유]

③ 상습범으로 유죄의 확정판결을 받은 사람이 그 후 동일한 습벽에 의해 후행범죄를 저질렀는데 유죄의 확정판결에 대하여 재심이 개시된 경우, 동일한 습벽에 의한 후행범죄가 재심대상판결에 대한 재심판결 선고 전에 저지른 범죄라면 재심판결의 기판력이 후행범죄에 미치지 않는다(대판 2019.6.20. 2018도20698).

[오답의 이유]

① 대판 2021.2.4. 2019도10999

② 대판 2017.8.23. 2016도5423

④ 대판 2017.9.21. 2017도11687

08 난도 ★★☆ 정답 ①

정답의 이유

① 법원사무관등이나 그 밖의 법원공무원은 확정 판결서등의 열람 및 복사에 앞서 판결서 등에 기재된 성명 등 개인정보가 공개되지 아니하도록 대판규칙으로 정하는 보호조치를 하여야 하며, 이때 개인정보 보호조치를 한 법원사무관등이나 그 밖의 법원공무원은 고의 또는 중대한 과실로 인한 것이 아니면 위 열람 및 복사와 관련하여 민사상 형사상 책임을 지지 아니한다(제59조의3 제2항 및 제3항).

오답의 이유

② 제59조의2 제4항

③ 제59조의3 제1항

④ 제59조의2 제2항

09 난도 ★★☆ 정답 ④

정답의 이유

④ 항소심에서 피고인이 불출석한 상태에서 그 진술 없이 판결할 수 있기 위해서는 피고인이 적법한 공판기일 통지를 받고서도 2회 연속으로 정당한 이유 없이 출정하지 않은 경우에 해당하여야 한다(대판 2019.10.31. 2019도5426). 따라서 설문과 같이 피고인이 제1심에서 도로교통법 위반(음주운전)죄로 유죄판결을 받고 항소한 후 항소심 제1회, 제2회 공판기일에 출석하였고, 제3회 공판기일에 변호인만이 출석하고 피고인은 건강상 이유를 들어 출석하지 않았으나, 제4회 공판기일에 변호인과 함께 출석하자 원심은 변론을 종결하고 제5회 공판기일인 선고기일을 지정하여 고지하였는데, 피고인과 변호인이 모두 제5회 공판기일에 출석하지 아니하자 항소심이 피고인의 출석 없이 공판기일을 개정하여 피고인의 항소를 기각하는 판결을 선고한 것은 형사소송법 제365조를 위반한 잘못이 있다.

오답의 이유

① 제365조

② 제277조의2

③ 제277조 제3호

10 난도 ★★☆ 정답 ①

정답의 이유

① 이미 유죄의 확정판결을 받은 경우에는 일사부재리의 원칙에 의해 다시 처벌받지 아니하므로 자신에 대한 유죄판결이 확정된 증인은 공범에 대한 피고사건에서 증언을 거부할 수 없으며, 자신에 대한 유죄판결이 확정된 증인이 공범에 대한 피고사건에서 증언할 당시 앞으로 재심을 청구할 예정인 경우에도 형사소송법 제148조에 의한 증언거부권이 인정되지 아니한다(대판 2011.11.24. 2011도11994)

오답의 이유

② 제163조의2 제1항

③ 제151조 제2항 및 제7항

④ 제165조의2 제2항

11 난도 ★★☆ 정답 ①

정답의 이유

① 상소권을 포기한 후 상소제기기간이 도과하기 전에 상소포기의 효력을 다투면서 상소를 제기한 자는 별도로 상소권회복청구를 할 여지는 없다고 할 것이다(대판 2004.1.13. 2003모451).

오답의 이유

② 제346조 제3항

③ 제347조

④ 제345조, 제346조 제1항

12 난도 ★★☆ 정답 ①

정답의 이유

① 제17조 제8호 참고

형사소송법 제17조(제척의 원인)

법관은 다음 경우에는 직무집행에서 제척된다.

1. 법관이 피해자인 때

2. 법관이 피고인 또는 피해자의 친족 또는 친족관계가 있었던 자인 때

3. 법관이 피고인 또는 피해자의 법정대리인, 후견감독인인 때

4. 법관이 사건에 관하여 증인, 감정인, 피해자의 대리인으로 된 때

5. 법관이 사건에 관하여 피고인의 대리인, 변호인, 보조인으로 된 때

6. 법관이 사건에 관하여 검사 또는 사법경찰관의 직무를 행한 때

7. 법관이 사건에 관하여 전심재판 또는 그 기초되는 조사, 심리에 관여한 때

8. 법관이 사건에 관하여 피고인의 변호인이거나 피고인·피해자의 대리인인 법무법인, 법무법인(유한), 법무조합, 법률사무소, 「외국법자문사법」 제2조제9호에 따른 합작법무법인에서 퇴직한 날부터 2년이 지나지 아니한 때

9. 법관이 피고인인 법인·기관·단체에서 임원 또는 직원으로 퇴직한 날부터 2년이 지나지 아니한 때

오답의 이유

② 원심 합의부원인 법관이 원심 재판장에 대한 기피신청 사건의 심리와 기각결정에 관여한 경우는 제척사유에 해당하지 않는다(대판 2010.12.9. 2007도10121).

③ 고발사실 중 검사가 불기소한 부분에 관한 재정신청을 기각한 법관이 위 고발사실 중 나머지 공소제기 된 부분에 대한 사건에 관여한 경우는 제척사유에 해당하지 않는다(대판 2014.1.16. 2013도10316).

④ 공소제기 전에 검사의 청구에 의하여 증거보전절차상의 증인신문을 한 법관은 제척사유에 해당하지 않는다(대판 1971.7.6. 71도974).

형사소송법

법원직

13 난도 ★★☆ 정답 ②

정답의 이유

② 항소이유서 제출기간 및 기간의 말일이 공휴일 또는 토요일에 해당하는 경우 그 날은 항소이유서 제출기간에 산입하지 아니하며, 임시공휴일도 형사소송법 제66조 제3항에서 정한 공휴일에 해당한다(대판 2021.1.14. 2020모3694). 따라서 설문에서 항소이유서 제출기간의 말일이 임시공휴일이라면 피고인은 그 다음날까지 항소이유서를 제출하면 적법하게 제출되었다고 볼 수 있다.

오답의 이유

① 대판 2006.3.30. 2005모564

③ 대판 2019.7.10. 2019도4221

④ 대판 1997.4.25. 96도3325

14 난도 ★★☆ 정답 ②

정답의 이유

② 공소는 제1심 판결의 선고 전까지 취소할 수 있고, 이유를 기재한 서면으로 하여야 하지만 공판정에서는 구술로써 할 수 있다(제255조).

오답의 이유

① 제319조, 제320조

③ 제327조 제5호 및 제6호

④ 제326조

15 난도 ★★☆ 정답 ③

정답의 이유

③ 장차 고소나 고발의 가능성이 없는 상태하에서 행해졌다는 등의 특단의 사정이 없는 한, 고소나 고발이 있기 전에 수사를 하였다는 이유만으로 그 수사가 위법하게 되는 것은 아니다(대판 2011.3.10. 2008도7724). 따라서 친고죄에서 고소 없이 수사를 하고 공소제기 전에 고소를 받아 공소를 제기한 경우에는 적법하여 실체재판을 진행하게 된다.

오답의 이유

① 대판 2014.5.16. 2012도12867

② 제328조 제2항, 제329조

④ 대판 1983.12.13. 82도3076

16 난도 ★★☆ 정답 ④

정답의 이유

④ 제1심이 실체적 경합범 관계에 있는 공소사실 중 일부에 대하여 재판을 누락한 경우, 항소심으로서는 당사자의 주장이 없더라도 직권으로 제1심의 누락부분을 파기하고 그 부분에 대하여 재판하여야 하고, 다만 피고인만이 항소한 경우라면 불이익변경금지의 원칙상 제1심의 형보다 중한 형을 선고하지 못한다(대판 2009.2.12. 2008도7848).

오답의 이유

① 대판 2010.12.9. 2008도1092

② 대판 2008.1.31. 2007도10869

③ 대판 2008.1.31. 2007도8117

17 난도 ★★☆ 정답 ①

정답의 이유

① 최종의견 진술의 기회는 피고인과 변호인 모두에게 주어져야 하므로, 피고인이나 변호인에게 최종의견 진술의 기회를 주지 아니한 채 변론을 종결하고 판결을 선고하는 것은 소송절차의 법령위반에 해당한다(대판 2018.3.29. 2018도327).

오답의 이유

② 대판 2010.1.14. 2009도9344

③ 대판 1986.6.10. 86도769

④ 대판 2001.11.30. 2001도5225

18 난도 ★★☆ 정답 ④

정답의 이유

④ 형사소송법 제312조 제3항은 검사 이외의 수사기관이 작성한 해당 피고인에 대한 피의자신문조서를 유죄의 증거로 하는 경우뿐만 아니라 검사 이외의 수사기관이 작성한 해당피고인과 공범관계에 있는 다른 피고인이나 피의자에 대한 피의자신문조서를 해당 피고인에 대한 유죄의 증거로 채택할 경우에도 적용된다. 피고인과 공범관계가 있는 다른 피의자에 대하여 검사 이외의 수사기관이 작성한 피의자신문조서는 제312조 제4항의 요건을 갖춘 경우라도 해당 피고인이 공판기일에서 그 조서의 내용을 부인한 이상 이를 유죄 인정의 증거로 사용할 수 없다. 이는 법인의 대표자나 법인 또는 개인의 대리인, 사용인, 그 밖의 종업원 등 행위자의 위반행위에 대하여 행위자가 아닌 법인 또는 개인이 양벌규정에 따라 기소된 경우, 이러한 법인 또는 개인과 행위자 사이의 관계에서도 마찬가지로 적용된다(대판 2020.6.11. 2016도9367).

오답의 이유

① 대판 2017.12.5. 2017도12671

② 대판 2008.11.13. 2006도2556

③ 대판 2012.10.25. 2011도5459

19 난도 ★★☆ 정답 ②

정답의 이유

② 법원이 재정신청서를 송부받았음에도 송부받은 날부터 10일 내에 피의자에게 그 사실을 통지하지 아니한 채 공소제기결정을 하였더라도, 그에 따른 공소가 제기되어 본안사건의 절차가 개시된 후에는 본안사건에서 위와 같은 잘못을 다툴 수 없다(대판 2017.3.9. 2013도16162).

20 난도 ★★☆ 　　　　　정답 ③

③ 수인의 변호인이 있는 때에는 재판장은 피고인·피의자 또는 변호인의 신청에 의하여 대표변호인을 지정할 수 있고 그 지정을 철회 또는 변경할 수 있으며, 신청이 없는 때에도 재판장은 직권으로 대표변호인을 지정할 수 있고 이 경우에도 그 지정을 철회 또는 변경할 수는 있다(제32조의2 제1항 및 제2항).

① 제30조 제2항, 제32조 제2항
② 제341조, 제351조
④ 대판 2007.1.31. 2006모656

21 난도 ★★☆ 　　　　　정답 ②

② 항소장에 경합범으로서 2개의 형이 선고된 죄 중 일죄에 대한 형만을 기재하고 나머지 일죄에 대한 형을 기재하지 아니하였다 하더라도 항소이유서에서 그 나머지 일죄에 대하여도 항소이유를 개진한 경우에는 판결 전부에 대한 항소로 봄이 상당하다(대판 2004.12.10. 2004도3515).

① 대판 2015.7.16. 2013모2347
③ 대판 2000.2.11. 99도4840
④ 대판 1991.12.24. 91도1796

22 난도 ★★☆ 　　　　　정답 ④

④ 재심심판절차에서는 특별한 사정이 없는 한 검사가 재심대상사건과 별개의 공소사실을 추가하는 내용으로 공소장을 변경하는 것은 허용되지 않고 일반절차로 진행 중인 별개의 형사사건을 병합하여 심리하는 것도 허용되지 않는다(대판 2019.6.20. 2018도20698).

① 대판 2019.3.21. 2015모2229
② 대판 2014.11.13. 2014도10193
③ 대판 2016.11.25. 2016도94700

23 난도 ★★☆ 　　　　　정답 ③

③ 피고인이 범행을 자인하는 것을 들었다는 피고인 아닌 자의 진술내용은 형사소송법 제310조(불이익한 자백의 증거능력)의 피고인의 자백에는 포함되지 아니하나 이는 피고인의 자백의 보강증거로 될 수 없다(대판 2008.2.14. 2007도10937).

① 제309조, 제310조
② 대판 2017.12.28. 2017도17628
④ 대판 2006.11.23. 2004도7900

24 난도 ★★☆ 　　　　　정답 ①

① 공소장변경 절차 없이도 법원이 심리 판단할 수 있는 죄가 한 개가 아니라 여러 개인 경우에는, 법원으로서는 그 중 어느 하나를 임의로 선택할 수 있는 것이 아니라 검사에게 공소사실 및 적용법조에 관한 석명을 구하여 공소장을 보완하게 한 다음 이에 따라 심리 판단하여야 할 것이다(대판 2005.7.8. 2005도279).

② 대판 1987.3.28. 87모17
③ 대판 2001.3.27. 2001도116
④ 대판 2011.4.14. 2011도769

25 난도 ★★☆ 　　　　　정답 ④

④ 고소능력은 사실상의 의사능력으로 충분하므로 민법상의 행위능력이 없는 자라도 위와 같은 능력을 갖춘 자에게는 고소능력이 인정된다고 할 것이다(대판 1999.2.9. 98도2074).

① 대판 2008.11.27. 2007도4977
② 대판 1993.10.22. 93도1620
③ 대판 1985.3.12. 85도190

형사소송법

법원직

한눈에 훑어보기

01 난도 ★★★   정답 ①

정답의 이유

① 제1심이 뇌물수수죄를 인정하여 피고인에게 징역 1년 6월 및 추징을 선고한 데 대해 피고인만이 항소하였는데, 원심이 제1심이 누락한 필요적 벌금형 병과규정을 적용하여 피고인에게 징역 1년 6월에 집행유예 3년, 추징 및 벌금 50,000,000원을 선고한 사안에서, 원심이 선고한 형은 제1심이 선고한 형보다 무거워 피고인에게 불이익하다고 한 사례(대판 2013.12.12, 2012도7198)

오답의 이유

② 성폭력범죄의 처벌 등에 관한 특례법에 따라 병과하는 수강명령 또는 이수명령은 이른바 범죄인에 대한 사회내 처우의 한 유형으로서 형벌 자체가 아니라 보안처분의 성격을 가지는 것이지만, 의무적 강의 수강 또는 성폭력 치료프로그램의 의무적 이수를 받도록 함으로써 실질적으로는 신체적 자유를 제한하는 것이 되므로, 원심이 제1심판결에서 정한 형과 동일한 형을 선고하면서 새로 수강명령 또는 이수명령을 병과하는 것은 전체적 · 실질적으로 볼 때 피고인에게 불이익하게 변경한 것이므로 허용되지 않는다(대판 2018.10.4, 2016도15961).

③ 피고인만의 상고에 의하여 상고심에서 원심판결을 파기하고 사건을 항소심에 환송한 경우에는 환송전 원심판결과의 관계에서도 불이익변경금지의 원칙이 적용되어 그 파기된 항소심판결보다 중한 형을 선고할 수 없다(대판 1992.12.8, 92도2020).

④ 제1심에서 징역형의 집행유예를 선고한데 대하여 제2심이 그 징역형의 형기를 단축하여 실형을 선고하는 것도 불이익변경 금지원칙에 위배된다(대판 1986.3.25, 86모2).

02 난도 ★★☆   정답 ③

정답의 이유

③ 제1심에서 피고인에 대하여 무죄판결이 선고되어 검사가 항소한 후, 수사기관이 항소심 공판기일에 증인으로 신청하여 신문할 수 있는 사람을 특별한 사정없이 미리 수사기관에 소환하여 작성한 진술조서는 피고인이 증거로 할 수 있음에 동의하지 않는 한 증거능력이 없다. 검사가 공소를 제기한 후 참고인을 소환하여 피고인에게 불리한 진술을 기재한 진술조서를 작성하여 이를 공판절차에 증거로 제출할 수 있게 한다면, 피고인과 대등한 당사자의 지위에 있는 검사가 수사기관으로서의 권한을 이용하여 일방적으로 법정 밖에서 유리한 증거를 만들 수 있게 하는 것이므로 사자주의 · 공판중심주의 · 직접심리주의에 반하고 피고인의 공정한 재판을 받을 권리를 침해하기 때문이다. 위 참고인이

나중에 법정에 증인으로 출석하여 위 진술조서의 성립의 진정을 인정하고 피고인 측에 반대신문의 기회가 부여된다 하더라도 위 진술조서의 증거능력을 인정할 수 없음은 마찬가지이다(대판 2019.11.28, 2013도6825).

① 형사소송법 제215조 제1항은 "검사는 범죄수사에 필요한 때에는 피의자가 죄를 범하였다고 의심할 만한 정황이 있고 해당 사건과 관계가 있다고 인정할 수 있는 것에 한정하여 지방법원판사에게 청구하여 발부받은 영장에 의하여 압수, 수색 또는 검증을 할 수 있다."라고 정하고 있다. 따라서 영장 발부의 사유로 된 범죄 혐의사실과 무관한 별개의 증거를 압수하였을 경우 이는 원칙적으로 유죄 인정의 증거로 사용할 수 없다. 그러나 압수·수색의 목적이 된 범죄나 이와 관련된 범죄의 경우에는 그 압수·수색의 결과를 유죄의 증거로 사용할 수 있다(대판 2017.12.5, 2017도13458).

② 피의자에 대한 진술거부권 고지는 피의자의 진술거부권을 실효적으로 보장하여 진술이 강요되는 것을 막기 위해 인정되는 것인데, 이러한 진술거부권 고지에 관한 형사소송법 규정내용 및 진술거부권 고지가 갖는 실질적인 의미를 고려하면 수사기관에 의한 진술거부권 고지 대상이 되는 피의자 지위는 수사기관이 조사대상자에 대한 범죄혐의를 인정하여 수사를 개시하는 행위를 한 때 인정되는 것으로 보아야 한다. 따라서 이러한 피의자 지위에 있지 아니한 자에 대하여는 진술거부권이 고지되지 아니하였더라도 진술의 증거능력을 부정할 것은 아니다(대판 2011.11.10, 2011도8125).

④ 수사기관이 적법절차를 위반하여 지문채취 대상물을 압수한 경우, 그전에 이미 범행 현장에서 위 대상물에서 채취한 지문이 위법수집증거에 해당하지 않는다(대판 2008.10.23, 2008도7471).

03 난도 ★★☆　　　　　　　　　　정답 ①

① 원래 고소의 대상이 된 피고소인의 행위가 친고죄에 해당할 경우 소송요건인 그 친고죄의 고소를 취소할 수 있는 시기를 언제까지로 한정하는가는 형사소송절차운영에 관한 입법정책상의 문제이기에 형사소송법의 그 규정은 국가형벌권의 행사가 피해자의 의사에 의하여 좌우되는 현상을 장기간 방치하지 않으려는 목적에서 고소취소의 시한을 획일적으로 제1심판결 선고시까지로 한정한 것이고, 따라서 그 규정을 현실적 심판의 대상이 된 공소사실이 친고죄로 된 당해 심급의 판결 선고시까지 고소인이 고소를 취소할 수 있다는 의미로 볼 수는 없다 할 것이어서, 항소심에서 공소장의 변경에 의하여 또는 공소장변경절차를 거치지 아니하고 법원 직권에 의하여 친고죄가 아닌 범죄를 친고죄로 인정하였더라도 항소심을 제1심이라 할 수는 없는 것이므로, 항소심에 이르러 비로소 고소인이 고소를 취소하였다면 이는 친고죄에 대한 고소취소로서의 효력은 없다(대판 1999.4.15, 96도1922 전합).

② 형사소송법이 고소와 고소취소에 관한 규정을 하면서 제232조 제1항, 제2항에서 고소취소의 시한과 재고소의 금지를 규정하고 제3항에서는 반의사불벌죄에 제1항, 제2항의 규정을 준용하는 규정을 두면서도, 제233조에서 고소와 고소취소의 불가분에 관한 규정을 함에 있어서는 반의사불벌죄에 이를 준용하는 규정을 두지 아니한 것은 처벌을 희망하지 아니하는 의사표시나 처벌을 희망하는 의사표시의 철회에 관하여 친고죄와는 달리 공범자간에 불가분의 원칙을 적용하지 아니하고자 함에 있다고 볼 것이지, 입법의 불비로 볼 것은 아니다(대판 1994.4.26, 93도1689).

③ 친고죄에 있어서의 고소는 고소권 있는 자가 수사기관에 대하여 범죄사실을 신고하고 범인의 처벌을 구하는 의사표시로서 서면뿐만 아니라 구술로도 할 수 있는 것이고, 다만 구술에 의한 고소를 받은 검사 또는 사법경찰관은 조서를 작성하여야 하지만 그 조서가 독립된 조서일 필요는 없으며 수사기관이 고소권자를 증인 또는 피해자로서 신문한 경우에 그 진술에 범인의 처벌을 요구하는 의사표시가 포함되어 있고 그 의사표시가 조서에 기재되면 고소는 적법하게 이루어진 것이다.

④ 제1심 법원이 반의사불벌죄로 기소된 피고인에 대하여 소송촉진 등에 관한 특례법(이하 '소송촉진법'이라고 한다) 제23조에 따라 피고인의 진술 없이 유죄를 선고하여 판결이 확정된 경우, 만일 피고인이 책임을 질 수 없는 사유로 공판절차에 출석할 수 없었음을 이유로 소송촉진법 제23조의2에 따라 제1심 법원에 재심을 청구하여 재심개시결정이 내려졌다면 피해자는 재심의 제1심 판결 선고 전까지 처벌을 희망하는 의사표시를 철회할 수 있다(대판 2016.11.25, 2016도9470).

04 난도 ★★☆　　　　　　　　　　정답 ①

① 구속기간은 2개월로 한다. 제1항에도 불구하고 특히 구속을 계속할 필요가 있는 경우에는 심급마다 2개월 단위로 2차에 한하여 결정으로 갱신할 수 있다. 다만, 상소심은 피고인 또는 변호인이 신청한 증거의 조사, 상소이유를 보충하는 서면의 제출 등으로 추가 심리가 필요한 부득이한 경우에는 3차에 한하여 갱신할 수 있다(형사소송법 제92조).

② 대법원의 파기환송 판결에 의하여 사건을 환송받은 법원은 형사소송법 제92조 제1항에 따라 2월의 구속기간이 만료되면 특히 계속할 필요가 있는 경우에는 2차(대법원이 형사소송규칙 제57조 제2항에 의하여 구속기간을 갱신한 경우에는 1차)에 한하여 결정으로 구속기간을 갱신할 수 있는 것이고, 한편 무죄추정을 받는 피고인이라고 하더라도 그에게 구속의 사유가 있어 구속영장이 발부, 집행된 이상 신체의 자유가 제한되는 것은 당연한 것이므로, 이러한 조치가 무죄추정의 원칙에 위배되는 것이라고 할 수는 없다(대판 2001.11.30, 2001도5225).

④ 동법 제172조, 제172조의2

05 난도 ★★★　　　정답 ①

정답의 이유

① 공범인 공동피고인은 당해 소송절차에서는 피고인의 지위에 있으므로 다른 공동피고인에 대한 공소사실에 관하여 증인이 될 수 없으나, 소송절차가 분리되어 피고인의 지위에서 벗어나게 되면 다른 공동피고인에 대한 공소사실에 관하여 증인이 될 수 있다(대판 2008.6.26, 2008도3300).

오답의 이유

② 증언을 거부하는 자는 거부사유를 소명하여야 한다(형사소송법 제150조).

③ 이미 유죄의 확정판결을 받은 피고인은 공범의 형사사건에서 그 범행에 대한 증언을 거부할 수 없을 뿐만 아니라 나아가 사실대로 증언하여야 하고, 설사 피고인이 자신의 형사사건에서 시종 일관 그 범행을 부인하였다 하더라도 이러한 사정은 위증죄에 관한 양형참작사유로 볼 수 있음은 별론으로 하고 이를 이유로 피고인에게 사실대로 진술할 것을 기대할 가능성이 없다고 볼 수는 없다(대판 2008.10.23, 2005도10101).

④ 증인신문에 당하여 증언거부권 있음을 설명하지 아니한 경우라 할지라도 증인이 선서하고 증언한 이상 그 증언의 효력에 관하여는 역시 영향이 없고 유효하다고 해석함이 타당하다(대판 1957.3.8, 4290형상23).

06 난도 ★★☆　　　정답 ①

정답의 이유

① 상고의 제기가 법률상의 방식에 위반하거나 상고권소멸 후인 것이 명백한 때에는 원심법원은 결정으로 상고를 기각하여야 한다(형사소송법 제376조). 원심법원에서 상고기각결정을 하는 경우를 제외하고는 원심법원은 상고장을 받은 날부터 14일 이내에 소송기록과 증거물을 상고법원에 송부하여야 한다(동법 제377조).

오답의 이유

② 상고법원이 소송기록의 송부를 받은 때에는 즉시 상고인과 상대방에 대하여 그 사유를 통지하여야 한다. 통지 전에 변호인의 선임이 있는 때에는 변호인에 대하여도 전항의 통지를 하여야 한다(형사소송법 제378조).

③ 형사소송법은 항소법원이 항소인인 피고인에게 소송기록접수통지를 하기 전에 변호인의 선임이 있는 때에는 변호인에게도 소송기록접수통지를 하도록 정하고 있으므로(제361조의2 제2항), 피고인에게 소송기록접수통지를 한 다음에 변호인이 선임된 경우에는 변호인에게 다시 같은 통지를 할 필요가 없다. 이는 필요적 변호사건에서 항소법원이 국선변호인을 선정하고 피고인과 그 변호인에게 소송기록접수통지를 한 다음 피고인이 사선변호인을 선임함에 따라 항소법원이 국선변호인의 선정을 취소한 경우에도 마찬가지이다(대판 2018.11.22, 2015도10651).

④ 제1심판결에 대한 상고는 그 사건에 대한 항소가 제기된 때에는 그 효력을 잃는다. 단, 항소의 취하 또는 항소기각의 결정이 있는 때에는 예외로 한다(형사소송법 제373조).

07 난도 ★★☆　　　정답 ④

정답의 이유

④ 변호인이 피고인을 신문하겠다는 의사를 표시하였음에도 변호인에게 일체의 피고인신문을 허용하지 않는 것은 변호인의 피고인신문권에 관한 본질적 권리를 해하는 것으로서 소송절차의 법령위반에 해당한다(대판 2020.12.24, 2020도10778).

오답의 이유

① 재판장은 소송관계인의 진술 또는 신문이 중복된 사항이거나 그 소송에 관계없는 사항인 때에는 소송관계인의 본질적 권리를 해하지 아니하는 한도에서 이를 제한할 수 있다(형사소송법 제299조).

②·③ 형사소송규칙 제156조의6

> 제156조의6(항소심에서의 피고인 신문)
> ① 검사 또는 변호인은 항소심의 증거조사가 종료한 후 항소이유의 당부를 판단함에 필요한 사항에 한하여 피고인을 신문할 수 있다.
> ② 재판장은 제1항에 따라 피고인 신문을 실시하는 경우에도 제1심의 피고인 신문과 중복되거나 항소이유의 당부를 판단하는 데 필요 없다고 인정하는 때에는 그 신문의 전부 또는 일부를 제한할 수 있다.
> ③ 재판장은 필요하다고 인정하는 때에는 피고인을 신문할 수 있다.

08 난도 ★★☆　　　정답 ④

정답의 이유

④ 사물관할을 달리하는 수개의 관련사건이 각각 법원합의부와 단독판사에 계속된 때에는 합의부는 결정으로 단독판사에 속한 사건을 병합하여 심리할 수 있다(형사소송법 제10조).

오답의 이유

① 사물관할을 달리하는 수개의 관련항소사건이 각각 고등법원과 지방법원본원합의부에 계속된 때에는 고등법원은 결정으로 지방법원본원합의부에 계속한 사건을 병합하여 심리할 수 있다. 수개의 관련항소사건이 토지관할을 달리하는 경우에도 같다(형사소송규칙 제4조의2).

② 형사소송법 제8조

> 제8조(사건의 직권이송)
> ① 법원은 피고인이 그 관할구역 내에 현재하지 아니하는 경우에 특별한 사정이 있으면 결정으로 사건을 피고인의 현재지를 관할하는 동급 법원에 이송할 수 있다.
> ② 단독판사의 관할사건이 공소장변경에 의하여 합의부 관할사건으로 변경된 경우에 법원은 결정으로 관할권이 있는 법원에 이송한다.

③ 토지관할을 달리하는 수개의 관련사건이 각각 다른 법원에 계속된 때에는 공통되는 직근 상급법원은 검사 또는 피고인의 신청에 의하여 결정으로 1개 법원으로 하여금 병합심리하게 할 수 있다(동법 제6조).

정답의 이유

② 형사소송법 제310조 소정의 "피고인의 자백"에 공범인 공동피고인의 진술은 포함되지 아니하므로 공범인 공동피고인의 진술은 다른 공동피고인에 대한 범죄사실을 인정하는 증거로 할 수 있는 것일 뿐만 아니라 공범인 공동피고인들의 각 진술은 상호간에 서로 보강증거가 될 수 있다(대판 1990.10.30, 90도1939).

오답의 이유

①·④ 자백에 대한 보강증거는 범죄사실의 전부 또는 중요 부분을 인정할 수 있는 정도가 되지 아니하더라도 피고인의 자백이 가공적인 것이 아닌 진실한 것임을 인정할 수 있는 정도만 되면 족할 뿐만 아니라 직접증거가 아닌 간접증거나 정황증거도 보강증거가 될 수 있으며, 또한 자백과 보강증거가 서로 어울려서 전체로서 범죄사실을 인정할 수 있으면 유죄의 증거로 충분하다(대판 1999.3.23, 99도338).

③ 피고인이 범행을 자인하는 것을 들었다는 피고인 아닌 자의 진술내용은 형사소송법 제310조의 피고인의 자백에는 포함되지 아니하나 이는 피고인의 자백의 보강증거로 될 수 없다(대판 1981.7.7, 81도1314).

정답의 이유

④ 배상책임의 유무 또는 범위가 명백하지 아니하여 배상명령을 할 수 없음에도 불구하고 이를 지나친 나머지 피고인에 대하여 편취금액 전액의 배상을 명한 원심판결의 배상명령 부분은 배상명령에 관한 법리를 오해한 위법이 있다는 이유로 원심판결 중 배상명령 부분을 취소하고 배상명령 신청을 각하한 사례(대판 1996.6.11, 96도945).

오답의 이유

① 소송촉진 등에 관한 특례법 제25조 제1항에 따른 배상명령은 피고사건의 범죄행위로 발생한 직접적인 물적 피해, 치료비 손해와 위자료에 대하여 피고인에게 배상을 명함으로써 간편하고 신속하게 피해자의 피해회복을 도모하고자 하는 제도이다(대판 2019.1.17, 2018도17726).

② 배상명령은 형사사건으로 유죄판결을 선고하는 경우에 한하여 가능하다. 따라서, 무죄, 면소, 공소기각의 재판을 할 때에는 배상명령이 불가능하다(소송촉진등에관한특례법 제25조).

③ 제1심 또는 제2심의 형사공판 절차에서 다음 각 호의 죄 중 어느 하나에 관하여 유죄판결을 선고할 경우, 법원은 직권에 의하여 또는 피해자나 그 상속인(이하 "피해자"라 한다)의 신청에 의하여 피고사건의 범죄행위로 인하여 발생한 직접적인 물적(物的) 피해, 치료비 손해 및 위자료의 배상을 명할 수 있다(동법 제25조 제1항).

정답의 이유

③ 형사소송법 제329조는 공소취소에 의한 공소기각의 결정이 확정된 때에는 공소취소 후 그 범죄사실에 대한 다른 중요한 증거를 발견한 경우에 한하여 다시 공소를 제기할 수 있다고 규정하고 있는바, 이는 단순일죄인 범죄사실에 대하여 공소가 제기되었다가 공소취소에 의한 공소기각결정이 확정된 후 다시 종전 범죄사실 그대로 재기소하는 경우뿐만 아니라 범죄의 태양, 수단, 피해의 정도, 범죄로 얻은 이익 등 범죄사실의 내용을 추가 변경하여 재기소하는 경우에도 마찬가지로 적용된다. 따라서 단순일죄인 범죄사실에 대하여 공소취소로 인한 공소기각결정이 확정된 후에 종전의 범죄사실을 변경하여 재기소하기 위해서는 변경된 범죄사실에 대한 다른 중요한 증거가 발견되어야 한다(대판 2009.8.20, 2008도9634).

오답의 이유

① 실체적 경합관계에 있는 수개의 공소사실 중 어느 한 공소사실을 전부 철회하는 검찰관의 공판정에서의 구두에 의한 공소장변경신청이 있는 경우 이것이 그 부분의 공소를 취소하는 취지가 명백하다면 비록 공소취소신청이라는 형식을 갖추지 아니하였더라도 이를 공소취소로 보아 공소기각결정을 하여야 한다(대판 1992.4.24, 91도1438).

② 공소의 취소는 제1심판결의 선고 전까지 할 수 있으나(형사소송법 제255조 제1항), 재정신청사건에 대한 법원의 공소제기 결정에 따라 검사가 공소를 제기한 때에는 제1심 판결의 선고 전이라고 하여도 검사는 공소를 취소할 수 없다(동법 제264조의2).

④ 제1심판결이 선고된 이상 동 판결이 확정되어 이에 대한 재심소송절차가 진행 중에 있다 하여 공소취소를 할 수 없다(대판 1976.12.28, 76도3203).

정답의 이유

② 종전에는 단독판사 관할사건에 한정하였으나, 1997. 1. 1.부터 합의부의 심판사건도 간이공판절차의 대상이 되었으므로, 특정강력범죄와 성폭력범죄에 관하여 간이공판절차를 확대하는 규정(특강 12조, 성폭력 20조 1항)은 무의미하게 되었다.

오답의 이유

① 피고인이 공판정에서 공소사실에 대하여 자백한 때에는 법원은 그 공소사실에 한하여 간이공판절차에 의하여 심판할 것을 결정할 수 있다(형사소송법 제286조의2). 경합범에 속하는 여러 개의 공소사실 중 일부는 자백하고 나머지를 부인하는 경우에는 그 자백 부분에 한하여 간이공판절차로 심리하고 부인 부분은 통상의 절차로 할 수 있다고 함이 통설이다. 이에 반하여 과형상 또는 포괄적 일죄 또는 예비적·택일적으로 기재된 공소사실 중 일부에 대하여 자백하고 나머지를 부인하는 경우에는 자백부분만 특정하여 간이공판절차로 심리할 수 없다고 함이 다수설이다. 한편 여러 명의 피고인 중 일부는 자백하고 나머지는 부인하는 경우에는 자백 피고인에 대하여 간이공판절차로 심리할 수

형사소송법

법원직

있다. 공동피고인, 변호인, 보조인은 자백의 주체가 되지 못하나, 대표자(법 27조), 법정대리인(법 26조), 특별대리인(법 28조)은 자백의 주체가 된다.

③ 간이공판절차에 있어서는 통상절차에서 적용되는 전문법칙이 적용되지 않는다. 다시 말하면 형사소송법 제310조의2가 규정하는 전문증거(법 311조 내지 316조에 규정된 것이 아닌 것) 및 형사소송법 제312조 내지 제314조 소정의 서류(검사 또는 사법경찰관 작성의 각종 조서 및 진술서와 진술 기재 서류, 감정서 등)와 형사소송법 제316조 소정의 전문진술에 대하여는 형사소송법 제318조 소정의 동의가 있는 것으로 간주되어 제한 없이 증거능력이 있게 된다. 다만 검사, 피고인 또는 변호인이 증거로 함에 이의를 한 때에는 그러하지 아니하다(법 318조의3). 따라서 위의 각 전문증거에 관한 증거신청이 있는 경우에 상대방이 이의를 진술하지 아니하면(답변하지 아니한 경우 포함) 동의로 간주되므로 바로 증거채택결정을 하고 증거조사를 할 수 있다.

④ 법원은 전조의 결정을 한 사건에 대하여 피고인의 자백이 신빙할 수 없다고 인정되거나 간이공판절차로 심판하는 것이 현저히 부당하다고 인정할 때에는 검사의 의견을 들어 그 결정을 취소하여야 한다(형사소송법 제286조의3).

13 난도 ★★☆　　　　　　　　　　정답 ②

정답의 이유

② 공소장일본주의에 위배된 공소제기라고 인정되는 때에는 그 절차가 법률의 규정을 위반하여 무효인 때에 해당하는 것으로 보아 공소기각의 판결을 선고하는 것이 원칙이다. 그러나 공소장 기재의 방식에 관하여 피고인측으로부터 아무런 이의가 제기되지 아니하였고 법원 역시 범죄사실의 실체를 파악하는 데 지장이 없다고 판단하여 그대로 공판절차를 진행한 결과 증거조사절차가 마무리되어 법관의 심증형성이 이루어진 단계에서는 소송절차의 동적 안정성 및 소송경제의 이념 등에 비추어 볼 때 이제는 더 이상 공소장일본주의 위배를 주장하여 이미 진행된 소송절차의 효력을 다툴 수는 없다고 보아야 한다(대판 2009.10.22, 2009도7436 전합).

오답의 이유

① 형사소송법 제328조

> 제328조(공소기각의 결정)
> ① 다음 경우에는 결정으로 공소를 기각하여야 한다.
> 1. 공소가 취소 되었을 때
> 2. 피고인이 사망하거나 피고인인 법인이 존속하지 아니하게 되었을 때
> 3. 제12조 또는 제13조의 규정에 의하여 재판할 수 없는 때
> 4. 공소장에 기재된 사실이 진실하다 하더라도 범죄가 될 만한 사실이 포함되지 아니하는 때
> ② 전항의 결정에 대하여는 즉시항고를 할 수 있다.

③ 공소사실이 특정되지 아니한 부분이 있다면, 검사에게 석명을 구하여 특정을 요구하여야 하고, 그럼에도 검사가 이를 특정하

지 않는다면 그 부분에 대해서는 공소를 기각할 수밖에 없다(대판 2016.12.15, 2015도3682).

④ 공소기각 또는 관할위반의 재판이 법률에 위반됨을 이유로 원심판결을 파기하는 때에는 판결로써 사건을 원심법원에 환송하여야 한다(형사소송법 제366조).

14 난도 ★★☆　　　　　　　　　　정답 ①

정답의 이유

① 형사소송법은 유죄의 확정판결과 항소 또는 상고의 기각판결에 대하여 각 선고를 받은 자의 이익을 위하여 재심을 청구할 수 있다고 규정함으로써 피고인에게 이익이 되는 이른바 이익재심만을 허용하고 있다(형사소송법 제420조, 제421조 제1항).

오답의 이유

② 형사소송법 제420조 제5호에 정한 재심사유인 무죄 등을 인정할 '증거가 새로 발견된 때'라 함은 재심대상이 되는 확정판결의 소송절차에서 발견되지 못하였거나 또는 발견되었다 하더라도 제출할 수 없었던 증거로서 이를 새로 발견하였거나 비로소 제출할 수 있게 된 때를 말하고, 피고인이 재심을 청구한 경우 재심대상이 되는 확정판결의 소송절차 중에 그러한 증거를 제출하지 못한 데에 과실이 있는 경우에는 그 증거는 위 조항에서의 '증거가 새로 발견된 때'에서 제외된다고 해석함이 상당하다(대판 2010.10.14, 2009도4894).

③ 재심판결이 확정됨에 따라 원판결이나 그 부수처분의 법률적 효과가 상실되고 형 선고가 있었다는 기왕의 사실 자체의 효과가 소멸하는 것은 재심의 본질상 당연한 것으로서, 원판결의 효력 상실 그 자체로 인하여 피고인이 어떠한 불이익을 입는다 하더라도 이를 두고 재심에서 보호되어야 할 피고인의 법적 지위를 해치는 것이라고 볼 것은 아니다(대판 2018.2.26, 2015도15782).

④ 형사재판에서 재심은 형사소송법 제420조, 제421조 제1항의 규정에 의하여 유죄 확정판결 및 유죄판결에 대한 항소 또는 상고를 기각한 확정판결에 대하여만 허용된다. 면소판결은 유죄 확정판결이라 할 수 없으므로 면소판결을 대상으로 한 재심청구는 부적법하다(대판 2018.5.2, 2015모3243).

15 난도 ★☆☆　　　　　　　　　　정답 ③

정답의 이유

③ 피고인이 소송이 계속 중인 사실을 알면서도 법원에 거주지 변경 신고를 하지 않았다 하더라도, 잘못된 공시송달에 터 잡아 피고인의 진술 없이 공판이 진행되고 피고인이 출석하지 않은 기일에 판결이 선고된 이상, 피고인은 자기 또는 대리인이 책임질 수 없는 사유로 상소제기기간 내에 상소를 하지 못한 것으로 봄이 타당하다(대판 2014.10.16, 2014모1557).

오답의 이유

① 대판 2002.7.23, 2002모180
② 대판 2006.2.8, 2005모507
④ 대판 1991.5.6, 91모32

16 난도 ★★★　　　　　　　　　　　　　정답 ③

③ 고소 또는 고발에 의하여 공소를 제기한 사건에 관하여 피고인이 무죄 또는 면소의 판결을 받은 경우에 고소인 또는 고발인에게 고의 또는 중대한 과실이 있는 때에는 그 자에게 소송비용의 전부 또는 일부를 부담하게 할 수 있다(형사소송법 제188조).

① 소송비용의 부담은 형이 아니고 실질적인 의미에서 형에 준하여 평가되어야 할 것도 아니므로 불이익변경금지원칙의 적용이 없다(대판 2001.4.24, 2001도872).

② 형의 선고를 하는 때에는 피고인에게 소송비용의 전부 또는 일부를 부담하게 하여야 한다. 다만, 피고인의 경제적 사정으로 소송비용을 납부할 수 없는 때에는 그러하지 아니하다(형사소송법 제186조).

④ 소송비용의 부담을 명하는 재판에 그 금액을 표시하지 아니한 때에는 집행을 지휘하는 검사가 산정한다(형사소송법 제194조).

17 난도 ★★★　　　　　　　　　　　　　정답 ③

가. 판결서에는 기소한 검사와 공판에 관여한 검사의 관직, 성명과 변호인의 성명을 기재하여야 한다(형사소송법 제40조 제3항).

나. 형사소송법 제38조의 규정에 의하면, 재판은 법관이 작성한 재판서에 의하여야 하고, 같은법 제41조의 규정에 의하면 재판서에는 재판한 법관이 서명날인을 하여야 하며 재판장이 서명날인 할 수 없는 때에는 다른 법관이 그 사유를 부기하고 서명날인하도록 되어 있으므로, 이러한 법관의 서명날인이 없는 재판서에 의한 판결은 같은법 제383조 제1호 소정의 판결에 영향을 미친 법률위반으로서 파기사유가 된다(대판 1990.2.27, 90도145).

다. 재판의 선고 또는 고지는 재판장이 한다. 판결을 선고함에는 주문을 낭독하고 이유의 요지를 설명하여야 한다(동법 제43조).

라. 재판은 법관이 작성한 재판서에 의하여야 한다. 단, 결정 또는 명령을 고지하는 경우에는 재판서를 작성하지 아니하고 조서에만 기재하여 할 수 있다(동법 제38조).

18 난도 ★★☆　　　　　　　　　　　　　정답 ③

③ 형사소송규칙 제142조 제3항은 공소장변경허가신청서가 제출된 경우 법원은 그 부본을 피고인 또는 변호인에게 즉시 송달하여야 한다고 규정하고 있는데, 피고인과 변호인 모두에게 부본을 송달하여야 하는 취지가 아님은 문언상 명백하므로, 공소장변경신청서 부본을 피고인과 변호인 중 어느 한 쪽에 대해서만 송달하였다고 하여 절차상 잘못이 있다고 할 수 없다(대판 2013.7.12, 2013도5165).

① 공소장의 변경은 공소사실의 동일성이 인정되는 범위 내에서만 허용되고, 공소사실의 동일성이 인정되지 아니한 범죄사실을 공소사실로 추가하는 취지의 공소장변경신청이 있는 경우에는 법원은 그 변경신청을 기각하여야 한다(형사소송법 제298조 제1항).

② 공소사실의 동일성은 그 사실의 기초가 되는 사회적 사실관계가 기본적인 점에서 동일하면 그대로 유지되는 것이나, 이러한 기본적 사실관계의 동일성을 판단함에 있어서는 그 사실의 동일성이 갖는 기능을 염두에 두고 피고인의 행위와 그 사회적인 사실관계를 기본으로 하되 규범적 요소도 아울러 고려하여야 한다(대판 1999.5.14, 98도1438).

④ 형사소송법 제298조

> **제298조(공소장의 변경)**
> ① 검사는 법원의 허가를 얻어 공소장에 기재한 공소사실 또는 적용법조의 추가, 철회 또는 변경을 할 수 있다. 이 경우에 법원은 공소사실의 동일성을 해하지 아니하는 한도에서 허가하여야 한다.
> ② 법원은 심리의 경과에 비추어 상당하다고 인정할 때에는 공소사실 또는 적용법조의 추가 또는 변경을 요구하여야 한다.
> ③ 법원은 공소사실 또는 적용법조의 추가, 철회 또는 변경이 있을 때에는 그 사유를 신속히 피고인 또는 변호인에게 고지하여야 한다.
> ④ 법원은 전3항의 규정에 의한 공소사실 또는 적용법조의 추가, 철회 또는 변경이 피고인의 불이익을 증가할 염려가 있다고 인정한 때에는 직권 또는 피고인이나 변호인의 청구에 의하여 피고인으로 하여금 필요한 방어의 준비를 하게 하기 위하여 결정으로 필요한 기간 공판절차를 정지할 수 있다.

19 난도 ★★★　　　　　　　　　　　　　정답 ③

③ 약식절차에서는 서면심사의 원칙이 적용되므로 공판기일의 심판절차에 관한 규정이 적용되지 않는다. 따라서 구두변론주의나 직접주의가 적용되지 않고, 전문법칙이 적용될 여지도 없다. 또한 공소장변경도 공판절차를 전제로 한다는 점에서 약식절차에서는 허용되지 않는다.

① 지방법원은 그 관할에 속한 사건에 대하여 검사의 청구가 있는 때에는 공판절차 없이 약식명령으로 피고인을 벌금, 과료 또는 몰수에 처할 수 있다. 이 경우에는 추징 기타 부수의 처분을 할 수 있다(형사소송법 제448조).

② 피고인이 정식재판을 청구한 사건에 대하여는 약식명령의 형보다 중한 종류의 형을 선고하지 못한다(형사소송법 제457조의2).

④ 정식재판의 청구는 제1심판결선고 전까지 취하할 수 있다(형사소송법 제454조).

20 난도 ★★☆ 정답 ②

정답의 이유

② 법원은 재정신청서를 송부받은 때에는 송부받은 날부터 10일 이내에 피의자에게 그 사실을 통지하여야 한다(형사소송법 제262조).

오답의 이유

① 대판 2015.9.10, 2012도14755

③ 형사소송법 제262조의4

④ 재정신청사건의 심리 중에는 관련 서류 및 증거물을 열람 또는 등사할 수 없다. 다만, 법원은 제262조제2항 후단의 증거조사과정에서 작성된 서류의 전부 또는 일부의 열람 또는 등사를 허가할 수 있다(형사소송법 제262조의2).

21 난도 ★★★ 정답 ④

정답의 이유

④ 형사소송법은 전문진술에 대하여 제316조에서 실질상 단순한 전문의 형태를 취하는 경우에 한하여 예외적으로 그 증거능력을 인정하는 규정을 두고 있을 뿐, 재전문진술이나 재전문진술을 기재한 조서에 대하여는 달리 그 증거능력을 인정하는 규정을 두고 있지 아니하고 있으므로, 피고인이 증거로 하는 데 동의하지 아니하는 한 형사소송법 제310조의2의 규정에 의하여 이를 증거로 할 수 없다(대판 2000.3.10, 선고 2000도159 판결 참조).

오답의 이유

① 형사소송법 제312조 제3항은 검사 이외의 수사기관이 작성한 당해 피고인에 대한 피의자신문조서를 유죄의 증거로 하는 경우뿐만 아니라, 검사 이외의 수사기관이 작성한 당해 피고인과 공범관계에 있는 다른 피고인이나 피의자에 대한 피의자신문조서를 당해 피고인에 대한 유죄의 증거로 채택할 경우에도 적용된다. 따라서 당해 피고인과 공범관계에 있는 공동피고인에 대해 검사 이외의 수사기관이 작성한 피의자신문조서는 그 공동피고인의 법정진술에 의하여 성립의 진정이 인정되더라도 당해 피고인이 공판기일에서 그 조서의 내용을 부인하면 증거능력이 부정된다. 그리고 이러한 경우 그 공동피고인이 법정에서 경찰수사 도중 피의자신문조서에 기재된 것과 같은 내용으로 진술하였다는 취지로 증언하였다고 하더라도, 이러한 증언은 원진술자인 공동피고인이 그 자신에 대한 경찰 작성의 피의자신문조서의 진정성립을 인정하는 취지에 불과하여 위 조서와 분리하여 독자적인 증거가치를 인정할 것은 아니므로, 앞서 본 바와 같은 이유로 위 조서의 증거능력이 부정되는 이상 위와 같은 증언 역시 이를 유죄 인정의 증거로 쓸 수 없다(대판 2009.10.15, 2009도1889).

② 수사기관에서 진술한 참고인이 법정에서 증언을 거부하여 피고인이 반대신문을 하지 못한 경우에는 정당하게 증언거부권을 행사한 것이 아니라도, 피고인이 증인의 증언거부 상황을 초래하였다는 등의 특별한 사정이 없는 한 형사소송법 제314조의 '그 밖에 이에 준하는 사유로 인하여 진술할 수 없는 때'에 해당하지 않는다고 보아야 한다. 따라서 증인이 정당하게 증언거부권을 행사하여 증언을 거부한 경우와 마찬가지로 수사기관에서 그 증

인의 진술을 기재한 서류는 증거능력이 없다(대판 2019.11.21, 2018도13945).

③ 수사기관이 참고인을 조사하는 과정에서 형사소송법 제221조 제1항에 따라 작성한 영상녹화물은 다른 법률에서 달리 규정하고 있는 등의 특별한 사정이 없는 한, 공소사실을 직접 증명할 수 있는 독립적인 증거로 사용될 수는 없다(대판 2014.7.10, 2012도5041).

22 난도 ★★☆ 정답 ③

정답의 이유

③ 형사소송법 제253조 제1항, 제2항에 의하면 공소시효는 공소의 제기로 진행이 정지되고, 공범의 1인에 대한 공소시효의 정지는 다른 공범자에 대하여 효력이 미친다.

오답의 이유

① 형사소송법 제298조

② 피고인의 방어권행사에 실질적인 불이익을 초래할 염려가 없는 경우에는 법원이 범죄사실을 인정함에 있어서 공소장변경의 절차를 거치지 아니하고 공소사실과 기본적 사실의 동일성 범위 내에서 다소 다르게 인정하였다고 하여 불고불리의 원칙에 어긋난다고 할 수 없다(대판 1992.9.22, 92도1751).

④ 2008.9.25, 2008도7052

23 난도 ★☆☆ 정답 ②

정답의 이유

② 증인이 16세 미만의 자나 선서의 취지를 이해하지 못하는 자인 경우에는 선서하게 하지 아니하고 신문하여야 한다(형사소송법 제159조).

오답의 이유

① 법원은 증인 소환장이 송달되지 아니한 경우에는 공무소 등에 대한 조회의 방법으로 직권 또는 검사, 피고인, 변호인의 신청에 따라 소재탐지를 할 수도 있다(형사소송법 제272조 제1항 참조)(대판 2020.12.10, 2020도2623).

③ 형사소송법 제161조의2

④ 대판 2000.10.13, 2000도3265

24 난도 ★☆☆ 정답 ④

정답의 이유

④ 준항고인이 전체 압수·수색 과정을 단계적·개별적으로 구분하여 각 단계의 개별 처분의 취소를 구하더라도 준항고법원으로서는 특별한 사정이 없는 한 그 구분된 개별 처분의 위법이나 취소 여부를 판단할 것이 아니라 당해 압수·수색 과정 전체를 하나의 절차로 파악하여 그 과정에서 나타난 위법이 압수·수색 절차 전체를 위법하게 할 정도로 중대한지 여부에 따라 전체적으로 그 압수·수색 처분을 취소할 것인지를 가려야 할 것이다(대판 2015.7.16, 2011모1839).

① 대판 2015.7.16. 2011모1839

② 대판 2015.7.16. 2011모1839

③ 대판 2015.7.16. 2011모1839

25 난도 ★★☆ 정답 ③

③ 재감자에 대한 약식명령의 송달을 교도소 등의 소장에게 하지 아니하고 수감되기 전의 종전 주·거소에다 하였다면 부적법하여 무효이고, 수소법원이 송달을 실시함에 있어 당사자 또는 소송관계인의 수감사실을 모르고 종전의 주·거소에 하였다고 하여도 마찬가지로 송달의 효력은 발생하지 않고, 송달 자체가 부적법한 이상 당사자가 약식명령이 고지된 사실을 다른 방법으로 알았다고 하더라도 송달의 효력은 여전히 발생하지 않는다(대판 1995.6.14. 95모14).

① 대판 2018.11.29. 2018도13377

② 형사소송법 제60조 제2항

④ 대판 1992.3.10. 91도3272

형사소송법 | 2020년 법원직 9급

한눈에 훑어보기

✓ 빠른 정답

01	02	03	04	05	06	07	08	09	10
④	①	④	④	②	③	④	③	②	③
11	12	13	14	15	16	17	18	19	20
③	③	①	①	②	①	③	③	①	③
21	22	23	24	25					
①	④	④	③	④					

✓ 점수 체크

구분	1회독	2회독	3회독
맞힌 문항 수	/ 25	/ 25	/ 25
나의 점수	점	점	점

01 난도 ★★☆   정답 ④

정답의 이유

④ 피고인 甲, 乙의 간통 범행을 고소한 甲의 남편 丙이 甲의 주거에 침입하여 수집한 후 수사기관에 제출한 혈흔이 묻은 휴지들 및 침대시트를 목적물로 하여 이루어진 감정의뢰회보에 대하여, 丙이 甲의 주거에 침입한 시점은 甲이 그 주거에서의 실제상 거주를 종료한 이후이고, 위 회보는 피고인들에 대한 형사소추를 위하여 반드시 필요한 증거이므로 공익의 실현을 위해서 증거로 제출하는 것이 허용되어야 하고, 이로 말미암아 甲의 주거의 자유나 사생활의 비밀이 일정 정도 침해되는 결과를 초래하더라도 이는 甲이 수인하여야 할 기본권의 제한에 해당된다(대판 2010.9.9, 2008도3990).

오답의 이유

① 대판 2015.4.23, 2015도2275
② 대판 2016.2.18, 2015도16586
③ 대판 2010.7.22, 2009도14376

02 난도 ★☆☆   정답 ①

정답의 이유

㉠ 대판 2017.7.11, 2016도14820
㉡ 대판 2015.2.12, 2012도4842

오답의 이유

㉢ 공소장 변경이 있는 경우에 공소시효의 완성 여부는 당초의 공소제기가 있었던 시점을 기준으로 판단할 것이고 공소장 변경시를 기준으로 삼을 것은 아니다(대판 2002.10.11, 2002도2939).

㉣ 2개 이상의 형을 병과하거나 2개 이상의 형에서 그 1개를 과할 범죄에는 중한 형에 의하여 전조의 규정을 적용한다(형사소송법 제250조).

03 난도 ★★☆   정답 ④

정답의 이유

④ 구치소에 재감 중인 재항고인이 제1심판결에 대하여 항소하였는데, 항소심법원이 구치소로 소송기록접수통지서를 송달하면서 송달받을 사람을 구치소의 장이 아닌 재항고인으로 하였고 구치소 서무계원이 이를 수령한 사안에서, 송달받을 사람을 재항고인으로 한 송달은 효력이 없고, 달리 재항고인에게 소송기록접수의 통지가 도달하였다는 등의 사정을 발견할 수 없으므로, 소송기록접수의 통지는 효력이 없다(대결 2017.9.22, 2017모

1680).

오답의 이유

① 판결 주문에서 무죄가 선고된 경우뿐만 아니라 판결 이유에서 무죄로 판단된 경우에도 재판에 소요된 비용 가운데 무죄로 판단된 부분의 방어권 행사에 필요하였다고 인정된 부분에 관하여는 보상을 청구할 수 있다고 보아야 한다. 다만 법원은 이러한 경우 형사소송법 제194조의2 제2항 제2호를 유추적용하여 재량으로 보상청구의 전부 또는 일부를 기각할 수 있다(대판 2019.7.5, 2018모906).

② 형법 제264조는 상습특수상해죄를 범한 때에 형법 제258조의2 제1항에서 정한 법정형의 단기와 장기를 모두 가중하여 1년 6개월 이상 15년 이하의 징역에 처한다는 의미로 새겨야 한다(대판 2017.6.29, 2016도18194).

③ 가정폭력처벌법에 따른 보호처분의 결정이 확정된 경우에는 원칙적으로 가정폭력행위자에 대하여 같은 범죄사실로 다시 공소를 제기할 수 없으나(가정폭력처벌법 제16조), 보호처분은 확정판결이 아니고 따라서 기판력도 없으므로, 보호처분을 받은 사건과 동일한 사건에 대하여 다시 공소제기가 되었다면 이에 대해서는 면소판결을 할 것이 아니라 공소제기의 절차가 법률의 규정에 위배하여 무효인 때에 해당한 경우이므로 형사소송법 제327조 제2호의 규정에 의하여 공소기각의 판결을 하여야 한다. 그러나 가정폭력처벌법은 불처분결정에 대해서는 그와 같은 규정을 두고 있지 않을 뿐만 아니라, 가정폭력범죄에 대한 공소시효에 관하여 불처분결정이 확정된 때에는 그때부터 공소시효가 진행된다고 규정하고 있으므로(가정폭력처벌법 제17조 제1항), 가정폭력처벌법은 불처분결정이 확정된 가정폭력범죄라 하더라도 일정한 경우 공소가 제기될 수 있음을 전제로 하고 있다. 따라서 가정폭력처벌법 제37조 제1항 제1호의 불처분결정이 확정된 후에 검사가 동일한 범죄사실에 대하여 다시 공소를 제기하였다거나 법원이 이에 대하여 유죄판결을 선고하였더라도 이중처벌금지의 원칙 내지 일사부재리의 원칙에 위배된다고 할 수 없다(대판 2017.8.23, 2016도5423).

04 난도 ★☆☆   정답 ④

정답의 이유

④ 피고인 또는 변호인은 검사가 제266조의3 제1항에 따른 서류 등의 열람·등사 또는 서면의 교부를 거부한 때에는 제1항에 따른 서류 등의 열람·등사 또는 서면의 교부를 거부할 수 있다. 다만, 법원이 제266조의4 제1항에 따른 신청을 기각하는 결정을 한 때에는 그러하지 아니하다(형사소송법 제266조의11 제2항).

오답의 이유

① 피고인 또는 변호인은 검사에게 공소제기된 사건에 관한 서류 또는 물건(이하 "서류 등"이라 한다)의 목록과 공소사실의 인정 또는 양형에 영향을 미칠 수 있는 다음 서류 등의 열람·등사 또는 서면의 교부를 신청할 수 있다. 다만, 피고인에게 변호인이 있는 경우에는 피고인은 열람만을 신청할 수 있다(형사소송법 제266조의3 제1항).

② 검사는 국가안보, 증인보호의 필요성, 증거인멸의 염려, 관련 사건의 수사에 장애를 가져올 것으로 예상되는 구체적인 사유 등 열람·등사 또는 서면의 교부를 허용하지 아니할 상당한 이유가 있다고 인정하는 때에는 열람·등사 또는 서면의 교부를 거부하거나 그 범위를 제한할 수 있음에도 불구하고 서류 등의 목록에 대하여는 열람 또는 등사를 거부할 수 없다(형사소송법 제266조의2 제5항).

③ 피고인 또는 변호인은 검사가 서류 등의 열람·등사 또는 서면의 교부를 거부하거나 그 범위를 제한한 때에는 법원에 그 서류 등의 열람·등사 또는 서면의 교부를 허용하도록 할 것을 신청할 수 있다(형사소송법 제266조의4 제1항). 검사는 제2항의 열람·등사 또는 서면의 교부에 관한 법원의 결정을 지체 없이 이행하지 아니하는 때에는 해당 증인 및 서류 등에 대한 증거신청을 할 수 없다(형사소송법 제266조의4 제5항).

05 난도 ★☆☆   정답 ②

정답의 이유

② 국민참여재판의 실시 여부는 일차적으로 피고인의 의사에 따라 결정되므로 국민참여재판 대상사건의 공소제기가 있으면 법원은 피고인에 대하여 국민참여재판을 원하는지 여부에 관한 의사를 서면 등의 방법으로 반드시 확인하여야 하고 … 만일 이러한 규정에도 불구하고 법원에서 피고인이 국민참여재판을 원하는지에 관한 의사의 확인절차를 거치지 아니한 채 통상의 공판절차로 재판을 진행하였다면, 이는 피고인의 국민참여재판을 받을 권리에 대한 중대한 침해로서 그 절차는 위법하고 이러한 위법한 공판절차에서 이루어진 소송행위도 무효라고 보아야 한다(대판 2011.9.8, 2011도7106).

오답의 이유

① 피고인은 공소장 부본을 송달받은 날부터 7일 이내에 국민참여재판을 원하는지 여부에 관한 의사가 기재된 서면을 제출하여야 한다. 이 경우 피고인이 서면을 우편으로 발송한 때, 교도소 또는 구치소에 있는 피고인이 서면을 교도소장·구치소장 또는 그 직무를 대리하는 자에게 제출한 때에 법원에 제출한 것으로 본다(국민의 형사재판 참여에 관한 법률 제8조 제2항).

③ 국민참여재판은 피고인의 희망 의사 번복에 관한 일정한 제한(국민의 형사재판 참여에 관한 법률 제8조 제4항)이 있는 외에는 피고인의 의사에 반하여 할 수 없는 것이므로, 제1심법원이 국민참여재판의 대상이 되는 사건임을 간과하여 이에 관한 피고인의 의사를 확인하지 아니한 채 통상의 공판절차로 재판을 진행하였더라도, 피고인이 항소심에서 국민참여재판을 원하지 아니한다고 하면서 위와 같은 제1심의 절차적 위법을 문제삼지 아니할 의사를 명백히 표시하는 경우에는 하자가 치유되어 제1심 공판절차는 전체로서 적법하게 된다고 보아야 하고, 다만 국민참여재판제도의 취지와 피고인의 국민참여재판을 받을 권리를 실질적으로 보장하고자 하는 관련 규정의 내용에 비추어 위 권리를 침해한 제1심 공판절차의 하자가 치유된다고 보기 위해서는 같은 법 제8조 제1항, 국민의 형사재판 참여에 관한 규칙 제3조 제1항에 준하여 피고인에게 국민참여재판절차 등에 관한 충

분한 안내가 이루어지고 그 희망 여부에 관하여 숙고할 수 있는 상당한 시간이 사전에 부여되어야 한다(대판 2012.6.14, 2011도15484).

④ 국민의 형사재판 참여에 관한 법률 제9조 제1항 제3호, 제3항

국민의 형사재판 참여에 관한 법률 제9조(배제결정)

① 법원은 공소제기 후부터 공판준비기일이 종결된 다음날까지 다음 각 호의 어느 하나에 해당하는 경우 국민참여재판을 하지 아니하기로 하는 결정을 할 수 있다.

　1. 배심원·예비배심원·배심원후보자 또는 그 친족의 생명·신체·재산에 대한 침해 또는 침해의 우려가 있어서 출석의 어려움이 있거나 이 법에 따른 직무를 공정하게 수행하지 못할 염려가 있다고 인정되는 경우

　2. 공범 관계에 있는 피고인들 중 일부가 국민참여재판을 원하지 아니하여 국민참여재판의 진행에 어려움이 있다고 인정되는 경우

　3. 「성폭력범죄의 처벌 등에 관한 특례법」 제2조의 범죄로 인한 피해자 또는 법정대리인이 국민참여재판을 원하지 아니하는 경우

　4. 그 밖에 국민참여재판으로 진행하는 것이 적절하지 아니하다고 인정되는 경우

② 법원은 제1항의 결정을 하기 전에 검사·피고인 또는 변호인의 의견을 들어야 한다.

③ 제1항의 결정에 대하여는 즉시항고를 할 수 있다.

---

06 난도 ★★☆　　　　　　　　　　　정답 ③

정답의 이유

③ 형사소송법 제318조에 규정된 증거동의의 주체는 소송 주체인 검사와 피고인이고, 변호인은 피고인을 대리하여 증거동의에 관한 의견을 낼 수 있을 뿐이므로 피고인의 명시한 의사에 반하여 증거로 함에 동의할 수는 없다. 따라서 피고인이 출석한 공판기일에서 증거로 함에 부동의한다는 의견이 진술된 경우에는 그 후 피고인이 출석하지 아니한 공판기일에 변호인만이 출석하여 종전 의견을 번복하여 증거로 함에 동의하였다 하더라도 이는 특별한 사정이 없는 한 효력이 없다고 보아야 한다(대판 2013.3.28, 2013도3).

오답의 이유

① 증거신청의 채택 여부는 법원의 재량으로서 법원이 필요하지 아니하다고 인정할 때에는 이를 조사하지 아니할 수 있는 것이고, 법원이 적법하게 공판의 심리를 종결한 뒤에 피고인이 증인신청을 하였다 하여 반드시 공판의 심리를 재개하여 증인신문을 하여야 하는 것은 아니다(대판 2011.1.27, 2010도7947).

② 필요적 변호사건이라 하여도 피고인이 재판거부의 의사를 표시하고 재판장의 허가 없이 퇴정하고 변호인마저 이에 동조하여 퇴정해 버린 것은 모두 피고인측의 방어권의 남용 내지 변호권의 포기로 볼 수밖에 없는 것이므로 수소법원으로서는 형사소송법 제330조에 의하여 피고인이나 변호인의 재정 없이도 심리판

결할 수 있다. 위와 같이 피고인과 변호인들이 출석하지 않은 상태에서 증거조사를 할 수밖에 없는 경우에는 형사소송법 제318조 제2항의 규정상 피고인의 진의와는 관계없이 형사소송법 제318조 제1항의 동의가 있는 것으로 간주하게 되어 있다(대판 1991.6.28, 91도865).

④ 증인은 법원이 직권에 의하여 신문할 수도 있고 증거의 채부는 법원의 직권에 속하는 것이므로 피고인이 철회한 증인을 법원이 직권신문하고 이를 채증하더라도 위법이 아니다(대판 1983.7.12, 82도3216).

---

07 난도 ★☆☆　　　　　　　　　　　정답 ④

정답의 이유

④ 즉결심판절차에 있어서는 형사소송법 제310조(불이익한 자백의 증거능력), 제312조 제3항(검사 이외의 수사기관이 작성한 피의자신문조서는 적법한 절차와 방식에 따라 작성된 것으로서 공판준비 또는 공판기일에 그 피의자였던 피고인 또는 변호인이 그 내용을 인정할 때에 한하여 증거로 할 수 있다.) 및 제313조(진술서)의 규정은 적용하지 아니한다(즉결심판에 관한 절차법 제10조).

오답의 이유

① 지방법원은 그 관할에 속한 사건에 대하여 검사의 청구가 있는 때에는 공판절차없이 약식명령으로 피고인을 벌금, 과료 또는 몰수에 처할 수 있다(형사소송법 제448조 제1항).

② 즉결심판은 정식재판의 청구기간의 경과, 정식재판청구권의 포기 또는 그 청구의 취하에 의하여 확정판결과 동일한 효력이 생긴다. 정식재판청구를 기각하는 재판이 확정된 때에도 같다(즉결심판에 관한 절차법 제16조).

③ 형사소송법 제458조 제2항, 제365조는 피고인이 출정을 하지 않음으로써 본안에 대한 변론권을 포기한 것으로 보는 일종의 제재적 규정으로, 이와 같은 경우 피고인의 출정 없이도 심리, 판결할 수 있고 공판심리의 일환으로 증거조사가 행해지게 마련이어서 피고인이 출석하지 아니한 상태에서 증거조사를 할 수밖에 없는 경우에는 위 법 제318조 제2항의 규정상 피고인의 진의와는 관계 없이 같은 조 제1항의 동의가 있는 것으로 간주하게 되어 있는 점, 위 법 제318조 제2항의 입법 취지가 재판의 필요성 및 신속성 즉, 피고인의 불출정으로 인한 소송행위의 지연 방지 내지 피고인 불출정의 경우 전문증거의 증거능력을 결정하지 못함에 따른 소송지연 방지에 있는 점 등에 비추어, 약식명령에 불복하여 정식재판을 청구한 피고인이 정식재판절차에서 2회 불출정하여 법원이 피고인의 출정 없이 증거조사를 하는 경우에 위 법 제318조 제2항에 따른 피고인의 증거동의가 간주된다(대판 2010.7.15, 2007도5776).

---

08 난도 ★★☆　　　　　　　　　　　정답 ③

정답의 이유

③ 검사와 변호인은 제3항에 따른 심문기일에 출석하여 의견을 진술할 수 있다(형사소송법 제201조의2 제4항). 검사와 변호인은

판사의 심문이 끝난 후에 의견을 진술할 수 있다. 다만, 필요한 경우에는 심문 도중에도 판사의 허가를 얻어 의견을 진술할 수 있다(형사소송규칙 제96조의16 제3항).

오답의 이유
① 제200조의2·제200조의3 또는 제212조에 따라 체포된 피의자에 대하여 구속영장을 청구받은 판사는 지체 없이 피의자를 심문하여야 한다. 이 경우 특별한 사정이 없는 한 구속영장이 청구된 날의 다음날까지 심문하여야 한다(형사소송법 제201조의2 제1항).
② 피의자심문을 하는 경우 법원이 구속영장청구서·수사 관계 서류 및 증거물을 접수한 날부터 구속영장을 발부하여 검찰청에 반환한 날까지의 기간은 제202조 및 제203조의 적용에 있어서 그 구속기간에 이를 산입하지 아니한다(형사소송법 제201조의2 제7항).
④ 피의자는 판사의 심문 도중에도 변호인에게 조력을 구할 수 있다(형사소송규칙 제96조의16 제4항).

09 난도 ★★☆ 　　　정답 ②

정답의 이유
② 항소이유 없음이 명백한 때에는 항소장, 항소이유서 기타의 소송기록에 의하여 변론없이 판결로써 항소를 기각할 수 있다(형사소송법 제364조 제5항).

오답의 이유
① 항소인이나 변호인이 전조 제1항의 기간 내에 항소이유서를 제출하지 아니한 때에는 결정으로 항소를 기각하여야 한다. 단, 직권조사사유가 있거나 항소장에 항소이유의 기재가 있는 때에는 예외로 한다(형사소송법 제361조의4 제1항).
③ 항소이유가 있다고 인정한 때에는 원심판결을 파기하고 다시 판결을 하여야 한다(형사소송법 제364조 제6항).
④ 형사소송법 제364조의2는 "피고인을 위하여 원심판결을 파기하는 경우에 파기의 이유가 항소한 공동피고인에게 공통되는 때에는 그 공동피고인에게 대하여도 원심판결을 파기하여야 한다."라고 정하고 있고, 이는 공동피고인 상호 간의 재판의 공평을 도모하려는 취지이다. 위와 같은 형사소송법 제364조의2의 규정 내용과 입법 목적을 고려하면, 위 규정은 공동피고인 사이에서 파기의 이유가 공통되는 해당 범죄사실이 동일한 소송절차에서 병합심리된 경우에만 적용된다고 보는 것이 타당하다(대판 2019.8.29, 2018도14303).

10 난도 ★★☆ 　　　정답 ③

정답의 이유
③ 형벌에 관한 법령이 헌법재판소의 위헌결정으로 인하여 소급하여 그 효력을 상실하였거나 법원에서 위헌·무효로 선언된 경우, 당해 법령을 적용하여 공소가 제기된 피고사건에 대하여는 형사소송법 제325조에 따라 무죄를 선고하여야 한다. 나아가 재심이 개시된 사건에서 형벌에 관한 법령이 재심판결 당시 폐지되었다하더라도 그 폐지가 당초부터 헌법에 위반되어 효력이 없

는 법령에 대한 것이었다면 형사소송법 제325조 전단이 규정하는 '범죄로 되지 아니한 때'의 무죄사유에 해당하는 것이지, 형사소송법 제326조 제4호 소정의 면소사유에 해당한다고 할 수 없다(대판 2013.7.11, 2011도14044).

오답의 이유
① 일사부재리의 효력(기판력)이 미치는 객관적 범위는 법원의 현실적 심판대상인 당해 공소사실은 물론 그 공소사실과 단일하고 동일한 관계에 있는 사실의 전부에 미친다. 즉 일사부재리의 효력은 법원의 현실적 심판의 대상인 공소장에 기재된 공소사실뿐만 아니라 공소사실과 동일성이 인정되는 잠재적 심판의 대상에 대하여도 미친다.
② 상습범에 있어서 공소제기의 효력은 공소가 제기된 범죄사실과 동일성이 인정되는 범죄사실의 전체에 미치는 것이므로 상습범의 범죄사실에 대한 공판심리 중에 그 범죄사실과 동일한 습벽의 발현에 의한 것으로 인정되는 범죄사실이 추가로 발견된 경우에는 검사는 공소장변경절차에 의하여 그 범죄사실을 공소사실로 추가할 수 있다고 할 것이나, 공소제기된 범죄사실과 추가로 발견된 범죄사실 사이에 그것들과 동일한 습벽에 의하여 저질러진 또다른 범죄사실에 대한 유죄의 확정판결이 있는 경우에는 전후 범죄사실의 일죄성은 그에 의하여 분단되어 공소제기된 범죄사실과 판결이 확정된 범죄사실만이 포괄하여 하나의 상습범을 구성하고, 추가로 발견된 확정판결 후의 범죄사실은 그것과 경합범 관계에 있는 별개의 상습범이 되므로, 검사는 공소장변경절차에 의하여 이를 공소사실로 추가할 수는 없고 어디까지나 별개의 독립된 범죄로 공소를 제기하여야 한다(대판 2000.3.10, 99도2744).
④ 형법 제40조 소정의 상상적 경합 관계의 경우에는 그중 1죄에 대한 확정판결의 기판력은 다른 죄에 대하여도 미치는 것이고, 여기서 1개의 행위라 함은 법적 평가를 떠나 사회 관념상 행위가 사물자연의 상태로서 1개로 평가되는 것을 의미한다(대판 2007.2.23, 2005도10233).

11 난도 ★★★ 　　　정답 ③

정답의 이유
③ 마약류관리에 관한 법률 제67조는 이른바 필수적 몰수 또는 추징 조항으로서 그 요건에 해당하는 한 법원은 반드시 몰수를 선고하거나 추징을 명하여야 한다. 위와 같은 몰수 또는 추징은 범죄행위로 인한 이득의 박탈을 목적으로 하는 것이 아니라 징벌적인 성질을 가지는 처분으로 부가형으로서의 성격을 띠고 있다. 이는 피고사건 본안에 관한 판단에 따른 주형 등에 부가하여 한 번에 선고되고 이와 일체를 이루어 동시에 확정되어야 하고 본안에 관한 주형 등과 분리되어 이심되어서는 아니 되는 것이 원칙이므로, 피고사건의 주위적 주문과 몰수 또는 추징에 관한 주문은 상호 불가분적 관계에 있어 상소불가분의 원칙이 적용되는 경우에 해당한다. 따라서 피고사건의 재판 가운데 몰수 또는 추징에 관한 부분만을 불복대상으로 삼아 상소가 제기되었다 하더라도, 상소심으로서는 이를 적법한 상소제기로 다루어야 하고, 그 부분에 대한 상소의 효력은 그 부분과 불가분의 관계에

있는 본안에 관한 판단 부분에까지 미쳐 그 전부가 상소심으로 이심된다(대판 2008.11.20, 2008도5596).

오답의 이유

① 제1심이 단순일죄의 관계에 있는 공소사실의 일부에 대하여만 유죄로 인정한 경우에 피고인만이 항소하여도 그 항소는 그 일죄의 전부에 미쳐서 항소심은 무죄부분에 대하여도 심판할 수 있다 할 것이고, 그 경우 항소심이 위 무죄부분을 유죄로 판단하였다 하여 그로써 항소심판결에 불이익변경금지원칙에 위반하거나 심판범위에 대한 법리를 오해한 위법이 있다고 할 수 없다(대판 2001.2.9, 2000도5000).

② 환송 전 항소심에서 포괄일죄의 일부만이 유죄로 인정된 경우 그 유죄부분에 대하여 피고인만이 상고하였을 뿐 무죄부분에 대하여 검사가 상고를 하지 않았다면 상소불가분의 원칙에 의하여 무죄부분도 상고심에 이심되기는 하나 그 부분은 이미 당사자 간의 공격방어의 대상으로부터 벗어나 사실상 심판대상에서부터도 벗어나게 되어 상고심으로서도 그 무죄부분에까지 나아가 판단할 수 없는 것이고 따라서 상고심으로부터 위 유죄부분에 대한 항소심판결이 잘못되었다는 이유로 사건을 파기환송받은 항소심은 그 무죄부분에 대하여 다시 심리판단하여 유죄를 선고할 수 없다(대판 1991.3.12, 90도2820).

④ 포괄적 1죄의 관계에 있는 공소사실의 일부에 대하여만 유죄로 인정하고 나머지는 무죄가 선고되어 검사는 위 무죄부분에 대하여 불복상고하고 피고인은 유죄부분에 대하여 상고하지 않은 경우, 공소불가분의 원칙상 경합범의 경우와는 달리 포괄적 1죄의 일부만에 대하여 상고할 수는 없으므로 검사의 무죄부분에 대한 상고에 의해 상고되지 않은 원심에서 유죄로 인정된 부분도 상고심에 이심되어 심판의 대상이 된다고 볼 것이다(대판 1985.11.12, 85도1998).

12 난도 ★★★ 정답 ③

정답의 이유

③ 음주운전과 관련한 도로교통법 위반죄의 범죄수사를 위하여 미성년자인 피의자의 혈액채취가 필요한 경우에도 피의자에게 의사능력이 있다면 피의자 본인만이 혈액채취에 관한 유효한 동의를 할 수 있고, 피의자에게 의사능력이 없는 경우에도 명문의 규정이 없는 이상 법정대리인이 피의자를 대리하여 동의할 수는 없다(대판 2014.11.13, 2013도1228).

오답의 이유

① 형사소송법 제350조 및 형사소송규칙 제153조 제1항에 의하면 법정대리인이 있는 피고인이 상소를 취하할 때는 법정대리인의 동의를 얻어야 하고 법정대리인은 그와 같이 동의하는 취지의 서면을 제출하여야 한다. 미성년자인 피고인이 항소취하서를 제출하였으나 법정대리인인 피고인 아버지의 동의가 없었으므로 피고인의 항소취하는 효력이 없다(대판 2019.7.10, 2019도4221).

② 변호인은 피고인의 동의를 얻어 상소를 취하할 수 있으므로(형사소송법 제351조, 제341조), 변호인의 상소취하에 피고인의 동의가 없다면 상소취하의 효력은 발생하지 아니한다. 한편 변

호인이 상소취하를 할 때 원칙적으로 피고인은 이에 동의하는 취지의 서면을 제출하여야 하나(형사소송규칙 제153조 제2항), 피고인은 공판정에서 구술로써 상소취하를 할 수 있으므로(형사소송법 제352조 제1항 단서), 변호인의 상소취하에 대한 피고인의 동의도 공판정에서 구술로써 할 수 있다. 다만 상소를 취하하거나 상소의 취하에 동의한 자는 다시 상소를 하지 못하는 제한을 받게 되므로(형사소송법 제354조), 상소취하에 대한 피고인의 구술 동의는 명시적으로 이루어져야만 한다(대판 2015.9.10, 2015도7821).

④ 형사소송법 제27조 제1항, 제2항

> 제27조(법인과 소송행위의 대표)
> ① 피고인 또는 피의자가 법인인 때에는 그 대표자가 소송행위를 대표한다.
> ② 수인이 공동하여 법인을 대표하는 경우에도 소송행위에 관하여는 각자가 대표한다.

13 난도 ★★☆ 중 정답 ①

정답의 이유

① 국민의 형사재판 참여에 관한 법률에 의하면 제1심법원이 국민참여재판 대상사건을 피고인의 의사에 따라 국민참여재판으로 진행함에 있어 별도의 국민참여재판 개시결정을 할 필요는 없고, 그에 관한 이의가 있어 제1심법원이 국민참여재판으로 진행하기로 하는 결정에 이른 경우 이는 판결 전의 소송절차에 관한 결정에 해당하며, 그에 대하여 특별히 즉시항고를 허용하는 규정이 없으므로 위 결정에 대하여는 항고할 수 없다(대판 2009.10.23, 2009모1032).

오답의 이유

② 검사의 체포영장 또는 구속영장 청구에 대한 지방법원판사의 재판은 형사소송법 제402조의 규정에 의하여 항고의 대상이 되는 '법원의 결정'에 해당하지 아니하고, 제416조 제1항의 규정에 의하여 준항고의 대상이 되는 '재판장 또는 수명법관의 구금 등에 관한 재판'에도 해당하지 아니한다(대판 2006.12.18, 2006모646).

③ 대판 2012.10.29, 2012모1090

④ 국선변호인선임청구를 기각한 결정은 판결 전의 소송절차이므로, 그 결정에 대하여 즉시항고를 할 수 있는 근거가 없는 이상 그 결정에 대하여는 재항고도 할 수 없다(대판 1993.12.3, 92모49).

14 난도 ★★☆ 정답 ①

정답의 이유

① 피고인의 상고에 의하여 상고심에서 원심판결을 파기하고 사건을 항소심에 환송한 경우에 그 항소심에서는 그 파기된 항소심판결의 형보다 더 중한 형을 선고할 수 없으며 환송 후에 공소장변경이 있어 이에 따라 항소심이 새로운 범죄사실을 유죄로 인정하는 경우에도 그 법리를 같이 한다(대판 1980.3.25, 79도

2105).

오답의 이유

② 제1심에서 징역형의 집행유예를 선고한 데 대하여 제2심이 그 징역형의 형기를 단축하여 실형을 선고하는 것도 불이익변경금 지원칙에 위배된다(대판 1986.3.25, 86모2).

③ 형의 집행유예의 판결은 소정 유예기간을 특별한 사유없이 경과 한 때에는 그 형의 선고의 효력이 상실되나 형의 집행면제는 그 형의 집행만을 면제하는데 불과하여, 전자가 후자 보다 피고인 에게 불이익한 것이라 할 수 없다(대판 1985.9.24, 84도2972).

④ 제1심의 징역형의 선고유예의 판결에 대하여 피고인만이 항소한 경우에 제2심이 벌금형을 선고한 것은 제1심판결의 형보다 중한 형을 선고한 것에 해당된다(대판 1999.11.26, 99도3776).

15 난도 ★★☆   정답 ②

정답의 이유

② 헌법상 변호인의 조력을 받을 권리와 형사소송법에 국선변호인 제도를 마련한 취지 등에 비추어 보면, 법원이 국선변호인을 반 드시 선정해야 하는 사유로 형사소송법 제33조 제1항 제5호에 서 정한 '피고인이 심신장애의 의심이 있는 때'란 진단서나 정신 감정 등 객관적인 자료에 의하여 피고인의 심신장애 상태를 확 신할 수 있거나 그러한 상태로 추단할 수 있는 근거가 있는 경우 는 물론, 범행의 경위, 범행의 내용과 방법, 범행 전후 과정에서 보인 행동 등과 아울러 피고인의 연령 · 지능 · 교육 정도 등 소 송기록과 소명자료에 드러난 제반 사정에 비추어 피고인의 의식 상태나 사물에 대한 변별능력, 행위통제능력이 결여되거나 저하 된 상태로 의심되어 피고인이 공판심리단계에서 효과적으로 방 어권을 행사하지 못할 우려가 있다고 인정되는 경우를 포함한다 (대판 2019.9.26, 2019도8531).

오답의 이유

① 심문할 피의자에게 변호인이 없는 때에는 지방법원판사는 직권 으로 변호인을 선정하여야 한다. 이 경우 변호인의 선정은 피의 자에 대한 구속영장 청구가 기각되어 효력이 소멸한 경우를 제 외하고는 제1심까지 효력이 있다(형사소송법 제201조의2 제8 항).

③ 공소사실 기재 자체로 보아 어느 피고인에 대한 유리한 변론이 다른 피고인에게는 불리한 결과를 초래하는 경우 공동피고인들 사이에 이해가 상반된다. 이해가 상반된 피고인들 중 어느 피고 인이 법무법인을 변호인으로 선임하고, 법무법인이 담당변호사 를 지정하였을 때, 법원이 담당 변호사 중 1인 또는 수인을 다른 피고인을 위한 국선변호인으로 선정한다면, 국선변호인으로 선 정된 변호사는 이해가 상반된 피고인들 모두에게 유리한 변론을 하기 어렵다. 결국 이로 인하여 다른 피고인은 국선변호인의 실 질적 조력을 받을 수 없게 되고, 따라서 국선변호인 선정은 국선 변호인의 조력을 받을 피고인의 권리를 침해하는 것이다(대판 2015.12.23, 2015도9951).

④ 형사소송법 제33조 제1항 제1호의 '피고인이 구속된 때'라고 함 은, 원래 구속제도가 형사소송의 진행과 형벌의 집행을 확보하 기 위하여 법이 정한 요건과 절차 아래 피고인의 신병을 확보하

는 제도라는 점 등에 비추어 볼 때 피고인이 당해 형사사건에서 구속되어 재판을 받고 있는 경우를 의미하고, 피고인이 별건으 로 구속되어 있거나 다른 형사사건에서 유죄로 확정되어 수형 중인 경우는 이에 해당하지 아니한다(대판 2009.5.28, 2009도 579).

16 난도 ★☆☆   정답 ①

정답의 이유

① 장기 3년 이하의 징역 또는 금고, 다액 500만 원을 초과하는 벌 금 또는 구류에 해당하는 사건에서 피고인의 불출석허가신청이 있고 법원이 피고인의 불출석이 그의 권리를 보호함에 지장이 없다고 인정하여 이를 허가한 사건에 관하여는 피고인의 출석을 요하지 아니한다. 이 경우 피고인은 대리인을 출석하게 할 수 있 다. 다만, 제284조에 따른 절차를 진행하거나 판결을 선고하는 공판 기일에는 출석하여야 한다(형사소송법 제277조 제3호).

오답의 이유

② 제453조 제1항에 따라 피고인만이 정식재판의 청구를 하여 판 결을 선고하는 사건에 관하여는 피고인의 출석을 요하지 아니한 다. 이 경우 피고인은 대리인을 출석하게 할 수 있다(형사소송법 제277조 제4호).

③ 피고인이 출석하지 아니하면 개정하지 못하는 경우에 구속된 피 고인이 정당한 사유없이 출석을 거부하고, 교도관에 의한 인치 가 불가능하거나 현저히 곤란하다고 인정되는 때에는 피고인의 출석없이 공판절차를 진행할 수 있다(형사소송법 제277조의2 제1항).

④ 피고인이 공판기일에 출정하지 아니한 때에는 다시 기일을 정하 여야 한다(형사소송법 제365조 제1항). 피고인이 정당한 사유없 이 다시 정한 기일에 출정하지 아니한 때에는 피고인의 진술없 이 판결을 할 수 있다(형사소송법 제365조 제2항).

17 난도 ★★☆   정답 ③

정답의 이유

③ 제1항 또는 제2항에 따라 동석한 자는 법원 · 소송관계인의 신문 또는 증인의 진술을 방해하거나 그 진술의 내용에 부당한 영향 을 미칠 수 있는 행위를 하여서는 아니 된다(형사소송법 제163 조의2 제3항). 피고인과 동석한 신뢰관계에 있는 자는 재판의 진행을 방해하여서는 아니 되며, 재판장은 동석한 신뢰관계 있 는 자가 부당하게 재판의 진행을 방해하는 때에는 동석을 중지 시킬 수 있다(형사소송규칙 제126조의2 제3항).

오답의 이유

① 형사소송법 제163조의2 제1항

② 형사소송법 제163조의2 제2항

④ 법 제276조의2 제1항에 따라 피고인과 동석할 수 있는 신뢰관 계에 있는 자는 피고인의 배우자, 직계친족, 형제자매, 가족, 동 거인, 고용주 그 밖에 피고인의 심리적 안정과 원활한 의사소통 에 도움을 줄 수 있는 자를 말한다(형사소송규칙 제126조의2 제 1항).

형사소송법 법원직

신뢰관계에 있는 자의 동석(형사소송법 제163조의2)

① 법원은 범죄로 인한 피해자를 증인으로 신문하는 경우 증인의 연령, 심신의 상태, 그 밖의 사정을 고려하여 증인이 현저하게 불안 또는 긴장을 느낄 우려가 있다고 인정하는 때에는 직권 또는 피해자·법정대리인·검사의 신청에 따라 피해자와 신뢰관계에 있는 자를 동석하게 할 수 있다.

② 법원은 범죄로 인한 피해자가 13세 미만이거나 신체적 또는 정신적 장애로 사물을 변별하거나 의사를 결정할 능력이 미약한 경우에 재판에 지장을 초래할 우려가 있는 등 부득이한 경우가 아닌 한 피해자와 신뢰관계에 있는 자를 동석하게 하여야 한다.

③ 제1항 또는 제2항에 따라 동석한 자는 법원·소송관계인의 신문 또는 증인의 진술을 방해하거나 그 진술의 내용에 부당한 영향을 미칠 수 있는 행위를 하여서는 아니 된다.

④ 제1항 또는 제2항에 따라 동석할 수 있는 신뢰관계에 있는 자의 범위, 동석의 절차 및 방법 등에 관하여 필요한 사항은 대법원규칙으로 정한다.

18 난도 ★★☆
정답 ③

정답의 이유

③ 헌법재판소법 제47조 제4항에 따라 재심을 청구할 수 있는 '위헌으로 결정된 법률 또는 법률의 조항에 근거한 유죄의 확정판결'이란 헌법재판소의 위헌결정으로 인하여 같은 조 제3항의 규정에 의하여 소급하여 효력을 상실하는 법률 또는 법률의 조항을 적용한 유죄의 확정판결을 의미한다. 따라서 위헌으로 결정된 법률 또는 법률의 조항이 같은 조 제3항 단서에 의하여 종전의 합헌결정이 있는 날의 다음 날로 소급하여 효력을 상실하는 경우 합헌결정이 있는 날의 다음 날 이후에 유죄판결이 선고되어 확정되었다면, 비록 범죄행위가 그 이전에 행하여졌더라도 그 판결은 위헌결정으로 인하여 소급하여 효력을 상실한 법률 또는 법률의 조항을 적용한 것으로서 '위헌으로 결정된 법률 또는 법률의 조항에 근거한 유죄의 확정판결'에 해당하므로 이에 대하여 재심을 청구할 수 있다(대결 2016.11.10, 2015모1475).

오답의 이유

① 형사소송법이나 형사소송규칙에는 재심청구인이 재심의 청구를 한 후 청구에 대한 결정이 확정되기 전에 사망한 경우에 재심청구인의 배우자나 친족 등에 의한 재심청구인 지위의 승계를 인정하거나 형사소송법 제438조와 같이 재심청구인이 사망한 경우에도 절차를 속행할 수 있는 규정이 없으므로, 재심청구절차는 재심청구인의 사망으로 당연히 종료하게 된다(대판 2014.5.30, 2014모739).

② 조세심판원이 재조사결정을 하고 그에 따라 과세관청이 후속처분으로 당초 부과처분을 취소하였다면 부과처분은 처분 시에 소급하여 효력을 잃게 되어 원칙적으로 그에 따른 납세의무도 없어지므로, 형사소송법 제420조 제5호에 정한 재심사유에 해당한다(대판 2015.10.29, 2013도14716).

④ 유죄의 확정판결에 대하여 재심개시결정이 확정되어 법원이 그 사건에 대하여 다시 심판을 한 후 재심의 판결을 선고하고 그 재심판결이 확정된 때에는 종전의 확정판결은 당연히 효력을 상실한다(대판 2017.9.21, 2017도4019).

19 난도 ★★☆
정답 ①

정답의 이유

① 법 제296조 제1항의 규정에 의한 이의신청은 법령의 위반이 있거나 상당하지 아니함을 이유로 하여 이를 할 수 있다. 다만, 법 제295조의 규정에 의한 결정에 대한 이의신청은 법령의 위반이 있음을 이유로 하여서만 이를 할 수 있다(형사소송규칙 제135조의2).

오답의 이유

② 형사소송규칙 제140조

③ 시기에 늦은 이의신청, 소송지연만을 목적으로 하는 것임이 명백한 이의신청은 결정으로 이를 기각하여야 한다. 다만, 시기에 늦은 이의신청이 중요한 사항을 대상으로 하고 있는 경우에는 시기에 늦은 것만을 이유로 하여 기각하여서는 아니 된다(형사소송규칙 제139조 제1항).

④ 증거조사를 마친 증거가 증거능력이 없음을 이유로 한 이의신청을 이유있다고 인정할 경우에는 그 증거의 전부 또는 일부를 배제한다는 취지의 결정을 하여야 한다(형사소송규칙 제139조 제4항).

20 난도 ★★☆
정답 ③

정답의 이유

③ 형사소송법 제312조 제4항에서 '특히 신빙할 수 있는 상태'란 진술 내용이나 조서 작성에 허위개입의 여지가 거의 없고, 진술 내용의 신빙성이나 임의성을 담보할 구체적이고 외부적인 정황이 있는 것을 말한다. 그리고 이러한 '특히 신빙할 수 있는 상태'는 증거능력의 요건에 해당하므로 검사가 그 존재에 대하여 구체적으로 주장·증명하여야 하지만, 이는 소송상의 사실에 관한 것이므로 엄격한 증명을 요하지 아니하고 자유로운 증명으로 족하다(대판 2012.7.26, 2012도2937).

오답의 이유

① 엄격한 증명의 대상에는 검사가 공소장에 기재한 구체적 범죄사실이 모두 포함되고, 특히 공소사실에 특정된 범죄의 일시는 피고인의 방어권 행사의 주된 대상이 되므로 엄격한 증명을 통해 그 특정한 대로 범죄사실이 인정되어야 한다(대판 2011.4.28, 2010도14487).

② 목적과 용도를 정하여 위탁한 금전을 수탁자가 임의로 소비하면 횡령죄를 구성할 수 있으나, 이 경우 피해자 등이 목적과 용도를 정하여 금전을 위탁한 사실 및 그 목적과 용도가 무엇인지는 엄격한 증명의 대상이라고 보아야 한다(대판 2013.11.14, 2013도8121).

④ 친고죄에 있어서의 고소는 수사기관에 대하여 범죄사실을 신고하고 범인의 처벌을 구하는 의사표시로서 서면뿐만 아니라 구술

로도 할 수 있는바, 구술에 의한 고소를 받은 검사 또는 사법경찰관이 작성하는 조서는 독립한 조서일 필요는 없으므로, 고소권자가 수사기관으로부터 피해자 또는 참고인으로서 신문받으면서 범인의 처벌을 요구하는 의사표시가 포함되어 있는 진술을 하고 그 의사표시가 조서에 기재되면, 적법한 고소에 해당한다(대판 1966.1.31, 65도1089, 대판 1985.3.12, 85도190). 친고죄에서 적법한 고소가 있었는지는 자유로운 증명의 대상이 되고, 일죄의 관계에 있는 범죄사실 일부에 대한 고소의 효력은 일죄 전부에 대하여 미친다(대판 2011.6.24, 2011도4451).

21 난도 ★★☆   정답 ①

정답의 이유

① 친고죄의 공범 중 그 일부에 대하여 제1심판결이 선고된 후에는 제1심판결선고전의 다른 공범자에 대하여는 그 고소를 취소할 수 없고 그 고소의 취소가 있다 하더라도 그 효력을 발생할 수 없으며, 이러한 법리는 필요적 공범이나 임의적 공범이냐를 구별함이 없이 모두 적용된다(대판 1985.11.12, 85도1940).

오답의 이유

② 고소인 공소외인은 이 사건 공소제기 전에 검사에게 친고죄인 저작권법위반의 점에 대한 피고인의 처벌을 구하는 의사표시를 철회하는 의사표시를 한 것이고, 그 의사표시 당시 고소인에게 앞에서 인정한 것과 같은 내심의 진정한 의사가 있었다 하더라도 친고죄에서 처벌을 구하는 의사표시의 철회는 수사기관이나 법원에 대한 공법상의 의사표시로서 내심의 조건부 의사표시는 허용되지 않는 것이므로, 위 의사표시로서 저작권법위반의 점에 대한 고소인의 고소는 적법하게 취소되었다고 할 것이어서 이 사건 공소제기 전에 저작권법위반의 공소사실에 대한 고소취소가 있었다고 보아 공소를 기각한 제1심의 판단은 정당하다(대판 2007.4.13, 2007도425).

③ 반의사불벌죄에 있어서 피해자의 피고인 또는 피의자에 대한 처벌을 희망하지 않는다는 의사표시 또는 처벌을 희망하는 의사표시의 철회는, 위와 같은 형사소송절차에 있어서의 소송능력에 관한 일반원칙에 따라, 의사능력이 있는 피해자가 단독으로 이를 할 수 있고, 거기에 법정대리인의 동의가 있어야 한다거나 법정대리인에 의해 대리되어야만 한다고 볼 것은 아니다. 나아가 청소년의 성보호에 관한 법률이 형사소송법과 다른 특별한 규정을 두고 있지 않는 한, 위와 같은 반의사불벌죄에 관한 해석론은 청소년의 성보호에 관한 법률의 경우에도 그대로 적용되어야 한다. 그러므로 청소년의 성보호에 관한 법률 제16조에 규정된 반의사불벌죄라고 하더라도, 피해자인 청소년에게 의사능력이 있는 이상, 단독으로 피고인 또는 피의자의 처벌을 희망하지 않는다는 의사표시 또는 처벌희망 의사표시의 철회를 할 수 있고, 거기에 법정대리인의 동의가 있어야 하는 것으로 볼 것은 아니다(대판 2009.11.19, 2009도6058).

④ 형사소송법의 그 규정은 국가형벌권의 행사가 피해자의 의사에 의하여 좌우되는 현상을 장기간 방치하지 않으려는 목적에서 고소취소의 시한을 획일적으로 제1심판결 선고시까지로 한정한 것이고, 따라서 그 규정을 현실적 심판의 대상이 된 공소사실이

친고죄로 된 당해 심급의 판결 선고시까지 고소인이 고소를 취소할 수 있다는 의미로 볼 수는 없다 할 것이어서, 항소심에서 공소장의 변경에 의하여 또는 공소장변경절차를 거치지 아니하고 법원직권에 의하여 친고죄가 아닌 범죄를 친고죄로 인정하였더라도 항소심을 제1심이라 할 수는 없는 것이므로, 항소심에 이르러 비로소 고소인이 고소를 취소하였다면 이는 친고죄에 대한 고소취소로서의 효력은 없다(대판 1999.4.15, 96도1922).

22 난도 ★★☆   정답 ④

정답의 이유

④ 수사기관이 참고인을 조사하는 과정에서 형사소송법 제221조 제1항에 따라 작성한 영상녹화물은, 다른 법률에서 달리 규정하고 있는 등의 특별한 사정이 없는 한, 공소사실을 직접 증명할 수 있는 독립적인 증거로 사용될 수는 없다고 해석함이 타당하다(대판 2014.7.10, 2012도5041).

오답의 이유

① 압수물인 디지털 저장매체로부터 출력한 문건을 증거로 사용하기 위해서는 디지털 저장매체 원본에 저장된 내용과 출력한 문건의 동일성이 인정되어야 하고, 이를 위해서는 디지털 저장매체원본이 압수시부터 문건 출력시까지 변경되지 않았음이 담보되어야 한다. … 그리고 압수된 디지털 저장매체로부터 출력한 문건을 진술증거로 사용하는 경우, 그 기재 내용의 진실성에 관하여는 전문법칙이 적용되므로 형사소송법 제313조 제1항에 따라 그 작성자 또는 진술자의 진술에 의하여 그 성립의 진정함이 증명된 때에 한하여 이를 증거로 사용할 수 있다(대판 2007.12.13, 2007도7257).

② 형사소송법 규정에 위반하여 수사기관이 법원으로부터 영장 또는 감정처분허가장을 발부받지 아니한 채 피의자의 동의 없이 피의자의 신체로부터 혈액을 채취하고 더구나 사후적으로도 지체없이 이에 대한 영장을 발부받지 아니하고서 위와 같이 강제 채혈한 피의자의 혈액 중 알코올농도에 관한 감정이 이루어졌다면, 이러한 감정결과보고서 등은 형사소송법상 영장주의 원칙을 위반하여 수집하거나 그에 기초한 증거로서 그 절차 위반행위가 적법절차의 실질적인 내용을 침해하는 정도에 해당한다고 할 것이므로, 피고인이나 변호인의 증거동의 여부를 불문하고 이 사건 범죄사실을 유죄로 인정하는 증거로 사용할 수 없다고 보아야 한다(대판 2011.5.13, 2009도10871).

③ 피고인이 범행 후 피해자에게 전화를 걸어오자 피해자가 증거를 수집하려고 그 전화내용을 녹음한 경우, 그 녹음테이프가 피고인 모르게 녹음된 것이라 하여 이를 위법하게 수집된 증거라고 할 수 없다(대판 1997.3.28, 97도240).

23 난도 ★★☆   정답 ④

정답의 이유

④ 법원이 2차적 증거의 증거능력 인정 여부를 최종적으로 판단할 때에는 먼저 절차에 따르지 아니한 1차적 증거 수집과 관련된 모든 사정들, 즉 절차 조항의 취지와 그 위반의 내용 및 정도, 구

체적인 위반 경위와 회피가능성, 절차 조항이 보호하고자 하는 권리 또는 법익의 성질과 침해 정도 및 피고인과의 관련성, 절차 위반행위와 증거수집 사이의 인과관계 등 관련성의 정도, 수사기관의 인식과 의도 등을 살펴야 한다. 나아가 1차적 증거를 기초로 하여 다시 2차적 증거를 수집하는 과정에서 추가로 발생한 모든 사정들까지 구체적인 사안에 따라 주로 인과관계 희석 또는 단절여부를 중심으로 전체적·종합적으로 고려하여야 한다(대판 2009.3.12, 2008도11437).

오답의 이유

① 피의자가 변호인의 참여를 원한다는 의사를 명백하게 표시하였음에도 수사기관이 정당한 사유 없이 변호인을 참여하게 하지 아니한 채 피의자를 신문하여 작성한 피의자신문조서는 형사소송법 제312조에 정한 '적법한 절차와 방식'에 위반된 증거일 뿐만 아니라, 형사소송법 제308조의2에서 정한 '적법한 절차에 따르지 아니하고 수집한 증거'에 해당하므로 이를 증거로 할 수 없다(대판 2013.3.28, 2010도3359).

② 공범인 공동피고인은 당해 소송절차에서는 피고인의 지위에 있으므로 다른 공동피고인에 대한 공소사실에 관하여 증인이 될 수 없으나, 소송절차가 분리되어 피고인의 지위에서 벗어나게 되면 다른 공동피고인에 대한 공소사실에 관하여 증인이 될 수 있다(대판 2008.6.26, 2008도3300).

③ 형사소송규칙 제144조 제1항 제1호

제144조(공판절차의 갱신절차)

① 법 제301조, 법 제301조의2 또는 제143조에 따른 공판절차의 갱신은 다음 각 호의 규정에 의한다.

 1. 재판장은 제127조의 규정에 따라 피고인에게 진술거부권 등을 고지한 후 법 제284조에 따른 인정신문을 하여 피고인임에 틀림없음을 확인하여야 한다.

 2. 재판장은 검사로 하여금 공소장 또는 공소장변경허가신청서에 의하여 공소사실, 죄명 및 적용법조를 낭독하게 하거나 그 요지를 진술하게 하여야 한다.

 3. 재판장은 피고인에게 공소사실의 인정 여부 및 정상에 관하여 진술할 기회를 주어야 한다.

 4. 재판장은 갱신전의 공판기일에서의 피고인이나 피고인이 아닌 자의 진술 또는 법원의 검증결과를 기재한 조서에 관하여 증거조사를 하여야 한다.

 5. 재판장은 갱신전의 공판기일에서 증거조사된 서류 또는 물건에 관하여 다시 증거조사를 하여야 한다. 다만, 증거능력 없다고 인정되는 서류 또는 물건과 증거로 함이 상당하지 아니하다고 인정되고 검사, 피고인 및 변호인이 이의를 하지 아니하는 서류 또는 물건에 대하여는 그러하지 아니하다.

② 재판장은 제1항 제4호 및 제5호에 규정된 서류 또는 물건에 관하여 증거조사를 함에 있어서 검사, 피고인 및 변호인의 동의가 있는 때에는 그 전부 또는 일부에 관하여 법 제292조 · 제292조의2 · 제292조의3에 규정한 방법에 갈음하여 상당하다고 인정하는 방법으로 이를 할 수 있다.

---

24 난도 ★★☆ 　　　　　　　　　　　　　　　　정답 ③

정답의 이유

③ 피고인 주소지에 피고인이 거주하지 아니한다는 이유로 구속영장이 여러 차례에 걸쳐 집행불능되어 반환된 바 있었다고 하더라도 이를 소송촉진 등에 관한 특례법이 정한 '송달불능보고서의 접수'로 볼 수는 없다. 반면에 소재탐지불능보고서의 경우는 경찰관이 직접 송달 주소를 방문하여 거주자나 인근 주민 등에 대한 탐문 등의 방법으로 피고인의 소재 여부를 확인하므로 송달불능보고서보다 더 정확하게 피고인의 소재 여부를 확인할 수 있기 때문에 송달불능보고서와 동일한 기능을 한다고 볼 수 있으므로 소재탐지불능보고서의 접수는 소송촉진 등에 관한 특례법이 정한 '송달불능보고서의 접수'로 볼 수 있다(대판 2014.10.16, 2014모1557).

오답의 이유

① 피고인이 구치소나 교도소 등에 수감 중에 있는 경우는 형사소송법 제63조 제1항에 규정된 '피고인의 주거, 사무소, 현재지를 알 수 없는 때'나 '소송촉진 등에 관한 특례법' 제23조에 규정된 '피고인의 소재를 확인할 수 없는 경우'에 해당한다고 할 수 없으므로, 법원이 수감 중인 피고인에 대하여 공소장 부본과 피고인 소환장 등을 종전 주소지 등으로 송달한 경우는 물론 공시송달의 방법으로 송달하였더라도 이는 위법하다고 보아야 한다(대판 2013.6.27, 2013도2714).

② 피고인에 대한 공판기일 소환은 형사소송법이 정한 소환장의 송달 또는 이와 동일한 효력이 있는 방법에 의하여야 하고, 그 밖의 방법에 의한 사실상의 기일의 고지 또는 통지 등은 적법한 피고인 소환이라고 할 수 없다(대판 2018.11.29, 2018도13377).

④ 제1심이 공시송달의 방법으로 피고인을 소환하여 피고인이 공판기일에 출석하지 아니한 가운데 제1심의 절차가 진행되었다면 그와 같은 위법한 공판절차에서 이루어진 소송행위는 효력이 없으므로, 이러한 경우 항소심은 피고인 또는 변호인에게 공소장 부본을 송달하고 적법한 절차에 의하여 소송행위를 새로이 한 후 항소심에서의 진술과 증거조사 등 심리결과에 기초하여 다시 판결하여야 한다(대판 2014.4.24, 2013도9498).

④ 즉결심판에 관한 절차법이 즉결심판의 청구와 동시에 판사에게 증거서류 및 증거물을 제출하도록 한 것은 즉결심판이 범증이 명백하고 죄질이 경미한 범죄사건을 신속·적정하게 심판하기 위한 입법적 고려에서 공소장일본주의가 배제되도록 한 것이라고 보아야 한다. 피고인이 택시 요금을 지불하지 않아 경범죄처벌법 위반으로 즉결심판에 회부되었다가 정식재판을 청구한 사안에서, 위 정식재판청구로 제1회 공판기일 전에 사건기록 및 증거물이 경찰서장, 관할 지방검찰청 또는 지청의 장을 거쳐 관할 법원에 송부된다고 하여 그 이전에 이미 적법하게 제기된 경찰서장의 즉결심판청구의 절차가 위법하게 된다고 볼 수 없고, 그 과정에서 정식재판이 청구된 이후에 작성된 피해자에 대한 진술조서 등이 사건기록에 편철되어 송부되었더라도 달리 볼 것은 아니다(대판 2011.1.27, 2008도7375).

① 공소장에는 제1항에 규정한 서류 외에 사건에 관하여 법원에 예단이 생기게 할 수 있는 서류 기타 물건을 첨부하거나 그 내용을 인용하여서는 아니된다(형사소송규칙 제118조 제2항).

②·③ 공소장일본주의의 위배 여부는 공소사실로 기재된 범죄의 유형과 내용 등에 비추어 볼 때에 공소장에 첨부 또는 인용된 서류 기타 물건의 내용, 그리고 법령이 요구하는 사항 이외에 공소장에 기재된 사실이 법관 또는 배심원에게 예단을 생기게 하여 법관 또는 배심원이 범죄사실의 실체를 파악하는 데 장애가 될 수 있는지 여부를 기준으로 당해 사건에서 구체적으로 판단하여야 한다. 이러한 기준에 비추어 공소장일본주의에 위배된 공소제기라고 인정되는 때에는 그 절차가 법률의 규정을 위반하여 무효인 때에 해당하는 것으로 보아 공소기각의 판결을 선고하는 것이 원칙이다. 그러나 공소장 기재의 방식에 관하여 피고인측으로부터 아무런 이의가 제기되지 아니하였고 법원 역시 범죄사실의 실체를 파악하는 데 지장이 없다고 판단하여 그대로 공판절차를 진행한 결과 증거조사절차가 마무리되어 법관의 심증형성이 이루어진 단계에서는 소송절차의 동적 안정성 및 소송경제의 이념 등에 비추어 볼 때 이제는 더 이상 공소장일본주의 위배를 주장하여 이미 진행된 소송절차의 효력을 다툴 수는 없다고 보아야 한다(대판 2009.10.22, 2009도7436).

한눈에 훑어보기

✓ 빠른 정답

01	02	03	04	05	06	07	08	09	10
①	①	③	②	①	②	③	②	①	④
11	12	13	14	15	16	17	18	19	20
②	④	①	①	③	④	①	④	③	③
21	22	23	24	25					
①	④	②	②	②					

✓ 점수 체크

구분	1회독	2회독	3회독
맞힌 문항 수	/ 25	/ 25	/ 25
나의 점수	점	점	점

---

01 난도 ★★★ 정답 ①

[정답의 이유]

① 음주운전과 관련한 도로교통법 위반죄의 범죄수사를 위하여 미성년자인 피의자의 혈액채취가 필요한 경우에도 피의자에게 의사능력이 있다면 피의자 본인만이 혈액채취에 관한 유효한 동의를 할 수 있고, 피의자에게 의사능력이 없는 경우에도 명문의 규정이 없는 이상 법정대리인이 피의자를 대리하여 동의할 수는 없다(대판 2014.11.13, 2013도1228).

[오답의 이유]

② 대판 2009.11.19, 2009도6058 전합

③ 대결 1994.10.28, 94모25

④ 피고인 또는 피의자의 법정대리인, 배우자, 직계친족과 형제자매는 보조인이 될 수 있다(형사소송법 제29조 제1항), 보조인이 되고자 하는 자는 심급별로 그 취지를 신고하여야 한다(형사소송법 제29조 제3항).

02 난도 ★★☆ 정답 ①

[정답의 이유]

① 약식명령에 불복하여 정식재판을 청구한 피고인이 정식재판절차의 제1심에서 2회 불출정하여 형사소송법 제318조 제2항에 따른 증거동의가 간주된 후 증거조사를 완료한 이상, 간주의 대상인 증거동의는 증거조사가 완료되기 전까지 철회 또는 취소할 수 있으나 일단 증거조사를 완료한 뒤에는 취소 또는 철회가 인정되지 아니하는 점, 증거동의 간주가 피고인의 진의와는 관계없이 이루어지는 점 등에 비추어, 비록 피고인이 항소심에 출석하여 공소사실을 부인하면서 간주된 증거동의를 철회 또는 취소한다는 의사표시를 하더라도 그로 인하여 적법하게 부여된 증거능력이 상실되는 것이 아니다(대판 2010.7.15, 2007도5776).

[오답의 이유]

② 대판 2006.11.23, 2004도7900

③ 피고인의 출정없이 증거조사를 할 수 있는 경우에 피고인이 출정하지 아니한 때에는 증거로 할 수 있음의 동의가 있는 것으로 간주한다. 단, 대리인 또는 변호인이 출정한 때에는 예외로 한다(형사소송법 제318조 제2항).

④ 대판 2013.3.28, 2013도3

03 난도 ★★☆　　　　　　　　　　　　　　정답 ③

정답의 이유

③ 변호인은 피고인의 동의를 얻어 상소를 취하할 수 있으므로(형사소송법 제351조, 제341조), 변호인의 상소취하에 피고인의 동의가 없다면 상소취하의 효력은 발생하지 아니한다. 한편 변호인이 상소취하를 할 때 원칙적으로 피고인은 이에 동의하는 취지의 서면을 제출하여야 하나(형사소송규칙 제153조 제2항), 피고인은 공판정에서 구술로써 상소취하를 할 수 있으므로(형사소송법 제352조 제1항 단서), 변호인의 상소취하에 대한 피고인의 동의도 공판정에서 구술로써 할 수 있다. 다만 상소를 취하하거나 상소의 취하에 동의한 자는 다시 상소를 하지 못하는 제한을 받게 되므로(형사소송법 제354조), 상소취하에 대한 피고인의 구술 동의는 명시적으로 이루어져야만 한다(대판 2015.9.10, 2015도7821).

오답의 이유

① 상소의 포기는 원심법원에, 상소의 취하는 상소법원에 하여야 한다. 단, 소송기록이 상소법원에 송부되지 아니한 때에는 상소의 취하를 원심법원에 제출할 수 있다(형사소송법 제353조).

② 대결 1995.8.17, 95모49

④ 상소권회복은 자기 또는 대리인이 책임질 수 없는 사유로 인하여 상소제기기간 내에 상소를 하지 못한 사람이 이를 청구하는 것이므로, 상소권을 포기한 후 상소제기기간이 도과하기 전에 상소포기의 효력을 다투면서 상소를 제기한 자는 원심 또는 상소심에서 그 상소의 적법 여부에 대한 판단을 받으면 되고, 별도로 상소권회복청구를 할 여지는 없다고 할 것이나, 상소권을 포기한 후 상소제기기간이 도과한 다음에 상소포기의 효력을 다투는 한편, 자기 또는 대리인이 책임질 수 없는 사유로 인하여 상소제기기간 내에 상소를 하지 못하였다고 주장하는 사람은 상소를 제기함과 동시에 상소권회복청구를 할 수 있고, 그 경우 상소포기가 부존재 또는 무효라고 인정되지 아니하거나 자기 또는 대리인이 책임질 수 없는 사유로 인하여 상소제기기간을 준수하지 못하였다고 인정되지 아니한다면 상소권회복청구를 받은 원심으로서는 상소권회복청구를 기각함과 동시에 상소기각결정을 하여야 한다(대결 2004.1.13, 2003모451).

04 난도 ★★☆　　　　　　　　　　　　　　정답 ②

정답의 이유

② 보석이라 함은 일정 보증금의 납부 등을 조건으로 구속의 집행을 정지하고 구속된 피고인을 석방하는 제도를 말한다. 따라서 보석허가결정에 의하더라도 구속영장은 효력이 소멸하지 않으므로, 보석을 취소한 때에는 새로운 구속영장을 발부하는 것이 아니라 그 취소결정의 등본에 의하여 피고인을 재구금하여야 한다(형사소송규칙 제56조).

오답의 이유

① 보석의 청구를 받은 법원은 지체없이 심문기일을 정하여 구속된 피고인을 심문하여야 한다. 다만, 이미 제출한 자료만으로 보석을 허가하거나 불허가할 것이 명백한 때에는 그러하지 아니하다

(형사소송규칙 제54조의2 제1항 제4호).

③ 법원은 유가증권 또는 피고인 외의 자가 제출한 보증서로써 보증금에 갈음함을 허가할 수 있다(형사소송법 제100조 제3항).

④ 법원은 피고인이 정당한 사유 없이 보석조건을 위반한 경우에는 결정으로 피고인에 대하여 1천만 원 이하의 과태료를 부과하거나 20일 이내의 감치에 처할 수 있다(형사소송법 제102조 제3항).

05 난도 ★★☆　　　　　　　　　　　　　　정답 ①

정답의 이유

① 형사소송법 제103조는 "보석된 자가 형의 선고를 받고 그 판결이 확정된 후 집행하기 위한 소환을 받고 정당한 이유 없이 출석하지 아니하거나 도망한 때에는 직권 또는 검사의 청구에 의하여 결정으로 보증금의 전부 또는 일부를 몰수하여야 한다."고 규정하고 있는바, 이 규정에 의한 보증금몰수사건은 그 성질상 당해 형사본안 사건의 기록이 존재하는 법원 또는 그 기록을 보관하는 검찰청에 대응하는 법원의 토지관할에 속하고, 그 법원이 지방법원인 경우에 있어서 사물관할은 법원조직법 제7조 제4항의 규정에 따라 지방법원 단독판사에게 속하는 것이지 소송절차 계속 중에 보석허가결정 또는 그 취소결정 등을 본안 관할법원인 제1심 합의부 또는 항소심인 합의부에서 한 바 있었다고 하여 그러한 법원이 사물관할을 갖게 되는 것은 아니다(대결 2002.5.17, 2001모53).

오답의 이유

② 대판 2001.5.29, 2000모22 전합

③·④ 대결 2002.5.17, 2001모53

06 난도 ★★☆　　　　　　　　　　　　　　정답 ②

정답의 이유

② 제20조 제1항의 기각결정에 대한 즉시항고는 재판의 집행을 정지하는 효력이 없다(형사소송법 제23조 제2항). 기피신청기각결정에 대한 즉시항고는 통상적인 즉시항고의 경우와는 달리 재판의 집행을 정지하는 효력이 없다.

오답의 이유

① 법관에게 제척사유가 있으면 검사 또는 피고인은 법관의 기피를 신청할 수 있다(형사소송법 제18조 제1항 제1호), 기피사유는 신청한 날로부터 3일 이내에 서면으로 소명하여야 한다(형사소송법 제19조 제2항).

③ 대판 2012.10.11, 2012도8544

④ 대결 1987.3.30, 87모20

제척의 원인(형사소송법 제17조)

법관은 다음 경우에는 직무집행에서 제척된다. 〈개정 2005.3.31, 2020.12.8〉

1. 법관이 피해자인 때
2. 법관이 피고인 또는 피해자의 친족 또는 친족관계가 있었던 자인 때
3. 법관이 피고인 또는 피해자의 법정대리인, 후견감독인인 때
4. 법관이 사건에 관하여 증인, 감정인, 피해자의 대리인으로 된 때
5. 법관이 사건에 관하여 피고인의 대리인, 변호인, 보조인으로 된 때
6. 법관이 사건에 관하여 검사 또는 사법경찰관의 직무를 행한 때
7. 법관이 사건에 관하여 전심재판 또는 그 기초되는 조사, 심리에 관여한 때
8. 법관이 사건에 관하여 피고인의 변호인이거나 피고인 · 피해자의 대리인인 법무법인, 법무법인(유한), 법무조합, 법률사무소, 「외국법자문사법」 제2조 제9호에 따른 합작법무법인에서 퇴직한 날부터 2년이 지나지 아니한 때
9. 법관이 피고인인 법인 · 기관 · 단체에서 임원 또는 직원으로 퇴직한 날부터 2년이 지나지 아니한 때

07 난도 ★☆☆　　　　　　　　　　　　정답 ③

정답의 이유

③ 토지관할을 달리하는 수개의 제1심 법원들에 관련 사건이 계속된 경우에 그 소속 고등법원이 같은 경우에는 그 고등법원이, 그 소속 고등법원이 다른 경우에는 대법원이 위 제1심 법원들의 공통되는 직근상급법원으로서 위 조항에 의한 토지관할 병합심리 신청사건의 관할법원이 된다(대판 2006.12.5, 2006초기335 전합).

오답의 이유

① 대판 2015.10.15, 2015도1803
② 대판 2011.12.22, 2011도12927
④ 대판 2008.6.12, 2006도8568

08 난도 ★★☆　　　　　　　　　　　　정답 ②

정답의 이유

② 형사소송법 제254조 제5항에 수개의 범죄사실과 적용법조를 예비적 또는 택일적으로 기재할 수 있다함은 수개의 범죄사실 간에 범죄사실의 동일성이 인정되는 범위 내에서는 물론 그들 범죄사실 상호간에 범죄의 일시, 장소, 수단 및 객체 등이 달라서 수개의 범죄사실로 인정되는 경우에도 이들 수개의 범죄사실을 예비적 또는 택일적으로 기재할 수 있다는 취지다(대판 1966.3.24, 65도114 전합).

오답의 이유

① 대판 2012.9.27, 2010도17052
③ 대판 2016.12.15, 2015도3682
④ 대판 2009.8.20, 2008도9634

09 난도 ★★☆　　　　　　　　　　　　정답 ①

정답의 이유

① 형사소송법 제253조 제3항은 "범인이 형사처분을 면할 목적으로 국외에 있는 경우 그 기간 동안 공소시효는 정지된다."라고 규정하고 있다. 위 규정의 입법 취지는 범인이 우리나라의 사법권이 실질적으로 미치지 못하는 국외에 체류한 것이 도피의 수단으로 이용된 경우에 체류기간 동안은 공소시효가 진행되는 것을 저지하여 범인을 처벌할 수 있도록 하여 형벌권을 적정하게 실현하고자 하는 데 있다. 따라서 위 규정이 정한 '범인이 형사처분을 면할 목적으로 국외에 있는 경우'는 범인이 국내에서 범죄를 저지르고 형사처분을 면할 목적으로 국외로 도피한 경우에 한정되지 아니하고, 범인이 국외에서 범죄를 저지르고 형사처분을 면할 목적으로 국외에서 체류를 계속하는 경우도 포함된다(대판 2015.6.24, 2015도5916).

오답의 이유

② 대판 2017.7.11, 2016도14820
③ 대판 2008.12.11, 2008도4376
④ 대판 1999.3.9, 98도4621

10 난도 ★★☆　　　　　　　　　　　　정답 ④

정답의 이유

④ 형사소송절차에서 피고인은 방어권에 기하여 범죄사실에 대하여 진술을 거부하거나 거짓 진술을 할 수 있고, 이 경우 범죄사실을 단순히 부인하고 있는 것이 죄를 반성하거나 후회하고 있지 않다는 인격적 비난요소로 보아 가중적 양형의 조건으로 삼는 것은 결과적으로 피고인에게 자백을 강요하는 것이 되어 허용될 수 없다고 할 것이나, 그러한 태도나 행위가 피고인에게 보장된 방어권 행사의 범위를 넘어 객관적이고 명백한 증거가 있음에도 진실의 발견을 적극적으로 숨기거나 법원을 오도하려는 시도에 기인한 경우에는 가중적 양형의 조건으로 참작될 수 있다(대판 2001.3.9, 2001도192).

정답의 이유

① 대판 1992.6.23, 92도682
② 대판 2011.11.10, 2011도8125
③ 대판 2013.3.28, 2010도3359

11 난도 ★★★　　　　　　　　　　　　정답 ②

정답의 이유

② 현행범인은 누구든지 영장 없이 체포할 수 있고(형사소송법 제212조), 검사 또는 사법경찰관리 아닌 이가 현행범인을 체포한 때에는 즉시 검사 등에게 인도하여야 한다(형사소송법 제213조 제1항). 여기서 '즉시'라고 함은 반드시 체포시점과 시간적으로 밀착된 시점이어야 하는 것은 아니고, '정당한 이유 없이 인도를 지연하거나 체포를 계속하는 등으로 불필요한 지체를 함이 없이'라는 뜻으로 볼 것이다. 또한 검사 등이 현행범인을 체포하거나 현행범인을 인도받은 후 현행범인을 구속하고자 하는 경우 48시간 이내에 구속영장을 청구하여야 하고 그 기간 내에 구속영장

을 청구하지 아니하는 때에는 즉시 석방하여야 한다(형사소송법 제213조의2, 제200조의2 제5항). 위와 같이 체포된 현행범인에 대하여 일정 시간 내에 구속영장 청구 여부를 결정하도록 하고 그 기간 내에 구속영장을 청구하지 아니하는 때에는 즉시 석방하도록 한 것은 영장에 의하지 아니한 체포 상태가 부당하게 장기화되어서는 안 된다는 인권보호의 요청과 함께 수사기관에서 구속영장 청구 여부를 결정하기 위한 합리적이고 충분한 시간을 보장해 주려는 데에도 그 입법취지가 있다고 할 것이다. 따라서 검사 등이 아닌 이에 의하여 현행범인이 체포된 후 불필요한 지체 없이 검사 등에게 인도된 경우 위 48시간의 기산점은 체포시가 아니라 검사 등이 현행범인을 인도받은 때라고 할 것이다(대판 2011.12.22, 2011도12927).

오답의 이유
① 대판 2016.10.13, 2016도5814
③ 대판 2001.9.28, 2001도4291
④ 대판 2000.7.4, 99도4341

12 난도 ★★☆ 정답 ④

정답의 이유
④ 형사소송법 제361조의4, 제361조의3, 제361조의2에 따르면, 항소인이나 변호인이 항소법원으로부터 소송기록접수통지를 받은 날로부터 20일 이내에 항소이유서를 제출하지 않고 항소장에도 항소이유의 기재가 없는 경우에는 결정으로 항소를 기각할 수 있도록 정하고 있다. 그러나 항소이유서 부제출을 이유로 항소기각의 결정을 하기 위해서는 항소인이 적법한 소송기록접수통지서를 받고서도 정당한 이유 없이 20일 이내에 항소이유서를 제출하지 않았어야 한다. 피고인의 항소대리권자인 배우자가 피고인을 위하여 항소한 경우(형사소송법 제341조)에도 소송기록접수통지는 항소인인 피고인에게 하여야 하는데(형사소송법 제361조의2), 피고인이 적법하게 소송기록접수통지서를 받지 못하였다면 항소이유서 제출기간이 지났다는 이유로 항소기각결정을 하는 것은 위법하다(대결 2018.3.29, 2018모642).

오답의 이유
① 대판 2015.4.9, 2015도1466
② 대판 2013.6.27, 2013도4114
③ 대판 2011.2.10, 2008도4558

13 난도 ★★☆ 정답 ①

정답의 이유
① 필로폰 매수 대금을 송금한 사실에 대한 증거가 필로폰 매수죄와 실체적 경합범 관계에 있는 필로폰 투약행위에 대한 보강증거가 될 수 없다(대판 2008.2.14, 2007도10937).

오답의 이유
② 대판 2010.12.23, 2010도11272
③ 대판 2008.5.29, 2008도2343
④ 대판 2000.9.26, 2000도2365

14 난도 ★★★ 정답 ①

정답의 이유
① 형사소송법 제262조 제2항, 제4항과 형사소송법 제262조 제4항 후문의 입법 취지 등에 비추어 보면, 형사소송법 제262조 제4항 후문에서 말하는 '제2항 제1호의 결정이 확정된 사건'은 재정신청사건을 담당하는 법원에서 공소제기의 가능성과 필요성 등에 관한 심리와 판단이 현실적으로 이루어져 재정신청 기각결정의 대상이 된 사건만을 의미한다. 따라서 재정신청 기각결정의 대상이 되지 않은 사건은 형사소송법 제262조 제4항 후문에서 말하는 '제2항 제1호의 결정이 확정된 사건'이라고 할 수 없고, 재정신청 기각결정의 대상이 되지 않은 사건이 고소인의 고소내용에 포함되어 있었다 하더라도 이와 달리 볼 수 없다(대판 2015.9.10, 2012도14755).

오답의 이유
② 대판 2017.11.14, 2017도13465
③ 대결 1997.4.22, 97모30
④ 대판 2015.7.16, 2013모2347 전합

15 난도 ★★☆ 정답 ③

정답의 이유
③ 형사소송법 제297조의 규정에 따라 재판장은 증인이 피고인의 면전에서 충분한 진술을 할 수 없다고 인정한 때에는 피고인을 퇴정하게 하고 증인신문을 진행함으로써 피고인의 직접적인 증인 대면을 제한할 수 있지만, 이러한 경우에도 피고인의 반대신문권을 배제하는 것은 허용되지 않는다(대판 2010.1.14, 2009도9344).

오답의 이유
① 법원이 공판기일에 증인을 채택하여 다음 공판기일에 증인신문을 하기로 피고인에게 고지하였는데 그 다음 공판기일에 증인은 출석하였으나 피고인이 정당한 사유 없이 출석하지 아니한 경우, 이미 출석하여 있는 증인에 대하여 공판기일 외의 신문으로서 증인신문을 하고 다음 공판기일에 그 증인신문조서에 대한 서증조사를 하는 것은 증거조사절차로서 적법하다(대판 2000.10.13, 2000도3265).
② 대판 2015.5.28, 2014도18006
④ 대판 2012.7.26, 2012도2937

16 난도 ★★☆ 정답 ④

정답의 이유
④ 형사소송법상 재심절차는 재심개시절차와 재심심판절차로 구별되는 것이므로, 재심개시절차에서는 형사소송법을 규정하고 있는 재심사유가 있는지 여부만을 판단하여야 하고, 나아가 재심사유가 재심대상판결에 영향을 미칠 가능성이 있는가의 실체적 사유는 고려하여서는 아니 된다(대결 2008.4.24, 2008모77).

오답의 이유
①·② 대판 2015.5.21, 2011도1932 전합
③ 대결 1984.5.30, 84모32

17 난도 ★★☆　　　　　　　　　　정답 ①

정답의 이유

① 결심공판에 출석한 검사가 사실과 법률적용에 관하여 의견을 진술하지 않더라도 공판절차가 무효로 되는 것은 아니며 위 공판조서에 검사의 의견진술이 누락되어 있다 하여도 이로써 판결에 영향을 미친 법률위반이 있는 경우에 해당한다고는 볼 수 없다(대판 1977.5.10. 74도3293).

오답의 이유

② 대판 1970.9.22. 70도1312
③ 대판 1983.10.25. 82도571
④ 대판 1995.4.14. 95도110

18 난도 ★★☆　　　　　　　　　　정답 ④

정답의 이유

④ 피의자의 이메일 계정에 대한 접근권한에 갈음하여 발부받은 압수·수색영장에 따라 원격지의 저장매체에 적법하게 접속하여 내려받거나 현출된 전자정보를 대상으로 하여 범죄 혐의사실과 관련된 부분에 대하여 압수·수색하는 것은, 압수·수색영장의 집행을 원활하고 적정하게 행하기 위하여 필요한 최소한도의 범위 내에서 이루어지며 그 수단과 목적에 비추어 사회통념상 타당하다고 인정되는 대물적 강제처분 행위로서 허용되며, 형사소송법 제120조 제1항에서 정한 압수·수색영장의 집행에 필요한 처분에 해당한다. 그리고 이러한 법리는 원격지의 저장매체가 국외에 있는 경우라 하더라도 그 사정만으로 달리 볼 것은 아니다(대판 2017.11.29. 2017도9747).

오답의 이유

① 대판 2016.3.10. 2013도11233
② 대판 2012.3.29. 2011도10508
③ 대판 2017.11.29. 2017도9747

19 난도 ★★☆　　　　　　　　　　정답 ③

정답의 이유

③ 상고법원은 상고이유서에 포함된 사유에 관하여 심판하여야 한다. 그러나 판결에 영향을 미친 헌법·법률·명령 또는 규칙의 위반이 있을 때, 판결 후 형의 폐지나 변경 또는 사면이 있는 때, 재심청구의 사유가 있는 때의 경우에는 상고이유서에 포함되지 아니한 때에도 직권으로 심판할 수 있다(형사소송법 제384조).

오답의 이유

① 비약적 상고인 경우 제1심판결에 대하여 항소를 제기하지 아니하고 상고를 할 수 있다(형사소송법 제372조).
② 대판 1987.11.10. 87도1408
④ 상고장 및 상고이유서에 기재된 상고이유의 주장이 상고이유에 해당하지 아니함이 명백한 때에는 결정으로 상고를 기각하여야 한다(형사소송법 제380조 제2항).

> **더 알아보기**
>
> **비약적 상고(형사소송법 제372조)**
> 다음 경우에는 제1심판결에 대하여 항소를 제기하지 아니하고 상고를 할 수 있다.
> 1. 원심판결이 인정한 사실에 대하여 법령을 적용하지 아니하였거나 법령의 적용에 착오가 있는 때
> 2. 원심판결이 있은 후 형의 폐지나 변경 또는 사면이 있는 때

> **더 알아보기**
>
> **상고이유(형사소송법 제383조)**
> 다음 사유가 있을 경우에는 원심판결에 대한 상고이유로 할 수 있다.
> 1. 판결에 영향을 미친 헌법·법률·명령 또는 규칙의 위반이 있는 때
> 2. 판결후 형의 폐지나 변경 또는 사면이 있는 때
> 3. 재심청구의 사유가 있는 때
> 4. 사형, 무기 또는 10년 이상의 징역이나 금고가 선고된 사건에 있어서 중대한 사실의 오인이 있어 판결에 영향을 미친 때 또는 형의 양정이 심히 부당하다고 인정할 현저한 사유가 있는 때

20 난도 ★★☆　　　　　　　　　　정답 ③

정답의 이유

③ 대결 2006.12.18. 2006모646

오답의 이유

① 체포영장의 청구를 받은 지방법원판사는 상당하다고 인정하는 때에는 체포영장을 발부한다(형사소송법 제200조의2 제2항). 구속과는 달리 체포에 있어서는 지방법원판사가 피의자를 심문하는 것은 인정되지 않는다.
② 긴급체포되었으나 구속영장을 청구하지 아니하였거나 발부받지 못하여 석방된 자는 영장없이는 동일한 범죄사실에 관하여 다시 체포하지 못한다(형사소송법 제200조의4 제3항).
④ 긴급체포의 요건을 갖추었는지 여부는 사후에 밝혀진 사정을 기초로 판단하는 것이 아니라 체포 당시의 상황을 기초로 판단하여야 하고, 이에 관한 검사나 사법경찰관 등 수사주체의 판단에는 상당한 재량의 여지가 있다고 할 것이다(대판 2002.6.11. 2000도5701).

21 난도 ★★☆　　　　　　　　　　정답 ①

정답의 이유

① 불이익변경금지원칙은 피고인이 안심하고 상소권을 행사하도록 하려는 정책적 고려에서 나온 제도로서 피고인만이 상소한 사건의 상소심에서 원심보다 피고인에게 불리하게 미결구금일수의 산입을 감축하는 등의 경우에는 불이익변경금지원칙의 적용 여부를 살펴보아야 하나, 위와 같이 판결을 선고한 법원에서 당해 판결서의 명백한 오류에 대하여 판결서의 경정을 통하여 그 오류를 시정하는 것은 피고인에게 유리 또는 불리한 결과를 발생시키거나 피고인의 상소권 행사에 영향을 미치는 것이 아니므

로, 여기에 불이익변경금지원칙이 적용될 여지는 없다(대판 2007.7.13, 2007도3448).

오답의 이유
② 대판 2008.3.14, 2008도488, 대판 2001.4.24, 2001도872
③ 대판 2010.12.9, 2008도1092
④ 대판 1980.3.25, 79도2105

22 난도 ★★☆ 정답 ④

정답의 이유
④ 형사소송법이 고소와 고소취소에 관한 규정을 하면서 제232조 제1항, 제2항에서 고소취소의 시한과 재고소의 금지를 규정하고 제3항에서는 반의사불벌죄에 제1항, 제2항의 규정을 준용하는 규정을 두면서도, 제233조에서 고소와 고소취소의 불가분에 관한 규정을 함에 있어서는 반의사불벌죄에 이를 준용하는 규정을 두지 아니한 것은 처벌을 희망하지 아니하는 의사표시나 처벌을 희망하는 의사표시의 철회에 관하여 친고죄와는 달리 공범자간에 불가분의 원칙을 적용하지 아니하고자 함에 있다고 볼 것이지, 입법의 불비로 볼 것은 아니다(대판 1994.4.26, 93도1689).

오답의 이유
① 대판 2009.1.30, 2008도7462
② 대판 1999.4.15, 96도1922 전합
③ 대판 1985.11.12, 85도1940

23 난도 ★☆☆ 정답 ②

정답의 이유
② 소송계속 중인 사건의 피해자 등의 소송기록의 열람 또는 등사 청구에 대하여 등사한 소송기록의 사용목적 제한 등 적당한 조건을 붙인 재판장의 허가에 대하여 불복할 수 없다(형사소송법 제294조의4 제6항).

오답의 이유
① 형사소송법 제294조의2 제1항, 제3항
③ 형사소송법 제294조의2 제2항
④ 형사소송법 제294조의3 제1항

24 난도 ★★☆ 정답 ②

정답의 이유
② 대판 1999.7.23, 99도1911

오답의 이유
① 판결전의 소송절차에 관한 결정에 대하여는 특히 즉시항고를 할 수 있는 경우 외에는 항고를 하지 못하는 것인 바, 소송사실 또는 적용법조의 추가, 철회 또는 변경의 허가에 관한 결정은 판결 전의 소송절차에 관한 결정이라 할 것이므로, 그 결정을 함에 있어서 저지른 위법이 판결에 영향을 미친 경우에 한하여 그 판결에 대하여 상소를 하여 다툼으로써 불복하는 외에는 당사자가 이에 대하여 독립하여 상소할 수 없다(대결 1987.3.28, 87모17).
③ 변경된 공소사실이 변경 전의 공소사실과 기본적 사실관계에서 동일하다면 그것이 새로운 공소의 추가적 제기와 다르지 않다고

하더라도 항소심에서도 공소장변경을 할 수 있다. 항소심에서 공소장변경을 하더라도 제1심에서 판단한 공소사실과 기본적 사실 관계가 동일한 범위 내에서만 허용되기 때문에 그 변경된 공소사실의 기초를 이루는 사실관계는 제1심에서 이미 심리되었으므로, 항소심에서의 공소장변경이 피고인의 심급의 이익을 박탈한다고 보기도 어렵다(대판 2017.9.21, 2017도7843).
④ 공소사실이나 범죄사실의 동일성은 형사소송법상의 개념이므로 이것이 형사소송절차에서 가지는 의의나 소송법적 기능을 고려하여야 할 것이고, 따라서 두 죄의 기본적 사실관계가 동일한가의 여부는 그 규범적 요소를 전적으로 배제한 채 순수하게 사회적, 전법률적인 관점에서만 파악할 수는 없고, 그 자연적, 사회적 사실관계나 피고인의 행위가 동일한 것인가 외에 그 규범적 요소도 기본적 사실관계 동일성의 실질적 내용의 일부를 이루는 것이라고 보는 것이 상당하다(대판 1994.3.22, 93도2080 전합).

25 난도 ★★☆ 정답 ②

정답의 이유
② 국선변호인 선정의 효력은 선정 이후 병합된 다른 사건에도 미치는 것이므로, 항소심에서 국선변호인이 선정된 이후 변호인이 없는 다른 사건이 병합된 경우에는 형사소송법 제361조의2, 형사소송규칙 제156조의2의 규정에 따라 항소법원은 지체 없이 국선변호인에게 병합된 사건에 관한 소송기록 접수통지를 함으로써 병합된 다른 사건에도 마찬가지로 국선변호인으로 하여금 피고인을 위하여 항소이유서를 작성·제출할 수 있도록 하여야 한다(대판 2015.4.23, 2015도2046).

오답의 이유
① 대판 2010.4.29, 2010도881
③ 대판 2013.7.11, 2012도16334
④ 대판 2013.5.9, 2013도1886

무언가를 시작하는 방법은 말하는 것을 멈추고 행동을 하는 것이다.

– 월트 디즈니 –

법원직 5개년

정답 한눈에 보기!

2023년 헌법

01	③	06	③	11	①	16	④	21	①
02	④	07	①	12	②	17	③	22	④
03	②	08	②	13	④	18	①	23	②
04	④	09	③	14	②	19	①	24	①
05	①	10	①	15	②	20	③	25	④

2023년 국어

01	③	06	③	11	②	16	④	21	④
02	①	07	①	12	③	17	④	22	②
03	②	08	④	13	①	18	④	23	①
04	④	09	④	14	④	19	④	24	④
05	①	10	④	15	②	20	②	25	②

2022년 헌법

01	②	06	③	11	②	16	②	21	④
02	④	07	②	12	④	17	④	22	②
03	④	08	③	13	②	18	①	23	③
04	④	09	①	14	③	19	①	24	④
05	①	10	③	15	②	20	③	25	②

2022년 국어

01	④	06	①	11	②	16	①	21	①
02	③	07	④	12	③	17	③	22	①
03	②	08	④	13	④	18	④	23	③
04	④	09	④	14	④	19	④	24	②
05	④	10	②	15	②	20	③	25	②

2021년 헌법

01	③	06	③	11	①	16	③	21	④
02	②	07	④	12	④	17	④	22	④
03	②	08	④	13	④	18	④	23	①
04	②	09	④	14	②	19	②	24	①
05	④	10	④	15	②	20	③	25	④

2021년 국어

01	①	06	②	11	③	16	③	21	③
02	④	07	④	12	①	17	④	22	④
03	④	08	②	13	④	18	④	23	①
04	②	09	④	14	④	19	①	24	④
05	④	10	④	15	④	20	②	25	③

2020년 헌법

01	③	06	③	11	③	16	③	21	④
02	②	07	④	12	②	17	①	22	④
03	②	08	④	13	④	18	①	23	②
04	④	09	④	14	④	19	④	24	②
05	②	10	②	15	②	20	③	25	③

2020년 국어

01	①	06	①	11	②	16	①	21	④
02	②	07	④	12	④	17	④	22	②
03	④	08	②	13	④	18	④	23	①
04	④	09	④	14	④	19	④	24	④
05	④	10	②	15	④	20	②	25	④

2019년 헌법

01	④	06	②	11	④	16	②	21	②
02	④	07	④	12	④	17	④	22	④
03	②	08	②	13	③	18	④	23	②
04	②	09	②	14	②	19	④	24	②
05	④	10	②	15	①	20	④	25	④

2019년 국어

01	②	06	②	11	②	16	①	21	③
02	④	07	①	12	④	17	④	22	④
03	④	08	②	13	①	18	①	23	③
04	④	09	④	14	④	19	④	24	①
05	②	10	③	15	③	20	④	25	④

정답 한눈에 보기!

법원직 5개년

2019년 한국사

01	02	03	04	05
③	①	③	③	②
06	07	08	09	10
②	②	①	②	④
11	12	13	14	15
②	②	④	①	④
16	17	18	19	20
②	②	③	①	②
21	22	23	24	25
④	④	③	④	①

2019년 영어

01	02	03	04	05
③	③	②	③	②
06	07	08	09	10
②	②	②	②	④
11	12	13	14	15
②	①	②	②	④
16	17	18	19	20
④	①	②	②	④
21	22	23	24	25
④	③	③	④	②

2020년 한국사

01	02	03	04	05
④	②	③	②	②
06	07	08	09	10
③	②	②	②	④
11	12	13	14	15
①	①	②	④	④
16	17	18	19	20
②	④	③	②	②
21	22	23	24	25
④	④	④	②	①

2020년 영어

01	02	03	04	05
②	①	②	②	①
06	07	08	09	10
②	②	②	④	①
11	12	13	14	15
④	②	①	④	④
16	17	18	19	20
②	③	③	②	②
21	22	23	24	25
④	②	③	③	④

2021년 한국사

01	02	03	04	05
③	③	③	①	①
06	07	08	09	10
④	②	①	②	②
11	12	13	14	15
①	②	③	①	②
16	17	18	19	20
③	③	③	②	②
21	22	23	24	25
①	②	②	③	④

2021년 영어

01	02	03	04	05
④	④	④	②	④
06	07	08	09	10
③	②	②	②	①
11	12	13	14	15
③	④	④	②	①
16	17	18	19	20
③	④	①	②	②
21	22	23	24	25
②	③	②	②	②

2022년 한국사

01	02	03	04	05
②	④	④	①	②
06	07	08	09	10
②	①	②	③	④
11	12	13	14	15
①	①	③	②	②
16	17	18	19	20
④	②	④	①	④
21	22	23	24	25
③	③	③	②	②

2022년 영어

01	02	03	04	05
①	①	①	③	④
06	07	08	09	10
④	②	④	②	②
11	12	13	14	15
①	②	②	②	②
16	17	18	19	20
②	③	①	①	②
21	22	23	24	25
④	②	②	②	③

2023년 한국사

01	02	03	04	05
②	②	④	③	③
06	07	08	09	10
③	②	③	③	②
11	12	13	14	15
③	③	④	③	④
16	17	18	19	20
③	④	④	④	④
21	22	23	24	25
③	①	④	④	②

2023년 영어

01	02	03	04	05
③	②	②	①	②
06	07	08	09	10
④	②	②	②	②
11	12	13	14	15
④	②	②	④	②
16	17	18	19	20
④	③	②	④	④
21	22	23	24	25
③	②	①	④	③

법원직 5개년

정답 한눈에 보기!

2023년 민법

01	02	03	04	05
②	②	④	③	③
06	07	08	09	10
④	③	④	①	②
11	12	13	14	15
①	③	②	④	①
16	17	18	19	20
①	④	④	①	③
21	22	23	24	25
①	③	④	②	④

2023년 민사소송법

01	02	03	04	05
①	③	②	②	④
06	07	08	09	10
④	③	①	③	④
11	12	13	14	15
④	③	①	④	④
16	17	18	19	20
②	④	①	④	②
21	22	23	24	25
①	④	③	③	④

2022년 민법

01	02	03	04	05
②	②	③	②	④
06	07	08	09	10
④	④	①	②	②
11	12	13	14	15
③	④	④	①	②
16	17	18	19	20
②	④	①	①	②
21	22	23	24	25
③	③	②	①	④

2022년 민사소송법

01	02	03	04	05
①	③	④	④	③
06	07	08	09	10
①	④	④	②	④
11	12	13	14	15
④	②	③	②	④
16	17	18	19	20
④	③	①	①	④
21	22	23	24	25
③	④	①	④	④

2021년 민법

01	02	03	04	05
④	②	③	④	③
06	07	08	09	10
④	③	①	①	④
11	12	13	14	15
④	③	④	①	④
16	17	18	19	20
④	④	②	①	②
21	22	23	24	25
②	④	④	②	④

2021년 민사소송법

01	02	03	04	05
①	③	④	④	①
06	07	08	09	10
①	④	①	④	①
11	12	13	14	15
④	①	③	①	④
16	17	18	19	20
④	③	③	④	④
21	22	23	24	25
③	③	③	④	④

2020년 민법

01	02	03	04	05
①	②	③	④	①
06	07	08	09	10
④	④	④	②	①
11	12	13	14	15
①	②	④	④	④
16	17	18	19	20
④	④	①	④	①
21	22	23	24	25
④	④	③	④	②

2020년 민사소송법

01	02	03	04	05
①	②	③	④	①
06	07	08	09	10
①	④	④	①	①
11	12	13	14	15
④	①	①	④	④
16	17	18	19	20
②	①	③	③	③
21	22	23	24	25
①	③	③	③	③

2019년 민법

01	02	03	04	05
①	②	③	④	⑤
06	07	08	09	10
③	④	①	①	②
11	12	13	14	15
②	④	③	①	④
16	17	18	19	20
②	③	③	④	①
21	22	23	24	25
②	③	③	④	③

2019년 민사소송법

01	02	03	04	05
②	②	③	④	③
06	07	08	09	10
④	③	①	②	①
11	12	13	14	15
④	③	③	④	④
16	17	18	19	20
③	④	①	④	②
21	22	23	24	25
①	④	①	④	④

정답 한눈에 보기!

법원직 5개년

2019년 형법

01	02	03	04	05
①	③	③	④	④
06	07	08	09	10
④	①	②	③	①
11	12	13	14	15
②	④	①	④	③
16	17	18	19	20
④	②	④	①	②
21	22	23	24	25
①	②	④	③	③

2020년 형법

01	02	03	04	05
②	②	②	③	③
06	07	08	09	10
④	④	①	③	①
11	12	13	14	15
①	①	③	④	④
16	17	18	19	20
④	②	②	①	②
21	22	23	24	25
③	④	②	④	③

2021년 형법

01	02	03	04	05
④	③	①	④	④
06	07	08	09	10
①	①	③	③	①
11	12	13	14	15
②	①	②	④	④
16	17	18	19	20
①	④	②	①	②
21	22	23	24	25
③	④	③	①	③

2022년 형법

01	02	03	04	05
①	④	④	④	②
06	07	08	09	10
①	④	②	③	①
11	12	13	14	15
③	④	③	④	④
16	17	18	19	20
②	④	④	①	②
21	22	23	24	25
②	③	③	②	④

2023년 형법

01	02	03	04	05
④	③	②	②	④
06	07	08	09	10
④	③	②	③	①
11	12	13	14	15
①	④	②	①	④
16	17	18	19	20
①	③	④	②	①
21	22	23	24	25
②	③	④	④	②

2019년 형사소송법

01	02	03	04	05
①	①	④	②	①
06	07	08	09	10
②	③	③	③	④
11	12	13	14	15
②	④	①	①	③
16	17	18	19	20
①	②	④	①	③
21	22	23	24	25
①	④	②	②	②

2020년 형사소송법

01	02	03	04	05
④	①	④	④	②
06	07	08	09	10
③	③	②	③	④
11	12	13	14	15
③	②	①	①	③
16	17	18	19	20
①	③	②	①	④
21	22	23	24	25
①	④	④	①	②

2021년 형사소송법

01	02	03	04	05
①	③	④	④	①
06	07	08	09	10
①	②	④	③	④
11	12	13	14	15
③	②	②	①	④
16	17	18	19	20
③	②	④	②	②
21	22	23	24	25
④	③	②	④	③

2022년 형사소송법

01	02	03	04	05
④	①	②	③	④
06	07	08	09	10
②	③	③	①	①
11	12	13	14	15
①	①	②	②	④
16	17	18	19	20
④	①	④	④	②
21	22	23	24	25
②	④	③	①	④

2023년 형사소송법

01	02	03	04	05
④	①	④	③	②
06	07	08	09	10
④	②	②	②	④
11	12	13	14	15
④	③	③	③	③
16	17	18	19	20
④	②	④	②	③
21	22	23	24	25
④	④	①	④	②

9급 공개경쟁채용시험 답안지 (법원사무직렬)

성	(한글)
명	(한자)

필적감정용 기 재 란	위 본인임을 서약합니다. *응축 예시문을 옮겨 적으세요.

응 시 번 호 / 통계자료

	(1)	학력	영역 / 만제

통 계 자 료

- 대 학 원 졸 업(0)
- 대 학 재 학(1)
- 대 학 졸 업(2)
- 전 문 대 재 학(3)
- 전 문 대 졸 업(4)
- 고 등 학 교 재 학(5)
- 고 등 학 교 졸 업(6)
- 중 학 교 졸 업(7)
- 중 학 교 재 학(8)
- 중학교졸업 이하(9)

문제책형	형	①	②

감 독 관 확 인 란	
문제책형	형

응시자 준수사항

1. 시험시작 시간까지 문제내용을 보아서는 안됩니다.

2. 문제책을 받은 즉시 문제책 편철이 표지에 표시된 과목 순서와 맞는지 여부, 인쇄상태, 파손 유무 등을 확인하여야 합니다.

3. 일체의 통신장비(무선호출기, 휴대전화기, 이어폰, MP3플레이어 등) 및 전자기기(전자계산기, 전자수첩 등), 전자기기(스마트워치 등)를 휴대할 수 없고, 시험도중 발견된 경우에는 부정행위자로 간주하여 퇴실을 명할 수 있습니다.

4. 문제 내용에 관한 질문을 하여서는 안되며, 답안지를 찢거나 가져갈 수 없습니다.

5. 답안 기재가 끝났다고 하더라도 시험이 종료된 후 감독관이 답안지를 모두 회수할 때까지는 퇴실할 수 있습니다.

6. 답안지를 훼손, 오염하거나 구겨지지 않도록 주의하여야 하며, 특히 답안지 하단의 타이밍마크(▮▮▮▮)를 절대로 칼로 긋거나 훼손하여서는 안됩니다.

7. 시험시간이 종료되었음에도 불구하고 시험감독관의 답안지 제출지시에 불응하고 계속 답안을 작성할 수 없으며, 이를 위반한 경우에는 그 해당 시험시간의 답안지는 영점으로 처리됩니다.

8. 응시자 준수사항 및 시험감독관의 지시에 따르지 않는 응시자에 대해서는 시험 도중이라도 퇴실을 명할 수 있으며, 부정행위를 한 자에 대하여는 당해 시험을 정지 또는 무효로 하고, 이 경우 5년간 공무원 임용을 위한 시험에 응시할 수 없습니다.

답안지 기재 및 표기요령

1. 채점은 컴퓨터 판독에 의하므로 답안지 기재 및 표기는 반드시 "컴퓨터용 사인 펜(흑색)"만을 사용하여야 하며, 만일 컴퓨터용 사인펜을 사용하지 않은 경우에는 본인의 불이익이 될 수 있습니다.

2. 답안지를 받은 즉시 다음 사항을 빠짐없이 기재 또는 표기하여야 합니다.
   가. 성 명 : 본인의 성명을 한글 및 한자 모두 정자로 기재
   나. 필적감정용 기재란 : 예시문과 동일한 내용을 아래 빈칸에 기재
   다. 응시번호 : 응시번호(1)란은 아라비아 숫자로 기재하고 (2)란은 해당 숫자에 표기
   라. 통계자료란의 학력, 연령란은 해당 숫자에 표기
   마. 문제책형 : 문제책을 받은 즉시 배부된 문제책 표지에 표시된 문제 책형을 확인하여 답안지의 해당란에 기재 및 표기
   ※ 감독관 확인란의 문제 책형은 감독관이 기재 사항임.

3. 답안지의 정답란 표기는 매 문항마다 반드시 하나의 답만을 골라 그 숫자에 "●"와 같이 정확하게 표기하여야 하며 일단 표기된 내용은 어떠한 경우에도 정정할 수 없습니다.
   〈보기〉 올바른 표기 ① ● ③ ④   잘못된 표기 ⊘ ⊗ ⊙ ◑
   ※ 중복표기(중복 표기한 후 한 군데를 지우거나 × 표한 경우, 컴퓨터용 사인펜을 잘못 사용하여 점이 찍힌 경우 포함)하거나 컴퓨터용 사인펜 이외의 펜(연필 포함)으로 표기하여 중복표기로 인식된 경우 등은 무효 처리 됨.

4. 한번 표기한 답안은 답안교정 도구를 이용해 긁거나 수정테이프 등을 사용하여 정정할 수 없으며, 답안지에 정답 이외의 이상한 표시를 하여서는 안됩니다.

9급 공개경쟁채용시험 답안지 (법원사무직렬)

성 명	(한글)
	(한자)

필적감정용 기재란	위 본인임을 서약합니다.
*아래 예시문을 옮겨 적으시오.	

응시번호	통계자료
(1)	학력
(2)	연령

문제책형	형	①	②

감독관 확인란	
문제책형	형
※ 서명란	

	1	①②③④
	2	①②③④
	3	①②③④
	4	①②③④
	5	①②③④
	6	①②③④
	7	①②③④
	8	①②③④
	9	①②③④
	10	①②③④
	11	①②③④
	12	①②③④
	13	①②③④
	14	①②③④
	15	①②③④
	16	①②③④
	17	①②③④
	18	①②③④
	19	①②③④
	20	①②③④
	21	①②③④
	22	①②③④
	23	①②③④
	24	①②③④
	25	①②③④

응시자 준수사항

1. 시험시작 시간까지 문제내용을 보아서는 안됩니다.

2. 문제책을 받은 즉시 문제책 편철이 표지에 표시된 과목 순서와 맞는지 여부, 인 쇄상태, 파손 유무 등을 확인하여야 합니다.

3. 일체의 통신장비(무선호출기, 휴대전화기, 이어폰, MP3플레이어 등) 및 전산기기 (전자계산기, 전자수첩 등), 전자기기(스마트워치 등)를 휴대할 수 없고, 시험도중 발견된 경우에는 부정행위자로 간주하여 퇴실을 명할 수 있습니다.

4. 문제 내용에 관한 질문을 하여서는 안되며, 답안지를 찢거나 가져갈 수 없습니다.

5. 답안 기재가 끝났다고 하더라도 시험이 종료된 후 감독관이 답안지를 모두 회수 할 때까지는 퇴실할 수 없습니다.

6. 답안지를 훼손, 오염하거나 구겨지지 않도록 주의하여야 하며, 특히 답안지 하단 의 타이밍마크(▌▌▌▌)를 절대로 칼로 긁거나 훼손하여서는 안됩니다.

7. 시험시간이 종료되었음에도 불구하고 시험감독관의 답안지 제출지시에 답안을 계속 작성하는 경우에는 그 해당 시험시간의 답안 작성을 인정하지 않으며, 이를 위반한 경우에는 그 해당 시험시간의 답안 지는 0점 영점으로 처리됩니다.

8. 응시자 준수사항 및 시험감독관의 지시에 따르지 않는 응시자에 대해서는 시험 도중이라도 퇴실을 명할 수 있으며, 부정행위를 한 자에 대하여는 당해 시험을 정지 또는 무효로 하고, 이 경우 5년간 공무원 임용을 위한 시험에 응시할 수 없 습니다.

답안지 기재 및 표기요령

1. 채점은 컴퓨터 판독에 의하므로 답안지 기재 및 표기는 반드시 "컴퓨터용 사인 펜(흑색)"만을 사용하여야 하며, 만일 컴퓨터용 사인펜을 사용하지 않은 경우에 는 본인의 불이익이 될 수 있습니다.

2. 답안지를 받은 즉시 다음 사항을 빠짐없이 기재 또는 표기하여야 합니다.
   가. 성 명 : 본인의 성명을 한글 및 한자 모두 정자로 기재
   나. 필적감정용 기재란 : 예시문과 동일한 내용을 아래 빈칸에 기재
   다. 응시번호 : 응시번호(1)란으로 아라비아 숫자로 기재하고 (2)란은 해당 숫자에 표기
   라. 통계자료란의 학력, 연령란은 해당 숫자에 표기
   마. 문제책형 : 문제책을 받은 즉시 배부받은 문제책 표지에 표시된 문제 책형을 확 인하여 답안지의 해당란에 기재 및 표기
   ※ 감독관 확인란의 문제 책형은 감독관이 기재 사항임.

3. 답안지의 정답란 표기는 매 문항마다 반드시 하나의 답만을 골라 그 숫자에 "●" 와 같이 정확하게 표기하여야 하며 일단 표기된 내용은 어떠한 경우에도 정정할 수 없습니다.
   〈보기〉 올바른 표기 ① ● ③ ④   잘못된 표기 ⊘ ⊗ ⊙ ◑
   ※ 중복표기(중복 표기한 후 한 군데를 지우거나 x표로 한 경우, 컴퓨터용 사인펜을 잘못 사용하여 점이 찍힌 경우 포함)하거나 컴퓨터용 사인펜 이외의 펜(연필 포함)으로 표기하여 중복표기로 인식된 경우 등은 무효 처리 됨.

4. 한번 표기한 답안은 도구를 이용해 긁거나 수정테이프 등을 사용하여 정정할 수 없으며, 답안지에 정답 이외의 이상한 표시를 하여서는 안됩니다.

9급 공개경쟁채용시험 답안지 (법원사무직렬)

성 명 (한글)
(한자)

필적감정용 기재란

위 본인임을 서약합니다.

*주 좌측 예시문을 옮겨 적으세요.

응시번호	통계자료

(1)

(2)

0 1 2 3 4 5 6 7 8 9

학 력

대학원졸업(0)
대 학 졸 업 ~ 재학(1)
고등학교졸업 ~ 재학(2)
고등학교졸업 ~ 재학(3)
중 학 교 졸 업(4)
중 토 학(5)
중 퇴 학(6)
고등학교졸업(7)
중학교졸업(8)
중학교졸업 이하(9)

연령
만세

문제책형	형 ① ②

답란 1 (1~25)

1	① ② ③ ④
2	① ② ③ ④
3	① ② ③ ④
4	① ② ③ ④
5	① ② ③ ④
6	① ② ③ ④
7	① ② ③ ④
8	① ② ③ ④
9	① ② ③ ④
10	① ② ③ ④
11	① ② ③ ④
12	① ② ③ ④
13	① ② ③ ④
14	① ② ③ ④
15	① ② ③ ④
16	① ② ③ ④
17	① ② ③ ④
18	① ② ③ ④
19	① ② ③ ④
20	① ② ③ ④
21	① ② ③ ④
22	① ② ③ ④
23	① ② ③ ④
24	① ② ③ ④
25	① ② ③ ④

답란 2 (1~25)

1	① ② ③ ④
2	① ② ③ ④
3	① ② ③ ④
4	① ② ③ ④
5	① ② ③ ④
6	① ② ③ ④
7	① ② ③ ④
8	① ② ③ ④
9	① ② ③ ④
10	① ② ③ ④
11	① ② ③ ④
12	① ② ③ ④
13	① ② ③ ④
14	① ② ③ ④
15	① ② ③ ④
16	① ② ③ ④
17	① ② ③ ④
18	① ② ③ ④
19	① ② ③ ④
20	① ② ③ ④
21	① ② ③ ④
22	① ② ③ ④
23	① ② ③ ④
24	① ② ③ ④
25	① ② ③ ④

답란 3 (1~25)

1	① ② ③ ④
2	① ② ③ ④
3	① ② ③ ④
4	① ② ③ ④
5	① ② ③ ④
6	① ② ③ ④
7	① ② ③ ④
8	① ② ③ ④
9	① ② ③ ④
10	① ② ③ ④
11	① ② ③ ④
12	① ② ③ ④
13	① ② ③ ④
14	① ② ③ ④
15	① ② ③ ④
16	① ② ③ ④
17	① ② ③ ④
18	① ② ③ ④
19	① ② ③ ④
20	① ② ③ ④
21	① ② ③ ④
22	① ② ③ ④
23	① ② ③ ④
24	① ② ③ ④
25	① ② ③ ④

감독관확인란	문제책형	형	※ 서명란

답란 4 (1~25)

1	① ② ③ ④
2	① ② ③ ④
3	① ② ③ ④
4	① ② ③ ④
5	① ② ③ ④
6	① ② ③ ④
7	① ② ③ ④
8	① ② ③ ④
9	① ② ③ ④
10	① ② ③ ④
11	① ② ③ ④
12	① ② ③ ④
13	① ② ③ ④
14	① ② ③ ④
15	① ② ③ ④
16	① ② ③ ④
17	① ② ③ ④
18	① ② ③ ④
19	① ② ③ ④
20	① ② ③ ④
21	① ② ③ ④
22	① ② ③ ④
23	① ② ③ ④
24	① ② ③ ④
25	① ② ③ ④

응시자 준수사항

1. 시험시작 시간까지 문제내용을 보아서는 안됩니다.

2. 문제책을 받은 즉시 문제책 편철이 표지에 표시된 과목 순서와 맞는지 여부, 인쇄상태, 파손 유무 등을 확인하여야 합니다.

3. 일체의 통신장비(무선호출기, 휴대전화기, 이어폰, MP3플레이어 등) 및 전산기기(전자계산기, 전자수첩 등), 전자기기(스마트워치 등)를 휴대할 수 없고, 시험도중 발견된 경우에는 부정행위자로 간주하여 퇴실을 명할 수 있습니다.

4. 문제 내용에 관한 질문을 하여서는 안되며, 답안지를 찢거나 가져갈 수 없습니다.

5. 답안 기재가 끝났다고 하더라도 시험이 종료된 후 감독관이 답안지를 모두 회수할 때까지는 퇴실할 수 없습니다.

6. 답안지를 훼손·오염하거나 구겨지지 않도록 주의하여야 하며, 특히 답안지 하단의 타이밍마크(▮▮▮▮)를 절대로 칼로 긁거나 훼손하여서는 안됩니다.

7. 시험시간이 종료되었음에도 불구하고 시험감독관의 답안지 제출지시에 불응하고 계속 답안을 작성할 수 없으며, 이를 위반한 경우에는 그 해당 시험시간의 답안지는 영점으로 처리됩니다.

8. 응시자 준수사항 및 시험감독관의 지시에 따르지 않는 응시자에 대해서는 시험 도중이라도 퇴실을 명할 수 있으며, 부정행위를 한 자에 대하여는 당해 시험을 정지 또는 무효로 하고, 이 경우 5년간 공무원 임용을 위한 시험에 응시할 수 없습니다.

답안지 기재 및 표기요령

1. 채점은 컴퓨터 판독에 의하므로 답안지 기재 및 표기는 반드시 "컴퓨터용 사인펜(흑색)"만을 사용하여야 하며, 만일 컴퓨터용 사인펜을 사용하지 않는 경우에는 본인의 불이익이 될 수 있습니다.

2. 답안지를 받은 즉시 다음 사항을 빠짐없이 기재 또는 표기하여야 합니다.

   가. 성 명 : 본인의 성명을 한글 및 한자 모두 정자로 기재

   나. 필적감정용 기재란 : 예시문과 동일한 내용을 아래 빈칸에 기재

   다. 응시번호 : 응시번호(1)란은 아라비아 숫자로 기재하고 (2)란은 해당 숫자에 표기

   라. 통계자료란의 학력, 연령란은 해당 숫자에 표기

   마. 문제책형 : 문제책을 받은 즉시 배부된 문제책에 표시된 문제 책형을 확인하여 답안지의 문제 책형란에 기재 및 표기

   ※ 감독관 확인란의 문제 책형은 감독관만이 기재 사항임.

3. 답안지의 정답란 표기는 매 문항마다 반드시 하나의 답안을 골라 그 숫자에 "●" 와 같이 정확하게 표기하여야 하며 일단 표기된 내용은 어떠한 경우에도 정정할 수 없습니다.

   〈보기〉 올바른 표기 ① ● ③ ④   잘못된 표기 ⊘ ⊗ ⊙ ◑

   ※ 중복표기(중복 표기한 후 한 군데를 지우거나 × 표기한 경우, 컴퓨터용 사인펜을 잘못 사용하여 점이 찍힌 경우 포함)하거나 컴퓨터용 사인펜 이외의 펜(연필 포함)으로 표기하여 중복표기로 인식된 경우 등은 무효 처리 됨.

4. 한번 표기한 답안은 답안 도구를 이용해 긁거나 수정하거나 수정테이프 등을 사용하여 정정할 수 없으며, 답안지에 정답 이외의 이상한 표시를 하여서는 안됩니다.

9급 공개경쟁채용시험 답안지 (법원사무직렬)

성	(필적)
명	(한자)

필적감정용 기재란
*아래 예시문을 옮겨 적으세요.
위 본인임을 서약합니다.

응시번호	통계자료

| (1) | | 학 력 | 연령 만세 |
| (2) | | 대학원 졸업① 재학② | |

⑩①②③④⑤⑥⑦⑧⑨

문제책형 | 형 | ① | ②

감독관확인란
문제책형 형
※ 서명란

1	①	②	③	④
2	①	②	③	④
3	①	②	③	④
4	①	②	③	④
5	①	②	③	④
6	①	②	③	④
7	①	②	③	④
8	①	②	③	④
9	①	②	③	④
10	①	②	③	④
11	①	②	③	④
12	①	②	③	④
13	①	②	③	④
14	①	②	③	④
15	①	②	③	④
16	①	②	③	④
17	①	②	③	④
18	①	②	③	④
19	①	②	③	④
20	①	②	③	④
21	①	②	③	④
22	①	②	③	④
23	①	②	③	④
24	①	②	③	④
25	①	②	③	④

응시자 준수사항

1. 시험시작 시간까지 문제내용을 보아서는 안됩니다.

2. 문제책을 받은 즉시 문제책 편철이 표지에 표시된 과목 순서와 맞는지 여부, 인쇄상태, 파손 유무 등을 확인하여야 합니다.

3. 일체의 통신장비(무선호출기, 휴대전화기, 이어폰, MP3플레이어 등) 및 전산기기(전자계산기, 전자수첩 등), 전자기기(스마트워치 등)를 휴대할 수 없고, 시험도중 발견된 경우에는 부정행위자로 간주하여 퇴실을 명할 수 있습니다.

4. 문제 내용에 관한 질문을 하여서는 안되며, 답안지를 찢거나 가져갈 수 없습니다.

5. 답안 기재가 끝났다고 하더라도 시험이 종료된 후 감독관이 답안지를 모두 회수할 때까지는 퇴실할 수 없습니다.

6. 답안지를 훼손, 오염하거나 구겨지지 않도록 주의하여야 하며, 특히 답안지 하단의 타이밍마크(▐▐▐▐)를 절대로 칼로 긁거나 훼손하여서는 안됩니다.

7. 시험시간이 종료되었음에도 불구하고 시험감독관의 답안지 제출지시에 불응한 채 계속 답안을 작성할 수 없으며, 이를 위반한 경우에는 그 해당 시험시간의 답안지는 영점으로 처리됩니다.

8. 응시자 준수사항 및 시험감독관의 지시에 따르지 않는 응시자에 대해서는 시험 도중이라도 퇴실을 명할 수 있으며, 부정행위를 한 자에 대해서는 당해 시험을 정지 또는 무효로 하고, 이 경우 5년간 공무원 임용을 위한 시험에 응시할 수 없습니다.

답안지 기재 및 표기요령

1. 채점은 컴퓨터 판독에 의하므로 답안지 기재 및 표기는 반드시 "컴퓨터용 싸인펜(흑색)"만을 사용하여야 하며, 만일 컴퓨터용 싸인펜을 사용하지 않은 경우에는 본인의 불이익이 될 수 있습니다.

2. 답안지를 받은 즉시 다음 사항을 빠짐없이 기재 또는 표기하여야 합니다.
   가. 성 명 : 본인의 성명을 한글 및 한자 모두 정자로 기재
   나. 필적감정용 기재란 : 예시문과 동일한 내용을 아래 빈칸에 기재
   다. 응시번호 : 응시번호(1)란은 아라비아 숫자로 기재하고 (2)란은 해당 숫자로 표기
   라. 통계자료란의 학력, 연령란은 해당 숫자에 표기
   마. 문제책형 : 문제책을 받은 즉시 배부받은 문제책 표지에 기재 및 표기
       ※ 감독관 확인란의 문제 책형은 감독관이 기재 사항임.
   이하여 답안지의 해당란에 기재 및 표기
       ※ 감독관 확인란의 문제 책형은 감독관의 기재 사항임.

3. 답안지의 정답란 표기는 매 문항마다 반드시 하나의 답안을 골라 그 숫자에 "●"와 같이 정확하게 표기하여야 하며 일단 표기된 내용은 어떠한 경우에도 정정할 수 없습니다.

   〈보기〉 올바른 표기 ① ● ③ ④   잘못된 표기 ⊘ ⊗ ⊙ ◑
   ※ 중복표기(중복 표기한 후 한 군데를 지우거나 ×표한 경우, 컴퓨터용 싸인펜을 잘못 사용하여 점이 찍힌 경우 포함)하거나 컴퓨터용 싸인펜 이외의 펜(연필 포함)으로 표기하여 중복표기로 인식된 경우 등으로 무효 처리 됨.

4. 한번 표기한 답안은 도구를 이용해 긁거나 수정테이프 등을 사용하여 정정할 수 없으며, 답안지에 정답 이외의 이상한 표시를 하여서는 안됩니다.

9급 공개경쟁채용시험 답안지 (법원사무직렬)

성 명	(한글)
	(漢字)

필적감정용 기재란	위 본인임을 서약합니다.
*우측 예시문을 옮겨 적으세요.	

응시번호	통계자료
(1)	학력
(2)	

학력
- 대학원졸업(0)
- 대학재학(1)
- 대학졸업(2)
- 고등학교졸업(3)
- 고등학교재학(4)
- 중학교졸업(5)
- 중학교재학(6)
- 초등학교졸업(7)
- 초등학교재학(8)
- 중학교졸업 이하(9)

영역: 만세

문제책형	영	①	②

1	①②③④
2	①②③④
3	①②③④
4	①②③④
5	①②③④
6	①②③④
7	①②③④
8	①②③④
9	①②③④
10	①②③④
11	①②③④
12	①②③④
13	①②③④
14	①②③④
15	①②③④
16	①②③④
17	①②③④
18	①②③④
19	①②③④
20	①②③④
21	①②③④
22	①②③④
23	①②③④
24	①②③④
25	①②③④

감독관 확인란	문제책형	영
※ 서명란		

응시자 준수사항

1. 시험시작 시간까지 문제내용을 보아서는 안됩니다.

2. 문제책을 받은 즉시 문제책 편철이 표지에 표시된 과목 순서와 맞는지 여부, 인쇄상태, 파손 유무 등을 확인하여야 합니다.

3. 일체의 통신장비(무선호출기, 휴대전화기, 이어폰, MP3플레이어 등) 및 전산기기(전자사전기, 전자계산기, 스마트워치 등)를 휴대할 수 없고, 시험도중 발견된 경우에는 부정행위자로 간주하여 퇴실을 명할 수 있습니다.

4. 문제 내용에 관한 질문을 하여서는 안되며, 답안지를 찢거나 가져갈 수 없습니다.

5. 답안 기재가 끝났다고 하더라도 시험이 종료된 후 감독관이 답안지를 모두 회수할 때까지는 퇴실할 수 없습니다.

6. 답안지를 훼손, 오염하거나 구겨지지 않도록 주의하여야 하며, 특히 답안지 하단의 타이밍마크(▮▮▮▮)를 절대로 칼로 긁거나 훼손하여서는 안됩니다.

7. 시험시간이 종료되었음에도 불구하고 시험감독관의 답안지 제출지시에 불응하고 계속 답안을 작성할 수 없으며, 이를 위반한 경우에는 그 해당 시험시간의 답안지는 영점으로 처리됩니다.

8. 응시자 준수사항 및 시험감독관의 지시에 따르지 않는 응시자에 대해서는 시험 도중이라도 퇴실을 명할 수 있으며, 부정행위를 한 자에 대하여는 당해 시험을 정지 또는 무효로 하고, 이 경우 5년간 공무원 임용을 위한 시험에 응시할 수 없습니다.

답안지 기재 및 표기요령

1. 채점은 컴퓨터 판독에 의하므로 답안지 기재 및 표기는 반드시 "컴퓨터용 사인펜(흑색)"만을 사용하여야 하며, 만일 컴퓨터용 사인펜을 사용하지 않은 경우에는 본인의 불이익이 될 수 있습니다.

2. 답안지를 받은 즉시 다음 사항을 빠짐없이 기재 또는 표기하여야 합니다.
   가. 성 명 : 본인의 성명을 한글 및 한자 모두 정자로 기재
   나. 필적감정용 기재란 : 예시문과 동일한 내용을 아래 빈칸에 기재
   다. 응시번호 : 응시번호(1)란은 아라비아 숫자로 기재하고 (2)란은 해당 숫자에 표기
   라. 통계자료란의 학력, 연령란은 해당 숫자에 표기
   마. 문제책형 : 문제책을 받은 즉시 배부된 문제책 표지에 표시된 문제 책형을 확인하여 답안지의 해당란에 기재 및 표기
   ※ 감독관 확인란의 문제 책형은 감독관이 기재 사항임.

3. 답안지의 정답란 표기는 매 문항마다 반드시 하나의 답만을 골라 그 숫자에 "●"와 같이 정확하게 표기하여야 하며 일단 표기된 내용은 어떠한 경우에도 정정할 수 없습니다.

   〈보기〉 올바른 표기 ① ❷ ③ ④   잘못된 표기 ⊘ ⊗ ⊙ ◑
   ※ 중복표기(중복 표기한 후 한 군데를 지우거나 × 표한 경우, 컴퓨터용 사인펜을 잘못 사용하여 점이 찍힌 경우 포함)하거나 컴퓨터용 사인펜 이외의 펜(연필 포함)으로 표기하여 중복표기로 인식된 경우 등은 무효 처리됨.

4. 한번 표기한 답안은 도구를 이용해 긁거나 수정테이프 등을 사용하여 정정할 수 없으며, 답안지에 정답 이외의 이상한 표시를 하여서는 안됩니다.

9급 공개경쟁채용시험 답안지 (법원사무직렬)

※ 컴퓨터용 사인펜만 사용

성	(한글)	
명	(한자)	

필적감정용 기재란	위 본인임을 서약합니다.
*아래 예시문을 옮겨 적으세요.	

응시번호	통계자료

문제책형	형	①	②

감독관확인란	문제책형	형	※ 서명란

응시자 준수사항

1. 시험시작 시간까지 문제내용을 보아서는 안됩니다.

2. 문제책을 받은 즉시 문제책 편철이 표지의 과목 순서와 맞는지 여부, 인쇄상태, 파손 유무 등을 확인하여야 합니다.

3. 일체의 통신장비(무선호출기, 휴대전화기, 이어폰, MP3플레이어 등) 및 전산기기(전자계산기, 전자수첩 등), 전자기기(스마트워치 등)를 휴대할 수 없고, 시험도중 발견된 경우에는 부정행위자로 간주하여 퇴실을 명할 수 있습니다.

4. 문제 내용에 관한 질문을 하여서는 안되며, 답안지를 찢거나 가져갈 수 없습니다.

5. 답안 기재가 끝났다고 하더라도 시험이 종료된 후 감독관이 답안지를 모두 회수할 때까지는 퇴실할 수 없습니다.

6. 답안지를 훼손, 오염하거나 구겨지지 않도록 주의하여야 하며, 특히 답안지 하단의 타이밍마크(▌▌▌▌)를 절대로 칼로 긁거나 훼손하여서는 안됩니다.

7. 시험시간이 종료되었음에도 불구하고 시험감독관의 답안지 제출지시에 불응하고 계속 답안을 작성할 수 없으며, 이를 위반한 경우에는 그 해당 시험시간의 답안은 영점으로 처리됩니다.

8. 응시자 준수사항 및 시험감독관의 지시에 따르지 않는 응시자에 대해서는 시험 도중이라도 퇴실을 명할 수 있으며, 부정행위를 한 자에 대하여는 당해 시험을 정지 또는 무효로 하고, 이 경우 5년간 공무원 임용을 위한 시험에 응시할 수 없습니다.

답안지 기재 및 표기요령

1. 채점은 컴퓨터 판독에 의하므로 답안지 기재 및 표기는 반드시 "컴퓨터용 사인펜(흑색)"만을 사용하여야 하며, 만일 컴퓨터용 사인펜을 사용하지 않은 경우에는 본인의 불이익이 될 수 있습니다.

2. 답안지를 받은 즉시 다음 사항을 빠짐없이 기재 또는 표기하여야 합니다.
가. 성 명 : 본인의 성명을 한글 및 한자 모두 정자로 기재
나. 필적감정용 기재란 : 예시문과 동일한 내용을 아래 빈칸에 기재
다. 응시번호 : 응시표의 (1)란으로 아라비아 숫자로 기재하고 (2)란은 해당 숫자에 표기
라. 통지서교부란의 혁색, 연령란은 해당 숫자에 표기
마. 문제책형 : 문제책을 받은 즉시 배부된 문제책 표지에 표시된 문제 책형을 확인하여 답안지의 해당란에 기재 및 표기
 ※ 감독관 확인란의 책형은 감독관이 기재 사용함.

3. 답안지의 정답란 표기는 매 문항마다 반드시 하나의 답만을 골라 그 숫자에 "●"와 같이 정확하게 표기하여야 하며 일단 표기된 내용을 어떠한 경우에도 정정할 수 없습니다.

〈보기〉 올바른 표기 ① ● ③ ④   잘못된 표기 ⊘ ⊗ ⊙ ◑
 ※ 중복표기(중복 표기한 후 한 군데를 지우거나 x표한 경우, 컴퓨터용 사인펜을 잘못 사용하여 점이 작힌 경우 포함)하거나 컴퓨터용 사인펜 이외의 펜(연필 포함)으로 표기하여 중복표기로 인식된 경우 등은 무효 처리 됨.

4. 한번 표기한 답안은 수정테이프 등을 사용하여 정정할 수 없으며, 답안지에 정답 이외의 이상한 표시를 하여서는 안됩니다.

※ 컴퓨터용 사인펜만 사용

절취선

9급 공개경쟁채용시험 답안지 (법원사무직렬)

성 명	(한글)	
	(한자)	
필적감정용 기재란	*아래 예시문을 옮겨 적으세요.	위 본인임을 서약합니다.
		위 본인임을 서약합니다.

응시번호	통계자료

(1) 학 력 | 연령 만세

(2)
⓪①②③④⑤⑥⑦⑧⑨
⓪①②③④⑤⑥⑦⑧⑨
⓪①②③④⑤⑥⑦⑧⑨
⓪①②③④⑤⑥⑦⑧⑨
⓪①②③④⑤⑥⑦⑧⑨
⓪①②③④⑤⑥⑦⑧⑨

학 력
대학원졸업(0)
대학재학〜졸업(1)(2)
고등학교졸업(3)(4)
중학교졸업(5)(6)
중학교졸업이하(7)(8)(9)

문제책형 | 형 | ① | ②

문제책형	형

감독관확인란
※ 서명란

(답안지 마킹 영역: 각 문항 1~25번, ①②③④ 보기)

응시자 준수사항

1. 시험시작 시간까지 문제내용을 보아서는 안됩니다.

2. 문제책을 받은 즉시 문제책 편철이 표시된 과목 순서와 맞는지 여부, 인쇄상태, 파손 유무 등을 확인하여야 합니다.

3. 일체의 통신장비(무선호출기, 휴대전화기, 이어폰, MP3플레이어 등) 및 전자기기(전자계산기, 전자수첩 등), 전자기기(스마트워치 등)를 휴대할 수 없고, 시험도중 발견된 경우에는 부정행위자로 간주하여 퇴실을 명할 수 있습니다.

4. 문제 내용에 관한 질문을 하여서는 안되며, 답안지를 찢거나 가져갈 수 없습니다.

5. 답안 기재가 끝났다고 하더라도 시험이 종료된 후 감독관이 답안지를 모두 회수할 때까지는 퇴실할 수 없습니다.

6. 답안지를 훼손, 오염하거나 구겨지지 않도록 주의하여야 하며, 특히 답안지 하단의 타이밍마크(▮▮▮▮)를 절대로 칼로 긋거나 훼손하여서는 안됩니다.

7. 시험시간이 종료되었음에도 불구하고 시험감독관의 답안지 제출지시에 불응하고 계속 답안을 작성할 수 없으며, 이를 위반한 경우에는 그 해당 시험시간의 답안지는 영점으로 처리됩니다.

8. 응시자 준수사항 및 시험감독관의 지시에 따르지 않는 응시자에 대해서는 시험 도중이라도 퇴실을 명할 수 있으며, 부정행위를 한 자에 대하여는 당해 시험을 정지 또는 무효로 하고, 이 경우 5년간 공무원 임용을 위한 시험에 응시할 수 없습니다.

답안지 기재 및 표기요령

1. 채점은 컴퓨터 판독에 의하므로 답안지 기재 및 표기는 반드시 "컴퓨터용 사인펜(흑색)"만을 사용하여야 하며, 만일 컴퓨터용 사인펜을 사용하지 않는 경우에는 본인의 불이익이 될 수 있습니다.

2. 답안지를 받은 즉시 다음 사항을 빠짐없이 기재 또는 표기하여야 합니다.
   가. 성 명 : 본인의 성명을 한글 및 한자 모두 정자로 기재
   나. 필적감정용 기재란 : 예시문과 동일한 내용을 아래 빈칸에 기재
   다. 응시번호 : 응시번호(1)란은 아라비아 숫자로 기재하고 (2)란은 해당 숫자에 표기
   라. 통계자료란의 학력, 연령란은 해당 숫자에 표기
   마. 문제책형 : 문제책을 받은 즉시 배부된 문제책 표지에 표시된 문제 책형을 확인하여 답안지의 해당란에 기재 및 표기
   ※ 감독관 확인란의 문제 책형은 감독관이 기재 사용함.

3. 답안지의 정답란 표기는 매 문항마다 반드시 하나의 답만을 골라 그 숫자에 "●" 와 같이 정확하게 표기하여야 하며 일단 표기된 내용은 어떠한 경우에도 정정할 수 없습니다.

   〈보기〉올바른 표기 ① ● ③ ④   잘못된 표기 ⓥ ⓧ ⊙ ◑
   ※ 중복표기(중복 표기한 후 한 군데를 지우거나 x표한 경우 포함)하거나 컴퓨터용 사인펜을 잘못 사용하여 점이 작힌 경우 포함)하거나 컴퓨터용 사인펜으로 인식된 경우 등은 무효 처리됨.
   이외의 펜(연필 포함)으로 표기하여 중복표기로 인식된 경우 등은 무효 처리됨.

4. 한번 표기한 답안은 답안 교구를 이용해 긁거나 수정테이프 등을 사용하여 정정할 수 없으며, 답안지에 정답 이외의 이상한 표시를 하여서는 안됩니다.

9급 공개경쟁채용시험 답안지 (법원사무직렬)

성 명	(한글)	(한자)

필적감정용 기 재 란
*우측 예시문을 옮겨 적으세요.

위 본인임을 서약합니다.

	응시번호	통계자료

(1)

	학 력	연 령 만세

(2)

대학원졸업(1)
대 학 재학(2)
대 학 졸업(3)
고등학교재학(4)
고 등 학 교 졸업(5)
중 학 교 졸업(6)
중학교졸업 이하(7)

문제책형	0책	①	②

문제번호	1	2	3	4

감 독 관 확 인 란		
문제책형	0책	※ 서명란

응시자 준수사항

1. 시험시작 시간까지 문제내용을 보아서는 안됩니다.

2. 문제책을 받은 즉시 문제책 편철이 표지에 과목 순서와 맞는지 여부, 인쇄상태, 파손 유무 등을 확인하여야 합니다.

3. 일체의 통신장비(무선호출기, 휴대전화기, 이어폰, MP3플레이어 등) 및 전산기기(전자계산기, 전자수첩 등), 전자기기(스마트워치 등)를 휴대할 수 없고, 시험도중 발견된 경우에는 부정행위자로 간주하여 퇴실을 명할 수 있습니다.

4. 문제 내용에 관한 질문을 하여서는 안되며, 답안지를 찢거나 가져갈 수 없습니다.

5. 답안 기재가 끝났다고 하더라도 시험이 종료된 후 감독관이 답안지를 모두 회수할 때까지는 퇴실할 수 없습니다.

6. 답안지를 훼손, 오염하거나 구겨지지 않도록 주의하여야 하며, 특히 답안지 하단의 타이밍마크(▌▌▌▌)를 절대로 칼로 긋거나 훼손하여서는 안됩니다.

7. 시험시간이 종료되었음에도 불구하고 시험감독관의 답안지 제출지시에 불응하고 계속 답안을 작성할 수 없으며, 이를 위반한 경우에는 그 해당 시험시간의 답안지는 영점으로 처리됩니다.

8. 응시자 준수사항 및 시험감독관의 지시에 따르지 않는 응시자에 대해서는 시험 도중이라도 퇴실을 명할 수 있으며, 부정행위를 한 자에 대하여는 당해 시험을 정지 또는 무효로 하고, 이 경우 5년간 공무원 임용을 위한 시험에 응시할 수 없습니다.

답안지 기재 및 표기요령

1. 채점은 컴퓨터 판독에 의하므로 답안지 기재 및 표기는 반드시 "컴퓨터용 사인펜(흑색)"만을 사용하여야 하며, 만일 컴퓨터용 사인펜을 사용하지 않은 경우에는 본인의 불이익이 될 수 있습니다.

2. 답안지를 받은 즉시 다음 사항을 빠짐없이 기재 또는 표기하여야 합니다.
   가. 성 명 : 본인의 성명을 한글 및 한자 모두 기재
   나. 필적감정용 기재란 : 예시문과 동일한 내용을 아래 빈칸에 기재
   다. 응시번호 : 응시번호 기재란(1)란은 아라비아 숫자로 기재하고 (2)란은 해당 숫자에 표기
   라. 통계자료란의 학력, 연령란은 해당 숫자에 표기
   마. 문제책형 : 문제책을 받은 즉시 배부된 문제책 표지에 표시된 문제 책형을 확인하여 답안지의 해당란에 기재 및 표기
   ※ 감독관 확인란의 문제 책형은 감독관이 기재 사항임.

3. 답안지의 정답란 표기는 매 문항마다 반드시 하나의 답만을 골라 그 숫자에 와 같이 정확하게 표기하여야 하며 일단 표기된 내용은 어떠한 경우에도 정정할 수 없습니다.
   〈보기〉 올바른 표기 ① ② ● ③ ④   잘못된 표기 (Ⓥ ⊗ ⊙ ◑
   ※ 중복표기(중복 표기한 후 한 군데를 지우거나 컴퓨터용 사인펜 및 볼펜 사용하여 점이 찍힌 경우 포함)하거나 컴퓨터용 사인펜 이외의 펜(연필 포함)으로 표기하여 중복표기로 인식된 경우 등은 무효 처리 됨.

4. 한번 표기한 답안은 답안 도구를 이용해 긁거나 수정테이프 등을 사용하여 정정할 수 없으며, 답안지에 정답 이외의 이상한 표시를 하여서는 안됩니다.

9급 공개경쟁채용시험 답안지 (법원사무직렬)

성	(한글)	
명	(한자)	

필적감정용 기 재 란	
*아래 예시문을 옮겨 적으세요.	위 본인임을 서약합니다.

응 시 번 호		통 계 자 료	
(1)		학 력	연령 만세
(2)	⑩①②③④⑤⑥⑦⑧⑨	대 학 원 졸 업(0) ~ 대 학 졸 업(1) 대 학 재 학(2) ~ 고 등 학 교 졸 업(3) ~ 고등학교 졸 업(4) ~ 중 학 교 졸 업(5) ~ 중 학 교 졸 업(6) ~ 중 학 교 졸 업(7) 중학교졸업 이하(8)	

문제책형			
	형	①	②

	1	①②③④
	2	①②③④
	3	①②③④
	4	①②③④
	5	①②③④
	6	①②③④
	7	①②③④
	8	①②③④
	9	①②③④
	10	①②③④
	11	①②③④
	12	①②③④
	13	①②③④
	14	①②③④
	15	①②③④
	16	①②③④
	17	①②③④
	18	①②③④
	19	①②③④
	20	①②③④
	21	①②③④
	22	①②③④
	23	①②③④
	24	①②③④
	25	①②③④

감 독 관 확 인 란	
문제책형	※ 서명란
형	

응시자 준수사항

1. 시험시작 시간까지 문제내용을 보아서는 안됩니다.

2. 문제책을 받은 즉시 문제책 편철이 표지에 표시된 과목 순서와 맞는지 여부, 인 쇄상태, 파손 유무 등을 확인하여야 합니다.

3. 일체의 통신장비(무선호출기, 휴대전화기, 이어폰, MP3플레이어 등) 및 전산기기 (전자계산기, 전자수첩 등), 전자기기(스마트워치 등)를 휴대할 수 없고, 시험도중 발견된 경우에는 부정행위자로 간주하여 퇴실을 명할 수 있습니다.

4. 문제 내용에 관한 질문을 하여서는 안되며, 답안지를 찢거나 가져갈 수 없습니다.

5. 답안 기재가 끝났다고 하더라도 시험이 종료된 후 감독관이 답안지를 모두 회수 할 때까지는 퇴실할 수 없습니다.

6. 답안지를 훼손, 오염하거나 구겨지지 않도록 주의하여야 하며, 특히 답안지 하단 의 타이밍마크(▮▮▮▮)를 절대로 칼로 긁거나 훼손하여서는 안됩니다.

7. 시험시간이 종료되었음에도 불구하고 시험감독관의 답안지 제출지시에 불응하고 계속 답안을 작성할 수 없으며, 이를 위반한 경우에는 그 해당 시험시간의 답안 지는 영점으로 처리됩니다.

8. 응시자 준수사항 및 시험감독관의 지시에 따르지 않는 응시자에 대해서는 시험 도중이라도 퇴실을 명할 수 있으며, 부정행위를 한 자에 대하여는 당해 시험을 정지 또는 무효로 하고, 이 경우 5년간 공무원 임용을 위한 시험에 응시할 수 없 습니다.

답안지 기재 및 표기요령

1. 채점은 컴퓨터 판독에 의하므로 답안지 기재 및 표기는 반드시 "컴퓨터용 사인 펜(흑색)"만을 사용하여야 하며, 만일 컴퓨터용 사인펜을 사용하지 않은 경우에 는 본인이 불이익이 될 수 있습니다.

2. 답안지를 받은 즉시 다음 사항을 빠짐없이 기재 또는 표기하여야 합니다.
   가. 성 명 : 본인의 성명을 한글 및 한자 모두 정자로 기재
   나. 필적감정용 기재란 : 예시문과 동일한 내용을 아래 빈칸에 기재
   다. 응시번호 : 응시번호(1)란은 아라비아 숫자로 기재하고 (2)란은 해당 숫자에 표기
   라. 통계자료란의 학력, 연령란은 해당 숫자에 표기
   마. 문제책형 : 문제책을 받은 즉시 배부된 문제책 표지에 표시된 문제 책형을 확 인하여 답안지의 해당란에 기재 및 표기
      ※ 감독관 확인란의 문제 책형은 감독관이 기재 사항임.

3. 답안지의 정답란 표기는 매 문항마다 반드시 하나의 답안을 골라 그 숫자에 "●" 와 같이 정확하게 표기하여야 하며 일단 표기된 내용은 어떠한 경우에도 정정할 수 없습니다.
   〈보기〉 올바른 표기 ① ● ③ ④   잘못된 표기 Ⓥ Ⓧ ⊙ ◑
   ※ 중복표기(중복 표기한 후 한 군데를 지우거나 × 표한 경우, 컴퓨터용 사인펜 표기한 후 수정하여 점이 찍힌 경우 포함)하거나 컴퓨터용 사인펜 이외의 펜(연필 포함)으로 표기하여 중복표기로 인식된 경우 등은 무효 처리 됨.

4. 한번 표기한 답안은 답안지 교구를 이용해 긁거나 수정테이프 등을 사용하여 정정할 수 없으며, 답안지에 정답 이외의 이상한 표시를 하여서는 안됩니다.

9급 공개경쟁채용시험 답안지 (법원사무직렬)

성 명	(한글)
	(한자)
필적감정용 기재란	위 본인임을 서약합니다.
*아래 예시문을 옮겨 적으세요.	

	응 시 번 호	통 계 자 료

(1)

(2)
⓪①②③④⑤⑥⑦⑧⑨
⓪①②③④⑤⑥⑦⑧⑨
⓪①②③④⑤⑥⑦⑧⑨
⓪①②③④⑤⑥⑦⑧⑨
⓪①②③④⑤⑥⑦⑧⑨
⓪①②③④⑤⑥⑦⑧⑨

학 력	대학원졸업⓪
	대 학 졸 업①
	대 학 재 학②
	고등학교졸업③
	고등학교재학④
	중 학 졸 업⑤
	중 학 재 학⑥
	국민학교졸업⑦
	중학교중퇴 이하⑨

연령	만 세
	⓪①②③④⑤⑥⑦⑧⑨
	⓪①②③④⑤⑥⑦⑧⑨

문제책형

문제책형	형	①	②

답안란 1

1	①②③④
2	①②③④
3	①②③④
4	①②③④
5	①②③④
6	①②③④
7	①②③④
8	①②③④
9	①②③④
10	①②③④
11	①②③④
12	①②③④
13	①②③④
14	①②③④
15	①②③④
16	①②③④
17	①②③④
18	①②③④
19	①②③④
20	①②③④
21	①②③④
22	①②③④
23	①②③④
24	①②③④
25	①②③④

답안란 2

1	①②③④
2	①②③④
3	①②③④
4	①②③④
5	①②③④
6	①②③④
7	①②③④
8	①②③④
9	①②③④
10	①②③④
11	①②③④
12	①②③④
13	①②③④
14	①②③④
15	①②③④
16	①②③④
17	①②③④
18	①②③④
19	①②③④
20	①②③④
21	①②③④
22	①②③④
23	①②③④
24	①②③④
25	①②③④

답안란 3

1	①②③④
2	①②③④
3	①②③④
4	①②③④
5	①②③④
6	①②③④
7	①②③④
8	①②③④
9	①②③④
10	①②③④
11	①②③④
12	①②③④
13	①②③④
14	①②③④
15	①②③④
16	①②③④
17	①②③④
18	①②③④
19	①②③④
20	①②③④
21	①②③④
22	①②③④
23	①②③④
24	①②③④
25	①②③④

답안란 4

1	①②③④
2	①②③④
3	①②③④
4	①②③④
5	①②③④
6	①②③④
7	①②③④
8	①②③④
9	①②③④
10	①②③④
11	①②③④
12	①②③④
13	①②③④
14	①②③④
15	①②③④
16	①②③④
17	①②③④
18	①②③④
19	①②③④
20	①②③④
21	①②③④
22	①②③④
23	①②③④
24	①②③④
25	①②③④

감 독 관 확 인 란	
문제책형	※ 서명란
형	

응시자 준수사항

1. 시험시작 시간까지 문제내용을 보아서는 안됩니다.

2. 문제책을 받은 즉시 문제책 편철이 표지에 표시된 과목 순서와 맞는지 여부, 인쇄상태, 파손 유무 등을 확인하여야 합니다.

3. 일체의 통신장비(무선호출기, 휴대전화기, 이어폰, MP3플레이어 등) 및 전산기기 (전자계산기, 전자사전 등), 전자기기(스마트워치 등)를 휴대할 수 없고, 시험도중 발견된 경우에는 부정행위자로 간주하여 퇴실을 명할 수 있습니다.

4. 문제 내용에 관한 질문을 하여서는 안되며, 답안지를 찢거나 가져갈 수 없습니다.

5. 답안 기재가 끝났다고 하더라도 시험이 종료된 후 감독관이 답안지를 모두 회수할 때까지는 퇴실할 수 없습니다.

6. 답안지를 훼손, 오염하거나 구겨지지 않도록 주의하여야 하며, 특히 답안지 하단의 타이밍마크(▌▌▌▌)를 절대로 칼금하거나 훼손하여서는 안됩니다.

7. 시험시간이 종료되었음에도 불구하고 시험감독관의 답안지 제출지시에 불응하고 계속 답안을 작성할 수 없으며, 이를 위반한 경우에는 그 해당 시험시간의 답안지는 영점으로 처리됩니다.

8. 응시자 준수사항 및 시험감독관의 지시에 따르지 않는 응시자에 대해서는 시험 도중이라도 퇴실을 명할 수 있으며, 부정행위를 한 자에 대하여는 당해 시험을 정지 또는 무효로 하고, 이 경우 5년간 공무원 임용을 위한 시험에 응시할 수 없습니다.

답안지 기재 및 표기요령

1. 채점은 컴퓨터 판독에 의하므로 답안지 기재 및 표기는 반드시 "컴퓨터용 사인펜(흑색)"만을 사용하여야 하며, 만일 컴퓨터용 사인펜을 사용하지 않은 경우에는 본인의 불이익이 될 수 있습니다.

2. 답안지를 받은 즉시 다음 사항을 빠짐없이 기재 또는 표기하여야 합니다.
가. 성 명 : 본인의 성명을 한글 및 한자 모두 정자로 기재
나. 필적감정용 기재란 : 예시문과 동일한 내용을 아래 빈칸에 기재
다. 응시번호 : 응시번호(1)란은 아라비아 숫자로 기재하고 (2)란은 해당 숫자에 표기
라. 통계자료란의 학력, 연령란은 해당 숫자에 표기
마. 문제책형 : 문제책을 받은 즉시 본인이 배부받은 문제책 표지에 표시된 문제 책형을 확인하여 답안지의 문제 책형란에 기재 및 표기
※ 감독관 확인란의 문제 책형은 감독관이 기재 사항임.

3. 답안지의 정답란 표기는 매 문항마다 반드시 하나의 답안을 골라 그 숫자에 "●" 와 같이 정확하게 표기하여야 하며 예 일단 표기된 내용은 어떠한 경우에도 정정할 수 없습니다.
〈보기〉올바른 표기 ① ● ③ ④   잘못된 표기 ⓥ ⓧ ⊙ ◑
※ 중복표기(중복 표기한 후 한 군데를 지우거나 × 표한 경우, 컴퓨터용 사인펜을 잘못 사용하여 점이 찍힌 경우 포함)하거나 컴퓨터용 사인펜 이외의 펜(연필 포함)으로 표기하여 중복표기로 인식된 경우 등은 무효 처리 됨.

4. 한번 표기한 답안은 답안 교구를 이용해 긁거나 수정테이프 등을 사용하여 정정할 수 없으며, 답안지에 정답 이외의 이상한 표시를 하여서는 안됩니다.

좋은 책을 만드는 길, 독자님과 함께하겠습니다.

2024 SD에듀 기출이 답이다 법원직 9급 전과목 5개년 기출문제집 한권으로 끝내기

개정7판1쇄 발행	2024년 01월 05일(인쇄 2023년 09월 26일)
초 판 발 행	2017년 01월 05일(인쇄 2016년 08월 24일)
발 행 인	박영일
책 임 편 집	이해욱
편 저	SD 공무원시험연구소
편 집 진 행	석지연
표지디자인	박수영
편집디자인	박지은 · 채현주
발 행 처	(주)시대고시기획
출 판 등 록	제10-1521호
주 소	서울시 마포구 큰우물로 75 [도화동 538 성지 B/D] 9F
전 화	1600-3600
팩 스	02-701-8823
홈 페 이 지	www.sdedu.co.kr
I S B N	979-11-383-5986-3 (13350)
정 가	35,000원

대부분의 사람은 마음먹은 만큼 행복하다.

- 에이브러햄 링컨 -